조직행동 연구주제들의 상호관계

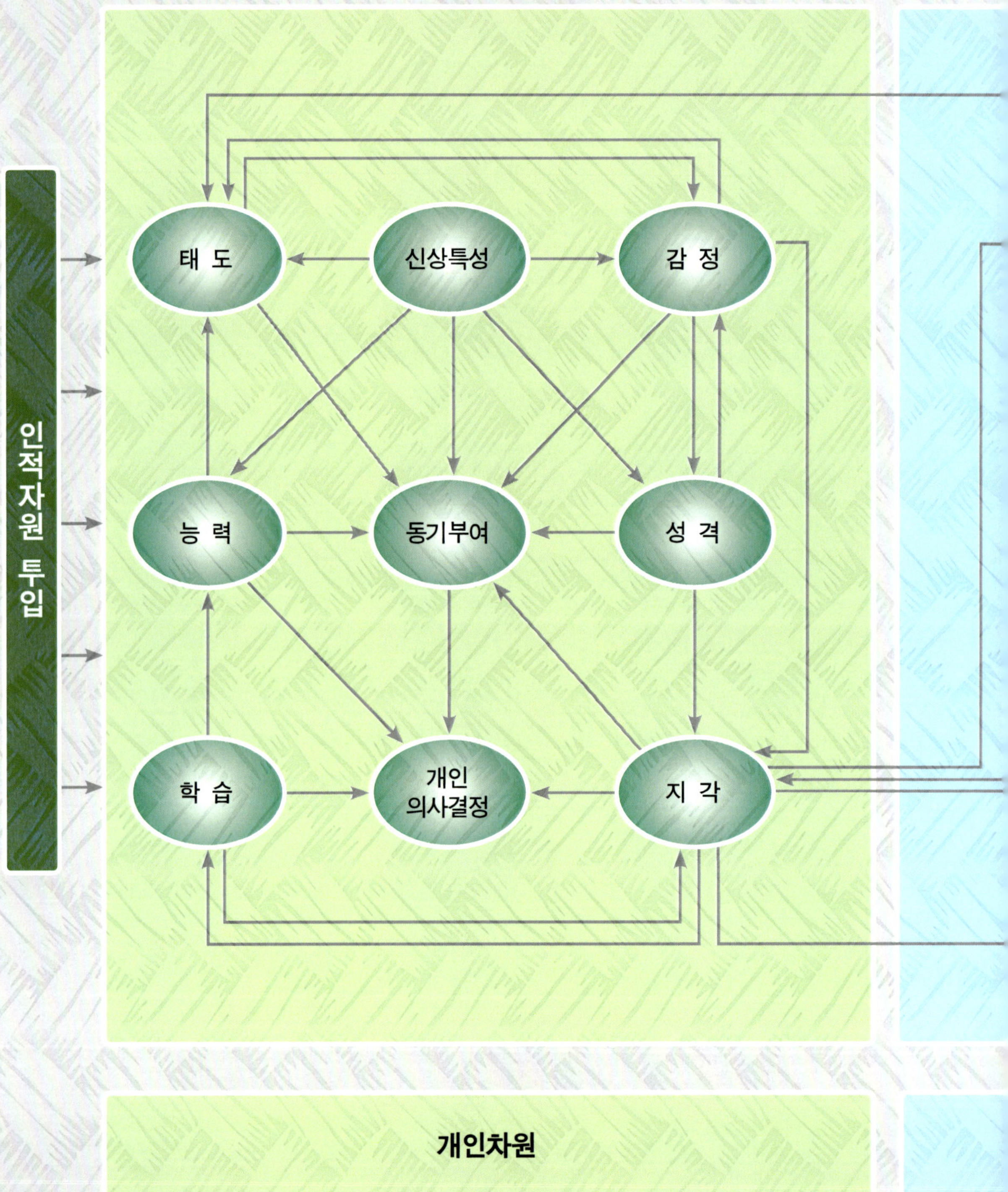

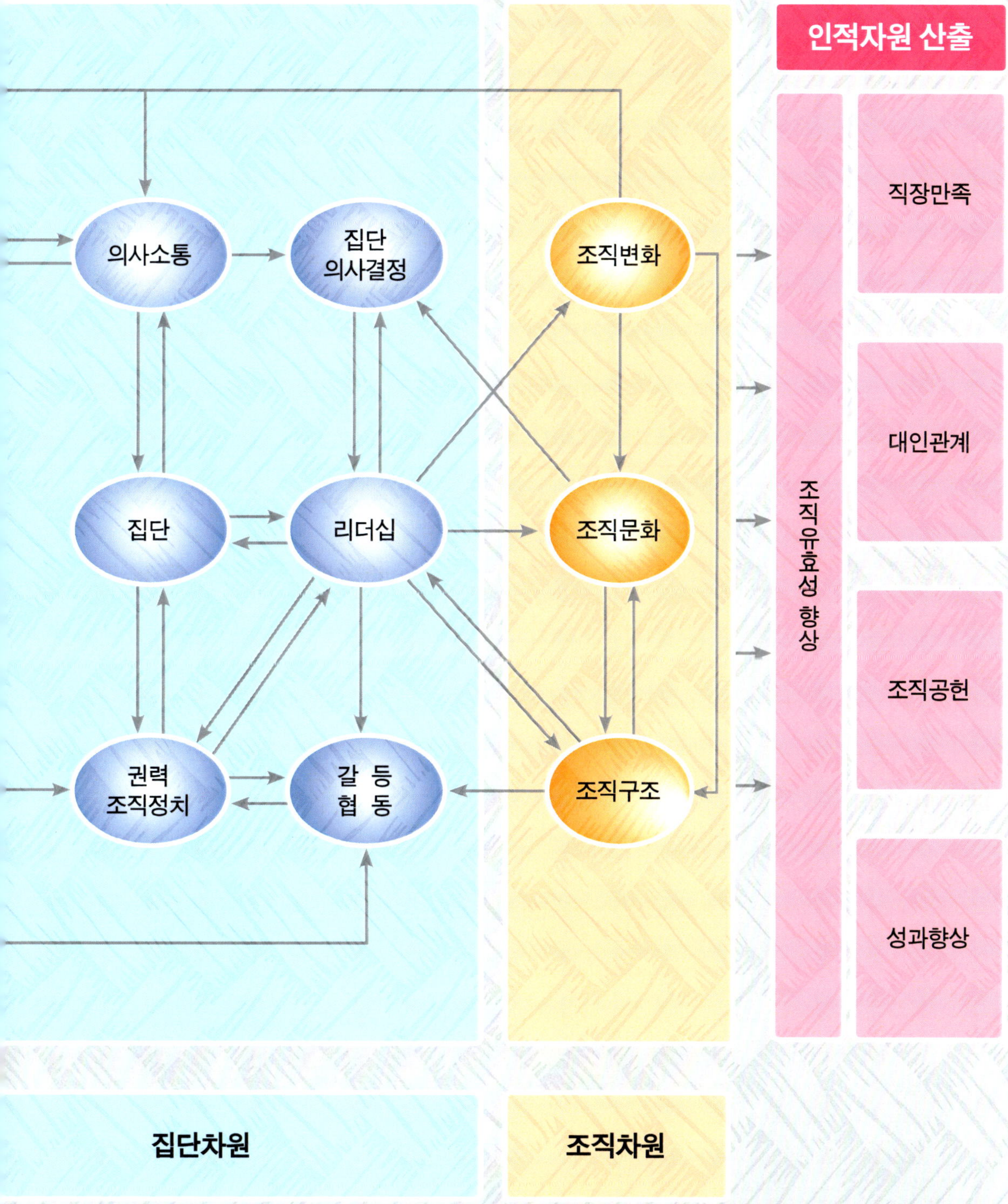
인적자원 산출
의사소통
집단
의사결정
조직변화
직장만족
집단
리더십
조직문화
대인관계
조직유효성 향상
권력
조직정치
갈 등
협 동
조직구조
조직공헌
성과향상
집단차원
조직차원

8판

조직 행동

임창희

Business & Management Books
비앤엠북스

8판을 내면서…

이 책은 대학교재로서 우리나라에서는 비교적 매우 호의적인 반응을 얻은 소위 성공한 책이라고 할 수 있다. 나는 그 이유를 이 책이 학생들의 지식에 대한 욕구를 그들의 눈높이에서 기술했기 때문이라고 믿는다. 이 책의 초판을 쓰면서 나는 한국, 미국, 프랑스에서 잘 나가는 교과서를 참고했다. 당시 영어나 프랑스어로 쓰인 교과서는 술술 잘 읽어 나가다가 한국 교과서를 읽으려면 읽고 또 읽어도 무슨 말인지 잘 이해하지 못하는 나를 발견하고는 의아했다. 그렇다. 어려운 학문의 결과이지만 학생들에게는 쉽게 전달해야 하는 것이 교수의 사명이다. 교과서에 총천연색 그림과 사진을 처음 넣을 때도 책의 품위가 떨어진다고 동료 교수가 말렸다. 그러나 이제 시대가 바뀌어 전자책과 동영상으로 학습하는 시대로 변했다. 이대로 가면 대학교재도 만화책이나 동영상으로 만들어지는 시대가 올지도 모를 일이다.

물론 8판까지 개정할 수 있었던 것은 그동안 이 책으로 공부한 수많은 학생과 교수님들 덕분이며, 초판보다 월등히 진화한 것은 순전히 그분들의 끊이지 않은 지적과 제안에 힘입은 결과이다. 이 기회를 빌어 감사드린다. 그래도 간혹 단번에 이해할 수 없는 문장이 있다면 그것은 어디까지나 저자 능력의 한계이다. 다만 지면과 분량의 한계로 인하여 부득이 자세한 설명을 자제하느라 그냥 넘긴 곳도 드물지 않다. 특히 8판에서는 분량을 더 줄이면서 한 학기 분량에 넘치는 내용을 다 넣지 못하고 생략했기에 조직행동을 더 깊게 공부하려는 학생들에게 미안한 심정을 금할 수 없었다. 저자의 경험으로 한 학기에 15장까지 마치기에는 매우 촉박했기 때문에 이번 8판은 과감하게 가지치기해서 무난히 한 학기에 끝낼 수 있도록 배려하였다. 그렇다고 이가 빠진 교과서를 만들 수는 없었고 학생 혼자 읽어도 소화시킬 수 있어야 한다는 취지에서 읽고 또 읽으며 문장과 낱말을 수정했지만 한계가 없을 리 없다. 어쨌든 세세한 주제들의 일부는 학생의 자율학습에 맡기고 그 대신 시험범위에 넣는 것도 방법이다.

8판까지 개정해 왔지만 언제나 개정작업에 임하여서는 이것이 마지막이라는 심정으로 최후의 일각까지 심혈을 기울였다고 자부한다. 우리 분야에도 최신 연구논문이 쏟아져 나오기 때문에 그것들을 모두 섭렵해서 교과서에 다 소개하기는 쉽지 않은 일이지만, 기초적 이론의 습득에 도움이 되는 최근 연구들을 찾아 새로 교체하는 데 많은 시간을 투자했다. AI 디지털시대로 전환되면서 조직행동도 혁신과 진화를 거듭할 것이며 이에 기초한 조직행동론도 미래에는 어떤 모습으로 나타날지 모른다. 그러나 분명한 것은 오늘은 어제를, 내일은 오늘을 기초로 한다는 사실이다. 모든 게 그렇지만 특히 기초가 없는 학문은 사상누각이다. 교과서는 기초 중에서도 주춧돌이다. 이번 개정판에 새로운 내용이 많이 첨삭되었지만 주춧돌의 역할에 충실하려고 노력했다.

죽을 때까지 배운다더니 저자도 7판으로 강의하면서 후회한 때가 많았다. 주제의 나열순서는 물론이고 꼭 필요한데 빠진 부분, 과다하게 나열된 고급주제들은 새 개정판에서 과감하게 가감하였다. 진부한 사례들은 대부분 업데이트하였으며 특히 어색한 문장을 한 땀 한 땀 정성을 다해 장인 흉내를 내며 수정해 나갔다. 욕심대로라면 2,000쪽 정도는 되어야 모든 주제를 제대로 전달할 수 있을 것 같은데 현실이 그렇지 못해 아쉽다. 어디서 어느 정도 생략할 것인가로 고민이 참 많았는데 이번 판이 그만큼의 효율이 있기만 바랄 뿐이다.

독자 여러분이 이 책을 통해 새로운 지식을 하나씩 쌓을 때마다, 그리고 무엇보다 그것이 여러분의 삶과 융합되어 조직생활에서 행동의 지혜로 쓰일 때마다 저자는 꿈속에서라도 기쁨을 함께 누릴 것이다. 이제 '황홀한 글 감옥'에서 해방된 것이 여운으로 남는다.

2024년 새해, 서울
임 창 희

초판 서문의 요약

"사람은 먹어야 산다."라는 말을 "인간에게 있어서 식생활은 필수불가결한 요소이다."라고 쓴다고 해서 이해 못 할 사람은 없다. 더구나 쉬운 것을 어렵게 쓰면 품위도 있어 보인다. 그러나 학문적 이론을 어렵게 쓰면 이해하는 데 몇 배의 시간과 노력이 든다. 처음 대하는 초보자에게는 더욱 그렇다. 그럼에도 우리네 대학교과서는 오늘의 신세대들이 읽고 또 읽어야 어렴풋이 이해할 정도로 쓰인 것이 많다.

1993년 안식년을 맞아 프랑스 파리 근교에 머물 때 참으로 하고 싶은 일이 많았다. 일 년이란 시간이 마음대로 쓰도록 주어졌으며 프랑스 명문 경영대학에 있으니 그동안 밀린 연구도 얼마든지 할 수 있었다. 그러나 이 모든 것을 접어 두고 도서관에 처박혀 이 책을 쓴 이유는 돈 때문이 아니다(대학교과서를 써서 돈을 번 교수는 아시아에서 몇 명 안 된다). 그렇다면 무엇 때문이었는가? 우리 학생들이 한글교과서를 '해석(?)'하는 데 들이는 노력을 줄여 보자는 오랜 신념 때문이었다. 그러므로 이 책은 동료교수들이나 학자들을 위한 것이 아니라, 아직 조직행동 '특수층'에 들지 않은 '大衆學生'을 위한 것이다. 그렇다고 이 책의 내용이 기초만을 들먹인 것은 물론 아니며 오히려 기존 교과서에서 다룬 주제들을 총망라했을 뿐만 아니라 그 깊이에 있어서 관련분야 학문의 내용과 연결하면서 각 주제의 원리부터 이해시키려고 노력하였다.

주입식 교육이 대학교과서에까지 계속된다면 슬픈 일이다. 곰은 제 새끼에게 물고기를 잡아주지 않는다. 다만 물고기 잡는 법을 가르쳐 줄 뿐이다. 이 책은 물고기를 잡아 주면서 물고기 잡는 법도 함께 가르치고 싶다는 욕심으로 썼다. 이 책에는 다른 교과서에 있는 모든 주제와 새로운 주제들이 총망라되었지만 학위논문을 쓸 정도로 깊이 들어가지는 아니했다. 어떤 주제와 관련되는 여러 학설과 주장들을 상세하게 나열하는 것은 동료학자들에게는 필요하고 또 근사한 일이지만, 일반 학생들에게는 혼란만 가중시키고 끝내는 흥미를 잃게 하고 만다는 것을 그간의 교단생활에서 많이 느껴 왔던 것이다.

이 책의 특징과 읽어 나갈 때 주의할 점은 다음과 같다.

첫째, 이 책에 소개한 주제들은 일부를 제외하고는 여타의 교과서에 있는 것들과 대동소이하다. 그러나 그것에 대한 설명과 서로 연결시킨 모양은 좀 다를 것이다. 결국 건물의 외양은 놓아둔 채 내부구조만 수리한 셈이다. 어떤 주제가 왜 그곳에 끼어들었는지, 그 내용이 어떤 것인지가 쉽게 설명된 점이 개조된 부분이다. 그러므로 한 주제를 공부할 때는 그 주제 자체에만 매달리지 말고 앞뒤의 다른 제목과 함께 큰 제목의 부분집합이라는 사실을 잊어서는 안 될 것이다.

둘째, 기존의 조직행동 교과서와 달리 새롭게 추가된 것이 있다면 다음과 같은 것들이다. 미국 책을 기초한 기존의 교과서들보다 개인행동분야 주제들을 근본부터 다루려고 심리학·사회심리학의 이론을 추가하여 조직행동을 이해하는 데 비약을 피하려 했다.

셋째, 조직행동론에 공헌한 인접학문의 이론들을 단편적으로 가위질하여 짜깁기한 결과는 경영학도들에게 아리송한 혼란만을 주기 쉽다. 이 책은 적어도 그런 이론들을 백과사전식으로 나열만 한 것이 아니라 조직생활에 어떻게 연결·적용되어야 하는지를 설명하고 있다. 이에 관해서는 저자의 노력과는 별도로 독자들도 읽으면서 관심을 가져야 할 점이다.

넷째, '고객'의 입장에서 이해 위주로 쓰려고 노력하다 보니 '도표'를 이용한 시각적 설명을 많이 했고 사진을 곁들인 '이야기'란을 마련하여 도움이 되는 사례를 군데군데 삽입하였다. 그러나 문장으로 설명하고 도표에 다시 요약하는 중복설명을 가능한 한 피했으므로 해당 표시가 보이면 '도표'나 '이야기'를 반드시 함께 읽어 주기 바란다.

다섯째, 경영학도로서 상식적으로 알아두어야 할 학자들, 혹은 더 깊은 연구를 할 때 참고가 될 연구논문들은 각주번호를 달아 이 책의 마지막에 모아 놓았다.

저자 씀

차 례

1부

조직행동의 기초지식

제1장 조직행동 이해의 시작: 조직/조직행동/발전과정

Organiza-
tional
Be-
havio

1장

조직행동 이해의 시작: 조직/조직행동/발전과정

ORGANIZATIONAL BEHAVIOR

▶ **사진설명**

슈퍼의 계산원들은 서로 떨어져 앉아 있더라도 동일한 지침에 따라 행동하고 있기 때문에 이들은 Costco라는 조직체의 구성원들이다. 반면에 아무리 많은 무리가 모였더라도 상호연결이 불필요하고 각자 쇼핑만 해서 자기 집으로 돌아가는 고객들은 조직체도, 구성원도 아니다.

이 책의 마지막까지 잊지 말아야 할 것이 있는데 그것은 왜 우리가 이 주제를 배워야 하는지 알고 들어가자는 것이다. 그리고 세부항목으로 들어가 있는 소제목에 대해서도 그 주제가 상위제목과 어떻게 연결되는지도 알아야 한다. 즉 나무에 대한 설명을 하더라도 숲을 항상 보고 그 나무가 어디쯤 왜 서있는지 파악하고 들어가는 습관을 기르자.

이 장에서는 조직행동의 본격적 공부를 시작하기 전에 기초적인 몇 가지 사항에 대해, 예를 들면 조직행동의 무대가 되는 조직은 왜 생겼는지, 우리가 배울 조직행동이란 학문은 언제부터 시작되어 발전되었는지 등에 대해 살펴볼 것이다.

불, 언어, 바퀴의 발명은 인간을 인간이게 만든 장본인이다. 하지만 이들 못지않게 인류문명의 발전에 공헌한 것 중에 조직이 있다. 먼 옛날 인간들은 무리 지어 사냥하며 살았다. 몇 사람이 산 짐승을 한 쪽으로 몰면 다른 사람들은 지켜 섰다가 쫓겨 오는 짐승에게 돌을 던져 죽인다. 돌칼을 쓰는 기술자가 고기를 잘라 놓으면 무리의 대장은 각 사람에게 분배한다. 이것이 조직의 시작이다.

오늘도 우리는 조직이 만든 침대에서 자고 일어나 조직이 만든 냉장고에서 음식을 꺼내 먹고, 조직이 운영하는 지하철을 타고 학교라는 조직에 와서 조직이 만든 책으로 공부하고 있다. 그런데 조직이 비효율적으로 운영되면 우리의 일상은 그만큼 불행해진다. 우리는 경영학 분야에서 조직을 다루지만 우리가 공부하는 조직행동론은 경영학을 훨씬 뛰어넘어 인류의 행복과 직결된다.

I | 조직행동이란?

대학은 '감기가 어떤 병이다.'라고만 배우는 곳이 아니라, '감기가 왜 생기는 것인지'까지 배우는 것은 물론 그 원인을 '찾아내는 방법'도 연구하고 배우는 곳이다. 그래서 대학생이라면 이러저러한 상식만 채울 것이 아니라 왜 그러한지를 항상 생각하는 습관을 길러야 한다. 원인을 알면 이해도 쉽고 미래 예측이 가능하고 따라서 통제도 할 수 있기 때문이다. 조직행동론의 이해도 그렇게 시작할 것이다. 조직의 탄생 이유를 통해서 조직의 속성을 이해하고, 조직행동을 연구하는 방법과 조직행동이라는 학문의 특성, 그리고 조직행동론 연구에 영향을 끼치는 외부의 환경요인들에 관한 지식을 습득해 보자.

1 조직에 대하여

조직이라는 말은 이제 초등학생도 쓰는 용어이지만 조직행동론을 공부하려는 대학생들에게는 좀 더 자세하고 전문적인 지식이 필요하다. 인류의 삶 속에서 조직은 왜, 언제 태어났을까? 조직이 인간의 생활에 어떻게 도움을 주기에 오늘의 우리는 조직 없이는 살아갈 수 없게 되었는가? 사람들의 모임이면 모두가 조직인가? 특히 기업조직이 이 사회에 끼치는 영향은? 여기서 조직에 관한 기본적인 내용들을 훑어보면서 본격적으로 조직행동론에 접근하려고 한다.

이 땅에 조직은 왜 탄생했을까?

인간은 노동을 하되 효율적으로 하려고 노력하였고, 그 결과 도구와 분업이라는 것을 발견하였다. 그리고 이것이야말로 조직을 탄생시킨 계기가 된다.

도구의 사용

단군이 우리 한민족의 시조라고 한다면 5천 년도 채 못 되는 역사이지만 지구상에서 두 발로 걷는 우리의 조상이 탄생한 지는 700만 년도 더 되었다는 것이 학계의 통설이다. 그러나 우주의 역사 138억 년, 태양과 지구의 역사 46억 년에 비하면 인류의 탄생은 극히 최근의 일이다. 노동의 역사는 얼마나 될까? 그것은 인류의 역사와 정확히 일치한다. 왜냐하면 최초의 우리 조상님(진화이든 창조이든)이 태어나서 일주일이고 한 달이고 노동(생산활동)을 하지 않았다면 굶어 죽었을 것이기 때문이다. 태초에 인류가 에덴동산에서 쫓겨날 때 “너는 이마에 땀을 흘려야 한다.”는 숙명적 과업을 받은 것만 보아도 아주 오랜 옛날부터 좋든 싫든 인간과 노동은 뗄 수 없는 관계임을 알 수 있다.

예나 지금이나 노동은 하기싫은 것에 속한다. 선생님은 학생들이 공부하도록 다방면으로 압박을 주는가 하면 직장인들은 새 달력의 붉은색 공휴일 표시를 보고 좋아한다. 노동조합의 주역할은 노동시간 축소를 달성하는 것이다. 노동은 필수적이지만 가능한 한 적게 할수록 좋다. 그래서 인간은 어떻게 하면 노동은 적게 하고 산출은 크게 할까에 관심을 쏟아 왔다. 그 결과 인류는 도구와 분업을 활용해 왔다. 도구도 처음에는 자연석을 사용하다가 조야한 도구, 즉 모서리를 뾰족하게 만든 올도완 석기로 발전시키기까지는 약 100만 년이나 걸렸다.[1] 하지만 인간 뇌의 팽창이 가장 급속하게 일어난 시기는 50만 년 전에서 10만 년 전까지로 현생인류와 비슷한 1,350cc나 되었다. 뇌의 팽창에 가장 크게 공헌을 한 것이 도구의 제작과 사용에 있다고 추측한다.[2] 그들은 돌에 끈을 매달아 던져서 사냥을 했지만, 현대인은 우주선에 인간을 넣어 곧 화성까지 보낼 것이며 인류 전체를 죽일 수 있는 핵무기라는 돌멩이도 만들었다. 이야기 1.1

분업의 발명

인간의 집단은 노동을 하되 분업을 한다. 고대인들도 분업노동을 했을까? 물론이다. 고대사회의 노동도 조직적 노동이었을까? 물론이다. 몇 사람은 벼랑 쪽으로 짐승을 몰아오고, 몇 사람은 벼랑 밑에 지켜 있다가 돌을 던지고, 누군가는 돌칼로 잡은 짐승의 가죽을 벗겨 반으로 나누었다. 개인플레이로는 그렇게 큰 짐승을 잡을 수 없었기 때문이다. 2015년에 오픈한 남프랑스의 쇼베(Chauvet)동굴의 벽화는 약 3만 7천 년 전의 조상들이 그린 것이다. 캄캄한 동굴 속의 높은 천장과 벽에 13가지 종류의 짐승들이 떼를 지어 달려가는 동영상 같은 그림을 그리는 노동은 화가 이

이야기 1.1 어디로 무엇 하러 갔을까?

지금부터 약 350만 년 전 동아프리카 라에톨리에서 화산이 폭발하여 용암이 흘러내렸다. 그 용암이 식어갈 때 많은 동물들이 그 위를 걸어갔는데, 그중에 오스트랄로피테쿠스 세 명이 포함되었다. 어른 둘과 아이가 직립보행으로 다정하게 걸어간 것으로 추정되는 발자국(**사진**)이 그대로 보존되었다가 1978년에야 발견된 것이다. 인류는 직립보행을 하게 된 후 두 손이 자유로워져서 도구를 마음대로 사용했을 뿐 아니라 등뼈가 뇌를 받쳐 주기 때문에 뇌가 크게 진화할 수 있었다. 그 덕분에 500cc 맥주잔 크기였던 인간의 뇌는 오늘날 3배 정도로 늘어났다. 그건 그렇고 두 어른과 아이는 어디로 무엇을 하러 갔을까? 다정하게 유치원에 갔을까? 영화관에 갔을까? 당시에는 극장도 유치원도 없었지만 먹을 것도 많이 부족했다. 물고기를 잡든지 열매라도 채집해야 했다. 어쩌면 가시덤불을 피해 해변을 따라 먼 데로 사냥하러 갔을지도 모를 일. 짐작하건대 십중팔구 노동하러 갔을 것이다. 굶어 죽을 수는 없으니까 말이다. 인류의 역사는 노동의 역사이다.

외에도 횃불을 밝히는 사람, 형형색색의 물감을 만드는 사람, 사다리를 만들어 떠받쳐 주는 사람 등 각자 자기 일에 전문화하지 않고는 이뤄질 수 없다.[3] 이는 오늘날 기업들의 전문화된 분업노동과 다를 바 없다. 그들도 다음과 같은 분업의 위력을 깨달았기 때문이다.[4]

- 한 사람이 한두 가지 일만 하고도 교환으로 모든 생산물의 혜택을 누릴 수 있음.
- 한 사람이 한두 가지 일만 반복하면 숙련과 속도가 향상됨.
- 한 작업자가 다수의 부분작업으로 옮기는 번거로움과 지연시간의 단축됨.
- 같은 일을 반복하면서 작업방식과 도구를 발전시키는 기회가 생김(기술혁신).
- 부분작업으로 나누어 여러 사람이 맡으면 각자가 자기의 경력·특기·취미에 맞는 일만 하고 다른 일은 그 일에 능숙한 타인에게 맡김(적재적소 배치).
- 분업이 아니라면 모든 작업자가 모든 작업도구(생산시설)를 갖춰야 하기 때문에 전체로 보면 다수의 도구가 필요하지만 분업을 하면 하나의 부분작업에 필요한 도구는 한 개만 있어도 됨.
- 아무리 많은 사람이 몰려가 모두 같은 작업행동만 해서는 불가능했던 대형동물의 사냥이나 현대의 인공위성 생산도 분업으로는 가능함. 이야기 1.2

이야기 1.2 개미사회의 지하도시

열대 지역에 사는 덫개미는 자신의 머리보다 1.5배 길고 날카로운 가시가 돋아 있는 턱이 있는데 평소에 턱을 벌리고 다니다가 먹잇감을 보면 시속 80km 속도로 턱을 닫아 붙잡는다. 이는 우리가 눈 깜박하는 속도의 700배 수준이며 사자가 먹잇감을 향해 달릴 때 속도와 맞먹는다. 그러나 더 놀라운 사실은 분업화된 개미조직에 있다. "하나의 개미집단에서 어떤 개미는 절단기 구실을 하는 커다란 위턱으로 곡식을 자른다. 다른 개미는 곡물 빻기에 적합한 이를 갖고 태어나 곡물가루를 생산한다. 또 다른 개미는 고도로 발달된 침샘을 가지고 갓난 아기개미를 소독해준다. 일개미들은 생식능력이 없다. 일개미는 할 일이 많은데 성적 충동 때문에 한눈팔면 안 되기 때문이다. 생식능력을 가진 개미들은 오직 사랑을 위해 태어났고 교미에 편리하게 오묘한 기관들을 지니고 있다. 날개가 그렇고 추상적인 감정을 주고받는 더듬이가 그러하며, 적외선을 감지하는 홑눈이 그렇다."(Bernard Werber의 소설 「개미」에서) 아래의 사진은 그림이 아니라 실제로 폐허가 된 아프리카 개미집 발굴현장이다. 지하 깊이 8m까지 약 40t의 흙을 침과 섞어 개미들이 분업으로 지은 지하도시이다. 물론 지상에 3~4m 높이로 건설된 빌딩도 많다. 이곳에는 각 방을 연결하는 고속도로와 지방도로가 나 있으며 심지어 방과 방을 직선으로 연결한 터널과 다리도 있다. 내부통로의 총 길이는 50m 정도이다. 이 도시는 공간적으로도 분업화되어 있다. 생활공간, 작업공간, 왕개미 궁전, 곰팡이 버섯을 키우는 농장, 아기개미 태어나는 산부인과 병동이 있으며, 심지어 쓰레기 하치장과 환자 개미를 격리시키는 방도 있다. 인간사회의 코로나 확진자 격리시설과 무엇이 다른가? 지하도시에 환자가 발생하면 집단감염 방지를 위해 외딴곳에 격리되어야 하기 때문이다. 지하 8m 도시에 외부와의 공기순환을 위한 통풍구뿐만 아니라 내부로만 순환되는 통풍구도 있어서 훈훈한 바람이 농장으로 가게 하여 곰팡이 버섯류를 재배한다. 당연히 이런 일들을 담당하는 개미들도 철저히 분업화되어 있다. 알에서 깨어난 새끼개미만 돌보는 간호사 개미가 있는가 하면 알들을 지키는 문지기 개미까지 모두 분업노동이다. 그러나 한 개미가 위험을 인지하면 옆의 개미에게 페로몬으로 신호하는 전달역할은 지하도시 전체 주민이 알 때까지 계속된다. 하지만 이 도시는 자기들만의 도시가 아니다. 버섯도 가꾸고 다른 종의 개미와도 공생하는 자족도시이기도 하다. 서로 다르지만 공동체 유지에 이익이 됨을 알고 하는 것일까? 심지어 이 제국은 홀로 독립적이지 않고 인접한 다른 도시와도 연락하고 협동하여 Mega City를 형성한다. 이러한 도시들의 연합은 수백 미터에까지 이른다. 2년간 서울 시내를 돌며 개미를 관찰한 서울대 연구원의 조사에 의하면 개미들은 무거운 물건을 나를 때 최소 시간의 법칙을 따르며 갈림길에서는 최단거리에 페로몬을 뿌려 동료에게 알린다(최진범, 「개미의 수학」). 일개미들도 정기 휴일이 있을까? 승진을 위해 더 열심히 일하는 걸까? 파업은 없나? 아마 더 밝혀질 날이 올 것이다. 히여튼 개미조직과 인간조직을 무엇으로 구분해야 할지 난감하다.

교환의 필요성: 보이지 않는 손

그러나 분업은 교환의 필요성을 야기하였으며 쉽고 안전한 교환을 위해 조직이 탄생되었다. 예를 들어보자. 짐승고기에 질린 사냥꾼의 아이는 어느 날 물고기가 먹고 싶다고 아버지를 졸랐을 것이다. 생선고기에 질린 낚시꾼의 자식도 마찬가지였다. 그러나 사냥꾼과 낚시꾼은 각자 자기의 일에만 숙련됐을 뿐이다. 따라서 차라리 각자의 일에만 집중하고 나중에 짐승고기와 생선을 교환하는 것이 낫다고 판단했다. 그리하여 인류 최초의 교환이 생기고 원시해변에 시장(교환장소)이 생긴다. 그런데 산토끼 한 마리를 물고기 몇 마리와 교환할 것인가? 초기에는 힘의 논리가 작용했겠지만 해변에 교환자들이 증가하면서 오늘날의 세계무역기구 같은 조정 메커니즘이 필요했을 것이다. 산토끼와 물고기는 조개껍질(원시화폐)로 각자 필요한 만큼에 따라 가치가 매겨지고 교환되었다. 시장 메커니즘의 가장 큰 특징은 애덤 스미스(A. Smith)가 말하는 '보이지 않는 손'의 기능이다.[5] 즉 교환할 때 쌍방의 거래가격수준은 보이지 않는 손(자유경쟁)에 의해 조정된다. 그러므로 완전경쟁 상황이라면 교환을 위한 추가비용이나 별도의 조정수단이 필요 없었을 것이다.

시장실패와 거래비용

그러나 실제로는 불완전 경쟁시장이다. 완전경쟁이라면 다수의 판매자와 구매자, 자유로운 시장진입과 탈퇴, 상품의 동질성, 완전한 시장정보, 일물일가의 법칙 등의 조건이 보장되어야 하는데 현실은 그렇지 않다. 거래자들의 이기적 기회주의와 정보의 왜곡, 독점, 미래의 불확실성, 정보한계 등으로 인하여 시장메커니즘이 제대로 작동할 수 없다(시장실패, 사실은 완전경쟁시장 실패: market failure).[6]

그렇지만 사냥꾼과 낚시꾼은 아이에게 색다른 음식을 먹이기 위해 생선과 고기의 가치 외에 추가적인 거래비용(transaction cost)을 지불하고라도 교환을 해야 한다. 예를 들면 생선 팔 사람을 찾아다녀야 한다든지, 속지 않으려고 노력한다든지, 값을 깎으려고 시간을 낭비한다든지, 중개인에게 수수료를 준다든지 등이 거래비용이다. 결국 사냥꾼은 생선 자체의 가치보다 더 많은 값을 지불해야 그것을 손에 넣을 수 있다. 거래비용을 학문적으로 정의하자면 경제단위들 사이에 거래하는 데 필요한 정보수집비용이나 거래과정에 소요되는 가격협상비용, 거래자의 존재와 위치를 알리고 찾는 비용, 거래자의 이기적 행동을 미연에 방지하기 위한 비용 등이 그것이다.[7]

거래비용 축소와 조직탄생

그런데 이 거래비용을 줄이는 방법이 있다. 어떻게 하면 될까? 거래비용을 줄이려면 믿을 만한 계약(약속)이 필요한데 이러한 계약적 협동체가 조직의 원조이다. 추장이 나서서 여러 명의 사냥꾼과 낚시꾼들에게 정보도 전달해 주고 서로 속이지 못하도록 하면서 거래를 통솔하는 것이다. 거래자들은 그의 말에 복종(신뢰)해야 서로 편하게 거래를 할 수 있다. 그리하여 원시사회에 위계계층(hierarchy)이 생긴 것이다. 자유로이 내버려 두면 '보이지 않는 손(자유경쟁)'에 의해 거래가 조정되고 잘될 줄 알았으나 그렇지 않기 때문에 이제 '보이는 손(조직)'으로 거래를 교통정리하자

이야기 1.3 도덕적 해이

시장에서 장사하는 업주가 화재보험을 들어놓고 "어차피 보험료 내는데 불 좀 나면 어때?"라면서 화재위험에 주의를 기울이지 않으면 도덕적 해이(moral hazard)에 해당한다. 주주들은 경영자에게 회사 운영을 맡기지만 사실 어떻게 운영하는지 자세히 알 수 없다. 만일 경영자가 이를 악용하여 자신의 사익을 위해 회사를 운영한다면 그것도 도덕적 해이이다. 회사를 잘 운영해달라는 심부름을 맡았으면 그에 대한 보상만 받으면 되는데, 회사 운영으로 추가적인 이익을 얻으려 하면서 주주에게 피해를 준다면 양심에 어긋나는 도덕적 해이를 범하는 셈이다. 10분만 연장근무를 하면 일을 완전히 마무리해서 해외지점에 도움을 줄 수 있고 그것이 결국 우리 회사의 신용을 높이는 것인데도 오후 6시가 되자마자 하던 일을 덮어두고 퇴근하는 직원도 도덕적 해이를 범하는 것이다. 병원의 빈 침상을 채우려고 부득이 환자에게 입원과 수술이 필요하다고 강요하는 의사도 마찬가지이다. 남는 예산을 그냥 두면 일을 안 한 것처럼 보이니 멀쩡한 보도블록을 뜯어내고 새것으로 바꾸도록 결의하는 구의회는 어떤가? 크게는 엔론(Enron)의 분식회계 사건, 테슬라(Tesla) 공매도 사건, 제너럴일렉트릭(GE)의 회계비리, 폭스바겐(Volkswagen)의 배기가스조작 사건 등은 고의로 저지른 것이기 때문에 대표적 '도덕적 해이' 행동이다.

는 것이나 다름없다. 비약하자면 토마스 홉스(T. Hobbes)의 말처럼 인간은 만인의 만인에 대한 늑대(시장실패 원인)이므로 리바이어던(국가, 법, 제도, 리더, 추장, 왕)이라는 거대한 손이 지배하는 사회를 만든 것이나 다름없다. 그 지배자(혹은 제도)와 거래자들의 연결관계가 바로 조직이다.

오늘날의 회사조직도를 보면 추장을 중심으로 한 원시사회 것과 다름이 없다. 사냥꾼과 낚시꾼이 추장 앞에서 약속을 하고 추장의 명령(법과 제도와 규범)에 의해 공증을 받는다. 속이지 않기, 정확한 정보 알려 주기, 정확한 가격 매기기 등만 보장된다면 추가비용을 덜 들이고도 교환(거래)이 가능하기 때문이다. 이 약속과 공증을 기반으로 하여 상호 거래하기 위한 인간들의 모임이 조직이다. 결과적으로 인류는 해변이나 광장에서 이루어질 모든 거래를 조직 내부로 끌어들임으로써 거래비용(불확실성)을 줄이고 안정성을 확보한 것이다. 그러나 이기적 유전자를 가진 개인과 그들의 모임인 조직은 거래비용을 완전히 없애기는 불가능하다.[8] 이야기 1.3

조직의 속성

모든 조직은 인간들로 구성된 사회적 집단으로서 그냥 사람들이 모여있다고 조직이 되는 것은 아니고 이들이 어떤 공동의 목표를 가지고 이를 달성하기 위해 서로 연결하고 상호작용을 해야만 조직이다. 그러므로 조직은 다음과 같은 특성을 갖추고 있다.[9]

인간의 집단

기업조직은 건물, 기계, 생산절차와 규칙도 있지만 사람이 빠지면 조직이 아니다. 기계나 규정 등은 목표달성에 쓰이는 도구일 뿐이지 조직 자체는 아니다. 그리고 과업 자체보다 그 과업을 완수하는 사람이 조직의 주체가 된다. 반대로 동호회나 학회는 건물도 기계도 없지만 어떤 목표를 가진 사람들의 모임이므로 조직이다. 조직은 사람이 없으면 구성될 수 없다. 물론 조직의 구성원은 은퇴도 하고 다른 사람으로 교체되기도 하지만 조직 자체는 해체되는 순간까지 그대로 존속한다.

공동의 목표

자기 혼자서는 어떤 목표달성이 불가능하거나 비효율적이기 때문에 다른 사람과 모여서 조직(분업과 교환)을 만든다. 물론 하나의 목표를 달성하기 위해서는 크고 작은 하위목표가 여러 개일 수 있으며, 이들 목표는 서로 상충되거나 개인의 목표와 다를 수 있다. 그러나 공동의 목표가 달성되어야 개인도 덕을 볼 수 있기 때문에 할 수 없이 힘을 합하는 것이다.

체계화된 구조와 유기적 상호관계

여러 사람들이 모인 것이 조직이지만 각각 자기 이익만을 위해 마음대로 무질서하게 행동한다면 원래 의도했던 목표를 달성할 수 없다. 그러므로 조직은 이들의 행동을 통제하고 조정하는 일련의 절차와 구조를 갖는다. 즉 각자의 역할과 일하는 순서와 방식을 정해 놓고 구성원들은 이를 기준 삼아 상호작용하면서 목표를 달성해 간다. 이 체계화된 구조와 절차는 구성원들의 유기적 상호작용의 통로와 기준이 되며 그 행동들을 인도하고 통제한다.

환경적응

좀 어려운 얘기지만 생물체와 마찬가지로 조직도 사회라는 환경 속의 존재이다. 즉 환경으로부터 필요한 원료를 구해서 목적을 달성한다. 따라서 환경에 부적합한 생물은 도태되듯이 조직도 환경과 맞지 않으면 존속과 성장이 어렵다. 그런데 환경은 계속해서 변화하기 때문에 조직도 이에 따라 같이 변하지 않으면 안 되는데, 이를 환경에 적응한다고 말한다. 예를 들면 기업조직은 환경적응을 위해 고객, 공급자, 경쟁사 등과 계속 교류하면서 정보와 기술을 공유하기도 하며 그들에게 산출물(제품과 서비스)을 제공하고 그들의 비위를 맞추고 긴밀한 유대관계를 유지하면서 생존한다.

조직과 환경의 경계

조직이 환경 속에 존재하면서 환경과 밀접한 교류를 하지만 각각의 조직은 환경과 구별되는 나름대로의 경계(境界: boundary)를 가진다. 우리가 흔히 조직을 개방 시스템이라고 하는데 사실은 완전한 개방이 아니라 '제한된' 개방상태이다. 그러나 보이지는 않지만 조직과 다른 조직 간에 그리고 환경과 조직 간에 분명히 경계선이 존재한다. 이로써 우리는 누가 조직 안의 구성원이고 누가 조직 밖의 사람인지 알 수 있으며, 어디까지가 조직의 행동이고 어디까지가 환경의 영향인지 구별이 가능하다. 간혹 이 경계선이 애매할 때도 있지만, 그래도 어느 조직이나 나름대로의 경계선을 분명히 하고 하나의 독립된 집단으로 존재한다. 그렇게 보면 조직 안에 있는 구성원들끼리 연결된 상태를 조직으로 볼 것이냐, 각 업무의 연결상태를 조직으로 볼 것이냐, 혹은 조직구성원과 그들이 맡은 업무의 관계를 조직으로 볼 것이냐 등 학자마다 보는 관점에 따라 다르다. 특히 미셸 크로지에(M. Crozier) 같은 학자는 조직을 짜여 있는 정태적 고정체로 보지 않고 구성원들의 권력게임 행동에 따라 위에 말한 것들이 수시로 변화하는 동태적 변동체로 취급하기도 한다.[10] 이야기 1.4

이야기 1.4 **고대의 통치조직**

강화 고인돌은 시체를 묻고 넓적한 바위 네 개로 사방을 둘러싼 다음에 더 큰 바위로 지붕돌을 얹은 전형적 탁자식 모형이다. 지붕돌은 긴 쪽의 길이가 6.5m, 폭 5.2m, 두께 1.2m나 된다. 사방을 둘러싼 네 개의 바위 중에 두 개는 오랜 풍화작용으로 무너졌지만 나머지 두 개는 건재하다. 고인돌 근방을 둘러봐도 그리 큰 돌이 나올 곳은 없고 멀리서 옮겨 온 것이 분명하다. 그렇다면 적어도 수백 명이 작업하지 않고는 어려운 일이다. 돌 하나에 수십 명이 팀이 되어, 몇몇이 돌이 지날 땅을 골라 놓으면, 또 몇몇이 그 땅 위에 돌을 굴릴 둥근 통나무를 늘어놓고, 나머지는 통나무 위의 돌을 구령에 맞춰 함께 힘을 주고 숨 고르기를 하면서 옮기는 식으로 철저한 분업이 진행되는 고인돌 건설조직이 존재했으리라는 추측이 가능하다. 다른 하나의 추측은 고인돌의 주인공은 분명히 한 국가 혹은 한 부족의 장(長)이었으리라는 것이다. 주인공을 중심으로 한 부족 또는 소국가가 존재했으며 주인공 혼자 수천 명을 다스릴 수는 없으므로 그 아래에 수십 명의 하부 관리자가 차례로 존재했음도 추측할 수 있다. 당시로서는 이것이 강화도에서 가장 큰 통치조직이었을 것이다.

조직이 사회에 미치는 영향

조직이 이모저모로 개인과 사회에 끼치는 영향력은 대단하다. 조직이 존재함으로써 우리 생활에 도움이 되는 점이 매우 많음에도 불구하고 그만큼 부작용도 있는 것도 사실이다.

조직의 순기능

이 세상에 조직이 이렇게 많은 이유는 저절로 생긴 것이 아니라 인간들이 인위적으로 만든 것은 뭔가 좋은 이유가 있기 때문이다.

■ **자원의 결합**

조직은 목표를 달성하기 위해 여러 가지 자원을 사용하는데, 이러한 자원들은 조직이 없다면 그저 산 속이나 들판에 버려져 있을 것도 있고 개인이 사용한다고 해도 한계가 있다. 그러나 조직은 수많은 자원들을 결합하고 조립하여 사회에 쓸모 있는 것으로 만들어 놓는다. 그러므로 만약 대학 나온 인간자원들이 실업상태로 놓여 있는 것은 자원의 낭비인 셈이다. 기업조직이 있음으로 해서 이들을 모아서 연결하고 결합하여 사회에 유용한 일을 담당하는 것이다.

■ **제품과 서비스의 생산**

기업, 정부, 학교, 교회 등의 조직들은 사회에 상품이나 서비스를 생산해 내고 사회는 이를 활용한다. 더군다나 조직은 이러한 산출물을 가장 효율적으로 생산하려고 각종 첨단기술과 정보를 이용하며 생산기술도 매번 새롭게 바꾸어 가장 싼 값에 사서 쓸 수 있도록 노력한다. 조직의 이러한 공헌이 없었다면 비행기나 전화기도 라이트 형제나 알렉산더 그레이엄 벨의 개인 소장품에 지나지 않았을 것이다.

■ **개인의 삶에 미치는 영향**

아기가 태어나는 산부인과부터 유아원, 학교, 결혼식장, 신혼여행사, 직장, 병원, 양로원, 공원묘

이야기 1.5 기업의 사회 공헌

미국 캘리포니아에 위치한 노드럽 그루먼(Northrup Grumman: **사진**)사에서는 원자력 항공모함도 만든다. 이 회사는 4만 7,000톤의 강철판, 100만 개 이상의 부품, 900마일가량의 철선, 그리고 1만 7,800여 명의 근로자를 동원하여 7년 이상 4,000만 시간의 작업 끝에 항공모함 한 척을 만들어 낸다. 조직이 없이는 불가능한 일이다. 한 아파트촌의 가정주부들이 각자 자신의 집에서 심심하게 지내고 있다고 하자. 가사노동을 모두 하고 나서 할 일이 없다면 남는 노동력은 사회적으로 볼 때 각각 흩어져서 놀고 있는 유휴노동력인 셈이다. 뜻있는 한 주부가 이들을 모아 봉사단을 조직하여 서울역 앞에서 노숙하는 사람들에게 밥 퍼 주기 활동을 시작한다면, 봉사단이라는 조직 덕분에 흩어진 인력자원들이 모여서 메마른 서울에 좋은 서비스를 산출하는 것이 된다.

지, 심지어 사망 신고하는 주민센터까지, 한 사람의 일생은 요람에서 무덤까지 조직에 의존한다. 그런데 이렇게 많은 내 주변의 조직들이 비효율적으로 운영된다면 나의 일상생활은 얼마나 불만족스러울까? 나쁜 식당, 나쁜 병원, 나쁜 회사, 나쁜 지하철 등을 이용해야 한다면 내 일상생활은 그만큼 불행할 수밖에 없으리라. 왜냐하면 더 비싸게 주고도 질이 낮은 제품이나 서비스를 받아야 하기 때문이다.

■ **사회에 미치는 영향**

조직은 환경에 의해 영향을 받기도 하지만 환경을 변화시키기도 한다. 다른 예가 아니더라도 삼성전자나 현대자동차 조직이 우리나라와 세상을 얼마나 많이 바꾸었는지 따져 보면 짐작이 갈 것이다. 이렇듯 수많은 정부조직과 교육기관들이 효율적으로 운영된다면 국민의 삶은 그만큼 행복해진다. 1960년대의 초가집들을 오늘날의 테헤란로로 바꾸어 놓은 장본인은 하늘의 신이 아니고 바로 조직이다. 이야기 1.5

조직의 부작용

앞에서 본 대로 인간은 조직 없이 살 수 없고 조직은 개인적으로나 사회적으로나 다방면에 영향을 미치고 있지만 이로운 영향만 끼치는 것은 아니다.

■ **간접비용**

조직은 많은 것을 생산하기도 하지만 다른 한편으로 조직 자체를 유지하는 비용도 드는데, 이는 직접생산비가 아닌 간접비용이다. 자동차 회사를 보면 공장에서 사용하는 원료비, 조립공과 영업사원의 인건비 등은 직접비용이지만, 직원에게 일을 시키고 감독하는 상급자의 인건비나 직원월급을 계산하는 경리과 직원의 인건비는 간접비용이다. 자선기금은 수입금 전액이 자선활동에 쓰여야 하지만 자선단체 자체를 유지하는 사무실 비용과 소속 직원 인건비로 나가는 경우가 더

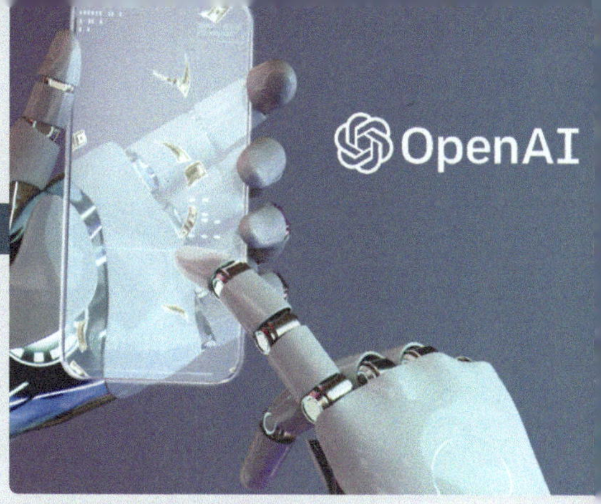

이야기 1.6 조직의 부작용

2023년 11월 17일 생성형 인공지능(AI) 챗GPT를 개발해서 글로벌 스타로 떠오른 오픈AI의 CEO 샘 올트먼(Sam Altman)이 자기 회사의 이사회 결정으로 전격 해고되었다. 왜였을까? 여러 이유가 있었겠지만 그가 추구하는 AI 개발이 나중에 걷잡을 수 없이 발전한다면 인류는 AI에 의해 무슨 공격과 피해를 당할지 모른다는 공동창업자 일리야 수츠케버(Ilya Sutskever)를 비롯한 과반수 이상의 이사들이 윤리적 도덕적 관점에서 올트먼을 해고해 버린 것이다. 그러자 오픈AI의 이익이 감소될 것을 예견한 95% 이상의 전 직원이 반발하고 나섰다. 올트먼을 복귀시키지 않으면 모두가 사표를 내겠다고 선언한 것이다. 뿐만 아니라 이 회사에 투자한 MS사에서는 해고된 올트먼을 자기들이 데려가겠다고 나섰다. 이쯤 되니 올트먼은 해고된 지 5일 만에 전격적으로 다시 복귀하였다. 결국 오픈AI사는 인류가 미래의 언젠가 최첨단 인공지능의 희생물이 되더라도 오픈AI사의 이윤추구를 위해서는 지속적으로 기술발전을 도모할 수밖에 없다. 지금은 우리에게 공헌을 한다지민 이 회사의 경영진과 직원들이 계속 AI기술을 개발시켜 나아간다면 인류의 재앙이 될지도 모르는 미래 인공지능의 출현을 보게 될 날이 머지않았다. 이미 세계 여러 공장에서 인공지능 로봇의 팔에 찍히는 사건이 일어나고 있다. 기업의 목적은 이윤추구(profit maximization)라고 배워 왔지만 조심해야 할 점이 있다. 경영의 관점에서는 최소의 투입으로 최대의 효과를 얻는 것이 당연하지만 여러 가지 의견이 있을 수 있다. 기업이 돈을 벌어 주주도 좋게 하고 노동자도 살리고 사회봉사도 한다면 일거양득이다. 왜냐하면 모두에게 이윤을 배분하면서도 사회가 원하는 제품과 서비스를 제공하기 때문이다. 하지만 필립모리스 같은 담배회사는 최대의 이윤을 달성하여 주주와 근로자를 살리고 정부에 세금도 잘 내서 국민이 잘살도록 하지만, 전 세계에서 흡연으로 일 년에 600만 명씩 죽어가고 21세기 동안 10억 명이 죽을 것이라는 예측이 있다. 흡연으로 인한 1년간 건강유지비 6,000억 달러는 사회가 부담한다. 그렇다면 기업의 목적은 일단 이익을 많이 내는 것이 우선인가 아니면 이익은 별로 없어도 사원에게 높은 임금을 주며 녹색산업에 투자하고 주식배당을 많이 하며 사회봉사를 우선하는 회사가 더 좋은 기업인가? 정치조직은 어떤가? 여야로 나뉘어 민생은 뒷전이고 당파싸움으로 세월만 낭비하는 나라는 그나마 다행이다. 정권 유지를 위해 필요치도 않은 전쟁을 일으켜 무고한 인명과 재산을 파괴하는 일은 모두 이 땅에 정치조직이 존재하기 때문이다.

많다. 공공조직의 직원들이 태만하거나 무능하다면 국가사회에 끼치는 간접비용의 부담은 상상을 초월한다.

■ **심리적 비용**

조직은 사회에 이러한 추가적인 비용만 부담시키는 것이 아니라 심리적인 비용도 크게 발생시킨다. 옛날 농경시대에는 일어나지 않았을 별별 일들이 최근에는 조직 때문에 자주 발생하고 있다. 회사에서 승진이 안 돼서 고민하는 사람이 있는가 하면 지금 이 시간에도 사람들은 조직 속에서 혹은 제도와 상급자의 감시 밑에서 자유를 억압받고 있는 것이다. 그뿐만이 아니다. 기업조직이 광고를 통해 날씬한 몸매와 명품 백 붐을 일으킨다면 돈이 없어 성형도 못하고 짝퉁 백도 못 가지는 사람의 고민은 순전히 조직 때문에 얻은 심리적 부담이다.[11]

■ **조직활동의 부산물** 이야기 1.6

조직은 필요해서 탄생되었지만 엉뚱한 결과를 초래하는 경우도 많다. 공해를 내뿜는 공장, 불량식품 생산업체, 국민의 세금만 축내는 공공기관 등은 모두 이 부류에 속한다. 기업이 관리를 잘못해서 화학가스를 누출하거나 몰래 폐기물을 방출한다면 차라리 없는 편이 나을까? 개인의 건강과 노후를 책임져주겠다는 유명 보험회사들의 부산물은 만만치 않다. 세계적 금융위기를 가져온 것

이야기 1.7 혈연으로 맺은 조직

이탈리아의 시칠리아 섬 팔레르모에 본사(?)를 둔 마피아 조직의 1차 수입원은 전국의 16만 고객으로부터 거두는 소위 보호세이다. 시칠리아 사업체의 80% 이상이 이들에게 바치는 세금은 영세상인이 월 3만 원 정도, 작은 술집은 32만 원 정도, 큰 호텔은 160만 원 정도이다. 이탈리아 4대 마피아사의 연간 총수입은 128조 원으로 그 나라 GDP의 7%나 되는데 이 중 30조 원은 강도, 사기, 밀수로 들어오며 이를 위해 마피아 조직은 시간당 50건의 범죄를 저지른다. 고금리 사채업도 톡톡한 수입원이다. 연간 15만 명에게 돈을 빌려 주고 월 10%의 고리이자를 받는데 이자를 감당 못 하고 지난 3년간 6만 5,000개의 회사와 5만 개의 숙박업소가 파산 신청을 했다. 마피아에 밉보여 알게 모르게 피해 보는 업체는 1일 평균 1,300개에 이른다. 이들이 관여하는 쓰레기 용역사업에 나폴리 시청이 밉보였다가 3대 미항 나폴리항과 산타루치아가 몇 달간이나 쓰레기 더미에서 헤어나지 못한 적도 있다. 4대 마피아 중 유럽 코카인 거래의 80%를 장악하고 있으며 미 정부가 마약 거래 최대 조직 중 하나로 지목한 한 조직은 액체마피아로 불린다. 국민의 최상층부터 최하층까지 조직원이 물처럼 스며 있기 때문이다. 이 조직의 성장 비결은 '피'로 연결된 인력만을 고용하는 전략이다. 가족과 친척만을 참여시킴으로써 배신자를 줄이고 스파이의 침입을 막는다. 이외에도 반사회적 활동을 하는 조직은 우리 주위에 범죄조직 말고도 너무나 많다. 심지어 친사회적 활동의 허울을 쓰고서 말이다.

도 파생상품을 만든 기업조직들이며 중동전쟁을 일으켜 수많은 목숨을 앗아간 장본인도 무기상 조직들이라면, 조직의 존재는 인류에게 공헌보다 피해를 더 준 것은 아닐까?

■ **반사회적 조직**

이 세상의 많은 범죄활동들은 개인에 의해 행해지기도 하지만, 또한 많은 범죄활동은 혼자서는 어렵기 때문에 자동차를 생산할 때처럼 서로 모여서 업무를 분담하고 유기적으로 시행한다. 심하면 수많은 하위조직들로 연결된 거대한 연합체를 형성한다. 밀수조직, 갱단조직 등 수많은 조직들이 이에 속한다. 이야기 1.7

2 조직행동론이란?

우리가 조직행동에 관심을 두는 이유는 조직구성원들의 사기 함양, 적재적소에서의 능력 발휘, 서로 간의 조화와 협동 등에 관한 좋은 방법(조직행동 지식)을 찾아내려는 데 있다. 나아가서 그들의 바람직한 조직행동으로 조직이 제대로 운영된다면 그 조직을 이용하는 고객과 국민들의 삶은 훨씬 행복해질 것이 아닌가? 조직행동 지식이 많을수록 그 조직은 효과적인 조직이 되어 그 조직이 필요한 사람들에게 그만큼 욕구를 충족시키며 목적을 달성시켜 줄 것이기 때문이다. 다시 말해 조직행동론은 조직행동을 연구하는 학문이다. 그러므로 학문으로서의 조직행동론에 관한 몇 가지 기초상식을 알고 한 학기 동안 공부하는 것이 필요하다.

조직행동 지식의 필요성

학자는 조직행동을 연구하고 학생은 이를 배운다. 단지 시험을 보기 위해서만 배우는 것이 아니다. 학자들은 끊임없이 호기심을 갖는다. 조직은 왜 흥하고 망할까? 조직을 정확하게 이해할 수 있다면 망하지 않게 할 수도 있고 인간사회에 더 많이 공헌하도록 할 수도 있다. 어떠한 학문이든지 사회나 조직의 실제문제를 진단하고 처방하는 데 도움을 주지 못한다면 그것은 좋은 학문이 못 된다. 실제로 조직행동 원리를 경영에 직접 적용하는 회사들의 경우 가장 일하기 좋은 직장으로 일반인들에게 알려지곤 한다.[12]

조직행동 지식은 상식인가?

우리는 학자가 아니더라도 타인의 행동을 관찰하고 왜 그렇게 행동했는지 이유를 제시하기도 하고 어떻게 행동할 것이라고 추측하기도 한다. 어떻게 예측이 가능할까? 우리가 오래전부터 남들의 행동을 관찰하면서 얻은 상식이 있기 때문이다. 그러나 과연 이러한 나의 상식이 얼마나 정확할까? 다음 질문에 '예', '아니오'로 답해 보자.

- 월급을 많이 주면 사원들의 사기가 올라간다?
- 사원들은 누구나 도전적인 업무를 원한다?
- 만족한 회사원이 더 좋은 성과를 올린다?
- 상급자가 친절하고 믿음직스러우면 부하들의 업무성과는 항상 높다?
- 상황변화에도 불구하고 일관성 있게 행동하는 리더가 훌륭한 리더이다?
- 블라인드 입사면접은 좋은 사원을 선발하기 위한 좋은 도구이다?

조직행동학자들의 연구에 의하면 위의 내용은 대부분 사실이 아니라고 한다. 이 중에 몇 개를 정확히 맞추는지가 중요한 것이 아니다. 우리의 그러한 지식이 직감이나 상식에 불과한 것이지 정확한 사실에 입각한 과학적 지식이 아니라는 점에 문제가 있다. 그러므로 우리가 배울 것은 상식이 아니라 지식이며 체계적이고 과학적으로 조직행동을 관찰하고 연구한다면 좀 더 정확한 해석과 예측을 할 수 있을 것이다. 조직행동론은 그래서 배우고 연구하는 것이다. 이야기 1.8

조직행동, 왜 연구하는가?

왜 조직행동론을 연구하는가? 많은 학자들이 불철주야로 연구한 조직행동 지식은 궁극적으로 어디에 쓰일까? 우리가 이 책에서 배울 조직행동 지식은, 기업조직에만 국한해서 생각하더라도 조직의 구성원과 관리자에게 다음과 같은 것을 가능케 해준다.

- 직원들에게 직무를 정확하게 맡겨서 생산성 향상과 비용절감을 가져온다.
- 직원들의 스트레스를 줄이고 상사, 동료들과 잘 지내게 하여 결근과 이직을 줄인다.
- 직원들에게 복지와 급료를 공정하게 지급하여 긍지와 만족을 가지게 한다.
- 직원들에게 친절, 존경, 긍지를 부여하여 열심히 성실하게 목표를 수행케 한다.

이야기 1.8 부정확한 나의 상식

1. 대체로 학교에서 우등생은 열등생이었던 사람보다 사회에 나가서 소득이 더 많다.
2. 머리가 극히 우수한 지식인은 육체적으로 허약하다.
3. 뛰어난 육상선수의 지식수준은 대체로 낮다.
4. 태어날 때의 성취욕구는 대개 비슷하다.
5. 대체로 여자가 남자보다 지적이다.
6. 근본적으로 사람은 외향적이든지 내성적이든지 둘 중 하나이다.
7. 어떤 일을 본 직후에 잊어버리는 양이 한참 후에 잊는 양보다 많다.
8. 약간의 술은 공부에 도움이 된다.
9. 여자가 남자보다 더 직관에 의존한다.
10. 흡연자가 비흡연자보다 연중 아픈 날이 더 많다.

정답: 1. O 2. × 3. × 4. × 5. × 6. × 7. O 8. × 9. × 10. O

결과적으로 조직행동 지식은 조직이 세운 목표를 더 효율적으로 달성하도록 한다. 그뿐만 아니라 고객에게도 편의와 기쁨을 더해준다는 것이 입증되었다.[13]

그러나 직원관리를 위해서만 조직행동 지식이 필요한 것은 아니다. 우리가 좋은 이론을 많이 알면, 의사가 아니라도 의학 상식이 많은 사람이 병에 안 걸리고 예방도 잘하듯이 조직생활을 건전하게 할 수 있으며, 어디가 잘못되고 어떻게 운영하는 것이 효율적인지 훌륭한 관리자 역할을 할 수도 있을 것이다. 그러므로 어떤 학생은 단순히 성적을 잘 받기 위해서 혹은 시간표에 잘 맞아서 조직행동론을 선택했을 수도 있지만 그들도 언젠가는 조직행동 지식을 유용하게 사용할 때가 있을 것이다. 왜냐하면 앞서 말한 대로 우리는 요람에서 무덤까지 조직 속에 묻혀 살고 있기 때문이다.

조직연구의 두 분야: 조직행동론과 거시조직론

조직에 영향을 미치는 요인은 무수히 많지만 크게 구분하면 둘로 분류된다. 하나는 조직구성원의 행동이며, 다른 하나는 조직의 구조이다. 미시조직론은 조직 내의 구성원 활동에 대한 연구로서 조직행동론이라고 하여 개인의 행동이나 소집단의 행동을 연구한다. 따라서 조직행동론(Organizational Behavior theory: OB)은 엄밀한 의미에서 조직의 행동이 아니라 조직 구성원들의 행동을 연구하는 것이다. 이에 반해 거시조직론은 조직의 모양이라든가 환경 속에서 적응하면서 존속하는 조직 자체를 연구대상으로 삼는다. 조직도 그 자체로서 조직행동을 제약하고 인도하기 때문에 조직성과에 영향을 미친다. 이는 조직 자체의 성격과 행동을 연구하는 것이므로 그냥 조직론(Organization Theory: OT) 혹은 거시조직론이라고 한다. 물론 조직의 행동도 그 구성원이 하는 행동의 결과이기 때문에 개인행동과 조직행동은 상호 불가분의 관계에 있다. 그러므로 미시조직이론과 거시조직이론의 경계를 확실하게 나누기는 어렵다.

이 책에서 주로 다룰 것은 미시적 조직행동에 관한 내용이다. 조직은 인간의 모임이며 그 속에는 항상 인간의 행동이 존재하는데 조직 내의 인간행동을 연구하고 설명하는 학문이 조직행동론인 것이다. 요컨대 조직행동론이란 조직 내 개인과 집단의 행동을 체계적으로 연구하여 인간행동에 관한 지식을 쌓는 학문이다.[14]

조직행동론의 연구대상: 개인, 집단, 조직의 세 차원

조직행동론의 연구대상인 인간행동은 너무나 많고 다양하다. 따라서 연구대상은 학자들 간에도 일치하지 않을 뿐만 아니라 계속 확장되고 있는 추세이다. 그런데 조직행동을 몇 개의 범주로 나눌 때 주로 쓰이는 방법은 개인차원, 집단차원, 조직차원의 세 가지 차원으로 분류하는 것이다.[15]

개인이 조직에서 하는 행동, 즉 직무와 씨름한다든지 결근한다든지 신나게 일하는 행동은 개인차원이다. 그러나 같은 팀의 동료와 토론하거나 싸우거나 지시하고 협상하는 행동은 집단차원의 행동이다. 그리고 개인행동도 아니고 집단행동도 아닌 조직차원의 행동이 있는데, 예를 들면 어떤 회사가 개성에 공장을 세운다든지 어떤 병원은 시스템이 잘못되었다든지 하는 것이다. 조직성격을 논한다든지 그 성격을 바꾸는 일도 거시적인 조직차원의 조직행동 분야이다. 조직행동론 책들은 대체로 이렇게 세 가지 차원으로 나누어서 그 많은 연구주제를 설명하는 것이 일반적이며 우리도 이 방식대로 공부할 것이다. 도표 1.1

많은 연구주제는 개인차원, 집단차원, 조직차원으로 나눈 뒤에 다시 또 여러 개의 장으로 나누어서 공부하게 된다. 그런데 이들 주제는 서로 연결되기도 하고 중첩되기도 하는 것들이라서 한꺼번에 설명할 수 없기 때문에 장별로 항목을 나누어 접근하기로 한다. 비유하자면, 혈관이라는 항목을 폐와 심장을 포함한 호흡기관에 넣어 설

도표 1.1 조직연구 대상의 세 차원

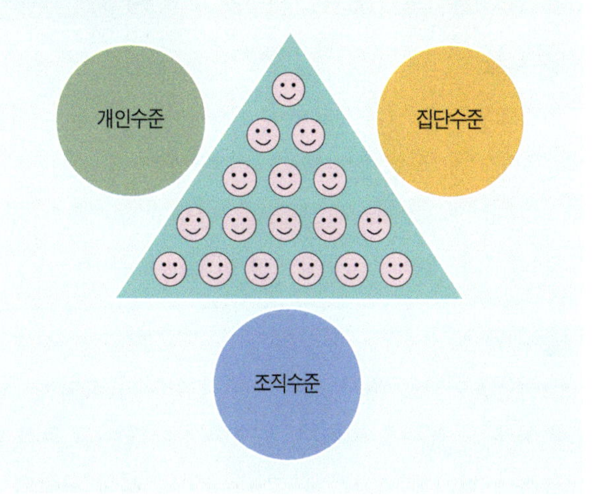

도표 1.2 조직행동 연구의 접근방식

"오늘 수업시간에는 사람의 발바닥에 대해서만 공부하기로 하겠습니다."

명할지라도 혈관은 소화기관이나 뇌 속에도 존재하고 있음을 잊지 말아야 한다. 혈관을 취급할 때 호흡기관과 관련해서도 소화기관과 관련해서도 연구할 수 있는 것이며 사실은 모두가 연결되어 있는 것이다. 그렇지만 관련된 주제들을 한꺼번에 분석하려면 복잡해진다. 한 주제를 배울 때에는 그것에만 집중하는 것도 좋다. 도표 1.2

학문으로서의 조직행동론

과학적 연구방법은 다른 분야의 학문에도 공통적으로 적용되는 것이지만 조직행동이란 학문은 다른 일반 학문과 구별되는 다음과 같은 특징을 지닌다.[16]

실용학문

조직행동론은 실천(응용)학문이다. 생물학에서는 식물이 탄소동화작용을 한다는 사실을 관찰하여 그것이 왜, 어떻게 진행되는지를 설명하는 것으로 만족할 수 있다. 그러나 조직행동론은 조직 내 인간의 행동이 왜, 어떻게 일어난다고 설명하는 것 이외에도 그 지식을 실제로 적용하여 조직목표 달성과 개인의 실생활에 공헌하는 학문이다.

종합학문

조직행동이라고 해서 조직 자체가 살아 움직이는 것이라고 간주하는 것은 아니며 조직 안의 구성원이 하는 행동을 일컫는다. 그래서 우리는 조직의 행동도 아무개의 행동처럼 얘기한다. 즉 "○○그룹이 어디에 투자한대."라고 마치 그것이 사람인 듯 얘기한다. 이렇듯 조직행동은 바로 인간의 행동이기에 '조직행동론'은 인간에 대한 연구인 사회과학 분야의 심리학, 사회학, 문화인류학, 사회심리학, 경제학, 정치학 등과 깊은 관련이 있다. 그러나 조직행동학자들은 개미의 생활을 관찰한 곤충학자의 설명을 듣고 그것으로 끝나서는 안 된다. 개미들의 행동을 인간의 조직생활에 활용하든지 유사점과 차이점을 찾아내어 조직발전에 기여해야 한다.

이와 같이 조직행동론은 관련 학문이 발견한 지식들을 단순하게 합해 놓은 것만은 아니다. 왜냐하면 공동 목적을 가지고 형성된 특별한 상황, 즉 조직 특히 기업조직에서의 인간을 연구하는 것이기 때문이다. 그리고 사회학자, 심리학자, 문화인류학자, 정치학자 등의 합동연구는 아직 일천하지만 각자 나름대로 조직행동론이라는 학문에 공헌한 것이 많으며 등장하는 많은 학문용어들도 기존의 인접과학들로부터 빌려 온 것이 많다.[17] 도표 1.3

인간존중의 학문

인간은 조직 속에서 조직에 의존하여 살고 있기 때문에 조직의 성과가 향상되면 인간 행복이라는 궁극적 목표가 달성된다. 그리고 인간관계가 개선된다면 조직구성원이 행복한 조직생활을 할 수 있다. 즉 조직행동의 연구결과는 구성원의 욕구를 효과적으로 충족시키면서 자아실현, 노동생활의 질(Quality of Working Life: QWL)을 향상시키는 데 도움이 된다. 무엇보다도 조직행동 연구 시에는 인간을 부정적으로 보지 않고 긍정적 관점에서 자아실현을 추구하는 자율적 인간이라는 전제를 가지고 연구한다. 앞으로 배우면서 알겠지만 조직행동에서 주장하는 바는 인간을 경제동물로 취급하지 않고 보람과 긍지를 살려주고 자율성과 창의적인 환경을 만들어 준다는 점에 초점을 맞추고 있다.

도표 1.3 조직행동 학문의 뿌리

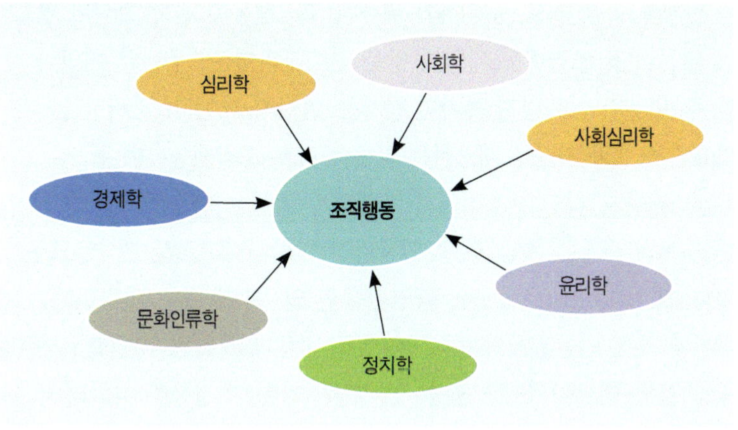

조직행동론과 경영

왜 경영학에서 조직행동론을 배우는가? 경영과의 상관성은 무엇인가?

경영이란?

경영(management)의 어원에 대한 여러 주장이 있는데 불어 'main(손)'에서 왔다고도 하고 이탈리아어 'mannegiaire(정돈하다)'에서 왔다고도 하며 '말 타기(horse riding)'에서 유래되었다고도 한다. 모두 '손으로 잘 주무르다, 잘 다루다, 정리하다'라는 의미가 있다. 경영이 정리정돈을 잘하고 잘 주무르고 하는 것이라면 주무르고 정리해야 할 대상은 무엇일까? 그것은 원료, 자본, 사람, 시설 같은 조직의 구성요소들이다. 그런데 조직을 잘 경영한다는 뜻은 투입보다 산출이 많도록 하는 일인데 그러기 위해서는 이 구성요소들을 잘 정돈해야 한다.[18]

그 대상이 회사든 군대든 국가든 조그만 동아리든 그 조직의 구성요소를 잘 정리해서 제 위치에 놓고 각 부문들이 제 기능을 하게 하는 것이 경영이라고 할 수 있다. 그런데 우리가 조직행동에서 다루는 대상이 모든 조직이라고는 하지만 대부분 기업조직을 표본으로 출발한 것들이라서 경영학의 대상을 기업으로 좁힌다면 조직행동은 경영과 더욱 가까울 수밖에 없다. 이런 의미에서도 경영과 조직행동은 불가분의 관계에 있다.

조직관리자와 조직행동 지식

회사에는 자본을 관리하는 재무관리자, 생산을 관리하는 생산관리자, 사원을 관리하는 인사관리자가 있는데 조직행동을 관리하는 조직행동관리자는 없다. 이유는 간단하다. 조직행동은 모든 관리자들의 몫이기 때문이다. 즉 생산관리자든 판매관리자든 인사관리자든 자신의 관리대상을 잘 경영(계획, 조직, 지도, 통제)하기 위해서 조직행동에 관한 지식이 필요하다. 그 대상은 모두 사람이기 때문이다. 조직행동 지식이 많은 관리자라면 이 문제의 원인과 해결책을 정확히 찾아서 치료할 수 있겠지만 그렇지 못하면 문제는 여전히 남는다. 관리자들에게 이러한 역할을 수행하는 데 필요한 모델과 지식을 제공하는 학문이 바로 조직행동론이다.

경영자나 관리자가 조직에서 수행하는 역할을 민쯔버그(H. Mintzberg)는 인간관계 역할, 필요한 정보의 소통과 제공 역할, 의사결정 역할이라고 했는데 이 모두가 조직행동에서 배우는 것들이다. 또한 카츠(R. Katz)는 경영기술을 업무수행기술, 인간관계기술, 정신능력기술로 나누는데 여기서 특히 인간관계기술은 조직행동 내용과 직결된다. 한편 루싼(F. Luthans)은 경영활동을 관리와 감독, 커뮤니케이션 활동, 인적자원 지원, 연결통합 지원의 네 가지 활동으로 보는데 이것들 역시 모두 조직행동에 포함된다.[19]

조직구성원의 조직행동 지식

조직행동 지식은 조직을 관리하는 자들에게만 필요한 것이 아니다. 조직구성원들이 조직행동의 주체이기 때문에 그들이 조직생활을 효율적으로 하기 위해서도 조직행동 지식이 필요하다. 즉 조직구성원 모두가 경영의 주체이면서 객체가 된다. 동료들끼리 혹은 상사와 부하 간에 서로가 서로에게 경영의 주체이며 객체이다. 조직행동 지식이 풍부하면 조직에서 인간관계를 잘하고 상사의 관리도 잘 받아들일 수 있지만 그렇지 못하면 반대의 결과가 나온다. 다시 말해 당사자는 직무성과도 못 내고 조직생활이 불행하며 조직은 조직대로 효율적이지 못하게 된다.

조직이용자를 위한 조직행동 지식

조직을 상대하는 외부인도 조직행동을 잘 알아야 조직을 잘 활용하고 조직에 자원을 공급하며 조직의 산출물을 제대로 받아 쓸 수 있을 것이다. 외부인이 조직을 상대하는 것도 결국 조직과의 인간관계로 귀결되기 때문이다. 한편 조직구성원도 조직행동을 잘 알아야 조직의 본래 목표인 조직이용자(외부인)의 욕구를 잘 채워줄 수 있다. 예를 들어 기업의 고객을 생각해보자. 마케팅을 과거처럼 단순하게 4P(Product, Place, Price, Promotion) 중심으로 정의하면서 제품과 서비스를 팔기 위해 계획하고 실행하는 것이라 한다면 조직행동과 별로 상관이 없다. 그러나 현대의 마케팅 트렌드는 고객가치와 프로세스 중심으로 이동하였다. 따라서 마케팅의 정의를 '고객가치가 무엇인지 찾아내어 그것을 만들어 제공하는 일체의 과정'[20]으로 본다면 바로 인간행동의 문제로 돌아온다. 고객의 행동과 심리를 이해하지 못하면서 어떻게 고객이 원하는 가치를 찾을 수 있겠는가? 고객을 모르거나 고객과 관계를 잘못 맺는다면 잘못 알고 잘못 제공하게 될 것이다. 기업의 지속발전을 위해서는 제대로 된 대 고객 마케팅활동을 해야 하는데 조직행동 지식을 모르면, 즉 고객과의 관계나 고객의 행동을 잘못 이해한다면 목표달성이 어려울 것이다. 그런 의미에서 오늘날의 마케팅활동은 조직행동 학문과도 불가분의 관계에 있다고 할 수 있다. 이야기 1.9

이야기 1.9　과학적 지식으로서의 조직행동 지식

'낙관주의자들이 더 오래 살 것이다'라는 말은 상식이지만 과학적 지식은 아니다. 학자들의 입증을 거쳐야 확실한 지식이 된다. 이 책의 내용이 상식인 것 같지만 모두 과학적 지식이다. 보스톤 의대 L.O. Lee교수 외 7명 연구팀은 여성 7만 명과 남성 1천4백 명의 성격과 수명의 관계를 연구하기 위해 10년에서 30년에 걸쳐 성격과 사망률을 비교 분석했다. 그 결과 낙천주의자가 비관주의자보다 85세 이상 장수할 확률이 여성은 1.5배, 남성은 1.7배 높았다. 수명은 여성이 14.9%, 남성이 10.9% 더 길었다(National Academy of Science, 2019.8). '지능이 높으면 오래 살까?' 이건 상식도 아니고 확실치도 않다. 그런데 에딘버러대 심리학 교수 I. Cukic 외 4명 연구팀은 스코틀랜드에서 태어나 11세 때인 1936년에 IQ검사를 받은 자 6만 5천 명을 대상으로 68년 후인 그들이 79세 때 상황이 어떤지 조사하여 IQ와 수명의 상관관계를 연구하였다. 그 결과 IQ가 15점씩 높아질수록 사망률이 낮았다. 질환별로는 폐 25%, 혈관 29%, 뇌 24%, 흡연암 18%, 치매 16%, 소화기 18%가 낮았다(Intelligence, 2017.7). 성격과 수명, IQ와 수명의 관계 사이에는 또 무수한 매개변수들이 많다. 이들을 찾아낼수록 삶에 공헌하는 것이다. 조직행동에 관한 학문도 이처럼 학자들의 끈질긴 연구로 쌓인 지식들이다. 그러므로 한 줄 한 줄의 내용을 다 아는 상식으로 취급하고 무심코 넘길 일이 아니다. 이로써 조직인과 조직이용자들에게 행복을 주려는 것이므로 조직행동론 또한 인간존중의 학문이다.

II | 조직행동연구의 발전과정

조직행동 교과서에 소개되고 있는 이론은 최근 반세기 동안에 걸쳐 만들어진 내용이며, 조직행동이라는 학문용어가 처음 사용된 것도 1950년대에 불과하다. 하지만 조직의 효율성에 대한 인간의 관심은 그 기원을 선사시대로까지 거슬러 올라가 찾을 수 있다. 다만 기록으로 남지 않았고 오늘날처럼 복잡한 조직이 아니었기에 많은 이론은 필요하지도 발견되지도 않았겠지만 인간의 특성과 조직의 원리는 대동소이했을 것이므로 유적을 통해서 몇 가지 추측은 할 수 있다.

1 조직관리의 역사적 흔적들

'과거는 현재의 거울이다.'라는 말이 있다. 모든 현재는 과거를 바탕으로 만들어진 것이다. 그러므로 아무리 현대적인 조직일지라도 그 근본과 뿌리는 과거에 있다. 그래서 과거를 이해하면 오

이야기 1.10 에보라의 바위 집

포르투갈의 중부 산간지역에 선사시대 흔적 몇 군데가 있다. 그중에 에보라(Evora) 남서쪽 작은 동네를 한참 지나 산 속으로 들어가면 유럽 최대의 고인돌이 현재는 세인들의 무관심 속에 버려져 있다. 한라산에서 한창 용암이 솟구치던 시기에 축조된 이 고인돌은 입구의 복도가 12m인데, 이를 지나면 높이 8m 정도의 넓적한 바위 7개를 지름 5m 정도의 원형으로 포개서 세워놓고 그 위에 더 넓은 바위로 덮었다. 지금은 뚜껑이 옆으로 밀려나 깨져 있다. 춘분날이면 햇빛이 복도(**사진**에서 필자 앞)를 가로질러 원통형 집의 내부로 비추도록 되어 있다. 여기서 북서쪽으로 4km 정도 떨어진 곳에는 돌기둥 100여 개가 환상열석을 이룬다. 주변에는 그런 돌이 없으니 멀리서 끌어다 세운 것이 틀림없다. 돌에는 해석불능의 무늬(?)가 새겨져 있는 것도 많다. 동쪽으로 계속 차를 달리면 스페인과의 국경 마을 몬사라즈(Monsaraz)에 환상열석이 또 발견된다. 놀라운 것은 지도상에서 서로 50km나 떨어져 있는 두 개의 환상열석을 연결한 직선 위에 Evora의 고인돌이 위치해 있으며 동시에 복도통로는 동쪽 Monsaraz의 환상열석을 향하고 있다는 사실이다. Monsaraz의 것은 댐 건설로 지금은 조금 옆 동네로 옮겨져 있다. 고인돌의 용도는 회당인지 무덤인지 신전인지 추측이 어렵지만 거대한 조직이 아니고는 축조가 불가능하다. 그 먼 곳까지 양 팀이 무슨 통신수단을 사용했으며 어떻게 왕래하면서 통일된 건축물을 완성했을까? 기중기도 없이 어디서 그 큰 바위를 옮겨다가 무슨 수로 수직으로 세웠을까? 건설사 사장 역할을 한 제사장 혹은 추장은 과연 몇 명이나 통치하고 있었기에 그 정도의 건설인력을 관리하면서 오늘날까지 멀쩡한 건축물을 완공할 수 있었을까?

늘의 현상을 이해하기가 훨씬 쉬워진다. 여기서 우리는 아주 먼 옛날 조상들이 조직을 어떻게 만들어 활용했고 어떤 과정을 거쳐 점점 더 세련된 조직으로 발전시켜 왔는지 살펴봄으로써 앞으로 배울 현대 조직행동론 공부의 발판으로 삼으려 한다. 이야기 1.10

고 대

이집트의 기자 지역에 B.C. 2551~2528년에 걸쳐 건설된 체옵(Cheops)왕의 피라미드는 13에이커의 땅에 2~15톤의 바위를 약 230만 개나 쌓아서 만든 것이다. 넓이는 사방 230미터, 높이는 146미터나 된다. 8,000여 명의 채석팀은 나일 강 하구에서 약 사흘 길이나 되는 채석장에서 바위를 떼어 내어 이를 운반하고 쌓았다. 건설 노동자들은 빵 서너 덩어리와 맥주 4L를 일당으로 받았다. 2021년 2월 5,000년 전에 조성된 대형 맥주공장이 발견되었다. 빵 굽던 대형솥은 훨씬 이전에 발견되었다. 노예가 아닌 일반 노동자들이 일했다. 이런 규모의 피라미드 한 개를 건설하려면 연 인원 10만 명의 인부가 10~20년 동안 노동해야 가능하다. 어림잡아도 10만 명으로 구성된 건설조직이 20년 동안 존재했던 것이다. 그런데 지금까지 발견된 이집트의 피라미드는 138개나 된다. 그런가 하면 프랑스의 서부 대서양 근처 꺄르낙(Carnac) 지방의 평야를 달리다 보면 까닭 모를 거대한 돌비석들이 일렬로 늘어서 있는 것을 볼 수 있다. 그중 큰 것은 높이가 23미터, 무게가 320톤이나 된다. 무려 2,730개의 돌기둥이 39줄로 평행하게 서 있다. 언제, 누가, 왜 세웠는지 정확히 알 수 없지만 분명한 것은 그 돌기둥 한 개를 세우는 데 300명이 동시에 힘을 합해야 가능했다는 사실이다. 구석기시대의 인간 화석들의 뼈를 재어 보면 현대인보다 더 크지는 않았기 때문이다.

이러한 일을 효과적으로 하기 위해 옛사람들은 오늘날의 조직행동론 책에 나오는 많은 이론들

이야기 1.11 모세의 조직관리

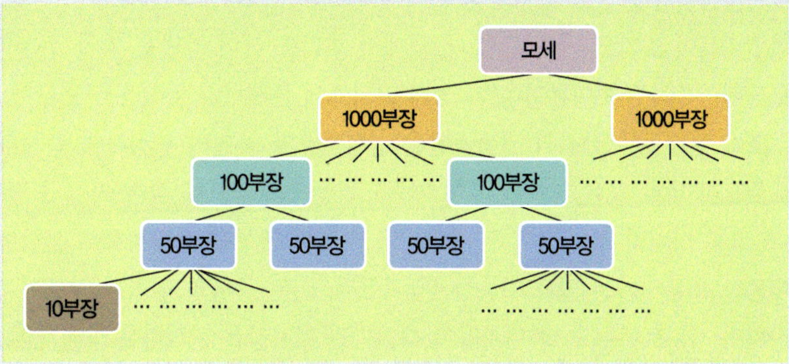

B.C. 1,450년경에 기록된 구약성경에 나오는 조직관리방식은 다음과 같다. 시나이 반도에서 모세가 백성들을 재판하려고 앉았는데 소송거리가 너무 많았는지 많은 사람이 밀려왔다. 이를 본 모세의 장인 이드로가 모세에게 말한다. "이 일이 그대에게 너무 중함이라. 그대가 혼자 할 수 없음이라.....그대는 또 온 백성 가운데서 재덕이 겸전한 자, 곧 하나님을 두려워하며 진실무망하며 불의한 일을 미워하는 자를 선택해서 백성 위에 세워 1000부장과 100부장과 50부장과 10부장을 삼아 그들로 때를 따라 백성을 재판하게 하라(수직적 계층조직) 무릇 큰일이면 그대에게 베풀 것이고(예외의 관리법칙) 무릇 작은 일이면 그들이 스스로 재판받을 것이니(권한위임의 법칙)"— 출애굽기 18장 18~22절

을 이미 사용하고 있었다. 피라미드에 쓰일 돌을 떠내러 가던 8,800여 명의 채석팀은 오늘날 대형 건설업체의 부서만큼 나누어져 있었다. 그중에는 설계팀, 채석팀, 운반팀 이외에도 제사 지내는 팀, 취사팀, 심지어는 돌 운반 시 피리를 불어 흥을 돋우는 모티베이션 팀도 있었다. 또한 이스라엘 역사 초기에 있었던 일을 B.C.1500년경에 기술한 구약성경 출애굽기에 보면 모세의 장인 이드로는 모세에게 시나이 반도 광야에서 방황하는 이스라엘 백성을 다스리는 계층조직과 권한위임방법을 알려 주고 있다. 이 모두는 조직행동론의 많은 원리가 인간에 의해 발견되고 사용된 것이 어제오늘의 얘기가 아님을 시사한다. 이야기 1.11

그리스 - 로마시대

B.C. 400년에서 A.D. 500년경까지 약 1,000년 동안 역사의 중심은 유럽의 지중해 변에 머물러 있었는데 그동안 그리스와 로마 양대 국가에서 개발되고 발전된 많은 제도와 사상은 오늘날의 조직행동 학문 내용의 많은 것과 일맥상통한다. 예를 들어 로마 케사르(J. Caesar) 군대의 조직편성을 보면 오늘날 회사의 조직도와 흡사하다. 맨 위에 장군이 있고 바로 아래에 장군을 보좌하는 경험이 많은 나이 든 군인으로 구성된 참모들이 있다. 참모 아래에는 현장에서 부대를 이끄는 대대장, 중대장, 소대장 급의 리더가 있고 이런 식으로 계속 편성되어 최전방에서는 적과 대치하는 사병이 위치한다. 물론 사병도 말을 타는 기병은 맨 앞에 선다. 그리고 전체 로마군을 지휘하는 최고사령관이 오늘날처럼 참모총장 한 명이 아니라 5~6명이 팀을 이뤄서 '장군팀'이 존재하는 기간도 많았다는 사실은 현대의 군대보다 더 세련된 측면도 없지 않다. 현대인들은 지금에 와서야 리더가 한 사람 있는 것보다 다수의 리더팀을 조직하여 집단리더십(collectivistic leadership)을 발휘하는 것이 좋다고 주장한다.[21]

민주주의를 발전시킬 수 있었던 오스트라시즘(추방제도)은 집단으로부터의 소외와 고립이 얼마나 큰 벌인지를 알고 있었음을 말해 주는 한편, 그리스 아테네 신전건설 지역의 빵 굽는 집에서 여인네들이 밀가루 반죽을 할 때 옆에서 피리를 불어 장단을 맞춰 주는 전통이 있었는데 이것은 모티베이션의 기초이론이 이미 고대 그리스에 존재하고 있었음을 뜻한다.

로마 황제들은 자신의 권력기반을 강화하고자 국민의 관심사를 축제와 스포츠에 쏠리도록 유도했으며 네로 같은 황제는 유대 기독교인을 희생양으로 삼아 자신의 권력을 유지하려고 시도했다. 그뿐 아니라 로마 정부는 식민지에 파견된 총독을 정기적으로 본국에 불러들였고 한곳에 오랫동안 주둔시키는 일을 가능한 한 피했다. 이는 중앙의 권력이 약해지는 것을 미리 방지하려는 정치적 시도로서 오늘날 대기업이 해외파견 지사장을 관리하는 방식과 유사하다.

중 세

이 시기는 주로 고대와 마찬가지로 지방의 소도시에 재래식 시장이 열리면서 농·축산물의 교환이 고작이었다. 중세 유럽의 장원이 평화로운 집단생활을 유지할 수 있었던 까닭은 오늘날 산업화 초기시대의 기업이나 중소기업에서 볼 수 있는 가부장제(家父長制: paternalism) 관리 덕분이었다. 성주(城主)는 농민들을 대가족의 부모처럼 보호해 주고 농민들은 성주에게 충성을 다하며 삼포제(三圃制)로 전원 경작을 하며 모두 한 가족처럼 주일날 공동으로 예배드리는 종교적 경영집단이라고 할 수 있는 근대적 농업경영조직도 많았다.

이야기 1.12 세상에서 가장 오래된 기업

일본에는 오래된 회사와 가게가 1만 5,000개가 넘는다. 교토의 도라야 구로가와 제과점은 1,200년이 되었고, 히라이즈 에이도 약방은 1,000년이 되었다. 세계에서 가장 오래된 기업도 서기 578년에 설립한 일본의 '곤고구미(金剛組)회사'라고 영국의 이코노미스트지가 공식적으로 인정했다. 결국 이 회사는 지금까지 1,400년 넘게 장수하고 있는 것이다. 이 기록은 유럽에서 가장 오래된 회사인 프랑스 포도주 회사 샤또 드 굴렌(Chateau deGoulaine)의 창립연도(서기 1000년)보다 422년 앞선다.

곤고구미사는 건설업, 그중에서도 사찰이나 성곽을 지어 주는 회사였지만 요즘은 아파트와 빌딩 등 현대식 건설사업도 하고 있다. 유명한 오사카 사천왕사(**사진**)도 서기 593년에 이 회사가 지었다. 1995년 고베 대지진 때에 곤고구미가 지은 계광원도 피해를 입었다. 담장 30미터가 무너지고 묘지의 부도탑들이 넘어졌는데 대웅전은 멀쩡했다. 서까래 일부가 뒤틀렸지만 1년 후에 제자리를 찾았다. 그래서 "곤고구미가 지은 건물이 무너지면 일본이 무너진다."라는 말이 있다. 곤고구미사도 1930년 중일전쟁 때 모든 공사가 중지되는 바람에 대가 끊길 위험에 처했던 적이 있다. 37대 CEO 곤고(金剛) 모사이지는 조상님께 부끄럽다고 할복자살을 했다. 그런데 대지진에도 꿈쩍 않는 수많은 사찰을 건설한 이 회사의 설립자들이 일본으로 건너간 백제의 장인 유중광(柳重光: 일본명 金剛重光)을 비롯한 세 명의 장인이라는 사실이 세상에 알려지지 않은 것은 안타까운 일이다. 당시 쇼토쿠 태자는 백제의 건설기술이 앞선 것을 알고 사찰 건설 기술자를 파견해 달라고 요청했다. 통신사와 함께 일본으로 건너간 세 명의 장인 중 유중광은 사찰 건립 후 태자로부터 곤고(金剛)라는 성과 함께 많은 혜택을 받고 대대손손 사찰의 건축과 유지보수를 부탁받고 사찰건설 전문업체를 창업한다. 그리고 유씨 가문은 2006년 1월까지 1,400여 년간 그 약속을 지켜 오다가 버블경제 당시 무리하게 사들인 토지 값이 폭락하는 바람에 2006년 이후 오사카 중견건설사인 다카마쓰(高松)회사에 합병되어 신(新)곤고구미로 명칭이 바뀌었다. 우리 조상이 설립한 기업이 세상에서 가장 오래되었다니!

십자군전쟁 이후 상업도 성행하여 이탈리아 상인들이 고안한 복식부기 회계방식이나 한 시간에 목조군함의 조립을 끝내는 베네치아 공화국의 분업적 생산라인 방식은 현대 경영의 굳건한 토대가 되었다. 십자군전쟁의 실패는 유럽인들의 신본주의(神本主義)를 인본주의, 과학주의로 바꾸어 놓았는데, 그 결과 신기계가 많이 발명되었고, 이보다 앞서 시작된 수차례의 십자군 원정 덕분에 유럽보다 앞섰던 중동의 물질문명이 암흑세계에 살던 유럽인들의 물질수요를 자극하였으며, 전쟁에 편승한 무역업자들의 활동으로 동서교류가 확대되었다. 또한 지방 영주들은 자본가를 자청하였고, 농업기계혁명으로 농촌을 떠나 도시로 간 농민들은 도시의 공장에 풍부한 노동력을 제공한 덕분에 짧은 기간 동안 많은 공장이 생겨나고 수많은 임금노동자가 탄생하는 산업혁명이 꽃을 피우게 되었다. 이야기 1.12

산업혁명기

산업혁명기에 많은 제조업자들이 이 땅에 존재하면서부터 기업경영의 역사는 참으로 놀라운 발전을 거듭하였다. 기업의 수와 규모는 물론 기업경영의 목표나 기술의 사용과 발전 면에서도 꾸준한 변신을 해 왔다. 사실상 산업혁명은 가내수공업자들이 물품을 한두 개씩 만들어 시장에서 교환하던 가게(shop)경영으로부터 대량으로 생산하는 공장(factory)경영 시스템으로 바꾸어 놓았고 경영활동도 과거에 숙련공 기술자 몇몇에 의존하던 것을 이제 기계적 생산을 도와주기만 하는 미숙련공의 관리로 초점이 옮겨졌다.

네덜란드의 튤립투기 광풍도 오늘날의 가상화폐 투기를 연상하게 하지만 특히 동양의 향신료나 후추에 광분하던 유럽인들 덕분에 향신료 무역은 동서교류를 가속화시키면서 기계문명의 발전이 지속되었다. 그리고 많은 공장들은 대규모 생산으로 규모의 경제(economy of scale)에서 오는 이익과 함께 기계 설비를 장시간 쉬지 않고 가동할 수 있었기에 더욱 많은 수입을 올릴 수 있었다. 기업활동이 확장됨에 따라 원료 구매단위를 늘리고 한 사람의 노동자에게 한 가지 일만 전문적으로 맡김으로써 작업의 효율성을 높일 수도 있었다. 산업혁명의 속도는 유럽과 미국을 중심으로 1800년대 말까지 점점 가속화되고 철 생산의 증가로 인한 철도, 교량, 철선, 증기 기관차의 증가는 물류수송의 효율화도 가능케 했다. 이와 함께 산업화가 한창이던 시절에 분업의 창시자 애덤 스미스(A. Smith)는 영국의 공장주들에게 분업과 경영의 자세를 일목요연하게 강조했으며, 공상적 사회주의자 로버트 오웬(R. Owen)은 불과 열여덟 살에 스코틀랜드에 직물공장을 운영하면서 직공들의 노동조건 개선을 위해 매우 많은 활동을 펼쳤다. 1789년 오웬은 기업주들이 열 살 미만의 아동을 고용하여 열악한 작업환경에서 13시간 이상 노동을 시키는 것을 발견하고, 기계는 비싼 것으로 사고 노동자는 비천하게 대우한다며 사용자들을 공격했다.[22] 이야기 1.13

근대 이후

이와 동반하여 자연적으로 출현한 것이 기업가정신(entrepreneurship)이다. 수많은 기업들이 19세기 후반까지 영미 대륙에 창궐하게 되는데 이들은 상업성이 높은 제품의 생산뿐만 아니라

이야기 1.13 산업혁명의 유산

다음은 빌레르메(Villerme) 의원이 프랑스 한림원에 제출한 당시의 노동실태보고서 일부이다.

"수많은 아이들이 피골이 상접하여 누더기를 걸치고 신발도 없이 비를 맞으며 진흙탕을 걸어서 공장으로 들어온다. 이들은 모두가 빵 한 덩어리씩 받는데 하루 종일의 식사 대신 지급된 것이다. 이들은 매일 16~17시간씩 서서 일하며 그중 적어도 13시간은 밀폐된 공장에서 한 자리에 서서 같은 일을 반복한다. 이것은 노동이 아니라 차라리 고문이다. 6~8세 사이의 아이들은 거의 영양실조상태에서 걸인처럼 옷을 입고 집에서 공장까지 걸어오기 위해 새벽 5시에 집을 나선다. 부모들은 가족의 생계 때문에 어린 자녀들을 학업을 중단시키고 공장으로 보낸다."

새로운 제조기술의 도입에 주저함 없이 붐을 이루면서 현대적 경영의 물꼬를 트는 데 많은 공헌을 하였다. 그들의 대표적 활약상을 간단하게 나열해 보자.

- 휘트니(E. Whitney)는 부품의 표준화라는 길을 터놓았다.
- 맥코믹(R. McCormick)은 밀 수확 노동 시 말의 힘에만 의존하는 기계를 고안했고, 그의 아들인 C. McCormick은 그 기계를 대량으로 만들어 상품화하였다. 1902년에 그의 회사제품이 미 대륙 전체 농가 농기구의 35%를 차지하게 된다.
- 모건(J.P. Morgan), 카네기(A. Carnegie) 등은 새로운 사업이라면 앞장서서 기업을 만들고 합병과 신산업 투자도 주저하지 않는 사업가들이었다.
- 록펠러(J.D. Rockefeller)는 책방을 해서 모은 돈을 정유업에 투자하였으며 31세에 세계 최고의 부자가 되었다.

이들이 기업을 키우기 위해서 저지른 비리도 있을 것이며 사회적 책임을 완전하게 감당했다고는 볼 수 없지만, 이들의 기업가정신으로 인하여 오늘날 많은 기업들이 성장할 수 있었고 새로운 공산품들이 사회에 쏟아져 나왔으며 적어도 물질적 생활수준이 훨씬 빠르게 상승할 수 있었다.

2 현대 조직행동론의 전개과정

최근 100여 년간 발전되어 온 조직 관련 이론들을 어떤 하나의 기준에 의해서 분류하는 작업은 그리 쉬운 일이 아니며 아직 학자들 간에 통일된 분류방법도 없다. 대개 지금까지 나온 분류기준을 보면 시간적으로 단순히 나열하든지 크게 유행했던 이론을 중심으로 분류하든지 학파를 중심으로 나누는 방식이 있다. 그중 어느 것을 따르더라도 어느 한 시점으로 보면 여러 이론들이 겹쳐 있음은 물론이요, 그들 간의 경계선도 매우 애매하다. 여기서는 능률과 합리성을 강조한 연구,

조직구성원의 인간성을 강조한 연구, 조직과 의사결정을 중시한 연구, 외부환경 적응을 강조한 상황론적 연구로 크게 분류하여 설명하려 한다. 오늘날의 조직연구 흐름들은 모두 이들에게서 파생되었다고 볼 수 있다.

경제성과 효율성 강조시대

19세기 말의 경영 현실은 매우 비과학적이고 뚜렷한 원칙도 없이 자의에 의해 이리저리 흔들리는 소위 배회경영(표류경영: drifting management)이었기에 모순과 문제가 많았다. 당연히 이에 대한 반작용으로 매우 합리적으로 조직을 운영해 보려는 시도가 속속 출현했다. 이들 중 대표적 영향을 끼친 학자와 그들의 주장을 배워 보자.

과학적 관리

20세기 전후 미국을 중심으로 대규모 기업과 공장, 그리고 철도, 도로, 통신 등 산업화를 가속화하는 사회간접시설도 급격하게 증가하였다. 그러나 당시 근로자들은 교육수준이 아주 낮았고 경영자들도 제대로 정리된 경영지식을 대할 기회가 없었던지라 기업은 단지 상식과 경험에 의해 운영되었다. 더구나 유럽 등지에서 계속 밀려오는 이민노동자가 넘쳐났으며 대기업들 간의 인건비 절감을 통한 이익경쟁으로 노동자들의 임금이 매우 낮았기 때문에 노사문제도 심각한 지경에 다다랐다.

이러한 상황에서 주물공장 견습공으로 입사한 테일러(F. Taylor)의 눈에 사람들이 노동하는 모습 중 비능률적 요소가 너무 많아 보였다. 원래 퀘이커교도 집안에서 태어나 규칙생활을 하고 술도 커피도 안 마시는 깐깐한 성격의 소유자인 그가 합리적 경영에 관심을 가진 것은 당연한 일이었다. 현대 경영학의 효시를 이룬 『과학적 관리(*Scientific Management*)』의 저자답게 그는 「과학적인 삽질법」이라는 논문까지 발표하면서 합리적인 관리방식과 작업방식을 주창하였다. '현대 경영학의 아버지'로 불리고 있는 테일러가 주장한 핵심은 다음과 같다.[23]

- 과학적 작업방식의 연구: 능률적 작업을 위해 작업방식을 면밀히 분석하여 가장 합리적 방법을 찾는다.
- 과학적인 근로자 선발: 근로자 선발부터 해당 작업에 알맞은 체격과 성격을 소유한 사람을 선발한다.
- 성과급제도: 시간제 임금보다는 생산량에 따라 임금을 지급한다.
- 관리활동의 분업: 한 감독자가 모든 근로자를 관리하는 것이 아니라, 과업성격에 따라 기능별로 나누어 맡는다.

테일러의 주장은 초기에 노동자들의 반감을 샀지만 꾸준한 그의 노력에 의해 점차 모든 기업계로 전파된다. 그뿐 아니라 다른 연구자들도 자극하였는데 길브레스(F.B. Gilbreth) 부부의 동작연구(motion study)는 벽돌공장 인부들의 작업활동을 느리고 긴 동작에서 빠르고 짧은 동작으로 능률을 올리게 하였으며, 간트(H. Gantt)는 작업시간 단축을 위한 시간연구(time study)의 일환으로 작업공정을 합리화하는 간트 차트(Gantt chart)를 만들어 경영을 과학화하였다.

그 후 포드(H. Ford)의 자동차 생산관리방식은 과학적 관리의 꽃이라고 할 수 있을 정도로 컨베이어벨트 시스템을 사용한 소위 3S—간소화(simplification), 표준화(standardization), 전문화(specialization)—를 실천하기에 이르렀다. 포드자동차 공장의 T형 자동차는 값싸고 튼튼하게 대량생산하여 박리다매(薄利多賣)로 성공함으로써 과학적 관리가 기업조직의 관리방식으로서 확고한 기반을 다지게 되었다.

아울러 당시 함께 발전한 심리학이나 인간공학(human engineering)의 연구결과들을 생산공장의 작업자에게 적용하여 작업자의 피로를 가장 최소화할 수 있는 작업방식을 찾아내는 피로연구, 작업자가 공장 내에서 최단거리로 움직이도록 하는 작업장배치(lay-out)연구, 작업자에게 가장 적정한 조명과 적정온도에 관한 연구 등을 실행하고 적용하였기에 이 시기를 통틀어 과학적 관리시대라고 일컫는 것이다. 이야기 1.14

그러나 풍부한 노동력과 대기업들의 원가(인건비)절감경쟁, 그리고 생산성과 작업능률만을 강조한 결과 근로자의 인격은 무시되었고 테일러가 주창한 효율적 노동에 의한 이익의 공정 분배와 노사협조의 취지가 자취를 감추게 된다. 이에 노동자들의 불만은 커지고 사방에서 '인간의 기계화', '경제적 동물 취급', '노동 착취'라는 말이 불거져 나오면서 과학적 관리법의 맹신에 회의를 품

이야기 1.14 20세기 인류 최고의 공헌자

현대의 최고 경영학자인 고(故) 피터 드러커(P. Drucker)는 "양심 있는 지식인이라면 20세기 인류사회에 가장 큰 공헌을 한 인물이 누구인지를 솔직히 인정해야 한다."라고 했다. 그가 지칭하는 최고의 공헌자는 경영학자도 정치가도 아니며 대학 졸업장도 받지 못한 주물공장의 일개 감독자로, 유복한 가정에서 태어났지만 시력이 나빠 하버드 법대를 중퇴하고 고교 졸업장만으로 공장에 취업했던 엔지니어였다. 퀘이커교도인 법률가 아버지와 청교도 이민자인 어머니 덕분에 철저한 근면과 절도 있는 생활이 몸에 배어 술과 커피와 담배는 입에 대지도 않는 사람이었다. 고교 졸업자로서 그가 써서 발표한 논문은 '과학적 삽질법'이다. 삽질하는 것도 여러 개의 동작으로 끊어서 보면 가장 효율적인 동작을 찾아낼 수 있다고 주장했던 그의 이름은 프레데릭 테일러(F.W. Taylor)이다. 1911년에 출간되어 100년간 읽힌 그의 책『과학적 관리법』의 서문은 이렇게 시작된다.

"나는 다음과 같은 목적에서 이 책을 쓴다.

- 우리의 일상생활에서 발생하는 비능률로 인하여 나라 전체가 입는 커다란 손실을 방지해야 한다.
- 이 비능률을 치료하려면 비상한 인재를 찾는 것보다 체계적인 관리 시스템을 수립해야 한다.
- 최선의 경영은 명확하게 정의된 법칙과 원칙을 기반으로 하는 것이며, 과학적 관리의 기본원칙은 일상생활에서부터 회사업무까지 모든 인간활동에 적용될 수 있다."

이야기 1.15 오해와 진실

'T형 포드'의 생산은 1908년에 시작됐다. 생산 첫해 대당 850달러에 6만 대가 팔린 T형 포드는 15년 뒤 150달러에 230만 대가 팔렸다. 포드는 "기술을 인간으로부터 분리시켜야 한다."는 당시 주류 경영철학에 반기를 들고 오히려 노동과 기술은 하나가 되어야 한다고 봤다. 그는 이를 실현했고 그가 개발한 노동양식을 '결합노동'이라 부른다. 그러나 찰리 채플린의 1936년 영화작품 「모던 타임즈」는 '컨베이어벨트 앞에 서서 기계와 하나가 된 인간은 행복한가'라는 질문을 던진다. 물론 답은 '그렇지 않다'이다. 기계를 떠나야 한다는 강한 메시지이다. 이리저리 몰려다니는 양 떼에 지하도에서 우르르 쏟아져 나오는 노동자들을 비유한다. 카메라는 기계화, 표준화, 익명화된 산업사회 노동자의 불행을 놓치지 않는다. 같은 동작을 수없이 반복하는 노동자의 모습은 예술가 채플린이 현기증을 느끼기에 충분했을 것이다. 하지만 채플린은 한 가지를 생각하지 못했다. 바로 노동자의 임금 상승이다. 포드는 새로운 시스템에 적응하지 못하고 회사를 떠나는 노동자를 붙잡기 위해 임금을 단숨에 두 배로 올렸다. '중산층'이라는 부유한 노동자 계층이 생겨난 것도 그 덕분이다. 인간에게 유익한 도구가 잘못 사용되면 전쟁무기가 되듯이 테일러의 과학적 관리법에는 아무런 잘못이 없었다. 그는 노동자의 기계화가 아닌 노사 공생(共生)을 목적으로 한다. 기계화로 대량생산을 하면 수요가 증대된다고 보고, 싸게 대량으로 유통되면 일 년에 구두 한 켤레를 신던 소비자들이 대여섯 켤레를 신을 것이라고 했다. 컨베이어벨트로 효율성 극대화, 불필요한 행동의 제거, 철저한 분업과 전문화, 차별 성과급제를 통해 능률을 올리는 길만이 노사가 공동 번영할 수 있다는 주장을 편 테일러의 과학적 관리법을 인간의 자율성과 기계적 효율만 강조했다는 단순한 생각으로 무조건 비판해서는 안 된다.

기 시작하였다. 아울러 대중과 함께 지식인들도 합리성과 경제성을 내세우며 대기업의 성장을 주도하는 세력에 대해서 저항감을 표출하게 된다. 이야기 1.15

일반관리론

과학적 관리가 맹위를 떨치던 비슷한 시기에 프랑스의 페욜(H. Fayol)이라는 경영자는 경영의 문제를 작업장이나 생산근로자의 작업방식에 국한하지 않고 기업 전체 또는 모든 조직체의 경영이라는 '일반관리(industrial and general management)'로 확장시켜 경영자는 어떤 일을 해야 하고, 조직은 어떻게 짜야 하며, 바람직한 관리원칙은 무엇인지에 대해 연구를 한다. 페욜은 당시 CEO 집안에서 태어나 어려서부터 최고경영자의 입장에서 모든 것을 관찰했으며 일류대학 졸업 후 대규모 광산업체의 전무이사로 있으면서 단순한 작업감독자가 아닌 전반 경영자로서 조직의 경영을 바라보았던 것이다.

그는 우선 관리의 대상은 기업뿐 아니라 정부, 가정, 병원 등 모든 조직을 포함한다고 보았으며 중요한 관리활동은 다음의 6가지로 요약된다고 그의 책에 서술하고 있다.[24]

- 기술활동(technology: 생산, 가공)
- 상업활동(commerce: 구매, 판매)
- 회계활동(accounting: 대차대조표 작성, 손익계산)
- 재무활동(finance: 자본 조달, 자금 운용)
- 보전활동(security: 자산보전, 재고관리, 종업원 보호)
- 경영활동(administration: 계획, 조직, 지휘, 조정, 통제)

이야기 1.16 맥도널드 사관학교

전 세계 3만 6천여 개 매장에서 같은 재료로 만든 같은 맛의 패스트푸드를 같은 가격에 제공함으로써 통일성과 표준화로 성공한 맥도널드 운영모델은 맥도널드 사관학교라는 사내 훈련원과 맥도널드 올림픽이라는 사내 경진대회에서 굳어진다. 맥도널드에 들어서는 고객은 자신도 모르는 사이에 치밀하고 규격화된 통제를 받는다. 줄을 선 다음 카운터에서 산 음식을 딱딱한 의자에서 빨리 먹고 빈 그릇을 지정된 퇴식구와 쓰레기통에 버리고 나가야 한다. 마치 로봇들의 움직임과 같다. 종업원들도 마찬가지이다. 정해진 손놀림과 몸동작 하나하나가 획일화된 공식과 고도의 통제하에 이루어진다. 이제 맥(Mc)은 신속하고 표준화된 서비스의 대명사가 되었다.

도표 1.4 모든 조직의 관리에 통하는 14가지 원칙

1. 분업화: 모든 작업은 분업화·전문화되어야 한다.
2. 권한과 책임: 상급자는 명령권을 가지되 책임도 따라야 한다.
3. 규율: 사원들은 정해진 규율을 지켜야 한다.
4. 명령통일: 어떤 일의 지시든지 한 사람의 상사로부터만 받아야 한다.
5. 지휘통일: 하나의 과업은 한 사람의 상급자에 의해 하나의 계획으로 작성되고 지휘되어야 한다.
6. 조직목표 우선: 개인목표가 조직목표, 단체목표보다 우선될 수 없다.
7. 공정보상: 보상은 조직, 주주, 노동자 모두를 만족시키는 수준으로 적절하게 정해져야 한다.
8. 집권화: 권한위임은 상황에 따라 적정수준으로 유지되어야 한다.
9. 계층화: 조직의 지시, 의사소통, 정보전달 등은 계층별 연결망을 통하여 이루어져야 한다.
10. 질서와 순서: 조직 내 모든 인적·물적 자원은 순서에 의해 질서정연하게 배치·배분·사용되어야 한다.
11. 공정: 상급자는 모든 하급직원을 공정하게 대해야 한다.
12. 고용보장: 이직률을 낮추고 사원들에게 고용 안정을 확신시키는 것이 바람직하다.
13. 자율권 부여: 구성원에게 자율과 결정권을 부여함으로써 만족과 창의력 개발을 유도한다.
14. 협동심 부여: 구성원들의 단결과 조화를 유지함으로써 동기부여와 시너지 효과를 누리도록 한다.

이 중에 여섯 번째의 경영활동(administration)은 오늘날 경영의 핵심을 이루고 있는 활동이다. 페욜은 조직의 규모가 확대됨에 따라 업무담당자의 수가 늘어나고 실무자들의 관리가 필요하다고 생각하여 경영활동을 완수하기 위한 14가지 경영원칙(principles of administration)을 제시하였다. 이 원칙의 대부분은 현대경영에서도 매우 중시되는 것들이지만 학자들로부터는 칭송과 함께 비판도 많이 듣는다. 비판자에 의하면 14가지 원칙은 서로 간의 구분과 경계가 애매모호하여 비슷한 것들도 있으며 또 어떤 것들은 서로 이율배반적이라서 한 가지 원칙을 지키려면 다른 원칙은 파괴될 수밖에 없다는 것이다. 도표 1.4 이야기 1.16

관료제론

테일러의 이론이 감독자가 작업인부를 관리하는 좁은 의미의 관리에 관심을 둔 것이었다면, 페욜은 시야를 넓혀 회사의 전반적 관리기능, 즉 오늘날 말하는 경영에 관심을 두었다고 볼 수 있다. 이에 비하여 20세기 초 독일의 사회학자 베버(M. Weber)는 조직구성원들 간의 권력관계를 연구하여 권한구조(authority structure)이론을 정립했다고 할 수 있다.[25]

베버는 미리 정해진 규칙과 법에 따라 운영되는 관료제 조직(합법적 조직)이 시대와 공간을 초월하여 언제 어디서나 가장 합리적이라고 주장했다. 관료제(bureaucracy)란 'bureau(사무실, 책상)'와 'cracy(kratia: 관리, 지배)'의 합성어로서 사무실 책상에서 미리 규정과 절차를 정해 놓고, 현장실무를 수행하는 구성원은 그 법에 따라서 준법행동만 해야 한다는 뜻이다. 그가 주장하는

이야기 1.17 **규제 철폐**

수년 전 전남 목포의 대불공단 진입로는 양쪽의 전신주 때문에 선박제조용 대형 건조물과 크레인이 지나려면 운전기사들은 항상 곡예를 해야 했다. 이 전신주를 옮겨 달라고 관계당국에 건의를 한 지 8년이나 미루어 오던 전신주의 이전은 대통령의 지적이 있은 후 5일 만에 이루어졌다. 총 공사기간은 다섯 시간에 불과했다. 정부기관의 업무는 분담되어 있고 책임한계도 엄격하게 분리되어 있는 데 따른 불합리였다. 도로는 한국도로공사가, 전신주는 한국전력이, 운송은 운수회사가, 공단은 산업자원부가 관할하기에 서로 연결이 어렵고 책임을 미루었기 때문이었다. 관료제가 잘못 운영되면 목표는 눈앞에 두고도 정해진 실천방식에 얽매여 옴짝달싹 못하고 시간만 보낸다. 관료제의 병폐는 고질병인가?

- 원칙만 고수하다가 원래의 목표의식을 상실한다.
- 다른 분야에 문외한이 되어 나무만 보고 숲에는 무관심이다.
- 책임한계를 명확히 하려고 모든 것을 공문과 기록으로 증거를 남긴다. 그러다 보니 번문욕례, 문서다작주의(Red Tape)에 빠진다.
- 개인 사정보다 원칙의 준수로 몰인격성, 인간성 상실을 초래한다.

조직관리의 모델이 되는 규정과 절차로는 다음과 같은 것이 있다.

- 준법성의 원리
- 분업의 원리
- 사적(私的) 관계나 인정의 배제
- 수직계층의 원리
- 문서화 · 공식화 원리

한편, 관료제이론도 인간의 정서적 · 감정적인 측면을 지나치게 배제하고 조직구성원을 공식과 규정에 의해 움직이는 꼭두각시 취급을 했다는 비판을 받을 만하다. 그뿐 아니라 규정에 너무 집착하다 보면 조직이 경직화되어 상황 변화에 대처하는 융통성이 부족해질 뿐만 아니라 상황적 재량권의 폭이 좁아지고 다양성과 창의성 개발이 제한을 받게 되는 단점이 있다. 지자체나 정부조직이 관료적으로 운영될수록 더 효율적이어야 함에도 불구하고 실제로는 이용고객들의 감정적 불만이 빈번해지고 성과도 더 낮은 것으로 나타나는 것이 현실이다. 이야기 1.17

인간심리와 상호관계 강조시대

회사나 조직의 인간적인 측면에 관심을 두기 시작한 것은 인간관계운동, 행동과학, 산업심리학이 대두된 20세기 초 무렵부터라고 할 수 있다. 그러나 1930년대까지는 이렇다 할 두각을 보이지 못했고, 산업심리학 관련 서적의 출판, 인사관리부서의 설치, 노동조합 관련 법률의 신설과 개정 등으로 조직에서 인간자원이 얼마나 중요한가를 알려주는 사건은 많이 있었다.

초기의 연구들

19세기 후반까지 있었던 노동운동의 결과로 20세기에 들어서면서 노동자복지를 관할하는 부서들이 기업 내에 설치되어 근로자의 작업환경, 주거문제, 교육, 오락, 의료생활을 지원하는 등 오늘날 인사부서에서 담당하는 역할을 맡게 되었다. 이어서 1913년에는 뮌스터버그(H. Munsterberg)가 『심리학과 생산효율성(*Psychology and Industrial Efficiency*)』을 펴냄으로써 산업현장에서의 인간행동을 과학적으로 연구하고 심리학적으로 해석하는 산업심리학에 대한 관심이 증가하였다. 예를 들면 그는 사원 선발에 심리테스트를 적용하는가 하면 교육훈련에 학습이론을 응용하고 사원들의 동기부여를 위해서는 인간행동에 관한 연구가 필요하다고 주장하였다.[26]

테일러, 페욜, 베버는 과업과 조직구조 등의 합리적이고 과학적인 설계가 조직의 핵심이라고 보았기에 인간이 그 중심이라는 생각을 못 했으며, 특히 인간은 기계나 과학과 달리 '사회적 동물'이라는 사실을 등한시했다. 이에 반해 폴렛트(M.P. Follett)나 바나드(C. Barnard)는 조직의 '사회적 · 인간관계적 측면'을 강조한 초창기의 학자로서 1930년대가 되어서야 세간의 관심을 끌기 시작한다.

과학적 관리법이 난무할 때 여성철학자 폴렛트는 경영자는 부하들과 결국 한 집단에 속하기 때문에 자신의 공식적 권한에 의존하기보다는 서로를 파트너로 생각하고 집단의 규범을 활용해서 조직을 운영해야 한다고 했다. 이러한 그녀의 생각은 후에 서양 기업인들로 하여금 일본적 집단경영에 눈독을 들이게 하는 원동력이 되었다.

기업을 처음으로 조직관점에서 관찰한 실무자였던 바나드는 베버를 신봉하기는 했지만 조직을 인간적 협동이 필요한 사회적 시스템으로 보고 기업조직 안에서는 항상 구성원들의 상호작용이 있기 때문에 그들과 커뮤니케이션 함으로써 모티베이션을 자극하고 그들의 협조를 얻어야만 성공할 수 있다고 주장했다.[27] 그뿐 아니라 공급자나 고객, 투자자, 지역사회 같은 조직외부와의 관계도 잘 형성하여 그들로부터 받는 만큼 회사도 베풀어야 균형을 유지할 수 있고 그래야만 조직이 잘된다고 주장함으로써 기업조직에 대한 외부환경의 영향을 강조한 초창기 인물이 되었다.

인간관계론

서구의 선진 기업들에서 기계화가 진전될수록 새로운 문제가 발생하기 시작했는데, 다름 아닌 조직과 개인행동에 관한 과학적 관리법에 의문이 제기되었다. 때마침 미국 서부전력회사의 시카고 호손(Hawthorne)공장에서 과학적 관리법이 과연 생산성을 증대시키는지 검증해 보려는 시도가 있었다. 하버드대학의 메이요(E. Mayo)와 뢰슬리스버거(F. Roethlisberger)를 중심으로 1927년부터 1932년까지 장장 5년여에 걸쳐 실험이 계속됐는데 많은 새로운 사실이 우연한 기회에 발견되곤 했다.

처음에는 과학적 관리원칙에 따라 작업조건 개선에 신경을 쓰고, 동작연구에 의한 작업방법 개선과 표준화를 실험했고 조명도와 실내온도, 휴식시간의 간격, 보상제도의 변형 등을 통해서 실험했는데 이들은 생산성 향상과 별로 관계가 없음을 발견했다. 즉 생산성의 변화(조직행동 혹은 인간행동의 변화)는 작업장의 환경에 있는 것이 아니라, 근로자라는 인간에 관련된 심리적 요소와 더 밀접한 관계가 있음을 알게 되었다.

그 후의 계속된 실험으로 생산성을 좌우하는 것은 권한체계나 규정준수가 아니라 상사 및 동료와의 관계, 집단 내의 분위기, 비공식집단 등 근로자들의 '인간관계'라는 사실을 발견하였다. 이들의 주장은 인간관계론(Human Relations)이라는 명칭을 얻게 되고 경제적 욕구(월급, 작업환경 등)의 충족에서부터 벗어나 인간의 사회적 욕구(소속감, 존중, 자아실현 등)를 충족해 주어야 한다는 인사관리기법이 1950년대에 이르기까지 인간관계운동(Human Relations Movement: HRM)이라는 이름하에 기업경영에 많이 이용되었다. 이러한 흐름은 오늘날까지도 조직의 규모와 관계없이 그 효과를 인정받고 있다.[28] 인간관계론에서 중시되는 내용은 다음과 같이 요약할 수 있다.

- 비공식집단은 조직 규정, 제도에 의한 공식집단보다 더 중요한 역할을 한다.
- 개인의 행동동기는 단순한 경제적 욕구뿐 아니라 사랑, 미움, 소속감, 자부심 등 사회적 · 인간적 욕구에 의해 지배된다.
- 인간중심의 경영(직무만족, 자율권 부여, 인정과 존중)이 필요하다.
- 참여의 경영(민주적 리더십, 하의상달적 커뮤니케이션)이 필요하다.
- 개인의 능력보다는 그가 속한 집단의 규범과 집단분위기가 중요하다. 이야기 1.18

행동과학

행동과학(behavioral science)이란 '인간행동에 대한 체계적인 연구'로 정의할 수 있으며 인간의 행동에 중점을 두고 관리문제를 해석하려는 것이다. 그래서 심리학, 사회학, 인류학 등의 지식을 동원하여 과학적으로 인간행동을 연구하며 경험적이고 실증적인 실험과 관찰, 그리고 사례연구도 중시한다. 원래 행동과학은 1940년대 말에 시카고대학에서 철학자, 심리학자, 사회학자, 경제학자, 생물학자, 정신병리학자들이 모여 생물학적 및 사회과학적 측면을 포함한 인간행동을 직접 실험과 관찰을 통해 경험적으로 검증하여 일반이론을 전개할 수 있는지를 토론하고 대화를 나눈 데서 비롯되었다.

이들은 테일러가 과학적 관리법에서 시도했던 것처럼 과학적 방법을 이용하여 인간행동을 연구하려 했다. 즉 인간관계론자들과 다른 점은 인간행동을 객관적이고 과학적인 관찰을 통해 파악하려 했다는 것이다. 모레노(J. Moreno)는 집단구성원의 상호작용 분석기법을 창안하여 객관적 자료를 통해 집단행동을 연구하였으며, 스키너(B.F. Skinner)는 학습이론을 회사원 훈련 프로그램에 응용하는 방법을 제시했다. 그 밖에도 맥클레랜드(D. McClelland), 허츠버그(F. Herzberg), 피

이야기 1.18 4,700년 전의 조직인사관리

현대의 저명한 인사관리학자들인 피고스와 마이어스(Pigors & Myers)는 그들의 교과서에 다음과 같이 쓰고 있다. "경청을 한다는 것은 당사자들 간에 값진 것이 될 수 있다. 문제를 가진 종업원이 인터뷰를 통해 그의 문제를 흉금 없이 털어놓도록 허용했을 경우 그 사람은 필시 치료가치를 경험할 수 있을 것이다." 그런데 지금으로부터 4,700년 전 이집트의 이시(Issi) 왕의 신하가 왕국의 관리들을 위해 만든 관리지침에 다음과 같은 글귀가 나온다. "만일 네가 백성으로부터 청원을 받는 입장이라면 그가 무슨 말을 하든지 잠잠히 귀를 기울여라. 그가 나가기 전까지는 그를 거절하지 마라. 그가 청원한 모든 것을 해결해 주라는 것은 아니지만 그의 말을 경청하는 태도를 보이면 그만큼 그의 마음에 위안을 주는 것이다." 이렇듯 현대나 고대나 별 차이가 없다.

들러(F. Fiedler) 등이 인간행동에 대한 과학적 실험과 객관적 조사로써 많은 것을 발견하고 경영자에게 실질적인 조언을 해준 사람들이다.

이처럼 행동과학자들이 점차 종합적 관점에서 인간행동을 연구하게 되었고, 이러한 연구를 기업이나 조직체를 대상으로 개인과 집단 그리고 전체 조직분석에 적용하여 행동과학을 종합적 학문으로 발전시켰다. 그리하여 심리학 분야의 성격, 지각, 동기, 학습 등 인간행동에 관한 이론적 지식이 기업에서의 개인행동을 이해하고 이를 개선시키는 데 많은 도움을 주게 하였다.

인간관계론 비판

그러나 이러한 인간관계론도 비판을 받아 왔다. 감정적 · 정서적 인간의 중요성을 발견한 것에 대해 흥분한 나머지 공식조직은 무시하고 비공식집단만을 강조했으며 합리적 · 경제적 요소를 등한시하고 감정만족과 인간관계 유지에만 경영력을 집중시키는 우(愚)를 범했던 것이다. 더구나 그 후로 오면서 과학적 관리법에서 주장했던 물리적 작업환경은 여전히 생산성을 높이는 중요한 요인이라는 것이 반복해서 입증되었다.[29]

최근에 과학적 관리에서 강조되고 인간관계론 학자들이 무시했던 작업장의 조명도, 냄새, 공간 넓이, 작업장 온도 등의 물리적 환경에 대한 중요성이 다시금 강조되고 있다. 그래서 호손실험의 조사방법도 오늘날 재검토되고는 있지만, 사실은 좀 다른 방식으로 접근한다. 즉 과학적 관리법에서는 조명이 어두우면 잘 안 보이기 때문에 생산성이 하락한다고 하였지만, 현대의 연구에서는 그러한 직접적인 이유가 아니라 물리적 환경이 나쁘면, 다시 말해서 실내가 어둡거나 역겨운 냄새가 나면 인간의 감각 시스템을 통해서 심리적 인지활동이 저해받아 윤리적 의사결정을 못 하게 하거나 이상한 행동반응을 일으킨다고 한다. 이처럼 인간의 심리와 감정이 인간관계나 조직생활에서 상당히 중요한 역할을 한다는 사실을 다시금 깨닫고 고객감동, 감성정치, 긍정조직학, 행동경제학, 감성경영, 감정노동 등의 연구조류가 유행하고 있는 것은 경영학발전 초창기에 있었던 인간관계론 학파와 큰 틀에서 궤를 같이 하고 있는 것으로 여긴다고 해도 무리가 아니다.

조직 시스템과 합리적 의사결정 강조시대

바나드 혁명

바나드와 사이먼의 연구 이전에는 주로 조직에서 인간관계나 사람의 심리만을 지나치게 강조하다 보니 거시적인 조직의 문제를 심도 있게 다루지 못하였다. 이는 마치 시내 교통사고 방지(생산성 향상)를 위하여 운전자(조직구성원)들만 만족하게 대우하려고 하고 도로의 구조나 신호체계(조직)에는 신경을 쓰지 못하는 것과 같은 결과를 낳았다. 이때 바나드(C. Barnard)는 합리적 경영과 인간적 경영의 연계를 시도하였고, 이것은 경영학계에 '바나드 혁명'이라고 부를 정도로 큰 영향을 미쳐 그는 '근대조직론의 아버지'로 평가받고 있다. 그는 뉴저지 벨(New Jersey Bell)사 사장을 지낸 자신의 경험으로 경영자의 직무를 분석하여 1938년『경영자의 역할』을 저술했는데, 이 책의 요점은 다음과 같다.

- 조직구성원들은 서로 상호작용하면서 협동한다.
- 조직은 개인의 만족을 향상시킴과 동시에 조직의 목표달성도 꾀하여야 한다.
- 경영자는 조직구성원들이 조직에 헌신하도록 유인요인을 제공해야 한다.
- 조직의 명령은 구성원이 수용할 때에야 공헌으로 이어진다.
- 조직은 외부환경(투자자, 협력업체, 소비자)과도 좋은 관계를 유지해야 한다.
- 조직은 여러 하부 · 상부 시스템들과 연결된 복합 시스템이다.

결국 그는 복잡한 시스템 속에서 상호작용하는 개방 시스템이 조직의 특성이기 때문에 내부요소(구성원)와도 주고받는 것이 균등하여야 하며 외부환경(소비자, 주주 등)과도 부단히 균형적인 거래를 유지하는 것이 조직관리자의 핵심적인 책임이라고 하였다.

사이먼의 바늘이론

사이먼(H. Simon)은 기업의 커뮤니케이션이나 의사결정이 합리적으로 이루어지느냐의 문제가 조직관리의 핵심이라고 보고 의사결정활동을 중요한 조직행동으로 인식하였다. 관리자들이 의사결정을 하려면 자료수집의 어려움과 비용 때문에 비능률적이 되기 쉽고 그렇다고 아무렇게나 해서도 안 되므로 제한된 합리성(bounded rationality) 안에서 하는 것이 가장 현실적이라고 했다.[30] 그는 건초더미 속에 묻힌 여러 개의 바늘 중 한 개를 선택(의사결정)하여 사용할 때, 가장 좋은 바늘을 찾기 위해 온종일 낭비해서도 안 되고 그렇다고 무조건 아무거나 잡히는 대로 집어 사용해서도 안 되며 몇 개를 찾아보면서 그중에서 그래도 쓸 만한 바늘을 선택하여 사용하는 것이 가장 좋은 관리라고 하였다. 그러면서 사이먼은 과학적 관리법의 경영자들이 절대적 합리성만을 추구하는 경제인(economic man)이라면 제한된 합리성 내에서 현실적으로 의사결정을 해 나가는 경영자들은 관리인(administrative man)이라고 하였다. 즉 여러 한계 속에서 경험과 분석력을 기초로 상황판단을 하면서 사용 가능한 정도의 좋은 바늘을 찾는 의사결정이야말로 관리적 경험을 갖춘 훌륭한 경영자라야 가능하다고 생각했던 것이다.

의사결정론

기업의 환경은 더욱 복잡하게 되어 효율적 경영을 위해서는 광범위한 통계학과 계량적 방법을 동원한 복잡한 의사결정모델을 사용해야 한다는 주장으로 일련의 경영과학자들이 주도하였다. 이들은 제2차 세계대전 때 항공모함에서 적함에 함포를 발사하면서 어떻게 조준할 것인가의 문제를 해결하기 위해 풍향, 풍속, 적과의 거리, 포탄의 크기와 무게 등 많은 변수를 조합하여 만든 함수의 계산결과를 활용하였다. 따라서 기업 같은 조직도 문제해결을 위해서는 관련변수를 계량화하여 데이터를 입력하고 계산결과를 바탕으로 의사결정을 하는 것이 가장 합리적이라고 본 것이다.

이들은 그 이후 정보기술과 컴퓨터의 발전과 함께 수리적 모형개발을 촉진하였으며 의사결정자들에게 사회심리적인 요소까지도 객관화된 계량지표로 변환시켜 의사결정 시에 참고자료로 이용하도록 도움을 주었다. 그러나 점차 계량적이고 과학적인 접근을 지양하고 비계량적인 인간적 의사결정에 치중하여 감정적이고 심리적인 의사결정과 집단심리적 의사결정행동에 관한 연구를 추가시킨다.[31]

조직의 환경적응 강조시대

점차 사회가 복잡해지고 상호 교류가 빈번해짐으로써 조직은 내부관리로만 건재할 수 없게 되었다. 따라서 조직의 관리자와 연구자들도 시야를 넓혀 환경요소를 관리의 대상으로 고려하면서 환경과 조화되는 조직행동을 찾아내려고 노력하였다.

상황적합론

조직연구는 그동안 합리성과 구성원의 만족 등 내부의 부분적 요인에만 초점을 두고 진행해 왔는데, 조직은 여러 요소들이 서로 얽혀서 상호작용하고 있기에 전체적으로 파악해야 한다는 주장이 점차 대두되었다. 이러한 주장에 의하면, 조직은 개방 시스템으로서 외부와의 관계 속에서 존재하기 때문에 외부의 자원, 에너지, 정보를 받아들이고 전환시켜서 재화와 서비스 형태로 외부에 산출하고 이를 다시 피드백 함으로써 환경과의 균형을 유지한다는 점을 강조한다. 오늘날의 조직은 과거보다 훨씬 복잡한 환경에 존재하기 때문에 매우 다양하고 따라서 조직을 관리하는 유일한 최선의 방법은 없으며 회사의 규모나 시장상황, 사용기술이나 전략에 따라서 효율적 경영관리방식은 여러 가지가 나올 수 있다는 상황이론 또는 상황적합이론(contingency theory)이 대두된 것이다. 상황적합이라는 말은 조직의 여러 요소를 상황에 맞게 조화(fit)시키는 것을 의미한다. 그러므로 조직마다 관리상황은 각양각색이고 그에 맞는 관리 형태도 다양할 수밖에 없다는 결론에 이른다. 즉 과학적 관리법이나 인간관계론은 모든 조직에 공통으로 적용되는 유일무이한 관리법칙이라고 했지만 사실상 가장 합리적이고 적합한 관리방식은 기업마다 다르다는 의미가 된다.

사실 상황이론가들 입장에서 보면 테일러의 표준화방식, 베버의 관료제방식처럼 동서고금을 통해 유일하게 합리적인 방식이 존재하는 것은 아니다. 이러한 주장을 바탕으로 하여 다양한 상황에 따라 조직관리 형태를 정립해 보려는 시도가 널리 퍼졌으며 리더십 행위, 관리제도, 커뮤니케이션 방식도 상황에 따라 달리해야 한다는 주장이 유행하였다.

자원중심론

자원이라면 물적 자원만을 의미하는 것이 아니라 조직이 필요한 모든 것을 총칭하는 것인데, 조직이 이 자원을 어떻게 획득하고 어떻게 전략적으로 이동시키는지에 초점을 두고 잘 관리하라는 것이 자원중심론의 핵심이다.[32] 요즘 같은 지식경영의 시대에는 다른 조직에 없는 지식과 정보가 큰 자원이다. 오늘날은 자본과 노동보다도 정보지식이 가장 큰 자원이 되는데 기업이 이러한 지식자원을 어떻게 개발하고 투입하는 것이 좋은가, 조직 내부의 지식공유방식은 무엇인가, 어떻게 정보지식을 수집하고 새롭게 창출할 것인가를 연구하는 쪽으로 모든 관심이 쏠리고 있다. 정보

이야기 1.19 네덜란드 잔세 스칸스 마을의 환경적응

네덜란드를 '풍차의 나라'라고는 하지만 현대의 것이 아닌 전통적인 풍차가 널려 있는 광경을 보기는 쉽지 않다. 하지만 암스테르담 북쪽의 아주 작은 인형 같은 마을인 잔세 스칸스(Zaanse Schans)에는 아직도 전통적인 풍차 몇 대가 남아 있다. 원래 이곳의 풍차는 관광산업의 차원이 아니라 이 마을 사람들의 생계의 원천이었다. 이 마을에서 15km 가까운 곳에 암스테르담 시가 위치해 있고 수도는 운하로 구성된 도시이기 때문에 나무보트 수요가 넘쳤다. 나무는 핀란드 등지의 값싼 곳에서 북해를 통해 실어 나르면 되고, 바람이 많으니 풍차동력을 이용해서 쉽게 나무를 잘라 어부들의 풍부한 노동력을 이용해서 보트를 만들면 암스테르담의 소비시장에 얼마든지 팔려 나갈 수 있었던 것이다. 물론 목재가 풍부하므로 풍차는 물론 내부 톱니바퀴와 모든 시설뿐만 아니라 주택, 신발까지도 나무로 되어 있다. 그러다가 철제 배와 증기기관의 발전으로 400여 개가 넘던 이 마을의 풍차는 거의 사라졌고, 그 후 산업사회가 되면서 세상은 온통 공해와 온난화로부터 안전해지기 위한 녹색운동 붐이 일었다. 이 마을의 주민들은 이러한 환경변화에 또 한 번 멋있게 변신한다. 암스테르담 관광객들을 마을로 유인하려고 흩어져 있던 몇 개 남지 않은 풍차를 모아 놓고 나무로 된 주택 외벽은 초록색으로 칠하고 마을의 자동차 출입을 완전히 차단했다. 이 마을은 시대 요청에 맞게 녹색미을을 표방하면서 연간 수만 명의 관광객을 끌어 모으고 있다. 그 덕분에 제재소만 즐비하던 가난한 어촌 마을, 길은 질퍽거려 나막신을 신어야만 다닐 수 있었던 초라한 마을이 동화 같은 마을로 세상에 알려지고 그들이 신던 나무 신발은 전 세계로 팔려 나가고 있다. 이처럼 어떤 조직이건 환경에 잘 적응하면 모두가 성공할 수 있다.

경영 또한 지식정보의 효율적 관리에 초점을 둔 것이며 이 모두가 자원중심적 조직론에 포함된다.

자원중심론과 동일 부류에 속하는 자원의존이론(resource dependence theory)은 우리로 하여금 더 깊게 생각하도록 요구한다. 조직이란 조직에 필요한 것을 투자해 주는 대신 조직으로부터 무엇인가를 얻으려는 다양한 이해관계자들의 연합체(coalition)이다. 근로자는 지식과 노동을 제공하고 급여를 받아서 고객으로서 제품을 사고 돈을 내며, 주주는 자본을, 경영자는 경영기법을 제공하는 등이 그 예이다. 그렇기 때문에 조직이 생존하려면 그들과의 관계를 잘 유지하면서 그들의 요구에 의존할 수밖에 없다. 그들의 요구가 변하면 조직은 공급체계도 바뀌야 하고 구성원들 간의 상호 교류나 상하 간의 지휘체계도 바뀌야 한다. 다시 말해 조직의 관리방식은 이해관계자들끼리의 보이지 않는 권력게임으로 설충된 요구에 따라야 하는데, 왜냐하면 조직은 그들이 공급해 주는 자원에 '의존'해야만 유지될 수 있기 때문이다. 조직의 의존 정도는 자원의 공급과 수요의 크기와 힘에 따라 결정되겠지만 그 과정에서 내부구성원들의 조직행동도 결정된다. 그리고 조직을 가운데 두고 사원, 경영자, 관리자, 고객, 주주, 정부, 노동조합, 경쟁사 간의 권력게임이나 조직정치가 만연하는데 이 역시 조직행동의 일부로 포함한다. 이야기 1.19

3 조직행동 연구상황의 변화

세계화와 다양성 사회

문화와 민족성 차이

이제 기업들은 최고경영자뿐만 아니라 기술자, 심지어는 일반 기능공들까지도 우수하고 능력 있고 여건만 맞으면 국적을 불문하고 채용한다. 우리의 경우 중국과 몽골의 조선족을 비롯하여 동남아 각국에서 노동자들이 몰려오고 있다. 이들 각자는 이문화(異文化)에 노출되어 행동한다. 언어, 가치관, 습관이 모두 다르니 조직행동에도 문제가 생긴다.[33] 우리나라 해외지점 근무자들도 마찬가지이다. 파견자들은 소위 문화쇼크(culture shock)상태에서 당황하다가 몇 년 후 본사로 귀국한 후에는 역문화쇼크에 시달리기도 한다. 소비자들도 국제화된 시장에서 서비스와 제품을 접하면서 이질적 문화충동을 경험한다. 그뿐 아니라 많은 우리 회사들이 해외 현지에 지점이나 공장을 세우고 현지인을 채용한다. 이러한 상황에서 많은 관리자들이 그 나라의 관습과 전통을 몰라서 현지인 통솔에 애를 먹고 있다. 해외 파견자와 현지인 사이에도 지식과 정보의 이전이 쉽지 않다. 그리고 한 나라에서 익힌 리더십을 타국에서 그대로 적용할 수도 없다.

조직구성원의 다양화와 차별금지

오늘날에는 성별, 신분, 학력수준뿐만 아니라 기술과 가치관, 심지어는 인종과 국적까지도 다양하게 구성된 작업장에서 과업이 이루어진다. 또한 기업조직의 노동력 중 남녀의 비율도 중요한데 여성의 취업과 승진은 계속 증가하고 있다. 이제 우리 회사들은 남녀평등고용법의 시행으로 여성의 키와 용모를 제한한 채용규정을 바꾸었다. 이처럼 성별, 인종, 소수민족 등 대우에 차별을 두어서는 안 되는 시대가 되었다. 그리고 조직의 구성원이 다양해지면 그들끼리의 상호관계도 과거와 달라질 것이다. 나이와 성별과 종족이 다르다면 응집력이나 협동의 형태가 변하고 의사소통과 회의분위기도 변한다.[34] 그러면 그들을 동기화하는 관리방법도 달라야 하며 갈등의 원인과 해결방식도 변해야 한다.

사회적 가치관의 변화

문화와 전통의 변화

조직구성원들이 살고 있는 국가의 문화와 관습은 그들의 가치관과 행동양식에 직접 영향을 줄 것이므로 당연히 조직행동 연구와도 관련이 깊다. 대표적인 예로 연장자를 중시하는 유교문화권인 우리나라의 경우 연공과 근속연수를 기준으로 승진과 임금결정이 이루어져 왔다. 그리고 수직적인 권위주의 문화가 수백 년 지배해 온 까닭에 회사에서도 직급과 승진문제가 가장 중요한 관심사였으며 과도한 수직계층의 직급체계가 존재하였지만, 자유롭고 수평적인 의사소통으로 업무를 처리해야 할 필요성이 많아진 오늘날의 조직 형태와는 잘 맞지 않는다.

전통적 가치관을 가진 구세대와 서양의 현대문명을 받아들인 신세대가 회사 안에 공존함으로써 겪는 갈등도 크다. 우리 사회의 신세대가 다른 나라에 비해 많고 자라온 배경이 구세대와 판이하게 다르기 때문에 사회적 가치관의 격차는 매우 크다. 예를 들면 신세대는 대체로 다면평가와 능력급을 요구하고 구세대는 상급자의 일방적 고과와 연공급을 바란다. 그러므로 신세대만 있는 회사와 구세대가 많은 회사의 조직행동이 같을 수 없다.[35]

욕구의 다양화

현대의 우리나라 직장인은 노력과 출세보다는 가정의 안락을 중시하는 경향, 그리고 급여 향상에 못지않은 여가 중시 경향이 있어 이를 외면하는 조직은 오늘의 한국 사회에서 성공하기 어렵다. 소위 3D업종을 기피하는 풍조에 따라 이 업종에 종사하는 기업조직들은 과거와는 다른 방식으로 종업원을 확보하고 대우해야 할 것이다. 또한 감정노동 현장이 늘어나면서 정서고갈 또한 확대되고 있다. 상급자의 정서고갈은 부하들의 직장이탈로 이어진다.[36]

이제 회사를 위해 개인은 희생할 수 있다는 과거의 가치관은 더 이상 설 자리가 없다. 오히려 개인의 특기와 개성을 살리고 자신을 과시할 수 있는 기회를 찾아 회사를 옮겨 다니는 것이 오늘의 현실이다. 과거에는 노동력의 수평이동이 드물었다. 그러나 오늘날처럼 수평이동이 빈번하다면 구태여 신규채용만을 고집할 필요도 없고 경력자 선발정책이 많아질 것이며 이에 따라 연공임금제보다는 능력·성과급 내지는 연봉제가 더 타당할 것이다.

조직윤리의 강조

조직은 생존과 번영을 위해 환경을 이용하지만 환경에 방해되는 행위를 하면 피해를 입는다. 오늘날에는 환경이 조직에 요구하는 윤리실천의 수준도 과거보다 훨씬 높아졌다. 직원들의 조직윤리 가치관도 문화적 차이가 있기는 하지만 윤리경영은 세계적인 추세이다. 조직의 경우에는 개인의 경우와 달리 무엇이 윤리적인 일이고 무엇이 그렇지 않은 일인지 구별하기 어려울 때가 많다. 예를 들면 기업이라는 조직이 영업활동을 하면서 충족시켜야 할 욕구의 주체들은 고객, 종업원, 주주, 정부, 사회단체 등으로 다양한데 때때로 이들 사이에 충돌이 일어난다. 주주의 이익과 법적인 규제 사이에서의 충돌도 있을 수 있고 이상적인 의사결정과 현실세계의 충돌도 있을 수 있다.

그러므로 기업도 주주를 위한 영리추구만을 목적으로 경영을 할 수 없다. 이때 무엇을 우선해야 할지 애매한 경우가 많은데 사회적 가치관과 여론을 기준으로 삼을 수밖에 없다. 그러나 사회적 여론을 절대윤리로 보기도 어렵다. 예를 들면 유전자조작을 통한 불치병 치료법이 조직에 의해 개발되지만 보험이 없는 환자 개인에게 무료로 공급하기 어렵다고 치자. 하지만 소위 '바이오 해커'들의 유전자 치료법 시도는 국가라는 조직이 불법화하고 있다. 일반 대중도 합법화된 유전자 조작을 원하지만 환자의 입장에서는 차라리 '바이오 해커'의 도움이 더 필요하지 않을까? 국가나 제약회사 같은 조직이 이를 막는다면 과연 윤리란 무엇인가?

인공지능시대에 대응

AI로 인한 인력사용의 축소

기술과 도구의 발전은 부하에게 일일이 지시하지 않아도 되는 권한위임을 가능케 하였고, 작업성과의 측정을 상급자 대신 로봇과 컴퓨터가 하는 AI(Artificial Intelligence)시대로 변모되었다. 회사 내부적으로는 사원들 간 기술능력의 차이를 가져와 능력에 따른 보상제도의 도입을 불가피하게 만들었고, 이에 따라 임금격차, 신분격차가 과거보다 더 벌어지게 되었다. 그뿐 아니라 굴뚝산업 종사자와 하이테크 산업의 종사자는 연령, 근속연한, 학력, 가치관 등 모든 면에서 다를 것이므로 각 기업과 산업에서 필요로 하는 조직행동에도 변화를 가져왔다. 그리고 AI나 로봇기술은 기업의 인력규모를 축소시킨다. 이제 AI 기술이 모든 기기에 적용되면서 '온디바이스 AI(클라우드를 안 거치고 기기 내부에서 AI 구동)시대'가 열렸다. 따라서 각자의 기기에 들어있는 AI칩은 사용자 활용방식을 스스로 학습하면서 각 개인에게 최적화된 기기로 진화할 수 있다. 이처럼 AI 사용확대에 따른 정보적 접근은 모든 경영에서 인간적 접근을 축소시키고 있으므로 조직행동 분야의 변화로 이어질 것으로 보인다.[37] 이야기 1.20

업무의 변화

우리나라의 1960, 1970년대 산업은 주로 경공업이나 건설업이 위주였으나, 2000년대로 오면서 첨단 전자제품과 지식서비스산업이 주를 이루어 근로자의 노동은 과거와 사뭇 달라졌다. 코로나 팬데믹 이후부터 재택근무가 급증했으며 어떤 경우는 모든 업무를 외주(外注)에 의존하고도 생산과 서비스가 이루어질 수 있다. 또한 과거에는 체력에 의존하는 업무가 많았으나 이제는 여성의 섬세함이나 신참자의 신선한 아이디어를 요하는 업무도 증가하고 있다. 이로써 직무와 개인특성, 직무만족요인, 직무설계 등을 다루는 조직행동론의 전반적인 재검토가 필요할 것이다.

조직유형의 변화

가상조직은 핵심역량은 그대로 가지고 있으면서 그 외의 부문은 외주를 주기도 하는데, 외주업체를 쉽게 끌어당겨 내부화하기도 하고 불필요하면 언제든지 떼어 버리기도 한다. 문자 그대로 가상조직은 지금까지 우리가 경험해 온 실제의 조직 형태를 근본적으로 뒤엎는 개념이다. 장점도 알고 단점도 알아야 한다.[38]

이야기 1.20 AI직원

군은 부사관을 선발할 때에 AI(인공지능) 면접관에게 의존한다. 지원자는 카메라와 마이크가 설치된 PC를 통해 자기소개를 하고 분야별 5개 정도의 게임을 60분 정도 수행하면 AI면접관은 상황질문을 한 다음에 지원자의 대답을 들으면서 표정, 음성, 사용 어휘, 심장박동 등을 체크한다. 물론 실시간으로 지원자의 특성과 직무능력을 평가한다. 이제 AI면접관은 군대뿐 아니라 공기관의 직원선발과 인사관리에도 적용된다. 2018년, 이름도 없던 세르비아 축구팀은 대박이 났다. 다른 나라에서 싸게 영입한 무명 미드필더의 맹활약 덕분에 유럽 챔피언스 리그 본선에 올라 406억원의 보너스를 받았기 때문이다. 이 선수를 추천한 자는 축구데이터 분석회사의 AI 프로그램이었다. 조만간 히딩크 같은 축구 감독의 전술도 불필요해질 것이다. AI가 각 선수의 장단점을 분석하여 전략을 짜 줄 것이기 때문이다. 미국 프로야구에서는 심판을 AI로 바꾸려고 시험하는 중이다. 투수가 던진 공의 궤적을 추적하여 스트라이크 존에서 얼마나 빗나갔는지 정확하게 판정할 수 있기 때문이다. 생명보험사 MetLife의 콜센터 직원의 상사는 AI이다. 직원이 고객과 상담할 때 말이 빠르면 너무 빠르니 천천히 하라고 지시하기도 하고 목소리가 처져 있으면 에너지를 충전하라고 한다. 아마존은 AI의 분석자료에 근거하여 직원을 해고했다. 이제 인간 노동자들은 챗GPT가 시키는 일을 수행하고 나서 그에게 검사를 받아야 한다. 그가 직원이나 상사보다 지적능력이 높기 때문이다. 미래에 언젠가는 조직행동의 연구대상이 인간행동이 아니라 AI로봇행동으로 바뀔 수도 있지 않을까?

2부

개인차원의 조직행동

제2장 개인차이: 신상특성/능력/성격
제3장 가치관과 태도: 가치관/태도변화/직무태도
제4장 지각과 학습: 대인지각/지각오류/학습/행동수정
제5장 감정: 감정행동/감정조직/스트레스

Organiza-tional Be-havio

2장

개인차이: 신상특성/능력/성격

ORGANIZATIONAL BEHAVIOR

Ⅰ. 개인별 특성차이
Ⅱ. 능력차이와 조직행동
Ⅲ. 성격차이와 조직행동

▶ 사진설명

성별과 나이, 성격과 취미, 종교와 국적, 언어와 민족이 다양한 유고연방 국민들이 모여 담소도 나누고 노천시장에서 농산물도 사고파는 광경을 보면서 오늘날 인간이 만든 사회조직의 위대함에 감탄을 금할 수 없다. 태초의 조직다운 조직은 물고기와 사냥감을 물물교환하던 시장터에서 출발했을 것이다.(크로아티아 Zagreb 노천시장)

ORGANIZATIONAL BEHAVIOR

자동차 주차와 아기 돌보기 등에서 남자와 여자는 성과의 차이를 보일까? 키 크고 잘생긴 사람은 보통사람보다 직장소득도 더 높고 승진도 더 빠르다는 것은 사실일까? 인간은 상대방의 인격과 능력이 아닌 나이, 외모, 성별, 인종, 종교 등을 보고 그들의 행동을 판단하고 반응하는가? 자동차보험회사에서 기혼자보다 미혼자에게 운전사고 보험료를 높게 책정한다면 합당한 일인가? 그렇다면 조직을 경영하는 관리자도 조직구성원들의 신분특성에 맞춰 관리를 해야 하지 않을까?

한편 누가 인간은 평등하다고 했는가? 아무리 사기가 높더라도 우리는 손흥민이나 김연아를 따라잡을 수 없는데 이것이 바로 능력의 차이이다. 물론 우리도 그들이 소유하지 못하는 다른 능력은 있다. 분명한 것은 인간의 능력은 그 형태와 수준이 제각기 다르다는 것이다. 우리가 여기서 신분과 능력의 차이를 공부하려는 이유는 단순히 누가 누구보다 더 잘나고 못났는지를 파악하려는 것이 아니라 이러한 특성차이들이 조직행동에 어떤 영향을 미치는지 미리 알아 두는 것이 유리하기 때문이다.

성격도 마찬가지이다. 성격은 인간의 행동에 많은 영향을 미친다. 타인의 행동은 예측하기 어렵지만 그가 어떤 성격을 가졌는지 안다면 훨씬 예측하기 수월해진다. 서로의 갈등을 미연에 방지하고 판매자가 원하는 대로 고객이 행동하게끔 할 수도 있다. 지피지기이면 백전백승이듯이 자신의 행동을 조절하고 상대의 행동을 예측한다는 것은 효율적 조직행동을 위해 매우 필요한 일이다.

I | 개인별 특성차이

조직행동을 비롯하여 인간의 모든 행동은 저마다 다르다. 상황이 다르기 때문이기도 하지만 동일한 상황에서도 서로 다르게 행동하는 이유는 너와 내가 다르기 때문이다. 무엇이 다른가? 한두 가지가 아니지만 행동에 영향을 많이 미치는 중요한 요인에 대해서만 공부해보자. 물론 개인행동에 영향을 미치는 특성들은 많다. 나이, 성별, 외모, 인종 등 개인의 신체특성이나 능력, 학력, 재능, 경험 등 무수히 많다. 학문적으로는 이들을 인구통계학적 변수(demographic variable)라고 한다. 사실 이 모든 개인적 특성들이 조직행동과 상관이 있지만 이 중에서 큰 영향을 미치는 것만 공부하려고 한다. 그러나 이미 확실하게 알고 있는 것까지 배울 필요는 없다. 우리가 잘못 혹은 모호하게 알고 있는 것들을 중심으로 대부분의 교과서에 소개되어 있다. 또한 이들이 어떻게 영향을 미치는지뿐만 아니라 왜 그런지 이유를 알아둘 필요도 있다. 원인을 알면 미래의 행동을 통제하고 미리 대비할 수 있기 때문이다. 조직행동론 연구에 영향을 끼치는 개인적 신분특성 중에서 대표적인 것만 공부하기로 한다. 도표 2.1

도표 2.1 구성원 신분특성의 다양성

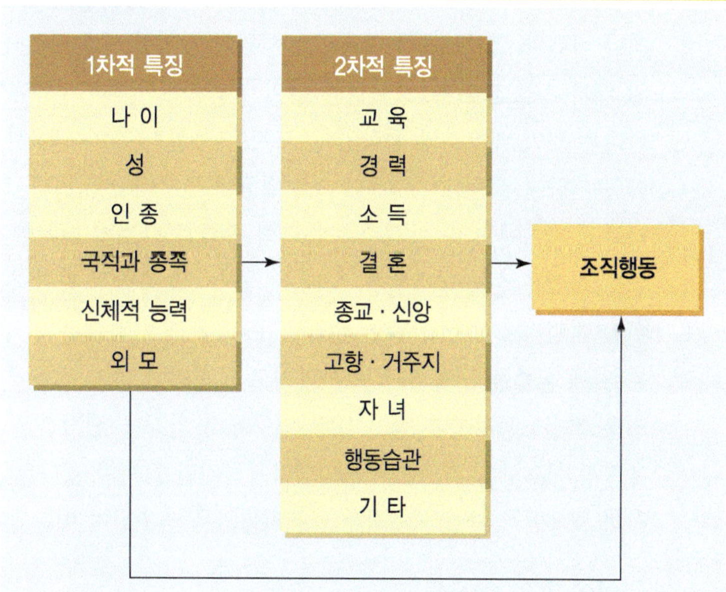

1 나이와 근속연수

아기가 있는 부모는 없는 부모보다 좀 더 조심해서 운전할 것이다. 이러한 행동의 차이는 조직 안에서도 마찬가지이다. 젊은이와 노인, 남자와 여자의 행동이 다르다. 개인특성은 나이와 성별

이외에도 교육수준, 외모, 인종, 종교, 결혼 여부, 자녀의 수, 출신지 등 무한하다. 이 중에서도 나이 차이는 조직 안에서 사람들의 행동을 다르게 하는 가장 큰 원인 중의 하나이다.

나이차이와 조직행동

젊은이는 다이내믹하지만 덤벙대고 노인네는 사려가 깊지만 느리다는 일반론에는 모두 동의할 것이다. 회사에서는 누구를 더 필요로 할까? 직무성과와 나이는 어떤 관계가 있을까? 청년층과 장년층 중 누가 더 회사에 공헌하는지에 학자들의 주장은 통일성이 약하다.[1] 장년층은 경험, 판단력, 조직몰입, 충성심이 강하며 더 윤리적이라고 평가한다. 하지만 이들은 젊은 층보다 기술변화에 적응력이 약하고 변화에 저항적이다. 우리 사회는 이제 본격적인 고령사회로 접어들고 있는데 M · Z세대로만 구성된 회사와 기성세대로 구성된 회사의 행동패턴이 같을 수 없다.

나이와 조직성과

환갑이 넘은 농촌 노인은 젊은 귀농세대보다 장기간의 경험 덕분에 훨씬 채소를 잘 가꾼다. 그러나 나이와 생산성과의 관계는 농사일처럼 항상 반복되는 산업일 때와 매일 변화하는 첨단산업일 때가 서로 다르다. 오늘날과 같이 변화속도가 빠른 사회에서는 나이가 들수록 생산성이 감소한다는 것이 대부분의 생각인데, 그것이 사실인지 여부와 관계없이 모두가 그렇게 믿고 있고 이에 근거하여 행동하기 때문에 조직행동의 연구대상이 된다. 그런데 직무마다 필요로 하는 능력이 다르고 나이에 따라 발휘되는 능력의 종류가 다르기 때문에 세밀한 주의가 필요하다. 예를 들면 워드 작업은 손놀림이 빠른 20대가 적격이고 종합적 판단력은 40~50대가 적당하다. 그러나 나이가 차면 속도, 힘, 능숙한 손놀림 등이 약해지기 때문에 생산성이 낮아진다. 그뿐만 아니라 모든 일에 싫증을 느껴 열정도 사라지고 도전의식 없이 직무에 임할 수도 있다. 특히 육체노동자의 경우 건설노동자를 대상으로 한 연구에서 건강을 생각하는 고령층일수록 작업동기도 약해지고 조직성과도 낮은 것으로 조사되었다.[2] 하지만 그렇지 않다는 실증연구도 많다. 나이 든 사람을 보상과 채용에서 차별하는 회사의 조직몰입은 저조하며 이는 곧 성과를 낮추는 것으로 나타났다.[3]

나이와 결근·이직률

나이가 들수록 이직률은 감소한다.[4] 우리나라 한 해 이직의 80% 이상이 입사 1년 안에 행해진다. 장년이라면 가정의 안정을 지키기 위해서도 그렇고 현 직장을 떠나도 연장자를 찾는 곳이 드물기 때문에 이직을 안 하지만 반드시 그런 이유만은 아니다. 회사에 정도 들고 인맥도 많이 쌓았기에 떠나면 매몰비용이 너무 크다. 더구나 우리나라의 경우 고참이 신참보다 경제적 대우 이외에도 정신적 • 인격적 대우를 훨씬 많이 받기때문에 나이가 들수록 회사를 안 떠나려 한다. 또한 일반적으로 사람들은 나이를 먹음에 따라 결근과 이직을 줄이겠지만 질병 등에 의한 부득이한 결근이나 이직은 증가할 수밖에 없다.

이야기 2.1 **나이와 능력**

부모보다 자식이 더 똑똑하고 사원이 임원보다, 후배가 선배보다, 사병이 장교보다 더 똑똑하다. 요즘 젊은이들이 잘 먹고 자라서 머리가 좋아진 것일까? 그게 아니라 문명 발전의 주기가 빨라졌기 때문이다. 일만 년 전의 농업혁명은 이후 9,900년간 거의 불변이었다. 400년 전의 산업혁명은 20세기 중반까지 천천히 진행되었다. 하지만 정보혁명은 30년 동안 정점에 이르러 빅데이터 시대로 변했다. 현재 4차 산업혁명의 지속기간은 20년 정도 됐지만 다가올 5차 산업혁명은 10년이면 끝날 것이다. 옛 우리 조상들은 태어나서 죽을 때까지 환경변화가 없었기 때문에 나이가 지긋해지면 젊은이에게 충고할 일이 많았다. 원시인 어른은 청년에게 어디 가면 사슴이 많은지, 어떻게 하면 산토끼를 따라잡을 수 있는지 알려주었고 농경시대 어른은 청년농부인 아들 손자에게 농사짓는 법과 세상 살아가는 법을 가르쳤다. 당연히 마을의 촌장은 나이 지긋하신 어르신이었다. 이처럼 나이는 능력과 비례하기 때문에 사회에서나 직장에서 연공서열 문화가 만연했다. 그러나 오늘날 신문명 1세대가 회사에 입사하는 순간 선배 사원은 뒤로 물러나 배울 자세를 취해야 한다. 컴퓨터가 기성세대에게는 업무용 도구이지만 MZ세대에게는 생활필수품이다. 30대의 여성이 수상이 되고 대통령에 당선되는 것을 보고 꼰대세대는 의아해하지만 MZ세대에게는 자연스러운 현상이다. 꼰대세대는 메타버스를 배우고 새로 나온 스마트폰 사용법을 배우느라 애를 먹지만, 알파세대는 두세 살부터 메타버스로 놀이하고 스마트폰으로 소통하는 것이 일상이다. 아무리 노련한 노인이라도 새로운 곳에서는 카카오맵을 켜는 젊은이에게 길을 물어야 한다. 노인 한 사람은 도서관 하나와 같다고 들어왔지만 사실 MZ세대 젊은이는 가만히 앉아서 전 세계 도서관의 정보를 열람할 수 있다. 회사에서나 사회에서나 60대건 30대건 자기보다 까마득한 후배에게서 배워야 할 때이다.

나이와 직무만족

일반적으로 나이가 들수록 직무태도가 좋다.[5] 대개 60세까지는 긍정적 관계이다가 이를 초과하면 만족도가 떨어진다. 그러나 단순하지는 않다. 2만여 명의 직원들을 상대로 조사한 최근의 연구를 보면 같은 회사에서는 근속연수가 오래될수록 직무만족이 감소하지만 나이가 많은 사람일수록 직무만족도는 높다. 그리고 근속연수가 많아져도 다른 회사로 이동할 때 만족도가 오르는 것이지 같은 직장에 그대로 있으면 만족도 수준은 그대로이다.[6] 그리고 회사경력 초반기와 후반기의 만족도가 중반기의 만족도보다 높다는 연구도 있다. 여기에 그들이 종사하는 직업까지 고려한다면 결과는 더욱 복잡해진다. 즉 일반기능직이나 단순생산직일 경우 나이가 들면 중반기에 만족도가 떨어졌다가 후반기에 다시 오르지만, 전문직이나 고도기술직이면 나이가 들수록 꾸준히 만족도가 오른다. 중요한 사실은 직무만족이라는 것이 보상이나 직무환경에 따라서 오르내릴 뿐만 아니라 당사자의 나이와도 상관이 있음을 알아야 한다는 것이다. 이야기 2.1

근속연수

근속(seniority)이란 현재의 직장에서 혹은 현재의 직무에 얼마나 오래 근무했느냐의 문제이다. 미국 유럽의 경우 현재의 직무를 맡은 기간이 중요하지만 우리나라에서는 현재의 직장에 근무한 기간이 중요하며 따라서 회사에 입사한 지 오래된 사람이 나이가 더 어려도 여러 가지로 우선권이 있다. 우리나라 같은 장유유서의 유교문화권에서 근속연수는 조직행동에 가장 큰 영향변수라고 해도 과언이 아니다. 소위 같은 나이라도 누가 군 입대를 먼저 했느냐에 따라서 계급부터 다른 것이 사실인데, 회사에서는 그 정도는 아니지만 대부분의 경우 근속연수가 사원들의 승진과 보상

뿐만 아니라 의사결정권과 지휘체계를 구성할 때에 매우 큰 영향을 미친다. 서양에도 근속연수와 생산성과의 관련성에 대한 연구가 많은데 직무의 종류에 따라서 많은 숙련을 요구하는 경우에는 근속연수가 길수록 효율적이지만 신기술을 요하는 첨단 정보산업에서는 반드시 오랜 근속기간을 요하는 것은 아니다. 그러나 최근 연구에 의하면 근속연수와 생산성은 비례하는 것으로 나타났다. 그리고 신참 사원들의 생산성은 주변에 근속연수가 많은 선배들이 있을 때에 더 빨리 오른다.[7]

한편 근속기간과 조직몰입도의 상관성은 단순한 증가가 아니라 다소 복잡하다. 초기 근무시절에 가파르게 오르다가 중간에 약해지고 말년에 다시 급격히 상승한다. 또한 업종과 상황에 따라 다르다. 예를 들면 공무원의 대 고객서비스 업종의 경우 모티베이션이나 친절행동은 근속연수가 많을수록 더 낮았다.[8]

사실 4차 산업혁명을 맞고 있는 오늘날, 특히 우리나라의 현실에서는 과연 근속연수가 길다고 해서 숙련도와 생산성이 오를지는 의문이다. 그뿐 아니라 도전의욕이나 변화 대처능력에서도 대개의 기업들이 젊은 인력을 더 선호하는 것이 오늘의 현실이다. 다만 근속기간이 길면 결근의 빈도가 줄고 이직의도가 낮아지며 직무만족도가 높아진다. 이는 근속연수가 많은 사람일수록 업무에 숙달될 뿐만 아니라 자기가 속한 회사의 분위기와 회사의 요구를 잘 알고 있기 때문에 업무몰입도가 높아 만족할 것이며 그만큼 결근과 이직률도 감소하기 때문이다. 그러나 근속연수는 나이와 직결되기 때문에 조사대상을 같은 연령대로 제한하여 그 영향을 관찰해야 합당한 결과를 얻을 것이다.

2 성별과 외모특성

남녀차이와 조직행동

남녀 간에는 신체적으로뿐만 아니라 정신적으로나 행위적으로 차이를 부인할 수 없다. 다만 이 차이는 서로 다를 뿐이지 우열의 문제가 아님에 주의해야 한다. 동시에 우열의 문제가 아니기 때문에 남녀는 어느 면에서나 동일하게 취급해야 한다는 주장도 조심해야 할 것이다. 즉 성별차이(gender differences)와 성차별(gender discrimination 혹은 sexism)을 구별해서 접근해야 한다.

남녀차이의 진화론적 이유

인류는 약 1만 년 전까지도 무려 수백만 년 동안 먹고사는 문제를 사냥과 채집에 의존했다. 그러는 동안 남성은 초원의 사냥꾼(hunter)으로서, 여성은 들판의 채집가(gatherer)로서 성역할이 저절로 구분되었다.[9] 인류 역사에서 이러한 사냥과 채집의 기간은 99% 이상이고 정착해서 경작을 한 기간은 1%도 안 된다. 이러한 삶은 남성과 여성의 신체능력뿐만 아니라 지적능력과 언어능

이야기 2.2 화성에서 온 남자 금성에서 온 여자

남녀 학생들이 인도자를 따라 숲 속을 걸어 들어가다가 어느 지점에 다다르면 혼자가 되어 처음 출발했던 지점으로 누가 빨리 찾아오는지에 대한 실험을 했다. 500m, 1km, 2km 등 여러 지점에서 실험을 했지만 모두 남학생이 더 빨리 출발점으로 찾아왔다. 수백만 년간 남자는 숲에서 짐승을 쫓아다녔기 때문에 방향과 공간지각력이 우수하다. 반대로 남녀 학생들에게 <그림 A>를 10초간 보여 주고 나서 <그림 A>는 감추고 <그림 B>를 보이면서 <그림 A>에 있던 물건의 위치가 달라진 것을 골라내라고 하면 여학생이 더 많이 찾는다. 동물은 이동이 심하지만 과실이나 열매가 열리는 나무는 이동이 없다. 수백만 년간 동굴 주변에서 식물을 채집해 온 여성들은 무엇이 그 자리에 없으면 금방 알아차린다. 삶터 주변의 갖가지 살림도구들의 정리정돈도 여성들의 몫이었다. 그래서 우리는 가정에서 망치나 드라이버를 찾을 때에도 아빠보다는 엄마를 부르는 것이다. 이성에게서 성적 매력을 느끼는 취향도 남녀는 다르다. 캐나다 브리티시 컬럼비아대(UBC)의 트레이시(J.L. Tracy) 교수 연구팀은 남녀 1,041명에게 수백 장의 남녀 얼굴 사진을 보여주며 성적 매력을 점수로 매기게 했다. 사진에는 행복하게 웃는 얼굴, 양팔을 펼친 자신 있는 얼굴, 아래를 보는 수줍은 얼굴, 자연스러운 무표정 얼굴의 네 가지 모습(**사진**)이 담겨 있었다. 이에 대해 남성은 여성의 웃는 얼굴을 매력적이라고 가장 많이 택했지만 여성은 양팔을 펼친 남자의 자신감 넘치는 얼굴을 많이 택했다. 진화론적으로 여성들은 힘 센 남성이 지위가 높아 자신과 아이들을 잘 돌볼 것으로 여겼기 때문으로 볼 수 있다. (J.L. Tracy & A.T. Beal, APA PsycNet, Emotion, 11(6), 2011, pp.1379-1387)

<그림 A>

<그림 B>

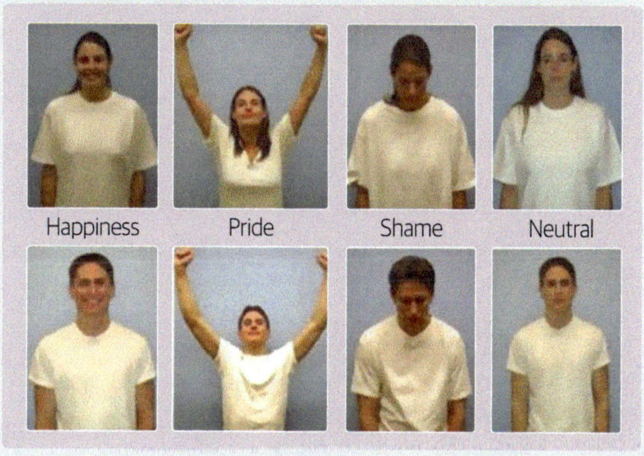

력의 차이를 가져왔다. 예를 들면 남성은 산속을 헤매면서 사냥감을 쫓아다닌 결과 공간지각력이 발달한 반면에, 여성은 동굴에서 아이들을 돌보고 주거지 근처에 다니면서 열매와 나물을 채취해 온 결과 자녀들과의 의사소통이 많아지고 정리정돈과 언어기능의 뇌가 우수해졌다.[10] 이야기 2.2

성 고정관념

다음과 같은 특성들을 중심으로 인간관계행동과 조직행동의 남녀 간 차이 여부를 살펴보자.

- 공격성: 남자가 크다. 살인과 폭력범은 남자가 절대적으로 많다.
- 리더십: 남자리더가 더 지배적이고 여성리더는 더 협의적이다.
- 감수성: 공포, 사랑, 비애에 대한 반응이 여성의 경우 더 강하다.
- 의존과 동조성: 의존과 동조는 여성이 더 크다는 증거는 없고 그 반대도 많다.
- 친근성: 소년이나 남성이 친구도 더 많고 집단에서 신참자를 더 쉽게 받아들인다.
- 집단행동: 밀집도가 높을수록 남자는 더 공격적이 되고 여성은 더 사이가 좋아진다.
- 개방성: 남자가 더 개방적이라는 증거는 없다.

- 갈등해결: 남자들은 하나하나 따지려 하지 않지만 여성은 그렇다. 그리고 여성은 남성보다 더욱 타협적으로 문제를 해결하려 한다.

도표 2.2 남녀 간 신체적 차이

비교문항	남	여
두뇌무게	1,400g	1,275g
심장무게	283g	277g
혈 액	5,700g	3,300g
사망원인	121개	64개
살인건수(미국)/년	14,000건	2,000건
폭행건수(미국)/년	260,000건	40,000건
뇌기능	우뇌 우수 (수학, 과학, 공간지각력)	좌뇌 우수 (어휘, 문장, 기억력)

위에 나열한 인간관계 특성들로만 미루어 본다면 남녀 간 차이는 몇 가지만 제외하고는 조직행동에서 뚜렷한 차이를 보일 요소가 없다. 비록 선사시대는 모계사회였을 수 있지만 농경사회 이후 성차별의 역사는 동서고금에 있었다. TV광고와 드라마 3,000개의 주인공을 분석한 연구에서 소년이 소녀보다 두 배, 성인 남자가 여자보다 세 배가 많았으며 남자는 공격성, 강인함, 독립성, 전문성의 상징으로 묘사되었고 여성은 남자의 조수나 조연으로 출연했음이 발견되었다. 그런데 남녀 간 힘의 차이는 있을지언정 사회적 행동에 근본적 차이가 있다는 뚜렷한 증거는 없다. 다만 관습이나 고정관념으로 이미 습득된 가치관과 행동양식 때문에 성별차이가 존재할 뿐이다. 도표 2.2

성별차이와 조직행동

그것이 선천적이든 후천적이든, 아니면 사실이든 아니든 남녀를 불문하고 대개의 사람들은 성 고정관념을 지닌 채 대인관계를 하고 있으며 이러한 편파적 고정관념이 조직행동에 영향을 미친다. 예를 들면 우리나라는 아니지만 한 조사에 의하면 남성 집단에서 한 남성이 반대하면 나머지 사람들의 반발을 덜 사지만 여성 집단에서 한 여성이 반대를 하면 훨씬 더 왕따를 당한다는 사실이 밝혀졌다. 분명한 것은 조직행동에서 집단의 구성 성비가 어떻게 나뉘었는지, 또는 남녀 중 누가 했는지에 따라 나머지 사람들의 반응이 다르다. 또한 조직을 위해 비윤리적 행동도 기꺼이 감당하겠느냐에 대한 질문에 남자가 여자보다 더 수용하는 태도를 보였다. 그런데 조직 안에서의 양보와 순종행동은 남녀가 유사하다고 한다.[11] 이와 같이 조직행동과 관련하여 남녀 간의 성차에 관한 연구결과는 일치된 결론을 찾기가 어렵다. 분석력, 도전의식, 인간관계기술, 사고처리능력 등과 관련하여 남녀차이가 있다는 뚜렷한 연구는 없는 실정이다. 도표 2.3

도표 2.3 학습성적 남녀차이(OECD 64개국)

비교문항	남자	여자
학업진도	1년 늦음	빠름
수학	3개월 빠름	늦음
과학	동등함	동등함
언어	늦음	더 빠름
낙제 가능성	1.5배	1
학습시간/1주	4시간 30분	5시간 30분
독서와 여유/1일	50분	75분

성별차이와 조직성과

조직생산성이나 직무만족도에서도 성별차이는 별로 없다. 그러므로 남성이 여성보다 직무를 더 잘 수행하느냐에 관한 논쟁은 그리 중요하지 않다. 의사결정능력, 동기유발, 사교성, 학습능력 분야에서 차이가 많다는 연구는 별로 없기 때문이다. 최근에 창조적 업무에서 자신감의 크기는 여자보다 남자가 조금 강하다는 연구가 있기는 했지만[12] 이것이 성과와 연결됐는지는 입증이 안 됐다. 그리고 현실적으로도 많은 회사에서 남녀를 골고루 채용하고 있는데 우리나라에서도 다양한 분야에 여성채용이 증가하고 있다. 남자가 성공과 일에 더 도전적이라는 의견은 있지만 이 때문에 남녀 간 생산성의 차이가 야기된다는 연구는 과거 40년간의 통계자료에 나타나지 않는다. 그럼에도 불구하고 전통적으로 남성이 하던 직무를 여성이 하면 좀 다르게 바라보고 특히 그런 자리에서 여성이 승진하기는 매우 어렵다.[13]

그렇지만 지난 사반세기 동안 여성들의 사회참여가 꾸준히 증가하였기 때문에 조직에서의 남녀 간 성역할을 재조명해 볼 필요가 있다. 예를 들면 어린아이를 둔 여성이 직장을 갖게 되면 파트타임이나 재택근무를 선호할 것이며 작업일정이 꽉 짜여 있지 않은 유연한 근무시간제(flex time)를 더 원할 수도 있다. 결근율은 남녀차이가 별로 없는 것으로 알려져 있지만, 우리나라의 경우 그동안 문화적인 이유로 결혼과 동시에 직장을 그만두는 여성들이 많아서 이직률에 많은 차이가 있었다. 서구의 경우 가사나 아이의 질병 등으로 여성이 남성보다 결근을 많이 하는 것으로 조사되었다. 그러나 사회가 산업화될수록 남자는 밖에서 생활비를 벌어 오고 여자는 집을 지키며 가사를 돌본다는 전통적 역할분담 현상은 동서양을 막론하고 상당히 바뀌고 있다. 그뿐 아니라 정보화 사회의 소프트산업에는 여성이 신체적으로 더 적격이고 순발력에서도 앞서기 때문에 제4차 산업혁명 시대인 지금 여성사회가 된다고 말한 미래학자 다니엘 벨(D. Bell)의 주장이 맞아가고 있다. 재미있는 사실은 남자 혹은 여자만 있는 경우보다 남녀가 함께 있는 조직의 성과가 높다고 조사되었는데 이는 성별로 혼합되어 있는 것이 다양성 기반이 되어 좋은 성과를 가져온다는 사실을 알려 준다.[14] 도표 2.4 이야기 2.3

도표 2.4 여존남비

직장 성차별

남녀 간 능력차이의 유무와 관계없이 동서고금을 통하여 여성은 조직으로부터 혹은 남성 상급자로부터 차별대우를 받아 왔는데, 이러한 차별대우 자체가 선진국을 중심으로 조직 관리의 주요 이슈로 거론되어 왔다. 소위 불평등 고용문제는 인종 간, 연령 간 차별보다 남녀 간 차별에서 더 심각하게 인식되고 있으며 그 결과 유리천장(glass ceiling)의 실태는 선진국에서도 흔히 볼 수 있다.

이야기 2.3 임신은 죽음과의 키스다?

미국 스포츠업체 나이키가 후원 선수들이 임신하면 후원금을 삭감하거나 중단하는 정책을 시행하여 선수들이 공개 반발하는 사건이 있었다. 2019년 6월 초 뉴욕타임스에는 나이키로부터 후원을 받은 전·현직 육상선수들의 글과 동영상이 실렸다. 미국 중거리 육상선수들 다수가 참여했고, 특히 올림픽에서 6개의 금메달을 목에 건 앨리슨 펠릭스(A. Felix: **사진**)의 기고문은 큰 반향을 일으켰다. 펠릭스는 2018년 임신으로 휴가를 냈을 때 회사가 엄청나게 삭감된 후원금 계약안을 제시한 바 있다고 했다. 또 출산에 따르는 기량 하락에 대한 책임을 묻지 않겠다는 보장을 해달라고 요구한 자신의 제안도 회사가 거절했다고 밝혔다. 그녀는 나이키의 정책이 운동선수들 사이에서는 이미 공공연한 비밀이라고 했다. 육상선수의 경우 스포츠업계의 후원이 생계를 유지하는 데 있어서 절대적이다. 나이키와 같은 후원사들은 운동선수들이 기대에 못 미치는 성적을 냈을 경우 후원금 삭감이 가능하도록 계약을 맺어왔다. 신체변화로 경기 출전이 어려운 여성들에게 있어서 기량 하락은 불가피해 임신은 사실상 계약종료나 후원금 삭감을 의미한다. 피비 라이트는 "임신은 여성 선수들에게 죽음과의 키스다"라고 주장했다. 사회적 비판이 제기되자 나이키는 임신한 여성 선수들에 대한 보호를 강화하겠다고 나섰다. 펠릭스의 사연을 접한 나이키 부사장은 직원들에게 "매우 슬픈 일이고 부끄러운 사건"이라는 메시지를 보냈다. 이후 나이키는 여성 선수들이 임신하더라도 기량 하락에 따른 패널티를 받지 않도록 하려고 보호 조항을 명시하는 등 관련 정책을 강화하기로 했다. 그리고 성명을 통해 여성 선수와의 계약에서 임신 여성을 보호하는 새로운 문구를 포함하겠다고 밝혔다. 앨리슨 펠릭스는 자신의 마지막 무대인 2020년 도쿄올림픽에서 2개의 메달을 추가하며 최고의 미국 육상선수로 우뚝 올라섰다. 그녀가 보유한 올림픽 통산 11개의 메달은 미국의 전설적 남자 육상선수 칼 루이스를 넘어서는 기록이다.

도표 2.5 남녀 임금격차 국제비교

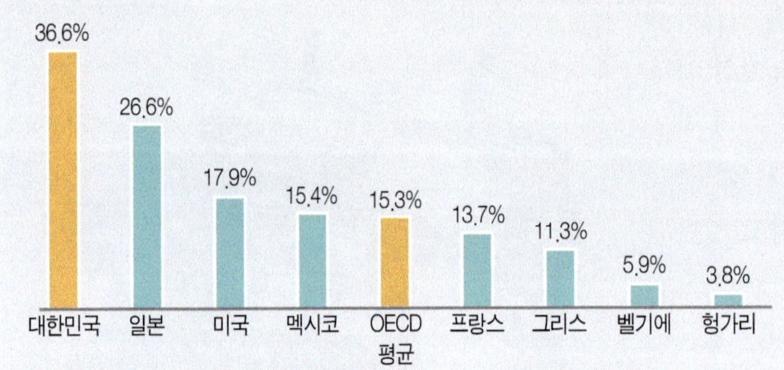

※ %수치는 여성근로자가 남성보다 적게 받는 정도

기업에서의 여성에 대한 성차별은 남성보다 여성이 더 많이 인식하고 있고 특히 남성근로자가 많은 직장에서 더 심한 것으로 조사된다.[15] 우리나라와 같이 남존여비사상의 역사를 가진 나라일수록 더욱 그렇다. 한국은 세계에서도 유례가 없을 정도로 여성에 대한 모든 측면의 차별대우가 심한 나라였다. 최근 수년간 매우 개선되어 왔지만 아직 요원하다. 최근 상장기업 여성임원비율은 북유럽(35.6%), 서유럽(23.6), 북미(20.9), 아프리카(14.4)에 비해 아시아가 최하위이다(12.4). 그중에서도 한국(2.4)은 아시아에서 최하위이므로 세계 최하위이다. 최근 여성 CEO가 증가한다지만 2019년 기준 우리나라 상장기업의 회장, 부회장, 사장 등 대표이사급 3,187명의 CEO 중에 여성은 115명에 불과하다. 성별 임금격차도 역시 OECD국가 중 우리나라가 가장 크다. 도표 2.5

육아휴가, 출산휴가 등으로 기업을 비롯한 많은 조직에서 추가적 임시직 채용이 늘고 직장남성이 전통적인 여성의 가사를 공동으로 분담함으로써 직장-가정 갈등(work-family conflict) 등의 문제가 점차 증가하는 현상은 전 세계의 공통적인 추세이다. 또한 채용, 승진, 급여 등에 대한 차

이야기 2.4 성차별

더 옛날은 모른다고 하더라도 적어도 12,000년 전쯤인 농경사회의 출발 이후 인류사회는 남성우위의 부계사회였다. 100년 전까지만 해도 유럽의 시골부인에게 "자식이 몇 명이에요?"라고 물으면 "없어요!"라고 답했다. 그런데 그 집에 가보면 딸만 3명이다. 여자는 자식이 아니었나? 프랑스 브르타뉴(Bretagne)지방에서는 남편이 밥을 먹을 때 부인은 시중을 들어야 했다. 어떤 지방은 아내가 죽으면 그날 밤 동네사람들이 모여 재혼할 여자를 결정했다. 아내가 잘못했을 경우 남편은 구타할 의무가 있었다. 좋은 의도라면 피를 흘릴 때까지 때려도 무방했다. 보르도(Bordeaux)지방의 관습법은 남편이 화가 나서 아내를 살해한 경우 회개하면 처벌이 없었고 남편이 맞을 경우에는 왜 아내한테 맞냐고 사냐고 맞은 남편을 처벌했다. 1375년 드골 공항 근처 상리스(Senlis)에서 아내한테 맞은 남편을 당나귀에 태워 마을을 돌게 하며 창피를 주었다는 기록이 있다. 물론 예외는 있었다. 이집트의 클레오파트라, 중국의 측천무후, 영국의 엘리자베스가 예외이다. 하지만 엘리자베스 치세 동안 내각의 원들은 모두 남자들이었다. 그뿐 아니라 육해군 장교와 판사와 변호사, 주교와 사제와 신학자도 모두 남자였다. 대학생도, 의사도, 교수도 모두 남자였으며 작가, 건축가, 시인, 과학자, 화가, 음악가, 철학자 모두가 남자였다. 그녀가 무려 45년 동안이나 다스리고 있었는데도 말이다.

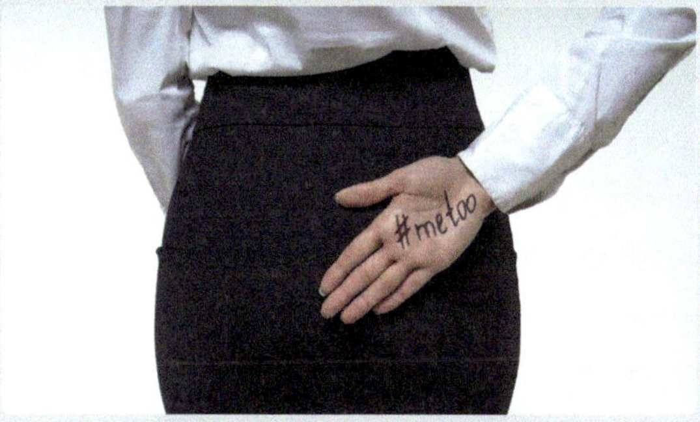

별적 관행을 시정하도록 법적 · 행정적 · 사회적 압력과 함께 직장의 성희롱문제 역시 사회문제로 부각되면서 주요 관리대상으로 떠오르게 되었다. 선진국들은 이러한 성희롱문제를 예방하고 해결하기 위해 막대한 비용을 지불하고 있다. 이야기 2.4

외모특성과 조직행동

겉모습을 보고 사람을 판단해서는 안 된다고 배워 왔다. 더구나 가장 합리적으로 행동해야 하는 경제공동체인 기업, 병원 등 다양한 조직의 인간관계 행동에 외모가 영향을 미친다는 사실은 믿기 어렵지만 어느 정도는 사실이다. 그렇다면 이것이 조직에서의 인간관계, 생산활동, 나아가 조직유효성과도 관련이 있다는 것인가?

외모의 영향, 존재하는가?

이것이 본능이라서 그럴까? 생후 2~3개월 된 아기들과 6~8개월 된 아기들에게 매력-비매력 얼굴 한 쌍을 보여 주는 실험에서 모든 아기들은 매력적인 얼굴을 더 오래 응시했다.[16] 이는 아름다움의 기준이 학습과 훈련 이전부터 생성되어 있다는 증거가 된다. 매력의 기준도 세계 공통적으로 일관되게 나타난다. 인종이 서로 다른 사람들에게 황인, 흑인, 백인, 히스패닉 여성의 사진을 보여 주고 매력 정도를 평가했는데 놀랍도록 일치된 결과를 보였다. 물론 외모 매력에 두는 가중치는 남자가 여자보다 더 높지만 남녀 모두 외모를 중시하는 것만은 틀림없었다.[17]

외모의 중요성 정도는 근래에 와서 더 증가했다. 예를 들면 미국 성인의 경우 배우자 선택에서

60여 년 전보다 남자는 외모 가중치가 1.50에서 2.11로, 여성은 0.94에서 1.67로 증가되었다. 우리나라의 남성화장품시장은 매년 40% 이상의 매출신장을 보이고 있다. 소위 그루밍(grooming)족은 남자임에도 눈썹과 손톱손질, 식스팩을 위한 지방흡입, 어깨와 복근 성형 등으로 외모를 가꾼다. 이러한 와중에 한 조사에 의하면 우리나라 여성(21~55세)의 61%가 자신의 외모에 불만이며 42%가 보톡스, 필러 시술경험이 있는 것으로 밝혀졌다. 그런데 문제는 이러한 현상이 조직생활에서도 유사하게 나타난다는 것이다. 즉 조직행동에서도 외모가 당사자에게 영향을 미칠 뿐만 아니라 상대방의 외모 매력에 의해서도 영향을 받는다는 것이다. 심지어는 공정해야 할 재판과정에서조차 피해여성이 매력적인 경우 가해자에게 더 무거운 형량이 부과되었다.[18]

외모와 소득

외모의 구성요소는 너무 다양하여 신장, 체형, 얼굴, 피부, 심지어는 눈동자와 치아모양, 눈썹, 머리색, 심지어 옷차림, 액세서리, 가방까지 남녀를 불문하고 외모를 판단하는 데 영향을 준다. 이들 중 몇몇 요소들은 조직생활과의 연관성에 대해 꾸준히 연구되고 있다.

- 얼굴: 얼굴 생김새가 채용이나 직장 내 대인관계에 영향을 미치고 나아가서 보수나 승진 등에 영향을 미친다. 미국의 경우 잘생긴 남성은 보통 남성에 비해 평균소득이 14% 더 높았고 여성의 경우 9% 높았다. 독일 분데스리가 축구팀 소속 선수들을 대상으로 한 최근 연구에서 상대적으로 매력적으로 생긴 선수들의 계약 가격이 높았다는 연구도 있다.[19]
- 키: 미국 남성들의 평균 신장은 175cm이고 188cm 이상의 신장을 가진 남성은 전체 인구의 3.9% 정도에 불과한데 포춘지 500대 기업의 CEO들 중 30% 정도가 188cm가 넘는 장신인 것으로 나타났다. 이는 신장이 승진에 영향을 미쳤다는 의미이다. 최근에도 큰 키의 리더는 보통 키의 리더보다 더 큰 영향력을 미친다는 사실이 입증되었다. 키는 소득에도 영향을 미치는데 미국 백인 남성의 경우 키가 2.54cm 커질 때마다 약 1.8% 정도의 소득이 더 많다.[20]
- 체중: 체형도 역시 소득에 영향을 미치는 것 같다. 비만인은 평균인에 비해 여성은 12%, 남성은 9% 정도 소득이 낮았고 기혼자들의 비만과 보통의 차이는 더욱 심했다.[21] 평균보다 29kg 이상 더 나가는 백인 여성들은 보통사람에 비해 소득이 9% 적다거나 비만 여성은 무려 17%나 적게 받는다는 연구에 의하면 비만 정도가 직장에서 차별대우를 받는 원인임을 알 수 있다. 최근 들어 남녀 불문하고 한국인 중국인 할 것 없이 성형외과가 만원이라는 현상을 보면 외모가 상대방의 인식에 영향을 미치고 또 나아가서 조직행동과도 관련성이 있음을 추측할 수 있다. 직장이나 조직에서의 인간행동에 영향을 미치는 요인들을 공부하면서 외모특성을 완전히 배제할 수 없다는 사실이 신기할 뿐이다.

'외모-소득 이론'의 해석과 함정

매력인이 상대적으로 소득이 높다면 그 이유는 무엇일까? 크게 두 가지로 추론할 수 있다. 첫째는 상사의 평가를 잘 받았든지 승진이 더 빨랐기 때문이다. 매력인 A와 보통인 B가 동일한 업적을 냈음에도 불구하고 A의 행동이 상사나 동료에게 더 알려짐으로써 업적이나 승진심사에서 높은 점수를 받았을 수 있다. A가 B보다 주변인의 눈에 더 잘 띄고 더 관심대상이 되는 까닭은 유전학적으로 설명할 수 있는데 이는 조직행동 교과서 범위를 넘어선다. 둘째는 A와 B의 잠재능력이 똑같다 하더라도 A가 업적을 더 올릴 수 있다. 왜냐하면 좋은 외모는 당사자에게 높은 자아존중감을 느끼게 하여 대인관계나 업무처리시에 보다 적극적이고 능동적으로 대처하기 때문이다.[22]

그렇다고 해서 매력인은 보통인 보다 언제나 소득이 높다고 생각하는 우매한 독자는 없을 것이다. 업적, 승진, 대인관계 등에 미치는 영향요인은 무수히 많으며 외모는 그중에 극히 일부이다. 아울러 매력인이 범한 실수나 부정적 행동 역시 보통인 보다 더 크게 보인다는 불이익도 감안해야 한다. 그리고 외모변수와 소득변수 사이에 적지 않은 매개변수(예를 들면 자아존중감, 자기효능감 등)가 있기 때문에 업적과 소득은 외모 때문이 아니라 자기효능감이나 자아존중감 때문이므로 누구라도 자아존중감만 높으면 소득에 긍정적 영향을 줄 수 있음도 알아야 한다. 이론과 현실 사이에 괴리가 존재하는 것도 바로 이런 이유 때문이다. 현실에서는 수많은 변수가 복합적으로 작용하지만 이들을 한꺼번에 설명할 수 없기 때문에 '다른 것이 모두 일정하다면(Other things being equal)'이라는 전제하에 '외모가 소득에 영향을 미친다'라고만 가정할 수 있는 것이다. 이같은 이론해석 방법은 이 교과서의 끝까지, 그리고 다른 학문을 공부할 때에도 마찬가지이다.

외모와 대인관계

일반적으로 매력인은 타인을 설득시킬 때도 자신감을 갖고 자기에게 유리한 조건을 밀어부쳐 이득을 취함과 동시에 상대에게 좋은 인상도 풍김으로 이중으로 덕을 볼 수 있다. 왜냐하면 사람들은 매력인을 평가할 때에는 성격도 괜찮고 좋은 덕목을 가졌을 거라고 단정해버리는 경향, 소위 '후광효과(halo effect)'가 있기 때문이다.[23] 심리상담 환자들도 매력적인 얼굴을 가진 상담치료사와 면담할 때에 더 많이 만족한다고 한다.

그리고 어느 사회에서나 아름다움을 선(善)함과 밀접한 관련이 있는 것처럼 학습시키고 있는데, 예컨대 동화 속의 주인공은 대부분 아름답게 그리지만 주인공을 괴롭히는 쪽은 추하게 그린다.

이야기 2.5 억울한 해고

시티은행 맨해튼지사의 기업담당 직원으로 연봉 7만 달러를 받고 일했던 데브랄리 로렌자나(D. Lorenzana: **사진**)가 뉴욕시 법원에 자기가 다니던 은행을 상대로 소송을 제기했다. 그녀는 '예쁘고 매력적이라는 이유로 부당해고를 당했다'고 주장했다. 재판이 한창일 때 그녀에게 플레이보이의 누드 화보 요청이 들어왔고 그녀는 '나는 단지 평범한 직원으로서의 권리를 찾기 위해 노력했던 여성으로 기억되고 싶을 뿐'이라며 거절 의사를 밝혔다. 하지만 이런 거절행위가 더욱 뉴스거리가 되어 결과적으로 그녀는 유명세를 타게 된다. 오랜 소송 도중에 변호인의 의사와 다르게 그녀는 복직을 포기하고 현재는 타 금융사인 웰스 파고에 조용히 근무하면서 매스컴에서 사라졌지만 분명한 것은 외모 때문에 동료와 고객에게 영향을 미친 그 무엇이 해고의 빌미를 제공한 것은 틀림없다.

따라서 이에 익숙해진 아이들은 매력적인 사람이 더 좋은 성품을 가지고 있다는 고정관념을 형성하기 쉽다. 이러한 고정관념 때문에 매력적인 사람은 타인들이 예측하는 대로 행동하려는 동기가 상대적으로 강할 것이고 그쪽으로 계속 노력하다 보니 실제로 그런 성격과 특성을 갖추게 될 수도 있다.

구태여 성별의 차이를 본다면 외모의 영향은 남성보다 여성의 경우에 더욱 현저하다. 자신의 외모에 대한 지각이 남성보다 여성에게 있어서 더 큰 자아존중감의 원천이 되기 때문인 것 같다. 외모의 기준도 남녀가 서로 다르다. 예로써 여성에게는 날씬한 체형이 유리하지만 남성에게는 반드시 그렇지도 않다. 이야기 2.5

외모와 조직성과

신체적 매력과 지적 능력의 상관성 여부에서 아이들의 경우에는 어느 정도 관계가 있는 것으로 드러났지만 성인의 경우에는 아무런 상관관계가 없는 것으로 조사되었다. 하지만 실험실 연구에서 고연봉 직무와 낮은 연봉 직무 모두 남녀를 불문하고 매력적인 자가 더 높은 성과를 기록했다. 그러나 이는 위험한 편견을 내포하고 있음도 입증되었다. 학생들의 미래 성적을 평가하게 한 실험에서 외모와 함께 추측한 것보다 외모를 통제한 것이 더 정확한 평가를 할 수 있음이 입증되었다.[24] 이처럼 외모를 토대로 남의 능력을 인식하는 것은 매우 심각한 오류를 범할 수도 있으며 따라서 조직성과와 외모의 상관관계는 함부로 말할 수 없는 문제이다.

외모와 직장만족

일단 외모가 대인관계에 영향을 미친다면 그 자체만으로도 업무수행평가에 영향을 미친다고 볼 수 있다. 왜냐하면 업적평가는 평가자(상급자)와 피평가자(부하)의 상호작용 속에서 이루어지는 과정인데, 이 과정에서 평가자의 주관과 감정이 개입되기 때문이다. 결국 평가자와 좋은 대인관계를 가지는 자는 실제보다 약간 과대평가를 받을 것이며 따라서 승진에 유리한 위치에 있게 된다.

동시에 직장에서의 대인관계는 동기부여에도 중요한 영향을 미칠 수 있다. 만약 자신의 직장에서 매일같이 접촉해야 하는 동료, 상사들과 관계가 좋지 않으면 그들과 접촉한다는 것 자체만으로도 스트레스를 받을 수 있으며 이는 직무만족을 저하시키고 이직, 결근, 조직몰입, 조직시민행동, 업무협조 등에 나쁜 영향을 미칠 것이다. 반대로 대인관계가 좋은 사람일수록 직무만족이 높을 것이며 직무몰입과 좋은 업적으로써 승진에 긍정적인 영향을 미칠 것이다. 결국 남녀 모두 개인의 실력이나 인품 이외에도 외모가 조직 내에서 당사자는 물론 주변인들에게까지 다양한 측면에서 영향을 미칠 수 있는 것이다.[25]

외모와 채용면접

상급직과 하급직에 응시하는 채용평가에서 남성지원자의 경우는 양 직급에서 모두 매력적 외모를 가진 지원자가 높은 점수를 받지만 여성의 경우는 하급직인 경우에만 유리했다. 다른 연구

이야기 2.6 **갓난아기 외모차별**

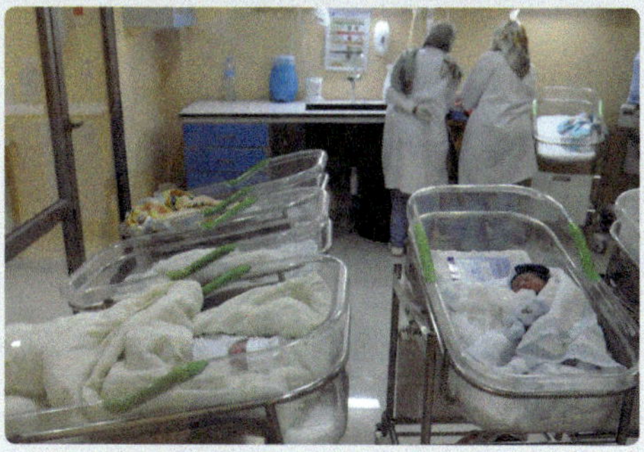

산모가 일찍 조산해서 미숙아로 태어난 아기들은 인큐베이터에서 간호사들의 보살핌을 받으며 정상아로 성장한 뒤 퇴원하게 된다. 미숙아 중 귀엽게 생긴 얼굴을 가진 아기가 더 빨리 퇴원하고 더 빠르게 성장했다. 원인은 간단했다. 간호사들이 귀엽게 생긴 아이에게는 더 많은 관심을 갖고 더 잘 보살피면서 영양을 보충해 주기 때문이다.(L.K. Badr & B. Abdallah, Infant Behavior and Development, 24(1), 2001, pp.129-133) 한편 생후 3개월 된 어린 아기도 매력적인 보육사한테 더 호감을 가진다. 유아원에서도 예쁜 선생은 애들이 좋아하고 따르지만 그렇지 않은 선생은 애들이 멀리한다. 이는 외모지상주의를 합리화하려는 것이 아니라 오히려 본능에 이끌려 외모에 의한 차별이 이루어지고 있음을 입증하는 사례이다.

에서도 보통의 직무에서는 외모가 선발평가에 영향을 미치지만 고급직무의 선발에서는 외모의 영향이 없었다. 한편 서비스직종의 젊은 층 채용면접에서는 매력적 외모를 가진 응시자가 보통의 응시자보다 23% 정도 높게 재방문을 요청받았다는 연구가 있다.[26]

이상의 결과로 보면 채용면접에서 면접관들에게 응시자의 외모가 영향을 미친다고 볼 수 있다. 특히 대학을 갓 졸업하고 입사하는 연령층은 낮은 직급일 수밖에 없으므로 더욱 그렇다. 높은 직급으로 갈수록 전문적 능력과 경력의 가중치가 중요하므로 채용평가에서 매력이 미치는 영향은 줄어들 것이다. 그렇지만 고급직급에 응시하기까지의 경력과 능력을 쌓으려면 외모가 영향을 미치는 낮은 직급의 기간을 보내야 하기 때문에 많은 불합리성에도 불구하고 우리는 외모의 영향에서 자유로울 수 없다고 볼 수 있다. 이야기 2.6

3 인종과 종교의 차이

민족다양성과 조직행동

글로벌 교류

우리나라는 단일민족이라는 말이 무의미해지는 날이 올지도 모른다. 경기도의 한 지역에 있는 많은 회사들은 30% 정도의 외국인을 고용하고 있다. 동시에 우리나라에 본사를 둔 기업들이 해외에 지사를 두고 내국인을 파견한 경우도 허다하다. 선진국은 말할 필요도 없다. 미국의 경우 현재 백인을 제외한 노동력이 전체의 35%를 넘어섰다. 이미 우리나라 삼성과 LG의 제품은 전 세계 시골구석의 안방과 창문에 TV와 에어컨으로 매달려 있고, 현대기아차도 미국과 슬로바키아를 넘어 해외 10여 개 국가에 생산공장이 있으며, 전 세계인의 손에는 삼성스마트폰이 들려 있다. 서울

시내 백화점이나 명동과 남산의 거리를 오가는 사람 중에 외국인이라고 다시 한 번 쳐다보는 시대도 지났다. 이제 같은 기업 안에서 다양한 인종이 교류하며 조직행동을 한다. 맥도널드는 전 세계 130여 국가에 3만여 개의 점포를 소유한 채 일 평균 4천6백만 고객을 상대한다. 세계 거의 모든 독자들이 아마존닷컴에서 책을 사고 있으며 160여 개국의 국민이 IBM 제품을 산다. 이러한 글로벌 조직은 계속 증가하고 있으며 고객도, 사원도, 공급자도 모두 국제화될 것이다.

인종별 차이와 조직행동

서로 다른 국적의 사람들이 모여 조직행동을 할 때면 언어적·문화적·민족적 차이로 인하여 많은 문제에 당면할 수 있다. 친근하고 비공식적인 행동이 조직성과에 도움이 된다고 해도 의사소통이 안 되면 그만이다. 직무방법과 안전성에도 심각한 문제를 야기할 수 있다. 우리나라에서는 특히 소수민족에 대한 홀대가 표면화된 지 오래이다. 한 민족이 다른 민족보다 우수하다고 생각하는 인종차별은 다음과 같은 세 가지 형태를 띠고 있다.

- 개인적 차별: 자기집단이 우수하다는 태도를 갖고 그렇게 행동한다.
- 문화적 차별: 자기집단의 문화를 더 우수하다고 믿고 남의 문화를 무시한다.
- 제도적 차별: 자기집단의 지배력을 유지하기 위한 법, 제도, 정책, 관습을 만든다.

이러한 차별에서 살아남기 위해 소수민족은 소수민족대로 특이한 행동을 보일 것이며 지배집단 역시 평상시와는 다른 행동을 보인다. 예를 들면 동남아 노동자를 많이 고용한 회사에서는 그쪽 민족끼리 집단을 형성하고 자기들끼리 정보를 교환하며 상급자보다 자기나라 동료에게 먼저 보고할 것이다. 그뿐 아니라 동일민족끼리의 유대감은 더욱 강해지고 이민족과의 거리는 더욱 멀어져서 동일한 작업팀에 소속되는 것 자체를 싫어할 것이기 때문에 이를 관리하는 경영자에게 커다란 부담이 된다. 인종차별문제가 많이 드러나는 조직일수록 직무스트레스는 증가하고 조직몰입과 직무만족은 감소되며 이는 이직의도를 높인다.[27] 따라서 인종차별문제는 사회적 문제를 떠나 조직이 일차적인 관리주체가 되어야 한다. 그러나 반대로 인종과 신분의 다양성과 이질성은 서로 다른 생각과 경험의 차이에서 오는 창조적 발상으로 이어져 조직성과 향상에 도움이 되기도 한다.

종교적 차이

종교의 영향과 일상생활

1955년 러시아 숭기르(Sunghir) 지방에서 3만 년 전 매머드를 사냥한 인류의 유적지에서 발견된 소년의 유골은 여우 이빨 250개로 장식한 모자를 쓰고 있었다. 이는 여우 60마리를 잡아야 가능한 숫자이다. 맞은편의 소녀유골은 상아구슬 5,250개로 덮여 있었다. 숙련된 장인이 상아구슬 1개를 만드는 데 45분 걸린다면 1만 개를 만들려면 3년이 더 걸린다. 이 아이들은 종교의식에서 희생되었을 것으로 추정된다. 종교의 역사는 몇 년이나 되었을까? 시대를 불문하고 종교는 인류

이야기 2.7 종교전쟁

세계국가(IS)나 수니파나 시아파는 서로 다른 종교가 아님에도 불구하고 약간의 경전 문구 해석이 다르다고 혹은 행동강령이 다르다는 이유로 지금도 중동에서 피비린내 나는 싸움을 이어가고 있다. 물론 이런 일은 오늘의 이슬람 종교에만 있는 것은 아니다. 수백 년 전 기독교에서도 같은 일이 반복되었다. 1572년 8월 24일 인간이 먼저 선행을 실천해야 한다고 주장하는 가톨릭교도들은 신이 먼저 인간을 사랑했다고 믿는 프랑스의 개신교 공동체를 공격했다. 성 바르톨로메오(St. Bartholomew) 축일의 대학살로 불리는 이 공격에서 약 1만 명의 개신교 신도가 살해되었다. 채 하루도 안 되는 시간 동안 살해된 피살자의 수는 로마제국이 1000년 동안 유지되면서 살해한 이교도의 숫자보다도 많았다. 당시 교황청에서는 대학살의 뉴스를 듣고 매우 기뻐하며 이 사건을 기념하기 위해 축하기도회를 열었고 조르조 바사리에게 명하여 바티칸의 방 한 개를 대학살을 묘사하는 프레스코화(**사진**)로 장식하게 했는데 이 방은 현재 관광객의 출입이 금지되어 있다.

를 통일시키는 매개체였다. 하지만 대부분의 고대종교는 지역적이고 배타적이었다. 사람들은 자기들만의 신과 영혼을 믿었으며 전 세계 인류를 개종시키는 데 별 관심이 없었다.

이동하면서 수렵·채취에 의존하던 고대세계에서는 주로 다신교에 애니미즘이 보편적이었으나 농경사회가 되면서 유일신을 신봉하게 되었고 그 결과 상대의 신을 박해하는 일이 시작되었다. 이동사회에서는 상대방과 다르면 내가 떠나면 되지만 정착사회에서는 그럴 수 없다. 결국 오늘의 나는 나와 다른 신념과 종교를 가진 사람을 같은 식구라고 하기 어렵다. 삶의 방식과 법칙이 달라서 나와 부딪치기 쉽기 때문이다. 앞으로 공부하겠지만 태도와 신념, 가치관과 생각은 우리의 행동에 매우 큰 영향을 미친다. 그런데 종교는 신념과 가치관의 문제이니 종교가 다르면 우리의 행동이 얼마나 달라지겠는가? 동일한 종교인 기독교에도 수많은 종파가 있고 이슬람교의 시아파와 수니파 간의 수백 년 전쟁은 오늘도 계속되고 있다. 이야기 2.7

종교와 조직행동

많은 나라에서 법이나 도덕으로 종교적 차별을 금지하고 있지만 조직행동에 영향을 미치지 않는다는 뜻은 아니다. 동일한 종교인이라도 종교심이 강한 사람이 교통질서를 더 잘 지킨다는 연구가 있다.[28] 하물며 다양한 종교를 가진 사람들이 같은 조직 안에서 행동할 때 그 행동의 차이를 예측하기란 어렵지 않다.

그리고 어떤 종교는 의식과 행동강령이 엄격하여 근무시간에도 종교적 기도를 하는데 이것이 본인과 타인에게 미치는 영향은 다양할 것이다. 직장에서 잠깐 나가서 기도하고 들어오는 정도는 문제가 없겠지만 어떤 의식은 매우 강해서 많은 헌신과 물리적 노력이 필요한 경우도 있다. 이런 의식은 보는 이에게는 도덕적 행동을 하도록 자극하지만 당사자들의 도덕적 행동의 증진에는 별 영향이 없다고도 한다. 하여튼 직장에서의 종교행위는 다른 동료의 행동과 매우 관련이 있기 때문에 조직행동에 더 영향이 크다.

입사응시자가 기독교인이라면 언뜻 몰라보겠지만 이슬람 종교나 유대교인은 복장부터 다르므로 면접관이 바로 알 수 있다. 이슬람 교인이라도 평상복 차림일 때와 차도르를 했을 때는 면접관의 평가가 다를 것이다. 교회에 가기 위해 일요일에 행하는 회사의 공식행사에 불참한 사원에게 불이익을 준 상급자의 행동과 종교적 신념으로 낙태를 반대하는 제약회사 영업사원이 낙태약은 제외하고 판매활동을 하는 것은 어떤가? 회사의 강요가 없더라도 당사자의 심리적 갈등과 스트레스 또한 우리의 관심사이다.

우리나라의 경우 종교 간의 갈등은 크지 않아서 차별은 별문제가 되지 않지만 시간과 노력의 헌신 정도는 다른 나라에 비해 비교적 높다. 이 경우 직장과 종교생활의 갈등과 스트레스는 종교심에서 비롯된 헌신적 회사공헌도와 비교하면 어느 쪽이 높을까? 우리나라 연구는 아니지만 종교생활에 시간과 노력을 많이 투자하는 경우에 직장-가정 갈등(work-family conflict)에서 오는 직무스트레스와 종교가 관련이 있는 것으로 조사되었다.[29]

조직의 리더가 종교적 마인드가 있거나 특정 종교인일 때 그 리더십이 조직에 미치는 영향은 매우 크다. 조직 자체가 종교적 이념과 목적을 달성하기 위해 설립된 경우가 아니더라도 기독교 신자가 설립한 우리나라의 한 의류매장은 일요일에 문을 열지 않는다. 공공정책으로 도시를 이끄는 경우에 종교적 리더십을 발휘하면 그렇지 않을 때보다 더 선진화되고 주민들 상호 간의 배려나 협동심도 큰 것으로 나타났다.[30] 이런 예로 볼 때 종교와 조직행동의 관계는 매우 밀접하므로 더 깊이 알아두고 생각해 볼 일이다.

Ⅱ | 능력차이와 조직행동

조직은 사람들이 모여 생산활동을 하는 곳이기에 개인이 보유한 능력과 그의 행동은 매우 밀접한 관계가 있다. 사람마다 보유하고 있는 능력의 형태 및 수준과 조직이 요구하는 그것은 매우 다를 수 있다. 따라서 능력의 유형과 수준에 맞게 사람을 택하여 적재적소에 배치하는 일은 관리자에게 가장 중요한 일이다. 그러나 더 중요한 것은, 조직행동을 배운 자라면 자기 업무에 항상 불평하는 사람을 보고 정말로 낮은 월급 때문인지 혹은 능력과 직무가 불일치하기 때문인지를 밝혀내는 일이다. 능력의 차이는 조직행동에 다방면으로 영향을 미치기 때문이다.

1 조직생활에 필요한 능력

직무를 잘해 낼 수 있는 가능성을 능력이라고 할 때 능력은 지적(intellectual) 능력과 육체적(physical) 능력으로 나뉜다. 그러나 조직은 혼자서 일하는 것이 아니라 타인과 함께 하는 일이 대부분이므로 인간관계능력도 개인의 직무성과에 큰 영향을 준다.

기본적 능력

지적 능력

지적 능력이란 어떤 문제를 잘해 내기 위해 사고하고 추리할 수 있는 능력으로서 어휘력, 지각력, 추리력, 공간지각력, 기억력 등의 종합이라고 할 수 있는데 이런 것들은 주로 선천적이며 유전되는 것으로도 알려졌다. 그러나 후천적으로 더 개발되거나 약화될 수도 있다. 지적 능력은 직무능력과 상관관계를 보이지만 직무가 무엇이냐에 따라 요구되는 지적 능력의 종류가 다르다는 것도 당연하다.

한편 흔히 쓰이는 IQ(Intelligence Quotient)는 직무능력과 긍정적 상관관계가 있다는 주장도 있고 직무에 따라서는 그렇지 않다는 주장도 있다.[31] 또한 직무와 관련해서는 사회가 산업화되면 생활수준 향상, 교육수준 향상, 식생활 개선 등으로 인하여 IQ가 상승하기도 한다. 또한 공간력, 지각력, 어휘력이 뛰어난 사람이 지무를 더 잘해 낸다고 하는데 중요한 것은 이러한 능력들이 개별적으로도 차이가 있지만 인종과 국가 간에도 차이가 있다는 점이다. 백인이 흑인보다 높다든지 선진국 국민이 후진국 국민보다 높다고 조사되고 있는데 이보다 더 중요한 것은 대부분의 관리자들이 이를 사실로 믿고 있다는 점이다. 이야기 2.8

이야기 2.8 대통령의 필요능력

2020년 미국 대선 때 김정은이 사석에서 바이든은 IQ가 낮은 사람이라고 했다며 언론에 전하면서 IQ논쟁이 있었지만 바이든이 트럼프보다 낮은지는 판명된 것이 없다. 다만 2015년 US News에 공개된 Simonton의 연구표에 따르면 IQ 최상위 미국 대통령 5명은 애덤스가 1위이고 제퍼슨, 케네디, 클린턴, 윌슨의 순서로 모두 140 이상이며 최하위 5명은 존슨, 부시, 하딩, 먼로, 그랜트이다. 그런가 하면 왜 누구는 성공한 대통령이라 여겨지고 누구는 실패한 대통령이라 여겨지는지를 알아보기 위한 연구도 있다. 더 정확하게는 대통령이라는 직무수행자로서 성공하려면 어떤 자질이 더 필요한지를 알기 위함이었다. 판단기준으로 의사소통력, 조직력, 정치력, 비전제시력, 인지능력, 감성지능의 여섯 가지 자질을 제시하였다. 그리고 평가 결과 비교적 성공한 대통령(루스벨트, 케네디, 클린턴)과 실패한 대통령(존슨, 카터, 닉슨)을 확연하게 구분짓는 자질은 바로 감성지수(EQ)의 차이였다. 자신의 IQ가 두 자릿수라고 실망할 필요는 없다. EQ만 높으면 된다. 오바마의 연임은 IQ125에서 온 것이 아니라, 그의 대인관계 능력에서 왔다고 할 수 있다. EQ 하면 감정파 트럼프를 앞설 자가 또 있을까?

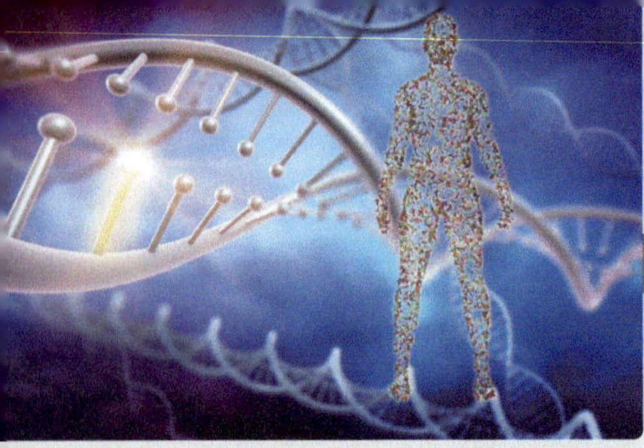

이야기 2.9 육체의 저력

우리의 몸은 O, H, C, Ca, P, N의 6개 원소가 99%를 이루고 1%로도 안 되는 50여 개의 기타 원소로 이루어진다. 분해해서 원소로 팔면 생수 한 병 값보다 조금 비싸지만 뚱뚱하고 키 큰 사람이라고 해도 20만 원을 넘지 못한다. 공기처럼 가벼운 이 원소들이 결합해서 물도 되고 뼈와 살이 되니 공중에 뜨지 않고 무거우므로 땅 위에서 살아간다. 그러나 결합된 이 원소들의 능력은 대단하다. 한 사람 몸을 만들려면 자그마치 70억×10억×10억 개의 원자가 필요하다. 우리가 숨 쉬는 허파의 공기통로 길이를 모두 이으면 런던에서 모스크바까지 갈 정도로 길다. 혈관의 길이는 더 길어서 모세혈관까지 모두 합하면 지구를 두 바퀴 반이나 돌고도 남는다. 혈관 속에서는 1초에 적혈구만 백만 개나 만들어 낸다. 그래서 피 한 방울에도 적혈구가 250억 개나 들어 있는데 적혈구 한 개에 붉은색의 헤모글로빈이 25만 개씩 붙는다. 이 철분의 역할은 우리가 들이마신 산소를 몸의 각 부분에 분포된 약 60~100조 개의 세포로 운반하여 운동, 전기, 열에너지를 생산한다. 이 에너지로 우리는 활동, 성장, 번식하는 것이다. 한 개의 세포 속에는 1m쯤 되는 DNA가 실타래처럼 감겨서 뭉쳐 있는데 수십 조 개의 세포가 있으니 이를 모두 풀어서 이으면 지구에서 명왕성까지 간다. 그 줄은 너무 가늘어서 200억 개 이상 합해야만 가느다란 머리카락 두께 정도가 된다. 우리는 우주적인 존재이다. 이 결합체의 활동으로 조만간 인간이 화성에 착륙한다.

육체적 능력

육체적 능력은 고도로 복잡한 기술이 필요한 업무보다 쉽고 단순한 직무에서 중요한 역할을 한다. 팔의 완력이나 다리의 힘, 어깨의 힘을 요구하는 직무도 많기 때문이다. 육체적 능력 역시 모두 필요한 것이 아니라 특정 업무에서 특정 능력을 필요로 하기 때문에 직무와 육체적 능력을 적합하게 연결시키는 것이 중요하다.

그뿐 아니라 지적 능력과 육체적 능력은 서로 독립적이 아니라 상호 영향을 미치는 복합적인 관계이다. 예를 들면 미술, 음악, 문학작품 창조를 위해서 지적 능력이 필수적이지만 육체적 건강이 뒷받침되어야 성과가 높다. 재즈음반 1,892장의 작곡가 719명을 분석해보니 거의 30세 전후에 취입활동이 집중되어 있었다.[32] 화가는 냄새 독한 신나를 물감에 섞으면서 몇 시간이고 팔로 휘저어야 한다. 소설가는 컴퓨터 앞에서 몇 달이고 밤을 지새운다. 육체력 없이는 오래 못 간다. 육체노동자 역시 뛰어난 지적 능력으로 육체노동을 절약한다. “머리가 나쁘면 손·발이 고생한다”는 우스갯소리도 일리가 있다. 육체력과 정신력이 함께 필요하다는 차원에서 보면 역경지수는 더욱 그렇다. 이야기 2.9

역경지수

요즘은 IQ가 높은 사람보다 역경지수(AQ: Adversity Quotient)가 높은 사람이 더 성공한다고들 말한다. 역경지수라는 말은 1997년 미국의 커뮤니케이션 이론가 폴 스톨츠(P.G. Stoltz)가 만든 용어로서 그는 앞으로 IQ 대신 AQ가 인간 능력을 가늠하는 잣대가 될 것이라고 했다. 역경지수는 수많은 역경에도 굴복하지 않고 끝까지 도전해 목표를 성취하는 능력을 의미하는 것으로 그러한 능력을 IQ처럼 지수화한 것이다. 역경지수가 높을수록 포기하지 않고 도전하는 의지와 위험을 긍정적으로 감수하고자 하는 낙관주의가 확립되어 있다고 한다.

스톨츠는 자신의 저서에서 역경을 맞이했을 때 사람들의 대처 방식을 등산가에 비유해 세 가지로 분류했다. 첫째는 산에 오르다 힘이 들거나 장애물을 만나면 등반을 포기하는 퀴터(quitter)로서 AQ가 가장 낮으며, 둘째는 뚜렷한 대안을 찾지 못하고 캠프를 치고 안주하려는 캠퍼(camper)로서 보통 조직 내의 80% 정도가 이에 속한다. 셋째는 자신의 모든 능력과 지혜를 동원해서 산을 정복하려고 하는 클라이머(climber) 타입으로서 AQ가 가장 높으며 캠퍼인 동료들을 격려하며 함께 역경을 헤쳐 나가려는 리더십도 있는 사람이다. 역경지수가 높은 사람의 특징을 다음과 같이 요약할 수 있다.

- 자신에게 닥친 역경이나 실패를 타인에게 책임을 돌리거나 비난하지 않음
- 역경이나 실패가 자기 탓이라고 비난하거나 비하하지 않음
- 어려운 문제들은 언제나 해결되고 헤쳐나갈 수 있다고 긍정적으로 믿음

감성지능과 조직생활

그동안 우리는 인간의 능력을 육체력과 이성적 능력으로만 관찰하고 측정해왔다. 그러면서 기억력, 계산력 등을 측정한 IQ수준이 어떤지에 대해 관심도 많았고 이 수준을 사회적 성공의 지표로 삼은 시절도 있었다. 사람들이 감성지능에 관심을 두기 시작한 것은 그리 오래지 않다.

감성지능이란?

감성지능(EQ: Emotional Quotient)은 샐로베이(P. Salovey)와 메이어(J. Mayer)가 처음 정서지수라고 지칭하였으며 후에 대니얼 골먼(D. Goleman)이 IQ와 대조되는 개념으로 감성지능이라고 표현했다.[33] 이는 간략히 표현하면 자신의 감정을 적절히 조절하며 원만한 인간관계를 구축할 수 있는 사회적 능력(인간관계능력)이라고 할 수 있다. 과거에 지능만을 검사하는 지능지수와는 달리 조직에서 상사나 동료, 부하직원들 간에 얼마나 원만한 관계를 유지할 수 있으며, 개인이 팀워크로 진행되는 업무에 어느 정도 공헌하는가를 평가하는 기준치이므로 기업인들의 많은 관심을 끌었다.

우선 자신을 잘 파악하는 능력이란 예를 들면 자신의 내부에 감정이 발생했을 때 어느 정도의 수준으로 왜 일어났는지 인식하는 능력이다. 혹은 자기를 잘 알아야 대인관계도 잘 할 수 있다. 본인 자랑을 하고 있는지 남들이 자기 얘기를 건성으로 듣는지 심각하게 듣고 있는지 파악하는 능력이 필요하다. 또는 자신의 불안이나 분노와 같은 감정을 달래고 조절하는 능력도 있어야 하고 어떤 일을 할 때 자신을 적당히 동기화시키며 역경에 대처하는 능력도 있어야 한다. 동시에 상대방의 감정상태를 잘 파악하고 그를 조절해줄 줄 아는 능력을 총칭한다. 이로써 대인관계를 원만히 이끌며 조직생활을 잘 할 수 있다고 본 것이다.

감성지수가 높은 사람의 특성은 다음과 같이 다섯 가지로 요약된다.

- 자기인식능력: 자신의 상황을 잘 파악하는 능력
- 자기조절능력: 자신의 감정을 조장, 억제, 조절하는 능력
- 자기동기부여능력: 어려움 속에서도 긍정적 감정을 유지할 수 있는 능력

- 타인인식능력: 타인의 감정을 감지하고 이해하는 능력
- 타인조절능력: 타인의 감정을 억제, 조절해줄 수 있는 능력

감성지능과 대인관계

감수성이 풍부하고 정서적으로 유연한 능력이 있는 사람은 타인에게도 친절하고 접근행동을 많이 한다. 또는 남의 감정을 잘 읽지 못한다면 남들로부터 좋은 인상을 받지도 못할 것이며 자기가 왜 욕을 먹는지도 이해하지 못한다. 그와 반대의 사람은 윗사람이 왜 화가 났는지 파악해서 그 원인을 개선하여 다음부터는 꾸중을 듣지 않을 것이다. 위의 모든 예들은 감성지수가 높을수록 조직에서의 대인관계에 성공을 거둘 수 있으며 타인과의 갈등을 건설적으로 해결하는 데도 도움이 된다. 하지만 스트레스에 대처하는 코티졸 같은 호르몬 조사를 해보니 감성지수가 높은 경우에 스트레스를 더 받기도 한다고 밝혀졌는데, 이는 타인의 감정을 캐치하고 이에 맞춰주려고 자신의 희생을 감수하기 때문인 것 같다.

리더와 부하 사이의 갈등해결에는 상사보다 부하의 감성지능이 더 많이 필요하다고 한다. 하지만 높은 지위에 있을수록 낮은 지위의 사람보다 타인의 감정에 관심도 없거니와 상대방 감정을 잘 읽어내지도 못한다는 연구가 있다.[34] 이와 같이 감성지능의 역할은 나이와 상관없이 모든 연령층과 모든 지위계층에서 갈등의 건설적 관리에 필요한 요인이다.

감성지능과 조직성과

감성지능이 높은 사람은 자신의 성공과 조직의 성과향상에 긍정적 영향을 미친다는 주장이 많다. 감성지능이 높은 사원들이 낮은 사람들보다 판매고를 더 높이고 고객서비스를 더 잘한다.[35] 감성지능이 높으면 동료사원과 함께하는 일뿐 아니라 자기 혼자 하는 일에도 성과가 높다. 한 시뮬레이션 연구에서 자기감정을 잘 파악하고 조절하는 학생들의 투자결정이 그렇지 못한 학생들의 것보다 수익률이 더 높았다. 실제 비즈니스 세계에서도 평균 이상의 감성지능을 가진 사원이 평균 이하의 사원보다 더 많은 실적을 올렸다. 그 이유는 다른 사람의 감정을 잘 파악하고 자신의 감정을 잘 통제하며 사회적 상호작용을 잘 함으로써 비즈니스에 성공했기 때문이었다. 한편 중국 담배공장 사원들을 대상으로 한 연구에서도 높은 감성지능 소유자의 생산성이 더 높았다. 이처럼 감성지능과 직무성과의 상관관계를 연구한 59개의 연구결과를 종합해 본 결과 절반 정도의 연구들이 두 개의 변수 간에 유의적인 상관관계가 있음을 밝히고 있다.

감성지능에 대한 의문점들

물론 이에 대해서 또 다른 많은 학자들은 여러 가지 반론을 제시하기도 한다. 감성지능은 측정이 어렵다거나 측정방법이 아직 구체화되거나 과학적이지 않기 때문에 높거나 낮다고 말하기 모호하다는 것이다. 또는 감성지능 자체가 지능이라고 하기에는 너무 광범위하고 구성요소가 다양한데 어떤 면에서는 성격의 안정성 요소와도 비슷하며 일반적인 지능과도 유사하다고 비판한다.[36]

그럼에도 불구하고 감성지능은 현대인에게 가장 큰 관심사 중의 하나이며 성공한 최고경영자의 85% 이상은 감성지수가 높은 사람이라는 등[37] 광고와 서적, 학원과 강연 등에서 인기 주제로 다뤄지면서 우리 생활의 일부가 되어 있는 것은 사실이다. 하여튼 그간의 연구를 종합하면 감성지능은 모든 인지력을 감안하더라도 직무성과에 중요한 영향을 미침에는 틀림없다.

2 직무능력

능력은 주로 타고나는 것이 많지만 개발되는 것도 있다. 그리고 능력은 개인마다 다르다. 이를 개발하고 각자의 능력에 맞게 업무를 부여하는 일이 조직행동에서 능력을 배우는 목적이다.

능력과 직무

취업능력

취업능력(employability)이란 직장을 잘 구하는 능력, 즉 취업도 잘하고 또한 취업 후에는 그 직장을 잘 다니는 능력, 그리고 필요하다면 다시 새 직장을 구할 수 있는 능력이다.[38] 요즘 같은 취업난 추세라면 취업이 개인의 경력이나 능력과 관계없다고도 하겠지만 전혀 무관한 것만도 아니다. 개인변수만 하더라도 실력, 학력, 인맥, 학연과 지연 등 수많은 요인들이 취업과 관계가 있다. 그러나 별도로 취업능력이라 함은 모든 조건이 동일함에도 불구하고 누구는 직장을 잘도 구해서 다니고 퇴직했다가는 금방 새 직장을 얻는가 하면, 또 누구는 다른 실력은 모두 갖추었는데 그렇지 못하다는 의미이다.

그런데 취업능력도 영어실력처럼 하나의 능력이기 때문에 준비하고 갈고닦아야 한다. 물론 다른 능력도 마찬가지이지만 어느 정도는 언어능력, 운동실력처럼 타고나기는 한다. 성격과 인내심 등 타고난 요인들이 있음에도 불구하고 영어 공부를 열심히 하듯 취업능력을 키우는 데도 많은 노력이 필요하다. 때에 따라 필요한 경력을 쌓고 여러 자격증으로 스펙도 늘리고 인터뷰나 면접훈련을 하면서 지인들과 교류하며 취업정보를 접하다 보면 취업능력이 성장하는 것이다. 그러므로 취업능력은 취준생이 필요로 하는 가장 기초적인 능력이다. 이러한 취업능력은 입사 후에 무용지물이 되는 것이 아니라 직무를 수행하면서 난관을 극복하고 상사

도표 2.6 면접증후군

나 거래처를 만나서 인간관계를 맺을 때 다시 활용되어서 경력향상 속도와 직결된다.[39] 도표 2.6

능력과 직무의 조화

조직행동에서 능력의 차이란 '이 사람이 저 사람보다 낫다.'라는 의미보다 이 사람과 저 사람이 소유하고 있는 능력이 다르다는 데에 더 많은 의미를 둔다. 누가 일을 더 잘할까도 관리자의 관심사이지만 누가 어떤 일을 더 잘할지를 파악해야 한다. 즉 조직은 무조건 능력수준이 높은 사람을 뽑으려 해서는 안 되고 직무에 적합한 능력을 가진 사람을 뽑아야 하는데 이는 사람마다 능력의 수준과 종류가 다르기 때문이다. 이 둘이 일치해야(ability-job fit) 직무에서 보람을 찾고 기꺼이 노력을 쏟으려 할 것이다. 그런 의미에서 관리자는 서로의 능력차이보다도 사람마다 무엇이 어떻게 다른가를 파악하여 더 잘 관리할 수 있는 방법을 찾아야 한다. 제조기술력이 뛰어난 사람을 영업팀에 배치하는 것은 기억력이 약한 사람에게 암기를 강요하는 것과 같다.

굼벵이도 구르는 재주가 있다고 했다. 세상에는 능력 있는 사람과 능력 없는 사람이 있는 것이 아니라 모든 사람이 능력을 갖고 있지만 서로 다를 뿐이라는 생각으로 조직은 이들의 능력을 직무에 맞게 선발・배치하는 데 노력해야 한다. 비행기 조종사는 공간지각력과 시력이 뛰어나야 하며 해상 인명구조대원은 공간지각력과 육체의 각 지체를 종합할 수 있는 신체조화력이 뛰어나야 한다. 마찬가지로 회사의 중역은 어휘력, 대인관계력이 좋아야 하고 건설노동자는 강인한 육체력과 신체조화력이 요구된다.

직무와 능력이 잘못 연결될 때 어떤 일이 일어날까? 조용히 혼자 연구하고 신기술을 창조적으로 개발할 인재가 마케팅 담당 상무로 발령이 난다면 인력배치를 잘한 것일까? 더 나아가 CEO들이 생각하는 직원들의 핵심능력도 다를 수 있는데 각 부서에 필요한 사람을 정확하게 구해서 배치한다는 일은 참으로 어려운 일이 아닐 수 없다. 아울러 기업이 요구하는 능력의 유형은 빠르게 변하고 고령화되는 노동자는 이에 못 미치므로 그들의 경우 능력과 직무의 불일치는 더욱 심해진다. 그래서 나이 든 직장인의 자발적 퇴직은 건강상의 이유보다 능력과 직무의 괴리 때문에 더 많다는 조사결과가 있다.[40]

조직계층별 필요능력

조직의 성패는 관리자나 리더의 관리능력에 달렸다고 해도 과언이 아니다. 그런데 관리자나 리더가 갖춰야 하는 능력은 매우 다양하고 복잡하다. 이들은 일반 구성원보다 더 많이 갖고 있어야 할 자질이 따로 있다. 즉 비전제시능력, 커뮤니케이션 능력, 추진력, 통찰력과 혁신성 등이 더 요구된다. 특히 그 관리자나 리더가 어느 계층에 속해 있느냐에 따라서 담당하는 기능이 다르므로 요구되는 자질이 다를 수 있다. 카츠(R. Katz)는 관리자의 자질을 세 가지로 나누어 각각의 위계에 따라 필요한 자질의 비중이 다르다고 한다. 즉 최상층의 관리자, 중간층의 관리자, 하위계층의 일선관리자로 구별하여 이들 각자에게 필요한 능력을 다음과 같이 소개한다.[41]

- 개념적 자질(상황판단능력: conceptual skills): 최고층 관리자라면 조직을 전체적으로 파악하면

도표 2.7 경영층별 필요한 자질의 비중

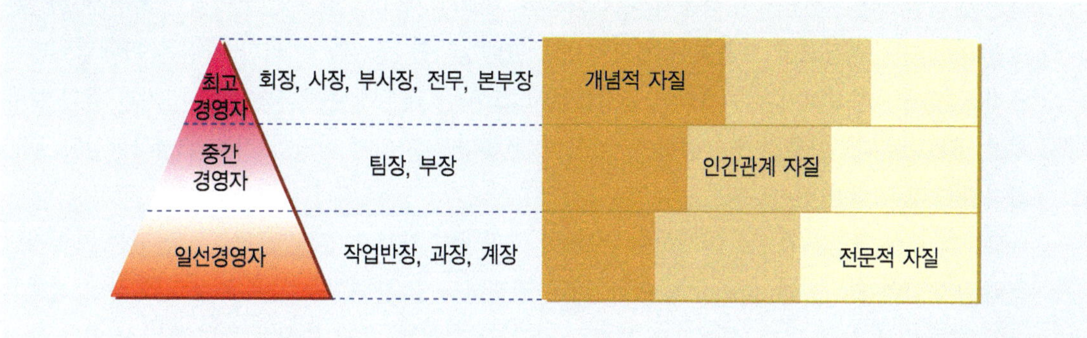

서 조직의 각 부문은 서로 어떤 관련이 있으며 한 부문에서의 변화가 조직 전체에 어떤 영향을 미칠 것인가를 예측할 수 있어야 한다. 또한 주어진 정보의 분석 시에는 장기적이고 모든 분야를 동시에 고려하는 능력이 필요한데, 이러한 능력은 최고경영층일수록 더 필요할 것이다.

- 인간관계 자질(대인관계능력: human skills): 다른 사람과의 대인관계능력으로서 모든 계층의 관리자에게 똑같이 필요하다. 관리자라면 사장이든 작업반장이든 팀장이든 관계없이 구성원들과 원만한 관계를 유지하면서 그들에게 동기를 부여해 주고 서로 조정해 주며 협조를 이끌어 내는 탁월한 인간관계능력이 필수적이다. 우리나라의 경우 인간적 소탈함이 특히 많이 요구되는 자질이다.
- 전문적 자질(현장실무능력: technical skills): 이는 업무적 자질, 기술적 자질이라고도 할 수 있는데, 일선 관리자가 과업 담당자에게 지시하고 충고, 감독하기 위해서는 실무기술과 자기가 맡은 전문 분야의 업무에 능통해야 할 것이다. 더구나 일선 관리자는 실무를 담당해 본 경험이 많기 때문에 자기 경험을 토대로 실무자들을 잘 이끌 수 있을 것이다. 도표 2.7

능력의 향상

천재는 1%의 영감과 99%의 노력이라는 에디슨의 말은 능력은 타고나는 것이 아니라 개발될 수 있음을 의미한다. 음악의 신동 모차르트도 누구든 자기만큼만 노력한다면 신동이 될 수 있다고 친구에게 고백한 적이 있다. 세계적 스타가 된 우리나라의 저명 예술가와 스포츠 선수들의 눈물겨운 노력이 이를 입증한다. 조직이 필요로 하는 능력도 얼마든지 개발 가능하고 따라서 노력 여하에 달려 있다. 개인의 노력은 물론이거니와 조직의 지원과 분위기도 개인의 능력 향상에 결정적인 역할을 한다. 여기서 자세히 논할 수는 없지만 대표적인 다음의 경우를 보자.

역량관리

업무수행을 특별히 잘하는 사람들은 다른 사람과 구별되는 독특한 행동특성을 가지고 있다. 이를 역량(competency)이라고 하는데 능력(ability)과는 좀 다르다. 예를 들면 역량 있는 판매원은 다른 판매원보다 친절, 끈기, 상품지식, 대화능력 등에서 차이가 날 것인데 이러한 자질(역량)들은 그 사람의 판매행동으로 표출되어 결과적으로 판매성과를 올린다. 이러한 자질은 판매팀이라는 조직의 성과를 향상시키는 구체적인 특성들로서 그 사람 내부에 존재하며 매우 장기간 동안 보유하고 있는 것이다. 아무리 영어실력이 좋고 IQ가 좋아도 자기가 담당한 직무의 성과향상과 무관하다면 그것은 역량이 아니다.

그런데 이를 조직차원으로 확대하여 어느 한 조직만이 가지고 있는, 경쟁우위에 있는 차별적인 능력은 핵심역량(core competency)이다. 다른 경쟁사도 같은 역량을 갖추고 우리와 같이 경쟁한다면 특별히 나을 게 없다. 그러므로 우리 조직만 갖고 있는, 우리 조직만 특별히 자신 있는 능력을 찾아서 이에 맞는 사업과 목표를 선택하면 다른 조직보다 경쟁우위에 있을 수 있다. 그게 바로 핵심역량이다.

기업가적 능력

이는 다른 말로 기업가정신(Entrepreneurship)이라고도 하는데 이것은 창업자나 기업경영자에게만 필요한 능력이 아니다. 요즘처럼 변화의 소용돌이 속에 살아가는 조직이라면 모든 구성원에게 필요한 필수역량이다. 오늘날에는 개인이나 기업도 모험심을 갖고 새로운 일에 도전하고 모든 일에 대하여 혁신적인 아이디어를 내고 행동으로 실행하는 능력이 요구된다. 조직구성원 모두가 이러한 역량이 풍부하다면 그러한 조직과 개인은 어떠한 상황변화에라도 능동적으로 대처하여 위험에서 벗어나고 목표를 성공적으로 달성할 수 있을 것이다. 이를 핵심역량으로 갖춘 조직은 물질적 자원이 풍부한 어느 조직보다도 경쟁우위에 있으므로 조직의 경영자는 구성원들에게 항상 기업가적 역량을 강조하며 개발·교육시키는 환경을 마련해 주어야 한다. 이러한 능력은 타고난다기보다는 훈련과 반복으로 학습되고 증대될 수 있기 때문이다. 이야기 2.10

창의력 개발

현대인에게 필요한 다양한 능력 중에 창의력이 가장 중요하다고들 말하면서 왜 그렇게 필요한지는 잘 모르는 것 같다. 왜 창의력이 언제 어디서나 화두가 되고 있으며 조직의 리더들은 구성원들에게 과거보다 창의력을 더 주문하는 시대가 되었을까? 그 이유는 크게 다음과 같이 세 가지로 요약할 수 있겠다.

- 요즘에는 컴퓨터와 인공지능 기술의 발달로 창의적이지 않고 반복적인 작업은 자동화와 로봇으로 대체한다. 따라서 노동시장에서 틀에 박힌 작업에 필요한 일자리는 계속 줄어들고 창의적인 작업에 필요한 인력만 요구된다.
- 사회가 점차 복잡해지면서 불확실성이 증대되고 미래 예측이 어려워진다. 동시에 변화가 심해지니 과거의 지식과 경험은 무용지물이 되고 결국은 새로운 방법을 창안해야 하며 생활에도 새로운 도구를 창조해야 하기 때문에 창의력이 그만큼 더 필요해졌다.

이야기 2.10 기업가의 자질과 능력

우리말 '기업가'는 Business man이며 Entrepreneur라고도 한다. 기업은 Company이지만 Enterprise라고도 한다. '기업가정신'은 Entrepreneurship이다. 이 단어들의 공통언어는 프랑스어 동사인 'entreprendre'이다. 'entre'의 우리말 뜻은 안, 속, 사이(between), 들어가다, 시도(try), 시작이라는 키보드의 enter와도 같다. 한편 'prendre'의 우리말 뜻은 잡다, 얻다, 취하다(take)이다. 따라서 프랑스어 'entreprendre'는 영어로 풀면 between(entre) + take(prendre)이다. 그리고 단어 'prendre'는 'pre(앞으로) + hendere(손: hand)'의 두 단어가 통합된 것이다. 고대 프랑스어 'hendere'의 어원 'ghend(혹은 ghed)'는 '모험적·도전적으로 손으로 움켜쥐다'의 의미에서 유래된다. 이 정도면 "사이에서 얻다" "들어가서 안에서 취득하다"라는 <between + take = entreprendre>에서 유래된 '기업가정신(entrepreneurship)'이 의미하는 바를 어렴풋이 이해했을 것이다. 이 단어는 프랑스어로 12세기에 쓰였다지만 저자의 생각은 그보다 훨씬 이전으로 올라간다. 프랑스뿐만 독일과 영국은 물론 알바니아, 리투아니아, 러시아, 고대 그리스까지 유사 단어를 사용하는 것을 보면 유럽대륙 전체에 퍼져 있는 단어이나. 기업가(공장, 상인) 출현 이전의 농경사회로 가면 '농업가'가 있었다. 아마 'entreprendre'는 상업(사업)이 아니고 고대 농경시대에 탄생한 용어임에 분명하다. 황무지를 그냥 두면 생기는 게 없다. 쟁기로 땅을 갈아엎고 그 '사이(속, 내부, between)'에 콩 한 개를 심고 기다리면 콩알 수백 개를 얻는다(take). 수천 년 전의 그 농부는 Entrepreneur이다. 한 개의 콩알로 500알의 콩을 취득했으니 무(無)에서 유(有)를 생산한 것이다. 그런데 그 농부가 매년 콩 한 알을 심고 500알의 수확을 반복한다면 그는 첫해에는 업(業)을 일으킨 것(起業)이지만 다음 해에는 별로 한 일이 없다. 첫해는 황무지를 파헤치고 콩을 어떻게 재배하는지 몰라서 여기저기 물어보며 많이 고민했겠지만 다음 해부터는 새 일(業)이 없이도 500알의 콩은 저절로 나온다. 다 알고 있고 이미 밭이 되었기 때문이다. 이제 그 일은 어린아이에게 맡겨도 된다. 그러나 진정한 '농부기업가'는 다른 황무지에 또 새로운 땅을 갈고 벌어진 흙 사이(between: entre)에 콩알을 심고 추가로 500알을 더 얻는다(take: prendre). 혹은 기존의 밭이라고 하더라도 이번에는 콩알이 아니라 수박씨 한 개를 심는다. 수박씨는 처음이라서 새로운 일도 많고 고민도 된다. 여름에 수박 5통을 얻으면 성공이다. 수박 5통이 콩 500알보다 가치가 더 있기 때문이다. 추가된 가치만큼 '유(有)'를 창조한 것이다. 물론 수박이 자라기 전에 모두 썩는다면 콩 500알보다도 못한 실패이다. 그러나 그것이 무서워 매년 콩알만 심으면 성장이 없다. 그는 그냥 농부일 뿐이다. 농부기업가(起業家)는 수박씨도, 고구마도, 사과씨도 바꾸어 심어보면서 더 많은 것을 수확하려고 항상 새로운 일을 벌이는(시작하는) 사람이다. 한 번의 성공을 그냥 되풀이하는 농부는 기업가(起業家)정신(entrepreneurship)이 일 년 만에 사라진 것이다. 이 말이 영어로 시작된 1915년 이후로 돌아오자. 돈을 은행에 안전하게 넣어 두고 있어도 되지만 위험을 무릅쓰고(risk taking) 비즈니스 세계에 뛰어들어 사업하는 사람을 기업가(企業家)라고 한다. 물론 손해 볼 수도 있지만 이익을 낸 기업이라면 주주나 노동자들에게 배당과 고용이라는 공헌을 하고 고객에게 신제품과 서비스를 제공한다. 그러나 기업가정신(entrepreneurship)이 투철한 사업가라면 거기에 만족해서는 안 된다. 계속적인 혁신으로, 즉 매번 새 일을 시도해서 더 얻으려고 하지 않는다면 업(業)을 일으킨(起) 기업가(起業家)로 볼 수 없다. 프랑스어로 entreprendre는 '시작하다' '시도하다' 뜻으로도, 추상적으로는 '도전적·모험적으로 시도하다'의 뜻으로도 사용한다. 결국 기업가(企業家)의 핵심자질은 기업가정신(起業家精神)이며 이는 미래에 대한 새로운 목표를 분명히 제시하고 위험을 택할 용의가 있으며 계획을 실천할 수 있는 추진력과 모든 분야에서 혁신을 주도하는 정신이다. 포근하다고 현재에 머무르면 퇴보하기 때문에 남이 해보지 않은 것을 개발하고 기존의 것을 파괴하고 새로 시작하면서 더 나은 일에 도전하는 정신이다. 그렇다면 회계팀장의 기업가정신은 무엇일까? 자기 팀의 경리직원이 항상 같은 방식으로 현금흐름표를 작성하는지, 새로 나온 전산프로그램을 사용해서 시간을 단축하는지를 살펴보고 그런 것을 찾아내게끔 동기부여하고 모범을 보이는 자세를 기업가정신으로 볼 수 있으며 이것은 모든 조직에 요구되는 경영자의 의무요 필수적 자질이다.

- AI, IT기술의 발전으로 Chat GPT, 지능로봇, 자율주행차 등이 무한대로 개발되면서 인간은 똑똑한 기계 덕분에 깊이 생각하지 않고도 편하게 살 수 있다. 이러한 편리성은 인간을 '생각 못하는 바보'로 만든다. 그러나 그럴수록 현대인에게 생각하고 창조하는 능력이 더 요구된다.

잠재된 창의력을 끌어내려면 사안에 대해 다른 각도로 관찰하고 생각하는 심리적 과정을 거쳐야 하는데 이런 능력은 타고난다. 즉 노벨상 수상자나 유명한 예술가의 창의력은 일반사람보다

이야기 2.11 **인류를 구원한 코로나 백신은 누가?**

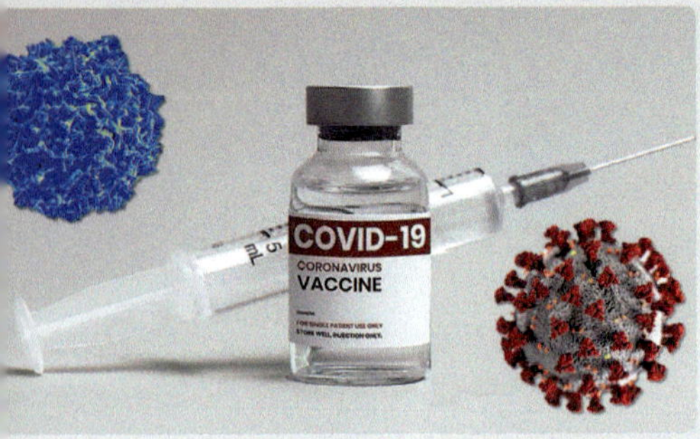

전 세계를 공포에 떨게 했던 COVID-19와의 전쟁에서 이길 수 있는 '마지막 무기'는 백신개발의 성공이었다. 물론 백신을 개발한 제약회사는 돈과 명성을 얻었다. 하지만 그 회사직원 모두가 개발자는 아니다. 그렇다면 과연 누구였을까? 암과 투병하면서도 2005년부터 생쥐실험을 통한 mRNA 치료연구를 계속해서 마침내 코로나 백신개발에도 큰 공헌을 한 사람은 바이오엔테크의 카탈린 카리코 박사이다. 그녀는 헝가리에서 학부를 마치고 미국에 이민 온 학생이었다. 바이오엔테크를 창업하여 카리코 박사와 공동으로 백신개발을 성공시킨 부부(우구르 사힌과 외즐렘 튀레지)는 모두 터키에서 독일로 온 이민자들의 아들과 딸이다. 소위 이민 2세이다. 한편 미국에서 나온 모더나 백신의 개발 리더는 미국국립보건원의 키즈메키아 코벳 연구원이다. 그녀는 35세의 흑인이다. 이민족이라고 왕따시키고 다문화가정이라고 무시하고 동남아 노동자라고 배척하는 민족성은 창조시대의 가장 우매한 특성이다.

높을 것이다. 어떤 조사에 의하면 461명 중 1명만이 월등한 창의력을 가진다고 한다.[42] 이야기 2.11

인간적 능력과 사회적 능력

앞에서 본 대로 급변하는 환경에 속한 오늘날의 개인이나 조직은 무엇인가 새로운 것을 창조해야 한다. 기존의 것이 새로운 아이디어, 정보, 지식, 경험을 찾고 개발하고 적용하는 능력, 한마디로 창의력이 필요하다. 이러한 창의력을 가진 존재는 조직에 '잠재적 자산(capital)'이 된다.[43] 마치 배고플 때 음식을 사 먹을 수 있는 '돈'이 되듯이 잠재적 자산은 개인이나 조직이 원하면 언제든 필요한 것을 창조해 내는 잠재적 능력이라고 표현할 수 있다. 이러한 잠재능력에는 두 종류가 있다.

개인적 능력(human capital)

이는 개인이 지닌 지식, 기술, 경험에서 얻는 잠재능력이다. 조직이 직원들을 개발시켜 모두 아인슈타인 같은 천재로 만들어 놓는다면 그 조직은 수많은 개인적 능력을 소유한 셈이다. 직원들도 각자의 노력으로 개인적 능력을 개발한다면 본인의 직무를 잘 처리할 수 있어서 자신도 만족하고 조직에도 공헌하고 타인의 업무도 도와줄 수 있을 것이다. 개인적 능력의 개발방법은 매우 다양한데 조직차원에서의 개인적 능력의 개발수단은 더 많다. 경력상담, 재정지원, 사내대학 등 무수하다.[44] 하물며 수면부족도 개인의 능력을 고갈시키고 이어서 직무성과를 낮추기 때문에 충분한 수면도 개인적 잠재능력을 키우는 것이 된다니 능력증가 방법은 너무 많다고 할 수 있다.

사회적 능력(social capital)

이는 조직 안에서 개인의 신용, 상호 간의 연결, 신뢰관계, 협동노력 등에서 생기는 잠재능력이다. 사회적 능력은 우리로 하여금 남들과 생산적인 좋은 관계를 많이 맺는 데 필요한 요소이다.

이러한 인간관계 능력은 왜 조직의 자산이 될 수 있을까? 예를 들어보자. 보통의 신입사원이라면 입사 후 처음 몇 달 동안은 혼란기를 맞는다. 새로운 만남, 어색한 사내 용어, 입사 전후의 기대 차이, 직무와 관계없는 엉뚱한 일로 인해 정신이 없다. 이런 사원을 방임하면서 "네가 알아서 견뎌 봐라!" 하는 회사도 있다. 그러나 대개의 회사는 이들에게 직원으로서 갖춰야 할 조직의 가치, 규범, 행동양식에 대해 가르치는 소위 조직사회화(organizational socialization)과정을 거치게 하여 조직의 분위기에 빨리 익숙해지도록 개발시켜 완벽한 조직의 일원으로 변화하게 돕는다. 이때 신입사원의 사회적 능력은 조직사회화의 첫 단계에서 쉽게 조직 안으로 들어갈 수 있도록 만든다. 그뿐 아니라 이 능력은 회사의 일원이 된 다음에도 동료, 상사, 고객과의 상호관계를 원활하게 하여 개인의 업무처리와 팀 성과 향상에 창의적인 공헌을 더 많이 하도록 한다. 그리고 직무-조직 간의 조화(job-organization fit)를 통해 직무만족 향상과 이직의도를 감소시키고 더 많은 승진기회를 갖도록 한다.[45] 따라서 사회적 능력은 회사의 자산이 되는 것이다.

III | 성격차이와 조직행동

성격은 보이지는 않지만 우리는 아무개의 성격에 대해 평을 많이 한다. "그 사람 성깔 되게 나쁘네." "그 여자 성격 참 온순하다." 보이지도 않는 성격을 어떻게 평할 수 있을까? 행동을 보고 안다. 앞에서 배운 능력, 성별, 나이 등도 행동에 직접 영향을 미치지만 성격도 그렇다. 상대가 협상대상이든 고객이든 상급자이든 그의 성격을 알아야 성공적으로 대할 수 있으며 나에게 혹은 조직에 유효한 성격이 어떤 것인지도 판단할 수 있다.

1 성격 분류를 위한 틀

지구상에는 비공식적으로 80억 명가량의 사람이 있고 사람마다 다른 성격을 가지고 있기 때문에 이를 범주화한다는 것 자체가 모순이다. 성격을 구성하는 특질도 한두 가지가 아니기에 더욱 그렇다. 지난 60년간 사람들의 성격묘사에 사용된 영어권 낱말만도 17,953개나 있다고 한다. 어떤 학자는 성격의 유형을 171가지로 나누고 어떤 이는 16쌍으로 분류하기도 한다.[46] 이처럼 행동을 관장하는 특성들을 찾아내어 유형화하려고 많은 노력을 해왔지만 그저 나열만 했을 뿐 관리자에게 도움이 되는 일반적 지침은 주지 못했다. 그러나 여기에서 소개하려는 두 개의 성격모델은 예외로서 성격특성을 구별하는 대표적 모델로 애용되고 있다. 이와 함께 조직행동과 직접 관련되는 몇 가지 유형들에 대해 공부하자.

Big-5 모델

성격을 구성하는 5가지 요인

많은 종류의 성격이 있지만 대부분의 성격유형에 들어가는 다섯 가지 요소만 알면 모든 성격은 이 다섯 가지 차원의 배합이라는 사실이 밝혀졌다(Big Five Model). 그리고 이 모델은 직장에서나 일상생활에서나 사람들의 성격유형을 구분하는 기본요인으로서 그 타당도가 가장 널리 인정되었다.[95] 다음은 성격을 구성하는 다섯 가지 기본적 요소들이다. 도표 2.8

도표 2.8 Big-5 성격유형 측정

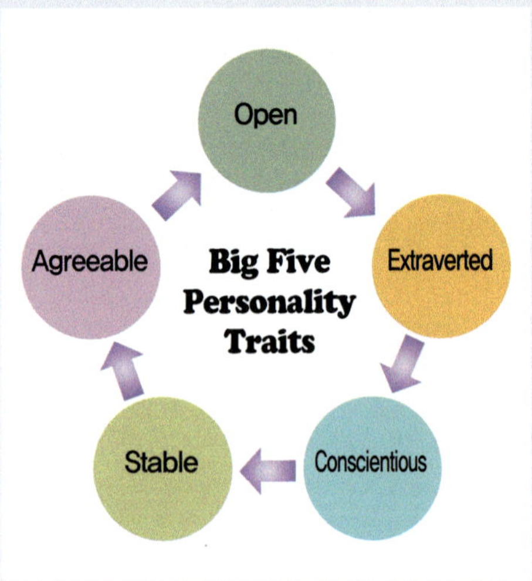

다음 질문에 대하여 5(강한 긍정)에서 1(강한 부정)까지의 척도로 평가하고, 총점을 집계하여, 다른 사람의 것과 비교해 보면 자신의 성격이 어떤지를 짐작할 수 있다.

- **신중 혹은 성실성**(conscientiousness)
  ( ) 나는 방을 깨끗이 정리해 놓아야 직성이 풀린다.
  ( ) 남들이 나를 믿을 만하다고 인정해 준다.
- **외향성**(extraversion)
  ( ) 일상생활에서 극적인 일들과 흥분을 기대한다.
  ( ) 나는 언제나 명랑하다.
- **포용성**(agreeableness)
  ( ) 다른 사람에게 매우 공손하다.
  ( ) 남들이 나를 냉정하거나 이기적이라고 보지 않는다.
- **신경성**(neuroticism)
  ( ) 내가 어쩔 수 없는 일에 대해 걱정하고 두려워한다.
  ( ) 언제나 나는 침체되어 있고 슬프다.
- **개방성**(openness to experience)
  ( ) 나는 호기심이 많다.
  ( ) 나는 새로운 변화에 도전하고 싶다.

- 외향성(extrovertion): 사교적, 명랑, 적극, 활달 ↔ 수줍음, 소극, 내성적, 조용함
- 포용성(agreeableness): 따뜻함, 양보, 화평, 포용, 배려 ↔ 냉철, 비판, 몰인정, 차가움
- 신중 혹은 성실성(conscientiousness): 모범, 규범, 조심, 완벽 ↔ 나태, 무계획, 가벼움, 즉흥
- 신경성(neuroticism): 불안감, 초조, 걱정, 짜증 ↔ 안정감, 인내, 자제력, 편안함
- 개방성(openness): 변화수용, 혁신, 창조, 예술 ↔ 현실안주, 보수, 전통, 관습중시

이상의 다섯 가지 차원 이외에 정직성(honesty)과 겸손함(humility) 차원이 추가되어야 한다는

이야기 2.12 성격과 신체의 관계 연구

Big-5 요인 중 보통사람들은 외향성과 신경성은 높고 개방성과 성실성은 낮은 것으로 보고된다. 그런데 미·영·독·호주인 76,150명을 6년간 추적 관찰한 결과 다른 요인들은 수명과 관계가 없었지만 성실성이 낮은 사람은 높은 사람보다 사망률이 1.4배나 높았다(American Journal of Epidemiology, 178(5), 2013, pp.667-675). 성실성과 개방성이 낮으면 체내 염증성 물질인 인터루킨(IL-6)이 높아서 수명이 단축된다는 연구도 있다(Brain, Behavior & Immunity 25(4), 2011, pp.667-673). 한편 독일 괴팅겐대 연구팀은 최근 영국·독일인 420명을 대상으로 신장과 체중, 이두박근 둘레와 악력, 상체 근력 등을 측정하고 얼굴과 전신의 3D촬영을 통해 수집된 자료와 설문조사에서 얻은 성격과의 상관성을 분석했다. 성격은 분노, 복수심, 외향성, 수줍음, 자기애, 지배욕구 등이었다. 그 결과 키가 크면 사교성이 높았으며 근육발달이 잘 되어 있고 신체적 힘이 센 남성일수록 외향성과 활동적 성격이 강했다. 그러나 여성 표본에서는 그렇지 않았다. 뉴욕대와 오르후스대(덴마크)의 공동연구에서는 건장한 체격일수록 공격성이 강하고 두려움은 잘 느끼지 않는다는 결과를 얻었다. 신체활동이 개인의 성격변화에 영향을 미친다는 연구도 있다. 프랑스와 미국의 공동연구에 의하면 육체활동을 덜 할수록 성격에 부정적인 영향을 미친다. 프랑스 몽쁠리에대와 미국 플로리다대의 8,723명 표본에 대한 공동연구에서 적은 육체활동은 20년 후에 Big-5 요인 중 성실성을 비롯해 외향성, 개방성, 포용성을 유의미하게 감소시킨다는 것을 발견했다(Journal of Research in Personality, 73, Apr 2018, pp.173-179). 1990년대 초에 평균 연령이 50대 초반이었던 6,000여 명의 성격과 신체활동 데이터를 보관했다가 20년 후인 2013년경 동일 대상에 대해 성격검사를 실시했다. 또한 별도의 40대 표본 2,500여 명에 대해 1990년대 중반에 같은 데이터를 수집해 보관했다가 역시 20년 후인 2015년경에 후속 검사를 실시했다. 그 결과, 개인의 건강상태와 성격유형은 제각기 달랐지만 신체활동 부족과 성격변화 사이에는 일관된 상관관계가 있었다. 즉 신체활동이 적을수록 성격이 부정적으로 변했다. 운동을 하지 않을 때의 생리적 변화가 성격에도 안 좋은 영향을 미치기 때문이며 비활동적인 생활은 호기심, 모험심 등의 활동을 감소시켜 성격변화에 악영향을 미친 것으로 추론하였다. 반대로 왕성한 신체활동으로 인한 기분 상승효과와 폭넓은 사교활동 등은 오랜 시간 후에 긍정적 성격변화를 보였다. 이래저래 성격과 육체는 매우 밀접한 관계가 있음이 속속 입증되고 있다.

주장이 있지만 직무 관련 성격의 측정에는 오히려 타당성이 적다.

그럼에도 불구하고 어떤 사람의 성격을 설명해 보라고 할 때 Big-5의 다섯 가지 특질을 직접 들먹이는 것은 옳은 일이 아니다. 우리가 흔히 말하는 사람들의 성격은 이상 다섯 가지 특질들이 서로 다른 비율로 뭉쳐진 것이기 때문이다. 그러나 나머지는 다른 사람과 비슷하고 한 차원만 독특하면, 예를 들어 신경성만 특별히 많으면 그 사람 성격이 신경질적이라고들 말한다.[47] 이야기 2.12

Big-5 성격요소와 행동특성

많은 연구들을 보면 5가지 성격구성 요인 중 어느 요소를 더 가지고 있는지에 따라서 사람들의 행동이 다르게 나타나고 있다. 몇 가지 연구결과들을 소개해 본다. 우선 포용적 성격요인을 많이 가진 사람은 자기에게 잘못한 타인들을 용서해 주는 비율이 높은가 하면 외향적 요인이 많을수록 목소리가 크다. 그런가 하면 대학원생들의 직업탐색 활동에서도 성격요인별 차이를 보이는데, 외향성과 성실성이 높은 학생일수록 포용성과 신경성 요인이 높은 학생보다 더 학문적이고 전문적인 경력경로를 선호하며 나아가 직업탐색 활동에도 더 적극적이었다.[48] 이처럼 Big-5 요인 중 어느 요인이 많아야 직무성과를 높이는지에 관해서 다양한 직종분야에서 연구하여 왔다. 아울러 각 요인들은 개별적으로뿐만 아니라 서로 상호작용을 통해서도 직무수행 활동과 성과창출에 영향을 미친다는 주장도 있다.[49]

MBTI 모델

최근 직장인의 성격유형분류에 가장 많이 사용되고 있는 MBTI(Myers Briggs Type Indicator) 기법은 과거 융(C. Jung)의 분류에 기초하였다.[50] 다음 네 가지 차원을 기준으로 만든 16가지 범주의 성격유형에 해당되는 100개의 설문응답을 받아 성격을 파악하며, 특히 직장인의 성격분류에 애용된다. 네 차원 중 외성적과 포용적 차원은 Big-5 모델과 유사하지만 현실적, 이성적 차원이 약간 다르다.

- 외성적(사교, 명랑, 외향) ↔ 내성적(수줍음, 고독, 소극적)(Extroverted-Introverted): E-I
- 현실적(감각, 물질, 자료근거) ↔ 직관적(육감, 창의적, 상상적)(Sensing-Intuitive): S-N
- 이성적(이지적, 논리, 과학) ↔ 감정적(시, 예술, 가슴, 느낌)(Thinking-Feeling): T-F
- 포용적(관대, 온화, 배려) ↔ 비판적(냉철, 냉정, 차가움)(Perceiving-Judging): P-J

이를 토대로 ESTP, ESTJ, INFJ 등 16개의 유형으로 나눌 수 있는데 예를 들면 INTJ형은 회의적 · 비판적 · 완고한 성격의 소유자이고 ENTP형은 혁신적 · 도전적 성격의 소유자라고 할 수 있다. 이렇게 유형화한 후에 현실적이고 보수적인 경우에는 회계직종이나 금융직종이 적합하다든지 감상적이고 직관적인 경우에는 창조적 혁신직종이 좋다는 등 성격유형과 미래직업을 연계시키는 데 활용되어 왔다.

그러나 이 기법은 교육기관과 군대, 기업 등 다양한 조직에서 사용되고 있음에도 불구하고 각각의 항목들이 양극단으로 나뉘어 있는데 한쪽을 강제로 선택하도록 하는 데 문제가 있어서 타당성 측면에서 비판을 많이 받는다. 예를 들면 매우 이성적이면서 동시에 매우 감정적인 사람도 있는데 중간 값이 없으므로 이런 사람은 찾아내기 어렵다는 것이다. MBTI 모델은 자신의 성격이 어느 위치에 있는지 쉽게 알 수 있어서 직업선택에 도움을 주기도 하지만 직무성과와는 별 관계가 없는 것으로 나타나기 때문에 요즘은 인기가 시들해졌다. 그럼에도 미국의 CNN 방송사가 한국의 젊은이들이 MBTI에 너무 빠져 있다는 냉소적인 뉴스를 내보낼 정도로 비단 우리나라에서만 인기를 끌고 있다.

2 조직행동 관련 성격유형들

자아개념에서 비롯된 성격차이는 인간관계에 많은 영향을 미친다고 판단되며 실무와 관련된 성격차이는 조직성과에 더 큰 영향을 미친다고 본다.

자아개념 관련 성격유형들

자아개념(self-concept)이란 개인이 타인과 교류할 때에 자신에 대해 가지는 믿음의 총체이다.[51] 이는 한 개인이 세계를 경험하는 주된 창이며 세상을 해석하는 중요한 인지구조가 된다. 이로써 우리는 남과 다른 각도로 세상을 파악하고 대처하는 것이다.

자존심

자존심(自尊心 혹은 自矜心: self-esteem)이란 자신과 자신의 능력에 대해 가지는 긍지인데 이것이 높을수록 자신은 중요한 사람이라고 생각한다. 반대인 사람은 자신의 능력과 가치를 의심하고 불안해한다. 이러한 자존심은 사람들의 직무활동과 인간관계행동에 막강한 영향을 주는데, 예를 들어 자존심이 강할수록 도전적인 업무를 선호할 것이며 일단 맡으면 어떤 역경을 헤치고라도 잘해 내려고 노력할 것이다. 또한 직무만족이나 모티베이션 상승에도 긍정적 영향을 미친다. 남들로부터 인정을 받으면 직장에서 노력을 더 하고 성과가 오르지만 특히 자존감이 높은 경우에는 칭찬이나 인정의 효과가 더 크다.[52]

자기효능감

자기효능감(自己效能感 혹은 自己有能感: self-efficacy)이란 과업을 성공적으로 해 낼 수 있는 능력과 지식을 보유하고 있기 때문에 잘할 수 있다고 생각하는 스스로의 믿음이다. 즉 특정 상황에서 구체적인 직무를 수행할 수 있다는 자기능력에 대한 신념이다.[53] 이러한 자신감은 선천적이기도 하지만 개인의 직접적인 성공경험, 타인으로부터의 설득이나 감정적인 한기, 개인의 정서적 상태, 타인에 대한 관찰을 통한 대리학습 등에 영향을 받는다. 오늘날 자기효능감은 조직행동 분야에서뿐만 아니라 사회과학 전반에서 연구되고 있다. 자기효능감이 높은 사람일수록 선거에 기권하지 않고 투표하러 간다. 국가나 지방자치단체의 지도자도 자기 힘으로 뽑을 수 있다고 생각하기 때문이다.

마찬가지로 자기효능감은 조직성과, 직무만족, 동기부여와 강한 상관관계가 있다. 이것이 높을수록 개인이 어떤 과업에 임하여 설정하는 성과수준, 목표수준, 노력수준, 몰입 정도 등도 높아지고 조직성과가 향상되는 것이다. 이것은 달리기 같은 스포츠 훈련이나 학생들의 수업성적에도 좋은 영향을 미친다.[54] 한편, 성과에 미치는 자기효능감의 조절효과나 매개효과에 대한 연구도 많은데, 예를 들면 목표의식이 강하면 성과도 높지만 자기효능감이 없는 상태에서는 높은 목표를 설정한다고 하더라도 이것이 적극적 행동을 유도하지는 못한다.

자기조절력

최근에 주목받고 있는 자아통제력(self-monitoring)은 외부환경이나 상황에 잘 대처해 나갈 수 있는 능력을 말한다.[55] 이것이 높은 사람은 자신의 행동을 외부상황에 조화 있게 적응하며 겉으로 드러난 성격과 혼자만의 성격 사이에 존재하는 괴리를 잘 조절하면서 무리 없이 생활하지만, 이것이 낮은 사람은 그러한 괴리를 참지 못하고 혼자서 고민에 빠진다. 자기통제력이 지나치게 부족한 상황은 학습된 무기력감(learned helplessness)에서 온다. 이는 주변 환경을 마음대로 조정할 수 없다는 연약한 믿음인데 오랜 기간 수많은 실패나 피해로 인해 후천적으로 형성된 경우가 많다.

한편 자아통제력이 높을수록 남의 행동에 관심을 많이 기울이며 남의 요구에 동의하고 따라주는 경향이 많다. 셀프 모니터링을 잘 하는 사람은 외부정보에 무척 민감하고 상황마다 다르게 행동할 수 있다. 이들은 타인의 행동과 기분에 더욱 신경 쓰고 거기에 자신을 맞춰나가다 보니 사람들로부터 평판도 좋아지고 승진과 업무처리에 유리한 기회를 얻기 쉽다. 이 때문에 자아통제력이 강한 관리자는 좋은 직장을 찾아 이동하는 횟수도 많고 승진도 빠르며 다양한 역할을 수행해야 하는 관리 의무를 더 잘 감당한다. 그러나 남에게 접근하기를 좋아하는 자아통제적 성격은 항상 이로운 것이 아니라 남들이 그것을 아첨으로 보는 경우에는 오히려 단점이 된다. 도표 2.9

도표 2.9 자아통제력이 높은 것은 항상 좋은가?

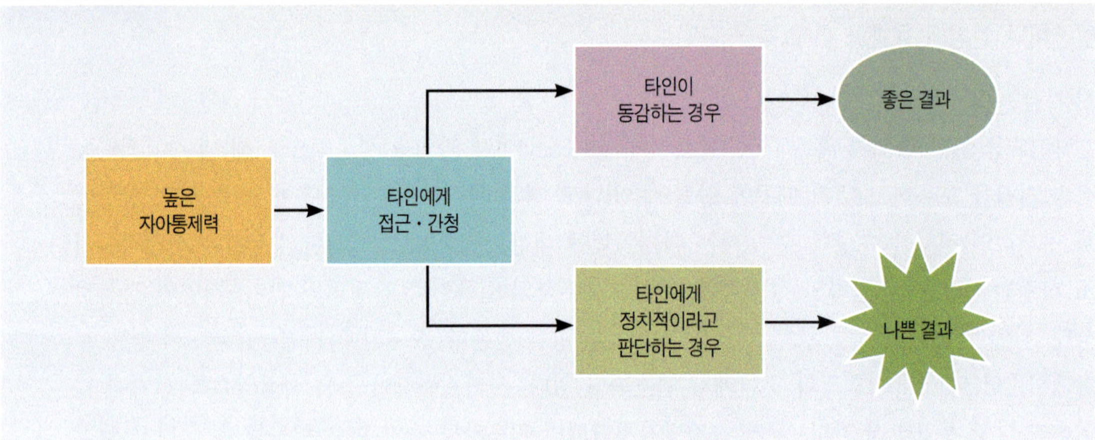

직무수행 관련 성격유형들

이에 관해서는 대표적인 몇 가지만 살펴보기로 한다.

통제위치

통제(control)에 대한 뜻부터 이해하면 통제위치를 이해할 수 있다. 인생을 살면서 어떤 일은 통제가 가능하지만(예: 식사량, 공부하는 시간, 용돈의 규모), 또 어떤 일은 통제불능이다(예: 자연재해, 사망시기). 그런데 어떤 이는 세상살이의 많은 일을 자기 스스로 통제・조정할 수 있다고 믿으며(통제 내재론자: internal locus of control), 또 어떤 이는 자기가 할 수 있는 일은 아무것도 없고 모두가 남의 손에 혹은 운명에 달렸다고 믿는다(통제 외재론자: external locus of control). 도표 2.10

이러한 성격차이는 행동에 영향을 미쳐서 업무성과에도 파급될 것은 뻔한 일이다. 그래서 통제 내재론자가 통제 외재론자보다 출세와 승진이 빠르다는 조사도 있다.[56] "내가 열심히 하면 직무의 성공도, 나의 승진도 가능하다."고 믿기 때문이다. 따라서 조직은 말할 것도 없이 내재론자를 더 선호할 수 있지만 항상 그런 것은 아니다. 단순노동, 규정대로만 하면 되는 직무, 완전 통제하에서 움직여야 되는 조직에서는 외재론자가 더욱 효율적일 것이다. 직무로 구분한다면 회계업무에는 외재론자가, 세일즈업무에는 내재론자가 상대적으로 더 적합하다고 할 수 있다.

도표 2.10 업무의 특성과 통제위치의 조화

업무특성	성격유형	
	내부통제위치	외부통제위치
업무난이도	복합한 정보처리가 필요하고 고도의 훈련이 요구되는 업무	단순반복적인 업무이며 쉽게 습득이 가능한 업무
업무주도권	자기가 주도적으로 결정해서 혼자서 수행하는 업무	상사나 동료에 의해 주도되며 자신은 따르기만 하면 되는 업무
동기부여 정도	사기가 높아야 되며 노력 정도와 생산성에 따라 보상이 주어짐	많은 노력이 필요치 않으며 성과와 보상의 크기가 무관함

통제위치는 관리 스타일과도 관계가 깊다. 모든 것을 자기통제와 계획하에 해 나가려는 내재론자에게 상사가 다가가서 일의 방법, 기간을 자세히 정해 주고 감독을 철저히 한다면 역효과가 날 것이며, 모든 것은 상사에게 달렸다고 생각하는 외재론자를 자율로 내버려 두면 역시 업적이 나쁠 수 있다. 이야기 2.13

모험선호성

사람에 따라 모험심(risk propensity)의 정도가 다르다. 모험의 결과는 이익도 가져다주지만 실패할 수도 있기 때문에 "이대로 적당히 살다 가면 된다."는 식의 모험선호도가 낮은 사람도 있고 그 반대의 사람도 있다. 말할 것도 없이 낮은 모험선호도의 성격을 가진 사람이라면 책임이 크거나 도전적인 일은 피하려 하며 복지부동(伏地不動)의 상태에서 남의 눈치나 보며 상사가 지시하는 일만 꾸중 안 들을 정도로 해 낼 것이다. 그러나 높은 모험선호도의 성격이라면 해외시장 개척이나 도전적 분야에서 능률을 올릴 것이고 계속해서 혁신과 변화를 시도함으로써 항상 새로운 사업

이야기 2.13 내부통제형 성격

후버 댐(**사진**)은 미국인들이 얼마나 내부통제형인지를 알려 주는 본보기이다. 사막에 도시를 건설하고 물을 날라 풀과 나무가 자라도록 하기 위해 돌산의 계곡을 흐르는 콜로라도강을 막아 댐을 만드는 데 LA에서 플로리다까지 왕복 두 번 고속도로를 깔 수 있는 7만 톤의 시멘트 블록을 사용했다. 이 댐은 높이만 해도 220m에 이르는데, 폭발로 부서진 바위는 900만 톤으로 만리장성을 쌓을 수 있는 양이다. 공사기간 중에는 무명 노동자 94명이 죽음을 맞았고, 하루에 50명씩 부상을 입었다. 한진해운 롱비치 지점의 현관에 서 있는 야자수 한 그루의 비용은 대단히 크다. 왜냐하면 물을 주는 파이프 연결비용이 크기 때문이다. LA 주택가에는 아름다운 정원수마다 밑에는 수도관이 와 있다. 다른 나라 같으면 그런 땅은 아예 포기했을 것이다.

도표 2.11 A형·B형 퍼스낼리티 비교

A형 성격	B형 성격
• 언제나 움직임 • 빨리 말하고, 빨리 걷고 빨리 먹음 • 인내심 없음 • 동시에 여러 가지 일을 함 • 여가를 갖지 않고 시간 압박을 느낌 • 경쟁적이며 성공을 바람	• 언제나 조용한 편임 • 경쟁이 아니라 즐기려고 일을 함 • 시간에는 무관심함 • 죄의식 없이 여가를 즐김 • 인내력이 있음 • 성급하지 않음 • 차분하게 생각함

과 새로운 방식을 택할 것이다. 그러므로 이런 사람은 환경변화가 심한 오늘날 요구되는 성격이고 특히 모험 없이는 발전이 없는 사업에 필요한 유형이다. 물론 관리는 그 반대로 해야 한다. 즉 모험선호 성격의 소유자는 윗사람이 어느 정도 제동을 걸면서 속도조절을 해야 할 것이다. 도전과 혁신이 항상 성공을 보장하지는 않기 때문이다.

A형·B형

강의시간 직전에 계단을 오르는 두 유형의 학생이 있다. 어떤 학생은 빨리 두 계단씩 오르는데 어떤 학생은 노인네 걸음이다. 앞의 학생은 A형, 뒤의 학생은 B형의 성격패턴으로 구분하여 직무를 맡기고 관리하는 데 유용한 지침을 얻을 수 있다.[57] 우리의 신경세포에는 초조, 근심, 불안을 만들어 내는 조바심(anxiety 또는 neuroticism) 물질이 있어서 이것이 많은 사람이 있고 적은 사람이 있는데 많은 쪽 사람들이 A형, 적은 쪽 사람들이 B형이다. 도표 2.11

누가 조직의 과업달성에 더 도움이 될까? 답은 그렇게 간단치 않다. A형은 감독 없이도 스스로 일을 빨리 하며 좀 어려워도 남보다 앞설 욕심으로 불평 없이 잘한다. 그러나 회사에는 그런 일만 있는 것이 아니다. 기다려야 하는 일도 있고 늦게 하더라도 정확도가 더 중요한 일도 있다. 이런 일에는 A형이 어울리지 않는다. 여러 가지를 심사숙고하여 조심스럽게 도전하고 차분히 문제를 해결해야 하는 최고경영층에는 A형보다 B형이 많다는 연구도 있다.[58] 이야기 2.14

이야기 2.14 '빨리빨리'의 한국인, '만만디'의 중국인

중국인보다 인도인이, 인도인보다 미국인이, 미국인보다 일본인이, 일본인보다 한국인이 A형에 더 가까운 것으로 보인다. 서양인이 1초에 걷는 보폭이 1m라면 일본인은 1.2m이고, 한국인은 1.4m라고 한다. 장마에 피멍석이 떠내려가도 글이나 읽으면서 멋을 즐기던 우리의 선조는 B형이었는데 언젠가부터 우리 사회는 A형의 사람들로만 들어차서 교통사고가 가장 많은 나라가 되었고, '빨리빨리'라는 말은 세계 공통어가 될 정도로 널리 퍼져 있다. 한편 중국인의 조상들이 만들어 놓은 공예품을 보면 그들의 '만만디' 기질을 쉽게 알 수 있는데, 머리카락에 한시를 적었다거나 명주실에 인물도를 그려 놓았다거나 대추씨 한 개에 배를 조각하고 그 밑에 현미경으로나 보이는 한자를 300자나 새겼다거나 하는 솜씨는 급한 성격의 소유자에게는 불가능한 일이다. 왕의 노리개 하나를 만드는 데 3대가 종사했다는 침착하고 참을성 많은 만만디의 중국인과 빨리빨리의 한국인이 무역관계를 맺을 때 한국인은 거래를 열자고 메일을 보내놓고 한 달간 답이 없으면 포기를 한다. 두 달 후에 만난 중국인은 아직 검토 중이라고 답한다. 자기가 투자한 종목의 주가가 요동치더라도 침착하게 요가에 열중하는 중국인을 상대하려면 조바심형 한국인은 기진맥진할 수밖에 없다.

3장

가치관과 태도: 가치관/태도변화/직무태도

ORGANIZATIONAL BEHAVIOR

Ⅰ. 가치관의 개념과 유형

Ⅱ. 태도의 형성과 변화

Ⅲ. 직무태도

▶ 사진설명

저 두 사람은 서로 상대방에 대한 좋은 태도를 갖고 있었기에 인연을 맺고 이곳까지 왔을 것이다. 그러나 현재의 표정을 보니 둘의 감정은 곧 말다툼의 행동으로 이어질지도 모른다. 하지만 저기 내려다보이는 아름다운 풍경이 이 두 사람의 서로에 대한 태도를 변하시킬 것이다.(에스토니아 Tallinn의 Toompea언덕)

ORGANIZATIONAL BEHAVIOR

특정 행동양식과 존재의 목적이 다른 행동양식과 존재목적보다 더 바람직하다고 여기는 기본적 신념이 가치관인데, 이것은 사람마다 다르며 우리의 생각과 행동에 영향을 미치는 중요한 발판이 된다. 또한 "이 상품 마음에 드십니까?", "네가 다니는 회사는 좋으냐?" 등의 질문은 모두 태도를 묻는 것이다. 말할 것도 없이 맡은 일에 대해 지루하다는 생각(태도)을 가지면 성과가 떨어질 것이다. 지루하다는 태도를 재미있다는 태도로 바꿀 수도 있다. 돈 있고 상품이 마음에 들면 행동(바로 구매)으로 바뀔 수도 있다. 따라서 가치관과 태도는 조직행동에서 가장 먼저 관심의 대상이 되었다.

기업인은 소비자의 기호를 연구하고 경영인은 사원의 태도를 연구하며 정치인은 대중들의 태도를 살핀다. 왜 그럴까? 광고·마케팅 연구자는 소비자 태도를 분석하여 실패한 광고를 다시 개선하고 정치가들은 여론조사를 통해서 대중의 태도를 알아내려고 애쓴다. 경영자는 사원들의 태도를 알아서 직무에 올인하도록 시도한다. 또한 보통사람들도 다른 사람과 만나면서 상대의 눈치를 살핀다. 태도는 곧 이어질 행동의 사전 예보가 되기 때문이다.

앞에서 배운 개인의 능력, 개별 신상, 개별성격 등도 조직행동에 직접 영향을 주지만 개인의 가치관과 태도도 그렇다. 그래서 이런 주제들이 조직행동 책의 앞부분에 나오는 것이다. 우리는 타인을 모른다. 그러므로 타인을 좀 더 알고 그의 행동을 이해하고 예측하려면 그가 어떤 마음(태도)를 가졌는지, 어떻게 학습했는지 원리를 아는 것이 중요하다. 그런 다음에야 그의 행동에 대처할 수 있을 뿐만 아니라 그런 행동들을 조직에 바람직한 행동으로 수정해 주고 수정이 불가능하다면 조직과 직무에 적합한 태도를 갖도록 유도해야 한다.

I | 가치관의 개념과 유형

동성애와 낙태를 인정할 것인가? 사형제도는 필요하다고 보는가? 어느 사회에나 엄연히 존재하는 빈부의 격차는 어디까지 인정해야 하는가? 권력쟁취를 위해 힘쓰는 정치인들을 비난해야 하는가? 꼭 필요한 사람들인가? 귀하는 보수인가 진보인가? 종교관은? 이런 모든 질문에 답하려면 먼저 자신의 가치관에 기반을 두기 마련이고 그에 따라서 대답이 달라질 수 있다. 이것 역시 성격 이상으로 너와 나를 다르게 만드는 장본인이며, 인간들의 다양성을 더욱 다양하게 만드는 주요 요인이고, 이것은 우리의 생각과 나아가서 행동을 지배한다. 가치관은 행동의 밑바탕을 채우고 있는 근본으로서 사사건건에 대한 우리의 자세라고 할 수 있는 태도와는 구별되기는 하지만 가치관이 어떠한지에 따라 태도가 가치관과 비슷하게 형성되는 것도 사실이다.

1 가치관의 개념

가치관이란?

가치와 가치관

무상급식, 사형제 도입, 낙태 반대, 동성결혼 합법화, 이런 견해들은 옳은 일인가 잘못된 일인가? 더 좁게는 경영상의 이유로 인한 감원조치, 비정규직의 정규직화, 연봉제 전면실시 혹은 전면보류 등에 대해서는 어떤가? 이에 대해서 하나의 답이 있는 것이 아니라 각자의 가치관에 따라 다를 것이다. 가치(value)란 특정 행동양식과 존재의 목적이 다른 행동양식과 존재목적보다 더 바람직하다고 여기는 기본적 신념이다.[1] 바람직하다는 판단의 주체는 개인, 집단 또는 사회가 될 수 있다. 따라서 보다 낫다고 생각하는 개인의 혹은 사회공동체의 신념을 말한다. 따라서 가치란 옳다, 그르다, 바람직하다 등과 같이 판단적이고 평가적이다. 그리고 왜 바람직한지 얼마나 바람직한지의 내용(content)과 정도(intensity)를 포함한다. 그러므로 얼마나 중요한지의 중요도 순위에 따라 여러 가지 주요 가치들의 순위가 매겨지는데 이를 가치체계(value system) 혹은 가치관이라 한다.

부연하자면 가치관은 사회사상과 일상생활의 의식의 결합 속에서 형성되며 다음 두 가지의 속성을 내포한다. 첫째는 그것은 어떠한 행위가 옳고 어떠한 행위가 틀린 것이냐 하는 도덕적 판단의 기준이며, 둘째는 어떠한 상태가 행복하고 어떠한 상태가 불행한가를 판단하는 개인의 판단기준이다. 그런데 동일한 사안에 대해 판단하는 기준은 사람마다 다르다. 즉 순결, 정직, 자유, 즐거움, 충성, 존엄성, 복종, 효도 등 인간이 생활하는 데 기본이 되는 중요한 항목들에 부여하는 확신의 정도(중요도의 가중치)가 사람마다 모두 다른데 이들에 대하여 가중치를 둔 순서대로 나열하면 그것이 그의 가치관이다. 다시 말하면 가치관은 지배와 복종, 평등과 차별, 자유와 속박, 기부와 쟁취, 보수와 진보, 전쟁과 평화 등의 가치에 각자가 부여하는 중요도에 따라서 가치의 계층으로 형성된다.

가치관의 형성

우리는 자라오면서 수많은 사람과 접촉하며 경험과 학습을 한다. 부모, 교사, 친구, 그리고 교육을 통한 직간접 경험도 우리의 가치관 형성에 영향을 미친다. 이처럼 만나는 사람도 다르고 경험의 정도도 다르기 때문에 가치관은 사람마다 다를 수밖에 없다. 물론 친구와 사이좋게 지내라고 어느 부모나 다 똑같이 학습시키지만 정치 성향, 종교, 성평등, 소수자의 권리, 범죄자 처벌 정도, 평등사상, 이데올로기 등에 대해서는 시대와 장소, 그리고 누구의 영향을 받았는지에 따라서 서로 다른 가치체계를 갖고 있다. 물론 기업이나 종족이나 국가는 다른 집단과는 구별되는 그들만의 공통적 가치관을 소유할 수도 있다. 이야기 3.1

가치관의 특성

일단 이렇게 매겨진 순서체계는 매우 오랜 기간 지속되며 시시각각 변하지는 않는다. 그 이유는 가치의 중요도 순서는 어려서부터 배워왔기 때문이다. 가치에는 '적당히'가 없고 흑 아니면 백이다. 우리는 어려서부터 친구나 형제들과 적당히 싸우면서 약간만 사이좋게 지내라고 배운 사람은 없을 것이다. 도적질도 중간 정도 하라든지 적당히 정직하게 살라고 배우지 않는다. 오히려 절

이야기 3.1 기업가 가치관의 형성

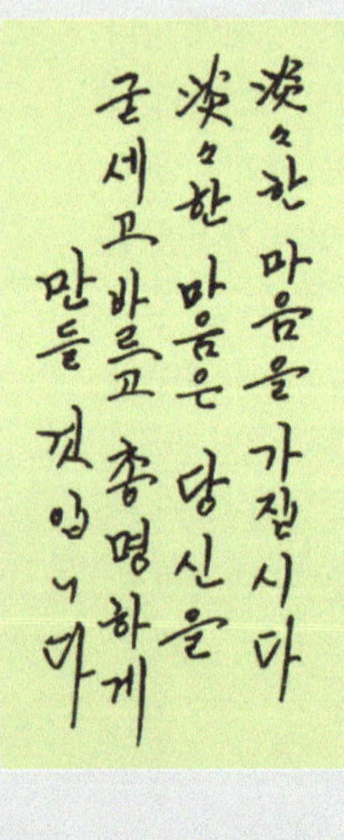

헨리 포드라는 16세 소년이 농촌을 뛰쳐나와 도회지, 지금은 몰락해 가는 디트로이트에서 카센터 일과 시계수리로 주급 2달러를 받으며 고생하다가 자동차 사업으로 성공한 재벌기업가가 되어 사원들에게 임금을 두 배로 올려 주겠다고 발표한 다음 해, 한반도 땅에는 다른 한 명의 재벌 탄생을 예고하는 용트림이 있었다. 1915년 11월 25일 전국에서 가장 눈이 많이 오는 오지 중의 오지 강원 통천군 아산리(我山里)에서 아산(峨山) 정주영은 6남 1녀의 장남으로 태어났다. 도회지로 몇 번의 가출을 시도한 끝에 아버지의 소 판 돈을 가지고 서울로 도망쳐 온 소년 아산은 우여곡절을 겪으며 마침내 현대건설 사장으로 성공한다. 욕심 많던 아산은 주변의 만류를 뿌리치고 그때까지 현대건설이 수주한 최대 규모인 5,457만 환짜리 대구-고창 간 고령교 공사를 따낸다. 하지만 공사는 처음부터 난항이었고, 전쟁 후 치솟는 자재비와 노임, 미흡한 장비와 경험 부족을 이겨내지 못하고 허덕이다가 결국 수주금액의 두 배나 들여 공사를 완성시키고는 완전히 망하고 만다. 미군공사, 창고업, 운수업 등으로 모은 재산을 한순간의 실수로 날려 버리고 바닥을 헤매던 40세의 아산은 이렇게 마음먹었다. "시련이지 실패는 아니다. 내가 마음먹기에 달렸다." "안 되면 되게 하라!" "담담한 마음을 가지자!" 이때의 생각을 표현한 그의 친필(**사진**)은 지금도 현대그룹의 정신적 가치관이 되고 있다.

대 정직해야 한다고, 혹은 절대 도적질하지 말라고 학습했다. 즉 '꼭, 반드시' 해야 하는 혹은 하지 말아야 하는 절대적인 '흑백논리'에 준하여 학습해왔기 때문에 우리의 가치관은 매우 안정적이고 지속적이다.

물론 살면서 여러 풍파를 겪다 보면 순서가 바뀌기도 하지만 일단 바뀌고 나면 또한 이것도 지속된다. 한때의 불교 신자가 기독교 신자로 개종하여 일생을 바치기도 하는 것과 같다. 그러나 대개는 기존의 가치중요도에 의문을 품다가도 오히려 더욱 강화되기도 하기 때문에 누군가의 가치관을 한두 번의 설득으로 바꾸기는 매우 어렵다.

가치관과 태도

가치관이 미치는 영향

가치관은 우리의 태도나 동기의 기초가 되며 지각에도 영향을 미치기 때문에 조직의 모든 제도와 상황에 대해 옳고 그르다는 인식을 하게 한다.[2] 물론 각자의 가치관에 근거한 것이지만 그것 때문에 객관적 합리성이 흐려져서 편견을 갖거나 잘못 판단할 수도 있다. 조직은 모든 직원에게 하나의 획일적이고 통일된 전통과 가치관에 따라 조직의 법규와 고유한 방식을 똑같이 요구할 수밖에 없다. 그러나 직원 개개인의 가치관은 각양각색이다. 만약 근속연수에 따른 연공임금제가 옳다는 가치관을 가진 사람이 차별성과급을 적용하는 회사에 입사했다면 그가 이에 대해 좋은 태도를 가질 수 없으므로 불만이 많거나 비협조적으로 행동하기 쉽다. 이처럼 가치관은 일상생활에 영향을 주는 이상적 원리라고 할 수 있으며 태도보다 더 포괄적인 개념이다. "이러이러한 가치관을 가졌기 때문에 이런 태도를 가졌다"라고는 할 수 있지만 거꾸로는 안 된다.

가치관과 태도의 구별

태도는 특정 대상이나 특정 상황에 대하여 하는 말이지만 가치관은 추상적이고 포괄적이다. 가치관은 태도를 안내하고 유도한다고 할 수 있으며 가치관이 구체적으로 구현된 것이 태도라고 할 수 있다. 가치관과 태도의 개념을 더 확실하게 이해하기 위해 몇 가지 요점을 나열하면 다음과 같다.

- 태도는 잠재해 있는 가치관을 기반으로 형성된다(예: 모든 인간은 선하게 태어난다는 가치관 속에서 사형제도 도입을 반대하는 태도가 나온다).
- 하나의 가치관에서 비롯된 두 개의 태도가 서로 충돌할 수도 있다(예: 자아실현이라는 가치관은 타인과의 경쟁적 태도와 동시에 협동적 태도의 기초를 이룬다).
- 두 사람의 태도가 서로 같더라도 각각 다른 가치관에서 비롯될 수도 있다(예: 거지를 도와주려는 태도가 김길동 씨의 도덕적 가치관에서 나올 수도 있고 박길동 씨의 자기우월적 가치관에서 나올 수도 있다).
- 태도나 가치관은 둘 다 장기간 지속되지만, 가치관은 한번 정립되면 좀처럼 변하지 않는 반면

태도는 작은 원인으로 자주 변하기도 한다(예: 여자의 마음(태도)은 갈대와 같다?).

- 어떤 가치관이 한 집단 안에서 대부분의 멤버들 사이에 매우 오랫동안 지속될 때 그것은 문화의 일부가 된다. 그러므로 한 집단의 문화는 사실 여러 가치관의 집합이라고 볼 수 있으며 각 가치관은 문화 안에서 보존되고 지속된다.

2 가치관의 유형분류

개인 차원의 분류

가치관은 개인의 지각과 생각, 나아가 행동에 직접 영향을 미치기 때문에 어떤 사람의 행동을 이해하고 원인을 찾을 때 매우 중요하다. 신입사원은 직장에 들어가면서 무엇을 하고 무엇을 하지 말아야 할지를 미리 안다. 물론 가치관대로만 행동할 수 없는 경우가 많겠지만 때로는 회사의 규칙이나 남들의 지시나 눈치와 상관없이 자신의 가치관에 따라서 행동할 때도 많다. 이렇게 우리의 생각과 행동에 영향을 직접 미치기 때문에 가치관은 조직행동에서도 매우 중요한 이슈이다. 그러므로 그 유형을 알아 놓으면 나는 물론 남들의 생각과 행동을 어느 정도 미리 예측하고 통제도 가능하다.

궁극적 가치와 수단적 가치

일반적으로 개인의 가치관은 궁극적 가치(terminal value)와 수단적 가치(instrumental value)의 두 가지 범주로 나누어서 접근한다.[3] 전자는 우리가 살면서 추구하고자 하는 최종 목표와 관련된 바람직한 결과를 말하며 후자는 최종목표를 달성하기 위한 수단이 되는 것을 이루려는 가치이다. 즉 최종목표 달성을 위해 어떤 수단이 바람직한 가치인지를 판단하게 하는 가치의 가중치 순서이다. 어떤 학자는 이들에 대해 각각 18개의 가치를 나열하고 있다. 물론 앞에서 언급했듯이 이들의 중요도 순서는 개인마다 다를 것이다. 도표 3.1

도표 3.1 로키치(Rokeach)의 가치유형

궁극적으로 추구하는 가치		수단으로 사용하는 가치	
평안하고 안락한 삶	걱정 근심 없는 삶	근면과 야망	창의성
활기찬 삶	부부간 진정한 사랑	열린 마음	자율성 확보
성취와 보람	국가사회의 안전	유능함과 능력	총명한 지성
갈등 없는 평화	여가를 즐기는 삶	쾌활함과 명랑함	이성적 합리성
아름다운 미적 세상	고고한 영적인 삶	청순하고 깔끔함	온화함과 애정
공정과 평등사회	존경받는 삶	용기와 의지	타인존중
가족의 안전과 안정	명예와 타인의 인정	아량과 여유로움	공손함과 예의
자유로운 삶	진정한 우정과 교제	도움과 양보	책임감과 신용
행복과 충만한 삶	성숙한 삶의 지혜	정직함	자아 조절과 통제

이야기 3.2 세대별 가치관 차이

그룹 BTS가 이 나라에서 자라나 세계적 돌풍을 일으키기 30년 전에 이 땅에는 '서태지와 아이들'이라는 댄스그룹이 가요계에 데뷔하여 일대 혁명을 일으켰다. 그 이전까지 우리나라 가요계는 성인을 대상으로 하는 발라드나 트로트 음악이 주를 이루고 있었는데, 혜성같이 나타난 그들의 노래와 춤은 당시 젊은 세대의 삶의 가치관을 여실히 반영한 것이었다. 송창식의 '우리는~'처럼 '우리'만 있었던 옛 가요와는 달리 「난 알아요」라는 노래 한 곡에서 '나'는 10번 반복된다. 가족공동체라는 집단주의가 개성중심이라는 개인주의로 변한 것이다. 「환상 속에 그대가 있다」의 '있다'는 현재형이며 서태지 가사는 모두 현재형이다. 반면 옛 가요에 현재형은 없다. 「쨍하고 해 뜰 날 돌아오리라」는 미래, 혹은 「아, 옛날이여!」라는 과거만 있다. 현재가 별 볼 일이 없었기 때문이다. 과거세대에 Here & Now는 없었으며 「마포 종점」「목포의 눈물」「부산 갈매기」「비내리는 영동교」등 옛 가요 대부분은 '지금 여기'가 아닌 이곳에 없는 장소를 노래한다. 현재 대통령 집무실이 있는 용산의 삼각지에 있었던 입체 원형교차로를 못 본 세대는 「돌아가는 삼각지」를 듣고 공감할 수 없다. 구세대는 일제강점기, 전쟁, 보릿고개, 군사독재사회에서 청소년기를 즐길 수 없었기에 과거만 회상하거나 미래만 바라봤다. 하지만 서태지세대의 '현재'는 풍요와 즐길 것이 너무 많았다. 이런 현재를 외면하고 미래를 위해 절에 들어가 고시공부만 한다면 기회비용이 너무 많았던 것이다. 정치적으로는 민주화가 되어 독재와 구속에서 해방되었고 부모세대의 통제로부터 탈출했다. 「오렌지」의 가사는 이렇게 반복된다. 「권위적인 너의 모습, 못난 전통세습, 네 틀에 박힌 공식, 이기적 독식, 허세 가식, 탐식 깃든 약육강식」등등. 권위주의에서 평등과 자율로, 폐쇄와 은둔에서 개방사회로, 미래를 위한 인내에서 현재를 즐기는 삶으로 변화시킨 '서태지와 아이들'은 우리나라 젊은이의 가치관을 바꾼 문화대통령임에 틀림없었다. 그로부터 30여 년의 세월이 흘러 '서태지와 아이들'세대는 직장에서 '꼰대세대'가 되어 글로벌과 IT가 삶의 일부인 또 다른 MZ 신세대와 머리를 맞대고 근무하고 있다. 더 나아가 직장의 리더는 M세대와 Z세대를 동일하게 생각해서도 안 된다.

세대별 가치관

모든 나라가 그렇지만 우리나라에서도 1960, 1970년대 경제성장기를 보낸 세대와 MZ세대, 심지어는 M세대와 Z세대의 가치관이 서로 다르다. 세계적으로도 사일런트세대(1945이전), 베이비부머(baby boomers)세대, X세대, M(millenials)세대, Z와 알파세대(2013-2029년생)는 자라온 배경과 경험이 다르므로 가치관의 차이는 크다. 능력급, 유연근무제, 성차별, 육아휴직, 노동강도 등에 대한 생각이 다를 수 있다. 이러한 현상이 직원들의 조직생활에 매우 큰 영향을 끼치고 있음에도 현실적으로 정확한 분석과 영향이 제대로 파악되지 않고 있다. 이야기 3.2

국가 차원의 분류

민족과 국가에 따라 가치관이 다르다는 사실은 이미 1970년대를 전후하여 홉스테드(G. Hofstede)가 72개국(52개 문화권)의 IBM 사원 11만 6,000명을 대상으로 직장생활과 관련된 가치관을 조사하였는데 각국 문화에 따라 다르다는 결과를 얻었다. 원래는 4개 차원이었던 것을 1980년대 본드(M.H. Bond)가 5대륙의 22개국 학생을 대상으로 한 조사결과를 토대로 단기-장기지향성이라는 다섯 번째 차원을 추가하여 홉스테드와 함께 문화적 가치관 유형을 분류하였다.[4] 도표 3.2

도표 3.2 국가 간 가치관 차이

국가	개인주의	권위주의	모험회피	남성성	장기지향
중국	L	H	M	M	H
프랑스	H	H	H	M	L
독일	H	L	M	H	M
홍콩	L	H	L	H	H
인도네시아	L	H	L	M	L
일본	M	M	M	H	M
네덜란드	H	L	M	L	M
러시아	M	H	H	L	L
미국	H	L	L	H	L
서부아프리카	L	H	M	M	L

※H: 높음 M: 중간 L: 낮음(개인주의가 낮다는것은 집단주의가 강하다는 의미임)

개인주의(individualism)

집단주의가 강한 국가일수록 사원은 개인의 능력보다는 조직에의 협조와 충성을 강조할 것이며, 개인주의 국가의 직원이라면 자기 일은 자기가 결정해야 한다고 믿고 자기 존중에 비중을 두며 자신의 능력과 자격 때문에 회사에 채용되었다고 생각할 것이다. 이러한 가치관차이는 구체적으로 조직행동과 어떤 관계가 있을까? 집단주의 가치관으로 보면 팀 기준 보상, 직장의 화합, 연공기준 승진제도를 마다하지 않을 것이며, 개인주의적 가치관에 입각하면 단체협약, 성과기준의 개인별 성과급이 더 선호될 것이다.

권력거리(power distance)

권력거리가 멀다는 뜻은 군대의 일등병이 병장을 너무 높게 생각하고 복종한다는 것이다. 이러한 문화권의 사원들은 상사의 큰 권한을 당연히 인정하고 일방적인 업무지시도 그대로 수용할 것이다. 그러나 권위주의 성향이 낮은 문화권의 사원들은 상사라도 능력이 없다면 그의 권위를 인정하려 들지 않을 것이다. 그리고 권위적 가치관으로 보면 품의서와 결재 위주의 의사결정, 상명하복의 조직풍토가 있을 것이지만 평등가치관으로 보면 채용과 승진에서 신분차이보다 능력차이를 우선할 것이다.

모험회피성(uncertainty avoidance)

모험과 불확실성을 회피하는 문화권에서는 사원들이 대체로 꼼꼼하여 직업의 안정성과 규칙준수가 강한 반면에 일탈된 생각과 새로운 혁신은 꺼린다. 이런 나라에서는 조직구조가 피라미드형이며 지시・보고 계통과 역할분담이 대체로 명확하다. 반대로 모험적 가치관의 국가에서는 역할분담도 애매하며 기존의 규정도 잘 지키지 않을 것이다. 다양한 행동과 융통성이 허락되며 개인의 자율과 혁신이 권장될 것이다.

남성성(masculinity)

남성 지향의 가치관을 가진 민족은 전통적 남성성을 중시하기 때문에 권력, 성취, 이익을 위해 다른 모든 것을 희생하며 남녀평등과는 거리가 멀다. 가정이나 직장에서 남녀의 역할이 엄격하게 구분되며 여성은 순종하는 것이 도리라고 생각한다. 직장인들은 피라미드식 위계조직에서 상급자의 지시와 명령에 따라 일사분란하게 움직이고 연공서열에 익숙하며 기업의 성장을 최우선한다. 반대로 여성성 가치관의 국가에서는 남녀가 평등하다는 생각에 기초하여 타인에 대한 감수성과 배려를 중시하고 모든 일에 남녀평등과 인권을 중시하는 경향이 있다. 그리고 급여상승보다는 직무만족을, 성과보다는 인간존중을, 회사보다는 가정의 안락을 더 중시한다.

장기지향성(long-term orientation)

단기적 가치관을 가지고 현재 중심으로 사는 사회에서는 현재만을 생각하고 미래의 비전이 적다. 오늘의 업적에 대한 즉각적인 보상을 원하고 연공제도, 근속연수, 선후배, 동기동창 등은 별로 중시되지 않는다. 그리고 전통적인 구습에 얽매여 새로운 혁신이 더디고 지나치게 보수적일 수 있다. 그러나 장기적 가치관이라면 미래의 목표를 중시하면서 도덕과 삶의 가치를 중요시하고 현재의 어려움을 참는 힘도 강하다. 그리고 혁신과 창의력이 권장되고 현재는 희생하더라도 미래의 더 큰 보상을 기다릴 것이다.

낭만지향성(indulgence)

최근에 홉스테드가 새롭게 추가한 낭만지향성이다. 이것이 강한 민족은 현재를 즐기고 쓸 것은 쓰면서 재미있게 지내자는 경향이 있다. 반대로 미래를 위해 축적하고 허리띠를 조르며 현재의 안일함을 희생하는 자제지향(restraint)의 가치관도 있다. 자제형의 국민은 규범도 잘 지키고 인내력도 커서 회사에서의 어려움을 극복하려고 노력하지만 낭만지향성은 통제와 노력보다는 크게 염려하지도 않고 편한 대로, 심하면 흥청망청의 삶을 즐기는 유형이다.[5]

과연 국가 간에 차이가 있는가?

이러한 양면성의 차원들은 어느 민족 누구에게나 있지만 개인 간, 국가 간에 상대적인 강약의 차이를 보인다. 예를 들면 필리핀이나 말레이시아는 상대적으로 권력거리가 멀고, 개인주의가 강한 나라는 미국, 영국, 호주 등이며 과테말라는 집단주의가 강하고 한국은 남성지향성이 강하지만 스웨덴은 여성성이 강하다. 그리스는 모험성이 약하지만 싱가포르는 강하며 홍콩은 장기지향적이지만 파키스탄은 단기지향적이다. 물론 그렇다고 해서 이 책의 독자 중에 한 나라의 모든 국민이 똑같다고 이해하는 어리석은 학생은 없으리라.

그러나 홉스테드의 발표 후 30여 년간에 걸쳐 이를 다시 입증해보려는 600여 건의 다른 학자들의 연구가 있었다. 이 연구에 동원된 응답자들은 다양한 문화권과 다양한 기업의 직원 20여만 명이었다. 이들의 연구를 모두 종합해보니 위의 4개 가치관 차원에서 국가차이가 확실하다는 결론을 얻었다.[6]

Ⅱ | 태도의 형성과 변화

직무나 직장에 관해 가지는 태도를 직무만족이라고 하며 이를 높여 주는 것은 조직행동을 배우는 가장 중요한 과제 중의 하나이다. 고객관계나 인간관계에서도 상대방의 태도를 알 수 있으면 그의 행동을 예측할 수 있으므로 서로의 관계가 훨씬 유익한 방향으로 이뤄진다. 그러므로 사원들에게 기꺼이 조직에 헌신하고 직무에 몰입하도록, 혹은 고객이 우리 회사 제품을 원하도록, 혹은 동료의 태도변화를 통해 좋은 인간관계가 성립되도록 하려면 태도에 대한 이해가 필수적이다.

1 태도의 본질과 기원

조직행동에서의 태도는 일반적으로 사용하는 태도라는 말과 조금 다르다. 여기서 우리는 태도의 정의와 태도를 구성하는 요소들, 그리고 가치관과의 차이와 유사점에 대해 살펴보자.

태도의 구성 요소들

태도란 한마디로 환경(사람, 사물, 생각, 사건 등)에 대한 평가(판단, 마음, 생각, 인식)이다.[7] 여기서 '판단'이 중요한데 왜냐하면 이것이 종종 우리의 행동을 결정하기 때문이다. 즉 태도는 우리가 자장면을 먹을지, 어느 후보에게 투표할지, 어디로 여행을 갈지 등을 결정할 때 중요한 역할을 한다. 우리는 사실상 우리 주변의 모든 것에 대하여 평가하고 판단한다. 즉 어떤 대상에 대해 좋아하거나 싫어하는 마음을 형성하고 중립적인 경우는 거의 없다. 우리는 항상 어떤 것에 대해 좋고 나쁘다고 평을 한다. 이러한 마음이 태도이다.

태도는 어디에서 기인하는가?

어떤 사람이 초밥을 싫어한다고 하자. 그의 이런 태도는 무엇 때문일까? 사과가 빨간 이유는 사과껍질이 안토시아닌 색소로 구성되었기 때문이다. 그런데 태도를 구성하는 요소는 한 가지가 아니라 매우 많다. 이 요소들을 대체로 다음과 같이 세 가지로 분류한다. 그러나 모든 태도가 항상 세 가지 요소로 구성되는 것은 아니고 어느 한 요소에 더 치중하여 형성되는 것이 일반적이다.[8] 도표 3.3

도표 3.3 태도의 기본적 구성요소

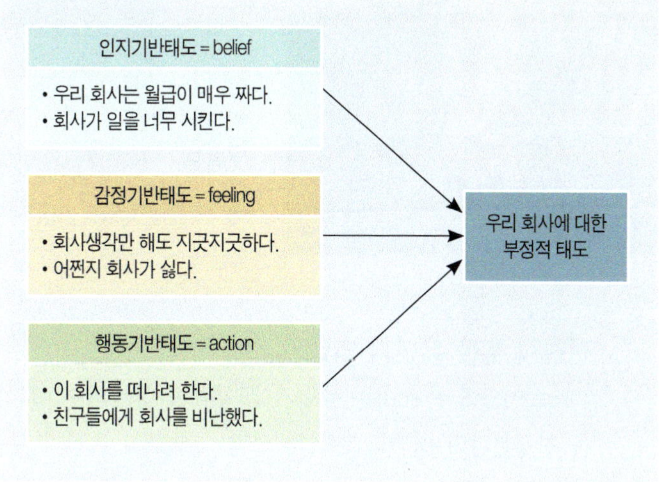

- 감정기반(affectively based) 태도: 그저 좋거나 싫은 느낌과 감정에서 생기는 태도(예: 어쩐지 저 사람에게 마음이 끌린다, 뱀은 생각만 해도 싫다)
- 인지기반(cognitively based) 태도: 이미 알거나 믿고 있는 사실 때문에 생기는 태도(예: 오렌지는 비타민이 풍부해서 좋아, 우리 팀장은 독재적이라서 싫다)
- 행동기반(behaviorally based) 태도: 이미 행동을 했거나 행동의도(의지: intention)를 관찰하고 생기는 태도(예: 회사를 이직하려는 의지가 있으니 나는 이 회사를 싫어하는 거다, 쟤는 매일 축구하러 가는 걸 보니 축구를 좋아하는 거야)

다른 학자들도 피쉬베인(M. Fishbein)이 처음 분류한 위의 세 가지 요소에 기반을 두는 것이 태도라는 데에는 이견이 없다.[9] 그런데 행동은 하고 나면 엎어진 물이지만 태도 자체는 바꿀 수도 있으며 행동을 미리 예방하거나 피할 수도 있게 한다. 다시 말해서 아직 행동으로 옮겨지지는 않은 행동 직전의 '마음가짐'이 태도이다. 물론 위의 세 가지 구성요소가 일치할수록 강한 태도가 되어 그대로 행동으로 이전되기 쉬우며 또한 강한 태도일수록 행동으로 실행될 때에도 높은 에너지와 추진력을 수반할 것이다.

태도는 언제 어떻게 형성되는가?

태도는 어디서부터 만들어지는가? 성격과 유전 요인, 가족과 주변인들, 사회와 문화, 그가 속한 집단 등 모든 것들이 복합적으로 작용하여 구체적인 태도를 형성한다. 예를 들면 약속 지키기, 상급자에게 순종하기, 팀으로 작업하기 등에 대한 태도를 놓고 볼 때 일본의 직장인과 홍콩의 직장인은 뚜렷한 차이를 보이는데 이는 개인의 성격차이가 아니라 각 나라의 문화적 차이 때문이다. 초기의 연구자들은 태도에 대한 외부영향을 강조하면서부터 환경적 요소가 중요한 역할을 한다고 생각했다. 그러나 최근에는 태도가 유전적 요소나 신체적 내부 특성에 의해 싹트고 강화된다는 견해가 강하다. 이야기 3.3

이야기 3.3 꽃을 무서워하는 아이

어느 초등학교의 교내 글짓기대회에서 1등을 한 작품이 있었다. 대부분의 어른들은 꽃의 아름다움을 여러 가지 수식어로 과장해서 표현한다. 그러나 이 순수한 어린이는 꽃을 보고 느낀 그대로를 썼다. 사연인 즉 학교 화단의 꽃이 하도 곱기에 가지고 싶어서 꺾다가 그만 선생님에게 들켜서 손바닥으로 얼굴을 몇 번 맞았다(저자의 어린 시절인 옛날에는 그랬다). 이 어린이는 그 사건이 있고부터는 꽃을 보면 무섭다고 솔직하게 썼고, 이 글이 심사위원 선생님들을 움직였다. 아이의 과거 경험이 꽃에 대한 태도를 형성한 것이다.

선천적 혹은 유년기 영향

프로이드(S. Freud)는 유년기에 성격이 형성되면 이 성격에 따라 태도가 결정되고 태도가 행동을 결정한다고 하였다.[10] 특히 성격이 부모의 유년기 교육이나 부모와의 관계에서 형성된다면 태도 역시 그때 형성된다고 본다. 예를 들어 권위에 도전적 태도를 보이는 자는 어렸을 때 어머니를 좋아하고 아버지를 싫어했던 사람이었고 무정부주의적 태도를 가진 사람은 어렸을 때 오이디푸스 콤플렉스(Oedipus complex)를 잘 견뎌 내지 못한 사람이었다.

가정과 소속집단의 영향

에릭 프롬(E. Fromm)은 가정이 바로 사회의 심리적 대리자라고 하면서 과거에 가정에서 식구들을 대하던 태도가 어른이 되어 사회생활에서 재현된다고 보았다.[11] 비록 가정이 아니더라도 인간은 커 가면서 자신을 파악하고 이해하기 위해 자기가 속한 소속집단에 자기를 비춰 본다. 이때 소속집단과 큰 차이를 발견하면 자신이 틀렸다고 간주하고 자기의 태도를 변경한다. 따라서 그가 타인이나 사회에 대해 가지는 태도는 자연히 그 집단이 가지고 있는 태도의 범위를 벗어나기 어렵다.

사회적 성격의 영향

칼 마르크스(K. Marx)는 한 개인의 성격과 태도는 그가 처한 사회적·경제적 환경의 지배를 받는다고 했다. 에밀 뒤르껭(E. Durkheim) 역시 특정인의 태도는 그를 둘러싸고 있는 환경적인 가치관을 구성하는 하나의 요소라고 본다.[12] 한편 어느 사회의 어느 문화권이든 그 구성원이 가지는 공통적인 사회적 성격(social personality)이 있는데 예를 들면 전통문화, 예절 등에 섞인 기본요소가 유년기의 아이에게 파고들어 그 태도의 원천이 되기도 한다.

학습과 훈련의 영향

태도는 같은 여건에 여러 번 부딪치면서 되풀이될 때 훈련되고 강화된다. 스키너(B.F. Skinner)의 학습이론에 의하면 일단 한 태도를 가진 다음에 그 결과가 좋으면 또다시 그 태도를 취한다. 또는 어떤 태도를 흉내 내다가 그 횟수가 잦아짐에 따라 그 태도는 강화되기도 한다. 어떤 이의

이야기 3.4 태도의 형성

〈A반〉 〈B반〉

학생들을 두 반으로 나누어 태도가 어떻게 형성되고 행동에 영향을 미치는지 알아보기로 했다. 우선 4층 강의실의 학생들을 <A반>과 <B반>으로 나누어 30분 동안 짧은 글짓기를 하게 했다. A반에게는 '요양원, 시골, 비애, 주름살, 노인, 석양' 등의 낱말을 글짓기 제목으로 제시했으며, B반에게는 '청춘, 도시, 희망, 근육, 축구' 등의 낱말을 제시했다. 글짓기가 끝나고 학생들은 다른 수업을 위해 옆 건물로 이동했는데 이동에 걸린 시간을 재었더니 A반이 B반보다 느렸다. 즉 A반 학생들은 계단을 내려갈 때에도 천천히 노인 걸음으로 이동하는 편이었다. 다음 수업에서는 두 반의 학생들의 글짓기 단어는 동일했다. 다만 단어가 학생 앞의 모니터에 제시되는데 A반의 모니터 바탕화면은 야자수가 있는 남태평양의 해변 그림이고 B반의 바탕화면은 화폐로 가득 차 있는 그림이었다. 글짓기가 끝나고 실험자는 답안지를 거두면서 일부러 바닥에 떨어뜨리고 흩어진 답안지를 실험자가 주울 때 학생들이 얼마나 도와주는지를 관찰하였는데 A반이 더 협조적이었다. 그리고 학생들에게 "이제 다른 반 학생이 와서 여러분 각 사람 옆에 앉아서 짝이 되어 실험에 임할 것입니다"라고 하면서 옆 반 학생이 오면 앉을 수 있도록 빈 의자를 각자의 옆에 갖다 놓으라고 했더니 B반 학생들은 A반 학생들보다 의자를 자기와 훨씬 더 멀리 떼어 놓았다.

태도와 행동이 좋은 결과를 가져오는지 나쁜 결과를 가져오는지 지켜보고 그대로 모방하는 것도 직접 시행착오를 덜 겪는 것이기에 유리한 일이다. 아이는 친구나 선생님을 흉내 내고 각종 매스컴을 무조건 답습할 수 있다.[13] 이야기 3.4

2 태도와 행동

태도는 행동을 결정한다는 것이 상식이지만 현실적으로 우리들의 행동은 우리가 마음먹은 것과 다를 때가 많고 심지어는 마음과 반대로 행동하기도 한다. 과연 태도가 행동에 미치는 영향력의 크기는 어느 정도일까?

태도는 행동에 영향을 미치는가?

태도는 행동에 영향을 미치기 때문에 일반적으로 태도와 행동은 일치한다는 말은 상식적이다. 어떠한 태도가 행동과 밀접한 관계가 있을까? 누구나 태도와 행동은 불일치하는가?

어떠한 태도가 행동에 더 영향을 미칠까?

태도는 다양하지만 특정 태도만이 특정 행동에 영향을 미친다. 중요한 태도나 기억하기 쉬운 것은 행동과의 관계가 밀접하지만, 외부의 압력이 강하다거나 태도에 반하는 직접경험이 많다면 태도와 행동과의 일관성은 별로 없다. 중요한 태도라 함은 자신의 가치관에 근거한 것이든지 자기의 이해관계가 직접 얽힌 경우를 말한다. 그리고 특정 행동과 직접 관련되는 태도도 역시 행동을 더 잘 예측할 수 있다.

개인 차이에 따라서도 일치성은 달라지나?

어떤 사람은 태도와 행동이 자주 불일치한다. 자기통제(self-monitoring)란 자신이 스스로 행동을 계획하고 실행하며 조절할 수 있음을 의미한다. 자아통제가 높은 사람은 어떤 행동을 할 때 상황이 어렵더라도 자신의 행동을 자제하기 때문에 마음(태도)대로 행동하지 않지만 자아통제력이 낮은 사람은 하고 싶은 대로, 마음(태도)먹은 대로 행동할 것이기 때문에 태도와 행동의 일치성은 높을 것이다.

다른 하나는 자의식(self consciousness)의 정도이다. 어떤 사람은 자신에 초점을 두는 소위 공적인 자의식이 강하며 또 어떤 사람은 자신의 내면을 더 중시하는 사적인 자의식이 강하다. 전자는 "내가 남들에게 어떻게 비칠까?"를 중시하기 때문에 상대적으로 자신의 태도를 잘 인식하지 못하거나 자신의 태도를 자주 무시하고 남의 비위에 맞추어 행동할 것이다. 그럴수록 태도와 행동은 더 불일치한다.

태도와 행동의 일치

2,000년 전의 사도 바울은 태도와 행동의 불일치성을 이렇게 요약한다. "마음(태도)은 원이로되 육신(행동)이 문제로다." 1972년 비크먼(L. Bickman)이 500명을 대상으로 "길에 버린 휴지를 주워야 한다"라는 제목으로 인터뷰를 측정한 결과 94%가 "예"라고 답했다. 그러나 인터뷰를 끝내고 돌아가는 길에 실험자가 몰래 버린 휴지를 줍는 사람은 그들 중 2%에 불과했다.[14] 이야기 3.5

왜 불일치하는가?

돈과 노력을 별로 안 들여도 되는 행동이라면 태도(마음먹은)대로 행동하지만 많은 노력이 필요하다면 매우 강한 태도가 없이는 행동으로 그대로 옮기기 어렵다. 즉 능력이 부족하거나 지나친 노력과 비용이 들기 때문에 그대로 실천하지 못한다. 태도와 행동이 불일치하는 또 하나의 이유

이야기 3.5 이중인격의 위인들

욕쟁이 고집쟁이 거만쟁이
낭비벽 술주정꾼 도박꾼
어머니 장례식 불참
파출부랑 사생아 낳기
자식 3명 아사와 병사함

칼 마르크스
(1818~1883)

- 자본가들에게 노동자의 임금을 착취하지 말라고 외쳐댔던 칼 마르크스(K. Marx: **사진**)는 정작 자기가 고용하고 있던 가정부에게는 임금을 주지 않았다.
- 많은 교육이론과 『에밀』 등의 교육서를 발표하고 오늘날까지 교육의 아버지로 불리는 루소(J.J. Rousseau)의 친자식들은 사실상 고아원에서 키워졌다.
- 사랑을 논하고 사랑을 외쳐댔던 사르트르(J.P. Sartre)는 애인 보부아르 부인을 기만하고 사취했다.
- 역시 사랑과 자비의 작가로 알려진 톨스토이(L. Tolstoy)는 자신의 순진한 아내 소피아를 악처로 조작한 악부였다.

이처럼 평소의 태도, 가치관, 신념과 실제 행동 사이에는 많은 괴리가 있는 것 같다.

는 태도측정 시점과 행동관찰 시점의 시차 때문이다. 즉 소비자 태도를 조사하여 그들이 원하는 대로 제품을 만들어 출시했는데 안 팔린다면 조사시점과 제품출하 시점의 시차가 있는데 그동안에 소비자 태도가 바뀌었기 때문이기도 하다. 시장조사와 동시에 제품출하가 되도록 오늘날의 기업이 시간경영(스피드 경영)에 주력하는 이유가 여기에 있으며 이는 소비자의 태도와 요구가 자주 바뀔수록 더 중요하다.

3 태도변화 이론들

기업이 소비자를 설득하여 자기회사 제품을 사게 한다든지 상급자가 부하의 저항적 태도를 바꾸려 한다든지 경영진이 노동조합의 고집을 변화시키려 하는 등 우리는 일상생활에서 태도변화의 노력들을 수없이 본다. 어느 사원이 자기의 직무를 싫어할 때 그의 태도를 바꿔서 직무를 좋아하도록 한다면 그는 즐겁게 일할 수 있고 능률도 오른다. 사원들끼리도 서로 싫어하는 태도를 좋아하는 태도로 바꿀 수만 있다면 정보교류와 협조가 잘 되어 성과가 오른다. 이야기 3.6

인지부조화이론

남을 설득하여 태도를 변화시키는 작업은 쉽지 않기 때문에 이에 관한 많은 연구들이 있었는데 대표적인 이론들을 살펴보기로 하자. 우선 인지부조화이론은 다양한 주제와 관련해서 매우 빈번하게 거론되는 내용이다.

인지부조화의 개념

인지(認知: cognition)란 무엇인가? 한마디로 내 머리에 있는 갖가지 지식, 생각, 마음들이다. 즉 내가 알고 있는 모든 것들이며 지금도 나는 수많은 인지를 갖고 있다. 그중에서 몇 개만 예를 들어보자.

이야기 3.6 후 회

"내가 한창 젊었을 때 나는 세상을 변화시키겠다는 꿈을 가졌다. 그 후 나이가 들고 세상을 좀 알았을 때 나는 세상이 변하지 않으리란 것을 알고 내 포부를 좀 줄여서 내가 살고 있는 내 나라를 변화시키겠다고 결심했다. 그러나 그것 역시 불가능한 일이었다. 황혼의 나이가 되었을 때 나는 마지막 시도로 나의 가족을 변화시키겠다고 마음먹었지만 아무도 변화되지 않았다. 이제 죽음을 눈앞에 두고 자리에 누운 채 나는 깨달았다. 만약 내가 내 자신부터 먼저 변화시켰더라면 그것을 보고 내 가족이 변화되었을 것을……. 또한 내 나라가 더 살기 좋은 곳으로 변화되었을 것이며 그리고, 누가 아는가, 온 세상까지도 변화되었을지……." 런던 웨스트민스터사원에 있는 이름 모를 한 주교의 묘비에 적힌 글이다.

이야기 3.7 인지부조화 해소

1. 나는 공부를 싫어한다.
2. 담배는 건강에 해롭다.
3. 장학금은 안타도 된다.
4. 고등어는 가시가 많다.
5. 지금도 담배를 피운다.
6. 성적이 나쁘게 나왔다.

우리의 수백 수천 개의 인지 중에서 여섯 개만 나열했다. 그런데 각 인지끼리의 관계를 보면 1과 2의 관련성, 3과 4, 1과 4 등의 상호관계는 서로 아무 관련성이 없으므로 내 마음에 아무런 부조화가 없다. 그리고 1과 3, 3과 6 등은 조화가 되기 때문에 역시 아무 문제가 없다. 그런데 2와 5의 관계는 마음의 갈등을 일으키는 인지부조화(認知不調和: cognitive dissonance) 관계이다. 사람들은 이처럼 인지와 인지가 서로 충돌하면 마음의 불편상태(부조화: dissonance)에 이른다. 이야기 3.7

인지부조화의 해결: 태도변화

일단 인지부조화를 느끼는 것 자체가 긴장과 걱정이기 때문에 이를 조화상태로 바꾸려고 은연중에 노력하게 된다. 결국 한쪽의 인지를 바꾸면 된다. 위의 예(2와 5의 관계)에서 5번을 바꾸기는 불가능하다. 오늘도 담배를 피우면서 안 피우고 있다고 인식하자니 이는 불가능하다. 그래서 2번의 생각을 '담배는 그토록 해롭지는 않다'라고 인식하기 위해 아래와 같은 여러 가지 생각을 하면서 담배에 대한 태도를 바꾸게 되고 드디어 마음의 평정을 찾는 것이다.

• 좋은 필터를 끼워 피우면 된다고 자위한다.
• 줄담배 피우시던 할아버지께서도 100세 넘게 사셨다는 기억을 회상한다.
• 짧게 살아도 하고 싶은 대로 하며 사는 게 좋다고 생각한다.
• 담배가 폐에 해롭다는 사실을 근거 없다면서 부인한다. 도표 3.4

예를 들어 보자. 회사원 최길순 씨는 월급도 적고 별로 가치 없는 직장이라고 느끼지만 마땅히 이직할 곳이 없어서 그냥 현 직장에 계속 다니고 있다. 그러다 그녀는 인사팀에 이동되어서 각 대학을 돌며 채용을 위한 회사홍보 일을 맡았다. 회사가 싫음에도 불구하고 대학생들에게 장점만 설명하다 보니 마음이 불편하다(부조화). 그렇다고 단점을 홍보할 수도 없다. 할 수 없이 그녀는

도표 3.4 **인지부조화 해결과정**

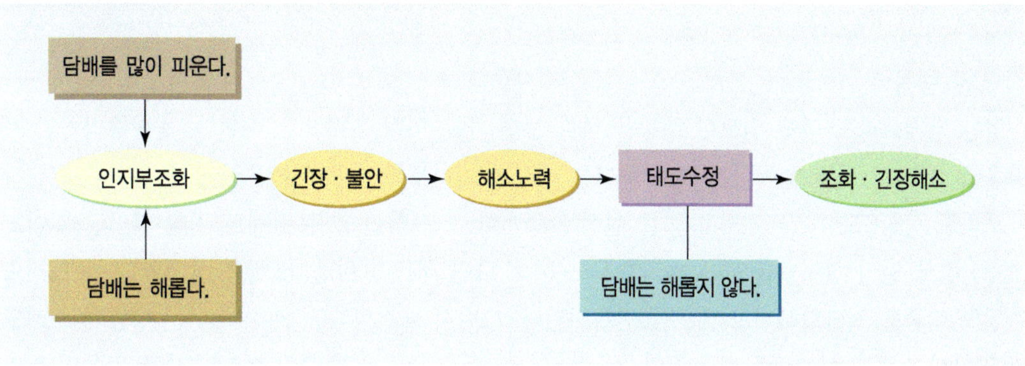

'내가 거짓을 말하는 것이 아니라 사실은 내 회사가 그리 나쁘지는 않기 때문에 내가 이렇게 홍보하는 거야!'라며 합리화하면서 마음의 평정을 찾는다. 이 생각이 반복되자 어느 날 회사에 대한 태도가 긍정적으로 변화된 자신을 본다. 이야기 3.8

어느 유치원에서 방과 후에 아이를 찾으러 늦게 오는 엄마들의 지각을 줄이려고 10분 지각에 천 원, 20분에 2천 원 하는 식으로 벌금을 매겼다. 처음 4주 정도는 좀 줄어드는 것 같더니 그 이후 계속 늘어서 벌금이 없는 다른 유치원보다 지각하는 엄마들 숫자가 더 많아졌다. 벌금이 없던 시절에는 지각하기 미안해서(부조화) 안 하려고 노력했지만 벌금을 내고 나니 미안함도 없고 마음이 평온해진(조화) 것이다. 이런 사례의 관점에서 본다면 사원의 실수에 대한 응징이나 죄수에 대한 처벌로 과연 그들의 태도를 바꿀 수 있을까?[15] 도표 3.5

도표 3.5 **유치원 벌금제도의 효과?**

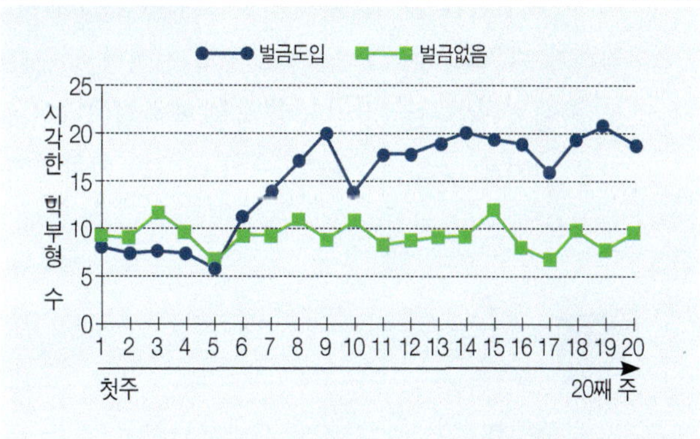

이야기 3.8 **놀이터의 아이들**

노인 혼자 외롭게 사는 집 옆에 놀이터가 있었다. 노인은 놀이터 쪽으로 난 창문을 통해 아이들이 노는 모습을 시간 가는 줄 모르며 바라보곤 했다. 어느 날 노인은 내일도 모레도 아이들이 계속 여기서 놀아주면 좋겠다고 생각했다. 그래서 그는 아이들을 불러놓고 각자에게 500원씩을 나눠주면서 말했다. "너희들이 여기서 놀아주니까 내가 안심심하고 잘 지낸다. 내가 매일 500원씩 줄 테니까 매일 와서 놀아라!" 그런데 그 일이 있던 후에 놀이터로 놀러 오는 아이들의 숫자가 점차 줄어들더니 어느 날부터 아예 아무도 오지 않았다. 노인은 다시 쓸쓸해졌다. 왜 이런 일이 벌어졌을까? 그 이전까지는 아이들이 신이 나서 놀았지만 돈을 받고부터는 놀이도 일(work)로 생각하고 "내가 이렇게 많이 놀아주는 대가가 고작 500원이라고?"라면서 마음에 인지부조화가 생겼던 것이다. 놀아주는 일과 그 보상의 불균형이 마음에 인지부조화를 일으켜 놀이터에 오기 싫었던 것이다.

행동주의 이론

강요된 행동

일단 강제로라도 어떤 의도된 행동을 하다 보면 태도 역시 그쪽으로 바뀐다. 늦잠꾸러기인 사람을 일찍 자고 일찍 일어나는 것이 좋다는 태도를 지니도록 바꾸려면 우선 일찍 일어나도록 강제로라도 상황(조건: conditioning)을 설정해 놓는다. 그리하면 그는 강제로 일찍 일어날 것이고(행동) 결국 일찍 일어났을 때의 상쾌함을 느끼고 나면 태도가 바뀐다. 비록 상쾌함을 못 느껴도 자신의 행동을 정당화하려고 태도를 변화시킨다. 그래서 페스팅거(L. Festinger)는 행동에서 태도가 나온다고 했다.[16] 이렇듯 행동주의자(behaviorist)들의 주장은 태도의 변화도 자극-반응의 원리인 일종의 학습으로 가능하다고 한다.

강화와 태도변화

이러한 일종의 강화(reinforcement)이론을 적용하여 실제로 태도를 변화시키는 방법이 카네기(D. Carnegie)에 의해 설명되었는데, 이를 위해서는 변화시키려는 사람의 주도적인 노력이 필요하다. 즉 강제로 그 행동을 하도록 만들어야 한다. 이 방법은 자신의 태도를 변화시키고 싶을 때도 똑같이 적용된다. 예를 들어 내가 인간들이 싫어서(태도) 남을 멀리하고 결국 소외감으로 괴롭다면 우선 남을 볼 때 강제로 웃으라고(행동) 한다. 그러면 미소 짓는 나를 보고 남들이 나에게 친절하게 다가올 것이고 나는 그들의 친절한 접근(결과)을 보고 그들에 대한 나의 태도가 긍정적으로 바뀔 수 있다는 것이다. 그래서 백화점이나 항공사에서 직원들에게 미소운동(행동)을 강요하는 것은 겉치레 웃음을 겨냥한 것이 아니라 강제로라도 웃다 보면 언젠가는 실제로 고객을 향한 봉사정신(태도)이 저절로 샘솟고 친절행동이 증대될 것으로 여기기 때문이다. 이야기 3.9

장(場)이론

우리의 태도는 대개 주변 사람들로부터 혹은 준거집단으로부터 전수된 것임을 앞에서 배웠다. 결국 남들이 가지고 있는 태도를 답습한다. 제2차 세계대전이 시작된 직후 미국이 식육용 고기

이야기 3.9 코카콜라의 소비자 태도변화 전략

독일통일 이전에 공산주의체제에서 동독인들은 콜라를 접해보지 못했다. 통일을 대비한 코카콜라 측에서는 발 빠르게 시장에 제품을 내놓았지만 처음 보는 검은 물을 동독인들이 좋아할 리 없었다. 그러자 코카콜라사는 동독인들에게 얼마간 콜라를 무료로 공급하는 판촉 활동을 벌였다. 공짜로 얻은 검은 물을 버리기는 아깝고 해서 반강제로 마시기를 계속하다가 어느새 동독인들은 점차 콜라를 좋아하게 되었다. 이제는 돈을 주고라도 사 먹을 수밖에 없게 된 것이다. 검은 물에 대한 소비자의 부정적 태도를 반강제 행동(공짜로 마시기)을 통해서 긍정적 태도로 변화시킨 것이다. <**사진**>은 공식통일이 있기 1년 전인 1989년 11월 11일 동부베를린에서 시민들에게 콜라를 무료로 나눠주는 광경이다

부족으로 곤란을 겪고 있을 때 사회심리학 연구기관의 관계자였던 쿠트 레윈(K. Lewin)이라는 학자가 이 문제의 해결을 도맡았다.[17] 즉 소의 간, 허파, 내장 등을 꺼리는 주부들의 태도를 바꾸어 즐겁게 사서 먹게 만드는 임무였다. 그러나 주부들은 그들이 속해 있는 준거집단(다른 주부들)의 규범('소의 내장 등은 쇠고기보다 나쁘고 가난한 사람들이나 먹는다')에 젖어있었기에 아무리 설득해도 좀처럼 태도가 바뀌지 않았다. 이때 레윈은 주부들끼리 토론할 기회를 만들어 놓고 레윈 편의 실험협력자들을 주부들과 같은 동료집단 구성원으로 몰래 참석시켰다.

주부들은 일방적으로 강의만 듣는 것이 아니라 직접 토론에 참여했고, 준거집단인 동료주부들(레윈 실험협력자들)이 새 의견에 찬성하자 쉽게 동조했다. 이를테면 한 사람의 주부만 놓고 일대일로 설득하면 그 주부에게는 설득자의 영향만 미치기 때문에 힘이 규범보다 약하지만, 집단으로 설득하면 집단의 다른 주부들이 조금씩 바뀐 영향이 그 주부에게 미치기 때문에 영향력이 커진다. 물론 다음 단계에서는 그 주부가 조금 변한 것이 다른 주부들에게도 영향을 미친다. 이런 식으로 개개인의 태도를 바꾸기 위해 한 사람씩 개별적으로 접근한 것이 아니라 집단 속에 들어가서 영향을 미치니 그 영향력은 순식간에 확대된 것이다.

장(場)이란 개체와 그 주변을 모두 포함하여 일컫는 말이다. 위의 예에서 주부 한 사람을 대상으로 태도변화를 시도하는 것이 아니라 그 주부가 속해 있는 장(field: 준거집단) 속에 그 주부를 섞어 놓으면 그 집단이 마치 자기장(磁氣場)처럼 멤버들 서로에게 힘을 가하여 태도를 쉽게 변화시키는 것이다. 즉 집단 속의 개인들은 상호 영향을 받기도 하고 영향을 미치기도 하면서 변화해 가는 것이다. 여성이 남성보다 더 장(場) 의존적이라는데, 여성이 남성보다 유행에 더 민감한 것도 그런 까닭이다. 이러한 레윈의 장이론(field theory)은 집단의 힘으로 개인과 조직을 변화시키는 집단역학(group dynamics)의 발전을 촉진시켰다. 이야기 3.10

이야기 3.10 100마리째 원숭이 현상

소리굽쇠 한 개만 방에 놓고 망치로 치면 종소리처럼 한 번 울리고 서서히 사라지겠지만, 여러 개를 방에 놓고 한 개만 쳐도 옆의 소리굽쇠를 울리고 그것이 다시 서로에게 울림이 전달되어 삽시간에 모든 소리굽쇠가 울리면서 소리는 급격하게 증폭된다. 1950년 일본 미야자키현 고지마라는 무인도에 원숭이 20여 마리가 살고 있었는데 이들의 먹이는 주로 흙에서 나는 자연생 고구마였다. 오랫동안 원숭이들은 고구마에 묻은 흙을 손으로 털어 내고 먹었는데, 어느 날 한 살 반짜리 어린 원숭이 한 마리가 바닷물에 고구마를 씻어 먹었다. 곧 다른 원숭이들이 하나 둘 흉내 내기 시작했으며, '씻어 먹는 행위'가 새로운 행동양식으로 섬 전체로 정착해 갔다. 점차 옆에 있는 섬의 원숭이들 사이에서도 같은 행위가 나타났다. 불가사의한 점은 이곳에서 멀리 떨어진 다카자키 산을 비롯한 다른 지역에 서식하는 원숭이들도 역시 고구마를 씻어 먹기 시작했던 것이다. 과학자 라이올 왓슨은 이것을 '100마리째 원숭이 현상'이라고 이름 붙였다. 이것은 어떤 행위를 하는 개체의 수가 일정량에 달하면 그 행동은 그 집단에만 국한되지 않고 공간을 넘어 확산되어 가는 현상을 말한다. 이 학설은 1994년에야 인정되었다. 많은 동물학자와 심리학자가 여러 가지 실험을 한 결과 이것은 원숭이뿐 아니라 인간을 포함한 포유류나 조류, 곤충류 등에서도 나타나는 현상으로 밝혀졌다. 세상의 가치관이나 태도는 먼저 소수의 사람에 의해 바뀐다. 시간이 걸리겠지만 몇 명의 소수만 변하면 모든 사회와 전 세계를 바꿀 수 있다. 시공을 초월한 '공명현상(共鳴現象)'이 작용하기 때문이다.

균형이론

균형적 인간관계

균형이론(balance theory)에 근거한 태도변화를 이해하려면 우선 균형의 의미부터 이해해야 한다. 다수의 사람들 사이의 인간관계가 균형을 이룬다는 말은 일관성이 있다는 뜻이다. 예를 들면 도표 3.6에서 갑과 을은 서로 좋은 사이인데 둘 다 병을 싫어한다면 이 세 사람 사이는 균형(일관성 혹은 일치성)을 이룬다. 이 경우 우리는 세 사람 간의 관계를 쉽게 기억한다. 그런데 갑과 을은 서로 좋은 사이이지만 갑은 병을 싫어하고 을은 병을 좋아한다면 기억하기 조금 어렵다. 시간이 지나면 누가 누구를 좋아하고 싫어했는지 잊어버린다. 이처럼 우리는 인간의 한계로 인하여 균형상태는 단순하고 쉽게 저장·회상하지만 불균형상태는 복잡하게 저장·회상하기도 어렵고 쉽게 학습되지도 않는다. 균형관계는 하나의 단위로 저장되지만 불균형관계는 여러 개의 단위로 저장되기 때문이다.[18] 도표 3.6

도표 3.6 균형/불균형관계

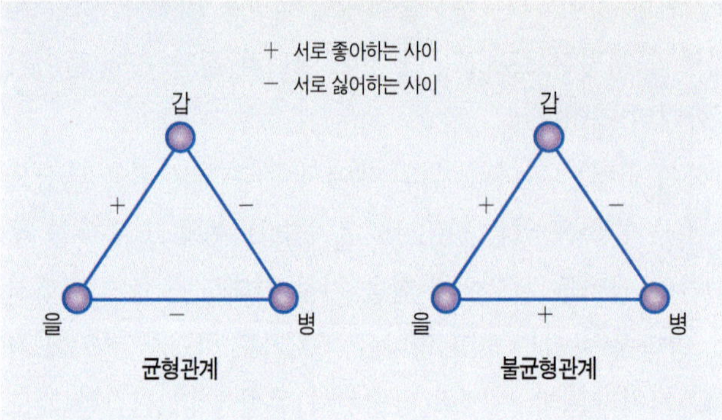

균형관계와 태도변화

그러므로 사람들은 어떤 대상에 대한 태도를 형성할 때 일관된(균형의) 태도를 유지하고 싶어 한다. 즉 어떤 대상을 놓고 두 사람이 서로 불균형을 이룰 때에 태도를 변화시켜 균형상태로 가려는 경향이 있는데 이때 태도변화가 일어나는 것이다. 그러므로 위의 예에서 병을 싫어하는 갑에게 태도변화를 시키려면 갑이 좋아하는 주변 사람 중에서 병을 좋아하는 을을 갑에게 붙여주는 것이 방법이다. 그러면 갑은 자신과 을과 병의 삼자관계(균형관계)를 하나의 단위로 간단하게 머리에 저장시키고 자주 회상하며 학습해 나가면서 언젠가는 병을 좋아하게 될 것이다. 요약하자면 균형이 깨진 것보다 균형을 완성한 정보는 쉽게 학습되고 회상된다. 따라서 대상자의 마음 속에 균형이 이루어지도록 삼자를 배치하는 노력을 하면서 그를 향한 태도가 변한다는 이론이다.

인지반응이론

대개 상대의 태도를 바꾸려 할 때 무슨 말을 해야 할지 고민한다. 말만 잘하면 태도변화가 쉬울 것으로 착각하지만 그렇지 않다. 상대방은 팔랑 귀를 가진 순진한 어린애가 아니기 때문이다.

설득메시지만 중요한가?

타인이건 나 자신이건 기존의 태도를 새로운 태도로 변화시키려면 새로운 자극이 있어야 할 것이다. 어떤 상품에 대해서 별로라고 생각하고 있는데 좋은 상품이라든가 어떤 사람을 싫어하는데 좋은 사람이라는 메시지(자극)를 받아야만 나의 기존 태도가 바뀔 가능성이 있다. 그런데 누가 우리에게 "A제품이 이러이러해서 좋은 제품입니다"라고 메시지를 전해준다고 해서 우리의 태도가 무조건 변화하지는 않는다. 즉 A제품의 장점을 알려주는 그의 설득메시지에 의해서 내가 피동적으로 무조건 설득되는 것이 아니다. 그것이 아니라면 우리의 태도는 무엇에 의해 변화될 수 있다는 말인가.

메시지에 대한 대응과 분석

우리가 타인으로부터 어떤 설득메시지를 받으면 메시지 자체보다 다른 주변자극들에 대해 이성적으로 분석하고 반응(인지반응분석: Cognitive Response Analysis: CRA)한다. 즉 태도를 형성한다. 다시 말하면 메시지에 대해 능동적이고 적극적으로 분석한 다음 그 메시지에 찬성하거나 반대한다. 이는 다음과 같은 몇 가지 요인에 의해 좌우된다. 도표 3.7

도표 3.7 인지반응분석

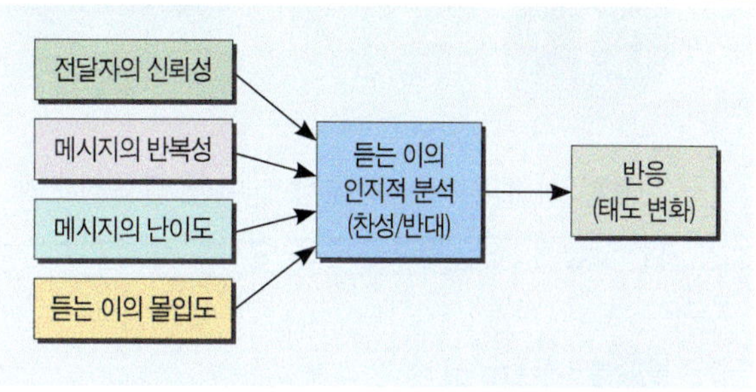

대응분석의 기준

- 전달자의 신뢰성: 우리가 메시지 전달자를 얼마나 정직한 사람으로 혹은 전문가로 신뢰하느냐이다. 의사가 금연의 중요성을 주장하는 메시지에 학생들은 적극 수긍하겠지만 조직행동 교수인 저자가 아무리 금연 메시지를 주어도 그 메시지에 귀를 기울이거나 별로 반응이 없을 것이다. 따라서 찬성도 비판도 적다.
- 메시지의 반복: 설득메시지가 반복되면 인지적 반응도 많아지고 더 설득되지만 너무 반복되면 감소한다. 부모님의 잔소리(설득메시지)가 매일 반복되면 순종이고 저항이고 듣지도 않으려 한다.
- 메시지의 난이도: 메시지 내용을 잘 이해할수록 인지반응을 유발하여 설득력(태도변화)이 강해진다. 메시지 내용을 알아들어야 찬성이든 반대든 가능한데, 무슨 말을 하는지 도무지 이해가 안 된다면 찬성도 반대도 할 마음이 안 생길 것이다.
- 듣는 이의 몰입도: 메시지 내용에 관여하거나 몰입될수록 인지적 반응을 유발하고 더 설득되거나 혹은 더 반대한다. 새로운 게임프로그램에 일단 관심이 있어야 그에 대해 찬성하든지 반대하든지 하는 것이지 아예 처음부터 게임에 관심 없는 사람에게는 아무리 광고를 해도 인지반응이 일어나지 않는다.

III | 직무태도

조직행동에서 태도를 다루는 또 하나의 목적은 사원들의 회사와 직무에 대한 태도가 그들의 행동을 결정하고 그 행동이 조직성과에 영향을 미치기 때문이다. 그러므로 조직과 직무에 관련된 좋고 싫은 태도를 확인하고 그 원인을 알아서 태도를 바람직한 방향으로 개선하려는 데에 목적이 있다. 전통적으로 조직행동에서 많이 연구되어 오는 주제는 직무만족과 조직몰입이다.

1 직무에 대한 만족수준

어떤 사람의 직무나 직장에 대한 만족정도가 어느 수준인지 어떻게 알 수 있을까? 그리고 직무나 직장에 대한 만족수준은 수시로 변할까?

직무만족

과거 조직행동 연구논문의 많은 부분은 직무만족을 높이는 원인을 찾는 것이었으므로 종속변수인 직무만족이 무엇이며 이를 어떻게 측정하는지에 대한 논의가 많았다. 이를 간단히 공부해보자.

직무만족과 직장만족

직무만족이란 개인이 자신의 직무에 대해 가지는 태도와 감정의 총체이다.[19] 이를 세분하면 태도의 대상은 매우 많다. 예를 들면 회사, 직무, 상사와 동료, 보상, 직무환경 등에 대한 태도가 좋으면 직무만족도(job satisfaction)가 높다고 한다. 우리말로는 총체적 '직장만족'을 의미한다. 서양에서는 직무중심으로 생각하기 때문에 연구 초기부터 모든 것을 직무만족으로 취급하였는데 그들의 통념상 아무리 회사가 좋더라도 맡은 업무가 싫증 나면 직무만족이 낮을 수 있다. 그러나 우리나라에서는 직무보다는 직장중심이고 직무는 여러 부서를 돌면서 교대한다고 생각되었기 때문에 지금 하는 일이 마음에 맞지 않아도 회사가 좋으면 그만이라는 통념이 있다. 따라서 우리는 직장만족이라고 해석해야 옳지만 모든 교과서와 논문이 직무만족으로 통일되어 있으므로 직무만족이나 직장만족이나 모두 동일한 개념으로 보아도 무리가 없을 것이다.

무엇이 직무만족을 높이는가?

한 사람의 직무를 보면 컴퓨터 앞에서 서류를 작성한다든지 트럭을 운전한다든지 고객과 상담하는 등 단순 행동인 것 같지만, 사실은 회사의 규정을 지켜야 하며 환경이 열악해도 목표량을 달성해야 하고 보기 싫은 상사를 설득하여 결재를 얻어 내는 등 매우 복잡한 압력을 받으며 직무를 수행한다. 즉 개인의 직무만족도가 다양한 상황들의 총체로 이루어진다는 사실을 알 수 있다.

크게 나누면 직무 자체인 내적 요인과 직무와 직접적인 관련이 없는 외적 요인을 들 수 있겠다. 직무 내적 요인으로는 직무 자체가 재미있거나 발전성이 크거나 자신의 재능 모두를 필요로 하는 것이라면 좋을 것이다. 이처럼 월급, 환경, 상급자, 동료 등 여러 요인이 모두 중요하지만 직무만족을 가장 크게 좌우하는 변수는 직무 그 자체이다. 직무 자체가 내재적 동기를 요구하는 것일 때 직무만족도가 높았다.[20]

직무 외적인 요소라면 파트너와의 인간적 관계도 중요하지만 상급자와의 관계가 더 중요하다. 23개 국가의 직원 7만여 명을 조사한 결과 리더와 평등한 관계를 가지면서 의견을 나누는 것이 직무만족에 큰 영향을 미치는 것으로 나타났다. 하지만 이러한 현상은 어디까지나 개인주의 성향이 강한 서양의 경우이며, 집단주의가 강한 아시아권에서는 영향이 크지 않고 동양에서는 오히려 리더의 민주적 성향보다도 리더의 높은 감성지수가 부하의 직무만족에 더 영향을 미쳤다. 예를 들면 얼마 전까지만 해도 우리나라는 위계구조가 강하고 권한위임이 잘 안 되어 있었지만 이것이 직원들의 직무만족을 많이 감소시켰다고 볼 수는 없었다.[21]

그런데 직무의 발전성, 직무의 다양성 등 직무 자체에 내포된 요인들이 직무만족을 결정하는 중요한 요인임에도 불구하고 직무 이외의 주변인들도 무시할 수 없다. 즉 상사가 허락해 주는 자율성, 파트너와의 관계, 마음을 털어놓을 수 있는 직장 내의 인간적 분위기(사회적 지원: social support) 등이 여전히 중요한 직무만족의 원인변수라고 한다.

직무만족수준의 측정

직무만족도는 크게 단순 평가에 의한 '총체적 만족도'와 여러 분야별로 따로 평가하여 합산하는 '부분 만족도'로 구분하여 측정한다. 전자는 "전반적으로 귀하의 직무(직장)에 만족하십니까?"로 조사할 수 있지만, 후자는 ① 직무, ② 월급, ③ 감독자 및 상사, ④ 승진, ⑤ 동료관계 등 여러 측면에서 만족도를 측정해야 정확하다는 것이다. 그러나 어느 방식이 더 정확한지는 의견이 분분하다. 직무만족도 측정기법은 여러 사람에 의해 고안되었지만 직무기술지표(Job Descriptive Index: JDI)와 미네소타설문지(Minnesota Satisfaction Questionnaire: MSQ)가 대표적이다. 그러나 설문지가 아니고도 면접에 의한 방법이나 행위관찰, 각종 통계기록(결근율, 사고율, 노사분규 발생률)을 보아도 쉽게 추정할 수 있다.

직무만족 불변의 법칙

직장인들은 월급을 올려 주면 직무만족도가 그만큼 오를까? 월급을 많이 받는 직장에서 근무하는 사원들은 더 만족할까? 이에 대한 확실한 답은 없다.

직무만족수준은 불변인가?

조직구성원의 직무만족도는 직무특성, 직무환경, 보상 등 다양한 여건 때문이라고 여겼다. 하지만 동일한 상황에서 만족수준이 다르다면 이는 무엇으로 설명해야 할까? 여러 이유가 있겠지만 그중의 하나가 개인의 정서성향이다. 즉 부정적 성향을 가진 사람에게 아무리 직무환경을 개선해 준다 해도 효과가 적을 것이다. 사람들의 직무만족수준은 시간과 환경에 따라 즉각 변하지 않고 16개월 이상 일정 수준을 유지하더라는 소위 '직무만족 불변의 법칙(steady state theory of job satisfaction)'이 있다.[22] 심지어 직업을 바꾸고 감독자와 상급자를 바꾸어도 5년 이상 직무만족수준이 불변으로 남아 있는 경우도 있다. 왜 그럴까?

성격과 직무만족

비관적 성격의 소유자는 항상 현실에 대해 불평하고 낙관적인 사람은 그 반대이다. 성격은 직무만족도의 중요한 결정요인인데 성격 자체는 대체로 고정적이고 불변이라는 점을 감안한다면 직무만족 불변이론은 무리가 아니다. 직무의 재설계로 높아졌던 만족도가 6개월 후에 원위치한다는 실제 조사도 있다. 교사만족도 조사에서는 내향적인 사람일수록 만족도가 높지만 외향적인 사람일수록 만족도가 감소했다. 또한 월급을 많이 받는다고 직무만족이 높은 것도 아니라는 연구도 있으며, 성격 이외에도 여러 가지 사회적 상황과 문화에 의해 직무만족도가 다른 것도 사실이다. 우리나라는 중・고령자의 경우 선진국에 비해 다소 낮은 것으로 조사되었다.[23] 이야기 3.11

2 직무만족과 조직행동

직장과 직무에 만족한 사람은 직무성과도 높을까? 또한 그들은 조직 안에서 좀 더 성실하고 바람직한 행동만 할까? 그렇다면 직무에 불만인 사람들은 어떤 식으로 불만을 표현할까?

이야기 3.11 가장 아름다운 손

톨스토이가 젊은 시절 여행을 하다가 어느 여관에 묵게 되었다. 마침 여관의 앞마당을 쓸고 있던 청소부 소녀가 톨스토이를 알아보고 혼잣말로 신세 한탄을 했다. "누구는 출세해서 저렇게 훌륭한 작가가 되었는데 나는 한낮 여관 마당이나 쓸고 있는 처지라니!" 이를 눈치챈 톨스토이가 한마디 했다. "그대는 지금 여관 앞마당을 쓸고 있는 것이 아니라 지구의 한복판을 청소하고 있는 것이라네!" 그녀는 그때부터 열심히 청소했다. 말년에 톨스토이는 이 소녀를 기억하고 동화 한 편을 썼다. '황제와 청소부'에 이런 이야기가 있다. 황제가 잔치를 베풀려고 많은 사람들에게 초청장을 보냈다. 황제는 이 잔치에서 한 명을 뽑아 자신과 왕후 사이에 앉히고 푸짐한 상을 주기로 했다. 그날의 관심은 누가 영광의 인물이 될 것인가에 있었다. 초대받은 사람들이 모두 도착했을 때 신하들은 잔치에 참석한 사람들의 손을 조사했다. 얼마 후 영광의 인물로 뽑혀서 황제의 옆자리에 앉게 된 사람은 귀부인이나 고관이 아니라 청소부 할머니였다. 평생 노동에 종사한 할머니의 손은 보기가 민망할 정도로 거칠어져 있었다. 남이 알아주지 않는 노동을 하면서도 즐거운 마음으로 봉사한 청소부 할머니를 황제가 크게 칭찬하고 많은 상을 내렸던 것이다. 노동으로 거칠어진 할머니의 손이야말로 정말 아름다운 손이었다.

직무만족도와 조직성과의 관계

개인의 직무만족과 직무성과

직무만족도가 높을수록 성과가 높아질 것이라는 일반적 추론에는 논란의 여지가 있지만 어쨌든 조직행동론이나 경영학, 나아가서는 모든 사회과학이 인간존중을 근간으로 하는 이상 사원이 직무나 직장에 대해 만족해야 한다는 데에는 이견이 없을 것이다. 사원의 직무만족은 조직효율성 측면에서도 중요할 뿐 아니라 만족한 사원은 그의 신체적, 정신적 건강에도 긍정적 반응이 있음이 입증되었으며, 사원들의 행복을 추구한다는 측면에서 조직의 사회적 책임 역할도 다한 것이다. 또한 자기 직무에 만족한 사람은 항상 모범사원이 되어 회사와 상사를 신임하며 회사 내규를 잘 지키고 불평도 덜 하고 남들과 잘 협조하며 결근율도 낮다. 이러한 직무만족이 직장생활의 질(Quality of Working Life: QWL) 나아가서 삶의 질(Quality of Life: QL)까지 높여 준다는 연구도 많다. 예를 들면 판매원이 즐겁고 행복한 모습을 보여야 고객만족이 높아진다.[24]

반드시 그런 것은 아니다

그러나 행복한 종업원이라고 항상 더 생산적이지는 않다. 직무만족도가 높으면 생산성이 오르는지에 대해 오랜 논쟁이 있었지만 아직 뚜렷한 결론은 없다. 호랑이 선생님 밑에서 학생들의 불만이 고조되었을 때 기말고사에서 그 반이 일등을 차지하기도 한다. 사원들에게 매일 호통 치며 목표달성을 강요하면 성과는 오르고 직무만족은 떨어질 수 있다. 월급 잘 주고 일도 많지 않아서 직원들의 만족도가 높은 공기업체가 사기업보다 적자운영체가 더 많다는 것은 직무만족과 조직성과는 반비례할 수도 있다는 것을 보여 주는 것이다.

쌍방적 영향관계

또한 직무만족과 성과는 쌍방적 영향을 가진다는 주장도 맞다. 즉 직무만족도가 높으면 성과가 오르기도 하지만 반대로 성과가 오르면 직무만족도도 높아진다. 성적을 잘 받은 학생이 만족하는 것과 마찬가지이며 그 학생은 다음에는 더 열심히 노력할 것이다. 이처럼 직무만족도는 성과의 독립변수(원인변수)이며 동시에 종속변수(결과변수)가 되는 것이므로 직무만족-조직성과의 관계는 그리 단순하지 않다.

직무만족의 영향을 받는 조직행동변수들

직무만족이 조직성과에 직접 영향을 미치지는 못하더라도 개인의 조직행동에 영향을 미친다면 성과에도 영향을 줄 것이라는 전제하에 몇 가지 조직 관련 행동에 영향을 미치는지 알아보자.

직무만족과 조직시민행동

조직시민행동(Organizational Citizenship Behavior: OCB)이란 의무적인 일도 아니고 보상도

없지만 자신이 속한 조직의 발전을 위해 구성원이 자발적으로 수행하는 부차적인 행동들을 말한다. 만족한 사원은 회사를 긍정적으로 얘기할 것이고, 동료를 돕고, 맡은 것보다 더 열심히 노력하며, 동료에 대한 배려의 여유도 생길 것으로 예측된다. 그렇지만 이런 행동에 대한 회사로부터의 상응한 대우나 공정한 조치가 없다면 회사에 대한 신뢰가 떨어지고 자발적인 선행도 사라질 것은 뻔하다. 일선 점원의 연구에서도 직무에 만족한 직원이 고객에게도 친절하며, 따라서 고객만족과 고객충성도에 공헌한다는 사실이 입증되었다.[25] 조직시민행동을 실천한 사원이 동료직원이나 상사로부터 피드백을 받는다면 이에 만족해서 다음에도 조직시민행동의 빈도를 높인다.

직무만족과 고객만족도

만족사원은 불만족사원보다 당연히 주변인에게 잘 할 것이다. 특히 고객접점에서 서비스업의 경우 불만족사원을 만난 고객은 운이 없다. 만족사원은 성격이 동일하다면 고객에게 웃는 낯으로 친절하게 응대하므로 고객만족이 높아질 것은 당연하다. 그러나 요즘처럼 고객만족을 위해 사원들을 억지로라도 웃음 짓게 하는 상황에서 사원의 진정한 만족과 친절한 고객응대의 관련성조사는 어려울 수도 있다.

직무만족과 결근율

만족사원이 많을수록 결근율이 하락할 것이라는 추론은 어렵지 않지만 현실 세계에서 명확하게 입증된 논문은 많지 않다. 직무만족과 결근율의 상관관계도 매우 낮은 것으로 나타났다. 요즘같이 직장생활이 어려운 시기에 직무불만이라고 해서 결근을 하기란 쉽지 않기 때문일 수도 있으며 다른 결근 이유가 많기 때문일 것이다.

직무만족과 이직률

직무만족과 이직률의 높은 상관관계는 많은 연구에서 공통으로 나타난다. 누가 이직할지 예측하려면 그들의 직무만족도를 알아보는 것이 좋다는 뜻이다. 그러므로 사원들의 직무만족도가 평소보다 낮아졌다면 이직할 사원들이 많다고 보는 것이 맞다. 물론 팀워크가 강하고 보상도 팀 기준으로 한다면 직무불만이 있더라도 이직과 직결되기는 쉽지 않으며 집단주의 성향이 강한 동양권에서는 더욱 그렇다.

직무불만족행동

요즘 들어 직무는 더욱 많은 인간관계를 요구하며 시간에 쫓기고 감정노동도 많아져 직무불만이 증대되고 있다. 그런데 사람들은 직무불만을 겉으로 어떻게 표현할까?

직무불만족은 어떻게 표출되는가?

어떤 사람이 직무불만을 많이 느끼고 있다면 이는 조만간 행동으로 나타나는데 구체적으로 어떻게 나타날까? 주로 퇴직, 불평, 불복종, 책임회피, 공금횡령, 기물파괴 등 여러 형태가 있는데 이를 건설적인지 파괴적인지의 차원과 적극적인지 소극적인지의 차원으로 분류하면 4가지 유형으로 나뉜다.

- 이탈(exit): 다른 부서로 옮기든지 회사를 나가 버린다.
- 건의(voice): 상황을 개선하기 위해 책임자에게 제의하고 요구한다.
- 순종(loyalty): 개선될 때까지 기다리며 참는다.
- 무시(neglect): 조직에 비협조적이고 결근이나 태만으로 임한다.

반생산적행동

직무불만족은 단순한 불만의 표출을 넘어서 더 심각한 행동으로 비화하기도 한다. 예를 들면 반생산적행동(Counterproductive Work Behavior: CWB)이다. 이는 반사회적 행동(antisocial behavior), 직장이상행동(workplace deviance), 조직복수행동(organizational retaliatory behavior) 등 다양한 용어로 통용되어 왔지만 조직과 동료를 해치는 구성원의 모든 행동을 CWB라고 한다.[26] 여기에는 절도, 게으름, 거짓행동, 위해행동, 협조거부 등이 포함되는데 직장무례함과 일부 중복될 수 있다고도 하지만 전자는 고의성 정도가 크고 후자는 약하다는 점, 전자가 직접적이고 적극적인 행동이지만 후자는 미미하고 소극적 행동이라는 점에서 구별될 수 있다. 이야기 3.12

3 조직과 직무에 대한 몰입

학자들은 여러 측면에서 사원들의 직장에 대한 태도를 연구해 왔는데 직무만족과 유사한 개념으로 조직에 대한 헌신과 애착을 나타내는 조직몰입(organizational involvement or commitment)이나 자신을 조직과 동일시하는 조직동일시 등 매우 다양한 용어들을 적용한다. 여기서는 조직행동에 자주 나오는 용어를 중심으로 몇 개만 공부해 보자.

이야기 3.12 직원절도

"난 회사 물건을 훔치거나 공금횡령을 한 적이 없다"고 큰소리치는 사원도 시간도적질은 했을지 모른다. 업무시간에 전화통을 붙들고 사적인 얘기를 나눈다든지 회사에 지각하거나 일찍 퇴근한다든지 바쁜 집안일이 있을 때 아프다고 핑계 대고 출근을 안 했다면 회사의 시간을 도둑질한 것이다. 선진국의 경우 회사원의 60%가 시간도둑이라니 공사(公私) 구별이 약한 우리나라는 거의 모두 시간도둑이 될 수 있다. 법인카드를 사적으로 사용하는 것은 물론 직무수행 과정에서 일어난 자신의 실수를 감추는 것도 회사이익에 타격을 가한 것이기에 회사자산을 훔친 것이나 다름없다. 물건을 더 팔려고 고객에게 거짓말을 했다면 고객자산을 절도한 것이다. 조직절도 혹은 직원절도(organizational or employee theft)는 그 밖에도 무한하다. "남들도 다 한다"면서 공공연하게 절도행각을 벌이기도 한다. 모두가 도둑이면 도둑잡기는 정말 어려워진다. 국내기업 다섯 곳 중 한 곳이 기업주 및 임직원의 개인비용을 회사경비로 처리한 혐의가 있는 것으로 밝혀졌다. 국세청이 언제인가 과거 3년간 법인세 신고자료를 분석한 결과 12월 말 결산법인 중 5만여 개 기업이 회사경비를 기업주 및 임직원의 개인용도로 사용한 것으로 나타났다. 회사업무와 관계없는 스포츠레저용품, 의류, 주방용구, 액세서리 등을 사거나 예식장, 한의원, 피부미용실 등에 쓰고 회사경비로 처리한 경우도 있었다.

조직컴미트먼트

조직컴미트먼트 개념은 오래전부터 사용해 왔지만 초기부터 정립되었던 것은 아니고 1970년대 말 이후에 계속 다른 개념과 구별되고 다듬어져서 오늘에 이르렀다. 그만큼 다른 유사한 용어들과 명백하게 개념이 구분되기는 어렵다.

조직컴미트먼트의 세 가지 차원

조직컴미트먼트는 조직의 목표와 가치관의 수용, 조직을 떠나지 않으려는 애착, 조직에 충성하려는 의지 등의 감정적 몰입 내지는 마음으로부터의 충성이라고 할 수 있는데 구체적으로는 다음 세 가지 측면을 모두 포함한다.[27]

■ **감정적 몰입**

조직구성원이 그가 속한 조직에 노력과 충성을 기꺼이 바치려는 의욕, 또는 개인의 존재를 조직과 결합시키려는 태도, 또는 조직목적을 수용하려는 신념이다. 그러므로 대부분의 학자들은 조직컴미트먼트를 조직에 대한 감정적 애착에 초점을 맞추고 있다. 이러한 몰입은 마음으로부터 우러나는 것이며, 감정적 몰입이 높은 사람은 조직의 가치관을 수용하고 헌신적 노력을 할 것이며 조직에 대한 감정적 애착과 일체감을 형성하거나 조직에 대한 자부심을 조직과 연계하려는 마음이 클 것이다. 하지만 조직의 리더가 사원에 대한 약속을 어긴다고 생각되면 사원의 감정적 몰입은 감소하고 이어서 성과도 저하될 것이다. 이야기 3.13

■ **지속적 몰입**

다른 곳으로 이직하는 것보다 조직에 남는 것이 훨씬 이득이기 때문에 혹은 다른 대안이 없으므로 조직에 계속해서 남으려는 태도이다. 조직에 공헌하는 노력과 받을 보상을 비교하여 타산이 맞거나 이익이 큰 경우에는 더 큰 몰입을 한다. 혹시 손실을 예상하면서도 몰입하는 경우가 있다 하더라도 그것은 현 시점에 중단한다면 감수해야 할 매몰비용(sunk cost)이 커서 몰입을 계속하는 편이 오히려 낫다고 생각하기 때문이다.

■ **규범적 몰입**

조직구성원으로서 당연한 도리를 해야 한다는 도덕적 의무감에서 컴미트먼트가 발현되기도 한다. 한편으로는 조직에서의 사회화(socialization) 과정을 통해 조직에의 충성심이 야기되기도 하며, 다른 한편으로는 개인의 성격상 조직이 요구하는 의무를 성심껏 완수해야 한다는 내적인 가치체계가 높아서 규범적 몰입이 일어나기도 한다.

조직컴미트먼트의 선행변수

조직컴미트먼트의 정의가 연구자마다 차이가 있는 만큼 그 원인변수들 또한 다양하게 연구되어 왔다. 성별, 나이, 교육수준 같은 신분변수라든가 근속연수, 성취욕구, 권력욕구, 정보욕구 등

이야기 3.13 CEO의 컴미트먼트

경부고속도로 건설이 계획된 1967년 말, 당시 대령으로 육군본부 조달감실에서 근무 중이던 K씨는 박정희 대통령을 바로 옆에서 보좌하며 현재 우리나라 고속도로의 밑그림을 그렸다. 서울-수원 노선은 거의 그의 작품이라고 할 수 있다. 육군사관학교 출신인 K씨는 토목기술 자격증을 딴 후 군 사령부 건설과장, 육군본부 공사계장 등을 지낸 군대 내의 '토목통'이었다. 대령급으로 일 잘하는 군인을 청와대로 보내라는 박 대통령의 지시에 따라 발탁되었던 것이다. 박 대통령은 K씨를 처음 만난 그날 바로 지시를 내렸다. "어제 도로를 어떻게 내는 게 좋을지 살펴보려고 내가 몰래 말죽거리에 갔는데 말이야. 사람들이 계속 모여들어서 제대로 살펴보질 못했어. 자네가 가서 서울에서 수원까지 노선을 어떻게 냈으면 좋겠는지 보고 와. 아무도 만나지 말고, 오늘 중으로 꼭 보고해야 하네." 첫 지시를 받아 든 K씨는 지프를 배에 싣고 한강을 건너간 후, 우마찻길을 따라 서울부터 수원까지 훑어 내렸다. 경부고속도 공사는 그렇게 시작된 것이었다. 공사가 본궤도에 오른 후에 K씨는 기술단을 꾸리고, 공사 총감독관을 맡았다. 당시 정주영 씨의 현대건설이 여러 공사구간을 맡았다. K씨는 걱정이 되었다. 시일은 촉박한데 건설회사 인부들이 빨리 제대로 하고 있는지 궁금했다. 그래서 현장에 직접 가서 챙겨 보려고 마음먹고, 하루는 아침 일찍, 그것도 새벽에 현장으로 가보았다. 새벽 5시에 도로공사 현장에 도착한 K씨는 깜짝 놀랐다. 현대건설 사장 차가 와 있는 것이었다. 운전기사한테 어디 갔느냐고 물으니, 이미 정비공장에 가서 건설장비를 둘러보고 있다는 것이다. K씨는 정비공장으로 갔고, 정주영 사장이 보이자 "참 부지런도 하십니다. 이렇게 일찍 나오시다니"라고 인사를 건넸다. 그런데 정 사장의 대답이 걸작이었다. "일찍이라뇨? 삼성 이병철 씨는 운전기사를 옆방에 재우다가 새벽 2시거나 3시거나 상관없이 나가자고 하는데 내가 뭐가 부지런합니까?"

의 개인적 특성도 조직컴미트먼트의 선행변수이다. 또한 구성원 자신이 조직 전반에 걸쳐 만족한다면 몰입도 깊어진다. 즉 총체적 직무만족이 컴미트먼트를 높인다. 조직이 자신의 업적을 공정하게 평가한다는 것을 인지하면 구성원의 만족도가 오르고 이것이 컴미트먼트를 강화시킨다.

나이가 많을수록 그리고 여성이 상대적으로 컴미트먼트가 높다는 연구가 있는데, 여성이 조직 내에서 성공을 거두기 위해서는 많은 장애를 극복해야 하며 연공이 중요한 역할을 하기 때문이다. 그런데 학력은 컴미트먼트와 상관관계가 별로 없다. 근속연수는 컴미트먼트와 강력한 정(+)의 상관관계를 가지는데, 이는 근속연수가 길어질수록 조직에 투자한 것이 많아지고 이직에 따른 비용 발생 때문에 이직 가능성도 감소하며 조직과 맺은 인연도 깊어지기 때문일 것이다. 감정노동 작업장에서의 직무소진과 정서적 고갈은 몰입을 저해하고 직장이탈로도 이어진다.

조직컴미트먼트의 결과변수

조직몰입의 결과는 어떻게 나타날까? 조직몰입의 증대는 성과향상과 직결된다. 조직성과가 조직몰입 때문에 56~94% 올랐다는 조사도 있다.[28] 이처럼 조직컴미트먼트는 생산성, 직무만족, 성과향상을 가져오고 이직의도와 결근율을 낮춘다. 그런가 하면 조직몰입의 결과변수로서 단순한 조직유효성 변수의 증대뿐만 아니라 교육훈련과 참여의욕 증대, 팀 협력의 증대, 심지어는 조직혁신의 증대 등을 측정하여 관련성이 검토되고 있는데 이들 성과변수와 컴미트먼트는 무관하다고 주장하는 이도 있다.[29]

이와 같이 컴미트먼트와 결과변수의 상관관계가 일관성 있게 나타나지 못하는 이유는 컴미트먼트 개념 정립이 덜 되었기 때문이기도 하지만 결과변수인 조직성과를 측정하는 변수가 학자마다 달랐기 때문이기도 하다. 그럼에도 불구하고 컴미트먼트와 직무성과의 유의한 상관관계는 부정할 수 없다.

조직컴미트먼트와 유사개념들

전술했던 바와 같이 조직컴미트먼트와 조직몰입, 조직동일시, 조직관여 등의 용어는 초기에는 모두 통합된 의미로 파악하고 사용하다가 점차 따로 구분하게 되었다.

조직지원인식

조직지원인식(Perceived Organizational Support: POS)이란 조직이 나의 공헌을 잘 알고 인정해주며 나를 여러 면에서 보호하고 있다고 지각하는 정도인데, 이것이 높다면 컴미트먼트도 당연히 높아지며 결국에는 조직성과도 향상될 것이다. 그런데 이것이 높아지려면 회사의 직원들이 느끼기를 회사가 임금을 공정하게 지급하고 자신들의 의견을 잘 받아주며 정당한 요구에 귀를 기울이고 상급자의 리더십도 민주적이어야 할 것이다. 하지만 앞에서 보았던 권력거리(power distance)가 짧은, 즉 권위주의 성향이 약한 서구에서라면 공정한 임금이나 상급자의 배려 등이 POS를 높이는 구실을 하겠지만 동양처럼 권위주의 성향이 강하다면 불공정한 권한배분이나 비민주적 리더가 지배적으로 관리한다고 하더라도 POS가 심각하게 떨어지지는 않을 것이다.

조직관여

앙가주망(engagement)이란 사르트르(J.P. Sartre)가 원래 지식인의 사회참여를 부르짖을 때 사용한 용어로서 '구속, 얽매임, 계약, 맹세 등'을 의미한다. 예를 들면 부부가 결혼하면서 서로가 서로에게 구속당하여 상대방에게 일생을 바친다는 의미도 되고 헌신하기로 약속과 맹세를 한다는 의미도 된다. 따라서 조직관여는 구성원이 직무나 조직에 헌신하기로 마음먹고 올인하려는 태도를 뜻하는 것으로서 오늘날에 와서 대표적인 조직행동의 목표변수(결과변수)로 많이 애용되고 있다. 따라서 조직관여는 구성원이 육체적·정신적 노력을 조직에 쏟으며 시간과 정력을 모두 조직의 성과향상을 위해 모두 바치려는 태도 혹은 행동을 일컫는다. 과거 30년간 조직성과와 사원들의 조직관여 상관관계를 조사한 바에 의하면, 관여점수가 높은 사람들이 성과와 사고율, 불량률과 이직률, 조직시민행동 등과 좋은 측면의 상관관계를 갖고 있었다.

그렇다면 어떻게 하면 조직(직무)에의 참여도를 높일 수 있을까? 우선 직무가 주는 의미성이 풍부하고 그 직무를 완성하는 데 충분한 자원이 주어질 때 참여도가 높아진다. 그리고 개인의 가치와 신념이 조직의 그것과 일치하거나 사명감 있는 리더가 영감을 불어넣어 주면 역시 조직관여가 높아진다. 하지만 여전히 직무관여는 그 개념정의와 측정도구에 있어서 직무몰입, 직무만족, 직무태도, 조직몰입 등과 애매모호한 경계를 가지며 이들과 뚜렷하게 구별되기 어렵다는 비판이 있다. 이러한 비판 이외에도 조직관여에 대한 부정적 견해는 이것이 높은 사람일수록 직장-가정 갈등이 많아진다는 점을 든다.[30]

조직동일시

조직동일시(organizational identification)란 조직의 구성원이 그가 속한 조직과 '하나됨'을 의미한다.[31] 동일시라는 개념은 프로이드(S. Freud)에 의해 심리분석 용어로 처음 사용되었는데, 그는 동일시를 "한 개인이 존경하는 사람이나 대상을 자기 생각과 행동의 모델로 삼고 이를 모방하고자 시도하는 과정 혹은 자신의 일부분이라고 생각하는 조직이나 집단에 대해 고착하는 과정"이라고 설명한다. 따라서 구성원들 각자가 그 조직에 소속되었다는 인식과 함께 그 집단을 대표한다고 믿는 것이 조직동일시라고 정의할 수 있다.

사람들이 타인이나 조직을 범주화할 때는 전형적인 패턴이 있는데 모든 인식대상을 '우리(in-group)'와 '남들(out-group)'로 나눈다. 일단 내집단에 속한 사람에 대해서는 외집단보다 호감을 더 갖고 생각, 가치관, 행동양식들도 나와 동일하다고 여기는 동일시 현상이 나타난다. 그뿐 아니라 행동을 할 때도 자신이 속한 집단 속에서 통용되는 행동적 도식에 맞게 행동한다. 따라서 소속집단에의 동일시는 그 집단과 하나됨 내지는 귀속감을 가지게 한다.

일반적으로 포악한 리더십은 구성원들의 안녕을 저해하고 부정적 반응을 가져오지만 구성원들의 조직동일시가 높다면 오히려 구성원 간의 응집력을 높이기도 한다. 특히 신입직원에게 조직에 남도록 하는 주요 요인 중의 하나가 조직동일시 내지는 팀동일시이므로 조직과 리더는 신입직원의 조직동일시 강화에 중점적으로 투자해야 할 것이다.

그러나 혹자는 조직동일시로 인하여 조직의 타락을 동조하며, 반사회적 행동을 해도 조직을 방어하는 쪽으로 기울어지고, 의사결정을 할 때도 무조건 조직의 지시에 따르는 경향이 있다고 비판한다. 리더나 회사의 모든 지시에 무비판적으로 따르다 보면 부작용이 있을 수 있으므로 조직동일시에 대한 비판은 일면 타당할 수도 있다. 히틀러를 마치 위대한 독일 조국으로 여기며 나치 이데올로기를 향한 광신도가 되어 홀로코스트를 설계하고 주도한 하인리히 히믈러(H. Himmler) 같은 사람들이 이런 부류가 아닐까?

기타의 몰입적 태도들

어디에 몰입하려는지 그 대상에 따라 자기 '자신'에 몰입하려는 태도와 자기가 속한 '조직'에 몰입하려는 태도로 구분하여 개인중심의 몰입과 조직중심의 몰입으로 나눌 수 있다. 전자는 직무몰입과 경력몰입, 후자는 조직몰입과 팀몰입이 연구자들의 관심 주제이다. 도표 3.8

도표 3.8 몰입의 유형

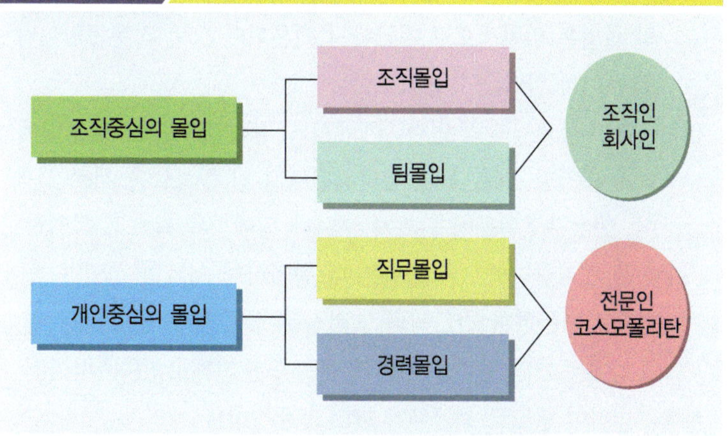

직무몰입

직무몰입(job involvement or commitment)은 직장에서 맡은 직무가 자기 인생에서 차지하고 있는 중요성의 정도라고 할 수 있다. 직무만족이 마음으로 느끼는 감정적 측면이라면, 직무몰입은 맡은 직무가 의미 있고 중요하다는 사실을 아는 상태, 즉 인지적 측면으로 볼 수 있는데 구체적으로는 다음과 같이 정의된다.[32]

- 자신의 인생에서 그 직무가 의미 있다고 여기는 정도
- 그 직무에 적극적으로 참여하고 관여하려는 정도
- 인생의 여러 가치 중에서 그 직무의 성과(결과)에 가치를 부여한 정도

직무몰입의 측정을 위해서는 현재 맡은 직무에 얼마나 몰입하고 있으며, 그 일을 얼마나 중요하게 생각하고 있는지, 그리고 그 직무의 결과에 부여하고 있는 가치 정도를 측정하면 되는데 이를 위해 여러 가지 표준항목이 개발되어 있다.

경력몰입

직무몰입과 구별되는 개념으로 최근에는 직업몰입(occupational commitment) 혹은 경력몰입(career commitment)에 관심을 가지기도 한다. 조직컴미트먼트의 개념을 자기가 속한 조직의 목표와 가치를 수용하는 것이라고 정의할 때 조직은 수많은 이해관계자의 상충적인 목표와 가치로 구성된 것이라는 점을 고려할 필요가 있다. 경력몰입과 조직몰입의 가장 큰 차이점은 전자가 후자보다 안정적이고 장기적이라서 경력몰입은 현재 소속된 조직에 국한되지 않고 이 회사 저 회사 옮겨 다니더라도 높은 수준을 유지할 수 있다는 점이다. 물론 경력몰입의 개념은 처음부터 명확하게 구분되지는 않았고 경력동기, 경력몰입, 전문적 몰입, 직업몰입 등으로 명명되어 왔다.

팀몰입

조직구성원은 자신의 업무와 회사에 충성하는 이외에 팀 구성원인 동료나 부서원에게 몰입하는 태도도 갖추어야 한다. 또한 성과의 배분도 개인 업적에 의해서보다는 팀 업적에 따라 배분되므로 개인의 목표나 조직의 목표보다도 팀 목표 달성을 위해 더욱 노력해야 한다. 이러한 팀 수준의 몰입은 일반적으로 지금까지 거론되어 오던 직무몰입이나 조직컴미트먼트와는 독립된 개념으로 보아야 한다.

한편 동료들과의 인간관계에서 긍정적인 태도가 팀몰입에 영향을 미치는 중요한 요소라는 견해가 많았다. 예를 들면 임파워먼트된 팀 동료들은 서로 간에 더욱 긍정적인 태도를 가지며 이것이 바로 구성원들에게 자기 부서나 팀에 지속적으로 몰입하도록 지원한다는 것이다. 구성원들이 이를 인지한다면 조직몰입은 더 증가하며 서로의 신뢰가 높아지고 따라서 조직몰입은 더 높아진다. 그러나 한편으로 팀의 멤버십은 팀몰입에 대한 강한 영향력을 행사하기 때문에 조직수준의 몰입에는 거의 영향을 미치지 못한다는 견해도 있다. 따라서 이런 학자들은 팀몰입과 조직몰입을 구별하여 별도로 취급해야 한다고 주장한다.

4장

지각과 학습: 대인지각/지각오류/학습/행동수정

ORGANIZATIONAL BEHAVIOR

Ⅰ. 대인지각

Ⅱ. 지각오류와 조직행동

Ⅲ. 학습과 행동의 수정

▶ **사진설명**

운전자들은 노란형광조끼를 입은 어린이를 더 빠르게 감지한다. 그러나 두 팔을 벌린 아이를 보면서 그가 다른 어린이보다 더 활동적인 성격이라고 안 보이는 것까지 밝혀낸다. 그리고 그런 성격을 부모로부터 학습받았을 것으로 과감하게 추측하기도 한다(라트비아 Riga 뒷골목)

ORGANIZATIONAL BEHAVIOR

우리가 세상을 어떻게 지각했든지 간에 우리의 지각은 우리의 행동에 직접 영향을 미친다. 날씨가 추울 것 같으면 옷을 두껍게 입고 외출한다. 상대방이 사기꾼 같다고 느껴지면 그 사람을 피하고 멀리하는 행동을 한다. 이처럼 우리는 주변의 자극에 대하여 생각 없이 무조건 반응하는 것이 아니라 보고 느끼는 바에 따라서 행동을 달리한다. 그런데 우리가 보고 지각하는 메커니즘은 카메라처럼 있는 그대로 지각하는 것이 아니다. 그만큼 우리의 지각 메커니즘은 부정확할 때가 많다. 추운데도 춥지 않은 것으로 착각하고 얇은 옷을 걸치고 나갔다가 감기에 걸린다. 착한 사람인데도 사기꾼으로 착각하고 피해 다니다가 서로 오해가 생기고 인간관계에서 실패한다. 잘못된 지각은 그대로 잘못된 행동을 가져오기 때문이다.

또한 우리는 누구를 판단할 때 이렇게 말하기도 한다. "그 사람 참 못배웠구만!" 혹은 "참 가정교육을 잘 받았구먼!" 그의 과거를 모르면서 어떻게 이러한 추측이 가능할까? 사람들은 학습한 대로 행동하기 때문에 그의 행동을 보면 다 안다. 잘 배우면 기억해 두었다가 다시 회상하면서 제대로 행동하기도 하지만 어떤 행동을 반복하다 보면 몸에 배게 되고 생각 없이도 저절로 그렇게 행동한다. 이를 두고 학습됐다고 말한다. 그러므로 조직 안에서의 좋은 행동도 습관화시키는 것이 필요하다. 그래서 학습과 훈련이 조직행동의 연구주제가 되는 것이다.

I | 대인지각

한 사람을 보고도 사람마다 다르게 평가하며 같은 사건에 대해서도 의견이 제각각인데, 왜 그런지를 알려면 '지각(perception)'이 어떤 체계를 가지고 어떤 단계를 거쳐서 이루어지는지 알아야 한다. 지각의 개념 그리고 그 과정에서 무엇이 어느 정도 영향을 미치는지를 알면 좀 더 객관적이고 정확한 지각을 할 수 있을 것이다. 지각을 배우는 목적은 우리가 사람과 사안에 대해 정확한 평가와 판단을 하기 위해서이며, 그렇게 되면 조직 안팎에서의 상황에 대하여 우리가 좀 더 정확하게 대응할 수 있고 특히 바람직한 대인관계에 도움이 될 수 있기 때문이다. 지각은 어떻게 진행되며 그 과정에서 범하기 쉬운 오류가능성은 무엇이고 그러한 오류는 무엇 때문에 발생하는지, 이를 피하려면 어떻게 해야 하는지 등에 대해 공부해 보자.

1 지각의 개념과 영향요인

지각이 무엇이고, 실제로 어떠한 과정을 거치며, 각 과정에서 무슨 일이 벌어지는지를 알고 나면 왜 인간의 지각이 완전하지 못한지도 알 수 있을 것이다.

지각의 부정확성

지각이란 무엇인가?

지각이란 어렵게 설명하자면 인간이 주변의 환경이나 자극에 의미를 부여하기 위해 자신의 감각으로 느끼는 단서들을 조직화하고 해석하는 과정이다. 쉽게 말하자면 판단, 평가, 이해, 인식, 인지 등의 모든 것이 크게 보면 지각이며 적어도 지각의 결과이다. 어떤 외부자극(지각대상: 사건, 사물, 사람)이 우리에게 부딪침으로써 우리의 지각활동이 비로소 시작된다. 외부자극이 우리의 감각기관에 들어온 다음, 머리로 전달되면서 머리는 그 정보를 연결·종합하여 해석하고 의미를 부여한다. 이것으로 지각활동이 완료되는 것이다.

너와 나의 지각이 서로 다른 이유는?

지각의 순간에 다른 영향요인이 전혀 없다면 인간도 카메라와 같이 대상을 사실(reality) 그대로 받아들일 수 있겠지만, 인간의 지각활동은 대상의 특성(모양, 움직임, 근접성 등) 외에 지각자(관찰자)의 특성(욕구, 경험, 감정, 성격 등)과 주변의 환경에 의해서도 영향을 받는다. 이러한 영향을 받으면서 지각자는 대상에 대하여 어떤 느낌과 태도를 형성하고, 이를 바탕으로 반응행동이 나오는 것이다.[1] 지각의 모든 과정은 머리에서만 진행되기 때문에 아무도 모른다. 단지 그 결과로 빚어지는 반응행동을 보고 나서야 비로소 그가 어떻게 지각했는지를 알 수 있다. 마치 구식 카메라가 촬영한 것을 인화지에 현상한 후에야 사물의 정체를 볼 수 있는 것과 흡사하다.

지각에 영향을 미치는 요인

왜 같은 것을 보고도 때에 따라서 혹은 사람마다 판단이 다를까? 지각하는 사람도, 지각되는 대상도, 지각이 이루어지는 상황도 모두 다르기 때문이다. 지각과정에 간섭하는 세 가지 영향요인, 즉 ① 지각대상(타인, 사건, 사물), ② 지각자(관찰자), ③ 지각이 일어나는 상황(환경요인)에 따라 지각이 어떻게 달라지는지 살펴보자.

지각대상

대상(자극)이 복잡하거나 멀리 있거나 애매하게 생겼으면 잘못 인식(지각)될 수 있다. 누가 보아도 객관적으로 뚜렷하고 확실한 대상이어야 하는데 세상일은 대개 희미하다. 진보가 맞는지 보수가 맞는지 애매하다. 대상이 인간일 때에는 더욱 오리무중이다. 또는 대상이 지나치게 뚜렷하면 과장되어 지각된다. 예를 들면 고객이 물건 값을 돌려 달라고 큰소리친다면 조용히 말하는 사람보다 더 절실한 것처럼 점원에게 지각된다. 그래서 점원은 큰소리치는 고객의 요구는 들어주고 조용한 고객의 요구는 무시한다. 이처럼 우리의 감각기관을 자극하는 지각대상의 움직임, 크기, 멋, 친숙성에 따라 지각 형태가 달라진다. 같은 행동이라도 좋아하는 사람의 행동은 더 긍정적으로 지각된다.[2]

지각자(관찰자)

대상도 중요하지만 그 대상을 누가 판단하는지도 중요하다. 같은 사안을 놓고 여당과 야당은 항상 다르게 성명을 발표한다. 지각자의 욕구, 기대, 경험, 가치관, 학력, 나이, 성 등에 따라 다르게 인식한다. 심지어 관찰자의 감정상태가 긍정적인지 부정적인지에 따라 위험상황에 대한 지각이 다르다.[3] 지난 코로나 위기 때 도쿄올림픽의 기록과 성과에 대해 선수들이 사전에 예측한 지각수준도 선수들의 성별, 성격, 아마추어 프로여부에 따라 달랐는데 예를 들면 여성과 조바심 유형의 성격소유자는 더 부정적으로 지각하고 있었다.[4] 한편 여성은 남성보다 공간지각력이 약해서 같은 넓이에서도 주차행동이 서투르다. 빵을 훔친 장발장의 행동이 쟈벨 검사와 미리엘 신부라는 두 지각자 각각에게 다르게 보인 이유는 그들의 성격, 가치관, 경험, 생각, 심지어 직업이 다르기 때문이다. 그렇다면 직장에서도 부하 한 사람을 놓고 관리자마다 다른 평가를 할 것이다. 동일

이야기 4.1 취업하려면 면접관을 잘 만나야 된다?

빌딩 11층에서 신입사원 면접이 있었다. 대부분의 면접관은 엘리베이터를 타고 올라갔다. 늦게 온 소수의 면접관들에게는 엘리베이터 고장이라고 속이고 걸어 올라가게 했다. 층계를 걸어 올라간 면접관들이 매긴 응시자 면접점수는 보통의 면접관들보다 훨씬 낮았다. 다른 실험에서는 면접관에게 짐을 올려달라고 부탁했더니 똑같은 결과가 나왔다. 왜 이런 결과가 나올까? 우리 모두는 자신의 심신이 고달프면 주변 것들이 모두 귀찮아진다. 11층까지 올라가느라, 혹은 짐을 날라주느라 지쳐있었던 그들에게는 응시자들의 부족한 점이 엘리베이터로 쉽게 도착한 면접관들보다 더 못마땅하게 느껴졌을 것이다.

조직 안에서도 관리자, 기술자, 작업자, 사무직원, 기술감독 등 어느 계층 어느 부서에 속하느냐에 따라서 매우 다르다. 이야기 4.1

상 황

어떤 직원이 결재서류를 가지고 상급자에게 보고했다가 거부당하고 핀잔만 먹고 내려왔는데 며칠 후에 그대로 다시 가지고 가서 쾌히 승낙을 받았다. 동일한 결재서류라도 상황에 따라 상급자의 눈에 다르게 보일 수 있기 때문이다. 이브닝드레스를 입은 여자는 파티장에서는 다른 여자도 많기 때문에 눈에 안 띌 수 있으나, 강의실에서라면 금방 눈에 띈다. 연필 떨어지는 소리라도 시끄러운 강의실이라면 안 들리지만, 조용한 도서실에서는 깜짝 놀랄 정도로 크다. 우리는 길을 가면서 수많은 한국인을 만나지만 그들에게 크게 주목하지 않고 무심코 지나친다. 하지만 북유럽 에스토니아 시골마을 축제에 참석한 한국인 관광객은 많은 인파 속에서도 곧 발견된다. 그리고 똑같이 모르는 한국인이지만 상황이 홍대 앞인지 에스토니아인지에 따라서 지각은 달라진다. 따라서 우리가 어떤 사람을 처음 만나서 첫인상을 형성할 때의 상황은 매우 중요하다. 그를 처음 만났던 곳이 교회인지 클럽인지에 따라 그 사람에 대한 평가는 매우 달라질 수 있다. 그러므로 에스토니아에서 처음 만난 한국인 이성과 함께 여행을 할 수는 있지만 결혼은 바람직하지 않다. 그 나

도표 4.1 지각에 영향을 미치는 요인들

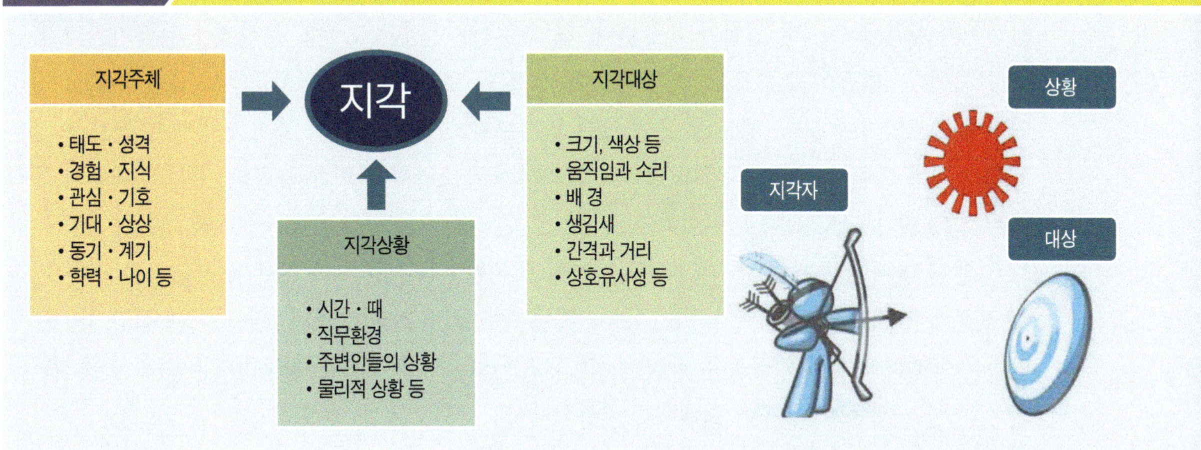

라에서의 지각과 한국에서의 지각은 같은 사람이더라도 달라질 수 있기 때문이다. 이와 마찬가지로 "앞으로 잘하시오!"라는 상사의 말이 혼자 있을 때라면 충고로 들리지만 옆에 남들이 있을 때라면 비난으로 들린다. 도표 4.1

2 지각의 진행과정

사람들이 대상을 지각할 때는 어떤 일정한 패턴(습관)이 있는데 이에 대해 살펴보자. 대상이 우리의 감각기관으로 들어오면 선택과 조직화라는 단계를 거쳐서 지각에 이른다. 이때 선택할 때와 조직화할 때마다 사람들은 일정한 패턴을 따르는데, 이러한 지각의 패턴(혹은 지각 메커니즘)을 공부함으로써 좀 더 정확한 지각을 할 수 있고 오류도 피할 수 있다.

선택단계: 관찰

여기서 관찰이라 함은 우리의 눈, 코, 귀 등의 모든 감각기관을 통해서 환경의 단서(정보 혹은 자료)들이 자극되는 것을 뜻하는데, 인간은 모든 것을 보고 듣기에는 너무 부족한 존재이다. 여기서 단서라 함은 물리적으로는 눈에 보이는 자극체들이다. 타인을 관찰할 때의 단서들은 그에 관하여 눈에 띄는 자료들이다. 예를 들면 그의 얼굴모양, 옷, 안경도 단서이지만 그의 친절한 행동, 영어실력, 진보적 정치인을 좋아하는 사실, 아이돌 가수에 무관심한 사실 등 내게 들어 온 그에 관한 모든 정보들이 단서이다. 이러한 단서들은 보아도 놓치는 것이 있고 들어도 안 들리는 것이 있다. 즉 자신도 모르게 일부 단서(정보)들만 '선택(selection)'해서 보고 듣는다는 것이다.

선택행동의 유전자

모든 것을 못 보는 것이 인간의 단점이지만 아이러니하게도 생존을 위해서는 이 단점이 오히려 장점이기 때문에 그러한 진화가 필요했다. 왜 그럴까? 인간은 모두를 보기에는 감각기관의 용량이 부족했다. 강도가 칼을 들고 내게 다가올 때 칼만 보고도, 혹은 험상궂은 얼굴만 보고도 빨리 지각하고 도망가야 산다. 강도의 옷에 달린 단추모양과 운동화 끈의 색깔까지 모든 정보를 작은 용량의 뇌에 입력시키려면 시간이 걸리고 그러다가는 도망칠 기회를 놓친다. 원시인 때부터 움직이는 긴 것만 보고도 독사로 인지하고 도망쳤고, 수많은 초록색 나무들 사이에서 다른 식물은 안 보고 빨간 열매만 재빨리 발견할 수 있었기에 생존할 수 있었다. 즉 생존에 불필요한 것은 버리고 생존에 필요한 것만 선택지각(selection)하는 쪽으로 유전되어 왔다. 최근의 한 실험에서도 사람들은 행복하게 웃는 얼굴들은 잘 안 보고 공포스러운 얼굴에는 더 집중한다는 사실이 발견되었다. 위험한 대상들이 더 많이 선택된다는 증거이다.[5]

이야기 4.2 선택지각

수년 전 프로농구 개막전이 인천 삼산체육관에서 열렸다. 2,280명의 관중을 대상으로 선택지각 확인을 위한 소위 Basketball illusion 실험을 했다. 대형 전광판에는 흰옷팀과 검정옷팀 각 3명씩의 선수들이 두 편으로 나뉘어 각 팀의 공으로 자기편끼리만 패스하는 광경을 비춰주고는, 관중들에게 흰 옷 입은 선수들이 서로 공을 몇 번이나 주고받는지 세어 보라는 문제가 주어졌다. 선수들이 공을 주고받는 36초 동안 동영상의 우측에서 좌측으로 검은색 고릴라 인형이 9초에 걸쳐 천천히 지나갔다. 동영상이 나간 후에 방금 본 동영상에서 선수 말고 다른 동물을 본 사람은 문자로 대회본부 측에 회신해 달라고 했다. 580명의 회신자 중에 315명(54.3%)은 못 보았다고 했고 265명(45.7%)은 뭔가를 봤다고 답했으며, 그중에서 205명만이 고릴라를 봤다고 답했다. 다른 사람들은 패스의 횟수를 세느라고 못 봤던 것이다. 우리의 눈은 모든 것을 보는 것 같지만 관심 있는 것만 지각한다. 다음은 튀는(주의를 끄는) 자극들의 예이다.

- 수술하는 의사들은 환자의 암 덩어리나 핏줄에만 관심이 있기 때문에 간혹 가위나 메스를 환부에 놓아 둔 채로 피부를 봉합해 버린다.
- 100여 명의 수강생이 있는 강의실에서도 졸고 있는 학생은 쉽게 발견된다.
- 종업원들보다 유난히 키가 큰 사장님 혹은 작은 사장님은 보통 키의 사장님보다 더욱 자주 눈에 띈다.
- 영국의 명감독 히치콕은 자신이 주연배우로 나서지 않고 엑스트라로서 뒷모습만 잠깐 보인다든지 벽에 걸린 액자 그림 속에 잠시 모습을 보이는 덕분에 더욱 유명해졌다. 작게 잠깐 보임으로써 더 선택되는 것이다.

선택행동의 사례들

선택의 사례들을 더 살펴보자. 아기 기저귀 광고는 주부들이 보는 아침시간에 광고하고, 주식정보는 회사원들이 보는 저녁시간에 하는데, 그 이유는 지각자가 지각을 준비한 상태에서 자극이 들어와야지 관심 밖의 것은 안 보기 때문이다.[6] 상사가 보는 앞에서 일할 때, 면접관 앞에 서 있을 때, 복잡한 거리의 신호등에 대기하고 있을 때, 선택지각은 더 일어난다. 즉 주변의 아무것도 안 보이고, 한두 개 중요한 것에만 주의를 기울이게 되는 것이다. 사람들은 분명한 것, 움직이는 것, 튀는 것은 잘 놓치지 않기 때문에 공장 안의 위험 표지판이나 위험장소는 튀는 색으로 표시해야 하고, 상품의 유통기한 표시도 그렇게 해야 한다. 이야기 4.2

조직화단계: 조합과 저장

단서들의 조직화

지각의 다음 단계는 조직화(organizing)이다. 어떤 주부가 시장에 가서 모든 것을 다 구입하지 않고 몇 가지(선택) 재료만 사와서 이 재료(단서)들을 조합해서(조직화) 하나의 음식을 완성시킨다(지각완료). 다른 주부가 같은 재료를 선택해서 사갔어도 다르게 조합하면 다른 음식이 된다. 즉 선택된 자료(인지된 정보와 데이터 : 단서)들이 같다고 해도 지각은 똑같지 않다. 있는 그대로 관찰자의 머리에 비치는 것이 아니다. 조직화(음식재료의 조합)과정이 서로 다를 수 있기 때문이다. 이성이 있는 인간은 선택된 단서를 가지고 또 요리조리 짜 맞추기를 한다.

도형-배경 원리

대개의 경우는 선택된 자극들이 너무 많고 애매모호하기 때문에 조직화하는 작업을 이미 패턴화해 버렸다. 즉 일부는 중요하게 여겨서 도형으로 만들고 나머지 것들은 배경 처리한다. 이러한 행동패턴을 소위 도형-배경(figure-ground) 원리라고 하는데, 사람마다 중요하게 여기는 것이 서로 다를 수 있기 때문에, 누구는 도형이 될 것을 배경으로 처리하고, 누구는 반대로 한다. 물론 도형 처리할 것을 배경 처리하면 엉뚱한 것이 되고 만다. 그러므로 같은 것을 선택하고도 서로가 엉뚱하게 다른 지각을 한다. 이를 확대하면 말 잘하는 오길동을 함께 관찰한 갑과 을 두 사람 중 갑은 오길동을 능력자로 판단하고 을은 그를 사기꾼으로 판단한다. 그러므로 올바르게 지각하려면 무엇이 도형인지 배경인지 구별을 잘 해야 하고 도형뿐만 아니라 배경에도 신경을 써야 한다.

범주화

선택된 단서(자료 혹은 정보)들을 조직화할 때 나타나는 일반적 패턴 중 또 하나의 특징은 주로 단서들을 비슷한 것끼리 범주화(집단화: categorizing or grouping)한다는 것이다. 이때에도 다양한 원칙이 있는데 대표적인 것은 다음과 같다.

- 근접성: 가능하면 서로 가까이 있는 단서들을 연결시킨다.
- 유사성: 서로 비슷한 단서끼리 뭉쳐서 보려 한다.
- 연속성: 단서들을 독립적으로 보지 않고 계속 이어지는 것으로 인식하려 한다.
- 완결성: 일부 단서가 없더라도 강제로 끼워 넣어서 하나의 완전체로 인식한다.

이러한 원칙에 매여서 단서들을 조직화하기 때문에 어떤 때에는 지각이 쉬워지기도 하지만 또 어떤 때에는 오류를 범하기도 할 것이다. 그렇다고 해서 우리가 타인이나 환경을 지각하면서 이러한 패턴에서 완전히 자유로울 수는 없다.

스키마

우리 머리에는 서로 관련되는 여러 정보들이 한 덩어리로 조직화되어 하나의 그림 형태로 고정화된 것이 있는데 이를 스키마(schema)라고 한다. 예를 들어 '거실'이라는 스키마는 서로 관련된 단서들(벽, 마루, 천장, 소파, TV, 식구들이 TV보고 떠들고 하는 장면 등)이 한 덩어리로 조직화된 그림 형태로 이미 머리에 들어 있다. 그래서 누가 나한테 "거실에서 전화를 받았어!"라고 말하면, 그 집 거실을 안 가 봤어도 그가 전화 받는 모습을 그려 내라면 그릴 수 있는 것이다. 즉 스키마란 일련의 서로 관련되는 사건, 사물, 사람의 덩어리로 조직화된 그림이다. 이런 그림들을 우리는 머리에 수천수만 장을 보관하고 있다. 예를 들면 강의실, 노동조합, 뮤지컬, 포장마차, 목사, 군인 등이다. 이 스키마 덕분에 친구가 내게 구체적인 설명 없이 "나 어제 포장마차에서 술 한 잔 했어."라고 한마디만 해도, 우리는 그가 술 마신 장소에 대한 정보를 거의 알아차린다.

물론 정보나 자극의 조각들이 그냥 덩어리로 뭉치는 것은 아니고, 서로 관련이 있는 것끼리 뭉쳐서 여러 개의 범주로 만들어지고, 작은 범주들은 관련 있는 범주들끼리 더 큰 범주로 뭉치기를 계속한다. 마치 컴퓨터의 파일 한 개를 관련 있는 파일들과 묶어서 폴더로 만들고, 그 폴더를 관련되는 더 큰 폴더 안에 넣는 것과 동일하게 우리의 범주화 작업도 일생 동안 계속된다. 그 폴더 안의 내용물들을 서로 연결하고 재배치해서 어떤 모양으로 형상화하면 그것이 스키마이다.

해석단계: 이성적 해석과 적용

의미의 부여

자극들을 조직화해서 저장해 두었다가 현실에 직면할 때에 이를 해석(interpretation)하여 인출함으로써 현실에 적용시키는 지각의 마지막 단계를 해석이라고 한다. 이렇게 조직화해 놓으니 이것은 짜장면이구나 혹은 탕수육이구나 하고 판단하는 것이라고 할 수 있다. 즉 선택하여 조직화된 이미지에게 지각자가 어떤 의미를 부여하는 것이다. 그러므로 해석과정은 이성을 가장 많이 사용한다. 슈퍼마켓 진열대에 놓인 통조림 고기를 식용고기로 지각하면 무척 싸다고 해석하겠지만, 고양이 밥으로 지각한다면 매우 비싸다고 해석한다. 똑같은 회계정보를 놓고도 회계사, 경영진, 감사, 주주, 노조간부가 해석하는 것이 서로 다르다.

주관성의 개입

두 주부가 똑같이 시장에 가서 똑같은 재료를 사다가(선택) 똑같이 조립해서(조직화) 똑같은 샐러드를 만들어 놓고도 판단을 다르게 한다(해석). 한 주부는 스테이크를 먹기 위한 맛있는 전식으로 해석하지만 다른 주부는 당뇨환자라서 자신의 주식이라고 해석한다. 이처럼 해석할 때 사람들은 자기 머릿속에 박힌 주관으로, 선입견으로, 경험으로, 자신의 필요대로 해석해 버리는 패턴이 있다. 그러므로 주관적 생각을 버리고 조직화된 상태를 해석한다면 비교적 공통적인 지각을 할 수 있어서 오해나 갈등이 적을 것이다. 하지만 사람마다 경험도 다르고 선입견도 다르기 때문에 해석이 서로 다르니 이것이 문제이다. 이야기 4.3

이야기 4.3 기대대로 보인다

아래 그림에서 맨 오른쪽의 것은 위와 아래가 모두 동일하다. 그러나 왼쪽의 그림들을 경험하다 보면 다음 그림도 그와 유사할 것이라는 기대를 가지게 되어 맨 오른쪽의 것을 착각하게 된다. 그렇기 때문에 맨 오른쪽 그림 중에서 〈그림 A〉의 위는 얼굴로, 아래는 쥐로 보인다. 그리고 〈그림 B〉의 위는 벗은 여자로, 아래는 남자의 얼굴로 보인다. 일상생활에서도 마찬가지로 과거에 어떤 경험을 하고 어떻게 예측하느냐에 따라 맨 오른쪽 그림이 다르게 보일 수 있다. 동일한 상황이라도 우리 각자의 경험과 거기에서 비롯된 예측(기대)에 의해서 마음대로 지각되고 판단되기 때문이다.

<그림 A>

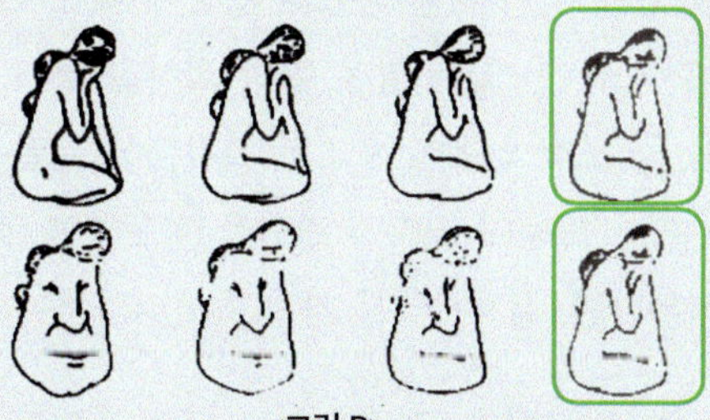

<그림 B>

3 자동적 대인지각: 인상형성이론

사물이 아닌 사람을 지각하는 것을 대인지각(person perception)이라고 하는데, 이는 사물을 지각할 때와 조금 다르다. 우리가 타인을 지각하는 일반적 패턴에 대한 여러 가지 주장들이 있지만 크게 분류하면 두 가지로 나눌 수 있다. 첫째는 자동적인 반응이다. 운전을 하다가 갑자기 어린 아이가 차도로 뛰어들면 자동적으로 브레이크를 밟는데 이는 아무런 의도 없이 순간적으로 진행된다. 이처럼 우리는 타인을 지각할 때에도 이러한 패턴에 따른다. 이를 자동적 사고(automatic thinking)라고 한다. 그러나 항상 그런 것은 아니다. 어떤 경우에는 상대를 수없이 관찰하고 심사숙고하여 조금씩 알아가기도 한다. 이는 통제된 사고(controlled thinking)라고 하며 매우 이성적이다. 우선 자동적 사고에 의한 대인지각패턴부터 공부해 보자.

대인지각의 중요성

대인지각

사물의 지각에 관한 연구는 오래전에 시작되었으나 대인지각(person perception 혹은 social perception)에 관한 연구는 그리 오래되지 않은 1970년대부터 본격적으로 시작되었다.[7] 그러나 사물을 지각하는 방법은 사람을 지각할 때에도 똑같이 적용된다. 단 대상이 사람일 때는 지각자인 내가 상대편도 나를 지각하고 있을 것이라는 상황을 하나 더 첨가시키고 지각한다는 점만 다르다. 즉 서로 간에 심리적인 상호작용이 있게 되어 상대방이 갖고 있는 태도, 욕구, 기대, 가치관 등을 의식하면서 그를 지각한다. 이렇게 하여 우리는 남을 파악하는데 이를 사물이나 사건의 인지와 구별하여 사회적 인지(social cognition)라고 한다. 그런데 이때 우리는 상당히 제한된 몇 안 되는 정보만 가지고 함부로 다른 사람을 평가한다. 그 이유는 사람은 대개 '인지적 인색자(cognitive misers)'[8]이기 때문이다. 즉 사람들은 대인지각을 할 때 바쁘고 시간도 없고 또한 게을러서 많은 정보를 조사해 보지도 않고 극히 적은 정보에만 의지하여 재빨리 판단을 해버린다는 것이다.

대인지각과 조직행동

이러한 대인지각은 조직에서 온종일 계속 저절로 이루어지고 있다. 비단 새로운 상급자뿐만 아니라 몇 년을 같이 지낸 동료의 행동에 대해서도 마찬가지이다. 그가 점심시간에 한 말과 행동을 지각한다. 고객은 물론 맡은 일과 회사의 장래, 승진가능성과 목표달성도, 부하평가와 월급의 많고 적음 등 조직 안에서 우리의 지각대상은 한두 가지가 아닌데, 이들을 정확하게 지각하면 조직생활에 매우 도움이 되지만 판단을 잘못하면 그 반대가 된다. 예를 들면 상급자의 기분이 별로라고 지각된다면, 결재서류를 가지고 들어가서는 안 된다. 즉 화가 난 상사의 얼굴을 정확하게 읽었다면 화를 면할 수 있을 것이다. 우리가 판매원이라면 어떤 고객이 상품을 사줄 것인지를 정확히 판단하고 접근해야 시간낭비를 줄일 수 있다. 대인지각은 조직생활뿐만 아니라 우리의 일상생활, 그리고 일생을 통해서 매우 중요한 역할을 하기 때문에 이 장에서 대인지각에 대해 자세히 배우려는 것이다. 이야기 4.4

사회적 정체성 파악

어떤 사람을 인식한다는 것은 그의 정체를 알아내는 것이다. 우리가 다른 사람의 정체를 밝혀낼 때 비교행동과 범주화행동이라는 것을 거쳐서 파악한다. 약간 비이성적이지만 자동적 사고에 의해 저절로 그렇게 한다. 하여튼 타인의 정체를 밝히려는 것이므로 사회적 정체성이론(social identification theory)이라고 한다.[9] 여기에는 사회적 비교이론과 사회적 범주화이론이 포함된다.

사회적 비교이론

이 세상에 오직 한 사람만 있다면 그가 큰 사람인지 작은 사람인지, 온화한 사람인지 냉정한 사람인지 판단하기 어렵다. 그러나 우리가 어떤 사람을 매우 정직한 사람이라고 판단했다면 우리는 이미 그 사람을 다른 사람과 비교해 본 것이다. 비교해 보니까 남들에 비해 비교적 정직하더라는 의미이다. 물론 이러한 과정은 타인을 지각할 때뿐만 아니라 자기 자신을 지각할 때에도 똑같이 적용된다. 우리는 하루에도 수백 번씩 나와 남을 비교판단하며 살고 있는데 그렇게 다른 사람들과 비교한 후에 판단(지각)을 내린다. 이러한 패턴은 인간 누구에게나 있다. 이것이 사회적 비교이론(social comparison theory)이다.

사회적 범주화이론

사회적 범주화(social categorization)란 우리가 타인을 인식할 때 그 사람 자체만을 보기 전에 일단 그 사람을 어떤 집단 속에 집어넣고(범주화) 난 후에, 그 집단의 속성을 가지고 그 사람을 판

이야기 4.4 인지적 게으름

워싱턴DC 지하철 랑팡 역에 청바지와 검은 티셔츠 차림에 야구모자를 눌러 쓴 한 청년이 낡은 바이올린으로 사뭇 진지하게 연주를 시작했다(**사진** 속의 빨강색 원). 아무도 눈길도 안주다가 연주를 시작한 지 6분이 지나서야 한 사람만 멈춰서 음악을 들었고, 43분 동안 단 7명의 행인만이 1분 남짓 듣다가 떠났다. 단지 27명만 케이스에 동전을 놓고 지나갔다. 그렇게 모은 돈은 단돈 32달러 17센트. 다음 날 신문을 펼친 워싱턴 시민들은 깜짝 놀랐다. 전날 지하철 역에서 공연하던 이는 미국인이 가장 좋아하는 세계적 바이올리니스트 조슈아 벨(**사진**)이었던 것이다. 워싱턴포스트지의 제안으로 조슈아 벨이 35억 원짜리 스트라디바리우스 바이올린으로 멋진 연주를 했지만 1,070명은 지각하지 못하고 그냥 지나쳤다.

단한다는 것이다. 이때 그 사람은 그가 속한 집단의 일부로 간주된다.[10] 예를 들면 남루한 옷차림으로 지하도에 누워 있는 사람을 보면 우리는 그를 노숙자 범주에 넣고 판단하기 마련이며, 그가 특별히 술에 취해 쓰러져 있는지, 그럴 만한 다른 사정이 있는지를 더 이상 생각하려 하지 않는다. 그리고 이러한 범주화과정은 순간적으로 저절로 일어나는 것이며 이성적으로 심사숙고하는 것은 아니다. 심지어 유년기의 공통 기억을 가진 사람끼리는 서로 더 좋아한다. 왜냐하면 그들의 유년기가 같으니까 같은 집단으로 간주하고 따라서 그 사람과 자기가 모든 면에서 유사할 것으로 착각하기 때문이다. 그러나 보통 우리가 어떤 사람의 정체를 밝힐 때면 그 사람과 차이 나는 사람을 옆에 세워 놓고 비교하기보다 그와 비슷한 사람을 찾아서 공통점을 비교하려 하는데 그 이유는 후자가 훨씬 쉽기 때문이다.[11]

인상의 형성

우리가 어떤 사람을 지각할 때에는 얼굴표정이나 옷차림만 언뜻 보고도 그에 대한 인상을 머리에 새긴다. 얼굴과 옷차림은 겉으로 드러난 것이지만 그 사람 속에 있는 성격특성 중 하나의 단서만 알고서도 단번에 그에 대한 인상을 형성한다. 이는 우리가 부지런하게 급히 지각하려는 버릇 때문이기도 하지만 머리를 많이 사용하지 않으려는 인지적 태만성 때문이기도 하다.

지각행동의 근면성과 태만성

우리는 타인을 지각할 때 상당한 모순에 빠진다. 즉 나태함과 부지런함을 동시에 드러낸다. 다른 정보를 열심히 더 알아내려고 노력하지는 않고('지적인 게으름' 혹은 '인지적 인색자'), 한두 가지 정보만 가지고 부지런을 떨면서 서둘러 판단해 버리고 만다. 인간의 인식 뇌는 두 개의 메커니즘이 있는데 노력을 덜 하려고(effort reduction)[12] 복잡 메커니즘을 사용하지 않고 단순 메커니즘으로 대체한다. 주로 사안이 구체적이거나 확실할 때 복잡한 것은 복잡 메커니즘을 활용하지만, 사안이 처음이고 추상적이고 불확실할 때 복잡한 것은 단순 시스템으로 대체하여 지각을 빨리 끝낸다. 그러므로 상대방을 더 깊이 알려고도 하지 않기 때문에, 따라서 주변인들을 확실하게 파악할 수도 믿을 수도 없기 때문에 가까운 신뢰관계를 가지는 모험을 회피하려는 본성을 가진다.

이러한 인상형성의 방법은 아주 간결하고 경제적임에는 틀림없다. 이러한 습성이 여러 나라의 총선과 의원선거에서도 실제로 제 기능을 한다는 사실도 밝혀졌다. 즉 사진으로 1초만 보고 평가를 해도 유능함을 예측할 수 있다는 사실이다. 그렇다면 사실은 게으른 것이 아니라 정보를 더 알아낼 시간이 없을 뿐이다. 이에 대하여 인류의 오랜 조상들이 위험한 초원에서 생존하기 위한 행동의 반복이 유전인자로 굳어진 결과라는 설에 많은 학자들이 동의하고 있다. 하지만 첫인상으로 모든 것을 판단하려는 패턴은 현대에 와서는 위험한 일이다.

이야기 4.5 첫인상의 위력

2차선 도로에서 마주 오다 지나쳐 간 빨간 스포츠카를 운전하던 여자와 마주친 시간은 0.5초도 안 되지만 우리는 그녀를 보내 놓고 그녀의 모든 것, 예를 들면 직업, 경제력, 나이, 심지어는 자녀양육능력, 결혼생활의 만족 정도, 성격까지 판단하려고 든다. 불행한 일이지만 결국 우리의 모든 인간관계는 이처럼 간단히 형성된 인상에 의해 오랫동안 지배된다. 더구나 우연한 기회에 그녀를 다시 만나게 되고 우리가 추측한 것과 다른 새로운 정보를 얻게 되더라도 그 추가되는 정보는 과소평가되기 때문에 첫인상은 좀처럼 바뀌기 어렵다. 언제부터 어떤 이유로 인간은 다른 사람을 힐끗 보고 판단하는 게으른 습관이 몸에 배었을까? 우리의 먼 조상들은 사바나 초원에서 지낼 때 낯선 사람과 부딪히면 재빠르게 다음 두 가지를 판단해야 했다. 첫째, 상대가 나보다 강한지 약한지, 둘째, 상대가 나에게 우호적인지 적대적인지 말이다. 더 자세히 알아보려고 가까이 접근해서 상대방의 근육을 훑어보거나 시간을 끌다가는 운이 없으면 상대방에게 사냥감을 모두 빼앗기든지 목숨까지 잃을 수도 있었다. 당연히 생존을 위해서 우리 조상들은 후손에게, 타인을 힐끗 보고 즉시 판단하는 신경 메커니즘을 물려줄 수밖에 없었다. 이러한 능력은 무법천지에서 생존율을 높여 주었고 그렇지 못한 인류의 종은 점차 아프리카 초원에서 밀려났을 것이다. 따라서 이는 '지적인 게으름'이라기보다 초원의 무법세계에서 생존을 위한 수백만 년 전 조상들의 '절박한 부지런함'이 오랜 세월을 거치면서 유전된 결과이다. 그러나 현대를 사는 우리는 본능에 충실할 필요가 없다.

첫인상

메리어트호텔에서 고객선호도에 가장 큰 영향을 미치는 호텔 서비스요인 다섯 가지를 뽑아 봤더니 그중 네 가지는 손님이 투숙하는 기간 중 호텔 현관에 들어서면서부터 첫 10분 동안에 일어나는 일들이라는 사실을 발견했다. 그렇다면 고객이 어떤 회사와 처음으로 거래하는 경우라면, 최초의 접점이 그 회사에 대한 전반적 인상을 결정한다는 의미가 된다. 마찬가지로 대인관계에서의 첫인상도 매우 중요하다. 어떤 부하가 초창기에 실력발휘를 못해서 상사에게 잘못 보이면 나중에 실력을 향상시켜도 상사가 가진 나쁜 이미지를 바꿔 놓기가 매우 어렵다. 최근 연구에서 교사가 받은 학생에 대한 첫인상이 추후의 교육의 질과 평가에 영향을 미친다는 것으로 드러났다. 그러므로 지각하는 사람 쪽에서는 첫인상의 정보에 너무 의존하지 말아야 정확한 지각을 할 수 있다. 얼굴모습만 슬쩍 보고 사람을 판단하는 것도 매우 위험하다.[13] 이야기 4.5

일관성

자동차를 구매할 때 그 차에 대한 평가는 색상은 좋은데 모양은 싫다든지 가격은 비싸지만 브랜드는 마음에 든다든지 하여, 차에 대하여 일관성 없이 혼합된 인상이기 마련이다. 이처럼 사물을 지각할 때에는 일관성 패턴의 영향이 별로 없지만 대상이 사람일 때는 좀 다르다. 예를 들면 어떤 사람에 대해 키는 커서 멋있지만 얼굴이 마음에 안 든다든지 마음은 착한 것 같은데 능력이 좀 부족한 것 같다든지 하는 혼합된 인상을 갖게 되면, 결론적으로 좋아해야 될지 싫어해야 될지 몰라서 마음이 불안해진다. 이것을 인지부조화라고 한다. 이 때문에 그 사람이 좋은지 싫은지 둘 중의 하나를 택일하도록 심리적 강요를 받는다. 그러므로 혹시 상호 어긋나는 정보가 있더라도 한쪽으로만 일관성(consistency) 있게 지각하려 든다.[14] 예를 들어 김길동이 아주 정직하고 좋은 사람인데 근면성 정도가 중간이라면 우리는 그를 정직하고 근면한 사람으로 지각한다. 한편 박길동은 근면성 정도가 김길동과 비슷하지만 부정직하다면 우리는 그를 게으르고 부정직하다고 여긴다. 이야기 4.6

이야기 4.6 **히틀러에 대한 오해**

20세기 인류 최대의 만행을 저지른 히틀러는 과연 얼마나 악독한 사람일까? 600만 명의 인간을 가스실에서 죽이고 불로 태우게끔 만든 장본인은 일관성 원리에 의해 독하고 잔인한 성격의 인물로 비친다. 그러나 사실은 오해이다.

- 그는 아이를 싫어했다?(그는 일곱 살짜리 유대인 소녀 로사와 죽을 때까지 우정을 나누었다.)
- 그는 애완견을 싫어했다?(그는 애완견을 좋아했고 동물보호법도 제정했다.)
- 그는 예술도 몰랐다?(그는 비엔나 최고의 미술대학에 두 번이나 낙방했지만 예술의 꿈을 끝까지 잃지 않고 베를린을 최고의 예술도시로 만들 설계조감도까지 만들어 놓게 하고 죽었다.)
- 그는 죽음 앞에서도 대담했을 것이다?(측근인 한 비서의 증언에 의하면, 그는 연합군의 벙커 진입 직전 몸을 부들부들 떨고 있었으며 생포 후 고문이 두려워 자살을 택했으되 스스로 권총을 쏘지 못하고 부하의 도움을 받았다.)
- 그는 꽃을 싫어했다?(이것은 사실이다. 그는 자신의 집무실에도 꽃을 꽂아 놓지 못하게 했다. 며칠 지나 꽃이 시들어 가는 모습을 보면 가련한 생각이 들어 참기 어렵다는 이유에서였다.)

4 이성적 대인지각: 귀인이론

먼저 귀인(歸因, 귀속[歸屬]: attribution)이 무엇인지, 귀인행동이 왜 중요한지를 살펴보고 사람들의 귀인패턴을 공부하자. 타인을 지각할 때 우리는 그의 속에 있는 성향을 잘 모르기 때문에 그가 하는 행동을 보고 그를 알 수 있다. 그런데 행동을 보고 곧바로 판단하는 것이 아니라 그가 한 행동의 원인을 추측한 다음에 생각을 하고 그를 판단한다. 그런데 행동의 원인을 찾아내거나 추측할 때 사람들은 공통적인 패턴을 보인다. 이를 밝힌 것이 귀인이론이다. 이는 앞에서 본 반사적이고 자동적인 지각패턴이 아니라 부족하기는 하지만 그래도 상대방 행동의 원인을 추리해보거나 알아본 다음에 지각하는 것이므로 매우 이성적이고 통제된 사고(controlled thinking)에 의한 것으로 볼 수 있다.

귀인: 내부 탓인가, 외부 탓인가?

상사가 왜 화났는지에 답을 하려면 적어도 두 가지 정보를 알아야 한다. ① 그가 정말 어떤 사람인가(그의 성향: 내부원인), ② 무엇이 그로 하여금 그렇게 행동하도록 했나(상황: 외부원인)이다.

타인행동의 원인에 대한 추측

우리가 어떤 사람을 지각할 때 단지 그의 드러난 행동을 보고 착한 행동을 하면 착한 사람, 도둑질을 하면 나쁜 사람으로 판단할까? 순진한 아이들 같으면 그렇게 단순히 하겠지만 조금만 머리를 쓰는 사람이라면 그렇게 하지 않는다. 즉 드러난 행동을 보고 즉각 그 사람을 판단하기 전에 그가 그렇게 행동한 '원인'을 한번 '추측'해 본 후에 그 추측의 결과를 토대로 그 사람을 평가한다. 추측이 틀릴 가능성이 있더라도 사회도 복잡하고 우리의 능력과 시간도 부족하기 때문에 실제로 조사해 보지 못하고 지각된 상황만을 놓고 자초지종을 추측하여 이를 토대로 타인을 알아내려 한다. 타인의 행동 원인을 추측하는 것을 귀인행동이라고 하는데, 그 행동의 원인을 어디에 귀속시키는지에 따라 그에 대한 평가가 달라진다는 것이 귀인이론(attribution theory)이다.[15]

내부귀인과 외부귀인

어떤 사람이 행한 특정행동의 원인을 파고들어 보면 결국 종착지는 둘 중의 하나이다. 한쪽은 그 사람 자신의 탓(내부 탓: 성격, 감정, 능력, 의지)이고 또 다른 한쪽은 외부의 탓(강요, 운, 환경)이다. 물론 외부와 내부가 함께 작용한 예가 더 많기는 하다. 이렇듯 우리가 타인의 행동원인을 외부에 귀인시키는지 내부에 귀인시키는지에 따라서 타인에 대한 평가가 달라진다.

와이너(B. Weiner)는 한 회사원이 자신의 성과귀인을 내부와 외부 중 어느 쪽으로 하는지에 따라서 자신의 모티베이션이 달라진다는 사실을 발견했다.[16] 예를 들어 실패의 탓을 자기의 능력(내부원인) 탓으로 돌린 사람은 실망해 있었고, 실패원인을 운(외부원인)이 없었기 때문이라고 생각한 사람은 그런 대로 실망이 크지 않았다.

업적이 높은 130명의 판매원을 조사한 결과에서도 이번 달 성공의 원인을 자신의 능력이나 노력 때문이었다고 느끼고 있는 사람들의 그 다음 달 업적이 더 높았다. 인터넷 쇼핑몰을 이용한 고객이 판매자를 신뢰하고 재구매하는 정도도 역시 구매의 잘잘못에 대해 누구를 탓하느냐에 따라 달라진다는 연구도 있다. 마찬가지로, 직장에서 해고된 사람들 중 자기 능력이나 노력의 부족이었다고 느끼는 사람일수록 생활만족이나 재고용에 대한 희망을 잃은 채 더 침체되었다. 이는 시험결과를 귀속시키는 학생의 경우에도 해당된다.

언제 내부 탓 혹은 외부 탓을 하는가?

우리가 다른 사람의 행동을 설명할 때 사용할 내부귀인과 외부귀인을 어떻게 결정하는지 밝히려는 시도가 켈리(H.H. Kelley)에 의해 이뤄졌다.[17] 즉 사람들이 언제 내부귀인을 하고 언제 외부귀인을 하는지를 설명하려는 이론이다.

귀인결정의 기준은 무엇인가?

우선 사람들은 외부, 내부로 귀인하기 전에 상대방의 행동과 주변사람들의 행동에 관한 정보를 수집한다. 그런 다음에 그 정보를 바탕으로 상대방의 행동을 일관성, 일치성, 특이성이라는 세 가지 기준에 맞추어 보고 난 후에 행동원인이 내부에 있었는지 외부에 있었는지를 결정한다. 그런 다음에야 그 사람에 대한 판단이 가능해지기 때문이다. 이를 켈리의 큐빅모형(cubic model 혹은 공변모형: covariation model)이라고 한다. 우리의 지각 대상은 많다. 어떤 사람의 좋은 혹은 나쁜 행실, 높거나 혹은 낮은 업무성과, 기말고사 성적, 포상 혹은 벌을 받음, 불평불만, 타인에 대한 칭찬 혹은 비난 등 무수히 많다. 예를 들어 홍길동의 이번 학기 조직행동 성적이 높게 나왔다면 내부 탓을 할 것인가, 외부 탓을 할 것인가? 이에 답하려면 다음 세 가지 사항을 우선 고려해야 한다.

- 일관성(동일성: consistency): 나의 조직행동 성적은 매번 높았다(일관성 높음).
- 일치성(합의성: consensus): 다른 학생들도 모두 높게 나왔다(일치성 높음).
- 특이성(독특성: distinctiveness): 다른 수강과목은 모두 점수가 낮은데 유독 조직행동 성적만 높다(독특성 높음). 도표 4.2

도표 4.2 언제 내부귀속 혹은 외부귀속을 하는가?

관찰요인	일관성(consistency)	일치성(consensus)	특이성(distinctiveness)	
높은 상황	홍길동의 영어 성적 항상 높았다, 혹은 항상 낮았다.	다른 학생들도 홍길동처럼 영어 성적이 모두 높다, 혹은 낮다.	홍길동은 수학, 국어, 과학 성적은 모두 낮은데 영어 성적만 높다, 혹은 영어 성적도 낮다.	
낮은 상황	과거의 영어 성적이 들쭉날쭉해 왔다.	모두 잘 치렀는데 홍길동만 낮다, 혹은 못 치렀는데 홍길동만 높다.	홍길동은 영어 성적도 수학, 국어, 과학 성적처럼 역시 높다, 혹은 역시 낮다.	
홍길동의 이번 달 영어 성적 나쁨	**낮음** 항상 높았다. 그러나 이번만 이상하게 낮게 나왔다.	**높음** 다른 학생들도 영어 시험을 모두 못 봤다.	**높음** 다른 시험은 잘 치렀는데 영어 성적만 낮다.	홍길동 탓 아님 (외부귀인)
	높음 항상 낮았다. 역시 이번에도 낮았다.	**낮음** 다른 학생들은 모두 높은데 홍길동만 낮다.	**낮음** 다른 과목의 시험점수도 모두 낮다.	홍길동 탓임 (내부귀인)

Ⅱ | 지각오류와 조직행동

우리가 타인을 잘못 지각하는 이유는 주로 한두 가지 단서로 순간에 자동적 사고를 하기 때문이며, 원인을 파악하더라도 정확하게 파악하지 못하고 그저 추론하는 과정에서 잘못 추측하기 때문이다. 따라서 지각과정의 각 단계에서 발생할 수 있는 오류를 정리해 볼 필요가 있다.

1 지각과정에서의 오류

관찰단계에서의 오류

추리・판단하기 전에 우선 정보가 있어야 할 것이다. 즉 타인행동에 대한 정보수집에서부터 비로소 귀인작업이 시작된다. 이때 어떤 것에는 주의를 많이 기울이고 어떤 것은 등한시한다(선택지각). 이렇게 선택한 일부 정보가 반드시 잘못되었다고는 볼 수 없지만, 대개는 선택자(관찰자, 지각자)가 자의적으로 한 것이기 때문에, 자기도 모르는 많은 오류가 개입되기 쉽다. 그중 몇 가지만 살펴보자. 도표 4.3

도표 4.3 지각과정의 오류

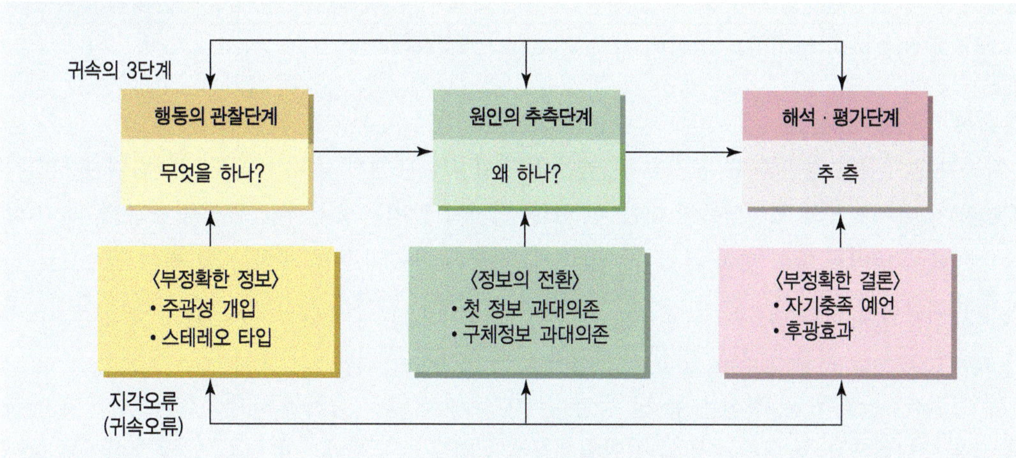

이야기 4.7 천의 얼굴을 가진 산

파리에서 엑쌍 프로방스로 전학 온 에밀 졸라의 충고에 따라 엑쌍 프로방스 법대를 중퇴하고 파리로 가서 화가로 성공한 폴 세잔느는 쌩뜨 빅뚜와르(Sainte Victoire: **사진**) 산을 못 잊어 1896년 고향으로 돌아와 그 산이 잘 보이는 마을 언덕에 화실을 차리고 빅뚜와르 산을 많이 그린다. 이렇게 그린 그림들은 고흐의 '해바라기'처럼 세계 유명 박물관 곳곳에 전시되어 있다. 이 산은 후기인상파의 대가로 피카소를 출산한 세잔느의 화풍을 탄생시킨 특성을 품고 있다. 비록 석회암 돌산이지만 펀펀한 대지에 우뚝 서 있기에 사방에서 보이고, 장소에 따라 모양이 길게 혹은 삼각형 혹은 사다리꼴 혹은 두 개의 산으로 마술을 부린다. 동일한 위치에서도 사다리꼴처럼 보이다가 물안개가 한쪽을 가리면 영락없는 원뿔형이다. 석회암은 가까이에서 보면 숭숭 구멍이 나서 햇빛의 반사방향에 따라 시시각각 색이 바뀌는데 석양에는 불덩이가 하늘로 치솟는 듯도 보인다. 계절은 물론 위치와 시간에 따라 산의 모습과 색깔이 변하니 인상파 화가의 눈에는 천의 얼굴을 가진 산일 수밖에 없다. 저자가 유학시절 세잔느 화실 근처에서 일 년여를 살면서 세잔느가 느낀 애정의 100분의 1 정도는 느낄 수 있었다. 어느 날 서울에서 생산관리를 가르치시는 은사님이 오셨기에 쌩뜨 빅뚜와르산이 잘 바라보이는 곳으로 모시고 가서 그 산에 관해 열변을 토하다가 곧 벽에 부딪쳤다. 은사님 왈, "내가 보기는 돌 깨는 채석장으로 보이는데."

- 제 눈에 안경이라는 말이 있다. 지각자가 대상을 사랑스럽다고 생각하면 장점만 눈에 띄고, 밉다고 생각하면 단점만 발견된다.
- 취업 못 한 학생은 지하철의 무수한 광고 중에서도 "인재를 찾습니다."라는 광고문구만 눈에 들어온다.
- 열자의 「설부편」에 나오는 이야기이다. 금이 탐난 사람이 시장에서 금을 훔치다가 잡혀 왔다. 포졸이 물었다. "이 바보야, 그렇게 사람이 많은 데서 금을 훔치면 당연히 잡힐 것 아니더냐?" 도둑이 대답했다. "금덩이만 눈에 보이고 사람은 안 보이던데요."

주관성 개입

우리가 타인을 평가할 때 자신의 주관을 많이 사용할 수 있는데[18] 이러한 주관성 개입문제는 기업에서 흔히 일어난다. 특히 사원의 업적을 평가할 때 객관적 정보(결근율, 판매량, 야근시간, 비번일 근무일수 등)도 많이 있지만, 그 밖에도 많은 무형의 정보(동료와 협동성, 고객친절도, 애사심 등)를 참고한다. 이러한 무형정보에 대해서는 평가자가 자신의 기억에 의존할 수밖에 없다. 때로는 자신의 기억을 더욱 확신하며 몇 개 안 되는 객관적 정보마저 무시하기도 한다. 사실 개인의 관찰이나 기억은 완전하다고 볼 수 없지만 그럼에도 불구하고 판단은 이러한 주관적이고 부분적인 정보에 기초하여 행해지는 위험이 항상 존재한다. 이야기 4.7

행위자 - 관찰자 편견

자동차 판매원인 안길동 씨의 이번 달 높은 판매실적에 대해서 당사자(행위자)인 안씨와 평가자(관찰자)인 판매팀장의 귀인행동이 다를 수 있다. 당사자 안씨는 외부에서 원인을 찾는다. 자기 삼촌이 인맥이 넓어서 많이 팔아 주었기 때문이다. 팀장은 안씨의 이런 상황을 알 턱이 없으므로 안씨가 판매능력이 많은 것으로 인정한다. 즉 안씨 내부에서 원인을 찾은 것이다. 반대로 판매실적이 낮으면 안씨는 외부 탓으로, 팀장은 안씨의 내부 탓으로 돌린다.

왜 그럴까? 안길동 씨 자신은 한 달 동안 뛰어다니면서 그 자동차에 대한 고객의 불만이 높다는 것을 알았다든가, 어머니가 병원에 입원해서 영업활동을 못했다든가 하는 외부의 원인을 많이 알고 있다. 이에 반하여 팀장은 안씨가 알고 있는 외부원인을 알 리 없으며, 안씨가 결근했던 일, 전화로 화를 내던 일 등 한두 번 관찰한 정보를 토대로 안씨 내부의 탓으로 돌린다. 이처럼 자기 행동의 원인은 외부에 가중치를 많이 주고, 타인행동의 원인은 타인의 내부에 가중치를 많이 주어 귀인작업을 한 결과로, 행위자-관찰자 편견(actor-observer bias)이 발생한다.[19]

어떤 빌딩에 들어가서 경비원에게 재경팀 사무실이 어디냐고 물으니 퉁명스럽게 답한다. 우리는 금방 "그 사람 참 불친절하군."이라고 판단할 것이다. 그러나 경비원은 자신의 불친절 행동의 원인을 외부 탓으로 돌린다. 하루에도 수십 명의 사람들이 와서 묻는다는 것이다. 순간적으로만 그의 행동을 관찰한 방문객들은 그의 외부정보(하루에도 수많은 질문들)를 관찰했을 리가 없고, 따라서 경비원의 내부에서 원인을 찾는다.

스테레오타입 오류

인쇄를 할 때 활자를 배열해 놓고 납이나 구리를 부어 연판 혹은 동판을 만들어 이것을 인쇄기에 걸고 수천 장의 종이에 동일하게 찍어 낸다. 이때 동판을 스테레오타입(stereotype)이라고 한다. 미국의 저널리스트 리프만(W. Lippman)은 사람들이 동판을 사용하여 타인들을 평가한다고 했다.[20] 우리는 경험에서 만들어진 수많은 원판(동판, 전형: prototype)을 머릿속에 가지고 다니다가, 전형 중의 한 요소라도 비슷한 사람이 생기면 그 사람에게 즉시 우리의 동판을 찍어 놓고 본다는 것이다. 그렇게 되면 그는 우리의 동판 이외의 다른 점이 있더라도 그것과 관계없이 내 머릿속의 동판과 같은 사람이 된다. 이런 우리의 지각습관을 상동효과(常同效果: stereo-typing)라고 한다.

조직화단계에서의 오류

귀인이론에 의하면 남의 행동의 원인을 추측하고 나서야 그의 행동과 그 사람을 판단하는 경향이 있다고 했는데 과연 그가 왜 그런 행동을 했는지 정확히 원인을 추측할 수 있을까? 우리는 나 자신의 행동의 원인도 제대로 파악하지 못하는 때가 많다. 그런데 하물며 어떤 사람의 행동을 관찰하고 얻은 정보는 여전히 관찰자가 가지고 있기 때문에 오류의 원인도 계속 남아 있다. 선택되어 입력된 단서정보들 중에서 어떤 정보를 너무 과대평가하든지, 어떤 정보를 무시하면서 원인을 찾는다면 우리의 판단은 오류투성이가 된다. 이야기 4.8

첫 정보에 과대의존

인간은 귀인행동 시에 다른 정보들이 추가되어도 재고하지 않고 첫인상(첫 번째 정보)에 지나치게 얽매인다. 호텔 현관에서 받은 첫인상은 호텔 룸의 침대커버를 평가할 때에도 다시 쓰인다.[21] 그러나 첫인상은 상당히 틀릴 수 있다. 왜냐하면 평가자나 피평가자가 정서적으로 불안하고 서로 만났던 경험이 없기에 어색하거나 위선적일 수도 있기 때문이다. 따라서 입사면접 시 능력 없는 사람을 선발할 수도 있고, 혹은 입사 때 나쁜 첫인상으로 여전히 대한다면 후에 그가 경력이 훨씬

이야기 4.8 자기 행동의 원인 찾기

캐나다에서 있었던 '다리 실험'이다. 밴쿠버에 있는 캐필라노(Capilano) 계곡에는 두 개의 다리가 있다. 하나는 높이가 70m, 길이가 무려 137m나 되는 세계에서 가장 긴 휘청거리는 출렁다리(**사진**)이고, 다른 하나는 고작 3m밖에 되지 않는 고정된 나무다리이다. 연구팀은 한 여성으로 하여금 다리를 지나는 남성들에게 접근해서 간단한 질문(설문)을 하게 했다. 그리고 설문이 끝나면 그녀는 남자들에게 결과가 궁금하면 전화해 달라고 연락처를 건넸다. 그 이후 70m 높이의 출렁다리에서 만난 남자들은 50%가 그 여성에게 전화를 걸어왔고, 고정된 나무다리에서 만난 남자들은 단지 12.5%만이 전화를 걸어왔다(D.G. Duton & A.P.Aron, APA PsycNet, Journal of Personality and Social Psychology, 30(4), 1974, pp.510-517). 왜 이런 차이가 났을까? 아찔하게 높은 출렁다리 위를 건너는 남성들은 공포감과 긴장감 때문에 스트레스 호르몬인 아드레날린이 분비되어 심장 박동이 빨라지고 호흡이 가빠졌다. 과도한 아드레날린이 분비되는 이러한 상황은 미녀를 만났을 때와 흡사하다. 따라서 높은 출렁다리를 건너온 남성들의 뇌는 '아, 예쁜 여성을 만났기 때문에 심장이 빨리 뛰는구나!'로 착각하고 그녀에게 전화를 걸었던 것이고, 고정된 나무다리를 건넌 남성들은 심장도 호흡도 안정적이었으므로 그녀가 매력적이라고 생각지 않았던 것이다. 앞서의 남성들은 자기의 호흡이 빨라진 원인을 잘못 찾은 것이다. 마음에 드는 이성에게 사랑을 고백 받으려면 주왕산 꼭대기 출렁다리라도 올라가든지 번지점프라도 함께 해야 하는 고생이 뒤따른다.

좋아져도 좋게 평가하지 않을 수도 있다. 왜냐하면 항상 '신입사원 시절의 그 사람'으로만 평가하기 때문이다. 즉 새 정보가 자신의 기존정보(첫 정보)와 일치하면 "역시 내가 맞았어." 하면서 추가시키고, 일치하지 않으면 자신의 것이 틀렸음을 인정하기 싫으므로 추가정보 자체를 무시하는 데서 이런 현상이 나타난다. 그러므로 직관적 첫인상의 부정확성은 직원평가의 큰 오류로 지적되고 있다.[22]

구체정보의 과대사용

우리가 어떤 것을 평가할 때 참고하는 통계나 기록 같은 것은 직접 보지는 못했지만 과학적인 것이다. 그럼에도 불구하고 우리는 그런 형태로 제공되는 정보는 무시하고, 단지 실제 자기가 보고 겪은 구체적 정보를 중요하게 여기는 경향이 있다.[23] 이러한 경향 때문에 선발면접관이나 업적평가자는 오류를 범하기 쉽다. 예를 들면 면접관은 후보자의 시험성적이나 입사면접서류에 쓰인 방대한 기록에서 얻은 정보보다, 현재 자기 앞에 보이는 구체적인(그러나 사소한) 행동에 더 얽매이기 쉽다. 즉 면접관은 인사팀 직원들이 여러 시간 걸려 뽑아낸 정보보다 2~3분 동안 직접 본 구체적 정보(지원자의 어투)에 더 의존한다. 회사 대표도 예외가 아니다. 아랫사람들이 수개월 동안 조사해서 작성한 수백 페이지의 해외투자분석 보고서는 들춰보지도 않고, 어떤 중역이 자기에게 말했던 사실 하나에만 집착해서 해외투자를 결정한다. 이야기 4.9

자존적 편견(이기적 편견)

사람들은 자신의 성공에 대해서는 내부 탓(능력, 노력 등)으로, 실패에 대해서는 외부 탓(불운, 남의 방해 등)으로 돌리는 경향이 있다. 왜 그럴까? 인간에게는 자존욕구(自尊欲求)가 있기 때문이다. 따라서 이를 자존적 편견(혹은 동기적 편견: self-serving bias)이라고도 한다: 원인이 애매할수록 자신에게 이로운 정보만 흡수해서 자기 탓으로 돌리고 불리한 정보는 무시하려고 하는 경향이 있

이야기 4.9 구체정보의 과대사용

저자가 프랑스에 갔을 때 차가 필요했기에 그곳 시장에 나오는 20여 개 브랜드의 차를 평가해야 했다. 한국에서 알고 있었던 정보, 그곳 자동차 전문잡지 등을 모두 섭렵한 결과 R브랜드의 차가 가장 경제적이고 내게 가장 알맞다고 평가하여 조만간 사려고 마음먹고 있었다. 그때 마침 프랑스인으로부터 자기가 R차를 산 지 3개월이 되었는데 기름이 새어서 어제 카센터에 맡기고 왔다는 말을 들었다. 저자는 그날부터 과연 R차를 살 것인지에 대해 고민하지 않을 수 없었다. 사실은 저자가 섭렵한 방대한 정보에 비하면 그 사람의 고장사건은 극히 사소한 것에 지나지 않았는데도 왜 나의 처음 의도를 그렇게 흔들어 놓았을까? 내가 당사자에게서 직접 들은 구체적 정보이기 때문이었다.

다. 이는 의도적이 아니라 저절로 그렇게 된다. 사실 실패의 원인을 자기 탓으로 돌린다면 무력해지고 슬퍼진다. 미래도 무능력한 자신에게 달린 일이기 때문에 희망도 없다. 그렇지만 인간의 욕구는 슬픔과 불행이 아닌 행복과 기쁨이기 때문에 행복과 희망 쪽으로 사태를 파악하려는 본능이 작용한다. 심지어 주변인들의 유사한 얼굴 인상을 보고도 내집단(in-group) 사람들의 얼굴이 외집단(out-group) 사람들보다 더 행복하거나 덜 불행하다고 지각하였다. 나와 가까운 주변이 행복해야 나도 행복하기 때문에 저절로 그렇게 지각되는 것이다. 타인의 지능을 평가할 때도 자기보다 낮다고 생각되면 그대로 수긍하며 쉽게 인정하지만 자기보다 높다고 판단될 때는 수긍하기 전에 머뭇거리며 심리적 갈등상태를 경험한다.[24] 이러한 행복과 자존의 본능은 우리로 하여금 남의 성공을 외부 탓으로 돌리게 한다. 만일 남의 성공을 그의 내부 탓으로 돌린다면 나는 그 사람보다 못한 사람이라는 것을 인정하는 꼴이 되고, 그 자체가 나를 슬프게 하는 일이다. 같은 이유로 남의 실패는 그 사람의 내부 탓으로 돌릴 것이다. 이야기 4.10

이야기 4.10 이기적 편견의 유전자

일등 당첨 확률이 8백만 분의 1인 것을 알고도 사람들은 복권을 산다. 자기는 남과 다르다고 여기는 유전자 때문이다. 코로나 팬데믹에도 왜 음식점이나 쇼핑센터는 군중들로 북적일까? 역시 자기만은 감염 안 될 거라는 기대가 있다. 사람들은 긍정편향의 유전자로 인하여 평균확률보다 더 나은 쪽으로 지각하는 습성이 있다, 그러므로 교통사고나 암은 자기에게는 닥치지 않을 거라고 생각한다. 90%이상의 한국인은 자신이 평균보다 운전을 잘한다고 생각하고 교수의 70% 이상은 자신이 다른 교수보다 강의를 잘한다고 생각한다. 20~60세의 우리나라 성인 5,000명을 대상으로 한 '2020 국민언어의식조사'에서 '사람들이 욕설(46.9%)이나 비속어(48.1%)를 사용한다'로 답했으나 '본인도 사용하느냐'에는 욕설(24.8%), 비속어(30.4%)를 적게 사용한다고 응답했다. 회사원들은 자신의 업적이 동료직원보다 높다고 지각하기 때문에 자기가 받는 월급에 항상 불만이다. 그런데 만약 우리 조상에게 이러한 자기존중 내지 이기적 지각의 유전자가 없었다면 인간은 어떻게 됐을까? '나는 남보다 못나고 부족해서 힘들게 뛰어다녀 봤자 사냥감도 덜 잡고 이웃보다 잘 될 일도 없다'고 애초부터 비관했다면 누가 뼈 빠지게 노력했을까? 어차피 자기 삶이 별것 아니란 것을 알았다면 아무도 진땀을 흘리며 남보다 앞서서 사냥감을 쫒으려 하지 않았을 것이다. 그래서 이런 열성 유전자의 종족은 빈둥거리며 목숨만 유지하다가 일찍 죽던지 자손을 번성시키는 데도 부족한 점이 많았다. 결국 자연선택으로 그들은 사라지고 우성(긍정, 이기적)유전자를 가진 종족만이 우리의 조상이 된 것이다. 이 점을 감안하여 우리 주변의 이기적인 놈들을 너무 욕하지 말자.

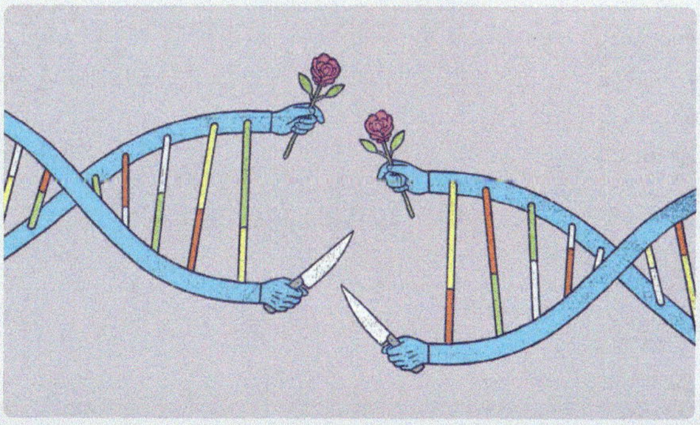

통제의 환상

인간에게는 이 세상을 자기 마음대로 통제하고 싶은 욕구가 있기 때문에 모든 행동의 원인은 자신이 통제할 수 있다는 착각(통제환상: illusion of control)에 빠지기 쉽다.[25] 다시 말해 자기만 잘하면 모든 일이 잘 될 수 있다고 믿으면서, 어떤 결과(행동)의 원인을 외부보다 자신의 내부로 돌리려는 경향이 있다. 그러므로 자존적 편견만 없다면 운이 없어서 혹은 외부환경 때문에 잘못된 일도 "내가 조심했더라면." 하고 자책할 가능성이 많다. 대학입시 수험생이 입시에 실패하고 자살하는 사건이 가끔 있다. 열심히 했으나 워낙 경쟁이 심하고 혹은 재수 없게도 자기가 안 풀어 본 문제만 나올 수도 있다. 그런데 그 학생은 낙방의 원인귀인을 외부로 돌리지 않고 모든 것을 자기 내부로 돌리고 자살에까지 이른다. 자연재해로 집을 잃고도 내가 이사를 갔더라면 괜찮았을 텐데 하며 후회하는 사람도 있다. 우리 조상들은 날이 가물어 흉년이 와도 왕의 부덕의 소치라고 여겼다. 왕은 비오는 것도 통제할 수 있다는 통제환상에 젖어 있던 것이다. 큰 사건이 일어나면 물론 국가가 일부의 책임은 있겠지만 국민은 일부가 아닌 전부가 국가책임이라고 생각하기 쉽다. 정부는 모든 것을 통제할 수 있다고 지각하기 때문이다.

해석단계에서의 오류

가령 정보의 선택이나 정보전환과정에 오류가 없이 올바른 자료를 얻었다고 하더라도 그 자료에 이상한 의미를 부여해서 엉뚱한 해석이 나올 수 있다. 해석과정에서 오류를 일으킬 수 있는 지각행동의 패턴을 살펴보자.

자기충족적 예언

자기충족적 예언(self fulfilling prophecy: 피그말리온 효과)이란 자신이 예측한 대로(지각한 대로) 결과가 실제로 그렇게 이루어진다는 뜻이다. 남들이 그렇게 믿도록 예측을 해주건 내가 그렇게 예측을 하건 우리는 예측한 대로 행동하도록 되어 있다. 따라서 예측이 처음에 틀렸더라도 그저 믿고 따르면 틀린 예측대로 결과가 나타난다. 예측이 실제로 실현된다는 의미이다. 설령 예측한 대로 이루어지지 않았어도 결과를 지각할 때에 미리 예측했던 것처럼 느끼고 있으니 이는 잘못된 지각(해석)이다.[26] 미나는 사실 소극적인 여자는 아니다. 그런데 그녀의 남자친구는 미나가 여자니까 소극적일 것이라고 여기고(스테레오타입 오류) 그녀에게 지배적으로 행동했다. 미나는 그 친구가 다른 이유로 좋아서 자기의견을 참기로 하고 그의 말에 따랐다고 하자. 그녀의 순종적 태도를 보고 그 남자친구는 미나가 원래부터 소극적이라서 순종적인 것으로 잘못 해석하고 자기예측이 맞았다고 판단한다.

이를 부하관리에 대응해 보면 어떤 상급자가 새로 온 신입직원을 유능한 사원으로 예측했다고 하자. 따라서 상급자는 그 부하에게 좀 어려운 일을 시킬 것이다. 그 신입사원은 상사의 첫 기대를 저버리지 않기 위해 모든 방법을 총동원하여 임무를 완수할 것이고 완성된 일을 보고 상급자

이야기 4.11 피그말리온 효과

그리스 신화 속의 조각가 피그말리온(Pygmalion)은 평소 여자를 싫어했다. 그런데 자신이 조각해 놓은 대리석 여인상이 너무 아름다웠다. 그는 이 대리석상이 실제 사람이 되게 해 달라고 신에게 몇 달을 빌었다. 이에 감복한 아프로디테 여신이 그의 소원을 들어주었고, 피그말리온은 그 여인과 결혼하여 일생을 잘 보냈다. 우리의 국가든 회사든 자녀든 부하든 자신이든 잘 되기를 빌면 실제로 그렇게 된다. 이는 자신이 예언하는 대로 실현된다는 것이며 이를 자기충족적 예언 혹은 피그말리온 효과라고 한다. 이제 막 여섯 살 된 여자아이 유나는 오븐까지 갖춘 장난감 부엌가구 한 세트를 선물 받았다. 장난감을 가지고 노는 딸애를 보며 아버지가 중얼거린다. "유나는 아직 여섯 살밖에 안 됐는데 벌써 부엌일에 관심이 많으네. 여자는 날 때부터 주부기질을 갖고 태어난단 말야. 여성해방론자들은 알지도 못하면서 떠든다니까!"

는 자신의 예언이 맞았노라고 생각할 것이다. 그 다음에도 어려운 일을 맡기고 그 직원은 또 노력하고 이런 식으로 수년간 반복되면 그는 유능한 사원이 된다. 상급자 예언은 수년 후에 들어맞는다. 반대로 무능사원으로 예언한다면 쉬운 일을 줄 것이고 신입직원은 그 정도 수준에만 맞출 것이고 그 직원의 성장은 거기서 멈춘다. 역시 상급자의 예언대로 실현된 것이다. 그러므로 부모나 관리자는 자녀나 부하직원을 긍정적으로 예언(예측 혹은 기대)해야 할 것이다. 이야기 4.11

후광효과(현혹효과)

어떤 대상으로부터 얻은 일부의 정보가 나머지 부분의 정보를 해석할 때 미치는 영향을 후광효과(後光效果: halo effect)라고 한다. 예를 들어 어떤 여자의 얼굴이 예쁘다는 정보를 얻었으면 그녀의 마음씨 정보도, 지능정보도 모두 긍정적으로 지각한다. 이때 그녀의 얼굴이 후광이 되어 다른 부분 평가에 영향을 미쳤다고 할 수 있다. 후광이란 부처상의 머리 뒤에서 비추는 광채, 또는 혜성의 꼬리를 가리키는데 그 때문에 부처의 얼굴이 더욱 인자하게 지각될 수 있는 이치와 같다. 즉 어떤 사람을 전반적으로 평가할 때 오직 한두 가지의 특성을 기초로 그 사람의 전반적인 인격을 평가한다면 그것이 후광효과에 의한 오류이다.[27]

조직에서 상사는 부하의 실제행동 중 조그만 부분 또는 자기 눈에 띈 부분만 관찰한다. 그 조그만 부분이 후광이 되어 나머지 부분을 평가할 때 영향을 미친다. 한 번 잘못 보이면 다른 것으로 보완하기 어려운 이유가 바로 그것이다. 물론 한 번만 잘 보여도 마찬가지이다. 영어(후광)를 못하는 사원은 근면성, 능력, 성실성, 심지어 정직성까지도 부정적으로 평가받을 수 있다. 평가요소가 객관적이 아닌 애매한 것들일 때는 더욱 심해진다. 즉 친절, 성실, 근면, 협조, 충성 등의 추상적인 요인을 판단할 때에는 후광효과의 힘이 더 발휘된다는 뜻이다.

면접시험에서 어떤 응시자의 한 특성(예: 목소리)이 면접관과 닮았으면 면접관은 그의 다른 특성도 모두 자기와 비슷하다고 보고 호감을 가진다. 그리고 호감을 가지면 모든 것을 더 긍정적으로 지각한다.[28] 고객이 제품이나 서비스를 평가할 때도 마찬가지이다. 월트디즈니사는 올랜도의 디즈니월드에 오는 고객들과 74가지의 서비스 접점(결정적 순간: moment of truth)을 가지게 되는데, 이 중 어느

이야기 4.12 스티브 잡스의 후광

애플 창업자 고 스티브 잡스는 경영의 귀재로 우리에게 각인되어 있고 하버드 경영대학원에서 애플의 성공사례는 지금도 소개되고 있다. 그러나 조금 과대평가된 점이 없지 않다. 잡스는 살아있을 때는 IT업계의 지존이었고, 사망 후엔 IT 신화의 시초로 기억되지만, 그는 성공보다 실패가 더 많았다. 그의 오만하고 외골수적인 성격은 회사운영의 걸림돌이 되었다. 창업 후 얼마 되지 않았던 애플사의 초창기 시절, 잡스는 회사의 미래를 잘못 판단하고 회사를 다른 사람에게 매각하기로 결정했다. 그런데 계약서를 쓴 다음 날 매수자가 찾아와 계약을 취소하자고 했던 것이다. 만약 그때 팔았더라면 오늘의 스티브잡스는 과연 존재했을까? 1984년 맥킨토시 8만 대를 생산했지만 2만 대만 팔렸다. 맥킨토시가 출시되기 전인 1983년에 소개된 애플 리사는 10만 대도 안 팔렸지만 개발비는 약 1억 5천만 달러였다. 경영진이 애플에 등을 돌리고 회사를 떠나지만 잡스는 자기 잘못이 아니라면서 개발자만 나무라고 조직은 무너져간다. 결국 1985년 12월 잡스는 애플을 떠난다. 넥스트는 애플에서 밀려난 스티브 잡스가 새로 개발한 컴퓨터이자 회사 이름이다. 당시 상황에서는 너무 앞섰기 때문에 매출 창출에 실패했다. 그 후 아이팟의 놀라운 성과에 시장이 크게 확장되자 애플은 2006년, 스피커 사업에 직접 뛰어들기로 결정한다. 컴퓨터라기보다는 예술작품에 흡사한 G4 큐브는 1년 만에 제작이 중단됐다. 컴퓨터처럼 생기지 않은 컴퓨터가 어떻게 팔리겠는가? 또한 아이폰 소개 당시 잡스는 타사 앱 공급업체용 소프트웨어 개발 키트(SDK)가 무슨 필요냐며 앱 스토어 개설을 무시했다. 그러다가 브라우저 기반 앱 개발이 어렵다는 사실을 뒤늦게 인정한 애플은 아이폰 출시 얼마 후인 2007년 10월에 SDK를 앱 개발자들에게 제공했다. 대학을 중퇴했다는 사실조차 자랑스럽게 보이지만, 따지고 보면 대학공부도 실패한 것이다. 정말로 귀재라면 도중에 그만둘 학업을 시작하는 실수를 범할 리가 없다. 그럼에도 불구하고 우리에게 경영의 귀재로 지각되는 현상은 애플이 성공적인 회사가 되었기 때문에 그것이 후광이 되어 창업자의 모든 자질도 높게 평가하기 때문은 아닐까?

하나라도 불만이 있으면 디즈니월드 전체에 대한 평가가 부정적이 될 수 있다는 것을 늦게야 깨달았다. 고객들이 서비스 접점에서 지각한 정보가 후광이 되어서 그다음에 얻어진 정보들을 지각하고 판단할 때에 지속적으로 영향을 받는 것이었다.[29] 후광이 된 정보단서가 반드시 첫 번째로 인지된 것이 아니더라도 이런 현상을 일으킬 수 있다는 점에서 첫인상의 영향력과 동일한 것은 아니다. 이야기 4.12

2 조직관리에서의 지각오류 사례

많은 연구자들이 지각이론을 기업경영 개선에 적용하려고 하는데 특히 관리, 승진, 소비자행동 등의 분야에서 더욱 두드러진다. 여기서는 조직에서의 지각문제만을 살펴보기로 한다.

선발과 인사평가

선발 · 면접과정에서의 오류

기업에서 필요한 사람의 선발, 각 분야에의 배치, 그들이 해 놓은 업적에 대한 평가는 매우 중요한 관리과정이다. 그런데 이 과정은 평가, 다시 말해 지각의 과정이기에 지각오류에 관심을 두지 않을 수 없다. 선발과정에서의 지각오류는 무시할 수 없는 수준이기 때문이다. 많아야 서너 쪽

이야기 4.13 도끼도둑의 정체

열자의 「설부편」에 이런 이야기가 있다. 어떤 사람이 집에 있던 도끼를 잃어버렸는데 이웃집 아이에게 의심이 갔다. 그의 걸음걸이를 보아도, 눈빛을 보아도 꼭 도끼를 훔쳐 간 것 같았다. 그의 말씨도 안색도 모든 행동거지가 틀림없이 도끼를 훔쳐 간 사람처럼 보였다. 그러다가 주인은 어디선가 도끼를 찾았다. 그러고 나서 그 아이를 쳐다보니 전혀 도끼를 훔칠 사람처럼 보이지 않았다. 말씨도, 걸음걸이도, 인상도 전혀 도둑질할 것같이 보이지 않았다. 지각은 지각자의 마음먹기에 달렸다. A집단에게는 무도회장에서 남녀가 춤을 추는 동영상을 보여 주고, B집단에게는 조련사가 물개를 조련시키는 모습의 동영상을 보여 주었다. 곧이어 양 팀에게 애매한 그림(**사진**)을 보여 주고 무슨 그림 같냐고 물었다. A팀은 춤추는 장면으로 해석했고, B팀은 물개를 조련시키는 그림으로 해석했다. 우리의 기억은 우리의 지각을 지배한다. 따라서 우리가 누구의 행동을 보고 그를 정당하게 판단하려면 선입견을 완전히 지우고 순진한 어린아이의 머리로 바라봐야 한다.

되는 입사지원서에 요약된 정보가 우선 부족한 것이고, 짧은 시간에 지원자의 행동을 관찰하는 것이 그렇고, 또한 이런 상황에서 그의 행동은 새로운 상황에 부딪쳤기에 당황하고 긴장된 것인데, 극히 제한된 상황에서 행한 일부의 행동을 관찰하면서 회사 일을 얼마나 잘할까 알아내는 것은 오류 가능성이 다분하다고 할 수 있다. 이야기 4.13

업적평가와 인사평가의 오류

상급자들이 부하들을 평가할 때 사용하는 인사고과 요소들은 대부분 인성, 충성도, 능력, 사기 등 주로 피평가자의 내부성향과 관계있는데, 이 결과들을 가지고 복잡, 미묘한 그의 행동을 판단하고 있다. 그러나 사실상 그의 행동은 인성과 품성의 결과라기보다는 조직 내의 타인과의 관계에 의해 강제적으로, 즉 외부요인에 의해 이루어졌을 가능성이 더 크다. 한편 종업원의 업적이나 공헌도를 평가할 때도 실제 공헌도가 아닌 그 이외의 것으로 평가하는 경우가 많다. 종업원의 태도나 노력 이외에도 과업의 난이도나 운(運)도 업적 달성에 영향을 주는 것이 사실이다.

한편 공헌의 원인을 찾는 귀인과정에서 평가자와 피평가자 사이에 오류가 있을 수 있다. 귀인이론은 상사와 부하 두 사람이 하나의 객관적 사실에 대하여 불일치한 평가를 내릴 수 있다는 사실을 말해 준다. 따라서 두 개인은 지각의 실수를 범하기 쉽다. 그러므로 자신들의 가정을 시험해 봐야 하고 정보를 다시 검토해야 할 것이다. 상사가 어떤 부하에게 별로 기대를 하지 않으면 그

이야기 4.14 흑인에 대한 고정관념

서양의 어느 회사 경영자 교육연수과정에서 있었던 일이다. 옆의 '그림'을 한 사람에게 보여 주고 그 사람이 그림 이야기를 해 주면 그것을 들은 사람이 또 다른 사람에게 이야기해 주는 식으로 계속되었다. 다섯 번째로 이야기를 전해들은 사람은 예외 없이 들은 이야기를 다음과 같이 진술했다. "지하철 안에서 흑인과 백인이 싸우는 장면의 그림인데 작업복을 입고 칼을 든 흑인이 양복 입은 백인에게 대들고 있다."

상사는 부하에게 그저 그렇게 대하고 그 부하는 이것을 느끼기 때문에 그 기준에만 맞추면 그만이라 생각하여 행동한다. 즉 상사가 예측한 대로 부하업적이 실현된다는 자기충족예언 현상이 그대로 나타날 것이다.

또한 평가결과를 지각할 때에도 피평가자가 평소에 상급자를 얼마나 믿고 따르는지 혹은 자신이 얼마나 자율적으로 업무를 처리할 수 있다고 지각하는지에 따라서 다르게 나타나기도 한다.[30] 물론 앞에서 공부한 첫인상효과나 현혹효과는 면접관뿐만 아니라 부하직원을 평가하는 상급자나 동료들에게도 그대로 적용될 개연성이 크다. 그러므로 누군가를 평가하는 입장에 있는 사람은 특히 지각오류로 인한 잘못된 판단을 하지 않도록 더 신경을 써야 할 것이다. 이야기 4.14

의사소통과 의사결정

커뮤니케이션 오류

조직 내의 인간행동 연구에서 가장 중요한 커뮤니케이션은 귀인이론이 가장 많이 적용될 수 있다. 메시지는 송신자에게서 출발하여 수신자에게로 전달되고, 수신자에게서 송신자에게로 피드백됨으로써 커뮤니케이션이 이루어진다. 여기서 메시지의 수신은 모두가 지각활동이다. 송신자에게서 출발된 메시지의 원천은 기호, 채널, 비언어적 요소 등 여러 가지 요인에 의해 영향을 받지만, 이것이 송신자에 대한 신뢰도에 영향을 미쳐서 결국 수신자가 얼마나 동의하고 설득되는지로 나타난다. 송신자가 리더이고 수신자가 부하라고 할 때 부하가 직무를 보람과 의미가 있는 직무로 지각하게 하려면 리더의 설득력이 매우 중요하다. 왜냐하면 직무충실화가 이루어졌다고 해도 부하가 그렇게 지각하지 못하면 그만이기 때문이다.[31] 그뿐 아니라 어린 나이에 자기 어머니의 목소리를 어떻게 지각하고 기억하느냐에 따라 그 아이가 성인이 될 때 아이의 커뮤니케이션 능력에도 영향을 미친다고 하니 우리의 커뮤니케이션 활동이 지각으로부터 얼마나 많은 영향을 받는지를 인식할 수 있다.

갈등문제

지각차이에 대한 연구는 갈등해결에도 매우 중요하다. 우선, 정보의 부족 혹은 자신의 기대, 관심, 기호에 따라 한 문제를 놓고 서로 다르게 파악한다. 동일한 대상에 대한 느낌(지각)이 달라도 갈등이 유발된다. 따라서 함께 나누는 대화가 엇갈릴 수밖에 없다. 서로 적대적인 갈등 역시 귀인오류에서 올 수 있다. 상대의 잘못을 상황(외부) 탓이 아니라 성향(내부) 탓으로 돌리기 때문에 상대방에 대한 적대감이 생기고 보복행위를 하게 된다. 한발 더 나아가 상대방이 고의적으로 싸움을 걸어왔다는 자신의 판단을 자존적 편견으로 정당화하려고도 한다.

의사결정의 오류

의사결정은 여러 가지 대안 중 한 개를 선택하는 것이며 최선의 선택을 하기 위해 각 대안마다 주어진 정보를 평가한다. 대안을 추리고 가중치를 분배하고 해석하는 것이 모두 지각행동인데 이것이 잘 되어야 한다. 그뿐만 아니라 집단의 의사결정은 정보를 주고받으면서 그것을 토대로 최종 의사결정에 이르게 되는데, 상급자를 두려워하면 정보의 조직화를 제대로 못해서 양질의 정보를 제공하지도 못하고, 누락시킬 수도 있으며, 경쟁 부서에 대한 선입견(스테레오타입) 등으로 정보를 왜곡하기도 한다. 사장이 주관하는 회의석상에서 중역들이 모여 앉아 의사결정을 할 때 지각오류로 인한 잘못된 결정을 안 하리라는 보장은 없다.

조직과 집단에 대한 판단

조직에 대한 이미지

한편 이 장에서 강조한 것처럼 사회적 지각은 여러 요소와 연결된 복잡한 과정이다. 이 과정은 여러 편견 혹은 여러 사람의 오류와 연결된다. 이러한 편견, 오류의 원인을 이해해야 조직생활을 원만하게 할 수 있다. 앞으로 계속해서 공부하겠지만 모든 조직은 각자 고유의 문화를 가진다. 조직에 상존하고 있는 가치와 규범은 구성원으로 하여금 그 규범에 맞추어 행동하도록 강요한다. 또한 조직은 조그만 각 부서로 나뉘어 있고 각 부서마다 고유의 규범이 있다. 조직구성원은 자기가 속한 부서의 다른 구성원을 보고 조직 전체의 규범, 가치, 문화를 판단한다. 그런데 직원들이 조직문화와 분위기를 어떻게 지각하느냐에 따라서 그들의 행동이 달라진다.[32]

집단 간 차별

우리나라의 좁은 땅덩어리에서 실재하던 지역 간 괴리가 점점 사라지고 있다고는 하지만 아직도 남녀 간, 세대 간, 심지어는 인종 간의 이미지와 지각 형태는 괴리가 많은 것이 사실이다. 예를 들면 남성 패션디자이너도 여성 자동차 설계자도 직무성과와 업적에 근거하여 공정하게 능력을 평가받아 승진과 보상에 차별이 없어야 하며, 동남아 근로자와 한국인 근로자가 동일한 대우를 받으며 근무해야 함에도 불구하고 우리나라는 아직 보완해야 할 점이 많다. 이들이 한 직장 안에서 교류하며 공동의 목표를 효율적으로 달성하는 데 집단 간 차별과 괴리는 가장 큰 적이 되기도 한다. 미국인 표본에서도 타인의 지능수준을 지각할 때 대상이 여성이면 남성인 경우보다 지능이 높으면 더 높게, 지능이 낮으면 더 낮게 인식하는 경향이 있다.[33] 베트남 며느리와 독일인 지사장과 중국 수입자가 공존하는 글로벌 시대에는 가능하면 민족과 집단에 대한 기존의 고정관념을 버리고, 백지 위에서 사람을 만나고, 그들 개개인의 능력과 인간성을 제대로 파악하고 접근하는 것이 성공적인 조직행동의 지름길이다.

Ⅲ 학습과 행동의 수정

앞에서 우리는 개인의 특성과 성격, 태도와 감정, 그리고 주변을 어떻게 지각하는지가 우리의 행동에 영향을 미친다는 사실을 공부했다. 그런데 우리의 행동(조직행동을 포함)에 영향을 미치는 요인은 그것 말고도 많다. 특히 성격과 태도가 유전적으로 타고났더라도 그런 요인들이 확장되고 굳어지는 이유는 후천적으로 보고 듣고 배우면서 습득(학습)되어진 측면도 있다. 예를 들면 개인의 성격은 일상생활에서 환경과 상호작용하며 학습을 통해 형성되고 이렇게 형성된 성격은 개인의 지각과정을 통하여 행동에 영향을 준다. 그리고 학습에 의해 사람들의 태도를 바꿀 수도 있고 나아가 훈련과 반복에 의해 바람직한 행동으로의 수정도 가능하다. 따라서 학습은 성격, 지각, 태도 못지않게 행동에 직접적 영향요인으로 작용하기 때문에 조직행동 분야에서도 중요한 연구대상이 되는 것이다.

1 학습이란?

대부분의 학생들은 유치원 때부터 지금까지 학습을 해왔다. 그러나 수업시간에 선생님한테 지식을 배우는 것만 학습이 아니다. 여기서 말하는 조직행동에서의 학습이란 지식의 학습을 넘어 행동의 학습을 말하며 좀 더 적극적인 의미에서 어떤 행동이 습관화되어 행동이 저절로 행해지는 것을 말한다. 처음에는 익숙지 못한 행동도 여러 번 반복하다 보면 나중에는 눈감고도 쉽게 혹은 자기도 모르게 움직여진다. 비록 행동뿐만 아니라 어떤 생각이나 태도, 행위의 의도를 새롭게 머릿속에 내재화시켰다면 그것도 학습이다. 만약 조직구성원들이 바람직한 행동을 누가 시키지 않아도, 보상을 주지 않아도 저절로 한다면 그 조직은 잘 될 수밖에 없다. 조직행동 분야에서 학습을 다뤄야 하는 이유가 이 때문이다. 물론 나쁜 습관을 무의식적으로 반복하는 사람도 있다. 이런 행동도 학습과 훈련을 통해 긍정적 행동으로 수정할 수 있는 것이다.

학습의 개념

조직행동에서 학습(learning)이란 문자 그대로 어떤 행동을 배우고 익히는 것이다. 우리가 조직 내부뿐만 아니라 조직 밖의 생활에서 하는 행동의 대부분은 태어나서 지금까지 배우고 익혀 온

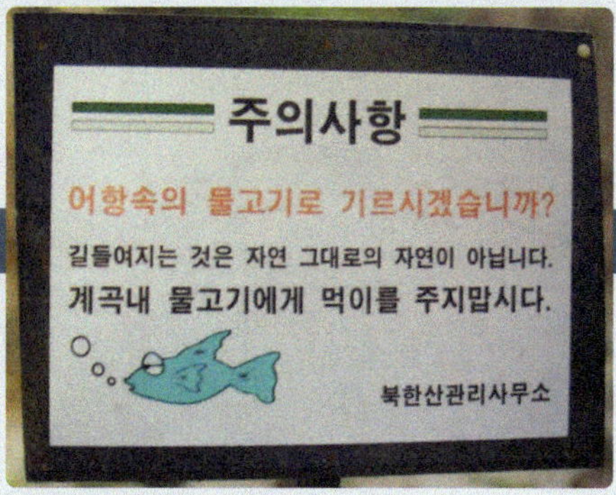

이야기 4.15 학습된 무기력

북한산 계곡에 사는 물고기들은 치열한 생존경쟁과 악조건의 자연환경 속에서 살아남는 법을 학습한 놈들이다. 그런데 계곡을 오가는 사람들이 먹이를 던져주며 인심을 쓰는 것은 이 물고기들에게 좋은 일이 아니다. 오히려 물고기를 무기력하게 만들어 종국에는 그들의 생명을 단축시킨다. 등산객이 주는 먹이만 받아먹으며 수영놀이나 하는 물고기들은 안락한 생활에 물들기 때문이다. 굳이 바위틈을 뚫고 애써 먹이를 찾아다니지 않더라도 때가 되면 과자부스러기가 하늘에서 떨어지니 신이 날 수밖에 없다. 그러다가 아예 먹이 찾는 습성을 잊어버릴지도 모른다. 동물원에서 태어난 맹수들이 야생성을 잊는 것과 같다. 그러다 날씨가 추워져서 등산객이 뜸해지고 계곡에 겨울이 오면 아무런 반응을 못 하고 그냥 죽어간다. 유능한 사원을 무기력하게 습관화시키는 것도 간단하다. 가능성이 무한한 A사원이 입사하여 B팀장 밑에서 일하게 되었다. 그런데 동료 팀원들을 보니 시키는 일만 하고 의욕이 전혀 없었다. 하지만 A는 두각을 나타내고자 며칠 밤을 새워 새로운 계획안을 만들어 내심 칭찬을 기대하고 B팀장에게 보고했다. 그러나 B팀장의 답은 의외였다. 이런 계획안은 전혀 현실성이 없고 시기적으로 맞지 않는다고 자세히 보지도 않았다. 이런 일들이 얼마간 반복된 후에 A는 B팀장을 설득하는 일은 쇠귀에 경읽기라는 사실을 깨달았고 소극적인 동료들의 행동이 모두 이해되었으며 A도 동료들처럼 변해갔다. 수년이 흐른 후에 민주적인 팀장이 새로 왔지만 학습된 무기력(learned helplessness)으로 인하여 창의적인 새로운 일이 무언지 모두 잊어버린 A는 여전히 소극적 자세로 시키는 것만 답습한다. 조직행동에서 학습을 다루는 이유는 좀 부족한 사원이라도 바람직한 행동을 습관화시키기 위해서이다. 일단 학습이 되면 누가 시키지 않아도 저절로 할 것이기 때문이다.

것들이다. 특히 조직에서는 일하는 법, 사람을 대하는 법, 새로운 기술 등을 항상 배운다. 그런데 조직행동과 관련하여 학습이라는 주제는 우리에게 바람직한 태도와 행동을 새롭게 배워 익숙하게 하려는 데 더 큰 관심이 있다.

어떤 사람은 직장에 나오면 매일 찡그리기만 하고 불평투성이인가 하면 또 어떤 사람은 언제나 명랑하고 일을 즐기는 것 같다. 어느 날 누가 사무실에서 일하며 불평할 때 우리는 언뜻 "고약한 직무라서 그런가 보다"라고 생각할 수도 있고 "아침에 부인하고 싸우고 와서 그런가 보다"라고 상상할 수도 있다. 그러나 그가 매번 무슨 일에나 그런 식으로 나온다면 "불평이 습관화돼서 그렇다"고 말할 수도 있다. 그러므로 직장에서 즐겁게 일하는 버릇, 타인과 사이좋게 지내는 버릇이 든다면 그보다 더 좋을 수는 없을 것이다. 학습이란 바로 좋은 태도나 행동의 '길들이기'를 말하며 버릇과 습관이 됐다면 이를 두고 '학습되었다'라고 표현한다. 이야기 4.15

학습의 속성

좀 더 정확히 말해서 학습(學習)이란 반복적인 연습이나 경험에 의해서 이루어진 비교적 영구적인 행동의 변화를 말한다. 이 문장에서 우리는 다음과 같은 학습의 구체적 개념과 속성을 알아볼 수 있다.

- 행동의 변화: 이는 습관들이기를 말한다. 이때 행동의 변화란 행동잠재력의 변화까지 포함하기 때문에 성격, 판단, 태도, 동기, 의도의 변화까지 포함한다. 이런 것들이 긍정적인 방향으로 변하는 것을 목표로 하지만 부정적인 것으로 변하기도 한다.

이야기 4.16 **유치원에서 학습한 것들**

내가 알아야 할 모든 것은 유치원에서 배웠다. 지혜는 대학이라는 산꼭대기에 있는 것이 아니라 유치원의 모래상자 속에 있다. 유치원에서 배운 것은 다음의 것들이다.

무엇이든 나누어 가져라. | 페어플레이 하라. | 남을 때리지 마라. | 물건은 항상 제자리에 두어라. | 남의 물건에 손대지 마라. | 남에게 상처를 줬으면 반드시 미안하다고 말하라. | 화장실을 쓴 다음에는 꼭 물을 내려라. | 따뜻한 우유가 몸에 좋다. | 세상 밖으로 나갈 때는 자동차를 조심할 것이며 서로 손을 잡고 의지하라. | 오후에는 꼭 낮잠을 자라. | 금붕어와 애완용 흰 쥐, 유리컵에 심은 작은 씨앗조차 모두 다 죽는다. 우리 역시 언젠가는 죽는다…….

"만약 우리 모두가, 아니 온 세상 사람들이 매일 오후 세 시쯤 유치원의 간식시간처럼 따뜻한 우유 한 잔과 과자를 먹고 나서 담요를 덮고 낮잠을 잔다면 전쟁도 테러도 없는 얼마나 좋은 세상이 되겠는가. 나이를 먹어 어른이 되더라도 세상 밖으로 나갈 때 서로 손을 꼭 잡고 의지하는 것이 좋다고 배우지 않았던가."

- 영구적 변화: 일시적인 행동변화는 학습이라고 볼 수 없다. 운전 중 휴대폰을 사용하던 시민들이 경찰단속이 심할 때만 규칙을 잘 지킨다면 학습이라고 볼 수 없다. 단속이 느슨해지면 다시 원점으로 돌아가기 때문이다. 그러나 강한 단속이 수년간 쉬지 않고 계속된다면 운전 중 휴대폰 사용은 아예 생각을 못 한다. 이는 영구적인 행동변화, 즉 학습으로 볼 수 있다.
- 연습과 훈련: 학습은 당사자의 경험이나 연습에 의한 것이어야지 신체적 발육과정에서 나타나는 행동변화 등은 포함하지 않는다. 갓난아기가 성장하면서 앉고 서고 걷고 하는데 이것은 학습된 행동변화라고 볼 수 없다. 그러므로 어린아이나 학생이나 직원들로 하여금 바람직한 행동을 저절로 하도록 습관화시키기 위해서는 어느 수준에 이를 때까지 그 행동을 반복하도록 하는 의도적인 전략과 노력이 요구된다. 이야기 4.16

2 학습이론

학습이론이라 함은 학습을 어떻게 시키는 것이 가장 효율적인 방법인지를 연구하여 찾아 낸 이론들이다. 학습을 시킨다는 의미는 누구에게 어떤 행동을 습관화시킨다는 뜻이다. 지금까지 거론된 효과적인 학습의 방법에는 여러 가지가 있지만 조직행동과 밀접한 학습과 관련된 이론 몇 개만 공부하기로 한다. 이들은 주로 어떻게 습관화되는지, 학습이 되는 과정(learning process)을 설명하려는 것들이다.

행동주의 관점: 조건화에 의한 학습

한때 모든 것은 행동으로 가능하다며 행동 자체를 강조하던 학풍이 유행하던 시기가 있었는데, 이들의 주장을 통틀어 행동주의(behaviorism)라고 칭한다. 어떤 행동이든지 행동의 결과는 있기 마련이며, 그 결과는 행동한 사람에게 좋은 것도 있고 나쁜 것도 있을 것이다. 그러므로 행동주의자들에 따르면 행동의 결과를 조절하면 차후의 행동을 변화시킬 수 있다고 믿는다. 그래서 특정

행동이 일어나도록 조건(여건)을 마련해 놓는 것을 조건화(conditioning)라고 하는데, 이렇게 조건을 마련하면 결과를 기대하고 특정 행동을 계속할 것이며 그러다 보면 그 행동이 습관화된다는 것이다. 조건화의 방법에 따라 고전적 조건화와 작동적 조건화라는 두 가지 방법이 있다.

고전적 조건화

가장 초보적이고 고전적인 방법으로서 파블로프(I. Pavlov)가 동물을 학습시킬 때 사용했던 방식이다.[34] 개는 고기(무조건자극)만 보면 침을 흘리는데(무조건반응) 고기를 줄 때마다 종소리(조건자극)를 들려주면 나중에는 종만 울려도 침을 흘린다(조건반응). 즉 무조건자극(고기)과 조건자극(종소리)을 연결시켜 고기 없이도 침을 흘리는 행동변화를 만든 것이다. 고전적 조건화는 짐승뿐 아니라 인간의 학습에도 자주 이용된다. 생리적이고 정서적 측면에서는 인간도 개처럼 고전적 조건화에 의해 습관화된 것이 한두 개가 아니다.[35] A사의 세탁기가 좋으면 A사 냉장고를 보고도 감탄한다. B사에 다니는 아무개가 싫으면 B사의 TV가 좋은데도 안 산다. 예를 더 들어보자. 어려서 독재적이고 무서운 아버지 밑에서 자란 김길동 사원은 최동길 팀장만 보면 두려워하고 피한다. 왜 무서운지 김길동 사원은 곰곰 생각해 보다가 최팀장도 아버지가 쓰던 같은 향수를 쓰고 있다는 사실을 발견했다. 즉 개에게 고기-종소리의 연결처럼 김길동에게는 향수냄새-무서운 아버지가 연결된 것이다. 그 냄새만 맡으면 무서운 아버지가 회상되어 피하는 것이며 심지어 최팀장에게 이유 없는 반감을 품기도 한다. 상품광고를 찍을 때는 왜 동네 옆집 아저씨를 쓰지 않고 비싼 모델료를 지불하면서 유명 배우를 세울까? 미녀와 자동차가 함께 있는 광고화면을 수십 번 본 사람이 나중에 자동차를 사려고 매장에 들러 그 차를 보면 미녀가 함께 연결되어 그 차를 사고 싶은 충동이 생긴다. 고전적 조건화(classical conditioning)를 통해 고객을 학습시킨 것이다. 이러한 학습은 일상생활에서 우리가 모르는 사이에 지속적으로 행해진다. 도표 4.4

도표 4.4 고전적 조건화

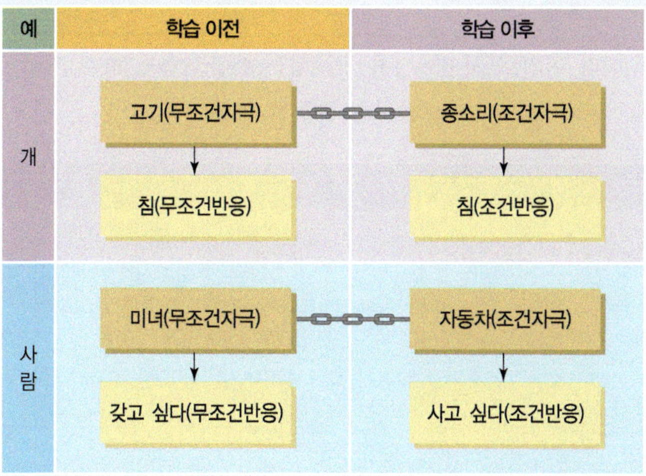

작동적 조건화

파블로프와 동시대의 미국인 학자 선다이크(E.L. Thorndike)는 고양이와 토끼를 가지고 한 실험에서 "기쁜 결과(보상)를 얻는 행동은 반복되고 나쁜 결과(벌)를 얻는 행동은 반복되지 않는다"라는 효과(결과)의 법칙(law of effect)을 발견했다.[36] 스키너(B.F. Skinner)는 선다이크의 효과의 법칙을 한층 발전시켜 인간행동이 단순한 자극(stimulus: 조건)과 자극의 연결도 아니고 자극에 의한 자동반응이 아니라고 한다. 즉 사람들은 반응행동(response)의 결과(consequence: 보상)를 이성적으로 예측한 후에 하는 것이기 때문에 그 결과를 도구로 사용하여 계속 행동하게 시키면 그 행동을 습관화할 수 있다고 했다.[37] 애완견이 정해진 곳에 배변행동을 하면 먹이를 주며 쓰다듬어 주고, 엉뚱한 곳에 배변하면 호통을 친다. 이를 계속하면 나중에 애완견의 배변행동은 바람직하게 습관화된다. 일을 열심히 한 부하직원을 칭찬하고 포상하는 것도 동일선상에서 해석할 수 있다. 도표 4.5

도표 4.5 작동적 조건화 과정

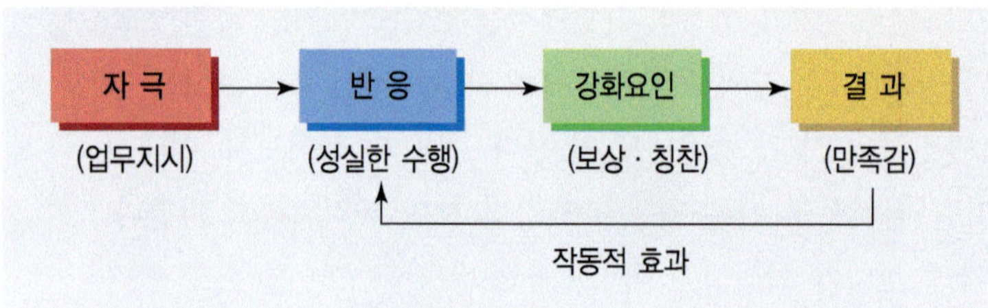

고전적 조건화와의 차이점은 학습자의 반응(행동)의 결과가 일어나기 전에 행동을 먼저 한다는 데 있다. 단순한 반응이란 자극에 대하여 반사적으로 취하는 행동(예: 뜨거운 것이 손에 닿으면 얼른 손을 뗀다)이지만 작동적 행동이란 결과를 위해 의식적으로 하는 행동이다. 그러므로 작동적 행동을 유발하기 위해서는 결과를 조장해야 하고 그 결과를 얻기 위해 작동적 행동을 계속하다 보면 학습이 되는 것이다. 즉 능동적 행동을 하도록 조건을 만드는 것이 작동적 조건화(operant conditioning)이다.[38] 이야기 4.17

인지적 관점: 이성과 정신활동

인지적 접근(cognitive approach)이란 인간의 사고과정을 강조하는 학풍으로서 학습도 이성적인 정신활동으로 스스로 깨달으면서 어떤 행동을 반복하여 습관화한 결과라고 본다. 즉 이 부류

이야기 4.17 예술의 탄생

3만 7천 년 전부터 약 1만 년에 걸쳐 크로마뇽인들은 남프랑스 쇼베(Chauvet) 동굴에 수백 마리의 짐승 그림을 그려왔다(**사진**). 어두운 동굴에서 요즘 같은 물감과 도구도 없이 그렇게 많은 것을 그리는 게 쉽지 않았을 텐데 이유가 무엇이었을까? 그림에 제사를 지내고 사냥을 나가면 좀 더 많이 잡았을까? 아무리 원시인이라도 몇 번 속으면 알아차릴 것이지 1만 년이라는 긴 세월 동안 계속 신에게 속지는 않았을 것이다. 그렇다면 왜 그렇게 많이 그렸을까? 아마도 사냥 경험자들은 미성년자나 무경험자들에게 갖가지 동물을 그려놓고 어디가 급소이며 어디를 맞춰야 되는지, 이렇게 생긴 것은 위험하니 접근하지 말라든지, 저렇게 생긴 것은 쉽게 잡을 수 있다든지를 가르쳤을 것이다. 그리고 실제로 동굴 안에서 그림을 모델로 창으로 찌르고 돌로 치는 훈련을 하면서 사냥술도 익히고 체력도 훈련시키고 용기도 북돋아 주었다. 수만 년 계속된 훈련이었다. 실제로 라스코나 알타미라 동굴의 동물그림의 급소 부분은 돌로 수백 번 맞은 흔적도 많다. 즉 먹고 살기 위한 사냥을 위해 원시인들에게 머리(지식)와 가슴(용기)과 신체(체력)의 학습과 훈련을 위한 그림이 필요했던 것이다. 결국 예술은 여유가 아닌 배고픔에서 탄생했을 수 있다는 추론이 가능하다. 효율적 사냥을 위한 동굴학교의 학습행동을 엿볼 수 있다.

의 학자들은 학습할 때 거치는 생각의 방식이나 정신적인 정보처리 과정을 중시한다. 톨만(E.C. Tolman)의 실험이 대표적인데 그는 미로 속에 쥐를 넣고 목표지점에 음식을 놓았다. 쥐가 목표지점을 찾아 음식을 먹기까지 처음에는 시간이 많이 걸렸지만 이를 반복할수록 시간이 단축되었다.[39] 쥐가 갈림길이 나오면 어느 쪽을 선택해야 할지 정해야 하는데 그때 이전의 길을 회상하는 정신작용 내지는 이성작용을 하면서 점차 성공확률을 높인다는 사실을 관찰했다. 인간도 조직에서 이 같은 방식으로 학습을 한다.

은행에 처음 입사하여 대출업무를 맡은 행원이 있다고 치자. 처음에는 찾아온 고객에게 대출을 해줘야 할지 말아야 할지를 판단하기 어려웠을 것이며 최종 결정까지 시간도 많이 걸렸을 것이다. 하지만 여러 번 많은 고객을 상대하면서 이런 업무를 반복할수록 이전의 경험을 회상하고 접목시키면서 점점 올바른 결정을 더 빨리 내리는 경지에 이를 수 있다. 여러 번 반복하면서 대출업무에 관한 인지적 틀을 머리에 새겨놓은 것이다. 이를 두고 그가 대출업무를 학습했다고 말할 수 있다. 이러한 학습과정에는 이성적인 사고과정이 많이 동원되었다고 볼 수 있다.

사회적 관점: 타인관찰과 모방

사회적 학습(social learning)도 역시 이성을 이용하기는 하지만 인간은 사회적 동물이기 때문에 항상 사회적 관계를 갖는다. 즉 집단 속에서 함께 살아간다. 그러면서 자신이 직접 겪어보지 않더라도 남들을 보고 모방하면서 특정 행동을 습득하는, 혹은 폐기하는 학습방식이다.[40] 회사에 갓 입사한 신입사원은 누가 기르쳐주지 않아도 선배나 동료를 관찰하면서 옷은 무엇을 입고 전화 받을 때는 어떤 멘트를 하는지 등을 학습한다. 즉 직접 행동의 결과(포상 혹은 처벌)를 보고 생각해서 판단하는 것이 아니라 타인을 관찰하면서 자신의 생각과 감정, 느낌을 이용한 모방행동을 통해서 학습을 한다. 신입사원 P씨는 입사 첫날 지각을 한 다른 사원이 상사로부터 꾸지람 듣는 것을 보며 늦게 오면 안 된다는 사실을 깨닫는다. 그래서 계속 일찍 출근하다 보면 얼마 후엔 조기출근이 몸에 배는데 이것이 모방학습이다. 즉 자기가 직접 겪지 않고도 타인의 경우를 보면서 이성적으로 생각해서 할 것 안 할 것을 판단하며 모방하는데 반두라(A. Bandura)는 이 과정을 사회적 학습(social learning)이라고 주창하였다. 당연히 타인행동을 관찰한 후에 좋은 결과를 낳은 행동은 모방하고 나쁜 결과를 야기한 행동은 회피할 것이다. 이를 모방학습 혹은 대리학습이라고 한다.[41]

3 학습이론의 적용: 행동의 변화

학습이론을 조직관리에 적용한 사례는 적지 않다. 교육훈련을 실시하고 새로운 보상시스템과 360도 피드백 평가시스템을 도입하는 것도, 그리고 사원들의 아이디어 개발을 촉진하기 위한 학습조직을 만드는 것도 모두가 학습이론을 적용한 것이다. 교육훈련과 보상·평가 시스템은 인사관리에서, 학습조직은 이 책의 마지막 장에서 공부하기로 하고 여기서는 강화이론과 행동수정모델에 관해서만 배우기로 하자.

강 화

앞에서 살펴본 스키너의 작동적 조건화 원리를 이용하여 개인의 행동을 증가 또는 소멸시킬 수 있는 학습기법들이 개발되었는데, 이에 의한 행동변화 방법을 강화(reinforcement)라고 한다.[42] 강화는 조직구성원의 행동뿐만 아니라 소비자의 구매행동을 강화하는 등 여러 방면에서 행동의 강화에 적용되는 개념이다.[43]

강화된 행동과 인지적 행동

강화된 행동은 인지적(cognitive) 결과라고 볼 수 없는데, 예를 들어 누가 길을 가다가 오만 원짜리 한 장을 주웠고 다음 날도 또 한 번 주웠다고 하자. 그는 다음부터 길을 걸을 때 땅을 더 쳐다본다. 왜 그럴까? 두 가지로 설명이 가능하다. 첫째는 오만 원이라는 돈이 그에게 가치가 있으니까 혹시나 하면서 땅을 쳐다보며 걷기로 이성적으로 판단했기 때문이다. 이것은 인지적 행동이다. 둘째는 그가 처음 땅을 쳐다보았을 때 오만 원을 주웠고 또 쳐다보니 또 주웠기 때문에 저절로 땅을 쳐다보고 걷게 되었다. 오만 원에 의해 땅 쳐다보는 행위가 저절로 강화되었다고 볼 수 있다. 즉 외부환경(돈을 주운 것)에 의해 강화된 행동이라고 설명할 수 있다. 이야기 4.18

강화의 법칙

앞에서 본 작동적 학습과정을 보면 외부의 환경적 영향을 받아 자극에 대한 반응행동이 있게 되고 그 행동의 결과가 뒤따르게 되는데 사실은 외부자극에 대하여 아무렇게나 반응하는 것이 아니라 여러 가지 반응행동 중에서 긍정적 결과를 가져오는 행동은 강화되고 부정적 결과를 가져오는 행동은 소멸되는 것이다. 여기서 강화요인(reinforcer)이라 함은 작동적 행동을 유도해 내는 특

이야기 4.18 할아버지의 강화이론

옛날 어느 마을에 금슬 좋기로 소문난 노부부가 살고 있었다. 자식도 없이 단둘이라서 서로가 서로에게 잘해 주면서 행복하게 살고 있었다. 그러던 어느 날 할아버지가 병들어 몸져눕게 되었고, 그러자 상황이 바뀌었다. 할아버지가 할머니에게 약 봉투를 가져다 달라고 야단을 치고 약 먹을 물이 왜 이리 뜨겁냐고 짜증을 내곤 했다. 하루는 이웃 친구가 놀러 왔다가 이 광경을 보고 할아버지에게 몰래 나무랐다. "자네도 죽을 때가 되었으니 할멈에게 옛날보다 더 잘해야지 왜 그리 핀잔만 주는가?" 그러자 할아버지는 조용히 대답했다. "우리 할멈이 마음이 아주 여리다네. 내가 죽으면 그 여린 마음으로 나를 그리워하면서 어떻게 혼자 살겠는가. 그래서 내가 죽기 전에 홀로서기를 훈련시키려고 그런다네."

정 행동의 결과로서 그 결과에 따라 개인의 행동은 여러 형태로 수정될 수 있다. 도표 4.6

도표 4.6 강화의 유형

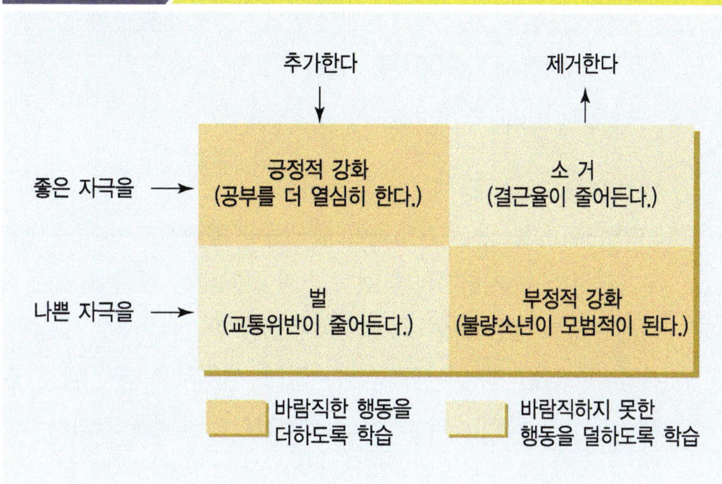

- 긍정적(적극적) 강화(positive reinforcement): 어떤 행동을 더욱 많이, 또는 계속해서 하도록 유도하기 위해 긍정결과를 제공하는 방법이다. 서비스가 많으면 그 상점에 자주 간다든지 인사고과점수가 높으면 더 열심히 일하게 되는 경우가 그것이다. 직원들에게 새로운 직무를 훈련시킬 때도 전자게임으로 하든지 픽션으로 꾸며서 재미있도록 한다면(긍정결과) 더 큰 효과를 얻을 수 있다.[44]
- 부정적(소극적) 강화(negative reinforcement): 어떤 행동을 더욱 많이 또는 계속 반복하도록 유도하기 위해 부정결과를 제거해 주는 방법이다. 생산실적이 올라간 사원들에 대해서 벌점을 제거해 준다든지 혹은 잘못했기 때문에 계속 괴롭혀 왔는데 조금 나아지니까 괴로운 자극(부정결과)을 줄여주었다면 소극적 강화를 통하여 나쁜 행동이 개선되도록 강화시키는 방법이다.
- 벌(punishment): 어떤 행동을 줄이거나 중지하도록 하기 위해 부정결과(부정자극)를 제공하는 방법이다. 범죄자에 대한 벌이 그 대표적인 예이다. 하지만 벌이 때로는 역효과(즉 나쁜 행동이 더욱 강화됨)를 가져올 수 있으므로 신중히 가해져야 한다.[45]
- 소거(消去: extinction or omission): 어떤 행동을 줄이거나 중지하도록 하기 위해서 제공되던 긍정결과를 제거하는 방법이다. 판매실적이 줄고 있는 사원에게 주고 있던 보너스를 삭감시키는 것이 소거이다.[46]

조직행동의 수정

행동수정의 과정

작동적 조건화를 체계적으로 사용하여 중요한 행동을 학습시키고 강화하는 것을 조직행동의 수정(OB MOD: organizational behavior modification)이라 한다.[47] 그 기본적 단계는 다섯 단계로 나눈다. 예를 들면 나태해서 지각을 자주 하는 사원들을 정시에 출근하도록 변화시키고자 할 때 다음의 과정을 따른다.

- 1단계: 새롭게 학습시킬 행동 선정(정시출근 행동)

- 2단계: 빈도의 관찰과 측정(자주 지각한다는 사실의 인지)
- 3단계: 원인 분석(잦은 지각의 원인은 상벌이 없기 때문)
- 4단계: 전략 사용(정시출근자에게 포상 실시)
- 5단계: 빈도 측정(사원들이 정시에 출근)

행동수정의 윤리적 관점

OB-MOD로 많은 기업들이 생산성을 향상시키며 성공하고 있지만, 한편으로는 OB-MOD가 개인의 위신을 저하시키며 선택의 자유를 막는 것이 되기도 하고 몰개성화를 가져온다는 비난을 받기도 한다. 왜냐하면 최적의 행동모델 한 개로 모든 구성원을 유도해나가기 때문이다. 따라서 기업이나 일반 직장에서 이러한 기법을 실제로 적용할 때는 조직 구성원들로 하여금 자신들이 착취의 대상이 되거나 피동적으로 끌려간다는 생각을 가지게 해서는 안 되고 오히려 리더나 경영진과 상호신뢰를 바탕으로 실시되어야 한다. 조직 구성원들도 개방적 분위기에서 동기부여된 상태로 행동수정이 진행되는 것이 좋다. 그렇게 되려면 수정된 행동으로 더 많은 보상을 받을 수 있다는 확신을 갖도록 포상제도 등 실질적인 후속조치가 필요하다. 이를 꾸준히 시행할 때 조직 구성원들은 새로 수정된 행동이 더 좋다는 확신을 갖게 되고 결과적으로 행동론자들의 주장대로 행동변화가 태도변화까지 유도한 셈이 되어 직접 관리감독의 부담이 줄어드는 것이다.

조직사회화

우리가 아무리 많은 경력과 지식을 겸비하고 어떤 회사에 입사했다고 하더라도 회사에 잘 적응하려면 또 많은 것을 배워야 한다. 사무실에서 커피는 그냥 마시는지 돈 내고 마시는지의 사소한 문제부터 크게는 고객에게 얼마나 헌신적으로 봉사해야 하는지 등 완전한 회사원이 되기 위해서는 많은 것을 학습해야 하는데, 이러한 과정을 조직사회화(organizational socialization)라고 한다. 즉 조직사회화란 조직생활에 필요한 요령을 익혀나가고 조직이 중요한 것들을 실제로 중요하다고 인식하게끔 학습하고 훈련하는 과정이다.[48]

이러한 조직사회화가 잘 되어 있으면 그 사원의 직무몰입과 헌신도 강해진다.[49] 그뿐 아니라 신입사원의 조직사회화 과정이 효과적이면 그는 쉽게 회사에 적응할 것이요 그 반대라면 그는 오랫동안 시행착오를 겪으면서 회사에 누를 끼칠 뿐만 아니라 자신도 불만스럽게 지내다가 결국은 회사를 떠날 수도 있다. 그러므로 회사에서는 소위 조직사회화 전략을 잘 만들어 신입사원과 서로 이질적인 구성원들에게 회사의 정책을 동화시키는 노력이 필요하다. 하지만 반대로 톡톡 튀는 개인들의 개성을 말살시키고 회사의 표준행동만 따르게 한다면 나중에는 모두 획일화되어서 급변하는 글로벌 시대에 창의적 소양과 혁신적 행동이 부족한 비효율적 조직을 만들 수도 있기 때문에 조심해야 할 것이다.

5장

감정: 감정행동/감정조직/스트레스

ORGANIZATIONAL BEHAVIOR

Ⅰ. 감정의 세계
Ⅱ. 감정과 조직생활
Ⅲ. 스트레스

▶ 사진설명

종교의 가르침은 사랑인데 인간은 종교를 빙자하여 전쟁을 한다. 그들은 보이지 않는 신에게 맹세도 하고 위로도 받으며 상대편을 무자비하게 죽이기도 한다. 누가 인간을 합리적이고 이성적이라고 했던가? 인간의 역사는 이성이 아닌 감정의 역사이다.(이스라엘 군인에게 항의하는 가자지구 시민)

ORGANIZATIONAL BEHAVIOR

감정은 사랑할 때나 슬플 때만 일어나는 것이 아니라 백화점에서 물건을 살 때, 회사에서 의사결정을 할 때도 작용한다. 감정은 우리의 사적·공적인 모든 생활을 지배한다. 인간은 이성적이기 이전에 감정의 동물이다. 그런데 인간의 감정활동은 대물관계보다 대인관계에서 더욱 두드러진다. 물건은 싫어도 그냥 사용하지만 사람이 싫으면 좀처럼 참기 어렵다. 조직에서의 인간행동이 거의 대인관계 행동임을 감안한다면 인간의 감정이 조직행동에 얼마나 많은 영향을 미칠 것인가에 대해서는 상상하고도 남는다.

하지만 조직행동 분야에서 감정과 관련된 연구는 그리 많지 않다. 나의 감정을 어떻게 드러내고 남의 감정을 어떻게 알아차리는지 그 방법을 잘 알면 좋은데 이를 설명해 주는 이론이 부족하다. 그러나 최근 들어 복잡한 감정세계가 인간행동과 어떤 관계가 있는지 설명하려는 연구가 늘고 있으며 그 필요성 또한 증대되고 있는 만큼 조직행동 교과서에서도 감정이라는 주제를 하나의 장으로 다루게 되었다.

한편 현대인들이 가장 많이 사용하는 단어 중 하나가 스트레스라는 말이다. 스트레스는 당사자는 물론이고 그 주변 사람들과 업무성과에도 직간접적으로 많은 영향을 미친다. 이 장에서는 조직행동에 많은 영향을 미치는 감정과 스트레스의 속성과 관리방법을 공부해 본다. 이 분야에 관한 기초지식을 습득함으로써 조직행동의 이해를 조금이나마 촉진할 수 있으며 새로운 학문분야에 관한 학생들의 감수성을 싹트게 한다는 의미에서 이 장을 삽입했다.

I | 감정의 세계

감정은 우리의 일상생활 전부를 지배하고 있음에도 불구하고 공기나 물처럼 당연한 것으로 여겨지고 등한시되었다. 감정에 대해 우리가 잘 알고 있는 것 같지만 정확하게 알고 있는 것은 많지 않다. 그러나 최근에 많은 관심이 집중되면서 여러 연구결과물이 쏟아져 나오고 있는데 너무 어렵고 전문적인 내용은 피하더라도 조직행동과 연결된 주제들에 대해 개괄적으로 소개할 것이다. 우선 감정에 대한 기초지식을 훑어보고 진행하기로 한다.

1 감정에 대한 이해

조직행동에서의 감정연구는 성격이나 태도에 대한 연구보다 왜 뒤늦게 출발했을까? 감정과 기분은 같은 말인가? 감정에는 어떤 종류가 있으며 무엇이 우리의 감정을 좋게도 나쁘게도 만드는가? 이러한 내용에 대해 기본적인 상식들을 배워 보자.

조직행동과 감정연구

우리는 기왕이면 월급이 많은 회사에 지원하려고 애쓰는가 하면 상급자가 나보다 영향력이 크다는 것을 알면 그에게 잘 보이려고 노력한다. 능력 있는 동료사원이 언젠가는 내게 도움이 될 가능성이 크기 때문에 그에게는 평소에 잘해 준다. 이처럼 인간은 매우 이지적이고 계산적이다. 또한 합리적이며 이성적이다.

그러나 조직에서 우리가 하는 행동이 항상 계산적이고 이성적인 것만은 아니다. 화가 나면 손익을 따지지 않고 상사에게 대들기도 하고 기분이 좋으면 보상과 관계없이 열심히 헌신하기도 한다. 또한 인간 누구에게나 양심이란 것이 있는데 감정은 우리의 양심과도 통한다. 붐비는 전철에서 서 있는 노약자 앞에 그냥 앉아 있는 젊은이를 보면서 화가 난다면 그 이유는 우리가 잠깐 도덕적으로 변하기 때문이다.[1]

감정에 대한 관심의 증가

과거에는 조직의 감정연구가 조직문화, 직무태도, 스트레스 등에 한정되어 있었다. 예를 들면

이야기 5.1 고객감동의 위력

미국 코네티컷주의 웨스트하트포트에 위치한 유기농 식품매장인 홀푸드마켓(Whole Foods Market)에는 크리스마스 시즌을 맞아 고객들로 붐비고 있었다. 그런데 갑자기 전산 고장으로 계산 시스템이 전면 중단되었다. 점원들은 당황했고 고객들이 웅성거리기 시작했다. 얼마 안 되어 총괄매니저의 목소리가 스피커를 타고 매장에 흘러나왔다. "저희의 잘못으로 고객님들의 귀중한 시간을 빼앗아서 죄송합니다. 단시간 내에 회복이 어려울 것 같습니다." 고객들이 불평하려는 찰나에 계속해서 방송이 나왔다. "지금 고객님의 카트에 실려 있는 식품은 그냥 갖고 가시기 바랍니다. 혹시 그냥 갖고 가시는 것이 부담되시는 고객께서는 그 값에 해당되는 만큼을 자선단체에 기부해 주시기 바랍니다." 이 소식은 바로 다음 날부터 입소문을 탔다. 언론에서도 '고객과 사회를 생각하는 기업'이라고 전국으로 방송했다. 홀푸드마켓은 그날 약 4천 달러 정도의 손실로 40만 달러 이상의 홍보 효과를 거두었다. 2017년에 우리 돈 15조 원을 받고 아마존과 합병한 이 식품 유통회사는 이제는 온라인 택배로도 모든 것이 가능하며 직접 매장에 가더라도 카트를 밀고 들어가서 식품을 골라 싣고 그냥 나오면 자동으로 계산이 되는 시스템으로 탈바꿈해 가고 있다.

직무만족을 직무환경 개선에 의한 즐거운 감정상태라고 한다든지 감정적 태도를 동기부여의 중요한 요인으로 본다든지 하는 데 불과했다. 그러나 현대에 와서 감정적 사고가 의사결정에 미치는 영향이 크다는 견해가 대두되고 감정의 전이, 무의식적인 혹은 감정적 리더십의 영향, 감정노동, 소비자의 구매결정과 기업이미지에 미치는 감정의 영향 등 많은 연구가 이루어지면서 감성마케팅, 행동경제학, 감성정치 등의 분야로까지 그 중요성이 확장되고 있다. 이야기 5.1

감정연구는 왜 뒤처졌을까?

감정이 우리의 일상생활은 물론 조직생활이나 경제생활에 지대한 영향을 미침을 알면서도 조직행동은 물론 경제학이나 법학 등 사회과학에서 그동안 별로 다루어 오지 않았던 이유가 무엇일까? 아마 다음과 같은 서너 가지 이유에서였을 것이다.

첫째, 경제학이나 경영학에서 그간 인간의 합리적이고 이성적인 측면만 강조하는 관점을 유지해 왔다는 데 이유가 있다. 이들 학문은 시장에서 물건을 살 때나 생산을 위해 노동을 할 때 인간은 최소의 비용으로 최대의 효과를 얻으려는 합리적 인간이라고 전제하였다. 특히 경영학에서의 과학적 관리법이나 경제학에서의 최적화의 원리는 '효율과 능률'만이 인간에게 좋은 것이고 감정을 내세우면 비논리적이거나 비학문적이라고 평가 절하되었다.

그러나 인간은 돈과 관련되는 결정이라도 감정을 개입시킨다. 어느 최후통첩게임(ultimatum game) 실험에서 긍정감정을 가진 참가자는 상대의 제안을 더 쉽게 수락하는 편이었고 부정감정을 가진 참가자는 상대에게 더 많이 제안하는 편이었다. 나아가 부정감정 상태의 참가자는 더 많은 돈을 걸고 내기를 제안했다. 이것은 무엇을 의미하는가? 돈과 관련된 결정임에도 불구하고 사람들은 합리성이나 경제성이 아닌 당시의 기분에 따라 움직인다는 사실이다.[2]

둘째, 감정에 대한 부정적인 시각을 들 수 있겠다. 우리는 지금도 흔히 감정을 추스르라고 곧잘 얘기한다. 감정을 억제하고 이성을 찾으라고 말한다. 감정이 앞서면 효율적으로 일을 할 수 없으며 대인관계도 제대로 할 수 없다고 여긴다. 즉 감정을 무조건 나쁜 것으로만 취급해 왔다. 다시 말해

감정을 활용해서 직무활동이나 조직행동을 더욱 향상시킬 수 있다는 점은 간과했던 것이다. 물론 감정 때문에 조직행동(예를 들면 대인관계)이 더 악화되는 경우도 있지만 그 반대의 경우도 많다. 설령 더 악화된다고 하더라도 감정을 배제하고는 우리가 조직행동을 완전히 이해하기 어렵다.

셋째, 인간의 감정은 참으로 복잡 미묘해서 쉽게 관찰하거나 접근하기 어려웠기 때문이다. 따라서 학자들의 연구도 별로 없었고 있다 하더라도 서로 상충된 연구이거나 완전히 입증되지 않은 개인적 주장들만 많았다. 그러나 최근 들어 심리학, 사회학, 인류학 연구자들과 조직행동 연구자들의 학제간(學際間: interdisciplinary) 수렴을 통해 조직에서의 감정연구에 대한 틀을 잡아가고 있다.

감정과 기분은 같은 것인가?

학자들은 우리들 마음의 느낌을 감정(emotion)과 기분(mood)이라는 두 가지 유형으로 구분하여 설명하고 있다. 하지만 이 두 가지는 모두 머리의 이성이 아니라 마음의 느낌이라는 점에서 이성과는 반대되는 하나의 범주에 들어가는데 이를 일컬어 정서(affect)라고 할 수 있다. 즉 정서란 사람이 경험하는 모든 종류의 느낌을 포괄하는 심리적인 개념으로서 감정과 기분을 포함하는 용어이다.[3]

감정: 구체적이다

감정이란 어떤 대상(사람, 사물, 사건)에 대해 반작용으로 생겨나는 느낌(feelings)이다. 신나고 행복하고 겁나고 기쁘고 흥분되고 상처받고 떨리는 느낌은 모두 우리의 감정이다. 동료에게 이용당하면 화가 난다든지 친한 동료가 퇴직하면 우울해지는 것도 감정이다. 다음은 감정의 속성이다.

- 감정의 대상: 감정은 항상 원인이 있으며, 그 원인은 감정을 변화시킨 요인인데 예를 들면 상사, 거래처, 승진, 사건·사고 등이다.
- 6가지 유형: 감정의 종류는 분노, 공포, 기쁨, 사랑, 슬픔, 놀람의 여섯 가지 유형으로 나눌 수 있다.[4] 도표 5.1
- 공통적 요소: 감정의 속성은 세계 공통이다. 예를 들면 감

도표 5.1 감정의 6가지 범주

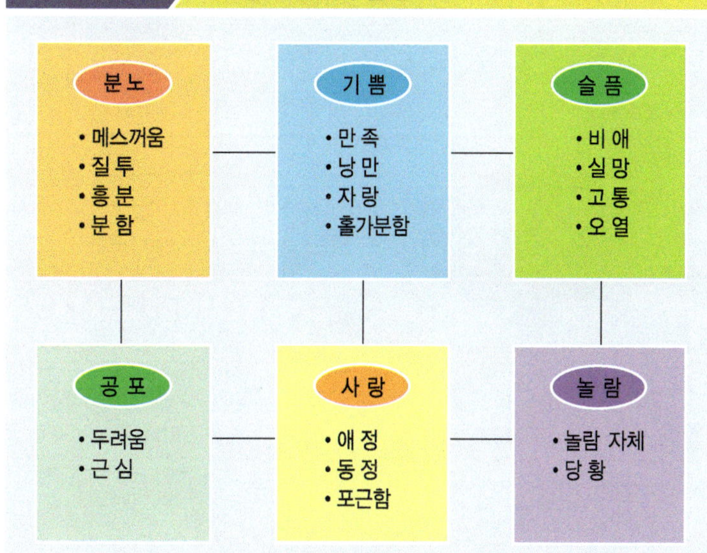

정들의 범주화를 위한 요인분석 결과 미국, 동유럽, 아시아인의 경외감이나 즐거움 등의 감정을 구성하는 하위요소들은 모두 유사하다.

- 문화적 차이: 짜증 날 때 얼굴을 찡그리고 두려울 때 눈을 크게 뜨는 등 감정의 표현방법은 세계 공통이지만, 내면의 감정을 어느 정도까지 발산하고 또 남들이 어디까지 수용하느냐는 문화에 따라 다르다. 예를 들면 미국인보다 중국인의 감정표현은 훨씬 약하다.

기분: 추상적이다

감정은 특정 대상이나 사안에 대해 느끼는 것이지만 기분(mood)이란 특정한 대상 없이 그저 막연히 가지는 느낌이다. 그러므로 감정은 구체적 원인이 있으나 기분은 구체적 원인을 찾기 어렵다. "상급자가 날 무시해서 화가 난다"는 감정이지만 "오늘은 어쩐지 맥이 없다"면 기분을 말하는 것이다. 그러므로 기분은 한 개인의 일상 행동 저변에 흐르고 있는 기본적 느낌이라고 할 수 있다. 이처럼 기분은 감정보다 더 미묘하고 막연해서 확실하게 파악하기가 어렵다. 단지 감정은 대상이 달라지면 먼저 변하고 기분은 그 뒤를 이어 서서히 변한다.

문제는 기분이 조직행동과 직무성과에 영향을 미치기 때문에 중요한 관리변수가 된다는 점이다. 기분 나쁜 상태에 있을 때보다 기분 좋은 상태에 있을 때 직무만족도가 높았다는 조사보고가 있으며, 구체적으로 기분이 좋을 때라야 다른 사람의 직무성과에 더 높은 점수를 준다고 대답하였다. 그뿐만 아니라 직무에 만족하든지 기분이 좋아야 남을 돕기도 하고 협조도 한다. 조직은 무슨 일을 혼자 하기보다 서로 협조해야 하기 때문에 일단은 기분 좋은 사람들로 채워져 있어야 조직성과도 올릴 수 있다. 이야기 5.2

이야기 5.2 사랑은 화학이다

인간의 모든 감정처럼 사랑도 어디까지나 두뇌의 화학적 작용이다. 사랑의 감정을 조절하는 기관은 뇌의 시상과 시상하부 뇌하수체로 이뤄진 변연계로 알려져 있다. 사랑에 빠진 사람은 여기서 도파민, 페닐에틸아민, 엔도르핀 등의 신경조절물질과 호르몬이 분비되고 이에 따라 감정이 솟는다. 도파민이 생성되면 애인의 얼굴을 보는 것만으로도 행복해지고, 이어서 페닐에틸아민이 생성되면 이성으로 제어하기 힘든 열정에 사로잡힌다. 그래서 사랑에 미쳤다는 말은 틀린 말이다. 왜냐하면 이미 이성을 잃고 감정에 빠진 상태가 아니라면 진정한 사랑이 아니기 때문이다. 다음엔 뇌하수체에서 옥시토신이라는 호르몬이 분비되고 엔도르핀이 나오는데 이는 일종의 마약과 같은 물질로 통증을 없애주고 즐거움과 기쁨을 안겨 주는 작용을 한다. 따라서 사랑을 잃고 우울증과 정서불안에 빠지는 것은 엔도르핀 부족 때문이다. 만약 사춘기 이전에 뇌하수체 종양 때문에 수술을 받은 경우라면 뇌하수체에서 옥시토신이 분비되지 않으므로 사랑에 빠질 수 없다. 덕분에 그는 사랑의 비극도 피할 수 있을 것이다.

2 감정의 유형과 원천

감정의 종류

감정과 기분의 기본적 요소들

인간이 살면서 경험하는 감정은 몇 가지나 될까? 당혹감, 사랑, 기쁨, 뿌듯함, 질투, 메스꺼움, 열정, 좌절감, 공포, 자긍심, 희망, 미움, 애석함 등등 이루 헤아릴 수 없다. 최근에는 도덕적 양심에서 나오는 불쌍한 사람에 대한 동정심이나 비양심적 행동을 했을 때의 죄책감 같은 소위 도덕적 감정에 관련된 것들에까지 관심을 넓히고 있다.[5] 그래서 어느 정도의 범주로 분류할 것인지에 대해서 학자들의 의견도 수없이 많다. 우리는 대개 학자들이 동의하는 대표적 분류를 따르는 것이 좋지만 그 분류가 중요한 것은 아니다. 내가 느끼는 다양한 감정들이 그것들과 유사하면서도 꼭 일치하는 것은 아니기 때문이다. 대표적으로 감정은 분노, 공포, 기쁨, 사랑, 슬픔, 놀람의 6가지 범주로 나뉘는 것이 보통이며 다른 잡다한 감정들은 모두 이 중 하나의 친척뻘이라고 생각하면 될 것이다. 이처럼 감정의 '종류'도 다양하지만 동일 종류라고 하더라도 '크기'에 따라 또 다르다. 예를 들면 기쁜 감정이라고 하더라도 자기가 원하는 식당을 찾았을 때의 기쁨과 납치됐던 자녀가 돌아왔을 때의 기쁨은 다르다. 물론 동일한 사람이라도 어떤 상황일 때 자녀가 돌아왔는지 또는 부모가 어느 문화권의 사람인지에 따라서 기쁨의 형태는 똑같지 않다. 결론적으로 감정의 종류는 무수하다고 할 수밖에 없다. 그런데 우리의 행동(조직행동을 포함해서)은 어떤 종류의 감정인가에 의하여 영향을 받으며 또한 그 크기가 어느 정도인가에 따라서도 영향을 받는다. 도표 5.2

도표 5.2 긍정적·부정적 감정

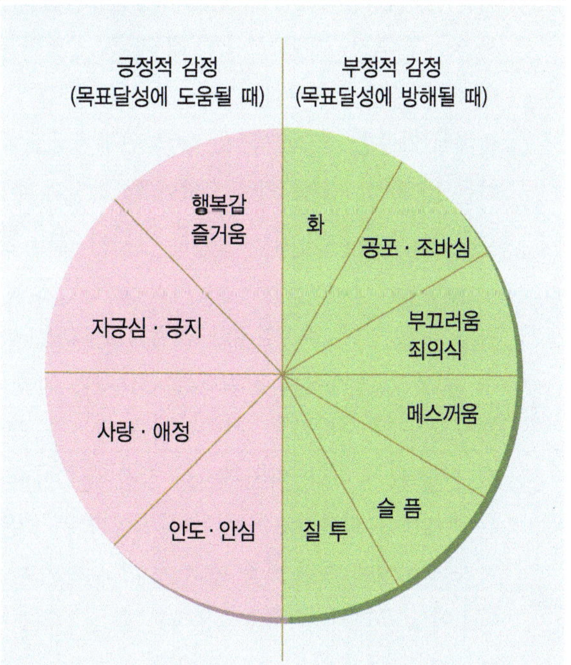

긍정감정과 부정감정

하지만 6가지 범주로 분류된 감정도 크게 보면 행복, 기쁨, 안락 등의 긍정감정과 슬픔, 증오, 고통 등의 부정감정으로 구별된다. 놀람이라는 감정은 긍정적인가 부정적인가? 가족의 사고 소식을 듣고 놀라는 감정은 부정적이지만 복권에 당첨된 소식을 듣고 놀란다면 긍정감정이다. 이처럼 '놀람' 자체가 긍정이냐 부정이냐가 아니다. 감정이 긍정이냐 부정이냐는 당사자의 목표와 일치 여부로 판단한다. 즉 자신이 지향하는 목표가 달성되면 긍정감정이 생긴다. 자기가 원하던 대학에 합격하면 당연히 긍정감정이 생기는데 이는 자기의 목표와 일치했기 때문이다. 다시 말해 개인목표를 기준으로 한 것이지 사회적으로 바람직한지는 중요하지 않다. 예를 들면 성희롱으로 가해자는 긍정감정을 느낄 수 있겠지만 피해자에게는 부정감정을 유발한다. 그런데 목표가 너무 빨리 너무 쉽게 달성된다고 해서 긍정감정이 커지는 것은 아니고 오히려 그 반대인 것 같다. 그 예로 짧은 실직 기간 후에 새 직장에 입사한 사원은 기나긴 실직 기간을 보내고 난 후에 입사한 사원보다 부정감정이 더 컸다는 연구가 있다.[6]

부정감정의 영향이 더 크다!

긍정감정과 부정감정 중 어느 것이 행동에 더 많은 영향을 줄까? 부정감정의 영향력이 더 크다. 예를 들어 납치됐던 아들이 돌아왔다고 해서 일을 두 배로 잘할 수는 없지만 아들이 납치됐다면 모든 일을 포기한다. 또는 직장동료와 즐겁게 점심을 먹었다고 해서 오후에 생산성이 크게 오를 리는 없지만 점심시간에 동료와 싸웠다면 오후 근무는 그르치고 만다. 그래서 물리적으로도 긍정사건보다 부정사건을 회상할 때 소름, 심장박동, 땀 등 신체의 변화가 더 강하다. 부정사건은 기억 속에도 더 오래간다. 그러므로 동료와 즐겁게 보낸 시간보다 동료와의 싸움은 며칠 동안 머릿속에서 자꾸만 떠오른다. 또 다른 연구에서도 사람들은 행복한 얼굴보다는 공포나 두려움을 상징하는 눈, 눈썹, 입 등 얼굴 모양에 더 관심과 주의를 기울인다는 사실을 발견했다.[7]

그러므로 우리의 뇌는 칭찬을 아무리 많이 받더라도 마지막의 비판 한 마디에 잠을 못 이룬다. 그래서 부모가 자식에게 칭찬하고 잘해 준다고 모범생이 되지는 않지만 혼내고 비판만 하면 불량아가 되기 쉽다. 부정감정은 전염력도 크다. 남에게 한 번 실수하면 몇 배의 노력을 해야 만회할 수 있다. 어떤 상품에 달린 악플 한 개는 선플 네 개와 맞먹는다. 한번 악플을 본 고객은 과거의 호감도가 싹 사라지고 심한 상처를 받는다. 그러므로 회사는 만족한 고객보다 불만족 고객에게 더 신경 써야 한다. 마찬가지로 직장에서 비판자, 무임승차자, 사고뭉치가 사무실 분위기에 미치는 악영향은 명랑하고 성실한 사원이 만든 좋은 영향보다 네 배나 강하다는 결론이다. 역시 상급자가 부하에게 한번 화를 낸 후에 그 부하의 마음을 원상복귀시키려면 네 번 이상 칭찬해야 한다. 평소에도 우리가 남에게 좋은 인상을 남기려면 그가 좋아하는 말이나 행동을 하기보다 그가 싫어하는 것을 하지 않는 것이 훨씬 중요하다.

왜 그럴까?

이는 진화의 결과이다. 두려움 같은 부정적 신호에 더 민감해야만 생존에 유리했기 때문에 우리의 뇌는 부정적인 것에 관심을 더 가지도록 진화하였다. 부정감정이 긍정감정보다 더 오래가고 영향력도 크다는 사실은 언뜻 보면 인간에게 불행한 것처럼 보인다. 긍정감정이 기억에 더 오래

이야기 5.3 고마운 부정감정들

한 학생이 등굣길에 교정에서 빨간 꽃들 사이에 나비가 날아다니는 광경을 보았다면 그는 행복한 긍정감정을 느꼈을 것이다. 하지만 강의실에 들어오기도 전에 그 감정은 사라질 수 있다. 강의시간에 늦을 것 같으면 더욱 빨리 사라진다. 한편 교문 옆에서 빨간 독사 한 마리가 파란 잔디에 앉아 고개를 들고 자신을 쳐다보고 있는 광경을 목격했다면 매우 섬뜩한 부정감정을 느낄 것이다. 강의시간이 아니라 시험을 보는 시간이라고 해도 독사가 똬리를 틀고 앉아 있는 모습이 자꾸만 떠오를 것이다. 몇 달이고 교문 앞을 지날 때마다 그 광경이 회상된다. 왜 그럴까? 수백만 년 동안 인간은 생존 메커니즘에 익숙해져 왔다. 독사의 기억을 잊고 매일 아침 변함없이 그 길로 다니다가는 졸업하기 전에 독사에 물려 죽을 수도 있다. 다행히도 우리의 DNA는 부정감정은 오래 저장하는 버릇을 갖고 있다. 하지만 꽃과 나비에 대한 기억은 잊어도 생존에 별문제가 없다. 함께 점심을 먹다가 말다툼한 친구는 다음에도 싸울 확률이 다른 친구보다 높다. 싸웠던 기억을 매번 잊고 그다음 날에도 또 그다음 날에도 그 친구와 점심을 먹다가는 또 싸울 것이고 언젠가는 위장병에 걸려 죽을 것이다. 그러니 그런 친구는 잘 기억해 두었다가 함께 점심을 먹지고 하면 다른 핑계를 대서 회피할 수 있으므로 생존 메커니즘은 부정감정을 오래 기억하게끔 되어 있는 것이다. 따라서 나쁜 기억을 잊으려 해도 자꾸만 떠오른다며 불평해서는 안 된다. 오히려 우리의 삶을 더 안전하게 유지하기 위한 고마운 메커니즘에 감사해야 할 일이다.

남는다면 좋을 것 같지만 사실은 그렇지 않다. 오히려 놀람, 미움, 분노 같은 부정감정의 순기능이 더 많다. 밀림 속에서 호랑이를 만나서 놀란 감정이라든지 남에게 사기를 당한 뒤에 드는 분한 감정이 금방 없어진다면 우리는 호랑이 있는 곳에 다시 가서 물려 죽거나 그 사기꾼과 다시 사이좋게 지내다가 더 큰 사기를 당할 수 있다. 결국 위험에서 멀리 떨어져 생존력을 높이는 방향으로 인간이 진화되어 왔기 때문에 부정감정의 위력이 더 크다는 사실에 감사해야 한다.

또한 부정감정은 역사의 흐름 속에서 사회에 긍정적 영향을 미친 경우도 많다. 예를 들면 우리나라의 경우 소위 3.15부정선거와 김주열 학생 사건에서 비롯된 국민의 분노는 4.19혁명과 민주화를 앞당겼다. 이에 반해 기쁨과 환희는 순간적으로 우리를 행복하게는 하지만 그것이 오랫동안 머무르면서 다른 행동에 전력을 쏟도록 하는 에너지의 원천이 되지는 못한다. 물론 그렇다고 해서 부정감정이 항상 긍정적 행동을 이끈다는 것은 아니다. 일반적으로 부정감정은 바람직하지 않은 행동을 유발한다는 사실은 상식이다. 개인도 집단도 마찬가지이다. 회의할 때 직원들이 기분 나쁜 상태로 하면 더 비윤리적인 결정을 하게 된다.[8] 이야기 5.3

감정과 기분을 결정하는 요인

말할 것도 없이 시험성적이 나쁘면 기분이 나쁘고 누가 나를 욕했다고 들으면 그놈에 대해 괘씸한 생각이 든다. 여기서 그런 당연한 얘기를 다루려는 것이 아니다. 시험성적이 나빠서 기분이 어느 정도 나쁘다면 그것은 시험성적 때문이다. 하지만 기분이 무척 나쁘다면 그것은 성적 말고 보이지 않는 또 다른 이유가 있는 것이다. 이처럼 사람들의 감정과 기분을 좌우하는 일반적 원인은 분명히 존재한다. 이에 대해 살펴보기로 하자. 이야기 5.4

이야기 5.4 유전무죄는 사실일까?

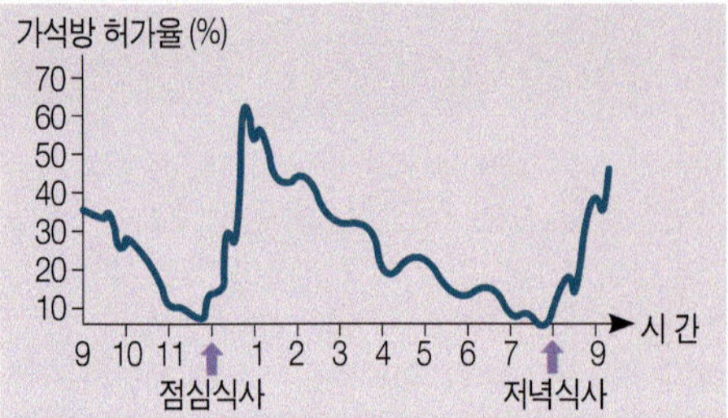

〈판사들의 가석방 허가율과 식사의 상관관계〉

이스라엘의 법원에 죄인들의 가석방 신청만 전문으로 받아서 검토하고 판결하는 전담판사 8명이 있었다. 이들이 매일 처리하는 사건은 무려 600여 건에 달하여 한 건당 처리시간은 평균 6분에 불과했다. 한 사람이 신청한 서류 뭉치를 6분 안에 검토해서 가석방 유무를 결정해야 하는 무척 피곤한 일이었다. 이들이 내린 평균 가석방률은 35%. 그런데 이상한 일은 하루 중 점심이나 저녁식사 직전에 내린 가석방률은 거의 0%에 가깝고 식사 후에 내린 가석방률은 65%에 다다랐다. 즉 배를 채우고 휴식을 취한 후 기분 좋은 상태에서는 눈앞의 사안에 대해서 후하게 판결함으로써 가석방을 허락하는 결정을 많이 내린 것이다. 그러다가 점점 배고프고 피곤해지는 시각이 가까워질수록 부결판결이 증가했다. 판사들이 자신의 기분이 아니라 공정하게 법대로 냉철한 판결을 했다면 시간대와 무관하게 평균 가석방률 35%선을 유지했을 텐데 이들도 사람인지라 '법과 양심'이 아닌 '밥'에 의해 판결을 했던 것이다.

개인별 신상의 원인

- 성별: 같이 앉아서 코미디 프로를 보면서도 남편은 미소만 짓고 부인은 배꼽을 쥐고 깔깔댄다. 여성은 남성보다 더 잘 울고 더 잘 놀라며 사소한 선물에도 더 감격한다.
- 성격: 우리 주변만 보아도 누구는 쌀쌀맞고 냉정하지만 누구는 따뜻하고 온화하다. 감정 정도에서 남녀의 차이가 있다. 남성은 감성이 무디고 냉철한 편이지만, 여성은 감성이 섬세한 편이기 때문이다.
- 나이: 젊은 사람은 노인보다 더 쾌활하고 긍정감정이 많을 것 같지만 사실은 반대라고 한다.[9] 나이가 들수록 부정감정이 줄어들며 긍정감정의 지속기간이 길고 나쁜 기분은 신속하게 사라진다. 아마 수많은 고락을 겪으면서 무뎌졌기 때문에 부정적 사건에도 체념을 쉽게 하고 적응을 잘하기 때문일 수 있다.

환경/상황적 원인

- 날씨: 사람들의 행복지수를 알아보기 위해 조사자가 전화로 "당신은 인생이 얼마나 행복하다고 생각하십니까?"라고 문의했을 때 화창한 봄 날씨에 대답한 응답자의 행복지수는 비 오고 흐린 날 대답한 응답자의 지수보다 훨씬 높다는 연구가 있다. 인간의 감정과 기분은 날씨와 매우 상관이 있음을 우리도 자주 경험한다. 물론 이에 관해서 날씨의 영향은 다른 요인에 비해 미미하다는 주장도 있다.[10]
- 날짜와 시간: 아침형 인간은 아침에 활력이 넘치지만 저녁형 인간은 해가 진 후에야 아이디어가 떠오르며 일할 맛이 난다. 월요일은 우울하지만 주말에는 모두들 발걸음이 가볍다.
- 수면: 전날 밤에 술을 많이 마시고 늦게 귀가했다가 회사에 일찍 출근한 김 대리의 기분이 상쾌할 리 없다. 수면의 질이 나쁘면 부정감정을 갖게 하고 직무만족도를 낮추며 스트레스를 높

여서 결국에는 자발적인 친절행동인 조직시민행동까지 감소시킨다. 그뿐만 아니라 남녀 모두의 경우 수면장애는 직무소진을 초래하므로 유쾌함이나 명랑함과 역상관성을 보인다는 연구도 있으며 스트레스, 피로감, 실망감, 안정감 부족 등의 주요한 원인으로 꼽힌다.

- 운동: 적당한 운동은 사람의 기분을 맑게 해서 부정감정이 감소되기도 하며 나쁜 일에도 기분이 크게 상하지 않고 실의에 빠지더라도 쉽게 원상복귀할 수 있도록 힘이 솟는다고 한다.
- 대인활동: 사람들과 만나서 수다 떨고 음식을 나누며 등산과 운동을 다니는 생활은 긍정감정을 부추긴다고 입증됐지만 너무 많은 사람과 상대하다 보면 자칫 그들 때문에 상처를 받는 경우도 많다.
- 기타: 인간의 감정과 기분을 좌우하는 것은 이상의 요인들뿐만 아니라 크게는 경기불황, 작게는 앞에 있는 사람의 옷차림과 향수 냄새도 나의 감정의 원천이 될 수 있을 것이다. 또 테스토스테론이나 에스트로겐을 접한 사람들은 괴로워하는 타인을 보면 감정반응이 더 증가한다. 그 외에도 스트레스가 증가하면 몸 안에 코르티솔이라는 호르몬이 증가하는데 이것이 많이 생성되면 근육이완과 신경증이 감소하여 여유를 찾고 흥분을 가라앉히지만 부족하다면 그런 역할을 못 한다. 즉 신체적 기질도 감정상태에 영향을 미친다는 뜻이다. 도표 5.3

도표 5.3 날짜/시간대별 기분차이

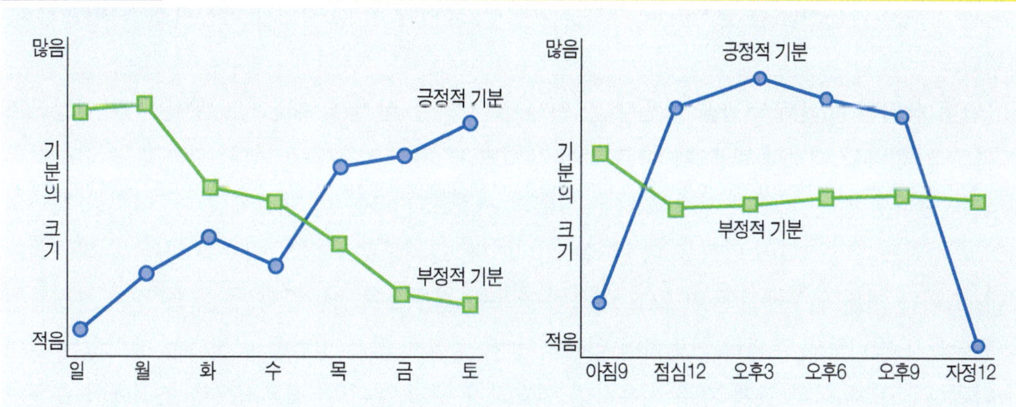

감정의 크기는 무엇이 결정하는가?

감정은 심오하고 복잡하므로 학문적으로도 섣불리 이해하고 단순히 취급하기 어려운 주제이다. 따라서 일상의 감정생활에서 우리가 흔히 알고 있는 것보다 조금 깊이 들어가서 이해하면 감정을 더 폭넓게 파악할 수 있을 것이다. 감정의 크기는 무엇으로 결정되나? 감정의 크기는 강도와 빈도에 의해 결정된다. 이야기 5.5

이야기 5.5 조명과 감정크기

우리를 기쁘게 하는 것들, 슬프게 하는 것들, 화나게 하는 것들이 무엇인지 정확히 찾아내기가 무척 어렵기 때문에 늘 조심해야 한다. 더구나 긍정감정과 부정감정의 크기에 영향을 미치는 것도 한두 가지 아니다. 일리노이 대학의 Alison Jing Xu 교수(**사진**)가 최근 재미있는 실험을 했다. 사람들에게 케이크, 뱀, 꽃, 여배우, 치과치료 등의 이미지를 보여주고 얼마나 먹음직스럽고, 징그럽고, 예쁘고, 진저리나는지 등의 감정반응을 조사했더니 좀 어두운 방에서보다 환한 방에서의 감정반응이 더 크게 나왔다. 즉 밝은 곳에서 사람들은 더 기뻐하고, 좋아하고, 화나고, 슬퍼하고 놀란다는 사실을 발견한 것이다. 그러므로 감정을 억제하고 이성적으로 남을 설득하고 싶을 때는 조금 어두운 카페가 좋지 않을까?

감정의 조절

자녀의 납치 소식(감정의 대상)을 들었을 때 당황하더라도 침착하게 행동하는 사람이 있는가 하면 놀라서 실신하는 사람도 있다. 이는 느끼는 감정의 크기가 다르고 감정을 조절할 수 있는 능력이 사람마다 다르기 때문이다. 비단 성별이나 나이에 따라 다르기도 하겠지만 성격의 영향도 크다. Big-5 성격요소 중 신경성(neuroticism) 체질인 사람은 좀 더 당황하고 더 큰 감정을 느낄 것이다.[11] 그래서 누구는 화를 잘 참고 기쁨을 드러내지 않는 조용한 성격을 가졌고, 누구는 감정의 기복이 심하여 옆 사람을 당황하게도 한다. 또는 인생은 짧다는 가치관을 가진 사람은 나쁜 일을 만나도 부정감정의 크기가 작아서 화를 덜 낼 수 있다. 이처럼 동일 사건에 대해 사람마다 느끼는 감정의 강도가 다른 이유는 당사자의 가치관과 성격, 능력과 취미, 경험과 학습이 모두 다르기 때문이다.

그런데 상황적 요인도 영향을 미친다. 어떤 사람이 동일 사건에 부딪혀도 때에 따라 감정크기는 다르다. 한가할 때보다 바쁠 때 나쁜 일이 생기면 평소보다 화가 더 난다. 그리고 조직에서 나쁜 일을 만나면 높은 지위의 사람이 낮은 지위의 사람보다 화를 더 낸다고 한다. 이처럼 개인의 사회적 지위도 감정크기에 영향을 미친다는 의미이다. 그러므로 리더가 될수록 화를 잘 다스려야 한다. 그러나 어떤 연구에서는 한 고교 야구팀 감독이 선수들에게 약간의 성질, 화 같은 부정감정을 표현하자 멤버들의 주의력과 노력이 집중되어 팀 성적에 좋은 영향을 미쳤다는 재미있는 결과가 나왔다.[12] 물론 너무 크게 자주 이용하면 역효과가 생길 것이다. 결론적으로 조직에서 훌륭한 리더나 부하가 되려면 자신의 감정을 잘 파악하고 잘 다스리는 기술을 익혀야 할 것이다.

그런데 조직행동 관점에서 감정의 강도는 매우 중요하다. 조직마다 직무마다 감정의 강도에 대한 제한된 수준이 다를 것이기 때문이다. 자녀의 납치소식에 실신하는 성격의 소유자가 비행기 조종사나 재판관의 직무를 맡는 것은 바람직하지 않다. 그런 직무에는 침착하고 조용한 성격이 제격이다. 그러나 축구경기 해설이나 정치선동적 웅변에는 침착한 사람은 제격이 아니다. 직무에 따라 감정을 강하게 표현해야 할 때가 있고 약하게 표현해야 할 때가 있다는 뜻이다.

그런데 감정의 종류에 따라서도 감정크기를 결정하는 영향이 다를 수 있다. 예를 들면 긍정감정의 크기는 긍정적인 일들을 많이, 더 자주 겪으면 점점 더 커질 것이다. 그렇지만 부정감정은

이야기 5.6 감정의 크기와 행복감

코로나19가 한창 유행일 때에도 인기 연예인이 어디서 공연을 한다고 하면 표를 구하기가 어려웠다. 좋아하는 감정이 커지면 사람들은 목숨을 건다. 부정감정이 아니라 우리의 인생에서 행복한 감정이 크다면 더 바랄 것이 없다. 그런데 행복감정의 크기도 강도와 빈도에 의해 결정된다. 행복감정을 일으키는 사건의 강도와 빈도가 높으면 뇌에서 도파민, 세로토닌, 옥시토신 등이 증대되어 행복감을 느낀다. 작은 일이라도 이와 같은 화학물질만 많이 나오면 된다. 그런데 부자가 펜트하우스를 샀을 때와 빈자가 15평 아파트를 샀을 때의 도파민 양은 같기 때문에 행복지수는 같다. 그런가 하면 올림픽에서 금메달을 따면 도파민이 매우 높게 오르지만 금방 아이스크림처럼 녹는다. 차라리 누가 나에게 매일 아이스크림 한 개씩 사준다면 일년간의 도파민 양은 더 많을지도 모른다. 왜냐하면 인간의 적응능력 때문에 아주 큰 기쁨도 서서히 식어가기 때문이다. 슬픔도 마찬가지이다. 자식 잃은 슬픔도 적응해야 살아남는다. 이 적응력은 곧 무덤덤으로 바뀐다. 화장실 냄새가 코의 피로현상(적응) 때문에 무뎌지는 것과 같다. 그러므로 작은 기쁨이 자주 있는 것이 일생 전 기간으로 보면 행복의 기여도가 많다. 인간의 행복도는 최근 3개월 동안 있었던 사건들이 좌우한다. 1년 전에 아무리 좋은 일과 슬픈 일이 있었더라도 이미 적응이 되어 행복감이나 슬픔의 기억과 그 영향력은 사라진다. 그래서 냉철하게 따지고 본다면 올림픽에서 한 번 우승하는 행복감보다 아이스크림을 4년간 매일 한 개씩 먹는 것이 총 도파민 양은 훨씬 많다. 단 것이 건강에 끼치는 부작용은 독자가 알아서 할 일이다. 하여튼 영원한 행복을 주는 사건은 존재할 수 없다. 그러니 사소한 데서 행복을 찾아라! 행복은 가까운 곳에 있다.

부정적인 일들을 많이, 자주 겪는다고 강해지는 것은 아니며 한 번을 겪더라도 큰일을 경험하면 강해진다고 한다.

얼마나 자주 느끼는가?

한편 감정의 강도는 비슷하더라도 그 빈도가 잦다면 감정은 크다고 할 수 있다. 어떤 동료가 나를 일 년에 한 번쯤 비난한다면 그 사람에 대한 증오감정이 그리 크지는 않겠지만 하루에도 열두 번씩 비난한다면 그를 증오하는 나의 감정은 매우 클 것이다. 감정노동(emotional labor)도 마찬가지이다. 백화점 판매원의 경우 손님과의 관계에서 참아야만 되는 부자연스러움(부조화: dissonance)을 가끔 느낄 때와 수시로 느낄 때, 판매직에 대한 부정감정의 크기는 다를 것이다. 즉 부정감정의 빈도가 잦은 직무일수록 일이 싫다고 떠나는 사원이 많다. 물론 긍정감정이라면 그 강도와 빈도가 클수록 직무만족도는 높아진다. 이처럼 조직행동에 미치는 영향에 있어 사원들이 느끼는 감정의 '종류(긍정과 부정)'에 못지않게 감정의 '크기(강도와 빈도)'도 중요하다. 이야기 5.6

이성적 조절: 감정과 이성의 관계

감정은 비합리적일 때가 많다. 그런데 감정이 사람을 비이성적이고 비합리적으로만 만드는 것일까? 우리가 흔히 "감정에 치우치지 마라!", "감정을 다스릴 줄 아는 자가 현명한 사람이다" 등의 말을 하는 까닭은 상대방에게 이성을 내세우기보다 감정을 내보이거나 성냄과 눈물을 보이면 철없거나 약함을 드러내는 것이므로 바람직하지 않다고 생각하기 때문이다. 그러나 감정이 합리적인 이성 활동에 중요한 역할을 한다는 사실이 점차 입증되고 있다. 매우 화가 났더라도 이성을 찾고 감정을 억제하면 감정이 누그러진다. 즉 감정의 크기는 이성에 의해 조절될 수 있다는 의미이다. 감정이 별로 없었는데 이성적으로 가만히 생각하다가 점차 감정이 커질 수도 있다. 이처럼 이성은 감정의 '원천'이며 감정의 '결과'이기도 하다.

긍정감정이든 부정감정이든 감정과 이성은 서로 얽혀있다. 따라서 우리가 합리적이기 위해서는 감정을 제대로 파악할 수 있는 능력이 필요하다. 감정은 타인행동이나 세상을 어떻게 이해하느냐에 중요한 정보를 제공하기 때문이다. 예를 들어 보자. 우리가 오래 사귄 친구와 헤어지기로 했다면 그것은 이성적으로 여러 가지를 고려해서 판단한 결정일 것이다. 그러나 사실상 그 바탕에는 '밉다' '싫다' '짜증난다'라는 부정감정이 얽혔기 때문에 그 결정은 이성이 아닌 감정이 한 것이다. 즉 감정은 합리적 판단을 할 때 중요한 참고자료나 정보로 사용된다. 이렇듯 감정과 이성은 서로 불가분의 관계에 있으며 우리가 이 세상을 이성적으로 잘 살기 위해서도 감정은 반드시 필요하다. 즉 감정에 치우치지 말아야 한다는 말은 언제나 옳은 것은 아니다.

Ⅱ | 감정과 조직생활

말할 필요도 없이 감정은 조직생활에 영향을 미치는데 직무수행과 대인관계는 물론 조직행동의 모든 주제가 감정과 연결되지 않은 것이 없다. 그리고 감정과 기분이 사람마다 천성적으로 고정될 수 있는데 이렇게 고정적 기질이 된 감정은 그의 일상과 조직생활에 영향을 미친다. 그리고 직무 자체가 감정을 많이 유발하는 직무가 있을 수도 있는데 이러한 직무에 종사하는 사람들은 부정감정에 직면하기 일쑤이다. 한편 사람마다 지능이 다르듯이 감성지능도 차이가 있어서 조직행동에도 영향을 미친다. 이와 같은 다양한 이슈들에 관하여 공부해보자.

1 감정과 조직행동

일상생활은 물론이거니와 냉철한 기업경영의 세계에서조차 사장이든 사원이든 모든 당사자가 조직목표를 효율적으로 달성하기 위해 논리적이고 이성적으로 행동하려 하면서도 감정과 기분에 좌우되는 경우가 부지기수다. 중요한 경영의사결정도 효율과 경제성보다는 질투심과 분노 또는 기분과 열정에 사로잡힌 채 진행되는 경우가 많다. 한 그룹의 총수가 다른 그룹 총수와의 경쟁적 질투심에서 무리하게 사업을 확장했다가 낭패를 보는 경우도 그렇다. 감정이 인간행동에 영향을 미친다면 당연히 리더십, 의사결정, 동기부여 같은 조직행동에 어떤 영향을 미칠 것이다. 감정적 조직행동은 순기능만큼이나 역기능을 낳는다. 이를 조직행동의 분야별로 간략하게 살펴보자.

감정이 조직행동에 미치는 영향

감정의 영향에 관한 연구

아주 뛰어난 능력자라고 하더라도 상급자의 비난을 받을지 모른다는 공포심, 상급자가 지시한 일을 적기에 못 끝낼까 봐 생기는 두려움, 주변인들로부터 따돌림받을까 봐 생기는 걱정, 이 모든 것들이 최근에 와서야 관심을 끌기 시작한 것으로 보인다.[13] 과거에는 이러한 감정의 변수들이 스트레스나 갈등 혹은 조직정치 등을 연구하면서 부차적인 주제로 등한시되었지만 이제 본격적으로 질투, 야심, 분노, 즐거움 등에 대한 연구 열풍이 일기 시작했다. 예를 들면 병원 근무자의 직무만족도 조사에서 조사 직전에 과자를 나누어 준 팀이 과자를 안 준 팀보다 만족도가 높았다. 이것은 개인의 기분이 직무만족에 영향을 미친다는 의미이다. 개인의 분노를 방치하면 직장에서의 무례한 행동으로 이어진다는 연구도 있다. 그리고 감정이나 기분상태가 조직의 직무성과에 많은 영향을 준다는 연구결과도 많다.[14] 조직행동 주제와 관련하여 감정이 얼마나 많은 영향을 미칠 수 있는지 항목별로 예를 들면 다음과 같다.

리더십에 미치는 영향

CEO가 사원들에게 "총 매진!"이라든지 "허리띠를 조르자!" 등의 구호를 외치면서 사원들의 동참을 호소하는 것은 감정에 의한 관리이다. 제너럴일렉트릭(General Electric: GE)의 잭 웰치 전 회장이 "저는 경쟁사들한테 지면 안 된다는 압박감으로 인해 항상 위협을 느끼고 있습니다"라고 고백한 것을 봐도, 정치당원들의 회합이나 영업사원들의 아침조회 때 구호를 복창하는 것을 봐도, 감정에 의한 관리는 비일비재하다. 자식이 원하는 대학에 합격했다는 소식을 들은 사장님은 결재를 수월하게 해 준다. 매우 화창한 봄날이면 김 과장은 부하직원들을 유난히 친절하게 대한다. 또한 관리자가 부정적인 감정상태라면 그의 업무관리나 부하관리가 편파적이고 불공정해진다. 물론 부정감정 중에도 화가 났을 때보다 불안하고 조바심이 날 때 더 많은 편파적 관리가 행해진다.

이 모두가 리더십 스타일이 감정에 의해 변할 수 있다는 사실을 뜻한다. 리더가 영감 있는 비전과 목표로써 부하들에게 낙관적인 희망을 심어 준다면 그들은 동료나 고객과 더욱 긍정적이고 협

이야기 5.7 **사우스웨스트항공**

인류는 호모 에렉투스(Homo Erectus: 서서 걷는 인류)에서 호모 사피엔스(Homo Sapiens: 사색하는 인류), 호모 파베르(Homo Faber: 도구로 노동하는 인류)를 거쳐 마침내 호모 루덴스(Homo Ludens: 놀이하는 인류)로 발전되어 왔다고 한다. 우리나라 국민들을 비유한다면 1960~1970년대에는 경제 발전과 기아 극복을 위해 무조건 일만 하다가(Homo Faber), 1970년대 말에서 1990년대 초까지 독재와 민주, 성장과 분배에 대해 생각하던 때가 있었다(Homo Sapiens). 그러다가 컴퓨터 오락이 대중화되면서 오락성과 재미를 추구하는 신세대의 출현으로 서울 월드컵을 정점으로 재미 추구 시대가 되었다(Homo Ludens). 서울 월드컵 때 재미를 만끽하려고 연인원 700만 명의 인파가 서울광장으로 몰려나왔으며 그들에게는 태극기도 대한민국도 재미의 도구가 되었다. 심지어는 정치투쟁도 예전 같지 않게 게임의 장이 되었다. 지난 촛불 집회와 태극기 집회에 연인원 수백만이 모였지만 불상사는 별로 없었다. 이제 직장도 오직 돈벌이만의 장이 아닌 보람과 재미를 추구하는 터전이 되어야 하고 직무나 인사관리보다 엔터테인먼트 관리가 더 중시된다. 저가항공사 사우스웨스트항공은 미국에서 가장 일해보고 싶은 회사로 선정되었다. 이제는 고인이 되었지만 켈러허(H. Kelleher: **사진**) 전 회장은 엘비스나 로큰롤 가수의 옷차림을 하고 오토바이로 출근했다. 그는 평소에 자기는 CEO가 아니라 CHO(Chief Happiness Officer)라고 말하곤 했다. 그는 대기하는 비행기 승객들에게 "양말에 가장 큰 구멍이 난 고객은 손들어 보세요"라는 유머를 던지기도 한다. 비행기 이륙 전에는 기내방송 대신 유머가 흐른다. 승객이 기내에 들어가 의자 위의 선반을 열면 그 속에서 스튜어디스가 승객의 생일케이크를 들고 튀어나온다. 그 좌석의 승객이 체크인할 때 그날이 생일임을 인지해서 이벤트를 준비한 것이다. 비행 도중 승객들이 지루해하면 좌우 두 편으로 나누어 앞좌석부터 뒷좌석까지 두루마리 화장지를 빨리 펴기 게임도 한다. 승객은 지루할 틈이 없다. 탈근엄화, 유머의 생활화, 그림·음악·영상의 이벤트화로 직원도 고객도 모두 즐겁다. 초기에는 미국 재계의 비웃음거리였을지 몰라도 사우스웨스트항공은 창업 이래 단 한 번도 적자를 기록한 일이 없다.

조적인 인간관계를 통해 조직의 성과를 높일 것이다. 리더가 부하직원을 대할 때 친절하고 고상한 감정으로 접근한다면 부하들과의 상호 소통과 팀원끼리의 교류가 더 많아져서 창의적인 아이디어 개발에 실제로 도움이 된다는 연구도 있다.[15]

반대로 리더가 감정에 자주 치우치는 모습을 보이면 부하들의 신뢰를 잃을 수도 있으므로 자제하며 숨기는 자세도 때로는 필요하다. 예로서 리더가 조직의 큰 사건에 침착성을 보이면 부하들의 감탄(긍정감정)을 자아낼 수 있다. 이야기 5.7

의사결정에 미치는 영향

다음에 공부하겠지만 의사결정 유형에는 합리적인 방법이 있으나 인간으로서 최적의 합리성은 부족하고 대개는 감정과 직관으로 결정하는 경우가 더 많다. 그런가 하면 화가 나 있을 때 어떤 의사결정을 하면 판단력이 흐려져서 부정확한 결정을 하기 쉽다. 대체로 부정 감정은 우리에게 제한된 시야를 갖게 하고 정보를 주의 깊게 살피지 못하게 하지만 긍정감정은 오히려 문제해결능력을 높이며 정보의 활용을 원활하게 한다. 경쟁사가 어느 날 신사업에 투자한 것을 알고 이에 뒤질세라 회사 중역들이 모여 신중한 검토 없이 사업 확장을 의결하였다면 감정적인 결정이라고 할 수 있는데 실제로 이런 일들을 흔히 본다. 이뿐만 아니라 감정은 경영진과 조직구성원은 물론 고객의 구매결정에도 영향을 미치기 때문에 기업에서 이를 잘 파악하는 것이 중요하다.[16]

동기부여에 미치는 영향

동기는 신바람이다. 그런데 동기부여이론을 보면 사람들은 자신이 원하는 욕구를 채워 주는 업무에 그만큼의 동기가 부여된다. 따라서 동기부여를 위해서는 욕구를 채워 주는 것이 일차적 해결책이다. 긍정감정을 가진 보험사원이 동료들과 협조를 더 잘 하며 서로 사기를 북돋우면서 매출을 올린다든지 긍정감정이 풍부한 집단이 퍼즐 맞추기를 더 잘하는 등 이와 관련한 연구가 많은데 동기부여된 상태와 긍정감정의 상호관계는 무엇이 먼저인지 가려내기는 어렵다.

어떤 일이 재미(감정)있거나 혹은 시기심과 경쟁심(감정)에서 비롯되었다면 보상과 승진이 없어도 헌신한다. 새벽에 공사현장에 순찰 나온 고 정주영 회장을 보고 감명을 받은 근로자들이 열심히 일해서 공사기간을 단축한 것은 단순히 칭찬과 보상을 바라는 이성적인 판단에서 나온 것이기보다는 감정적 이끌림에서 나온 것으로 보아야 옳다. 이처럼 감정은 동기부여의 중요한 영향요인이다.

창의성에 미치는 영향

창의성(creativity)이란 이미 있는 아이디어를 새롭게 결합하든지 전혀 새로운 아이디어를 창안해내는 능력인데 보통사람도 창의력은 모두 소지하고 있으므로(잠재적 창의력) 이를 잘 끌어내면 된다. 그런데 긍정기분인 사람은 부정기분인 사람보다 더 창의적인 경향이 있으므로 그들이 더 많은 그리고 더 독창적인 아이디어를 생산한다고 한다. 긍정기분을 경험하는 사람은 보다 융통성 있고 보다 개방적인 사고를 하기 때문일 것이다. 그러나 반대로 긍정기분을 가진 직원이 더 이완되기 쉬워서 어떤 일에 대해 비판적이거나 다른 생각을 하지 않고 그저 기존의 것을 받아들이기 때문에 오히려 창의적이거나 개선의 노력을 덜 보인다는 학자도 있다. 그뿐만 아니라 창의성은 다양한 사람끼리의 협업에서 더 많이 나온다. 그런데 부정감정을 가진 개인들이 서로 교류하는 확률은 매우 적다. 사람들은 기분이 좋아야 남과 대화하면서 정보교류도 할 수 있으므로 창의성도 역시 긍정감정과 관계있다고 할 수 있다. 예를 들면 가정에서 따돌림받는 직원은 직무와 관련한 창의적인 성과가 낮았다. 그리고 보통 때는 여성이 남성보다 창의성이 낮다고 조사되기도 했지만 감정적으로 안정상태라면 여성의 창의성이 더 높다는 연구결과도 있다. 이를 보아도 창의성 개발이 감정상태와 관계가 있다는 사실을 알 수 있다.[17]

대인관계에 미치는 영향

기분이 좋은 상황과 격한 상황에서 다른 사람을 처음 보았을 때 상대방에 대한 나의 태도가 다르다. 직장생활은 거의 대인관계이다. 회사 일을 집에서는 티를 내지 말라든지 집에서의 기분을 회사에서 드러내지 말라고 하지만 말로는 쉬워도 실제로 하기는 힘들다. 오히려 집에서 기분이 좋으면 회사에서도 기분이 좋고 거꾸로도 마찬가지이다. 그러므로 가정생활과 일상의 기분은 직장에서의 대인관계에 매우 큰 영향을 미친다. 더구나 오늘날의 직무는 상호교환과 커뮤니케이션으로 직무의 질이 좌우된다. 의사결정도 혼자서 하는 경우는 드물다. 인간관계가 악화하면 곧바로 직무의 질이 떨어진다. 또는 동료들 사이에서의 사회적 따돌림(집단 따돌림: social rejection)은 당하는 사람을 매우 부정감정으로 이끈다. 따돌림의 원인을 찾아보면 자신이 무능해서 그럴 수도

이야기 5.8 식물의 감정

부끄러움을 잘 타는 딸기, 옥수수의 감정, 고독을 즐기는 백합, 고양이만 지나가면 흥미를 나타내는 난초의 성격. 왜 이런 이야기는 없을까? 한 과학자가 식물에 거짓말탐지기를 설치하고 여러 가지 실험을 했다. 그랬더니 식물에서도 사람의 감정과 같은 반응들이 나타났다고 한다. 더구나 자기를 괴롭힌 사람 앞에서는 더 강렬한 반응을 나타냈다. 곡식을 재배할 때 음악 등을 들려주면 성장속도가 더 빠른 경우들이 가끔 보고되는데 그것은 감정 문제가 아니라, 결국 음악이라는 소리가 공기의 진동을 유발하고 이 공기의 진동이 연속적으로 식물에 전달되어 그 식물이 물과 양분을 줄기를 통해 위로 올리는 과정을 도와주기 때문인 것으로 분석되었다. 미국 워싱턴대학의 데이비드 로데스와 고든 오리언스에 의하면, 서양흰버들이라는 식물은 애벌레가 잎을 갉아먹으면 곧바로 화학 혼합물질을 배출한다. 그러면 옆에 있던 이웃의 버들잎은 이를 감지하고 애벌레가 싫어하는 페놀성 화학성분을 급속도로 뿜어낸다. 즉 공격당한 식물이 경고하는 냄새를 풍기면 동료들이 이를 알아차리고 방어 자세를 취한다. 근육이 없는 미모사는 건드리면 잎을 닫는다. 개나리는 봄이 온 것을 인간보다 더 빨리 알고 꽃을 피운다. 따라서 꽃이 예쁘다고, 나만 즐기겠다고 들꽃이라도 함부로 꺾어서는 안 된다. 그들도 모든 것을 안다. 어떨 때는 인간보다 환경을 더 잘 파악하고 대처한다. 인간이나 식물이나 세포 사이에 신호를 전달하는 기본원리는 같다. 인간은 뇌로 기억하지만 식물도 경험한 것을 인간과 동일한 세포학적 과정을 통해서 후대로 전달할 수 있다. 다만 인간과는 다른 방식으로 인식하고 느낄 뿐이다. 함부로 꽃을 꺾었다가는 미래 어느 날 그 꽃의 후손에게서 퍼진 꽃가루가 당신이 잠자는 침실로 날아와서 알레르기 독성으로 복수를 할지도 모를 일이다.

있고 불친절하거나 거만해서 그럴 수도 있다. 이때 그 원인을 무능이라고 인식하면 화가 나지만 자신의 냉정함 때문이라고 인식하면 슬퍼진다.[18]

조직에서의 감정표출

우리는 조직생활을 하다 보면 감정을 있는 그대로 표현하지 않을 때도 많다. 어느 때는 숨기기도 하고 어느 때는 다른 감정으로 바꾸어 표현하기도 한다. 심지어는 같은 감정이라도 사람마다 표현방식이 다르다. 이를 잘 알아 두면 상대방의 감정도 잘 인식할 수 있고 나의 감정을 표현할 때도 상황에 맞게 조절할 수 있으므로 성공적인 대인관계를 가질 수 있다. 타인의 감정은 생각지도 않고 자기감정을 있는 그대로 표현하는 것은 좋지 않다. 식물까지도 감정이 있다고 주장하는 사람이 있는데 하물며 상대의 감정을 무시하고 자기 기분대로 상대에게 표현해서는 안 될 일이다. 이야기 5.8

감정표현에서의 남녀 차이

일반적으로 여성이 남성보다 예민해서 더 감정적으로 반응하고 타인의 감정도 더욱 잘 헤아리며 감정표현에서도 더욱 편안하게 상대에게 전달하려 한다. 이것은 선천적일 수도 있지만, 후천적으로 남성은 강하고 용감해야 한다는 사회풍토에서 감정을 억누르고 이성적으로 행동해야 한다고 학습되고 사회화된 결과라고도 한다. 사내아이가 조그만 일에도 울고 남자사원이 애교를 부리면 집에서나 회사에서나 용납되기 어렵지만, 어린 소녀가 울면 달래주고 애교가 없는 여사원에게는 오히려 남자 같다고들 한다. 즉 감정을 억누르는 것은 남성에게 바람직한 자질로 인식되면서도 여성이 감정을 주체하지 못한다고 해서 무능하다는 인상을 주지는 않는다. 이처럼 감정표현에서 남성 직장인과 여성 직장인은 서로 다른 제약을 받는다.[19]

직무와 감정표현

웃음과 행복의 표현에 미숙한 사람은 백화점이나 커피전문점의 직무에 적합하다고 볼 수 없다. 맥도널드사의 사원교육훈련 지침서에는 카운터 직원은 성실성, 열정, 자신감, 유머러스함을 고객에게 보여야 한다는 내용이 있다. 일반적으로 어느 직무나 조직이든 부정감정은 해로운 영향을 미치기 때문에 금기시된다. 부정감정은 함부로 표현해서는 안 되지만, 그렇다고 감정을 억누르는 것은 개인적으로는 바람직하지 않다. 오히려 심리적으로는 감정을 억누르기보다 표출하는 편이 긍정감정 유지에 도움이 된다고 한다. 그리고 부정감정을 억제한다고 해서 나중에 긍정감정으로 변화되는 것은 아니며 이를 피할수록 긍정감정으로 바꾸기가 더 어렵다.[20]

감정표현과 문화적 차이

문화마다 내부감정의 표출 정도가 다르기도 하지만 표출의 방식도 다르므로 조심해야 한다. 우선 감정표출의 정도 문제를 보자. 기업의 사장이나 대학의 총장 등 CEO들이 기쁜 일에 누가 더 환하게 웃는지를 조사해보니 대만이나 중국보다 미국 사람들이 더 크게 웃었다. 감정표출의 방식은 어떤가. 예를 들면 우리나라 식당이나 슈퍼마켓의 서비스 직원은 슬픈 일이 있어도 손님의 비위를 맞추기 위해 강제로 미소를 띠어야 할 수도 있다. 그러나 이스라엘의 서비스 직원이 미소를 지으면 자기는 경험이 없고 미숙하다는 표현이기 때문에 이스라엘 점원은 손님 앞에서 웃고 싶어도 웃어서는 안 된다. 더욱이 이슬람 문화권에서 여성의 미소는 성적 표현이므로 금기시된다. 그러나 프랑스 사람들은 있는 그대로 감정을 표현하는 것이 일반적인데 고객에게 억지웃음을 지으려 하지 않다 보니 고객에게는 불친절하게 보인다. 고객에 대한 친절로 성공한 월마트가 독일에서는 종업원의 친절과 고객의 만족이 상관없다는 것을 발견하였다.[21] 이처럼 문화권에 따라서 감정의 표현도 다르고 남의 감정표현을 이해하는 방식도 다르다. 그러므로 국제화된 조직에서는 사원들의 감정표현이 문화적으로 큰 제약이 따름을 알고 주의하여 대처해야 한다.

2 조직에서 감정의 이슈들

직무 자체로 인하여 사원이 자주 부정감정을 느낀다면 문제가 된다. 이를 감정노동이라고 하는데 오래전부터 조직행동의 이슈가 되었다. 한편 감성지능이 높은 사람은 원만한 대인관계가 가능한데 이는 조직행동과 관련이 있을 것이고 이를 개발시킨다면 조직성과 향상에 공헌할 수 있다. 이 같은 이슈에 대해 자세히 배워보자.

감정노동

전시감정과 실제감정

긴 비행을 마치면 스튜어디스가 비행기에서 내리는 손님을 향해 일일이 미소를 띠고 인사를 한다. 물론 그들도 손님들만큼이나 지치고 피곤하다. 그러나 웃어야 한다. 이는 형식적인 행동(surface acting)이기 쉽다. 마음에서 우러나오는 행동이라면 실질적 행동(deep acting)이다. 직무 수행 시 사원들은 자신의 감정을 있는 그대로 드러낼 수 없다. 나를 싫어하는 상사인 줄 알더라도 그의 눈앞에서는 좋은 감정을 드러내야 한다. 따라서 겉치레의 행동은 당사자에게 정서고갈을 초래하지만 솔직하게 행동하면 정서고갈은 그렇게 크지 않다.

그러므로 조직생활을 하는 사원의 감정은 크게 둘로 나눌 수 있다. 하나는 느끼는 그대로의 실제감정(felt emotion)이고 다른 하나는 겉으로 드러내는 전시감정(displayed emotion)이다. 전시감정은 본능적 감정이 아니라 직무에 적합하게 체계적으로 분석되고 이성적으로 학습된 감정이다. 그러므로 전시감정은 조직이 강제로 원하는 감정이라고도 할 수 있다.

감정부조화와 감정노동

문제는 실제감정과 전시감정이 서로 충돌할 때가 많다는 점이다. 개인의 마음속에서 이들이 충돌하면 스트레스와 감정부조화(emotional dissonance)가 발생한다. 그럼에도 불구하고 실제감정을 속이고 전시감정으로 상대를 대해야 하는 직무가 많은데 이것이 소위 감정노동(emotional labor)이다. 사원들은 그들의 육체적·정신적 능력을 동원해서 직무를 수행하지만 조직은 사원들의 '감정적' 노동까지 요구한다. 고객이나 상사와의 인간관계에서 조직 혹은 상급자가 원하는 감정을 어쩔 수 없이 표현해야 할 때가 바로 감정노동을 하는 때이다.

굴뚝산업 시대의 사원들은 분업화된 환경에서 기계나 제품을 상대했지만 오늘날의 서비스산업이나 창조산업은 거의 인간관계로 이루어진다. 백화점의 점원도, 은행원도, 여행가이드도, 관공서 민원창구 공무원도 실제의 감정을 억누르고 항상 웃는 낯으로 고객을 대해야 한다. 주로 서비스 직종에 근무하면서 고객을 직접 대하는 직무가 감정노동의 표본이다. 도표 5.4

도표 5.4 우리나라 감정노동 직종의 난이도 순서

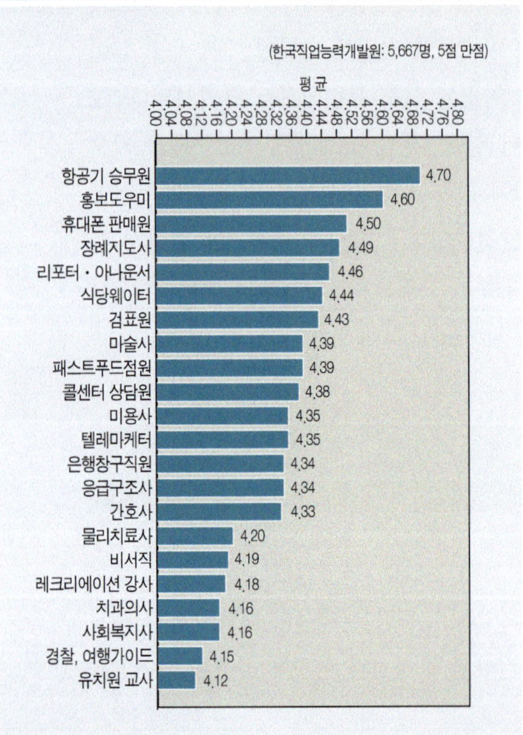

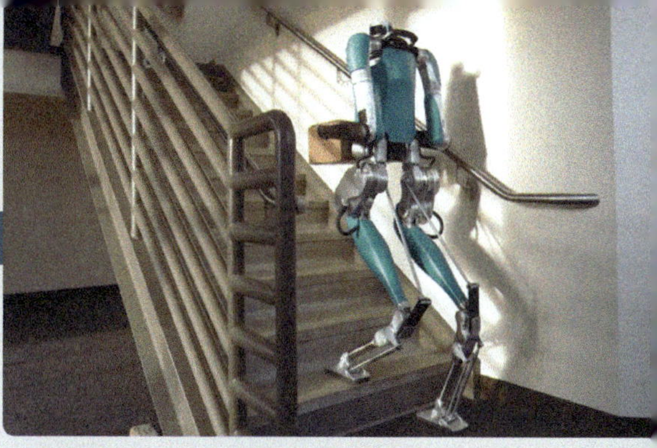

이야기 5.9 로봇직원의 불만?

코로나 사태로 비대면 온라인 주문이 급증하여 택배노동자의 과로사가 크게 문제시되었을 무렵 때마침 로봇시연회가 열렸다. 어느 집 앞에 자율주행차가 섰다. 곧 차 안에 있던 로봇(Digit-1: **사진**)이 사람처럼 팔다리를 펴고 차에서 내려 18kg의 택배상자를 두 손으로 들어 올리더니 두 다리로 그 집의 계단을 올라 현관 앞에 상자를 내려놓는다. 이어서 고객의 스마트폰에 '택배도착'이라는 문자메시지가 뜬다. 배송을 마친 로봇은 자율차로 돌아와 탑승한 뒤, 무선 네트워크를 통해 '배송완료'를 본사로 전송한다. 이 회사는 곧 100대의 로봇을 상용화할 계획이다. 조만간 택배기사 모두를 로봇이 대체할 수 있다. 영국에선 '라즈베리 채집 로봇'을 농가에 도입했다. 브렉시트의 여파로 외국인 근로자 수가 줄면서 인건비 상승으로 고심하다가 로봇으로 대체한 것이다. 이 로봇은 운반 카트에 2개의 집게가 달린 팔이 하나 있는데 바퀴를 이용해 라즈베리 나무 사이를 오가면서 카메라로 라즈베리의 형태·색깔·크기 등을 인식해서 잘 익은 것만 딴다. 이 로봇은 하루 2만 5천 개의 라즈베리를 채집한다. 세 사람이 8시간씩 3교대로 채집해서 얻는 1만 5천 개보다 1만 개나 더 많은 양이다. 조금만 세게 집아도 쉽게 짓물러지는 과일 라즈베리를 딸 수 있다면 다른 과일 따기는 누워서 떡 먹기이다. 미국에서는 토마토의 익은 정도를 판별해 채집하는 로봇을 공개했고, 유럽에서는 아스파라거스·사과를 수확하는 로봇이 나왔으며, 호주에서는 잡초를 제거하는 로봇도 나왔다. 배송·농업과 같은 노동집약적인 작업뿐 아니라 위험한 극한직업 분야에 로봇의 투입은 시간문제이다. 이스라엘 수도 텔아비브에는 고층 빌딩 유리창 청소 로봇이 등장했다. 40층짜리 건물을 청소하려면 3명의 인부가 약 480시간 동안 일을 해야 하지만 이 로봇 2대는 1주일 안에 모든 청소를 끝낸다. 로봇을 마구 부리며 욕을 한다고 해서 그들이 투덜거릴까?

감정노동의 결과와 대책

감정노동으로 억제된 분노와 좌절감은 당사자의 정서적 소모와 심리적 탈진으로 이어지고 결국 개인적 안녕을 해친다. 결국 그것은 직무성과와 직무만족의 감소를 초래하여 조직에 해가 된다. 그러므로 조직은 사원들에게 이러한 감정부조화에 덜 직면하도록 훈련시키고 지원해 주어야 한다. 항공사 같은 비교적 높은 난이도의 감정노동 현장이더라도 기업의 조직지원만 있으면 정서고갈에 미치는 영향은 매우 줄어든다. 예를 들면 사원들이 심한 감정부조화를 느낄 때 이를 하소연할 수 있는 창구와 제도를 미리 마련하고 그들에게 이를 이용하도록 권고하는 관리가 필요하다. 이뿐만 아니라 고객은 사원이 표출하는 전시감정을 실제의 감정으로 착각하기 때문에 감정을 상황에 맞게 잘 포장하여 전시하는 훈련도 필요하다. 어떤 연구를 보면 사람들은 타인의 감정에 물든다고 한다. 따라서 판매원이 손님에게 진정한 웃음을 보이면 손님도 거만하거나 부정적으로 나오기 어렵다. 그래서 요즘은 직원에게나 고객에게나 재미를 선사하는 펀 경영(fun management)이 주목받고 있다. 이야기 5.9

감성지능

오래전부터 사람들은 인간의 능력을 이성적 능력으로만 측정하고 평가해왔다. 그러면서 기억력, 추리력, 언어력, 계산력 등을 측정한 IQ(Intelligence Quotient) 수준이 어떤지에 대해 관심도 많았고 중요하게 생각했다. 하지만 인간행동에 감정의 세계가 이성 못지않게 넓게 자리 잡고 있다면 그간 사용해온 IQ만으로 인간의 능력과 성공가능성을 예측하기에는 부족하다. 그러므로 사

이야기 5.10 **IQ의 수난시대**

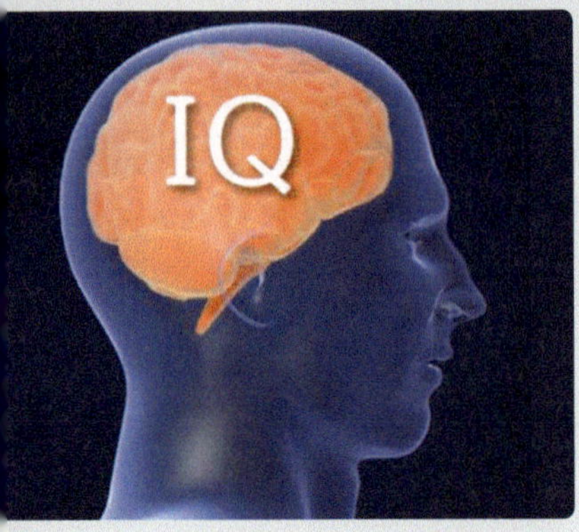

IQ 테스트는 지능을 나타내지 않는다? 최근 IQ 테스트가 근본적으로 오류가 있는 것으로 발표되어 IQ 테스트의 신뢰도를 떨어뜨렸다. 런던의 사이언스 뮤지엄 소속 연구팀이 전 세계 10만 명의 온라인 설문조사 결과를 발표한 것이다. 연구팀은 기억력, 추리력, 집중력 등 12가지 종류의 IQ 테스트를 실시했는데 인지능력은 단지 기억력, 추리력, 언어력의 세 가지 영역만으로 이루어진다는 사실을 밝혀냈다. 결국 IQ 테스트의 12가지 종류로는 인간의 인지능력을 모두 설명할 수 없다는 것이다. 사람은 여러 가지 요인이 만드는 독특한 활동으로 지능을 구성한다. 이 말은 어떤 한 분야에서 뛰어난 능력을 발휘하는 사람이 다른 영역에서는 뛰어나지 않거나 오히려 뒤처지는 경우가 많음을 의미한다. IQ 지수는 최고가 아니다. 대인관계가 출세의 85%를 좌우한다고 하고, 대인융합에서 창조가 촉발되는 이상 감성지능의 가치는 계속 상승하여 IQ 숭배사상은 금방 소멸될지도 모른다. 그럼에도 불구하고 최근 스위스 취리히 대학의 '소득과 성장과 IQ의 관계'에 관한 보고서에 의하면 세계 최고의 IQ는 한국 1위, 일본 2위, 대만 3위, 싱가포르 4위, 독일 5위, 네덜란드 6위, 오스트리아 7위로 매겨져 있다. 결과가 어떻든 우리는 IQ가 높다고 자만하지도 말고 낮다고 실망해서도 안 된다.

람들은 IQ보다 EQ(Emotional Quotient)에도 더 큰 관심을 두기 시작했는데 이를 감성지능이라고 한다. 이야기 5.10

감성지능이란?

업무성과는 지적 능력이나 육체적 능력에 달려 있다고 지금까지 믿어 왔지만, 심리학자 다니엘 골먼(D. Goleman)은 IQ보다 EQ가 업무에 훨씬 더 중요하다고 말한다. 감성적 능력 또는 감성지능(emotional intelligence)이란 얼마나 똑똑한지 혹은 얼마나 유능한지를 나타내기보다는 자신과 다른 사람들을 얼마나 잘 알고 잘 다루는가의 능력이다. 즉 다른 사람의 정서와 감정을 잘 알아채고 이해하고 조정할 수 있는 능력을 말한다.[22] 그리고 나와 남의 감정을 인지하고 이해하고 조절하는 능력은 지식이나 지능지수보다 감성지능이 높아야 한다. 이는 다음 5개의 요소로 구성된다.

- 자기인식능력: 자신의 감정 상태를 잘 아는 능력
- 자기관리능력: 자신의 감정을 조장, 억제, 조절하는 능력
- 자기동기부여능력: 평상시나 어려운 상황에서도 긍정감정을 유지하는 능력
- 타인인식능력: 타인의 감정에 관한 단서와 정보를 잘 파악하는 능력
- 타인조절능력: 파악된 타인의 감정을 조장, 억제, 조절할 수 있는 능력

감성지능과 대인관계

감수성이 풍부하고 정서적으로 유연한 능력이 있는 사람은 타인에게도 친절하고 접근행동을 많이 한다.[23] 또는 남의 감정을 잘 읽지 못한다면 남들로부터 좋은 인상을 받지도 못할 것이며 자기가 왜 욕을 먹는지도 이해하지 못한다. 그와 반대의 사람은 윗사람이 왜 화가 났는지 파악하고 그 원인을 개선하여 다음부터는 꾸중을 듣지 않을 것이다. 위의 모든 예들은 감성지수가 높을수록 조직에서의 대인관계에 성공을 거둘 수 있으며 타인과의 갈등을 건설적으로 해결하는 데도 도

움이 된다. 하지만 코르티솔 같은 호르몬 조사를 해보니 감성지수가 높은 경우에 스트레스를 더 받기도 한다고 밝혀졌다. 이는 타인의 감정을 파악하고 이에 맞춰주려고 자신의 희생을 감수하기 때문인 것 같다.

리더와 부하 사이의 갈등해결에는 상사보다 부하의 감성지능이 더 많이 필요하다고 한다. 하지만 높은 지위에 있을수록 낮은 지위의 사람보다 타인의 감정에 관심도 없거니와 상대방 감정을 잘 읽어내지도 못한다는 연구가 있다.[24] 이와 같이 감성지능의 역할은 나이와 상관없이 모든 연령층과 모든 지위계층에서 갈등의 건설적 관리에 필요한 요인이다.

감성지능과 조직성과

감성지능이 높은 사람은 자신의 성공과 조직의 성과향상에 긍정적 영향을 미친다는 주장이 많다. 감성적 능력 역시 사람마다 다르므로 감성지능이 높은 사원들이 낮은 사람들보다 판매율을 더 높이고 고객서비스를 더 잘한다. 감성지능이 높으면 동료사원과 함께하는 일뿐 아니라 자기 혼자 하는 일에서도 성과가 높다. 한 시뮬레이션 연구에서 자기감정을 잘 파악하고 조절하는 학생들의 투자결정이 그렇지 못한 학생들의 것보다 수익률이 더 높았다. 실제 비즈니스 세계에서도 평균 이상의 감성지능을 가진 사원이 평균 이하의 사원보다 더 많은 실적을 올렸다는 보고가 있다. 그 이유는 다른 사람의 감정을 잘 파악하고 자신의 감정을 잘 통제하며 사회적 상호작용을 잘 함으로써 비즈니스에 성공했기 때문이었다. 한편 중국 담배공장 사원들을 대상으로 한 연구에서도 높은 감성지능 소유자의 생산성이 더 높았다. 이처럼 감성지능과 직무성과의 상관관계를 연구한 59개의 연구결과를 종합해 본 결과 절반 정도의 연구들이 두 개의 변수 간에 상관관계가 있음을 밝히고 있었다.[25]

감성지능에 대한 의문점들

물론 이에 대해서 또 다른 학자들은 여러 가지 반론을 제시하기도 한다. 감성지능은 측정하기 어렵거니와 측정방법이 아직 구체화되거나 과학적이지 않기 때문에 높거나 낮다고 말하기 모호하다는 것이다. 또는 감성지능 자체가 지능이라고 하기에는 너무 광범위하고 구성요소가 다양한데 어떤 면에서는 성격의 안정성 요소와도 비슷하며 일반적인 지능과도 유사하다고 비판한다.[26]

그럼에도 불구하고 감성지능은 현대인의 가장 큰 관심사 중 하나이며, 성공한 최고경영자의 85% 이상은 감성지수가 높은 사람이라는 등의 광고와 서적, 학원과 강연의 형태로 우리 생활의 일부가 되어 있는 것이 사실이다. 결론적으로 그간의 연구를 종합하면 감성지능은 모든 인지력을 감안하더라도 직무성과에 큰 영향을 미친다는 사실을 알 수 있다. 더구나 감성지능은 지능(IQ)과 달라서 찾아내어 개발시키고 훈련하면 향상될 수 있다는 연구가 많으므로 더욱 관심을 가져야 한다.

집단정서

집단정서란 무엇인가?

집단도 개인처럼 정서가 있는데 이를 집단정서(group affect)라고 한다. 집단은 두 종류의 정서적 상황에 직면해 있는데, 하나는 집단 자체의 정서이고 또 하나는 집단구성원들의 개인적 정서이다. 집단정서의 원천은 최고경영자의 정서 혹은 집단이 처한 위협과 기회 등에서 비롯된다. 이렇게 집단이 처해 있는 상황적 정서는 집단구성원들이 가지고 있는 개인적 정서들과 끊임없이 상호 교류하면서 집단을 흐르는 전체적 정서로 만들어진다. 물론 집단정서는 집단구성원들의 태도와 행동에 영향을 미치면서 결과적으로 집단성과 달성에 영향을 미친다.[27]

집단정서의 강약과 조직행동

그런데 집단구성원들이 집단과 동일시하려는 성향(group identification)이 강하고 자신들이 집단의 일원이라는 소속감이 크다면 집단정서도 높을 수밖에 없다. 집단정서가 높다는 의미는 집단구성원들의 정서상태가 동일하고 새로운 정서상태로 변해 갈 때 쉽게 퍼져나간다는 뜻이다. 그러나 집단에 대한 소속감이 약할수록 남들이 어떤 감정을 갖더라도 공감이 가지 않을 것이다. 집단정서가 조직행동에 영향을 미치고 나아가서 조직성과에 영향을 미치겠지만 긍정적 영향일지 부정적 영향일지는 단정 짓기 어렵다. 왜냐하면 집단동질감이 크면 나쁘게 한 사람이 가진 부정감정도 집단구성원들에게 빠르게 확산하여 때로는 개인보다 더 이성을 잃고 감정에만 치우치는 비합리적 행동을 할 수 있기 때문이다.

Ⅲ | 스트레스

조직행동에서의 스트레스란 일반인들이 생각하는 것과 같은 것인가? 어떤 특성을 가지는가? 항상 부정적인가? 스트레스 자극을 받으면 우리 몸은 어떤 식으로 대처하는가? 이러한 주제들을 중심으로 파악해 보자. 직무스트레스(job stress)가 일반적인 학문용어이지만 직장생활에서 사람과 일 때문에 생기는 스트레스이므로 우리말로는 직장스트레스가 더 자연스럽다.

1 직장스트레스의 기본지식

스트레스라는 말은 현대인인 우리들이 사회생활에서 가장 많이 듣는 용어 중의 하나이다. 동시에 직장인들에게는 업무와 관련해서뿐만 아니라 상급자, 거래처, 고용문제, 고객 등 스트레스를 제공할 환경요인이 너무 많다. 요즘 직장인은 직장뿐만 아니라 가정과 직장 사이에서 균형을 유지하기 위한 스트레스도 많다. 스트레스의 원인은 무엇이며 그 결과는 어떤 모양으로 나타나는가? 그리고 그에 대한 예방책과 해결방안은 무엇인가를 공부해 보자.

스트레스란?

스트레스의 정의

스트레스는 라틴어 'stringer(팽팽하게 조이다)'에서 유래되어 17세기에는 물체를 변형시키는 내부적인 힘으로 인식되었으며, 18세기 이후에는 인체에 미치는 외부적인 힘에 대한 저항이라고 정의되었으나 스트레스 연구의 대가인 셀리(H. Selye)는 스트레스가 외부의 자극에 따른 반응이라고 한다.[28] 인간은 외부의 자극에 대해 원형을 유지하려는 경향이 있는데 이를 항상성(homeostasis)이라 한다. 이 항상성을 깨려고 외부 자극이 오면 부신수질과 교감신경계의 민감한 반응을 일으키는데 이것이 신체의 변화를 초래한다.

한편 자극체(스트레스 원천: stressors)가 있다고 무조건 스트레스를 받는 것은 아니다. 자극을 받아도 별것 아니라고 인식하면 스트레스는 생기지 않는다. 자극체와 스트레스 사이에는 위협적 상황인지, 자신이 통제할 수 있는 상황인지에 관한 당사자의 인지적 판단이 있다. 그래서 같은 초기 암 진단을 받고도 사람마다 스트레스의 크기가 다르다. 위협적이고 도저히 통제 불능이라고 생각하면 아주 큰 스트레스 상태로 돌입한다. 그리고 이러한 스트레스 상태에 오랫동안 노출되어 있으면 육체적·정신적·행동적 긴장이 계속되어 스트레스의 결과인 각종 반응(strain)을 일으킨다. 그 반응은 조직행동과 관련해서는 무기력, 결근, 직무태만 등으로 나타난다.

스트레스의 속성

지금까지 알려진 스트레스에 대한 연구들을 분석하면 다음과 같은 속성을 가진다는 것을 알 수 있다.

- 스트레스는 정신적 혹은 정서적 문제만이 아니라 감정적이고 심리적인 영역을 넘어 신체적인 영역에서도 존재한다. 따라서 스트레스는 불안을 동반할 수 있지만 불안과는 다르다.
- 스트레스는 지각하거나 경험하지 않으면 일어나지 않는다. 지각된 스트레스를 실제적 스트레스라 하고 지각되지 않은 스트레스를 잠재적 스트레스라 한다.

- 스트레스는 양면성을 가진다. 스트레스가 전혀 없거나 너무 많으면 부정적 스트레스(distress)로, 적정 수준으로 유익한 것은 긍정적 스트레스(eustress)로 구별한다.
- 스트레스는 있느냐 없느냐의 이분법적 개념이 아니라 어느 정도인가의 정도의 문제이므로 차이를 설명하기 위해 자신이 어느 정도의 스트레스를 지니고 있는지를 측정해야 한다.

스트레스의 영향

스트레스의 역기능

스트레스는 개인의 정신적·육체적 삶을 망치기도 하는 동시에 조직에서의 인간관계를 악화시키고 주어진 일을 제대로 감당 못 하게 한다. 조직스트레스(organizational stress)를 배우고 관리해야 하는 이유가 바로 이것이다. 한 설문조사에 의하면 우리나라 직장인의 95.8%가 직장생활에서 스트레스를 받고 있다고 답했다. 물론 조사방법에 차이는 있지만 미국의 40%, 일본의 61%에 비하면 매우 높다. 우리나라 직장인의 스트레스로 인한 경제손실이 연간 11조 원에 이른다는 보고도 있으며, 미국도 직장인 스트레스 비용이 연간 300조 원에 이르며 1인당 연간 7,500달러의 비용을 쓴다고 한다. 직장인뿐만 아니라 일반인의 스트레스 정도도 심각하다. 우리나라 인구의 절반 정도가 사는 수도권과 경기지역에서만 스트레스로 인한 사회적 비용이 연간 37조 5,000억 원이라는 연구보고서가 있다. 우리의 경우 한 통계를 보면 최근 2년간 1만 7,750명의 직장인 환자 중 20%인 3,400여 명이 스트레스와 관련된 질병으로 인정되어 산업재해로 취급되었다. 특히 직장스트레스는 개인의 불행은 물론이거니와 주변인의 피해, 회사의 생산성과 사회적 비용까지 고려한다면 매우 중요한 주제이다.

스트레스의 순기능

스트레스는 감정의 일부이지만 정신상태가 긴장되어 있음을 의미하며 주로 부정감정 상태로 인식되었는데 반드시 그렇지만은 않다. 스트레스는 부동의 상태를 자극하고 충동하는 긍정적 측면도 있기 때문에 피하려고만 해서는 안 된다. 오히려 스트레스를 전혀 못 느낀다면 죽은 상태나 다름없다. 하고 싶은 일을 열정에 넘쳐서 할 때 우리는 어떤 흥분과 떨림 상태를 경험하는데 바로 이것이 스트레스의 긍정적 측면이다. 그리고 불행하고 슬픈 일만이 사람들에게 스트레스를 주는 것은 아니다. 갑자기 기쁜 일을 맞닥뜨려도 정신적·육체적 긴장은 발생한다.

2 스트레스의 원인과 결과

스트레스를 일으키는 원천(원인: stressors)은 한두 가지가 아니며 조직생활과 관련해서는 더욱 많다. 원래 조직 내의 인간행동은 이성적이고 합리적이라서 시계태엽같이 생겼다고 묘사해 왔지

이야기 5.11 스트레스 직업

특정 직업 자체가 많은 스트레스를 일으킨다는 보고가 있다. 미국은 노동자, 비서, 검사, 임상실험 기술자, 사무실 관리자, 감독자, 경영자, 웨이터, 기계운전공, 농장 소유자, 탄광공, 화가 순으로 직무스트레스를 받는 데 반하여, 일본은 여성의 경우 간호사, 스튜어디스, 컴퓨터 프로그래머, 백화점 판매원, 은행원, 사무직 순으로 직무스트레스를 받는다고 보고된 바 있다. 동양인의 경우 인간을 대하는 직업을 가진 사람이 더 많은 스트레스를 받는다. 스튜어디스, 백화점 점원 등 직접 고객을 대하는 감정노동의 주변에 있는 직장인들의 스트레스는 더욱 크다. 최근 MIT 대학의 폴 크루그먼 교수는 아시아 위기의 원인은 부분적으로 그 대가를 치르는 측면이 있다고 했다. 아시아적 가치에는 숨겨진 어두운 측면이 있는데, 많은 성공한 조직구성원들이 그들이 아는 것(what they know)보다 그들이 아는 사람(whom they know)에 의존했다는 것이다. 이는 얼마나 아시아의 직장인들이 능력보다 인간관계에 치중하는지를 극명하게 보여주는 것이며, 거기에서 비롯되는 스트레스 또한 서양인보다 많음을 알 수 있다. 그러고 보면 동양인의 경우 스트레스는 직무 때문이 아니라 사람 때문에 받는다고 할 수 있다. 그렇다면 사람 안 만나고 일만 하는 직업에 종사하면 오래 살까?

만 이는 모든 업무와 인간관계가 잘 조화되는 이상적인 상태를 전제로 한 것이므로 이때는 조직의 구성원들도 스트레스가 적다. 그러나 반대로 조직을 서로 시기하고 경쟁하며 무례하게 행동하는 뱀구덩이와 같은 상태로 묘사하기도 한다. 이 과정에서 구성원들은 서로 부딪히며 괴로움과 스트레스를 받을 수밖에 없다. 따라서 그 원천을 제대로 알면 미리 대응할 여지가 있고 조절과 관리도 어느 정도 가능하다. 그리고 스트레스를 받으면 개인은 어떤 반응을 보이는지가 스트레스의 결과인데 이에 대해서도 알아보자. 이야기 5.11

스트레스의 원천

회사원에게 스트레스를 주는 자극체, 즉 스트레스의 원천은 무수히 많다.

일반적 원천

스트레스의 원인으로 한국은 상사, 부하 및 동료와의 갈등, 조직에서의 역할, 업무의 과중, 승진과 이동에 대한 부담, 열악한 직무환경 순으로 조사되지만. 미국은 직무 자체와 관련된 부분이 더 많다. 즉 우리나라 사람은 서양인에 비해 직무보다는 인간관계로 인한 스트레스 발생이 많다는 사실을 알 수 있다. 그런데 이러한 원인들은 서로 얽혀있다. 예를 들면 집에서 받은 스트레스도 직장생활에 영향을 미치며 직장에서 받은 스트레스도 가정이나 사회생활에 영향을 미친다. 이외에도 개인의 경제적 문제, 사회의 정치적 불안정성, 노동법, 사회적 신분, 기술변화 등 생활과 관련된 요소들이 있다. 심지어 당사자의 성격도 스트레스의 양과 무관하지 않은데, 예를 들면 Big-5의 신경증이 예민한 성격의 소유자는 남보다 스트레스를 더 받는다.[29]

직장 관련 원천

흔히 스트레스는 그 원천에 따라 생활스트레스와 직무스트레스로 분류되는데, 전자는 주로 가정, 자녀, 친지, 경제적 측면에서 발생한다. 후자는 직장에서의 스트레스인데 인간적인 것 말고도 여러 부담이 스트레스로 작용한다. 예를 들면 직원을 무시하고 강압적으로 대하는 리더십은 정서 고갈을 가져오는데 상사가 부하직원과 대화하기를 피한다면 더 많은 고갈을 초래한다. 여기서는 직장스트레스(직무스트레스: job stress)의 원천만 나열해 본다.

- 직무: 직무 과다 혹은 과소, 무능력, 시간압박, 관리의무 등
- 조직: 부서 간 관계, 조직구조, 역할갈등, 경영진의 압력 등
- 타인: 상급자, 동료, 부하와의 상호관계에서 오는 불만과 갈등
- 경력: 승진, 고용안정, 장래의 불확실성 등
- 제도: 규정, 제약조건, 의무, 책임부담 등

직장에서 주어진 일이 어렵거나 많다면 스트레스를 받는다. 능력이 많으면 어려운 일도 쉽게 해치우지만, 능력 있는 사람에게는 그만큼 어려운 일이 맡겨지고 또한 많은 일이 주어지기 때문에 누구나 항상 스트레스 상태에 있게 된다. 그보다도 맡은 직무가 단조롭고 자율성도 없고 하찮은 것이면 짜증을 낼 것이다. 맡은 역할이 애매해서 서로 눈치 보며 미루게 되는 것은 직무의 난이도와는 별개로 매우 신경 쓰이는 일이다.

그리고 직무를 수행하는 환경도 마찬가지이다. 물리적으로 춥거나 덥고 시끄럽거나 먼지가 많은 환경에서는 누구나 스트레스를 받는다. 빌딩의 사무실이라고 하더라도 좁아서 붐비는 경우, 상사나 남들의 눈에 뻔히 보이는 책상, 일을 방해하는 소음과 전화벨소리 등은 주요한 스트레스 요인이 된다.

직장-가정 갈등

직장-가정 갈등(work-family conflict)이란 맞벌이 부부가 많은 선진국에서는 직장인들의 중요한 스트레스 원천으로 오랫동안 연구되어 온 주제이다. 우리나라도 이제 맞벌이 부부의 증가로 가사 업무나 자녀 임신과 양육에 관련된 부담은 중요한 스트레스의 원인이 아닐 수 없다. 그런가 하면 최근 한 연구에서 야근이나 휴일근무 등 직무요구(job demands)가 많다고 해서 무조건 직장-가정 갈등이 생기고 삶의 질(안녕: well-being)이 저하됐다고 여기지는 않는다는 것이 밝혀졌다. 당사자가 일벌레라면 그런 것에 별로 개의치 않아서 직무요구로 얻는 스트레스가 보통 사람보다 훨씬 적다는 것이다.[30] 도표 5.5

도표 5.5 대(大)를 위해 소(小)를 희생하라고?

정보스트레스

오늘날의 지식사회에서 정보수집과 관리의 문제는 현대인들이 부딪치는 가장 큰

스트레스의 원천이 아닐 수 없다. 어떤 문제를 해결하거나 조직의 직무를 완수하기 위해 정보가 필요한데, 문제는 정보의 홍수 속에서 늦지 않게 가장 적합한 정보를 찾아서 사용해야 하기 때문이다. 그뿐만 아니라 과거처럼 이미 알고 있는 정보로 해결 가능한 문제는 거의 없고 매일 쏟아지는 새로운 정보를 입수해야만 경쟁자들과 비슷해진다. 이러한 상황들이 현대인들에게 정보불안증(information anxiety)이라는 스트레스를 준다.

관리자의 스트레스

흔히 상급자의 압력이 부하에게 가장 큰 스트레스라고들 하지만 상위계층으로 올라갈수록 스트레스는 더 커진다. 왜냐하면 책임과 의무가 더 많아지고 잘못되면 버려야 할 지위나 상위계층에 오르기까지 투입된 비용이 너무 크기 때문이다. 그뿐만 아니라 부하직원들을 통솔해야 하는데 사람을 다루는 일만큼 복잡한 것도 없다. 실무자의 실수나 오류도 관리자의 관리능력 부족으로 비난받는다. 더욱이 관리자는 부서의 예산통제와 조직혁신의 책임까지 져야 한다. 물론 최고경영자도 스트레스가 적지 않다. 회사 일로 인하여 중견간부가 자살하는 경우는 별로 없지만 오너나 사장이 자살하는 경우는 가끔 본다. CEO야말로 더 이상 책임져 줄 사람이나 충고해 줄 사람도 없이 고독한 싸움을 해야 하므로 그들이 받는 스트레스의 양은 누구보다도 더 크다.

직장 성희롱

직장 내 성희롱 문제가 일반화되어 있음에도 불구하고 제대로 파악되지 못하고 오랫동안 은폐되고 축소된 경향이 있다. 남녀가 한 조직에서 함께 일하면서 친숙해지고 인간적인 상호작용을 하는 긍정적인 측면은 자연스러운 현상이다. 그러나 이것이 성희롱(sexual harassment) 등으로 변질되면 조직의 로맨스 환경은 깨어지고 피해자에게는 심각한 스트레스의 원천이 된다.

성희롱이란 당사자가 기꺼이 수락하지 않는 성적 유혹, 성적 호의, 또는 성과 관련된 언어나 신체적 행위라고 정의한다. 통계에 따르면 우리나라에서 적어도 50% 정도의 근로여성이 어떤 형태로든 성희롱을 경험한 적이 있다고 한다. 성희롱의 장본인이 상급자일 경우 그 피해는 더욱 커서 피해자의 직장 포기, 승진기회 상실, 전직 요청, 특히 이직의도를 상승시키는 등 조직 전반에 걸쳐 부정적 요인으로 작용한다.

스트레스의 결과

그동안의 연구들은 스트레스의 반응에 대해 직접적인 측정을 못 했으나 최근 들어 스트레스가 구체적으로 인간의 육체와 심리상태에 어떤 변화를 가져오는지 밝혀내고 있다.

- 감정적 반응: 소외, 불안, 우울, 피로, 자존심 손상 등
- 육체적 반응: 두통, 불면, 고혈압, 소화장애 등
- 행동적 반응: 흡연, 음주, 마약, 공격, 자살 등 이야기 5.12

이야기 5.12 스마일페이스 증후군

칼 융(C.G. Jung)은 인간의 마음은 의식과 무의식으로 이루어지는데 우리 얼굴의 가면(persona)은 무의식의 열등한 인격이자 자아의 어두운 면이라고 했다. 이 페르소나는 내면적으로는 원하지 않지만 타인들이 강요하는 행동규범을 따르는 것처럼 보이게 하여 타인들(집단) 속으로 들어가서 소속감과 안정감을 느낄 수 있도록 만든다고 한다. 이 타인들은 조직이 될 수도 있고 상급자가 되기도 하며 회사에서 요구하는 행동강령일 수도 있다. 그런데 페르소나는 환경에 부딪히며 살아가야 하는 우리에게 긍정적인 역할과 동시에 부정적인 역할을 하기도 한다는 것이 문제이다. 나 자신의 마음과는 상관없거나 정반대로 연기를 해야 할 때가 많기 때문이다. 진짜 자신의 얼굴과 사람들에게 보여주는 가면 사이에서 나타나는 괴리감으로 인해 심리적 고통을 받게 되고 바로 이것이 스마일페이스 증후군으로 이어진다. 아이에게 매일 착하다고 칭찬만 하면 그 아이는 어른들한테 칭찬을 듣고 보호받고 싶어서 하고 싶은 대로 행동하지 못한다. 화를 참으며 항상 착한 척하고 억지로 행복한 모습을 보이려고 노력하지만 그 내면에는 울분과 답답함이 이글거린다. 감정노동자들이 갑질하는 고객 앞에서 화를 참으면서 웃음 짓는 행동을 반복한다면 이러한 증후군에 빠질 수 있다. 자연스러운 웃음은 건강에 좋은 영향을 미치지만 자신의 감정과는 다르게 억지웃음을 강요받는 스마일페이스 증후군을 가지고 있는 사람들에게 웃음은 스트레스를 더욱 악화시키는 요인이 되기도 한다. 우리나라의 한 취업포털사이트가 조사한 바에 따르면, 20~30세 직장인 대다수가 '스마일페이스 증후군'을 겪어봤으며 남녀 951명을 대상으로 조사한 결과 응답자의 70.2%가 이 증후군에 빠진 적이 있다고 답했다. 스마일페이스 증후군은 의학용어로 '가면성 우울증'이라고 불리는데 식욕이 감퇴하거나 매사에 재미가 없고 의욕이 떨어지며 만성피로와 불면증과 같은 증상을 유발한다. 이 증후군에 시달리는 사람들은 정신적으로 위축되기 쉽고 의욕이 저하된 상태가 계속된다. 인기에 대한 불안감을 갖고 사는 연예인이나 고객을 많이 응대하는 사원, 타인에게 잘 보여야 하는 직장인들에게 많을 수 있다.

스트레스와 조직성과

조직성과와 관련된 스트레스의 결과는 주로 불평, 결근, 나태, 사고, 이직 등 부정적인 측면이 많다. 문제는 다양한 원인으로 발생한 스트레스들은 서로 상쇄되지 않고 지속해서 겹겹이 쌓여 간다는 점을 인식해야 한다. 스트레스를 받을수록 업무성과가 나빠진다는 조사결과는 계속 입증되고 있다. 어떤 때는 순기능도 하는데 이는 스트레스가 직원의 도전정신을 자극하기 때문이다. 그리고 감정노동 등으로 부정감정을 표출하지 못하고 억제하다 보면 개인의 안녕(well-being)이 저해되는 것은 사실이지만 개인 목표달성으로 이를 해소할 수 있고 나아가 조직성과도 오른다. 도표 5.6

사무실에서의 분노

조직에서 가장 흔히 목격할 수 있는 스트레스의 결과는 당사자들이 직접 행동으로 하는 분노의 표시이다. 사무실에서 소리를 지르고, 서류를 집어 던지고, 책상을 치고, 욕을 하며 옆 사람을 위협하는 행동은 거의 스트레스 때문이다. 이러한 행동이 너무 많아서 '책상분노(desk rage)'라는 용어까지 등장했다. 이러한 분노는 당시의 순간에는 물론 수년 후의 질병과도 관련이 있음이 입증되고 있다.[31]

직무소진

직무소진(job burnout)이란 직무로 인한 신체적 에너지의 과도한 소모나 정서적 탈진 상태의 경험을 특징으로 하는 부정적인 건강증후군이다. 주로 좋지 않은 상사나 감정노동 같은 직무요구(job demands)에서 오는 스트레스로 인한 직무소진의 개념은 다음의 세 가지 차원으로 설명되고 있다.[32]

- 감정고갈(emotional exhaustion): 심리적으로 피곤함과 녹초가 된 상태
- 비인격성(dispersonalization): 직무나 직장동료에 무관심하며 냉담한 태도를 보이는 상태
- 낮은 성공감(disaccomplishment): 스스로를 부정적으로 인식하여 성공자신감이 저하된 상태

도표 5.6 스트레스 양과 조직성과

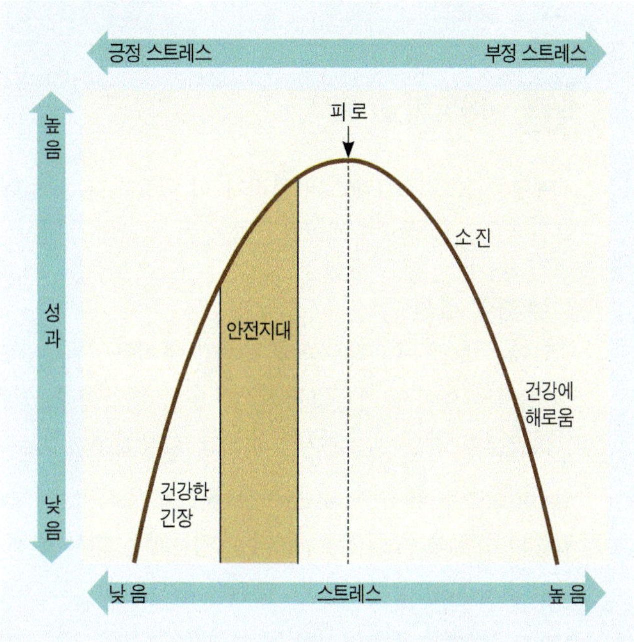

스트레스와 질병: 보이지 않는 살인마

전 세계적으로 스트레스로 죽는 사람의 수가 전쟁으로 죽는 사람의 수보다 훨씬 많다는 사실은 놀라운 일이다. 대한민국 40대 남자 사망률이 세계 최고라고 할 때 그 원인은 경제성장기 한국 기업의 직장인들이 받은 스트레스 때문으로 밝혀졌다. 선진국인 미국에서도 스트레스로 인한 심장병 환자가 연간 150만 명에 이르고 이 중 3분의 1이 사망에 이른다고 한다. 한 조사기관에 의하면 미국인 질병의 50~70%가 스트레스와 직접 관련이 있었다. 부부간의 말다툼 및 화풀이 행동과 질환과의 관계를 보니 당장에는 상관관계가 없었지만 20년간 추적조사한 결과 상관성이 매우 높았다. 특히 부인보다 남편의 상관성이 더 높았다.[33] 그러한 스트레스 중에서 회사에서 받는 스트레스의 양이 심각하다는 데 문제가 있다. 미국인 노동자의 46%가 직장에서 매우 큰 스트레스를 느끼고 있으며 27%의 회사원들은 자신의 직무가 인생의 가장 크고 유일한 스트레스 요인이라고 밝히고 있다.[34]

3 스트레스의 관리

여기서 스트레스 관리란 개인적인 측면이 아닌 조직이나 조직의 관리자가 조직구성원들의 스트레스를 관리하는 것을 의미한다. 그리고 이론적으로 스트레스의 관리라면 스트레스가 많을 때

는 줄이고 없을 때는 늘려야 한다는 의미이지만, 주로 어떻게 하면 스트레스를 줄일 수 있느냐에 초점을 맞춘다.

조직이 할 일

예방을 통한 스트레스의 관리가 더 필요하다. 그런데 스트레스의 원인을 제거하려면 주로 조직 차원에서 노력해야지 개인이 스트레스 원천에 대비하기에는 역부족이다.

직무환경 개선

앞에서 보았듯이 직무환경 자체가 조직구성원 스트레스의 주범인 만큼 업무를 방해하고 건강을 해치는 요인을 개선해 주는 것 또한 조직의 스트레스 예방책이며 업무의 특성상 구성원들이 불가피하게 받은 스트레스가 있다면 원상회복을 시켜야 하는 책임도 조직이 져야 한다. 이미 선진기업들은 이를 위해 많은 투자를 하고 있으며, 이것이 조직을 동기화하는 전략이 될 수 있음도 입증되고 있다. 구글(Google)의 기업문화는 회사 전체가 재미있는 연구센터가 되는 것이고, 메리어트(Marriott)의 슬로건은 "직원을 잘 보살펴라. 그러면 그들이 고객을 잘 보살필 것이다"이며, SAS는 "행복한 소들이 양질의 우유를 더 많이 만든다"는 신념과 슬로건을 내걸고 경영하여 유명세를 타고 있다. 이야기 5.13

관리방식 개선

리더나 팀장은 직무를 과다하게 부여해서 개인에게 스트레스를 주어서는 안 되며, 역할분담을 애매하게 함으로써 옆 사람과의 관계에서 스트레스를 받게 해서도 안 된다. 상급자나 동료와의 인간관계에 틈이 안 생기도록 분위기를 조성하고, 능력과 적성에 맞는 배치와 자율적 활동이 가능하도록 리더십을 발휘해야 한다. 무엇보다 임파워먼트는 사원들의 스트레스를 감소시키는 지름길임을 숙지해야 한다.

이야기 5.13 구글천국

직원을 만족시키는 회사, 구글(Google)! 샌프란시스코 근교에 3, 4층짜리 건물이 몇 개씩 옹기종기 모여 있는 본사에는 7개의 구내식당 클러스터가 있다. '찰리'라는 구내식당에는 멕시코, 동서양 퓨전음식, 햄버거, 이탈리아음식 등이 고루 갖춰져 있다. 주방의 냉동고에서는 아무 때나 그곳에서 직접 만든 아이스크림을 먹을 수 있다. 주방인력만 100명이 넘는다. 건물 안의 간이 음료대에는 에스프레소, 유기농 주스가 항상 제공된다. 체력단련장의 고급 러닝머신은 근무시간 중 어느 때라도 이용이 가능하다. 이렇게 먹고 마시는 데 구글 본사에서만 연간 약 60억 원을 쓴다. 식사하면서 회의를 하고 집에서 기르는 강아지도 사무실로 데려올 수 있다. 물론 회사 안에서 세탁물 수거 대행, 미용사의 직접 내방, 구내 마사지실, 치과버스의 정기방문은 보통이다. 리모델링한 이스라엘 텔아비브 사무실은 딱딱한 의자 대신 푹신한 소파로 사무실을 채우는 것은 물론, 업무 중에도 사옥 내 헬스클럽이나 수영장, 카페테리아, 마사지실 등을 마음대로 이용할 수 있게 하였다. 친환경 휴게실(**사진**)은 잔디 정원 같다. 또 다른 휴게실은 과수원을 떠올리게 한다. 탐스러운 열매가 주렁주렁 열린 나무 아래에 피크닉 테이블이 놓여 있고 직원들은 자연 속에서 휴식을 취한다. 구글 사원은 회사에서 받는 스트레스를 회사에서 모두 풀어 버린다.

인사제도 개선

조직이 사원들에게 스트레스를 덜 받게 하려면 고용정책이나 승진제도와 경력개발계획을 철저하게 수립하여 사원들에게 위협과 불안에서 벗어나도록 해야 한다. 특히 우리나라에서는 연봉제나 다면평가제 도입으로 인하여 발생할 수 있는 구성원 간의 지나친 경쟁분위기를 긍정적으로 소화할 수 있도록 하는 교육・훈련도 병행되어야 한다. 회사의 분위기를 어떻게 유지하느냐에 따라서 고객의 갑질로 인한 매장직원의 고객서비스 행동이 달라진다는 사실도 인식해야 한다.

개인이 할 일

이미 발생한 스트레스는 개인의 것이므로 이제는 개인 스스로 제거하고 안정을 취하는 데 주력해야 한다. 따라서 개인도 스트레스를 많이 받지 않으려면 할 일이 없는 것은 아니다.

다양한 자기관리

개인적 차원에서는 시간관리가 중요하다고도 하며 조깅, 하이킹 등 신체적 운동이 좋은 처방이라고도 한다. 스트레스 예방과 치료를 위한 개인적 차원의 방법은 여기에 나열하기 어려울 만큼 지금까지 많이 소개되었고 효과가 입증되기도 하였다. 그중에서도 다음과 같은 방법들이 이미 발생한 스트레스의 충격을 해소하고 스트레스를 감소시키는 데 효과적이라고 한다.

- 명상: 명상하면서 긴장을 풀고 분노를 진정시킨다.
- 전문적 치료: 심한 경우 전문가와 상담하여 치료한다.
- 개인의 안식: 휴가도 충분히 줘야 하는데 수면부족은 상당한 스트레스를 유발한다.
- 육체적 활동: 조깅, 에어로빅, 등산, 수영, 수면 등으로 해소한다. 이야기 5.14

사회적 지원

가족과 친구, 혹은 직장동료 중 가까운 대화 상대자를 두고 자주 만나서 하소연도 하고 위로를 받는 것을 사회적 지원(social support)이라고 하는데 이는 개인의 직장스트레스 관리에 가장 바람직한 방법으로 제시된다. 사회적 지원은 매우 오래전부터 일상생활에서의 스트레스 감소에 중요한 기능을 한다고 알려져 왔다. 최근에도 변함없이 일상에서뿐만 아니라 직장생활에서도 사회

이야기 5.14 몸가짐과 긍정호르몬

동일한 사람들을 대상으로 한 번은 어깨를 펴고 팔다리도 벌린 채 개방된 자세로 30분 정도 담소를 나누게 하고 테스토스테론과 코르티솔 호르몬 수치를 측정하였다. 그리고 다음에는 자세를 바꾸어 어깨를 움츠리고 경직된 자세로 30분 정도 대화를 나눈 뒤에 호르몬 수치를 측정하였다. 결과는 전자인 high-power pose의 자세(**사진** 위) 때는 테스토스테론 수치가 오르고 코르티솔 수치는 내려갔다. 코르티솔은 몸에서 스트레스가 증대될 때 이를 제거하려고 분출되는 호르몬이므로 코르티솔 수치가 감소했다는 것은 제거할 스트레스가 적다는 의미이다. 후자의 자세인 low-power pose를 취했을 때(**사진** 아래)는 이와 반대가 되었다. 이처럼 유머뿐만 아니라 신체 자세도 바로잡아야 긍정호르몬이 많아지고 스트레스가 적다.

이야기 5.15 어느 犬公의 은퇴식

얼마 전 일본에서는 이상한 회사원의 퇴임식이 벌어졌다. 웹서비스 개발을 전문으로 하는 한 정보기술회사에서 17년간 근무하다가 퇴임하는 주인공은 개 한 마리였다. 그는 월급도 받지 않은 채 회사가 주는 밥만 먹고 하루도 쉬지 않고 회사를 위해 일했다고 한다. 그가 담당한 업무는 무엇이었을까? 그 회사는 정보기술산업인 만큼 사원들의 정서가 메마르기 쉬워 서로 대화도 적고 인간적인 교류가 부족했고, 그런 사막 같은 사무실에서 온종일 지내다 보면 스트레스가 극심했다고 한다. 그런데 사랑스러운 개 한 마리가 회사의 구석구석을 다니면서 사원들의 지루함을 달래주었고, 개를 통해서 정서적 분위기가 살아나서 서로의 인간관계도 부드러워졌다는 것이 이 회사 사원들의 증언이다. 그러나 이 개도 너무 늙어서 이제는 더 이상 업무를 수행할 수 없어 회사를 떠나 조용한 가정집으로 은퇴하는데 사원들이 모여 성대한 은퇴식을 마련해주었던 것이다.

적 지원은 정신건강은 물론 소화와 심장질환 등 육체적 질병 해소에 효과가 있다고 다양한 분야에서 입증되고 있다. 그 이유는 사회적 지원이 주로 다음과 같은 장점을 제공하기 때문이다.

- 자긍심: 격려로 자존심을 키우고 스스로를 가치 있는 인물로 인식하게 한다.
- 정보공유: 문제를 남들과 공유하여 상호 정보교류로써 더 나은 해결책을 찾게 한다.
- 기분전환: 남들과 어울려 기분전환도 시키고 고민에서 탈출할 시간을 갖게 한다.
- 자원제공: 문제를 해결할 자원을 제공해 줌으로써 무난히 견디게 한다.

그러나 이러한 사회적 지원들이 진정한 효과를 발휘하려면 이를 제공해주는 자와 받아들이는 당사자와의 특성이 잘 맞아야 한다. 직장을 떠나려는 사원에게 동료들이 아무리 사회적 지원을 해줘도 본인의 사교성이 부족하거나 상급자 때문이라면 별로 소용이 없을 것이다. 이야기 5.15

편 경영

편 경영이란?

편 경영(fun management)이란 즐거운 직장에서 즐겁게 일하도록 분위기를 만들어 조직을 경영한다는 의미이다. 이는 단순한 이벤트나 오락 프로그램, 놀이문화 같은 것과는 다르다. 편 경영은 기업과 구성원 그리고 고객 모두를 신뢰하게 만들어 조직의 성과창출을 극대화하고자 하는 현대 기업경영의 기본 철학이자 핵심전략이다. 산업화 이후 일(work)의 강도가 높아지고 전문성이 강조되면서 노동과 재미는 서로 다른 분야로 여겨져 왔는데 편 경영은 이 두 가지 요소를 다시 합쳐서 직무와 일터에서 즐거움을 느끼게 하자는 시도이다. 포춘(fortune)에서 매년 선정하는 '일하기 좋은 100대 기업'의 특성에서도 알 수 있듯이, 이제 재미는 현대경영의 핵심 키워드가 되고 있다. 이런 경영은 불경기에 더욱 효과적이다. 동시에 편 경영은 재미 창조에 그치지 않고 많은 관심 속에 차원 높은 연구도 계속되고 있다.[35]

직장유머

유머감각이 조직운영과 관련되어 연구된 지는 그리 오래되지 않았다. 유머의 정도는 회사의 유머러스한 분위기, 리더의 유머 사용, 사원의 유머감각 등 여러 측면에서 관찰할 수 있으나 공통점

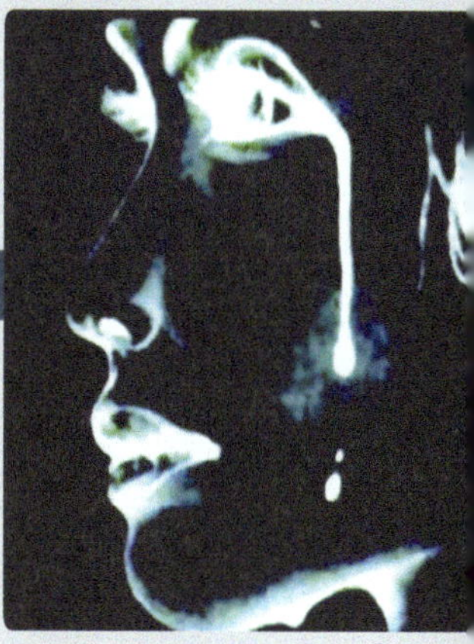

이야기 5.16 눈물과 스트레스

조선시대에 부모님이 돌아가시면 7일장 혹은 9일장을 지냈다. 부모님 돌아가신 스트레스는 당연히 눈물로 달랜다. 울지도 못하게 한다면 병이 날 것이다. 부모의 사망에 식구들이 얼마나 스트레스가 많을까마는 하루 이틀이 지나 사흘째로 접어들면 눈물이 마른다. 그런데 동네 사람이 지나가면서 상갓집에서 곡소리가 안 들리면 불효자 집안이라고 욕할 것이다. 그래서 당시에는 대신 울어 주고 돈을 받는 여자 곡비(哭婢)가 있었다. 주로 청상과부가 대신했다. 일찍이 남편을 잃은 설움이 얼마나 스트레스였겠는가? 부끄러워서 소리 내어 울지도 못하고 아이들 보는 데서 눈물을 보일 수도 없었다. 그러다가 동네에 초상이 나면 곡비로 실컷 울어 주면서 쌓였던 스트레스도 해소하고 돈도 번다. 눈물에는 모유생산자극 호르몬인 프로락틴이 있다. 그래서 여자가 더 많은 눈물을 흘린다. 프로락틴과 부신피질은 혈액 속에 스며드는데 스트레스 상황일 때 뇌하수체 전두엽에서 분비되는 호르몬인 프로락틴을 제거하면서 마음이 진정된다. 슬플 때 흐르는 눈물은 단순자극 시의 눈물보다 단백질이 24% 더 있다. 네덜란드 과학자 Mauris가 여러 상황(슬픔, 양파, 안약, 찬바람 등)마다 눈물의 결정을 전자현미경으로 관찰한 결과 모두 다르게 나타남을 발견했다. 슬픈 눈물은 뇌에 산소를 공급하고 공격본능과 적대감을 완화시킨다. 남자가 여자보다 장수 못 하는 이유는 남자가 여자처럼 소리 내어 울지 못하기 때문이라고도 한다. 사람의 위는 스트레스가 쌓이면 위액이 적게 나오고 위 운동을 덜 하지만 눈물을 흘리며 소리 내어 울면 위 운동이 많아진다. 따라서 울고 나면 배가 고프다. 사람은 울 때 650개 근육 중 231개가 움직인다고 한다. 그래서 스트레스받을 때는 짜증을 내기보다 우는 것이 상책이다.

은 유머가 스트레스를 해소하고 조직몰입을 증가시킨다는 사실이다. 리더가 유머 행동을 많이 한다면 조직응집성이 높아져서 성과가 오르며 전산업무 같은 특정 분야에서는 직원의 학습도 증대시키고 구성원의 임파워먼트와 팀 목표 달성에 긍정적 영향을 미친다. 그리고 구성원들 간의 사회적 상호작용을 촉진하고 직무만족을 높이며 그들의 리더에 대한 인식도 긍정적으로 바뀐다.[36]

한편 사원들의 유머감각이나 유머감정은 상호자극을 통하여 스트레스를 줄이고 재미와 흥미를 자극하여 마음에 긍정감정을 유발한다. 이뿐만 아니라 유머 사용이 많을수록 사원들에게 직무의 의미를 다르게 느끼게 하며 갈등이 줄어든다는 조사가 있다. 이야기 5.16

공감경영

경영학 분야에서는 미시간대학의 더튼(J.E. Dutton) 교수를 중심으로 공감(compassion)에 관한 연구가 처음 시도되었다.[37] 공감은 오래전부터 철학이나 심리학, 종교학, 신학, 인문학 등에서 주로 많이 언급해 왔는데, 오늘날 경영학 분야에서 주요한 변수로 삽입시켜 경영의 실무에 접목시키는 시도를 망라하여 공감경영(Compassion Management 혹은 Management By Compassion: MBC)이라고 할 수 있다. 이는 긍정조직학파의 일련의 연구들과 궤를 같이하는 것이지만 스트레스 관리를 위한 구성원의 부정감정을 다스릴 수 있는 효과적인 관리방식의 하나일 수 있다.

공감이란?

공감이라는 말은 라틴어의 cum과 pati에서 파생된 compassion에서 유래하였다. 이 두 단어를 합치면 '함께 고통받다'라는 의미가 된다. 공감에 해당하는 히브리어는 '라하밈(rahamim)'이다. 이것은 한 인간의 다른 인간에 대한 본능적 애착을 표현하는 말이지만 원래 셈족은 이런 자비가 어머니의 품(히브리어, rèhèèsè) 안이라고 생각한다. 공감에 관한 연구는 조직행동 분야에서 매우 짧은 역사를 갖고 있다. 공감은 타인의 고통을 주시하고 관심을 갖는 데서 출발하고 이는 고통을 받은 사람에게 도움을 주고 싶은 동기를 야기한다. 따라서 조직생활에서의 공감은 고통으로 상처를 받는 타인에게 가까이 다가가는 또 하나의 수단이 된다. 인간관계에서도 서로 배려해주면 당연히 감정이 가라앉고 근심, 걱정, 두려움이 조절되기 때문이다.

조직에서의 공감

조직구성원들이 물질적, 정신적 고통을 경험하게 될 때 동료나 상사, 그리고 부하직원들은 고통을 함께 느끼고 서로 도와주는 행동이 필요하다. 그리고 그 고통의 경험이 크거나 심각할수록 타인에 대한 공감과 동정심도 커진다. 즉 공감은 동료의 고통을 마치 나의 고통처럼 함께 아파하고 상대의 고통을 힐링하려는 행동까지 수반한다는 점에서 단순히 감정이입(empathy), 동정심(sympathy), 또는 연민(pity)과 구별된다. 점차 공감에 의한 리더십과 관리프로그램도 개발되고 있으며, 이제 공감경영은 조직의 수직적 구조 아래에서 상사가 직원들을 비인격적인 객체로 간주하는 것을 더 이상 허락하지 않고 수평적인 구조하에 상사와 부하직원, 그리고 동료들이 서로를 인격적인 주체로서 바라보도록 하는 조직문화를 이끌어내고 있다.

공감의 결과

조직구성원이 고통을 겪을 때 진정성을 지닌 동료나 상사의 공감행동을 경험한다면 그는 조직에 대한 긍정적 정체성을 재인식할 것이다. 이는 조직몰입으로 이어지며 종국에는 이직의도도 감소할 것이다. 또한 직원에게 조직으로부터 돌봄과 관심을 받고 있다고 느끼게 하거나 그가 고통에 처했을 때 누군가 그와 함께한다는 생각, 그리고 조직에서 혼자가 아니라는 생각을 하게 하는 공감은 그의 조직적응에 도움을 준다. 어린이를 상대로 한 연구에서도 교사의 감정적 지원이 아이들의 학교적응에 효과를 보였다. 공감경영의 실천적 의미는 결국 회사나 리더가 직원의 고통에 대해 반응하면 그 자체가 그의 긍정적 정체성을 형성하게 하는 원인이 되며, 이를 통해서 그들은 조직을 등지지 않고 오히려 조직에 더욱 애착을 갖고 몰입하게 하는 동기부여의 원천이 될 것이다. 이야기 5.17

이야기 5.17 슈퍼마켓 점원의 은퇴식

우리나라도 머지않았지만 유럽이나 미국의 대형할인마트 매장에서 일하는 직원이나 계산원은 20대에서 노인까지 연령분포가 다양하다. 어느 할인마트에서 수십 년 근무한 한 할머니가 은퇴하게 되었다. 조촐한 은퇴식에서 그 할머니는 이 직장에서 수십 년을 보낸 사연을 꺼내 놓았다. 할머니가 처음 입사했을 때는 30대 초반의 이혼녀로서 어린 아들과 생활할 당장의 수입이 필요해서 몇 달만 임시직으로 있을 생각이었다. 3~4개월 일하다가 좋은 자리가 생기면 옮길 작정이었던 것이다. 그러던 어느 날 근무 중에 아들과 통화를 하게 되었는데 아들은 야구공과 글로브를 사 달라고 졸라댔고 그녀는 당장은 돈이 없으니 다음에 사 주겠노라고 달랬다. 다음 날 회사에 출근해 보니 그녀 자리에 자그마한 편지와 함께 야구공과 글러브가 놓여 있었다. 편지에는 다음과 같은 메모가 적혀 있었다. "회사에서 아드님에게 사 드리는 것입니다. 부담 갖지 마세요." 이런 회사라면 열심히 다닐 맛이 나고 또한 이런 동료와 회사를 배반하는 것은 도리가 아니라고 생각해서 끝까지 충성했다고 말했다. 은퇴사를 마치자 모든 직원이 우레와 같은 박수를 보냈다. 야구공과 글러브의 공감경영은 박수 소리와 함께 모든 이의 가슴으로 전염되었다.

6장

동기부여: 개념/전통적 이론/현대적 이론/적용하기

ORGANIZATIONAL BEHAVIOR

Ⅰ. 기초개념: 동기와 욕구
Ⅱ. 동기부여이론
Ⅲ. 동기부여이론의 활용

▶ 사진설명
저자의 동창인 서강대 모 교수가 방학 동안에 히말라야 최고봉에 속하는 마나슬루 정상에 오른 뒤에 보내준 사진이다. 나는 800m 백운대도 오르기를 주저하는데, 적지 않은 위험과 고통이 수반되는 등정임에도 저 친구를 8,150m 정상까지 끌어올린 동기는 과연 무엇이었을까?

ORGANIZATIONAL BEHAVIOR

성경에 "일하기 싫으면 먹지도 말라."고 기록되어 있다. 과연 우리는 먹기 위해 일을 하는가? 그렇다면 먹고살 만한 사장님, 회장님들이 왜 새벽부터 밤늦게까지 일에 매달리는가? 마지못해서가 아니라 기꺼이 일하도록 할 수는 없는 것인가? 흔히들 일하는 까닭은 돈 벌기 위해, 먹기 위해, 잘 살기 위해서라고 생각하며 게임이나 놀이와는 다르다고 생각한다. 일상의 대화에서도 일은 '큰일 났다, 일 저질렀다, 일이 많다, 일스럽다'는 식으로 부정적으로 비쳐지고 있다.

그러나 다른 관점도 있다. 우리나라 근로자들의 노동시간은 옛날보다 줄었는데 일 때문에 바쁘다는 말은 더 많이 들린다. 그뿐인가? 대학을 졸업한 여성들이 결혼보다는 일터로 가기를 더 원하고 있으며 심지어는 가정에서 편히 쉬고 있던 주부들마저 취업전선으로 나오는 추세이다. 인간은 생각하는 동물(homo sapiens)이기도 하지만 노동하는 동물(homo faber)이기도 하다.

노동에 대한 두 가지의 상반된 관점은 사실 동전의 양면과 같아서 잘만 조정하면 부정적인 면을 뒤로하고 긍정적인 면을 대두시킴으로써 사람들을 신나게 일하도록 하여 조직의 성과도 올리고 그들의 삶도 보람 있게 만들 수 있다. 조직구성원들의 직무동기를 올리려고 하는 시도는 모든 관리자뿐만 아니라 직무 당사자들의 관심사이기도 하다. 왜냐하면 사기가 높아야 일하기도 즐겁고 능률도 오르기 때문이다. 이 장에서는 조직구성원들의 사기를 높이는 방법에 관해서 공부하고자 한다.

I | 기초개념: 동기와 욕구

무엇이 사람들에게 열정을 불러일으키는가? 열정이 넘친다고 해서 모든 일이 성공적으로 되지는 않지만 최소한 조직이라면 다음의 것들을 해야 한다.

- 구성원들이 조직에 매력을 느끼고 조직에 남도록 격려하라.
- 창의적이고 혁신적인 사원이 되도록 자극하라.
- 열정을 갖고 직무에 임하도록 항상 부추기고 지원하라.

일반인들이 생각하는 것처럼 게으른 사람과 근면한 사람이 회사에 따로 있는 것이 아니다. 공부하기는 아주 싫어하고 게을리 행동하지만 아르바이트에 열을 올리는 학생을 보라. 만약 그의 천성이 게으르다면 그런 행동을 보이겠는가. 천성적으로 동기가 큰 사람과 작은 사람이 있는 것이 아니라 동기를 부추기는 방법을 모르는 것이 문제이다.

1 모티베이션과 동기

노동이란 결국 사람의 행동인데 이 행동은 외부의 강요에 의해서도 일어날 수 있지만 개인 내부의 자극에 의해서도 가능하다. 예를 들어 타고난 본능이 자극한 행동일 수도 있고, 습관상 하는 행동일 수도 있으며, 하고 싶은 마음에서 기꺼이 하는 행동일 수 있는데, 이때 행동이 본능적・습관적으로가 아니라 자발적으로 노력하고 싶은 마음에서 출발된 것이라면 동기부여되었다고 본다. 그렇다면 어떻게 하면 이런 마음이 생길까? 이것이 동기부여의 연구주제이다.

모티베이션(동기부여[動機賦與]: motivation)이란 '움직이게 하다'라는 의미의 라틴어 'movere'에서 유래된 말로, 조직행동에서 동기부여란 목표를 향한 자발적인 행동을 이끌어 내고 충동질하여 계속하게 하는 심리적 과정이라고 정의한다.[1] 다시 학문적으로 정의하면, 어떤 사람으로 하여금 목표달성을 향해 행동하도록 자극하여 동기가 생기도록 하고(유발: arousal) 구체적 행동으로 유도하고 이끌며(지향: direction) 그 행동을 지속하게 하는 것이다(지속: persistence). 즉 목표를 향한 행동의 자극과 모티브(motive)가 있어야 하고, 이것을 충족시킬 행동을 선택하여 중간에 포기하지 않고 그 행동을 계속해야 동기수준이 높다고 할 수 있다. 이것이 모티베이션의 구성요소가 되는데 이 세 가지 요소가 전부 갖추어져야 동기부여됐다고 할 수 있다.

모티베이션이라는 말 자체가 여러 유사용어들을 종합한 것인데 "그 일에 동기화되어 있다."

이야기 6.1 **옛 선인들의 동기부여 전략**

사람들의 사기를 올려 신바람 나게 일하도록 여러 가지 방법을 고안해 낸 것은 어제오늘의 얘기가 아니다. 오늘날까지 남아 있는 아테네의 신전을 짓는 방법에서도 거대한 대리석을 산꼭대기에서 밑으로 운반할 때 속도를 조절하기 위해 산 위에 줄을 걸어 다시 수십 명이 아래로 잡아당겼는데 그 일은 매우 중요하고 어려웠다. 그래서 이때 인부들 옆에서 피리를 불며 장단을 맞춰 주는 악사가 필요했다. 빵을 구워 파는 아테네 지역의 빵 공장 아낙네들도 밀가루 반죽을 할 때, 옆에는 피리 부는 사람이 따로 있어 사기를 돋우고 있었다. 우리나라에서는 전통적으로 모내기할 때, 집터를 돋울 때, 들의 샘에서 물을 퍼 올릴 때 장단을 맞추는 많은 노랫가락들이 아직도 전해지고 있다. 또한 세종대왕께서는 변방을 지키는 장수들의 사기를 올리는 방안을 적극적으로 연구하게 했다는 기록도 있으며, 나아가 집현전 연구원들에게는 사기앙양을 위해서 안식년을 주기도 했다. 경복궁 관리들의 여종이 임신을 하면 출산 전후 100일의 휴가를 주고 출산 후에는 남편에게도 육아휴직을 주도록 하였다.

라는 말은 그 행동에 대해 당사자가 정서, 감정, 욕망, 열정, 태도, 관심, 신념, 흥미, 환상을 가지고 있다는 뜻이며 이 모든 것들은 이성적이고 합리적이기보다 감정적이고 반이성적(反理性的: nonrational)이다. 그래서 동기부여된 상태를 논리적으로 분명히 설명할 수는 없고 "어쩐지 신바람이 난다."라고만 할 수 있다. 물론 신바람을 일으키기까지는 이성적인 계산이 작용할 수 있으나 일단 신바람이 일면 행동은 저절로 뒤따른다. 그러므로 모티베이션 공부란 어떻게 하면 신바람이 나도록 할 수 있는지에 대한 이론들을 배우는 것이다. 이야기 6.1

2 동기와 욕구충족

동기부여이론들이 하루아침에 나온 것은 아니고 욕구의 정체파악을 시작으로 인간이 왜 행동을 하게 되는지에 대한 관심은 오래전부터 있어 왔다. 욕구와 동기는 어떤 관계에 있으며 어떻게 동기부여이론의 기초를 이루는지에 대해 알아보자.

인간행동의 동기

조직행동의 동기부여이론이 나오기까지 인간행동의 동기를 설명하려는 많은 연구가 있어 왔는데 대체로 다음과 같은 것들이 인간행동의 근본 동기라고 한다.

- 쾌락(hedonism): 인간의 자유의지를 중시했던 18, 19세기 사상가들의 영향을 받은 초기의 행동연구자들은 인간행동이 자의적인 선택에 의해 이루어진다고 보았다. 다시 말해 인간은 쾌락, 즉 행복을 극대화하고 불행을 극소화하는 목적으로 어떤 행동을 한다고 여겼다. 이러한 경향은 로크(J. Locke), 벤담(J. Bentham), 밀(J.S. Mill)의 영향을 받은 것이다.[2]
- 본능(instinct): 제임스(W. James)는 거미가 줄을 치는 것처럼, 연어가 바다에서 강으로 올라와 알을 낳는 것처럼 인간의 행동도 본능에 의해 행해진다고 한다. 데카르트(R. Descartes)

이야기 6.2 귀소본능

1993년 전남 진도에서 대전으로 팔려간 진돗개가 7개월 동안 수백 킬로미터를 이동해 집으로 돌아왔다. 매년 11월 초가 되면 3, 4년 전에 방사했던 치어가 알래스카까지 갔다가 어미가 되어 강원도 양양의 남대천 상류로 이동한다. 산란하기 위해 자신이 태어난 곳으로 수만 킬로미터를 찾아온 것이다. 심지어 다른 곳에서 태어나도 어미의 고향을 찾아가는 경우도 있다. 베트남에서 포획된 어미와 수컷이 전남 여수의 수족관에서 짝짓기하여 인공증식으로 태어난 네 살짜리 푸른바다거북이 제주도에서 방류되었는데 3개월 후에 베트남 해안에 정착했다. 무려 4천 킬로미터 정도 헤엄쳐 아예 있어본 적도 없는 어미의 고향으로 돌아간 것이다. 『이방인』의 작가 알베르토 까뮈(A. Camus)는 프랑스령 북아프리카 알제리 수도 알제의 허름한 동네인 몽드비(Mont de vie)에서 태어났다. 그는 어려서 전쟁에 아버지를 잃고 어렵게 고학으로 대학까지 들어간다. 그런 까뮈의 귀소본능은 대단했다. 그가 말년을 보낸 남프랑스 작은 마을 루마랭(Lourmarin)은 고향 알제리의 산세와 기후가 비슷하다. 소설 『이방인』의 주인공 뫼르소가 마리의 배에 귀를 대고 느낀 것은 성욕이 아니라 까뮈 자신의 본향인, 청각장애를 가진 자기 어머니의 자궁 속이었다. 그가 항상 60대의 자기 어머니를 40대의 미인이라고 소개하며 어머니를 극진히 사랑했던 것도 그가 태어난 본향을 간절히 원했기 때문이었으리라. 그에게 인간은 모두 고향을 떠난 이방인이다. 그는 고향 알제리를 한시도 잊지 않았다. 거품을 부글거리며 끓고 있는 빛 속에서 신들이 내려와 속삭이고 있는 꽃으로 뒤덮인 폐허(산문집: 『결혼·여름』)는 알제리의 로마 유적지 티파자이다. 작열하는 태양 아래서 덥다며 뛰어든 마리를 뒤쫓아 들어간 뫼르소의 바다(소설: 『이방인』)는 프랑스가 아닌 알제리의 지중해이며 소설 『페스트』의 무대도 그 나라의 오랑(Oran)이다. 그는 노벨상 수상으로 유명해져 파리에 갔다가도 금방 루마랭으로 돌아왔다. 여행을 다녀오겠노라고 사랑하는 어머니에게 편지를 쓰고 친구와 여행을 떠났다가 안타깝게도 자동차사고를 당해 자신이 태어난 알제리의 돌로 비석을 해 달라는 유언을 남긴 채 세상을 떠난다. 까뮈의 작품활동, 어머니에 대한 극진한 사랑, 그의 사상, 비석에 대한 그의 유언을 지배한 것은 그가 지녔던 귀소본능이었다. 남프랑스 루마랭 공동묘지에 그가 잠들어 있다. 라벤더 향기 속에 비스듬히 누워 있는 그의 돌비석(**사진**)은 알제리 그의 고향에서 운반되어져 온 것이다.

는 찬사, 사랑, 증오, 환희, 비애를 인간의 다섯 가지 기본적 감정으로 보았으며 프로이드(S. Freud)는 생의 본능(eros)과 죽음의 본능(thanatos)을 인간행동의 근원으로 보았다. 그러나 인간의 행동에 있어 타인과 외부로부터 받는 영향도 무시할 수 없다.[3] 이야기 6.2

- 욕구(needs): 충족하지 못한 욕구를 채우려고 행동이 야기된다는 전제하에서 연구된 이론들이 욕구이론이다. 예를 들면 사교생활을 충족하지 못한 사람은 더 많은 사람을 만나도록 동기화된다.
- 강화(reinforcement): 행동한 후의 결과가 당사자에게 좋으면 그 행동이 더 추구되고 강화된다는 것을 발견했다.
- 인지(cognitions): 인지론자들은 인간행동을 신념, 가치관, 기대 등 이성적이고 지적인 의식의 산물로 이해하고 있다. 이들은 인간의 이성과 합리성을 매우 강조한 연구들로, 어떤 행동을 할 때는 그 행동의 결과가 자신에게 무엇을 가져다줄 것인지 미리 예측(기대: expectancy)하고 그것에 따라 행동을 한다고 믿었다.
- 사회이론(social theory): 마르크스(K. Marx)는 어떤 사람이 자살하는 이유가 그 사람의 심리상태나 본능적 요인에 있지 않고 타인들이나 사회가 그를 자살행동으로 몰아가서라고 생각했다. 즉 가난, 빈부격차, 아노미(anomie) 상황 등이 한 개인으로 하여금 공격적 행동이나 자

살행동을 하게 한다고 여겼다.[4]

- 느낌과 감정(feelings and emotions): 이는 최근의 접근방법으로서 회사의 사원들은 직장생활에서 높은 성과를 얻는 것 이외에도 높은 삶의 질을 달성하려는 목적이 있다는 데에서 출발한다. 즉 학생들은 저마다 우수학생이 되는 것뿐만 아니라, 누구의 애인이 되고 싶고, 누구의 좋은 친구가 되고 싶고, 훌륭한 자식이 되고 싶어 한다. 그의 공부에 대한 열정은 그 과목의 특성 자체보다 이 모든 목표에 대한 복합적인 결심과 감정상태에 의해 결정된다는 것이다. 아무리 월급을 많이 받고 좋은 학생들에 의해 모티베이트된 교수더라도 자녀의 사고소식을 접했을 때는 강의와 연구에 대한 사기가 뚝 떨어지는 것도 마찬가지이다.

욕구충족과 모티베이션의 관계

모티베이션 이론과 관련하여 가장 먼저 연구되었던 주제는 동기화시키는 원동력이 무엇인지를 밝혀내는 것으로, 주로 심리학자들에 의해 욕구(欲求: needs)라고 정의되어 연구되었다. 인간은 누구나 어떤 욕구, 그 욕구를 채우려는 행위의도, 그리고 실제의 행동 등 세 개의 복합체로 구성되어 있는데 이 세 요소는 균형을 이루려 하지만 현실에서는 수시로 깨진다. 충족 안 된 욕구가 있으면 균형은 곧 깨지고 긴장이 조성된다. 긴장이 발생하면 균형을 다시 찾으려 노력하게 되며 그 욕구의 충족을 위해 무엇인가 하려고 하는데 이 과정을 동기부여라고 한다. 산소량, 당분의

이야기 6.3 욕구충족의 위대한 업적들

미녀의 상징인 비너스상은 대개 팔이 없다. 얼굴과 몸체의 아름다움만 있다면 팔이 없는 것은 문제가 아니다. "내가 말더듬이가 아니었다면 물방앗간 인부로 일생을 살았을 것이다." 윌리엄 서머셋 몸(W.S. Maugham)의 말이다. 20세기 400명의 위인들 중 85%가 문제가정의 출신이라는 연구가 있다. 소설가의 83%, 화가의 70%, 과학자의 56%가 그랬으며 업적을 남긴 상당수 인물들은 편부모 슬하에서 자랐거나 양쪽 부모 모두를 유년기에 잃었다. 예를 들면 뉴턴, 퀴리, 다윈, 버지니아 울프는 18세 이전에 한쪽 부모를 잃고 다빈치는 생모와 떨어져 살았다. 천재 모차르트는 어려서 궁정연주가가 되어 행복한 일생을 보낸 것으로 알지만 사실 어려서는 아버지 손에 끌려 강한 훈련과 연주로 가족과 떨어질 수밖에 없었고 성인이 되자마자 어머니의 사망과 아버지와의 불화, 누이와의 결별, 잘츠부르크 궁정에서의 파면, 첫 애인과 이별, 아내와 자신의 건강악화를 겪는다. 고대나 중세 때의 위인도 마찬가지이다. 그리스의 대웅변가 데모스테네스도 반(半)벙어리였다. 소크라테스, 카이사르는 누구보다도 콤플렉스가 많은 사람이었다. 사마천은 거세를 당한 성불구자로 『사기(史記)』를 썼으며, 손자는 절름발이로 병법(兵法)을 지었고, 베토벤이나 에디슨은 귀머거리였기에 위대한 걸작을 남겼다. 서양의 역대 천재 78명을 대상으로 조사한 독일의 한 학자는 그중 83%가 크고 작은 정신적 고난과 부족함이나 콤플렉스가 있었다고 한다. 미켈란젤로, 루터, 몰리에르, 파스칼, 뉴턴, 바그너, 잔다르크, 도스토예프스키, 니체, 릴케, 비스마르크 등이 콤플렉스가 없었다면 역사에 기록되지 못했을 인물들이다. 유럽의 양봉가 한 사람이 오스트레일리아의 어느 지방에 1년 내내 꽃이 피어 있다는 소리를 듣고 벌통을 모두 배에 싣고 이주해 가서 꿀벌을 방사했다. 첫해에는 꿀을 좀 모았으나 이듬해부터는 벌통에 꿀이 모이지 않았다. 꿀벌들이 일을 하지 않았던 것이다. 일 년 내내 꽃이 피어 있으니 열심히 꿀을 모을 필요가 없었던 것이다. 오직 욕구의 결핍만이 열심히 일할 수 있는 동기의 원천이다.

양, 화학물질 등의 균형이 깨지면 원상복귀하려는 메커니즘이 신체 내에 존재하는데 배가 고프면 포만감이 있을 때까지 음식을 먹으려는 행동이 그런 예이다. 이때 원래의 균형상태가 캐논(W.B. Cannon)이 말하는 조화(균형: homeostasie)인데 이것이 후에 모티베이션 이론에 적용되었다.[5]

그러나 인간의 욕구는 충족되지 않는 경우도 허다하다. 그렇게 되면 행동동기의 발생은 중단되고 욕구불만으로 인하여 생리적인 또는 심리적인 불균형을 느낀다. 이에 대응하여 사람들은 여러 가지 적응행동을 취하는데 이러한 적응행동 또는 방어행동이 다양한 행동으로 표출되기도 한다. 그러나 인간에게 욕구의 부족은 부정적인 충족행동이나 방어행동을 유도하기도 하지만, 동시에 욕구의 불충족과 충족의욕이 긍정적인 행동을 유도하는 경우도 많기 때문에 모티베이션 이론은 후자의 입장에서 발전시키고 적용하려는 시도이다. 이야기 6.3

Ⅱ | 동기부여이론

모티베이션에 관한 여러 이론들을 크게 구분한다면 두 그룹으로 분류할 수 있겠다. 전통적 이론에 속한 것들은 주로 욕구에 초점이 맞추어져 있으며, 현대적 이론에 속한 것들은 욕구가 모티베이션을 일으키기까지의 과정에 초점을 둔 것들이 대부분이다. 전통적 이론들을 내용이론(motivation content theory)이라고도 한다. 내용이라 함은 인간행동을 동기화하는 원동력(모티베이션을 일으키는 욕구의 내용)이 무엇인지, 무엇이 행동을 일으키는지에 대한 이론이다. 동기부여에 관한 초기 연구들은 주로 욕구파악에 열중하면서 동기부여의 원동력은 인간이 가지는 욕구(needs)라고 보고, 그것이 무슨 욕구이며 어떤 욕구를 충족시키면 사기가 오르는지에만 관심이 있었다.

그러다가 최근으로 오면서 욕구를 충족시키는 방식이 사기향상에 중요하다는 것을 깨달았으며 욕구가 사기를 일으키기까지의 과정을 중시하게 되었다. 즉 행동이 어떻게 유도되고 어떤 단계를 밟아 진행되는지의 과정을 연구한 것들이라서 모티베이션 과정이론(motivation process theory)이라고도 한다. 이는 개인의 욕구뿐만 아니라 그의 개인적 특성과 그가 처한 상황적 요인도 그를 모티베이트 시킬 수 있다는 관점에서 모티베이션을 연구한다. 그러나 현대에 와서는 단순한 과정이론뿐만 아니라, 사원들의 사기를 높이기 위한 많은 아이디어들을 개발하여 현장에 적용하고 있는데, 이것들도 모티베이션 현대이론이라고 할 수 있다.

1 전통적 이론: 동기화시키는 욕구를 연구

초창기 이론은 동기를 일으키는 근본 내용(욕구)에 관한 것이기에 내용이론이라고도 하고 욕구이론이라고도 한다. 이들은 모두 개인이 원하는 욕구를 충족시켜 주면 그에게서 동기가 샘솟는다고 했다. 욕구충족에 의한 동기부여를 주장한 것 중에서 대표적인 연구들만 몇 가지 소개하려 하는데, 이들은 주로 많은 욕구들 중에서 사기를 불러일으키는 욕구가 어떤 것인지, 어떤 욕구를 더 충족시켜야 하는지 등에 관해 밝히고 있다. 우선 매슬로우를 중심으로 사원들이 요구하는 욕구를 정확히 파악하여 이를 충족시키는 것이 동기부여의 지름길이라고 여겼다. 이와 관련된 대표적인 네 가지 이론을 살펴보자.

욕구단계이론

초기에는 인간행동을 부추기고 지속시키는 요인에 대해서 연구자에 따라 육체적 본능, 지배본능, 혹은 성공욕구 등으로 각자 따로 설명하려고 해 왔다. 이때 러시아에서 뉴욕으로 이민 온 가난한 유대인 가정의 일곱 남매 중 장남으로 태어난 에이브러햄 매슬로우(A. Maslow)가 부모의 교육열에 떠밀려 고독하게 책 속에만 파묻혀 살면서 인간 욕구에 대해 많은 생각을 하다가 인간을 행동하게 만드는 두 부류의 욕구(필요성)가 있음을 1954년에 발표했다. 부족해서 생기는 욕구(하위욕구: deficiency needs)와 더 성장하고 싶어서 생기는 욕구(상위욕구: growth needs)가 그것이다. 최근에 진화심리학자들은 원초적인 신경 시스템을 가진 미숙한 동물의 욕구를 하위욕구로, 그리고 발전된 신경 시스템을 가진 영장류의 욕구를 상위욕구로 파악하여, 매슬로우의 욕구단계설을 재해석하려는 움직임이 시작되었지만 경영에 어떻게 접목시킬지는 아직 미지수이다.[6]

다섯 가지 종류의 욕구

처음에는 부족해서 생긴 '필요성(욕구)'이 채워지면 얼마 안 가서 또 다른 종류의 '부족함'을 느낀다. 그래서 그 부족함을 채우려고 또 열심히 행동한다. 그래서 매슬로우는 소위 욕구의 사다리라고 할 수 있는 욕구단계이론을 발표한다. 다음 다섯 종류의 욕구는 동시에 생기는 것이 아니라 하위단계의 것이 채워지는 대로 차상위단계의 욕구가 발동한다는 것이다.[7] 도표 6.1

- 기본적(신체적: basic/physiological) 욕구: 배고픔과 목마름, 수면과 휴식 등 육체적 안락을 유지하는 데 필요한 기초적이고 생리적인 욕구
- 안정(안락: safety/security)욕구: 고통, 질병, 상해에서 자유롭고 위험으로부터 안전하게 보호받으며 정신적으로도 편안하게 살고 싶은 욕구

도표 6.1 매슬로우의 다섯 가지 욕구계층

계층	명칭	내용	기업에서의 충족가능 분야
단계1	생리적 · 기본적 욕구 (basic needs)	생존을 위한 의 · 식 · 주 욕구와 성욕, 호흡 등의 신체적 욕구	통풍, 난방장치, 최저임금
단계2	안전 · 안정의 욕구 (security needs)	물질적 안정과 타인의 위협이나 재해로부터의 안전욕구	고용보장, 생계보장수단 부여, 안전한 작업조건
단계3	사회적 · 소속욕구 (social needs)	사랑, 우정, 인간 모임에의 소속욕구	인간적 리더, 화해와 친목분위기, 우호적 작업팀
단계4	존경욕구 (esteem needs)	타인으로부터의 존경, 자아존중, 타인 지배욕구	포상, 상급직 승진, 타인의 인정, 책임감 부여, 중요업무 부여
단계5	자아실현욕구 (self actualization needs)	자아발전과 이상적 자아를 실현하고픈 욕구	도전적 과업, 창의성 개발, 잠재능력 발휘

- 사랑(소속: belongingness/love)욕구: 미움과 질투가 아닌 좋은 인간관계를 맺고 가족과 친구들 틈에 소속되어 소외감 없이 함께 어울려서 사랑을 주거나 받고 싶은 욕구
- 자존(명예: self esteem)욕구: 남들보다 잘나고 경쟁에서 승리하여 그들로부터 존경, 인정, 칭찬을 받으면서 자랑스러움을 맛보고 싶은 욕구
- 자아실현(self-actualization)욕구: 자신의 능력과 잠재력을 활용해서 무엇인가에 성공하고 스스로 완취하며 보람을 찾고 싶은 욕구, 새로운 지식을 넓혀 가려는 욕구, 타인들도 자아실현을 할 수 있게끔 도와주고 안내해 주고 싶은 욕구, 하늘로부터 인정받고 싶은 욕구 등을 모두 포함한다. 이야기 6.4

이야기 6.4 워런 버핏의 상위욕구

워런 버핏(**사진**)은 사원을 뽑을 때 두뇌나 에너지보다 성실성을 우선한다. 부정직한 사람을 채용하면 결국 회사를 망친다는 것을 잘 알기 때문이다. 그는 아직도 1958년 3천만 원에 구입한 시골집에 살면서 스테이크와 햄버거를 먹고 오래된 중고차를 직접 몰고 다니며 1만 2천 원짜리 이발을 한다. 그리고 자기 재산의 85%인 37조 원을 자선기금으로 내놓았다. 그는 돈보다 평판을 중시하며 큰돈은 많이 잃어도 좋지만 작은 평판이라도 잃으면 절대 안 된다고 한다. 그는 올바른 인격과 성품을 토대로 단기적으로는 손해를 감수하더라도 원칙을 고수하여 부하의 존경과 신뢰를 받는다. "신문 1면에 나더라도 떳떳할 수 있게 하자."라고 직원들을 독려한다. 그리고 그는 그러한 직원들을 믿는다. 퇴직할 때까지 계속 권한을 배분하겠다고 한다. 그 결과 버크셔사에는 3만 3천 명의 사원이 있지만 본사 직원은 열댓 명에 불과하다. 이러한 그의 심성은 순전히 하원의원까지 지낸 아버지의 교육 덕분이다. 물론 아버지도 워런에게 돈을 물려주지 않고 죽기 전에 자선단체에 모두 기부했다. 그 대신 생전에 어린 워런을 데리고 뉴욕 증권시장을 자주 방문해서 세상교육을 시켰다. 워런 자신도 자식에게 돈은 물려주지 않겠다고 수없이 밝혔다. 60조 원이 넘는 자산도 모두 사회에 환원한다고 자식과도 오래전부터 약속했다.

주식투자로 돈을 벌려는 그의 욕구는 하위욕구인가? 그리고 자산의 사회환원욕구도 유전되는가?

욕구단계설의 공헌

조직관리자들에게 매슬로우가 주장하는 욕구의 종류나 단계적 발생에 대한 가설은 적어도 두 가지 측면에서 매우 유혹적일 수 있다.

첫째, 효율적 경영이라 하면 무엇보다도 자원(투자)을 집중적으로 배분하는 것이 중요한데 이 원리를 적용하면 자원을 어디에 집중시킬 것인지를 알 수 있다. 모든 욕구들을 한꺼번에 다 채워 줄 필요는 없으며, 이와는 반대로 동기부여를 위해서는 충족가능성이 높은 욕구부터 채워 주어야 한다. 즉 이미 충족된 욕구나 아직 바라지도 않는 고차원의 것을 충족시켜 주려고 애쓸 필요는 없다는 점이다.

둘째, 인간을 하위욕구만 원하는 저차원적 관점에서 보지 않고 고상한 상위욕구를 원하는 고차원적 관점에서 보고 경제적 물질충족보다 인간적인 대우를 해야 한다는 것을 암시하고 있어서 경영학을 한층 인본주의 중심 학문으로 이끌었다.

욕구단계설의 한계

그러나 매슬로우의 욕구이론은 경영학에 종사하는 많은 사람들이 즐겨 사용하고는 있지만 그만큼 비판할 점도 많다는 것을 간과해서는 안 된다.[8]

- 매슬로우가 말하는 다섯 가지 부류의 욕구 외에도 또 다른 욕구가 있을 수 있다고 한다. 예를 들면 자아실현욕구 위에 우주의 섭리를 깨닫고 싶은 욕구라든지 성인이 되고 싶은, 혹은 신적인 존재가 되고 싶은 욕구들이 존재한다는 것이다. 도표 6.2

도표 6.2 매슬로우 욕구와 상충되는 욕구

매슬로우의 욕구		그 반대의 욕구
행동욕구	⟷	명상욕구
안정욕구	⟷	변화욕구, 모험욕구
친절 · 사랑욕구	⟷	공격욕구
의존 · 소속욕구	⟷	독립욕구
자아실현욕구	⟷	자기부정 · 자학욕구

- 욕구가 행동의 근원이 된다고는 했지만 어떤 사람이 욕구가 결핍되어(배가 고프다) 특정행동(노동)을 했다고 할 때 왜 다른 행동(사냥이나 도둑질)은 안 하고 하필 노동만 하는지를 설명하지 못한다.
- 동일한 기본적 욕구라고 하더라도 사람에 따라 그 내용이 다르다. 앙골라 어린이의 1차 욕구는 하루에 600칼로리의 밀가루 떡이지만 우리나라 어린이의 1차 욕구는 하겐다즈 아이스크림이나 봉골레 피자다.
- 상위욕구가 지속적으로 좌절되면 그보다 하위욕구가 증가하는 등 욕구가 단계적으로 상승하는 것이 아니라 한 단계의 욕구충족이 좌절되면 다른 욕구가 증가하는 식으로 욕구는 상호 이동될 수 있다.

이야기 6.5 욕구의 이동

미네소타 대학의 Alison Jing Xu교수의 실험은 상위욕구의 지속적인 좌절이 하위욕구의 증대를 가져올 뿐만 아니라 욕구는 위아래가 아닌 수평으로도, 즉 한 욕구에서 다른 욕구로 대체되기도 한다는 사실을 알려 준다. 대학생들을 둘로 나눠 한 집단은 케이크를 먹게 하고 다른 집단은 그냥 굶긴 채로 다양한 물건(최신 스마트폰, Backpack, 운동화, 드론, 문방구류 등)을 보여 주면서 얼마나 갖고 싶은지 물었다. 실험 결과 배고픈 집단의 학생들이 물건에 대한 욕구가 훨씬 더 높았다(A.J. Xu 외 2인, PNAS, 112(9), Mar 3 2015, pp.2688-2692). 배가 고파서 생긴 음식에 대한 욕구가 다른 물건으로 이동했음을 알 수 있다. 쇼핑센터에 가서 쇼핑하느라고 점심식사를 거른다면 더욱 더 쇼핑에 열을 올리다가 더 많은 충동구매를 하게 된다. 쇼핑을 자제하려면 반드시 냉수로라도 배를 채우고 가야 할 것이다.

• 신체적 기본욕구는 선천적이라 하더라도 자아존중이나 자아실현 등 상위욕구는 후천적으로 형성되는 경우도 많다.

이상의 허점 이외에도 많은 비판이 있지만, 매슬로우의 욕구단계이론은 동기부여에 대한 고전적인 기초를 닦아 놓았으며 행동의 동기에 관해 종합적으로 정리함으로써 연구자들에게 많은 영감을 주었고 관리자들에게도 많은 시사점을 주었다. 이야기 6.5

2요인이론

위생요인과 동기요인: 왜 두 종류의 요인인가?

1959년에 심리학자인 프레더릭 허츠버그(F. Herzberg)는 203명의 회계전문가와 엔지니어에게 직무와 관련하여 가장 즐겁고 만족했던 상황과 가장 불만스러웠던 상황을 자세히 설명해 달라고 요청했고, 이를 위해 12회에 걸친 인터뷰를 가졌다.[9] 그가 발견한 것은 직무와 관련된 모든 욕구의 충족 정도에 따라 동기가 좌우되는 것이 아니라, 어느 욕구를 충족시키는지에 따라 증상이 다르며 이 욕구들은 크게 두 개의 범주로 나뉜다는 사실이었다. 즉 어떤 욕구(예: 월급, 감독, 직장환경, 인간관계, 관리스타일)는 충족되었다고 동기가 오르는 것은 아니었다. 예를 들면 월급이 적어서 불만인 사람은 많았지만 월급이 올라서 동기부여된 사람은 별로 없었다. 또한 실력을 인정하는 칭찬을 듣고 사기가 오른 사람은 많았지만 그러한 칭찬이 없다고 해서 불만인 사람은 적었다. 칭찬 이외에도 동기를 상승시킬 수 있는 요인으로는 직무특성, 성취감, 인정감, 책임부여, 승진가능성, 성장가능성 등을 들 수 있다.

이러한 결과는 불만 없는 상태와 동기화상태가 서로 독립적임을 뜻한다. 일례로 국가의 세금으로 운영되는 많은 공공기관의 직원들은 불만이 적다. 월급도 제때 나오고 이윤창출에 연연하지 않아도 되며 스트레스도 상대적으로 적다. 그러나 만족하고 사기가 충천하여 적극적으로 기꺼이 일에 달려들기는커녕 오히려 복지부동(伏地不動)이다. 그리하여 허츠버그는 모든 모티베이션 관련 요인들을 분류하여 불만요인(위생요인: extrinsic hygiene factors)과 만족요인(동기요인: intrinsic motivators) 등 두 개 부류의 요인(二要因)이 있다고 보고, 불만제거를 목적으로 할 때와 동기부여를 목적으로 할 때에 관리해야 할 요소가 다르다고 주장했다. 전자를 형이하학적 요인 후자를 형

도표 6.3 위생요인과 동기요인

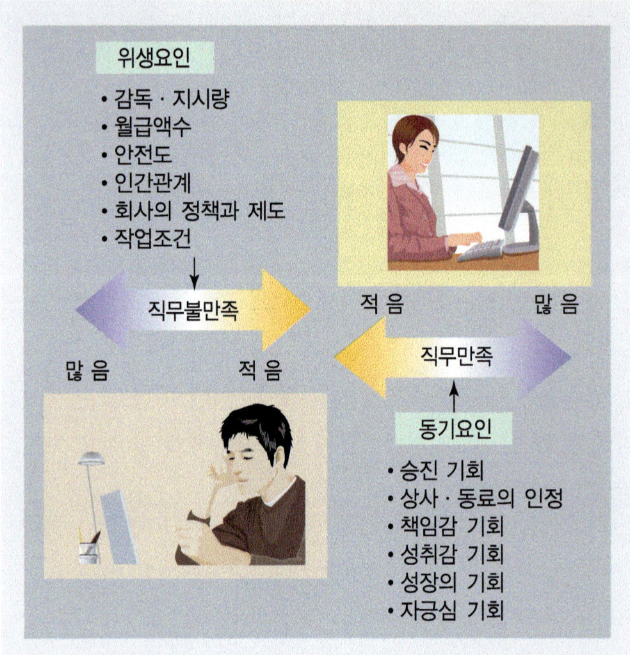

이상학적 요인이라고 한다. 즉 형이하학적 요인에 의해 사람들은 동기부여되지 않는다. 도표 6.3

2요인이론과 조직관리

허츠버그의 주장대로라면 사람들은 위생요인이 모두 갖추어져도 더 이상 노력하려 들지 않을 것이며, 동기요인에 대해서는 이를 채우려고 온 정력을 쏟으며 노력한다. 그러므로 동기부여를 위해서는 위생요인을 충족시키기보다 동기요인을 충족시킬 필요가 있다. 말하자면 월급문제, 소음문제, 노동시간문제, 또는 사원들 위생문제 등을 잘 개선시키면 파업도 줄고 결근율, 사고율은 감소하겠지만 진정한 동기의 상승은 보기 어렵다. 즉 동기부여를 위해서는 중요하고 의미 있는 과업을 맡겨 자율성, 책임감을 부여하고 잘했을 때에는 칭찬과 인정의 내재적인 보상으로 관리해야 한다. 실제로 조직차원에서 리더로 하여금 직원들을 칭찬하고 인정해 주도록 프로그램들이 실시되기도 한다. 그리고 어떤 환경에서 무슨 일을 하건 격려와 인정이 사기를 높인다는 것은 세계 공통이라는 사실도 최근까지 입증되고 있다.[10] 이야기 6.6

이야기 6.6 동기요인 충족시키기

상대방을 겸손하고 웃는 낯으로 대해야 하는 것은 재래시장에서 과일 몇 개를 살 때나 기업 M&A를 할 때나 마찬가지이다. 약 100여 년 전, 스코틀랜드에서 태어나 가난 때문에 미국으로 이민한 집안의 아들인 앤드류 카네기(A. Carnegie)는 아메리칸드림을 실현시킨 대표적인 인물이다. 그의 이름은 항상 '강철왕 카네기'로 불린다. 27세 되던 1862년 피츠버그 시에 철도레일공장을 세운 뒤 1875년 철강회사를 차려 떼돈을 번 그에게 붙여진 별명이다. 그는 아마도 세계에서 가장 짧은 기간에 가장 많은 돈을 번 사람일 것이다. 그가 운영하는 센트럴 트랜스포테이션사와 조지 풀먼이 운영하는 회사는 당시 유니언퍼시픽철도회사에 침대차를 공급하면서 경쟁관계에 있었다. 한번은 유니언퍼시픽에 침대차를 공급하려고 두 회사의 사장 카네기와 풀먼이 뉴욕에 왔다가 우연히 한 호텔에서 만나게 되었다. 카네기가 먼저 풀먼에게 합병하자고 제의했다. 그러나 풀먼은 자기보다 조금 큰 카네기 회사에 자기 회사를 합병시키면 자기 이름이 사라지는 것이 마음에 걸렸다. 그래서 풀먼이 카네기에게 물었다. "그럼 회사명은 무엇으로 하겠습니까?" 카네기는 즉시 답했다. "그야 물론 풀먼 파레스(주)라고 해야지요." 합병은 그 자리에서 성사되었다. 카네기는 어렸을 적에도 혼자 여러 마리의 토끼를 키우기 어렵게 되자 토끼에게 친구들의 이름을 붙임으로써 그 친구들이 자원해서 자기 이름과 같은 토끼를 돌봐 주도록 했다. 남의 이름을 높여 주어 성공하는 카네기의 처세술이 기업합병에도 그대로 적용된 것이다. "여기 자기보다 더 유능한 사람을 잘 다룰 줄 아는 사람이 잠들어 있도다." 앤드류 카네기의 묘비(**사진**)명이다.

2요인이론의 한계

허츠버그의 주장에 대한 비판이 없는 것은 아니다. 이를 요약하면 다음과 같다.

- 모든 사람이 상위욕구를 가진다면 동기요인에 의해 동기가 일어나겠지만 하위욕구가 더 큰 사람도 있다. 이런 사람들에게 고상한 동기요인 충족만 해 준다고 동기가 일어날 리 없다.
- 그의 조사방법에도 문제가 있는데, 사회적 신분이 보장된 엔지니어나 회계직 사원들을 표본으로 삼았는데 그들은 상위욕구만 있을 뿐 돈이나 위생요인에는 구애받지 않았다. 위생요인은 누구에게나 위생요인이 아니라, 다른 사람에게는 동기요인으로 작용한다. 허츠버그의 조사에서 돈은 불만을 제거해 주는 요인으로 나타났지만 때로는 사람들의 사기를 올리는 요인으로 작용하는 경우도 있다. 그래서 저임금의 하위직 노동자를 동기화시키려면 위생요인이 더 효과적일 수도 있다.
- 위생요인과 만족요인은 서로 완연하게 구별되는 것이 아니라 어떤 이유에서 만족요인이 충족되면 위생요인에 대한 욕구가 적어질 수도 있는 등 두 가지 요인 간에 서로 영향관계가 있다.

2요인이론의 공헌

그럼에도 불구하고 허츠버그가 욕구요인들을 두 차원으로 분류한 것은 의미가 있다. 최수돌 씨가 어떤 회사에 입사하려는 동기, 그 회사에 계속 남으려는 동기, 최선을 다해 일하려는 동기는 사실 별개일 수 있다. 또한 상위욕구(동기요인)를 달성하는 것이 성과향상에 더욱 직접적이고 결정적인 영향을 미친다는 것도 사실이다. 어쨌든 월급이나 작업조건보다는 직무충실화, 자율권 부여 등으로 동기를 상승시키라는 것이 허츠버그 학설의 핵심이라고 하겠는데, 불행하게도 현장의 관리자들은 아직 깨닫지 못한 경우가 많은 것 같다. 한 조사에서 단지 33% 관리자만이 동기요인이 무엇인지 알고 있다는 결과를 얻은 것만 보아도 그렇다.[11] 이야기 6.7

이야기 6.7 돈은 형이하학적 위생요인

노벨 경제학상 수상자인 앵거스 디턴(Deaton) 미국 프린스턴대 교수가 2002년에 노벨 경제학상을 수상한 대니얼 캐너먼(Kahneman) 교수와 함께 미국인의 삶의 만족도를 조사한 보고서에 의하면 연 소득 7만 5천 불 아래에서는 소득이 내려갈수록 불행의 감정이 상승되는 반면, 소득이 올라갈수록 불행의 강도가 약해지면서 행복수준은 올라간다. 당연한 결과이다. 그러나 7만 5천 불을 넘기면 사람이 실제 느끼는 행복은 소득과는 별로 상관이 없었다. 또 다른 지표인 스트레스의 경우도, 연 6만 불을 버는 사람보다 2만 불을 버는 사람의 스트레스가 훨씬 심했다. 그러나 연 소득이 6만 불을 넘어가면 돈을 더 많이 번다고 해서 스트레스 강도가 낮아지지는 않았다. 요약하면 이렇다. 소득이 일정수준을 넘을 경우, 더 이상 소득이 늘어난다 해도 그때까지 행복감을 느끼거나 의미 있는 행동이었다고 생각했던 것들에는 별로 영향을 주지 않는다. 오히려 일정수준 이상으로 증가하는 소득은 소소한 즐거움을 앗아 가는 등의 부정적 효과가 나타날 수도 있다. 반면 연 소득 7만 5천 불 미만에서는 불행한 일을 겪을 경우 얻게 되는 부정적 영향은 크다. 가난한 사람들에게 소득은 생존에 필요한 위생요인이기 때문에 행복도 불행도 소득의 영향을 받는 것이다.

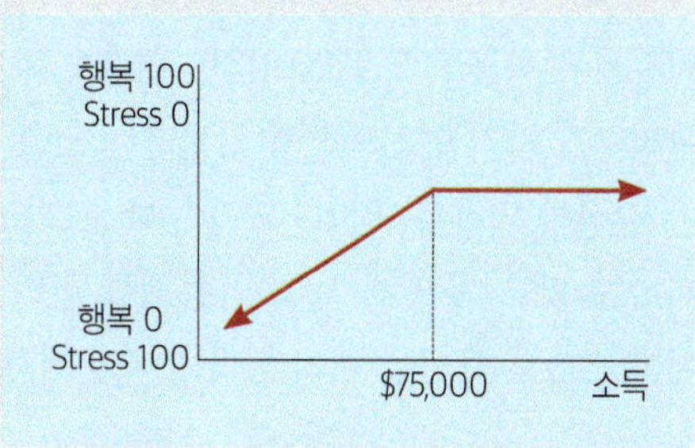

X형·Y형이론

두 개의 인간관

1960년 더글러스 맥그리거(D. McGregor)의 저서가 나오기 전까지 일반인들의 인간관(人間觀)은 성악설과 비슷했다. 즉 인간은 야망도 그다지 크지 않고, 책임지기 싫어하고, 일을 싫어하고, 수동적이라고 보았다. 그러나 맥그리거는 과거의 인간관을 X이론(Theory X)형이라고 명명하고 새로운 인간관인 Y이론(Theory Y)형을 제시했다. 이것은 인간을 능동적이고 자율적인 존재로 보는 새로운 관점이다. 도표 6.4

도표 6.4 X·Y이론 인간관

인간관	Theory X	Theory Y
특 성	• 원래 사람은 일을 싫어하기 때문에 가능한 한 일을 조금만(회사에 붙어 있고 승진하고 비난받지 않을 정도만) 하려고 한다. • 인간이란 책임지기를 싫어하기에 가능한 한 회피하고 야망이 없기 때문에 그저 시키는 일만 하려고 한다.	• 노동이란 극히 자연스러운 것이며 적절한 조건만 갖춰지면 적극적으로 책임 맡은 일을 완수하려고 한다. • 사람들은 자기에게 주어진 목표달성을 위해서 스스로를 통제하고 관리한다. • 따라서 조직의 문제를 해결하고 업무를 달성하는 데 필요한 창의력, 상상력, 지도력 등은 인간 누구에게나 있다.
동기부여 방식	• 통제와 지시로 관리 • 감독 철저 • 물질적 보상 • 수직적 조직	• 자율에 의지 • 자긍심과 위신 고양 • 정신적 보상 • 수평적 조직

맥그리거는 과거의 사람들이 생각했던 전통적 인간관, 즉 X이론형의 관점은 옳지 않다고 하면서 X이론형의 리더십과 관리방식을 바꿔야 한다고 했다. 예를 들어 X이론형의 인간관을 가진 관리자는 부하들도 모두 X이론형 인간으로 간주한다. 그는 부하를 신뢰하지 않고 철저히 감독한다. 관리자가 자기를 신뢰하지 않는다는 것을 깨달은 부하는 무책임한 행동을 하며 감독자가 있을 때만 열심히 일하는 척한다고 믿는다. 그리고 부하의 이러한 행동을 알아차린 관리자는 그를 더 불신하게 되고 훨씬 더 엄격한 통제를 한다. 물론 Y이론형 기질은 정반대이다. 자율적이고 적극적이며 스스로 책임을 지려고 하기 때문에 통제보다는 권한위임이 동기를 상승시킬 수 있다.

관리자에게 요구되는 인간관

이 세상에 X형, Y형 인간이 따로 있다기보다 한 사람 속에 X형 기질, Y형 기질이 모두 있다고 보아야 옳다. 맥그리거 이전의 관리자들이 인간은 X형 기질만 있는 것으로 착각했다면, 맥그리거는 인간에게 Y형 기질이 많이 있다고 보았다. 그러므로 이러한 관점에서 조직구성원을 동기화하

이야기 6.8 Y형의 콜센터 직원

일당을 받기 위해 온종일 전화기만 돌리며 비슷한 말만 반복하는 콜센터직원이라면 이들을 동기화시키기는 좀 어렵다. 미시건대학에는 졸업동문들에게 전화해서 기부금을 모으는 특별한 콜센터(**사진**)가 있는데 주로 이런 식으로 근무했다. 대략 40명 정도의 직원이 상주하면서 온종일 수백 명의 동문들에게 전화해서 기부금을 요청하는 일이었다. 그런데 시간이 갈수록 이직률은 계속 늘고 모금액은 줄어들었다. 더 이상은 방치할 수 없다는 판단하에 대학 재무부총장이 경영학 교수에게 도움을 요청했고, 박사과정에 있던 애덤 그랜트(A. Grant)라는 학생이 이 문제를 해결했다. 그의 아이디어는 간단했다. 그들의 모금으로 혜택을 받는 수혜 장학생과 콜센터직원을 서로 만나게 하는 것이었다. 즉 콜센터 직원들이 얼마나 의미 있는 일을 하고 있는지를 깨우쳐 주자는 의도였다. 우선 직원 중에서 10명을 선발하여 장학생들과 1:1인터뷰를 갖게 하였다. "돈이 없어 학업을 포기할까도 생각했으나 여러분께서 모금해주신 돈으로 지금은 열심히 학업에만 전념하고 있어요. 감사드려요!"라는 말과 함께 눈물을 글썽이는 학생들과의 만남으로 콜센터직원들은 동기화되었다. 1개월 후 장학생들과 면담했던 직원 10명과 그렇지 않은 나머지 30명의 직원 사이에 큰 차이가 발생했다. 장학생들과 면담했던 직원들은 이전보다 2배 이상의 전화통화 시간을 가졌으며 통화 건수도 약 2.7배 많았다. 기부서약도 다른 직원이 주당 평균 15.85명에게서 받은 반면 장학생과 면담한 직원들은 27.90명의 서약서를 받았다. 게다가 장학생들로부터 감사편지를 받은 직원은 모금 액수가 50% 향상되었다(Knowledge@Wharton, Management, 17 Feb 2010). 인간은 누구나 여건이 주어지면 Y이론형으로 바뀔 수 있다.

려면 위계적 권력구조가 높아서는 안 되고 권한을 위임해야 하며 규칙과 통제를 줄이고 담당자 재량에 맡기는 것이 좋다. 그리고 훌륭한 관리자라면 X이론형 부하직원들을 Y이론형 직원들로 변형시켜 놓아야 할 것이다. 이를 위해서는 미리 자율권을 조금씩 주면서 지도하고 이끌어 주면 부하의 능력이 증대되면서 점차 Y이론형으로 변해갈 것이다. 최근의 연구에서도 관리자가 직원들을 Y형 인간으로 취급하고 소위 Y형 관리스타일을 발휘할 경우에 그 부하직원의 업적이나 팀의 성과가 높아진다는 증거가 많이 나오고 있다. 그뿐 아니라 직무만족이나 조직몰입도, 조직시민행동 수준도 높게 나온다.[12] 이야기 6.8

성취·친교·권력욕구이론

데이비드 맥클레랜드(D. McClelland)는 매슬로우의 다섯 가지 욕구 중에서 상위욕구만을 대상으로 하여 성취욕구, 친교욕구, 권력욕구라는 세 가지 범주로 나누어 관찰했는데, 이 세 가지 종류의 욕구가 인간행동의 80%를 설명한다고 한다. 그리고 다음 세 가지 욕구는 한 사회의 문화권에 살면서 이미 습득되어 있는 욕구이며 누구나 이러한 욕구를 가지고 있다고 하였다.

성취욕구(need for achievement: N-Ach.)

이는 문자 그대로 무엇인지를 이루고 싶은 욕구로서, 직장인에 비춰 본다면 어떤 문제를 혼자 해결해 보려고 한다든지 남들과 경쟁적이며 위험을 무릅쓰고라도 목표달성을 해서 남보다 앞서려는 욕구가 그것이다. 이런 욕구가 큰 사람은 일을 한 다음에 얼마나 잘했는지 노력의 결과에 대

이야기 6.9 **친교욕구**

사회심리학자 샤흐터(S. Schachter)가 실험한 바에 의하면 두 개의 방에 사람들을 나누어 놓고 한쪽 방에 가서는 한 시간 후에 영화를 보여 준다고 하고, 다른 방에는 한 시간 후에 예방주사를 맞게 될 것이라고 하고는 기다리는 동안 관찰했더니 영화를 보여 준다는 방의 사람들은 각자 홀로 책을 보거나 음악을 듣고 있었는데 예방주사 방의 사람들은 삼삼오오 짝을 이루어 대화도 하고 게임도 하고 있더라는 것이다(Study.com/Psychology Courses, S. Schachter: Affiliation & Anxiety ch.14/lesson 13). 왜 그렇게 모여 있었을까? 첫째, 예방주사가 나만 두려운 것인지 다른 사람들은 어떤지 알아보고 싶어서였다. 둘째, 혼자 가만히 있으니까 두려움이 엄습해서 이를 잊으려고 누군가와 잡담이나 하든지 게임을 하였다. 그런데 인생은 영화를 보여 준다는 것만큼 즐겁게 기다릴 것이 못 된다. 죽음에 대한 공포라는 원초적 두려움 말고도 미래에 대한 두려움(취직이 될까? 결혼은? 건강은?)과 현재의 근심걱정의 연속이다. 이처럼 인생은 영화방에서 살고 있는 것이 아니라 예방주사실에서 살고 있기 때문에 본능적으로 남들과 어울리고 싶은 친교욕구가 있다는 해석도 가능하다.

〈예방주사방〉

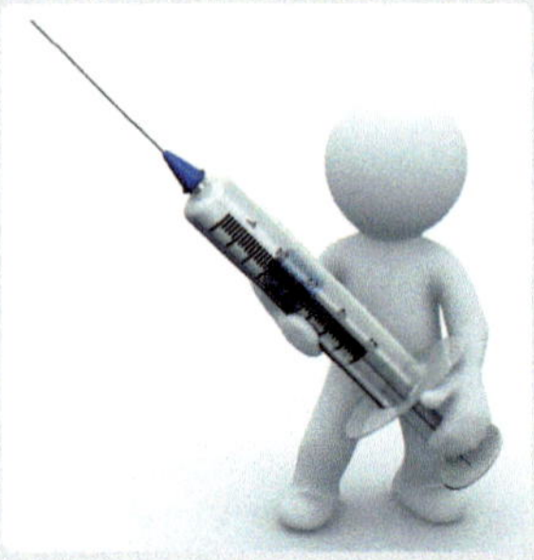

〈영화방〉

한 피드백을 받고 싶어 하고 언제나 경력을 증대시키려 한다. 그러므로 이런 사람들은 일을 시작하기 전에 우선 목표를 설정해 놓는데 실제 목표설정에 있어서도 모험성과 난이도를 가미하여 도전적인 수준으로 정한다. 그런데 이러한 욕구는 선천적이라기보다 사회생활을 하면서 학습을 통해 습득된 것이라고 여겨지고 있다.

친교욕구(need for affiliate: N-Aff.)

친교욕구가 많은 사람은 인간관계가 빈번한 일자리를 원할 것이요, 평소에도 타인과의 인간관계에 대해 생각을 많이 해 보는 사람이며, 그 관계가 잘 안 풀리거나 어그러졌을 때 오랫동안 고민한다. 그러므로 이런 욕구가 큰 사람을 모티베이트 시키려면 집단적 과업을 맡기고, 커뮤니케이션의 기회를 잘 만들어 주어야 할 것이다. 이야기 6.9

권력욕구(need for power: N-Pow.)

권력욕구 혹은 지배욕구란 다른 사람에게 영향을 미치고 영향력을 행사하여 그를 통제하고 싶은 욕구이다. 그러므로 이 욕구가 높은 사람은 어떤 집단에서나 리더의 위치에 있고 싶어 하고 남을 설득시킨다든지 남 앞에 나서기를 원한다. 그뿐 아니라 과업을 놓고도 자기가 직접 책임지고 도맡아 하려고 하며 자신의 지위향상에 신경을 많이 쓴다. 즉 업무의 효율성보다 영향력이나 명성을 얻는 데 관심이 더 많다.

한편 권력욕구 충족을 위해서는 다른 사람들과 관계를 맺어야 한다. 즉 타인들이 있어야 지배를 하거나 권력을 행사할 수 있기 때문에 권력욕구는 관계욕구를 유발한다. 아이러니컬하게도 성취욕구는 남과 경쟁하게 하지만 권력욕구는 남을 수용하도록 우리를 충동한다. 대개의 경우 권력욕구가 높은 사람은 성취욕구도 높다.[13]

성취욕구의 향상

사실 권력욕구나 친교욕구가 사기향상에 어떻게 영향을 주는지에 관해서는 연구가 많지 않은데 그 이유는 그 영향력이 크지 않다고 여기기 때문이다. 이 두 욕구와 동기부여에 관하여 맥클레랜드가 말해 놓은 것도 많지 않다. 그러나 성취욕구는 맥클레랜드 자신과 그 후에도 많은 연구가 뒤따랐으며 동기부여와 직결된다는 일관성 있는 결과를 얻고 있기에 여기서 좀 더 자세하게 논하려고 한다.

후진국(인도) 사람들이 선진국(미국) 사람들보다 성취욕구가 적다는 것을 발견한 맥클레랜드는 그 이유를 선천적이라기보다는 후천적 교육제도, 가난한 환경, 도전적이지 못한 자연순응력, 운명적인 종교문화 등에서 원인을 찾는다. 그렇기 때문에 맥클레랜드는 훈련을 잘 시키면 성취욕구는 증가한다고 본다. 즉 개인의 성취욕구수준을 측정하여 알아본 다음에 이에 적합한 목표를 설정해 주고 알맞은 작업환경을 마련함과 동시에 작업결과를 피드백하면서 지도하다 보면 성취욕구 역시 상승시킬 수 있다는 것이다. 그간의 연구결과를 보면 성취욕구와 업무성과의 관계에 대한 실증적 증거가 있다.

성취욕구와 직무난이도

성취욕구가 강한 사람은 개인적 책임과 피드백이 있는 업무를 더 좋아하고 어느 정도의 위험성이나 난이도가 내포된 업무를 선호한다. 그래서 이런 특성이 많은 직무상황이라면 사원들은 강하게 동기화된다. 회사의 일은 어려운 일에서 쉬운 일까지 다양하기 때문에 사원의 성취동기를 측정하여 과업난이도에 맞도록 배치한다면 동기를 증가시킬 수 있다.[14] 또한 조직에 따라서는 일은 쉽거나 단순노동인데 성취욕구가 높은 사람만 선발·배치해도 바람직하지 않다. 그러나 높은 성취욕구수준을 요구하는 직무가 많은데 사원이 그렇지

도표 6.5 성취욕구, 직무난이도, 직무성과의 관계

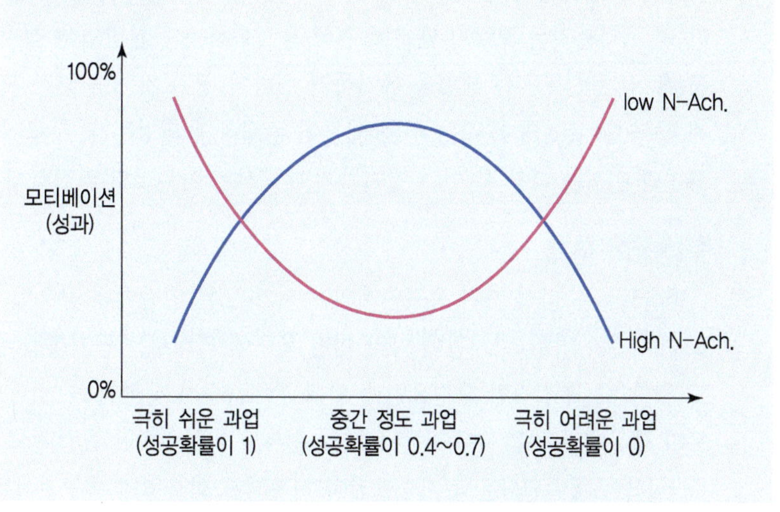

못할 때는 성취동기 훈련을 통하여 능력을 길러줄 수도 있다. 원래 이 욕구는 후천적으로 증대시킬 수 있기 때문이다.

성취욕구가 높은 사람의 경우 직무난이도가 없다면 누구라도 달성할 수 있기 때문에 본인의 우수성을 인정받기 어려울 것이다. 따라서 동기도 약해지고 성과도 높지 않다가 난이도가 높은 직무를 맡고부터는 남보다 우수하다는 점을 인정받으면서 성취욕구를 채울 수 있기 때문에 사기가 오르면서 열심히 노력하게 되어 성과가 오른다. 그러나 반대로 성취욕구가 낮은 사람이라면 쉬운 일을 잘 하다가도 어려운 일에는 불평만 한다. 어려운 일을 성공시켜서 인정받고 싶은 욕심이 없기 때문이다. 따라서 동기와 성과가 하락한다. 그러다가 직무난이도가 지나치게 높아서 성공확률이 거의 없더라도 원래부터 성취욕구가 낮기 때문에 크게 타격받지 않은 채 자신의 페이스를 유지한다. 상대적으로 성취욕구가 높은 사람보다 사기저하가 덜하기 때문에 성과도 상대적으로 높다. 결과적으로 성과가 더 하락하지도 않을 것이다. 따라서 이론적으로 볼 때 성취욕구를 자극하려면 직무의 난이도를 어느 정도 유지해야 하는데 그러기 위해 재량권도 위임해주고 목표수준도 약간 도전적으로 부여하는 것이 좋다. 도표 6.5

전통적 모티베이션이론이 가지는 한계

욕구이론가들은 욕구의 종류를 상위욕구와 하위욕구로 구분하여 인간의 존엄성을 강조하면서 상위욕구의 충족을 권장했다는 공통점이 있었음에도 불구하고 전통적 동기부여이론들에는 다음과 같은 한계점이 있다. 도표 6.6

욕구발생의 근본 원인

욕구이론의 핵심은 무엇인가? 행동이란 단지 욕구를 채우려는 반응에 불과하다고 전제하고 거기에만 초점을 맞추고 있다. 비록 욕구가 모티베이션의 원인이 된다는 것을 이해는 했지만 욕구가 왜 생기는지는 모르기 때문에 결국 동기화하는 근본방법은 찾지 못한 셈이다. 특히 기본적 욕구(예: 신체적 욕구)는 생명을 유지하기 위하여 생긴 것이며 인간 모두에게 있다고 치더라도 심리적 욕구(예: 존경의 욕구)는 무엇 때문에 존재하게 되었는가, 누구에게나 다 있는 것인가, 다른 욕구들과 순서를 따질 수 있는 것인가에 대해서는 아무것도 확실하게 답하지 못한다.

보편성의 문제

매슬로우는 다섯 가지 욕구단계의 순서가 모든 인간에게 공통인 것처럼 말했지만 문제가 있다. ① 개개인의 경험, 가치관에 따라 어떤 욕구에 의해서는 동기화될 수 있지만 다른 욕구는 없을 수도 있다. 즉 후천적인 환경요인에 의해 상위욕구가 생성될 수 있다면 사람마다 자라온 환경이 다르기 때문에 욕구의 수준과 중요도의 순서도 다를 수 있다. ② 문화의 차이도 무시할 것이 못 된다. 실업이 계속된다든지 기술발전이 계속되면 회사원의 욕구순서는 달라질 수도 있고 동일한 관

도표 6.6 전통적 모티베이션 이론들의 공통적 욕구분류

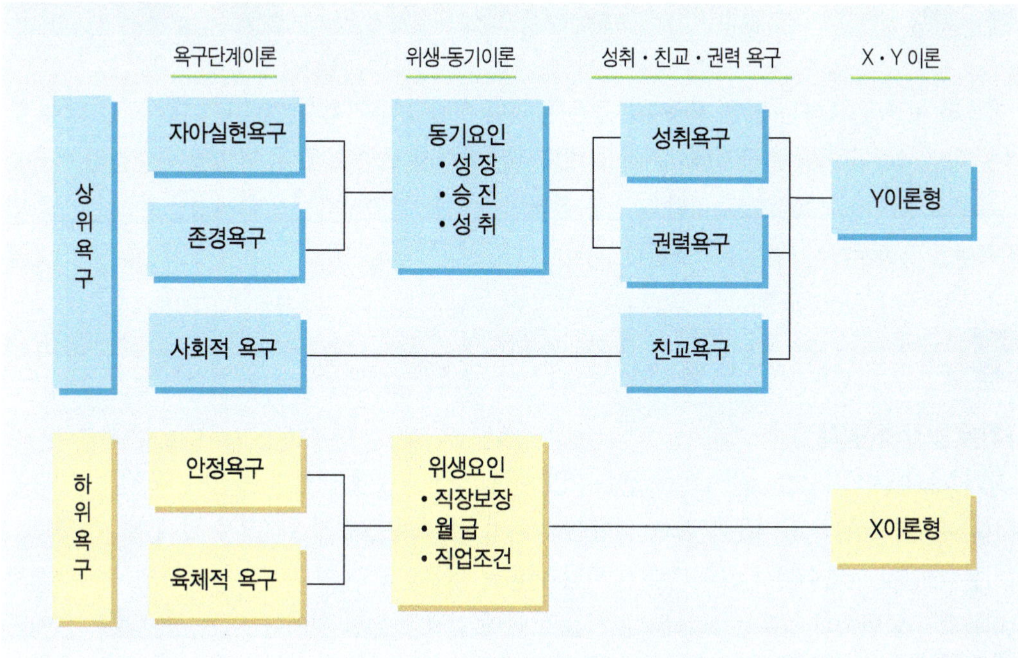

계욕구라고 하더라도 뉴기니의 원주민과 우리나라의 사원들에게는 그 욕구의 의미도 다르고 중요성도 다를 것이다. 대개 신체적 욕구와 심리적 욕구, 하위욕구와 상위욕구의 두 부류의 욕구는 모는 인간에게 있다고 하지만 욕구의 순서는 사람마다 다르다. 이야기 6.10

이야기 6.10 왜 사랑 타령일까?

Hopi indian의 전통문화를 연구하려는 한 인류학자가 인디언촌에 가서 전통노래를 들려 달라며 녹음을 시작했다. 첫 번째 노래의 녹음을 끝내고 무슨 노래냐고 물으니, "산 너머에서 먹구름이 몰려와서 비를 내려 주어 우리 자식들에게 먹일 곡식이 잘 자라니 기쁘다는 노래다."라고 인디언이 대답했다. 두 번째 노래를 녹음하고 무슨 노래냐고 물으니, "아낙네들이 물을 길어 와서 가족을 먹이니 샘물이 없이는 우리가 살 수 없네."라고 인디언이 대답했다. 세 번째 노래 역시 강물에 관한 노래였다. 녹음하던 인류학자가 불평 섞인 말투로 물었다. "당신네 노래는 비, 강, 물에 관한 것뿐이냐." 인디언이 이렇게 대답했다. "우리는 물이 부족해서 물에 굶주리다 보니 그런 노래뿐이다. 당신네 노래 들어 보니 사랑 타령뿐인데 그건 당신네들이 사랑에 굶주리기 때문에 그런 것 아니냐?"

2 현대적 이론: 동기화되는 과정을 연구

전통적 이론에 속하는 많은 욕구이론들은 무엇이 사람을 동기화시키는지에 대해서는 답을 주고 있지만 사람이 어떻게 동기화되는지에 대해서는 답하지 못하고 있다. 반면에 현대적인 이론들은 욕구의 충족이 구체적으로 어떤 과정을 통하여 동기를 부여시키는지에 관심을 두고 연구하면서 욕구를 충족시키는 방법을 강조한다.

자기효능감이론

자기효능감의 정체

자기효능감(자기유능감: self-efficacy)은 어떤 사건이나 직무에 대하여 자신이 해 낼 수 있다는 자신감 혹은 자신이 그 직무에 대한 적합한 능력이 있기 때문에 성공적으로 잘해 낼 수 있다고 여기는 개인적 믿음이다.[15] 그러므로 아무리 어려운 직무라도 자기효능감이 많다면 적극적으로 달려들겠지만 반대의 경우는 노력을 덜 하든지 아예 회피해 버릴 것이다. 이는 성격 탓도 있지만 환경요인, 신체조건 등에 의해서도 좌우된다.

또한 자기효능감이 높은 사람은 무시당하거나 능력을 인정받지 못한다면 더욱더 노력하여 일을 멋있게 성공시키지만, 자기효능감이 낮은 사람의 경우 동일한 피드백을 받고 나면 노력을 줄이거나 도전하기를 꺼린다. 심리적으로 안정된 상태에서는 창의성 개발에 자신감이 더 오른다는 연구도 있다. 그리고 자신감을 가지고 어떤 일을 무사히 완성하면 자신감이 더 높아져서 직무성과는 더 오른다. 이런 사람은 칭찬이나 인정을 받아도 노력도가 증가하며 성과는 더 오른다.

자기효능감이론의 시사점

자기효능감을 높이려면 다음의 방법이 필요하다.

- 훈련과 숙련: 자전거를 배울 때 처음에는 겁을 먹다가 누군가가 한두 시간 잡아 주며 훈련하면 할 수 있다는 자신감이 생기는 경험을 했을 것이다. 이를 반복하다 보면 오토바이도 겁을 안 낸다.
- 대리학습: 김연아가 스케이트 타는 것을 아무리 보아도 내가 탈 자신은 없지만 나와 유사한 나이의 내 친구가 타기 시작하는 것을 보면 나 자신도 자신감이 생긴다. 이때 내 친구는 내 유능감의 대리모델이 되는 셈이다.
- 설득: 누군가가, 특히 나보다 더 경험이 많은 선배나 상급자가 "너는 할 수 있어!"라며 나의 마음을 강하게 부추기며 설득한다면 내게 자신감이 솟는다.
- 흥분과 열정: 피할 수 없다든지 어떤 자극에 의해 흥분상태가 되면 자신감이 생기기도 한다.

즉 망설이던 어떤 직무를 수행할 때 경쟁자가 더 앞서 가는 것을 본다면 저절로 흥분하여 자신감이 솟구칠 수 있다.

자기효능이론이 우리에게 주는 시사점은 위의 방법을 직장환경에 적용시키라는 것이다. 어려운 직무도 훈련을 시키고 리더는 부하를 설득하며 용기를 북돋아 주든지 직접 솔선수범하면서 모델이 되어 주기도 하고 경쟁을 붙이기도 한다. 이렇게 하다 보면 어느 날인가 부하직원은 높은 자기효능감을 소유한 채로 어려운 일에도 기꺼이 도전할 것이다. 자기효능감이 높은 사람은 조직의 압력에도 스트레스도 덜 받고 자신의 일에 정진하는 확률이 높다.[16] 이야기 6.11

자기결정이론

사람들이 자기행동에 대해서는 자기 스스로 통제할 수 있기를 희망한다는 이론을 자기결정이론이라고 한다. 즉 자기 일은 자기가 결정하려 한다는 이론이다. 이 이론은 점차 많은 연구자들이 동의하고 있는 상황인데 자기가 스스로 결정해서 하는 일이라면 어려운 일도 마다하지 않고 적극적이지만 남이 시켰기 때문에 부득이하게 하는 일이라면 좀처럼 신이 나질 않는다.[17]

내재적 보상과 외재적 보상

예를 들면 서울역에서 무급 자원봉사로 노숙자들에게 식사를 제공하는 일을 할 때는 신이 나서 했는데 어느 이익단체에 고용되어서 똑같은 일을 하루에 두 시간 해 주고 최저임금을 받는다면 하기 싫어진다. 자원봉사로 기꺼이 잘 하던 사람의 사기를 외재적 보상(extrinsic reward: 돈, 승진)으로 떨어뜨린 것이다. 즉 내재적 보상(intrinsic reward: 즐거움, 보람, 가치관 일치)을 받고 행동하는 사람에게 외재적 보상을 가함으로써 오히려 동기를 낮추는 어리석음을 범한 것이다. 왜 그

이야기 6.11 나는 할 수 있다!

한 초등학교 전교생에게 IQ검사를 하여 무작위로 20%의 학생을 뽑아서 각 반의 담임선생님들께 그 반에서 IQ가 상위 20% 안에 드는 학생의 명단이라고 통보했다. 소위 가짜 영재 리스트였다. 그러고 나서 8개월 후에 영재 리스트에 들었던 학생들의 IQ를 다시 재어 보니 IQ 평균이 25%나 상승해 있었다. 가짜 명단인 줄 모르는 담임선생님들은 그 학생들을 진짜 영재로 보고 난이도 높은 숙제를 주거나 응원하는 식으로 특별지도를 했던 것인데, 덕분에 그 학생들의 8개월간 학습지능지수가 올랐던 것이다. 학교에 처음 입학한 학생들은 저학년일수록 자신의 능력수준을 모른다. 이때 선생님이 학생을 과대평가하고 대한다면 학생은 자신이 그런 사람인 줄 알고 거기에 알맞게 학습하고 노력한다. 회사에 갓 들어온 신입사원 역시 마찬가지이다. 어떤 상사를 만나 어떤 대우를 받는지에 따라서 그의 일생이 좌우되기도 한다. 핵심은 그의 능력 자체가 아니라 '능력에 대한 기대'에 있다. 취업지원을 앞둔 학생들에게 자기소개서를 쓰기 전에 글짓기를 시켰다. A반 학생들에게는 지금까지 살면서 자신이 가장 능력 있다고 혹은 가장 성공했다고 하는 순간에 대해서 쓰도록 했다. B반 학생들에게는 가장 큰 실패를 했거나 가장 무능한 실수를 한 경험에 대해 글짓기를 하도록 했다. 그 다음에 두 반 학생들에게 모두 자기소개서를 쓰게 한 다음, 이를 기업의 인사팀장들에게 평가를 맡겼더니 A반의 자소서 점수가 훨씬 높았다. 그리고 그 학생들에 대해 모의 면접을 실시했을 때에도 A반 학생들의 합격률이 더 높았다. 자신의 성공과 실패에 대한 기억도 우리의 자기유능감에 영향을 미치고 자소서 쓰기와 면접을 좌우하는 것이다.

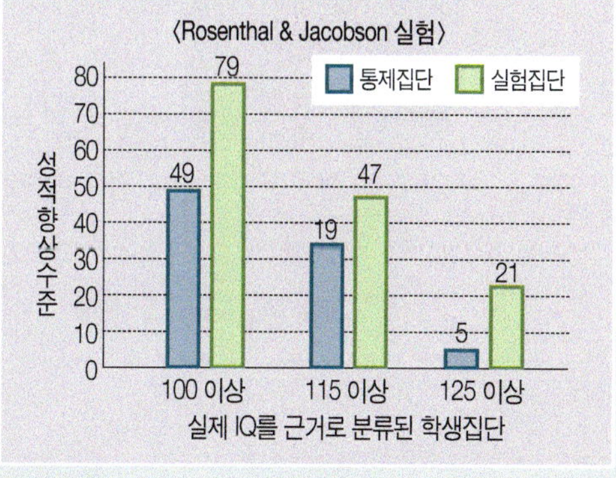

런 일이 발생하는가? 직무에 대한 스스로의 긍지가 상실되는 것은 내재적 동기가 사라지는 것이고 외재적 보상인 돈으로 자극되는 셈이기 때문이다. 즉 자기 직무에 대한 통제력을 상실하고 보상에 의해 움직여진다는 느낌을 받는 것이다. 그러므로 입사면접에서도 이 회사가 좋아서(내재적 보상) 왔다고 말해야지 월급이 많아서(외재적 보상) 응시했다고 말하면 면접관은 이 응시자는 내재적 모티베이션이 작을 것이라고 여기면서 실망할 것이다.[18]

인지평가이론

인지평가이론(cognitive evaluation theory)도 동일한 맥락에서 설명이 가능하다. 과거에는 성취감, 긍지, 책임, 칭찬 같은 내재적 요인은 임금, 작업조건 같은 외재적 요인과 독립적인 것으로 여겼다. 즉 이들은 서로 독립적이기 때문에 예를 들면 50의 내재적 보상에 추가적으로 30의 외재적 보상이 주어지면 모두 80의 동기가 부여된다고 생각했다. 그러나 인지평가이론의 주창자들은 내재적 보상과 외재적 보상은 상호 연관되어 있기 때문에 내재적 동기가 있는 곳에 추가적으로 외재적 보상을 하면 내재적 동기는 사라지고 외재적 동기만 남는다고 한다. 즉 50의 내재적 동기가 있는데 30의 외재적 보상이 주어지면 당초의 내재적 동기 50은 사라진다는 것이다. 일이 재미가 있어서 열심히 했는데 외재적 보상이 주어지면 일 자체에 대한 흥미가 줄어들고 보상받은 만큼(30)의 외재적 동기만 생긴다. 도표 6.7

도표 6.7 내재적 보상과 외재적 보상의 상호 관련성

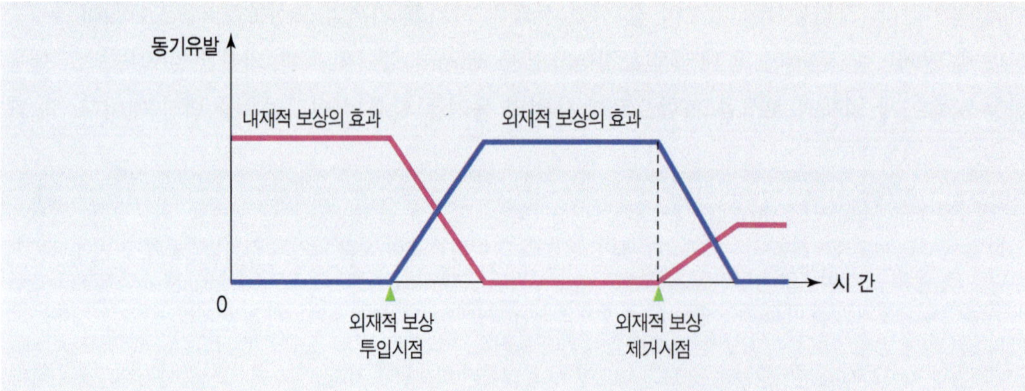

자기결정감과 동기향상

이에 기초하여 자신이 스스로 결정한 일이 아니라 외재적 보상 때문에 '의무감'에서 행동하는 것이라면 사기가 줄어든다는 것이 자기결정이론(self determination theory)의 주장이다. 높은 업적을 낸 직원들에게 회사가 보상을 해 주면 그들은 자신의 내재적 동기로 그렇게 열심히 했다고 생각하지 않고 보상 때문에 또는 회사가 그렇게 하기를 원해서 열심히 한 것으로 여긴다. 즉 자신의 노력행동은 자신이 결정한 것이 아니라 회사가 결정한 것으로 취급한다. 그러면 그는 무력감에 빠진다. 즉 자기 행동에 대한 자신의 결정권을 잃어버렸다고 착각하기 때문이다. 따라서 자기가 결정한 목표가 아니면 달성률도 낮은데 이는 달성해도 보람을 못 느낀다. 반대의 경우 일을 자기가 결정한 것으로 생각하면 성과도 높아지고 더 빨리 끝내는 경향이 있다. 시험공부 때문에 할 수 없이 조직행동 책을 읽는 것은 교수가 결정한 것이나 마찬가지이기 때문에 신나게 읽을 수 없다. 그러나 시험이 끝나고도 조직행동 책을 읽고 있는 자신을 발견한다면 "내가 조직행동 공부하는 것을 좋아하나 보다"라고 생각하기 때문에 진도가 더 빨리 나간다. 자기결정이론은 지금까지 많은 연구들에 의해 지지를 받고 있다.[19]

이와 관련된 대부분의 연구는 개인이 조직으로부터 보상을 받되 어떻게 받는 것이 가장 동기화되는지에 중점을 두었다. 행동하는 자로 하여금 스스로 자원해서 혹은 자신이 결정해서 하는 행동이지 의무감에서나 타인의 강제에 의해 행동한다고 느끼지 않도록 하는 것이 자기결정이론의 시사점이다. 이야기 6.12

기대이론

기대: 욕구달성확률

감을 무척 좋아하는 사람이면 감나무에 열심히 오른다는 것이 욕구이론이다. 감에 대한 욕구(needs)의 크기가 나무에 오르려는 열정(motivation)의 크기를 결정한다. 그러나 감나무에 올라가도 감이 손에 닿지 않으면 감을 무척 좋아하는 사람이라도 나무에 오를 열정이 생기지 않는다. 그러므로 그를 동기화하려면 옆에 막대기나 사다리를 놓아 줌으로써 감을 딸 수 있는 확률(기대: expectancy)을 높여 주어야 열정이 일어난다는 주장이 기대이론이다. 막대기가 너무 짧거나 사다

이야기 6.12 하워드 슐츠의 자기결정

커피황제로 불리는 하워드 슐츠(Howard Schultz)는 1953년 뉴욕 브루클린 할렘가에서 트럭운전사의 아들로 태어났다. 그는 어려서부터 식당, 호프집, 공장 등에서 온갖 아르바이트를 하며 생계에 보탰다. 다행히 미식축구 실력으로 대학에 장학생으로 입학했으나 운동을 포기하고 커뮤니케이션 전공으로 졸업한 그는 Xerox 영업사원으로 취업했다. 그리고 피나는 노력으로 3년 만에 최고의 세일즈맨으로 등극한다. 곧이어 조그만 가정용품 회사의 중역으로 스카우트되는데 이것이 인생 반전의 기회였다. 그때 시애틀의 한 원두커피 매장(상호명이 Starbucks였음)이 그에게서 커피머신을 여러 차례 구매해 고객에게 커피머신을 원두커피와 함께 파는 것을 보고 커피 사업의 가능성을 깨달았기 때문이다. 그는 곧장 그곳의 마케팅 담당으로 이직하는 모험을 감행한다. 그리고 이탈리아 출장 여행을 하며 많은 도시의 노천카페에서 한가롭게 커피를 즐기는 광경을 목격하고는 사장에게 원두만 팔지 말고 매장에서 커피를 마시게 하자고 건의했다. 그러나 이를 거부당하자 이직한 뒤 커피전문점을 차렸다. 그러다가 스타벅스가 매물로 나오자 이를 인수해서 Starbucks 1호점(**사진**)을 낸 것이 1987년이다. 초기에는 시애틀 1호점을 비롯하여 11개 점포에서 100명의 종업원으로 시작한 작은 회사였지만, 전 세계 130여 개국에 3만 5천여 개의 점포로 확장되었으며 우리나라에도 1999년 이대 앞에 1호점을 시작한 이래 2023년 9월 기준 서울에만 590개, 전국에 1,841호점을 기록하고 있다. 세계적으로 유일하게 서울 홍대 주변에만 7개나 공존한다. 하루도 빠짐없이 지금도 지구촌 전 매장에서 하워드 슐츠의 파트너 38만 3천 명이 하루에 1천만 잔의 커피를 고객에게 제공하고 일평균 1,175억 원의 매출을 올리며 매일 140억 원의 순이익을 내고 있다.

리가 부러졌어도 안 된다. 즉 감을 먹고 싶은 욕구는 남보다 적더라도 기대(예측확률)만 높여 주면 동기는 커질 수 있다는 것이다. 그러나 이론적으로는 좀 복잡하기 때문에 자세히 설명하면 다음과 같다.

기대-가치이론

회사가 사원들에게 윤리적, 신사적 태도를 보이면 이를 감지한 사원들은 회사를 믿고 자신들의 업무 노력은 물론 개인의 경력개발 노력도 물거품이 안 될 것이라는 확신이 선다. 이는 다시 직무 만족과 이직의도에 긍정적 영향을 미치고 조직에의 소속감은 모티베이션으로 이전된다.[20] 그리고 열심히 노력한다고 해서 언제나 욕구가 달성되는 것은 아니다. 능력이 부족하거나 운이 나쁘면 업적이 낮을 수 있으며 노력 없이도 충성도, 신뢰도, 인간관계 등으로 좋은 평가를 받을 수 있다. 또한 좋은 평가를 받는다고 언제나 승진, 승급이 따르는 것은 아니다. 즉 연공(年功)승진과 정실(情實)인사는 능력승진을 가로막는다. 심지어 승진욕구가 큰 사람이 승진하려고 열심히 노력했는데 승진은 없고 월급만 인상되면 만족은 적을 것이다. 그러므로 이 사람의 동기수준은 ① 노력을 하면 업적이 오를지의 확률(기대: expectancy), ② 승진의 기반이 되는 업적을 낼 수 있는 확률(수단: instrumentality), 그리고 ③ 승진에 대한 욕구의 크기(가치, 유의성: valence), 이 세 가지의 결합에 의해 결정된다. 따라서 이를 기대-가치이론(expectancy-valence theory)이라고도 한다.

이를 위해서 회사는 다음과 같은 정책을 수립하고 실천해야 한다.

- 사원들로 하여금 무슨 행동을 해야 하는지 명확한 기준을 미리 제시해 준다.
- 보상·승진과 관련하여 미리 했던 약속과 제도를 반드시 이행하여 사원들의 신뢰를 얻는다.
- 업적과 능력의 평가과정을 공정하게 하고 이를 공개한다.

이 이론의 기초는 파울로와 그의 동료들(G. Poulos et al.)에 의해 처음 만들어진 목표-수단연계

도표 6.8 기대이론

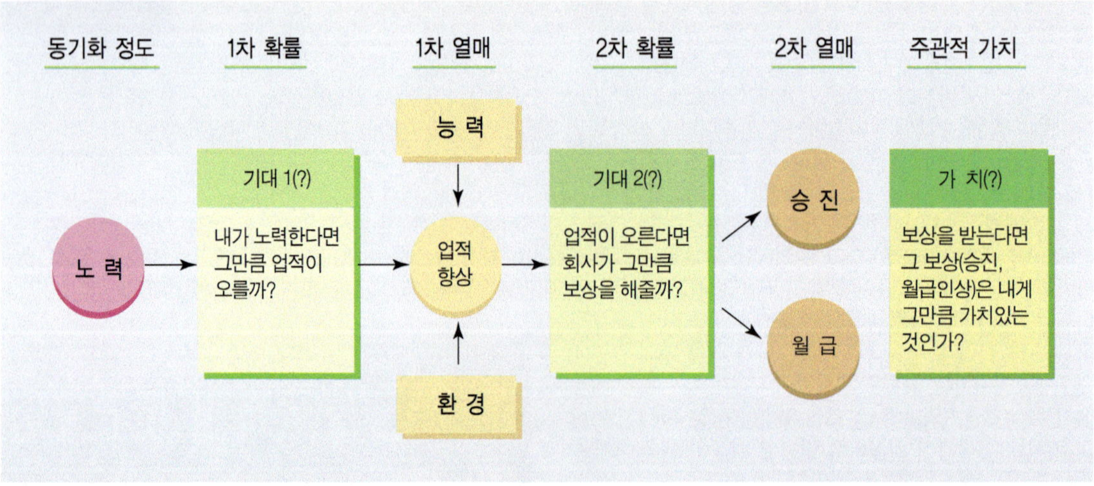

(goals-means chain) 모델인데, 개인에게 동기를 부여하려면 그가 바라는 최종목표에 두는 가치와 그 목표에 이르는 중간 수단들이 '연결'될 확률이 높아야 된다는 것을 강조한 이론이다. 이 이론은 많은 옹호자들이 있는데 톨만(E.C. Tolman)을 비롯하여 빅토르 브룸(V. Vroom)과 포터 · 롤러(L.W. Porter & E.E. Lawler)에 의해서도 실험되고 적용되었다. 도표 6.8

기대이론의 한계

하지만 기대이론도 나름대로 한계점은 있다.[21] 인간은 누구나 합리성에 근거하여 결과와 확률을 예측한 다음에 행동한다는 기대이론 학자들의 의견은 그대로 받아들이기 어렵다. 왜냐하면 인간은 완벽하게 과학적이거나 합리적이지 못하기 때문이다. 인간은 합리적이며 동시에 비합리적이고, 이성적이며 동시에 감정적인 동물이기 때문에 이해득실을 따져 본 후에 행동할 때도 있지만 그렇지 못할 때도 많다. 월급이 적고 불만이 많다가도 일단 일에 열중하면 정신없이 해치우는 사람도 있고 상사에게 대들었다가는 손해 보는 줄 알면서도 화를 내는 부하도 있다. 즉 인간은 기대확률과 욕구를 곱하여 다른 대안과 비교해 볼 정도로 계산적이지 못하다. 더구나 노력한 만큼의 성과를 예측하기는 더욱 불가능하다. 그럼에도 불구하고 기대이론이 조직이나 관리자에게 주는 시사점은 많다. 이야기 6.13

공정성이론

불공정성과 인지부조화

존 애덤스(J.S. Adams)는 조직이 공정성을 실천함으로써 구성원들을 동기화할 수 있다고 주장했다. 이는 앞 장에서 배운 사회적 비교이론(social comparison theory)에 기초를 두는데, 사람

이야기 6.13 기대가 현실로

한 사형수가 있었다. 심리학자들은 그에게 사람의 몸속에서 피가 얼마큼 빠져나가면 죽게 되는지에 대한 실험에 응해 줄 것을 제의했다. 사형수는 심리학자들의 제의에 동의했고 실험은 이루어졌다. 실험 당시 사형수에게는 눈가리개를 씌웠다. 그리고 심리학자들은 사형수의 동맥을 절단하는 척하고는 칼등으로 그의 손목을 그었다. 사실은 전혀 피가 흐르지 않았다. 그리고 얼마의 시간이 지난 뒤 심리학자들은 사형수를 앞에 두고 대화를 시작했다. "먼젓번 사형수는 이 정도에서 죽었는데 이 사람은 오래 버티네." "기다려 봐. 이제 얼마 남지 않았을 거야." 심리학자들이 사형수의 신체에 가한 자극은 칼날이 아닌 칼등으로 손목을 그은 것과 이런 대화를 나눈 것이 전부였다. 그러나 사형수는 곧 숨을 거두었다. 실제로 자신의 손목이 끊어졌고 피를 빼고 있다고 상상(기대)했기 때문이었다. 우리가 예측하고 있는 기대가 우리의 생각과 행동, 그리고 우리의 미래를 지배한다!

도표 6.9 **공정성이론의 주장**

투입/보상 비교		지각된 공정성
$\frac{O}{I_A} < \frac{O}{I_B}$	→	적게 보상을 받는 데 따른 불공정 인식
$\frac{O}{I_A} = \frac{O}{I_B}$	→	공정하다고 지각
$\frac{O}{I_A} > \frac{O}{I_B}$	→	과다한 보상에 따른 불공정 인식

들은 옆 사람과 비교해서 조직공정성 혹은 조직정의(organizational justice)가 실현되지 않았다고 판단되면 불안해지고 불만에 쌓인다는 것이다. 마찬가지로 내게 이익이 와도 공정하지 않다면 마음이 편하지 않다. 최후통첩게임(ultimatum game) 실험에서도 보았듯이 인간은 남과 비교해서 불공정하다고 인식되면 불쾌하게 생각한다.[22] 도표 6.9

공정성이론(equity theory)은 1950년대 사회심리학자인 레온 페스팅거(L. Festinger)의 인지부조화 개념에 근거하고 있다. 그의 학설에서 보듯이 인간은 자기가 알고 있는 바와 자신의 행동이 다를 때 부조화를 느끼고 이를 조화시키려고 노력하는 동기가 일어난다.[23] 이때 조화를 향한 노력행동은 약간의 태도변화에서 적극적 행동변화에 이르기까지 다양하다. 예를 들면 동료보다 노력을 더 했는데 회사로부터 똑같은 보상을 받았다면 다음에는 노력을 줄이는 쪽으로 디모티베이트(demotivation)될 것이다. 심한 경우 회사의 자원을 훔치는 적극적 행동으로 동기화될 수도 있는데 따라서 조직절도가 많은 회사는 불공정성이 만연해서 그럴 수도 있다고 보아야 한다.

애덤스도 페스팅거와 비슷한 주장을 하고 있다. 각 개인은 상대방(회사 혹은 타인)으로부터 자신의 공헌에 대한 정당하고 공평한 대가를 받아야 한다고 보는데 그 정당성 여부는 자기의 공헌·보상만 보고 판단하는 것이 아니라 남의 것과 비교한 후에 판단하며 덜 받은 것으로 판단되면 화를 내거나 더 받으면 죄책감을 느끼고 이 불공정감을 줄이려고 노력한다는 것이다. 특히 불공정하다고 느낀 사원은 불만표출의 한 수단으로 자신의 노력을 감소시킨다.[24] 이야기 6.14

공정성의 세 측면

조직공정성은 세 가지 측면을 가지는데 배분적(distributive), 과정적(procedural), 상호적

이야기 6.14 **행복의 비결**

1996년 나이키는 도발적으로 광고했다. "당신은 은메달을 딴 것이 아니라 금메달을 놓친 것입니다!" 나이키는 '더 노력하자'라는 의도였다고 해명했지만 일반인 소비자들은 금메달만 중요하냐고 반발이 심했다. 메드벡(V. Medvec) 연구팀은 1992년 바르셀로나 올림픽의 시상대 사진들을 분석한 결과 동메달리스트가 은메달리스트보다 더 환한 웃음을 짓는다고 입증했다. 행복은 절대적인 성적에 의해 결정되는 것이 아니라 누구와 비교하느냐에 따라 영향을 받는 상대적인 것이다. 그런데 비교에는 나와 비슷한 사람과 비교하는 '유사비교'가 있고, 나보다 못한 사람과 하는 '하향비교'가 있으며, 더 나은 상황의 사람과 하는 '상향비교'가 있다. 상향비교는 나에게 분발의 의지를 다지게 하고 더 발전시키는 기회가 되기도 하지만 다른 한편으로는 나를 더 우울하게 만들고 좌절감에 빠지게 하므로 조심해야 한다. 오늘날 각종 매체는 우리에게 나보다 더 잘나고 잘 살고 더 맛있는 것 먹는 사람들만 소개한다. 그러나 행복의 지름길은 하향비교를 하면서 '이만하면 다행이야!' 하며 사는 삶에 있지 않을까?

(interactional) 공정성이 그것이다. 배분적 공정성이란 회사의 자원을 사원들 사이에 공평하게 분배했는지의 문제이며, 과정적 공정성은 사원들에게 나누어 줄 분배량을 결정하는 과정이 공정했는지의 여부이다. 그리고 상호적 공정성이란 자원분배가 아닌 인간관계에서 상하 간에 혹은 회사와 사원 간에 공정한 관계를 가졌는지의 여부이다. 예를 들어 상사가 부하를 대하는데 한쪽 편만 들면 상호 공정성이 없는 것이다. 이 모두가 사원들의 사기수준에 영향을 미친다. 그중에서도 애덤스는 배분적 공정성에 초점을 맞추고 있다. 회사에서 조직정의를 실천하려면 세 가지 요소가 모두 공정해야 하는데, 우선 받은 보상액이 남들과 공정해야 하고(배분공정성), 보상을 결정하는 과정이 공정해야 하며(절차공정성), 인간관계에서 모두가 평등한 취급을 받는다면(관계공정성) 구성원들은 조직정의를 느끼고 동기가 부여된다는 것이다.[25]

조직구성원의 공정성 판단과 반응행동

그리고 불공정성을 느낀 다음 나타나는 반응행동 양식도 사람마다 각양각색인데 주로 다음과 같다.[26]

- 자신의 공헌(노력)도를 가감한다.
- 보상을 더 요구하든지 되돌려 준다.
- 그 상황에서 벗어나려고 노력한다(예: 탈퇴, 이직).
- 비교대상을 바꾼다.
- 판단을 다시 하면서 타인과 동등하다고 생각을 고친다.

리더의 공정성 관리

공정성이론을 감안한다면 조직의 관리자는 상대적 배분과 함께 구성원들이 올바른 지각을 할 수 있도록 커뮤니케이션 내지는 설명을 충분히 해야 할 것이다. "월급을 그렇게 많이 주었는데 왜 더 달라고 하는지 이해할 수 없다."고 불평하는 상급자는 지각의 오류에 대해 생각해 볼 일이다. 같은 이유로 상급자들도 부하의 공정성 지각능력이 향상되기를 원한다. 부하들이 공정하다고 인식해야 리더십의 권위와 정당성을 찾을 수 있기 때문이다. 그러므로 회사의 인사고과제도나 직무분석 등이 잘 되어 있으면 공정성수준은 나아질 것이다. 평가와 보상제도를 만들 때에도 모든 구성원들의 참여와 동의를 얻는다면 보상이 이루어진 후에 그들이 느끼는 공정성 정도는 훨씬 높을 것이다. 조직이 자신들의 업적을 공정하게 평가한다는 것을 확신하는 구성원들은 직장만족도가 오르고 이 만족은 다시 그들의 조직몰입을 강화시킨다.[27] 이야기 6.15

공정성이론의 한계

그러나 공정성이론도 완전무결한 것은 아니라서 비판도 많이 받는다. 우선 조직에 공헌한 것과 자신이 받은 보상의 양을 어떻게 객관적으로 측정하는지의 문제이다. 공정성 여부의 판단은 매우 주관적이라서 사람마다 다르다. 누구나 자기 잣대로만 공정성 여부를 판단한다. 또는 경영자

이야기 6.15 **노동임금의 공정성**

'천국은 마치 품꾼을 얻어 포도원에 들여보내려고 이른 아침에 나간 집주인과 같으니 저희가 하루 한 데나리온씩 품꾼들과 약속하여 포도원에 들여보내고, 또 제삼시에 나가 보니 장터에 놀고 서 있는 사람들이 또 있는지라 저희에게 이르되, 너희도 포도원에 들어가라. 내가 너희에게 상당(相當)하게 주리라, 하니 저희가 가고 제육시와 제구시에 또 나가 그와 같이 하고 제 십일시에도 나가 보니 서 있는 사람들이 또 있는지라 가로되 너희는 어찌하여 종일토록 놀고 여기 섰느뇨. 가로되 우리를 품꾼으로 쓰는 이가 없음이니이다. 가로되 너희도 포도원에 들어가라 하니라. 저물매 포도원 주인이 청지기에게 이르되 품꾼들을 불러 나중 온 자로부터 시작하여 먼저 온 자까지 삯을 주라 하니 제 십일시에 온 자들이 와서 한 데나리온씩을 받거늘 먼저 온 자들이 와서 더 받을 줄 알았더니 저희도 한 데나리온씩 받은지라, 받은 후 집주인을 원망하여 가로되, 나중 온 이 사람들은 한 시간만 일하였거늘 종일 수고와 더위를 견딘 우리와 같이 하였나이다. 주인이 그중의 한 사람에게 대답하여 가로되 친구여 내가 네게 잘못한 것이 없노라.(마태복음 20:1~15)' 아침 일찍 취업되어 자랑스럽게 회사에 다니는 사람보다 온종일 취업 자리도 못 찾고 저녁때에야 겨우 일자리를 하나 얻은 취업자는 그동안 마음고생이 심했으니 월급을 두 배는 더 주어야 공정한 것이 아닐까?

도표 6.10 **공정성 판단의 주관성**

는 비교할 준거기준을 어디에 두고 공정하게 분배할 것인지의 문제도 있고, 특히 금전적인 것이 아닌 경우, 예를 들면 노력, 휴식, 칭찬 등을 어떻게 측정할 것인지가 사실 난감한 문제이다.[28]

그런데 최근의 한 연구에서는 직장에서 공정한 대우를 받는다고 생각하는 사원과 그렇지 않은 사원의 직무에 대한 피로감을 비교해 보니 별로 차이가 없었다. 이는 공정성이 중요하지 않다는 증거도 되겠지만 다른 한편으로는 사원들 스스로가 자신들이 공정하게 대우받는지 불공정하게 대우받는지 잘 모르고 있다는 의미도 된다. 이는 일상생활에서의 인간관계에서도 마찬가지이다. 내 친구에게 내가 더 많이 해 주는지 내가 더 받는지 가늠하기는 쉽지 않다. 그리고 그것이 친구관계에서 그리 중요하지도 않다. 즉 내가 항상 더 많이 해 주더라도 친구가 어쩐지 좋으면 그만이다. 인간은 계산적이기에 앞서 감정적인 동물이기 때문이다. 도표 6.10

목표설정이론

목표설정이론이란?

목표설정이론(goal setting theory)의 발전에 중요한 공헌을 했던 에드윈 로크(E.A. Locke)는 인간행동이란 가장 쾌락적인 쪽으로 동기화되기 마련이라는 기대이론의 가정을 인지적 쾌락주의라고 비판하면서, 인간행동은 두 가지 인지, 즉 가치와 의도(intention: 계획 혹은 목표)에 의해 결정된다고 주장하였다. 사실 '의도'가 동기화에 중요한 역할을 한다는 실증자료는 많다. 반대로 목표가 없거나 희미하면 노력동기도 약해진다. 단 그 목표는 '구체적'인 것일수록, 쉬운 것보다 약간 '어려운' 것일수록 더욱 효과적이다. 이상이 목표설정이론의 핵심이다.

그저 '열심히 해라', '최선을 다하자!'라고 하기보다는 목표가 구체적일수록 더욱 동기화된다. 그래서 '조직행동 교과서를 열심히 읽어라'보다는 '제6장은 오늘, 제7장은 모레까지'처럼 구체화할수록 더 효율성이 있다. 목표의 수준도 당사자가 수용할 수 있는 정도라면 어려울수록 더 동기가 일어난다. 이처럼 초기에는 목표 자체만을 강조하며 목표가 구체적이어야 하고 약간 어려운 것이어야 한다는 주장이 고작이었다. 그런데 그 후 상황에 따라서 목표달성 정도가 달라지는지를 연구했고, 목표 자체가 인간에게 주는 심리학적 의미와 영향을 찾아내려고 했다. 즉 목표를 설정하되 '자율적'으로 설정한다면 자신이 정한 것이기에 더욱 노력한다. 결정에 참여한 경우에는 그 이후의 몰입이 더 많아진다는 연구도 있다.[29]

학습목표와 성과목표

한편 목표를 세분화하여 관찰하기도 했는데 예를 들면 목표의 형태를 크게 둘로 구분했다. 개인이 어떤 과업에 직면하여 목표를 정할 때는 자아성장과 발전을 위해 그 과업에 대한 지식과 기술을 익혀 통달하려는 경우가 있고, 단순히 남보다 앞서서 그리고 높게 달성함으로써 자신의 우수성을 남에게 보이기 위한 경우도 있다. 여러 가지 명칭이 있지만 전자를 '학습목표(mastery or learning goal)', 후자를 '성과목표(performance or competitive goal)'라고 한다. 조직행동 첫 수업을 들으면서 수강생들이 목표를 정한다면 크게 두 부류일 것이다. 한 부류는 학점보다 조직행동 지식을 마스터해 보겠다는 목표를 정할 수 있고(학습목표), 다른 부류는 조직행동 지식에는 별로 관심 없고 남보다 높은 학점이면 그만이라는 목표를 정할 수 있다(성과목표). 어떤 목표를 가지는지에 따라 한 학기 동안 수강태도와 시험공부 행동은 다를 것이다.

회사원의 목표도 인생의 목표도 이러한 관점에서 달리 관찰한다면 동기부여전략도 다르게 접근해야 한다. 단적인 예로 성과목표를 가진 사원에게는 경쟁을 시켜야 하는데, 왜냐하면 더 많은 업적으로 남들보다 앞서야 목표를 달성한 것이 되기 때문이다. 하지만 학습목표를 가진 사원은 경쟁시키기보다 오히려 다른 사람과 교류하고 협동할 기회를 제공해야 동기가 상승된다. 왜냐하면 경력을 쌓고 일을 배우는 것이 목표라면 다른 사람과 어울리면서 듣고 배워야 목표달성이 가능하기 때문이다.[30]

그런데 사람은 혼자 있을 때와 집단으로 있을 때 다르게 행동하듯이 목표를 정할 때도 다를 것이다. 혼자 공부를 한다면 배우고 익혀서 지식을 습득하는 학습목표에 공을 들이겠지만, 남들과 있을 때에는 경쟁에서 앞서려고 하는 성과목표에 중점을 둘 것이다. 이처럼 목표를 설정하는 것부터 목표달성을 위한 행동방식까지 집단과 조직을 의식하면서 목표를 정하고 수행한다. 개인이 정한 목표는 개인행동에 영향을 주는 것이 분명하지만 사실은 집단 속의 개인에게 영향을 주는 것이다. 즉 목표설정부터가 자기 마음대로가 아니라 그가 속한 집단의 사람들, 그가 속한 조직과의 관계에 의해서 이루어진다.[31]

목표설정이론의 문제점

그러나 목표설정이론이 밝혀내야 할 과제는 아직도 많다. 목표에만 치중하다 보면 융통성과 적응력, 그리고 창의력까지 잊는 수가 있다. 목표를 설정한 후에도 얼마든지 상황변화가 있을 수 있으나 처음 정한 목표에 몰입하다 보면 자칫 그 목표만이 모든 것에 우선할 수 있기 때문이다. 다른 문제점으로는 모든 목표를 계량화하는 문제, 복수 목표 간의 중요성과 순서의 조정문제, 목표 간 갈등문제 등이 여전히 풀어야 할 난제로 남는다. 그리고 사람에 따라서는 자율적으로 자기통제 아래 속도를 조절하며 일을 하는데, 사전에 목표를 설정해 놓는 것은 오히려 방해가 되기도 한다. 실제로 정서적 안정이 약한 성격의 소유자에게 상급자가 목표를 설정해 주는 것은 심한 스트레스요인이 될 수 있다. 또 다른 문제점은 목표설정이론의 조건에 따라 목표가 설정된 경우에 처음에는 성과가 높다가도 수개월 후에는 자극 정도가 무뎌져서 성과가 떨어진다. 따라서 목표설정이 성과향상으로 이어지지 않는다는 연구도 자주 보인다.[32] 그러므로 높은 성과수준을 계속 유지할 수 있는 방안을 모색해야 한다. 이야기 6.16

이야기 6.16 장군의 목표관리

버나드 로 몽고메리 장군(**사진**)은 제2차 세계대전 때 북아프리카와 유럽의 연합군상륙작전에서 중요한 역할을 담당한 가장 영향력 있는 영국 육군원수로서 독일군과의 전투에서 첫 연합군 승리를 안겨 준 지휘관이다. 그는 거만하고 거칠고 허영심이 많고 때로는 기상천외의 일도 저지른 인물로 평가되고 있다. 그럼에도 몽고메리는 전투에서 부하 장병들이 끊임없이 전진하여 승리를 거머쥐게 한 마력의 소유자이다. 이런 리더십이 어떻게 가능했을까? 겨울이 닥쳐 전쟁을 멈추고 잠정적 휴전에 들어간 때가 있었다. 장병들은 전쟁이 없으니 지루해하고 탈영이 늘어나는 기미를 보였다. 그는 장병들에게 적이 쳐들어온다고 거짓말을 하고 참호를 파도록 하여 한겨울을 거뜬히 지냈다. 전쟁을 해야 장병의 사기가 오르고 상관의 리더십이 산다. 그래서 로마시대에는 일부러 전쟁을 길게 끈 장군도 많았다. 기업도 계속 혁신과 변화를 외쳐야 새로운 동기가 유발된다. 매일 반복되는 단순 직무를 맡은 공무원의 동기가 약해지고 복지부동에 빠진다면 어떤 대책이 필요할까?

III 동기부여이론의 활용

조직행동에서 모티베이션을 연구하는 가장 중요한 이유는 조직구성원들이 직무를 수행할 때 사기를 높임으로써 보유한 능력을 최대한 발휘하게 하여 성과를 높이기 위한 것이다. 따라서 초기의 연구자들이 욕구에 매달려 있었다면, 현대의 연구자들은 모티베이션이론을 현장에 접목시키려는 시도가 많았다. 이를 구분해 본다면 직무환경을 개선하여 구성원들을 동기화시키는 노력과 구성원들에 대한 관리방법을 개선하려는 노력이다.

1 직무설계의 개선

이는 직무 자체의 특성이나 수행방법을 개선하여 담당자의 동기를 높이는 것으로서 몇 가지 제시하면 다음과 같다.

직무충실화

수평적 직무확대

온종일 혹은 수년간 한 가지 일만 반복하다 보면 숙달은 되겠지만 누구나 싫증을 느낀다. 따라서 하루 중에도 일을 교대하거나 이삼 년을 주기로 여러 부서를 순회하도록 교대하기도 한다. 이를 수평적 직무확대 혹은 직무순환(job rotation)으로 칭한다. 이것도 사기를 높이는 계기가 될 수 있다.[33] 피로감소나 동기부여라는 직무순환의 장점은 최근에도 이탈리아, 영국, 터키 등지에서 글로벌하게 입증되고 있다. 직무에서 얻는 내재적 가치가 높을수록 사원의 웰빙수준은 높아진다.[34]

직무충실화 혹은 수직적 직무확대

그러나 직무순환과 직무의 수평적 확대가 단기적 해결책이 되기는 하지만 직무담당자의 근본적 불만과 지루한 느낌을 바꾸기에는 역부족이다. 그리하여 탄생된 직무충실화(job enrichment) 혹은 수직적 직무확대란 작업자 스스로가 작업계획과 시간을 짜도록 하고, 제삼자의 감독과 통제를 줄이고, 담당자 자신에게 자율권을 주며, 직무결과에 대한 피드백도 상급자를 통하지 않고 스스로 직접 알 수 있도록 함으로써 동기를 높이려는 직무설계방법이다. 이로써 직무담당자들은 사

이야기 6.17 샐러리맨의 노동의욕

뉴욕 맨해튼의 샐러리맨들은 교통난과 주차문제 때문에 기차(Amtrak)나 버스로 출퇴근하는 사람들이 많다. 한 번은 이 회사가 파업을 했다. 이에 대항하기 위해 뉴욕시 시장은 회사원들에게 가능한 한 집에서 쉬고 꼭 근무해야 될 사람만 회사에 나와 달라고 협조를 부탁했다. 첫날은 많이들 안 나왔기에 그런 대로 무사히 지나갔다. 그러나 둘째 날부터 출근자가 증가하기 시작하더니 1주일 후에는 모두 출근하게 되어 교통이 엉망이 되었다. 파업이 13일간이나 지속되었기 때문이다. 한번 생각해 보자. 처자식 때문에 할 수 없이 일터에 나가지만 가능하다면 직장을 때려치우면 얼마나 좋을까? 주말마다 골프나 치고 가끔씩 동해안에 가서 물회나 먹고 심심하면 연극이나 영화 보고 친구와 잡담이나 나눈다. 아침마다 교통지옥에서 출근전쟁을 치를 필요도 없고 쌓이는 과제를 처리하느라 진땀을 뺄 필요도 없다. 아, 내게 여유만 있다면 얼마나 좋을까? 하지만 큰 오해다. 출근해야 행복하다. 1990년대 미국에서 여유에 대한 환상으로 조기은퇴 붐이 일었으나, 요즘에는 미국도 한국도 은퇴 대신 일을 계속하려는 사람이 늘고 있다. 일을 계속하면 좋은 이유는 다음과 같다.

- 일을 하면 돈을 벌고 돈을 벌면 마음이 평화롭다.
- 일을 하면 건강과 활력이 증대된다.
- 온종일 부부가 함께 있으면 갈등이 심해지지만 출근하면 그런 걱정이 없다.
- 성가신 직무나 과제가 없어지면 오히려 고독해진다.
- 일 자체가 인생의 의미를 가져다준다.

회사원들이 일을 안 하려고 한다는 CEO나 팀장들이 있다면 이제부터 파스칼(B. Pascal)처럼 생각을 바꿔야 한다. "만일 병사나 노동자들이 일이 고되다고 불평하면 아무 일도 못하도록 하는 벌을 주면 된다."고 그는 일찍이 우리에게 충고했다. 그는 일찍부터 Y이론 인간관을 가지고 있었던 것이다.

기증진뿐만 아니라 자동적으로 개발·훈련의 기회를 가지게 되며 책임과 자율성 확대로 성취감과 긍지를 맛볼 수 있다. 실제로 직무충실화는 결근율과 이직률을 감소시키면서 직무만족도를 높인다고 입증되었다. 그러나 조심해야 할 것은 사원을 직무에 몰입시키기 위해 지나치게 강요만 했다가는 오히려 스트레스나 불만이 늘어 성과를 낮추는 결과를 초래할 수도 있다. 직무충실화나 몰입경영(involvement management)은 어디까지나 사원의 안녕과 삶의 질을 높이는 차원에서 이루어져야만 조직성과로 이어질 수 있다. 이야기 6.17

직무충실화의 내용

직무충실화의 내용을 요약하면 다음과 같다.

- 개인과 직무의 조화: 사람마다 욕구와 능력이 다르고 직무마다 특성이 다르기에 상호 조화를 이루어야 동기가 유발된다. 그뿐 아니라 관료적 직무구조라면 권력욕구가 많은 사람을, 자율적 직무구조라면 성취욕구가 높은 사람을 선발 배치해야 조화가 된다.
- 참여와 피드백: 직무의 선정과 직무수행방법의 결정에 당사자를 참여시킴으로써 자신의 존재의미를 깨닫게 할 뿐만 아니라 그 일에 대한 기대예측과 이해를 높여서 직무수행에 효율성을 가져오게 하고 수행결과를 알려 자아실현감과 성취감을 맛보게 한다.
- 목표의 설정: 사원이 자신의 역량을 발휘하여 달성할 수 있는 과업목표수준을 스스로 정하게 하여 성취욕구가 강한 사람의 동기를 유도한다.
- 담당자 상호 연결: 직무수행자로 하여금 자신의 직무수행 결과를 이어받아서 다른 직무를 수행해야 하는 직무수혜자와 더 잘 연결하게 한다.

직무특성모형

해크맨(R. Hackman)과 올드햄(G. Oldham)은 '직무특성이론'을 발표하면서 직무담당자들이 보람과 의미를 느끼도록 직무를 설계해야 한다고 주장했다. 직무는 과학적이고 경제적인 법칙뿐만 아니라 감정의 원리에 의해서도 설계되어야 한다는 것이다.[35] 그러므로 그들은 자아실현, 보람, 인정감, 책임감 등의 상위욕구 충족을 겨냥한 직무설계에 많은 관심을 가지고, 직무의 특성을 여기에 맞게 변화시키려고 노력했다. 그러면서 직무가 다음과 같은 특성을 가지고 있을 때 담당자가 상위욕구를 충족할 수 있다고 주장한다. 이를 직무특성이론(job characteristics theory)이라고 한다.

의미성(meaningfulness)

유대계 오스트리아 심리학자인 빅토르 프랭클(V. Frankl)은 나치 수용소에서 강제노동을 하며 포로들을 관찰한 결과, 생명을 유지하는 힘은 육체적 건강과 무관하게 삶의 의미(will to meaning)라는 사실을 발견하고 후에 이에 관한 많은 학설을 발표했다. 동기를 일으키려면 당사자의 마음에 어떤 의미감이 있어야 한다는 것이다. 그러면 성과도 더 높아진다.[36] 직무수행에서 의미감을 느끼도록 설계하는 구체적 방법으로 다음과 같은 세 가지를 들 수 있다.

- 기술다양성(skill variety): 직무담당자가 가지고 있는 다양한 기술, 지식, 특기 등을 최대한 많이 사용할 수 있도록 설계되어야 한다.
- 직무정체성(task identity): 맡은 직무가 '전체'와 연결된 것임을 알게 해야 하며, 사소한 '부분'에 지나지 않는다든지 무슨 일인지 모른다면 작업자의 사기는 침체된다. 즉 나사못만 만드는 직원일지라도 그 나사못이 자동차를 구성하는 부품이라는 사실을 알고 만들어야 한다.
- 직무중요성(task significance): 자신이 맡은 직무가 다른 사람의 작업이나 최종 소비자들에게 큰 영향을 미치는지의 문제이다. 자신의 직무에서 불량이 나오면 전체 프로세스에 중대한 영향을 미치는 직무일수록 중요성을 느끼고 그럴수록 의미 있는 일이 된다. 이야기 6.18

이야기 6.18 보람과 노동

대량생산으로 가전제품을 생산하는 경우 지금까지는 거의 컨베이어벨트 앞에서 각자가 단순업무 한 가지만 하는 것이 가장 합리적이라고 보아 이것이 가전업계 업무설계의 근간이 되어 왔다. 그러나 삼성전자 슬로바키아 공장에서 셀(cell) 생산으로 방식(**사진**)을 바꾼 뒤부터 하루에 60대였던 노트북 생산량이 130대로 상승하였다. 셀 생산이란 다기능 숙련공 혼자 혹은 두 명이 조립, 사운드, 화면조정, 불량검사까지 모두 하는 시스템이다. 컨베이어벨트는 자신이 맡은 한 가지 일만 반복하지만 완제품에는 아무도 책임이 없다. 셀 생산은 보람도 있고 책임도 확실하고 동료 간 협동심도 커진다. 일인 다기능의 훈련만 시켜 놓으면 생산성의 향상은 입증된 셈이다. 다음 격언들은 이런 상황을 재확인케 한다.

- 버나드 쇼(B. Shaw): 해야만 하는 것은 일이고, 하고 싶은 것을 하는 것은 놀이이다.
- 성 토마스(St. Thomas): 인간은 신이 준 사명을 완수하기 위해 일한다.
- 에밀 졸라(E. Zola): 노동은 세상의 유일한 법칙이고, 일이 없다면 인생은 무의미하다.
- 프로이드(S. Freud): 인간은 개인적으로, 사회적으로 자아의 존재를 확인하기 위해 일한다.
- 쯔빙글리(U. Zwingli): 인간은 신의 창조를 더 확장시키기 위해 일한다.

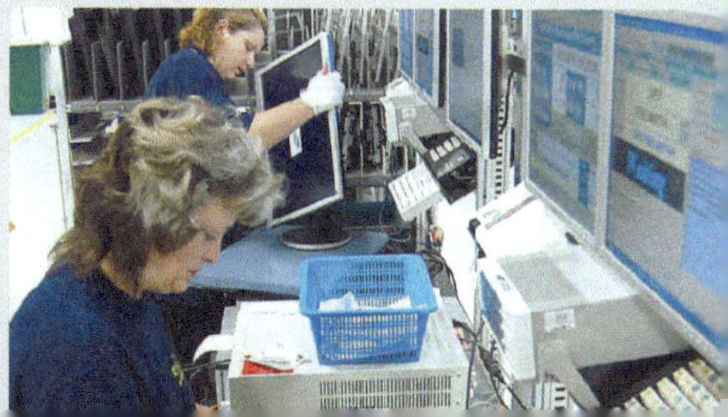

책임성(responsibility)

작업자가 자신의 행동 여하에 따라서 직무의 성과가 달라질 수 있다는 개인적 책임감을 느낄 수 있어야 하는데, 그러기 위해서는 직무담당자들에게 직무수행에 필요한 작업의 일정계획과 작업절차를 결정하는 재량권이 많아야 한다.

피드백(feedback) 가능성

직무담당자가 자기가 해 놓은 직무의 완성도를 알 수 있게 하는 것도 상위욕구 충족수단이 된다. 그것은 직무담당자에게 직접 알릴 수도 있으며 상급자, 동료, 고객, 정보시스템을 통해 알릴 수도 있다. 어쨌든 자신이 수행한 직무의 결과가 어느 정도 잘했는지 못했는지 알수록 그 작업에 몰두하려는 동기가 더 일어난다.

2 관리제도의 개선

사기향상을 위해 개인의 욕구나 직무자원을 충족시키는 것도 중요하지만, 현대적 동기부여이론들에 의하면 직무를 어떻게 설계하는지도 동기부여와 상관성이 높다. 여기서 직무프로세스와 직무시간의 설계와 관리에 대한 기본적인 주장들을 살펴보기로 한다.

보상과 평가제도 개선

사원의 동기와 가장 관련이 깊은 물질적 보상은 어떤 것이어야 하는가? 상위욕구만 충족시킨다면 화폐적 보상이나 물질적 대우는 어떻게 하든지 모티베이션과 무관한 것일까?[37]

보상제도 개선

우리나라에서는 능력급제가 어느 정도 확산되어 정착단계로 가고 있지만, 자신이 받는 보상이 타인보다 높을 때 금액의 차이보다 자신의 능력이 우수하다는 우월감(내적 동기: intrinsic motivation)이 생길 것이다. 그러나 적게 받은 사람의 열등감은 중요한 문제가 될 수 있다. 하지만 과거처럼 연공에 의한 급여가 책정된다면 사원들의 무사안일 내지는 능력자와 노력자에게는 사기저하의 주요인이 되기 때문에 성과급, 능력급, 직무급 등은 모티베이션 차원에서 바람직한 제도이다.

한편 목표설정이나 의사결정 참여 등에 치중한 나머지 화폐보상의 중요성을 망각하기 쉬운데 화폐보상이 동기유발의 가장 효율적인 수단임이 판명되었고[38] "돈이면 모두를 얻는다."라는 말과 같이 자아실현의 욕구도, 존경의 욕구도, 하위욕구도 금전에 의해 가능하다. 또한 개인의 노력과 성과에 따라 보상을 차별화하는 것도 사기향상의 한 방법이다.[39] 업적 대비 성과급이 월급에서 차

지하는 비중을 확대하는 것은 세계적인 추세이며 점차 증가일로에 있다.[40]

복지후생의 차별화

임금 이외의 복지후생(fringe benefits) 측면에서도 재검토할 사항이 많다. 조직구성원들의 연령대, 가족의 수, 결혼 여부, 취미와 기호 등이 다르고, 심지어는 혼자 사는 직원이 과거에 비해 많은 현실에서 모든 구성원들에게 일괄적으로 환영받는 프로그램은 있을 수 없다. 다양한 복지 프로그램들(예: 연금보조, 전세보조, 유급휴가, 문화상품권 제공, 무료건강진단, 자녀교육비 보조, 교통비 지급, 체력단련비 지원 등)을 원하는 당사자에게 적합하게 선택해서 베풀어야 한다. 여기에도 여러 가지 형태가 있을 수 있는데, 예를 들면 일정비율은 정해 놓고 나머지에 대해서만 다양화하는 방식과, 전체의 후생비를 모두 다양화하는 방식, 또는 몇 가지 패키지를 정한 다음에 선택하도록 하는 방식이 있다. 세 번째 방식의 예로는 회사가 일정한도 내에서 여러 가지 프로그램의 기회를 주고 그중에서 사원들이 고를 수 있게 하는 카페테리아(뷔페식) 제도(cafeteria or flexible benefits plan)가 있다.

평가시스템 개선

인사고과의 목적은 보상과 통제에 있지만 더욱 큰 목적은 사원들의 행동에 영향을 미치기 위한 것이다. 학교에서 시험을 치르는 것도 우열을 가려 상벌을 주려는 목적도 있지만 학생들로 하여금 공부를 더 하게 하려는 것이 궁극적인 목적이다. 기대이론에 의하면 인사고과 역시 사원활동의 안내지침이 되어야 제 역할을 다한 것이다. 그런데 사원들이 평가방식 자체를 신뢰하지 않고 무시한다면 인사고과는 무용지물이고, 괜히 시간과 비용만 낭비한 셈이다. 그러므로 사원들이 평가를 받고 나서 무슨 일을 어떻게 하는 것이 자신과 회사를 위해 바람직한지를 깨닫도록 하는 평가가 올바른 평가활동이다.

동기부여의 진실탐구

앞에서 우리는 여러 가지 동기이론들이 직무와 관련된 인간의 행동에 대하여 타당성 있는 설명을 하고 있다는 것을 살펴보았는데, 이제 이것들이 과연 관리자에게 무엇을 시사하는지 살펴보려고 한다. 관리에의 적용과 관련해서 주로 다음과 같은 의문이 생길 수 있다.

- 사원이면 아무 때라도, 누가 되든지 항상 동기를 부여해 주어야 하는가?
- 우리는 과연 어떤 사람의 동기를 높여 줄 수는 있는가?
- 만일 그렇다면 무슨 방법이 이상적이며, 비용과 노력 측면에서는 어떠한가?
- 동기가 높은 사원이면 업무성과도 반드시 높은가?

누구나? 언제나?

우선 누구라도 항상 동기를 부여해야 하는지의 질문에 대해서는 '그렇지 않다'가 옳다. 밤을 새워 공부하는 학생에게 더 열심히 노력할 수 있는 방법을 적용하는 것은 좋지 않은 것이다. 화재가

이야기 6.19 20세기 최고의 샐러리맨

아서 윈스턴(Arthur Winston: **사진**)은 17세가 되던 1924년에 퍼시픽전철(MTA) 로스앤젤레스 대중교통회사 버스수리기사로 입사하여 2006년 3월 21일 100세 생일날까지 근속했다. 긴 근속기간 동안 지각, 조퇴는 한 번도 없었고 결근은 88세 되던 해 아내 죽은 날 딱 하루뿐이었다. 그는 1996년 빌 클린턴 대통령으로부터 '세기의 샐러리맨 상'을 받았고, 그가 죽은 지금 LA에는 아서 윈스턴 구간이 만들어지고 기념비도 있다.

난 빌딩에서라면 누구나 살아남으려는 동기가 매우 높다. 이런 사람들에게 삶의 동기를 더욱 높여 주면 불상사만 부추기는 셈이다. 회사에서도 열심히 일하고 있는 사람도 있고 그러한 팀도 있다. 이들의 욕구충족이나 목표관리를 위해 비용과 노력을 더 들일 필요는 없다. 어떤 때에는 너무 어렵거나 조심스러운 일을 하고 있는 사원들이 있는데 이들에게 지나친 동기부여전략이 가해진다면 오히려 실수를 하거나 결과가 좋지 않을 수도 있다. 따라서 조직구성원은 언제, 어디서, 누구라도 항상 동기부여 대상이 된다는 말은 반드시 맞는 말은 아니다. 이야기 6.19

동기부여, 가능한 일인가?

우리는 과연 어떤 개인을 진정으로 모티베이트 시킬 수 있는가? 욕구이론에서 보았듯이 동기의 근원은 욕구인데 우리는 욕구 자체를 만들거나 조작할 수는 없다. 다만 그 욕구에 의해서 발생된 동기를 과업행동 쪽으로 유도하는 것뿐이고, 발생된 동기가 상실되지 않도록 도와주는 것뿐이다. 애초부터 승진욕구도 없고 돈에 대한 욕구도 없는데 승진도 시키고 돈도 많이 줄 테니 열심히 일하라고 사기를 북돋우는 것은 소용없는 짓이다. 그리고 돈욕구, 승진욕구 없는 사람을 그런 욕구가 생기도록 만드는 것은 더욱 어려운 일이다. 많은 욕구들은 태어날 때부터 혹은 오랜 기간 수많은 경험으로 형성되기 때문이다. 그러므로 어떤 욕구를 채워주면서 사기를 올릴 계획을 가진 관리자라면 사원채용 시부터 그런 욕구를 많이 가진 자를 채용하는 것도 방법이다.

사기가 높으면 업적도 높은가?

사원들의 사기가 오르면 그들의 직무성과가 오르는 것은 사실이다.[41] 하지만 이 둘의 관계는 좀 복잡하다. 어떤 사람의 업무성과가 아주 낮다면 이는 과연 동기부여가 없었기 때문일까? 그렇지는 않다. 현대사회는 기술의 발전으로 인하여 사람의 땀과 노력보다는 기계의 상태가 성과를 결정하는 경우가 많다. 자동화된 시스템을 다루고 있는 사원의 경우는 모티베이션과 무관하게 기계가 성과를 결정한다. 이처럼 개인이나 조직의 성과를 결정하는 것은 개인의 동기 말고도 수없이 많은 요소의 영향을 받는데 다음과 같은 함수로 나타낸다.[42]

성과 = f(능력 × 기술수준 × 동기수준 × 상사리더십 × 감정상태 × 기타)

이 등식에서 보듯이 조직성과 향상을 위해 구성원의 모티베이션이 항상 높아야만 하는 것은 아니다. 각 요소들이 곱하기 관계인 것은 한 개 요소만 부족해도 성과에 지대한 영향을 미친다는 증거이다. 이들은 상호 간에 영향을 미치기도 하고 요소들 사이에서 서로 매개하고 조절하기도 한다.[43] 이처럼 조직의 성과가 오직 구성원의 모티베이션 수준에만 달려 있지 않음은 불행 중 다행이라고도 할 수 있다. 왜냐하면 구성원의 모티베이션 수준이 낮다고 해서 곧바로 조직성과가 떨어진다면 많은 조직들이 유지되기 어려울 것이기 때문이다. 다행히 구성원의 동기수준이 낮아도 다른 요인들만 잘 되어 있다면 그 조직은 어느 정도 성과를 높일 수 있는 것이다. 그러나 이런 주장과는 반대로 개인의 업무성과는 나이, 성별, 근속기간 등과는 관계없고 동기수준과만 관계가 있음을 찾아낸 연구가 없는 것은 아니다.[44]

진정한 동기부여

사람들이 단지 돈을 위해서 직장에 다니지는 않는다는 사실을 우리 주변에서 많이 본다. 그리고 많은 욕구 중에서 상위욕구에 중점을 둔 인간존중의 경영이 무엇보다도 큰 동기요인임을 배웠다. 그렇다면 사원들의 동기부여를 위해서 다음과 같은 정책과 관리가 필요하다. 도표 6.11

도표 6.11 진정한 동기요인?

개인특성의 존중

현대 동기이론들의 공통적 지적은 사원들이 동질적이 아니라는 것이다. 꼭 신세대가 아니더라도 나는 그저 나이기를 원한다. 사원들은 서로 상이한 욕구를 가지고 있으며 성격과 태도, 경험과 기대가 모두 다르기 때문에 각자의 특성에 맞는 리더십과 인간관계가 필요하다. 거대한 조직에서 어떤 분위기나 조직구조에 의해 몰개성화(沒個性化)되지 않도록 세심한 배려가 필요하다.

상위욕구의 충족

인간은 문명이 발전할수록 하위욕구보다 상위욕구가 더욱 증대된다. 그러므로 조직은 과거에 큰 비중을 두지 않았던 친교, 소속감, 존경, 자아실현의 기회를 많이 주어 사원들이 조직생활에서 만족을 얻도록 제도적 장치가 되어 있어야 한다. 자유로운 분위기, 삶의 질 향상을 위한 여러 프로그램, 신뢰와 재미가 넘치는 직장설계에 많은 아이디어와 비용을 투자해야 한다.

자율성의 확대

사원들을 억압하거나 통제하지 않으며 자율성을 부여할 때, 그들은 자아실현과 존경욕구를 채우기 위해 스스로 노력할 것이다. 따라서 스스로 참여한 일에 신바람이 나고 동기화될 것이므로 관리스타일과 통제규정을 개선하며 창의성을 발휘하는 직무수행방법을 도입해야 한다. 그리고 과거의 위계조직에서 상부의 지시대로 로봇처럼 움직이는 조직생활이 아니라, 권한의 위양과 자율적 의사결정의 확대로 임파워먼트 수준을 높임으로써 불확실하고 급변하는 환경에 대처하는 조직의 민첩한 적응력을 키워야 한다.[45] 이야기 6.20

이야기 6.20 기적의 동기요인

일본의 세계적인 부호이자 사업가인 '내쇼날' 상표의 창업자 이야기이다. 마쓰시타 고노스케(松下幸之助: **사진**)는 아흔넷의 나이로 운명할 때까지 산하 570개 기업에 종업원 13만 명을 거느린 대기업의 총수였다. 그는 아버지의 파산으로 초등학교 4학년을 중퇴하고 자전거 점포의 점원이 되어 밤이면 어머니가 그리워 눈물을 흘리던 울보였다. 그러던 그가 85년이 지난 후 일본 굴지의 기업의 총수가 되었는데 어느 날 한 직원이 마쓰시타 회장에게 물었다. "회장님은 어떻게 하여 이처럼 큰 성공을 하셨습니까?" 마쓰시타 회장은 자신이 하늘의 큰 은혜 세 가지를 입고 태어났다고 답했다. 그 세 가지란 첫째 가난, 둘째 허약, 셋째 무학이라고 했다. 그의 말을 듣고 깜짝 놀란 직원이 "이 세상의 불행을 모두 갖고 태어나셨는데도 오히려 하늘의 은혜라고 하시니 이해할 수 없습니다."라고 대꾸하자, 마쓰시타 회장은 이렇게 대답했다. "나는 가난 속에서 태어났기 때문에 부지런히 일하지 않고서는 잘살 수 없다는 진리를 깨달았다네. 또 약하게 태어난 덕분에 건강의 소중함도 일찍이 깨달아 몸을 아끼고 건강에 힘써 지금 아흔 살이 넘었어도 30대의 건강으로 한겨울에 냉수마찰을 한다네. 또 초등학교 4학년을 중퇴했기 때문에 이 세상 모든 사람을 나의 스승으로 받들어 배우는 데 항상 노력하여 많은 지식과 상식을 얻었다네. 불행한 환경이 나를 이만큼 성장시켜 주었기에 하늘이 준 큰 은혜라 생각하여 감사하고 있다네." 내쇼날의 마쓰시타 회장은 자신에게 주어진 불행과 시련을 오히려 하늘이 준 은혜로 생각하고 열심히 자기를 훈련하고 노력하여 누구보다 값지고 훌륭한 성공을 거두었던 것이다. 상위욕구의 부족만이 동기화를 가능하게 하는 것은 아니다. 또한 욕구의 충족만이 은혜가 아니다. 마쓰시타의 세 가지 은혜는 모두 하위욕구의 결핍이었다.

폴란드 서쪽 오쉬비앵칭(Auschwitz) 수용소에서만 나치는 폴란드인, 헝가리인, 러시아인, 전 유럽의 유대인, 집시와 정신박약자 등 250~400만 명을 살해했다. 1945년 4월 27일 연합군이 아우슈비츠 수용소에 도착하자마자 가스실 문을 열었다. 이미 독일군이 가스를 틀어놓고 도망친 한참 후였지만 아직 방 안에는 냄새가 진동했고 이미 모두 죽어 있었다. 그러다가 소련군이 한쪽 구석에서 아직 꿈틀거리고 있는 사람을 발견했다. 놀랍게도 그는 건장한 청년이 아니라 노인이었다. 훗날 그 노인의 체질에 대해 의사들이 다방면으로 검진했지만 특이성을 발견할 수 없었다. 마침내 그 노인을 인터뷰하여 살아남은 원인을 밝힌 사람은 수용소에 갇혔다가 풀려났던 오스트리아 유대인 심리학자 빅토르 프랭클(Viktor Frankl: **사진**)이었다. 노인에게 살아남은 이유를 물으니 수용소 안에서 자기 손자가 태어났다는 소문을 전해 들은 뒤로 그 노인은 손자를 꼭 보고 죽겠노라는 희망과 의지를 버리지 않았다는 것이었다. 그리고 반드시 살아서 수용소를 나가겠다는 목표를 놓지 않았다는 것이다. 가스에 죽어가면서도 그 신념을 꼭 붙잡고 있었던 것이다. 그를 인터뷰했던 빅토르 프랭클은 오스트리아 비엔나 대학에서 심리학 석사과정을 밟던 유능한 청년이었다. 역시 유대인이었던 그도 약혼 후 두 달 만에 온 가족이 수용소로 끌려가 뿔뿔이 흩어진 채 지내고 있었다. 세월이 가면서 가족의 사망소식을 알았고 가지고 들어갔던 논문 원고도 모두 빼앗겼다. 이젠 모든 희망을 잃고 죽을 날만 기다리던 프랭클은 이상한 현상을 발견했다. 수용소에서 죽어 나가는 사람들은 신체적 건강과 무관하게 평소 석방을 체념하고 의미 없이 지내던 사람들이었다. 오히려 몸이 약해도 언젠가는 풀려날 것이라는 희망을 얘기하고 의미 있게 살던 사람들은 오래 버티더라는 것이다. 이를 터득한 프랭클 역시 삶의 의미와 의지를 버리지 않고 지내다가 마침내 석방된다. 그는 후에 비엔나 대학의 심리학 교수가 되어 조교와 결혼도 하고 심리치료연구소를 개설하여 많은 사람을 구원했다. 그리고 미국을 비롯한 세계 여러 대학에서 강의하면서 명예박사학위를 수여했으며 오스트리아는 물론 심리학계의 세계적 인물로서 공헌하다가 1997년 가을 향년 93세의 일기를 마쳤다. 그의 많은 저서 중 베스트셀러인 『Man's Search for Meaning』은 우리나라에서도 '죽음의 수용소에서'라는 제목으로 번역된 적이 있다. 목표(goal)와 의지(will)와 의미(meaning)는 인간을 죽음에서도 살아나게 한다.

3부

집단차원의 조직행동

Organiza-
tional
Be-
havio

7장

집단: 형성과 발달/집단의 행동/집단성과

ORGANIZATIONAL BEHAVIOR

Ⅰ. 집단의 형성과 발달

Ⅱ. 집단의 행동에 영향을 미치는 요인

▶ 사진설명

원시시대에도 사람들은 혼자서 사냥하면 비효율이란 것을 깨닫고 이웃들과 함께 움직이는 것을 터득해왔다. 비단 사냥뿐만 아니라 혼자서는 약하고 고독해서라도 동호회, 협회, 조합 등의 공식, 비공식 모임을 만들어 그 속에서 함께 지내며 소기의 목적을 달성한다.(노동조합의 마드리드 Grand Via. 행진)

ORGANIZATIONAL BEHAVIOR

우리나라 청소년기의 Z세대, 알파세대 학생들의 행동에 대해 우려하는 목소리가 커지고 있다. 상담 선생님에 의하면 개인적으로 만나서 얘기할 때에는 그렇게 순진하고 착할 수가 없는데, 친구들과 어울리다 별 행동을 다한다는 것이다. 즉, 혼자 있을 때와 친구와 함께 있을 때의 행동과 말씨와 생각이 달라진다는 것이다. 어른도, 조직구성원도 마찬가지이다. 사람은 혼자 있을 때와 아는 사람들과 함께 있을 때 말이나 행동이 똑같지 않다.

이러한 연유로 우리가 개인행동을 배웠다고 해서 그들이 모인 집단에 대해 배울 필요가 없다고 생각하는 것은 착각이다. 앞으로 배울 리더십, 커뮤니케이션, 권력관계, 갈등과 협상, 집단의사결정과 회의 모두가 집단으로 모여서 하는 조직행동이다. 회사에서 개인 혼자 하는 일은 거의 없다. 혼자서 일하는 것처럼 보이더라도 동료 상사 혹은 고객과 납품업자와 전화하며 상의하고 협상하면서 일을 처리한다.

그럼에도 불구하고 오랫동안 집단에 대해서는 개인적 수준이나 사회적 수준의 연구에 훨씬 못 미치는 미개척 분야로서 많은 관심을 끌지 못하다가 사회심리학자들에 의해 많은 새로운 사실들이 발견되었다. 이 장에서는 집단이 만들어지는 이유와 과정, 그리고 집단행동에 영향을 미치는 집단의 특성과 구조에 대해 공부하면서 개인과 집단이 얼마나 다른지, 집단이나 팀이 제대로 기능하여 좋은 성과를 내려면 어떻게 하는 것이 좋은지 등 집단과 관련된 기초적 지식을 습득할 것이다.

I | 집단의 형성과 발달

집단은 개인으로 이루어지고 조직은 집단으로 이루어진다. 그러므로 리더십도, 조직정치도, 권력관계도, 갈등관계도, 의사소통도 모두 집단 내 구성원들의 행동이다. 이 장에서는 집단과 관련한 여러 가지 기본적 개념들을 공부하기로 한다.

1 집단은 어떻게 형성되는가?

조직행동은 거의 집단행동에 의존한다. 회의를 해도, 누구와 상의하면서 의사결정을 해도, 문제해결을 위해 함께 머리를 맞대고 아이디어를 짜내는 것도 모두 집단의 행동이다. 그러므로 조직안에서는 항상 집단의 행동, 즉 집단구성원의 상호작용 행동이 행해지고 있다. 집단이 무엇이고 왜 인간은 집단을 만들어야 하는가에 대한 근본적인 물음부터 이해하자.

집단이란?

집단과 비집단의 구별

영화관 매표소에 입장권을 사려고 모여 있는 사람들은 조직행동에서 말하는 집단(group)이 아니다. 왜 아닌지는 조금 있으면 알게 될 것이다. 조직에는 많은 집단이 존재한다. 재무팀, 마케팅팀, 프로젝트팀, 이사회, 친목회, 동아리, 축구팀, 세미나 발표조 등이다. 도표 7.1 이러한 집단들은 겉으로 드러나는 것들이지만 안 보이는 집단도 많다. 박 대리, 이 과장, 김 차장은 고교 동문이라서 퇴근 후에 자주 만나 소주도 하고 공휴일에는 등산도 함께 한다. 이와 유사한 집단은 조직 안에 무수히 많다. 로빈슨 크루소는 무인도에서 혼자서 28년 2개월 19일 동안 잘살았지만 대부분의 자연인들은 혼자서보다는 집단으로 살아간다. 본능 때문인 경우도 있고 소기의 목적을 더 효과적으로 이루려고 일부러 집단을 만들기도 한다. 이렇듯 인간은 태어나서 살다 보면 어느덧 집단 속에 존재하는 나를 발견한다. 이야기 7.1

집단이 되기 위한 기본요소

조직행동론에서 사람들의 모임을 무조건 집단으로 보는 것은 아니다. 군중, 종족, 청소년 집

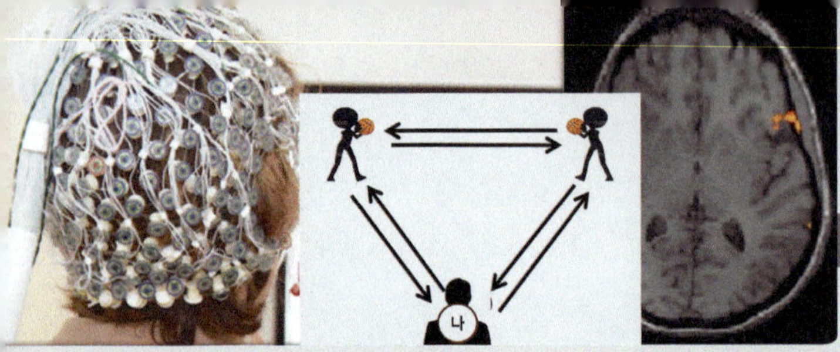

이야기 7.1 집단본능

농구공을 서로 패스해 주는 컴퓨터게임이 있다. PC 프로그램 속의 두 캐릭터 선수와 게임맨, 이렇게 셋이서 공을 주고받는다. 한참 게임이 진행되고 있을 때 실험자가 PC를 조작하여 공을 게임맨에게는 주지 않고 PC 속의 선수끼리만 주고받도록 한다. 이때 게임맨의 뇌파에 나타나는 자극지점을 특수자기공명촬영으로 찾아낸 결과 전두엽의 특정 부분이 계속 자극되고 있었다. 그 지역은 놀랍게도 면도날로 손을 베었을 때 자극받는 부분과 일치했다. 한낱 PC 속의 캐릭터 선수들에게 따돌림을 당했을 뿐인데도 게임맨은 손을 베었을 때의 육체적 고통과 같은 아픔을 느낀다는 사실을 발견한 것이다. 즉, 사회적 고립은 물리적 고통만큼 아프다. 이와 유사한 실험이 또 있다. 평소 왕따를 당한다고 생각하는 피해학생들과 그렇지 않은 학생집단으로 나누어 빈 교실에 들어오라고 한 뒤에 교실의 실내 온도를 체감한 대로 써 내라고 했더니 왕따 피해학생들은 보통학생들보다 빈 교실을 더 춥게 느끼고 있었다. 이것도 역시 사회적으로 냉대를 받으면 육체적으로도 냉랭함을 느낀다는 사실을 입증해 주는 것이다. 우리가 타인과 함께 집단을 형성하고 지내는 것은 여러 가지 이유를 차치하고라도 이미 본능이라고 할 수 있다.

도표 7.1 집단의 종류

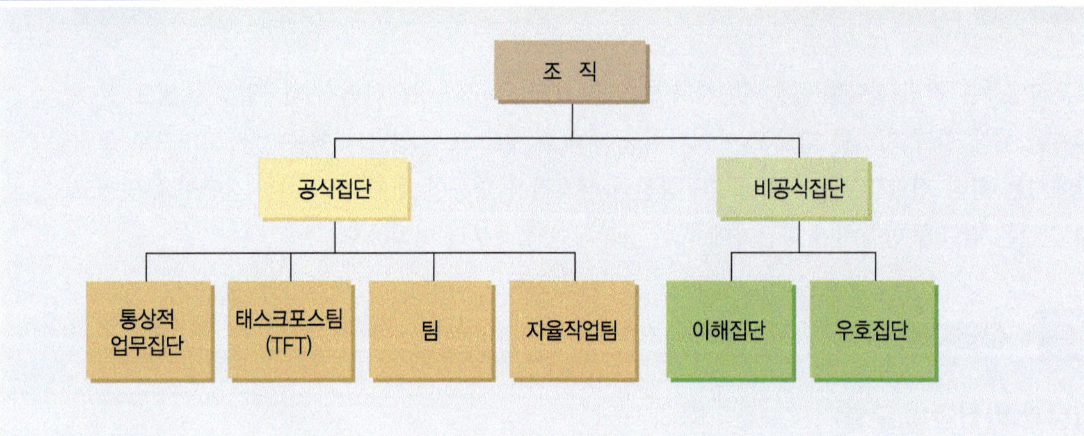

단, 통계표본 집단, 구경꾼들 등은 우리가 여기서 공부하려는 집단이 아니다. 사회과학에서 집단(group)의 정의는 공동의 목표를 공유한 채 상호작용하는, 또 서로가 같은 집단의 멤버임을 인식하고 있는 두 명 이상의 소규모적인 구성체를 뜻한다.[1] 집단의 네 가지 성격을 요약해 보면 다음과 같다.

- 상호작용: 서로 긴밀하게 의사소통을 하고 영향을 주고받는다. 회계팀은 온종일 서류와 정보를 교환하지만, 영화관에 줄 서 있는 사람들은 서로 교류도 없고 아무 말이 없으므로 집단이 아니다.
- 공동목표: 함께 달성하려는 목표 혹은 공통의 관심사가 있다. 회계팀은 회사의 회계관리(공동목표)를 위해 일을 분담해서 완수하지만, 영화관 사람들은 각자 표를 사려는 것뿐 함께 분담한 것은 없다.
- 멤버십: 집단의 멤버라는 소속감이 있고 겉으로도 다른 사람들과 구별되어야 한다. 회계팀원

이야기 7.2 집단의 순기능과 역기능

개인에 비해 집단은 위대하다. 발트3국은 오래전부터 강대국의 지배만 받아오다가 제2차 세계대전 시 독일의 점령기간이 끝나자 다시 소련의 통치하에 있게 된다. 그 후 세계 어느 나라도 이들 세 나라의 독립에 관심이 없었다. 그렇게 세계지도에서 사라진 지 50년이 훌쩍 지난 후 1989년 8월 23일 오후 7시, 리투아니아의 수도 빌니우스(Vilnius) 대성당을 기점으로 라트비아 수도 리가(Riga)를 거쳐 에스토니아 수도 탈린(Tallinn)에 이르는 678km 발트의 길에 당시 세 나라 국민의 절반에 가까운 200만 명이 모여 인간 띠를 만들어 자유를 외쳤다. 이로써 이들 세 나라는 피 한 방울 흘리지 않고 소련으로부터 독립을 쟁취하여 오늘에 이른다. 성당 앞 저자가 서 있는 자리에 그 위대한 첫 발자국이 조각되어 있다(**사진**). 반대로 이성적인 개인들이 모이면 팬덤(괴물)이 되는 경우도 많다. 팬덤은 잘못된 결정을 하고 이상한 사람을 통치자로 뽑기도 하며 이상한 사람을 유명 연예인으로 만들기도 한다. 무명제품이 신드롬을 일으키며 히트를 치고, 오랜 수명을 지켜오던 브랜드가 억울하게 퇴출당하기도 한다. 대중은 쉽게 팬덤이 된다. 따라서 팬덤을 이성적으로 이해시키기는 무척 어렵다. 약삭빠른 정치인은 오히려 대중들의 팬덤현상을 활용한다. 그리하여 니체(F.W. Nietzsche)는 다음과 같이 말했다. "광기(狂氣)는 개인에게는 드문 일이다. 그러나 집단, 당파, 민족으로 뭉치면 광기는 일상적인 일이 된다."

들은 자기들만 회계팀 소속이란 것을 잘 알고 있지만, 영화관에서는 아무도 어디에 소속된 멤버가 아니다.

- 안정적: 물론 가끔 변화와 혁신을 하지만 멤버 간의 관계나 그들의 멤버십은 일정하게 지속된다. 회계팀 사람들이 퇴근한 후에도 회계팀은 존재하지만, 영화관에 모여 있던 사람들은 영화가 끝나고 흩어지면 그만이다.

집단과 조직

한편 대형 부서나 회사는 구성원 간의 긴밀하고 직접적이며 빈번한 상호 교류가 없기 때문에 집단이라기보다는 조직이라고 할 수 있다.[2] 또한 집단은 조직보다는 약간 비공식적인 분위기가 엿보인다. 하나의 큰 조직에 속하는 하부단위조직을 집단으로 봐도 무방한데, 그 이유는 소수의 사람이 모인 소집단이 있고 이런 소집단이 모여 조직을 만든다고 보기 때문이다. 집단은 외부와 상호작용만 하는 것이 아니라 내부 멤버들 간에도 지속적인 상호작용을 가지면서 집단행동을 한다. 집단 내의 이러한 상호작용은 협조/갈등행위, 공식/비공식관계 등 여러 가지 형태로 나뉜다.[3] 그런데 개인이 혼자 있을 때의 행동과 집단에서 남과 더불어 있을 때의 행동은 같지 않다. 그래서 조직행동을 공부할 때 개인차원에서뿐만 아니라 집단차원에서의 인간행동을 별도로 공부하는 것이다. 이야기 7.2

집단은 왜 형성되는가?

사람들은 왜 집단을 형성하는 것일까? 이에 대한 몇 가지 이유를 살펴보자.

집단본능

초원의 얼룩말이나 연못 속의 물고기들도 떼를 지어 살고 있다. 하늘을 나는 새나 산 속의 벌도 마찬가지이다. 과연 새와 벌과 인간은 다른가? 인류의 긴 역사를 24시간 하루로 친다면 23시간

59분 10초 정도는 수렵과 채취가 전부였다.[4] 그런데 당시의 도구나 무기로 큰 짐승을 사냥하기는 불가능했다. 따라서 무리를 지어 동맹을 통해 먹이를 구했을 것이며 사냥에 성공하려면 그러한 동맹은 업무를 분담하는 방법을 조율해야 했을 것이다. 다른 먹잇감을 구하는 일, 추위와 맹수의 공격을 피하는 일 등 삶에 필요한 모든 것이 혼자서는 비효율적이고 한계가 있었을 것이다. 이러한 여건이 유전학적으로 인류에게 집단본능이 되었고 오늘날 친교욕구의 기원이 된 것이다. 그래서 우리는 혼자 있으면 고독하고 어느 모임에서나 따돌림을 싫어한다. 결국 집단은 인간의 친교욕구를 채워 줄 뿐 아니라 개인으로 하여금 서로 도우면서 각자의 안전을 지키고 권력을 행사할 수 있는 터전을 마련해 준다. 어느 연구에 의하면 보통사람들은 평균 여섯 개 정도의 집단에 속해 있다고 하는데 집단소속의식이 강한 한국인이나 직업이 정치인인 경우 이보다 수십 배는 더 많을 것이다.

욕구의 충족

사람들이 집단을 만들어서 채우고자 하는 욕구들을 모두 열거하면 다음과 같다.

- 경제: 물질이나 정보를 효율적으로 더 얻기 위해서
- 안전: 불확실성, 두려움, 고독을 줄이고 보호받고 싶어서
- 애정: 사랑하고 사랑받고 싶어서
- 협동: 상호 교환, 대화, 협동의 필요가 있어서
- 소속감: 어느 집단에 소속되고 연결되었다는 느낌을 얻고 싶어서
- 정체성: 자신의 실존, 자신의 역할을 확인하고 싶어서
- 지배: 타인에 대한 지배욕, 공격욕구를 해소하기 위해서
- 존경: 남을 존경하고 자신도 칭찬, 존경받고 싶어서
- 비교: 남과 비교하여 자신의 위치, 득실 등을 평가하고 싶어서

인간은 이상과 같은 욕구가 있기 때문에 이를 충족시켜 줄 타인들이 필요한 것이다.

효율성 추구

기업이나 조직의 대부분의 일들은 집단에 의해서만 이루어질 수 있다. 설령 혼자서 되는 일이 있다 하더라도 집단을 이용하면 시너지효과를 얻는다. 즉 집단 덕분에 구성원들은 더 효율적으로 일을 할 수 있다. 제2차 세계대전 당시 군인들의 전투태도 향상에는 집단동료들끼리의 밀접한 우정이 훈련이나 전략 혹은 장비의 우수성보다 더 많이 공헌했다는 보고가 있다. 또한 한 문명의 쇠퇴는 기존의 1차집단이 분열되거나 약화되었을 때, 그리고 새로운 집단으로 사회를 구성할 능력이 없을 때뿐이었다는 주장은 우리에게 무엇인가를 생각하게 한다. 이야기 7.3

사회적 교환이론

낚시질 잘하는 씨족과 사냥 잘하는 씨족이 하나의 부족집단을 이루며 공동생활을 하는 까닭은

이야기 7.3 새들도 계산적이다

시베리아에서 온 가창오리 떼가 태안반도 천수만(**사진**)에서 하늘을 나는 것이 관광상품이 되었다. 유럽에서는 찌르레기 떼가 아프리카로 이동하면서 알제리 수도를 까맣게 뒤덮기도 한다. 떼로 다니면 사냥꾼을 만나도 죽을 확률이 수만 분의 일로 줄어든다. 수천 킬로미터를 날면서 길을 잃을 염려도 없다. 모여 있으면 찬바람도 덜 탄다. 얼음판에 모여 몇 시간이고 뜸들이다 보면 얼음이 녹아서 깨지고 그 후에는 물속의 먹이를 잡을 수 있다. 좋은 점이 한두 가지가 아니다. 석양의 기러기는 왜 기역자 모양으로 열을 지어 날까? 왜 일렬종대가 아닐까? 맨 앞의 향도 기러기가 날갯짓을 하면 따라가는 놈은 날갯짓이 훨씬 쉽다. 앞 놈의 바로 뒤보다 날개 끝에서 따라가면 양력을 더 받아 날기 쉽다. 참으로 똑똑한 기러기이다. 달 없는 깜깜한 밤에도 유유히 무리 지어 북쪽으로 날아가는 기러기 떼를 보면서 집단이 왜 필요한지를 생각해 본다.

서로의 생산물을 교환하는 것이 서로에게 이익이 되고 만족하기 때문이다. 그러므로 집단에는 상호작용과 대인관계가 상존하는데 그 원리는 얻는 것(보상: rewards)과 주는 것(비용: costs) 차원에서 설명될 수 있다.[5] 조지 호만스(G.C. Homans)에 의하면 어떤 타인과의 인간관계를 가짐으로써 생기는 득과 실을 비교하여 득이 많을수록 그 사람에게 끌린다고 한다. 우정, 매력, 심지어는 사랑까지도 거래적이고 경제적인 교환의 관점에서 보면서 집단 안에서는 항상 이러한 사회적 교환(social exchange)이 있다. 이를 반대로 해석하면 거래에서 득이 되지 않는다면 그와 함께할 필요가 없으며 기존 거래관계에서도 탈퇴한다는 의미가 된다.

사회적 비교이론

레오 페스팅거(L. Festinger)가 1954년 논문에서 우리는 나 자신을 알기 위해 다른 사람과 항상 비교하면서 살아간다고 했다. 즉 자신에 대한 평가본능이 사회적 비교이론(social comparison theory)의 근원이 되는 셈이다.[6] 비교하려면 타인이 있어야 하기 때문에 집단이 형성된다. 나는 착한 사람인지, 내가 받는 월급은 적당한지 등 우리는 하루에도 수없이 나에 대한 판단을 하고 나서 다음 행동에 참고한다. 그러나 판단과 평가에는 기준이 있어야 하는데 그것이 분명할 때가 드물다. 이때 우리는 타인을 기준삼아 자신을 평가한다. 특히 마음속의 정서나 감정과 관련된 것들은 더욱 애매하다. 두려운 정도, 좋아하는 정도에 대해 너무 두려워하는지, 너무 안 좋아하는지를 남들과 비교해보고 나의 두려움이나 기쁨의 크기에 대한 판단을 한다. 즉 비교 후에 지나치게 두려워했다면 조금 안심해야 하고 지나치게 기뻐할 일은 아니라고 감정을 진정시킬 수도 있다.

삶 자체가 불확실성이다. 그래서 우리는 다른 사람들을 보면서 나의 행동기준을 정한다. 이때 나의 기준이 되는 사람(또는 집단)은 준거인, 준거집단이 된다. 즉 자신이 누구이며 어떻게 세상을 살아가야 하는지 집단을 통해서 터득하는 것이다. 처음 등산한 산에서 내려오다가 도중에 잘 모르는 두 갈래 길이 나오면 사람들은 어떻게 할까? 아마 대부분은 다수의 사람들이 가는 길을 택할 것이다. 불확실성 속에서는 타인이 준거기준이다. 남과 비교하면서 자신을 평가하기 위해서라도 사람들은 타인을 찾아 나서고 집단을 만든다. 이야기 7.4

이야기 7.4 **나의 행동의 결정자**

칼 야스퍼스(K. Jaspers)는 인생을 이렇게 논한다.

"나는 왔다, 어딘지도 모르면서…….
나는 있다, 누군지도 모르면서…….
나는 간다, 어디로 가는지도 모르면서…….
나는 죽을 것이다, 언제일지는 모르지만……."

이러한 불확실성 속에서 우리는 남들이 하는 대로 따라서 행동할 수밖에 없다. 남들이 많으면 많을수록 그들의 생각과 행동은 나의 생각과 행동을 더욱 지배한다. 남들이 위를 쳐다보면 나도 위를 쳐다보고 옆 사람도 마찬가지이고 결국 하늘의 천사도 위를 쳐다본다(**그림**). 나의 행동은 내가 주도하는 것이 아니다. 나의 행동을 결정하는 주체는 '남들'이다.

사회적 정체성이론

우리는 지각의 장에서 사회적 정체성이론(social identity theory)에 대해 배웠다. 집단에 들어가야 비로소 나의 정체를 찾는다. 정체성을 찾는다는 것은 철학적인 주제이지만 이것은 자신에게 존재감을 준다. 정체성이 없어진다면 삶은 그만큼 공허해진다. 집단 속에서라야 나의 존재감을 확인할 수도 있기 때문에 나는 집단에 소속될 필요를 느낀다. 해외에 사는 우리 교포들의 고국에 대한 소속감이 높은 이유도 자신의 정체성을 유지하려는 데에 있다. 내가 속한 집단의 사람들이 행복하면 나도 그럴 것으로 믿는다. 따라서 내집단의 불행은 외집단의 불행보다 작게 보인다.[7] 우리가 국제 스포츠경기에서 우리나라 팀을 열렬히 응원하는 까닭도 내가 속한 집단(대한민국)이 승리를 함으로써 나의 자존감이 증대되기 때문이다. 즉 내가 속한 집단의 성공과 실패는 곧 나의 성공과 실패와 유사하다.

2 집단형성의 촉진요인

공식적인 집단을 강제로 만들어 놓아도 어떤 집단은 집단다운 집단으로 발전하지만 다른 집단은 서서히 소멸되든지 효과를 발휘하지 못한다. 즉 집단형성의 촉진제 역할을 하는 여건은 무엇인지 알아보자.

공식집단 만들기

공식집단에서의 상호관계는 좋든 싫든 이미 어느 정도 강제화되어 있지만 공식집단이라고 해서 모든 체계가 완전히 확립되는 것은 아니고 여러 이유로 발전되는 집단도 있고 와해되는 유명무실한 집단도 있다.

공식집단의 형성에 미치는 영향요인들

집단의 크기와 모양에 따라 상호관계의 정도가 강해지기도 약해지기도 한다. 태스크포스(task force)팀이나 위원회가 너무 크면 집단 같지가 않아 응집력과 참여도가 떨어진다. 집단이 커지면 커질수록 리더는 멤버들과 더욱 멀어져서 통제가 어려워지고 멤버들의 참여도는 떨어진다. 그리고 적극적인 일부 멤버들의 지배력만 커지고 훈훈한 관계보다는 사무적 관계가 강해진다. 따라서 규칙과 법규가 지배하게 되고, 어떤 문제에 대한 만장일치나 동조성을 얻기 어렵고, 멤버들의 만족도 역시 떨어진다. 즉 집단에 구성원이 한 사람씩 추가될수록 정보소통, 협동성 등은 그만큼 줄어든다. 그러므로 어떤 일을 공동으로 하기 위해 모임을 만들 때 사람이 많을수록 더 빨리 더 쉽게 일을 끝낼 수 있다고만 생각하는 것은 큰 잘못이다. 사람이 부족할 때보다 많을 때 업무추진에 더 방해가 되기도 한다.

공식집단 만들 때 주의사항

그러므로 공식집단을 만들 때에는 각 멤버들의 개인적 역량도 중요하지만 그들이 집단 안에서 타인과 함께 기꺼이 일할 의지가 어느 정도인지를 파악해야 한다. 그리고 멤버들의 가치관, 이해관계 등이 서로 상충되지 않는지도 알아야 한다. 또한 신분상, 성격상으로 멤버들 간에 차이가 너무 많으면 바람직하지 않다. 하지만 때로는 전혀 엉뚱한 사람끼리 만났을 때 상호 보완관계를 유지하면서 평소에는 찾기 힘든 창의적 아이디어를 창출해 낼 수도 있다. 그래서 요즘은 기업들이 다양한 출신으로 구성된 멤버들을 모아 작업팀을 만들기도 한다.

비공식집단 만들기

비공식집단은 말 그대로 저절로 만들어진다. 공식적 집단 안에서도 제도나 공식 등과 무관하게 멤버들이 자주 만나고 친구가 되어 차츰 굳건한 집단으로 형성해가기도 한다. 그렇게 되면 그 공식집단은 매우 효율적이 된다. 왜냐하면 사람들은 제도와 규정보다는 마음이 통할 때 진정한 협조와 교류가 활성화되기 때문이다. 그러므로 비공식집단이 공식적인 조직의 과업달성에 더 많은 공헌을 하기도 한다. 조직 안에서 비공식집단이 형성되기 위해서는 특별한 상황이 필요한데 여러 가지 조건 중에 중요한 세 가지는 다음과 같다.

근접성(proximity)

어떤 과업을 완수하기 위해 함께 모여 일을 하다 보면 서로 직접적인 관계를 맺고 접촉도 빈번해진다. 즉 물리적으로 가까이 있는 것이 집단형성의 좋은 여건이 된다. 회사나 공장에서 근로자들이 노동조합을 형성하는 것보다 서로 떨어져 있는 농민들이나 어민들이 조합을 만들기 훨씬 어려운 이유도 그것이다. 또 직접 의사소통하기 어려울 정도로 집단이 커지면 자연적으로 그 안에 소집단이 생기기 마련이다. 글로벌 기업의 리더와 부하는 멀리 떨어져 있는 경우가 있다. 가령 본사

이야기 7.5 낯을 가리는 이유

왜 갓난아이들은 낯선 사람을 보면 울까? 한 소녀를 모델로 20여 컷의 사진을 찍었다. 그러고는 거울을 보게 하고 거울에 비친 그녀의 모습을 20여 컷 찍었다. 물론 직접 찍은 사진과 거울에 비친 사진은 헤어스타일도, 액세서리도, 살짝 돌린 얼굴 각도도, 옷의 단추방향까지 모든 것이 대칭이다. 사진 40여 컷 모두를 뒤섞어 놓고 주인공에게 마음에 드는 사진을 선택하라고 했더니 거울에 비친 자신을 찍은 사진을 골랐다. 반대로 그녀의 친구들이 선택한 것은 직접 찍은 사진들이었다. 주인공 소녀는 자신의 모습을 거울로만 보아 왔으며, 친구들은 거울에 비친 소녀얼굴이 익숙하지 않았던 것이다. 그렇다면 갓난아이나, 주인공이나, 친구들이나 왜 낯선 얼굴을 싫어할까? 태초의 밀림생활로 되돌아 가야 의문이 풀린다. 발에 피가 나도록 온종일 밀림을 쏘다니며 처자식에게 먹일 사냥감을 잡아 오는 길에 처음 보는 인간과 마주쳤다. 상대와의 난투 끝에 먹이를 빼앗기고 힘없이 동굴로 돌아오는 가장(家長)을 상상해 보라. 그런데 이번에는 같은 상황에서 또 처음 보는 사람을 만나면 두려울 것이다. 그런데 그냥 지나쳤다. 그다음 날 그 얼굴을 또 만나면 걱정이 덜 된다. 왜냐하면 어제 그냥 지나쳤기 때문이다. 셋째 날, 넷째 날도 같은 그 얼굴을 만난다면 두렵기는커녕 오히려 반가울 것이다. 그런데 다섯째 날, 또 다시 처음 보는 얼굴과 마주친다면 두렵고 싫다. 그가 내 사냥감을 빼앗을지 모른다. 그래서 피하고 경계한다. 수십만 년 동안 밀림에서 낯선 사람을 경계하고 피하는 조상들의 습성은 오늘 태어난 갓난아이에게도 유전인자로 잠재해 있는 것이다. 그러므로 아무개와 친해지고 싶으면 그를 자주 만나는 수밖에 없다.

CEO와 해외지사장의 경우가 그렇다. 이때 리더의 영향력이 지사장에게 완전히 미칠 수 있을까? 통신수단이 발달한 요즈음, 서로 간의 인간적 관계가 밀접하고 리더의 인간적 자질이 높을 때는 영향력의 여지가 있지만 그렇지 않다면 영향력이 없다고 한다.[8]

친숙성(familiarity)

왜 자주 만나면 가까워질까? "몸이 멀리 있으면 마음도 멀어진다."는 말처럼 자주 보는 사람끼리 우호적 관계가 된다. 자주 못 봐서 의사소통이 잘 안 되면 오해가 많아지고 오래되면 얼굴도 잊어버린다. 그래서 대중의 인기를 먹고사는 정치인, 연예인이 TV화면에 자주 얼굴을 비치고 싶어 하는 것도 일리가 있다. 누구를 처음 대하면 긴장도 되고 두려움이 있을 수 있지만 자주 대할수록 마음이 안정되고 긴장도 풀리는 것은 본능적 차원으로 여길 수밖에 없다.[9] 이야기 7.5

유사성(similarity)

물리적 거리의 가까움뿐 아니라 목표, 문제, 관심거리들도 비슷해야 한다. 외부 위협이 더 클 때에는 유사성에 이끌리는 본능이 더 크게 작용함으로써 집단형성이 더 잘 되는 것도 사실이다. 가난한 사람끼리, 부자끼리, 지식층끼리, 젊은이끼리의 모임도 동호회 모임처럼 자연스럽게 형성된다. 비슷해야 도움받을 것도 많거니와 대화가 통하고 의견도 같으니 갈등이 적어 맞장구를 쳐줄 것이다. 나와 유사한 사람들은 대화만 통하는 것이 아니라 나의 심리적 욕구도 충족시켜준다. 즉 내가 가진 세계관이나 가치관에 대하여 믿기는 하지만 확신이 없어 불안할 때 주변에서 이를 맞장구쳐주면 나의 불안은 없어지고 내가 믿는 세계관에 대해 확신할 수 있다. 그러므로 사람들은 자기와 유사한 사람에게 끌리기 마련이며, 그래서 그런지 비공식집단멤버들의 면면을 보면 여러 면에서 상호 유사한 점을 많이 발견할 수 있다.[10] 이야기 7.6

이야기 7.6 스톡홀름 신드롬

1973년 8월 23일 스웨덴 수도 스톡홀름의 한 은행에 2명의 무장 강도가 침입하여 4명의 인질(3녀 1남)을 잡고 경찰과 엿새 동안 대치했던 사건(**사진**)이 있었다. 당시 인질들은 초기에는 범인들을 무서워했으나 시간이 경과하면서 '인연'을 맺었고 심지어 인질범들을 옹호하여 경찰의 위협에 반감을 표시하곤 하였다. 구출작전이 지연된 것은 인질들이 강도에게 협조했기 때문이었다. 인질들은 사건종료 후에도 강도들에게 불리한 증언을 하지 않았으며 오히려 범인 변호비용을 마련하러 다녔고, 그중 한 명은 범인 중 한 명과 약혼하기에 이르렀다. 어떻게 이런 일이 일어났을까? 강도의 위협에 놓인 인질들과 경찰의 위협에 놓인 강도들의 처지가 너무 비슷하여 동정심(동병상련)이 일면서 서로 통한 것이다. 오늘날에도 이러한 스톡홀름 증후군은 범인판정에 방해가 되기도 한다. 그러므로 부하에게나 동료에게나 나는 너와 다르다고 잘난 척하기보다는 나도 너와 같다고 하며 접근하는 것이 더 좋은 전략이다.

3 집단의 발달과정

우리나라에서 올림픽을 개최하기 위해 올림픽유치 추진위원회라는 공식집단을 오늘 만들었다고 하자. 외형은 갖추었지만 내일부터 시행착오 없이 위원회의 역할을 제대로 할 수 있을까? 그 산하부서인 안전팀, 유치팀, 훈련팀, 건설팀, 홍보팀 등의 팀장과 팀원들은 자신들이 무얼 해야 하는지 즉시 배워서 내일부터 역할을 다할 수 있을까? 대학에 입학해서 처음 보는 사람끼리 맺어진 댄스동아리는 고등학교 3년을 함께 다닌 동창모임과 비슷하게 행동할까? 자연스럽게 형성되든지 인위적으로 형성되든지 집단이 틀을 잡아 가려면 시간이 걸리고 대략 거치는 과정이 있다. 즉 여건이 마련되었다고 하더라도 하루아침에 효율적 집단의 실체가 정착되는 것은 아니다. 초기에는 엉성하게 형성됐다가 점차 집단다운 집단이 된다. 그런데 최근에는 처음에는 안정적 집단이었다가 도중에 격동과 변혁을 치르고 나서야 마침내 안정적인 집단의 모습을 되찾고 얼마 있다가 다시 격동과 변혁을 치르기를 반복한다는 주장도 제기되었다. 대표적이고 상반적인 집단발달의 두 모형을 소개한다.

단계적 발달모형

집단은 여러 과정을 단계적으로 거치면서 효과적 집단으로 성장한다는 주장이다. 집단다운 집단이란 말할 것도 없이 최대의 업적을 내면서 원래 목표를 효율적으로 달성하는 집단이다. 단계적 발달모형은 마치 갓난아이가 엎치고 기다가 일어서고 걸음마를 하면서 달리기까지 성장하는 것처럼 집단도 이러한 공통적인 단계를 거치면서 성장한다는 것이다. 이 과정을 학자에 따라 4단계, 6단계, 10단계 등으로 나누기도 하지만 성장과정은 모두 유사하기 때문에 여기서는 5단계 발달모형을 기초로 소개한다. 아기들마다 성장단계는 비슷해도 성장속도는 다르듯이 집단도 각각 성장속도가 다르다. 집단멤버들이 집단의 목표와 전략을 인지하고 동일시한다면 매우 빠르게 발달하겠지만 그렇지 않다면 발달속도는 지지부진할 것이다.[11]

집단발달 5단계

- Ⅰ단계(형성기, forming): 멤버들이 모이기는 했지만 집단의 구조, 목표, 역할, 행동방식 등 모든 것이 미정이고 불확실한 상태이다. 이때 집단멤버들의 행동을 요약하면 다음과 같다.
  - 서로 상대를 알려고 하며 탐색한다.
  - 기본적인 규칙과 행동양식을 정한다.
  - 상황이 불확실하여 멤버들이 불안해한다.
  - 리더에게 의존, 따라서 강력한 리더십이 요구된다.
  - 적대감, 공격성, 감정표출을 서로 억제한다.
- Ⅱ단계(격동기, storming): 같은 집단에 소속된 것은 인정하면서도 역할분담, 권력구조, 신분차이에 대한 분명한 타협이 안 되어 있어서 서로 부딪치면서 해결해 나아가는 단계이다.
  - 좋은 위치(역할과 지위) 확보를 위해 멤버들 간에 적대행위도 한다.
  - 과업과 제도와 관련하여 이해가 엇갈린다.
  - 누가 누구보다 더 공헌자인지 위계가 높은 자인지 분명히 가려지지 않는다.
  - 타협과 양보로 규정과 제도를 확정한다.
- Ⅲ단계(정착기, norming): 집단의 목표, 구조, 멤버의 소속감, 역할, 응집력 등이 분명해진 상태이다.
  - 규범이 정착되며 동의, 타협이 많이 이루어진다.
  - 서로 협력하며 공동체의식 속에서 좋은 관계를 가지려고 한다.
  - 갈등은 피하면서 상대방에 대한 비판은 자제한다.
  - 정보교환, 의견교환이 원활히 이루어진다.
- Ⅳ단계(성과달성기, performing): 각자가 주어진 역할을 충실히 하면서 집단의 목표달성에 총력을 기울여 실제로 목표달성을 위한 업적을 많이 내는 단계이다.
  - 집단에서 시너지효과를 발휘한다.
  - 모든 문제가 쉽게 해결되며 업적을 낸다.
  - 마침내 목표를 완수한다.
- Ⅴ단계(조정・해체기, adjourning): 목표를 다 이루었다고 생각되거나 집단에 소속할 개인적 이유가 없어지면 탈퇴하며 집단은 해체된다. 즉 집단의 수명이 다한 것이다. 하지만 반드시 해체될 필요는 없고 멤버십을 유지한 채 새로운 목적을 정하고 이를 위한 집단을 재설계하려고 구조적으로 혁신하고 변화하기도 한다.
  - 기존의 집단규범과 규정이 소용없어지고, 새 틀이 형성되기 시작한다.

도표 7.2 **집단발달의 단계적 모형**

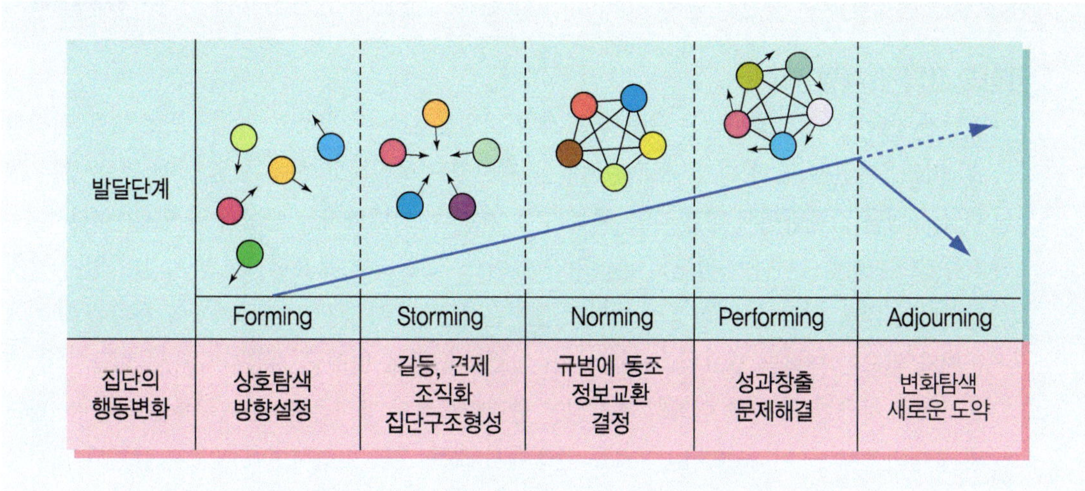

– 집단의 유지가 불필요한 경우 하나 둘씩 집단을 떠난다.

– 공식적으로 하루아침에 해체되기도 하고 서서히 소멸하기도 한다.[12] 도표 7.2

단절적 균형모형

특정과업을 위해 임시로 형성되는 한시적인 집단은 위의 표준화된 단계를 거치지 않는다고 알려져 있다. 한시적 집단은 오히려 초기에 균형을 유지하다가 중간쯤 오면 멤버들이 초기의 방향과 방침에 변화가 필요하다는 것을 깨닫고 위기의식을 느끼면서 변화하며 방침을 다시 정하는 등의 '격동기'를 겪는다. 후반부는 새롭게 짜인 계획대로 실천하면서 다시 균형 상태를 맞는다. 전반

도표 7.3 **집단발달의 단절적 균형모형**

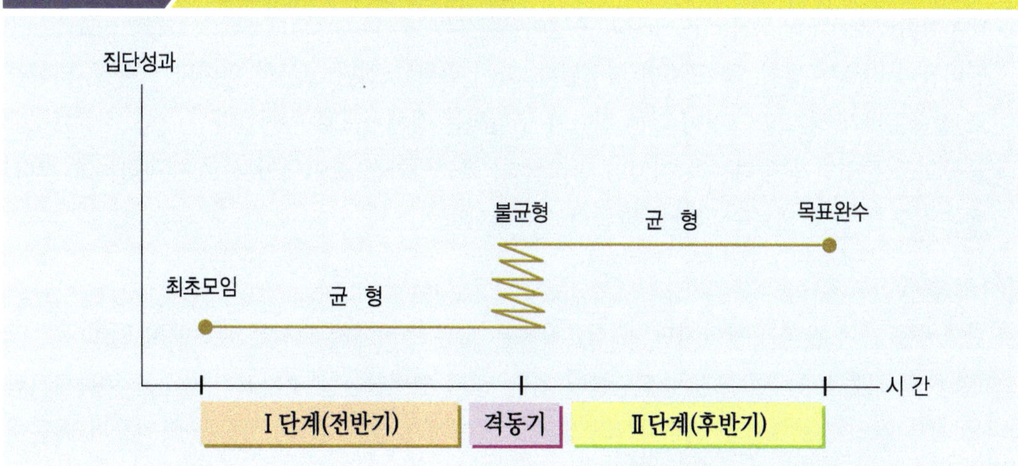

기의 균형이 일시적으로 격동기를 겪고 나서 후반기에 다시 균형을 이루어 진행되기 때문에 이러한 모델을 단절적 혹은 중단적 균형모형(punctuated-equilibrium model)이라 한다.[13] 도표 7.3

균형모형의 단계별 특성

- Ⅰ단계(전반기): 집단멤버들은 목표와 각자의 사명을 나누어 정하고 안정적으로 일을 시작한다. 이즈음에는 어떤 멤버가 새로운 의견을 제시해도 무시하고 처음 모였을 때 만든 모든 계획과 규정을 신봉하면서 맡은 대로 묵묵히 일을 한다. 이때까지는 균형과 안정기간이다.
- 격동기(전환기): 그러다가 집단의 존속기간이 어느 정도 되면 목표달성까지 기간이 얼마 남지 않았다는 것을 인식한다. 환경의 변화로 집단은 문제에 부딪치고 지금까지의 자기들 행동에 문제가 있으며 변화가 필요함을 깨닫는다. 이것이 그들로 하여금 지금까지의 안정(균형)을 깨뜨리도록 자극한다. 이제 변화의 경각심이 불러일으켜져 멤버들은 새로운 룰을 만든다. 과거의 균형과 안정을 버리고(단절) 새로운 관점에서 모든 것을 혁신하면서 새로운 규범과 질서를 정착시킨다.
- Ⅱ단계(후반기): 멤버들은 새로운 목표와 계획을 새로 만들어진 규범에 따라 안정적으로 실행에 옮겨 나가면서 다시 안정과 균형을 회복한다.

발달된 집단이란?

집단이 발달되어 집단다운 집단으로 정착되면 멤버들의 행동에 다음과 같은 변화가 생긴다.

멤버의 행동

- 멤버 간의 상호작용은 상승한다. 그러나 외부인과의 상호작용은 상대적으로 줄어든다.
- 각자의 신분과 기능에 따라서 집단 안에서도 격차가 생긴다. 신분이 더 높은 사람들은 아무래도 말이 더 많아지고 상대방을 비판도 잘 하며 고집을 더 부린다.
- 내부자(insider)와 외부자(outsider)의 구별이 생긴다.
- 멤버들이 따르는 법칙, 즉 규범이 형성된다. 다시 말하면 집단 고유의 언어와 스타일, 의식들로 집단문화가 생기고 그것이 다른 집단과 구별되는 정체성으로 발전한다.
- 공동으로 무엇인가 하려는 움직임이 나타난다. 무엇인가를 찾아내어 서로 대화하려고 한다. 혹은 목표를 위해 새로운 방안을 만들려고 노력한다.

리더의 행동

집단멤버들 간에 관계가 많아지면 이 상호작용은 모든 멤버에게 동일한 수준에서 일어나지 않고 어떤 사람에게 집중되어 그가 중심인물이 된다. 그가 멤버들을 부추기고 자율성을 부각시키면 멤버들 서로 간의 정보교환과 직무지식의 교환도 많아져서 집단성과의 향상을 가져오기 때문에 발달된 집단이라 할 수 있다.[14] 즉 발달된 집단이라면 리더는 의사소통의 중심이 되며 멤버 간의 조정역할을 담당한다. 이렇게 대내적으로나 대외적으로 모든 관계를 주도하면서 그의 지위가 다른 멤버들보다 상대적으로 높아진다. 리더가 집단 안에서 이뤄내야 할 역할로서 다음 몇 가지를 들 수 있다. 이를 다 잘하는 사람이 그 집단의 우두머리로 떠오를 것이다.

- 집단목표의 달성에 직간접으로 공헌한다.
- 집단을 유지, 존속시키는 역할이다.
- 집단멤버들의 개인적 욕구, 멤버들의 사적인 목표를 달성시켜 주는 역할이다.
- 멤버들 간의 소통과 연결로 개개인의 능력을 키워준다.
- 책임을 멤버 개인에게 묻지 않고 집단으로 이전시킨다.
- 멤버들로 하여금 집단을 신뢰하도록 유도한다. 이야기 7.7

이야기 7.7 네안데르탈인은 왜 사라졌나?

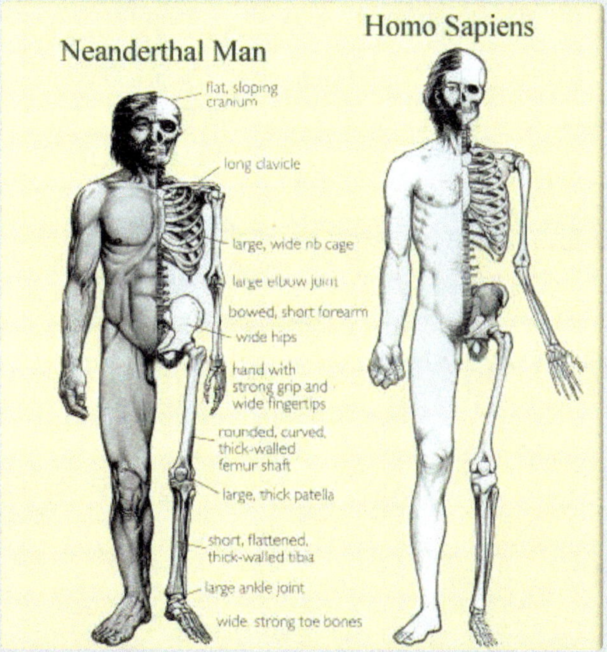

아프리카를 나온 우리의 조상 호모사피엔스가 점차 유럽으로 퍼져 가던 4만여 년 전에 이미 그 땅에는 네안데르탈인이 수십만 년 전부터 살고 있었다. 그 후 약 1만여 년 동안 유럽대륙에는 현존인류와 네안데르탈인이 공존하였다. 그러다가 그들은 2만 8천여 년 전 지중해 끝자락 지브롤터 암벽동굴에 마지막 흔적을 남기고 자취를 완전히 감춘다. 왜 사라졌을까? 호모사피엔스라는 현존인류와의 싸움에 밀려 점차 사라졌다는 주장이 있었다. 짐승과 비슷한 우둔한 인류라서 똑똑한 현존인류에게 패할 수밖에 없었다는 추론이다. 그러나 그들도 사냥과 공예의 기술, 초기 형태의 언어, 배나 뗏목, 동굴암벽 그림 측면에서 우리 조상과 유사했고, 현존인류와 식량(조개, 물범, 해물)도 연장(돌칼)도 비슷했다. 키는 약간 작았지만 근육형 몸매로서 가냘픈 현존인류와의 몸싸움에서 절대 불리하지 않았다. 이처럼 현존인류와 문화적 유사성과 육체적 강인함에도 불구하고 왜 밀려났을까? 차이점은 하나다. 각각의 주거지에서 발견한 연장과 예술품들의 차이이다. 즉 네안데르탈인의 경우 주거지마다 서로 다르다. 자신들의 씨족 혹은 부족 집단 안에서만 사용하였기 때문이다. 씨족 간 혹은 부족 간의 교류가 부족했다는 증거다. 그러나 호모사피엔스의 경우 주거지들의 발견 유물이 서로 동일하다. 40km나 떨어진 주거지에서도 같은 도구와 조각품이 발견된다. 이처럼 현존인류는 비교적 사회적인 접촉을 하면서 점차 더 큰 집단으로 진화되어온 데 비해 네안데르탈인은 사회적 접촉이 극히 제한적이었고 비사교적이었다. 프랑스에서 발견된 그들이 사용하던 석기 연장은 수십만 년 동안 디자인의 변화가 거의 없었다. 상호 교류를 통하여 동질감, 동일 신앙, 연장, 지혜, 식량 등을 계속 발전시킨 호모사피엔스에게 네안데르탈인이 밀린 이유는 패밀리그룹이나 씨족사회의 소집단을 고집하다 보니 다른 씨족과의 연결성이 약했기 때문이었다.

Ⅱ | 집단의 행동에 영향을 미치는 요인

여기서 집단의 행동이라 함은 집단멤버들의 행동과 집단 자체의 목표달성 행동을 포함한다. 집단의 행동(group behavior)이 중요한 이유는 그것이 집단성과 또는 조직성과와 직결되기 때문이다. 왜 어떤 팀은 많은 성과를 내는데 또 다른 팀은 항상 싸우기만 하는가? 개인행동은 그 사람의 성격, 태도, 지각, 모티베이션 등에 의해 좌우됨을 배웠지만 집단행동에 영향을 주는 변수는 무엇일까? 한두 가지가 아니지만 주로 외부상황변수, 멤버들의 특성, 집단과업의 특성, 집단의 구조가 집단의 행동에 영향을 미친다. 이를 크게 구분한다면 첫째, 집단이 처해 있는 상황적 요인들이며, 둘째, 집단 내부의 사회적 구조이다. 도표 7.4

도표 7.4 집단의 행동에 영향을 주는 변수들

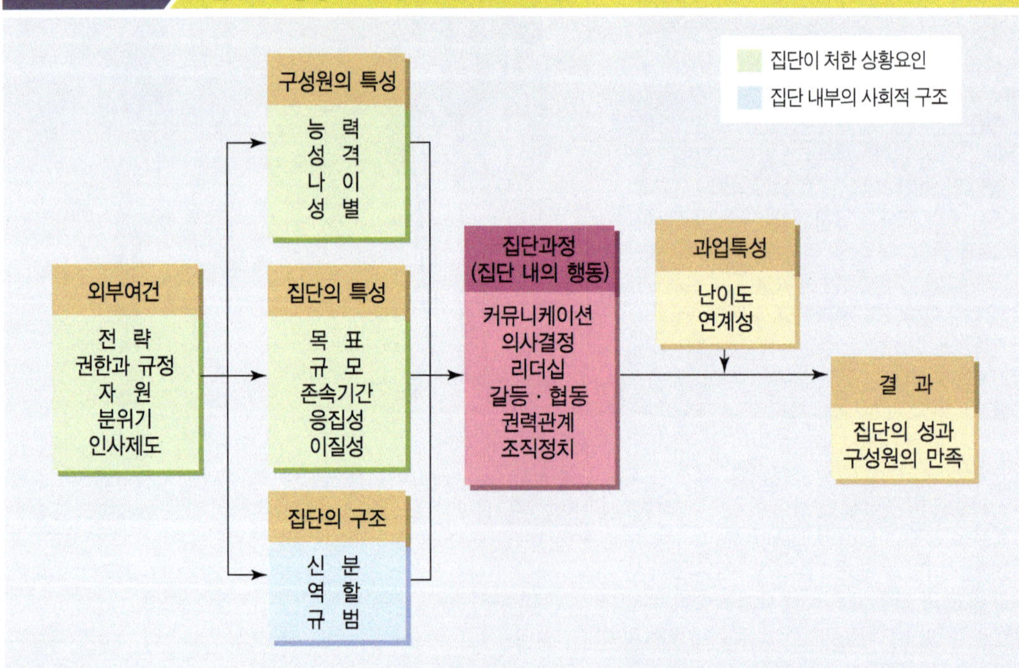

1 집단이 처한 상황적 특성

우선 집단 외부의 상황, 집단멤버의 특성, 그리고 집단이 수행하는 업무를 집단의 상황적 요인으로 볼 수 있는데 이들이 집단멤버로서의 행동에 어떤 영향을 미치는지에 대해 알아보자.

집단이 소속된 상위조직의 특성

집단은 더 큰 시스템(조직 혹은 회사)의 하부시스템이기 때문에 이러한 관점에서 집단의 행동을 이해해야 한다. 즉 집단은 외부의 여러 시스템과 끝없이 상호작용을 하고, 그들이 집단의 행동에 영향을 주는 것은 너무나 당연하다.

조직(회사)의 전략

최고경영진의 의도나 환경압력에 의해 회사가 수립한 각종 전략들, 예를 들면 원가절감, 품질향상, 시장 확대, 경영혁신, 구조조정 등의 전략들이 조직 내 각 집단들의 행동에 직접적인 영향을 미친다. 예를 들어 회사가 감원정책을 수립하면 부서의 팀원들은 불만과 불안이 증가하여 경쟁, 불신, 혹은 아첨 등의 정치행동을 이전보다 더욱 증대시킬 것이다.[15]

권한구조와 규정

집단이 조직에서 부여받은 권한의 크기나 그 집단의 리더가 조직에서 어떤 위치에 있는지 등이 집단행동에 영향을 준다. 대기업의 전략기획실이나 인사팀, 정부의 예산담당부처에 속한 멤버들은 자긍심도 크다. 또한 조직이 정한 규정과 법규뿐만 아니라 직무표준화 정도 등도 집단멤버들의 행동을 좌우한다. 미국 맥도널드 본사의 직무표준화는 서울 분점에 있는 서비스팀(집단)에서 일하는 아르바이트생의 행동까지 제약한다.

자 원

좋은 사무용기구와 그룹웨어를 갖춘 대기업의 멤버들과 그렇지 못한 소기업에 속한 과업집단의 멤버들은 성과창출을 위한 공식행동은 물론, 모든 비공식행동과 인간관계까지 다르다. 재정자원이나 시간, 원료, 시설, 인적자원에 이르기까지 모든 자원의 형태와 크기도 집단행동을 좌우한다. 예를 들어 집단이 상위조직으로부터 분배받은 자원이 넉넉하지 못하면 멤버들 간에 경쟁과 갈등이 많아질 것이다.

상위조직의 문화와 조직분위기

모든 조직은 나름대로의 분위기가 있는데 조직에 들어온 멤버들은 금세 그 분위기를 익히게 되고 각 집단에 배치되어 행동할 때 상위조직의 이러한 특성이 나타난다. 준법정신, 정직성, 고객

우선, 열린 경영 등의 기업문화는 하위부서(집단)에 그대로 반영된다.

인사제도

조직의 사원선발, 인사고과, 보상시스템이 어떠한지에 따라 각 집단의 멤버들에게 도전정신을 갖게 하고 경쟁 또는 협조하게도 만든다. 예를 들면 연봉제보다 연공제를 택한 회사의 팀멤버들은 나태하고 소극적일 수 있으며 전반적으로 복지부동의 행태를 보일 수 있다.

집단구성원들의 특성

말할 필요도 없이 집단구성원들의 특성은 그들이 속한 집단에서도 행동으로 그대로 드러난다. 멤버들 각자의 능력, 지능, 성격, 가치관 등은 물론이고 교육수준, 성, 인종, 나이 등의 신분변수도 집단의 행동에 영향을 미친다.

구성원들의 신상특성

노인집단의 활동과 신세대집단의 활동은 매우 다를 것이다. 나이가 들수록 사람들은 타인에 대한 관심이 높아지고 양보심과 협동심이 많아진다. 집단에서 오래 지낼수록 집단의 규범을 더 많이 알고 개개인의 주장은 관철시키기 어렵다는 사실도 깨닫고 협조를 많이 할 것이다. 그러다 보면 당연히 집단의 행태는 보수적이 된다. 그러나 이러한 자세는 오히려 집단의 혁신과 개선에는 방해가 될 수도 있다.[16]

한편, 남녀집단의 행동은 많이 다를까? 어느 집단이 더 좋을까? 일반적으로 회사에서 여성들 간에는 남성끼리보다 더욱 친근한 대인관계를 가지며 처음 인간관계를 가질 때에도 남성들끼리는 더욱 서먹해한다. 협동성과 관련해서는 남성이 더 이기적이고 고집이 많으며 규범에의 동조성도 여성보다 약하다는 것이다. 재미있는 사실은 남녀 사업자 간에는 집단 밖의 지역사회와 소통하고 그들을 돕는 행위에서도 여성사업자가 더 효과적이라는 사실이다. 그러므로 집단목표 달성을 위해서 응집력과 상호 교류가 매우 필요하다면 다른 조건이 동일할 때 여성들로 집단을 구성하는 것이 더 바람직할 것이다. 이야기 7.8

구성원들의 성격과 능력

구성원들의 능력과 성격은 성별특성보다 더 큰 변수일지도 모른다. 예로서 집단멤버들의 성격이 긍정적이면 집단의 성과, 응집성, 사기 측면에서도 역시 그럴 것이다. 반대로 그들이 비사교적이고 소극적이고 권위적이고 지배적이면 그 집단의 성과는 낮을 것이다. 그리고 멤버들의 성격이 집단성격을 만들기도 하는데 Big-5 유형 중 외향성, 개방성 유형이 신중성, 신경성 유형보다 집단성과가 높다고 한다.[17] 그러나 위험이 많이 따르는 고속열차회사에서는 오히려 그 반대의 집단성격이 안전목표 성과에 도움이 된다. 이처럼 어떠한 성격특성이 집단행동의 유효성을 결정하는지는 아직까지 미지수이다. 능력이 많은 사람들이라면 경쟁이 더 심할지도 모르지만 성과는 오른

> **이야기 7.8 한계효용체감의 법칙**
>
> 초창기 인류는 주로 수렵을 하며 살았다. 운 좋으면 사냥을 많이 해서 온 식구가 배불리 먹고도 고기가 남아돌지만 운 나쁘면 사냥을 못 해 며칠이고 굶어야 한다. 사냥에 성공한 경우를 보자. 한 사람이 처음에 한 점의 고기를 먹고 추가로 다시 한 점을 먹을 때는 효용이 먼저 것만 못하다. 세 번째 한 점을 더 먹으면 효용은 더욱 감소한다. 이것이 한계효용체감의 법칙이다. 나중을 위해 배불리 먹고도 남았다면 냉장고도 없으니 썩으면 냄새가 나고 결국 효용은 마이너스로 변한다. 그러나 그것을 이웃에게 주면 이웃은 최대의 효용을 누릴 것이다. 그러다가 상황이 역전되어 내가 사냥에 실패하는 날에는 이웃이 남는 고기를 나에게 넘길 것이니 서로에게 좋다. 이로써 이웃과 집단이 되는 계기가 될 수 있었다. 그러나 나무열매의 채취는 좀 안정적이다. 채취할 자리가 고정되어 있어서 예측이 가능하고 먹다 남으면 두고 먹을 수도 있다. 이웃과 나눌 필요는 덜하다. 그래서 사냥을 주로 하던 남성보다 채취를 주로 하던 여성의 경우 사회적 교환이 덜하다는 가설이 있다. 오늘날 아프리카 오지의 원주민을 관찰해도 채취하는 여성 간의 교환행동이 남성보다 적다. 협동심은 과연 남자보다 여자가 강한가?

다. 반대로 무능력자만 모인 집단은 상호 정치적인 행동만 늘고 혁신적인 업적은 찾기 어려울 것이다. 한편 멤버들의 성취지향성, 인내심, 인지능력 등도 팀성과와 관련이 깊다. 그러나 멤버들의 성격이나 행동이 협조적일 때가 집단응집력도 가장 높아지고 팀에 대한 만족감도 오르는 것은 당연하다.[18]

구성원 간의 이질성

이질적 집단(heterogeneous group), 즉 집단멤버들의 신상특성(demography: 인종, 학력, 출신지역, 근속연수, 능력, 성격, 가치관, 성별, 연령 등)이 다양한 집단인지 반대로 동질적 집단(homogeneous group)인지의 여부는 집단의 행동과 밀접한 관계를 갖는다. 신분변수의 차이가 많은 집단과 적은 집단의 행동은 좀 다르다. 예를 들어 세대 간의 이질성만 보면 A, B 두 집단의 멤버들 평균나이가 같다고 하더라도, 그 분포가 30대에 몰려 있는 A집단과, 50대와 20대 절반씩으로 구성된 B집단의 행동, 응집력, 성과 등은 차이가 있을 것이다. 어느 쪽의 성과가 더 높을지는 집단의 과업과 환경에 따라 변하기 때문에 함부로 말하기는 어렵지만 서로 다를 것만은 분명하다. 최근 한 연구에 의하면 멤버들의 근속연수가 비슷할수록 성과가 높고 차이가 심할수록 성과는 낮았다.[19]

집단 자체의 특성

집단이 가지고 있는 특성, 즉 집단의 목표나 크기, 집단의 역사나 멤버들의 응집력과 구성형태가 집단의 행동에 영향을 미친다.

집단의 목표와 과업

개인도 마찬가지이지만 집단도 그 목표가 무엇인지에 따라서 행동이 달라진다. 동시에 멤버들 개개인의 목표와 집단의 목표가 어느 정도 일치하는지의 문제가 중요한 변수이다. 멤버들 중 몇 퍼센트가, 그리고 얼마나 적극적으로 목표에 찬성하는지에 따라 집단의 응집력이 좌우되며 이 응집력은 개인의 행동과 집단행동에 영향을 미친다. 한편 집단의 목표뿐만 아니라 수행하는 과업이 무엇인지도 집단의 행동과 관련이 많다. 전산팀과 영업팀, 연구팀과 조립팀의 행태는 매우 다른데 그 이유는 각 집단의 과업이 다르기 때문이라고 할 수 있다.

집단의 크기

집단의 크기는 일반적으로 멤버의 수를 말하는데 당연히 수가 많아지면 서로 간에 의사소통이 어려워지고 접촉빈도는 감소한다. 아주 작은 집단이라고 하더라도 두 명일 때 다르고 세 명일 때 다르다. 두 명의 아이가 잘 놀고 있다가도 세 번째 아이가 합세하고 나면 조금 후에 그중의 한 아이가 울고 가 버린다. 물론 반대의 경우도 있다. 어떤 학자는 집단멤버의 수가 3~5명일 때 가장 응집력이 크다고 하고, 또 어떤 학자는 12명 이상이 되면 집단이 효율성을 잃어 가기 시작한다고도 한다. 그런가 하면 집단이 커지면 건설적 비판이 많아져서 좋은 의사결정을 할 수 있다고도 한다. 또한 효율적인 팀은 10명 이하여야 하며 한 사람이 5~6명 정도의 집단을 관리하는 것이 적절하다고도 하고, 짝수집단의 경우 의견이 양분되어 결정이 지연되는 수가 있어서 투표를 할 때는 홀수집단이 좋다고도 한다.[20] 어쨌든 모여 사는 인간의 숫자가 어느 정도이냐에 따라서 원시시대부터 집단의 행동에 영향을 미쳐 왔다.[21] 도표 7.5

도표 7.5 집단규모의 영향

변수	집단크기	
	작다	크다
참여도	+	−
응집력	+	−
만족도	+	−
건설적 비판	−	+
의사소통	+	−
의사결정속도	+	−
멤버의 이탈, 결근	−	+

집단의 존속기간

얼마나 오래전부터 존속해 온 집단인지, 그리고 앞으로도 오랫동안 지속될 집단인지의 여부도 집단행동에 영향을 미친다. 테니스 동호회, 라이온스클럽, 노동조합처럼 비교적 오랜 기간 지속되는 집단의 멤버들은 일시적인 프로젝트 집단이나 2년 후에 탈퇴할 군대 내무반 집단의 멤버들보다 훨씬 더 적극적이며 희생적일 것이다. 마찬가지로 연혁이 오래될수록 구성원들의 역할분담이 명확하고 체계가 잘 잡혀 있으며 전통과 분위기가 정착되어서 혼란이 적을 것이다.

응집성

응집력이 클수록 멤버들의 이탈은 줄고 만족수준이 높지만 강한 응집성이 항상 높은 성과를 가져온다고 보기는 어렵다. 때로는 멤버들이 뭉쳐서 리더에게 저항하며 집단파업을 일으킬 수도 있다. 그래서 집단의 리더는 구성원끼리 뭉쳐 다니는 것을 좋지 않게 여기는 경우도 있다. 목표달성의 열망이 별로 없다면 응집력은 오히려 부정적으로 작용할 수도 있는데 왜냐하면 멤버들이 일치단결하여 리더의 혁신의도와는 달리 복지부동의 자세를 취할 수도 있기 때문이다. 이와 반대로 응집력이 약하다면 리더는 멤버들을 자유자재로 관리할 수 있다는 말도 된다. 이야기 7.9

이야기 7.9 사자를 이기는 얼룩말

아프리카의 초원을 누비는 얼룩말은 연약한 동물이어서 맹수가 쫓아오면 그저 열심히 달아날 뿐이다. 그러나 이처럼 연약한 얼룩말이 사자나 표범과 당당히 맞서 이기는 때도 있다. 그럼 어떻게 해서 약한 얼룩말이 이기는 걸까? 물론 얼룩말이 처음부터 맹수와 맞서는 것은 아니다. 처음에는 도망칠 수 있는 데까지 열심히 도망을 친다. 그러다가 더 이상 달아날 수 없는 막다른 곳에 이르면 맹수에 대항하기 위한 진을 친다. 서로의 머리를 맞대고 둥그런 원을 그린 뒤 강한 뒷발로 달려드는 맹수를 걷어찰 준비를 한다. 동물의 왕인 사자든 잽싸고 날카로운 발톱을 지닌 표범이든 얼룩말이 이렇게 진을 치고 있으면 속수무책이 된다. 경쟁이 치열한 기업사회에서도 도저히 상대가 안 되는 대기업을 상대로 전 사원이 대동단결하여 경쟁에서 이긴 중소기업의 일화가 많다. 조직원의 팀워크가 이를 가능케 한 것이다. 팀워크가 없는 조직은 응집력이 없다. 일단 위기가 닥치면 사분오열되어 힘을 발휘할 수 없기 때문이다. 따라서 자연히 외부에 대한 저항력도 약할 수밖에 없다. 조직의 승부는 역량이 아니라 전체 구성원의 팀워크에 의해서 판가름 난다. 그래서 조직에서의 훌륭한 팀워크는 어떤 재산보다도 소중하다.

한편 의사결정 시의 강한 응집력은 반대의견이나 건설적 비판 없이 만장일치 결론에 이르게도 한다. 만장일치란 언제나 좋은 것은 아니기 때문에 이런 응집력도 꼭 좋은 것만은 아니다. 그뿐 아니라 집단이 비도덕적으로 행동하려 할 때 집단을 사수하려는 공동체 정신을 가지고 부정을 감싸 주고 외부의 비판에 방어적이 되기도 하며 집단을 더욱 비도덕적으로 치닫게 할 수도 있다.[22] 동일 조직 안에도 자신이 속한 내집단과 그 외의 외집단이 있는데 그들과의 응집성이나 신뢰정도가 내집단인지 외집단인지에 따라 다르게 나타나는 것도 당연하다.[23] 하여튼 집단응집력은 순기능과 역기능을 같이 가지고 있는 미묘한 관리변수이기 때문에 조심할 필요가 있다. 따라서 외부집단과 경쟁하고 싸울 때는 높은 응집력이 필요하지만 집단 내부적으로는 획일적 방향의 응집력보다는 어느 정도의 갈등과 경쟁도 요구된다. 도표 7.6

도표 7.6 조직성과와 응집성의 관계

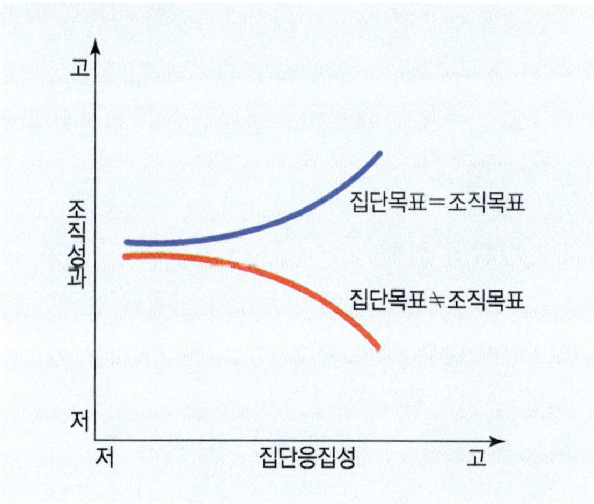

2 집단 내부의 사회적 구조

아파트는 건물구조가 모두 동일하지만 한옥과 일반주택들은 모두 다르다. 즉 집의 구조적 속성은 집집마다 다르다. 집의 모양이 어떤 형태인가에 따라서 그 속에 사는 개인의 행동이 달라지고 그 가족의 행동도 달라진다. 집단도 마찬가지이다. 집단 내의 개인행동과 집단행동은 그 집단의 사회적 구조(social structure)가 영향을 미친다.

지위와 서열관계의 형태

구성원 간의 위계구조

위계란 집단에서 개인이 차지하는 위치, 지위, 신분계급, 서열(status)이다. 사람에게는 귀족과 평민처럼 원천적으로 타고난 지위가 있고, 능력, 권력, 승진 등에 의해 후천적으로 획득하는 지위가 있다. 동시에 조직과 무관하게 개인의 특성에 따라 붙여지는 사회적 지위(대졸과 중졸, 선후배, 부자와 빈자 등)가 있고, 조직에서 공식적으로 주어지는 조직체 지위(사장, 팀장, 팀원, 상사와 부하 등)가 있다.[24] 사회적 지위와 조직체 지위가 부조화되면 신분불일치가 된다.

그런데 프랑스 같은 나라는 매우 신분에 민감하다. 그런 나라일수록 지위는 집단에서 당사자의 과업수행활동과 인간관계에 많은 영향을 미친다. 동시에 집단구성원들의 지위분포가 어떤 모양을 이루고 있는지도 집단행동에 영향을 미친다. 어느 집단에서는 팀장과 팀원 사이의 지위거리(power distance)가 매우 멀어서 윗사람의 명령에 절대복종하지만 다른 집단에서는 모든 일을 함께 상의해서 처리한다. 오늘날에는 지위의 간격을 좁히라는 것이 보편적인 충고이지만 말처럼 쉽지 않다.

지위의 원천

그렇다면 조직에서 무엇이 지위를 결정하는가? 말할 것도 없이 공식적인 보직, 즉 회사의 경우라면 사장, 상무, 부장, 차장, 계장이라는 신분은 지위결정의 가장 큰 원천이다. 그런가 하면 능력이 많은 사람일수록 지위가 높아진다. 박지성이나 손흥민은 축구팀에서 지위가 높을 것임에 틀림없다. 또는 외모, 성격, 지능, 재산 같은 개인적인 신상특성도 지위의 원천이 된다. 하지만 이들 간의 가중치는 집단에 따라 다르다. 라틴아메리카나 아시아는 신분원천으로 그가 속한 가정의 상황을 중시하지만 미국이나 호주에서의 신분원천은 당사자 개인의 성공수준에 의해 결정된다.[25] 도표 7.7

도표 7.7 신분을 결정하는 요인들

신분의 비공식적(사회적) 원천	신분의 공식적(조직체) 원천
• 성, 나이, 인종 • 학력, 출신학교 • 재능, 기술, 지식 • 부모의 직업, 가족의 지위 • 사회적 평판, 신뢰성 정도 • 교제범위, 사교인들의 위치 • 재산의 정도, 주거지, 자동차	• 직장에서의 직급 • 월급액수 • 연공, 근무연수 • 권한, 책임의 크기 • 맡은 직무, 수행기능 • 책상, 사무실 크기와 위치 • 소속부서의 권한

그러므로 사람들이 지위를 상승시키기 위해 사용하는 자원도 각기 다르다. 또한 한 자원의 감소로 인하여 지위가 낮아지면 다른 자원을 증대시켜 지위를 회복하려고 노력한다. 예를 들면 직장에 다

이야기 7.10 한국은 서열사회

한국 최초의 개신교 선교사로 왔던 언더우드 목사는 후배 선교사들에게 조선의 풍습과 에티켓을 가르치면서 방에 들어가면 절대 상석에 앉지 말고 말석에 앉으라고 했다. 그러자 한 선교사가 물었다. "조선의 방에는 기차 칸처럼 1등 칸, 2등 칸의 푯말이 붙어 있나요?" 평민은 양반 앞에서 담배를 피울 수 없었고 앉으라는 명을 받지 못하면 앉을 수도 없고 도로변에서 모르는 양반이라도 걸어오면 담배를 뒤로 감추고 지나가기를 기다려야 했다. 언어도 계급에 따라 다르다. '이리 오라'는 말도 아랫사람에게는 '이리 오너라', 동기에게는 '이리 오시오', 높은 사람에게는 '이리 오십시오'이다. 100년 전까지만 해도 한글은 평민만 사용했고 양반은 한문을 썼다.

우리나라에서는 친척관계에서부터 신체부위에 이르기까지 모두 서열이 있고 신분의 상징이 된다. 어느 학교를 나왔고, 군번은 몇 번이며, 아파트는 몇 평이고, 사는 동네가 어디인지, 누구를 잘 알고 있는지까지 모두 신분상징으로 여기는 한국은 지독한 서열사회라고 할 수 있다. 윗사람과 아랫사람의 권력거리감(power distance)도 매우 커서 윗사람은 더 지배적이고 아랫사람은 더 순종적이다. 이것이 우연한 기회를 만나 각자의 신분상승욕구를 증대시켜 개인과 사회의 발전을 자극하면서 웰빙의 삶을 저하시킨 요인이기도 할 것이다. 오늘날 평등사회로 탈바꿈하면서도 지위상승 욕구는 여전하다.

니는 야간 MBA 학생집단 속에서 학교에 다니다가 직장을 잃으면 급우들 사이에서 지위가 낮아지지만, 학교성적을 높인다든지 타인에게 친절을 베풀고 사교를 많이 하면서 자신의 지위를 회복하려는 노력을 한다.[26] 이야기 7.10

지위와 조직행동

지위가 높으면 항상 지시를 내리기만 하고 남의 지시는 덜 받지만, 낮은 지위를 가진 자는 그렇지 못하다. 지위가 높으면 회의석상에서도 발언을 가장 많이 하고 적극적으로 참여하지만, 지위가 낮으면 좋은 기술과 아이디어가 있어도 함부로 얘기하지 못한다. 그리고 실제의 지위와 공식적인 지위가 불일치하면 지위불공정(status inequity) 상태가 되어 갈등을 야기한다. 또한 한 집단 안에서 구성원 사이에 지위격차가 너무 크면 집단의 성과, 생산성, 이직률, 종업원 건강에 모두 악영향을 미친다. 이런 일이 없으려면 집단관리자는 멤버들의 공식적 지위를 개인적 특성(나이, 능력 등)에 가능한 한 일치시켜야 하고, 그러한 지위에 맞게 대우(책상의 크기, 월급 등)해 주어야 할 것이다. 그리고 구성원 각자의 지위를 고려하여 전체적으로 균형을 이루도록 해야 한다. 그리고 대인관계에서 지위가 낮은 사람이 자기감정을 억제하기는 쉽지만 지위가 높은 사람일수록 감정억제가 어렵고 억제했을 경우에 스트레스도 더 많다는 사실도 알아야 한다.[27]

지위상승욕구

우리는 대개가 어떤 높은 집단에 자신을 매어 놓음으로써 자존감과 정체성을 유지한다. 다시 말해 신분상승욕구는 누구나 가지고 있다. 스님과 신부까지도 종교집단 내에서 높은 위치를 확보하려는 경우가 흔하다. 이는 지배욕구와 동일 개념으로 보아도 되는데 지위 자체가 권력의 원천이기 때문이다. 많은 TV드라마 주인공들의 직업은 대부분 재벌 2세, 판・검사, 변호사, 의사 등이

이야기 7.11 이 땅에 서열이 없어진다면

양계장에서 수탉 수십 마리를 한 우리에 집어넣고 모이를 조금만 주면 서로 먹으려고 가까이 오는 닭을 쪼아대는 소위 '닭싸움'을 한다. 그런데 이렇게 서로 쪼는 빈도는 나날이 줄어든다. 서로 오래 지내다 보면 정이 들고 싸움을 덜 하는 것일까? 아니다. 이제 서로를 파악한 것이다. 누가 더 세고 더 약한지 직간접 경험을 한 것이다. 승자 앞에서 패자는 굴복함으로써 더 이상 피해를 입을 필요가 없다. 승자 역시 약한 패자와 불필요한 전쟁을 할 필요가 없다. 패자는 웅크리고 있다가 손해를 보더라도 다른 기회에 다른 닭을 만나 이번의 손실을 만회할 수도 있다. 그런 다음 또 패한다면 그와의 대전은 피하고 다음 기회를 노린다. 이런 식으로 20주 정도가 지나면 닭장 안에 완전한 평화가 온다. 서로 서열이 정해진 까닭이다. 만일 인간의 집단에, 군대에, 국가에, 기업에 지위와 서열을 없앤다면 과연 '만인평등사회'라는 평화가 올까?

며 생활환경 또한 최고급인데, 이는 시청자들의 신분상승욕구를 대리만족시키는 효과가 있기 때문이다. 또 다른 예로서 부자인 대학보다 무명의 가난한 대학에 기부를 해야 더 봉사하는 의미가 있는데도, 명문대학일수록 기부자가 더 많은 이유는 무엇일까? 졸업생 역시 명문대 졸업생일수록 동창회에 더 적극적이다. 이는 자신의 신분을 높은 곳에 매어 놓으려는 의도가 은연중에 깔려 있기 때문이다.[28] 이야기 7.11

역할분담의 형태

집단에는 공동목표달성을 위해 완수해야 하는 다양한 직무들이 있다. 멤버들은 이 일을 각자의 신분과 능력에 맞게 떠맡는다. 그것이 역할(role)이다.[29] 조직에서 구성원들의 역할은 크게 둘로 나뉘는데 하나는 조직의 목표를 수행하는 데 필요한 역할(과업역할)이며, 다른 하나는 집단멤버들 간의 원만하고 우호적인 인간관계를 갖기 위한 역할(유지역할)이다.[30]

역할갈등과 역할마찰

일단 역할이 정해지면 "그 역할은 이렇게 하는 것이다."라는 판단을 당사자 스스로도 하고 주변 사람들도 한다. 당사자 스스로 "나는 이렇게 해야지."라고 인식한 역할이 역할지각(role perception)이고, 주변 사람들이 "그가 이런 역할을 맡았으므로 이렇게 행동할 것이다."라고 추측(기대)하는 것이 역할기대(role expectation)이다. 이때 역할지각과 역할기대가 일치하면 다행인데 그렇지 못하면 당사자와 주변인 사이에 역할갈등(role conflict)이 생긴다.

한편 한 사람이 집단 안팎에서 맡은 역할은 한두 가지가 아니다. 아버지이며 남편이고 교수이면서 교무처장이고 친구이면서 거래처가 되기도 한다. 한 사람에게 주어진 이렇게 다양한 역할들이 서로 상충되지 않을 때는 문제가 없지만 때로는 그렇지 않을 때도 있다. 어머니로서 아이의 유치원 졸업식에 참석해야 하는데 직장인으로서 중요한 회의에 참석해야 한다면 역할마찰(role friction)이 생기는 것이다. 이는 특별히 직장-가정 갈등(work-family conflict)이라고 하는데 이는 종업원 스트레스의 매우 중요한 원인이 된다.[31] 역할마찰은 두 회사가 합병되었을 때 전에 소속됐

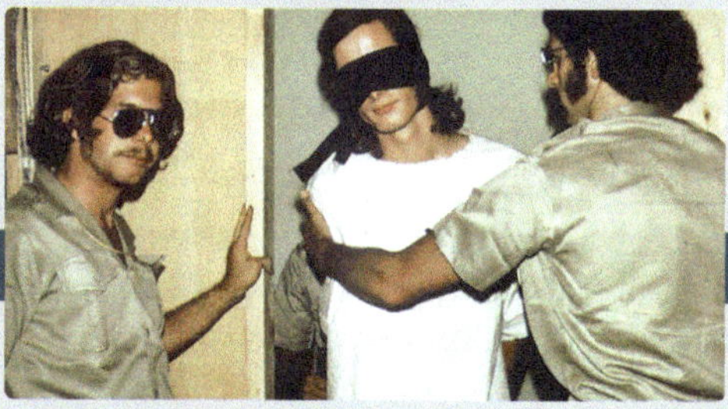

이야기 7.12 역할습득

심리학자 짐바르도(P. Zimbardo) 미국 스탠포드대 교수가 1971년 대학원생을 상대로 '감옥 체험'이라는 실험을 했다. 평범한 대학원생을 모집해 죄수와 교도관의 역할을 맡기는 롤플레잉(role playing)이다. 경찰과 교도소 및 장기수의 조언을 얻어 기숙사를 교도소와 똑같이 개조한 뒤 동전 던지기로 죄수와 교도관으로 나누었다(**사진**). 교도관 역할을 맡은 학생들은 카키색 제복에 선글라스를 끼고 곤봉을 휘두르며 죄수를 감시했다. 반대로 죄수 역할을 맡은 학생들은 급속히 무기력해졌다. 똑같이 평범한 대학원생들이 상황과 역할에 따라 그렇게 달라진 것이다. 감옥생활의 현실감을 위해 친척과 친구의 면회도 허용됐다. 곧 죄수들은 간수들의 권위를 인정했고, 가짜 간수들은 자신들의 역할을 금방 터득했을 뿐만 아니라 지나치게 역할수행에 충실했다. 죄수 역할의 학생은 수갑과 포승으로 체포되어 지문을 찍고 발가벗겨진 채 온몸에 소독약이 뿌려졌다. 간수들이 반발하려는 죄수들을 진압하자 죄수들은 점점 소극적으로 변했다. 무슨 벌을 주든 모두 굴복했고 맨손으로 화장실 청소까지 했다. 간수들의 지나친 탄압과 죄수들의 폭동으로 인하여 2주 예정으로 시작된 실험은 엿새 만에 중단되었다.(Stanford Prison Experiment, 1971, Film) 간수와 죄수의 경험이 전혀 없던 대학원생들이 자신들의 역할수행을 너무나 완벽히 해 낸 것이다. 도내제 그런 역할을 어디에서 배웠을까? 즉 인간은 어느 집단에 들어가서나 자신과 타인의 역할을 잘 파악하며 이를 잘 수행할 줄도 안다.

던 회사의 구성원으로서의 역할과 새 회사의 구성원 역할이 서로 충돌할 때 생기기도 하며, 글로벌 기업에서 본국의 파견인으로서의 행동과 주재국 현지인으로서의 행동이 충돌할 때에도 생긴다.

역할의 습득

우리는 어디서 역할을 배우는가? 가끔 우리는 "상무님은 이래야 하는데 왜 그랬을까?" 혹은 "대통령이면서 왜 처신을 저렇게 하지?"라면서 비판도 한다. 아직 회사의 중역도 되어 보지 못했고 대통령은 될 가망도 없지만 그럼에도 불구하고 우리는 간접경험을 통해 이 세상에 존재하는 수많은 역할을 배워서 알고 있다. 그러므로 아무나 상무자리나 대통령자리에 앉혀 놓아도 어느 정도는 제 역할을 할 수 있다. 그래서 우리는 경험해보지 않은 남의 역할에 대해 역할기대를 할 수 있는 것이다. 이야기 7.12

역할에 대한 심리적 계약

한 개인이 조직에 채용될 때에는 자신이 조직에서 무슨 역할을 할 것인지 대강은 예측(기대)하지만 조직 역시 그가 어떻게 행동해 줄 것이라는 기대를 한다. 월급액수를 정하고 어디에서 얼마나 일을 해 줄 것인가에 대한 형식적인 계약에 반하여, 보이지 않는 무언의 계약을 심리적 계약(psychological contract)이라 한다. 그런데 고용인과 피고용인 사이에 이러한 상호 기대가 어긋나면 실망하기 마련이다. 직원이 맡은 역할을 충실하게 했는데도 조직이 기대를 저버릴 때 직원의 조직절도 행위와 이직률이 높아지고 생산성은 하락한다.[32]

집단의 규범의 형태

규범이란 무엇인가?

규범(norm)이란 집단멤버들 모두에게 공유되고 통용되는 행동의 기준, 또는 멤버들 모두가 각

이야기 7.13 집단동조 실험

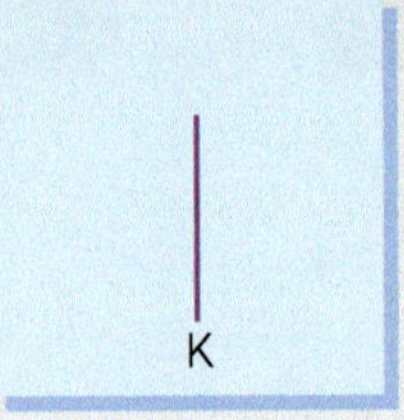

〈카드 1〉

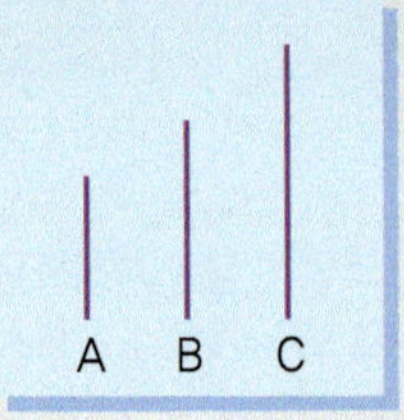

〈카드 2〉

Asch 교수는 7~9명 정도로 구성된 여러 집단의 실험협조자들과 약속하였다. 오른쪽의 그림과 같은 두 개의 카드를 보여 주면 K와 같은 길이의 선이 A, B, C선 중에서 B이지만 모두들 C라고 일부러 틀리게 답해달라고 부탁했다. 그러고는 이 약속을 모르는 새로운 실험대상자를 한 명씩 각 팀에 끼워 넣고 실험에 임했다. 즉 같은 길이의 것을 맞춰 보라고 하니 새로 들어온 멤버는 교수와 약속한 기존 멤버들의 틀린 답을 따라서 하는 경우가 매우 많았다.(Asch's Conformity Study, 1956) 왜 그랬을까? 첫째는 자기 눈을 의심한 것이다. 즉 불확실했기 때문이다. 그런데 이 세상의 대부분은 확실한 것이 별로 없다. 미래는 더욱 불확실하다. 불확실할 때에는 타인이 기준이다. 바로 이것이 동조현상의 첫째 원인이다. 둘째는 확신했다고 해도 집단으로부터의 소외가 두려워서 동조하는 것이다. 원시인이 생존하려면 이웃과의 연대가 필요했다. 만약 외로움을 즐기는 자가 있었다면 그는 사회적 관계를 갖지 않았을 것이며 생존에 지장을 받았을 것이다. 두려운 고독감이야말로 사회적 연대를 자극하여 번식과 생존을 유지하게 했던 신호체계였다. 그러한 유전자를 소유했기 때문에 외로운 현대인이 타인과 어울리는 현대인보다 고혈압, 심장마비, 스트레스지수가 높은 것이다. 이를 피해 보려고 우리는 남들의 생각과 옷차림과 나쁜 버릇까지 동조하려고 한다.

자 공통적으로 예측하는 표준행동을 뜻한다.[33] 이러한 규범은 다양한 형태로 존재한다. 규정과 제도로, 조직습관으로, 문화와 전통으로 존재하기도 한다. 대부분의 규범은 집단 속에서 오랜 기간을 두고 서서히 강화되고 정착되지만 어떤 규범은 하나의 사건 직후에 갑자기 자리 잡는다.[34] 그리고 규범을 잘 지킨 자는 칭찬을 받고 안 지킨 자는 따돌림을 받기도 하므로 더욱 강화된다. 규범 덕분에 집단은 특별한 외부적 통제(제도나 법규, 명령) 없이도 집단멤버들의 행동을 자동적으로 조정·통제할 수 있는 것이다.

규범에의 동조

그렇다면 왜 각 개인들은 규범에 동조(conformity)하는 것일까? 첫째 이유는 불확실 상황 속에서 어떻게 처신해야 할지 모를 때에는 다른 사람들이 하는 대로 하면 된다고 생각하기 때문이다. 즉 불확실성하에서는 대부분의 사람들이 하는 행동이 옳다고 생각되기 때문에 그들을 따르는 것이다. 둘째로 대부분 사람들의 행동이 분명히 틀렸음에도 불구하고 그들의 행동에 동조하는 이유는 그들로부터 따돌림을 당하기 싫어서이다. 이야기 7.13

이 두 가지 이유로 멤버들 개개인이 특정 가치관이나 행동에 동조하기 시작하면 그것이 바로 그 집단의 규범이 되는 것이다. 이러한 규범이 있음으로 해서 멤버들은 집단 속에서 어떻게 행동해야 하는지를 쉽게 익힐 수 있다. 그리고 다양한 역할과 성향을 가진 여러 멤버들이 규범이라는 통일된 기준에 따라 행동하기 때문에 상호관계를 원활하게 해 나갈 수 있다.

지금까지는 규범에 저항하거나 비동조하는 것을 비판적으로 보고 이러한 멤버의 행동은 집단에 피해를 줄 뿐이라는 의견이 대부분이었다. 그러나 최근에는 규범에 무조건 동조만 하는 것은 오히려 집단의 발전을 정체시킬 수 있다고 한다. 혹시 어떤 멤버가 규범에 어긋나는 행동을 하면

이야기 7.14 **일본인의 규범 지키기**

일본인의 규범 지키기 문화는 수전(水田)농경 정착에서 시작된다. 기후와 밀접한 농업사회는 파종이나 수확시기에 한꺼번에 많은 노동력이 필요하다. 이웃과의 협동이 필수적이다. 산에서 내려오는 물도 독점할 수 없다. 가물어도 남의 논을 거쳐야 내 논에 물을 대고 장마에도 남의 논을 통해야 내 논의 물을 뺄 수 있다. 그리고 유난히 전쟁과 지진과 태풍이 많은 것도 원인이다. 자연재해는 혼자 막을 수 없다. 남이 당했을 때 도와줘야 미래에 내가 당할 때 도움 받는다. 그래서 일본은 소송건수가 극히 적다. 남과 다투면 내가 불리하다. 나 개인을 위해 공동체가 정한 규범을 어기는 것은 나를 죽이는 것과 다름없다. 자기 아들이 테러집단에 인질로 잡혀 목숨이 위태로운데 사회에 물의를 일으켜 죄송하다고 절하는 일본 노모의 모습을 보면 강요된 집단의식과 집단만 존재할 뿐 개인은 없는 것 같다. 타인에 대한 배려와 민폐를 끼치지 않는 것에 최고의 가치를 두고 있고, 이것이 궁극적으로는 일본의 국가경쟁력을 확보하는 실질적인 기반으로 작용했다. 도쿄 오피스가 많은 지역의 출근시간에 가야바초역 지하철 계단을 바쁘게 올라가는 일본인들 중 '좌측통행' 규범을 어기는 사람은 없었다(**사진**). 우측에서 내려오는 사람은 필자 한 사람뿐이었는데도 말이다.

그를 주시하고 왜 어긋나는지 혹시 규범에 문제가 있는 것은 아닌지 기존의 규범을 검토하고 새로운 환경에 적응하기 위해 개선할 점은 없는지를 따져 보는 자세도 필요하다.[35] 이야기 7.14

3 팀의 활용정도

지금까지의 연구에 의하면 집단의 과업이 복합기술, 판단력, 창조력, 경험 등을 많이 필요로 하는 경우에는 개별적으로 일해서 합하는 것보다 팀으로 하는 것이 훨씬 효과적이라고 한다.[36] 팀은 소집단과 비교해 무엇이 다를까? 그리고 팀제조직은 전통조직에 비해 무슨 장점이 있기에 세계적인 추세가 되었을까?

팀의 특징과 우수성

팀조직은 단순한 집단과 무엇이 다른가?

팀이란 소수의 사람이 상호 보완적인 업무기술을 가지고 공동의 목표를 달성하기 위해 공동의 작업방식으로 스스로가 상호 책임을 지고 협동적으로 직무를 수행하는 집단이다. 즉 팀이란 서로 다른 능력과 개성을 가진 개인들이 모여 공동목표인 승리를 추구하는 스포츠팀과 같다. 그러므로 집단은 각자가 독립적으로 기여한 결과로 성과를 얻지만 팀은 공동의 노력으로 성과를 얻으며 책임도 공동으로 진다. 이때 팀원들끼리의 상호 신뢰가 매우 중요함은 물론이며 신뢰수준의 정도에 따라 팀성과가 좌우된다.[37]

다른 점은 또 있다. 집단의 목표가 개인목표의 집합이라면 팀의 목표는 별도로 존재하며 팀원

도표 7.8 집단과 팀의 차이

	작업집단	작업팀
	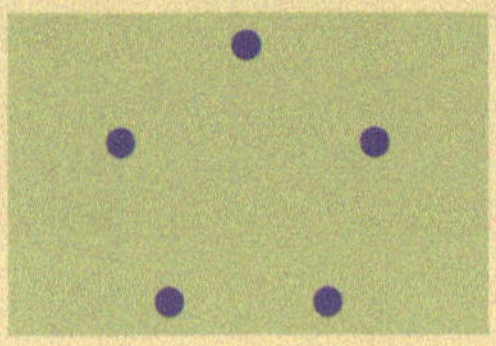	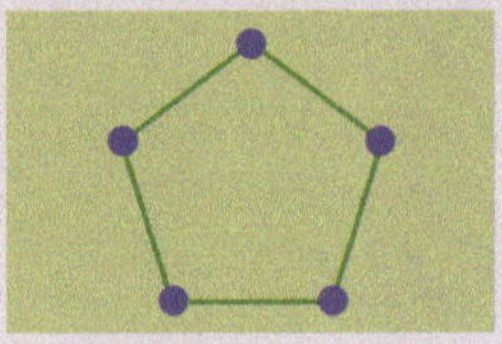
집단을 만든 목적	정보의 소통과 공유	팀 성과의 향상
시너지효과	전혀 없든지 오히려 장애	효과 있음
평가와 보상	개별적 평가와 보상	집단보상과 개별보상
개인능력의 이용	각자 독립적 사용	상호 보완적 활용

은 이러한 공동목표에 몰입한다. 그리고 집단이라면 지시받은 목표, 혹은 주어진 목표를 수행하지만, 팀은 공동목표를 자율적으로 정해서 수행한다. 그 밖에도 집단에서는 잡다한 일을 처리하지만 팀은 커다란 한두 가지의 직무를 수행한다. 그리고 직무의 감독도 집단에는 관리감독자가 따로 있지만 팀에서는 팀원을 자율적으로 통제하는 것이 차이점이다. 리더의 역할도 다르다. 집단의 리더는 감독과 통제가 주된 일이지만, 팀의 리더는 지원자 또는 촉진자의 역할만 하면 된다.[38] 도표 7.8

팀성과에 미치는 영향요인

여러 팀들로 구성된 조직에서 리더 역할은 매우 중요하다. 이때 리더는 각 팀에게 책임을 부여하고 서로 경쟁하지 않고 한 목표를 위해 공동으로 협동하도록 촉매자 역할을 하면서 팀워크가 이루어지도록 한다. 리더의 다정다감함까지도 팀원의 창의적 아이디어 발휘나 팀원 간의 상호 교류를 촉진하는 촉매가 된다는 연구도 있다.[39] 능률적인 팀일수록 서로를 신뢰하며 서로에게 신뢰를 표현하고, 리더에 대한 신뢰도 그렇지 않은 팀보다 큰 것으로 조사되었다. 따라서 팀은 신뢰분위기가 확립되어야 성공적이다. 현장연구에서 성과중심의 리더 밑에서는 팀의 이질성, 예를 들면 인종 간 차이나 성별 간 차이가 팀성과에 부정적 영향을 미친다고 나타났다. 그러나 인간중심의 리더 밑에서는 팀성과가 높아진다고 조사되었다.[40] 결과적으로 팀성과는 팀 리더에게 매우 많이 좌우됨을 알 수 있다.[41]

팀성과의 평가방식

한 조직에는 여러 팀이 존재하는데 각 팀별로 맡은 과업과 책임도 다르고 팀이 조직에 공헌하는 과업의 달성수준도 다를 것이다. 그러므로 팀과 팀 간의 업적수준을 비교하고 평가하는 방식과 기준이 정당하고 구성원들의 공감을 얻도록 잘 정비되어 있어야 팀원들의 헌신을 자극할 수 있을 것이다.

팀 권한의 범위

팀원의 재량권한이 그를 동기화시키고 창의력을 유도할 수 있는 것처럼 팀에게도 조직의 권한이 위임되어야 팀을 활성화시킬 수 있다. 예를 들면 팀이 자신의 팀구성원을 선발할 수 있도록 한다든지 팀과업의 목표량도 자율적으로 정할 수 있도록 해야 한다.

보상체계의 정비

만일 보상제도가 개별적으로 되어 있다면 팀원 개인은 팀의 공동과업이나 상호 협조에 의한 과업수행에 흥미를 잃을 것이다. 그러므로 조직의 보상체계를 개인의 업적에만 기준하지 않고 팀별 업적에 기준한 집단보상의 방식을 함께 고려해야 할 것이다.

4 집단의 역동성

사회적 촉진과 태만

사회적 촉진

한 마리의 개미가 집 짓는 모습과 여러 마리의 개미가 함께 집 짓는 모습을 관찰한 실험에서 여러 마리가 함께 집짓기를 할 때 개미들의 활동이 더욱 활발했다.[42] 사람도 혼자 달리는 것보다 여럿이 경주를 했을 때 기록이 더 높다. 이것이 사회적 촉진(social facilitation)이다. 그러나 혼자서 잘하던 일도 남들이 옆에 있으면 잘 안 되는 경우도 많다.[43] 여러 사람 앞에서 책을 읽을 때나 여러 사람 틈에서 머리 아픈 복잡한 작업을 할 때는 오히려 안정이 안 되고 조용한 곳에서 혼자 하고 싶어진다. 직무의 종류에 따라 사회적 촉진이 있을 수 있고, 어떤 일에는 사회적 억제가 작용한다.[44]

사회적 태만

집단 속에서 일하는 개인이 자신의 업적이 타인(상급자)에 의해 정확히 관찰될 수 없을 때 사회적 태만(social loafing)이 일어난다. 즉 개인은 혼자 일할 때보다 집단으로 일하면 노력을 줄인다.[45] 헬뮤트 링겔만(H. Ringelmann)교수의 실험에 의하면 무거운 추를 당기는 실험에서 혼자 당기게 했을 때에는 63kg의 힘을 사용했지만 8명에게 맡겼을 때에는 각자 절반 이하의 힘만 사용했다. 또한 아이디어 짜내기 실험에서는 개인당 평균 25개의 의견을 짜냈지만 3명 집단에서의 1인당 평균은 12개, 5명 집단에서의 평균은 6개로 감소했다. 책임분산 현상은 정신노동에서도 유사하게 나타났다는 증거이다. 왜 그럴까? 첫째는 보상이 자신의 노력에 상응할 때 사기가 높아진다고 했는데 집단으로 일하면 자기가 노력을 더 한 만큼 보상을 더 받는다는 보장이 없기 때문이다.[46] 둘째는 집단 속의 개인들은 자신의 노력이 별로 중요하지도 않고 꼭 필요한 것도 아니라고 생각하기 쉽다. 왜냐하면 자기가 안 해도 누군가가 대신할 확률이 있기 때문이다.

집단역학

집단역학이란?

금세기 초 메이요(E. Mayo)는 호손실험 결과로 결국 집단은 조직에게도 개인에게도 유효함을 발견하였다.[47] 이어서 1930년대 레윈(K. Lewin)은 사회심리학의 한 영역으로서 집단역학(group dynamics)을 창시하였다. 즉 집단역학은 집단이 단순한 개인의 합이 아니라 시너지효과가 발휘되어 더 많은 성과가 나오도록 하는 메커니즘인데 조직뿐만 아니라 개인에게도 효율적이다.[48] 이는 집단의 영향이 크고 집단의 활동이 유동적이며 집단은 새로운 변화를 일으키는 촉매제가 될 수 있다는 의미이다. 따라서 집단역학의 정의는 집단의 발전, 집단과 개인, 집단과 집단, 그리고 집단과 더 큰 조직과의 상호관계의 법칙에 대한 지식을 탐구하는 영역이라고 할 수 있다.[49] 이와 관련한 연구는 크게 사회학과 심리학 분야에서 추진되었다. 전자는 주로 집단 자체와 집단이 어떻게 다른 집단 혹은 사회와 구성원들과 영향을 주고받는지, 그리고 후자는 집단은 개인과 비교할 때 행동, 감정 등의 측면이 어떻게 변화되는지에 초점을 맞춰 연구되었다.

집단역학의 실제

요컨대 집단역학은 집단의 성질, 집단발달의 법칙, 집단과 개인의 관계 등을 연구하여 집단효율을 높이려는 데 목적이 있다. 집단멤버들은 역할수행을 통하여 상호작용(interaction)하게 되고 그 결과 서로 간에 감정이 형성된다. 이렇게 형성된 감정은 그들의 태도와 행동에 영향을 주어 상호관계에 다시 영향을 미친다.

앞에서 설명한 사회적 비교, 규범, 동조성, 유사성 등의 압력에 의해 개인은 자신의 의도가 아닌 집단의 의도에 맞추어 행동하게 되는데, 이때 리더가 개입하여 집단멤버의 태도와 행동을 바람직한 쪽으로 변화시킬 수 있다. 프로이드에 의하면 이 경우에는 성적 충동도 억제되고 리더가 유도하는 대로 따라갈 정도로 집단에의 동조압력이 강하게 작용한다고 한다.

태도변화의 장이론에서 언급한 바, 레윈이 가정주부의 집단을 구성하여 그들의 태도를 바꾼 것도 집단역학의 예로 볼 수 있는데, 이처럼 기업은 집단역학을 이용하여 사원들의 태도변화와 고객의 구매패턴을 유도할 수 있다. 예를 들면 커피의 경우에 집단의 구매패턴이 없다면 고객 개개인의 구미에 맞는 수천 종류의 제품과 서비스를 창출해야 하는 곤란한 지경에 이른다. 그런데 다행히도 인스턴트 커피브랜드 평가 시에 고객들은 주로 다른 사람이 좋다고 평가한 것을 좋다고 평가하였다.[50] 따라서 수백만 명을 상대하는 커피회사도 십여 가지 맛의 커피만 생산해도 된다. 이것은 소비대중의 준거집단의 집단역학을 개별 기업이 활용한 예이다.

8장

커뮤니케이션: 기능과 매체/소통의 활성화

ORGANIZATIONAL BEHAVIOR

Ⅰ. 커뮤니케이션의 기초지식
Ⅱ. 커뮤니케이션의 수단
Ⅲ. 커뮤니케이션의 관리

▶ **사진설명**

죽은 듯 고요한 북유럽 빙하지역 오지의 호수에 황혼이 질 무렵 인생의 황혼을 맞은 저 노인 부부는 대화를 나눌 사람도 별로 없다. 젊은 시절에 커뮤니케이션을 잘 배워야만 하는 이유는 앞으로 직장, 가정, 사회생활에서 수많은 사람들과 나눌 커뮤니케이션의 기회가 매우 많이 남았기 때문이다.(노르웨이 Sogne피오르드 레이캉에르의 한 호수)

ORGANIZATIONAL BEHAVIOR

조직은 구성원 간의 교류가 생명이다. 그런데 요즘 교류의 수단이 되는 통화기제인 이메일, 카카오톡, 페이스북, 트위터, 유튜브, 틱톡 등 SNS의 기술이 하루가 다르게 변해가고 있다. 이런 때일수록 진정한 커뮤니케이션 지식은 그 힘을 더할 것이며 조직효율성을 좌우할 것이다. 인류에게 자유로운 의사소통이 없었다면 오늘도 우리는 맹수들과 싸우며 나무열매나 줍고 있었을 것이다. 한 사람의 힘으로 맹수를 물리치거나 큰 짐승을 사냥하기 어려워서 인간은 조직을 만들어 분업을 했으며, 분업이 시작된 순간부터 어떤 형태로든지 의사소통이 시작되었다. 인류문명의 원동력은 인간의 이성과 손재주에도 기인하지만 인간 상호 간의 소통에 더 큰 비중을 두어야 한다.

커뮤니케이션이 비효율적으로 이루어진다면 이미 조직도 제 구실을 못한다. 아무리 인적·물적·금전적 자원이 풍부하게 확보되어 있다고 하더라도 구성원들의 유기적인 상호작용이 없으면 모두 무용지물이 되기 때문이다. 아무리 튼튼한 근육과 좋은 머리, 소화기관, 호흡기관 등을 갖추었어도 혈액순환이 되어야만 각 지체가 제대로 역할을 다하여 건강한 신체유지가 가능한 것처럼 커뮤니케이션은 조직유지에 필수적이다. 이제 조직은 정보자원을 어떻게 획득하고 교류하면서 활용하는지가 효율화의 관건이다. 조직행동에서 커뮤니케이션을 별개의 장으로 구분하여 연구하고 배우는 이유도 여기에 있다. 더구나 현대사회의 생산원천은 토지나 자본이 아니라 정보와 지식으로 그 비중이 옮겨졌다. 즉, 제2차 산업혁명인 굴뚝 생산시대에서 제4차 산업혁명의 시대가 열렸다. 제품은 기계와 인간이 생산해 낼 수 있지만, 신제품과 신기술을 위한 아이디어 생산은 다양한 전문지식과 경력의 만남으로 날개를 단다. 그래서 융합(融合)과 통섭(統攝)의 시대는 단연 커뮤니케이션 활성화를 제일의 화두로 내세운다.

I | 커뮤니케이션의 기초지식

회사의 관리자나 리더나 CEO들은 온종일 무얼 하며 지낼까? 어떤 조사에 의하면 하루 중 39%는 자기가 맡은 업무를 하고 28%는 이메일을 읽거나 답하고 19%는 정보를 수집하고 14%는 내부 직원들과 대화하면서 보내는 것으로 조사되었다.[1] 좀 오래됐지만 CEO들은 하루 시간의 69%는 회의로, 6%는 전화통화로, 3%는 이동 혹은 출장으로, 22%의 시간은 본인 사무실 에서 보낸다고 한다.[2] 이 결과를 자세히 관찰하면 경영자나 CEO들은 거의 온종일을 누군가와 커뮤니케이션 하면서 생활하고 있음을 알 수 있다. 과연 오늘날 커뮤니케이션이란 무엇일까? 커뮤니케이션의 개념, 역할, 유형, 네트워크 등에 대해 살펴보면 조직행동에서의 커뮤니케이션이 일반인이 사용하는 개념과 약간의 차이가 있음을 알 수 있다.

1 조직에서 커뮤니케이션의 역할

과거에는 커뮤니케이션을 단순히 대화나 의사전달로 보았으나, 오늘날에는 조직의 모든 업무가 서로 간의 상호작용으로 이루어지기 때문에 커뮤니케이션이 조직 유효성과 구성원의 주직생활에서 중요한 위치를 점하고 있다. 따라서 커뮤니케이션에 대한 해석의 범위도 넓어지고 그 중요성도 훨씬 증대되었으며 학자들의 관심도 그만큼 커졌다.

커뮤니케이션이란?

교과서에 따라서 커뮤니케이션은 '의사소통'이라는 우리말로 대치하는 경우가 있으나 커뮤니케이션이 의미하는 바가 점차 확대되는 상황에서 의사소통이라는 말은 너무 좁게 해석될 위험이 있기 때문에 우리는 커뮤니케이션으로 통일해서 사용하기로 하자.

커뮤니케이션의 의미

우리가 타인과 관계를 가지면서 영향을 주고받는 유일한 수단은 의사소통을 통해서이다.[3] 이를 간단히 정의하면 두 사람 이상의 사람들 사이에 언어, 비언어 등의 수단을 통하여 '의견(opinion), 감정(sentiment), 정보(information)'를 전달하고 피드백을 받으면서 상호작용하는 과정이라고 할

수 있는데 구체적으로는 다음 사항을 내포하고 있다.[4]

- 커뮤니케이션이란 타인(혹은 집단)과 서로 통하여 공동의 장(場)에 함께 이르는 순환과정이다.
- 송신했다고 해서 커뮤니케이션이라고 할 수 없고 상대방이 수신하는 것도 포함한다. 따라서 일방적 설명, 지시, 전달은 완전한 의미의 의사소통이 아니다.

오늘날 연구대상이 되는 커뮤니케이션의 범위나 관점은 매우 넓고 다양하다. 전체 조직을 대상으로 정보의 흐름과 정보망을 연구하는 조직 커뮤니케이션(organizational communication)과 컴퓨터 네트워킹과 시스템이론 중심의 경영정보 전달체계, 정보의 이동, 그리고 불특정 다수 사이의 개인들끼리의 정보소통(Social Networking Service: SNS) 등 모두가 커뮤니케이션에 포함된다. 이야기 8.1

커뮤니케이션의 기능

집단이나 조직에서 커뮤니케이션이 도대체 무슨 역할을 하기에 그토록 필수적일까? 커뮤니케이션이 기업이라는 조직에서 담당하는 주요기능을 나열하면 다음과 같이 다섯 가지로 요약할 수 있을 것이다. 쉽게 이해할 수 있도록 기업조직의 예를 들어보자.[5]

- 관리통제(management): 의사소통은 사원들을 관리하고 통제하는 역할을 한다. 기업조직에

이야기 8.1 BTS의 성공비결

BTS는 2020년 8월 한국 가수 최초로 미국 빌보드 싱글 차트 '핫 100' 1위에 오른다. 2017년 빌보드 뮤직 어워드 수상을 시작으로 2018년 아메리칸 뮤직 어워드를 차례로 정복해간 이들은 2021년에 그래미 어워드 상까지 휩쓸었다. 코로나 시대에 적절히 대처한 덕에 팬덤 증가세는 더 가팔라지고 있으며 그들의 팬클럽 'ARMY'는 2020년 미국 대통령의 선거 유세 현장을 무력케 하였다. 이 같은 BTS의 성공비결을 다양하게 분석들 하지만 공통점은 고객과의 소통에 있다는 점이다. 그들의 시작은 화려하지 않았다. 2013년 대형기획사도 없이 다른 케이팝 아이돌과 달리 비트가 강한 힙합과 랩을 하는 '흙수저 아이돌'은 국내에서도 주목받지 못했다. 그랬던 그들이 세계를 정복하고 그래미상 수상까지 어떻게 가능했을까? K-POP을 제3세계 음악으로만 여겨왔던 영미권 팬들이 흑인 리듬의 힙합과 EDM을 결합한 익숙한 비트에 K-POP 특유의 칼 군무를 조화시킨 BTS의 음악에 몰입된 때문이었다. 그렇다면 이런 발상은 어디서 나왔을까? 우선 다양한 음악성을 가진 7명의 재주꾼들이 댄스뿐 아니라 랩, 보컬, 작곡과 작사에도 함께 머리를 맞대고 만들었다. 미모와 노래에서 특출한 멤버가 있다 하더라도 혼자서 광고나 인터뷰에 응할 수 없고 모든 대외활동은 그야말로 완전 공동체이다 보니 모든 것을 협력한다. 서로 뭄바톤 트랩, 이모 힙합 등 다양한 서브장르의 힙합뿐 아니라 라틴팝, 신스펑크, R&B 발라드, 하우스, 랩-록 등을 시도했다. 전문가들은 "섹시한 R&B 보컬에 하드하고 문학적인 랩까지 BTS는 더 위켄드, 저스틴 비버, 드레이크, 포스트 말론이 한 그룹 안에 있는 것 같다"고 감탄한다. 협업이라는 상호작용은 방 대표와 7인의 BTS군단에 한정되지 않았다. 과거 다른 아이돌 팬들은 호감과 열정을 바치는 것으로 끝났지만 1,000만 명 이상의 'A.R.M.Y' 팬덤은 BTS와 공동으로 콘텐츠를 개발한다. BTS는 멀리 우주에 있는 스타가 아니라 팬들과 연대하고 또한 팬들끼리도 서로 연대한다. 슈퍼스타가 된 지금도 자신을 낮추고 '팬분'들로부터 콘텐츠를 얻고 그 콘텐츠의 소비자가 곧 크리에이터가 된다. 그리고 콘텐츠를 만든 팬은 SNS를 통해 그 콘텐츠를 소비하는 또 다른 팬과 연결된다. SNS에 자신들의 일상을 올리고 1인 크리에이터가 되어 개인방송도 하는데 그 영향력이 웬만한 방송국을 능가한다. BTS의 유튜브 채널은 5,000만 이상의 구독자와 수십 억의 조회수를 기록한다. 멤버들은 잠자고 게임하고 밥 먹는 일상과 해외투어, 비하인드 스토리, 음식취향, 춤연습 영상 등을 자연스러운 사투리로 방송한다. 이들이 전 세계 팬들에게 던지는 노랫말은 불안한 청춘의 성장담이기 때문에 동서양 모두 공감할 수 있는 보편적인 메시지이다. 물론 이러한 주제는 팬들이 보내 준 것으로 노랫말을 만들었기 때문에 공감은 너무나 자동적이다.

는 사원들이 지켜야 하는 규정과 지위계층이 있다. 관리자는 사원에게 회사의 정책을 따르도록 지시하고 때로는 사원이 정보와 개인적 고충을 상급자에게 알리기도 한다.

- 피드백(feedback): 관리자는 목표달성을 위해 사원들에게 지시한 다음에도 과업을 수행하는 동안 어느 정도 했는지, 잘 하고 있는지 등을 수시로 피드백 받으면서 상담하고 격려하며 통제해 나간다.
- 정보교류(information exchange): 조직에서 효율적인 의사결정과 직무수행을 위해 개인 간, 부서 간 필요한 정보와 자료들을 주고받는다.
- 설득(persuasion): 조직생활을 하려면 나와 다른 의견을 바꾸고 잘못된 것을 바로잡아 개선을 위해 항상 누군가를 설득해야 할 일들이 많다.
- 감정교환(emotional sharing): 직원들은 서로 인간적 교류를 하면서 기본적인 소속욕구나 친교욕구를 충족한다. 즉 직장 안팎의 사람과 사건에 대한 모든 얘기를 나누면서 서로 위안을 삼고 기쁨, 흥분, 불만 등의 감정을 상대방에게 표출하기도 한다.

연결의 기능

조직은 공동목표 달성을 위해 구성원 간의 상호 유기적인 연결이 필수적이라고 했는데, 조직의 각 개인과 각 부문을 연결시키는 수단이 커뮤니케이션이다. 이것이 없다면 조직이 아니라 단지 수많은 개체들이 모인 군중(군집)에 불과하다. 조직에서 교환되는 내용은 대개 목표달성에 필요한 상사의 지시, 보고, 노하우, 영업정보 등인데 이러한 정보들이 서로 교환되고 공유된다. 조직구성원들은 이러한 정보를 받고 나서야 자기가 할 일과 방향을 감지하고 의사결정을 해서 행동에 옮기는 것이다. 또한 조직은 개방시스템으로서 투입과 산출의 명분으로 외부환경과도 교환활동을 한다.

커뮤니케이션 능력의 중요성

한 조직의 구성원으로서 조직생활을 하는 데 소통은 매우 중요하다. 특히 다음 주장들에 관심을 가져 보자.

입사면접과 커뮤니케이션

커뮤니케이션의 숙련도는 회사에 지원할 때 면접과정에서 힘을 발휘한다. 면접관들에 의하면 지원자들의 커뮤니케이션 능력은 입사면접에서 매우 중요한 역할을 한다. 회사의 채용담당자들은 마케팅, 컴퓨터사이언스, 회계, 경영관리 등의 부문에서 지원자의 중요한 능력으로서 커뮤니케이션 능력을 우선시한다. 인사부장, 이사, 영업부장과 중소기업 사장들도 같은 의견이다. 이는 조직생활에서 커뮤니케이션이 매우 중요한 역할을 한다는 사실을 반증한다. 왜냐하면 직장에서 상호교류가 부족한 이유는 마음이 안 내키거나 시간이 없어서라기보다는 소통능력 부족에서 오는 경우가 더 많다. 이는 서로의 오해를 부르기도 하고 관계를 단절시키기도 하기 때문이다.

관리업무와 커뮤니케이션

직무와 관련하여 커뮤니케이션 능력은 더욱 중요하다. 예를 들어 미국의 경영대학 학장들과 포춘지가 선정한 500대 기업 인사부장들의 보고에 의하면, 젊은 간부들의 가장 보편적인 취약점으로서 숙련되지 못한 문서 커뮤니케이션 능력을 든다. 반면에 자신의 생각을 타인과 소통할 수 있는 능력을 관리자의 가장 중요한 덕목으로 평가하였다.

승진과 커뮤니케이션

커뮤니케이션 능력은 승진에도 매우 중요하다. 우리나라도 비슷하겠지만, 미국의 경우 6,000여 명의 새로 승진한 간부들에 대한 조사연구에서 승진에 가장 중요한 역할을 한 요인이 소통능력이었다. 새로 승진한 간부들의 80%가 소통능력은 젊은 직원이 승진을 준비하는 데 있어서 매우 중요한 자질임을 강조했다. 포춘지 500대 기업의 부사장들 중 97.7%가 그들이 최고경영층으로 승진하는 데 중요한 역할을 한 것이 소통능력이었다고 밝혔다.

커뮤니케이션을 보는 관점

무엇이 커뮤니케이션인지에 관해 범위를 정하고 접근해야 연구나 개선이 가능하다. 그런데 이에 관해서 처음부터 범위가 정해진 것이 아니고 꾸준히 발전하면서 변화되어 왔다. 이를 크게 두 범주로 구분하는 것이 보통이다.

고전적 관점

도표 8.1 커뮤니케이션 진행과정

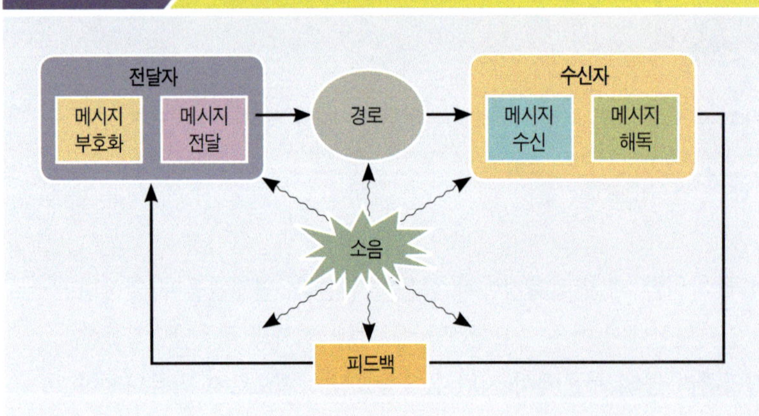

간략히 표현해서 커뮤니케이션은 송신자(전달자: sender)가 메시지를 수신자(상대방: receiver)에게 전달하는 것이다.[6] 그러나 이 과정을 세분화하면 다소 복잡하다. 셰이넌(C.E. Shannon)은 전화국의 기술자였기 때문에 정보전달에 주안점을 두어 송신자 측에서 정보를 부호화하고 수신자 측에서 그 부호를 다시 해독하는 점을 중시하면서 고전적 커뮤니케이션 모델의 기초를 마련하였다.[7] 도표 8.1

- 메시지(message): 의견, 생각, 감정, 정보 등 보내고 싶은 내용이다.
- 부호화(암호화: encoding): 송신자가 메시지를 상대방이 이해할 수 있도록 언어나 기호체계로

바꾸는 것이다.

- 매체(수단: media): 직접대화, 전화, 메모, 사진, 그래프, 이메일 등 무수한 종류 중에서 메시지 특성, 보내는 목적, 송신자 본인과 상대방의 기호, 떨어진 거리 등 무수한 상황을 고려하여 알맞게 선택한다.
- 해독(decoding): 수신자가 메시지를 받을 때 해석하고 무슨 의미인지 알아차리는 것이다. 즉 의사소통은 메시지의 단순한 전달이 아니라 수신자가 마음속에서 만들어 내는 것이기 때문에 각각 다르게 해석된다.
- 피드백(feedback): 수신자가 송신자의 메시지에 반응하는 것인데 "잘 안 들려요" 등의 언어나 고개를 끄덕임 등의 비언어로 역시 다양한 매체 중에서 선택하여 사용한다.
- 소음(noise): 메시지의 전달과 이해에 방해되는 모든 것인데 시끄러움, 잘못된 통계, 딴짓하기, 잡생각, 지각오류, 정보과중, 언어차이, 문화차이 등 매우 다양하다.
- 경로(network): 자주 메시지가 오가는 송신자와 수신자의 연결고리인데 이는 2명이 아니고 여러 명 사이의 인간관계와 유사하다. 회사에는 공식 경로와 비공식 경로가 있는데 개인적이거나 사적인 것은 비공식 경로가 보통 사용된다.

이러한 관점에서 본다면 의사소통을 개선하려면 정확한 메시지 전달에 목표를 두고 소음감소, 정확한 부호화와 해독, 그리고 올바른 매체의 선택이 강조되며, 빠른 전달을 위해 최단거리의 경로와 시간단축도 요구된다.

시스템 관점

실제 현실에서는 커뮤니케이션이 송신자와 수신자 사이에서 선형적으로 이루어지는 것이 아니라 커뮤니케이션 요소들(송신자, 수신자, 메시지, 매체 등)이 상황과 합해진 전체 시스템이 하나의 의미로 전달된다. 이처럼 커뮤니케이션 연구에 시스템 개념을 도입한 계기는 1952년에 베트슨(G. Bateson)과 미드(M. Mead)가 설립한 팔로 앨토(Palo Alto) 연구소의 가족시스템에 대한 연구였다.[8] 이들 학파가 커뮤니케이션에 대한 연구를 시작하면서 전제로 삼은 것이 하나 있는데, 두 사람 이상이 있다면 언제라도 의사소통을 안 하고 있을 수는 없다는 것이었다. 즉, 서로 아무 말 없이 있는 것은 "나는 당신에게 관심이 없소" 또는 "나는 지금 머리가 아프니 말시키지 마시오" 등의 메시지를 전달한 것과 같다고 했다.

이러한 견해는 커뮤니케이션의 범위를 더욱 넓혀 비언어적 의사소통까지 포함하는데 즉, 인간의 모든 행동 자체가 의도적이든 아니든 상대방에게는 어떤 메시지를 전달하는 것이다. 이로써 커뮤니케이션 연구범위는 단지 정보전달의 방향, 과정, 부호화, 소음 등의 주제를 뛰어넘어 의사전달에 영향을 미치는 모든 행동을 함께 연구해야 하는 것으로 확대되었다. 예를 들어 엘리베이터에서 동료가 침묵하고 있는 것도, 아무개가 미팅에 늦게 오는 것도, 사장이 직원에게 껌을 한 개 건네준 행동 모두가 커뮤니케이션 연구대상이 된다. 그만큼 커뮤니케이션은 조직행동, 나아가

이야기 8.2 물에 뜨는 아이보리비누?

아이보리비누 제조사는 물에 뜨는 비누를 개발하여 고객들에게 이를 가장 효과적으로 알리기로 했다. 광고매체를 통해 "아이보리비누는 물에 뜹니다."라고 알려도 되지만 효과적으로 알리기 위해 별도의 전략을 사용했다. 수십만 개의 물에 뜨는 비누를 시중에 공급하면서 물에 가라앉는 비누 1,000개를 섞었다. 광고문구는 "물에 가라앉는 비누를 가져오시면 경품을 드립니다."였다. 이 전략으로 아이보리사는 자기네 비누가 물에 뜬다는 사실을 고객들에게 굳게 인식시켰다. 어떻게 했든지 비누가 물에 뜬다는 사실을 고객들이 모두 알게 됐기 때문에, 이 사실을 직접 말하거나 광고하지 않았어도 경품을 주겠다는 광고문구에서부터 사은잔치까지 아이보리사의 전략활동 모두가 멋진 커뮤니케이션 활동이었다. 커뮤니케이션은 주고받는 말이나 글만이 아니라 이만큼 범위가 넓은 것이다.

서 조직유효성과 밀접한 관련이 있는 중요한 주제로 떠올랐다. 이야기 8.2

2 커뮤니케이션 네트워크

집단이나 조직에서 정보가 오가는 길은 이미 정해져 있기 마련인데 이 길들의 집합을 커뮤니케이션 네트워크(network)라고 하며, 이것 역시 어떤 모양인지에 따라 그 집단과 조직의 행동과 성과에 영향을 미친다. 현대의 조직은 지식과 정보가 오가는 것도 중요하지만 그 지식들이 새롭게 진화되고 축적되어야 진보와 혁신이 가능하다. 따라서 오늘날에는 조직에서 소통의 네트워크가 어떻게 형성되며 확장되고 변화되고 쇠퇴하는가에 관심을 갖고 관리해야 조직의 안정과 성장을 담보할 수 있다.[9]

네트워크의 유형

조직구성원들 간의 커뮤니케이션 접촉패턴은 당사자들의 행동에, 나아가 그 집단의 성과에 영향을 미친다. 반대로 그들이 속한 집단의 규범, 작업조건, 과업특성 등이 그들의 커뮤니케이션 패턴 형성에 영향을 미친다.

5가지 유형

커뮤니케이션 패턴(네트워크 혹은 채널)은 대체로 다섯 가지 유형 중 하나인 것이 보통이다. 수레바퀴형의 경우는 팀장이 중심이 되어서 주변 팀원들에게 지시하고 보고받는 형태이며, 사슬형은 사장이 이사에게, 이사가 부장에게, 부장이 과장에게 지시하고 보고받는 형태인데 Y형도 회사에서 흔히 보는 공식적 지휘계통의 채널이다. 원형은 태스크포스팀의 팀원들끼리 일대일로 긴밀

도표 8.2 커뮤니케이션 네트워크 유형

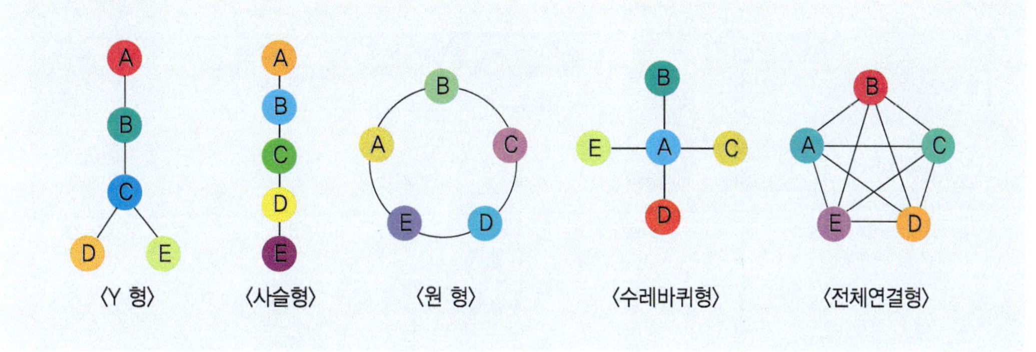

하게 정보를 주고받는 경우이며, 전체연결형은 친구들 모임 같은 비공식 집단에서 모든 회원들끼리 의사소통하는 형태이다. 도표 8.2

네트워크 유형별 특성

그런데 같은 조직이라고 하더라도 네트워크 채널이 어떻게 만들어졌는지에 따라서 구성원의 행동, 만족도, 분위기뿐만 아니라 전달의 신속도, 정확도 등 커뮤니케이션 유효성이 달라진다.[10] 예를 들면 수레바퀴형에서 가운데 사람을 중심으로 모든 정보가 집중되어 그의 권력이 커지면서 독재를 할 수도 있다. 그러나 가운데 사람이 모든 구성원들에게 송신할 때는 신속, 정확하다. 하지만 사슬형의 경우 처음 사람에게서 마지막 사람까지 가려면 주요 내용이 걸러지고 왜곡되기 때문에 속도나 정확도 측면에서 매우 비효율적이다. 그러나 극비리에 집단구성원끼리만 소통하기에는 안성맞춤이다. 이처럼 조직과 집단이 처한 상황에 맞춰서 네트워크 유형을 달리 할 필요가 있다.

네트워크 유형과 구성원 만족도의 관계

커뮤니케이션 네트워크의 유형은 집단구성원의 사기와 만족수준에 주는 영향도 크다. 리비트(H.J. Leavitt)의 연구는 집단구성원들이 말할 자유를 많이 가질수록 더 만족한다는 사실을 보여준다. 모든 멤버들과 말할 수 있었던 사람이 가장 만족했던 반면에 연결고리의 맨 끝에 있는 사람은 단지 한 사람과만 소통할 수 있었기에 만족이 가장 적었다. 그러므로 다른 여건이 동일하다면 전체연결형 네트워크의 경우 구성원들의 사기수준이 가장 높다고 볼 수 있다.

네트워크 유형과 조직유효성과의 관계

집단의 과업성과 역시 네트워크 유형과 관계가 깊다. 어느 유형이 가장 효율적인지는 일관성 있게 나타나지 않지만, 대개의 연구자들은 의사소통이 한군데로 집중화된 네트워크 형태가 단순한 문제들을 해결하는 데, 그리고 널리 퍼져 있는 형태가 복잡한 문제를 푸는 데 더욱 효율적이라는 사실에 동의한다. 도표 8.3

도표 8.3 네트워크 유형에 따른 집단유효성

유효성			Y형	사슬형		원형	수레바퀴형	전체연결형
				수직	수평			
정보전달	정확도	단순문제	높음	낮음	낮음	낮음	높음	높음
		복잡문제	낮음	낮음	낮음	높음	낮음	높음
	신속도		빠름	빠름	느림	느림	빠름	빠름
조직행동	문제해결속도		빠름	빠름	느림	빠름	빠름	느림
	권력집중도		높음	높음	높음	낮음	높음	낮음
	구성원만족도		–	낮음	낮음	높음	낮음	높음
	결정에 대한 수용도		–	낮음	–	높음	중간	–

네트워크 유형의 형성에 영향을 미치는 요인

조직에는 여러 소집단들이 있는데 그러한 집단들이 어떠한 의사소통 채널을 갖느냐가 전체 조직의 유효성과 밀접한 관련이 있음은 물론이다. 그런데 이들 소집단들의 커뮤니케이션 네트워크가 형성되기까지는 많은 요소들이 영향을 미친다. 주로 집단목표와 집단이 하는 일, 그 집단의 환경, 구성원들의 성격, 집단의 규모와 응집력 등에 의해 네트워크 형태가 결정되며, 또 그것들에 맞춰서 네트워크 유형을 결정하는 것이 바람직하다.

한편 조직이 쇠퇴해 가든지 위기에 처하든지 외부의 위협을 받고 있을 때에는 조직 내 커뮤니케이션 네트워크의 형태가 다음과 같이 바뀐다고 한다.[11]

- 평소 네트워크상에서 가장 빈번하고 말이 많던 사람에게로 쏠린다.
- 메시지가 일방적으로 흐르다가 쌍방적으로 바뀐다.
- 네트워크가 작동되지 않고 끊어지는 부분이 많이 생긴다.
- 네트워크 유형이 중앙집권화된 형태로 변한다.
- 네트워크가 수시로 바뀌지 않고 변한 상태로 굳어진다.

비공식 네트워크

비공식 네트워크의 필요성

조직에서 공식적 커뮤니케이션은 조직도에 있는 지시보고와 위계질서에 따라 메시지가 오간다. 그러나 사실은 업무상의 정보흐름이 조직도의 위계질서만을 따르는 것이 아니라 조직과 집단의 목표, 과업, 프로젝트의 특성에 따라서 수시로 바뀔 수 있다. 즉 실제의 네트워크는 조직에서 미

이야기 8.3 기막힌 네트워크

밀그램(S. Milgram) 교수의 연구는 커뮤니케이션 네트워크의 중요성에 시사하는 바가 크다. 생면부지의 아무개에게 누구를 아느냐고 물었을 때 그가 안다고 말하면 "참 세상 좁네."라고 느낄 것이다. 이렇듯 밀그램은 무작위로 뽑은 첫 번째 사람으로부터 지명되어 있는 목표자에 이르기까지 메시지를 보내서 제출토록 하였다. 놀랍게도 그 메시지는 네브래스카 주를 출발하여 매사추세츠 주에 있는 목표자까지 도달하는 데 약 5명의 중개자(intermediaries)만을 거쳤다. 어느 캐나다인 부부가 아이를 보모에게 맡기고 프랑스 여행 중이었다. 그런데 캐나다의 집에 있던 아이가 갑자기 앓게 되었다. 보모는 캐나다 외무부에 연락을 취했고, 외무부는 프랑스의 캐나다 대사관에, 그리고 대사관은 프랑스 라디오 방송국에 부모를 찾아 달라고 요청했다. 방송국에서는 그 부부의 렌트카 차량번호를 입수하여 방송을 했고, 고속도로를 달리던 한 청년이 이 방송을 듣다가 자기 앞차가 그 부부가 탄 차라는 것을 알고 그 차를 추월하여 이 소식을 극적으로 알리게 되었다.

리 정해서 공표한 조직도대로가 아닌 비공식적인 경우가 더 많다. 급변하는 환경에 신속한 적응이 더 요구되는 현대 조직일수록 커뮤니케이션 네트워크는 공식적인 조직도와 더 멀어질 수밖에 없고, 비공식적 네트워크에 의존하는 경우는 더 많아진다.

따라서 관리자들은 비공식 네트워크를 무시하고 멀리할 것이 아니라 오히려 활성화하는 것이 현명한 처사이다. 개인이나 부서 간의 갈등과 문제해결이 반드시 공식채널을 통해야 해결되는 것은 아니며 그런 때는 비공식 채널이 더 큰 역량을 발휘한다. 또한 비공식 채널은 조직구성원들의 사적인 비밀과 조직에 대한 불평을 털어놓을 수 있는 통로가 되기도 한다. 조직내부뿐만 아니라 영업과 판매활동에도 비공식 채널의 활용은 긍정적 효과를 낼 수 있다.[12] 이야기 8.3

그레이프바인

포도넝쿨처럼 뒤엉킨 비공식 네트워크를 그레이프바인(grape vine)이라고 하는데, 이에 대한 고전적인 연구는 이미 약 40여 년 전 데이비스(K. Davis)라는 사람에 의해 실시된 바 있다. 어떤 소문이 비공식 포도넝쿨 채널을 통해 오간다고 하더라도 이 또한 매우 중요한 정보원이다. 어느 회사에서는 간부 한 명이 직장을 옮긴다는 공식발표가 나오기 전인데도 이미 알고 있는 직원들이 전체의 81%나 되었다. 또는 취업 희망자가 직장을 선택할 때에도 친구들에게서 비공식적으로 듣는 해당 회사에 관한 정보와 소문이 매우 중요한 역할을 하는 것으로 조사되었다. 그렇다면 이러한 비공식 네트워크를 통해 전달되는 정보의 정확성은 어떨까? 한 연구에 의하면 전달된 정보의 75% 정도는 정확한 것이라고 한다.[13] 그레이프바인은 다음의 세 가지 특성이 있다.

- 리더나 경영자에 의해 통제되기 어렵다.
- 구성원들은 이를 통해 전달되는 메시지를 관리자나 경영자의 말보다 더 믿는다.
- 구성원의 사적인 이해관계와 관련되기 때문에 소문이 떠돈다.

비공식 네트워크의 종류

조직 안에는 적어도 다음과 같은 세 가지 비공식 네트워크가 있다.[14]

- 충고 네트워크: 업무상 필요한 정보나 기술적 지식에 대해서 질문하고 답해 준다.
- 신뢰 네트워크: 갈등이나 조직정치와 관련되는 비밀스럽고 미묘한 사안들에 대한 소문이 오간다.
- 정보자료 네트워크: 회사의 공지사항이나 매일 일어나는 일상적인 것을 공식 경로가 아닌 비공식 경로를 통해 주고받는다.

언제 비공식 경로를 이용하는가?

비공식 경로로 전달되는 메시지는 루머나 가십이라고 한다. 이러한 소문에 의해 경영자는 사원들이 중시하는 것이 무엇이며 또 어떤 견해를 갖고 있는지 미리 알 수도 있다. 이와 비슷한 예로 정부가 마련한 새 정책을 공식 발표하기 전에 언론에 비공식적으로 흘려서 돌아가는 여론을 살피면서 정책을 수정하고 취소하기까지 하는 경우도 있다. 루머는 네트워크집단 안에서 퍼질 때 더욱 공감을 많이 하고 사실로 굳어지면서 확대되는 경향이 더 많기 때문에, 그레이프바인이 너무 많아서 조직경영을 어렵게 한다면 경영자는 이를 통제해야 한다. 한편 비공식 경로의 사용은 사원들에게 욕구충족의 기회를 제공한다. 예를 들면 다른 사람은 몰라도 자기네끼리만 소문을 나누면서 친밀감을 키운다.[15] 정보내용이 주로 다음과 같은 특성을 지닐 때 비공식 경로가 사용된다.

- 멤버들 자신과 직접 관련되는 중요한 사안일 때
- 멤버들에게 불안감을 가지게 할 소지가 있는 사안일 때
- 명확히 결정되지 않고 아직 애매모호한 상태에 있는 사안일 때 이야기 8.4

이야기 8.4 루머의 희생자

마릴린 먼로(**사진**)는 세 번 결혼한 것 이외에도 케네디 대통령, 케네디의 동생과 염문이 있었고 그 죽음에 대해서는 아직도 수수께끼가 많다. "아서 밀러 말로는, 조 디마지오가 부부싸움하면서 먼로를 자주 때렸대." 사실 두 번째 남편이었던 조 디마지오는 그녀가 사망했을 때 장례를 도맡았다. 그리고 "먼로의 세 번째 남편인 극작가 아서 밀러는 그의 세 번째 아내였던 잉게 모라트와 낳은 다운증후군 아들이 있었다."는 소문만 있을 뿐이다. 유명인일수록 그리고 부정적일수록 더 매력적이기 때문에 더 멀리 더 빨리 퍼진다. 가십의 배후에는 흠집내기, 성적 욕망 등이 있다. 가십을 전하고 듣는 사람은 자신들이 감히 하지 못하는 일에 대해 판타지를 갖고 쾌락을 느끼듯이 가십은 종종 유명인의 위선을 들추고 난도질한다. 그럴싸하지만 불확실하고 악의적이며 혹독할수록 매력적이다. 가십의 순기능은 또 있다. 이 땅에 인간의 수가 증가하면서 씨족이나 부족끼리 단결해야 할 경우가 많아졌다. 그런데 군중 속에서 자기들만의 결속을 다지는 것이 쉽지 않았다. 이때 결속의 도구로 '가십 나누기'가 사용되었다. "자네만 알고 있게." "너니까 해 주는 말인데." 등과 같은 커뮤니케이션은 두 가지를 전달한다. 첫째는 비밀의 내용이고, 둘째는 '나는 너를 특별히 신뢰한다.'는 사실이다. 따라서 소문이 확실치 않더라도 혹은 가십의 주체가 그렇게까지 비판받을 만한 짓을 하지 않았더라도 눈앞의 상대가 믿을 만한 사실을 전달하고 굳건한 우정을 표시하기 위해 없는 사실도 과장한다. 진화생물학에서는 상호 결속을 다지는 생존도구로 가십이 사용되어 왔다고 해석한다. 이에 더하여 집단이 커질수록 물리적 접촉이 어렵고 그 틈새를 메우려는 욕구가 커지므로 유명인의 비밀을 퍼트리는 인터넷상의 도마질현상은 증대될 수밖에 없는 것이다.

Ⅱ | 커뮤니케이션의 수단

어떤 매체를 이용하는지에 따라 커뮤니케이션 유형을 언어적(verbal) 커뮤니케이션과 비언어적(non verbal) 커뮤니케이션으로 구별하지만, 실제로 의사소통을 할 때는 이들 매체를 혼합하여 사용한다. 상대가 누구인지, 무슨 내용인지, 메시지의 긴급성과 정확성, 그리고 전달비용과 시간 등을 고려한 다음에 매체들을 적당히 배합하여 사용하는데, 상황과 문화와 개인적 성향에 따라서 어느 한쪽을 더 좋아하기도 하고 싫어하기도 한다. 그리고 상황에 따라 사용하는 매체들의 효율성도 다르다. 특히 요즘은 전자매체가 발달해서 이와 관련된 지식을 습득하여 활용도를 높이면서 문제점에 대한 대책도 생각해둘 필요가 있다. 도표 8.4

도표 8.4 조직 커뮤니케이션 수단

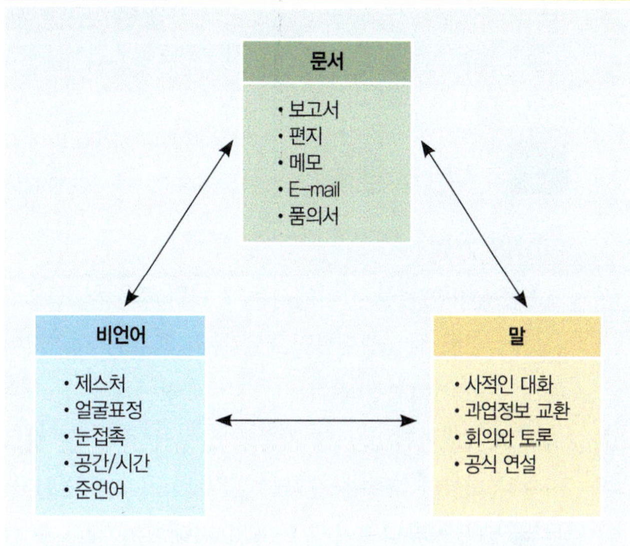

1 언어와 비언어의 사용

오랫동안 언어 커뮤니케이션만 연구했지만 오늘날에는 비언어 커뮤니케이션으로 비중이 많이 옮겨지는 추세이다. 사실은 언어의 사용 이전부터 인류라는 종은 비언어를 활용해 왔을 것이다. 즉 인간이 언어를 구사하기 이전에 눈짓, 손가락 놀림, 몸짓 등으로 상호 의사소통을 했으리라는 것은 우리가 많은 동물을 관찰함으로써 추측할 수 있다. 우선 언어 커뮤니케이션부터 공부하려고 하는데 이보다 먼저 혼동되는 용어 사용이 있다는 사실을 염두에 둘 필요가 있다. 이 장의 제목부터 다른 책에는 '의사소통'으로 되어 있으며 의사소통 수단, 매체, 방식, 도구, 채널, 경로 등 외래어와 번역된 우리말 때문에 혼동하기 쉽지만 별 문제는 없다. 이야기 8.5

이야기 8.5 커뮤니케이션 용어의 혼돈

커뮤니케이션에 자주 사용되는 교과서의 용어는 국내외를 막론하고 통일성은 아직 없다. 그 이유는 현실 세계에서도 이 용어들을 중첩하여 유사용어로 사용하고 있기 때문이다. "그거 이메일로 보내줘", "전자우편으로 보내줘", "인터넷으로 보내줘" 굳이 이들을 구별하지 않더라도 다 알아듣는다. 그렇다면 이런 방법으로 메시지를 보냈을 때 이것을 두고 다음 중 무엇이라고 해야 하는가? 커뮤니케이션의 방식, 매체, 채널, 미디어, 도구, 경로, 수단, 영어로는 channel, media, network, device, 이 중에서 무엇이 옳은 용어인가. 다른 예를 들면 플랫폼(platform)은 컴퓨터 운영체제도 되지만 정보 공급자와 소비자 간의 중개(matchmaking)가 일어나는 장소를 뜻한다. 무엇이 맞는가? 그러므로 교과서를 읽으면서 국어학자처럼 용어에 집중하면 머리가 아프다. 하지만 혼용해서 사용해도 커뮤니케이션을 배우는 데 아무런 지장이 없다. 그럼에도 불구하고 구별할 것이 전혀 없지는 않다. 즉 '의사소통 매체'를 '의사소통 미디어' 혹은 '의사소통 수단'이라고 해도 된다. 그러나 '의사소통 채널'과 '의사소통 네트워크'는 과거에는 혼용했지만 현재 '채널'은 '미디어 혹은 매체'를 의미하고 '네트워크'는 '연결망'을 의미하기 때문에 구별해야 할 것이다. 이런 구별 없이 'channel'을 '경로(network)'라고 번역하면 우리말로 혼동이 된다. '말로 할까, 문서로 할까?' '전화로 할까, 만나서 말할까?'는 미디어(매체, 채널)의 선택이라고 해도 되지만 네트워크나 경로의 선택은 아니다. 현실 세계에서 사람들이 용어를 완전하게 구별하여 사용할 때까지 우리도 너무 앞서서 구별하려고 하다가는 화를 입는다.

언어의 활용

언어의 기원

최근 언어학자들 사이에서는 언어의 기원을 10만 년 이전으로까지 소급시키고 있다. 언어를 구사하기 위해서는 해부학적으로 목의 후강이 내려앉아야 하는데, 약 30만 년 전 인류의 해부학적 목의 구조가 이처럼 진화되었다는 주장에 근거한 것이다.[16] 언어란 무엇인가? 프랑스와 스페인 국경인 피레네산맥 바스크 지방의 산 사람들은 수 킬로미터 떨어져 있는 이웃과 소통할 때 휘파람 비슷한 괴상한 고음을 낸다. 전달자의 의사를 수신자에게 전달할 때의 중간매체는 전부 언어라고 보는 것이 커뮤니케이션 학자의 견해이기 때문에 휘파람도 언어이지만 언어학자는 신호, 기호, 상징 등은 언어라고 하지 않는다.

언어의 기원은 한 곳에서 출발했어도 오늘날에는 국가, 민족, 심지어 부족마다 언어가 다르다. 인도는 한 나라 안에 700개 정도의 언어가 있고 공용어만도 힌디어와 영어 외에 23개나 된다. 이러한 다양성은 과거에는 문제가 없었지만 오늘 같은 글로벌시대에는 새로운 문제로 대두되었다. 하지만 인간은 동시통역 앱으로 이를 또 극복하고 있다. 언어 커뮤니케이션은 다시 구두(oral) 커뮤니케이션과 문서(written) 커뮤니케이션으로 구분한다. 물론 문자사용 기간은 말의 사용기간에 비하면 찰나에 불과하다.

구두 커뮤니케이션

오늘날의 직장인들에게 여러 사람 앞에서 혹은 고객이나 상급자에게 자기의견을 말로 표현하라면 얼마나 잘할 수 있을까? 보통사람은 일생을 살면서 문서(문자, 기호, 표)보다 구두(말) 커뮤니케이션을 더 많이 사용한다. 직장에서는 문서 커뮤니케이션을 중시했는데 오늘날에는 점차 문서보다 구두 커뮤니케이션을 더 많이 활용하고 있다고 조사되었다. 그리고 조직의 상위계층 사람일수록

이야기 8.6 구석기시대의 스마트폰 앱 지도

스페인의 피레네 산맥 서쪽 나바르 지역 산중에서 20여 년 전에 손바닥만 한 돌멩이(**사진**) 하나가 발견됐는데 사람이 못으로 아무렇게나 긁어 놓은 것 같은 흔적이 있었다. 이를 그 지역 사라고사(Zaragoza) 대학팀이 무려 15년간 해석하여 발표하기를, 막달레니안인이 가지고 다니면서 길을 잃으면 본 것으로 추정되며 오늘날의 포켓용 지도와 같다고 하였다(P. Utrilla 외 4인, Journal of Human Evolution, 57(2), Aug 2009, pp.99-111). 노인이 너무 늙어 사냥을 못 나갈 때 죽음을 앞두고 자손들에게 그동안의 지형 노하우를 넘기느라 만들었을 수 있다. 지도에는 1-야생염소 많음, 2와 3-사슴 많음, 4-강물, 5-건널 수 있는 강, 6-높은 산 정상, 7-건널 수 없는 늪지대 등뿐 아니라 강을 건너는 다리 표시, 깊게 뚫은 곳은 동굴, 심지어 동굴 입구까지 자세히 그려져 있다. 못도 쇠도 없던 시대에 무엇으로 날카롭게 팠을지 호기심을 자아내는 이 돌은 스마트폰의 앱지도보다 무려 1만 4,000년이나 앞선 것이다.

말로 지시를 하고 직접대면(face-to-face)으로 아랫사람들의 얘기를 듣는다고 한다.[17] 오늘날 전자 장비의 발달은 인간에게 문서보다는 구두 커뮤니케이션의 기회를 더 제공하는데 전화 이외에도 영상통화, AI와의 대화, 전자기기에 대한 지시 등은 모두 문자보다는 언어로 소통하기 때문이다.

문서 커뮤니케이션

문서 커뮤니케이션에는 보고서, 편지, 품의서, 메모 등이 속한다. 문자의 기원은 구석기 중기인 5만 년 전 돌이나 뼈에 규칙적인 간격을 두고 새긴 조각에서 찾을 수 있는데 초기에는 의사소통의 수단이 아니라 단지 기억을 보조해 주는 장치에 불과했다. 울산 울주군의 반구대 암각화는 문자도 종이도 없던 시절 생활상과 신앙을 기록한 우리나라 최초의 역사책이라고 할 수 있다. 문자는 말이나 소리를 눈으로 볼 수 있도록 한 의사소통 체계인데 인류는 역사상 292개의 문자체계를 만들었다고 한다. 문자의 선이 쐐기모양인 설형문자, 사물을 본떠 그것과 관련 있는 개념을 나타낸 상형문자에서 오늘날의 이모티콘까지 여기에 속한다. 이야기 8.6

현대 조직에서 문서 커뮤니케이션을 강조하는 이유 중의 하나가 바로 보존과 기억의 역할에 있다. 그러나 오늘날의 직장인들은 문서작성 능력과 노력의 부족으로 점차 문서사용을 기피하는 경향을 보이는데, 이를 부추기는 또 하나의 이유는 의사소통의 속도 측면에서 문자보다는 말이 훨씬 빠르기 때문이며 현대 조직에서 속도는 점점 중요해지고 있기 때문이다. 젊은 세대일수록 그림과 기호에 익숙하며 긴 문장 읽기를 싫어한다. 또한 긴 문장보다는 단어나 신조어만 주고받는 카카오톡, 틱톡으로는 문서커뮤니케이션 능력을 쌓기 어렵다. 미국 기업의 간부 중 79%가 가장 소홀하기 쉬운 행동의 하나로서 문서작성 행동을 꼽은 적이 있으며, 관리자의 44%가 부하직원들이 더 분명하고 체계적인 문서작성을 해야 한다고 답한 바 있다. 그들은 대학에서 회사 예비생들에게 시키는 교육훈련 중 명확하고 논리력을 갖춘 문장을 쓰는 훈련이 가장 필요하다는 의견을 제시했다. 우리나라 대학에서 논리적 글쓰기가 중시되는 것과 같은 맥락이다.

말과 문서, 어느 것이 나은가?

말할 것도 없이 구두 커뮤니케이션은 직접적이고, 문서 커뮤니케이션은 간접적인 경우가 대부분이다. 구두 커뮤니케이션은 효율성과 동시성의 장점 이외에도 자기 생각을 양적으로 더 많이 표현할 수 있기 때문에 좋다. 반면에 정확성이 필요할 때, 수신자가 멀리 있을 때, 기록으로 보존할 때는 구두보다 문서가 효과적이다. 물론 영상통화가 일상화되고 음성녹음 자료를 클라우드에 보관하는 현대의 전자기술 상황에서는 다를 수 있다. 이와 같이 다양한 언어매체 중 어느 것을 사용하는지에 따라서 의사소통의 효율성, 예를 들면 전달의 정확성과 피드백 속도 등이 좌우된다.

학술연구에 의하면 대개의 관리자는 보고를 받거나 지시할 때 문서보다 구두 커뮤니케이션을 압도적으로 선호했다고 한다. 그 까닭은 구두로 하는 것이 즉시전달이 가능하고 하고 싶은 얘기, 궁금한 부분을 자세히 나눌 수 있기 때문이었다.[18] 부하의 보고, 질문사항, 부하의 재답변 등이 문자로만 이뤄진다면 시간이 걸릴 뿐 아니라 오해의 여지가 많다. 이런 이유로 하위계층보다 비교적 재량이 있는 관리자 혹은 상위계층에서는 직접 대면하는 구두 커뮤니케이션을 선호한다.

그런데 구두 커뮤니케이션이 문제가 없는 것은 아니다. 관리자가 모든 부하를 따로따로 만나야만 한다면 시간낭비가 많기 때문에 큰 문제이다. 그러다 보니 정보소통의 중추역할을 맡은 관리자가 이를 들어야 할 부하들에게 전달도 못 하고 관리자 본인의 머릿속에만 계속 쌓아 놓는다. 그리하여 관리자는 정보를 독점하는 결과를 초래하고 모든 분야의 의사결정에 참여하는 독재적 관리자로 변할 수밖에 없다. 그러나 그도 인간인지라 정보저장과 활용능력의 제한으로 인하여 최선의 의사결정을 못 하고 수박 겉핥기식으로 한다. 이러한 단점을 피하려면 상위계층일수록 문서나 메일을 활용하고 하위계층일수록 말로 소통하는 것이 도움이 되는데 현실은 거꾸로 가는 것 같다. 그 이유는 윗사람일수록 읽고 쓰는 것을 싫어하기 때문인 것 같다. 이야기 8.7

이야기 8.7 통밥문화와 기록문화

한 회사의 분위기가 의사소통을 주로 말로 하는지 글로 하는지는 매우 중요하다. 대부분의 회사에서 아랫사람들은 주로 글과 문서를 주고받는데 상층부 사람들은 주로 말로 주고받는다. 말은 더 자세하며 되물을 수도 있고 빠른 반면, 글은 불편하지만 기록을 남겨 두기 위해서이다. 윗사람은 책임을 추궁할 사람도 적고 귀찮으니 말로 설명 듣는 것을 좋아한다. 하지만 중요한 정보는 윗사람이 더 많이 가지고 있다. 이들 정보가 구성원들에게 모두 확산되려면 기록되어야지 말로는 불가능하다. 말단사원은 사장과 만나는 것조차 불가능하기 때문이다. 사실상 사장이 일일이 만날 시간도 없다. 혼자 머릿속에 담고 밖으로만 돌면 무용지물이 되므로 극비사항이 아닌 이상 컴퓨터에 기록해 두면 필요한 사원이 뽑아 쓸 수 있을 것이다. 이순신은 7년 전쟁 동안 2,539일 일기를 썼다. 감옥에서 나온 날도, 죽기 이틀 전에도 썼다. 나중에 장군들이 참조하여 미래를 예측할 수 있고 오늘 우리에게도 도움이 된다. 하지만 대부분의 우리 조상들은 기록하지 않고 모든 일을 '통밥'으로 했다. 청기와나 고려청자 제조법은 아직까지도 수수께끼이다. 오늘날에도 호텔의 한국인 주방장은 시어머니가 며느리에게 장 담그기를 가르칠 때처럼 통밥으로 배우고 가르친다. 당연히 나이가 들어야 톱 요리사가 된다. 그에 비해 서양의 요리법은 모두 기록되어 있다. 누구나 그대로 따라 하면 된다. 그래서인지 외국인 주방장은 젊다. 통밥문화를 버리고 기록문화로 가려면 회사의 상층부에서부터 기록문화가 판을 쳐야 한다.

이야기 8.8 비언어 무료광고

"지상에서 천국을 보고 싶다면 두브로브니크로 오라!" 버나드 쇼가 한 말이다. 릴케는 애인 살로메와 이곳에 머무르며 이 도시가 '아드리아해의 보석'이라 칭찬했고 푸시킨은 '사랑', 바이런은 '진주'라 불렀다. 유고슬라비아 내전 때는 이 아름다운 성곽을 보전하기 위해 유럽의 지성들이 모여 인간 방어벽을 만들어 보존했다. 유럽인들에게 꼭 가보고 싶은 여행지로는 당연히 두브로브니크가 1순위이다. 이렇다 보니 세계 각지에서 성수기에는 하루에 1만 명의 관광객을 크루즈에서 쏟아 내는데 이를 주체할 수 없어 마침내 크루즈관광객은 안 받고 육로 이용자만 받기로 결정했다. 모든 관광객은 두께 6m, 길이 2km가 되는 이 도시의 성곽을 돌고 간다. 그렇지만 옛 공산권의 후진국이라서 에어컨을 설치한 집도 많지 않다. 그런데 성곽을 돌다 보면 보이는 몇 집에만 설치된 에어컨 실외기가 모두 우리나라 LG 제품이어서 필자는 내심 반가웠다. 하지만 실외기의 분홍색 LG로고가 흐리고 녹이 슬어(**사진**) 필자가 아닌 다른 나라 사람들의 눈에 띌지 의문이었다. 맨해튼 타임스퀘어 빌딩 옥외간판에 광고하는 막대한 비용 대신 몇 푼 안 되는 돈으로 가난한 성곽 주민의 실외기를 새것으로 바꿔주면 좋을 텐데 싶었다. 바쁜 뉴요커들은 맨해튼의 간판을 무심코 지나치겠지만 두브로브니크 주민들의 본의 아닌 자발적(?) 광고에는 누적관광객 수억 명의 잠재고객들이 자연스럽게 동화되지 않을까? 좋은 광고 기회를 놓치고 있는 것 같다.

비언어의 활용

말과 글 이외에도 수많은 매체를 통해 전달할 수 있는데 이 때문에 전혀 의도하지 않았는데 어느 틈에 전달이 되어 버리는 경우도 있다. 그리고 비언어는 겉으로 분명하게 드러나는 것이 아니라서 이에 대한 지식이 없으면 인간관계에서 많은 난관에 맞닥뜨릴 수 있다. 이야기 8.8

비언어의 중요성

어떤 연구에 의하면 일상 대화의 70% 이상이 언어보다 비언어(non verbal) 커뮤니케이션에 의존한다고 한다. 우리가 누구에게 언어 커뮤니케이션을 하고 있다면 동시에 일부분은 비언어 커뮤니케이션을 하고 있다는 뜻도 된다.[19] 고개를 끄덕이는 것부터 앉아 있는 자세에 이르기까지 비언어 매체의 종류는 무한하다. 예컨대 사장실의 크기나 바닥에 깔린 카펫도 찾아오는 손님에게 무엇인가를 전달하고 있는 것이며 손님은 그것을 잘 이해하여야 한다.

그런데 비언어 커뮤니케이션이라고 해서 정확성이 떨어지는 것도 아니다. 오히려 "사랑해요"라는 말보다 상대편의 눈빛과 억양으로 수신한 내용이 더 정확하다. 그러므로 심지어는 아무런 매체 없이도 소통이 가능하다. "진정한 웅변은 웅변을 경멸한다"고 하지 않았는가. 또한 실제로 TV의 볼륨을 완전히 끄고 화면만 바라보게 한 후 TV 속 두 사람의 토론내용이 대강 어떤 것이었으며 토론에서 누가 이겼는지를 알아내는 실험에서 시청자들은 토론의 70% 이상을 이해하고 있음이 입증되었다.[20]

대표적인 비언어 커뮤니케이션의 매체를 나열하면 다음과 같다.

시 간

사람들은 자기보다 신분이 높거나 중요한 사람을 만나러 약속장소에 갈 때는 일찍 가서 기다린다. 그럼으로써 "나는 정확한 사람이다" 또는 "나는 당신을 존경합니다"라는 뜻을 전달한다. 반대로 회의실에 맨 나중에 들어오는 사장은 "내가 너희보다 높다"는 사실을 알리고 싶어서인지도 모른다. 친구끼리도 시간을 상대에게 적게 할애함으로써 혹은 약속을 연기함으로써 "나는 바쁜 사람이다"라는 사실을 의도치 않게 전달할 수 있다. 하지만 너무 자주 지각하거나 뒤로 미루면 욕을 먹는다. 의지와 상관없이 "나는 너를 무시하노라"라는 뜻이 전달되기 때문이다.

공 간

도표 8.5 좌석 위치와 커뮤니케이션 빈도

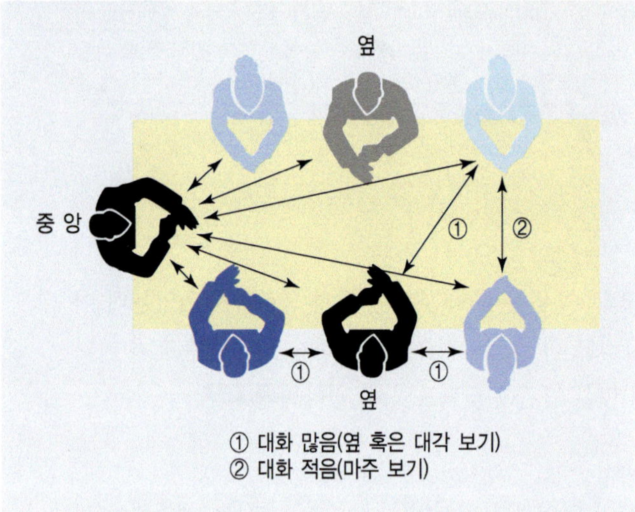

의사전달은 귀에 대고 하는지, 50cm 거리인지, 3m 거리인지에 따라 같은 말이라도 그 효과가 다르다. 남녀는 서로 좋아할수록 가깝게 선다. 어쨌든 먼 것보다는 가까이 서는 것이 우정이나 관심의 표시라는 것을 알기 때문에 공간과 거리로 이를 알릴 수 있다. 비즈니스 세계에서도 중동인은 가까이서 대화를 나누고 영국인은 멀리 떨어져 한다는 사실도 알아야 좋다. 또한 회의할 때 테이블 귀퉁이에 앉으면 "나는 겸손하다"의 뜻도 되지만 "나는 이런 회의에 관심도 없고 의견도 내기 싫다" 등의 의미가 함께 전달된다. 도표 8.5

제스처

어떤 사람의 몸짓을 단순히 관찰만 해도 그 사람이 생각하는 바를 어느 정도 알 수 있다. 이를 신체언어(body language)라고 한다. 오라고 할 때는 말이 필요 없고 손짓이면 된다. 고개를 흔드는 것은 마음에 안 든다는 뜻이다. 이런 것들은 보편적이지만 어떤 제스처는 미묘하기 때문에 언뜻 알아차리지 못할 때도 많다. 특히 다른 문화권에 가면 더하다. 물론 말이나 글보다 제스처가 더 잘 통하고 정확할 때도 많다. 말과 글을 잘 모르면서 외국인과 소통할 때는 제스처가 유용하며 언어의 보조수단으로 많이 사용된다.

얼굴 표정

얼굴 표정은 말보다 더 정확한 표현수단이 될 수 있다.[21] 말로는 아무 일 없었다고 말해도 슬픈 표정이면 무슨 일이 있음이 확실하다. "매우 놀랐다"라는 말보다 놀란 얼굴 표정이 훨씬 빠르고 정확하다. 동양인보다 서양인의 얼굴 표정은 훨씬 다양하고 대담해서 의사소통 시에 거의 항상 보조수단으로 사용된다.

눈 접촉

얼굴 표정과는 별도로 눈 접촉(eye contact)은 상당히 많은 것을 전달하는 매체이다. 관심이 많을수록 상대를 응시한다든지 놀람, 성남, 슬픔, 무관심 등의 표정이 모두 눈에 나타난다. "눈으로만 말해요!"도 충분히 가능하다. 그렇기에 대화하면서 상대방의 눈을 회피하는 것은 무관심, 순종, 거짓, 사죄 등을 전달하는 것이 된다.

이미지

전체적으로 풍기는 자태와 이미지 역시 소통수단이다. 신체 크기, 말하는 태도, 입은 옷의 모양이나 색깔, 넥타이와 액세서리까지도 앞에서 그의 말을 듣는 사람에게 송신자의 의도가 있든 없든 무엇인가를 전달하고 있는 것이다.

기타 수단

언어와 몸짓 이외에도 우리가 말을 할 때 언어와 함께 튀어나오는 것은 물론이며 나의 의도와는 무관하게 어떤 메시지가 전달된 것이므로 이 모든 환경이 의사소통의 수단이 된다. 대표적인 것은 다음과 같은 것들이다.

준언어

말은 물론이고 글로도 그것을 통해서 전달되는 직접적 메시지 외에 감정까지 인지할 수 있다. 예를 들면 '사랑한다'라는 말의 음색이나 억양은 정치인이 대중에게 연설할 때와 연인끼리 말할 때가 매우 다르다. 누가 내게 "오늘 날씨 참 좋다!"라고 말한다면 그 억양을 듣고도 나는 그의 감정 상태를 파악할 수 있는데, 이때 감정을 내게 전달한 것은 언어라기보다는 준언어(準言語: paralanguage)로 본다.[22] 누가 말하면서 주저하거나 떨면 두려워하나 숨기는 것이 있음을 표현한 것이다. 목소리의 고저와 강약, 억양과 리듬이 언어의 보조수단이다. 예를 들어 "네가 유학 가기를 원하는군"이라는 평범한 서술문에서 단지 '네'와 '군' 두 글자의 억양을 높여서 발음하면 "너같이 게으르고 공부도 안 하는 놈이 유학을 가겠다니 한심하다. 나는 반대한다"라는 뜻을 언어 없이 전달한 것이다. 이때의 억양을 준언어라고 할 수 있다. 이야기 8.9

이야기 8.9 두 딸을 살해한 어머니

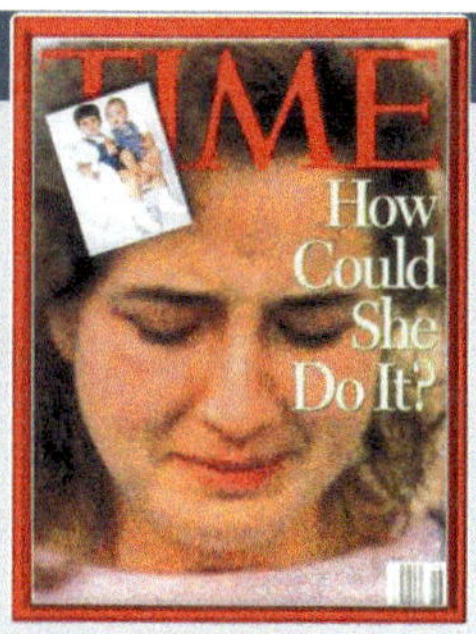

우리나라에서도 있었던 일이지만 아주 오래전에 미국에서도 엄마(**사진**)가 두 딸을 살해하는 희대의 사건이 일어났다. 그녀는 딸들이 사라졌다고 경찰에 신고했고, 경찰은 우선 부모와 원한관계에 있는 사람들이 납치한 줄 알고 엄마에게 이것저것 물어보았다. 그런데 엄마가 답하는 도중에 유난히 과거형 동사를 쓰는 것을 수상히 여긴 경찰은 추궁 끝에 자백을 받아냈다. 자식이 갑자기 사라졌다면 엄마는 당연히 아이가 현재 살아 있다고 생각하기 때문에 "나를 잘 따랐었다." "참 착한 애들이었다." 등의 과거형 동사를 사용할 리 없다. 하지만 이 엄마는 아이들이 죽은 것을 알기 때문에 무심코 과거형 동사를 썼다가 탄로 나고 말았다. 과거동사 사용은 (자기가 범인이라는) 알리고 싶지 않은 메시지가 수사관에게 전달된 것이다.

이야기 8.10 눈치의 커뮤니케이션

비가 오기 시작했다. 윗방에 있던 시어머니는 다림질하는 며느리 품에 안겨 있는 아이에게 말한다. "아가, 할머니가 업어 줄까?" 이 말은 할머니가 젖을 빠는 손자에게 하는 말이 아니라 빨래를 거둬들이라는 며느리에 대한 은근한 명령이다. 바쁘게 다림질하던 며느리는 "왜 어머니는 손이 없어 바쁜 저한테 시키세요?"라고 직접 대꾸하지는 않는다. 그 대신 안마당에서 잠자던 강아지에게 "저리 비켜."라고 걷어차며 빨래 걷으러 나갈 때 시어머니는 눈치를 챈다. 다음날 이면 며느리가 칼날처럼 빳빳하게 풀 먹인 시어머니 삼베 고쟁이에서 며느리의 항변을 다시 한 번 알아차린다. 눈치는 한국인 커뮤니케이션의 절반을 차지하고 있기에 직장동료 간, 상하 간, 노사 간에 뛰어난 감지능력이 요구된다.

무의식 커뮤니케이션

매체 없이도 소통이 가능할까? 커뮤니케이션의 시작은 송신자가 주도권을 쥐고 있기 때문에 송신자의 의도가 있어야 한다. 그러나 송신자 자신에게도 의도가 있는지 없는지 불분명할 때가 많다. 무의식 속에는 여러 가지 의도가 잠재해 있으나 오직 하나의 의도만 있는 것처럼 여기고 실행에 옮기기 어렵기 때문이다. 예를 들면 송신자가 어떤 의견을 표현할 때는 그 의견뿐 아니라 다른 것도 자동적으로 송신된다. 즉 그의 의도와는 무관하게 별개의 메시지가 함께 전달된다. 예를 들면 송신자가 숨기고 싶었던 자신의 신분이나 성격 혹은 상대방을 싫어하는 태도에 이르기까지 전혀 의도하지 않은 것들이 함께 전달될 수 있다. 수신자가 전달받은 메시지를 해석할 때 송신자 주변의 다른 것들이 영향을 미치기 때문이다. 송신자의 의지와 전혀 상관없이 전달되는 것이므로 송신자 입장에서 보면 이를 무의식 커뮤니케이션이라고 할 수 있다. 예를 들면 비행기에서 눈을 감고 앉아 있는 승객은 아무 말도 안 하지만 사실은 "아무도 나에게 말을 걸지 마시오"라는 메시지를 옆의 승객에게 보낸 것이며 따라서 옆 승객은 그렇게 수신하고 그를 조용히 놔둔다. 하지만 이러한 해석이 항상 맞는 것은 아니다. 이야기 8.10

2 전자 커뮤니케이션

과거 수만 년 동안 인류가 사용해온 언어매체를 초월하여 전자기술을 활용한 매체 때문에 커뮤니케이션 논의도 매우 다른 각도에서 접근할 필요가 생겼다. 100여 년의 역사를 가진 전기 분야는 다방면으로 인류의 삶을 바꿔 놓았지만 특히 커뮤니케이션 분야에 미친 영향은 3만 년 전 언어의 발명이 인류에 미친 영향과 버금간다고 할 수 있다. 따라서 인간끼리의 대화를 넘어 인간과 기계, 로봇과 로봇의 의사소통까지도 커뮤니케이션 연구대상이 되었다.

정보통신기술과 커뮤니케이션

오늘날 정보통신기술(information and communication technology: ICT)의 발달이 의사소통의 채널과 소통방식에 있어 편리함, 속도뿐 아니라 소통장애를 획기적으로 개선하고 있다. 이에 대해 공부해보자.

정보통신기술의 변화

ICT의 변화는 콘텐츠(contents)-플랫폼(platform)-네트워크(network)-디바이스(device)라는 사슬로 요약된다.

- 콘텐츠: 각종 유무선통신망을 통해 교환되는 디지털화된 정보를 통칭한다.
- 플랫폼: 초기에는 컴퓨터 운영체제를 의미했다. 예를 들면 MS-Windows가 플랫폼이 되고 인터넷상에서 콘텐츠는 소프트웨어에 의해 축적, 처리, 저장, 제공된다. 이렇게 축적된 콘텐츠가 플랫폼 제공자에 의해 수신자인 대중에게 주어진다. 최근에는 플랫폼의 의미가 확장되어 정보공급자와 소비자 간의 중개가 일어나는 장소를 뜻하며 플랫폼 기업, 플랫폼 비즈니스라는 말도 생겼다.[23] 마이크로소프트, 구글, 애플, 페이스북, 아마존, 알리바바, 텐센트, 소프트뱅크, 카카오, 네이버 등이 있고 주로 러시아권에서 인기가 높은 사회관계망 VK도 수억 명의 사용자가 있다.
- 네트워크: 사람들을 유무선으로 연결시키는 관계의 묶음인데 사용되는 서비스에 따라 전산망, 전화망, 컴퓨터 통신망 등으로 진화되다가 컴퓨터와 통신의 결합을 통해 정보통신망(ISDN)으로 발전되었다.
- 디바이스: 특정 용도를 위해 만든 기기, 장치, 도구란 뜻인데 예를 들면 컴퓨터하드웨어 주변기기, 즉 스마트폰, 태블릿PC, 노트북, 프린터, 각종 디스플레이어 등을 포함한다. 그리고 이러한 디바이스를 활용한 블로그, 트위터, 페이스북, 카카오톡, 밴드, 인스턴트 메신저 등을 통하여 정보를 주고받을 때 사용한다. 이와 관련하여 수많은 애플리케이션 프로그램이 개발되어 현대인의 사회관계망을 돕고 있는데 인스타그램, 텔레그램, 클럽하우스, 스페이시스, 카카오톡, 틱톡, 유튜브 등의 사용빈도가 늘고 있다.

사물인터넷

사물인터넷(Internet of Things: IoT)은 인간이 개입되지 않아도 각종 사물에 센서를 부착하고 인터넷에 유기적으로 연결하여 서로 정보를 주고받는 지능화된 서비스를 제공하는 기술이다. 이는 동시에 인터넷 세상에서 사람들 간의 의사소통 형태를 송두리째 변화시키고 있다. 자율주행차와 로봇배달, 드론의 이용은 물론이고 모든 것들이 스마트폰으로 원격조종이 가능한 시대가 되었다. 기상시간에 맞춰 놓은 알람은 진작부터이고 냉난방기구, 커피머신 등의 가전제품을 귀가 전에도 음성명령으로 작동을 지시한다. 그리고 밖에서 스마트폰으로 자기 집을 모니터링할 수 있고, 귀가시간에 맞추어 식사준비를 시키는 등 스마트홈 시대가 열린 것이다.[24]

발전된 전자매체들

전자 커뮤니케이션 매체는 전통 매체와 비교하여 다음과 같은 특징을 지닌다.

- 정보흐름의 변화와 증가
- 보다 쉽고 편리한 의사소통
- 조직시스템 변화에 따른 커뮤니케이션 변화
- 접근 가능성의 향상
- 전달능력의 증가

이에는 주로 다음과 같은 것들을 들 수 있지만 몇 가지 사례에 불과할 뿐 지금도 무수한 새로운 기술과 기기들이 개발되고 있다.

- 빅데이터: 엄청난 양의 자료 전달이나 방대한 규모의 데이터를 분석하여 새로운 지식을 만들거나 이상 현상을 감지하여 대응토록 한다.
- 클라우드컴퓨팅: 클라우드라고 불리는 컴퓨터 서버 내에서 소프트웨어나 데이터를 저장해놓고 다른 정보통신기기를 통해 데이터를 불러와서 처리하는 기술
- 스마트폰: 단거리 및 장거리 무선통신기술, 영상정보처리기술, 센싱(탐지와 인식)기술, 소프트웨어 기술이 통합되어 통화, 쇼핑, 금융, 소셜미디어, 내비게이션, 가상현실 등을 처리하는 만능기술
- 증강현실: 현실세계에 가상의 정보를 합성하여 가상의 정보가 실제 존재하는 것처럼 보이게 하는 기술
- 감성컴퓨팅: 인간의 감정을 평가하여 컴퓨터가 다양한 방식으로 인간과 소통하는 기술
- 생체인식보안: 지문, 홍채, 정맥, 얼굴 등 개인의 고유한 신체적 특성으로 사용자를 인증하는 기술 및 보안체제의 변화에 관련된 기술
- 딥러닝: 사람의 사고방식을 기계에게 가르치는 학습방법인데 컴퓨터가 스스로 훈련하면서 패턴을 찾아내어 분류하는 방식으로 인공지능을 급속도로 향상시키는 기술[25] 이야기 8.11

이야기 8.11 사이보그 인류

전자기술의 발달로 나의 머릿속 생각을 PC에 입력할 수 있다. PC는 연결된 로봇 팔에 지시를 내려 나의 생각대로 움직인다. 교통사고로 한 팔을 잃은 해병대출신 클로디아 미셸(Claudia Mitchell)도 생각만으로 로봇 팔을 이용해서 커피를 마실 수 있다. 감금증후군 환자는 머리는 정상이지만 신체를 못 움직인다. 말도 못 하고 눈만 약간 움직일 수 있다. 그런데 오늘날 환자의 뇌에 전극을 심어 뇌의 정보를 수집하여 이 신호로 신체동작뿐만 아니라 단어로 해석하려는 연구가 진행 중이다. 조만간 그 환자는 외부인에게 말할 수 있게 되는 것이다. 결국 우리는 이 기술을 이용해 다른 사람의 뇌를 읽을 수 있을 것이다. 그렇다면 나의 뇌도 전극과 컴퓨터와 연결되었다고 가정하자. 그리고 그 환자와 나의 컴퓨터를 연결했다고 하면 그 사람의 뇌와 나의 뇌는 모든 입력정보를 호환할 수 있다. 모두 호환했다면 그의 뇌와 나의 뇌는 동일한 정보를 갖는다. 같은 방식으로 지구상 모든 사람이 뇌 인터넷으로 연결되는 것이다. 그때가 머지않았는데 그때가 되면 너와 나의 커뮤니케이션이 무슨 의미를 가질까? 그때도 나의 정체성이 존재한다고 할 수 있을까?

전자 커뮤니케이션의 유형

전자 커뮤니케이션의 형태는 실로 다양하고 방대한데 주로 멀티미디어 지원이 가능한 각종 커뮤니케이션 형태를 요약해보기로 하자.

이메일

회사나 대부분의 조직들은 인터넷으로부터 안전한 정보유지를 위해 조직 내 고유의 인터넷시스템인 인트라넷(intranet) 형태인 그룹웨어(groupware)를 대부분 사용한다. 인터넷은 이제 전화의 자리를 대체하는 핵심적인 업무연락의 수단으로 자리매김하였다. 빠르게 정보를 전달할 수 있고 이에 따른 추가비용도 들지 않기 때문이다. 다양한 인터넷 연결수단 중 최근 사람들이 실시간으로 간단한 메시지나 파일을 주고받을 수 있게 한 인터넷 쪽지 서비스가 있다. 최근 일부 기업은 이를 이용하여 사내에서 상호연락을 하도록 장려하고 있다. 전화 사용량을 줄일 뿐만 아니라 여러 사람에게 동시에 동일한 메모를 보낼 수 있기 때문이다. 곧 감정을 메시지와 함께 전달할 수 있는 전자우편이 등장한다. 컴퓨터에 부착된 카메라가 이메일 송신자가 키보드를 칠 때의 표정으로 구체적인 감정상태를 파악하여 상대방 컴퓨터 화면으로 보내는데 여기에는 다양한 감정이 실리게 된다. 도표 8.6

도표 8.6 인터넷 대화의 부작용

5세대 이동통신(5G)

1세대의 전화, 2세대의 문자메시지 시대를 거쳐 3세대의 인터넷과 영상통신이 가능한 스마트폰이 등장하면서, 4세대 LTE 시대를 거쳐 무선인터넷에도 불구하고 유선인터넷과 맞먹는 속도와 본격적인 동영상, 게임, 화상통화 등 진정한 모바일 기기를 통칭하는 5G 시대가 도래하였다. 이는 4세대 모바일통신에 비해 1,000배 빠른 전송속도로 현대인의 의사소통을 주도한다. 사람들의 의도를 언제 어디서나 유기적으로 연결시키는 실시간 반응속도의 증가, 데이터 양과 정확도의 향상, 360도 VR, 홀로그램과 가상현실도 가능하고 지연속도가 매우 짧아져 자율주행기술, 원격로봇수술, 지뢰제거 분야, 구조작업 등 실생활에 영향을 준다. 5G는 대량 연결기술을 가능케 하여 모든 사물이 인터넷에 연결되는데 공장에서도 로봇들이 연결되고 알고리즘에 따라 통제받는다. SpaceX사의 Starlink프로젝트는 우주에 떠 있는 수만 개의 인공위성끼리 인터넷 네트워크를 구축하여 2030년까지 세계인이 1Gbps의 초고속 인터넷을 쓰도록 계획하고 있다. 이를 위해 이 회사는 지금까지 인류가 발사한 모든 인공위성보다 네 배나 많은 위성을 우주에 올리고 있다.

TV프로그램 직접참여

방송사들이 경쟁적으로 인터넷을 매개로 시청자와의 쌍방향 소통을 지향하고 편리성을 추구하면서 TV아웃 세대가 나타나고 있다. 최근 적잖은 TV프로그램들이 시청자의 아이디어와 직접참여로 제작되고 있다. 방청권도 과거처럼 방송사 앞에서 길게 줄을 서는 것이 아니라 인터넷을 통해 재빨리 신청하면 그만이다. 방송국의 드라마 제목은 인터넷 공모를 통해 선정되기도 한다. 공모와 투표 등 모든 과정이 인터넷 안에서 이루어지면서 제작진은 드라마 시작 전부터 시청자의 관심을 끌기도 한다.

스피드 커뮤니케이션

현대인들은 정보의 홍수 속에 살고 있다. 정보매체도 다양해졌으며 전달속도 역시 빨라졌다. 위성방송과 개인용 컴퓨터, 멀티미디어의 발달이 가져온 또 다른 형태의 정보공해가 이미 위험수위에 이를 정도가 되었다. 외국의 경우 한 사람이 하루 평균 3,000여 개의 상업정보의 집중포화를 받는다는 통계가 있다. 이렇게 엄청난 수의 정보 메시지 중 사람들의 눈길을 끌지 못하는 것은 흔적 없이 사라질 뿐이다. 순간을 놓치면 의사소통은 실패한다. 그래서 많은 매체들은 이렇게 매정한 수신자의 눈을 조금이라도 끌기 위해 수많은 정보로 유혹하며 치열하게 경쟁한다. 뉴스, 르포기사, 오락, 스포츠, 연예, 건강 등 자극적인 기사와 온갖 눈요깃거리를 제공하는 각종 사진, 그림, 광고 등이 넘친다. 오늘을 사는 사람은 정신없이 바쁘게 살고 있으며, 과거에 생각조차 하지 못했던 스피드 커뮤니케이션(Speed Communication)을 만끽하고 있다.[26] 결국 커뮤니케이션의 생명은 속도가 되고 있다.

텔레커뮤니케이션

텔레커뮤니케이션이란 간단히 말해 정보의 장거리 전달을 하며 전자매체를 이용하여 멀리 떨어진 장소로 정보를 전송하는 것을 말한다. 이때 정보의 형태는 음성(voice), 화상(image), 영상(video), 자료(data), 텍스트(text) 등 어떤 것이어도 무방하다. 20세기 중반부터 우리는 이미 산업혁명에 필적하는 텔레커뮤니케이션 혁명을 경험하고 그에 따른 통신수단의 변화, 생활패턴의 변화 등을 실감하고 있다. 전화서비스를 일컫는 전통적 의미의 텔레커뮤니케이션은 이제 다양한 매체의 등장으로 그 영역이 훨씬 넓어졌다.

e-시대

정보지식 혁명은 우리의 삶과 사고방식, 행동양식, 가치관, 문화까지 송두리째 바꿔 놓고 있는데 e-상거래, e-비즈니스, e-금융, e-출판, e-교육 등 e-시대가 진행 중이다. 그런데 e-비즈니스를 단순한 인터넷 쇼핑이나 틈새시장을 노린 전자상거래로만 착각하면 잘못이다. e-비즈니스는 제품의 디자인부터 생산-인도-판매-재고관리-고객취향의 파악은 물론이고 사업방식과 경영 전반에 걸쳐 근본적인 변화를 불러왔다. 이야기 8.12

이야기 8.12 인터넷에 망하고 인터넷으로 재기하다

백과사전의 대명사는 역시 영국의 브리태니커이다. 그런데 언젠가부터 브리태니커 백과사전이 인터넷에 밀려 판매가 격감하더니 종이사전의 종말을 고하고 말았다. 1768년 영국 에든버러에서 첫 선을 보인 이 사전은 영어로 된 사전 중 가장 내노라 하고 깊이 있는 것으로 200여 년간 최고의 권위와 전통을 자랑해 왔다. 새로운 개념을 끊임없이 수록해야 하기 때문에 계속되는 증보를 통해 15판이나 나와 있었다. 이 사전의 종말은 무엇보다도 인터넷 등 슈퍼 커뮤니케이션이라 불리는 최신 정보기기 때문이다. 두꺼운 책을 들춰 보지 않고도 필요한 정보를 얻을 수 있는 스마트폰이나 아이패드 등이 32권짜리 사전을 무용지물로 만든 것이다. 결국 브리태니커는 2012년 창간 244년 만에 종이판 출판을 마감하고 전자출판으로 대신하는데 이번에는 '주적'인 누리꾼들이 자유롭게 편집하는 온라인 백과사전 '위키피디아'에 밀렸다. 하지만 브리태니커는 온라인 교육으로 새로운 시장을 개척하기 시작한다. 인터넷으로 망했지만 인터넷으로 재기하려는 것이다. 그 결과 초·중·고 대상의 온라인 교재로 새로운 시장을 개척해 흑자를 내고 백과사전은 온라인으로 전환해 구독료를 받고 있다. 2011년 매출이 2억 달러 수준으로 알려졌지만 이듬해 전년 대비 18%가 늘었다. 전 매출액의 15%만 전자 백과사전 이용료이고 85%는 교육자료에서 나온다. 브리태니커사는 이미 오래전부터 종이출판의 마감에 대비하여 온라인 교육자료 개발에 투자해 왔던 것이다. 본사의 400명 직원 중 250명은 IT기술자이다. 커뮤니케이션 방식의 변화에 목숨을 걸고 있는 회사가 비단 브리태니커뿐일까? 종이책 '조직행동'은 9판 개정판을 보장할 수 있을까?

실시간 쌍방향 소셜미디어 시대

과거의 소셜미디어 혁명은 페이스북, 트위터 등의 등장으로 인터넷 이메일 시대를 넘었다고 할 수 있지만 클럽하우스, 스페이시스 같은 소셜미디어 앱은 2세대 소셜미디어 혁명을 가져왔다. 이는 쌍방향 소통이 실시간으로 가능케 하는 앱을 구축했으며 오디오 중심의 소셜네트워크를 이용한 커뮤니케이션 방식을 확장시킨다. 지금까지는 대중에 인기가 있을 만한 콘텐츠를 만들어서 일방적으로 플랫폼에 올리는 방식이었다면 새로운 앱은 콘텐츠 없이도 자신이 필요한 정보만 나누는 니눔방에 들이가 실시간으로 모르는 사람들과 오니오보반 쌍방향 대화를 나누는 앱이다.

III | 커뮤니케이션의 관리

사람마다 커뮤니케이션 스타일이 다른데 효율적 소통을 위해 그리고 원만한 대인관계를 위해 개인의 커뮤니케이션 스타일은 매우 중요하다. 상황에 맞게 스타일을 바꿀 수 있으면 더 좋다. 그런데 불행히도 조직에서 의사소통과 관련하여 생기는 문제는 너무 많다. 지금까지 조사된 바에 의하면, 조직관리자의 74%가 조직운영의 장애요인으로 커뮤니케이션을 꼽는다.[27]

커뮤니케이션과 관련된 문제로는 두 가지로 압축될 수 있는데 하나는 커뮤니케이션이 없는 것 자체가 문제이고, 둘째는 커뮤니케이션이 있는데 잘못되어 있다는 것이다. 앞에서 언급했던 대로 회사 중견 이상 간부의 경우 직장근무시간의 대부분은 다른 사람과 소통하면서 보낸다.[28] 그런데 직원들이 관리자나 동료들 간에 정확한 의사전달이 안 되면 문제는 심각하다. 이와 관련해서 현상과 대응책을 파악하려 한다.

1 커뮤니케이션 스타일의 차이

같은 것을 상대방에게 전달하더라도 사람마다 전하는 스타일이 다르다. 성격에 따라서 어떤 사람은 언어로 하는 것을 좋아하고 다른 사람은 비언어 매체를 더 사용한다. 그뿐만 아니라 매체를 사용하는 방법도 성격, 성별, 습관, 문화에 따라 다르다. 그러므로 이를 이해해야만 효과적으로 뜻을 정확하게 전달하고 잘 알아들을 수 있다.

개인별 차이

커뮤니케이션 스타일에 따라 효과가 다르고 정확성과 신속성, 그리고 상대방에게 주는 느낌도 다르다. 즉 상황과 상대방에 따라 적합한 커뮤니케이션 스타일이 따로 있다는 뜻이다. 그러므로 여러 가지 스타일을 알고 미리 자신의 대화 스타일을 파악해 둔다면 더 좋은 스타일로 고치든지 상황에 맞춰 유연하게 사용할 수 있을 것이다.

성격과 커뮤니케이션 스타일

어떤 사람은 항상 침묵하고 알아도 모른 체하는데 다른 사람은 항상 오픈마인드이다. 성격차이 때문이다. IT업계 직원들 간의 정보소통을 조사한 연구에 의하면 일단 조직(팀)의 지원이 확실하고 공동체로 인식되면 내향적인 사람이 외향적인 사람보다 더 남에게 털어놓는다. 또는 여행업계를 대상으로 한 조사에서는 Big-5 성격요인 중 개방성(openness)이 강한 사람은 대면관계나 전화로 전해 듣는 많은 정보원을 가지지만 신중성이 높은 사람은 이와 같은 정보원이 적다. 또는 외향성(extroversion)과 신경성(neuroticism)이 높으면 대중문화 정보원에는 관심을 별로 안 둔다. 이와 같이 정보원을 찾고 교류하는 것도 성격특질의 영향을 받는 것이다.

한편 내향성보다 외향성의 사람이, 여성보다 남성이 비교적 더 얼굴 대면의 직접 대화를 원한다고 한다.[29] 사소한 사실이지만 호텔에 묵으면서 불만사항을 피력할 때에 교육수준이 높을수록 직접 데스크에 얘기하든지 편지 등의 문서 커뮤니케이션을 사용하는 데 비해 낮은 교육수준의 고객일수록 객실용 건의함에 적어놓고 간다. 그리고 M·Z·α(알파)세대가 은퇴할 때쯤이면 상황은 달라지겠지만 현재로서는 회사에서 구세대일수록 전자미디어 사용을 멀리한다는 것도 밝혀졌다.[30] 이러한 증거들은 개인의 성격과 신분특성에 따라 선호하는 매체도 다르다는 것을 뜻한다.

개인 간 스타일의 차이

남과 대화할 때 사람마다 행동유형이 서로 다른데 주로 다음과 같은 분류가 가능하다.

- 신사형: 생각한 그대로를 표현하며 꼭 할 말만 하고 정확하고 솔직하게 말한다.
- 소크라테스형: 상대가 말한 것을 꼼꼼하게 따지려 들며 토론을 즐기고 말꼬리를 붙들고 늘어지기도 한다.
- 심사숙고형: 상대가 말하는 데 끼어들지 않으며 상대의 감정이 상하지 않도록 노력한다. 무엇이든지 먼저 말 안 하고 갈등소지가 있는 것은 꺼내지 않으며 항상 듣기만 하고 꼭 알고 싶은 것만 묻는다.
- 법관형: 신사형과 소크라테스형의 혼합형으로서 생각한 것을 정확히 말하며 다 듣고 나서 상대보다 우월한 위치에서 충고와 판단까지 해 준다.
- 지원자(응시자)형: 소크라테스형과 심사숙고형의 혼합형으로 적극적이고 호의적으로 대화에 임하면서 질문도 자주 한다.
- 국회의원형: 정치인답게 상황에 맞추어서 신사형과 심사숙고형을 번갈아 오가며 자신의 대화스타일을 변화시키면서 대화를 이어간다.

성별 차이

남녀 간 스타일의 차이

남성보다 여성은 대화할 때 여성스러움을 표현하려고 겸손한 태도를 보이는데, 예를 들면 여성은 신분적으로 낮은 위치에 있는 척하며 작은 소리로 말한다. 그리고 대화하면서도 상대방과 좋은 관계를 유지하려고 남성은 '나' 혹은 '저'의 표현을 쓰지만, 여성은 '우리' 혹은 '저희'의 표현을 많이 쓴다. 동시에 남성은 거만을 떨며 몰라도 질문을 자제하지만, 여성은 겸양과 수줍음에서 아는 것도 잘 모른다는 듯이 질문하곤 한다. 개인적 스타일로 보면 여성은 심사숙고형이고, 남성은 직선적으로 표현하는 신사형이든지 상대의 말을 제압하고 충고나 하려는 법관형이다.[31] 물론 이는 일반적인 경우이며 예외는 얼마든지 있다.

사람마다 다르기는 하지만 비교적 여성은 상대방을 배려하면서 마음에 안 들어도 칭찬 섞인 비판을 조심스럽게 하며 재치 있게 피해 가는 데 반해, 남성은 칭찬도 잘 하지 않고 자기 자랑에 치중하고 무뚝뚝하며 자신의 약점을 좀처럼 인정하려 들지 않는다. 여성은 말을 하면서도 조심스럽게 주저하면서 말을 이어가고 남성은 스피디하게 할 말을 직설적으로 하는 경향도 있다. 그러므로 여성이 남성으로부터 발언을 더 제지당하고 회의장에서 여성은 자신의 의견을 끝까지 피력하는 데

이야기 8.13 여자가 말이 많은 이유

일상생활을 하면서 남성은 하루에 2,000~5,000단어를 사용하고, 여성은 하루에 6,000~8,000단어를 사용한다. 그런데도 회의석상에서 여성에게 발언의 기회를 주지 않거나 지위 높은 남성들이 독점한다면 큰 실수를 범하는 것이다. 혹은 가정주부를 온종일 집에 혼자 있도록 내버려 둔다면 곧 우울증에 걸릴 수도 있다. 그러니 전화로라도 한 시간 이상 대화를 나누어야 직성과 본성이 풀린다. 왜 본성인가? 남성은 온종일 직장에서 떠들고 토론하고 집에 왔기에 가정이 조용한 동굴이 되어 주길 원한다. 그러나 적막 속에서 하루를 보낸 아내는 가족이 모이면 장터가 되기를 원한다. 그래서 아내는 침묵하는 남편을 별로 안 좋아하고 남편은 재잘거리는 아내를 덜 좋아할 수 있다. 남녀의 이러한 차이는 환경 탓이지만 원초적인 원인은 수백만 년의 인류유산에 있다. 남녀의 차이는 먼 옛날부터 남녀가 따로 역할을 맡아 진화하는 과정에서 형성된 기질인 것이다. 여성은 동굴이나 움터 주변에서 먹을거리를 채집하며 아이들을 통솔하고 싸움을 말리며 이웃들과 소통하는 과정에서 기쁨과 슬픔, 재잘거림과 배고픔 같은 작은 변화에 민감하도록 진화되었다. 그러나 남성은 오직 하나, 사냥감에만 몰입했다. 떠들면 사냥감이 도망칠 것이고 놓치면 다음 기회는 기약이 없다. 사냥 나가는 남자들의 세계는 '침묵의 규율'이 최고의 헌법이었다. 채집가설은 달변을 낳고 사냥가설은 침묵을 낳은 것이다. 그러나 현대사회에서 남녀 역할이 점차 바뀌어도 본성이 따라서 바뀌려면 또 수만 년이 흘러야 한다. 그때까지는 남녀가 싸울 때 여성은 입으로 남성은 주먹으로 대하는 것이 유리할까?

지장을 더 받기도 한다. 그리고 여성은 애매모호한 것은 더 명확한 확답을 얻으려 하지만 남성은 그냥 넘기려 하기도 하는 등 다양한 측면에서 남녀 간 차이가 있는 것은 확실하다.[32] 이야기 8.13

왜 남녀는 대화스타일이 다를까?

남녀 간 대화스타일에 차이가 있다는 사실은 인정하지만 왜 그런지에 관해서는 의견일치가 덜 되어 있다. 이에는 두 개의 대표적인 가설이 있는데 첫째는 선천적인 생물학적 차이라고 한다. 예를 들면 남성은 유전자 재생산 전략과 관련해서 배우자를 선택할 때 더 매력적인 여성과 짝지으려는 유전적 욕구로 인하여 다른 남성과 경쟁하고 지배하려는 성향이 강하다. 따라서 여성보다 더 공격적으로 대화하고 상대방 말에 끼어들고 간섭하려 한다. 물론 여성도 건장한 남성과 짝지으려는 욕구가 있겠지만 여성은 평생 동안 전파할 수 있는 생식세포 수가 많아야 40개 정도에 불과하다는 한계 때문에 경쟁적 지배욕구가 남성만 못하다는 것이 통설이다. 물론 오늘날 이러한 현상이 회사 사무실이나 일상에서의 배우자 선택과 관련이 없더라도 진화론적 심리학자들 견해로는 생물학적으로 그러한 DNA가 남성들의 행동기반에 잠재해 있다는 것이다.

둘째, 남녀 간 대화스타일 차이를 사회학적으로 해석하는 학자들에 의하면 말하기는 타고나는 게 아니라 자라면서 습득된다고 한다. 어려서부터 소년들은 지위와 서열을 확보하는 기술과 습관을 배우지만 소녀들은 친근하고 감정적인 유대관계를 발전시키는 능력과 대화방식을 배운다는 것이다.[33] 그러므로 여성들은 협상을 하면서도 상대방을 배려하면서 친근한 유대관계를 계속 이어나가려고 노력하는 데 비하여 남성들은 상대방보다 우월한 위치를 확보하고 지배하는 데 목적을 둔다. 이를 방해하거나 위치확보를 위태롭게 하려는 주변의 시도로부터 자신을 보호하고 패배를 피하려 하니 자신의 잘못을 좀처럼 인정하려 하지도 않는 것이 남성들의 일반적 특성이다.

문화적 차이

각 집단마다 사회계층마다 국가마다 문화는 모두 다르며, 이러한 문화는 의사소통 방식뿐만 아니라 대부분의 행동을 지배한다. 이렇게 문화가 다른 사람들이 모인 조직에서 공통 스타일과 매개체를 통하여 소통을 하려면 차이를 극복하는 지혜가 필요하다.

세대 간 차이

선진국들의 발전은 수백 년이 걸렸지만 우리나라는 빠른 경제발전에 힘입어 사회문화적으로 최근 반세기 동안 대변혁을 경험하고 있다. 더군다나 전자산업의 종주국으로서 커뮤니케이션 수단인 스마트폰을 비롯한 각종 미디어기기 사용의 확장속도는 더 빠르다. 부모와 자녀 세대, 조부모와 손주 세대가 공존하면서 소셜미디어를 다루는 기술과 오가는 메시지의 형태에서 상당한 괴리를 보인다. 이러한 현상은 직장에서도 예외가 아니다. 우리나라의 많은 조직에는 구세대와 신세대 정도가 아니라 헝그리세대, 베이비붐세대, X세대, 밀레니엄세대가 공존하고 있으며 소셜미디어 활용에 있어서는 M・Z세대와 α(알파)세대 사이의 괴리 또한 현저하다. 비대면 커뮤니케이션 능력은 초중고생 사이에도 차이가 큰 실정이다. 이런 상황이라면 동일 조직 안에서 소통문제를 과연 어떻게 풀어갈지 큰 과제로 남는다.

국가 간 차이

고개를 끄덕이거나 옆으로 흔드는 의미가 서로 긍정과 부정의 반대인 경우도 있으며, 두 손가락을 펴면 대개의 나라에서는 승리와 평화의 표시이지만 손등을 보이는 두 손가락 사인은 영국인에게 욕이 된다. 악수도 나라마다 다르다. 미국인이나 독일인에게 굳은 악수를 했다면 호감이 가는 동작이지만, 프랑스인이라면 어색해할 것이다. 프랑스에서는 악수를 자주 하지만 짧고 힘을 덜 들이는 악수를 한다. 같은 유럽이라도 프랑스인은 남성끼리 포옹하는 경우가 드물지만 이탈리아인은 양손을 걸치거나 친할 경우 포옹을 하고 가볍게 쓰다듬는다. 중동 지역 국가에서는 남자끼리 어깨를 껴안는 경우도 종종 있다.

서로 다른 문화권의 국가 간 커뮤니케이션 문제로는 주로 다음과 같은 제약점을 들 수 있다.

- 어의상 문제: 한 낱말의 의미는 사람마다 다르게 인식된다. 하물며 서로 다른 나라에서 온 사람들이라면 더욱 그렇다. 어떤 낱말은 번역 자체가 안 되기도 한다. 멋, 눈치, 인연(因緣) 등이나 담백한 감칠맛, 불그스레한 빛깔 등의 우리말은 타국어로 완전히 번역되기 어렵다. 그리고 자유시장이나 완전경쟁의 의미는 이에 전혀 경험이 없는 북한동포에게 설명하기 어렵다.
- 표현상의 문제: 같은 낱말이라도 다른 경우가 있다. 한국인과 미국인이 협상 테이블에 마주 앉아 대화할 때 한국인이 "네, 네" 한다면 "저는 지금 잘 듣고 이해하고 있습니다"의 의미이지만 미국인은 "저는 당신의 제안에 동의합니다. 수락합니다"의 뜻으로 받아들인다.
- 지각의 문제: 에스키모 사람들은 눈(雪)에 대한 표현이 여러 가지이다. 우리나라에도 진눈깨

이야기 8.14 중국의 코카콜라 = 可口可樂

중국에 진출한 오리온 초코파이의 중국식 명칭은 '하오리요우(好友)파이'이다. 중국 진출 전 이미 경쟁사가 '초코파이' 상표를 등록하는 바람에 대신 '오리온'과 비슷한 발음을 내도록 고육지책으로 만든 상표지만 결과는 대성공이었다. 상하이에 진출한 신세계 이마트의 중국 명칭은 '이마이더(易買得)'인데 상하이 현지어로 '이마떠'로 읽혀 원 발음에 더 가깝다. 여기에 '쉽게 살 수 있다'는 뜻이 할인점의 이미지를 적절히 표현해 현지에서 호응이 컸다. 삼성전자의 경우 텔레비전 명품의 '플러스 1'은 '티엔와이티엔(天外天: 완벽함에 완벽함을 더한다)'으로 현지화했다. 현대자동차는 처음 미국 시장에 진입할 때 막대한 광고비를 추가로 투입했다. 현대(HyunDai)자동차의 발음 중 Die(죽다)를 Day로 발음하도록 추가광고를 해야 했던 것이다. 대영자전거의 미국 수출도 마찬가지였다. Dai Young의 의미를 영어권 고객들은 젊어 죽다(Die Young)로 이해했던 것이다. 마찬가지로 프랑스 화장품 Channel No.5가 No.4로 명명되었더라면 죽을 사(死)자를 싫어하는 한국인들에게 그토록 많은 인기를 얻을 수 있었을까? GM자동차는 신차를 개발하여 '귀함, 고상함(Noble)'의 의미로 'NOVA'로 명명하였는데 스페인어권인 멕시코, 중남미에서 고전하였다. 스페인어로 NOVA는 'No Go'의 뜻이었기 때문이다.

비, 함박눈, 싸라기눈 등이 있다. 그러나 눈이 오지 않는 태국이나 말레이시아에서는 함박눈과 싸라기눈의 차이를 당연히 모를 것이다. 이야기 8.14

2 커뮤니케이션의 장애

조직에서 커뮤니케이션이 장애를 받는 이유는 여러 곳에 원인이 있는데 여기서 대표적인 장애요인만 간추려 보자.

무엇이 커뮤니케이션 장애를 만드나?

개인적 원인

- 언변과 테크닉: 어떤 사람은 언변이 뛰어나 상대방의 수준에 맞는 어휘를 사용하면서 중언부언하지도 않고 쉽게 이해하고 동조할 수 있게 만드는 기술을 갖고 있다. 그 반대의 사람은 상황에 어울리지도 않는 대화로 상대를 오해하게 만들기도 하며 본인의 의도와 다르게 전달하여 대인관계에서도 자신감이 약하다. 흔히 여성이 남성보다 언변이 좋다고 한다. 한편 5~20%의 사람들이 대화공포증, 커뮤니케이션 불안증(communication apprehension), 대인관계공포 등으로 의사소통에 지장을 받는다고 한다.[34] 이런 사람들은 누구와 직접 대화는 물론 글이나 메신저를 사용할 때에도 긴장과 초조함으로 메시지가 소통과정에서 왜곡될 수 있다. 그러한 오해는 상대방에게 전달돼서 감정을 상하게 하든지 서로의 의사소통을 방해한다.[35] 이처럼 개인적이든 집단적이든 감정상태는 조직 커뮤니케이션에 다각도로 영향을 미친다.
- 글쓰기 문장력: 여기서 말하는 문장력은 문학작품 쓰는 실력을 의미하는 것은 아니다. 전자

이야기 8.15 **어느 문서가 정확한가?**

〈문서 A〉

귀사의 복사기는 A/S 기간이 지났음을 통보하오니 착오 없기 바라며 이 문제와 관련하여 문의사항이 있으시면 연락 주십시오.

〈문서 B〉

2024년 5월 14일로 귀사의 복사기(구입 날짜: 2023년 5월 15일)는 계약에 따라 A/S 기간이 지나게 되었습니다. 그러므로 2024년 5월 15일부터는 수리비를 지급하셔야 합니다. 문의사항이 있으시면 저희 회사 담당자 홍길동 대리(전화: 000-1234-6789)에게 연락 주십시오.

매체의 발전으로 점점 문자에 의존하는 소통도 만만치 않다. 그런데 누구는 상대편이 쉽게 이해하도록 만들어 보내지만 그렇지 않은 사람은 자기만의 방식으로 표현하고 상대가 이해했을 것으로 착각한다. 그리고 스마트폰과 키보드 덕분에 직접 수기로 쓰는 기회가 없어서인지 주관식 답안지의 대학생 글씨체가 유치원 수준인 경우도 적지 않다. 전자기기를 이용할 때에도 줄임말과 신조어의 선택에 주의를 기울일 필요가 있는데 커뮤니케이션의 주인은 송신자가 아니라 수신자라는 사실을 잊지 말아야 한다. 이야기 8.15

- 개인특성과 경험: 사람은 자신의 경험과 생각으로 세상을 지각하기 때문에 같은 말을 듣고도 서로 다르게 해석한다. 특히 선입견과 고정관념이 있으면 무의식적으로 메시지의 해석에 영향을 준다. 그러므로 어떤 배경에서 무엇을 보고 지내왔는지 사람마다 다른 것이 세상을 지각할 때나 타인의 커뮤니케이션 내용을 지각할 때도 영향을 미친다. 예를 들어 성격을 비롯하여 사회적 신분, 특수한 전문성 등은 사신감에 영향을 미치고 이것이 과대하면 남의 말을 잘 듣지 않고 자기 말만 하기 일쑤이다. 듣는 대중들도 말하는 자의 신분과 전문성이 우수하면 비판 없이 무조건 설득당하기도 한다.
- 인간관계: 정직하고 좋아하는 친구와 대화할 때와 그 반대의 사람과 대화할 때는 차이가 크다. 친구라고 하더라도 거짓말 잘 하는 친구와의 대화는 겉돌기 쉽다. 누구나 하루에도 한두 번 이상은 거짓말을 한다고 한다. 그리고 직접 대화보다는 전화로 할 때 더욱 그렇고 글로 쓸 때보다 메일이나 메신저를 사용할 때 더욱 거짓말을 한다고 하니[36] 이러한 통계는 조직 전체로 보면 어마어마한 양의 거짓이 된다. 하지만 조직생활이나 비즈니스세계에서 상대의 거짓말을 걸러 내기란 쉽지 않다. 이야기 8.16

환경적 원인

- 시간과 정보량: 커뮤니케이션이 일어나고 있는 상황이 여러 가지로 불리하여 시간이 촉박하다든지 전달되어야 할 메시지의 양이 너무 많다든지 하면 송신자도 수신자도 한계가 있기 때문에 메시지 내용을 부호화하고 해독하는 과정에서 정확성을 기하기 어렵다. 부모와 자식이 대화의 시간이 없어서 서로의 진심을 알 기회가 적다면 부모와 자식 간에 오해만 생긴다. 직

이야기 8.16 **행동하는 말**

"강연장은 쩌렁쩌렁 울렸지만 연설은 단조롭고 길고 지루했다. 강당 바로 앞에 앉은 한 여성은 연신 하품을 해댔다. 연설자는 지나치게 원고를 자주 봤고 표정의 변화도 거의 없었다. 간혹 청중의 호응이 있었지만 무심히 앉아 있는 사람이 더 많았다. 한마디로 그의 연설은 스피치 기술로 볼 때 평균 이하였다." 이것은 빌 게이츠의 하버드대 축사에 대한 누군가의 평가이다. 당시 그의 연설문은 한 문장에 단어가 21.6개씩이나 들어간 지루한 만연체였다. 반면에 스티브 잡스의 스탠포드대 졸업식 연설은 청중의 호의를 받았다. 연설문 한 문장에 10.5개의 단어로 명료한 간결체였다. 그러나 이상한 것은 오늘날 미국의 많은 재벌과 시민은 빌 게이츠에게 설득되어 그의 호소대로 실천하고 있다. 워런 버핏도 다른 재벌도 일반 시민도 빌 게이츠를 따라 기부의 대열에 참가하는 인원이 늘고 있다. 왜 그럴까? 그는 언변은 없지만 몸으로 말을 한다. "나는 자식에게 1,000만 달러만 상속하고 나머지 재산은 에너지 개발과 아프리카 국가의 교육과 말라리아 퇴치에 모두 바치겠다."고 입으로 말하고 몸으로 실천하기 때문이다. 진정한 설득은 입에서 나오는 것이 아니다. 말로는 전달이 안 됐지만 행동으로 그의 진정성이 전달된 것이다.

장에서도 마찬가지이다.

- 물리적 장벽: "문자 보냈는데 못 봤어?"라는 말을 많이 들은 경험이 있듯이 바쁜 현대생활, 전자기기의 오작동, 국제 간 영상통화, 시끄러운 길거리에서의 전화통화 등은 원활한 소통을 가로막는 물리적 장벽이 된다. 회사의 건물구조는 원활한 사내 커뮤니케이션과 관련이 깊다. 같은 부서인데 층이 다르든지 높은 직위를 가진 자들이 다른 층에 위치하면 일주일이 지나도 서로 만나기 어렵다. 관리자 사무실이 별도의 공간에 있고 문이 닫혀 있어도 마찬가지이다. 어떤 제약사의 내부 벽을 투명유리로 만든 것이나 빌딩 중앙에 회전계단을 설치해서 서로 오르내리면서 만나게 하는 것, 경영자 방의 문을 없애고 열린 사무실 정책(open door policy)을 쓰는 것 등은 물리적 장벽을 제거하는 데 도움이 될 것이다.

커뮤니케이션 장애의 실제

의사소통 시 장애물은 다방면에 잠재해 있으면서 실제로 많은 부작용을 초래한다. 일반적으로 자주 겪는 대표적 장애만 파악해 보자.

매체해독의 오류

의사소통에 사용된 매체가 어려운 전문용어나 애매한 신체언어라면 수신자의 해독이 잘못될 수 있다. 최신 전자기기에 익숙지 않은 연로한 고위층 임원은 올라오는 보고서 매체를 해독하는 데 어려움을 겪기도 한다. 또한 수신자가 알아듣기 쉬운 말을 썼다고 하더라도 여러 가지 해석이 가능한 단어나 문구를 사용한 경우 어의상의 문제로 이해가 불충분하다. '배'라는 단어가 우리말

이야기 8.17　115명의 사망자

1902년 미국 앨라배마 주 버밍햄에서 일어난 일이다. 어느 주일날 교회 안에는 약 2,000명 정도의 신도로 붐비고 있었다. 워싱턴 목사는 열렬한 설교로 유명세를 타고 있었다. 설교가 절정에 다다랐을 때 워싱턴은 'fight(도전합시다!)'라는 단어를 'fire'로 잘못 발음해 버렸다. 이를 들은 신도들은 "불이 났다!"로 알아듣고 비상구나 출구를 찾아 뛰기 시작하였다. 교회는 곧 아수라장이 되었고 그로 인해 압사자만 115명에 달했다. 정확하지 않은 발음 하나가 115명의 생명을 빼앗아가 버린 것이다.

사전에 15개의 뜻이 나오듯이 영어의 'round'라는 말의 뜻은 110개나 된다.[37] 그중에 어느 것을 골라서 연결할 것인가? 또한 '배'의 뜻을 잘 골라서 연결했다 하더라도 그 뜻은 각자의 고정관념과 가치관, 신분특성과 송신자와의 인간관계 정도에 의해 달리 해석될 수 있다. 회사에서는 소속팀 특성, 직급계층, 근속연한 등에 따라 해석이 또한 다를 것이다. 이야기 8.17

여 과

어떤 정보를 전달할 때 송신자가 의도적으로 일부는 누락시키고 나머지만 선택(여과: filtering)하여 수신자에게 보내기도 한다. 그 이유는 100% 모두 전달하면 송신자 자신에게 불이익이 올 것이므로 미리 사실을 조작하기 때문이다. 주로 회사에서 직급 간에, 특히 하급자가 현장의 정보를 상급자에게 올릴 때나 또는 경쟁사와의 협상이나 계약을 할 때 당사자들은 자기 쪽에 유리한 정보만 보내려 한다. 수직계층이 많으면 많을수록 현장 직원이 팩트를 목격했어도 여러 계층을 거쳐 최고 책임자에게까지 올라간 정보는 엉뚱한 것으로 변하는 경우가 종종 있다. 이야기 8.18

선택지각

앞의 지각(perception)의 장에서 배웠듯이 송신자가 전달한 내용을 수신자가 지각할 때는 100% 모두 지각하지 않고 일부 단서들만 선택하여 분석한 다음에 판단한다. 이때 무엇이 선택되고 버려지는지는 수신자에게 달렸는데 그의 욕구, 경험, 배경, 그 밖의 많은 개인적 특성에 어울리는 것만 선택한다. 전달자가 보낸 메시지를 현실 그대로 듣지 않고 달리 해석하여 그것을 현실이라고 생각하기 때문에 소통의 장애가 발생하는 것이다.

이야기 8.18　공동묘지의 결혼식

"공동묘지에서 결혼식을 올리는 신랑 신부가 있다."고 한다면 우리나라 정서로 볼 때 확실히 미친 사람들이겠거니 할 것이다. 결혼식 사진을 보면 하얀 드레스를 입은 신랑 신부의 뒤쪽으로 무수한 비석들이 보인다. 저자가 목격한 남프랑스 St. Remy de Provence 마을에서 있었던 그 결혼식은 가장 아름답게 추억된다. 아주 고풍스러운 마을 한가운데에 교회가 있고 교회 앞마당은 대대로 내려오는 이 마을 사람들의 가족묘지가 들어차 있다. 유럽 국가의 결혼식은 거의 교회에서 이루어지는데 이 신랑 신부는 어려서부터 부모를 따라 다녔던 그 교회, 그들의 조상들이 예식을 올렸던 바로 그 자리에서 먼저 간 영혼들의 축복까지 받으며 결혼식을 올린다는 것을 진심으로 행복해했다. 이러한 이야기에서 대부분을 여과시키고 공동묘지와 결혼식만을 떠올린다면 얼마나 우스꽝스러운 일인가?

3 커뮤니케이션 활성화 대책

조직 내 커뮤니케이션의 장애를 최소화하고 소통을 촉진하기 위한 길은 무수하다. 그리고 조직 행동 분야를 뛰어넘어 몇 가지로 요약하기에는 너무 다양한 분야에서 연구되고 있는 것도 사실이다. 여기서는 기업조직에 한정해서 조직생활을 하는 구성원과 리더와 조직이 어떤 노력을 해야 할지에 대해 생각해보기로 하자.

적정 매체의 사용

효율적인 의사소통을 위해서는 무슨 내용을 전달할 것인가도 중요하지만 어떤 수단을 통해서 전달하느냐도 이에 못지않게 중요하다.

매체선택의 기준

사람들은 보낼 메시지 내용은 귀중하게 여기지만 어떤 매체(media or channel)를 통해서 보낼지 선택할 때는 좀 덜 신경 쓰는 것 같다. 그러나 '어떻게 보내느냐?'의 '어떻게'도 역시 메시지라고 할 정도로 중요하다. 우선 매체를 선택할 때 메시지 내용과 걸맞아야 할 것이다.[38] 공포의 감정을 전달하기 위해서 무서운 그림을 그리고 그 밑에 글씨로 토를 달아 보낼 수도 있지만 더욱 실감나게 전달하려면 '어머!' 혹은 '으악!' 한마디로 충분하다. 특히 감정 상태나 태도와 관련한 메시지의 전달에는 말, 글, 기호 등의 언어적 매체보다는 제스처, 얼굴 표정 등의 비언어적 매체가 더욱 효과적이다. 또한 단순히 말로 직접 전달되는지, 문서전달인지, 전자우편인지, SNS 채널을 통하는지 등에 따라서 설득의 정도는 다른 결과를 얻었다는 연구가 있다.[39]

이야기 8.19 이 한 장의 사진

19세기 말 유럽열강이 아프리카 동남아 각국에 식민지를 지배하고 있을 때 벨기에의 레오폴드 2세 국왕도 뒤늦게 아프리카 내륙으로 들어가 콩고를 지배했다. 그의 가혹한 수탈에 많은 희생자가 나왔는데, 당시 콩고 인구의 정확한 수치는 알 수 없지만 200만 명 정도가 그의 치세 동안 희생되었다. 히틀러보다 더 많은 학살을 자행한 것이다. 처음에 그는 원주민들을 시켜 코끼리를 사냥하여 상아를 수출하였으나 수입이 약소하여 고무농장으로 바꿨다. 그는 원주민 개인별로 할당량을 지정하고 이를 달성하지 못하면 한 손을 절단하고 두 번째도 못 채우면 나머지 손을, 세 번째에는 목숨까지 빼앗는 정책을 쓰면서 혹사시켰다. 이를 목격한 현지의 영국인 선교사 앨리스 해리슨(A.S. Harrison)이 이 사실을 본국의 각 언론사에 보내 극악무도한 벨기에의 통치를 멈추게 해달라고 하소연했으나 식민지를 더 많이 유지하고 있던 유럽제국들은 시큰둥했다. 그래서 그녀가 이번에는 손이 잘린 노예들의 사진을 찍어 동봉했더니 이 사진이 매스컴을 타고 유럽 전역에 퍼졌고 각국의 여론이 들끓었다. 심지어 벨기에의 성직자들까지 가톨릭국가의 수치라며 비난하는 바람에 레오폴드 2세는 1908년 콩고 자유국을 자신의 사유지가 아닌 정부소유로 넘기면서 강압적 농장관리는 막을 내리게 되었다. 해리슨 수녀의 편지글보다 한 장의 사진이 위력을 발휘하는 순간이었다.

올바른 매체선택은 송신자가 수신자의 청취 스타일을 파악하고 나서야 가능하다. 시각이 발달한 학생은 지도나 그림을 많이 사용해서 가르치는 지리과목 점수를 잘 받고, 시각은 약하지만 청각이 발달한 학생은 이야기와 강의로만 가르치는 역사과목 시험점수를 잘 받더라는 연구가 있다. 기업에도 여러 정보교환 매체수단 중 상황에 따라 적합한 것이 따로 존재할 것이다. 이야기 8.19

전자기기의 활용과 효율성

옛날에는 직접 대면 이외에는 다른 방법이 없다가 문자와 기호가 확대되면서 사진, 그림, 게시판, 프린트물, 차트가 사용되고 이들을 전달해주는 다양한 매체도 계속 개발되고 있는데 스마트폰, 전자메일, 동영상, 음성메일, 카카오톡, 유튜브, 트위터, 페이스북 등의 각종 경로수단이 이에 포함된다. 이 중에서 어떤 매체를 동원할 것인지는 메시지의 내용, 의도한 목적, 개인적인 선호도와 숙련도, 상대방의 입장, 떨어진 거리 등에 따라 매우 다른 선택을 할 수 있다.

매체의 풍요성

왜 문서로 보내도 되는데 전화로 할까? 왜 영상통화보다 카카오톡으로 보낼까? 각자 특별한 사정이 있어서 그렇겠지만 매체마다 메시지를 전달하는 효율(능력, 풍요함)이 상황에 따라 다르기 때문이다. 그렇다면 매체의 풍요성(media richness)이라는 의미는 무엇인가? 이는 상대방에게 메시지를 얼마나 빨리 그리고 완전히 이해시킬 수 있는지를 가리키는 말이다. 주로 매체가 다음과 같은 특성을 가진다면 풍요한 매체라고 할 수 있다.[40]

- 풍부성: 하나의 매체만 사용함에도 불구하고 그 매체가 다른 보조 단서들을 함께 수반할 때 풍요한 매체라고 한다. 예를 들면 직접 대화는 메시지뿐만 아니라 전달자의 목소리, 표정, 옷차림 등의 단서가 동시에 전달된다. 또는 누구에게 위치를 알릴 때 일반전화는 말로만 설명하지만 영상통화는 말하면서 약도도 보여줄 수 있어서 풍요로운 매체이다.
- 인간적/직접적: 사무적이고 간접적인 메일보다 대면이나 영상통화로 얼굴을 보이는 상태가 좋다. 즉 메시지 형태도 첨부파일이나 보고서보다 송신자의 바디랭귀지나 표정이 동반된 대화로 전하는 것이 풍요롭다.
- 피드백: 전달하는 도중이나 혹은 전달이 끝나면 즉각 수신자의 피드백을 받을 수 있으면 풍요한 매체를 사용했다고 본다.[41] 도표 8.7

도표 8.7 매체의 풍요성과 효율성

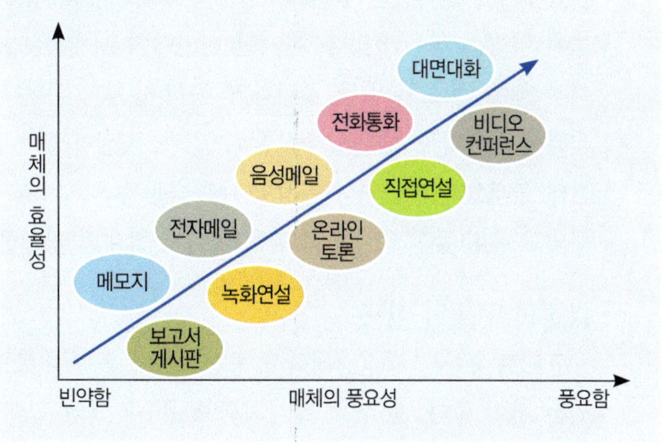

상황복잡성

상황이 매번 반복되는 일이어서 상대

가 예측할 수 있는 상황이라면 직접 대면이 아닌 공식적인 문서보고서 같은 매체도 나쁘지 않다. 예를 들면 영업팀에서 지난달 매출액이 지점별로 얼마인지 조립팀에 알리는 것은 매번 해온 일이기 때문에 엑셀시트 등을 활용하면 된다. 그러나 회사의 구조조정, 인수합병 같은 예외적이고 애매한 것은 미래에 어떻게 진행될지 예측하기 어렵다. 이런 경우는 복잡한 상황이라고 할 수 있는데 이런 사실을 중역진이 사원들에게 전달하려면 A4용지 한 장 정도에 적어서 문서 커뮤니케이션을 이용하면 사원들이 이해하기도 어렵거니와 동의를 구하는 것도 쉽지 않다. 그러므로 상황의 복잡성 정도는 매체선택의 중요한 기준이 된다.[42]

대면과 비대면

대면 방식은 대화 중에도 수시로 상대방의 피드백과 이해했는지 파악이 가능하고 소집단 이면 발언자의 신체언어, 얼굴표정, 목소리 톤과 함께 감정까지도 읽을 수 있기 때문에 가장 효율적인 매체라고 할 수 있다. 그러므로 복잡한 상황에서는 뭐니 뭐니 해도 대면이 좋겠지만 차선책으로 전화나 전자매체로도 이를 대체할 수 있다. 하지만 코로나-19 유행 때 학교와 직장에서 실시된 비대면 수업과 화상통화회의 등은 그 비효율성을 완전히 극복하지 못했다.

그러므로 소셜미디어나 이메일, 메모지, 보고서 등은 상황이 단순할 때에 사용하고 직접 대면은 즉각적인 피드백이 필요하고 중요한 이슈를 논의할 때 사용한다. 한편 전화통화는 빠르고 편리하지만 신체언어 등 비언어적인 것은 전달이 불가능하다. 메모나 편지는 누구를 직접 만날 수 없거나 전달기록을 남길 필요가 있을 때 사용하면 효과적이다. 그러나 수십 수백 명에게 사무적으로 알려도 되는 것이라면 대면보다는 이메일이나 문자메시지도 좋을 것이고 이때 직접 작성한 문서나 동영상을 추가하면 대면 못지않은 효과도 얻을 수 있을 것이다. [43]

개인의 노력

비언어 매체의 주의

대개의 수신자들은 말과 글이 정확하다고 생각하고 송신자의 표정, 신체언어, 안색, 억양 등을 놓쳐 버리는 경우가 많다. 하지만 비언어적 매체가 보충수단이므로 이에 주의를 기울인다면 메시지 이해에 큰 도움이 될 것이다.[44] 특히 놓치기 쉬운 억양과 표정을 잘 파악하면 혹 송신자가 거짓말을 하더라도 진실을 짐작할 수 있다. 송신자도 비언어적 매체 선택 시 적절한 것을 택해야 하는데 불필요한 제스처나 이상한 대화습관은 의사소통에 혼란만 가져온다. 그런데 예부터 우리 민족의 고유한 눈치 감수성은 매우 높아서 상대의 진실을 찾는 데 도움이 되기도 한다. 이야기 8.20

감정의 억제와 활용

고도로 흥분된 감정상태라서 송신과 수신을 제대로 할 수 없다면 감정이 가라앉을 때까지 기다리는 것이 좋다. 또 어떤 메시지를 들을 때 액면 그대로 해독하는 것보다 송신자의 기분 상태는

이야기 8.20 메라비언의 법칙

UCLA 메라비언(A. Mehrabian) 교수는 메시지가 상대방에게 전달되는 과정으로서 7:38:55법칙인 3V를 발표했다. 상대방은 내가 입으로 한 말(verbal: 7%), 목소리에 섞인 감정(voice: 38%), 얼굴에 나타난 표정(visual: 55%)으로 나의 메시지를 판단한다는 것이다. 예를 들면 한 할머니(**사진**)가 "기분 참 좋다!" 혹은 "날씨가 좋네!"라고 입으로 말해 봤자 사람들은 믿지 않는다. 오히려 그 할머니의 표정을 더 참고하여 할머니 기분이 나쁘든지 날씨가 나쁘다고 판단한다. 즉 시각적 얼굴표정이 우선이고 음성에서 알 수 있는 청각정보에 주로 의존하며 입에서 나온 말의 내용은 약간만 참고하여 판단한다는 것이다. 말은 7퍼센트밖에 영향을 미치지 않는다고 했지만 그렇다고 언어적 표현이 별로 중요하지 않다는 뜻은 이니디. 여러 가지 모순된 정보가 같이 들어왔을 때 시각이나 청각이 더 영향을 미친다는 의미이다. 아무리 표정과 어투를 잘 만들어서 보여주고 들려줘도 사랑한다는 말이나 글이 전달되지 않는다면 정확히 전달이 되겠는가?

어떤지, 나의 정서는 어떤지를 고려하면서 해석하면 오해가 덜할 것이다. 이와 반대로 감정을 억제하는 것만이 잘 하는 일은 아니다. 상대방을 설득하기 위해 말하는 메시지 이외에 감정을 표출한다면 그것이 비언어적 수단이 되어 복합작용을 한다. 예로써 난민구호기금을 마련하고자 할 때 여러 통계치를 나열하면서 차분하게 이해시키는 것보다 말은 없더라도 슬픈 얼굴과 눈물로 호소하는 것이 오히려 효과적일 수도 있다.

피드백 활용

메시지를 전달한 상태에서 올바로 전달됐는지 확인도 안 하고 다음 메시지 전달을 계속한다면 첫 번째의 오해가 두 번째, 세 번째로 계속 영향을 미쳐 엉뚱한 결과를 낳는다. 따라서 수시로 피드백을 받으면서 오해나 부족함을 확인하여 다음 메시지의 전달 전에 보완하고 다시 전달하는 게 좋다. "이해되십니까?"로 피드백을 요구하여 "예"의 확인을 받는 것도 좋지만 전달자에게 자기의 뜻대로 전달되었는지 더 구체적으로 물어볼 수도 있다. 왜냐하면 수신자는 자기 나름대로 송신자와 다르게 지각하고 나서 완전히 통한 것으로 착각할 수 있기 때문이다. 그래서 "어떻게, 무엇을 이해하셨나요?" 하는 식의 구체적인 피드백을 요구하는 것이 더 좋다.

지시, 명령, 전달 방법

앞에 열거한 내용 이외에도 특히 조직에서는 효율적 커뮤니케이션을 위해 다음과 같은 사항들이 중요한 관리요소가 된다.

- 담당자에게 그가 맡은 직무에 대해 충분히 알게 한다.
- 업적 혹은 장단점을 피드백 해준다.
- 다양한 커뮤니케이션 경로를 개발한다.
- 동일 내용도 수시로 전달하며 복잡한 사안은 반복한다.
- 권위주의 분위기를 쇄신한다.

이야기 8.21 하이브리드 소통환경

요즘은 우리나라도 재택근무는 물론 회사 사무실 출근과 사무실 밖 근무라는 혼용방식(하이브리드 오피스/스마트 오피스: hybrid office)을 허용하는 회사도 많다. 세계적으로 공유사무실이 증가하는 이유도 여기에 있다. 본사 이외의 원격지 근무가 가능하게 된 이유는 IT와 통신기기의 발달에 있다. AI가 직원들의 평균 회의시간, 각 회의 사이의 간격, 직원 밀집 장소, 직원들의 사무실 내 발자취 등을 추적·분석해서 사무실공간 가구 위치도 재배치한다. 공유오피스에는 사무실, 회의실, 사무용품, 화상회의 기계까지 모두 갖추어지고 각자의 기호에 맞는 자유석, 독실 형태의 좌석, 스탠딩석도 있다. 회사 밖의 공유사무실에서 본사 직원들과 자주 얼굴을 맞대는 시간을 효율적으로 쓰도록 커피머신의 위치까지 고려하여 사무실 배치를 해놓는다. 이제 근로자들은 장소를 초월하여 어디서든 상사·동료와 교류하며 능률적으로 일하는 것이 가능하게 되었다. 이러한 형태의 노동은 기존의 사무실 근무와 비교하여 무슨 장단점이 있을까?

보고, 제안, 설명 방법

- 예외적인 일, 중요한 일만 선택해서 보고한다.
- 정보를 전달할 때는 핵심만 간추려서 보고한다.
- 정보의 양이 많을 때는 우선순위를 정하여 순서대로 한다. 이야기 8.21

경청하기

경청이란?

많은 커뮤니케이션 전문가들은 경청이 영업, 고객관계, 리더-부하관계에서 가장 중요한 커뮤니케이션 기술이라고 말한다. 경청(listening)이 듣기(hearing)와 다르다는 것은 누구나 아는 내용이며 전자는 후자보다 훨씬 많은 의미를 갖는다. 경청은 언어 메시지를 적극적으로 해석하고 이해하는 과정이기 때문에 인지적 관심과 주의력 집중이 요구된다. 그리고 경청능력은 선천적인 것이 아니라 동기를 갖고 배우며 습득할 수 있다. 사람마다 선호하는 경청의 다양한 스타일이 있지만 주로 다음과 같은 형태로 실천되고 있다.

- 감상: 음악을 들을 때처럼 자신에게 즐거움을 주는 것을 듣는다.
- 감정이입: 말하는 사람의 모든 행동에 집중하면서 그의 감정까지 이해하며 듣는다.
- 이해: 말하는 자의 메시지 내용을 분석하고 논리적으로 조직화하면서 듣는다.
- 통찰: 들으면서 자신에게 필요한 것을 수용하고 적용하는 것까지 생각하면서 듣는다.

경청이 어려운 이유

평소에 우리는 남의 말을 잘 듣고 있다고 생각하지만 실제로 조사해 보면 그 반대이다. 전문적인 경청자라고 할지라도 상대방이 한 말의 20~50%만 듣는다는 연구가 있다.[45] 그 이유는 우리가 말할 때보다 듣고 있을 때의 언어 인지능력이 더 많이 필요하기 때문이다. 그 외에도 소음과 환경의 방해물 때문이며 경청의 모티베이션과 듣기기술 수준이 약하기 때문이기도 하다.

그러나 사실 경청이 어려운 이유는 우리의 자존감에서 비롯된다. 사람들은 남을 지배하려는 욕구는 강한 데 반하여 수동적 입장에 처하는 것을 싫어한다. 그래서 말하기는 좋아하지만 듣는 것은 대충 한다. 또한 아는 것이 많을수록, 자기중심일수록, 그리고 자기 PR이 더 요구될수록 자기 말만 하고 싶어 하지 남의 말 듣는 것을 낭비라고 여긴다. 그리고 누구나 자기자랑을 하고 잘났음을 보이려고 자기가 아는 정보를 상대에게 알리려고만 한다. 상대에게 정보를 듣는 것 자체가 자신은 상대방의 아래에 위치한다고 인정하는 꼴이 되기 때문이다.

한편 상대방이 나와 의견이 다르거나 나의 말에 반대하려는 사람이라고 생각되면 더욱 안 들으려고 한다. 그러나 그럴수록 경청의 자세가 더 필요하다. 볼테르(F.H. Voltaire)는 다음과 같은 말까지 했다. "나는 당신이 하는 말에 찬성하지는 않지만 당신이 그렇게 말할 수 있는 권리를 지켜주기 위해서라면 목숨이라도 기꺼이 내어 놓겠다." 이 정도로 경청을 잘 하려면 상대의 말을 끝까지 들어주는 인내력부터 길러야 하며 인내력은 필수적인 경청능력이라고 할 수 있다. 그리고 이런 인내력은 평소에 '말 않고 들어주기' 훈련으로 키울 수 있다.

경청의 기본자세

적극적 경청을 위해 상대방의 입장이 된다면(감정이입[感情移入]: empathy) 상대편이 말하는 모든 것을 쉽게 이해하고 동의할 수 있다. 즉 상대의 욕구, 경험, 관심, 기대, 태도가 무엇일까를 미리 추측하여 자신의 욕구, 관심, 태도도 그렇다고 생각하면서 들어 주는 것이다.[46] 몇 가지 경청의 자세를 요약하면 다음과 같다.

- 다른 짓을 하지 말고 상대의 눈을 똑바로 쳐다보면서 들어라.
- 상대가 말하면서 표정을 짓는 대로 자신도 흉내 내라(거울효과: mirroring effect).
- 무엇을 말하는지 차분하게 듣기만 해라.
- 상대방의 말이 끝날 때까지 기다렸다가 당신 의견을 말하라.
- 상대방이 한 말의 키워드를 당신도 반복하라(앵무새효과). 이야기 8.22

이야기 8.22 듣는 경영

요즘은 듣는 시대이다. 고객에게도 설득하기보다는 들어야 하고 협력업체에게도 지시보다는 초청해서 들어야 한다. 지금은 인도 여성 나이르(L. Nair)가 맡고 있지만 2016년까지 샤넬의 글로벌 CEO였던 모린 쉬께(M. Chiquet)는 사무실에 머무는 동안의 75%는 점원들이 손님을 관찰한 결과를 듣는 데 할애한다. 무엇이 팔리며 고객의 반응은 어떠하고 무엇을 바꾸기를 원하는지 점원들이 고객을 관찰해서 CEO에게 들려준다. 그는 세계 각국의 파트너들의 생각을 듣기 위해 정기적으로 미팅도 가진다. 벤츠자동차 독일 판매원은 고객과 함께 다른 회사의 자동차를 구경 다니면서 고객의 소리를 듣는다. 스위스항공의 중역은 터미널에서 고객의 불만을 듣는다. 기업 안에서든 밖에서든 들어야 알게 되고 알아야 통한다. 잘 들으려면 감수성이 예민해야 한다. 우리 조상들은 벌레소리만 듣고도 콩 타작을 할 때, 솜바지로 갈아입을 때를 구분했으며 심지어는 수확한 벼를 말질해서 가마니에 쏟을 때 그 소리만 듣고도 소출량을 가늠했다. 그와 마찬가지로 출근한 부하의 안색을 보고 피곤한지 문제가 있는지를 헤아릴 줄 아는 상사가 멋진 리더이다. 상사를 아는 데는 3일 걸리지만 부하는 아는 데는 3년이 걸린다는 말이 있는데 그 까닭은 듣는 마음상태의 차이에서 온다. 상사라면 부하에게 지시하기보다 먼저 들어야 한다.

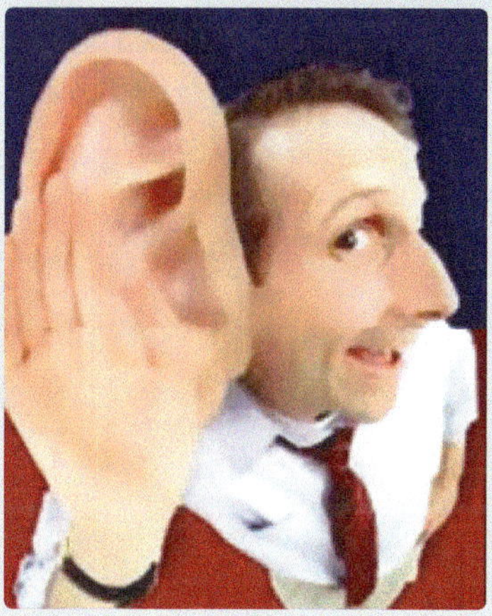

조직의 노력

열린 경영의 효과

오늘날 지리적으로 분산된 개인이나 집단 간의 커뮤니케이션 수단이 전자매체로 대체되면서 조직의 권한관계, 작업방식, 의사결정권 위임 등의 형태가 모두 바뀌고 조직구조 자체도 수평적으로 많이 변했다.[47] 이에 맞춰 조직은 커뮤니케이션 활성화에 더 큰 노력을 기울여야 한다. 리더의 영향력이 만만치 않기 때문에 리더가 솔선하여 열린 경영에 힘쓰면 조직구성원 전체를 오픈마인드로 변화시킬 수도 있다. 그리고 구성원들이 유연한 조직분위기를 감지하고 나면 배운 지식을 기꺼이 교환하려 한다.[48]

또한 사용기술, 오피스 가구배치, 건물구조, 조직시스템 등은 그 조직의 의사소통문화에 영향을 미친다. 인적 구성의 다양성도 조직의 커뮤니케이션 상황에 영향을 미친다. 폐쇄적인 가족경영(nepotism) 기업들이 경제위기에 대처하는 능력이 부족한 이유도 내부적으로나 외부적으로 열린 경영을 멀리하고 소유경영자 개인의 아집에서 벗어나지 못하기 때문이다.[49] 공공조직도 열린 경영으로 주민과의 활발한 소통에 의해 정책을 펴나간다면 서비스의 질을 높일 수 있다.[50]

비공식 채널의 활성화

그레이프바인(grape vine)은 비생산적인 소문을 만들어 집단의 사기를 침체시키거나 부서 간, 개인 간의 갈등을 불러일으킬 요인을 내포하고 있지만 동시에 잘만 이용하면 순기능의 여지도 많다. 특히 정부조직이나 공공조직 혹은 지역 간의 상호 이해관계가 충돌하는 상황을 놓고 공식채널로 대화하는 것보다는 비공식 커뮤니케이션이 더 협상과 타협에 유리하다는 연구가 있다.[51] 특히 우리나라의 경우에는 비공식 채널의 활용이 더 많은 역할을 하는 것 같다.

그리고 정보의 신속한 전달을 위해 또는 직접 전하기 곤란한 조직의 비밀정보 등은 비공식 네트워크를 사용해야 한다. 하의상달을 꺼리는 분위기에서 비공식 그레이프바인을 하급 직원들의 불만이나 탄원창구로 이용한다면 상급자는 훨씬 쉬운 관리를 할 수 있을 것이다. 또한 경영층에서 일방적으로 지시사항을 전달한 다음에 비공식 채널을 이용하여 그 반응을 살피면서 직원들의 긍정적 혹은 부정적 반응을 두루 파악할 수도 있다.

수평적 커뮤니케이션 활성화

- 멤버들의 상급자에 대한 신뢰가 있어야 한다.
- 부서 간에 형평을 유지해야 한다.
- 평상시 정보의 자유로운 소통이 있어야 한다.
- 직접 대면의 소통기회를 증대시켜야 한다.[52]

9장

의사결정: 기초지식/모형/집단결정/오류와 대책

ORGANIZATIONAL BEHAVIOR

Ⅰ. 의사결정의 기초지식

Ⅱ. 의사결정모형

Ⅲ. 집단의사결정

▶ 사진설명

내 발에 잘 맞으면서도 가격과 품질과 유행에 맞는 신발을 고르기가 여간 어렵지 않다. 조직의 결정은 혼자가 아니라서 더 어렵다. 고려해야 할 요인도 너무 많다. 인생이나 조직이나 태어날 때부터 죽을 때까지 선택의 연속이다. 한 번의 선택이 평생을 좌우하기도 한다. 따라서 개인도 조직도 결정(선택)하는 방법을 잘 배워 둘 필요가 있다.

사르트르는 이렇게 말했다. "Life is C(Choice) between B(Birth) and D(Death)." 태어날 때와 죽을 때만 빼고(자살의 경우는 죽는 것도 선택한 것이지만) 나머지 일생은 모두 선택이며 하루일과도 선택의 연속이다. 그중에는 배우자 선택, 직업 선택처럼 중요한 것도 있고 지하철을 탈까 버스를 탈까와 같은 사소한 결정도 있다.

그런데 해결책을 선택하는 방식(의사결정과정)은 여러 가지가 있다. 조직도 개인도 누구나 최선의 것을 선택하려고 하는데 그래야 결과가 효율적이기 때문이다. 불난 집에서 사람을 구출할 때에는 차근차근 평가해 본 다음에 가장 좋은 대안을 택한다면 오히려 역효과가 난다. 차라리 오랜 경험자가 직감적으로 빨리 판단하여 실행에 옮기는 것이 상책이다. 이를 직관적 결정이라고 하는데 빠르게 변하는 현대사회에서 많이 사용된다.

이 장에서는 개인 혹은 조직이 어떻게 의사결정을 하는지에 대해 배운다. 선택이 잘 되면 결과가 좋겠지만 잘못된 것을 선택하면 결과도 나쁘다. 어떤 선택은 한 개인의 삶을 불행하게 만드는 것처럼 조직도 마찬가지이다. 개인과 조직의 성공 여부는 올바른 선택을 했는지의 여부에 달렸다. 그런데 조직에서의 의사결정은 혼자서 하는 경우가 드물고 여럿이 모여서 함께 하는데, 집단과 개인은 생각하는 것도 행동하는 것도 다르다. 개인보다 장점도 많지만 집단의 생각이 개인보다 어리석을 때도 많고 책임감도 다르다. 그러므로 주의해야 할 때 섣불리 결정했다가 조직적으로 큰 낭패를 겪는 경우가 많다. 어떻게 하면 집단이 범하기 쉬운 실수를 피하면서 최선의 선택을 할 수 있을지 등에 대해 공부해 보자.

I | 의사결정의 기초지식

조직이든 개인이든 활동이 있고 그 전에 활동을 미리 정해 주는 의사결정을 하기 마련이다. 인간은 철이 들면서부터 선택의 삶을 산다. 장난감, 운동화 선택에서 대학, 배우자, 회사 선택 등 요람에서 무덤까지 선택을 잘 하면 결과가 좋고 그만큼 행복해지지만 잘못 선택하면 불행이 따른다. 물론 의사결정은 어떤 행동이 있기 전에 미리 앞서서 하는 것이므로 실행으로 옮길 때쯤이면 상황이 바뀌고 결과가 다르게 나타나기도 한다. 따라서 좋은 의사결정이 항상 좋은 결과를 가져오는 것은 아니지만 그렇다고 의사결정을 마구잡이로 할 수는 없는 노릇이다. 미래는 하늘에 맡기더라도 결정의 순간에는 합리적인 결정을 해야 한다. 그럼에도 사람들은 합리적으로 결정하지 못할 때가 많다. 우리는 모든 문제를 잘 살펴보고 열심히 자료를 분석한 다음 긴 고심 끝에 최선을 다해 가장 좋은 대안을 선택하는가?

1 의사결정의 기본절차와 상황

의사결정(意思決定: decision making)의 기회를 빼앗기는 것은 모든 의미를 잃어버리는 것이다. 조직의 운영도 바로 의사결정의 연속이다. 우선 의사결정이 내려지기까지의 여러 단계와 결정을 내리는 사람들이 처하게 되는 다양한 상황에 따라 분류되는 의사결정 유형에 대해 공부해 보자.

의사결정의 일반적 절차

어떤 대안이 선택(결정)되기까지 다음 단계들을 모두 거쳐서 이루어지면 그 의사결정은 합리적이라고 한다. 즉 선택된 최종대안이 최선의 것인지 합리적인 것인지는 실천하여 결과가 나올 때까지는 아무도 모르기 때문에, 대안이 선택되기까지의 과정이 합리적인지의 유무를 두고 하는 말이다. 합리적 결정이라면 대개는 다음의 단계를 모두 거치면 된다.[1]

- 1단계: 문제의 파악(예: 단기로 사용할 현금이 부족하다.)
- 2단계: 해결해야 할 목표 확정(예: 현금을 확보해야 한다.)
- 3단계: 대안들의 도출(예: 현찰로 판매, 은행차입, 판매가격 인상, 재고처분)

도표 9.1 의사결정단계

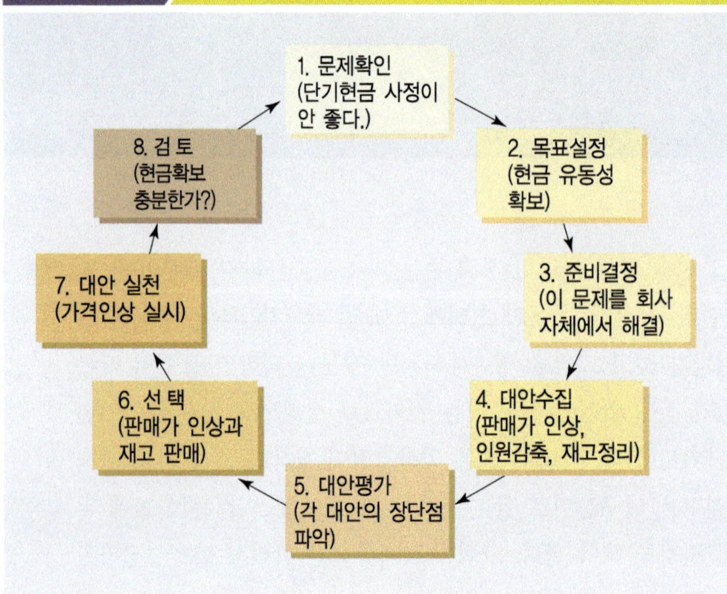

- 4단계: 대안평가(예: 각 대안들의 장단점과 문제 발생 가능성 평가)
- 5단계: 대안선택(예: 현찰로 받고 판매하기로 결정)
- 6단계: 선택된 대안의 실행(예: 외상매출 정지시키고 현찰로만 판매 실행)
- 7단계: 실행 후의 검토(예: 현금유동성이 확보되었는지 검토) 도표 9.1

좋은 의사결정을 하려면 위의 각 단계에서 완전한 정보를 가지고 가장 합리적인 선택을 한다는 것을 전제로 한다. 최소의 비용으로 최대의 효과를 얻으려는 최적합성(最適合性: optimizing)에 근거하여 그중에서 가장 좋은 것을 선택한다고 보는 것이다.[2] 다음의 기준이 갖춰지면 된다.

- 미래상황에 대한 예측과 확률을 가능한 한 정확하게 추측한다.
- 관련자들의 판단기준을 통일하고 공통분모를 파악한다.
- 최대한 많은 대안과 선택기준을 생각해 내어 모두 평가하고 분석한다.
- 최적대안을 선택하기 위해 계산적이고 통계적인 모든 방법을 사용한다.

의사결정의 다양한 상황들

모든 의사결정 시에 위의 단계를 따르면 좋지만 조직에서의 의사결정 상황은 매우 다양하여 그때마다 약간씩 다른 단계를 거쳐 결정한다. 즉 결정하는 사람들이 어떤 상황에 있는지에 따라 결정방식이 달라진다. 말하자면 화재가 났을 때 사람을 구출하는 문제와 내년도 예산안을 결정하는 방식이 다르다. 어떤 경우는 과정을 생략하기도 하고 다른 경우는 모든 과정을 철저하게 지키면서 오랜 시간을 끈다. 결국 다양한 의사결정 유형이란 구체적으로는 의사결정 주체가 부딪히게 되는 상황 때문에 분류되는 것이다. 도표 9.2

정형화된 정도

정형화(定型化: programmed)된 의사결정이란 매일 반복되는 상황에서 대안도 항상 준비되어 있고 항상 비슷한 방식으로 대안을 선택하는 방식이다. 회사원 A씨가 매일 퇴근 전에 종일 컴

도표 9.2 상황에 따른 의사결정 유형

의사결정의 상황	결정의 반복성		정보의 확실성		결정의 주체	
	반복적 사안 통상적임	예외적 사안 전례 없음	확실한 정보 예측가능함 정보 많음	불확실 정보 불투명함 정보 없음	상급자 타인	자신
의사결정의 유형	정형화 결정	비정형화 결정	확실한 결정	불확실한 결정	타율적 결정	자율적 결정

퓨터로 작업한 것을 USB에 백업받아 놓는 것이 습관이 되었고, 오늘도 그렇게 한다면 그는 오늘 정형화된 결정을 하고 그렇게 행동한 것이다. 그러나 갑자기 컴퓨터가 고장 났다면 선배에게 부탁해야 할지 수리회사에 전화해야 할지를 결정해야 하는데, 이때의 결정은 비정형화된(nonprogrammed) 결정이다.

정형화된 의사결정은 반복적이고 일상적이기 때문에 결정방식과 규정이 이미 정해져 있으며 그대로 따라 하면 된다. 하지만 비정형화된 의사결정은 예외적이고 갑작스럽게 발생하기 때문에, 조직에 선례도 없고 가이드라인도 없으므로 많은 경험과 정보수집과 창의성이 필요하다. 조직환경이 급변하는 오늘날에는 과거보다 비정형화된 결정이 점점 많아진다. 그리고 대개 조직의 아래 계층에서 하는 단순직무는 정형화된 것이 많고 상위 계층으로 올라갈수록 비정형화된 것이 많다.[3]

상황의 불확실성 정도

의사결정이란 어떤 일을 실행에 옮기기 전에 미리 하는 것이기 때문에 미래만 확실히 알 수 있다면 누구나 훌륭한 결정을 내릴 것이다. 그러므로 결정할 시점에 미래 불확실성 정도가 어떠한지에 따라 의사결정은 매우 달라진다. 미래의 문제뿐만 아니라 현재의 결정시점에 모든 정보와 자료가 주어진 상태라면 확실성수준이 높은 것이지만 결정의 기초가 되는 자료가 부족하다면 불확실성하의 의사결정이다. 이것은 대안들에 대한 정보가 어느 정도 수집되어 있는지의 문제와 같으며, 결정한 내용을 실천에 옮겼을 때 바라던 대로 결과가 나올지에 관한 확률수준과 동일하다.

집에 갈 때 버스인지 지하철인지를 결정할 때보다 북한 개성에 자동차 공장을 건설할 것인지를 결정할 때가 불확실성이 더 크다. 그런데 이러한 확률의 인식은 어디까지나 주관적이기 때문에 결정주체가 누구냐에 따라 다른 대안이 선택된다. 또한 누구나 위험이 적은 상태에서 의사결정을 하려고 다방면으로 정보를 수집하지만 이 활동은 비용과 시간에 한계가 있으므로 나중에 닥칠지 모르는 위험을 줄이려고 남들이 하는 대로 결정한다.

결정권한의 자율성 정도

개인 의사결정이 아니라 조직 의사결정일 때 결정권이 타인, 즉 윗사람에게 있는지 당사자인 실무자에게 주어졌는지는 중요한 문제이다. 자율성을 많이 위임받은 현장실무자가 결정한다면 훨씬 빠르고 현실적인 대안을 선택하기 쉽지만 경험 부족으로 잘못된 대안을 선택할 확률도 있다. 그러므로 어느 것이 효과적인지는 상황에 따라 다르겠지만, 허버트 사이먼(H. Simon)과 같은 학자는 관리자가 가장 합리적인 대안을 결정하여 실무자에게 주고, 실무자는 그대로 실행만 해야 가장 효과적이라고 하면서 관리가 바로 의사결정이라고 하였다.[4] 이것이 하향적(top-down) 의사결정이다.

변화된 의사결정 상황

그러나 오늘날에는 많은 경영학자들이 결정권을 실무담당자에게 위임하라고 충고한다. 그 이유는 환경변화가 심해진 오늘 같은 상황에서 고객접점에 있는 현장실무자들이 고객이 원하는 것을 가장 잘 알고 스피디하게 대응할 수 있기 때문이다. 평사원이나 실무자에게 자율성의 폭을 넓혀 주어야 되는 이유를 더 들어 보자.

- 빠른 의사결정이 필요하다.
- 변화와 예외가 많아서 과거의 사례가 맞지 않는다.
- 평사원들의 참여요구가 많다.
- 평사원들의 정보수집과 분석능력, 그리고 경험이 향상되었다.
- 실무자가 직접 결정한 것이어야 실천할 때 사기가 오르고 몰입도가 높아지며 목표달성수준도 오른다.
- 의사결정에 고려해야 하는 정보량이 급속하게 증가하고 정보의 수집과 분석이 가능해졌는데 이를 관리자 혼자 감당하기 어렵다.[5]

2 합리적 선택과 만족한 선택

우리는 무슨 결정을 하든지 합리적인 결정을 하려고 노력한다. 그리고 학교에서도 그런 방법을 가르친다. 우리에게 가장 좋은 것이 무엇인지를 고르려고 애쓰지만 가장 합리적인 것을 찾으려다가 실패할 때도 많다. 그리고 결정한 후에 후회하는 경우도 많다. 왜 그럴까. 보통사람이라면 의사결정하는 순간에 선택행동의 기준은 합리성이다. 즉 가장 합당한 것, 가장 합리적인 것을 찾는다.

합리적 의사결정

여러 대안들 중에서 가장 적합한 것을 선택한다면 합리적 혹은 최적화(optimization) 결정이라고 말한다. 그러나 합리성(rationality)이란 말은 그렇게 단순하지 않다. 그 기준은 절대적일 수도, 상황적일 수도 있으며 사람마다 다를 수도 있다. 철학적인 접근을 하면 논란은 더 다양해진다. 감정에 휘둘린 충동구매도 당사자는 합리적 선택이었다고 주장할 수 있다. 이야기 9.1

이야기 9.1 감정적 소비자

할리 데이비슨(Harley Davidson) 오토바이의 고객들은 무조건 할리를 좋아하다 못해 할리 브랜드 문신까지 하고 다닌다. 속도와 내구성에서 혼다(Honda)의 것이 더 낫다고 할지라도 할리에겐 뭔가 특별한 것이 있다고 믿는 할리 마니아들은 전 세계 130개국 1500여 지부에 동호회원 수만 100만 명에 달한다. 우리나라에도 2천여 명의 할리애호가들이 있다. 이들은 할리를 구매할 때 기능과 가격을 다른 회사 것과 비교해 보지 않는다. 왜 할리가 마음에 들고 자꾸만 끌리는지 자신들도 모른다. 그들은 할리를 발음할 때 옛 연인의 이름을 부르듯 길고 달콤하게 발음한다. 마음으로부터 진정으로 할리를 사랑하기 때문이다. 이쯤 되면 할리 데이비슨이라는 브랜드는 이미 브랜드가 아니다. 고객으로부터 높은 사랑과 존경을 받는 러브마크(love-marks)가 된 것이다. 사람들은 이성적으로는 화를 내면 안 되는 것을 알면서도 감성적으로는 화를 못 참는다. 제품을 구매할 때도 똑같다. 처음에는 제품의 기능이 뭔지, 가격은 더 싼지 등의 합리적인 이유를 찾지만 마지막에는 '어쩐지 저걸 사고 싶어! 나는 이게 더 마음에 들어!' 하면서 감성적으로 구매한다. 고객의 머리를 자극하는 것은 가격과 품질이지만 고객의 가슴을 두드리려면 러브마크가 필요하다. 애플 제품의 단점에도 불구하고 수많은 애플애호가들이 달아나지 않는 이유가 무엇일까? 그들은 췌장암으로 사망한 스티브 잡스에게 죄의식을 느끼고 있다. 좀 더 세련된 제품을 만들려고 노력하다가 수명이 단축됐고 그 책임이 자기들에게 있다고 믿기 때문이다. 이렇듯 기업은 고객에게 브랜드만을 심으려 하지 말고 고객의 감정을 얻어야 한다. 그리고 모든 CEO들은 Chief Emotion Officer가 되어야 한다.

실용적 합리성과 가치적 합리성

철수에게 한 대 얻어맞은 영수가 반격을 안 하기로 결정했다. 이때 두 가지 합리성을 비교해 보면 다음과 같다.

- 실용적 합리성: 이길 것 같지 않아서 그랬다. 또는 반격하지 않는 것이 화해하기 쉬울 것 같아서 그랬다. 경영학에서는 대부분의 것들이 실용적 합리성을 기준으로 한다. 즉 더 이익이 되는 것 혹은 덜 손해가 되는 것을 기준으로 한다.
- 가치적 합리성: 폭력은 윤리적으로 무조건 나쁘다고 판단했기에 그랬다. 자신의 신념과 규범, 도덕관념, 의지와 가치관에 가까울수록 합리적이라고 본다.

객관적 합리성과 주관적 합리성

- 객관적 합리성: 물건을 살 때 동등한 품질이라면 누구라도 가장 싼 것을 고른다.
- 주관적 합리성: 품질이 다를 때 가장 비싼 것을 사는 사람이 있는데, 그 이유는 그가 '싼 것이 비지떡'이라고 믿기(주관성) 때문이다.

합리적 선택은 의사결정을 할 때 조직목표를 최고로 달성하는 방향으로 하는 것이다. 즉 가장 손해를 덜 보든지 가장 이익을 얻는 대안을 택한다. 그러기 위해 정보를 가능한 한 많이 수집하고 그 정보가 정확한지도 꼼꼼히 살핀다. 그러나 대안에 대한 일체의 정보를 수집하여 일일이 평가하고 나서 최적의 것을 선택하기란 실제로 불가능하므로 어디까지나 이론적 혹은 이상적인 접근일 뿐이다. 그뿐 아니라 설령 최적의 선택을 했다고 치더라도 합리성 기준이 다양하기 때문에 어느 기준으로 평가하는지에 따라서 최적이 아닐 수도 있다. 이야기 9.2

이야기 9.2 교수연구비 배분

다음과 같이 두 교수가 연구비를 신청했는데 한정된 연구지원금은 어느 교수에게 주어야 할까? A교수는 송아지를 어미 젖소와 분리시켜 젖을 못 먹게 하고 암소의 유선감염질환을 연구하려 한다. B교수는 어미 젖소가 송아지와 분리되었을 때 얼마나 정신적으로 고통받는지를 연구하려 한다. 연구비를 한 교수에게만 주어야 한다고 가정할 때 가장 합리적인 결정은 무엇인가? 이에 대해 과학적 해답은 없다. 정치적·종교적·경제적 합리성만 존재한다. 즉 어디에 중점을 두고 결정하느냐이다. 경제적 합리성이라면 빨리 유선병을 연구하여 병을 치료하고 우유를 한 통이라도 더 짜야 한다. 동물애호가나 소를 숭상하는 힌두교 국가라면 소의 심리적 고통을 연구하여 송아지를 젖소와 떼어놓지 않는 데 공헌하도록 B교수에게 연구비를 할당할 것이다. 정치적 결정을 해야 할 통치자라면 우유생산을 더 원하는 낙농조합의 여론파워가 더 강한지 동물애호가 집단의 힘이 더 강한지 눈치를 살피고 나서 강한 쪽에 지원할 것이다. 그러므로 의사결정에서 합리성이란 사람마다, 집단마다, 시대마다 다르게 형성될 수 있다. 의사결정의 충돌은 여기서 발생한다. 모두가 옳다고 하지만 자기 관점에서 옳은 것이다. 그것도 그 당시에만 그런 것이다.

만족화 의사결정

건초 더미 속에 수백 개의 바늘이 있을 때 그중에서 가능한 한 가장 좋은 바늘을 찾아 사용하려고 하지만(합리성), 가장 좋은 것을 찾기에는 시간이 너무 걸린다(제한된 합리성). 그렇다고 아무거나 무작정 집어서(비합리성) 사용하지는 않을 것이다. 최고의 것이 아니더라도 심하게 녹이 슬거나 부러지지만 않았으면 그냥 사용한다. 이처럼 문제해결 대안을 선택할 때 최선책을 발견하려고 하지 않고, 적당히 만족할 정도의 기준만 정해놓고 이를 통과하는 대안 중에 먼저 발견되는 것을 선택한다는 것이 사이먼(H. Simon)의 바늘이론이다.[6] 건초 더미에서 바늘을 고르듯이 결정하는 방식을 다음과 같이 다양하게 표현하지만 모두 같은 말이다.

- 만족화(satisficing) 모형: 만족수준을 미리 정하고 최고가 아니더라도 그 수준에 다다르면 택한다.
- 규범적(normative) 모형: 대부분의 사람들이 정하는 수준을 택한다. 가장 편하고 안전하기 때문에 많은 사람들이 택한다고 믿기 때문이다.
- 관리적(managerial) 모형: 너무 비합리적이어도 안 되고 지나치게 합리적이면 시간과 비용이 많이 들기 때문에 여러 가지를 고려하여 적정하게 택하는데, 이것을 바로 관리행위라고 본다. 이것이 현실적이며 일반적(규범적)이다. 이때 욕구와 만족의 기준이 사람마다 다르기 때문에 같은 양의 정보를 가지고도 사람마다 다른 최종안을 선택할 수 있다. 도표 9.3

왜 제한된 합리성인가?

불행하게도, 완전한 합리성을 전제하기에 인간은 너무나 부족한 동물이다. 그래서 다음과 같은 제한된 합리성(bounded rationality) 안에서 결정할 수밖에 없다.[7]

- 여러 가지 제약(시간, 돈, 능력 등)으로 인하여 필요한 모든 정보를 참조하고 분석하지는 못하며 역시 같은 이유로 가능한 대안들을 전부 검토해 볼 수는 없다. 부득이한 제약도 있지만 개

도표 9.3 규범적 의사결정모형

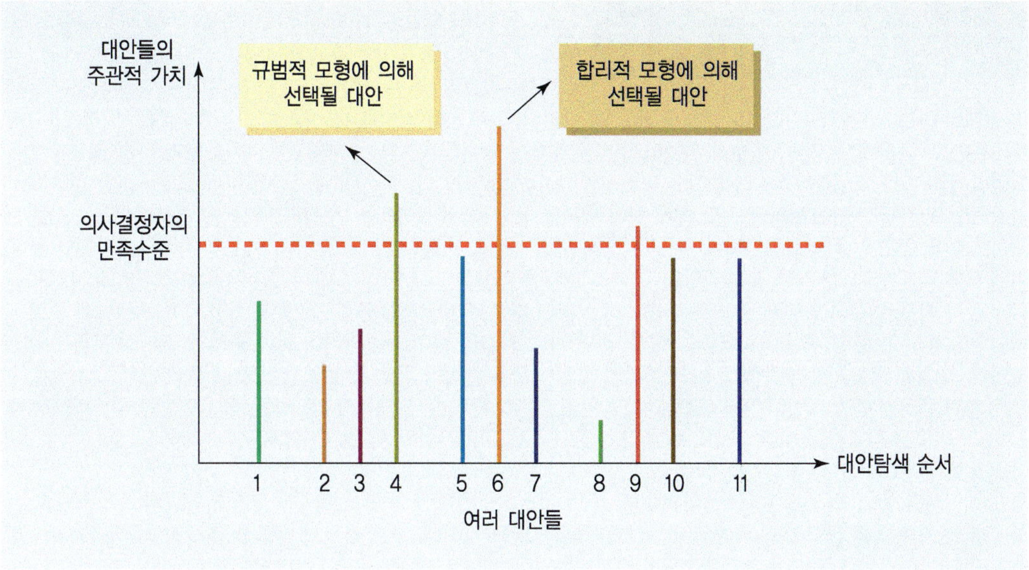

인 성격 등에 따라서 한정된 정보만 갖고 결정하려 들기도 한다. 예를 들면 남성은 여성보다 더 모험적이라서 더 이상의 정보탐색을 멈추고 주어진 정보만으로 결정하려 할 수도 있다.

- 대안과 정보를 분석·검토·평가할 때 그 기준이 주관적이었기에 그것이 다른 사람에게도 합리적일 것이라는 가정에는 문제가 있다.
- 모든 대안을 완전히 객관적으로 분석·평가하여 선택했다 하더라도 수집된 정보는 과거에 근거한 것이고 대안이 실천되는 것은 다가올 미래이기 때문에 그사이에 있을 변하는 예언가가 아닌 이상 아무도 예측할 수 없다.
- 특히 조직의사결정의 경우 조직에 합리적인 것과 결정담당자에게 합리적인 것 사이에 괴리가 있을 수 있기 때문에 조직 입장에서의 합리성은 제한된다.

제한된 합리성의 시사점

이와 같은 인간이나 조직의 제한된 합리성은 우리에게 많은 것을 시사한다.

- 엄밀한 의미의 합리적 의사결정은 이상(理想)에 불과하다.
- 조직운영 시 의사결정자들의 능력에 한계가 있음을 고려해야 한다.
- 합리성에도 수준이 있다면 조직이나 집단이 개인보다 더 합리적인 결정을 내린다는 보장이 없다. 왜냐하면 대안은 여러 개인데 사람마다 합리성 기준이 다르기 때문이다.
- 정보가 완전할 수 없다는 것이 용인된다면 이를 악용해서 결정자들이 정확한 정보를 왜곡·조작하여 자신에게 유리한 결정이 나도록 유도할 가능성도 있다. 이야기 9.3

이야기 9.3 인류 최대의 실수

수렵인들은 야생 무화과를 따먹고 야생 양을 사냥했다. 무화과를 어디에 심을지, 양 떼를 어느 목초지에 길러야 할지 생각할 필요가 없었다. 다니다가 밀과 콩이 있으면 잘라서 동굴로 가져와 나눠 먹으면 되었다. 어느 날 동굴 앞에 오래전에 먹다 버렸던 콩이 싹을 틔워 수백 개의 콩이 되었다. 곧 그들은 밀과 콩을 몇 알만 땅에 뿌리고 기다리면 큰 수확을 얻는다는 사실을 깨달았다. 이제 옮겨 다닐 필요가 없게 되었다. 물이 있고 따뜻한 곳에 터를 잡고 눌러 앉아 농경정착인이 되었다. 짐승을 잡으러 멀리 다닐 필요 없이 야생 양도 길들여 동굴 근처에 울타리 치고 살게 하니 새끼를 낳아 주었다. 이제는 피곤하고 위험한 수렵채집인의 삶을 포기하고 여유 있고 만족한 삶을 살려고 한곳에 정착했다. 식량의 총량이 확대되고 가시덤불을 뛰어다니지 않아도 고기를 먹을 수 있었다. 참 잘한 결정 같았다. 그러나 그것은 환상이었다. 인류가 편해지니 인구가 늘어났다. 버섯도 산딸기도 못 먹고, 인구가 늘면서 밀과 콩만 먹으니 식량이 부족했다. 영양불균형으로 저항력이 약해져 질병에 쉽게 감염되었고, 한곳에 모여 사니 금방 전염되었다. 밀과 콩은 자갈을 싫어하니 인간이 돌을 골라내 주느라 등골이 휘었다. 농토와 양의 목초지도 부족했다. 밀과 콩에게 멀리서 물을 길어다 주고, 잡초를 뽑아 주고, 벌레까지 잡아 주는 인간은 밀과 콩의 노예가 되었다. 양과 소의 겨울먹이도 인간이 준비했다. 인류가 밀과 콩을 길들인 것이 아니라 밀, 콩, 양, 소가 인류를 길들였다. 그뿐 아니라 농토와 목초지를 놓고 인간끼리 사냥보다 훨씬 위험한 전쟁을 했다. 살 집이 아니라 방패막이가 될 성을 쌓았다. 남의 곡식을 훔치는 도둑이 생겨나고 경찰을 지명하여 지키게 하니 그들의 식량까지 책임져야 했다. 싸움을 조정하는 지배자를 두었지만 이들이 횡포와 부패를 일삼았다. 자연에서 자라던 밀과 콩과 양과 소가 인류를 울타리 안에 가두고 노예로 만들어 버린 것이다. 12,000년 전 우리의 조상이 이를 미리 예측할 수 있었다면 다른 결정을 했을 것이다. 그러나 이미 늦었다. 예나 지금이나 인간은 미래를 알 수 없다. 그러나 지금도 결정은 해야 한다. 4차 산업혁명의 기술개발을 결정해야 하고 인공지능이나 화성탐사의 확장을 결정해야 한다. 이 결정이 미래에 가져올 결과가 좋을지 나쁠지 모르는 채로 말이다.

II | 의사결정모형

시장에서 물건을 살 때에도 어떤 사람은 하나만 살펴보고 즉시 돈을 주고 사지만, 또 어떤 사람은 이곳저곳 둘러보고 심사숙고한 끝에 한 개를 산다. 사람마다 성격이 다르다고 하지만 느긋한 사람이라도 바쁘면 금방 결정할 수 있고 성미가 급한 사람도 한가하면 심사숙고할 수 있다. 또한 양말을 고르느냐 자동차를 고르느냐에 따라서 다를 수 있다. 조직도 마찬가지이다. 조직마다 결정방식이 다르며 동일한 조직 안에서도 사안이 무엇인지에 따라서 결정방식은 다양하다. 대표적인 결정방식에 대해 공부해 보자.

1 다양한 의사결정모형들

조직 안에는 합리적 모형과 직관적 모형을 사용하는 관리자들이 공존한다. 그런데 이미 언급했듯이 조직의 의사결정은 합리적이고 이상적으로만 이루어지는 것이 아니라 여러 가지 현실적 원리에 의해 전혀 뜻밖의 방식으로 결정되기도 한다. 그 이유는 조직의 의사결정에 영향을 미치는 요소는 매우 많기 때문이며 내부의 영향요인 이외에 외부 영향요인도 많다. 조직에서 이루어지는 의사결정 중에서 전형적인 몇 가지를 살펴보기로 하자.

경영과학적 모형

이는 합리적 의사결정모형과 유사한 것으로서 제2차 세계대전 중에 등장했다. 항공모함에서 수백 미터 떨어진 적함에 함포를 명중시키기 위해서라면 주먹구구식 방법이나 경험과 직관적 결정으로는 어렵다. 고려해야 할 주요 사항은 포탄의 크기와 무게, 풍속과 거리, 배의 속도와 방향, 아군 전함의 발포반작용의 힘 등 수없이 많다. 경영과학적 모형이란 이러한 의사결정모형을 조직관리에 일부 도입한 방식이다. 기업경영에 사용되고 있는 수리적 모형은 이런 식으로 개발된 의사결정모형이다. 오래전에 선형계획법(LP Method), PERT 차트, 컴퓨터 시뮬레이션 등의 기법이 개발되었으며 요즘에는 ERP(전사적 자원관리)라는 시스템으로 기업의 전반적 의사결정까지 실시간으로 이루어진다. 그 밖에도 공장입지 선정, 신제품 가격결정, 유전 굴착지 선정, 무선통신서비스의 실시간 변경, 항공승무원 근무일정표 수립 등 다양한 문제들을 해결하기 위해 경영과학모형이 두루 사용되고 있다.[8] 이야기 9.4

이야기 9.4 몬테카를로 결정방법

1865년 'Bains de Mer(바다의 욕조)'라는 회사의 창업자인 프랑수아 블랑은 모나코 카를 언덕(monte carlo)의 포도밭을 밀고 건물을 지어 카지노장을 오픈한다(**사진**). 그 이후 비좁은 바윗덩어리 공국인 모나코를 먹여 살린 것은 카지노 관광이다. 지금도 연간 7천만 명 이상이 몬테카를로를 방문한다. 미국이 비밀리에 수소폭탄을 제조하던 중 책임자 울람(S. Ulam)의 삼촌이 친척들에게 돈을 빌려 자주 가던 카지노의 이름을 비밀코드명으로 사용했고, 이때 사용한 알고리즘이 바로 몬테카를로법이 되었다. 즉 몬테카를로법(Montecarlo method)은 복잡한 확률 문제를 난수표와 시뮬레이션을 이용하여 여러 대안 중 최적의 것을 선택하는 데 활용한다. 예를 들면 유료고속도로 톨게이트의 통행료 지급 방식은 크게 두 가지가 있다. 하나는 하이패스가 있고 다른 하나는 카드나 현금으로 수금원에게 직접 지급하는 방법이 있다. 당연히 후자가 시간이 더 걸리기 때문에 혼잡시간대에는 현금을 내는 게이트에 자동차 대열이 매우 길다. 가장 합리적인 방법은 양쪽의 통과시간을 비슷하게 하는 것인데 과연 경부고속도로 서울톨게이트에 하이패스 게이트와 현금카드 게이트를 몇 개씩 설치하는 것이 이상적일까? 대형 할인점의 계산대를 설치할 때 직원이 계산해주는 계산대와 고객이 직접 하는 셀프계산대의 비율을 어떻게 나누어야 좋을까? 이처럼 기다리는 행렬 문제를 시뮬레이션으로 실험할 때 몬테카를로법을 이용한다.
다시 톨게이트 문제의 해답을 찾으려면 하이패스 차와 현금 차의 숫자, 현금계산에 걸리는 시간 등을 조사하여 수학적 방정식을 이용해 계산하여 정한다. 이때 각 수치는 난수표를 사용하여 시간대마다 혹은 톨게이트마다 상황이 달라도 수치만 바꾸어 넣으면 쉽게 해답을 구할 수 있다. 경영의사결정 학파가 좋아하는 방식이다.

경영과학적 의사결정의 한계점

경영과학적 의사결정 방식은 너무 많은 변수가 있고 해결시한도 극히 짧게 주어질 때 효과적이지만 모든 변수들의 계량적 측정과 분석이 가능해야 한다. 만약 계량화하기 어려운 문제를 경영과학적으로 접근했다가는 이상한 결론에 도달할 수도 있다. 예를 들면 전산화된 신용평가 모델을 사용하는 은행의 경우 실수를 저지르기 쉽다. 인간의 신용은 믿음의 문제인데 이를 억지로 계량화하려다가 잘못된 결정을 하기도 한다.[9] 그러므로 기업의 경우에도 경쟁자의 반응 예측, 신제품의 소비자 인기, 고객의 기호변화 같은 질적인 요소는 경영과학적인 방법보다 경험과 직관, 심지어는 CEO의 감각적 느낌에 의한 판단을 내리는 것이 더 정확할 때가 많다.

카네기모형

과거에는 기업 관련 정보가 모두 CEO나 최고의사결정자에게 집중된다고 보아 기업의 의사결정 주체는 하나뿐이라고 여겼다. 그러나 카네기멜론대학의 연구팀은 조직에서의 의사결정은 많은 관리자들이 관여되며 최종적 선택은 이들 관리자들의 연합인 세력집단에 의해 행해진다는 사실을 발견하였다. 세력집단(coalition)이란 조직의 이해관계자 집단으로서 문제해결과 대안선택에 다각도로 영향을 미치는 여러 집단을 지칭한다. 즉 세력집단이라고 했지만 그 안에는 서로 대결하고 경쟁하는 여러 개의 집단들이 또 얽혀 있다.

세력집단 존재의 필요성

조직이 의사결정을 하는 동안 세력집단의 존재가 필요한데 그 이유는 다음과 같다. 조직의 목표가 애매하고 일관성이 없을 때 문제를 중심으로 관리자들이 세력집단을 형성하는데 이들 집단이 조직목표를 명확히 하는 역할을 한다. 게다가 대부분의 문제는 정보와 대안들이 확실하지도 않고, 개인으로서는 능력과 시간의 한계로 막연한 상황에 처하는데, 이를 피하기 위해 세력집단들은 서로 정보를 교환하며 이해관계자 중심으로 결정을 유도한다.

도표 9.4 카네기모형에 의한 의사결정

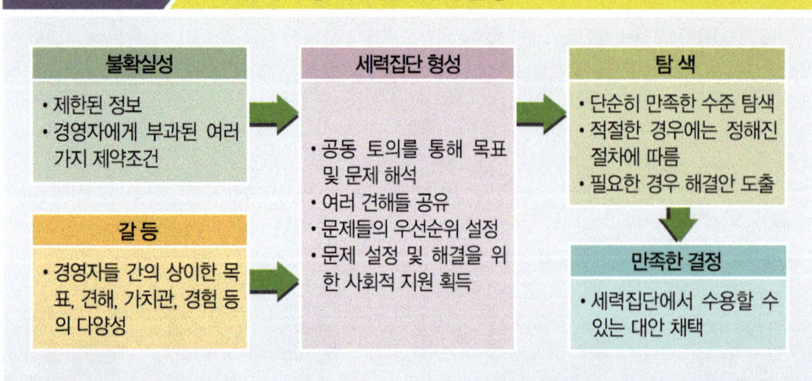

그러다 보면 결국 최선의 대안이 선택되는 것이 아니라 다양한 이해집단들을 최대로 만족시킬 수 있는 대안이 선택된다. 이때 힘이 약한 이해관계자는 약간만 만족한 결정에 순응한다. 나아가서 조직의 장기적인 번영과 이익에 도움이 되는 대안보다, 당장 조직관리자들의 책임을 면하고 자신들의 역할을 증빙하는 단기적인 대안이 선택될 가능성이 더 크다. 분기별로 주총에서 평가를 받는 기업의 CEO는 장기플랜보다는 단기에 실적이 오르는 대안이 선택되도록 힘을 사용할 것이기 때문이다. 도표 9.4

카네기모형과 조직관리

하물며 지금 결정해야 할 사안인데도 불구하고 이해관계자들의 관심 밖이라면 결정이 이루어지지 않는다. 그러므로 카네기 모델에서는 관리자들이 세력집단을 형성하여 합의를 도출하는 것이 매우 중요하다. 관리자 입장에서 토의와 교섭은 시간이 많이 걸리고 귀찮은 일이기 때문에 교섭하면서 최적해를 택하는 것보다 토론과 교섭 없이 만족한 만한 대안 선택으로 간다. 그러므로 문제가 확실하고 과거에 경험도 있으면 의사결정은 대개 선례에 따른다.

자주 있는 문제라면 조직에 이미 규정과 절차가 자세하게 정해져 있을 것이며 새로운 세력집단의 형성이나 그들 간의 정치게임도 적지만, 전혀 새로운 문제가 대두되면 서로 간의 파워게임과 정치적 줄다리기도 성행할 것이며 갈등도 많아질 것이다. 따라서 경영자들은 조직을 운영하면서 핵심부서의 관리자들을 세력집단 속으로 끌어들이려 한다. 그렇지 못하면 그들의 의사결정을 지지해 줄 정당성 기반이 없기 때문에 결정을 끝내기도 어렵거니와 실행에 옮기지도 못하고 그들의 의도가 수포로 돌아가기 때문이다.[10]

직관적 모형

대부분의 사람들은 정보수집의 비용과 시간 때문에 대충 어느 선에서 끝내든지 쉬운 지름길을 택한다. 그렇다고 전혀 근거가 없는 것은 아니고 과거의 경험이나 대안들이 자신에게 풍기는 이미지와 느낌을 사용한다. "느낌이 좋아서 이걸로 그냥 정했어."라는 말을 자주 들을 수 있는 이유가 그 때문이다. 사소한 문제에만 해당되는 것은 아니다. 배우자 선택도 첫인상의 끌림으로 결정한 사람들이 많다. 이것이 이미지이론(image theory)이다.[11] 예를 들면 사원을 채용할 때 사장은 기존 모범사원과 같은 학교 후배를 다른 사람보다 선호한다. 물론 단순한 편견일지 모르지만 현실적인 의사결정행동이다. 최근 연구들에 의하면 직관도 무시할 것이 아니며 불합리하지만은 않다고 한다.[12] 오히려 직관으로 판단한 정보들은 합리적 결정을 돕기도 한다.

직관은 언제 사용하는가?

직관(intuition)이란 무엇인가? 어떤 이는 오감(五感) 다음의 여섯 번째 감각이라고도 하고 초(超)감각이라고도 한다.[13] 그런데 직관적 결정이란 오랜 경험에서 나오는 판단과정으로, 초인들에게만 해당하는 것이 아니며 모든 사람이 자주 사용하는 방식이다. 그리고 합리적 결정과는 별개가 아니라 오히려 상호 보완적 관계를 가지고 있다. 그렇다면 이러한 직관은 주로 언제 사용되는가?

이야기 9.5 결정장애

우리가 결혼정보회사에 가서 나의 배우자가 될지도 모를 지원자들의 사진과 인적사항이 적힌 지원서류를 검토할 기회가 있다고 하자. 무엇에 중점을 두고 서류를 훑어볼 것인가? 다섯 명의 서류를 고객에게 주니 꼼꼼하게 여러 가지를 살피고 자신에게 부합되는 자를 선택했다. 키와 외모, 나이, 교육, 직업, 건강, 소득, 고향, 가족, 취미, 담배를 피우는지 등 고려할 것이 너무 많다. 그러나 스무 명의 서류를 받은 고객들은 여러 가지를 살피지 않고 인물만 보고 선택했다. 선택지가 적을 때에는 여러 요소를 고려할 수 있었지만, 선택지가 많아지자 자기가 선택하려는 기준이 무엇인지도 잊고 그저 외모만 보고 점찍으려 했다. 즉 '결정장애'에 빠진 것이다. 서울 롯데마트 양평점의 상품 가짓수는 5만 개인데 100m 정도 옆의 코스트코(Costco) 양평점의 상품 수는 3천여 개에 불과하다. 그런데 연 매출액은 코스트코가 롯데마트의 세 배나 된다. 드디어 유통업계의 상품 수 줄이기 경쟁이 벌어지고 있다. 트레이더스는 코스트코와 영업방식이 유사하다. 상품 수는 이마트의 10% 수준인 5천여 개에 불과하지만 트레이더스의 매출은 급증하고 있다. 왜 그럴까? 여러 이유가 있겠지만 그중 하나는 다음과 같다. 컬럼비아 경영대학원 쉬나 옌가(S. Iyengar) 교수는 슈퍼의 시식코너에 여러 종류의 잼을 늘어놓고 구매자의 행태를 살폈다. A코너에는 24가지 종류를, B코너에는 6가지 종류를 진열했다. 당연히 잼의 종류가 다양한 A코너로 사람이 많이 몰렸다. 그러나 실제 구매는 B코너에서 더 많이 이뤄졌다. A코너에는 60%의 고객이 몰렸지만 3%의 구매율을, B코너에는 40% 고객이 찾았지만 30%의 구매율을 보였다. 우리는 선택을 할 때 기회비용을 생각하는데, 종류가 너무 많으면 기회비용 계산이 어려워 결국 선택과 구매를 포기하고 만다. 1949년 미국 슈퍼마켓에 진열된 상품의 수는 3,750가지, 2010년에는 45,000가지, 2014년에는 120,000가지로 증가했고 10년이 지난 현재는 그 수를 헤아리기도 어렵다. 너무 많아서 고르기 힘들어졌다. 아이들은 여러 개의 장난감이 있는 것을 좋아하겠지만 사실은 한 가지만 주면 그것에 애착을 보인다. 노트북이 세상에 처음 나올 때 델(Dell) 컴퓨터는 고객선택폭을 넓히려고 41개 제품으로 다양화했지만 실패하고 애플(Apple)은 모델 6개로 승부를 걸었다. 프록터앤드갬블(P&G)은 샴푸를 26가지나 출시했는데 매출이 오르지 않아 15가지로 줄였더니 매출이 10%나 증가했다.

- 상황의 불확실성이 심할 때
- 과학적 예측이 어려울 때
- 방향제시가 분명치 않을 때
- 시간의 제약을 받을 때
- 전례가 없을 때
- 현실적 자료와 정보가 부족할 때
- 비슷한 대안이 많을 때

그러나 사람들은 합리적 결정을 더 타당한 것으로 여기기 때문에 느낌과 직관으로 결정한 사실을 감추려고 한다. 심지어는 직관으로 결정했더라도 거기에 합리적인 자료를 덧입혀서 다른 사람들에게는 합리적 결정인 것으로 인정을 받으려 하는 경우도 있다.

이와 유사한 용어로 휴리스틱(heuristics) 접근법이 있다. 이는 평소 경험했던 사실을 머릿속에 정형화시켜 놓고 다음에 일어나는 유사한 상황에서 깊이 생각하지 않고 머릿속에 담겨 있던 평소의 믿음과 경험으로 즉각 결정해 버리는 방식이다. 너무 많은 정보에 휩쓸리지 않기 위해 손쉽고 간단한 경험정보에 의존하여 결정하는 것이다.[14] 이야기 9.5

뇌 활동의 1차 시스템과 2차 시스템

인간은 원천적으로 게으르다. 뇌의 활용에서도 마찬가지이다. 이를 인지적 태만(cognitive laziness)이라고 한다. 무엇인가를 결정할 때에는 많은 정보를 토대로 분석하고 심사숙고해야 하는데, 하루에도 결정해야 할 일은 너무 많고 세상일은 너무 복잡하고 불확실하기 때문에 대부분의 사람들은 정보수집이나 분석에 그리 많은 시간과 노력을 투입하지 않는다.

카너먼(D. Kahneman)은 우리가 어떤 결정을 할 때 뇌를 사용하는데 이때 머릿속에서 일어나는 생각의 과정을 두 종류로 나누었다.[15] 복잡한 사안을 결정해야 할 때 심사숙고하지 않고 그 사안과 비슷한 사안에 대해 알고 있으면 대체하여 결정해 버린다. 예를 들면 학교 갈 때 지하철을 이용할지 버스를 이용할지의 선택은 쉽기 때문에(마치 2×3=?의 계산처럼) 머릿속에서 1차 시스템으로 결정해도 된다. 그러나 서울에서 부산까지 갈 때의 선택은 좀 어렵기 때문에(마치 43×79=?의 계산처럼) 2차 시스템을 활용해야 한다. 즉 각 수송수단의 시간과 가격과 편리함 등을 분석해야 한다. 말하자면 1차 시스템은 우리의 속뇌작용, 2차 시스템은 겉뇌작용으로 비유하면 이해가 쉬울 것이다. 우리의 뇌는 해부학적으로 바깥에 분포된 뇌세포는 매우 조밀해서 복잡한 네트워크를 가지고 매우 분석적이고 깊은 생각을 할 때 사용되지만 뇌 안쪽에 위치한 속뇌세포들은 조금 엉성해서 긴단하고 쉬운 문제를 처리할 때 활성화된다. 즉 속뇌는 1차 시스템적 사고를 하고 겉뇌는 2차 시스템적 사고를 한다고 생각하면 된다. 도표 9.5

도표 9.5 겉뇌작용과 속뇌작용의 비교

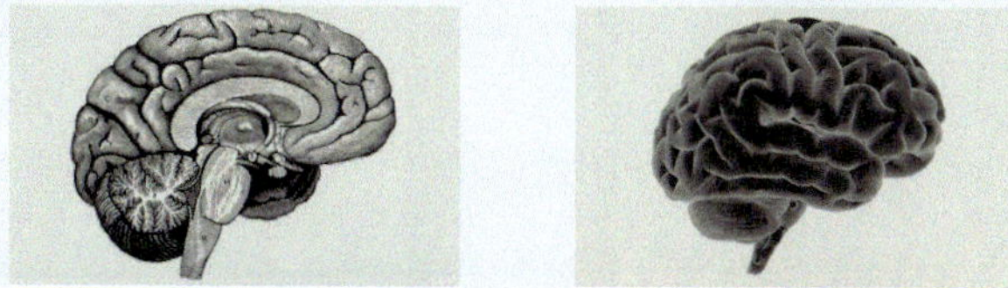

속뇌	겉뇌
〈1차 시스템〉	〈2차 시스템〉
• 자동반응 • 빠르게 작동 • 노력 불필요 • 충동, 감각, 자유	• 복잡한 생각 • 시간이 걸림 • 신경 써야 함 • 조사, 심사숙고
■ 예 • 2+2=? • 큰 소리 난 곳 쳐다보기 • 성난 얼굴 알아차리기 • 텅 빈 도로 자동차 운전 • 큰 간판 읽기 • 뱀을 보고 피하기	■ 예 • 43×79=? • 무리 속에서 친구 찾기 • 계좌번호 알려 주기 • 점심 메뉴 고르기 • 좁은 공간 주차하기 • 점심값 내가 낼까 판단하기

그런데 우리는 어떤 의사결정을 할 때 뇌 활동의 노력을 감소시키기(effort reduction) 위해 2차 시스템으로 결정할 것도 1차 시스템으로 대체한다는 것이다.[16] 주로 사안이 구체적이거나 확실하면 대체가 안 일어나지만, 주어진 사안이 처음이고 추상적이고 복잡하고 불확실할 때는 1차 시스템으로 대체한다. 오늘이라도 한강 다리가 사고로 끊어지면 사람들은 생명보험에 가입하는 등 난리가 날 것이다. 사실 보험가입은 그리 쉽게 결정할 일은 아니다. 2차 시스템으로 많이 따져보고 결정할 일이지만 이 경우에는 쉽게 가입한다. 비싼 보험료를 내고 가입하는 것이 옳은 일인지 불확실하고 복잡한 데다 정확한 답도 없는데, 사고가 일어나니 어린아이처럼 단순하게 1차 뇌를 사용하여 나도 위험하다고 판단해 버리는 것이다. 이러한 휴리스틱에는 두 가지 부류가 있다. 이야기 9.6

지름길 정보에 의존하는 결정(availability heuristics)

올림픽에서 우리나라 선수가 금메달을 따면 그 까닭이나 정보를 정확히 분석해 보지도 않고 매운 김치를 먹는 악바리 근성 때문이라고 치부하곤 한다. 우리는 땅에서 차를 운전할 때보다 공중에서 기구를 타고 날 때 공포를 더 느낀다. 그 까닭은 모두들 나는 것이 더 위험하다고 생각하기

이야기 9.6 벽돌기둥의 높이는?

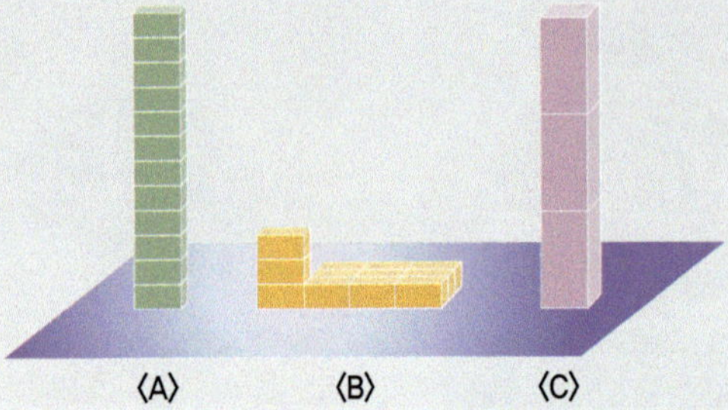

그림에서 A에 들어간 블록과 C에 들어간 블록의 수로 동일한 높이의 탑을 쌓을 수 있는지의 질문에 답하기는 쉽기에 1차 시스템으로 가능하다. 하지만 B의 블록으로도 A와 같은 높이의 탑을 쌓을 수 있는지 묻는다면 2차 시스템으로만 가능하다. 즉 A와 B에 있는 블록의 수도 세어 봐야 하고 블록 한 개의 높이도 양쪽 것이 동일한지 자세히 살펴봐야 하기 때문이다.

때문이다. 그러나 사실은 정반대로 비행기사고로 죽을 확률은 자동차사고에 비교도 안 될 만큼 적다. 비행기사고의 경우 대대적인 매스컴 보도로 인하여 생긴 우리의 전형(뉴스에서 직접 본 경험) 때문에, 우리는 자동차 운전 시의 위험보다 비행기 탑승 시의 위험을 더 느끼는 것이다. 즉 의사결정(어느 쪽이 더 위험한가?) 시 자신이 얻기 쉬운 정보와 평소의 믿음에만 의존해서 결정을 해 버리는 것을 휴리스틱스(heuristics)라고 한다.[17] 이는 그리스어로 'discover'의 뜻이며 여러 번 시도하다가 어쩌다 발견하듯이 불확실하고 복잡한 상황에서 경험과 직관으로 신속하게 결정을 해버리는 주먹구구식 방법을 총칭한다. 우리가 지각의 장(4장)에서 배운 지각의 오류 중 많은 것들은 주먹구구식 결정을 할 때 자주 범하는 오류들이다.

대표적 정보에 의존하는 결정(representative heuristics)

확실한 답을 찾기 어려울 때 사람들은 머리에 저장된 정보들 중에서 대표적인 커다란 정보에만 기초하여 결정한다. 현재 알고 있는 관련 정보 중에 가장 크게 앞에 떠오르는 것에 지나치게 가중치를 두고 결정한다. 예를 들면 많은 학부모들이 김연아, 손연재를 보고 딸을 스케이팅과 리듬체조로 출세시키려 한다. 그러나 사실상 판검사나 의사가 되는 편이 더 쉽다. 그럼에도 스포츠나 연예 지망생이 많은 이유는 TV만 켜면 판검사 스토리보다 김연아나 손연재가 더 자주 보였기에 이들이 더 대표적인 정보로 기억에 남았기 때문이다. 기업 대표들도 과거에 한 제품에서 맛본 성공을 신제품과 연관지어 이 제품도 성공하리라고 착각하기도 한다.[18] 이야기 9.7

쓰레기통모형

조직의 무정부적 상황

1971년에 올슨(J. Olsen) 등은 합리적 의사결정모형이나 사이먼의 바늘이론을 비판하면서 실제 조직의 의사결정은 그보다도 훨씬 비합리적으로 이루어진다고 주장하며, 소위 쓰레기통모형(garbage can model)을 발표했다. 즉 제한된 합리성 정도가 아니라 합리성은 거의 없고 조직은 거의 무정부 상태라는 것이다. 결과적으로 조직이란 명확한 목표를 중심으로 잘 통합된 체계로서

이야기 9.7 인간은 유전적으로 우둔하다.

하루 천여 명의 코로나19 환자가 발생하는데도 마스크 쓰기를 귀찮게 여기던 친구가 자기가 아는 누군가가 코로나19에 걸렸다는 소식을 듣고서는 지하철도 타지 않았다. 25년 전 성수대교 붕괴 사건 직후에는 생명보험 가입 문의가 폭증하기도 했다. 생명을 위협하는 사건은 다른 곳에 너무 많고 한강다리가 붕괴할 때 내가 그곳에 있을 확률은 거의 없는데도 말이다. 할로윈 참사 후에는 오랫동안 이태원 상권이 회복되지 않았다. 부하직원의 10개월 전 업적까지 기억하고 있다가 인사평가에 반영하는 상사는 드물고 지난주의 실수에만 매달려 평가한다. 테러가 교통사고보다 더 무서울까? 과거 18년간의 통계에 따르면 유럽인의 경우 교통사고로 죽을 확률은 테러보다 1,600배, 중국인은 39,000배가 더 많다. 그럼에도 사람들은 차는 별로 안 무서워하고 테러는 무서워한다. 급할 때 우리는 엘리베이터 버튼을 미친 듯이 누른다. 뇌의 2차 시스템을 활용하면 천천히 한 번 누르든, 여러 번 누르든 최초의 터치에만 반응하고 정해진 속도로 움직인다는 사실을 알 수 있지만 1차 시스템 사고를 하기 때문이다. 흔히 "옛날이 더 좋았다"고들 말한다. 사실은 시간이 지날수록 긍정적 기억만 남기는 습성 때문이다. 남이 운전하는 차를 탔을 때는 불안해하지만 정작 자기가 운전할 때는 졸기도 한다. "비행기 조종도 자동차 운전과 비슷할 거야"라며 헛소리를 하기도 한다. 더 깊이 생각하려 하지 않고 지름길로 쉽게 판단한다. 그래서 이분법적 사고를 하는 것이다. 세상을 수백 가지 경우로 분석하기 귀찮으니 흑 아니면 백이라고 단정 짓고 의견이 조금만 달라도 너와 나는 양극단에 있다고 판단한다. 자세히 분석하면 둘 다 중간 정도에 있으면서 약간만 다를 뿐인데도 그렇다. "아니 땐 굴뚝에 연기 날까?"라는 식으로 타인을 억울한 희생자로 만들 때도 있다. 연기가 가짜이고 진짜가 아니라는 사실을 밝히려면 뇌를 더 써야 하는데 이게 귀찮기 때문이다. 과속 단속에 여러 번 걸려도 자신의 운전습관이 아니라 재수가 없었을 뿐이라고 여긴다. 자기의 운전습관을 남과 비교해서 단점을 분석하기가 쉽지 않기 때문이다. 이러한 약점을 가진 국민일수록 포퓰리즘 정치가의 좋은 먹이가 된다. 그런 국민은 진실인지 거짓인지 분석하지 않고 열정적이며 감성에 호소하는 지도자에 더 호감을 보이기 때문이다. 왜 이런 일이 비일비재할까? 우리가 먹는 음식은 에너지로 전환되어 생존에 이바지한다. 그런데 무려 에너지의 1/4은 뇌에서 소비된다. 만일 살아가면서 모든 것을 2차 시스템적 사고로 신중하게 분석한다면 뇌 활동에만 에너지를 거의 소비하고 남는 것은 얼마 없을 것이다. 나머지 극소량의 에너지로는 손발을 움직일 수도 없고 사냥할 힘도 없으니 그런 유전자를 가졌던 개체들은 점차 소멸해갔다. 살아남아서 우리를 탄생케 한 조상들은 뇌로 가는 에너지를 적게 배분하려고 부득이한 것만 2차 시스템으로 생각하고 대부분 것들은 1차 시스템으로 대충 판단했을 것이다. 그런 유전자의 주인공들만 만물의 영장이 되었다. 결과적으로 인간은 우둔하면서도 현명한 존재이다.

각 부서들이 역할을 분담하여 일사불란하게 돌아가는 것이 아니라고 주장한다.[19] 조직이 겪는 상황은 무정부적 혼돈처럼 불확실하며, 이런 상황에서 제한된 합리성을 가진 인간으로서는 문제가 무엇인지조차 파악할 수 없고 따라서 쓰레기통에서처럼 의사결정이 된다는 그들의 주장은 무정부적 조직론(organized anarchy model)으로 불리기도 한다.

쓰레기통: 무정부적인 의사결정 상황

과거의 합리적 이론가들은 조직이 무정부적 상황에 놓이면 위기라고 여겼지만, 무정부적 조직이론가들에게는 위기가 아니며 조직은 항상 이런 상태로 지낸다고 여긴다. 대개 정부나 공공조직은 더욱 무정부적이지만 사기업도 극심한 환경 변화 속에서 큰 위기를 겪을 때에는 거의 무정부 상태가 된다. 문제는 현대의 조직환경은 변화가 극심하다는 점이다. 그러므로 대부분의 조직들은 앞에서 배운 전형적인 의사결정행동의 단계적 순서를 밟지 않고 무정부 상태의 쓰레기통 속에서 결정을 한다. 쓰레기통 속의 상황은 다음과 같다.

이야기 9.8 **에디슨의 결혼 결정**

발명왕 토머스 에디슨은 자신의 몸가짐이나 일상생활에는 너무나 소홀하였다. 어느 날 실험실을 찾은 한 친구가 그에게 충고했다. "자네에게는 아내가 필요하네." 그러나 에디슨은 눈만 깜빡일 뿐 무심코 지나쳤다. 그 친구와 작업실을 돌아다니다가 한 여자 조수가 일하는 곳에 왔을 때 스물네 살의 에디슨은 열여섯 살밖에 안 된 여자 조수에게 다가가더니 다짜고짜 "내 아내가 되어 줄 생각 없소?"라고 물었다. 그 여자는 의아한 표정을 지었으나 곧 에디슨이 농담한 거라고 여기고 "그러죠 뭐." 라고 웃으며 대답했다. 그러나 에디슨의 질문은 진담이었다. 그는 그 여자와의 약속을 지켰다. 그러고서는 며칠 후 결혼식이 거행되었던 것이다. 그런데 결혼식 피로연장에서 신랑인 에디슨이 없어졌다. 찾아보니 실험실에 가 있었다. 몇 해 지나 에디슨은 이렇게 회고했다. "나의 결혼은 말하자면 준비가 전혀 없었던 결정이었지요. 그러나 나의 다른 모든 실험들처럼 완전히 성공한 결정이었지요." 그러나 그것은 본인만의 생각이었다. 부인 메리 스틸웰(M. Stillwell: **사진**)은 남편이 휴일도 없이 매일 밤 실험실에서 늦게 집에 오니 무서워서 베개 밑에 권총을 두고 외롭게 잠이 들곤 했다. 결국 그녀는 서른 살을 못 넘기고 에디슨의 아이 셋만 남긴 채 정신질환으로 일찍 세상을 하직했다. 자살했다는 설도 있다. 약 2년 후 1886년 2월 24일 에디슨은 나이 서른아홉에 스무 살의 미나(Mina)와 재혼하게 된다. 당시 그는 이미 유명인이 되어 있었고 중매자인 친구를 통해 신중하게 결정하였으며 결혼 후에도 첫째 부인 때문에 받은 정신적 충격이 교훈이 되어 퇴근 후에는 일찍 집에 오곤 했다.

- 우선순위의 불명확성(problematic preferences): 조직에는 해결할 문제도 많고 이에 대한 해결수단인 대안들도 많은데 이 중에 무엇이 먼저 선발되어 추진되어야 하는지 우선순위마저 불확실하다.
- 해결에 대한 지식과 경험 부족(unclear technologies): 새로운 문제가 너무 많아서 어디로 접근해야 하는지와 어떤 해결책을 사용해야 하는지 아는 바가 별로 없다.
- 임시 결정자들(fluid participants): 의사결정자들의 교체와 이동이 심하고 모두 바빠서 어떤 문제에 대해 해결할 책임자가 누구인지 불분명하다. 이야기 9.8

쓰레기통모형의 시사점

쓰레기통모형은 조직의 의사결정이 실제로는 다음과 같이 이루어진다는 사실을 시사한다.[20]

- 회사의 많은 결정들이 합리적인 의사결정과정이 아닌 운, 우연, 자의로 이루어진다.
- 대안만 있으면 문제가 없어도 도입하고 본다. ERP가 필요하지 않아도 새로 온 전산팀 상무가 생색을 내려면 이를 도입하기로 결정한다.
- 적합하지 않은 엉뚱한 대안이 선택된다. 경영을 합리화한다고 무조건 조직을 개편하고 신설부서를 만들어 필요부서를 없애기도 한다.
- 정해진 대안이 없기 때문에 결정자들이 자의적 혹은 정치적 동기를 가지고 조직에는 차선이지만 자기에게는 유리한 대안을 선택할 수 있다.
- 문제마다 대안의 정보를 찾고 분석하는 데 시간이 걸리기 때문에 문제가 너무 많으면 미해결 상태로 보류해 둔다.
- 급한 문제는 아니지만 일단 커다란 이슈가 될 중요한 문제라면 무조건 먼저 결정하여 실천될 가능성이 크다. 급하지만 중요성이 적으면 대중의 관심도 적기 때문에 결정이 뒤로 미뤄지다가 타이밍을 잃고 만다. 도표 9.6

도표 9.6 쓰레기통 의사결정모형

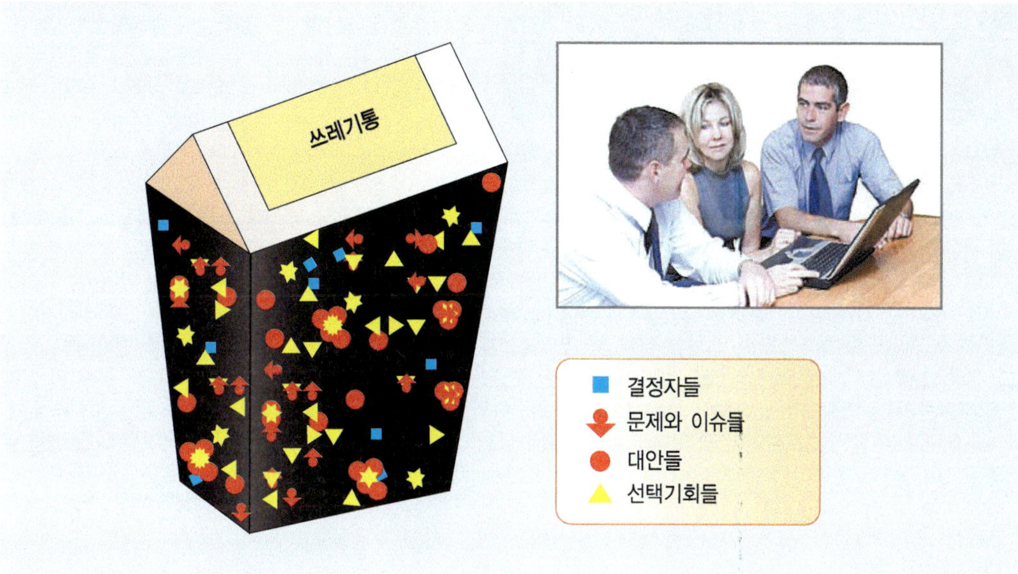

빅데이터모형

제한된 합리성? 무제한!

모든 의사결정은 정보를 수집하여 분석한 결과를 근거로 결정한다. 직관적 결정이라고 하더라도 오랜 경험을 통해 자신의 머릿속에 쌓인 기억정보를 참고한 것일 수 있다. 그러나 앞에서 우리는 정보수집의 한계 때문에 인간의 합리성은 제한된다고 배웠다. 그런데 오늘날 합리성의 제한이 많이 풀렸다. 불명확한 구체적 사안도 이와 유사한 전체로 파악하면 일정한 패턴이 보인다. 또한 필요한 정보를 과거보다 수백 배 더 수집할 수도 있고 분석기술도 수십 배 발전했다. 수집한 정보가 많고 모두 분석할 수만 있다면 더 적합한 결론을 선택할 수 있을 것이다. 즉 어마어마한 정보를 기초로 최신 분석기술을 활용하여 의사결정을 하려는 시도가 빅데이터에 의한 의사결정방식이다. 물론 이는 아직도 계속 발전하고 있는 중이다. 이야기 9.9

빅데이터 의사결정의 출현배경

오늘날처럼 변화가 심하여 예측이 어려운 글로벌 환경에서는 구조화되지 않은 대량의 정보를 기반으로 선진 분석기법을 활용하여 선제적이고 창조적인 의사결정을 할 필요가 있다. 즉 많은 정보를 분석처리하여, 의미를 파악하고 큰 그림을 그려, 통찰력 있는 판단을 내려야 한다. 이를 위해 많은 정보도 필요하지만 최신 분석기법들, 예를 들면 BI&A(Business Intelligence & Analytics)를 활용하여 향상된 의사결정을 할 수 있다.

이야기 9.9 빅데이터에 의한 시간경영

전 세계 패션업계의 불황에도 불구하고 스페인을 먹여살린다는 자라(ZARA)는 왜 오늘도 승승장구하고 있을까? 그 이유는 빅데이터 결정방식을 도입했기 때문이다. 정보의 수집은 물론 분석에 최신기법을 활용하는 것이다. 기존의 패션회사에서는 상품의 기획-제조-배달이라는 단계를 거쳐 패션상품을 매장에 비치한다. 1년 후 유행할 상품을 예측하여 디자인과 수량을 결정하고 제조하여 전 세계 매장에 비치하기까지는 거의 1년이 걸린다. 그러나 패션업계인 만큼 유행이 수시로 바뀔 수 있다. 이러한 위험을 감소시키려고 많은 회사들이 상품 계획 단계 전에 설문조사나 소비자 트렌드 분석 등 각고의 노력을 하지만 실수도 자주 한다. 그렇다면 기존의 의사결정기법이 아닌 빅데이터를 수집하고 최신의 빅데이터 분석기법을 활용한다면 좀 더 정확하게 예측할 수 있을까? 아무리 데이터가 많아도 시시각각 변화하는 상황을 1년 전에 예측한다는 건 어려운 일이다. 따라서 전 세계 모든 매장의 고객접점지역(판매대)에서 유입되는 정보를 실시간으로 수집하여 분석해서 신속하게 대응한다. 현재 어떤 상품이 유행이고 기존의 상품은 무슨 장단점이 있으며 고객의 불만과 요청사항이 무언지를 파악하고 이를 바탕으로 어떤 상품이, 얼마만큼, 어느 매장으로 배송돼야 하는지 수학적 최적화와 애널리틱스 분석기법을 사용하여 결정한다. 즉 단순히 예측이란 과거 운영을 고수하는 게 아니라 실시간으로 유입되는 데이터를 바로 분석해서 그 의미를 찾고 이를 수학적 알고리즘을 통해 곧바로 실행에 옮긴다. ZARA는 제조에서 배분까지의 기간을 1년에서 4주로 단축했다.

빅데이터의 특성

빅데이터는 과거 의사결정의 기초가 되었던 정보와는 다음과 같은 측면에서 그 특성이 다르다. 3V, 즉 양(Volume), 다양성(Variety) 그리고 속도(Velocity) 측면에서 과거와 다른데 이를 빅데이터(Big-data)라고 할 수 있다.

- 양(Volume): 수집하여 분석하는 데이터양이 매우 크다는 것을 의미하며, 데이터 크기만이 아닌 데이터가 갖는 가치까지 포괄한다. 페타바이트(Petabyte)나 제타바이트(1Zetabyte = 1조 Gigabyte)처럼 엄청난 양의 데이터 생성은 빅데이터와 과거 데이터 간 확연히 드러나는 차이점이다. 스마트폰, 소셜미디어의 등장으로 지난 몇 년 동안 데이터 크기는 상상을 초월할 정도로 급증하였다.
- 다양성(Variety): 많은 데이터도 중요하지만, 가능하다면 다양한 유형의 데이터 자원을 활용하는 것이 좋다. 이때 기업이 가진 데이터만이 아닌 다른 데이터도 함께 활용된다. 과거에는 정보라 하면 정형화된 데이터로서 매출액, 비용, 고객의 성별, 나이 등 이미 카테고리가 형성돼 있는 분석 가능한 데이터였다. 그러나 이제는 음성, 화상, 그리고 일반 생활에서 나누는 소소한 대화까지 데이터 범주에 포함한다. 나아가 대화 내용을 바탕으로 문맥이나 뉘앙스, 핵심 키워드가 자체적으로 파악된 정보까지 활용한다.
- 속도(Velocity): 데이터가 처리되는 속도를 뜻한다. 신속한 분석이 더 큰 가치를 제공한다. 이는 기존의 정형 데이터 분석 기반 사고에서 비정형 데이터 분석까지 포함하는 비즈니스 애널리틱스(business analytics) 사고로 확장시킨다. 이제 슈퍼컴퓨팅 기술의 발달 덕분에 방대한 데이터의 이동과 확산, 정보기기의 발달로 정보의 실시간 유입과 전송, 분석이 가능해졌다. 예를 들면 휴대폰으로 찍은 동영상, 사진이나 다운받은 전자책은 실시간으로 클라우드나 다

이야기 9.10 빅데이터결정의 적용사례

영국의 한 보험회사는 혼잡시간대와 사고다발지역을 별로 다니지 않는 운전자에게 보험료를 할인해 주는 주행거리 연동보험을 선보였다. 이는 차량에 부착된 운행기록장치를 통해 실제 운전 행태가 보험사로 전송되어 자료 분석을 통해 체계적인 보험료가 산정되는 방식이다. 고객들의 호응이 좋을 것은 뻔하다. 서울시는 심야버스 노선을 확정하려고 심야에 스마트폰을 이용하는 사람들의 정보를 분석하였다. 발신자 위치(출발지)와 그 번호 소유자의 주소지(도착지)를 연결하여 이 데이터를 바탕으로 어디서 출발해서 어디로 도착하는 사람들이 가장 많은지를 파악해서 심야버스의 노선과 운행대수, 출발간격 등을 확정하였다. 아마존닷컴은 모든 고객들의 구매내역을 데이터베이스에 기록하고 이를 분석해 소비자의 취향과 관심사를 파악하여 고객별로 취미나 소비성향을 찾아서 그와 일치한다고 생각되는 제품정보를 각각의 고객들에게 자동으로 전송한다. 아마존닷컴의 추천상품 제시와 같은 방법으로 구글 및 페이스북도 이용자의 검색 현황, 나아가 사진과 동영상 같은 비정형 데이터 사용실적을 실시간으로 처리하여 이용자에게 맞춤형 광고를 제공한다. 보스턴시는 수많은 도로에서 발생하는 도로파손을 수집하는 데 어려움을 느끼고 인력과 예산을 절약하려고 일부 시민운전자들에게 특수 모바일 앱을 무료로 제공하여 운전자가 직접 주변 환경의 데이터를 수집하고 전송하는 인간 센서 역할을 하게 하였다. 이 앱은 차가 파손된 도로를 지날 때 스마트폰의 GPS와 센서 등을 활용해 진동을 감지하고 이는 곧바로 도로관리국 도로정보 수집서버로 전송된다. 수집된 정보는 시청의 지도에 파손 위치 등이 기록되어 보스턴시는 곧바로 보수공사를 실시한다.

른 IT 기기에 바로 저장된다. 실시간 유입된 데이터는 바로 분석되어 의미 있는 새로운 가치를 창조하고 의사결정을 지원한다.

빅데이터에 기초한 의사결정

이제 반도체 공장과 같은 첨단시설이 이용되는 제조시설에는 시시각각 제조되는 모든 상황이 DB에 저장되고 전 제품의 상황이 모니터링되면서, 일부만 검사하는 것이 아니라 모든 사항을 검시하고 실시간으로 불량 여부를 판단할 수 있다. 이제는 공장뿐 아니라 사회의 이슈도 소수나 일부의 의견을 통해 전체를 파악하는 수준에서 벗어나 대중의 관심사나 이슈를 검색어 순위 등을 통해 실시간으로 파악해 곧바로 현상을 파악하여 대책을 세울 수 있다. 빅데이터 의사결정은 기업에 다양한 혁신의 가능성을 부여할 뿐 아니라 고객 역시 더 나은 제품을 더 저렴한 가격으로 더 편리하게 구입할 수 있게 해준다. 특히 고객은 기업의 지나친 마케팅활동에 대해 질적 향상을 요구할 것이다. 예를 들면 정크메일이나 스팸메일 등으로 인한 고객의 불편을 감소시키는 방안을 개발할 수도 있다.

구글의 검색어를 통한 전염병 확산 정도나 경기지표의 실시간 파악도 가능할 것이다. 슈퍼컴퓨터는 과거처럼 단순계산이 아닌 인간의 언어를 이해하고 그 문맥을 파악한다. 빅데이터 분석을 통해 대답을 제시할 뿐만 아니라 새로운 의료지식까지 알려준다. 이로써 인간 의료진보다 훨씬 빠르고 정확한 진단과 치료, 나아가 예방이 가능해질 것이다. 물론 아직 완전한 단계는 아니지만 곧 필요한 모든 정보를 담아서 훨씬 나은 의사결정을 할 수 있는 시대가 될 것이므로 이제 제한된 합리성에 기초한 의사결정 패러다임이 변화될 것이다.[21] 이야기 9.10

2 어떤 모형이 더 효과적일까?

이에 대한 정답은 없다. 말할 필요도 없이 조직이 처한 상황에 따라 혹은 문제의 성격에 따라 선택하거나 혹은 적절히 혼합해서 사용하는 것이 좋을 것이다.

상황: 결정참여자들 간의 의견일치성 여부

의사결정 상황을 파악하려면 다음의 두 가지 차원을 고려할 필요가 있다. 의사결정자들의 의견일치 여부에 따라 상황을 구분해야 하는데 무엇에 대한 의견일치일까? 그것은 다름 아니라 '문제'와 '해답'에 대한 의견일치 여부이다. 즉 문제를 얼마나 동일하게 인식하고 있는지의 정도와 해결책에 대해 얼마나 의견일치를 보고 있느냐의 정도이다. 첫째는 문제인식에 대한 합의성 여부, 그리고 둘째는 해결책에 대한 합의성 여부, 이 두 개의 축에 대해 우선 이해한 뒤 의사결정상황을 분류해보자.

문제인식의 일치?

의사결정자들이 문제의 본질을 정확하게 파악하고 있는지가 중요하다. 누구는 이직률 증가가 자아성장 기회가 없기 때문이라고 하고, 누구는 봉급이 낮기 때문이라고 한다면 해결책도 마련하기 쉽지 않다. 조직이 매우 분업화되어 이질성이 크면 문제에 대한 해석이 일치하기 어렵고 갈등도 심하다. 이 경우 조직의 당면문제를 해결하려고 모인 부서장들은 문제를 바라보는 시각부터 다르며 불확실성도 증가된다.

해결방식의 일치?

문제를 해결하기 위한 대안은 여러 가지가 있는데 이에 대한 의사결정자들 간의 합의가 이루어지지 않으면 역시 문제해결이 어렵다. 즉 해결방안에 대한 합의성이 커질수록 문제해결 상황의 불확실성은 감소한다. 그러나 대안들을 찾지도 못하고, 찾아도 이해를 못 하고, 이해해도 실행할 능력이 부족하면 해결 가능성은 희박해진다.

상황에 적합한 의사결정모형의 선택

문제에 대한 합의성 정도와 해결책에 대한 합의성 정도라는 두 차원을 이용하여 네 가지 상황으로 구분하고 각 상황에 적합한 모형이 어느 것인지 대입하면 다음과 같은 설명이 가능해진다.

- 1 상한: 의사결정자들 사이에 문제에 대한 합의가 이루어지고 해결책에 대한 의견도 일치하기 때문에 모든 상황은 확실하다. 그러므로 경영과학적 방법이나 합리적인 의사결정절차를

밟으면 된다. 정보를 가능한 한 많이 수집하여 계량화하고 최적해에 대한 방정식을 만들어 대입해 보면 확실한 결론이 나온다.

- 2 상한: 해결대안들은 많이 드러나 있지만 문제를 이해하는 데 있어 의견일치를 보지 못했으므로 합의에 이르기까지는 교섭과 타협이 필요하다. 누구 책임인지 따지다가는 다른 문제의 해결도 뒤로 미루어진다. 이러한 경우에는 CEO나 관리자가 다른 여러 관련자들과 접촉하면서 합의를 이끌어 내야 한다. 조직의 문제에 대해 의견 차이가 크면 과학적 모형보다는 카네기모형에 의존하게 될 것이다. 각 부서 간에 의견도 다르고 갈등이 심하면 교섭과 협상을 통하여 합의에 이를 때까지는 해결책에 대한 토의도 없을 것이다.
- 3 상한: 문제에 대한 인식 면에서는 관련자들의 의견이 일치하지만 해결방안을 알지 못하는 경우가 자주 있다. 또는 문제에 대해서는 의견일치를 보았지만 해결책에 대해서는 서로 의견이 다를 수 있다. 이런 상황에 직면한 관리자라면 대안들을 정확하게 계량화하여 객관적인 결론을 얻기 어렵기 때문에 자신의 경험과 직관에 의존한다. 그러나 조직의사결정에서 독재하기에는 무리가 따르기 때문에 작은 문제들을 연속적으로 해결해 가다 보면 상황이 점차 확실해지고 좋은 해결책이 나타나기 때문에 점진적 의사결정모형이 바람직하다.
- 4 상한: 문제의 확인과 해결방안이 모두 불확실하다면 카네기모형과 점진적 모형을 사용할 수도 있고, 혹은 관리자가 직관과 경험을 이용하여 결정할 수도 있다. 때로는 영감과 모방 같은 부수적인 방법도 사용할 수 있다. 이는 비과학적이기는 하지만 비합리적인 것은 아니다. 영감도 직관과 흡사하게 관리자의 통찰력이나 오랫동안 심사숙고하면서 무의식적으로 형성된 깊은 이해와 노하우에서 나오기 때문이다.[22]

이상에서처럼 문제의 이해와 해결대안에 대한 의사결정권자들의 합의성 정도에 따라서 여러 상황에 직면할 수 있으므로, 그때마다 적절한 의사결정모형은 달라진다. 하지만 앞에서 배웠듯이 조직정치 양상, 그리고 곧 공부하게 될 정보분석능력, 조직분위기, 문화적 영향 등으로 인하여 결정모형의 선택은 또 영향을 받는다. 도표 9.7

도표 9.7 적합한 의사결정모형의 선택을 위한 분석

강함 ← 문제인식에 대한 합의성 → 약함

해결방안에 대한 합의성	1상한		2상한	
강함	개인	합리적 · 계산적 접근	개인	교섭, 세력집단 형성
	조직	경영과학모형	조직	카네기모형
	3상한		4상한	
	개인	판단 · 시행착오	개인	판단, 교섭 직관, 영감, 모방
약함	조직	점진적 모형	조직	카네기모형 쓰레기통모형

Ⅲ | 집단의사결정

조직의사결정은 주로 함께 모여서 집단으로 하는데, 집단으로 모이면 개인일 때와는 다른 묘한 분위기가 영향을 미친다. 그러므로 여기서 우리는 집단으로 의사결정을 할 때 장단점은 무엇인지, 그리고 그때 조심해야 할 함정과 그에 대한 대책 등을 공부해보자.

1 집단의사결정의 특성

집단의사결정은 개인의사결정과 달리 서로 영향을 주고받는 집단심리가 작용하고 이에 따른 장점과 폐단이 있다. 그리고 집단의사결정은 조직의 상황에 의해 영향을 받을 수밖에 없다.

집단의사결정의 장단점

때로는 개인 혼자서 결정하는 것이 더 효율적일지라도 상호 관련된 문제이므로 부득이하게 여럿이 혹은 여러 조직이 함께 모여 결정하는 경우도 많다. 그러므로 집단의사결정의 나쁜 점을 피하면서 집단으로 결정할 수 있다면 그것이 최선의 방법이다.[23]

집단결정의 장점

- 개인들 각자가 가지고 있는 아이디어와 정보가 모아지면 더 많은 정보가 된다.
- 다양한 시각과 관점에서 문제를 검토하고 비판할 수 있다.
- 상호 자극으로 새로운 아이디어가 개발되기도 하고 시너지효과도 얻는다.
- 각자의 특기와 능력에 따라 전문화하여 정보를 수집·분석·판단할 수 있다.
- 실천자가 결정에 참여하면 나중에 실천할 때에도 동기부여가 된다.

집단결정의 단점

- 의견대립에서 오는 인간관계의 갈등, 토론시간 낭비 등의 비용이 많이 든다. 한두 사람의 실권자가 전체 의견을 주도해 버릴 경우 개개인의 의견이 묵살되거나 편파적으로 변화된다. 그래서 리더가 먼저 의견을 개진하는 것은 회의효과를 반감시키는 행위이다.
- 조직 입장에서의 최적안(optimal solution)이 따로 있음에도 불구하고 결정자들의 개인적 이익 대결 때문에 보다 저질의 타협안을 선택할 수 있다.

이야기 9.11 실패하는 집단토의

사람들은 돈을 잃으면 속상해하지만 시간을 잃는 것은 잘 체감하지 못하는 것 같다. 직원을 한두 명 줄이는 데에는 많은 신경을 쓰면서 회의를 단축하여 연간 수백 명의 인건비를 줄이는 방법은 모르는 듯하다. 어떤 회사는 중역회의에서 새로운 공장입지 구매 결정은 대강대강 만장일치를 해 놓고 신임 농구코치가 청구한 새 흑판구입 건을 놓고는 옥신각신 법석을 떨었다고 한다. 회의시간 단축을 위해 Standing Meeting(서서 하는 회의)이라는 것이 있다. 안락의자에 앉아서 회의를 하면 불필요한 얘기로 질질 끄는 경우가 있으므로 자리에 서서 할 얘기만 하고 바로 해산하는 것이다. 모두가 집단의사결정의 시간낭비를 줄이기 위한 묘안들이다.

효율적 회의 원칙	
사 고	• 그만둔다 • 간소화한다 • 위양한다
원 칙	• 회의 없는 날 • 시간 내 종료 • 회의자료 간소화
지 침	• 정시 시작 및 종료 • 회의비용 명시 • 참석대상 최소화 • 회의목적 명확화 • 자료의 사전배포 • 전원에게 발언기회 제공 • 회의록은 생략(결정지시사항만 기록 보관)

• 다음 절에서 공부할 집단사고의 부정적 현상들은 집단으로 모여 있을 때라면 언제나 발생할 가능성이 있다. 이야기 9.11

집단의 결정에 미치는 조직상황

의사결정집단이 소속된 상위조직의 상황은 결정자들이 어떻게 행동하느냐에 많은 영향을 미친다. 시간이 급하면 합리적 모형은 미리 포기할 것이며, "하면 된다!"는 조직문화가 있다면 직관적 결정을 할 것이다.[24] 집단의사결정에 영향을 주는 상위조직의 특성들은 무엇인지 살펴보자.

평가제도

대부분의 조직에서 실수는 부정적으로 평가된다. 그런데 새로운 결정은 하지 않고 과거대로답습하면 실수할 확률이 적다. 이런 회사라면 직원들이 새로운 결정을 꺼리면서 복지부동(伏地不動)한다. 새 결정을 하더라도 오랜 기간 많은 정보를 수집해서 꼼꼼하게 분석하며 시간을 보낸다. 왜냐하면 실수하면 나쁜 평가를 받을 수 있으므로 가능한 한 안정적이고 보수적인 결정을 내린다. 이러한 문화는 현대적 조직운영에는 바람직하지 않은 의사결정방식을 유도하는 꼴이 된다.

보상제도

모험을 피하는 자에게 보상을 더 한다면 의사결정자들은 좀 더 안정·보수적으로 행동할 것이다. 예를 들어 지난 반세기 동안 GM사는 순종적이고 협조를 잘 하는 사람들에게 승진과 보너스의 기회를 더 주었기 때문에 GM 관리자들은 회의 때마다 보수적인 태도를 보였다. 게다가 혁신안에 대해 수시로 반대결정을 내린 결과 보수적 기업이 되어 나쁜 결과를 가져왔다.

이야기 9.12 비아그라의 실수

화이자(Pfizer)사는 어떤 약의 약효가 입증되자마자 출시를 서둘렀다. 비아그라가 처음부터 정력제로 개발된 것은 아니었다. 화이자는 오랫동안 심장과 순환계통의 의약품을 전문적으로 제작해 온 전통 있는 제약회사다. 이 회사가 비아그라의 작용물질인 실데나필을 개발한 것도 산화질소 신호체계에 대한 조절을 이용한 심장약 제조의 일환이었다. 하지만 이 물질은 임상실험단계에서 심장약으로서 불합격 판정을 받게 된다. 그래서 실험환자들에게 약품투입을 중단하자 실험에 참가했던 남성들이 계속 투여해 달라고 아우성이었다. 약물을 끊으니 정력이 줄더라는 것이다. 비아그라는 이렇게 뜻밖에 개발되었다. 횡재를 만난 화이자는 바로 시판을 결정했다. 2개월간 언론에 대량광고를 하면서 200만 건의 처방을 했다. 그러나 그 2개월 사이 16명이 사망하는 불상사가 벌어지고 말았다. 다른 약과 함께 복용하거나, 관상동맥환자가 복용할 경우 등의 임상실험을 제대로 마치지 않은 채 무턱대고 시판한 까닭이었다. 이에 판매량이 급감하고 손해배상을 하는 등 화이자는 성급한 결정에 대한 교훈을 얻는 데 대단한 비용을 치렀다.

회사규정

회사의 규정과 관습 때문에 하고 싶은 대로 결정하지 못할 때가 많다. 그리고 대부분의 제도와 규정은 획일적이고 융통성이 없기 때문에 새로운 일에 대한 의사결정을 방해하는 경우가 많다. 그러므로 자유롭고 혁신적인 결정을 위해 규정이나 관습은 적을수록 유리하다. 환경변화가 심한 현대의 조직에서 '규제 철폐'를 강조하는 이유도 이 때문이다.

시간제약

기업의 사업 결정, 판매가격 결정 등 대부분의 사안은 언제까지 결정해야 된다는 시간제한이 있다. 따라서 결정에 필요한 정보수집도 제대로 못한 채 정해 버리는 경우가 많다. 중요한 문제라면 사전에 충분한 시간을 가져야 한다. 그렇지만 조직에 인력이 부족하거나 핵심부서에 과업이 집중되다 보면, 결정자들이 너무 바빠서 대부분의 문제해결 시기가 뒤로 연기되다가 최후의 순간에 아주 짧은 기한만 남겨 놓고 결정을 하게 되는 불상사가 의외로 많다. 이야기 9.12

과거의 결정

지금까지 했던 의사결정과 그 실천결과가 차기의 의사결정에 영향을 미친다. 즉 한 부서에서 새해 예산을 어느 정도 할당해야 하는지를 결정할 때, 새해에 해야 할 사업과 비용에 대한 검토는 제쳐 놓고 지난해 사용했던 예산이 얼마였던가를 기준으로 한다. 즉 새로운 정보나 다른 정보들을 분석하기 귀찮고, 시간도 없으며, 위험도 따르므로 그저 안전하게 작년에 했던 대로 결정한다. 물론 과거에 쌓은 경륜과 시행착오를 교훈 삼아 더 개선된 결과를 얻으려는 자세는 매우 권장되어야 한다. 왜냐하면 환경이 급변하는 오늘날의 조직일수록 과거의 경험이 무용지물이 되기 쉽기 때문이다.

2 집단의사결정의 함정

여기서 우리는 조직 안에서 사람들이 모여 의논을 하면 어떤 위험을 내포하고 있는지 배울 것이다. 그래야만 이를 피하면서 더 나은 의사결정을 할 수 있기 때문이다.

집단사고와 집단이동

개인이 혼자 있을 때와 집단 속에서 다른 사람과 함께 있을 때 생각과 행동은 매우 다른데, 집단사고와 집단이동은 의사결정 시 중요한 요소가 되기 때문에 특별히 알아 둘 필요가 있다.

집단사고란?

응집력이 큰 집단의 구성원들이 모여 의사결정을 할 때 주로 나타나는 현상으로서 집단사고(集團思考: groupthink)가 존재한다. 개인들이 집단으로 모이면 각자의 감정과 사상은 전체의 한 방향으로 향하게 되고, 각 개인의 사고와 성격은 사라지며, 집단사고가 발생한다는 사실이 오래전에 보고되었다.[25] 즉 개인의 생각은 없어지고 집단이라는 새로운 의사결정 주체가 하나의 인격체처럼 생각하고 행동한다는 것이다. 왜냐하면 집단 속의 개인에게는 집단의 압력이 작용하는데, 그 실체로서 다수의 의견에 동조케 하고 비판하거나 평가하지 못하도록 하는 규범이 존재하기 때문이다. 이러한 현상은 상품평 댓글이 많이 달리는 인터넷 소비시장이나 여론형성마당에서도 유사한 방식으로 작용한다.

집단사고의 예방

집단의 규모가 너무 크면 책임분산이 크기 때문에 집단사고가 만연할 수 있지만, 대여섯 명 안팎이라면 서로 조심할 수도 있다. 그러므로 리더는 집단의 규모에 신경을 써야 한다. 그리고 리더는 자신의 견해를 밝히지 말고 멤버들 개개인이 모두에게 발언을 할 기회를 주어야 하며, 소수 의견에 더욱 관심을 가지도록 유도하는 것도 방법이다. 그리고 어떤 의견으로 대세가 기울어지면, 그 의견에 반대하는 의견들을 강제로라도 내도록 하여 더 자세히 검토하는 것이 중요하다.

집단양극화와 집단이동

집단에 들어온 개인들은 집단에 들어오기 전에 갖고 있던 방향으로 더욱 이동하는 경향이 있는데, 이를 집단이동(group shift)이라 한다. 예를 들어 개개의 생각들은 처음에 별 차이가 없었지만, 집단에 참여하여 토론을 하면서 의견이 완전히 나뉘는 경우를 흔히 본다. 야당 편인지 여당 편인지를 처음 결정할 때, 대다수의 사람들은 각자의 당에 대해 약간의 선호도만 가지다가 토론이 진행되면서 점점 더 자기 당으로 기울어지는 경향이 강해진다. 그 이유는 다음과 같다. 도표 9.8

도표 9.8 토론 후의 집단양극화현상

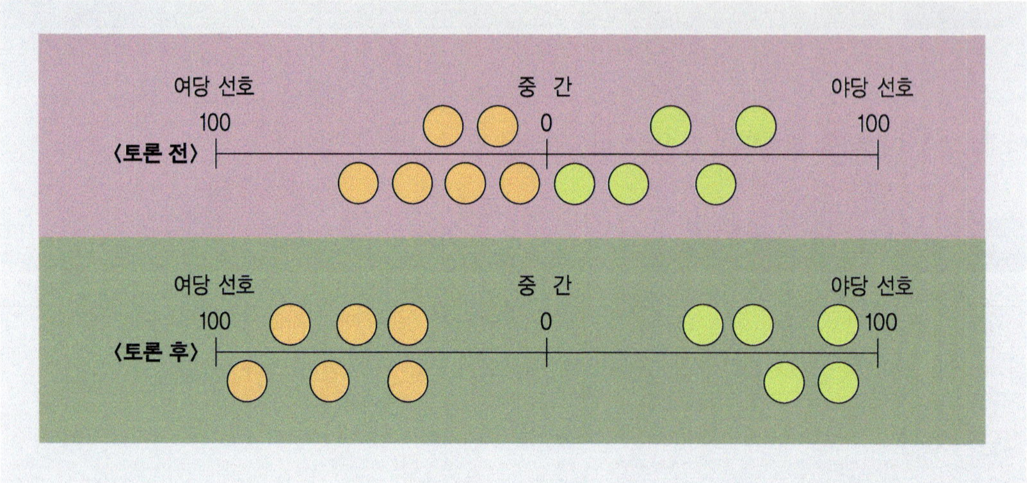

- 주도권: 여당을 약간 선호했던 사람들은 기왕이면 여당 편에서 주도권을 잡도록 하기 위해 가장 여당적인 것처럼 보이려고 당초의 자기선호도보다 과장하여 발언한다. 야당론자들도 마찬가지이다.
- 새 정보: 여당을 약간 선호하던 사람이 여당의 장점과 야당의 단점을 듣고 여당을 더욱 좋아한다. 그러나 야당의 장점과 여당의 단점은 선택지각에 의해 무시된다.
- 소속감: 인간의 본능인 집단소속감이 발동되어 더욱 자기 집단에 소속하려 하며 이러한 소속감은 적대집단을 더욱 멀리함으로써 높아진다.

집단이동 시 당초에 가지고 있었던 양측 구성원들의 태도가 집단 속에서 더욱 과장되고 기울어진 상태로 나타나는데, 이런 현상을 특별히 집단양극화(group bipolarization)라고 한다.[26] 그리고 집단사고 경향이 많은 집단에서의 의사결정은 그렇지 않은 집단에서의 의사결정보다도 동조(집단쏠림)현상이 더 심하다고 한다. 이야기 9.13

결정의 지속

사람들은 어떤 결정을 실천해 갈수록 잘 되든 못 되든 점점 더 깊이 빠지는 경향이 있다. 이처럼 결정의 지속성(escalation of commitment)이란 일의 비효율적인 진행을 계속하려는 경향(ineffective course of action)을 뜻한다. 이유는 무엇일까?

자기정당화

기다리던 버스가 오지 않는데도 미련하게 계속 기다리기로 결정한다든지, 애인과 만날수록 더 많은 단점이 발견되어도 그동안 투자한 시간과 돈(매몰비용: sunk cost)이 아까워서 처음 만날 때

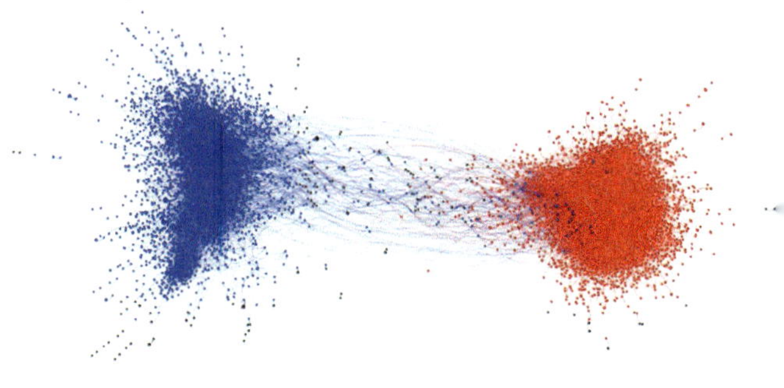

이야기 9.13 진보와 보수

알고리즘(Algorithm)은 사용자의 이용기록과 다양한 개인정보를 토대로 이용자에게 '맞춤형' 콘텐츠를 제공해 주는 페이스북, 트위터, 구글 등의 소셜미디어 시스템이다. 내가 무슨 제품을 샀는지, 어떻게 반응했는지, 좋아하는 주제는 무엇인지 등을 파악해서 그와 유사한 콘텐츠를, 소위 '취향저격'의 것들을 제공해주는 고마운 도구이다. 문제는 처음부터 나의 결정으로 선택하는 것이 아니라 소셜미디어가 추천해 준 극히 일부의 대안 중에서 내가 고른다는 데에 있다. 유튜브의 제품담당 중역은 이용자 전체 유튜브 시청시간의 70%가 추천알고리즘에 의한 것이라고 한다. 넷플릭스에서 중국 무협영화 한두 편을 보고 다음에 다시 켜면 다른 무협영화가 줄줄이 추천된다. 이 정도라면 내가 싫으면 미드로 바꾸면 된다. 그러나 알고리즘 회사는 언제나 나보다 더 똑똑하다. 슈퍼컴퓨터는 내가 영상을 끝까지 봤는지, 몇 초만 봤는지, 언제 어디서 무얼 봤는지, 어떤 단어를 몇 번 검색했고 어디에 '좋아요'를 눌렀는지 등등 막대한 정보를 수집해서 분석한다. 이게 다가 아니다. 알고리즘은 내가 그 미디어에 오래 머물 수 있도록 치밀하게 계산해서 더 좋은 '취향저격'의 화면을 제공한다. 마치 내가 '알고리즘 식당'이 있어서 방문한다면 좌석에 앉자마자 주문도 안 한 '맞춤형' 음식이 나오는 것과 같다. 다른 메뉴는 보지도 알지도 못하고 주는 대로 먹고 나온다. 나는 그 식당의 노예 내지는 중독자가 된 셈이다. 더구나 알고리즘 식당 주방장은 내가 더 달고 짠맛 나는 자극적인 음식이나 가짜 뉴스에 더 잘 반응한다는 사실을 잘 알고 있다. 그러므로 내가 유튜브에서 보수당의 메뉴를 한 번 읽게 되면 보수당 쪽 화면만 뜬다. 친 보수와 반 진보의 말만 듣다 보니 나도 모르게 중독되어 예전보다 훨씬 더 열렬한 보수당 지지자가 된다. 물론 내가 똑똑하다면 진보당 콘텐츠를 찾아서 반 보수와 친 진보의 말을 듣고 난 후에 어느 당에 투표할 것인지를 결정하면 문제없다. 그런데 나는 덜 똑똑하면서 그럴 시간도 없다. 나에게 단톡으로 정치적인 글을 보내주는 사람들은 모두 나와 유사한 배경을 가진 자들이다. 아이패드에서 진보당 화면은 완전히 가려진 채로 보수당 화면의 중독자가 되는 것이다. 그런데 정치적 성향이 나와 비슷하게 중도였던 한 친구가 우연히 진보당 유튜브를 보기 시작했다면 며칠 후에 그 친구는 진보당의 열렬한 지지자가 된다. 여럿이 모인 진보당 모임에서 보수당 얘기를 하면 모두 싫어할 뿐만 아니라 그 모임에서 알아주지도 않는다. 지난 미국 대선 기간 동안 트럼프와 바이든 두 후보를 놓고 미국 국민들의 소셜미디어 왕래를 빅데이터 분석한 결과 서로 자기편 사람들과만 교류했다는 현상이 드러났다(**사진**). 서로 다른 성향의 정치적 지지자들은 흩어져서 개인으로 있을 때보다 집단으로 모이면 더욱 양극화되는 이유는 그 때문이다. 결과적으로 그 친구와 나는 보수와 진보라는 양극화 상황에서 만나지도 않고 대화도 없다 보니 점점 상대편이 더 싫어진다. 의견일치는 꿈도 꿀 수 없는 지경에까지 이른다. 이렇게 해서 우리는 알고리즘의 노예가 된 채 분열된 사회에서 서로 상대방 욕만 하며 살아가는 운명에 처하게 된다.

의 결정을 지속시킨다. 도박이나 사업투자에서 손해를 보고도 계속하는 이유는, 초기 욕구를 충족시키지 못해 욕구가 계속 커지기 때문이다. 이럴 때에는 옆에서 말려도 소용없다. 게다가 부정적 결과를 인정하고 싶지 않은 스스로의 자기정당화 욕구까지 생기는데, 이는 자기 자신의 어리석음을 인정 안 하려는 본능 때문이다. 자신의 책임이 클수록 더욱 비효율적인 행동을 멈추지 못한다. 엘리트 집단일 때 이런 현상은 더욱 심해진다. 본인뿐 아니라 같은 멤버들도 자기처럼 현명한 자들이라고 착각하기 때문에 절대 틀릴 리가 없다고 쉽게 판단하기 때문이다.[27]

타인들로 인한 이유

사귀어오던 애인과 결별하고 싶어도 이미 많은 사람에게 공개되었다면 어려울 것이다. 지금까지의 자신의 결정이 틀리지 않았다고 주변인들에게 입증하기 위해서는 이미 공개된 연인관계를 번복하기가 좀 어렵다. 그나마 연인관계는 사생활이므로 개인의 독립적 결정이 어느 정도 가능하다. 하지만 회사에서 어떤 의견을 남들 앞에서 강하게 주장했는데 어제는 자기가 틀렸었다고 다음 날 번복하기는 쉽지 않다. 마찬가지로 리더가 한 번 내린 결정은 리더 스스로도 취소하기 어렵다. 어느 회사의 경영진이 신제품 개발에 수십억 원을 투자했다고 하자. 그런데 시장에 출시할 때쯤 경쟁사가 먼저 출시하여 많은 고객을 놓쳤다면 더 이상 생산할 가치가 없음에도 불구하고 남들 눈치 때문에 처음의 계획대로 밀고 나가다가 더 큰 손실을 본다.

결정의 지속을 중단하려면?

위와 같은 우매한 행동을 피하기 위해서 여러 가지 대안을 생각해 볼 수 있다.[28]

- 처음에 최소한의 목표만 정해 놓고 그것이 잘못되면 즉시 해체한다.
- 실행 도중에 수시로 진행결과에 대한 계속적인 피드백을 받는다.
- 실패에 대한 처벌이나 비난의 풍토를 없앤다.
- 당사자들에게 계속할 경우 발생될 더 큰 손실에 대해 정확히 알린다.
- 당초의 결정자와 도중에 번복이나 수정에 대해 결정할 수 있는 두 번째 결정자를 따로 지정한다. 즉 취소 여부를 결정할 수 있는 역할은 애초부터 다른 사람에게 맡긴다. 이야기 9.14

기타 함정들

집단이 모여 의사결정을 하면 집단사고와 집단이동현상에 의해 개인 혼자보다 더 어리석은 결정을 할 때가 많기 때문에, 그 부작용과 위험을 자세히 알아볼 필요가 있다. 추가적으로 다음과 같은 병폐를 예로 들 수 있다.

과도한 모험

옛날부터 용감한 사람은 족장으로 추대되고 그렇지 못한 사람은 비겁하든지 사내답지 못하다고 천시하는 '모험선호사상'이 사회를 지배해 왔다. 따라서 사람들은 혼자 있을 때보다 회의석상에서 용감하고 유능하게 보이려고 더 높은 위험을 택하려 한다. 또한 혼자 결정하면 실패책임을 혼자서 지지만 집단으로 결정하면 책임이 분산되므로 큰 부담 없이 위험을 택한다.[29]

이야기 9.14 시드니 오페라하우스

1959년 호주 정부는 233명의 경쟁자를 제치고 선발된 덴마크 웃존(Utzon)의 조가비 모양 오페라하우스를 1963년 완공 예정으로 공사를 시작했다. 그러나 시작하고 보니 해안의 지반공사와 설계의 미숙으로 난관에 부딪쳤다. 지붕을 지탱하는 토대가 불안정했고 높이 67m에 이르는 조개지붕을 덮는 데만 100만 장의 타일이 들었다. 예산 초과와 공사 지연에 대한 논란이 일었지만 일단 시작한 공사를 멈출 수는 없었다. 완공예정일을 훨씬 넘긴 1966년 웃존(Utzon)을 제외시키고 새 팀을 구성하여 건축을 계속했다. 그 후로도 우여곡절을 거듭한 끝에 당초 예정이었던 4년 공사기간을 무려 15년이나 넘긴 1973년 10월 20일에야 준공식을 가졌다. 공사비 역시 최초 예상액 700만 달러를 무려 14배나 초과한 1억 200만 달러를 쏟아 넣었다. 그나마 다행인 것은 현재까지도 조개껍질 지붕과 바다가 묘한 조화를 이루고 있는 20세기 최대 걸작이라는 평을 받고 있다는 점이다.

이야기 9.15 우주볼펜(Space Pen) 프로젝트

1960년대 미국과 구소련 간의 우주개발 경쟁이 치열했던 때의 일이다. 소련이 먼저 인공위성을 쏘아 올리자 이에 자극을 받은 미국은 '우주'에 관련된 것이라면 무엇이든지 막대한 돈을 쏟아 부어 이내 소련을 따라잡았다. 이처럼 미국이 우주에 목을 매다시피 하고 있을 때 한 가지 문제가 터졌다. 무중력상태에서는 볼펜이 나오지 않아서 우주비행사들이 우주에서의 실험을 기록으로 남길 수가 없었다. 볼펜은 세워서 쓰는 동안 잉크가 중력에 의해 조금씩 아래로 내려와 펜 끝의 볼을 적셔 계속 글씨가 써지는 것인데, 무중력상태에서는 잉크가 흘러 내려오지 않으므로 글씨를 쓸 수 없다. 미항공우주국(NASA)은 곧바로 우주공간에서도 쓸 수 있는 볼펜 개발에 착수했다. 이름하여 스페이스 펜(Space Pen) 프로젝트로, 잉크가 든 대롱 뒤에 작은 압축공기탱크를 달아 잉크를 공기가 밀도록 했다. 중력 대신 공기의 압력이 잉크를 펜 끝의 볼 쪽으로 밀어붙여 글씨를 쓸 수 있도록 한 것이다. 얼마 뒤 미국의 우주비행사가 소련의 우주비행사를 만났다. 자랑도 하고 싶고 궁금하기도 해서 스페이스 펜을 꺼내 들고 물었다. "이거 120만 달러를 들여 개발한 건데, 당신들은 우주공간에서 무엇으로 기록을 합니까?" 으스대는 미국의 우주비행사를 물끄러미 바라보던 소련의 우주비행사가 답했다. "우린 연필로 쓰는데요?"

자기합리화

집단 속에서 다른 사람에게 일단 발설해 놓으면 후에 더 좋은 대안이 발견되더라도 좀처럼 당초의 의견을 굽히려 하지 않는다.[30] 결정을 번복하면 앞에서의 결정이 잘못이라는 것을 인정하는 것이며, 그것은 자기의 무능을 드러내는 것이기 때문이다. 그 무능을 남 앞에 내보이기 싫어서 미국의 정부각료들은 이미 결정한 베트남 참전을 계속하기로 결정했다가 막대한 손실을 초래했다. 미국 정부가 일단 시작한 이라크 전쟁에서 전쟁을 종료하고 미군이 철수하는 데 얼마나 많은 시간이 걸렸는가? 이야기 9.15

도덕적 환상

사람들은 개인의 행동에 대해서는 도덕적인지 비양심적인지에 대해 신랄하게 비판하려 한다. 그러나 집단이 한 행동이나 의견에 대해서는 당연히 도덕적일 것이라는 환상(illusion of morality)을 갖고 있다. 왜냐하면 사람들은 항상 남들 앞에서는 혼자일 때보다 더 도덕적으로 행동하리라 믿기 때문에, 하물며 집단인데 어련히 도덕적으로 결정했겠느냐고 여기는 데 있다. 그러나 의사결정 멤버들 간의 사회적 공감대가 크다면 의사결정의 도덕적 수준이 높다는 연구도 있다.[31] 기업이 폐수를 흘려보낸다든지 자연경관을 해치는 '조직범죄'를 저질렀을 때 개인이 했을 경우보다 훨씬 덜 지탄한다. 70년 전에 소크박사가 소아마비 백신을 개발하여 세상에 무상으로 공개했지만 오늘날의 제약회사 조직이 그것을 개발했다면 수백억 원의 수익을 올릴 것이다. 심지어 더 좋은 COVID-19 백신을 개발하려는 타 회사 의도를 폄훼하고 가짜 뉴스로 방해했다는 소문도 있지만 사람들은 그 회사를 별로 원망하지 않는다. 개인이 그랬다면 인터넷에서 몰매를 맞고 감옥에 갔을 것이다. 이처럼 집단은 개인보다 훨씬 극단적이고 악랄한 범죄를 저지르지만 당사자인 멤버들이나 이를 바라보는 외부인들은 다소 무감각하다.

이야기 9.16 **두 도시의 비극**

키티 제노베스(Kitty Genovesse)라는 아가씨(**사진**)가 직장에서 늦게 귀가하다가 자기가 살던 아파트 동네에서 괴한에게 공격을 받아 끝내 죽고 말았다. 그녀가 공격받으며 비명을 지르고 저항하는 30분 동안 아무도 경찰에 신고전화를 하지 않았다. 이튿날 경찰조사에 의하면 지난 밤 창문을 열고 이 사건을 30분 동안이나 구경하고 있던 사람이 무려 38명이나 되었다. 1964년 3월 13일 미국 뉴욕 시 퀸스타운 오스틴가에서 일어난 일이다.

한 여자 상인이 돈 가방을 들고 이른 아침 길을 건너다가 차에 치어 쓰러졌다. 사고차량은 뺑소니를 쳤고 여인의 돈 가방에서는 현금이 쏟아졌다. 그 여자가 신음하는 동안 주변에 사람들이 많았는데도 경찰에 신고하거나 피해자를 돕거나 뺑소니를 쫓아간 사람은 아무도 없었고, 모두들 흩어진 돈만 주워 담기에 바빴다. 결국 그 여자는 병원에 늦게 실려 가는 바람에 죽고 말았다. 뉴욕에서 키티 제노베스가 죽은 지 정확히 30년 후 서울 양평동 사거리에서 있었던 일이다. 2022년 5월 이른 아침 서울 구로구 도로변에서 한 남성이 70대 노인을 마구 폭행하여 숨지게 한 사건이 벌어졌다. 피해 노인이 발로 차이고 돌에 맞아 신음하며 죽기까지 긴 시간이 흐르는 동안 119 소방대와 경찰 신고 건수는 단 2건이었고 그나마 경찰신고는 두 번째 피해자가 도망쳐서 직접 한 것이었다. CCTV를 분석한 결과 그 시간 동안 이를 바라보며 지나친 행인은 60여 명이나 되었다. 뉴욕이나 서울이나 목격자가 혼자였다면 어떻게 행동했을까? 개인은 의인이고 집단은 악인인가?

책임분산

수강인원이 10명인 반에서는 출석률이 좋지만 100명이 넘어가면 출석률과 수업분위기가 나빠질 수 있다. 개인 입장에서 본다면 자기 혼자 책임져야 하는데도 다른 사람이 함께 떠맡기를 바란다. 이 때문에 책임분산(diffusion of responsibility)은 집단 속에서 가속화된다.[32] 그런가 하면 책임분산현상은 집단이 커질수록 책임지지 않고 구경만 하는 방관자효과(bystanders' effect)를 더 증가시킨다. 이에 관해서는 반대현상도 있다. 피해자에게 딱 1명의 구원자만 필요하다면 주변에 사람이 많을수록 희생에 참여하려는 사람이 많다는 사실을 실험연구에서 발견하였다. 여러 사람이 바라볼수록 의로운 행동을 과시하고픈 의욕과 본능이 작용하기 때문일 것이다.[33]

책임분산의 경향은 의사결정 시에도 그대로 적용된다. 혹시 결정의 결과가 잘못되더라도 책망받을 무게가 1/n로 줄어들기 때문이다. 이러한 책임분산 시 실패에 대한 책임도 분산되기 때문에 과도한 위험을 무릅쓰고 일을 진행시키려는 모험심의 증가와도 관계가 깊다. 일반적으로 집단이 개인보다 더 모험적인 이유가 그것이다. 따라서 문제에 신중하게 대처하지 않을 수 있다. 정보수집이나 분석을 철저하게 해 보지 않고 결정에 임하는 경우도 있다. 따라서 대부분의 결정을 회의나 품의에 따르는 우리나라와 일본의 경우 장점 못지않게 단점도 많다. 이야기 9.16

3 집단의 효율적 의사결정방법

개인의 의사결정능력을 끌어올리려면 창의성을 훈련시키고 적극적 사고를 가지게 하는 것 등이 있다. 그렇다면 조직의 경우는 어떻게 할까? 조직의 의사결정은 대개 집단이 모여서 하는 결정이다. 그런데 앞에서 본 대로 집단의사결정은 반드시 필요하면서도 많은 모순점을 포함한다. 그렇다면 어떻게 모순을 피하면서 집단의 장점을 이용할 수 있을까? 이를 위해 여러 가지 결정방법이 개발되었는데 몇 가지만 소개해 보겠다.

델파이법

토의를 하다 보면 상급자의 눈치도 보아야 하고, 앞에서 먼저 의견을 말한 사람이 자기가 좋아하는 사람인지 싫어하는 사람인지에 따라 자기의견에 영향을 받기도 한다. 이러한 폐단을 방지하려면 누가 무슨 얘기를 했는지 모르도록 해야 한다. 앞의 명목집단법처럼 비밀로 하면 타인의 눈치를 보지 않고 의견을 백지에 쓰기 때문에 진실한 의견은 얻을 수 있지만, 상호 토의를 못 하는 단점이 있다. 델파이법(Delphi method)은 남의 것을 읽어 본 다음 다시 자기의견을 수정하여 다시 입력시킨다. 이것을 모아서 참여자들에게 다시 배포하여 모으기를 반복한다. 이렇게 하면 최종안은 좋은 것이 도출될 수 있다. 이 방식은 브레인스토밍보다 더 높은 업적을 낸다는 조사결과도 있다.[34]

델파이법은 토론을 하되 무기명으로 하자는 것인데, 이것 역시 글로 하는 수밖에 없다. 특히 지리적으로 떨어져 있는 사람들끼리도 가능한 방법으로서 다음의 절차를 따른다.[35]

- 토의 구성원들에게 문제를 분명히 알린다.
- 구성원들이 무기명으로 백지에 의견을 개진한다.
- 의견들을 모아서 구성원 수만큼 복사하여 각자에게 다른 모든 사람들의 의견을 알린다.
- 각 개인은 모든 구성원들의 의견을 읽고 나서 토를 달고 자기의견을 수정한다.
- 구성원 각자가 수정된 자기의견을 설문지 혹은 백지에 무기명으로 적는다.
- 다시 모아서 복사하여 모든 구성원에게 나눠 주고 다시 수정된 의견을 모아서 위의 과정을 반복하면서 최선의 방법을 찾는다.

브레인스토밍

여러 명이 한 가지 의제를 놓고 이 의견 저 의견을 무작위로 내놓으면서 톡톡 튀는 아이디어를 찾자는 것이 두뇌선풍기법(brainstorming)이다.[36] 예를 들면 한강을 가장 빨리 건너는 방법, 신제품 홍보방식 등 복잡한 사안을 놓고 논리적으로 해결하려면 한계가 있으니까, 가능한 아이디어를 모두 쏟아내 상대방의 아이디어에 내 의견을 덧붙여 말하면 여기에 다른 사람이 더 좋은 발상을 해 낸다. 이러한 생각의 연쇄효과를 얻기 위해 구성원들은 다음 사항을 지켜야 한다.

- 세련되지 못한 의견이라도 일단 제시해 놓고 본다.
- 제시된 의견에 대해 절대 비판해서는 안 된다. 비판받으면 다음에는 의견 개진을 안 할 것이

기 때문이다.

- 가능한 한 많은 아이디어를 낸다.
- 자기의 생각과 남들이 제시한 의견을 접목시켜 새로운 아이디어를 낸다.
- 위의 과정을 여러 번 반복한다.

변증법적 토의

사안에 따라서 구성원들을 두 편으로 나누어 찬반을 토론하게 하면 각 대안의 장단점이 모두 드러나는데, 이런 내용을 이해한 다음에 다시 의견을 개진하면서 토의하는 방법이다. 이 방법은 소크라테스의 대화법이나 헤겔의 변증법적 사고방식에 기초한다. 찬성과 반대할 사람들을 미리 공개적으로 나누어 놓으면 비판적 정보를 많이 검토할 수 있으며, 반대편의눈치를 보지 않고 안심하고 찬성과 반대를 할 수밖에 없다. 즉 질문이나 반대가 있어야 새로운 개선이 있다는 진리를 이용한 것으로서 다음 사항의 여러 단계를 따른다.

- 집단구성원을 두 편으로 나눈다.
- 한쪽 집단이 자신들의 의견을 제시한다.
- 반대쪽 집단에서는 원래 가정들을 정반대로 바꿔서 그에 기초한 대안을 마련한다.
- 양 집단이 토론하여 두 가지 안의 장단점이 모두 드러나게 한다.
- 이 토론에서 살아남은 대안과 관련되는 장점들만을 모아 의견을 종합하여 비교한 후에 선택한다. 이야기 9.17

이야기 9.17 이 두 장의 사진

급변 환경 속에서 앞서 나가려면 개인이나 조직이나 창의적 역량이 필요하며 중대한 시점에 최선의 선택이 요구된다. 따라서 리더 한 사람의 경륜과 지식보다는 다양한 구성원 간의 자유로운 의견발표와 빈번한 자유토론이 필요하다. "업무를 수행할 때 두 사람이 항상 같은 의견이라면 그중 한 사람은 불필요한 사람이다"라고 톰 피터스(T. Peters)가 말했다. 항상 만장일치로 갈등이 없는 회사는 불필요한 인력이 많은 회사와 같다. 따라서 기업, 국가, 가정, 팀집단을 막론하고 구성원들 지위 간 상호거리가 너무 멀다면 최선의 의사결정에 한계가 있다. 어느 기업 회장님 방의 벽에 그림이 걸려 있는데 그 회사 중역들은 그 그림을 본 적이 없다는 우스개 소문이 있었다. 중역들이 회장실에 들어가면 고개를 들지도 못하고 보고하고 지시만 받아 나오곤 하다 보니 그림을 볼 기회가 없었던 것이다. 이런 분위기라면 혹시 틀릴지도 모르는 의견인데 누가 자기의 아이디어를 자유롭게 건의하며 누가 감히 회장의 부족한 의견에 직언할 수 있을까? 권위적인 회장은 그만큼 주변 도움을 못 받고 자신의 능력에만 의존하게 되며 어깨는 점점 무거워진다. 그 부담은 고스란히 조직이 떠안고 만다. 위 사진은 김정은 위원장의 지시사항을 나이 든 참모들이 받아 적고 있는 모습이다. 아래 사진은 오바마 전 대통령이 참모들과 빈 라덴 저격작전을 보고 있는 모습이다. 지위가 가장 낮은 실무자가 중앙에 앉아있고 대통령은 귀퉁이에 쭈그려 앉아있다. 두 사진을 비교하면 어느 쪽이 더 좋은 의사결정을 할 수 있을지 추측하기 어렵지 않다.

10장

갈등과 협동: 갈등/협상/신뢰/친사회적 행동

ORGANIZATIONAL BEHAVIOR

Ⅰ. 갈등문제와 관리

Ⅱ. 협동적 조직행동

▶ 사진설명

저 아름다운 풍경을 보면서 30년 전 이 마을주민들이 서로 살상한 내전을 회상하니 묘한 감정에 휩싸인다. 아직도 벽에 난 총탄자국을 수리하지 못하고 사는 집도 많다. 이제는 무너진 다리도 재건되어 서로 사이좋게 오가면서 이곳을 보스니아 최고의 관광도시로 만들기 위해 모두 협동하며 노력하고 있다.(보스니아헤르체코비나 Mostar의 Old Bridge)

대부분의 일은 여럿이 모여서 하는 것이 더 효율적이기 때문에 인간은 조직을 만들고 그 구성원이 되어 공동의 목표를 이룸으로써 자기들의 목적을 이룬다. 그렇다면 조직구성원들끼리는 당연히 서로 협조하며 우호적이어야 할 것 같지만 꼭 그렇지만도 않다. 한국 축구대표팀 선수들끼리 협조하여 일본팀을 이겨야 하지만 우승상금을 나눌 때라든지 누군가 한 사람이 어려운 포지션을 맡아야 할 때에는 서로의 눈치를 보며 갈등관계로 들어간다. 조직구성원들은 공동목표를 위해 서로 협동해야 되는 줄 잘 알면서도 때로는 서로의 목적이 상충되어 경쟁도 하고 감정적으로 싸우기도 하면서 생활한다. 개인은 개인대로, 집단은 집단대로 소기의 목적을 효율적으로 달성하려다 보면 상호 충돌이 있게 되고 서로 밀고 당김으로써 원하는 대로 하기도 하고 힘에 부칠 때는 밀려나거나 양보하기도 하며 적정 수준에서 타협하기도 한다. 어떤 때는 남을 위해 자신을 희생하기도 하고 어떤 때는 남을 속이고 해를 끼치기도 한다.

그런데 구성원들 간의 갈등과 협동의 정도는 그 조직의 행동과 나아가서 조직유효성에 미치는 영향이 크다. 더욱 중요한 사실은 갈등의 존재가 때에 따라서는 오히려 조직과 집단에 도움이 될 수도 있다는 점이다. 그러나 부득이한 갈등을 해결하고 협상하면서 원만하게 목표를 달성하는 기술도 필요하다. 따라서 조직구성원들의 협동행동과 갈등관계의 원인을 파악하고 관리한다는 것은 조직유효성과 필연적인 관련이 있기 때문에 이 장에서는 사람들의 상호 협동행동뿐만 아니라 갈등의 원인파악, 갈등의 순기능과 역기능, 갈등해결전략을 배우고 협상전략에 대해서도 배울 것이다.

I 갈등문제와 관리

공동의 목표가 아니더라도 자기 개인의 목표를 달성하기 위해 나아가는 데 방해가 되는 것이 있다면 목표달성이 어렵다. 상호 협동하기 위해 모인 사람들끼리 갈등을 겪는다면 목표를 효과적으로 달성할 수 있을까? 그런데 갈등이 조직에서 부정적 역할만 하는 것은 아니다. 여기서는 갈등의 원인과 결과, 갈등에 대한 견해와 관리방안에 대해 공부하기로 한다.

1 갈등의 개념과 유형

카인과 아벨의 갈등 이후 두 사람 이상 존재하는 곳에는 항상 협동과 함께 갈등도 있어 왔다. 갈등이라는 단어는 싸움, 미움, 반목, 대립, 분쟁, 논쟁, 경쟁, 전쟁 등 다각적인 측면을 연상시키는데 그 정의 역시 매우 다양하다. 조직행동에서 갈등의 학문적 개념은 무엇이며 그 유형은 어떻게 분류하는가?

갈등이란?

조직에서의 갈등은 인간과 인간 사이의 갈등을 다룬다. 양자 간의 불일치는 목표, 가치관, 역할, 신분, 이해관계 등이 서로 대립되거나 배타적일 때 생긴다. 만일 두 행위자 사이에 아무런 관계를 갖지 않고 상호작용이 없다면, 불일치가 있어도 갈등상태라고 볼 수 없다. 한강다리를 건너는 사람과 강남대로를 걷는 사람 사이, A기업의 경영진과 B기업의 노조원 사이에는 갈등이 없다. 그러나 나와 친인척관계인 사촌이 땅을 사면 배가 아프다. 영업팀에서 판매대금을 받아 회계팀으로 넘기는 경우 두 팀 간에 갈등이 있을 수 있다. 개인갈등이나 집단갈등은 관계에서 비롯된다. 단 자장면과 짬뽕 사이에서 고민하는 개인의 심리적 갈등은 조직행동 분야가 아니다.

개인 간의 갈등

어떤 사람이 목적을 추구해 가는데 다른 사람이 들어서서 방해를 하면 그의 목적달성이 좌절된다. 이 방해과정을 갈등이라고 한다.[1] 그런가 하면 어떤 사람(혹은 집단)이 다른 사람(혹은 집단)과의 상호작용이나 활동으로 상대적 손실을 지각한 결과 다툼이나 적대감이 발생하는 상황을 말하기도 한다. 또한 개인이나 집단의 기대나 목표지향적 행위가 타인이나 타 집단에 의해 좌절되거나 차단되는 상황을 갈등상태라고 정의한다.[2]

개인 혼자서도 마음속으로 갈등할 때가 많은데, 예를 들면 자신의 처지나 양심에 의해 그런 상태에 놓인다. 이것은 타인이 자극한 것이 아니므로 조직행동에서는 갈등으로 취급하기보다 스트레스 원인으로 분류한다. 개인 내부의 심리적 갈등문제는 여기서 다룰 갈등에는 포함되지 않지만, 이것이 타인과의 갈등에 영향을 미치는 것은 확실하다.

집단 간의 갈등

과거에는 타인과의 관계에서 발생하는 불일치만 조직행동에서의 갈등이라고 연구했다. 그러나 조직행동 연구대상으로 개인 간 갈등만 문제되는 것은 아니다. 조직 간 갈등이 더 문제일 수도 있고, 이것이 오늘날 조직의 생존과 번영에 더 심각한 영향을 미친다고 보고 관심이 더 많아졌다. 그래서 조직과 조직의 갈등을 따로 분리해서 연구하는 사람들이 많아지고 있다. 두 개인 간의 갈등은 그들의 성격이나 결함에 원인이 있다기보다는 그들이 속한 집단 간의 기능적 갈등관계를 먼저 보아야 한다. 히틀러의 정신병적 증상이나 일본인의 성격 때문에 제2차 세계대전이 발발한 것이 아니라 민족 간 혹은 국가 간의 역학관계가 일으켰을 수 있다. 마찬가지로 노조위위장의 극단적 전투성향 때문에 경영진과의 갈등이 오래 가는 것도 아니다. 편 가르기, 파벌 형성, 내 편 보살피기, 상대방 공격 등은 이미 인류에게 생존을 위해 선천적으로 프로그래밍 된 것들이다. 그러므로 갈등은 필연적이며 전쟁과 다툼과 상대에 대한 비방도 필연적이다. 상대 집단과의 갈등을 통해 우리 집단의 단결력을 높이고 외부에 대한 대응력을 강화시키는 생존 메커니즘이므로 이를 구성원의 인간적 접촉이나 도덕적 양보로써 해결하려 해서는 안 된다. 즉, 두 집단의 이해가 일치되는 상위목표 등으로 해결해야 할 것이다.[3]

갈등의 유형

우선 여러 관점에서 갈등의 유형을 분류해 보면 다음과 같이 나뉜다.

갈등의 속성에 따른 구분

- 물질적 갈등과 비물질적 갈등
- 공표된(드러난) 갈등과 내포된(숨겨진) 갈등
- 현재화된(발생된) 갈등과 잠재된(아직 발생 안 된) 갈등

갈등의 주체에 따른 구분

- 개인 내부(이익과 손실, 선과 악, 양심과 비양심)
- 개인-개인(이 대리와 최 팀장)

이야기 10.1 집단 간 갈등

초등학교 5학년생들 22명이 일주일간 산속으로 야영을 갔다. 셰리프(M. Sherif)라는 학자는 캠프의 아이들을 무작위로 두 편으로 나누어 독수리팀 , 방울뱀팀의 이름을 붙여 주고 줄다리기와 농구시합 등 각종 스포츠 게임을 시켰다(**사진**: Robber's cave study, 1949~1954). 일주일이 지나자 각 팀에 저절로 리더가 생기고 단결하면서 집단이 굳어졌다. 그러나 문제가 발생했다. 상대방 팀을 공격하거나 비난하고 수돗물을 서로 먼저 퍼가려고 싸움도 벌어졌다. 즉 집단 간의 갈등이 양쪽 구성원 개인 간의 갈등도 일으킨 것이다. 그렇다면 집단 간 갈등은 어떻게 감소시킬 수 있을까? 아이들 간의 갈등을 해소하려고 함께 만찬을 베풀고 과자파티를 열었지만 별로 소용이 없었다. 갈등을 해소한 한 가지 방법은 두 집단에게 공통의 문제를 만들어 주는 것이다. 급수밸브를 잠가 수돗물을 나오지 않게 하자 공통의 관심사가 생겼다. 이때를 틈타 멀리 가서 물을 길어오도록 했더니 협력하기 시작했다. 또 음식을 실은 트럭이 캠프로 들어오다가 도랑에 빠지자 학생들이 모두 가서 밀어 줌으로 위기를 넘겼다. 그 후부터 아이들 간의 싸움도 잦아들었고 두 팀 간의 갈등도 사라졌다. 그러자 개인끼리의 다툼도 감소했다. 집단 간 갈등이 해소되면 개인 간의 갈등도 사라진다. 그러니 지구에서 서로 간의 전쟁을 방지하려면 외계인의 공격이 있어야 할 것이다.

- 개인–집단(김 부장과 회사)
- 집단–집단(영업팀과 생산팀)
- 조직–조직(노조와 기업, A기업과 B기업, 미 · 중갈등) 이야기 10.1

갈등의 원인에 따른 구분

- 직무갈등(task conflict): 직무목표나 직무내용과 관련된 갈등
- 관계갈등(relation conflict): 직장 내 인간관계에서 발생하는 갈등
- 과정갈등(process conflict): 직무할당과 수행과정에서 발생하는 갈등

이 중에서 관계갈등은 조직에 많은 문제를 발생시키는데, 왜냐하면 상호관계에서 적대감과 마찰이 일어나면 커뮤니케이션이 단절되고 상호 이해가 안 되어 더 큰 갈등으로 증폭되기 때문이다. 관리자들은 구성원 간의 갈등해결에 업무시간의 18%를 허비한다는 조사가 있다.[4] 그러나 직무갈등은 구성원들 간의 공동 목표의식이 뚜렷하고 신뢰관계가 확실하다면 개인의 생산성 향상에 긍정적 역할을 하기도 한다. 혹은 팀의 응집력이 강하고 오직 팀에 의존하는 것이 유일한 방법이라고 생각하면 팀성과에도 도움이 된다. 이와 같이 조직구성원 간의 갈등은 조직과 개인에게 해를 끼치기도 하지만 때로는 긍정적 결과를 가져다주기도 한다는 사실에 주목할 필요가 있다.

2 갈등의 원인과 진행과정

조직은 이미 서로 다른 목표, 가치관, 관심사를 가진 다양한 개인들과 다양한 집단들로 이루어진 공동체이다. 이러한 집합체는 예산과 공간 같은 한정된 자원의 할당을 놓고 갈등의 잠재성을 이미 보유하고 있다. 구체적으로 갈등은 어디에서 싹트고 어떻게 전개되는지 살펴보기로 하자.

개인적 원인

우리는 누구를 아무 이유 없이 좋아하기도 하지만 싫어하기도 한다. 이는 성격 탓일 수도 있고 가치관이나 습관이 다르기 때문일 수도 있다. 혹은 상황적으로 스트레스를 받거나 심리적으로 좌절되어 있기 때문일 수도 있다.

본 능

프로이드(S. Freud)는 인간 내부에는 삶의 충동(eros)과 죽음의 충동(thanatos)이 끊임없이 충돌하고 있는데, 삶의 충동이 더 지배적이면 생의 에너지, 쾌락추구본능과 삶의 본능이 일어나 그를 발전시키지만, 죽음의 충동이 지배적일 때는 타인에 대한 공격성이 작동한다고 한다. 그리고 인간에게는 동물적 공격성을 억제하는 메커니즘이 있는데 이것이 보통사람들보다 약한 경우에는 타인들에게 공격적이고 이성을 잃는다는 것이다.[5]

욕구좌절

거듭된 욕구의 좌절이 공격성을 증대시킨다는 주장이 있다. 가지고 싶은 장난감을 보여 주기만 하고 못 가지고 놀게 한 실험집단의 아이들이 장난감을 안 보여준 통제집단의 아이들보다 더 때리고 싸우더라는 실험결과가 있다. 그러므로 욕구좌절을 겪은 상사가 부하를 공격하여 욕구좌절을 시키고, 이것은 다시 부하로 하여금 동료에 대한 공격성을 증대시켜 갈등의 연속적 고리를 만들 수도 있다.[6] 또한 조직에는 구성원의 욕구를 충족시켜 줄 자원이 다양한데 이를 놓고 이해가 충돌하다가 좌절당하기도 한다. 이야기 10.2

방어메커니즘

사람이라면 누구에게나 불안, 긴장, 초조가 엄습해 올 때 무방비 상태로 굴복하지 않고 이에 대처하려는 방어메커니즘이 존재하는데, 그렇지 않고서는 현실에 적응하며 살아갈 수 없기 때문이다.[7] 그리하여 확실한 사실인데도 부인하기도 하고(부정/거부) 자신의 결점을 남의 것인 양 여기기

이야기 10.2 1만 5천 년 전의 평화

지구상에 전쟁이 그칠 날이 없었다고들 하지만 1만 년 전쯤 중부 유럽에 살던 막달레니안(Magdalenian)들은 평화를 유지했다. 당시의 무기는 주로 돌과 돌망치들이었는데 이 무기는 짐승 잡는 데에나 사용되었다. 그 증거로서 지금까지 발견된 그들의 뼈화석을 보면 금이 갔거나 부러진 것이 없고 왼쪽 팔베개를 하고 무릎을 굽혀 옆으로 누운 채 장사된 것만 많다. 그들이 평화를 유지했던 이유는 자원이 풍부했던 데 있다. 제4빙하기 전까지 유럽대륙에는 영양과 사슴이 풍부했고 바다와 하천이 많았다. 그리고 농경민족이 아니었기에 내 땅이 필요 없었다. 자원이 부족하면 다른 곳으로 이동하던 시대였으므로 부딪힐 일도 없었다. 상하계급 없이 모두가 수렵채취활동에 평등하게 동원되었다. 1인당 노동생산성이 낮으니까 노예를 잡아올 필요도 없었다. 노예의 노동으로 노예 혼자 살기도 어려웠을 테니까 말이다.

도 하며(투사) 자신의 실수를 정당화하기도 하는데(정당화), 이 과정에서 타인들의 지탄을 받거나 그들과 갈등이 빚어질 수 있다.

성격, 감정, 가치관 차이

매우 권위적이고 독선적인 사람은 남들과 자주 싸운다. 온순한 사람도 성격이 맞지 않으면 상대를 멀리한다. Big-5 성격요소 중 신경이 예민하다든지 비협조적이거나 자기통제형인 사람들은 남과 더 자주 언쟁에 휘말리고 잦은 갈등상태를 빚는다. 개인의 정서상태 또한 갈등의 주요 원인임은 말할 필요도 없다. 출근길에 언짢은 일을 당한 사람은 오전회의 도중에 남에게 화를 내고 결국 회의를 팽팽한 긴장 속에 몰아넣는다.[8] 개인적 가치관이나 종교관의 차이는 어떤가? 하나의 종교에서도 교리가 다르다는 이유로 전쟁까지 불사한다.

학 습

아이가 자라면서 부모가 싸우는 것을 보고 배웠다든지 폭력비디오를 보면서 공격성을 습득하였다면, 이는 나중에 다른 사람과 쉽게 갈등을 만드는 원인이 될 수 있다. 부모의 지나친 간섭과 통제도 나중에 당사자가 대인행동을 할 때 신경질적으로 만든다. 이처럼 인격이 부정적으로 형성되면 사안을 정확하게 안 보고 비뚤어지게 파악하며 비관적으로 전망하기 때문에 무엇을 개선하거나 발전시키려는 태도를 갖기 어렵다. 반대로 어린 시절에 보호자와 대인관계를 긍정적으로 맺으면 커서 타인을 대할 때 경계하거나 부정적으로 보지 않고 긍정적 정서를 갖고 대한다. 그러면 대인갈등도 줄고 대부분의 사안을 긍정적으로 수용하고 더 넓게 이해하려 하며 발전과 혁신가능성을 찾을 것이다.[9]

조직적 원인

조직 내 각 집단의 환경과 구조는 각각 다르기 마련이다. 그리고 각각의 구조에서 형성된 행동패턴이 상충되면 갈등을 일으킨다.[10]

역할과 신분

여러 사람이 공동목표를 가지고 모인 것이 조직이라면, 각자 역할분담이 되어 있고 각 부서마다 하위목표가 달성되어야 공동목표를 달성할 수 있는데, 이들 역할이 서로 중첩되어 충돌할 가능성이 있다. 그리고 신분상의 갈등도 많다. 예를 들면 직급은 김 부장이 최 과장보다 높지만 최 과장이 나이가 많다면 신분불일치(身分不一致: status incongruence)가 생긴다. 또한 이사의 책상보다 낮은 직급의 부장 책상이 더 크면 이것도 신분불일치를 일으키고 두 사람의 갈등요인이 된다.[11]

목표의 차이

조직은 여러 집단들로 이루어져 있고 각 집단이 맡은 역할과 기능이 다르기 때문에, 때로는 이들의 목표 간에 충돌이 있을 수 있다. 기업의 부서 간에, 정부의 각 부처 간에 각각 자기 부서의 목표를 효율적으로 달성하기 위해 타 부서와 갈등상태에 놓인다. 회계팀에서는 현금자금이 빨리 돌아야 하는데 영업팀은 많이 팔아야 하니까 고객에게 외상으로 공급하느라 판매대금 회수가 늦어지면서 두 팀 간에 갈등이 끊이지 않는다.

자원부족과 할당문제

조직은 인적·물적·금전적 자원을 산하집단에게 지원하여 목표를 달성하도록 하는데 각 집단은 이러한 자원을 더 차지해야 목표를 더 쉽게, 더 많이 달성할 수 있으므로 상호 경쟁적으로 자원을 할당받으려는 과정에서 갈등이 발생한다.

제도와 규정의 미성숙과 불확실성

조직의 제도가 아직 체계화되어 있지 않거나 책임과 기능이 각 집단별로 구체화되어 있지 않다면, 마치 게임 룰 없이 경기를 할 때처럼 서로 아전인수(我田引水) 격으로 모든 것을 해석하여 갈등이 초래된다. 규칙과 법규가 다양하게 정해져 있더라도 조직구성원들이 융통성 없이 그것에만 집착한다면 마찬가지 결과를 낳는다.

계층과 직급의 차이

어떤 일에 대하여 상급자는 자신의 경험을 토대로 지배하려 하고, 실무자는 상급자가 현장을 몰라서 그런다고 불평할 수 있는데, 이 역시 피하기 어려운 갈등원인이 된다. 또는 누구나 지배받기보다 지배하기를 원하는데 부하는 지배당하는 입장이기 때문에 항상 상급자에 대한 불만이 잠재해 있다가 어느 순간에 폭발하기도 한다.

보상제도

잘한 사람에게 보상을 더 주는 능력급 혹은 성과급제도하에서는 서로가 잘 받으려고 경쟁한다. 그러나 이런 갈등은 건설적인 것이며 기업은 오히려 이런 갈등을 바라고 있다고도 할 수 있다. 보상이 돈이 아니고 무형의 것(승진, 포상, 칭찬)일 때도 불평이 있을 수 있으며, 개별적이 아닌 집단성과급이 이루어질 때도 일을 많이 한 사람은 집단에 대해 불만을 갖는다. 보상은 원래 가장 민감한 사안이므로 어떤 보상제도를 적용하는지에 따라 갈등의 양이 좌우된다.

관리 스타일

한 사람의 독재자에 의해 관리된다면 그를 중심으로 주류(in-group)와 비주류(out-group) 간에 심한 경쟁과 다툼이 벌어지겠지만, 분권화된 집단에서는 원만하고 빈번한 의사소통이 자연스럽게 이루어져 갈등이 덜 일어난다. 이와 같이 리더의 독재성 정도는 부하들 간의 갈등과도 관계가 깊다. 또한 갈등이 조직 내 창의력 개발을 저지하기도 하지만 팀원들과 함께하며 서로 교류하도록 돕는 리더가 있다면 창의성 개발에 미치는 갈등의 부정적 영향도 줄어들 수 있다.[12]

과업 간 상호의존도

하나의 제품이나 서비스가 완성되려면 여러 단계의 작은 일들이 연결되어야 한다. 그런데 이때 조각조각의 일들이 어떻게 연결되어 있으며, 관련 작업자들이나 집단들이 어떻게 상호 의존관계에 있는지에 따라 갈등이 유발될 수 있다. 작업 흐름에서 개인 간, 집단 간의 상호 의존성과 상호관계가 많을수록 갈등의 소지가 많음은 말할 필요도 없다. 도표 10.1

도표 10.1 작업흐름의 상호 의존도

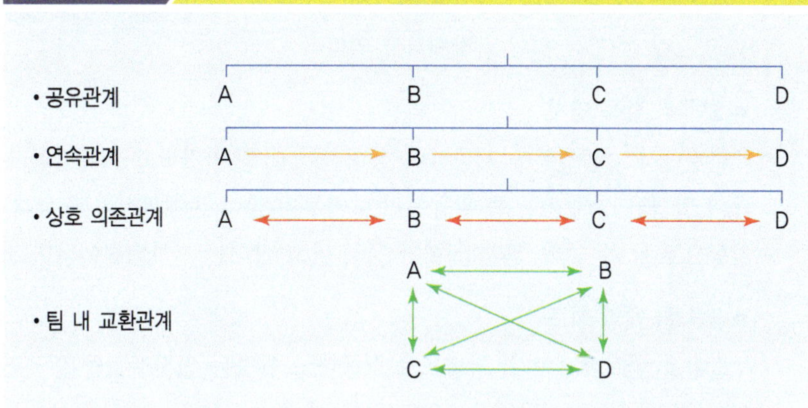

집단 간 특성차이

개인의 특성(가치관, 인식, 행동양식)이 서로 다르면 오해와 갈등이 생기듯이 집단의 특성이 서로 달라도 갈등이 많아진다. 각각의 집단이 간직해 온 전통과 행동관습이 달라서 오해가 생긴다든지 가치관이 달라서 충돌할 수도 있다. 또한 집단과 집단 간의 인식과정에서 오류를 범하여 갈등이 일어나는 경우도 있고, 집단멤버가 공통으로 겪은 과거의 트라우마도 다른 집단과의 갈등을 유발할 수 있기 때문에 국가 간, 지역 간 분쟁의 요인이 되기도 한다.[13]

갈등의 진행과정

갈등은 발생한 시점부터 조직에 영향을 미칠 때까지 일련의 단계를 거치는데, 다음과 같이 설명할 수 있다.[14] 도표 10.2

도표 10.2 갈등의 전개과정

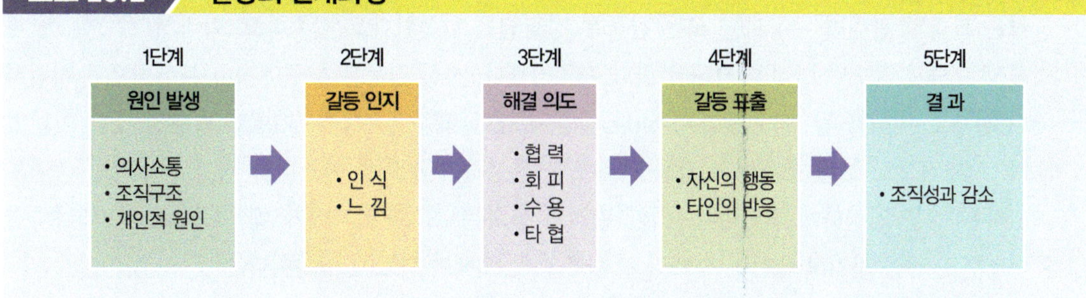

■ **1단계: 원인 발생**

갈등원인이 등장한 상태이나 반드시 갈등으로 표출되는 것은 아니다. 조직에는 언제라도 갈등을 일으킬 수 있는 원인이 잠재하고 있다.

■ **2단계: 갈등 인지**

한편에서 갈등원인을 제공하면 상대편이 이를 인지하고 적대감을 느끼는데 이때가 비로소 갈등이 발생된 상태이다. 즉 갈등원인이 아무리 많이 존재하더라도 상대가 이를 인식하지 않는다면 갈등으로 볼 수 없다. 혼자만 화가 잔뜩 났고 상대는 천하태평이라면 갈등상태가 아니다.

■ **3단계: 해결 의도**

갈등을 인지하고 어떤 방향으로 행동하고자 하는 의사결정을 했으면 행동 직전단계인 해결 의도단계이다. 물론 마음먹은 그대로 행동에 옮겨질지는 미지수이지만 타협인지 복종인지 등의 여러 가지 방식으로 대응할 의도를 갖는다.

■ **4단계: 갈등 표출**

드디어 갈등이 겉으로 드러나서 당사자들뿐만 아니라 제3자도 알아차릴 수 있는 단계이다. 말 혹은 행동으로 반응하는데 때로는 본래 의도와 다르게 지나치게 과잉반응할 수도 있어서 더 큰 갈등으로 증폭되기도 한다. 갈등의 크기가 어느 정도인지에 따라서 표출되는 행동 역시 다르다. 도표 10.3

도표 10.3 갈등 정도에 따른 행동 변화

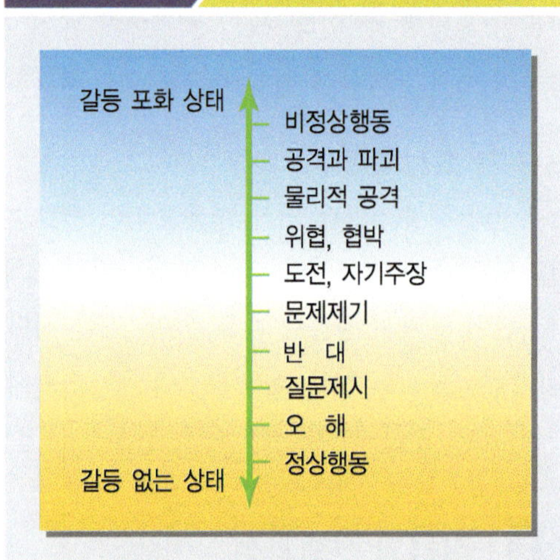

3 갈등의 폐해와 순기능

갈등에 대한 생각은 20세기를 지나오면서 흥미로운 진화과정을 겪었다. 초기에 테일러(F. Taylor)와 같은 과학적 관리법 주창자는 모든 갈등은 경영권을 위협한다고 간주하고, 따라서 가능한 한 피하고 그렇지 않으면 빨리 해결해야 한다고 주장했다. 사실 갈등은 누구에게나 부정적으로 비춰지며 실제로 폐해가 될 때가 많다. 그러나 갈등에 대한 학문적 시각이 이처럼 일관된 것은 아니었다. 시대적으로 보면 초기에는 갈등을 무조건 부정적인 것으로 여기다가 점차 긍정적인 측면도 있다는 것을 인정하게 되었다. 이러한 관점의 변화는 조직관리자에게 매우 중요한데, 왜냐하면 어떠한 관점을 가지고 있는지에 따라 갈등에 대한 대책이 다르기 때문이다.

갈등의 폐해

한 집단 안에서의 갈등은 상호 불신과 폐쇄적 경향을 조장하여 구성원들의 심리적 성장을 저지하고 신체적 질환을 불러오기도 한다. 당장은 아니더라도 오랜 기간 축적되어 질병을 발현시키고 나아가 조직성과에 나쁜 영향을 가져온다. 집단구성원들의 행동변화를 유발하여 결국에는 집단성과에 악영향을 끼치는 것이다.[15] 그 폐해를 집단의 안과 밖으로 구분하여 요약해 보면 다음과 같다.

집단 내적 변화

■ **독재적 리더십의 조장**

갈등이 많아지면 그 집단은 약화되어 외부로부터 위협을 느낀다. 그럴수록 집단은 생존을 위해 갈등 해결방안으로 힘 있는 리더에게 의존하려는 경향이 있고, 또한 독재적 리더의 강압적 관리도 갈등 감소라는 미명하에 은연중에 수용된다. 내분이 있는 국가가 타국과 전쟁을 일으키는 경우가 그것이다.

■ **과업주도형 리더 출현**

갈등이 심해지면 개인보다 집단을 보호하려 하고 집단의 성과를 높이려고 하며, 구성원도 이에 어쩔 수 없이 동의한다. 상대집단과의 경쟁에서 승리하려면 우리집단의 성장을 강조할 수밖에 없는 것은 당연한 일이다.

■ **획일성의 강조**

외부와의 갈등은 집단멤버들의 응집력을 요구하며, 이렇게 되면 개인의 특성이나 개인차를 무시하고 우리와 다르면 무조건 부정하는 획일적인 분위기에 의견일치를 강요하는 현상이 일어난다.

■ **공식화**

전제적 리더십하의 성과지상주의 분위기라면 규정의 적용은 더욱 엄격해지고 구성원들의 일거수일투족을 모두 규정화하여 통제하며, 기존의 권위에 저항하는 예외를 불허하고 이 모든 것이 외부의 위협 · 경쟁이라는 명분으로 자행된다.

■ **비방과 모함**

갈등상태에 있는 개인이나 조직은 불안을 느끼기 때문에 살아남기 위해 조직 내부의 상대방이나 경쟁부서를 모함하여 자신의 입지를 강화한다.

집단 외적 변화

■ **오 해**

타 조직에 대해 무조건 부정적으로 판단하며 상대방의 역할과 기능은 과소평가하고 자신의 것은 과대평가하여 상대와의 인간관계에서 왜곡된 지각이 계속된다.

■ **커뮤니케이션 감소**

외부와의 정보소통, 개인 간의 대면접촉이 감소되어 문제해결이 어려워지고 성과향상보다 규정 준수나 제도, 절차에만 치중하여 목표와 수단이 전도되게도 한다.

■ **감시와 경계**

외부의 경쟁조직에 대한 적대감과 경계심 때문에 감시활동이 증대되고 단점을 찾아내면서 거리감을 계속 유지해 나간다.

갈등에 관한 다양한 견해의 변천

초기에는 갈등은 무조건 나쁜 것이라며 역기능만을 강조하면서 이를 피해야 한다고 생각했지만 점차 다른 측면도 존재한다는 사실을 깨닫게 되었다. 이에 대해 알아보자.

전통적 견해

예로부터 갈등은 파괴와 비능률을 부른다고 보고 가능한 한 회피하는 것이 좋으며 이미 생긴 갈등은 제거할수록 좋다고 생각했다.[16] 우리는 어려서부터 '친구들과 사이좋게', 혹은 '형제간 우애' 등의 소리를 들으면서 자라 왔기에 '반(反)갈등 가치관'에 젖어 있다. 갈등은 무조건 나쁜 것이고 갈등을 일으키는 사람도 나쁘며 관리자는 갈등을 최소화해야 한다고 여겼다.

이들은 갈등이 주로 의사소통의 단절, 신뢰의 부족, 상대방 무시에서 비롯된다고 생각하고 이런 문제를 관리활동으로 해결하여 갈등을 미리 예방하려고 했다. 최근에는 갈등에 대해 긍정적으로 보는 견해가 많이 대두되고 있기는 하다. 그러나 아직도 갈등은 인간사회에서 부정적으로 비쳐지고 있으며 어느 조직에서나 다툼과 전쟁은 피하려 하고 협동과 사랑은 강조되고 있다. 따라서 어느 조직에 어떤 식으로든 갈등이 존재한다면, 그것은 관리자의 책임이라고 생각하는 것이 일반적 견해이다.

상호작용적 견해

언제부터인지 그간의 통념과 다르게 갈등이 조직에 가끔 도움이 될 수도 있기 때문에 갈등을 없애는 것만이 능사가 아니라는 견해가 대두되었다. 다시 말하면 어느 정도의 갈등은 필요하며 활력소가 될 수도 있다는 견해이다.[17] 조직구성원들 사이의 상호작용을 강조하는 학자들(interactionist)은 구성원들이 조직 안에서 상호작용하는 과정에서 경쟁도 하고 신뢰도 주고받으면서 다음과 같은 갈등의 순기능을 맛볼 수 있다고 한다.

- 갈등으로 인하여 자신의 취약점을 발견할 수 있다.
- 개인이든 집단이든 서로 갈등상태에 있게 되면 무사안일을 탈피하여 상대방과의 경쟁에서 승

도표 10.4 집단 내 갈등의 순기능과 역기능

순기능	역기능
• 문제 발견 • 활동력 증가 • 충성심 증가 • 혁신풍토 조성 • 도전적 분위기 상승 • 다양성과 창조성 증대	• 커뮤니케이션 감소 • 독재자 출현 • 편견의 증가 • 파벌의식 고조 • 상호 경계의식 증가 • 융통성 없는 공식화

리하고 환경에 잘 적응하려고 하는 충동에너지가 발산되어 변화에의 적응능력이 향상된다.

- 갈등을 통하여 집단 혹은 개인의 욕구불만을 해소할 수 있기에 그만큼 불만을 감소시킬 수 있다.
- 외부와의 갈등은 집단 내부의 응집력을 향상시켜 더 많은 정보소통을 통한 효율적인 의사결정을 할 수 있다. 심지어 리더가 지나치게 괴롭혀도 부하들은 응집력이 향상된다.[18] 도표 10.4

그러나 인간관계에서 발생하는 소위 관계적 갈등은 역기능을 많이 한다. 이는 적개심이나 충돌을 일으켜 소통을 더욱 단절시키고 오해를 증폭시킨다. 하지만 과업수행과 관련해서 생기는 갈등은 지나치지만 않다면 상호 경쟁과 혁신을 부추기고 성과향상에 도움이 된다. 단 구성원들이 공동목표를 공유하고 서로 높은 신뢰관계를 유지하고 있을 때에 한해서 순기능을 한다. 그리고 이러한 순기능 역할은 상호 신뢰수준이 아주 높아서 상대의 비판을 기부해서도 안 될 정도여야 하며, 성과도 높아서 조직은 흔들림이 없어야 가능하다. 이야기 10.3

이야기 10.3 적과의 동침

서울대공원의 103세 된 대형 거북(**사진**: 갈라파고스로 불리는 코끼리거북)이 우울증에 걸렸다. 에콰도르에서 암수 한 쌍이 몇 년 전에 서울로 이민 왔다가 숫놈이 죽자 암놈 키토는 식음을 전폐하고 모래 속에 머리를 박은 채 며칠째 꼼짝도 하지 않았다. 이에 사육사들은 과일과 영양제로 갈아 만든 유동식을 억지로 먹여 겨우 목숨을 부지했다. 그러던 어느 날 사육사들은 최후의 수단으로 동물원에서 가장 활달한 너구리 여덟 마리를 환자 거북 곁에 두었다. 너구리들은 이리저리 뛰면서 거북의 머리와 다리를 만지작거리기도 하고 등에 올라타 먹이를 먹기도 했다. 어지간한 자극에 꿈쩍도 않던 거북은 좌우로 머리를 흔들어 반응했다. 드디어 등에 너구리를 실은 채 헤엄도 치기 시작했다. 환자 거북은 입맛을 되찾으면서 175kg까지 떨어졌던 체중이 200kg으로 늘어 정상 회복되었다. 귀찮게 하는 너구리들 때문에 억지로라도 몸을 움직여야 했고 서서히 운동량이 늘면서 식욕까지 되찾았던 것이다. 내가 싸워 이겨야 할 경쟁자가 있다는 사실은 귀찮은 존재임과 동시에 나의 은인이다.

B.C. 146년 로마를 괴롭히던 카르타고와의 3차 포에니전쟁에서 승리하던 날, 700년간이나 번영을 누린 도시가 잿더미로 변해 가는 것을 바라보며 로마의 스키피오 장군이 눈물을 주르륵 흘렸다. 폴리비오스가 다가와 물었다. "장군님, 오늘같이 좋은날 왜 우십니까?" 장군이 답했다. "과거의 어떤 제국보다도 용기와 기개가 뛰어났던 카르타고가 망하는데 어찌 로마라고 예외이겠는가? 이제 로마는 싸울 상대가 없어졌으니 내분이 일어날 것이다." 애써서 찾은 조국의 미래를 생각하니 저절로 눈물이 났던 것이다. 그의 예언은 적중했다. 그날 이후 로마는 속으로 썩기 시작하여 패망의 길로 들어선다. 이렇듯 적(敵)은 내가 살기 위해 필요하다.

갈등해결을 강조한 관점

갈등이 도움이 되는 경우도 있지만, 과업현장에서 갈등이 실제로 도움이 되는 경우는 발견되지 않았다고 한다. 따라서 상호작용적 견해를 가진 사람들을 포함하여 갈등을 조장하는 것에 의문을 제기하기 시작했다. 특히 인간관계에서 일어나는 갈등은 감정을 상하게 하고 그러한 기분이 오래 지속되어 직무수행에 악영향을 미친다. 게다가 인간관계갈등으로 빚어진 감정은 직무관계에서 파트너와의 관계를 악화시켜 결국 과업갈등으로 확대된다. 동시에 과업갈등은 인간관계갈등으로 비화되기도 한다.

더구나 갈등은 스트레스를 만들고 스트레스는 보통사람의 경우 인간관계를 악화시킨다. 이것은 타인에 대한 신뢰감과 존경심을 떨어뜨리고 집단이라면 응집력이 감소된다. 인간관계갈등은 직무갈등을 가져오고, 계속해서 팀 성과를 낮추고, 팀원들의 직무만족도가 떨어진다는 사실은 세계 공통적이라고 최근에도 계속 보고되고 있다.[19]

오늘날 세계는 글로벌화되어 감으로써 국가와 인종과 민족 간의 갈등 또는 문화와 종교와 이념 간의 갈등이 자주 일어나는데 이에 대처하기 위한 연구와 노력을 경주하는 것을 보더라도 갈등은 조장되기보다 해결되어야 한다는 관점이 우세한 것 같다.[20]

4 갈등의 관리

갈등의 양면성을 감안한다면 조직의 갈등은 양날의 칼로서 역기능을 줄이고 순기능을 끌어내는 일이 관리자의 몫이다. 갈등을 억제하거나 대처하고 경우에 따라서는 조장할 필요도 있다.

갈등관리란?

유리한 조건만 갖추어진다면 약간의 갈등은 개인과 조직에게 도움이 되기도 하지만 대개의 갈등은 이로울 것이 없다. 갈등을 관리한다는 의미는 갈등이 전혀 없어서 조직이 느슨해지거나 할 때 적정량의 갈등분위기를 만들어 주기도 하고, 지나치면 갈등을 예방하고 억제한다는 뜻이다. 그러나 조직 안팎에서 갈등의 여지는 언제나 존재한다. 노사문제처럼 부득이 존재하는 갈등을 최대한 줄이려면 당사자끼리 협상으로 해결을 하는 것도 매우 필요하다.

조직의 관리자들은 갈등을 어떻게 관리할 것인지를 올바로 파악하기 위해 조직갈등과 관련하여 일반적으로 인지하지 못하는 다음 네 가지 사실을 염두에 두어야 한다.

- 갈등은 조직생활에서 피할 수 없는 자연발생적인 것이며, 그 발생원인도 매우 다양하다.
- 갈등이 너무 없으면 효율성이 떨어지는 측면도 있다.
- 갈등을 해결할 수 있는 유일무이한 최선의 방법은 존재하지 않기 때문에 종합적 접근을 해야

한다. 즉 한편으로는 갈등을 발생시키는 원인을 통제해야 되며, 다른 한편으로는 이미 발생한 갈등을 감소시켜야 한다.

- 갈등관리방식은 상황에 따라 달라질 수밖에 없다. 갈등이 너무 많아서 조직이 혼란스러운지 혹은 너무 없어서 역동성이 부족한지 등을 감안하여 갈등을 해결하거나 때로는 갈등을 조장할 필요도 있다. 도표 10.5

도표 10.5 상황에 따른 갈등관리 형태

갈등의 상황	• 갈등해결에 많은 시간과 노력이 든다. • 갈등이 파괴적이다. • 갈등원인이 집단이기주의 때문이다. • 지나친 갈등으로 조직성과가 떨어진다.	• 무사안일의 분위기이다. • 너무 쉽게 의견에 동조한다. • 보수적이고 창의적이지 않다. • 변화와 도전정신이 필요하다.
갈등관리 형태	갈등의 축소	갈등의 조장

갈등의 조장

갈등의 순기능을 강조하는 사람들은, 갈등은 절대적으로 필요하며 이것이 없으면 구성원의 의욕이 상실되고 정태적 무사안일상태가 되어 환경변화에 잘 적응하지 못하고 새로운 아이디어도 내지 못하는 획일화된 조직이 된다고 한다. 따라서 갈등의 관리란 갈등해결이 아닌 적정수준의 갈등유지를 의미한다.

그럼에도 불구하고 대부분의 관리자는 갈등을 적정수준 이상으로 회피하려 하는데 왜 그럴까? 반(反)갈등 가치관에 젖은 사회 속에서 자라 왔기 때문이다.[21] 그런 사회 속에서 지낸 사람들이기에 갈등에 대해서는 부정적인 태도를 취할 수밖에 없다. 얼마 전까지만 해도 우리나라 기업의 사훈(社訓)에는 화(和), 협동, 단결이 필수용어로 들어 있었다. 그리고 우리는 어려서부터 '형제들과 우애 나시기', '친구들과 사이좋게 지내기' 등을 모범행동이라고 배워 왔던 것이다. 이야기 10.4

이야기 10.4 메기와 미꾸라지의 갈등

양식장의 미꾸라지가 자꾸만 죽어 나가고 병에 걸려 주인이 낙담해 있을 때 한 친구가 찾아왔다가 미꾸라지 양식장에 메기를 몇 마리 잡아넣으라고 충고해 줬다. 메기를 넣으면 그나마 나머지 미꾸라지를 잡아먹을 것 아니냐고 하니까 자기 말만 듣고 무조건 넣어 보라는 것이었다. 메기를 넣은 지 얼마가 지난 후 양식장의 미꾸라지들은 전보다 더 튼튼하게 자라면서 양식이 잘되었다. 왜였을까? 주는 사료만 받아먹고 태평성대를 누릴 때는 빈둥빈둥하며 약해졌지만 메기가 들어오면서부터 메기에게 안 잡히려고 마구 헤엄쳐 다녔고 활동량이 많아지니 먹이도 잘 받아먹어 튼튼해진 것이다. 안전지대의 국영기업체나 경쟁이 없는 공무원사회는 세계 어느 나라를 막론하고 사기업보다 훨씬 비능률적으로 운영되고 있다. 때로는 메기와의 갈등도 필요하다.

- 두 사람이 업무에 대해 항상 같은 의견이라면 그중 한 사람은 불필요한 사람이다(톰 피터스).
- 나는 반대의견이 나올 때까지 최종 결정을 미루겠다(피터 드러커).
- 저는 여러분이 만장일치로 택한 대안을 수용하겠습니다. 다만 한 사람이라도 반대의견을 내지 않으면 그것을 실행에 옮기지는 않을 것입니다(앨프레드 슬로언).
- "오늘 회의에서 우리는 한 번 이상 반대의견을 냈는가?"(Intel사의 표어).

도표 10.6 적정수준의 갈등과 집단유효성

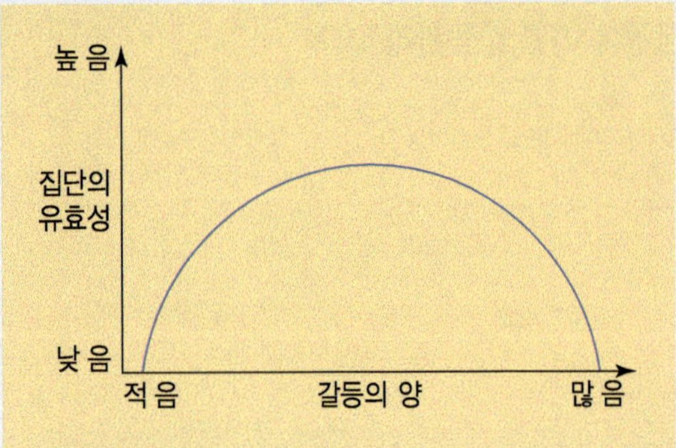

갈등 과소	적정수준	갈등 과다
적응력 둔화 획일성 무사안일 포기·침체	변화지향 창조적, 다양성 도전적 목표실천 행동	혼란·분열 투쟁, 비협조 불안, 위협 목표의식 결여

제도적 장치와 관리스타일 조절

조직구성원들의 사기가 침체되고 안이하게만 지내려고 하는 분위기라면, 상호 경쟁도 조장하고 포상제도도 만들어 환경과 조직, 혹은 집단과 집단, 혹은 개인과 개인 간에 긴장감을 불어넣을 필요도 있다. 상하 간에도 부하가 상사를 좋아하고 따른다고만 해서 생산성이 오르는 것은 아니다. 지나친 통제는 부하로부터 반감을 사게 될지 모르나 어느 정도 개혁적이고 과업중심형 리더십에 의한 관리압박은 상사에의 의존성에서 탈피하여 부하의 독자적 창조성과 어느 정도의 경쟁심, 도전성을 유발시킬 수 있기 때문에 조직활성화에 도움을 준다. 도표 10.6

악마지원자

중세 가톨릭교회에서 성직자의 사후(死後)에 심사를 하여 성인(聖人)의 칭호를 내리는 결정을 할 때, 혹은 여러 신부들 중에서 추기경을 천거할 때 그 후보의 성인추대에 반대하는 역할을 특정인(악마조수: devil's advocacy)에게 맡겨서 항상 성인후보와 갈등상태에 있게 한다. 즉 후보가 생전에 행한 오점을 가능한 한 많이 들춰내어 비판하고 유혹도 하며 훈련시킨다. 악마조수의 감시 때문에 후보신부는 항상 행동거지를 조심할 것이고 사람들은 성직자의 거짓행동에 부화뇌동하여 선불리 성인이나 추기경으로 결정해 버리는 오류를 필할 수도 있다. 이를 오늘날의 조직에 적용하여 조직에서 항상 비판하는 역할을 맡은 사람(악마의 지원자)을 둔다면 구성원들이 책잡히지 않으려고

이야기 10.5 갈등의 순기능

갈등 없는 획일성으로 죽는 사례를 보자. 미국 디트로이트 자동차산업은 지나치게 과거의 공공신화에만 집착한 나머지 이제는 고목나무가 되었으며, 1980년대 초 첨단벤처산업의 요람이었던 128번 지방도로 마을도 중형컴퓨터 중심으로 너무 뭉쳤기 때문에 마이크로소프트에게 패배했다. 한국인들의 관광행태를 보면 인천공항 출국장 집합에서 교포운영 숙박업소 이용, 교포가게 선물구입, 인천공항 도착 때까지 모두 뭉쳐 다니기 때문에 국제화 수업점수는 수업료의 10퍼센트도 못 건진다. '독도는 한국땅'이라는 일본인은 많이 있지만 '독도는 일본땅'이라고 외치는 한국인은 한국땅에서 살아남기 어렵다. 서로 나뉘어서 갈등하면서 경쟁하게 하면 산다는 사례를 보자. 3M사는 4년 이내에 개발된 신제품으로 전체 매출액의 30퍼센트를 채워야만 한다. 기존제품과 신제품을 경쟁시킨 모델이다. 인텔사는 연구소를 산호세와 오리건 주 각각 두 곳에 두고 서로 경쟁하게도 하고 2년마다 자유분방하게 불만을 토론하게 하여 회사운영에 즉시 반영한다. 조선시대에는 전국의 귀양지로 쫓겨 간 중앙의 선비들이 곳곳에 서당을 만들어 교육의 토대를 제공했다. 획일화된 가치관에 똘똘 뭉친 조직보다 다양화된 가치관에 흩어져 갈등하는 가운데 조직이 발전하는 예는 얼마든지 있다.

정당하고 모범적인 행동만을 할 것이며 대개가 찬성하는 의견이라도 단점과 비판점에 대해 심사숙고할 것이다. 민주국가가 여야로 나뉘어서 정치를 하는 것도 갈등의 순기능적 측면이다.

반대 제안법

그리스 플라톤학파가 진리를 발견해 나가는 방법으로 제안한 것인데, 항상 반대되는 의견을 내놓게 하여 본래의 의견이 가진 단점 등을 보완하는 것이다. 마찬가지로 조직에서 의사결정을 할 때 하나의 대안이 제시되면 그에 반대되는 대안을 만들어 상호 갈등상태에서 토론하게 함으로써 더 좋은 안이 창출되게끔 한다.[22] 이야기 10.5

갈등에 대한 다양한 대처방안

갈등에 대응하는 방식은 다음과 같이 여러 가지가 있으며, 사람에 따라 혹은 상황에 따라 다음 방식들 중에서 한두 가지 혹은 그 이상을 선택해서 해결한다.

갈등대처 유형

어떤 사람이 상대방과의 불일치에 직면했을 때 취할 수 있는 방법은 두 가지 방향뿐이다. 계속 자기주장을 하여 자신의 관심사를 충족시키는 방법과 양보를 하여 상대방의 관심사를 충족시키는 방법이다. 이 두 차원의 조합에 의해 다음과 같이 다섯 가지 갈등처리방식이 나온다.[23]

- 강요(forcing): 상대방을 압도하고 자기의 주장을 관철히려고 한다.
- 순종(accommodation): 상대방의 주장을 수용한다.
- 협조(collaboration): 서로의 관심사를 모두 만족시키려고 한다.
- 회피(avoidance): 갈등현장을 떠남으로써 자신과 상대방의 관심사를 모두 무시한다.
- 절충(compromise): 서로 양보하여 양자가 약간씩만 자기만족을 꾀한다. 도표 10.7

도표 10.7 상황에 따른 갈등대처 유형

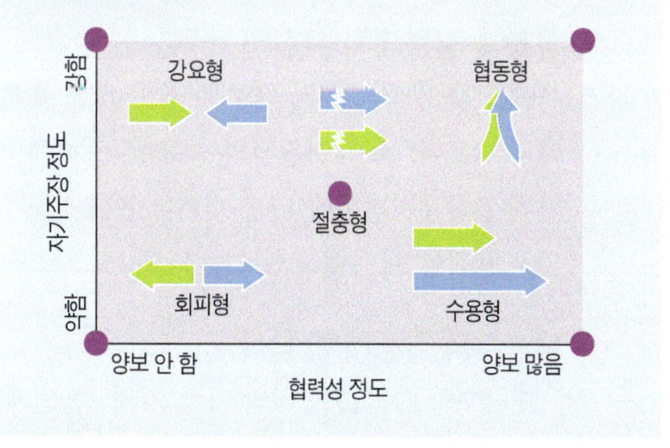

물론 갈등당사자들의 이러한 유형은 개인별로 고정된 것이 아니라 상황에 따라, 상대방이 어떤 형태로 나오느냐에 따라, 그리고 협상이 진행되어 가는 형태를 고려하면서 수시로 다섯 가지 유형을 오가는 것이다. 상대방과의 갈등에서 신뢰를 회복하려 할 때 상대방이 개인인지 집단인지에 따라서도 갈등대처방식이 다르다. 상대방이 노동조합 같은 집단일 때에는 개별적으로 접근하여 신뢰를 회복하는 편이 나은지, 집단으로 상대하여 대처하는 편이 좋은지도 따져 봐야 한다. 성난 군중 앞에서라면 화해를 시도하는 것보다 개별적으로 상대해서 화를 누그러뜨리는 편이 좋다

이야기 10.6 고부갈등의 해결

시어머니와 며느리의 갈등은 예로부터 유명하다. 옛날에 시어머니와 앙숙관계에 있는 한 며느리가 있었다. 그는 시어머니가 죽기만 기다리다가 참다못한 나머지 점쟁이를 찾아가서 묘안을 구했고 점쟁이는 며느리에게 한 가지 방책을 알려 주었다. 노인에게 하루에 계란 한 개씩 전(에그 프라이)을 부쳐 주면 생명이 단축된다는 것이었다. 며느리는 다음날부터 즉시 실천에 옮겼다. 이렇게 며칠이 지나자 며느리 험담만 하고 다니던 시어머니가 우리 며느리는 없는 살림에도 계란 한 개씩 꼭 부쳐 준다고 온 동네에 칭찬을 하며 다녔고 며느리한테도 잘해 주기 시작했다. 이러한 시어머니의 태도에 자기를 칭찬하고 다닌다는 소문을 들은 며느리도 어느덧 시어머니를 좋아하게 되었다.

는 연구결과도 있다. 이야기 10.6

갈등대처 유형과 효율성

또한 이상의 갈등해결모형을 가지고 어떤 것이 더 효과적인지를 연구한 결과들이 많은데, 크라이트너와 키니키(R. Kreitner & A. Kinicki)는 다음과 같이 요약하고 있다.[24]

- 평소 협조적인 사람은 강요보다 적응으로 해결하려는 경향이 있는데 이는 개인 간 성격차이로 볼 수 있다.
- 협조형은 과업효율성을 높여 주지만, 적응형은 효율성과 무관하다.
- 반대의견은 무조건 부정적으로 인식된다. 그러므로 상대방 의사에 반대할 때 그 표현방법이 갈등의 커다란 원인이 될 수 있다.
- 자신의 의견을 계속 강요하면 상대방의 반대의지가 더 강해진다.
- 협조형 갈등관리가 회피형보다 집단 멤버들의 만족도를 더 높인다.

상황과 갈등대처 유형의 선택

이들 다섯 가지 기본양식 중 어느 것을 택하는 것이 가장 효과적인지는 말할 것도 없이 상황에 따라 다르다. 즉 의사결정의 중요성, 조직에서의 직위와 권한, 또는 상대방이 어떻게 나오는지에 따라 갈등대처방식이 다를 것이다. 예를 들어 노사 양측의 대립에서 노조는 자신들의 권력이 크다고 생각할 때 수용·협조보다는 강요전략을 사용할 것이다.

당사자와 갈등대처 방식

대다수의 사람들은 위의 다섯 가지 중 언제나 자기가 선호하는 한두 가지 방식을 주로 사용한다는 한계가 있다. 이와 같이 갈등에 대처하는 방식은 갈등에 직면한 당사자 개인에 따라서도 다르다. 그 이유는 우선 각자 성격이 다르기 때문이다. 성격 이외에 개인의 감성지능(emotional intelligence)도 갈등을 건설적으로 해결하고 관리하는 데 긍정적 영향을 미친다는 연구가 있다. 예를 들어 리더와 부하 사이의 갈등해결에는 상사보다 부하의 감성지능이 더 많이 필요하다고 한다. 하지만 감성지능은 나이와 상관없이 모든 연령층에서 갈등관리에 필요한 요소였다. 남녀 간에도 갈등대처방식이 다르다. 남자들은 하나하나 따지려 하지 않고 한데 합해서 한꺼번에 해결하려 하지만, 여성은 그렇지 않다. 여성은 남성보다 더욱 타협적으로 해결하려 한다는 것이다.[25]

조직갈등의 관리

조직이나 집단이 양극으로 분열되어 있을 때에는 최고책임자로서는 입장이 난처하다. 한쪽의 의견을 들어주기보다 중간의 차선책을 택한다. 아니면 서로 부딪치게 하느니 차라리 분열된 상태로 두고 양쪽에 한 번씩 교대로 온전한 결정권을 주려고 한다. 그러므로 조직은 최선책이 아닌 차선책을 택하기 일쑤다. 그러나 조직의 양 집단의 의견이 서로 다르면 의견이 동일한 조직보다 오히려 문제해결방식도 다양하게 제출되고 더 높은 성과를 낸다. 관심사가 다르기 때문에 구성원들 사이에 보유하고 있는 정보도 서로 다를 것이며, 이를 나누어 가지면 동질적인 조직보다 더 많은 정보량에 입각해서 의사결정을 하고 다양한 문제에 모두 대처할 수 있는 것이다.[26] 조직 내 갈등이 많아지면 관리자의 부담이 된다. 그리고 그는 이를 감소시켜야 할 책임이 있다. 이때 조직갈등 감소전략은 다음과 같이 매우 다양하게 구사된다. 이야기 10.7

조정과 중재

양 당사자로부터 신임을 받는 제3의 중재자가 나서서 갈등의 양 당사자를 대면하게 하고 양쪽의 의견을 들으면서 대안도 제시하고 서로 양보하도록 설득하고 합의점에 이르게 도와주는 것이 조정(mediation)이다. 그리고 권한 있는 제3자가 양쪽의 의견을 듣고 잘잘못을 가려 주거나 강제로 판단을 내려 주는 것이 중재(arbitration)이다. 중재의 경우는 양측이 의무적으로 승복하여야 하며 이의가 있다면 다른 상급기관에 재심을 요청한다. 주로 노사 간의 협상이나 고정(苦情) 해결 수단으로 이용된다.

이야기 10.7 시장갈등의 관리

기업은 고객을 속여 더 비싸게 받으려 하고 고객은 더 싸게 사려고 갈등할 것이며, 기업들 간에도 서로 더 많이 팔려고 경쟁하며 갈등한다. 이 많은 갈등은 누가 해결하나? 자본주의 사회에서는 기업이 생산할 제품의 종류와 수량은 물론 배분방식 등 모두를 상호 경쟁으로 결정한다. 생산주체들이 고객의 욕구를 얼마나 빨리, 제대로 파악하여 채워 주느냐에 따라 이윤도 결정되며 정부의 통제와 간섭은 최소화된다. 이러한 자본주의 경제체제는 애덤 스미스(A. Smith: **사진**)가 『국부론』에서 말한 대로 경쟁원리(보이지 않는 손)에 의해 운영된다. 고객이 원하지 않는 제품을 생산하면 그 기업은 망한다. 너무 조금 만들면 다른 기업이 뛰어들어 생산하기 때문에 다시 적정수량이 시장에 공급된다. 그뿐 아니라 품질을 더 좋고 더 싸게 만드는 쪽으로 고객이 움직이기 때문에 기업들 역시 이윤을 내기 위해 같은 방향으로 노력한다. 결국 기업들 간의 경쟁 덕분에 소비자들은 질 좋은 제품을 값싸게 사용할 수 있다. 세상 모든 사람이 자신의 이익에만 몰두한다면 자연적인 조정을 통해 최대다수의 공익과 후생이 극대화되는 균형이 달성된다니 얼마나 낙천적인가. 바로 이 '보이지 않는 손'이 오늘날 시장경제의 근간이 되었으니 시장경제는 태초부터 낙관적 자연주의를 바탕으로 한 셈이다. 여기서 '보이지 않는 손'이란 가격을 말한다. 가격이 수요와 공급을 자동적으로 조절하며, 수요자와 공급자 사이에서 서로의 이해를 조정하여 시장의 균형을 이끄는 것이다. 이런 자유방임과 시장의 자동조절 기능을 믿은 애덤 스미스는 "정부는 법령과 규제로 도움을 준다고 생각하지 마십시오. 차라리 자유방임하십시오. 간섭하지 말고 그대로 내버려 두십시오. '이기심이라는 기름'이 경제라는 엔진을 잘 돌아가게 할 것입니다."라고 말했다. "교수와 법관의 월급도 학생수와 판결 건수에 따라 결정되어야만 열심히 일한다."는 애덤 스미스의 논리는 법제도나 국가보다 개인의 동기가 훨씬 더 중요한 발전의 원동력이 된다는 것이다. 다윈의 진화론도 애덤 스미스의 영향을 받아 "생존경쟁이 얼핏 보기에는 잔혹하고 무질서하지만 전체적으로는 균형을 유지하면서 진화해 간다."고 하였다.

상위목표의 설정

갈등상태에 있는 두 당사자(개인 혹은 집단)의 개별적 목표를 초월하면서도 서로 협조할 수 있는 공동목표를 설정하여 단합을 조성하는 방법이다. 예로는 노사 간의 갈등이 불황 시에는 협조체제가 되는 것을 들 수 있다. 이라크의 사담 후세인은 독재에 대항하는 내부 비판세력과의 갈등을 잠재우기 위해 생전에 무려 열한 번이나 외국과 전쟁(상위목표)을 치르면서 나라를 황폐화시켰다. 그런가 하면 중동국가들에서 정파가 분리되고 민족 간 분쟁이 일어나는 이유에 대해 연구한 논문을 보면, 여러 가지 이유 중에서 가장 큰 이유는 비슷한 힘을 가진 둘 이상의 지도자가 있으면 그렇다고 한다.[27] 이럴 경우 두 집단이 합쳐질 수 있는 혹은 윈-윈 할 수 있는 상위목표가 필요하다.

자원의 확충

초콜릿 하나를 서로 먹으려 하면서 갈등관계에 있는 두 아이를 사이좋게 놀게 하려면, 초콜릿을 하나 더 사서 한 사람에게 하나씩 나눠 주면 된다. 이처럼 자원의 제약으로부터 발생되는 갈등, 예를 들면 노사 간 임금갈등, 두 중역 간의 부사장 자리 승진갈등, 두 부서 간의 예산확보갈등 같은 것이 있다면 이익을 더 창출해서 해결하든지 조직개편이나 계열사를 만들어서 승진자리를 더 확보하면 어느 정도는 해소할 수 있다.

규정과 제도화

뚜렷한 규율과 책임한계가 없어서 분쟁과 갈등이 많다면 사전에 제도적 장치를 마련하고 구체적인 룰을 만들어서 규정대로 움직이도록 함으로써 그만큼 갈등을 줄일 수 있다. 이야기 10.8

이야기 10.8 싸움을 말리는 예방책

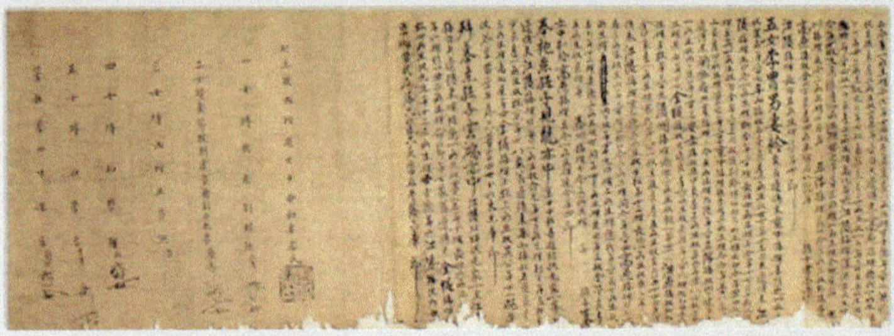

부모가 아무런 유언도 없이 남기고 간 농토가 개발지역으로 둔갑하는 바람에 갑자기 땅값이 오르고 이 때문에 형제간에, 집안 간에 내 것이니 네 것이니 재산싸움이 벌어져 가문이 풍비박산 나는 경우가 종종 있다. 신사임당은 당신의 모친이 하셨던 것과 똑같이 생전에 분재기(分財記: **사진**)를 작성해 놓음으로써 형제간의 갈등을 미연에 방지하였다. 집 앞의 텃밭은 둘째에게, 건너편 새끼 논은 셋째에게 등등 구체적으로 명시하여 분배하고 어머니 앞에서 율곡을 포함한 네 형제가 모여서 지장까지 찍었으니 후에 누가 우겨댈 수 있을까?

서던캘리포니아대학(USC)의 한 연구진은 최근 34쌍의 연인커플에게 웨어러블 기기를 착용시켜 심장박동과 체온, 피부전도 등을 측정하면서 스마트폰으로 연인간의 대화내용과 목소리 변화를 기록했다. 이렇게 쌓인 데이터를 분석해서 특정커플이 어떤 이유로 싸우는지 패턴을 찾아내어 79%의 정확도로 싸움을 미리 예측하였다. 감정이 격해질수록 심장박동이 빨라지고 땀이 많아지며 피부가 전기가 잘 흐르는 상태로 바뀐다는 것이다. 그리고 말투도 상대의 이름을 부르는 대신 'you'로 부른다든지 '절대', '전혀' 등의 단정적 단어를 자주 사용한다는 것이었다. 이러한 갈등감지 알고리즘을 통해서 연인들 사이에 다툼이 일어날 기미가 보이면 미리 알람을 보내주는 스마트폰 앱을 개발 중이라고 한다.

커뮤니케이션의 활성화

일단 조직에서 정보소통이 잘 된다면 오해의 소지가 줄고 갈등원인이 생겨도 초기에 진화할 수 있다. 변화나 개선을 언제든 건의하는 사원이 다른 사원들보다 성과도 높고 스트레스는 낮다고 보고된다.[28]

조직의 구조적 혁신

조직구성원들의 로테이션으로 갈등 부서끼리 인사교환을 한다든지 부서 간 갈등을 중재하는 상급조정자를 두는 것도 한 방법이며, 통합・연락・조정을 전담하는 상설기구를 설치할 수도 있다. 가능한 경우에는 두 개의 갈등부서를 하나로 통합하여 상호 교류를 빈번하게 만들거나 해당 부서의 구성원들은 완전히 맞바꾸는 방법이 있다.

Ⅱ | 협동적 조직행동

조직의 원초적 속성이 협동으로 목표를 이루는 실체이기 때문에 협동은 조직발전에 가장 필요한 요소이다. 그런데 앞에서 배운 대로 인간은 이기적이라서 서로 갈등할 소지가 많지만 때로는 이기적 목적달성을 위해 적당히 양보하기도 한다. 또한 본성적으로 남을 도울 때도 많고 이성적으로 협동이 유리함을 깨닫고 사이좋게 지내기도 한다. 이러한 협력행동의 저변에 깔린 기본조건이 상호 신뢰이다. 여기서는 조직 안에서 이뤄지는 다양한 형태의 협동적 행동에 관해 공부해 보자.

1 협 상

카인의 살인에서부터 오늘날의 많은 전쟁에 이르기까지 인간은 폭력으로 갈등을 해결하려고 한다. 그러나 폭력 말고도 갈등은 해결될 수 있는데 협상과 타협이 그것이다. 물론 협상과 타협에도 비용이 들지만(시간소비, 태도변경, 양보, 에너지소비) 폭력에 따른 비용보다는 훨씬 적다. 그리하여 조직에는 항상 갈등만 있는 것은 아니다.

계속 갈등상태로 있으면 양쪽 모두 손해임을 알고 있기 때문에 적당히 타협하고 협상하면서 자신들의 손해를 최소화하고 나아가 목적을 이룬다. 경영진과 노조, 판매자와 구매자 간의 협상도 있지만 동료들 간에 서로의 실수를 눈감아 주는 보이지 않는 협상도 존재한다. 특히 상하관계보다 대등한 관계일수록 그리고 가까운 관계보다 먼 관계일수록 협상이 필요할 때가 많다. 그런데 요즘은 조직이나 사회가 점점 평등해지고 있고 개인 간 거리는 점차 멀어지고 있는 상황이어서 협상의 필요성에 더 자주 직면하게 된다고 하겠다.

협상의 의미와 중요성

협상이란?

협상(negotiation)은 개인 간, 집단 간, 조직 간, 혹은 국가 간에 대화를 통하여 당사자들이 원하는 무엇인가를 얻어 내는 것이다. 즉, 두 사람 혹은 두 집단 이상이 서로 물질과 서비스를 교환하기 위해 교환율을 약정하는 과정이다. 예로서 임금에 관한 노사 간의 협상, 소비자와 판매자 간의 상품가격 협상 등이 있다. 이때의 교환은 주고받는(give and take) 것일 수도 있고 상쇄적(trade off)일 수도 있는데 이 기술이 그렇게 쉽지만은 않다. 혹은 협상은 부족한 자원을 서로 어떻게 나눌 것인지를 결정하는 과정이기도 하다.[29] 일단 협상행위는 다음과 같은 상황을 전제로 한다.

- 서로 맞대고 있는 두 주체가 있다.
- 이해관계가 상충된다.
- 두 주체가 싸움보다는 타협이 유리하다고 생각한다.
- 타협의 결과로 인하여 두 주체의 입장이 달라진다.
- 현 상태에서 두 주체가 상호 의존관계에 있기 때문에 관계를 무작정 끊을 수 없다. 이야기 10.9

이야기 10.9 브뤼셀 오줌싸개 동상

벨기에 수도 브뤼셀 시청 뒷골목 모퉁이에 조그맣게 서 있는 오줌싸개 동상(**사진**)은 세계인들의 귀여움을 받는다. 벨기에는 예로부터 다른 나라의 싸움터가 되기 일쑤였다. 1, 2차 세계대전 때도 연합군과 독일군 사이의 전쟁이 시작되고 끝난 곳도 벨기에 땅이다. 그보다 수백 년 전에도 스페인과 다른 나라가 이곳에서 전투를 벌였다. 당시에는 양쪽 군대가 나란히 서서 대치하고 있다가 장군의 신호가 떨어지면 서로가 앞으로 진격하여 엉겨 붙어서 피비린내 나는 전투가 벌어진다. 그리고 수십 분이 지나면 사상자가 즐비하고 승자와 패자가 정해진다. 양쪽 군대가 초원에 나란히

서서 대치해 있을 때 이 동네 꼬마가 무슨 볼거리라도 되는 양 구경하다가 오줌이 마려워 양 군대의 사이에서 오줌을 누고 있었다. 이를 본 양측의 장군들은 차마 돌격 명령을 내리지 못했다. 만약 그랬다가는 꼬마의 생명이 어떻게 될 것인지 뻔했기 때문이었다. 장군들은 꼬마가 오줌을 다 쌀 때까지 기다리면서 몇 분 후에 발생할 수많은 사상자들을 상상했다. 꼬마가 오줌을 오래 싸고 있었는지 그동안 양측의 장군들은 서로 싸우기를 포기하고 신사적으로 휴전협상에 들어갔다는 얘기가 전해지고 있다. 1767년 미얀마와 태국이 전쟁할 때에도 비슷한 얘기가 있다. 아무리 시간이 흘러도 승부가 가려지지 않고 양쪽 국가의 사상자만 늘어나자 싸움을 멈추고 어느 쪽이 불탑을 빨리 많이 쌓는지로 대결했다. 그러자 어느덧 평화가 왔다. 그 덕분에 태국에는 사찰이 4만 개나 있고 방콕 시내에만 300개가 있다. 미얀마는 더 많아서 만탑국가라고 칭한다.

갈등해결수단으로서의 협상

국가 간에 수많은 협상들이 있지만 전쟁은 여전히 일어나고 있지 않은가? 그럼에도 불구하고 협상이 가장 현명한 갈등해결의 수단으로 여겨지는 것은, 달리 뾰족한 방안이 없기 때문이며, 또한 일단 협상을 해 놓으면 현재의 갈등은 해결하지 못할지라도 다음에 일어날 수 있는 잠재적 갈등을 억제하고 현상유지는 할 수 있기 때문이다. 그뿐 아니라 협상은 항상 공평·정대하다는 인상을 내포하고 있기 때문에 상호 양보와 인내를 강요한다. 따라서 기업과 관련해 볼 때 협상이란 꽤 중요하다. 내부인끼리 혹은 집단 간에도 그렇지만(예: 노사협상) 외부환경과의 거래에서도 대부분의 갈등은 협상으로 해결된다(예: 구매가격결정). 이렇듯 협상과 타협은 우리 일상생활의 일부이며 어떤 의미에서 우리 모두가 협상의 당사자들이다.

배분적 협상전략

협상의 기술은 오늘날 그 어느 때보다도 중요한데 협상기술에는 두 가지 유형이 있다. 배분적(distributive) 협상과 통합적(integrative) 협상이다. 전자가 정해진 파이를 나누어 가지는 Zero-sum(혹은 Win-Lose)협상이라면, 후자는 파이의 크기가 늘어날 수 있는 Plus-sum(혹은 Positive-sum 혹은 Win-Win)협상이다.[30]

배분적 협상

물건을 살 때 혹은 중고차를 돈을 더 주고 새 차와 교환할 때처럼 한쪽의 양보만으로 다른 쪽에 이득이 되는 상황에서의 협상이다. 이때 재화가 한정된 상황에서 내가 얻으면 너는 잃는다는 생각으로 협상에 임하기 때문에 서로의 관심방향은 반대이며, 주로 단기적인 인간관계에서 행해진다. 그리고 협상에 들어가기 전에 주로 다음과 같은 주제에 대해 나의 기준을 정해 놓고 상대의 기준을 파악하면서 협상에 임하면 훨씬 성공적이다. 이러한 기준을 미리 정해 놓는 사람이 그렇지 않은 사람보다 더 많이 얻는다는 연구가 있다.[31] 그 기준은 주로 다음과 같은 것들이다.

- 목표수준(target level): 협상을 마무리 짓고자 하는 수준이다.
- 저항수준(resistance level): 협상에서 상대에게 지불할 수 있는 최고치로서 상대에게 미리 알려서는 안 되는 최후의 보루점이다.
- 요구수준(asking level): 상대가 요구하는 수준으로, 이것을 토대로 상대의 목표수준과 저항수준을 추측할 수 있다.
- 개시수준(starting level): 상대에게 제시하는 최초의 수준으로, 자신의 목표와 비교해 너무 차

도표 10.8 협상타결의 영역

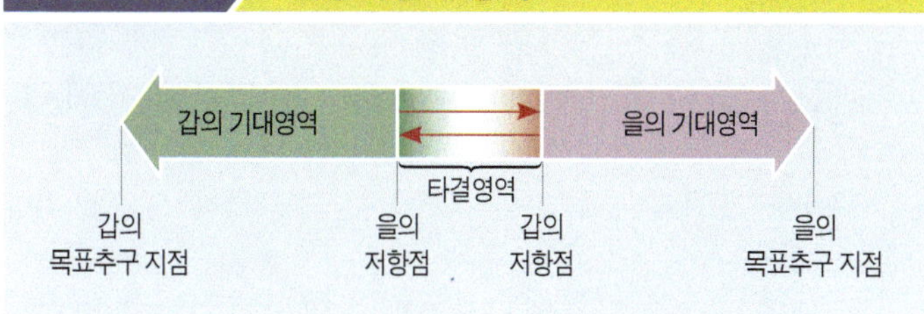

이가 나면 협상과정에서 양보할 수 있는 여지도 많고 시간도 벌 수 있지만 처음부터 거절당하여 협상에 실패할 수도 있다. 도표 10.8

배분적 협상의 핵심요소

배분적 협상에 초점을 두고 관리해야 하는 핵심요소를 다음과 같이 요약할 수 있다.

■ **정보관리**

협상대상에 대한 객관적인 정보(가치, 인지도, 장단점 등)를 충분히 파악하여 협상에 임해야 한다. 동시에 상대방의 목표수준과 최후의 보루는 어디이며 상대가 사용할 수 있는 권력의 크기에 관한 정보도 파악하면 협상을 유리하게 진행시킬 수 있다. 자신의 정보는 노출시키지 않으면서 상대의 정보를 얼마나 알고 있는지가 관건이다.

■ **시 간**

협상 마감시간이 얼마나 남았는지도 매우 중요하다. 시간이 임박할수록 협상에서 불리해질 것이며, 이를 상대방에게 알리면 그가 이를 이용할 것이기 때문에 상황은 더 불리해진다. 그러므로 시간을 넉넉히 갖도록 준비하고 시간정보가 상대에게 노출되지 않도록 노력해야 한다.

■ **권 한**

협상당사자인 상대방이 차지하고 있는 지위와 권한을 미리 알아두면 협상에 우위를 점할 수 있다. 권한이나 재량권이 없는 사람과는 협상을 아무리 잘 해도 더 높은 결정권자와 다시 협상해야 하므로 시간만 낭비하는 셈이다.

통합적 협상전략

도표 10.9 배분적 협상과 통합적 협상의 비교

	배분적 협상	통합적 협상
목표(동기부여)	가능한 한 많은 파이를 차지함 (개별이익)	양측 모두 만족할 정도만 차지함 (공동이익)
추구하는 결과	승자 ― 패자	승자 ― 승자
협상초점	최후의 타결지점이 어디인가에 관심	이것이 상대에게 왜 그렇게 중요한지에 관심
관심사	서로 반대됨	서로 일치함
정보공유	낮음(정보를 제공하면 상대가 유리함)	높음(정보를 공유하면 서로에게 이익되는 방법을 찾을 수 있음)
관계의 지속가능성	단 기	장 기
이해관계	상반됨	일치함
이 슈	하나 혹은 소수	다 수

판매원이 회사와 판매량에 따른 수당을 약정할 때나 야구선수가 홈런 횟수에 따라 구단과 연봉을 정하는 것처럼 양쪽에 이득이 되는 상황에서의 협상이다. 이는 나눌 수 있는 재화의 양이 유한하지 않으며 나도 얻고 너도 얻을 수 있다는 전제하에 서로의 관심사를 한곳에 모으려는 것이 목적이다. 이는

주로 장기적 인간관계에서 행해진다. 도표 10.9

통합적 협상의 중요성

조직 안에서는 주로 배분적 협상보다 통합적 협상을 더 활용해야 하는데, 그 이유는 배분적 협상일 때에는 어느 한쪽이 손해만 보기 때문에 영원히 앙숙이 될 수 있으나 통합적 협상일 때에는 양쪽이 이득을 얻을 수 있기 때문이다. 조사에 의하면 먼젓번 협상에서 양보하여 약간 덜 가져간 사람이 협상에 대해 좋은 기억을 갖고 있다면 이후의 협상에서도 더 협조적이라고 한다.[32] 그러므로 상대방의 기분이 상하지 않게 헤어지는 것이 중요하다. 다시 말해 상대의 관심사를 정확하게 파악하고 그의 욕구를 들어주도록 노력하며 어느 정도 기꺼이 양보해 주면 다음번 협상에서 유리한 고지를 차지할 수 있는 것이다.

통합적 협상의 성공요인

서로의 관심사가 다를 때 경쟁만 하기보다 협상에 성공하면 양 당사자 모두 이득을 보는 경우가 많은데도 불구하고, 대개의 사람들은 "상대의 이익은 나의 손실이다."라는 소위 신비의 '파이 고정관념(mythical fixed pie)' 때문에 상호 이익이 되는 교환에 실패하고 갈등으로만 정면 대치한다. 다음 여건이 갖춰지면 통합적 협상을 성공적으로 끝낼 수 있을 것이다.

- 목표의 공통성: 서로 경쟁하는 것보다 협력하는 것이 모두에게 이익이라는 믿음과 지식이 있어야 한다.
- 문제해결능력: 능력이 있으면 더 자신 있게 협상에 임한다. 자기능력을 못 믿으면 협상에 시간과 관심을 덜 투자한다.
- 상대방 인정: 상대방의 입장과 태도를 인정하고 대우하면서 협상에 임한다.
- 정확한 의사소통: 대화가 없이는 협상이 불가능하므로 서로의 말에 대한 오해가 없어야 한다.
- 신뢰: 상대에 대한 신뢰가 없으면 방어적이지만, 신뢰가 있으면 처음부터 친화적이고 협력적으로 상대의 친화와 협력을 유도해 낼 수 있다.

협상의 단계와 절차

협상은 대체로 다음과 같은 단계를 거쳐 이루어진다.[33]

- 1단계(준비): 협상내용과 상대방 상황에 대해 정확히 알고 나서 협상에 임해야 하므로 상당한 정보수집과 준비가 필요하다. 상대방에게 요구해야 할 자신의 제시안도 정리해야 하며 양보할 수 있는 최후의 보루선까지 정해 놓으면 유리하다.
- 2단계(규칙 약정): 협상방식, 협상기간 등을 놓고 상대방과 약정을 해야 한다. 게임규칙 없이 축구경기를 시작했다가는 서로 잃는 것이 더 많을 것이다.

이야기 10.10 나무가 아니라 숲을 보고 협상하라!

미국 프린스턴 대학의 연구원장 플렉스너가 유럽의 어느 학자를 스카우트하기 위해 연봉협상에 들어갔다. "얼마의 연봉을 받고 싶소?" "3천 달러는 주셔야죠." 원장은 잠시 생각하다가 "1만 달러를 드리겠습니다!" 당연히 학자는 놀랐다. 연구만 알고 미국 교수의 몸값을 몰랐던 아인슈타인은 겸손하게 3천 달러를 요청했지만 플렉스너는 1년에 7천 달러를 아끼느니 천재 아인슈타인을 얻는 것이 더 큰 이익이라는 판단에서 당시로서는 파격적인 조건으로 스카우트에 성공한다. 그 후 아인슈타인이 기념비적인 성과를 내자 이웃의 하버드, 예일대에서 수만 달러의 조건을 내세우며 그를 모셔가려고 했으나 그는 자신도 몰랐던 자기 몸값을 인정해 준 프린스턴 대학에서 끝까지 봉직하며 의리를 지켰다. 승리한 군대와 패배한 군대가 종전 협상을 위해 마주 앉았다. 패배한 군대의 장군이 승리한 장군에게 묻는다. "저희가 어떻게 해드리면 되겠습니까?" 이렇게 물으면서 속으로 그는 전쟁배상금을 얼마까지 깎을지, 포로가 된 자기 군대 몇 명을 되돌려 달라고 해야 할지, 전범 처리 문제를 어떻게 해야 할지에 대해 머릿속이 복잡하게 돌아가고 있었다. 이때 승자였던 북군의 총사령관 그랜트(U.S. Grant: **사진**) 장군이 답한다. "우리는 승리자로서 패전한 당신들에게 단 한 가지만 요구하겠소! 당신 군대를 모두 데리고 고향으로 돌아가시면 됩니다. 먼 길이니 타고 있는 말도 그대로 가져가시오. 귀 군대가 귀향하는 데 필요한 식량은 우리가 준비해드리겠소." 이 말은 들은 남군 사령관이었던 리(R.E. Lee) 장군의 눈시울이 붉어졌다. 만약 승리한 북군의 그랜트 장군이 막대한 전쟁보상금과 더 큰 요구를 했더라도 리 장군으로서는 모두 들어줄 수밖에 없는 형편이었다. 물론 그랜트 장군도 사람인 이상 지난 5년간 부하들을 죽음으로 내몰았던 남군을 철저하게 응징하고픈 마음이 없지는 않았겠지만 그는 남북 간의 국가통일이 그보다 더 큰 가치가 있다고 보고 협상에 임했던 것이다. 그랜트 장군이 쩨쩨하게 전쟁보상금이나 요구하며 전범자 처벌에만 협상의 목표를 두었더라면 오늘의 미합중국(USA)은 남과 북으로 분리된 채 서로 지역감정 싸움에만 매달리다가 유럽의 먹이가 되었을지도 모를 일이다. 그랜트 장군은 후에 미국 18대 대통령으로 당선되었다.

- 3단계(의견 제시): 서로의 요구사항을 제시하고 설명하면서 상대방이 제대로 알아들었는지 확인한다. 이때 사실 그대로 요구할 수도 있지만 나중에 양보하기 위해 과장하거나 정치행동을 보일 수도 있다.
- 4단계(협상): 주장과 양보를 거듭하면서 서로 동의점을 찾아 약정하는 단계이다. 이때 양자가 직접 서명한 약정서가 나온다.
- 5단계(실행): 약정서대로 실행에 옮기는 단계로, 이때는 약속이 제대로 이행되는지 관찰과 감시가 필요하다. 노사협상의 경우에는 단체협약 시행에 오해나 불이행으로 문제가 생기면 이를 처리해 주는 고정처리절차 같은 사후관리시스템도 존재한다.

이때 협상이 잘 되면 좋지만 잘 안 되거나 시간을 끌 경우 제3의 중재자에게 도움을 청하기도 하여 그의 중재에 따른다. 협상의 성공 여부는 물론 서로가 제시한 조건이나 재화의 양 등에 많이 의존하기도 하지만, 당사자들의 성격이나 신분, 문화적 배경, 상황의 긴박성 등의 영향을 받기도 한다. 어쨌든 협상이 결렬되거나 어느 한쪽이라도 협상능력이 부족하거나 협상을 포기할 때에는 제3자의 개입이 필요하며 조정과 중재가 이루어진다. 이야기 10.10

협상에 영향을 주는 변수들

누구는 협상에 성공하고 누구는 실패할까? 세상에는 협상의 귀재가 있는가 하면 그렇지 못한 사람이 더 많다. 협상의 귀재는 정치가나 판매직, 계약직에 종사하면 좋을 것이다. 그러나 보통사람들도 일상생활에서 협상이 필요한 상황에 자주 노출된다.

당사자의 특성과 성격

적을 알고 나를 알면 백전백승이라고 했다. 모든 조직행동이 그렇지만 협상은 특히 그렇다. 지능이 높은 사람들이 성공적 협상을 하기 쉽고 협상 당사자끼리 성격이 유사하면 협상에 성공하기 쉽다고 한다. 하지만 어떤 성격이 협상에 유리한지는 상관관계가 뚜렷이 나타나지 않는다.[34] 이 말은 반드시 권위적이고 공격적이거나 강한 성격의 소유자라야 협상 시에 유리한 것만은 아니라는 뜻도 된다. 또는 성격이 약한 사람도 마음속으로 협상에 대한 자신감을 갖고 좋은 결과를 이끌어 내려고 여러 가지 시도를 한다면 성공할 수 있다는 뜻이다.[35]

그럼에도 불구하고 협상 상대방의 성격이나 협상전술을 알 수 있다면 꽤 유리할 것이다. 예를 들어 성격이 급한 사람은 매우 빠른 시간 안에 흥정을 끝내려고 하겠지만, 반대인 사람은 계속 연장하면서 재검토할 것이다. 그런 도중에 성격이 급한 사람은 녹초가 되어 나중에는 아무렇게나 끝을 맺으려고 할 것이다. 성격이 상냥하고 유순한 사람은 투쟁과 대립보다 협력과 상의하면서 타협점을 이끌어 내려 할 것이다. 물론 이러한 성격들이 당사자에게 무조건 유리한 것은 아니며 통합적 협상인지 배분적 협상인지에 따라 그 정도가 다를 것이다.

당사자의 기분과 감정상태

내가 기분이 나쁠 때에는 나도 어려운데 남까지 배려하기 힘들다. 협상은 흥정이고 양보인데 당연히 나의 기분과 감정에 따라 상대에 대한 배려심의 크기가 달라질 것이며 상대방 역시 마찬가지이다. 따라서 너무 내 욕심만 채우려고 상대의 기분을 상하게 하는 것은 좋은 전략이 아니다.

그렇지만 배분적 협상일 때에는 권력이 강한 위치에 있는 사람이 분노를 보인다면 상대가 굴복할 것이다. 이때 실제로는 화가 안 났어도 마치 화난 것처럼 정치적인 행동을 보이는 사람도 있다. 반대로 권력이 약한 사람이 화를 낸다면 협상에서 지기 쉽다. 그리고 힘이 약한 쪽에서는 상대의 감정상태를 잘 읽지만 권력이 강한 쪽에서는 상대의 감정을 알아차리지 못하는 경향이 있다. 따라서 힘을 더 가진 쪽일수록 상대의 감정을 잘 살피면 더 유리한 결과를 얻을 것이다. 이러한 사실은 조직에서 상사와 부하의 협상과정에 적용해도 마찬가지이다.

한편 근심과 걱정은 협상을 할 때 어떤 영향을 미칠까? 한 연구에 의하면, 근심과 걱정이 많은 사람일수록 협상 시에 더 많은 속임수와 잔꾀를 부린다. 또는 초조해하고 긴장하면 심사숙고하지 않고 상대의 요구에 빨리 응대하고 모든 것을 한 번에 처리하려고 한다. 이러한 행동은 협상에서 상대방에게 불리하게 당할까 봐 빨리 해결한 뒤 협상상황에서 벗어나려 하기 때문에 생기는 것으로, 이런 사람은 불리한 결과를 얻을 수밖에 없다.[36]

협상과 남녀차이

남녀 간 협상행동에 차이가 있는지는 매우 중요한 주제이다. 내가 남자(여자)라면 협상상대가 남자(여자)일 때와 여자(남자)일 때의 행동이 다르기 때문이다. 남녀의 협상스타일은 모두 비슷하지만 협상에서 얻는 결과에는 차이가 있다고 한다. 대다수의 사람들은 여성이 더 우호적이고 협력적이라고 생각하지만, 협상상황에서는 남녀차이가 없다는 것이 정설이다. 그런데 이득을 얻는 쪽은 남성이 여성보다 약간 높은 것으로 밝혀졌다. 이는 가치관의 차이일 수도 있다. 남자는 경제적으로 혹은 물질적으로 조금이라도 더 얻는 데 중점을 두지만, 여성은 조금 손해 보더라도 좋은 인간관계 유지에 더 가치를 두기 때문이다. 남성에게는 온 가족을 먹여 살려야 한다는 수백만 년 내려온 유전인자가 더 많다. 최근에는 남녀 차이가 중요한 것이 아니라 협상주제가 무엇인지에 따라서 여성이 피하려고 하는 주제도 있고, 남자가 양보하려는 주제가 따로 있다는 연구도 있다.[37]

협상과 문화차이

협상 스타일은 나라와 민족에 따라 다를까? 매우 다르다고 한다.[38] 예를 들면 미국인은 더 경쟁적이고 이기려고 애쓰며 빨리 결론을 지으려 하는 경향이 있고 더 많은 제안으로 흥정하려 한다. 이에 반하여 일본인은 위험을 회피하고 의심하며 경쟁보다는 서로의 이익과 손실이 동등한 쪽으로 흥정하는 경향이 있다.

이와 같이 서양 사람들보다 동양 사람들은 갈등을 회피하려는 경향이 있기 때문에, 상대방과 직접 대면하기를 꺼리고 대리인을 통해서 협상하고 싶어 한다. 또는 갈등을 피하려고 상황에 따라 협상 스타일을 바꾸려고도 한다. 한편 서양인들은 미리 자신의 생각을 드러내고 흥정하려 하지만, 동양인은 자신의 요구사항을 감추고 있다가 나중에 다 듣고 나서 공개하려 한다. 이 역시 배분적 협상에서는 그렇겠지만 통합적 협상에서는 미리 요구사항을 공개하여 정보를 교환하면서 공동의 목표를 추구하는 것이 바람직할 것이다.

2 신뢰관계 형성

신뢰는 인간관계행동에 직접적 영향을 미치기 때문에 다른 인문사회학뿐만 아니라 조직행동에서도 큰 이슈가 되고 있다. 조직행동론에서 신뢰란 어떤 개념이며 어떤 속성을 가지고 있는지와 신뢰가 형성되는 과정과 신뢰를 만드는 방법 등에 대해 검토해 보자.

신뢰란 무엇인가?

인간관계에서 신뢰란 단순한 인간적인 믿음의 관계만을 뜻한다면 일상생활에서의 인간적 신뢰와 조직생활에서의 계약적 신뢰는 다르지 않을까? 조직에서도 인간적 신뢰는 필요한가? 그렇다면 그 역할은 무엇일까?

심리적 계약과 기대

부동산을 사고팔 때 사람들은 계약서에 구체적인 내용을 쓰고 도장을 찍는다. 그러나 회사에서 회사와 사원은 구체적으로 종이에 쓰거나 도장을 찍거나 하지는 않지만 보이지 않는 계약을 한다. 예를 들어 아파서 혹은 중요한 일로 회사에 결근할 때에는 상급자에게 전화로 연락해야 한다든지, 회사는 사원에게 월급날을 넘기지 않고 월급을 주어야 한다든지 등의 계약을 하고 또 그렇게 기대를 한다. 개인끼리도 마찬가지이다. 친한 친구에게 전화했는데 받지 않았다면 상대방 스마트폰에 내 번호가 찍혔을 테니 조만간 그로부터 전화가 올 것이라고 예측한다. 그가 내게 꼭 회신전화를 하겠다고 약속한 것은 아니지만 우리는 그렇게 기대한다. 그것이 심리적 계약(psychological contract)이다. 이처럼 우리는 인간관계에서 상대방이 어떻게 행동할지 예측하고 그렇게 기대한다. 이러한 심리적 계약이 두 사람 간의 근본적 인간관계를 결정하고 지배한다. 한쪽이라도 심리적 계약을 파기하여 예측이 어긋나면 관계는 이상해진다.

그런데 이는 공식적 문서계약이 아니기 때문에 서로의 예측이 다를 때가 있다. 팀장은 팀원이 결근할 땐 반드시 연락을 해 줄 것이라고 예측하는데, 당사자는 병원 응급실로 실려 갈 정도로 아픈데 전화는 무슨 전화냐고 안 할 수도 있다. 이러한 기대의 불일치가 인간관계를 곤란하게 만든다. 서로 다른 문화권에서라면 예측의 불일치는 더욱 심각하다.

거래적 계약과 관계적 계약

심리적 계약의 형태와 특성은 당연히 우리가 상호작용하는 상대방과의 인간관계가 어떠한지에 달렸다. 즉 임시직으로 취직한 회사와 갖는 심리적 계약과 결혼한 반려자와 갖는 심리적 계약의 특성은 매우 다르다. 전자는 단기적이고 변경이 가능하며 내용도 몇 가지로 구체화된다. 그러나 후자의 경우는 장기적이고 변경이 불가능하며 그 대신 내용은 포괄적이며 무한히 많다. 전자를 경제적 · 거래적(economic or transactional) 계약이라 하고 후자를 관계적(relational) 계약이라고 한다. 그러므로 계약자 사이의 상호작용행동도 어떤 관계를 가지는지에 따라서 매우 다를 것이다.

신뢰와 믿음

'당신이 가장 신뢰(trust)할 수 있는 상사는 누구입니까?'라는 질문에 대하여 대부분은 누구든 한 명 정도는 제시할 수 있을 것이다. 하지만 '신뢰가 무엇이라고 생각하십니까?'라는 질문에는 정확하게 답하기 어렵다. 왜냐하면 신뢰라는 단어가 추상적인 의미를 내포하고 있을 뿐만 아니라 일상생활에서 너무 폭넓게 사용되기 때문이다. 학문적 의미에서 신뢰란 다른 사람들의 태도나 행동을 긍정적으로 생각하고 기꺼이 그들을 믿고자 하는 태도이다.[39] 다시 말해 우리가 의존하고 있는 사람들이 우리에게 바라고 있는 기대를 저버리지 않을 것이라는 믿음(belief)이다. 이야기 10.11

이야기 10.11 신뢰비용

대기업의 연수원에서 도서관의 책 대여문제를 가지고 회의를 했다. 지키는 사람 없이 자율적으로 책을 빌리고 반납하게끔 했더니 너무 많은 책이 없어져 운영에 차질이 있으니 사람을 고용하여 그것을 관리하자는 것이다. 그런데 연수원장이 이렇게 말했다. "무엇이든 처음에는 부작용이 생기지요. 하지만 곧 나아질 것으로 생각합니다. 생각해 보세요. 직원들에게 일부러 좋은 책을 구입해서 나눠 주기도 하는데 몇 권 없어졌다고 무슨 문제가 됩니까? 없어졌다 해도 직원 중 누군가가 그 책을 보고 있고 그 사람 머릿속에 남아 있겠지요. 그 비용이 사람을 고용하여 관리하는 비용보다 싸게 먹힐 겁니다. 무엇보다 중요한 것은 정신적인 비용입니다. 감시하지 않고 사람을 믿게 되면 사람들은 거기에 보답을 하지요. 자신을 믿어 주는 것을 고마워하고 그에 걸맞은 행동을 합니다. 신뢰하지 못해서 발생하는 비용은 감독직원 인건비와 상호 불신감인 데 반하여 신뢰해서 발생하는 비용은 한 달에 책 열 권이 없어진다고 치면 고작 10만 원 정도 아니겠습니까?"

- 의심은 우리를 배반하고 시도 자체를 두려워하게 만들어 우리가 얻을 수 있는 멋진 것을 잃게 만든다. 신뢰사회를 만드는 일, 이것은 먼저 사람을 믿어 주는 데에서 시작한다(셰익스피어).
- 사람들을 신뢰하라. 그러면 그들도 당신을 신뢰할 것이다(랄프 에머슨).

개인 간의 인간적 신뢰

인간관계에서의 신뢰 유형

신뢰는 크게 개인적 기대로서의 신뢰, 경제적 행위로서의 신뢰, 대인관계로서의 신뢰로 구분해 볼 수 있다.

- 약속이행으로 얻어지는 신뢰: 심리적 계약이 지켜질수록 상대방에 대해 대한 신뢰가 형성된다. 다음에도 나의 예측(기대)대로 맞을 확률이 높기 때문에 신뢰가 높아지는 것이다. 거꾸로도 마찬가지이다. 계약(약속)한 대로 약속을 지켜 주면 다음에도 나를 믿는다. 즉 나에 대한 신뢰가 오른다.
- 경제적 동기로 발생하는 신뢰: 상대가 나를 믿어 주면 나는 그에게 감사하거나 칭찬해 주면서 나도 그를 신뢰할 것이다. 이처럼 상대가 나를 신뢰하면 자신에게 이득(감사, 칭찬)이 될 것을 예측하고 신뢰했기에 나는 그의 경제적 동기로 인하여 신뢰를 얻은 것이다. 혹은 반대로 신뢰를 하지 않으면 자기에게 해가 될까 봐 나를 신뢰했다면 경제적 동기에서 한 것이다.
- 관계지속으로 얻어지는 신뢰: 누구와 지속적인 관계를 맺다 보면 그의 권력이나 지위 때문이 아니라 인간적인 친근감이 생겨서 저절로 신뢰가 생긴다. 헌신과 충성심이 좋은 예이다.

신뢰의 속성

신뢰는 다음과 같은 속성을 가진다.

- 신뢰는 위험을 수반한다. 상대의 행동과 태도가 좋은 것이라는 생각, 혹은 내게 도움이 될 것이라는 생각은 아직 사실로 드러난 현실이 아니며 어디까지나 미래의 결과로 돌아올 확률이기 때문에 실제로는 기대와 어긋날 수 있다.
- 신뢰는 만들어지기는 어렵지만 깨지기는 쉽다. 따라서 신뢰의 형성보다 신뢰유지에 더 큰 관

심을 기울여야 한다.

- 신뢰에는 개인 간 신뢰뿐만 아니라 집단 혹은 조직 간 신뢰도 있다. 즉 조직과 조직 사이에도 신뢰관계가 형성된다는 것이다.

이성적 신뢰와 감정적 신뢰

신뢰는 감정적(affective) 신뢰와 이성적(cognitive) 신뢰로 구분하기도 하는데, 전자는 오랜 친분으로 저절로 마음에서 우러나오는 신뢰이고, 후자는 경제적 동기나 계약의 이행으로 쌓이는 신뢰이다. 그런데 조직 안에서 상호 신뢰가 높아지면 권한위임이 잘 되어 진정한 지식경영이 가능해지며, 경영진도 신뢰를 바탕으로 관리해야 조직성과에 효율적이다. 특히 신뢰의 유형 중에서도 인지적 신뢰보다는 정서적 신뢰가 상사와 부하 간 혹은 동료 간에 지식전달이 더 잘 되어 지식경영이 더욱 효과적이라고 한다. 상사와 부하관계뿐만 아니라 고객과 기업조직 간에도 이성적 신뢰보다 감정적 신뢰의 영향이 더 큰 것은 사실이다. 그러나 물론 이성적 신뢰가 있어야 감정적 신뢰가 높아지는 것은 당연하다. 예를 들면 온라인 쇼핑몰 소비자들의 경우 웹사이트의 평판과 안전수준, 자신의 구매경험과 댓글내용 등으로 이성적 신뢰가 축적되면서 소비자 만족도가 오르고 이것이 다시 그 쇼핑몰에 대한 감정적 신뢰로 발전한다.[40] 이야기 10.12

이야기 10.12 신뢰대상의 이동

신뢰의 개념과 유형이 역사적으로 변해온 것도 사실이다. 현대인들은 잘 아는 사람보다 잘 모르는 사이인데도 신뢰를 더 하는 것 같다. 다정한 친구에게 "자네가 가진 돈을 나에게 일 년 동안 맡기게나!"라고 말한다면 그 친구가 기꺼이 그렇게 할까? 하지만 그 친구는 오히려 전혀 얼굴도 모르는 은행원에게는 더 많은 돈을 더 오랫동안 맡겨놓고도 안심한다. 오늘날 우리들은 온라인상에서 얼굴도 모르는 사람들에게 물건도 안 받고 돈을 먼저 보낸다. 어떻게 전혀 낯선 사람들과의 돈거래가 이토록 자연스러워질 수 있었을까? '신뢰'의 도약이 일어났기 때문이다. 온라인 시장 개설자들은 평점을 포함한 다양한 알고리즘과 시스템을 통해 상대의 신뢰를 검증할 수 있게 한다. 모르는 사람들 사이에 신뢰를 구축하는 것이 비즈니스의 핵심이 되었다. Air B&B는 생면부지의 다른 사람 집에 가서 안심하고 잘 수 있도록 신뢰를 제공하고, 우버는 모르는 사람의 차를 같이 탈 수 있는 신뢰를 제공한다. 이러한 비즈니스 시스템을 구축해주는 사람들을 이른바 '신뢰기술자'라고 할 수 있다. 신뢰는 크게 3단계의 발전과정을 거쳐 왔다. 1단계는 지역적 신뢰이다. 지역공동체에서 친숙한 사람에게 향하던 신뢰이다. 객지 사람보다는 자기 동네 사람을 믿었다. 2단계는 제도적 신뢰다. 계약과 법과 브랜드를 통해 좁은 지역을 넘어 신뢰가 가능해졌다. 삼성이나 LG 세탁기를 살 때는 써보지 않고도 안심하고 많은 돈을 지불한다. 브랜드를 신뢰하기 때문이다. 3단계는 오늘날의 분산적 신뢰이다. 네트워크와 플랫폼과 시스템을 통해 정부나 미디어가 장악하던 신뢰의 독점이 무너지고 신뢰가 공유되고 수평화되었다. 나의 온갖 정보를 신뢰기술자들이 안전하게 보관할 거라고 무작정 믿고 나의 신용카드와 주민번호를 제공한다. 우리가 그들을 신뢰하는 만큼 아마존, 알리바바, 페이스북은 모든 이의 정보를 지배하는 중앙집권적 조직으로 변하여 옛날의 왕보다 더 큰 권력을 갖게 될지도 모른다. 왜냐하면 우리가 그들을 무조건 신뢰하기 때문이다. 미래에 언젠가는 블록체인(Blockchain)으로 통용될 가상화폐가 한국은행이 발행한 지폐보다 더 대중화될 수도 있을 것이다.

조직신뢰

조직신뢰는 구성원이 조직의 경영진이나 리더에 대한 신뢰, 그리고 조직과 조직 간의 신뢰 등을 모두 포함한다.

조직과 구성원 간의 신뢰

조직신뢰란 조직의 정책이나 결정의 공정성, 의사결정 참여, 긍정적 조직분위기 등으로 조직구성원이 조직에 대하여 긍정적인 기대를 갖고 편안함을 느끼는 심리적 상태이다. 이는 기업이념, 경영자의 신조, 보상제도, 인사관리 등의 영향을 받는다.

조직 간의 신뢰

물론 조직과 조직, 부서와 부서 간의 조직 간 신뢰(interorganizational trust)도 있는데 이는 조직의 경계에 있는 담당자들 사이의 개인적 신뢰를 통해 시작된다.[41] 그러나 개인과 조직의 신뢰는 조직시스템의 효율성과 공정성에 의해 결정된다.[42]

조직신뢰를 높이는 영향요인

조직신뢰에 영향을 미치는 요인에는 개방성, 합의성, 가치공유, 자율성, 피드백, 고용안정, 발전기회 등이 포함된다. 즉 구성원에 대한 인사평가제도가 잘 되어 있어서 공정한 평가가 이루어진다면 이로써 구성원은 리더와 조직을 믿는다. 따라서 조직이 구성원으로부터 신뢰를 얻기 위해서는 구성원들의 조직에 대한 몰입을 증가시키도록 하고 자아실현의 기회를 넓혀 주며 의사결정에 참여시킴으로써 가능하다. 그 과정에서 혁신성을 보여 주고 조직 내 단결력을 생성한다면 조직신뢰는 커질 것이다.[43]

3 조직시민행동

길을 묻는 사람에게 친절히 가르쳐 준다든지, 행려자를 파출소에 데려다주는 등의 행동은 안 지켜도 법에 저촉되지 않지만 시민으로서 해야 하는 바람직한 행동기준이다. 이런 사람들로만 가득 찬 사회는 좋은 사회가 된다. 남에게 관심을 가지고 공손히 하는 것도 중요하지만 적극적으로 그를 도와준다면 인간관계는 매우 성장할 것이다. 이러한 상황은 조직 안에서도 마찬가지이다. 이를 조직시민행동이라는 관점에서 살펴보자.

조직시민행동이란?

자발적이고 신사적 행동에는 여러 가지가 있지만 조직에서는 대표적으로 조직시민행동(Organizational

Citizenship Behaviors: OCB)이라는 것이 있다. 강제는 아니지만 조직구성원들이 '지키면 좋은' 행동기준이 조직시민행동이다. 즉 구성원이 해야만 하는 공식적 업무와 무관하게 자유재량에 의해서 행해지며, 그것이 직장동료에게나 조직에게 도움이 되는 행동이 조직시민행동이다.[44] 또는 보상이 없는데도 동료를 도와서 조직의 이익을 증대시킬 수 있는 일련의 친사회적 행동을 뜻한다. 즉 상사나 동료를 자발적으로 도와주고 조직의 발전을 위해서 자발적으로 협동하려는 성향이 조직시민행동이다.[45]

자발적인 조직시민행동은 조직의 직무를 수월하게 할 뿐만 아니라 직무의 성공을 높이는 요인이기 때문에 기업에서는 많은 관심을 가져야 하는 부분이다.

조직시민행동의 구성요소

또한 조직시민행동은 그간 학자들에 따라 여러 명칭으로 혼용되어 개념에 대한 혼란이 적지 않았다. 예를 들면 공식역할 외의 행동, 친사회적 조직행동, 조직자발성 등인데, 거의 같은 개념을 가지고 있으면서도 다른 용어로 사용되었던 것이다. 하지만 조직시민행동의 구체적인 구성요소가 다음의 다섯 가지 행동으로 집약된다는 데에는 대다수의 학자들이 일치된 견해를 보인다.[46]

- 이타적(利他的) 행동(altruism): 타인을 도와주려는 친사회적 혹은 친밀한 행동(동료를 돕거나 빈자리를 대신 메워 줌) 이야기 10.13
- 양심적(良心的) 행동(conscientiousness): 조직이 요구하는 이상의 봉사나 노력을 하는 행동(결석·지각 않고 야근도 함, 부지런하고 시간낭비 않음)
- 예의적(禮儀的) 행동(courtesy): 자기 때문에 남이 피해 보지 않도록 미리 배려하는 행동(타인을 배려하고 방해하지 않음)
- 신사적(紳士的) 행동(sportsmanship): 남에 대해 악담을 하거나 단점을 떠벌리지 않는 행동(상급자나 회사를 욕하거나 이들의 단점을 남에게 말하지 않음)
- 공익적(公益的) 행동(civic virtue): 조직활동에 책임의식을 가지고 능동적으로 참여하는 행동(조직 일에 솔선수범하고 능동적으로 변화를 주도함)

이야기 10.13 이타적 행동

프랑스 퐁텐블로 근처 바르비종(Barbizon)에 가면 아직도 화가 밀레와 루소의 집이 300여 미터 간격으로 자리 잡고 있다. 밀레(J.F. Millet)가 이 마을에 이사왔을 때 그의 그림솜씨를 알아주는 사람은 그의 아내와 친구 테오도르 루소뿐이었다. 루소(**사진**)는 목사의 아들로서 어느 정도 살 만했고 화가로서도 밀레보다는 당시에 더 잘나갔다. 그때 밀레는 그림이 팔리지 않아 먹을 것도 땔감도 없었다. 어느 날 루소가 밀레를 찾아와 돈 봉투를 내밀었다. 누가 밀레의 그림을 사겠다며 자기에게 부탁했다는 것이었다. 밀레는 그림에 사인을 하고 루소 편에 맡겼다. 그런데 정작 그림을 산 사람은 루소였다. 밀레의 자존심을 상하지 않게 하려고 거짓말을 한 것이었다. 그 후 밀레가 이름을 떨치게 되었을 때 루소는 사람들에게 잊혔다. 그러나 그는 철학자 장 자크 루소나 화가 앙리 루소보다 더 훌륭한 인간 루소로 기억되어야 한다. 바르비종에 가면 밀레의 집을 방문한 후에 루소의 생가(**사진**)에 꼭 들러 두 사람의 우정을 생각해 보자.

조직시민행동의 원인과 결과

조직시민행동은 어디서 비롯되는가?

어떻게 조직시민행동을 할 마음이 생길까? 대개의 경우는 이기적으로 행동하고 조직을 이용하려 들지만, 조직시민행동이 일어나는 이유는 무엇보다도 자신이 조직으로부터 좋은 대접을 받고 있다고 느낄 때 자발적으로 일어난다. 특히 상급자로부터 공정하게 취급받으면 경영진을 신뢰하게 되고 회사를 위해 더 헌신하려고 한다는 것이 입증되었다. 리더십의 형태와 조직시민행동의 관계에 대한 연구가 많은 이유도 여기에 있다. 어떤 이유로든지 리더가 부하의 신뢰를 받을 때 부하들의 조직시민행동이 현저하게 증가한다. 그러므로 조직지원(organizational support)이나 임파워먼트가 조직성과를 높이는 데 기여하지만 구성원들의 조직시민행동이라는 변수가 뒷받침된다면 그 효과가 더욱 높아진다는 것이다.[47]

한편 구성원의 역할기대가 어떻게 채워지는가도 조직시민행동의 중요한 원인변수이다. 회사는 목표달성을 위해 사원들에게 직무를 할당하지만 맡은 역할을 어떻게 받아들이는지, 애매하지는 않은지, 과하다고 여기지는 않는지 등 자기가 기대한 것과 얼마나 일치하는지에 따라 당사자에게 좋은 행동을 하게 할 수도 있고 이를 가로막을 수도 있는 것이다.

조직시민행동의 결과

한편 직무만족이 사원의 조직시민행동과 직결된다는 사실은 부인할 수 없다. 그 이유는 만족한 사원들은 회사가 자신들에게 페어플레이를 한다고 느끼기 때문이라고 한다.[48] 일선 판매원에 대한 연구에서도 직무에 만족한 사원이 고객에게도 친절하며, 따라서 고객만족과 고객의 충성도에 기여한다는 사실이 입증되었다.[49] 구성원들의 성격도 조직시민행동의 주요 원인변수가 될 수 있다. 예를 들면 자기통제력이 큰 사람은 자신의 업무뿐만 아니라 남의 일에도 신경을 쓸 여유가 생긴다. 혹시 불만사항이 있어도 잘 다스리며 금방 정상상태로 돌아오기 때문이다. 이처럼 사원들의 기분상태, 만족정도, 피로감 등이 조직시민행동에 미치는 영향력이 큰데 당사자들의 긍정적 정서가 부정적인지 긍정적인지에 따라서 받아들이는 태도가 다르고 이에 따라 효과도 다르게 나타난다. 그런가 하면 리더가 부하들을 배려하고 사기를 북돋아 주면 부하들의 조직시민행동이 증가하여 결국 고객만족을 높인다는 연구도 있다.[50] 이야기 10.14

직장무례함

조직시민행동에 반대되는 개념으로 회자되는 직장무례함(workplace incivility)은 직장에서 무례한 행동이 조직에 비효율을 초래할 수 있다는 것이다. 그 원인과 결과에 대해 살펴보자.

이야기 10.14 도덕인가 본능인가?

아프리카 초원 저 멀리서 하이에나가 나타났다. 먼저 발견한 가젤 한 마리가 펄쩍 튀어오르면 신호가 된다. 이 신호에 의해 모두 달아난다. 그렇지만 먼저 튀어 오른 가젤은 불리하지 않을까? 그럼에도 불구하고 집단을 위한 희생정신으로 튀어 오른 것인가? 아니다. 집단동료에게 위험을 알려야 동료들이 경계, 방어 혹은 저항태세를 갖춰 나도 안전할 것이 아닌가? 내가 신호를 안 해주어 동료들이 계속 떠들고 뛰어다니다가 하이에나에게 들키면 나도 위험에 처하게 된다. 그러므로 조용히 시키든지 모두 방어태세를 갖추도록 하여 적과 함께 싸우기 위해서 필요하다. 혹시 튀어 오른 가젤이 자기가 펄쩍 튀는 것을 보이면서 자기가 가장 씩씩하니 저에게는 덤비지 말라는 신호일까? 작살에 맞아 피를 흘리는 환자 돌고래 한 마리를 여러 마리의 동료고래들이 지혈될 때까지 교대로 떠받치는 모습을 고래의 이타성이라고 한다. 그러나 생물학자들은 동료의 죽음은 자신들의 종족번식 확률을 저해하는 것이므로 이를 방지하려고 돕는 본성이 숨어있다고 주장한다. 그렇다면 인간세상의 이타적 위인행동을 어떻게 해석해야 하는가? 우리군 백여 명이 떠들며 놀고 있는데 적군이 오는 것을 내가 제일 먼저 발견한다면 어떻게 할 것인가? 가젤의 희생정신과 우정본능은 하이에나에게도 인간에게도 진화적으로 자연선택을 통해 유전자에 포함되어 있다. 모든 생물의 생존 목적은 자기 유전자를 후대에 전하는 것이다. 따라서 유전자를 공유할 자식에 대한 사랑은 완전 타인인 배우자를 향한 사랑으로 이어지고 타인과의 우정으로 확장된다. 결국 유전자를 확장시키려는 이기적 유전자는 이타적 유전자와 동전의 양면이다. 이기심도, 사람과 희생정신도 본능이다.

직장무례함이란?

이는 부하나 동료에게 무례한 언행으로 불쾌감을 주는 행동을 말한다. 특히 우리나라 오늘날의 직장 안에서는 다양한 세대가 공존하면서 가치관의 차이와 이해 부족으로 무례함에 대한 조심성이 둔해지고 있으며 경쟁이 치열해지면서 타인에 대한 배려보다 독자적 생존을 우선시하는 경향이 커지고 있다. 직장무례행동은 물론 타인에 대한 시비나 성희롱과 외모비하 발언 등만이 아니라 회사물품이나 남의 물건 손대기, 타인 험담, 메일매너 무시, 인사 안 하기, 회의 시 딴짓 혹은 업무시간 허비, 비밀정보 유출 등 매우 많다.

이러한 무례행동은 비록 한 사람에게 국한될지라도 다른 사람들의 직장만족과 창의성, 인간관계와 직장 내 갈등에 부정적 영향을 미치며, 나아가 조직 전체로 확산되어 일련의 부정적 분위기를 형성하면 고객만족 및 기업이미지에 타격을 입히기도 하므로 조직에 미치는 부정적 영향을 피할 수 없다.[51]

직장무례함의 원인

비웃기, 고함지르기, 불손함, 남의 자존심 꺾기 같은 무례한 행동은 성격 탓도 있기 때문에 고의적 의도가 약했다면 직장무례함으로 취급되지 않을 수도 있을 것이다. 그런데 이런 행동의 원인은 성격과 습관 말고도 개인의 직장불만 때문에 빈도가 많아지기도 한다.[52] 그리고 조직이 직원을 비인간적으로 대우하거나 리더로부터 부당한 압력을 받아도 조직구성원들 간의 무례한 행동은 더 빈번해진다.

그 외에도 여러 가지가 있겠지만, 부정적 정서를 가졌거나 미약한 영적 성향, 온화하지 못한 성격과 직장무례함 사이의 상관관계가 특히 높다.[53] 한 조사에 의하면 기혼자보다 미혼자의 무례행동이 많았고, 직무와 관련해서 부정적 감정을 가지고 있는 사람이 그렇지 않은 사람보다 무례행동이 많았다. 그리고 학력이 높을수록 무례행동은 감소하는 것으로 나타났다.[54] 그 외에도 습관과 그날의 기분, 조직의 분위기와도 관계가 깊을 것이다. 여성이나 성소수자, 외국인노동자 등을 향한 차별과 홀대 행위가 조직의 분위기로 굳어진 경우에는 이를 깨우쳐 주는 더욱 적극적인 노력이 필요할 것이다.

직장무례함의 관리

이를 방지하기 위해 선진 회사에서는 예방교육을 실시하고 인성과 품성을 중시하는 풍토를 형성하기 위해 노력한다. 미국 직장인을 대상으로 한 연구에 의하면 무려 96%의 직장인들이 무례함을 경험한 것으로 나타났다. 주목할 만한 점은 약 50%의 응답자는 일주일에 한 번 이상 무례한 언행을 경험하고 있다고 하였으며, 이는 20년 전의 25%보다 약 2배 이상 증가한 수치라고 한다.[55]

이러한 직장무례함을 방지하기 위해서 여러 회사에서 묘안을 내놓고 있다. 무엇보다 안전한 직무환경을 조성하는 것이 급선무이며 항상 자신과 남들의 행동을 반성하고 반추하는 시간을 갖도록 노력해야 한다. 무례한 행동에 대해 개별적으로 대응하거나 고민하지 말고 조직차원에서 집단토론과 공동주제로 공표하고 해결하는 노력 또한 필요하다.[56] 이야기 10.15

친사회적 행동

왜 우리는 남을 도울까? 두 가지로 설명이 가능한데 첫째는 호혜성 본능이론이고 둘째는 사회적 교환이론이다.

이야기 10.15 직장 내 괴롭힘의 비용

직장 내 괴롭힘을 규정하는 법 조항은 딱 한 문장이다. "사용자 또는 근로자는 직장에서의 지위 또는 관계 등의 우위를 이용, 업무상 적정범위를 넘어 다른 근로자에게 신체적·정신적 고통을 주거나 근무환경을 악화시키는 행위를 해서는 안 된다"는 것이다. 새빨간 립스틱을 칠한 여성에게 상사가 "주둥이에 뭐냐? 쥐 잡아 먹었어?"라고 한다면 명확한 직장 괴롭힘이다. 여직원에게 흰머리 뽑기, 라면 끓이기, 커피 심부름은 물론 "시집 안 가?"라고 묻는 것은 물론이요, 나이 든 총각에게 "자네도 올해는 노총각 탈출해야지"라고 말해도 괴롭힘이다. 남자직원에게만 힘든 일을 시켜도 안 되고 여직원에게만 다과를 챙기게 하면 성차별이다. 고용부가 공개한 직장 내 괴롭힘은 개인사 소문내기, 욕설이나 폭언, 음주나 회식 강요, 모욕감 주는 언행, 지나친 감시도 모두 괴롭힘에 해당한다. 사무직으로 입사한 직원을 본인 의사와 관계없이 영업직으로 발령을 내도 괴롭힘이다. 퇴근 후에 메신저로 급하지도 않은 얘기를 하고 답을 안 한다고 화를 내는 것도 금물이다. 상사가 본인의 사적인 일을 시켜서도 안 된다. "그만둘 거면 빨리 그만둬라", "너 아니어도 일할 사람 많다" 등 직원이 듣고서 거북하게 느낄 만한 말을 하는 것은 갑질이 되어 직무불만족을 가져오는 것은 물론이요 이 모두가 직장 내 괴롭힘으로 고발당할 수 있다. 이런저런 이유로 직장 내 괴롭힘이 있는 경우 한 건당 회사에는 약 1,550만 원의 비용을 발생시킨다는 연구도 있다.

이야기 10.16 서로의 생명을 구해주기

한 부유한 귀족 소년이 시골에 가서 수영을 하다가 쥐가 나서 살려달라고 소리쳤다. 마침 지나가던 시골 농부의 아들이 그를 구해줬고 둘은 서신을 교환하며 친구가 된다. 초등학교를 졸업한 시골 친구에게 귀족 소년이 "넌 커서 뭐가 될래?" 하자 시골 친구는 "난 의사가 되고 싶지만 가난하고 형제가 아홉이나 돼서 집안일을 도와야 해"라고 답했다. 귀족 소년은 아버지를 졸라 시골 친구를 런던으로 데려왔고 결국 의과대학에 다닐 수 있었다. 그리고 마침내 페니실린이라는 기적의 약을 발명하고 노벨상을 받는다. 한편 귀족 아들은 26세에 국회의원이 되지만 전쟁 중에 무서운 폐렴에 걸려 목숨이 위태롭게 되었다. 그러나 플레밍이 만든 페니실린이 급송되어 생명을 건졌다. 시골 소년 알렉산더 플레밍이 두 번이나 생명을 구해준 이 귀족 소년이 윈스턴 처칠이다. 플레밍의 연구실은 매우 열악하고 협소했다. 창문 유리는 깨져서 바람과 먼지가 들어왔다. 그는 이 연구실에서 곰팡이에 대한 연구에 몰입했다. 어느 날 그는 깨진 창문을 통해 날아온 곰팡이의 포자를 현미경으로 관찰한 후 중요한 사실을 발견한다. 그 곰팡이에 페니실린의 원료가 숨어 있었던 것이다. 그는 이것을 토대로 페니실린을 만들었다. 몇 년 후 친구가 플레밍의 연구실을 방문하고 깜짝 놀랐다. "이렇게 형편없는 연구실에서 페니실린을 만들다니…. 만약 자네에게 좋은 실험실이 주어졌다면 더 엄청난 발견을 했을 텐데…." 플레밍은 빙그레 웃으며 말했다. "이 열악한 실험실이 페니실린을 발명하게 해주었다네. 깨어진 창으로 날아들어온 먼지가 페니실린 발명의 실마리가 되었지. 중요한 것은 환경이 아니라 환경을 잘 활용하려는 강한 의지라네." 성공한 사람들은 열악한 환경을 도약의 발판으로 삼는다. 문제는 외부의 환경이 아니라 자기 내부에 있는 '포기' 혹은 '무사안일'이다.

본능적 이타주의: 친족선택

친족선택(kin selection) 또는 혈연선택은 자연선택에 의한 생물의 진화를 볼 때 개체가 스스로 남긴 자손의 수뿐만 아니라 유전자를 공유하는 혈연자의 번식 성공에 미치는 방향으로 유전되었다는 것이다. 남을 돕는 행동을 하는 이유는 자기 종의 유전자를 더 잘 보존하기 위해서라고 한다. 즉 자신의 희생으로 자기 종의 유전자를 더 구할 수 있다면 그렇게 한다. 즉 동족을 돕는 이타적인 행동도 자신의 유전자 풀을 퍼트리기 위한 것이기 때문에 역시 이기적이라는 것이다. 그러므로 같은 혈연집단인 가족이나 친척 간에는 남에게보다는 더욱 이타적으로 행동할 확률이 높아진다. 내가 가족에게 이타적인 행동을 한다면 그 행동은 내게는 희생이 되지만 유전자 확산 측면에서는 도움이 된다. 그러므로 인간의 본능 중에 상대방의 이익을 위해 나를 희생시키는 친사회적 행동(prosocial behavior)이 있는데 돌고래 등의 고등동물에서 볼 수 있다. 작살에 맞아 피 흘리는 고래를 동료 고래들이 교대로 몇 시간 동안 수면 위로 떠받치고 지혈되기를 기다리는 모습이 목격되곤 한다. 이에 대해 동족의 죽음은 나의 유전자보존 기회를 좁히는 것이기 때문이라고 생물학자들은 설명한다. 인간이 거지를 돕는 친사회적 행동이나 이타적 행동에 대해서는 다각도로 그 이유가 설명되며 유전된 강한 호혜성이 본능적으로 여전히 존재해서라고도 한다.[57] 이야기 10.16

호혜성 이타주의: 사회적 교환이론

이는 상호적 이타성이론이라고도 하는데 이 이론에 의하면 인간은 협력적 교환을 통해 이득을 얻을 수 있다고 예측하기 때문에 친사회적 행동을 한다. 친족에게만 이타적으로 희생하는 행동이 유전자적으로 더 큰 이익을 얻는다는 이론에도 불구하고 세상에는 이타적인 사람들이 많은 이유는 돌연변이 때문이 아니다. 호혜성 이타주의(reciprocal altruism)란 지금은 손해를 보더라도 미래의 더 큰 보답을 기대하며 타인을 도와주는 행위를 통해서 동물과 인간의 사회성이 진화했다는 것이다. 일종의 계약적 이타주의라고도 할 수 있으며 서로 친척일 필요도, 심지어는 같은 종에 속할 필요도 없다. 따라서 평생 다시 만날 일이 없다면 덜 호혜적일 것이며 서로 만남이 빈번할수록 더 호혜적일 것이다. 조직에서 팀멤버를 계속 순환시킴으로 미래의 보답 받을 확률을 낮춘다면 상호간 협동의 수준은 낮아질 것이다. 물론 소규모의 회사라면 이타적인 행동의 신호가 결국에는 전체 사원들에게 퍼진다는 여건이 되면 이타적인 행동을 멈출 리는 없다.

그러나 협력적 교환은 동시에 일어나지 않는다. 사냥고기와 채집열매는 동시에 교환이 가능하지만 늑대에게 공격받는 상대방을 내가 달려가서 돕는다면 그가 언제 갚을지 모른다. 속이고 도망간 사람과 나중에 은혜를 되갚은 사람의 두 부류가 있었을 것이다. 그리하여 인간에게는 배신하고 도망치는 자와 나중에 신세를 갚는 자를 구분하는 능력이 유전되었다. 이로 인하여 배신자는 외톨이가 되어 점차 사라지고 은혜를 갚는 행동이 반복되었기 때문에 인간에게 남을 돕고 지원하는 이타성이 유전되었다는 것이다.[58]

조직에서의 친사회적 행동

한편, 보상이 뒤따르지 않더라도 내가 남에게 관대함을 베풀면 다른 사람에게 나는 이타적인 사람으로 비치고 좋은 파트너로서 매력적인 사람이 된다. 즉 내가 도와준 바로 그 사람이 아니더라도 다른 사람에게 내가 매력적으로 비치니 그 자체가 득이 된다. 따라서 우리는 낯선 사람에게도 호의를 베푸는 습성과 유전인자가 생긴 것이다. 물론 친사회적 행동의 원인을 유전적 요소로만 볼 수 없다. 개인의 성품과 환경요소도 무수히 많다. 조직 안에서 개인적으로 능력이 많거나 높은 숙련도와 능숙한 경험자일수록 타인에 대한 접근성이 강하고 친근한 행동을 많이 한다고 한다. 성격상 감수성이 풍부해도 역시 친근한 행동을 많이 한다.[59] 성격이 포용적이면 남의 거슬리는 행동에 대해 용서도 잘 하고[60] 감성지능이 높은 자는 갈등관리도 잘 한다.[61]

한편 조직에서 친사회적 행동은 순기능이 많다. 조직의 생존이 나의 생존과 맞물려 있기 때문이다. 그런데 상대가 먼저 나를 외면하면 나는 어떻게 행동할까? 대개 둘 중 하나이다. 나도 따라서 외면하든지 아니면 내가 먼저 친사회적으로 다가가서 그의 태도를 돌려놓을 수 있다. 그러므로 집단 안에서 외면당한 사람들은 친사회적 행동을 더 많이 하기도 하고 오히려 더 줄이기도 한다. 조직성과 향상에 관심이 많은 사람일수록 더욱 친사회적 행동을 하고 조직성과에 무관심한 사람은 외면당한 채로 지내면서 친사회적 행동을 증대시키지 않는다고 한다.[62]

11장

권력과 조직정치: 권력원천/권력행사/조직정치

ORGANIZATIONAL BEHAVIOR

▶ 사진설명

유대인을 비롯한 수백만 명의 포로들을 희생시킨 히틀러의 권력은 어디에서 비롯됐을까? 그리고 수용소에 근무하는 독일군으로 하여금 비인간적인 명령에 기꺼이 따르도록 만든 힘은 어디서 나온 것인가? 전쟁 직후 동유럽 국가들은 무슨 힘에 이끌려 소련의 종주국이 되었을까?(폴란드 아우슈비츠 수용소)

권력이라는 말은 사랑이라는 말 다음으로 가장 많이 쓰인다. 그리고 힘(권력)이라는 말도 사랑만큼이나 사람들에게 매력을 끄는 단어이다. 어찌 보면 사랑에 미친 사람보다는 권력에 미친 사람이 더 많다. 연인 사이인 두 남녀가 오늘은 어떻게 시간을 보낼까 의논하고 있다. 남자 쪽에서는 축구구경이나 같이 갔으면 좋겠는데 여자 쪽에서는 새로 나온 영화를 보러 가자고 했다. 조선시대 같았으면 당연히 여자는 남자를 따라 축구장에 가겠지만 여성상위시대라고 하는 요즈음에는 남자가 극장으로 끌려갈 확률이 높다. 모든 물체 사이에는 힘이 작용한다고 뉴턴이 이미 밝힌 바 있지만 인간들 사이에서도 마찬가지로 끌리고 끄는 힘(social power)이 작용한다.

인간은 가능하다면 무엇이든지 자기 맘대로 하고 싶어 한다. 심지어 타인의 행동에도 영향력을 발휘하여 자기 맘대로 움직이고 싶어 한다. 모든 사람이 같은 성향을 가진 이상 모든 사람 사이에는 힘의 논리가 팽팽하게 작용할 수밖에 없다. 또한 조직은 여러 사람이 모여 공동목적을 이룬다. 그런데 그들이 조직에 참여한 이유는 남의 이익을 위해서 자신을 희생하려고 모인 것이 아니라 자기 자신의 목표를 더 효과적으로 이루기 위해서이다. 즉, 남과 협조하고 남을 돕는 이유는 자신의 이익을 위해서라는 이익단체가 바로 기업조직이다. 그래서 권력게임은 더 왕성하다. 이해관계가 서로 얽혀 있기 때문에 수많은 권력게임이 이루어지고 있는 무대가 된다. 개인적 야망 때문에도 그렇지만 구조적인 권력게임이 더 많다. 이 장에서는 권력관계뿐만 아니라 권력게임행동인 조직정치에 관해 공부하고자 한다.

I | 권력의 특성과 권력기반

연인 사이에서뿐만 아니라 사업상의 대인관계에서도, 가게 점원과 고객 사이에서도, 심지어는 부모 자식 간에도, 스승과 제자 사이에도 끌고(지배) 끌려가는(피지배) 힘의 논리가 작용한다. 사회적 권력(social power)은 인간 사이의 '힘'을 말하는 것이므로 영향력, 리더십, 권위 등과 구분하기 어려울 뿐만 아니라 일반사회에서 말하는 대로 이해하면 오해하기 쉽다. 인간관계에서 권력은 어디에서 비롯되며 그 크기는 무엇이 결정하는지를 살펴보고 권력을 행사하는 전술에 대해 공부하기로 한다.

1 권력이란?

권력이라는 말은 흔히 사용하면서도 여러 의미로 쓰일 뿐만 아니라 다른 유사한 말들도 매우 많다. 순우리말로는 '힘(力)'이 더 적합한 말이지만 우리나라 조직행동 책뿐만 아니라 사회과학 관련 서적에서 권력이라는 용어로 통용되어 왔기 때문에 우리도 이에 따른다. 하지만 물리적인 힘이 아닌 사람 사이의 힘이라면 권력과 조금도 다를 바 없다는 사실을 알고 시작하자. 우선 권력의 정의에 대해 살펴보고 그와 유사한 용어들과는 어떤 차이가 있는지 파악해 보자.

힘(권력)에 대하여

박 팀장은 문제에 부딪혔다. 자기 팀이 맡은 일을 오늘까지 끝내기 위해 팀원 중 한 사람을 야근시켜야 하는데 아무도 야근할 눈치가 아니다. 한 명을 야근하게 하려면 박 팀장은 어떻게 해야 하나? 어떻게 영향력을 발휘해야 할까? 회사의 리더나 윗사람들은 온종일 이와 유사한 문제에 접한다. 박 팀장은 홍길동 팀원을 야근시키기 위해 그에게 일방적 지시를 할 수도 있고, 저녁을 사주면서 회사의 사정을 얘기할 수도 있고, 홍길동 앞에서 큰일 난 듯 한숨을 쉬어 대면서 바쁜 척을 할 수도 있고, 야근을 안 하면 승진도 안 시킨다는 식으로 위협할 수도 있다. 이상의 어떤 방법으로든지 홍길동이 야근을 했다면 박 팀장은 홍길동에게 힘을 행사한 것이다.

이와 같이 힘(권력: 權力)이란 한 개인(집단)이 다른 개인(집단)을 움직일 수 있는 능력이다. 권력은 상대방의 의지와 무관하게 나의 의지를 상대방에게 관철시킬 수 있는 능력이다. 즉 상대방의

이야기 11.1 적정수준의 힘이란?

보스턴의 한 동네에서 고장 난 자기 집 현관문을 강제로 열고 들어가려던 하버드대 흑인 교수가 그를 도둑으로 오인한 이웃의 신고로 경찰에 체포되었다. 교수는 자기가 흑인이 아니었다면 경찰에 끌려가지 않았을 것이라 했고 그의 친구인 오바마 대통령이 교수의 편을 들었다가 온 나라가 떠들썩해졌다. 이에 미국 대통령과 부통령은 흑인 교수와 그를 체포했던 백인 경찰관을 백악관으로 초청해서 화해의 정상회담(?)을 하기까지 이르렀다(**사진**). 그로부터 꼭 10년 전 2월, 뉴욕의 한 아파트에서 23세의 흑인 청년이 강간 용의자와 비슷하게 생겼던 탓에 경찰 4명이 난사한 41발의 총에 19발을 맞고 죽었다. 경찰은 모두 정당방위로 무죄 석방되었다. 죽은 청년이 주머니 속 지갑에서 신분증을 꺼내려 한 것을 경찰은 총을 꺼내는 줄로 오인하고 총을 발사했다고 증언했다. 권력은 위임자가 위임한 것보다 너무 강해서도 안 되고 약해서도 안 된다.

행동을 상대의 의도에 반(反)하여 나(권력행사자)의 의도대로 바꾸는 능력이라고 정의할 수 있다.[1] 그러므로 관리자는 권력을 가져야 구성원들로 하여금 조직에 필요한 행동을 하게 하고 그들의 지원을 얻을 수 있다. 이런 관점에서 보면 조직에서 권력의 문제는 피하거나 비판할 것이 아니며 반드시 필요한 것이라고 할 수 있다.[2] 상품을 사기 싫어하는 고객이 해당 상품을 사게 하려면 그러한 행동을 바꿀 수 있는 힘이 판매자에게 있어야 한다. 이야기 11.1

권력이 갖는 속성

권력은 본능적이라는 성질 이외에도 중요한 몇 가지 특징이 있다. 이를 알면 권력관계가 왜 그리 복잡한지 조금은 이해할 수 있을 것이다.

본 능

권력욕은 어디서 비롯되는가에 대해 프로이드(S. Freud) 자신도 확고한 견해를 갖지 못했다. 처음에는 죽음의 충동(thanatos)에서 비롯된 파괴적인 것이라고 했다가, 나중에는 삶의 충동(eros)의 하나인 자기보존 본능에서 비롯되었다고 했다. 결국, 그의 이런 설명으로부터 삶과 죽음의 두 충동이 복합적으로 작용하는 가운데 권력본능이 잉태된다는 해석을 내릴 수 있다. 남을 향하여 죽음의 충동(공격, 파괴, 지배)이 작용한다는 것은 결국 자아를 사랑하고 보존하기 위한 것이다. 인간이나 동물이나 자신의 생존에 필요한 자원확보를 위해 다른 유기체를 지배하고 공격한다.[3]

한편, 권력에는 몇 가지 특이한 속성이 포함되어 있다. 이를 이해하고 인간에게 권력의 본능적 욕구가 있다는 것도 알아야만 권력관계를 올바로 이해할 수 있다. 권력은 다음과 같은 미묘한 특징이 있기 때문에 권력관계를 이해하고자 할 때에는 매우 세심한 주의가 요구된다. 이야기 11.2

쌍방성

프렌치(R.P. French)는 "A가 B로 하여금 어떤 일을 수행하도록 강제할 수 있을 때 A는 B에 대하여 권력을 가진 것이다."라고 했는데 그것은 한쪽 사람에게만 주어진 한정된 특성이 아니라 상

이야기 11.2 친족살인

동서고금을 막론하고 왕권을 둘러싼 비운의 죽음은 너무나 많다. 왕권을 둘러싸고 아버지와 아들, 어머니와 아들, 그리고 피를 나눈 형제들끼리 날카롭게 대립하다가 끝내 어느 한쪽이 비명에 간다. 아그리피나는 로마제국 5대 황제인 네로의 어머니이다(**사진**). 양귀비를 뺨칠 정도로 미모가 빼어났던 그는 황제인 숙부를 유혹해 황후가 된다. 그리고 정적(政敵)을 제거하는 등 정치를 마음대로 요리하다가 남편인 황제가 늙자 그도 독살하고 16세인 아들을 제위에 올려 권력을 더 오랫동안 향유하려고 한다. 아들이 즉위하자 그녀가 섭정(攝政)하려 하면서 아들과 사이가 멀어진다. 참다 못한 아들 네로는 어머니의 세력을 쳐냈고, 이에 노한 어머니는 아들을 폐위하려고 한다. 종국에는 아들이 자객을 보내 어머니를 살해하는 비극이 일어난다. 네로만이 아니다. 당태종인 세민은 형제와 조카들을 죽이고 왕위에 오른다. 측천무후는 자식과 손자들을 죽였고, 조선의 태종은 형제를 죽였으며, 영조는 자신의 아들을 뒤주에 넣어 죽였다. 이렇듯 권력욕은 피보다 진하다.

호적이라고 한다. A가 B에 대해 권력을 가졌다고 해서 B는 A에 대해 전혀 권력이 없는 것은 아니다. 아이가 공부를 하지 않을 때 어머니가 혼내고 겁을 준다면 그 아이는 공부를 하게 될 것이다. 그러나 아이 역시 공부를 안 하고 심통을 부리든지, 방문을 닫고 공부하는 척만 함으로써 어머니의 명령에 복종 안 할 수 있는 힘이 있다. 일찍이 철학자 헤겔(G.W. Hegel)은 노예도 주인에 대해 권력이 있음을 시사했다. 즉 주인이 너무 못살게 굴면 노예는 자살을 할 수 있다. 이를 통하여 노예는 주인에게 손해를 끼칠 수 있는 힘이 있는 것이다. 리더도 부하에게 권력을 발휘하려면 능력이 있어야 한다. 권력은 이처럼 쌍방적이기 때문에 부하의 낮은 성과에 관해 큰소리칠 수 있으려면 능력 있는 리더가 아니고는 부하의 잘못에 대해 지적할 수 있는 권력이 약해진다.[4]

상대성

A가 권력을 많이 가졌다고 해서 B에 대해서도, C에 대해서도, D에 대해서도 그렇다는 것이 아니라 상대에 따라 모두 다르다. 즉 "A가 권력을 가졌다."라는 말은 틀린 말이고 "A가 아무개(들)에 대하여 권력을 가졌다."라고 해야 옳다. 알렉산더 대왕도 신하들과의 관계에서는 대단한 권력을 가졌지만 디오게네스와의 관계에서는 권력을 가질 수 없었다. 이처럼 권력의 크기는 상대방이 누구냐에 따라서 시시각각 변화한다. 또한 그 권력자가 어디에 있느냐도 다른 사람에게 권력크기가 다르게 비친다. 예를 들면 팀장이 맡고 있는 부서가 회사에서 큰 권력을 갖고 있는 팀이라면 팀원들은 팀장의 권력을 크게 인식하고 순종의 정도가 크지만 회사에서 변변찮은 위치에 있는 팀의 팀원들은 팀장의 권력크기를 작다고 인식하고 그의 지시에 따르는 순종의 정도 역시 약해진다.

가변성

A와 B의 관계에서도 어느 때는 A가 70, B가 30 정도의 권력을 가지다가도, 또 다른 때에는 A가 50, B가 50, 또 어떤 때에는 역전될 수도 있다. 화장실 열쇠를 가지고 있는 A의 B에 대한 권력은 B가 화장실 열쇠를 빌려 달라고 조를 때 다르고, 빌려서 갔다 온 후에 다르다. A의 권력은 B의 A에 대한 의존력에 달려 있기 때문이다. 의존필요성이 변하기 때문에 그 의존의 원천을 소유

도표 11.1 권력의 속성

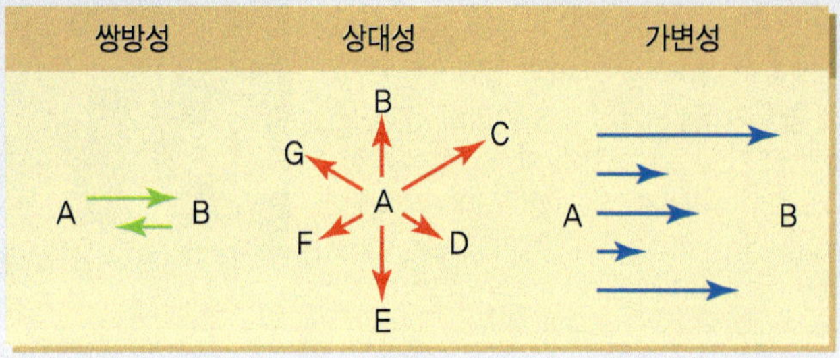

한 권력자도 이 사람에서 저 사람으로 이동한다. 중세 시대에는 땅, 산업사회에서는 돈, 정보사회에서는 정보와 지식이 권력의 원천이 될 수 있으며, 따라서 그러한 원천을 소지한 주체들의 권력크기가 달라진다. 즉 권력의 원천도 이동되고, 권력의 주체도 지벌(地閥) → 재벌(財閥) → 지벌(知閥)로 이동되어 온 것이다. 이처럼 본능적 권력이 쌍방성, 상대성, 가변성이라는 속성을 갖고 있기 때문에 사람들 간의 권력관계는 매우 복잡하고 예측불허에 가깝다. 도표 11.1

2 권력은 어디서 오나?

권력관계는 개인 간에 혹은 조직 간에 존재하는데 이때 행사되는 권력의 형태가 매우 다양하기 때문에 권력의 유형(types)을 구분하는 데 학자들 간에도 통일된 의견이 없다. 행사되는 권력이 어디에서 비롯되는지에 따라, 즉 권력의 원천(sources)이 무엇인지에 따라 권력유형을 여러 종류로 나눈다는 것에는 차이가 없다. 그러나 그 원천 자체도 어떤 차원을 기준으로 했는지에 따라 다른 식으로 유형분류가 가능하기 때문에 학생들이 혼동을 한다. 하지만 예를 들어 우리나라의 많은 산(山)을 분류할 때 나무의 종류, 지형과 지질, 위치 등의 기준에 따라서 여러 가지 부류로 분류되는 것과 마찬가지이므로 보는 측면에 따라 다를 뿐이라고 여기면 된다.

이 책에서는 공식적인 원천과 개인적인 원천으로 분류하고 이를 다시 세분화하여 권력원천에 따른 분류를 간소화하기로 한다.

집단과 조직의 공식적 원천

공식적 권력은 조직 안에서 주어지는 지위(position)에 기인한다. 예를 들면 왕은 시민에게 강제로 벌을 주거나, 이를 경감해 주거나, 상대방이 필요로 하는 것을 제공하거나 제한할 수 있다. 그가 이렇게 할 수 있는 이유는 그 지위에 있기 때문이며 다른 사람이 그 지위에 있어도 똑같은 영향력을 행사할 수 있는 것이다.[5] 다음의 권력들은 주로 이에 속한다고 할 수 있다.

보상적 권력(reward power)

상대방에게 경제적 · 정신적 보상을 해 줄 때 생기는 권력인데, 상대방이 그 보상을 원하고 있다는 전제하에서만 가능하다. 상대방에게 이익이 되는 것을 주면 상대는 그 이익을 바라고 순응한다. 알렉산더 대왕은 금은과 지위를 기반으로 하여 디오게네스를 움직이려고 했지만 그런 것을 원치 않았던 디오게네스를 움직일 수 없었다. 경제적 보상이란 임금인상, 보너스 등이 되며, 정신적 보상이란 비금전적이더라도 승진의 지원, 직무성과의 인정과 칭찬, 인기직무의 배정 등으로 이들을 감소시키거나 억제하는 일도 보상적 권력을 행사하는 것이다.[6]

강제적 권력(coercive power)

무력이나 위협, 그리고 감봉 · 해고 · 벌 같은 부정적 보상으로, 이것을 피하려는 사람들에게 행사하는 권력이다. 마찬가지로 이것을 달게 받겠다는 사람에게는 통하지 않는 권력이다. 최초의 원시인이 돌멩이를 들어 짐승을 때려잡는 순간부터 인간들은 강제적 권력(폭력)을 사용했다. 물론 물리적 압력 말고도 정신적인 압박을 피하려는 상대에게 이를 추가하거나 제거해 주는 것도 강제적 수단에서 비롯되기 때문에 강제적 권력에 속한다고 할 수 있다.

합법적 권력(legitimate power)

서로의 약속에 따라 특정인에게 일정한 권력을 주도록 했을 때 그는 약속된 법과 제도에 의해 권력을 가진다. 이러한 합법적 권력을 특히 권한(authority)이라고 한다. 회사에서의 지위권한은 모두 이에 속하며 이때 사용되는 권력도구가 상사의 지시사항, 규정, 법규, 제도, 전통, 관습, 법 등이다. 회사의 조직도상에서 상단에 위치할수록 합법적 권한이 크다. 그래서 조직도를 그릴 때 교장, 사장, 대장, 장관들을 조직도의 위쪽에 위치시킨다.[7] 마치 우리가 신호등을 지켜야 하는 것

이야기 11.3 공권력 위력 실험

1960년, 예일대학 스탠리 밀그램(S. Milgram) 교수는 사람들이 합법적 권위에 어느 정도 복종하는지 알아보기 위해 아르바이트생 40명을 모아 선생과 학생 역할로 나누었다. 단 학생 역할의 피실험자는 밀그램과 짜고 연출하기로 했다. 밀그램은 선생에게는 학생에게 테스트할 문제를, 학생에게는 암기할 단어를 제시했다. 그리고 선생에게 학생을 테스트한 후 학생이 틀릴 때마다 전압을 올리는 방식(15v, 30v, 45v, 60v처럼)으로 전기충격을 주라고 지시했다. 물론 실제로는 전깃줄이 학생과 연결이 안 됐지만 선생은 이 사실을 모른다. 고작 4.5달러의 보상을 받고 선생 역할 아르바이트생들이 과연 450v까지 전압을 높일 것인지에 대해 관찰했다. 밀그램은 흰색 가운을 입고 전압을 더 올려야 할지 머뭇거리는 선생들에게 "계속하세요!"라며 "실험의 모든 책임은 내가 진다"며 학생이 틀릴 때마다 전압을 15v씩 올릴 것을 강요했다(**그림**). 실험 전에 밀그램 교수는 450v까지 전압을 올리는 선생은 0.1%도 안 될 거라고 예측했지만 결과는 무려 65%의 선생들이 450v까지 올렸다. 합법적 권력(公權力)의 압력이 얼마나 강한지를 알 수 있는 실험이었다. 아무리 나쁜 공권력이라도 대개의 사람들은 양심이 나빠서가 아니라 공권력은 사회가 약속한 거라는 생각 때문에 무조건 복종하는 경향이 있다는 것이다. 보통사람들은 아무리 이성적인 사람이라도 윤리와 도덕을 무시하고 공권력자(대통령, 경찰, 대장, 행정관, 법, 규칙 등)가 지시한다면 나쁜 행동이라도 순종할 수 있음을 보여주는 실험이다.

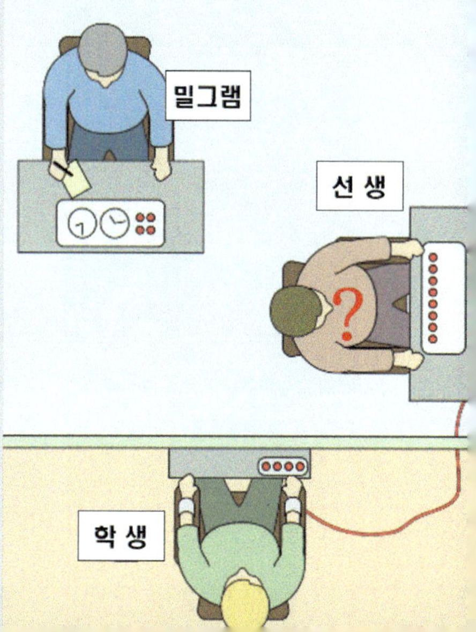

처럼 조직을 위해서 그들의 지시에 복종해야 한다고 믿는다. 그렇기 때문에 공동으로 정한 약속에 근거한 권력자의 지시는 때로는 비윤리적이고 무자비하다. 강제적 권력이나 보상적 권력의 명령이 지나치면 저항하겠지만, 소위 합법적 권력은 공동체가 약속한 것이라서 무조건 따라야 한다고 믿는 경향이 있다. 이야기 11.3

권력자 개인의 인간적 원천

공식적 권력에 대비되는 것으로, 법이나 지위가 준 권력이 아니라 자기가 원래 갖고 있는 개인의 인간적 특성에서 비롯되는 권력이다. 이에는 전문적 권력과 준거적 권력이 있다.

전문적 권력(expert power)

"지식은 힘이다."라는 격언처럼 특정 분야의 지식이나 해결방안을 알고 있는 사람은 그것을 모르는 다른 사람들에 대해 권력을 가진다. 경험이 많은 상급자가 하급자에 대하여 권력을 가지기도 하지만 어느 분야에서는 하급자도 더 많은 지식으로 상급자를 조정하기도 한다. 지식으로 보상을 받을 수도 있고 불행을 피할 수도 있기 때문이다. 오후에 비가 온다는 사실을 알았다면 우산을 준비해서 비를 피할 수 있고, 어느 회사 주가가 오른다는 사실을 알고 있는 자는 그 지식으로 돈을 벌 수 있다. 혹은 남에게 무언가를 가르쳐 주고 물질적 · 정신적 보상을 얻을 수도 있다. 이러한 지식을 이용하여 타인을 순응하게 만들 수 있다. 이야기 11.4

이야기 11.4 원숭이의 지적 재산권?

미국에 사는 한 교포가 야구관람 중에 열과 오한이 났다. 마침 이전에 치료받았던 일이 있는 미국인 의사가 옆에 앉았기에 상담을 했더니 곧바로 집에 가서 아스피린을 먹고 자라고 조언해 주었다. 그런데 수일 후, 이 의사로부터 상담료 10달러의 청구서가 날아들었다. 하도 어이가 없어서 역시 안면이 있는 미국인 변호사에게 그 지불 여부를 물어보았더니 지불해야 한다고 충고하더란다. 그래서 10달러를 보내고 나니 이번에는 그 변호사로부터 10달러의 청구서가 날아들었다. 전문지식과 정보는 현대생활의 가장 중요한 재산이며 권력의 원천이 된다. 그런가 하면 이런 일도 있다. 영국의 사진작가 David Slater(**사진**)가 위키피디아에 소송을 걸었다. 그는 정글 사진을 많이 찍는 전문 사진작가이다. 그런데 그가 카메라를 두고 잠시 자리를 비운 사이 원숭이가 카메라로 셀카를 찍은 것이다. 작가는 하도 신기해서 이를 친구에게 보냈고 위키피디아는 이 사진을 세상에 공개했다. 작가는 저작권소송을 냈지만 법원은 위키피디아가 작가에게 저작권료를 줄 필요가 없다고 판시했다. 사진은 작가가 아닌 원숭이가 찍었기 때문이다. 그렇다면 컴퓨터가 그린 그림, 컴퓨터로 작성한 음악의 저작권료는 누가 가져야 하는가?

준거적 권력(referent power)

어떤 사람에게 존경하고 따르고 싶은 매력이 있다면 우리는 무슨 일을 판단할 때 그 사람이라면 어떻게 할까 생각해 보고, 그 사람에 준거(準據: referent)하여 정한다. 그러므로 그가 내게 어떻게 하라고 지시한다면, 나는 그 말에 순응할 것이다. 어쩐지 그 사람 말이면 복종해야 한다는 마음이 생기는데, 그가 가지고 있는 무언의 매력과 설득력은 법적인 권한보다 더 위력이 있을 때가 있다. 어떤 사람이 매우 인격적이고, 능력도 있고, 미남이며, 호인이라서 대부분의 사람이 부러워하고 그를 따른다면 그 자체가 권력행사의 수단이 된다. 인기 연예인이 광고하는 냉장고를 사는 이유도 그렇다. 그는 소비자에게 강압적 수단이나 법적 권력이나 전문지식은 전혀 사용하지 않았다. 그는 연기에는 능통하지만 냉장고 품질에 대한 지식은 거의 없으리라.

5가지 권력들 간의 상호관계

최초로 권력유형을 분류한 학자는 프렌치와 레이븐(J. R. P. French & B. Raven)인데 이들은 권력이 어디에 기반을 두는지에 따라 분류한 것이다. 그런데 이 다섯 가지 원천의 크기에 따라 각각의 권력도 커지는 것이 아니라 다섯 가지 유형의 권력끼리도 상호작용하면서 서로의 권력을 커지게도 작아지게도 만든다. 예를 들면 어떤 사람이 강제적 권력을 사용하면 그만큼 준거적 권력은 사용하기 힘들어지기도 한다. 또는 어떤 리더는 자신의 전문적 권력을 돋보이고 싶어서 합법적 지위권력을 사용하기도 한다. 또 존경과 호감을 받는다면 준거적 권력이 있다고 할 수 있는데, 전문적 지식까지 갖추고 있다면 이로 인해 준거적 권력도 더불어 커지기도 한다. 마음도 착하고 돈도 많아서 친구들에게 점심을 자주 사 주고 형편이 어려운 친구의 등록금도 대신 내 주면 차츰 인기도 올라가서 준거적 권력이 커진다. 이야기 11.5

이야기 11.5 서부영화의 권력자들

클린트 이스트우드나 존 웨인이 나오는 마카로니 웨스턴 영화에서는 여러 유형의 인물들이 등장하여 서로 힘겨루기를 하는데 이들이 행사하는 권력의 유형도 가지각색이다. 권총을 든 카우보이(강제적 권력)가 있는가 하면 그 배후에는 은행가(보상적 권력)가 돈으로 사주하고 있다. 그리고 이에 맞서서 보안관(합법적 권력)과 그를 돕는 마을사람들의 대표인 목사나 신부(설득적 권력)가 등장한다. 그런가 하면 총도 지위도 없지만 보물을 숨겨 놓은 곳이나 금의 광맥을 알고 있는 노인(전문적 권력)이 등장하여 카우보이는 섣불리 그를 죽이지 못한다. 그래서 일찍이 벤자민 프랭클린은 아는 것이 힘이라고 일깨워 주고 있다.

Ⅱ | 권력의 핵심과 권력행사

인간관계에서 상호의존관계를 이해한다면 권력단계를 이해하는 데 매우 도움이 된다. 권력의 크기(힘의 세기)는 B가 A에게 얼마나 의존하는가에 달렸기 때문이다. 이와 동시에 A가 자기의 힘을 어떻게 행사하는지에 따라서 B의 의존 정도도 달라진다. 여기서 권력의 크기를 결정하는 요인과 효과적인 권력행사 전략에 대해 살펴보자.

1 의존성: 권력의 크기는 무엇이 결정하는가?

누가 누구에게 의존한다는 사실은 권력의 가장 원초적인 발로이다. 신께서 필요한 모든 것을 내려 주신다고 믿는 독실한 신자에게 신은 절대적인 권력자이다. 하지만 무신론자는 신에게 의존하지 않기 때문에 신은 그에게 권력이 없다. 이처럼 의존성과 권력의 관계는 실과 바늘처럼 밀접하다. 여기서 권력의 크기는 무엇이 결정하는가에 대하여 크게 두 가지 주장이 있다. 자원의존모형이 먼저 대두되었으나 전략적 상황모형이 더 현실적이다. 이 둘의 관계를 자세히 공부해 보자.

자원의존모형

필요한 자원에 의존

권력의 크기는 내가 의존하는 자원의 크기만큼으로 결정된다는 이론이 자원의존모형이다. 내가 필요로 하는 것을 상대방이 많이 갖고 있으면 나는 그에게 많이 '의존'한다. 내가 그에게 '의존'하는 만큼 그는 나에 대하여 권력을 가진다. 조직의 어느 개인이나 팀은 자기의 목표와 업무를 완성하기 위해 자원(resources: 돈, 사람, 설비, 인력, 정보 등)을 필요로 한다. 비록 모든 개인과 팀이 조직에 공헌을 하지만 그중에서 가장 중요한 자원을 가장 많이 나에게 혹은 우리 팀에 조달해 줄 수 있는 자가 권력도 가장 많이 갖는다. 어떤 사람(팀)이 자원을 아주 많이 지니고 있는데 내게 그 자원이 전혀 필요 없는 것이라면 그는 나에 대하여 아무런 권력을 갖지 못한다. 즉 나에게 '필요한' 자원이라야 한다.

이야기 11.6 개와 고양이의 의존성 차이

개와 고양이 중 어느 것이 주인 말을 잘 들을까? 즉 주인은 어느 쪽을 더 지배할 수 있을까? 개가 정답이다. 왜 그럴까? 개가 더 주인에게 의존하기 때문이다. 왜 개가 더 의존할까? 개는 4만 년 전부터 사람을 따라 다녔다. 사람이 먹고 버리는 뼈에 붙은 살을 먹고 사는 것이 훨씬 효과적이었기 때문이다. 인간의 사냥에 개의 날쌤과 후각에 의존한다. 한편 고양이는 1만 년 전 인간사회로 들어왔다. 농경사회가 시작되면서 쥐가 곡식을 먹으러 인간 주거지로 오니 고양이도 쥐를 따라온 것이다. 즉 애초부터 고양이는 사람을 보고 찾아 온 것이 아니라 쥐를 잡아먹으려고 인간 가까이 왔던 것이다. 엄밀히 말하자면 고양이는 인간과 아무 상관이 없었다. 개는 인간이 주는 뼈다귀에 의존하지만 고양이는 스스로 쥐를 잡아먹는다. 따라서 천둥 번개가 치면 개는 인간이 자는 침대로 뛰어들지만 고양이는 침대 밑으로 숨는다. 이처럼 개가 인간에게 더 의존적이기 때문에 개에 대한 인간의 지배력이 더 크다.

자원의존모형의 예

회사의 경우를 보자. 회사 안의 부서 간, 조직 간에는 계속해서 자원이 교류되고 있다. 구매팀은 원료 조달을 위해 재무팀의 현금이 필요하고, 생산팀은 구매팀에서 구입한 원료와 설비가 필요하다. 영업팀은 판매를 위해 생산팀에서 생산한 제품이 필요하고, 재무팀은 현금 보유를 위해 영업팀의 판매대금이 필요하다. 상대방이 필요로 하는 자원을, 그것도 많이 가진 팀이 그만큼 그 상대방에 대해 영향력을 가진다. 대학의 경우는 어떤가? 한 대학 안에는 여러 학과와 연구소들이 존재한다. 전체 회의에서 어느 부서가 가장 권력이 강할까? 즉 어느 부서가 대학의 의사결정에 가장 큰 영향을 미칠까? 학생수가 많든지, 외부 평판이 좋든지, 외부 기부금을 많이 조달해 오는 부서이다. 왜냐하면 각 부서들이 필요로 하는 값진 자원들이 이러한 것들로부터 나오기 때문이다. 교수연구비나 학생장학금 등은 어느 부서나 필요한데 이러한 자원(예: 돈)을 어느 부서가 더 많이 공급해 주느냐에 따라서 그 부서가 조직 안에서 차지하는 힘이 커진다. 결국 개인이나 집단 간의 권력은 필요한 자원의 크기에서 비롯된다고 보기 때문에 이를 자원의존모형(resource dependency model)이라고 한다. 결론적으로 자원의존모형 관점에서 보면 권력은 상대가 필요로 하는 자원을 많이 가질수록 크다.[8] 이야기 11.6

전략적 상황모형

상황모형이란?

권력의 전략적 상황모형을 이해하려면 상황모형(contingency model or theory)부터 이해해야 한다. 상황모형 혹은 상황이론이란 상황에 따라서 관련변수가 같이 움직이는 경우를 뜻한다. 냉장고 판매량이 기후에 따라 변동된다면 '기후적' 상황모형이다. 같은 말로 권력의 크기가 전략에 따라 변동된다면 '전략적' 상황모형이다. 그런데 '기후'는 알지만 '전략'은 생소하다. 따라서 '전략적'이라는 말만 이해하면 된다. 자연이 기후를 조정하듯이 사람은 전략을 조정한다. 전략은 전쟁

(게임)에서 자주 사용하듯이 권력게임에서도 자주 사용된다. 다시 말해서 전략의 형태에 따라 권력의 크기도 함께 변한다. 그렇다면 권력게임에서 누구나 권력량을 가장 크게 만드는 전략을 택할 것이다. 즉 권력을 발휘하는 자원은 적게 가지고 있더라도 권력량을 가장 크게 만드는 전략을 택할 것이다. 왜냐하면 권력크기는 전략에 따라 변동하기 때문이다.

상황적합과 전략

전략적 상황모형의 의미는 위에서 밝힌 단순한 의미를 넘어서 구체적으로는 다음 내용을 모두 포함한다.

- 자원의 크기가 권력의 크기를 자동적으로 정하는 것이 아니라, 그 자원이 처해 있는 여건(불확실성, 희소성, 중요성)이 어떠한지에 따라 권력의 양은 달라진다. 즉 동일한 크기의 자원이라도 희소한 상황에 있으면 그 소유자의 권력은 커진다.
- 그러므로 자원의 소유자에게는 소유한 자원이 크건 작건 상대방이 자신의 소유자원에 의존할 수밖에 없도록 상황(환경)이 만들어져 있으면 권력은 커지는 것이다. 혹시 상황이 그렇게 안 만들어져서 권력이 작다면 의도적으로는 상황을 그렇게 만들면 되는데 이렇게 만들어진 상황을 전략적 상황이라고 할 수 있다.
- 따라서 사람들은 자신의 자원으로 최대의 효과를 얻으려고 적극적 차원에서 환경을 변화시킨다. 예를 들면 확실한 환경도 불확실하게 만들고 작은 희소성도 큰 희소성으로 확대시켜 자신에게 유리한 환경을 만든다. 이것이 사람들이 꾸미는 '전략'이다. 결과적으로 권력의 크기는 주어진 환경(불확실성, 희소성, 중요성)에 의해 정해진다는 개념을 넘어선다. 다시 말해 권력의 크기는 그가 꾸미는 전략에 의해 결정된다.[9]

그러므로 사람들은 실제의 권력전쟁터에서 자기의 자원에 의존하도록 온갖 전략들을 쥐어짠다. 주어진 환경에서 환경의 제약을 받으면서 환경을 최대한 활용하고 조작하면서 상대방의 의존력을 높이려고 펼치는 전략적 행동이 곧 배우게 될 조직정치라고 할 수 있다. 나쁘게 말하면, 전략이란 속이고 과장하여 거짓행동을 하는 것이다. 즉 필요하다면 더 불확실하고 더 희소하게 보이려 할 것이다. 그래야 상대방이 나에게 더 의존하기 때문이다.

자원의존모형과의 차이점

자원의존이론에 의하면 상대가 가지고 있는 자원이 나에게 필요할수록 나는 상대에게 의존할 것이며, 그 자원의 크기만큼 상대는 내게 권력을 가진다. 그러나 전략적 상황이론에 의하면, 가지고 있는 자원의 크기는 별로 중요하지 않다. 그가 지닌 자원 자체보다 그 자원을 기초로 하여 그가 상황을 얼마나 '전략적'으로 만드는지가 중요하다. 예를 들면 상대방에게 줄 자원이 없어도 상대방이 원하는 자원을 줄 수 있는 것처럼 보이면 그는 나에게 '의존'할 것이다. 이것이 전략적 상황모형이다. 따라서 권력의 크기는 자원의 크기에 따라 정해지는 것이 아니라, 적은 자원으로도 의존하도록 상황을 전략적으로 조정하면 권력은 커지는 것이다. 이것이 자원의존모형과 다른 점

이야기 11.7 의존이 권력

폴란드 남부 크라코프의 아우슈비츠(오슈비엥침) 포로수용소(**사진**) 한쪽 귀퉁이 교실 정도의 좁은 방에 이삼백 명의 발가벗겨진 유대인들이 처넣어진다. 더 이상 비집고 넣을 수 없으면 애들은 머리 위로 던져진다. 처음에는 샤워시키는 것으로 착각했던 수용자들은 살려고 입구 쪽으로 몰리지만 문은 이미 닫혔다. 힘센 포로들이 살려고 치고 나오는 통에 노약자들은 독가스가 나오기도 전에 피범벅 되어 죽는다. 그래도 가스구멍에 가까이 있던 자들은 다행이다. 4분이면 죽으니 말이다. 멀리 있으면 15분 동안 고통 속에 몸부림치며 끔찍한 죽음을 맞이해야 했다. 지금도 아우슈비츠에는 새가 날아오지 않는다. 독일군이 도망간 후 소련군 측은 곧바로 이 참상을 동유럽 국민에게 공개하고, 남은 시체들의 장례식을 대대적으로 행한다. 그리고 곧바로 이곳을 아우슈비츠 박물관으로 개관한다. 당신들도 이런 일을 당하지 않으려면 소련에 '의존'하라는 무언의 메시지이다. 그 후 폴란드를 비롯한 동유럽은 소련의 속국이 되고 서유럽은 미국에 의존한다. 그래서 혹자는 소련을 비롯한 연합군이 사전에 아우슈비츠 만행을 막을 수 있었음에도 수수방관한 것이 아닌지 의심한다. 역사는 요지경이다.

이다. 하지만 환경에 맞게 자원을 조절하고 포장하는 '전략능력'도 넓은 의미에서 자원이라고 본다면 전략적 상황모형은 광의의 자원의존(resource based)모형 혹은 자원과정(resource process)모형에 포함된다고 할 수 있다. 이야기 11.7

의존성 결정요인

어떻게 하면 권력을 크게 보이게 하는 전략적 상황이 될까? 다음의 세 가지 전략이라면 한쪽의 의존은 커지며 반대로 상대의 권력은 증대된다.[10] 의존이 커지면 상대의 권력이 커진다는 의미는 무엇인가? 권력의 원천은 돈, 무력, 정보, 존경 등이라고 했는데 이 원천을 많이 가지고 있어야 권력이 커지는 것이 아닌가? 그런데 돈이 권력의 원천이라면 일정액의 돈이 권력화될 때 상대가 많이 의존할수록 그 돈의 위력은 커진다는 의미이다. 통계용어를 빌리자면 돈은 독립변수, 권력은 종속변수, 의존은 조절변수(moderating variable)이다. 나의 상대에 대한 의존성은 첫째 상대가 가진 자원이 내게 꼭 필요한 중요한 것이든지, 둘째 희소한 자원이든지, 셋째 그 자원이 내 손에 들어올 확률이 불확실할수록 커진다. 즉 이 세 가지 측면에서 볼 때 자원이 어느 상황에 있는지가 의존성의 크기를 결정한다. 도표 11.2

도표 11.2 권력원천과 권력크기의 관계에 미치는 의존성의 조절 역할

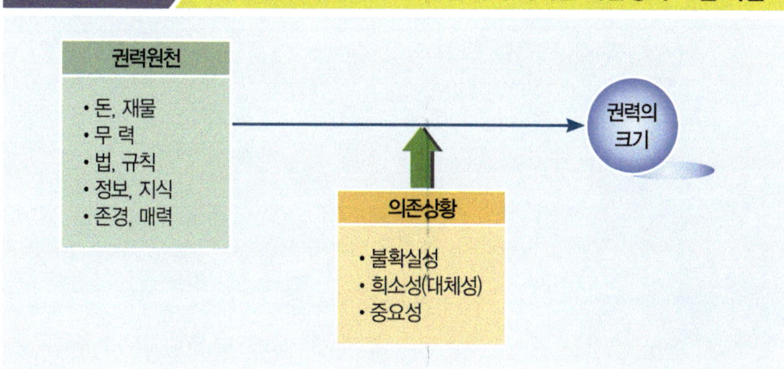

중요성(핵심적 위치)

내가 가진 자원이 상대에게 필요한 것이 아니라면 그는 내게 의존하지 않는다. 그러나 자기가 소유한 보통의 자원을 잘 조정하여 중요하게 내보이면 그것이 권력을 획득하는 기회가 된다. 그리고 우연히 어떤 중요한 위치에 있게 되기도 한다. 예를 들어 보자. 회사 안에서 어떤 부서는 매우 핵심적인 기능을 맡고 다른 부서는 주변적 기능을 맡는다. 자동차 제조사라면 고객조사팀의 정보가 없이는 어떤 자동차도 생산을 시작할 수 없다. 생산을 확정하지 못하면 구매팀도 자금팀도 아무런 행동을 하지 못한다. 즉 이 회사의 모든 부서가 고객조사팀의 결과가 나오기만 기다리고 있다면 그 팀의 권력은 큰 것이다.

희소성(대체성)

희소할수록 더욱 의존하다가 다른 것으로 대체 가능한 상황이 생기면 의존성이 감소된다. 따라서 피지배자(의존자)는 의존할 상대를 많이 만들어서 대체성을 증가시켜 의존성을 줄이려 한다. 기업이 부품공급처나 거래은행을 여럿 만드는 것은 하나의 대상에만 전적으로 의존하지 않으려는 전략이다. 한여름 더위에 얼음장수가 생선가게에 대해 권력을 가지는 이유는 얼음이 희소해지고 생선가게에는 얼음이 중요해지기 때문이다. 권력자 입장에서 본다면 상대방에게 필요한 것을 내가 가지고 있는데 그것이 희소할수록 혹은 대체성이 희박할수록 나의 권력은 커진다. 그러므로 사람들은 자기의 자원을 희소하게 보이려는 전략을 사용한다. 이야기 11.8

불확실성

캄캄한 밤에 산에서 내려오는 상황이라면 우리는 손전등에 의존한다. 앞이 안 보이기 때문에 손전등이 사람이라면 손전등의 권력은 커진다. 즉 불확실성을 줄여 주는 사람(집단)이 권력을 가진다. 조직의 모든 개인과 부서는 항상 불확실성에서 벗어나고 싶어 한다. 따라서 제조업에서는 영

이야기 11.8 리바이스 청바지의 힘

게스, 디젤, 캘빈클라인 청바지가 없었던 150년 동안 수백만의 고객에게 사랑을 받는 청바지 브랜드를 보유한 레비 스트라우스(Levi Strauss) 입장에서 보면 월마트(Wal-Mart)는 자기들 청바지를 고객에게 전해 주는 심부름꾼에 불과했다. 월마트 입장에서도 레비 스트라우스의 청바지가 자기들 매장에 진열되어 팔린다는 것이 황송했을 것이다.

그러나 이제 힘의 균형은 완전히 바뀌었다. 레비 스트라우스는 월마트로부터 납품을 따내려고 가격과 유통정책뿐만 아니라 청바지 디자인과 제조시기까지도 월마트의 눈치를 봐야 한다. 월마트가 고객정보를 더 많이 알고 있는 데다가 월마트는 게스와 디젤 같은 다른 여러 청바지와도 거래하기 때문이다. 원래 레비 스트라우스의 청바지는 자체 디자인을 해서 공장에서 생산한 다음 자기네 배송센터로 보내면 그곳에서 상표부착과 포장을 해서 소매점으로 보냈다. 그러나 월마트에서 고객이 원하는 것을 빨리 보내 달라고 하기 때문에 그럴 시간이 없다. 공장에서 상표까지 붙인 다음에 자기네 물류센터가 아닌 월마트 배송센터로 가서 월마트 트럭에 실려 각 매장으로 운송된다. 레비 스트라우스는 월마트의 한 제조센터에 불과한 신세가 되었다. 월마트가 가격을 정해 주면 그 가격수준에 맞는 제품을 만들어야 하며, 월마트가 가격을 낮추라면 낮출 수밖에 없다. 대형할인 판매업체의 힘이 그만큼 커진 것이다.

업팀이, 소프트웨어 전문회사에서는 연구개발팀이 권력을 더 갖는데, 그 이유는 앞으로 어떻게 될 것인지에 대해 이들이 가장 먼저, 가장 많이 알기 때문이다. 세상에서 가장 가난한 나라인 북한이 세상에서 가장 강한 미국과 수년간 협상테이블에서 마주할 수 있었던 힘은 그들이 불확실성을 잘 키우고 유지한 데에 기인한다. 즉 핵무기에 관한 한 북한은 미국보다 불확실성이 훨씬 많다.

2 효율적 권력행사전략

권력이란 보유하고 있는 것만으로는 소용없으며 행사되어야 존재가치가 있다. 또는 권력이 크다고 해서 권력소유자가 자기 마음대로 상대방을 조정할 수 있다는 뜻도 아니다.[11] 또한 권력은 사용한다고 해서 줄어들지도 않는다. 따라서 권력의 원천을 튼튼히 하는 것도 중요하지만 효율적인 권력 사용은 더욱 중요하다. 필요할 때 사용하지 못하는 권력은 있으나 마나 한, 권력이 없는 것과 마찬가지이다. 사람들이 권력을 행사할 때는 생각 없이 사용하는 것이 아니라 그 효과를 크게 하기 위해 전략적 혹은 정치적인 노력을 하는데, 이러한 행동의 일반적 패턴에는 어떤 것이 있으며 어떤 것이 가장 효과적인지 살펴보자.

권력을 행사하는 일정한 행동패턴

사람들은 자신이 원하는 바를 얻기 위해 권력을 효율적으로 사용하는 일정한 행동패턴을 가지고 있다. 특히 직장에서 사원들이 자신의 목적달성을 위해 사용하는 권력행사전략(power tactics)은 다음과 같이 여러 가지가 있다. 이러한 행동들은 다른 말로 표현하면 권력획득이라고도 볼 수 있지만 보유한 권력을 크게 보이게 하여 목적을 더 달성하려는 노력의 일환이다.

권력행사의 전략들

- 논리성 확보(reason): 정보와 증거를 확보하여 논리가 어긋나지 않으면 상대방이 꼼짝 못 할 것이다.
- 친절한 호소(friendliness): 인간적인 호소나 겸손함, 심한 경우에는 아첨까지 동원하여 자신의 원하는 바를 관철시키려고 한다.
- 연대와 연고(coalition): 다른 권력자나 자신이 속한 집단의 힘과 연계하여 그 도움으로 밀어붙인다.
- 협상과 계약(bargaining): 타협과 양보 내지 다른 것과 교환하면서 상대의 허락을 받아 내려고 한다.
- 강한 주장(assertiveness): 요구를 반복하면서 강요하고 명령하면서 고집을 피운다.

이야기 11.9 나폴레옹의 권력행사

프랑스 루브르박물관에 전시되어 있는 옆 그림은 '페스트 마을을 방문한 나폴레옹 장군'의 일부분이다. 자세히 들여다보면 나폴레옹은 환자의 겨드랑이를 손으로 직접 만짐으로써 자신의 박애와 친절과 동정심을 과장하고 있다. 페스트 환자를 멀리하려고 손수건으로 입을 막고 서 있는 왼편의 부관과 대조를 이루고 있다. 대부분의 권력자들은 정치행동으로 권력을 확보하고, 정치행동을 모르는 후세 사람들은 그들을 영웅으로 대접한다.

- 위협(sanctions): 상대에게 벌을 주거나 위협하면서 순종하도록 한다. 이야기 11.9
- 교환(exchange): 상대가 순종하는 대가로 혜택이나 보상을 준다.
- 합법성(legitimacy): 지위를 활용하거나 조직의 규정과 규칙을 내민다.

상황에 알맞은 전략들

그러나 모든 사람이 모든 경우에 위의 전략들을 똑같이 사용하는 것은 아니다. 사람에 따라서, 또는 같은 사람일지라도 상황(또는 상대방)에 따라서, 또는 달성하려는 목적이 무엇인지에 따라서 각 전략들의 사용정도가 다를 것은 당연하다. 그런데 어떤 방식을 활용하는지에 따라 조직의 성과가 다르다. 예를 들면 조직생활에서 압력이나 위협은 조직성과를 높이는 데 가장 비효율적인 수단으로 판명되었다. 오히려 위의 여러 전략을 함께 사용하는 것이 효율적이라고 한다. 예를 들면 아첨과 공식권위를 함께 사용했을 때 상대의 저항이 가장 적었으며 권력을 행사한 리더가 독재자라는 인상을 가장 적게 주었다.[12]

한편 상급자로부터 어떤 이득을 얻으려 한다면 상급자에게 친절한 호소전략을 사용할 것이고, 부하에게 자신의 의견을 받아들이도록 할 때는 논리성 확보전략을 사용할 것이다. 그러나 권력을 더 가진 사람, 그래서 더 지배적인 위치에 있는 사람이라야 위의 전략들을 다양하게 사용할 수 있다. 집 없는 노숙자가 경찰에게 선처를 호소하는 전략을 쓸 수는 있어도 위협전략이나 논리성전략 등은 쓸 수 없다. 반대로 경찰은 노숙자에게 아무 전략이나 마음대로 골라서 사용할 수 있다.

어떤 권력이 효과적인가?

물리적인 힘과 달리 인간관계에서 사회적인 권력을 행사할 때는 아무 권력이나 마음대로 휘두른다고 모두 통하는 것은 아니다. 반대로 작은 권력이라도 알맞은 유형의 권력을 제때 가려서 사용한다면 매우 효율적으로 상대방을 제압할 수 있다. 조직생활에서는 보상적·강제적 권력보다 준거적·전문적 권력이 효과적이며, 개인중심의 권력보다 조직중심의 권력이 더 낫고, 권력을 직접 행사하는 것보다 위임하는 경우에 더 많은 효과를 거둔다는 것이 일반적인 견해이다.

합법적 권력의 횡포

합법적 권력이란 법에 근거한 권력이다. 법이란 그것이 국가의 헌법이건 아파트 단지 내 규칙이건 공동체 구성원끼리의 약속이며 계약이다. 그러므로 합법적 권력은 공권력(公權力)이라고 칭한다. 공권력에 근거한 지시와 통제는 가장 강한 권력이 되기 때문에 대부분의 공동체 구성원은 맹목적으로 순종한다. 성문법이 아니어도 전통, 규범, 문화 등을 기초한 것도 마찬가지이다. 구성원들의 합의에 의한 것이기 때문이다. 따라서 자기 양심과 사상에 견주어 볼 때 불합리한 법이라도 공동체에 남으려면 복종해야 한다. 소위 악법도 법이다. 그래서 어떤 경우에는 극히 불합리한 공권력인데도 구성원들에 의해 아무렇지 않게 실행된다.

이 장의 앞에서 보았듯이 스탠리 밀그램(S. Milgram) 교수의 유명한 '복종실험'에서 조교를 시켜 숙제를 안 해온 학부생들에게 전기쇼크라는 벌을 주기로 했는데 조교들은 무려 400V까지의 쇼크를 주었다. 불합리하지만 조교들은 교수의 지시대로 벌을 가한 것이다. 물론 사전조작을 통해서 전기가 흐르지는 않도록 해놓았기에 다행이었다. 아우슈비츠 수용소에서 독일군들이 행한 만행도 상급자, 나아가 정부에서 시킨 공권력의 실천이었기에 양심의 저항 없이 행해진 것이었다.[13] 2016년, 런던 칼리지대학(UCL)에서 이와 유사한 실험을 하면서 피실험자(가해자)들의 뇌를 관찰했는데 미안하거나 양심을 흔드는 뇌파의 변화가 없었다. 즉 아무런 거리낌 없이 상대방에게 위해를 가한 것이다. 왜냐하면 실험자와 약속을 하고 정당하게 실험에 참여한 것이므로 이는 조그만 공권력으로서 당연히 수동적으로 따라야 한다고 생각하여 양심의 가책이나 책임감을 느끼지 않았던 것이다. 이처럼 공권력은 우리에게 필요하지만 잔인한 무기가 될 수도 있다. 그것이 한 사회나 국가의 통치법일 때에는 더욱 그렇다.[14] 이야기 11.10

준거적·전문적 권력의 중요성

일단 권력이 행사되면 상대방(피권력자 또는 하급자)의 반응은 어떨까? 물론 행사된 권력을 무시하든지 저항할 수 있지만 이 경우는 권력이 행사되었다고 볼 수 없고 수용되어야만 행사되었다고 할 수 있다. 이때 권력을 받아들이는 유형은 다음 세 가지이다.[15]

이야기 11.10 여왕의 남편 지배

18세에 왕위에 오른 Alexandria Victoria 여왕(**사진**)은 이듬해 3개월 연하의 사촌관계인 독일 왕자 앨버트와 결혼했다. 빅토리아는 월요일에 결혼하겠다는 뜻을 수상에게 통보하고 화요일에 앨버트에게 청혼했다. 그들은 다음해에 결혼식을 올리고 그날 빅토리아 여왕은 흰 옷을 입었는데 이것이 신부의 흰 드레스의 유래가 되었다. 그러나 이들의 결혼생활은 순탄치 않았다. 열한 명의 자식 중 막내를 출산한 이후까지도 끝없이 다투었다. 다혈질의 여왕은 이 방 저 방 따라다니면서 완고하게 입을 다물고 있는 남편에게 싸움을 걸었다. 그날도 어김없이 부부싸움을 했다. 여왕은 남편의 방문을 두드렸다. "누구요?" "여왕이에요." 안에서는 아무 대답이 없었다. 여왕은 다시 문을 두드렸다. "누구요?" "당신의 아내예요." 그러자 곧 문이 열렸다.

- 복종(compliance): 받을 보상은 확대하고 받을 처벌은 최대한 줄이고자 하여 그저 지시에 따를 뿐이다.
- 동일화(identification): 권력자를 평소 존경하거나 좋아하기 때문에 그의 생각을 받아들인다.
- 내면화(internalization): 권력자의 생각과 주장에 감동하여 마음으로부터 그리고 자발적으로 따르는 상태이다.

말할 것도 없이 권력행사자는 위의 셋 중에서 내면화에 의한 반응을 가장 선호할 것이다. 그런데 행사된 권력의 수단이 무엇인지에 따라서 반응 형태가 다르기 때문에 관리자나 상급자는 보상적·강압적 수단에 의존하지 말고 준거적·전문적 수단을 확보하여 사용하는 것이 좋다. 그러기 위해 항상 공정성과 정당성, 윤리성 등을 유지해야 효과적이다. 고등학교 교장선생님의 권력은 정보적·전문적 권력이 가장 효율적이며 이는 그가 얼마나 많은 경험과 경력을 가졌는지에 달려 있다고 보고되었다. 그뿐 아니라 권력수단을 선택할 때에는 상대방이 누구인지에 따라 알맞게 선택해야만 내면화에까지 이를 수 있다. 예를 들면 동일인이라 할지라도 상급자일 경우에 사용하는 권력수단과 하급자일 경우에 사용하는 권력수단은 달라야 한다.

사회중심적 권력의 중요성

맥클레랜드(D. McClelland)는 권력행사의 남용이란 개인중심적인 권력(personalized power)을 사용하는 데서 기인한다고 보고, 권력이 제대로 행사되고 수용되려면 사회중심적 권력(socialized power)을 사용해야 한다고 주장한다.[16] 사회중심적 권력이란 무엇인가? 나치의 히틀러가 "나는 총독이 되고 싶다. 따라서 국민들은 나를 밀어줘야 한다."고 강요했더라면 얼마나 더 버틸 수 있었을까? 그러나 그는 그렇게 말하지 않고 "나는 게르만 민족의 영광을 다시 찾겠노라!"고 외쳤기 때문에 모든 국민이 복종하고, 더 나아가서 동일화, 내면화하면서 그의 지배를 받았던 것이다. 전자가 개인중심적 권력이라면, 후자는 사회중심적 권력이다. 즉 집단의 이익을 위하면서 조직구성원 모두가 인정하는 것이 사회중심적 권력인데 이런 종류의 권력이라야 잘 수용된다. 이야기 11.11

이야기 11.11 어떤 권력을 행사할까?

미국 26대 대통령 루즈벨트(**사진**)가 어느 날 잡지를 읽다가 자신이 형편없는 술주정뱅이라는 기사가 실린 것을 보았다. 놀란 그는 비서관을 불러 이 상황을 어떻게 처리해야 할지 논의했다. 비서관은 당장 잡지사 사장과 기자를 불러 따끔하게 혼을 내 주자고 건의했지만 좋은 방법이 아니라고 생각한 루즈벨트는 생각에 잠겼다. "정식으로 고소를 하세! 그리고 명예훼손으로 손해배상을 청구해야지!" 며칠 뒤, 재판이 열렸는데 예민한 문제인 만큼 판사와 배심원들은 신중하게 논의를 한 후 판결을 내렸다. "잡지사의 기사는 허위로 판명됨. 명예를 훼손한 것이 인정되는 바, 대통령에게 손해배상금을 지불하라!" 판결이 내려지자 방청석이 술렁였다. 모두들 손해배상금을 내고 나면 잡지사는 망할 것이라고 입을 모았다. 그때 판사의 말이 이어졌다. "대통령이 요구한 손해배상금은 1달러입니다. 이만 재판을 마칩니다." 방청석은 다시 술렁이기 시작했으며, 비서관은 루즈벨트에게 실망스러운 목소리로 물었다. "각하! 명예훼손의 벌이 고작 1달러란 말입니까?" 그러자 대통령은 흐뭇한 미소를 지으며 말했다. "손해배상금은 내게 의미가 없다네! 중요한 것은 진실이야! 그리고 진실의 판단은 권력(대통령의 개인적 권력)이 아니라 재판(법의 사회적 권력)이 한다네! 이제 진실이 밝혀졌으니 오해는 풀렸을 것이고 나는 그것으로 만족한다네!"

권한위임의 중요성

"권력은 빼앗기는 것이 얻는 것이다."라는 말이 있다. 권력은 상대적이라서 한쪽의 권력이 증대되면 상대편의 권력은 감소된다고만 생각한다. 기업조직에서 관리층과 부하들 간에 권력배분을 놓고 상호 대립과 불만이 일어나는 것이 보통이다. 그래서 조직의 하부계층 구성원들에게도 권력을 부여하는 전략이 있는데 이를 가리켜 임파워먼트(empowerment)라고 한다. 부하직원들에게 권한과 자기통제의 기회를 주는 것이다.[17] 이와 비슷한 용어로는 참여경영, 의사결정참여, 재량권, 권한위임(delegation) 등이 있는데 모두 권력을 분산시킨다는 의미가 있다. GE 같은 회사에서 말하는 임파워먼트는 결정권을 가장 낮은 현장에 전부 주는 것이라고 한다. 물론 하루아침에 되는 것은 아니지만, 단계적으로 권력을 전부 내어 주는 것이 궁극적 목적이며 그것이 조직에서 가장 진화된 형태라고 할 수 있다.

권한이양은 구성원들에게 자신들이 조직에서 무력한 존재가 아니라, 반대로 조직을 위해 많이 공헌할 수 있는 능력(권력)이 있음을 확신시키는 결과를 가져온다. 자율권을 위임하고 의사결정에 참여시키면 도전의식을 고양하고 비전을 심어 주게 된다. 조직시민행동도 증대시킨다. 상사가 권력을 독차지하고 상사와 부하의 권력거리(power distance)가 멀수록 조직윤리행동과 이직의도에 좋지 않은 영향을 미친다.[18] 그러나 권한위임은 상하 간에도 긍정적 상호관계를 가지게 함으로써 조직유효성을 높일 수 있다. 이야기 11.12

이야기 11.12 권한위임은 하늘의 별따기

파리 시 외곽 르노(Renault) 자동차 본사에 있는 회장의 책상에는 우편물 봉투를 뜯는 칼만 놓여있었다. 왜냐하면 모든 관련 업무는 위임했기 때문이다. 왜 책상 위에 아무것도 없냐고 물으면 "내 부하들이 똑똑해서 모두 주었다. 그들을 신뢰하기 때문이다. 그것이 위험을 최소화하는 방법이다."라고 답한다. 패션기업 지리(ZARA)는 매장 점원들에게 제품에 대한 디자인 권한도 일부 위임했다. 매장 점원이 디자인실에 직접 전화를 걸어 방금 왔던 손님이 원하는 기호를 전달하면 디자인실에서는 재빨리 생산하여 두어 달 만에 매장에 내놓는다. 노드스트롬(Nordstrom: **사진**)백화점은 고객에게 모든 권한을 위임했다. 왜냐하면 직원은 고객에게 절대로 "No!"라고 불복종할 수 없기 때문이다. 이 회사는 <No!라고 말하지 말라>는 정책을 실행한 뒤부터 매출이 세 배로 올랐다. 이와 같이 권한위임을 잘하는 CEO도 있고 회사도 있다. 그리고 권한을 위임하면 사원의 창의성과 회사이익이 오르고 부하도, 고객도 만족해한다. 그럼에도 불구하고 현실에서는 권한위임의 사례를 찾기가 쉽지 않다. 왜 그럴까? CEO나 관리자가 권한을 위임하지 않고 독자적으로 행사하면 회사에는 경영손실을 가져오지만 자신은 권력을 행사하는 정신적 이득을 볼 수 있기 때문이다. 지배본능을 충족시킬 수 있는 것이다. CEO 입장에서도 권력의 독점은 비록 회사에 약간의 손실을 끼칠 수는 있지만 그것은 자신의 순손실이 아니라 주주의 손실이라는 것을 알기 때문이다. 만약 자신의 권력을 위임해준다면 자신은 100%권력손실이라는 심리적 피해를 보는 대신에 반대급부로 돌아오는 경영이익은 100% 자기 것이 될 수는 없다. 따라서 회사의 경영진은 물론 오너도 권한위임을 꺼린다. 하물며 월급쟁이 관리자들에게 권한을 위임하라면 동의할 까닭이 없다. 그러므로 항상 상급자는 위임을 안 하려 하고 부하들은 위임하라고 하는 관계가 지속된다. 규제개혁도 마찬가지이다. 국민은 정부나 공무원에게 규제를 풀고 자율권을 달라고 하소연하면서 그래야만 우리나라 경제가 잘 돌아간다고 주장한다. 맞는 말이다. 그러나 공무원은 규제를 풀어주고 가진 권한을 위임한 만큼의 반대급부가 자신들에게 돌아오지 않음을 너무나 잘 알고 있다. 규제개혁이 쉽게 되지 않는 이유가 바로 여기에 있다.

III | 조직정치

조직 안에도 정치가 있을까? 작은 집단도 조직이지만 큰 국가도 세계도 조직이다. 당연히 조직에는 조직정치가 있다. 그렇다고 조직정치가 국가정치를 포함한다는 의미는 아니다. 대통령이나 장관이 하는 국가정치는 국가와 국민을 다스린다는 뜻이다. 그러나 대통령이나 장관이나 국회의원도 서로 권력게임을 하기 때문에 국가조직에도 조직정치가 있는 셈이다. 따라서 크건 작건 대부분의 모든 조직에는 조직정치가 존재한다. 조직정치적 행동은 구체적으로 무엇이며, 왜 발생하는가? 관리자는 이를 잘 관리하기 위해 어떻게 대처해야 하는가?

1 조직정치의 의미와 원인

우선 조직정치의 개념과 조직에서 왜 정치적인 행동이 유발되는지를 알아보자.

조직정치란?

어떤 회사원의 행동이 회사가 아닌 자기 이익만을 위한 것이면 조직정치적 행동이다. 즉 조직이 요구한 행동도 아닌데 개인적 이득을 위해 남에게 해를 입히는 행동이 정치행동이다.[19]

조직정치행동의 판단기준

기업을 비롯한 모든 조직은 서로 다른 목적과 관심을 가진 개인들로 이루어졌을 뿐만 아니라, 개인들이 자신의 목표를 이루기 위해 공식적, 비공식적으로 모인 수많은 소집단의 모임이다.[20] 이러한 개인과 소집단이 조직 안에서 자신의 목표를 달성하려면 자원이 필요한데 자원은 무한하지 않다. 따라서 그들은 한정된 자원을 놓고 자금, 시설, 역할, 업무분담, 시간할당 등으로 서로 좋은 자원을 더 많이 확보하려고 이미 싸울 준비가 되어 있는 잠재된 갈등의 집합체이다. 이것이 조직정치의 근본원인이 된다. 서로 힘을 자랑하고 으스대며, 상대방을 알게 모르게 위협하고 회유하면서 자원확보의 전쟁에서 유리한 고지를 점령하려고 갖가지 전술과 책략을 활용하는 것이 조직정치인 것이다.

그러므로 사원들이 회사생활에서 일상적으로 당면하는 문제는 단연 정치적 행동이다. 비록 그런 표현을 쓰지 않더라도 사람들이 회사나 남을 위해 일하지 않고 자신을 위해서 이기적으로 행동한다면 그만큼 조직정치(organizational politics)가 만연해 있는 것이다.[21] 즉 조직에서 어떤 사람이 공식적으로 부여된 행동을 제외하고 자신의 이득에 영향을 미치는 행동을 했다면 정치적 행동(political behavior)이라고 할 수 있다. 이러한 정치행동의 원인은 매우 다양하며 직무만족, 조직생활의 웰빙, 나아가 조직성과와 직결된다.[22]

조직정치행동의 특성

조직정치행동은 다음과 같은 특성을 가진다.

- 직무수행을 위해 반드시 필요하지 않은 행동
- 당사자의 이익을 위해 권력을 행사하는 행동
- 자신의 이해관계에 얽힌 의사결정에 영향을 미치는 행동

사원들은 이런 행동을 할 때 원래 자기가 가진 권력자원보다 그 이상으로 행사하려고 한다. 그러나 그 양은 무한대가 아니라 주어진 한도(game rule)가 있다. 그러므로 조직정치행동은 일정한 테두리 안에서 행해진다.

조직정치가 만연한 이유

조직 내 개인과 집단의 이기적이고 고의적인 행위인 정치현상은 문서화되어 있는 것은 아니지만 어떤 조직은 정치행동이 만연해 있고 다른 조직은 그렇지 않다. 동일조직이라도 때에 따라 정치행동의 빈도가 변하기도 한다. 정치행동이 빈번한 원인은 다음과 같다. 도표 11.3

조직구성원들의 특성

조직에 다음과 같은 성향의 사람들이 많이 모이면 정치행동이 증대될 수밖에 없다. 그리고 정

도표 11.3 나는 정치적인가?

특 성	순진파	현실파	정치파
정치행동에 대한 기본적 생각	• 정치행동은 나쁜 것이다.	• 정치행동이 필요는 하다.	• 정치행동은 기회다.
정치행동의 사용의도	• 항상 피해야 한다.	• 조직의 목표나 임무완수를 위해 가끔 사용한다.	• 자신의 이익을 위해서도 사용할 수 있다.
정치행동의 사용기술	• 있는 그대로 밝힘	• 사람들과 연락을 주고 받는 시스템 활용 • 친교범위 확장	• 필요시 내용과 사실 조작
즐겨 쓰는 책략	• 정치적 책략은 사용 안 함 • 정직과 진리만 사용함	• 타협하고 교류함	• 정보의 변칙 사용 • 친구나 인간관계를 이용함

치행동끼리는 상호 상승작용을 하기 때문에 더욱 증대된다.

- 성격: 마키아벨리즘적 성격이 강하거나 통제위치(locus of control)가 내부에 있는 사람은 상황을 적극적으로 조작해서 자신에게 유리하게 만들 수 있다고 생각하기에 정치행동을 더 할 수 있다. 또한 셀프모니터링 성격요인이 높은 사람은 자기가 환경을 통제할 수 있다고 믿기 때문에 자기 이익을 위해 모든 일에 적극적인 자세를 취하면서 정치행동을 시도한다.[23]
- 욕구: 유난히 권력욕구가 강한 사람들은 당연히 정치행동을 더 할 것이다.[24] 또한 소속욕구가 클 때 지나친 호의를 베풀면서 상대방의 관심을 얻으려는 위선행위가 증가되기도 한다. 정치행동이 자아존중욕구나 자아실현욕구의 크기에 비례하는 것도 당연하다.
- 능력: 실질적으로 조직에 공헌할 능력이 없는 사람들은 무용지물로 취급받아 쫓겨날 위험이 있기 때문에 자신의 대수롭지 않은 업적을 과대포장하느라 정치적 행위가 많아진다.
- 근속기간: 조직에 많이 투자한 사람일수록 부당한 정치행동을 하다가 잘못되면 잃는 것이 많기 때문에 망설이지만, 신참자들은 투자기간이 짧기 때문에 부당한 정치행동을 많이 할 수 있다.
- 외부노동시장: 외부에 취업기회가 많은 사람은 부당한 정치행동도 서슴지 않고 더 할 수 있다.
- 경험: 과거의 정치행동으로 이득을 본 경험이 있으면 그런 행동을 또 할 것이다.

조직의 특성

- 기회와 자원의 부족: 승진자리의 부족, 가용자원의 부족, 불경기 등으로 인한 감원 시에는 조직 자체가 대부분 피라미드 형태이기에 위로 올라갈수록 직급 등 자원이 부족하다. 그러므로 서로 차지하려고 자기의 역량을 과시한다. 자원확보가 불변이고 이미 안정감을 느끼는 경우에는 조직 내에 정치행동이 많더라도 이로 인해 조직성과나 조직몰입이 감소되거나 구성원들의 이직의도가 높아지는 것은 아니다.[25] 이야기 11.13
- 규정과 경계의 애매모호성: 객관적인 업적평가기준이 없든지, 전통과 관례가 없을 때는 불확실성이 더욱 커지고 자기에게 유리하게 적용시키기 위해 정치적 행동을 증폭시킨다.

이야기 11.13 자원이 풍부한 나라

대개 인도네시아 영토로 알고 있는 보르네오 섬의 북쪽 1/3은 말레이시아 영토이고 그중 극히 일부가 브루나이공화국의 영토이다. 이슬람왕국이며 석유자원이 넘친다. 석유부국답게 세금은 없고 학비는 전액 면제이며 국민의 70%가 공무원이다. 한 가구에 4대의 자동차가 제공되며 휘발유 가격은 우리나라의 1/4 정도이다. 현재의 국왕은 50년째 집권하고 있는 세계 최고의 부자이지만 다른 선진국 대통령들보다 조직정치를 많이 안 해도 될 것 같다. 그는 고급자동차를 7,000대나 소유하고 있단다. 언젠가 석유가 고갈될 때를 대비해서 관광산업을 육성하려고 여행객을 위해 호텔을 지었는데 전 세계에서 두바이와 이곳 단 두 개뿐이라는 7성급 호텔(**사진**)이다. 물론 국왕의 소유인 이 엠파이어 호텔의 숙박비는 아주 싸다. 브루나이 정부에서 보조해 주기 때문이다. 그런데 이 나라에도 부족한 자원이 있기는 하다. 이슬람 율법대로 술과 담배와 유흥시설이 없다. 이런 것을 원하는 관광객이라면 그 호텔에 가서도 속이고 몰래 행동하는 등 조직정치를 할 수밖에 없다.

- 조직개편 시나 조직탄생 초기: 이때는 외부환경의 변화가 많고 권력배분, 게임규칙 등이 수시로 변하기 때문에 정치행동이 증대된다.
- 불신적인 조직 분위기: 신뢰하는 풍토가 정착된 조직에서는 서로 거짓행동이나 과장을 하면서까지 이익을 탐하지 않는다. 그렇지만 정치행동으로 이익을 얻을 가능성이 높은 분위기라면 모든 수단을 동원해서라도 정치행동을 펼칠 것이다.
- 참여와 민주적 관리방식: 조직관리가 독재적이고 상명하달식인 전통적 관료조직에서는 구성원들이 자신들의 의견을 내기 위해 여러 가지 정치행동을 하지만, 자율적인 팀조직이나 열린 경영으로 갈수록 정치행동은 그만큼 줄어들 것이다. 도표 11.4

도표 11.4 조직상황과 정치행동의 발생 정도

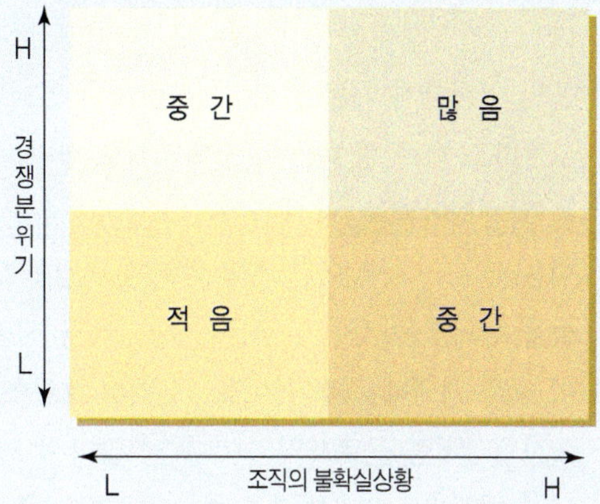

제한된 합리성과 조직정치의 관계

제한된 합리성

엄마가 어린 두 아들에게 맛있는 케이크를 주면서 정확하게 절반으로 나눠 먹으라고 했다면, 두 아이는 서로 정치행동을 하지 않는다. 케이크를 나누는 방법이 오직 1/2이라는 하나의 방법밖에 없기 때문이다. 그런데 적당히 나누라고 했다면, 5 : 5, 6 : 4, 7 : 3 등 많은 대안이 있다. 이때 형과 아우는 서로 많이 먹으려고 아침을 굶었다든지, 유난히 빵이 먹고 싶다든지 하면서 거짓말을 하는 정치행동을 한다. 조직에서도 합리적 의사결정모형에 의해 최선의 대안을 선택한다면, 최고의 점수를 받은 대안이 한 개뿐이기 때문에 정치행동이 불필요하다. 만일 사장이나 권력자가 개인적 이익을 위해 다른 대안을 선택한다면 최고가 아닌 대안을 선택했다고 바로 비난이 일고 주주총회에서 탄핵될 것이기 때문이다.

그러나 어느 조직이나 제한된 합리성 때문에 바늘이론이나 쓰레기통모형으로 의사결정을 하는 것이 현실이며, 대안은 수없이 많다. 부러지고 녹슨 바늘만 아니라면 어떤 바늘을 선택하든 아무도 비난하지 못한다. 그래서 조직은 사용 가능한 수십 개의 바늘 중에서 조직에 가장 좋은 바늘을 선택하는 것이 당연한 일일 것이다. 그러나 실제로는 직접 의사결정(바늘 선택)에 참여하는 소수의 의사결정 대리인들은 각자 자기들에게 유리한 바늘이 선택되도록 무언의 합의를 하고, 그중에서도 서로가 자신에게 유리한 것을 선택하려고 힘겨루기(권력게임)라는 정치행동을 하는 것이다.

대리인 비용

조직에서는 하루에도 수없이 많은 종류의 크고 작은 의사결정이 대리인에 의해 행해지고 있으며, 그 결정행위에 참여하는 모든 대리인들은 서로 정치행동을 하기 마련이다. 심지어는 참여자들의 이해관계 때문에 더 나은 바늘이 있더라도 대중의 만족수준만 채울 수 있다면 차선책 또는 그보다도 더 못한 바늘이 선택되기도 한다. 이때 더 나은 바늘을 못 쓰고 할 수 없이 선택된 바늘을 사용해야 하는 이해관계자나 주변인들은 그만큼 손해를 보는 셈인데 이 손해가 소위 대리인 비용(agency cost)이다. 대리인에게 위임을 안 하고 직접 참여해서 바늘을 선택했다면 더 나은 바늘을 선택했을 것이기 때문이다. 그러나 시민이 시청의 모든 행정에 직접 참여할 수 없고 주주들이 모두 경영에 직접 참여할 수 없기 때문에 대리인에게 위임할 수밖에 없다. 또 다른 예를 보자. 노사협상처럼 근로자의 수가 워낙 많아서 모든 사람이 직접협상에 임하기 어려울 때에는 하는 수 없이 대리인(노조간부 혹은 경영진의 대표)을 두고 협상을 벌인다. 이때 모든 근로자와 주주들에게 최선의 타협안이 존재하더라도 그것이 대리인인 노조 간부나 경영진에게 불리하다면 그 타협안은 묻히고 차선책이 선택된다. 이때 무시된 타협안과 차선책과의 괴리가 대리인에게 결정을 위임한 주변인들에게는 대리인 비용이 되는 것이다.

대리인 비용의 절약방법

그러므로 근로자들과 주주들은 대리인의 행동을 감독할 수 있어야 한다. 노조원이 노조 간부를, 국민이 국회의원을, 아파트 주민들이 동 대표를 관찰하고 감독해야 하는 까닭은 대리인 비용을 최소화해야 하기 때문이다. 그러므로 조직이나 회사가 가능한 한 최적화모형에 가까운 방법으로 대안을 분석하고 선택한다면, 그만큼 조직정치는 감소한다. 법의 제정, 지하철역 건설 결정 등의 국가적 의사결정도 그렇지만 사무용품 구입, 신입사원 합격결정 등의 기업의 의사결정 또한 소수 대리인들 간의 정치적 행동의 결과로 최종결정에 이른다. 따라서 주어진 조건하에서는 최선의 것이 선택되는 것 같지만, 사실은 대리인들의 권력게임의 결과로 선택되는 것에 불과하므로 최선의 것이 아닐 확률이 더 많다는 사실은 우리를 슬프게 한다. 이들의 이기적인 의사결정행위나 드러나지 않는 담합으로 발생된 비합리성이나 부조리 등은 모두 대리인 비용이다. 사실은 인간의 '제한된 합리성' 때문이 아니라 의사결정 대리인들의 조직정치 때문에 더 좋은 혜택을 알고도 못 누리는 경우가 많다. 물론 조직정치에 성공한 개인은 그 덕분에 많은 혜택을 누린다.

2 조직정치적 행동들

조직의 구성원들은 자신의 권력이 큰 것처럼 보이려고 자기가 소유한 권력자원을 과장하고, 혹은 자신의 것을 지키고 방어하기 위해서 정치행동을 한다. 또는 하기 싫은 일이나 비난으로부터 자신을 보호하기 위해서도 정치행동을 펼친다. 이를 목적별로 나누어 보면 다음과 같다.[26] 이야기 11.14

이야기 11.14 조직정치적 행동들

사람들은 남에게 좋은 이미지를 심기 위해 수없이 많은 투자를 하며 살아간다. 화장, 성형수술, 멤버십카드, 비싼 옷, 비싼 차들로 남들에게 잘 보이면 자신에게 이득이라고 보기 때문이다. 이런 것들을 수단으로 실제의 자신을 더 나은 자신으로 보이게 하려는 행동을 인상관리(impression management)라고 한다. 고객을 대할 때나 상급자에게 보고할 때나 입사 인터뷰에서 자신을 더 낫게 포장하는 인상관리가 중요한데, 서투르게 관리했다가는 오히려 실체가 드러나고 위선자로 찍히면 아니함만 못할 것이다. 다음에 인상관리 테크닉 몇 가지를 소개한다.

- 동조: 상대방의 허락을 얻어 내기 위해 그의 의견에 무조건 찬성한다.
- 사과: 닥칠 불이익을 최소화하기 위해 미리 용서를 빈다.
- 변명: 상황과 사정을 자세히 설명하면서 핑계를 댄다.
- 과장: 자신의 업적이라고 자랑한다.
- 아첨: 칭찬하고 치켜세워 준다.
- 혜택: 선물을 제공하거나 편의를 도모한다.
- 연고: 동칭, 고향관계를 들먹이면서 연줄을 찾는다.
- 호소: 상대방의 기대, 희망, 욕구충족에 감정적으로 호소한다.
- 규정: 직책과 권한, 규정과 제도적 근거를 제시한다.
- 압력: 경고와 위협을 사용한다.
- 설득: 논리와 정당한 근거자료를 제시한다.

이미지관리

상대에게 긍정적으로 보이는 행동은 권력우위를 점하는 가장 빠른 첩경이다. 그래서 사람들은 성형수술을 하고, 친절하게 행동하며, 남에게 웃는 모습을 보인다. 권력을 획득하려고 상대방에게 보이는 자신의 이미지를 개선하고 관리하는 행위를 인상관리(impression management)라고 한다.[27]

인상관리

사람들은 조직에서 자신의 영향력을 높이기 위해 평소 자기 PR도 하고, 자신의 능력뿐 아니라 어떤 일에 성공했을 때에는 남들에게 많이 알려서 항상 다른 사람들이 자신을 좋게 봐주기 바란다. 때로는 나쁜 이미지를 보이거나 슬픈 이미지를 보이는 것도 상대편을 조정하는 좋은 수단이 된다. 그러나 상대에게 들키면 거짓임이 드러나므로 인상관리를 하는 모든 조직정치가들은 이 점에 주의해야 한다. 인상관리자들이 평소에 취하는 대표적인 조직정치행동은 다음과 같다.[28]

- 거짓: 자기가 가진 권력을 과장해서 크게 보이려고 거짓행동을 한다. 돈이 수단이라면 돈이 많은 것처럼, 가난이 수단이라면 더 동정(보상)받기 위해 더욱 가난한 것처럼 행동한다. 옛날 왕들은 행차할 때 동경(銅鏡: 구리거울)을 앞에 차서 빛이 반사하는 것으로 왕권을 태양에 견주도록 하였다.
- 아첨: 상급자나 실력자와 인연을 맺어 놓으면 그가 자신에게 충고를 해 줄 수 있고 비상시에 도와줄 수도 있다. 또는 동료들과 좋은 관계를 유지하면 단체로 힘을 발휘할 수 있고 서로 많은 정보도 교환할 수 있다.[29] 그래서 상급자나 실력자에게 아첨하고 좋아하는 이미지를 보인다.
- 소속집단의 이용: 타인과의 줄다리기에서 자신의 힘이 부족할 때 자기가 속한 집단의 힘을

도표 11.5 **권력획득방법**

긍정적 권력획득방법 (전략적 권력획득)	부정적 권력획득방법 (정치적 술수)
1. 전문성을 높인다. 2. 대안을 많이 준비한다. 3. 자신감을 갖도록 노력한다. 4. 자주 상담을 한다. 5. 타협기술을 발휘한다. 6. 독특한 기술, 전략을 실천한다. 7. 선망을 얻는다. 8. 정보를 많이 모은다. 9. 불필요한 논쟁을 피한다.	1. 상대방을 비난 · 공격한다. 2. 호의적 인상을 지나치게 꾸민다. 3. 파벌을 만든다. 4. 속뜻을 숨긴다. 5. 정보를 통제한다. 6. 특정인과의 관계를 제한한다. 7. 부하들을 상호 경쟁시킨다. 8. 권력자에게 아부한다. 9. 권력자와의 관계를 두텁게 한다.

빌리는 수법이다. 자신의 능력이 부족하면 회사의 사정상 부득이하다든지 하면서 자기가 다니는 회사 이름을 파는 경우를 흔히 본다. 도표 11.5

좋은 인상

우리가 좋은 옷을 입고 명품가방을 메고 다니며 남들에게 불만이나 걱정거리가 하나도 없는 것처럼 행동하거나 그들에게 미움을 사지 않고 좋은 인상을 보이려고 한다면 이는 호의적인 인상관리를 시도하는 것이다. 조직생활과 관련해서 직원들은 정보를 조작해서 자신의 업적을 과장하거나, 실수를 감추려고 한다거나, 상급자의 비위를 안 건드리려고 불만을 감추고 공손한 척할 때가 많다. 실제로 이러한 행동들이 당사자에게 이로운 결과를 가져다주는 경우를 흔히 경험한다. 전혀 인상관리에 신경 쓰지 않고 '솔직하고 정직하게' 있는 그대로 행동하는 사람은 업적평가나 승진심사에서 불리한 경우가 더 많은 것이 사실이라는 실증조사결과가 적지 않다. 그렇다고 해서 이런 정치행동을 너무 많이 하면 낙인 찍힐 위험도 있으며 심한 아첨과 비위 맞추기는 상급자를 당황하게도 하고 자신의 신용과 인격을 갉아먹는 역효과를 가져올 수도 있다. 이야기 11.15

나쁜 인상

일부러 자신의 인상을 나쁘게 보이려는 사람은 없을 것 같지만 실제로 이런 전략을 쓰는 사람

이야기 11.15 **동물들의 조직정치**

인류 최초의 정치적 원시인은 누구였을까? 우리는 아는 사람을 만나면 웃는 표정을 짓는다. 웃는 표정은 눈보다 입에 나타난다. 한 원시인이 다른 원시인을 보고 흰 이를 드러내 보이면서 내 이빨이 네 이빨보다 강하니까 덤비지 말라고 신호를 보낸 것이 인류 최초 미소의 기원이 되었고, 나중에도 원시인들은 서로 만나면 이빨을 보이는 것이 습관이 되어 오늘날 우리도 아는 사람을 만나면 흰 이를 보이는 미소가 되었다는 것이 찰스 다윈의 주장이다. 힘의 과시가 정치적 행동이며 이는 600만 년(?)간 개인들 사이, 집단들 사이에서 여러 형태로 계속되어 온 것이다. 제인 구달의 관찰에 의하면 간사한 지혜는 원숭이도 갖고 있다. 맛있는 바나나를 아버지 원숭이가 독차지하고 못 먹게 하자 아기 원숭이는 그대로 복종하면서 아버지 원숭이 곁에서 계속 자장가를 불러준다. 마침내 아버지 원숭이가 잠들자 아기 원숭이는 바나나를 보고 소리 지르지 않고 자장가를 계속 부르다가 아버지가 코를 골자 뛰어가서 한입에 다 넣고 다시 돌아와 아버지 원숭이 옆에서 자장가를 부른다. 미국 서부에 분포하는 Western Scrud Jay라는 어치새는 먹이를 땅 속이나 나무뿌리 틈에 숨겨 놓고 기억했다가 6개월 후에 다시 찾아 먹는다. 그런데 숨기는 것을 다른 어치새가 보고 있으면 그냥 숨기는 작업을 계속 하다가 다음날 옮겨 숨긴다. 매우 정치적이다. 문어는 뇌가 없는 연체동물로 신경다발만 있다. 하루는 수족관 도우미가 한쪽 드럼통의 먹이 물고기가 계속 없어지는 것을 발견하고 CCTV를 설치했다. 그 후에 무서운 사실을 알았다. 뇌가 없는 문어인데도 밤에 몰래 자기 통 속에서 나와 물고기 있는 다른 통에 가서 뚜껑을 열고 물고기를 먹은 뒤 다시 뚜껑을 덮어 놓고 자기 통 속으로 들어가 뚜껑을 덮는 것이 포착되었다. 인간도우미한테 안 들키려고 뚜껑을 다시 덮어 놓는 문어를 "문어대가리!"라고 무시해서는 안 될 것이다.

도 적지 않은데, 외국의 경우이지만 절반 이상의 직원들이 이러한 전략을 사용한다는 조사도 있다. 특히 동료가 도움을 요청하거나 추근대는 것을 회피하고 싶을 때, 어려운 업무를 피하거나 책임을 지기 싫을 때, 상급자나 동료에게 복수하거나 겁을 주고 싶을 때, 혹은 다른 팀으로 떠나든지 대기발령 받고 적당한 때를 기다리고 싶은 상황에서는 고의로 나쁜 인상을 보임으로써 자신이 의도한 바를 관철시키려 한다.

- 성과 낮추기: 고의로 실수하든지 게으름을 피운다.
- 잠재능력 숨기기: 모르는 척하고 할 수 있어도 못하는 일이라고 한다.
- 불만표출: 화를 내고 불평하고 상급자에게 저항하기도 한다.
- 험담하기: 동료나 상사의 실수와 단점이나 비밀을 퍼트린다.
- 냉정과 거만 떨기: 도와주지도 않고 필요한 대화도 가능한 한 피한다.

자기방어

직장상사가 급한 일이니 저녁까지 남아서 끝내고 퇴근하라고 했을 때 집에 일찍 가서 편히 쉬어야 한다며 거부하는 것은 불리한 행동이다. 그래서 사람들은 묘하게 다른 핑계로 회피하는 조직정치를 한다. 즉 자신을 방어하는 행동이다.[30] 또는 자신의 실수를 보이면 능력이나 자질이 탄로 나서 많은 권력을 잃는다. 그래서 권력도 유지하고 상대방으로부터의 비난도 무마시키려고 다음과 같은 정치행동을 한다.[31]

- 원칙의 고수: 규정과 법칙, 과거의 관습이나 선례를 댄다.
- 책임의 전가: 나쁜 결과나 결정에 대한 책임을 타인에게 넘긴다.
- 무기력: 하기 싫은 것을 피하려고 잘 모른다며 관심도 없는 척한다.
- 비인격화: 사람을 사물이나 무생물 취급하면서 사적인 접촉을 피한다. 의사가 환자의 친절한 접근이 귀찮아서 환자를 인격체로 대하지 않고 병실번호나 병명으로 호칭하면서 자신을 보호하는 경우가 이에 속한다.
- 올무 잡히기: 어떤 사건이나 사람에게 올무가 잡혀 있다고 공개하면 하기 싫은 일로부터 해방될 수 있다. 현대인들이 많이 쓰는 "바빠서 못 간다."라는 핑계는 하기 싫은 일로부터 자신을 방어하기 위한 것일 때가 많다. 두세 시간이면 할 수 있는 일을 온종일 붙잡고 있으면서 괜히 바쁜 척함으로써 다른 일도 피할 수 있다.
- 보호막 장치: 불필요한 증빙서류와 각서를 꼭 필요한 것처럼 요구하면서 만약의 실수로부터 자신을 보호하려고 한다.
- 안전추구: 조그만 위험도 피하고 상급자가 지시한 만큼만 행하며 성공가능성이 높은 일만 찾아서 하고 곤란할 때는 복지부동(伏地不動)을 해서라도 후환을 없애려고 한다.
- 정당화 노력: 자신의 책임을 감해 줄 정보를 대면서 이해시키고 설명한다.

- 희생양: 제3자의 탓으로 돌린다. 자신은 잘했는데 컴퓨터가 다운되었다거나 자신은 노력했는데 불경기 탓이라고 주장한다.
- 정보왜곡: 일이 잘못되었을 경우 정보를 고치고 미화하고 누락시키면서 자신의 잘못을 감추려고 한다.
- 행동의 지속: 아예 비난하지 못하도록 자신의 앞선 결정을 합리화, 정당화하면서 계속 추진해 나감으로써 끝까지 잘했다고 우긴다.
- 지연: 들어주면서 지원하는 척하지만 사실은 아무것도 하지 않는다.
- 속임수: 왜곡, 과장, 기만, 필터링 등을 통해 정보를 수정한다.

권력게임이론

베버의 관료제조직

권력게임이론은 베버(M. Weber)의 관료제이론의 비판에서 출발하기 때문에 앞에서 배운 이 이론의 핵심을 알아야 한다. 베버는 조직이란 조직관리의 전문가들이 모여서 그들의 경험과 노하우를 총동원하여 조직을 통치할 가장 합리적인 규정, 제도, 원칙들을 정해 놓은 것이라고 했다. 그리고 조직의 구성원들은 이 원칙들을 지키면서 조직생활을 하면 그것이 조직이 운영되는 최선의 방안이며, 그것만이 이상적인 조직이라고 했다. 그러므로 어느 조직이든 관리자는 정실(情實)에 치우치거나 예외를 두지 말고 이미 정해진 제도와 규정에 의해 관리되어야 한다고 주장한다. 그에게는 이것이 관료조직이며 이것만이 합리성에 바탕을 둔 보편타당한 조직이다.

크로지에의 능동적 행위자

그러나 크로지에(M. Crozier)는 실제의 조직들은 베버가 이상으로 삼는 합리적 구조가 아니라고 한다. 조직은 물론 구성원들이 곁길로 가지 못하도록 통제를 위해서 규정을 만들어 놓고 지키도록 수많은 노력을 한다. 그럼에도 불구하고 조직 속의 개인이나 집단(공식집단이든 비공식집단이든)은 규정과 제도에 따라 허수아비처럼 피동적으로 움직이는 것이 아니다. 조직 안에서 구성원들은 어느 정도 재량을 가지고 행동한다는 것이다. 여기서 재량은 바로 조직이 아닌 자신을 위해, 타율적 규정과 제도를 벗어나서 행동한다는 뜻이다. 따라서 그는 조직구성원 개인이나 집단을 피동적인 고용인으로 보지 않고 능동적인 행위자(actor)라고 불렀다.

조직정치: 능동적 행위자들의 권력게임

그러므로 조직에는 항상 능동적 행위자들 사이에 지속적인 권력게임(power struggles)이 있으며, 그 권력게임은 미리 설계된 대로 나타나는 것도 아니고 행위자들 간의 현실적이고 지극히 이기적인 줄다리기의 산물이다. 결과적으로 조직이란 이들 권력게임 자체이거나 그 권력게임의 결과이다. 권력게임은 상사와 부하, 경영진과 노조, 부서와 부서, 회사와 협력업체 사이에 언제나 존재한

이야기 11.16 과시소비도 조직정치다

서열이 높은 늙은 원숭이가 우두머리로 있는 원숭이 집단이 있었다. 우두머리가 점차 노쇠해지자 차기정권을 노리는 다른 원숭이와 신경전이 늘었다. 리더 자리를 노리는 젊은 원숭이 한 마리가 보인 행동은 이를 관찰하던 제인 구달의 관심을 끌었다. 젊은 원숭이는 아직 집단 속에 파고 들어오지는 못하지만 그 주변을 뱅뱅 돌면서 힘자랑을 했다. 부러진 큰 나뭇가지를 질질 끌고 다니면서 괜히 큰 소리를 지르기도 하고 다른 원숭이가 보도록 제스처를 크게 하여 땅을 쿵쿵 치기도 했다. 더욱 눈길을 끈 행동은 어느 날 관찰자들이 숙소 옆에 두었던 빈 석유통을 끌고 다니면서 나뭇가지로 그 석유통을 두드리기도 하고 힘자랑을 하더라는 것이다. 이와 똑같은 광경을 맨해튼의 상류층 거주지(upper east side)에서 실험으로 관찰한 연구가 있다. 좁은 인도에서 두 사람이 마주칠 때 누가 먼저 길을 양보하는지 관찰하기 위해 실험도우미 여성에게 에르메스 버킨 백을 들고 좁은 인도를 걸어가도록 했더니 마주오던 아줌마들이 거의 예외 없이 버킨 백을 든 실험도우미 여성에게 길을 비켜주더라는 것이다. 맨해튼 상류사회 아줌마들도 더 힘 센 아줌마에게는 길을 양보한다. 여기서 비킨 백은 아프리카 원숭이에게 빈 석유통이었던 것이 아닐까? 그렇다면 사람들이 왜 사치를 하고 명품을 선호하는지 이해할 수 있다. 결국 인간의 행동은 많은 부분이 정치적인 행동이다. 좋은 자동차나, 명품 백이나, 명품 옷을 좋아하는 이유는 튼튼하거나 편리해서가 아니다. 그것들이 그저 힘을 과시하는 데 좋은 역할을 하기 때문이다. 이를 일반인들은 사치라고 하지만 우리는 이를 정치적 행동으로 해석한다. 전문용어로 '조직정치', 더 세부적으로는 '과시소비'이다.

다. 행위자, 즉 게임 당사자들은 모두가 게임전략을 구사하는데, 예를 들면 상대를 분할시켜 약화시키며 자신의 힘을 부풀린다든지, 자기영역을 비밀로 하여 상대가 잘 모르도록 하는 것들이다.[32]

게임규칙: 권력게임의 룰

그렇지만 그 게임은 무질서하거나 혼돈의 난장판은 아니고 일정한 게임 룰이 존재하기 때문에 행위자들에게는 약간의 제약과 재량만 주어진다. 왜냐하면 일정한 제약도 없이 게임을 한다면 정글 속 짐승들의 난투극이 되어 자신들의 죽음 내지는 모두에게 손해가 되는 조직의 몰락을 가져오기 때문이다. 따라서 능동적 행위자들은 조직에서 함께 살아야 하기 때문에 게임의 규칙(game rule)을 지키기는 하겠지만, 이 규칙들은 공식화되지도 않고 명시된 것도 없다. 그러나 보이지 않는 룰인 것만은 틀림없고 일정 기간 동안 구성원들에게 저절로 인지된다. 하지만 영원불멸의 것은 아니다. 구성원 전체의 동의 없이도 일부 사람들에 의해 룰은 바뀔 수 있다. 게임의 규칙이야 어떻든 모든 행위자들의 게임목표는 동일하다. 즉 자신의 결정권과 선택기회는 가능한 한 늘리고 타인에게의 예속 정도는 최소로 줄이고자 노력하며 상대방의 선택기회를 제한하려고 할 것이다. 이야기 11.16

3 조직정치, 어떻게 통제할 것인가?

조직정치가 나쁜 것이라면 조직차원에서 혹은 조직의 관리자는 정치행동을 감소시키기 위해 어떤 노력을 해야 하는지, 조직정치를 윤리적 차원에서 본다면 수용해야 하는지, 비난하고 막아야 하는지 등에 관해 생각해 보자.[33]

조직정치의 감소방안

조직정치의 나쁜 영향

조직에서 개인 간, 상하 간, 부서 간에 정치적 행동이 지나쳐서 좋을 것은 없다. 선의의 경쟁, 규정과 제도의 유연한 적용, 집단 내의 응집성 등은 어느 정도 존재하는 것이 조직효율성에 도움이 되기도 한다. 그러나 구성원들이 조직 안에서 조직정치를 인지하면 할수록 스트레스와 이직의도는 오르고 조직윤리의식과 직무만족은 떨어진다는 보고가 있다.[34] 또한 조직정치현상을 인지할수록 조직몰입과 직무참여도가 떨어지고[35] 구성원들에게 위협으로 느껴져서 결과적으로 이직이 늘고 조직시민행동 같은 조직성과는 감소한다.[36] 그리고 조직정치가 만연한 직장의 조직시민행동은 줄고 오히려 무례행동이 증대되며, 구성원의 이직률은 증대하는데 다만 윤리적 근무환경이라면 이직은 감소하겠지만 당사자의 지위권력이 어느 정도인지에 따라 영향을 받을 것이다.[37]

이처럼 대부분의 정치행동은 불화와 갈등, 개인적으로는 시간과 정력의 낭비를 가져오는 것이 보통이므로 이를 줄일 수 있는 관리행위가 필요하다.[38] 물론 대부분의 조직에서 구성원들의 조직정치는 피할 수 없는 행동이며 이를 완전하게 청산할 수 있는 묘책은 없다. 그리고 때로는 조직에서의 정치적 행동을 무조건 비난만 할 수도 없다. 심지어 상호 간의 정치행동은 경쟁을 유발하고 상호견제가 가능해져서 조직성과 향상에 긍정적 영향을 끼치기도 한다. 유기적 조직에서는 조직정치가 생산성을 감소시키지만 반대로 기계적 조직의 경우 생산성이 오른다는 결과도 발견했다.[39] 도표 11.6

도표 11.6 나의 직장은 얼마나 정치적인가?

1. 최고경영진은 자기들만의 취향에 맞는 사람을 뽑는 채용제도를 고집한다.
2. 승진·보상제도는 잘 되어 있지만 실제 적용 시에는 불공평하게 실행되고 있다.
3. 인사평가가 규정보다는 상급자의 개인적 판단으로 이뤄지고 있다.
4. 상사가 부하에게 지시하는 대부분이 실제로는 상사 자신을 보호하려는 것들이다.
5. 조직효율성에 위해가 되는 파벌과 집단이 많다.
6. 우리 부서 사람들은 다른 부서 생각은 별로 않고 우리만을 최우선으로 한다.
7. 정보를 감추고 필터링하므로 소통이 원활하지 못하다.
8. 동료가 다른 동료나 부서를 도울 때는 반드시 대가를 염두에 두기 때문이다.
9. 능력보다는 줄을 잘 타야 출세가 빠르다.
10. 사람을 잘 알아야 업무를 수월하게 해 낼 수 있다.
11. 승진·보상제도가 엉성하고 애매모호하게 되어 있다.
12. 승진·인사규정이 공개되지도 않고 서로 얘기하는 것이 터부가 되어 있다.

※ 각 문항마다 "전혀 아니다(1)"에서 "매우 그렇다(5)"까지 5점 척도로 응답하면 최하 12점에서 최고 60점까지 나올 수 있는데 점수가 높을수록 정치적인 조직이 되는 셈이다.

조직정치 통제하기

조직에서 정치적 분위기를 감소시키려면 다음과 같은 대책을 세우는 것도 실효성이 있다.

- 불확실성 감소: 고과·보상·승진규정의 객관성과 명확성 유지, 명확한 업무분담, 평가와 승진의 연계, 사원에 대한 약속의 이행 등이 이뤄지면 불확실성은 감소된다.[40]
- 상위목표(super goal) 도입: 부서 간이나 내부적 갈등은 상위목표를 제시함으로써 어느 정도 상쇄할 수 있고 오히려 협동체제로 돌아설 수도 있다.

- 경쟁 감소: 경쟁을 유발시키는 요인은 되도록 줄이면서 상호 협동할 수 있는 분위기로 만든다. 연공급보다 능력급은 경쟁유발을 가중한다.
- 파벌 해체: 파벌멤버들을 파악하여 교환배치를 한다.
- 임파워먼트: 리더가 부하들에게 권한을 위임하고 자율권을 주면 조직정치는 감소한다.[41]
- 정치적 태도배격: 인사평가나 승진 시에 정치행동이 많은 자를 부정적으로 평가함으로써 정치행동을 감소시킬 수 있다.

그 밖에도 리더가 집단의 팀정신을 강조하고 상호 신뢰의 문화를 확산시켜야 한다. 동시에 열린 경영과 투명한 의사결정제도를 정착시키면 그만큼 조직정치활동을 막는 데 도움이 된다. 한편 구성원 간의 조직정치행동이 부득이 존재하더라도 조직 내 갈등이 없이 상호 협조적인 분위기라면 성과 향상에 크게 악영향을 주지는 않는다고 한다. 그러므로 상호 신뢰와 협조적 조직분위기를 형성하는 것이 조직정치의 여파를 줄이는 길이 될 것이다.[42]

조직정치와 윤리

개인이 조직에서 정치적으로 잘만 행동하면 비용과 벌은 피하면서 정신적·물질적 보상을 더 받을 수 있다. 과연 이러한 정치행동은 윤리적으로 정당한 것인가? 모든 정치행동이 부당한 것은 아니다. 자신의 불만을 동료에게 하소연한다든지, 직속상사에게 안 보이고 차(次) 상급자에게 결재를 받는다든지, 친교동아리를 만든다든지, 고객에게 잘 보이려고 미소를 짓는 행동 등은 그래도 정당한 정치행동으로 보인다.[43] 그러나 회사규정을 어기면서까지 하는 불법파업과 유언비어 유출 등은 부당한 정치행동이다.

윤리성 판단기준

조직정치행동의 윤리성 판단기준은 다음과 같이 요약할 수 있다.

- 정치행동이 조직목표달성을 저해하면서까지 사익을 추구하려 한다면 비윤리적이다. 그러나 조직목표에 크게 위배되지 않는다면 괜찮다.
- 정치행동이 타인의 권리를 존중한다면 모르지만 이를 침해하거나 무시한다면 비윤리적이라고 할 수 있다.
- 공정과 정의가 기준이다. 예로써 잘 아는 대학후배에게 더 높은 인사평가점수를 주는 것은 공정과 정의에 어긋나는 정치행동이다.[44]

권력이 많을수록 남에 대한 의존성이 적기 때문에 타인의 눈치를 보는 일은 별로 없고 권력이 적은 사람일수록 타인의 감정을 잘 읽는다. 자신이 남보다 능력이 높다고 여기는 사원은 회사나 상사의 눈치를 덜 보고 다른 일자리를 찾아 나서려는 의도가 강하다.[45] 하지만 최고경영자도 때로는 사익을 위해 정치행동을 하는데 이를 조직을 위한 일로 포장하기 때문에 비윤리적인 것처럼 안 보일 뿐이다. 그리고 비윤리적인 정치행동도 회사의 모든 사람이 하다 보면 정당하게 여겨지기도 한다. 그러나 아무리 정당한 것일지라도 조직의 모든 구성원들이 정치적 행동에만 신경을 쓰다 보면 실제의 업무활동은 등한시할 수밖에 없다. 반대로 아무리 조직을 위한 행동을 했다고 하더라도 조직 외부에 부당한 영향을 끼친다면 비윤리적인 행동임은 말할 필요도 없다.[46] 이야기 11.17

강자와 약자의 비윤리적 정치행동

권력을 많이 소유한 자는 자기 자신에게 유리한 정치행동을 많이 하고도 조직과 공익을 위해서 한 것이라고 사람들을 설득하고 현혹할 수 있다. '세계사에서 가장 위대한 인물을 꼽으라'는 러시아 여론조사에서 응답자의 38%가 스탈린, 34%가 푸틴이라고 답했다. 러시아 변방인 조지아에서 태어난 스탈린은 권력을 장악하고 유지하기 위해 어떤 해에는 160만 명을 잡아들이고 70만 명을 살해했다. 타인의 고통에 무감각한 채 타산적이고 이기적인 그의 권력장악 스타일은 '모두가 공평하게 사는 공산주의 건설'이라는 포장지로 가려진 채 미화될 수 있었다. 역시 푸틴의 우크라이나 침공으로 시작된 기나긴 비극도 대부분의 러시아 국민들에게는 무감각 내지는 정당화되고 있다. 이처럼 강자는 불공정한 행동을 공정하고 정의로운 것처럼 남들을 설득하기 쉬우며 나쁜 행동도 정당화시킬 수 있다. 강한 위치에 있는 사람들은 비윤리적 행동을 쉽게 미화시킬 수 있기 때문에 이를 믿고 비윤리적인 정치행동을 더 많이 한다. 반면에 약자는 강자를 설득하기도 어렵고 강자에게 피해를 주면 자신에게 불리하기 때문에 상대적으로 더 윤리적인 행동을 한다고 볼 수 있다. 이는 리더의 위치나 상위계층에 오를수록 권력이 많아지고 동시에 비윤리적인 정치행동에 더 현혹될 수 있으니 더더욱 조심하라는 메시지이다.

이야기 11.17 베르사유 궁전의 밑바닥

'내가 곧 국가다.'라고까지 말한 루이 14세의 조직정치행동은 유난하다. 그는 태양왕으로 알려진 강한군주지만 사실은 약골 중의 약골이었다. 다섯 살에 즉위한 뒤 도박과 여자 꽁무니만 쫓아다니는 철부지 왕이었던 그는 평생 편두통, 치통, 통풍, 신장결석, 당뇨를 달고 다녔으며 엄청난 대식가에 사탕을 물고 살았다. 덕분에 마흔일곱 살 때 위턱에 있는 치아 한 개만 남기고 모두 뽑아야 했다. 아홉 살에 앓은 천연두로 얼굴은 곰보자국투성이였으며, 스무 살 때는 성홍열을 앓아 머리카락이 다 빠져서 가발을 썼다. 한마디로 콤플렉스가 많은 왕이었다. 그런 그가 유럽에서 가장 많은 2천만의 인구와 65만의 상비군을 갖춘 국가를 만들어 유럽의 패권을 장악한 전략은 무엇이었을까? 우선 인쇄업을 철저하게 통제해서 왕을 비방하는 출판물을 금지한 뒤 작가들에게 연금을 지급하여 왕의 업적을 찬양하도록 지원했다. 덕분에 희극작가 몰리에르는 아폴로와 뮤즈 신보다 더 위대한 왕을 주제로 한 연극을 베르사유 궁의 정원 연못가에서 연출했다. 비극작가 라신느(J. Racine)도 왕에게 불경한 글은 쓰지 않았다. 콜베르가 설립한 학술원에서는 왕의 업적을 선전하는 메달과 조각품들을 양산했다. 왕은 이같이 유명 문인과 예술인과 지식인을 휘어잡아 자신의 선전도구로 활용했다. 파리의 교외 베르사유 마을에는 연못과 1만 명이 넘는 인원을 수용할 수 있는 가장 아름다운 궁전을 지어 놓고 지방의 힘 있는 귀족들을 매일 저녁 불러 뱃놀이와 연극공연을 하면서 봉건귀족들 간의 사치경쟁을 시켰다. 그들의 관심사를 지방영토의 관리에서 궁전생활의 화려함으로 돌려놓는 데 성공한 것이다. 귀족들이 많은 돈을 탕진하면서 그들의 독립적 지위는 약화되었고 급기야 모든 것을 왕에게 의존할 수밖에 없었다. 그 결과 루이 14세는 재위 72년 친정 54년 동안 태양의 왕이 될 수 있었다. 세상에서 가장 크고 가장 아름다운, 그러나 화장실도 없는 베르사유 궁의 밑바닥에는 무서운 권력에의 의지가 깔려 있었던 것이다.

12 장

리더십: 개념/전통적 이론/현대적 이론/적용과 토론

ORGANIZATIONAL BEHAVIOR

Ⅰ. 리더십의 기초지식

Ⅱ. 전통적 리더십이론

Ⅲ. 현대적 리더십이론

Ⅳ. 리더십의 토론 이슈들

▶ 사진설명

국민을 잘 보살펴서 존경받았던 왕, 작은 회사를 창업하여 초일류기업으로 성장시킨 CEO, 전쟁을 승리로 이끌어 민족을 구해낸 전쟁영웅들은 이 세상에 많지만 그 반대의 리더들도 많다. 과연 영웅은 타고나는 것인가? 아니면 시대가 만드는 것인가?

고대 이집트에서는 리더가 되기 위한 조건을 다음 세 가지로 요약하고 있다. "그대의 입에는 단호한 권위가 있어야 하며, 그대의 가슴에는 모든 것을 통찰할 수 있는 능력이 있어야 하며, 그대의 혀에는 정의의 창고가 있어야 한다." 이처럼 오래전부터 리더십이 인간의 큰 관심사가 되어 온 이유는 무엇일까? 그것은 인간이 조직생활을 하기 때문이다.

조직은 여러 개인들이 모여서 이루어진 단체이기 때문에 이들의 상호작용과 협동적 활동 없이는 조직의 목표가 효율적으로 달성될 수 없으며 거기에는 또 그들의 협동을 조정하고 지휘하는 활동이 필요하다. 따라서 리더십은 개인들의 행동과 조직의 목표를 연결해 주는 가장 중요한 기능이다. 이러한 리더십이 각 참여자들의 협동행동에 영향을 미친다.

그뿐만 아니라 현대사회가 위기와 변화의 사회인 만큼 리더 역할이 점차 커지고 있다. 사회변동이 적다면 한 번 지시받고 조정된 다음에는 각자가 그대로 수행만 하면 되지만, 시시각각 변화하는 사회에서는 매번 새로 짜고 새로 시작해야 하는데 그때마다 구성원들 스스로는 가야 할 길도 모르거니와 의견이 분분하여 현명한 리더의 개입이 자주 요청된다. 그래서 오늘날에는 세계적인 유수 기업들이라도 리더가 누가 되는지에 따라서 성패가 변한다. 쓰러져 가던 기업도 리더가 바뀌고 다시 살아나 옛날의 영광을 되찾는 경우를 종종 본다.

그러므로 현대 조직에서 리더십에 관한 연구는 사회과학의 어느 분야보다도 많이 연구되어 왔다. 본 장에서는 이런 이론들을 공부하면서 조직생활에의 적용을 검토하려고 한다. 또한 효율적 리더십의 모형은 시대에 따라 변천해 왔기 때문에 현대사회에 이르기까지 효율적 리더의 표준이 되는 상(像)을 검토해 볼 필요가 있다.

I | 리더십의 기초지식

훌륭한 리더는 어떤 리더를 말하는가? 어떤 리더십이 부하들의 만족과 조직의 성과를 높일까? 조직행동 분야에서 가장 많이 연구된 주제가 모티베이션과 리더십이다. 그렇지만 오랜 기간 동안 많은 연구가 있었음에도 하나의 통합적 모델이나 보편타당한 결론이 나온 것은 아니다. 그 개념과 용어조차 확연히 정립되었다고 볼 수도 없다. 하지만 지금까지 노력해온 학자들의 연구를 토대로 우리는 여기서 그 개념과 유사용어들과의 차이, 그리고 리더십 연구의 목적과 역사 및 흐름를 파악하고 나서 다양한 이론들을 공부하려고 한다.

1 리더십의 다양한 의미

리더란 무엇이며 경영자나 관리자와 무엇이 다른지, 그리고 조직행동에서의 리더십은 일반사회에서 리더라고 불리는 사람들의 바람직한 행동과 같은 의미인지에 대해 알아보자.

리더십이란?

오늘날에도 리더십에 대한 정의는 매우 많아서 "리더십을 연구하는 사람마다 각자 자기만의 정의를 가지고 있다."고 할 만큼 다양하다. 그러나 이에 대한 일반적 정의는 어느 한 사람이 조직(집단)의 구성원들로 하여금 공동목표를 완성해 나가도록 그들에게 영향력을 행사하는 과정(process)이다. 따라서 리더는 공식적인 권한을 안 가져도 되며 조직(집단)목표를 향한 노력을 하도록 다른 사람들에게 영향력을 가하는 사람이 바로 리더이다. 리더십의 대가인 스토그딜(R. Stogdill)은 리더십이란 집단의 구성원들로 하여금 특정목표를 지향하게 하고, 그 목표달성을 위해 실제행동을 하도록 영향력을 행사하는 것이라고 한다.[1] 그러자면 리더는 다음 세 가지 조건을 갖추어야 훌륭한 리더라고 할 수 있다.

- 조직의 비전: 조직이 어디로 가야 할지를 다른 사람보다 더 정확히 알고 있어야 한다.
- 인간적 신뢰: 구성원들로부터 인간적 신뢰를 얻어야 한다.
- 충성과 지지: 목표실현을 위한 구성원들의 열성과 행동의 전폭적 지지를 얻어야 한다.

한편 리더를 어떻게 정의하는지에 따라서 리더의 기능과 역할에 대한 관점도 달라지는데, 다음

이야기 12.1 사회·정치적 리더의 위선

베니토 무솔리니(**사진**)는 사회주의자였던 대장장이의 아들로 태어났으나 교사인 어머니의 뒤를 이어 미술교사가 될 정도로 감수성이 예민하고 감성적인 사람이었다. 후에 여러 경력을 거쳐 이탈리아 파시즘의 대부가 되었을 때 그는 자신의 연약한 이미지를 감추기 위해 많은 노력을 했다. 셔츠는 검은색으로 입고 검은 장갑을 껴서 작고 여린 손이 안 보이게 했으며 항상 제복과 헬멧과 긴 장화를 착용함으로써 이탈리아를 보호하는 군인을 떠올리게 했다. 검은 옷과 소매에는 금단추로 장식하고 항상 긴 칼을 휴대하여 장군의 이미지를 살렸다. "국가를 초월하는 것은 아무것도 없고 아무도 국가에 대항하지 못한다."는 캐치프레이즈로 자신을 방어하며 자신이 국가의 상징인 것처럼 만들었다. 파시스트 정당에 더 많은 국민을 끌어들이기 위해서는 더 많은 노동자가 필요했기에 대규모 공공사업과 건설사업을 주요 전략으로 삼았다. 연설을 할 때에는 아침에 떠오르는 해를 등지고 했기 때문에 그의 뒤에서는 언제나 후광이 비치고 있었다.

과 같이 다양하다.

사회·정치적 관점의 리더

집단이나 조직, 국가의 최고책임자를 리더로 보면 그 역할은 주로 조직이 외부와의 관계에서 환경에 적응할 수 있도록 조직 내부를 관리하고 구성원의 협조를 얻어 적응해 나아가는 것이다. 사회 · 정치적 관점에서 보면 리더가 할 일은 다음과 같다.

- 비전과 사명의 설정
- 조직목표의 완수
- 조직 내 협동심, 일체감 조성
- 조직 내 갈등의 조정과 해결 이야기 12.1

관리적 관점의 리더

조직 내부를 관리하기 위한 기능에 초점을 두어 기획, 조직, 지휘, 통제 기능을 담당하는 모든 조직관리행위를 리더십이라고 보는 경우도 있다. 관리자로서의 리더에게 요구되는 주요 기능은 다음과 같다.[2]

- 과업을 부하들에게 분배
- 부하들에게 동기부여
- 부하의 업무수행능력의 지도, 개발
- 조직구성원 간의 의사소통 지원

조직행동적 관점의 리더

리더십을 리더와 조직구성원 사이의 상호작용에 초점을 두고 정의하기도 하는데, 그들이 보는 리더십이란 조직이 어떤 목적을 달성하기 위해 구성원들에게 영향을 주는 과정이다. 즉 리더십 기능은 조직의 최고경영층에만 국한된 문제가 아니며, 조직의 구성원 모두가 발휘할 수 있는 기

이야기 12.2 일상생활과 리더십

경영현장에서 조직을 이끄는 사람에게만 리더십이 필요할까? 그렇지 않다. 리더십은 일반인들에게도 생활 깊숙이 관여하여 관심의 대상이 되고 있다. 우리가 경험하는 세상살이에는 성공한 리더들의 행동, 실패한 리더들의 행동이 그대로 보인다. 정치가와 사장, 간부와 회장 말고도 리더는 주변에 널려 있다. 자녀를 훈계하는 어머니, 학생을 지도하는 교사, 알코올중독자를 치료하는 상담사, 환자의 태도를 바꾸려는 의사, 자신의 종교로 교화시키려는 전도사, 동료의 잘못을 깨우쳐 주려는 친구, 동네 농민을 계몽하려는 이장님, 고객의 마음을 바꾸려는 영업사원이 모두 효율적 리더십을 필요로 하는 리더들이다. 그만큼 리더십은 일상에서도 요구되고 있다. 따라서 리더십은 직장생활을 하는 남편들만의 문제가 아닌 최소한의 조직인 가정을 이끄는 가정주부의 관심대상이며 기업을 운영하는 사장과 국가를 통치하는 대통령에 이르기까지 모두의 관심사이다.

능이라는 것이다. 또한 공식적 직위가 없더라도 구성원 간의 상호작용에서 영향력을 주도하는 것이 리더십이므로 중간관리자를 포함한 누구라도 리더십과 관련이 있다고 본다. 우리는 물론 조직행동 관점에서 리더십을 정의하고 공부해 나아갈 것이다. 이야기 12.2

리더와 관리자는 다른가?

관리자(manager)는 목표에 알맞은 계획을 수립할 줄 알아야 하며 구성원들에게 업무분담과 함께 권한과 책임을 적절히 배분함으로써 계획대로 일을 추진할 수 있는 조직을 잘 만들어야 한다. 그뿐 아니라 조직의 자원을 적절히 분배하고 갈등을 조정하면서, 수행된 직무결과들이 계획대로 잘 되었는지 평가하고, 개선할 점을 찾아 알려 주는 등의 통제능력이 있어야 한다.

그렇다면 관리자와 리더는 무엇이 다른가? 리더는 조직구성원들이 직무를 잘 수행하도록 올바른 방향을 제시하고 충고와 함께 잘 인도해 주면서 '하도록 하게끔 지원하는 자'이다. 관리자가 이미 주어진 일이 완성되도록 관리·감독·통제하는 역할을 한다면, 리더는 미래지향적으로 무엇을 해야 할 것인지를 정해 주고 구성원들 스스로 해 나가도록 자극하며 인도해 주는 역할을 한다는 점이 다르다. 관리자는 목표달성을 위해 계획을 수립하고 조직을 짜서 이를 실천하기 위해 지휘하며 조정하고 통제하는 사람이라면, 리더는 미래의 비전을 개발하여 방향을 설정하고 구성원들에게 비전을 전달하면서 그들이 장애를 극복하게 하고 동기를 유발시켜 이끌어 가는 사람이다.[3] 하지만 오늘날 관리라는 용어는 그 대상이 사람인 경우 잘 사용하지 않는데 그 이유는 안내하고 지원하는 리더 역할을 강조하기 때문이다.

한편 한 회사나 조직의 책임자는 누가 되어야 옳은가? 관리를 잘해야 하는지, 리드를 잘해야 하는지, 무엇이 더 필요한지가 문제이다. 물론 리더십과 관리능력을 모두 갖춘 사람이 책임자가 된다면 이상적이겠지만, 리더십이 강하다고 반드시 관리능력도 뛰어나다거나 훌륭한 관리자가 항상

도표 12.1 Manager와 Leader의 차이

관리자(manager)	리더(leader)
공식적, 사무적 관리와 지시 기계적 의사결정 감독 · 통제 계획적 · 공식적 업무설계 계획에 따른 업무관리	인간적 지원과 유도 모험적 의사결정 직관적 · 영감적 결정 변화와 혁신 비전제시

좋은 리더 역할을 한다고는 볼 수 없다. 그리고 그동안의 기업경영에서 관리는 지나치고 리더십 활용은 부족했기 때문에, 관리적 경영자를 부정적으로 보거나 시대에 뒤떨어진 듯 여기는 것도 사실이다. 그러나 어느 기업이든지 잘되기 위해서는 좋은 관리자이면서 동시에 좋은 리더가 경영을 해야 한다.[4] 도표 12.1

2 리더십 연구

조직을 어떻게 이끄는 것이 가장 좋은 리더의 모형인지를 찾아내는 것이 리더십 연구의 목적이라면, 지금까지 어떤 주장들이 있어 왔는지를 먼저 살펴봐야 한다. 이에 대해서는 주로 무엇이 리더십을 결정하는지에 대한 의견이 분분했기 때문에, 이를 토대로 리더십이론들을 분류하는 것이 보통이며, 이것이 또한 시대적인 기준과도 일치한다.

리더십 연구는 왜 하는가?

리더의 수요 증가

고대 이집트 민족의 지도자인 바로(Pharoah: 왕)는 신, 예언자, 사제, 족장으로서 민족의 상징 노릇을 했다. 그들이 이미 5,000여 년 전에 상형문자로 써 놓은 리더십이라는 말이 오늘날의 리더십과 같은 개념을 가졌는지는 아무도 모른다. 하지만 분명한 것은 리더의 모범적 행동에 대한 기준은 가지고 있었다는 사실이다. 이처럼 리더십 연구는 수천 년 전부터 이루어져 왔다. 특히 20세기에 들어오면서 1세기 동안 현대적 리더십 연구는 끊임없이 지속되었다. 기업조직과 과 관리자의 수가 본격적으로 증대되어 온 시기이기 때문에 리더에 대한 수요가 급증하고 그 중요성을 곳곳에서 인식했기 때문이라고 할 수 있다. 도표 12.2

도표 12.2 '리더십, 상사, 부하'의 상형문자

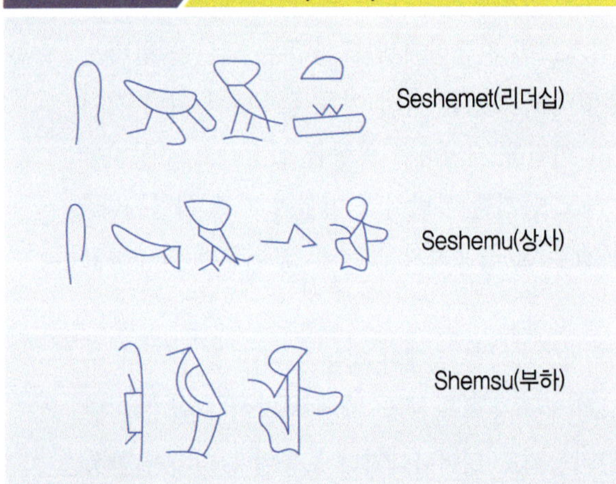

조직의 효율적 경영

기업이든 병원이든 사람과 일의 짜임으로 이루어진 것이 조직이라면 그 구성원들이 자기가 맡은 일에 최선을 다해야만 목표를 효과적으로 달성할 수 있다. 리더십이란 구성원들로 하여금 목표달성에 자발적으로 노력하도록 이끌어 가는 과정이라고 했는데, 이것은 지휘활동의 가장 중요한 기능 중 하나이다. 아무리 조직이 잘 꾸려져 있고 일을 체계적으로 잘 계획해 두었어도, 이를 맡은 사람들의 열성이 부족하거나 무능하면 효율적인 경영이 힘들다.

오늘날 전 세계 기업관리자의 절반 이상이 무능하고 비효율적 리더라는 연구조사가 있다.[5] 최근에도 48개국에 걸쳐 13,124명의 리더를 연구한 조사에서도 유사한 결과가 나왔다. 2,031개 기업의 1,528명의 인사전문가에게 자신들의 기업리더가 제대로 리더 노릇을 하고 있는지 물었을 때 긍정적으로 답한 사람은 25%에 불과했으며 굳건한 리더십 능력을 확보하고 있다고 응답한 비율도 15%에 불과했다.

구성원을 이끌어 가는 역할을 맡은 사람은 조직에 많다. 최고책임자를 비롯하여 고위 간부들뿐만 아니라 팀장, 과장, 계장, 반장도 좋은 리더십을 발휘해야 조직이 잘된다. 이들이 아랫사람을 어떻게 이끌어 가는 것이 가장 좋은 리더의 모형인지를 찾아내는 것이 리더십 연구의 목적이다. 따라서 리더십 이론연구는 리더십의 모범적 모형 찾기로 바꾸어 말할 수 있다.

왜 모범적 리더십모형이 여러 가지인가?

어떤 리더는 추종자들에게 전폭적으로 추앙받고 존경받으면서도 유순하고 인간적인 리더십을 발휘한다. 또 다른 리더는 똑같이 추앙과 존경을 받으면서도 매우 독재적이다. 김수환 추기경은 미소로써 가톨릭 교인뿐만 아니라 전 국민을 이끄는 시노사였다. 이순신은 자비와 엄격함을 겸비했다. 그렇다면 리더십은 처칠과 대처 수상처럼 강해야 효과적인가, 마더 테레사나 간디처럼 온정적이고 무저항적이어야 더 좋은가? 이야기 12.3

이야기 12.3 왜 리더십을 연구하고 배우려 하는가?

페퍼(J. Pfeffer)는 "리더십 훈련은 수익성이 좋은 비즈니스이다."라고까지 하였다. 리더십이 조직행동 분야에서 가장 중요한 논제였으며 아마도 가장 많이 연구되었다는 사실도 그리 놀랄 일은 아니다. 이러한 사실을 검증해 보기 위해 2,000년 전 플라톤의 연구결과 등으로부터 그 당시의 리더십 연구문헌까지를 조사한 바스(B.M. Bass)의 연구에 의하면 관련된 자료만 해도 9,000편 이상인 것으로 밝혀졌다. 우리가 이 책에서 앞으로 배워 나갈 주제가 그만큼 중요하다는 뜻이다. 에덴동산에서 최초의 인간을 만들어 놓고 신은 아담에게 온갖 짐승과 새들을 지배하라고 권한을 주었다. 짐승과 새들에게 지배를 당했다면 오늘의 인간세상은 존재하지 않았을 것이다. 그 특성이 타인에 대한 지배로 연장된다. 인간은 애초부터 이 세상의 지배자가 되려 했으며 지배를 당하기 싫어했다. 어느 부모든 자기 아이가 동네 꼬마들을 이끄는 골목대장이 되면 좋아하지만 끌려다니는 자가 되면 싫어한다. 남을 리드하고 이끄는 방법은 원시인 때부터 연구대상이었을 것이다. 대학과 박사만 없었을 뿐이지 누구나 밤낮을 구별 않고 타인 혹은 타 부족을 리드하는 방법을 연구하고 토론했을 것이다. 리드와 지배의 형태는 변했지만 우리가 공부할 내용도 그중의 일부이다. 골목대장의 방법이 아니라 좀 더 세련된 방법으로 타인에게 영향력을 행사하는 방법을 배우고자 하는 것뿐이다.

훌륭한 리더의 다양성

어느 유형이 더 좋은 리더십인지 알기 위해 어떤 유형들이 있는지 먼저 알아야 할 것이다. 그런데 리더십의 유형을 분류하기는 쉽지 않다. 기준에 따라서 어떤 학자는 열 가지 유형이 있다고도 하고, 다른 학자는 단순히 두 가지 유형으로 나누기도 한다. 유형 분류는 뒤로 미루더라도 각자의 리더십이 서로 다른 것은 분명한데, 이것은 리더들의 성격이 달라서일까, 아니면 다른 이유 때문일까?

훌륭한 리더: 리더인가? 상황인가?

리더십의 유형을 만드는 원천들을 나열하자면 무수히 많겠지만, 크게 두 가지 측면에 한정하여 관심을 가질 수밖에 없다. 즉 리더 자신에게서 비롯되었는지, 아니면 주변상황이 그를 그렇게 만들었는지의 문제이다. 리더십 유형을 결정하는 원천이 리더 자신이라 하고 상황을 고려하지 않는다 해도, 리더가 가지고 있는 어떤 요소가 원천이 되는지에 대한 의견 또한 분분하다. 즉 리더의 성격인지, 아니면 그의 행동인지에 대한 의견도 통일되어 있지 않다. 한 사람의 리더십 형태가 나오기까지 리더 때문인지, 부하 때문인지에 대한 견해도 분분하다. 즉 학자들은 리더십의 원인변수를 밝히려고 애써 왔고 시대적으로 의견을 달리해 왔다. 이 책에서는 이러한 여러 주장들을 전통적 리더십과 현대적 리더십의 두 부류로 나누어 설명하려 한다.

II | 전통적 리더십이론

이미 2,700년 전에 호머(Homeros)는 『오디세이(*Odyssey*)』에서 왕과 장군의 모범적 행동을 제시하고 있다. 그러나 효율적 리더십에 관한 연구라 하면 리더십 특성모형, 행동모형, 상황모형이 소위 전통적 리더십이론의 근간을 이루고 있으며 최근에야 새로운 리더십 모형들이 거론되고 있다. 훌륭한 리더십은 리더 자신에게 달렸다고 보고, 리더에게 초점을 둔 연구가 20세기 초부터 반세기 정도 계속되었다. 한 흐름은 효율적 리더십의 원천을 리더가 가지고 있는 신체적·성격적 특성에서 찾아내려 했던 특성이론(traits theory)이고, 또 하나의 흐름은 리더의 어떠한 행동이 가장 효율적인 리더십을 발휘할 수 있는지를 찾아내려 했던 행동이론(behavioral theory)이다. 그 후 훌륭한 리더십을 발휘하려면 상황에 맞추어야 한다는 상황이론이 성황을 이루었다.

1 특성이론: 리더의 특성과 자질을 연구

리더십 연구 초기에 많은 사람들은 “리더는 타고나는 것이지 만들어지는 것이 아니다.”라고 믿었다. 그래서 제2차 세계대전 전까지 훌륭한 리더들이 갖추고 있는 특성이 무엇인지에 대한 연구가 끊이지 않았고, 그 결과 훌륭한 리더로서 지녀야 하는 여러 가지 특성(traits)들이 제시되었다.

사회심리학적 접근

훌륭한 리더들의 공통점?

아이들 모임이나 등산, 낚시회 같은 비공식집단을 관찰해 보면, 순수한 형태의 리더십을 발견할 수 있는데, 바로 공식적 권한이 없는데도 주변사람들이 특정인의 말을 따르기 시작하는 것이다(동네 꼬마들의 골목대장, 어른 집단의 보스). 집단 속에는 항상 멤버들로부터 지지를 받는 우상 같은 사람이 존재하기 때문에 이들은 사회심리학자들의 분석대상이 되어 왔다. 링컨, 처칠, 바웬사, 마틴 루터 킹, 호메이니 등이 그런 사람들이다.

이 사람들 사이에는 어떤 공통 특성이 존재하는가? 당대에 여러 사람에게 카리스마적인 존재였던 것 이외에는 별로 공통점이 없다. 그렇다면 그들의 카리스마적 특질은 어디서 비롯되었을까? 결국 이것이 문제의 핵심이며 오늘날까지 지속적 관심의 대상이 되어 온 것은 사실이다.[6] 분명한 것은 성공적이거나 훌륭한 리더들은 보통사람과 다른 ‘그 무엇’을 지니고 있다는 사실이다.

리더의 성격과 조직구성원의 관계

Big-5 성격요인 중에서 신중성과 외향성을 많이 소유한 리더는 부하로부터 좋은 평가를 받는다고 한다. 그 이유는 그런 성격이 리더의 자기효능감(self-efficacy)을 높여 주기도 하지만, 부하들의 입장에서는 자신감이 부족한 사람을 따르기에는 자신들도 불안하기 때문에 자신감 있는 사람을 믿고 따르려 하는 것이다. 그런가 하면 리더가 갖춘 Big-5 성격요인 중 외향성, 신중성, 포용성, 개방성 각각의 성격요인과 사원들의 직무만족도는 모두 긍정적 상관관계가 있다고 밝힌 최근의 연구도 있다.[7]

동정심이 많은 리더 역시 부하들의 마음을 잘 헤아려서 원하는 바를 잘 파악하고 감정교류를 성공적으로 할 수 있으므로 좋은 리더로 평가받는다. 하지만 감정이 지나치면 이성적 판단에 지장이 있고 부하들에게 화도 잘 내기 때문에 아랫사람들로부터 신뢰받지 못하는 경우도 있다. 그러므로 자신의 감정을 다스릴 줄 알고 상대방 감정상태를 잘 읽을 줄 아는 사람, 즉 감성지능이 높은 리더들이 좋은 리더십을 발휘한다는 연구가 많다.[8] 리더의 좋은 특성은 부하들 상호 간 활발한 교류를 하게 하여 조직학습에도 도움이 된다. 이야기 12.4

이야기 12.4 섀클턴의 성격과 리더십

1914년 영국의 남극횡단 탐험대가 빙벽에 포위되었다. 승무원들은 무려 634일을 버틴 끝에 귀환했다. 살아남은 것도 기적이지만 더 놀라운 것은 지옥과 같은 상황에서 그들이 보여준 행동이었다. 대원 중 한 사람이 실수로 자기가 받은 우유가 든 잔을 엎질렀다. 우유였지만 그들에게는 생명줄이나 다름없었다. 텐트 안에는 일순 정적이 감돌았다. 우유를 엎지른 대원은 슬픔과 죄책감에 금방이라도 울음을 터뜨릴 것 같았다. 그런데 한 친구가 말없이 다가가 그의 잔에 자신의 우유를 따라 주었다. 그러자 다른 친구가, 그리고 또 다른 친구가 차례로 조금씩 부어주었다. 최초로 에베레스트를 정복했던 힐러리 경은 "재난이 일어나고 모든 희망이 사라졌을 때, 무릎을 꿇고 섀클턴의 리더십을 달라고 기도하라."고 말했다. 영국의 탐험대장 섀클턴은 오늘날까지 최고의 리더로 손꼽히는 인물이다. 섀클턴에 대한 훈훈한 일화들이 있다. 한 대원이 장갑을 잃어버렸을 때, 섀클턴은 즉각 자신의 장갑을 벗어 건네주며 받으라고 고집했다. 장갑을 벗어준 섀클턴 경은 결국 한쪽 손가락이 심한 동상에 걸렸다. 식사용 비스켓에 관한 기록에는 이렇게 되어 있다. "그는 내게 비스킷을 내밀며 먹으라고 강요했다. 내가 그 비스켓을 받으면 그는 저녁에도 또 비스켓을 줄 것이다. 도대체 이 세상 그 누가 이처럼 철저하게 관용과 동정을 보여줄 수 있을까? 수천 파운드의 돈으로도 결코 그 한 개의 비스켓을 살 수 없을 것이다." 섀클턴의 옷에 대해 혹자는 이렇게 말했다. "섀클턴은 자신의 대원들이 입을 옷이 충분하지 않으면 결코 자신의 몸에 셔츠 하나라도 걸치지 않을 사람이다." 자기를 희생할 줄 알았던 리더가 있었기에 극한상황에서 오히려 아름다운 인간애가 꽃처럼 피어나는 기적을 마주한 것이다.

위인이론: 위인들이 가지는 특성은?

위인이론(the great man theory)이 나오게 된 전제는 위인은 보통사람과 다른 그 무엇이 있을 것이라는 가정이었다. 그래서 훌륭한 위인들(예: 나폴레옹, 워싱턴, 링컨, 시저, 알렉산더, 록펠러, 카네기 등)을 연구대상으로 하여, 그들의 공통점을 찾으려고 나이, 키, 건강상태, 얼굴 생김새, 연설능력, 지성, IQ, 야망, 판단력, 결단력, 추진력, 포용력, 자신감, 유머감각 등을 조사했다.[9] 도표 12.3

특성이론의 의문점

그러나 이러한 특징들이 보통사람보다 위인에게서 더 발견되는지는 아직까지도 의문시되고 있다. 예를 들어 스토그딜(R. Stogdill)은 리더의 특성으로 ① 지성, ② 지배력, ③ 자신감, ④ 추진력, ⑤ 실력이 중요하지만 이러한 특성을 가진 사람 중에서 리더가 안 된 사람도 많다는 것을 발견하였다. 또는 1959년 만(R.D. Mann)이 일곱 가지 성격특성과 훌륭한 리더십의 관계를 조사해 본 결과 상관관계 계수가 0.15로 매우 낮았다.[10]

도표 12.3 리더십 특성이론의 연구대상

리더의 특성	연구대상
신체특성	연령, 신장, 체중, 용모
성격특성	독립성, 자신감, 지배욕구, 공격성
사회적 배경	교육수준, 신분, 사교성, 거주지·출신지
지 능	판단력, 결단성, 표현력
인간관계능력	관리력, 협조성, 사교력, 청렴성
업무능력	성취욕구, 솔선수범, 책임감, 목표지향성

한편 스토그딜은 리더의 신체적 특징을 연구하면서 키 크고 힘이 센 사람이 지배자적 체질인 것 같다고 했지만, 나폴레옹, 히틀러, 간디, 박정희 등은 모두 작은 체구였다. 하지만 최근의 한 연구에 의하면, 키 큰 리더는 남녀를 막론하고 모두 보통 키인 리더보다 영향력이 컸으며, 큰 키에 능력

과 지성까지 갖추면 더욱 영향력이 크다는 사실도 입증되었다.[11] 앞으로 전 세계 기업의 구성원들과 함께 리더들도 고령화되어 가는데 나이든 리더가 더 바람직한가? 효율적 리더의 적정 나이는 존재하는가? 나이도 좀 들고 야망이 있어야 훌륭한 리더가 된다고 했지만, 케네디는 아직까지도 미국의 최연소 대통령이며, 간디는 조국 독립의 야망은 있었는지 모르지만 개인적 야망은 하나도 없는 사람이었다. 귀셀리(E.E. Guiselli)라는 학자는 박력 있고 두터운 신임을 얻는 사람이 훌륭한 리더가 된다고 했지만 보통사람 중에 신임을 더 얻고 추진력이 더 강한 사람이 있는데도 리더는 엉뚱한 사람이 되는 경우를 흔히 접하곤 한다. 다른 한계점으로는 상황을 초월한 위인은 없다는 것이다. 우간다의 아민 대통령이 오늘날 한국에서도 인기를 누릴 것인가, 혹은 태조 이성계가 오늘날 태어났어도 위인이 될 수 있었겠는가 하는 문제이다.

특성과 능력, 어느 것이 중요한가?

리더가 갖춰야 할 조건 중 리더의 인간성과 조직의 특성이 조화되는 것보다 조직이 요구하는 능력과 리더가 가진 능력이 조화될 때 혁신적 리더십이 가능하고, 그때에야 비로소 리더십의 효과가 발휘된다고 한다. 이는 리더의 특성보다는 능력이 더 중요함을 암시하는 것이다. 그리고 리더가 아무리 좋은 자질을 갖추었어도, 리더와 부하들 모두 진정한 자율권을 소유하고 있을 때에만 리더십이 진가를 발휘할 수 있다고 한다. 동시에 리더와 부하들도 매우 창의적 능력을 갖춰야 좋은 리더십이 나올 수 있다.[12]

오늘날의 기업세계를 보면 더욱 그렇다. 세계적 기업의 CEO들은 어느 정도의 리더 특성과 자질을 갖춘 것도 사실이지만 그보다는 창의적인 아이디어와 기술로 사업을 개척하여 세계적 기업을 만든 리더들이 대부분이다. 즉 신체적·성격적 특성이 남다르다기보다는 업무능력, 인간관계 능력, 판단력, 지적 능력이 뛰어나다고 봐야 한다. 빌 게이츠와 스티브 잡스, 알리바바의 마윈, 아마존의 제프 베이조스, 네이버의 이해진, 카카오의 김범수, 테슬라의 일론 머스크, 페이스북의 마크 저커버그, 구글의 세르게이 브린 등 그러한 사례는 매우 많다.

2 행동이론: 리더의 행동을 연구

리더십 행동이론에 의하면, 리더십 특성이론과 반대로 리더는 만들어지는 것이지 타고나는 것이 아니다. 일단 모범적인 리더행동을 파악한 뒤 계속 이를 훈련하고 키우면 훌륭한 리더가 될 수 있다는 뜻이다.[13] 예를 들면 부하가 문제를 정확히 파악하도록 돕는 방법과 부하에게 자신감을 심어 주는 행동을 훈련받은 리더의 경우라면, 그 부하들의 창의성이 증대된다. 이 이론은 리더의 행동 스타일에 따라서 다음과 같은 두 가지의 축을 바탕으로 많은 논란이 있어 왔다. 하나는 부하의 의견을 참여시키는 정도에 따른 구분이며, 다른 하나는 리더가 조직목표와 부하들 중 어디에 더 관심을 가지는지에 따른 구분이다.

인간관계중심행동과 성과중심행동

리더십행동의 두 가지 패턴

가장 잘 알려진 행동이론은 1940년대 후반에 오하이오 주 연구(Ohio State Studies)에서 출발되었다.[14] 스토그딜(R. Stogdill)과 플레쉬맨(E.A. Fleishman)은 150개 설문을 통해 리더행동을 크게 두 가지로 분류했다. 첫째는 배려(consideration)형으로 부하에게 신경을 많이 써 주고 항상 편하게 해 주어 그들에게 신뢰를 얻는 리더이다. 배려형 리더는 직원의 아이디어를 존중하고 인정하며 친근하고 쉽게 다가가도록 대우한다. 부하에 대한 인정은 동기부여의 가장 큰 요인이라는 설문조사결과도 많다.[15] 둘째는 구조주도(initiating structure)형으로 부하가 해야 할 업무의 계획과 실천방침에 대한 업무구조를 설계하여 적절히 배분함으로써 업무를 주도적으로 리드하고 결과적으로 업적을 많이 내게 하는 리더이다. 즉 조직의 목표달성이나 성과향상에 초점을 두고 부하를 관리하는 일중심의 리더 유형이다. 도표 12.4

도표 12.4 구조주도-배려형 리더십 측정설문의 예

- **구조주도행동 측정설문의 예:**
  - 그는(리더는) 하급자들에게 분명한 직무를 정해 준다.
  - 그는 수행할 일에 대한 스케줄을 짜 준다.
  - 그는 구성원들에게 정해진 규칙과 규정을 따르도록 요구한다.
  - 그는 마감일을 중시한다.

- **배려행동 측정설문의 예:**
  - 그와 이야기를 나누다 보면 편안함을 느끼게 된다.
  - 그는 친구처럼 대해 주며 언제든지 만날 수 있다.
  - 그는 부하의 개인적인 형편까지도 신경을 써 준다.
  - 그는 부하의 제안을 받으면 그것을 실행에 옮긴다.

유사한 다른 연구들

이 두 가지 리더십 형태는 그 후에 다른 학자들에 의해 여러 가지 다양한 이름으로 불려 왔는데 모두 비슷한 뜻이다. 그중에 몇 가지만 더 보면 생산중심형(생산과정, 기술문제, 목표달성)과 부하중심형(상호 협조, 충고, 의사소통관리)으로 분류한 미시건대학의 리커트(R. Likert)의 연구와 비슷한 시기에 참다운 리더의 기능을 인간관계기능(socioemotional function: 공동체의식, 갈등해결, 관계개선)과 과업기능(task function: 목표수립, 업적평가, 자원의 할당)으로 분류한 하버드대학의 베일(R.F. Bales)의 연구가 있으며, 그 밖에도 이와 비슷한 유형분류는 계속되었다.[16]

단일차원인가, 2차원인가?

이러한 2차원 분류와 관련하여 중요한 의문 중의 하나는 두 가지 차원이 상호 독립적인가 혹은 종속적인가 하는 것이다. 즉 한쪽에 강하면 다른 쪽에는 약해지느냐, 아니면 양쪽 모두에 강할 수도 약할 수도 있느냐의 문제이다. 동일집단을 표본으로 한 최근 연구에서 변혁적 리더십은 배려형(r=0.7)과도 생산형(r=0.5)과도 상관관계가 높았으며, 이 둘은 서로 독립적이라고 결론짓는다. 그리고 훌륭한 리더가 되기 위해서는 어떤 차원이 더 강해야 하는지도 논란거리인데, 이에 대한 답은 그리 간단하지 않다.[17]

이야기 12.5 알렉산더의 배려형 리더십

알렉산더 대왕은 리더십에 있어서 누구도 따라갈 수 없는 자였다. 알렉산더와 동시대의 사람들, 특히 그의 동료와 추종자들은 그를 보기 드문 훌륭한 리더로 간주했다. 바위와 모래뿐인 사막에 고립되었을 때, 알렉산더는 다른 사람들처럼 갈증으로 고통스러웠다. 그러나 그는 선두에 서서 행진을 계속했다. 그가 할 수 있는 것이라고는 계속 걷는 일뿐이었다. 병사들은 고통을 견뎌 내며 알렉산더 장군을 따라서 걸었다. 그들이 고생하는 동안 물을 찾으러 다니던 정찰병들이 비참하리만큼 적은 양의 물을 발견했다. 그들은 어렵게 물을 떠서 알렉산더 장군에게로 왔다. 알렉산더는 그들에게 감사를 표하고 물이 든 투구를 받아 들었다. 그러고는 모든 부하들이 보는 앞에서 투구의 물을 땅에 쏟아 버렸다. 장군 혼자 물을 마시면 나머지 병사들의 갈증과 저항은 더 클 것이라는 사실을 간파하고 고생을 부하들과 함께하겠다는 의지를 몸소 행동으로 보인 것이다. 투구의 물을 쏟아 버린 알렉산더의 행동은 모든 병사들이 각자 물을 마신 것과 똑같은 효과를 거두었다.

인간관계중심(배려형)을 강조

맥그리거(D. McGregor)에 따르면 리더가 인간(부하)을 보는 관점은 비관형(X이론형)과 낙관형(Y이론형)이 있는데, 어떤 관점에서 보는지에 따라 리더십 형태가 달라진다.[18] X이론형 관점으로 부하를 보는 리더는 자기권한을 최대한 사용하고, 철저한 감독과 징벌, 명령을 행할 것이다. 그러나 Y이론형 관점으로 부하를 보는 리더는 자율과 적당한 충고로 일관할 것이다. 맥그리거는 모든 인간은 Y형으로서 스스로 자기를 통제할 줄 알며 그렇게 게으르거나 책임을 회피하려고만 하지 않기 때문에, 생산중심 리더십보다는 인간중심의 리더십을 추천한다. 그의 이런 견해는 1960~1970년대 인간중심의 경영이라는 새 유행을 창조했다. 최근 연구에서도 동일집단을 대상으로 두 유형의 상대적 중요성을 재평가했는데, 구조주도형보다는 배려형이 직인의 직무만족과 리더십 유효성에 더 큰 영향을 미친다고 입증되었다.[19] 이야기 12.5

관리격자에 의한 구분

리더십행동의 5가지 분류

관리격자(managerial grid)라 함은 바둑판 모양처럼 씨줄과 날줄이 그어져 있는 그래프를 말하는데 블레이크와 머튼(R.R. Blake & J.S. Mouton)이 리더십모형을 설명하기 위해 사용한 도형이다. 그들은 리더의 행동차원을 부하에 대한 관심행동(인간관계, 배려형)과 과업에 대한 관심행동(과업주도형)의 두 가지로 나눈 뒤 바둑판모형의 좌표로 만들어 Y축을 인간관계행동, X축을 과업추진행동으로 명명하고 리더가 어느 쪽에 더 중점을 두고 리더십행동을 하는지에 따라서 다음 다섯 가지 형태의 리더십 유형을 가정하였다.

- 9.1형(과업형): 혼자 다 계획하고 통제하고 명령 일변도이며 부하를 생산도구로 여기고 업적 달성에만 관심이 있으며 부하에게는 따라만 오라는 식이다.
- 1.9형(인간관계형): 부하들의 화합과 상사에 대한 신뢰, 부하 칭찬 등으로 좋은 분위기에만 신

경을 쓴다. 이것은 컨트리클럽형 이라고도 한다.

- 1.1형(방임형): 불간섭, 자유방임을 신조로 삼는다. 그러나 이는 리더의 무능력에서 비롯될 수도 있기에 무능력형이라고도 한다.
- 5.5형(중간형): 인간, 과업 양쪽에 관심을 갖되 일정량의 성과만 있으면 그것으로 만족하면서 더 재촉하지 않는 리더이다.
- 9.9형(이상형): 가장 이상적인 리더로서 업무계획과 추진에 부하들의 참여와 단결을 호소하고, 열심히 노력하는 분위기를 만들어서, 갈등 없이 적극적으로 목표달성을 추구하도록 지도하는 이상적 리더이다. 도표 12.5

도표 12.5 블레이크와 머튼의 관리격자

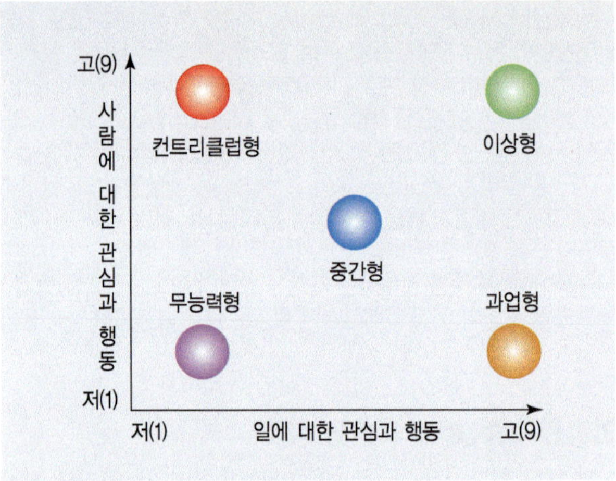

두 가지 유형과 조직유효성의 관계

그들의 이론은 바둑판모형의 상자에 그려져서 소위 관리격자(1991년에 Leadership Grid로 고유명사화)라는 이름으로 여러 나라에서 많은 리더십 훈련에 사용되었다. 즉 그리드(grid) 훈련으로 명명되어 기업 실무자들에게 널리 이용되어 왔고, 우리나라에 저자가 직접 와서 소개한 적도 있지만 아직도 그 프로그램의 유효성이 확증된 상태는 아니다. 오하이오대학팀이 분류한 구조주도형과 배려형의 리더십도 어느 것이 더 효과적인지 많은 연구가 있었지만, 역시 높은 구조주도와 동시에 높은 배려일 때 부하의 만족도나 주변의 평가가 가장 높다고 판명되었다.[20] 그리고 비록 확실한 결론은 아니더라도 이 두 모형 모두 자유방임형 리더십보다는 구성원의 단결력을 높이고 서로 협동하도록 유도한다. 한편 일본에서도 이 두 가지 차원의 리더십 형태를 오랫동안 관찰해 온 결과, 역시 인간중심적이며 동시에 과업중심적인 리더가 구성원의 만족도와 조직성과 측면에서 가장 효율적이라고 입증되었다.[21]

3 상황이론: 리더가 처한 상황을 연구

과업주도형이 좋은지, 인간관계형이 좋은지의 문제는 '리더십의 효율성은 리더에 달렸다.'는 관점에서 본 것이다. 그러나 상황이론은 리더와 상황이 잘 맞아떨어져야 성과가 높다는 관점에서 리더십을 다룬다. 즉 이상적 리더십 유형이 독립적으로 존재하는 것이 아니라 상황과 매칭이 잘 된다면 독재적 리더십도, 방임형 리더십도, 과업중심 리더십도 모두 효율적이라는 설명이다. 예를 들면 복종에만 익숙한 아프리카 오지의 부족에게 민주적인 족장은 오히려 좋은 리더가 아닐 수 있으며 조직성과도 낮을 것이라는 의미이다. 기업의 경영자도 위기에 처했을 때와 안정적일 때 각기 다른 리더십을 발휘해야 효율적이다.[22]

상황을 구성하는 요소들은 주로 다음과 같은 것들이다.

- 부하: 그들의 태도, 가치관, 습성, 업무능력 등
- 조직: 조직의 분위기, 규범, 제도와 규칙, 응집성, 시간적 여유 등
- 과업: 업무의 종류, 난이도, 복잡성 등

이런 사전지식을 가지고 중요한 상황이론 몇 가지만 살펴보자. 이야기 12.6

이야기 12.6 상황부적합적 리더십

아들이 잘못하면 아버지는 아들을 할아버지 산소에 데려가 세워 놓고 아들이 보는 앞에서 당신의 정강이를 걷고 매로 자신을 때리셨다. 그러면 아들은 무릎을 꿇고 다시는 안 그러겠다고 사죄하곤 했다. 그로부터 30년 후 그 아들이 아버지가 되었다. 이 아버지는 아들의 잘못을 바로잡으려고 어렸을 때 자신의 아버지가 하셨던 대로 아들을 앞에 세워 놓고 자신에게 매질을 했다. 그러자 놀란 아들이 엄마를 부르며 소리쳤다. "엄마, 아빠가 미쳤나 봐!"

상황적합모형

피들러(F.E. Fiedler)는 리더십 상황이론의 대표적 학자인데 그 역시 리더와 리더가 처한 상황의 '조화(적합: fit)'를 강조하였다. 그는 상황에 따라서 인간중심형 리더가 더 좋을 때도 있고 일중심형 리더가 더 효과적일 때도 있다고 하였다. 상황이 리더에게 매우 유리하거나 매우 불리할 때는 과업중심행동이 효과적이지만, 상황의 유리성이 중간 정도라면 인간중심행동이 더 효과적이라는 사실을 입증했다. 유리한 상황인지 불리한 상황인지는 다음 세 가지 요인에 따라서 결정된다.[23] 도표 12.6

도표 12.6 피들러의 상황적 리더십

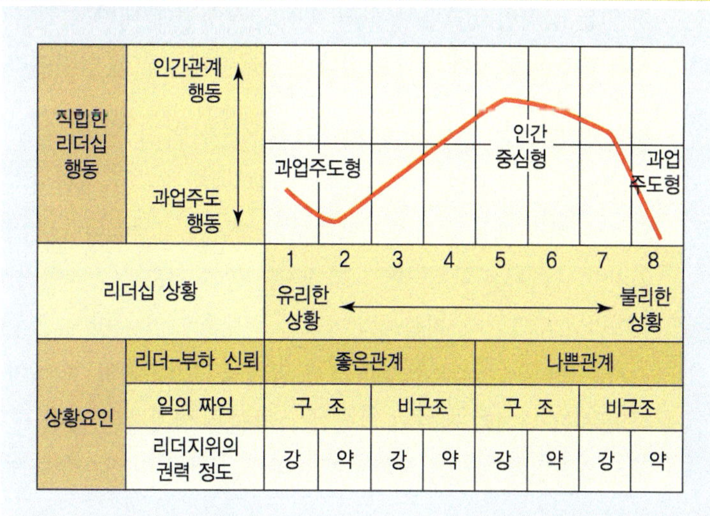

LPC 점수로 리더십 스타일 파악

리더가 인간중심형인지 과업중심형인지 알기 위해 설문을 이용한 LPC(Least Preferred Coworker) 점수를 측정해서 가장 같이 일하고 싶지 않은 동료에게 주는 점수가 높으면 인간중심형(배려형), 낮으면 과업주도형(성과중심형, 과업형)으로 구분하였다. 가장 미워하는 동료와도 함께 일할 수 있다고 하는 리더야말로 인간적인 리더라고 여겨지기 때문에 그런 리더라면 부하들과도 관계중심적인 행동을 할 것으로 예측되기 때문이다.

리더의 상황유리성 판단기준

그렇다면 어떤 리더십 스타일이 효율적일까? 말할 것도 없이 상황에 맞추라는 것이다. 그러기 위해서는 상황이 리더에게 유리한 상황인지 불리한 상황인지부터 파악해야 하는데 이는 무엇을 기준으로 파악해야 하는가? 리더가 처한 상황이 '유리상황'인지 '불리상황'인지는 다음 세 가지 요소를 보면 알 수 있다.

첫째, 과업이 잘 짜인 정도: 항상 반복되는 일인지, 복잡한 일인지, 과업목표가 구체적이고 분명한지, 의사결정체제가 잘 정비되어 있는지 등이다. 만일 과업이 이런 상황이라면 리더에게 유리한 상황이다.

둘째, 리더와 부하 사이의 신뢰 정도: 원래 부하가 상사를 신뢰하고 존경하는 친밀한 분위기의 조직인지 아니면 상사가 누가 되었든지 간에 눈치만 보고 험담하면서 서로 불신하는 풍토를 가진 조직인지 등이다. 이미 조직 내에서 리더를 신뢰하고 존경하는 분위기라면 리더에게 유리한 상황이다.

셋째, 리더의 권한과 지위: 조직의 제도나 분위기로 볼 때 원래 리더에게 막강한 권한이 부여되어 있는 상황인지 혹은 부하의 승진이나 상벌에 대한 실권이 없는 허상의 자리인지 등이다. 리더에게 막강한 권한이 주어져 있다면 리더에게 유리한 상황이다.

상황의 유리한 정도에 따른 리더십 스타일의 접목

위의 세 가지 요인이 모두 강하면 리더에게 매우 유리한 상황이고 모두 약하면 매우 불리한 상황으로서, 이런 때는 리더의 과업주도형 행동이 효과적이다. 만일 위의 세 가지 요소들 중 한두 개는 좋지만 나머지는 나쁘다면 리더에게는 중간 정도로 유리한 상황이기 때문에 인간관계행동이 효과적이라고 주장했다. 피들러의 이러한 주장은 그의 사망 이후에도 반복된 현장연구를 통해 계속적인 지지를 받아왔다.[24] 그렇지만 그가 말년에 고백하기를 "리더가 리더십 스타일을 상황에 맞추는 것이 좋지만 리더가 자기의 리더십 스타일을 바꾼다는 것이 여간 어려운 것이 아니라서 차라리 리더십 스타일에 맞도록 상황요인을 바꾸는 것이 더 용이하다"라는 말을 한 적이 있다. 이야기 12.7

성숙도상황모형

허시와 블랜차드(P. Hersey & K. Blanchard)는 부하들이 얼마나 성숙한지에 따라 각각에 적합한 리더십 유형이 따로 존재한다고 주장했는데 이들의 이론에는 다음과 같은 특색이 있다.[25]

이야기 12.7 코카콜라의 새 리더십

과거 더글라스 아이베스터(D. Ivester)는 30세에 최고재무담당이사(CFO)를 거쳐 마침내 코카콜라의 최고경영자(CEO)가 된다. 그러나 최고경영자가 된 이후에도 계속 재무 관련 업무를 챙기느라 비전을 제시하고 전략을 세워야 하는 CEO의 역할을 등한시하다가 실패한 경영자가 되고 만다. 상황이 바뀐다고 사람이 변하는가에 대한 논란은 아직도 해결되지 못했다. 심지어 리더십의 대가 피들러(F.E. Fiedler)마저 말년에는 상황이 바뀌자 리더십을 바꾸는 리더를 찾기 어려웠다고 고백했다. 그러나 새로 부임한 코카콜라의 새 CEO 제임스 퀸시(J. Quincey: **사진**)는 전통적 코카음료를 감축하고 생수시판을 단행했다. 그는 "코카콜라에서 무엇인가 다른 것을 시도하려 한다면 실패는 엄청난 것이다. 그러나 우리가 실수하지 않는다면 그것은 충분한 노력을 하지 않은 것과 같다."고 한다. 그러면서 140년 전통을 가진 코카콜라가 가장 가치 있는 브랜드여야 한다는 데 집착하며 변화를 가로막았던 '보신주의'를 깨뜨리려고, '실수하지 않으면 얻을 게 없다'면서 '새로운 코크(Coke) 신드롬'이라는 캠페인을 시작했다. 현재 비만과 당뇨의 주범으로 인식된 소다수 판매는 전 세계적으로 감소하고 있으며 미국에서 '설탕세'를 도입하는 주들이 늘어나고 있는 추세이다. 회사의 순익이 감소하자 그는 경영상의 이유로 1천 200여 명의 직원을 감축하기도 했다. 최근에는 플라스틱 쓰레기를 가장 많이 배출한 기업이라는 오명을 벗기 위해 2030년까지 모든 음료 패키지를 100% 수거 및 재활용하는 것을 목표로 '지속가능한 패키지 프로젝트(World Without Waste)'를 진행 중이다. 코카콜라의 140년 역사 동안 보지 못했던 리더십이다. 상황이 그를 새 리더로 변화시킨 것이다.

첫째, 배려형과 과업중심형이라는 두 가지 유형의 리더십차원이 연속선상에 있지 않고 둘은 별개의 것으로서 동시에 공존할 수도 있고 둘 다 부족할 수도 있다고 주장한 점이다.

둘째, 부하의 성숙도수준(maturity 혹은 readiness)에 따라 리더의 스타일은 달라져야 한다고 주장한 점이다. 여기서 성숙도란 부하들의 업무처리 자질과 의욕, 자율의식, 책임의식, 자신감 등에 의해 좌우된다.

부하의 성숙도에 따른 리더십 유형의 매칭

부하의 성숙도는 리더십 유형을 설정하는 유일한 독립변수이기 때문에 리더는 부하의 태도나 행동을 보고 성숙도를 감지하여 적절한 리더십 스타일을 선택하여 발휘하면 된다. 예를 들면 새로 온 부하들이 능력도 없고 게으른 편이라면 과업중심의 관리에 비중을 둔다. 그러나 그들이 당초의 능력도 개선하고 성숙해지면 배려중심의 스타일을 증대시킨다. 그리고 부하의 성숙도가 매우 높다면 리더는 배

도표 12.7 3차원 리더십

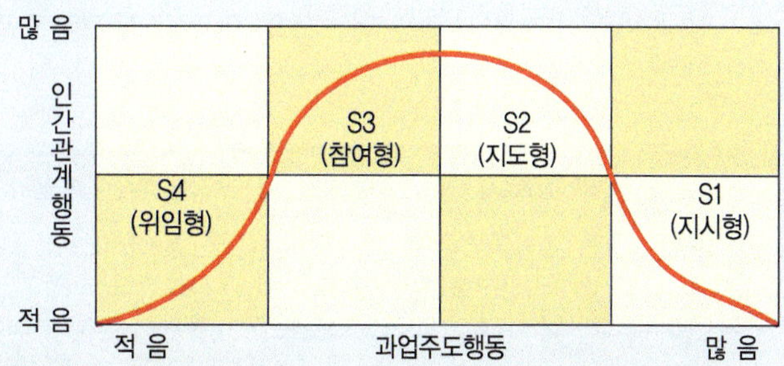

부하성숙도	성 숙		중 간	미성숙
부하의 욕구	자아실현욕구	사회적 욕구	안전욕구	생리적 욕구
주도권	부하 주도		리더 주도	
리더십행동	책임위임 결정위임	정보공유 공동결정	지도 · 설득	구체적 지시 밀착감독

려형 행동과 과업형 행동을 모두 줄이고 리더가 아닌 단순한 지원자 내지 충고자로 남아 있는 것이 효과적이라고 한다. 이는 과업형과 배려형이라는 두 가지 전통적인 리더 스타일의 축에 상황(부하성숙도)을 추가하여 세 축이 되므로 3차원 리더십모형으로 칭하기도 한다. 도표 12.7

리더참여모형

브룸과 이튼(V.H. Vroom & P.W. Yetton)은 의사결정의 상황에 따라서 리더의 간섭과 참여 정도가 달라져야 하는데 이때 상황변수 일곱 가지, 리더십 유형 다섯 가지가 경우에 따라 상호 조화를 이루어야 한다고 주장했다. 일곱 가지 상황 중 어느 것인지 먼저 파악하고 리더십의 다섯 가지 유형 중에서 알맞은 것을 선택하여 의사결정에 그만큼만 간섭하고 부하들을 그만큼만 참여시키라는 뜻으로 리더참여(leader-participation)모형이라고 명명되었으며, 이때 사용하는 도구가 의사결정나무(decision tree)이다.[26]

예를 들면 의사결정의 질이 중요하지 않은 상황이고 부하들의 의견을 수용 안 해도 되는 상황이라면 리더는 자기 혼자 결정한다. 그러나 의사결정의 질도 중요하고 부하의견을 수용해야 하며 부하끼리 의견대립도 없다면 리더는 부하들과 문제를 공유하고 부하들에게 어느 정도 위임하라는 식이다. 결론적으로 의사결정나무에서 보면 리더의 의사결정 유형 5가지(독재에서 완전 권한위임까지)와 부하의 7가지 상황조건을 기계적으로 조화시키면 5×7의 35가지 약간씩 다른 의사결정 방식이 성립된다. 그러나 사실상 리더의 간섭과 부하들의 참여 정도를 결정할 때 고려해야 할 상황은 두 가지 더 있다.

- 첫째는 시간문제인데 결정이 급할수록 리더의 독재적 간섭이 유효할 것이며,
- 둘째는 부하들의 자질이 높을수록 부하들의 참여가 높아야 한다.

결국 바람직한 리더상은 전적으로 리더가 독재적으로 주도하거나 부하가 주도적으로 참여하는

이야기 12.8 등반대장 에드먼드 힐러리 경

1953년 5월 29일 뉴질랜드 산악인 에드먼드 힐러리(Edmond Hillary)는 보조인인 현지 셰르파 텐징 노르가이(Norgay)(**사진**)와 역사상 최초로 에베레스트를 정복했다. 후에 그는 언론인터뷰에서 이렇게 말했다. "내가 정복한 것은 산이 아니라 내 자신입니다. 나 자신을 이기면 세상도 이길 수 있지만 자신과의 싸움에 지면 세상도 이길 수 없습니다. 진정한 적은 이 세상이 아니라 나 자신입니다. 그래서 나를 이겨야 합니다." 기자가 물었다. "어떻게 정복했습니까?" 그가 대답했다. "한 걸음씩 꾸준히 걸었습니다." 그때 그의 나이 33살이었다. 요즘 청년들은 그의 몸보다 그의 정신을 본받아야 할 것이다. 하지만 훌륭한 리더가 되고 싶으면 힐러리 경에게서 또 한 수를 배워야 한다. 산 정상에 올랐을 때 보조인 노르가이가 힐러리의 기념사진을 찍어주려고 했다. 그때 힐러리는 "나는 당신을 뒤따라서 올라왔을 뿐이므로 정작 주인공은 당신이요!"라고 하면서 오히려 노르가이의 사진을 찍어주었다. 등반대장은 힐러리였지만 등정 실력이나 정보는 현지인 셰르파인 노르가이가 앞섰던 것은 당연하다. 산을 오르는 내내 힐러리는 모든 결정에 본인보다는 노르가이 의견을 묻고 참여시켰기 때문에 마침내 성공할 수 있었다. 진정 힐러리 경은 상황과 부하의 자질에 따라 결정권을 부하에게 넘길 줄 아는 위대한 리더였다.

모습이 아니다. 그 대신 그때그때의 상황에 따라 리더의 간섭과 부하의 참여수준을 조절해야 한다는 점이 중요하다. 리더는 홀로 존재하는 것이 아니라 부하와 함께 존재한다는 말을 상기할 때 리더참여모형은 너무나 당연한 주장임에도 불구하고, 대다수의 리더는 부하의 상황은 전혀 고려하지 않은 채 자기만의 스타일을 고수하려 하는 데 문제가 있다.

그러나 현장연구들에 의하면 리더참여모형에 의한 리더십으로는 부하들의 사기를 높여 주지 못하며, 별 효과를 보지 못한다고 알려졌다. 그 이유는 이 모형이 지나치게 기계적이고 복잡하다는 데 있다.[27] 이야기 12.8

Ⅲ | 현대적 리더십이론

1980년대 미국 대기업의 평사원과 CEO의 임금격차는 20배 정도였으나 2000년대에는 그 격차가 수백 배로 증가했다. 여러 이유가 있겠지만 리더의 중요성이 그만큼 커졌기 때문이라고도 볼 수 있다. 수많은 대기업들이 몰락하고 유능한 리더를 영입한 회사는 몰락 직전에 회생되기도 했다. 그러한 와중에 리더십의 새로운 단면들을 경험했고, 과거에 강조되지 않았던 면이 새롭게 부각되기도 했다. 여기서는 지금까지 여러 학자들이나 실무자들이 최근 20여 년간 개발한 리더십 모형들을 이슈중심으로 재분류하여 소개하기로 한다. 물론 일부 특성이 중복되기도 하고 일시적일 수도 있으나 빈번하게 반복되면서 중요한 이슈로 거론된 것을 중심으로 설명하고자 한다.

1 부하를 고무시키는 리더십

조직구성원들의 신념적 몰입을 이끌어 내는 데 성공할 수 있으면 가장 모범적인 리더가 될 수 있는데, 세계적인 대기업을 성공적으로 이끄는 저명한 CEO들의 공통적인 특성들을 내포한 리더십 유형들을 지칭한다.

혁신적 리더

혁신적 리더와 거래적 리더의 차이

군대조직과 산업조직의 부하들을 대상으로 한 연구 이래로 정치사회학자인 제임스 번즈(J.M. Burns)에 의해 처음 제시된 것이 혁신적 리더십이다. 이는 기존의 다른 모든 연구가 리더와 부하 간의 교환관계에 기초한 거래적 리더십(transactional leadership)에 치중해 있다고 비판하는 데서 출발한다. 거래적 리더는 우선 자기가 원하는 조직의 목표치가 무엇인지를 부하에게 주지시키고, 목표를 달성한 결과치의 정도에 따라 부하가 어떤 보상(또는 벌)을 받을지를 명확히 해 준다. 그다음에 리더는 부하들이 원하는 바(예: 급여인상, 승진)가 무엇인지를 파악하여, 리더 자신이 원하는 목표치와 부하가 원하는 보상을 맞바꾸는 것이다. 말하자면 "당신이 열심히 하면 당신에게 그만큼의 보상을 해 주겠다."는 식으로 부하를 관리하는 리더십이 거래적 리더십이다.

거래적 리더십은 부하가 리더에게 복종하는 대가로 임금이나 신임을 얻는 교환(exchange)적 관계에 토대를 두는 반면, 혁신적 리더십은 리더와 부하 모두의 동기와 목적의식을 고취시키는 것이다. 거래적 리더는 부하를 단순히 일차적 욕구수준에 머물러 있는 사람으로 파악하지만, 혁신적 리더는 부하를 전인(全人)으로 파악하며 부하의 상위욕구를 중시한다. 물론 이 둘은 상호 보완적일 수 있다.[28]

도표 12.8 거래적 리더-부하관계

최근 한 연구에서 이들 리더십이 경영혁신에 미치는 영향은 기업의 규모에 따라 다름을 발견했다. 즉 중소기업일수록 거래적 리더십이, 대기업일수록 혁신적 리더십이 효과적이었다. 그 이유는 아마 소기업일수록 리더가 직원 개개인과 거래 및 교환을 확실하게 할 수 있기 때문일 것이다. 하지만 일반적 직장인의 직무만족과 리더십 유효성에는 거래적 리더십보다 혁신적 리더십이 더 긍정적인 영향을 미쳤다. 그리고 성과주의형이나 배려형 리더행동과의 관계에서도 거래적 리더십보다 혁신적 리더십이 더 밀접한 상관관계를 보였다.[29] 도표 12.8

혁신적 리더십이 무조건 좋은가?

혁신적 리더십과 거래적 리더십에 관한 아이디어를 하나의 리더십 이론으로 구체화한 가장 대표적인 학자인 바스(B.M. Bass)는 자신이 개발한 MLQ(Multifactor Leadership Questionnaire)를 토대로, 혁신적 리더십과 거래적 리더십의 하위요인들을 찾아내어 이 요인들과 조직유효성변수들의 관계를 밝혀냈다.[30] 그는 거래적 리더십으로는 부하를 장기적으로 동기화할 수 없다고 보았다. 거래적 리더들은 성과와 보상의 교환관계나 벌을 이용하여 가시적인 성과를 중시한다. 반면에 혁신적 리더들은 자기희생적·카리스마적 특성과 부하들에 대한 개별적인 배려, 지적인 욕구를 자극하여 항상 창의력을 발휘할 수 있도록 유도함으로써 보다 이상적인 성과에 초점을 맞춘다고 주장하였다. 그러기 위해서 혁신적 리더에게는 창의적인 자질이 요구되는데, 이때 부하에게도 창의적 자질이 있어야 혁신적 리더십이 제구실을 하며 그렇지 않으면 차라리 거래적 리더십이 더 효과적이다. 또한 앞에서 보았듯이 아무리 혁신적이더라도 자질만 있고 업무능력이 약하면 효율적 리더십을 발휘하기 어렵거니와 혁신적인 자질도 부하와 리더에게 모두 자율권이 확보되었을 경우에만 제대로 발휘할 수 있어 한계가 있다.[31]

혁신적 리더가 갖춰야 할 자질

혁신주도형 리더(transformational leader)는 부하들로 하여금 자신의 관심사를 조직발전 속에서 찾도록 영감을 불러일으켜 주며 항상 새롭게 창조와 혁신을 할 수 있도록 비전을 제시한다. 그러한 리더는 부하들과의 관계에서 다음과 같은 다섯 가지 자질을 갖추어야 한다.[32]

- 비전을 통한 단결능력: 부하들에게 미래의 비전을 제시하며, 주도권을 쥐고 부하들을 자극하는 능력이 있어야 한다.
- 비전의 전달능력: 비전을 제시해 주는 데서 그치지 않고, 부하들이 이를 이해하고 자기 것으로 만들어 그들이 나아갈 바를 분명히 알게 한다. 그래서 비전을 멤버들에게 완전히 전달하는 것이 리더의 역할이다.
- 신뢰의 확보: 부하들로부터 전적으로 충성과 신뢰를 받는 능력도 필요하다. 그래야 리더가 일시적으로 실수를 했거나 상황이 악화됐을 때도 다수 멤버들의 지지를 받아 건재할 수 있다.
- 자기 이미지 관리: 리더 스스로 자기관리에 능통해야 한다. 능력과 지식의 함양은 물론 행동과 처신에 흠이 없도록 자기연출능력도 필요하다.
- 설득력과 지도력: 혁신적 리더의 자질로서 부하직원을 동기화해야 한다. 부하가 직무를 의미

도표 12.9 거래적 리더와 혁신적 리더의 비교

거래적 리더(transactional leader)	혁신적 리더(transformational leader)
• 부하의 노력과 업적에 따라 보상과 칭찬을 함 • 높은 성과에 보상하겠노라고 약속 내지 언질을 줌 • 부하의 행동이 규정이나 관례에 어긋남이 없는지 감독·관찰·시정해 줌 • 책임을 피하고 중요결정사항은 위아래로 미룸	• 부하들에게 비전과 미션을 제시하고 신뢰를 보이며 자긍심을 유발시킴 • 부하들의 지혜와 논리성, 문제해결력 등을 일깨워 줌 • 부하 한 사람 한 사람을 존중하며 개별적 관심을 쏟음 • 목표를 쉽게 설명해 주고 높은 기대를 가지도록 동기부여시키며 영감을 불어넣어 줌

있다고 지각하도록 만드는 설득력이나 지도력을 갖추는 것도 중요하다.[33] 이를 위해서는 일방적 지시형 리더가 되기보다는 항상 쌍방적 커뮤니케이션을 유지하면서 교류하는 민주적 기질을 소유해야 한다. 도표 12.9

카리스마 리더

카리스마의 어원은 그리스어 'kharisma(신이 주신 재능, 신성한 은혜)'로서 개인이 소지하고 있는 영적·심적·초자연적인 특질을 의미한다. 리더에게 이런 특질이 있을 때 부하들이 이를 신봉함으로써 생기는 리더십이 카리스마 리더십이다. 카리스마 리더십 연구와 관련된 대표적 학자는 하우스(R.J. House)이다. 그는 카리스마 리더는 다른 사람과 무엇이 다른지, 행동은 어떤 특색이 있는지 등을 연구했는데 그의 이러한 리더십모형은 오늘날에 와서 새롭게 각광받기 시작했다.[34]

카리스마의 원천

최근 76개의 관련 연구를 종합분석한 결과 카리스마 리더는 Big-5 성격요소들과 인지능력과 밀접한 관련이 있는 것으로 나타났으며 리더의 카리스마 기질이 어느 정도인지에 따라서 조직구성원의 직무성과, 조직시민행동, 조직 전체의 성과가 영향을 받는다고 보고된 바 있다.[35] 그렇지만 카리스마 리더의 초인적(超人的) 특질이 실제로 존재하는지는 별로 중요하지 않으며 구성원들이 그렇게 믿고 있으면 그만이다. 그렇다면 그 매력은 어디서 오는 것일까? 카리스마 리더라고 해서 모두 똑같은 매력을 지니거나 공통적인 특징을 가지고 같은 전략을 쓰는 것은 아니다. 아돌프 히틀러와 인도의 마하트마 간디는 특질이 전혀 다르면서도, 공통적으로 남을 복종시키는 무언가가 있었는데 그것이 카리스마 기질이다. 이야기 12.9

그러나 카리스마 리더라고 해서 덮어놓고 부하가 따르는 것이 아니며 직접 행동을 보여야 부하들의 성과지향행동을 유도할 수 있다.[36] 앞의 거래적 리더십(transactional leadership)은 두 가지 기본전제를 토대로 하는데, 하나는 리더가 부하의 동기부여를 위해 응분의 보상을 해야 한다는 것이며, 또 하나는 부하가 목표달성에 실패하는 경우 리더가 고쳐 주어야 한다는 것이다. 이러한

이야기 12.9 성공한 리더는 카리스마가 없다?

카리스마는 '내가 전지전능한 것처럼 보이도록 꾸미는' 일종의 속임수이다. 히틀러의 카리스마는 그가 상대방을 뚫어져라 응시할 때 그의 눈동자에서 느껴지는 신비함에서 나왔다. 히틀러의 툭 튀어나온 눈동자에 압도되어 오금을 펴지 못하는 사람이 많았다고 한다. 그 눈길은 최면효과까지 보였다. 하지만 처칠(**사진**)에게는 그런 카리스마가 전혀 없었다. 공개석상에서 눈물을 비친 적이 한두 번이 아니었다. 그런데도 성공적인 리더로는 단연 처칠이 꼽힌다. 어쩌면 성공적인 리더십에는 카리스마가 오히려 방해요소일지도 모른다. 처칠만이 아니라 에이브러햄 링컨·아이젠하워·해리 트루먼에게서도 히틀러와 같은 카리스마는 전혀 느껴지지 않았다. "리더십에 특별히 요구되는 자질은 없으며 카리스마와는 더더욱 관계가 없다."는 피터 드러커의 주장이 설득력을 얻는다. 제2차 세계대전 당시 처칠은 논리를 앞세우기보다 국민의 감정에 호소하는 연설로 전쟁 승리에 대한 확신을 심어 주지는 못했지만 패배주의의 확산을 막을 줄 알았다. 1940년대 영국 국민에게 꼭 필요한 것은 무기가 아니라 자신감과 용기였다는 사실을 잘 간파했던 것이다.

이야기 12.10 카리스마 리더들의 특징

어차피 새로운 시도는 불확실하고 실패할 수도 있다. 그렇다고 리더 스스로가 두려워하면 부하는 더 주저할 것이다. 그러므로 두려움을 감추고 부하들 앞에서는 자신감을 보여야 따라온다. Intel(주)의 앤드류 그로브(A. Grove: **사진**)는 애플의 스티브 잡스가 가장 경배하던 CEO다. 그는 Intel의 3인방 창업자로서 1987년 CEO가 되어 1998년 은퇴할 때까지 11년 동안 Intel의 기업가치를 40억 달러에서 2,000억 달러로 50배 이상 올려놓았다. 어느 날 기자가 물었다. "수없이 많은 위기를 겪으시면서 어떻게 항상 담담하고 자신 있게 회사를 운영하셨습니까?" 그가 답했다. "그런 말씀 마세요. 당당하다고요? 위기가 닥칠 때마다 직원들 월급은 줄 수 있을지 걱정이 돼서 바지에 오줌을 지릴 뻔한 순간이 한두 번이 아니었습니다. 그러나 내가 자신 없음을 보이면 직원들이 몇 배 더 흔들릴 것 아닙니까? 내가 먼저 자신 있는 척 행동했더니 두려움은 사라지고 자신감도 생기고 부하들이 믿고 잘 따라 오더군요. 사실 '혹시 실패하면 어쩌지? 대신 누가 나를 이끌어 주었으면 좋겠다.' 하고 생각할 때가 부지기수였어요. 미래가 불확실하고 두려울 때도 참 많았었지요." 요즘 들어 기술개발 정체와 시장점유율 하락으로 Intel이 다시 위기에 봉착하자 18세에 입사해서 앤드류 그로브 밑에서 배운 팻 겔싱어(Pat Gelsinger)가 2021년에 CEO로 취임했다. 그도 역시 카리스마적 수완을 발휘하여 Intel을 부활시킬 수 있을까?

기질이 누구에게나 다 있는 것은 아니다. 리더의 특별한 행동을 보고 부하들이 느낄 수 있어야 한다.[72] 즉 카리스마 리더가 변화선도행동을 한 뒤 부하직원들이 리더의 카리스마를 인지하고, 리더가 변화선도행동을 한다고 인지하면 그 팀의 성과도 높다.[37] 이야기 12.10

카리스마 리더가 갖춰야 할 자질

그러므로 카리스마 리더십은 부하로 하여금 대가 없이 또는 리더의 구체적 간섭 없이도 자발적으로 조직에 헌신하도록 하는 리더십인데, 이러한 리더에게 요구되는 행동은 다음과 같다.[38]

- 자기확신: 카리스마 리더들은 고도의 자신감, 자기의 신념에 대한 높은 확신, 그리고 남들에게 영향력을 행사하려는 강한 욕구를 가지고 있을 가능성이 크다. 이러한 자신감과 확신은 부하들이 리더의 판단을 믿도록 만들 가능성이 크며, 권력욕구가 크면 멤버들을 설득하고 추종하도록 만들기 쉽다. 반면에 자신감이 없거나 권력욕구가 적으면 남들에게 영향력을 행사하려는 노력도 적게 할 것이며, 노력한다 하더라도 성공가능성은 작다.
- 인상관리: 카리스마 리더는 자기가 유능하고 성공적이라는 인상을 심어 주기 위해 부단히 노력할 것이며, 모든 행동은 이런 인상관리에 초점을 맞추게 된다. 그러다 보면 과장되거나 거짓된 행동을 하는 경우도 많다.[39]
- 이데올로기 비전: 행동뿐만 아니라 멤버들에게 이데올로기 목표를 제시할 수도 있다. 부하들에게 장래가 어떻게 전개될지에 관한 매력적인 비전을 제시해 줌으로써 그 집단이 수행해야 할 목표에 대해 보다 깊은 의미를 부여하고, 열성과 흥분을 불러일으키려고 할 것이다. 대체로 카리스마 리더는 부하들의 희망과 이상에 호소하기 때문에 더욱더 이데올로기를 많이 사용하게 된다.
- 솔선수범: 카리스마 리더들은 부하들에게 스스로 행동의 모범을 보임으로써 부하들의 행동

뿐만 아니라 가치관, 태도, 감정 등 모든 것을 자기가 원하는 쪽으로 변화시키려고 한다.

• 감정적 호소: 부하들의 동기를 유발시키기 위해 카리스마 리더는 감정에 호소하는 경우도 많다. "총화단결!", "적을 무찌르자!", "일하자! 더 일하자!" 등 부하들과 감정적 대화를 가지거나 연설로 호소함으로써 그들을 설득하고 추종하게 만든다. 이때 부하들은 리더의 감정을 그대로 받아들여 체화시키는 것이다. 실제로 조직변화 시에 리더의 카리스마적 호소는 부하로부터 신뢰를 얻고 이는 곧바로 변화를 받아들이도록 유도한다.[40]

공유리더십

공유리더십이란?

지금까지는 리더십이란 주로 리더 한 사람에게서 발현되는 공식적이고 수직적인 리더십에 초점을 맞추어 왔다. 그러나 한 사람의 관리자가 아닌 집단이나 팀 내부에서 나타나는 수평적 상호관계 리더십(lateral leadership)이 연구자들의 관심을 받게 되었다.[41] 수평적 리더십이란 집단에서 공식적 권한을 가진 관리자나 책임자가 아닌 집단 구성원이나 팀원들이 서로에게 발휘하는 영향력을 의미한다.[42] 물론 관리자와 부하 사이의 상호작용도 포함한다. 그러므로 공유리더십(shared leadership)이란 문자 그대로 한 집단 내의 리더와 그 구성원들 모두가 리더역할을 공유한다는 의미이다. 과거의 관점은 리더역할이 한 사람의 관리자(리더)에게 집중된 것으로 여겼지만 공유리더십은 공식적으로 임명된 관리자(리더)에게만 있는 것이 아니라 팀원 간에도 분배된 것이라고 본다.

공유리더십의 출현배경

오늘날에 와서 공유리더십이 더욱 절실하게 필요하게 된 이유는 무엇일까? 이는 다음과 같이 요약할 수 있다.

첫째, 직무의 내용과 업무환경이 점차 복잡해지고 다양해지면서 리더 혼자서 책임지고 감당하기에는 충분치 않기 때문이다. 즉 변화에 대한 반응속도는 조직 성공의 핵심요인인데 빠르게 변화하는 복잡한 환경에서 최상위 리더가 효과적인 의사결정을 내리는 데 필요한 지식과 정보를 충분하게 가질 수 없어서 팀 구성원들 모두의 전문성과 지식을 총동원해야 하기 때문이다.[43]

둘째, 조직의 직무가 단순기능보다는 구성원의 전문성과 창조성에 의존하는 경우가 많아지고 구성원들도 각자 자신의 전문성과 지식을 향상시키려는 욕구가 증가하였다. 즉 통섭과 협업은 집단 자체를 위해서도 필요하지만 부하들도 스스로 자신의 영역을 확대하고 점차 높은 수준의 자율성을 요구하기 때문이다.[44]

공유리더십의 유효성

공유리더십은 우선 구성원의 팀몰입과 동기를 상승시킬 수 있다.[45] 목표를 공유한다는 의미는 구성원이 목표를 완전히 이해한다는 뜻이며, 달성과정에서 구성원들이 서로 정보를 공유하는 것은 물론 조직성과를 달성하는 데 각자의 노력을 스스로 증가시킬 것이다.

또한 서로 간의 지원과 배려는 상호의존성을 높이고, 감정적 측면에서 집단응집력을 높이며 업무수행과 관련된 성공과 실패의 경험담을 함께 공유하기 때문에 신뢰 및 유대관계도 높아질 뿐만 아니라 동일한 팀 안에서 실패를 반복하는 일도 감소한다.[46] 팀 구성원들은 동료의 성공이 곧 자기 팀의 성공이므로 그 성공에 대해 격려와 인정을 아끼지 않으며 혹시 실패하더라도 사회적 지원(social support)으로 심리적인 용기와 힘을 북돋아 주기도 한다. 상호 간 협동경험과 신뢰가 높아지면 혁신과 모험감수성도 높아진다.[47] 물론 동료의 실패경험을 공유하면서 전문능력이 높은 사람과 부족한 사람 사이에 멘토링(mentoring)을 확대하며 이러한 멘토링 활동은 구성원의 역량을 향상시키는 기회가 된다.

2 부하의 신뢰를 얻는 리더십

윤리적 리더십

윤리적 리더십이란?

1980년대 중반부터 리더십에 윤리성(ethics)을 추가해야 한다는 주장이 대두되고 있다.[48] 이러한 추세는 기업윤리나 환경윤리 혹은 기업의 사회적 책임이 점차 중시되고 있기 때문이기도 하다. 예를 들어 목표를 위해 수단을 가리지 않는 리더가 항상 목표를 초과달성한다고 해서 그것을 훌륭한 리더십이라고 할 수 있는가? 안 해도 될 전쟁을 시작해서 개선한 장군이 훌륭한 장군인가? 불량식품을 팔도록 지시하여 주주들에게 막대한 이익을 내게 한 CEO는 어떤가?

이러한 문제는 유효한 리더십모델을 평가하기에 앞서 다루어야 할 가치관의 문제이기도 하다. 그렇다고 리더가 도덕성을 갖추어야 한다거나 기업이 사회적 책임을 다해야 한다는 이유만으로 윤리적 리더십이 대두된 것은 아니다. 리더가 윤리적일 때 효율적 리더십이 되기 때문에 이를 강조하는 것이다.

윤리적 리더십과 신뢰

리더가 부하의 신뢰를 얻는 가장 좋은 방법은 항상 부하들에게 정정당당하며 자신 있고 털어도 먼지 하나 없도록 처신하는 것이다. 이는 모범적 리더십(authentic leadership)이 새로운 리더십 모형이라는 주장과 일맥상통한다.[49] 효율적으로 리더십을 발휘하기 위해서는 리더가 부하들과 모든 정보를 공유하고, 언제나 접근이 가능하도록 기회를 주며, 부하들의 건의에 귀 기울여야 한다. 그러면 부하들은 항상 리더를 신뢰하고 회사의 지시와 전략에 잘 따라줄 뿐만 아니라 고객을 먼저 생각하고 기꺼이 고객봉사에 나선다고 한다.[50]

그런데 부하로부터의 신뢰는 앞에서 다룬 카리스마 리더나 혁신적 리더의 경우에도 강조된다. 즉 가능한 비전을 제시하거나 열린 경영으로써도 부하는 리더를 믿고 따른다. 그러나 다른 점은 있다. 카리스마 리더나 혁신적 리더도 비전을 제시해 주고 부하들에게 호소하기도 하지만, 비전이 히틀러의 경우처럼 잘못된 것일 수도 있으며, 리더 개인의 자기이익이나 자기도취에서 설정된 것일 수도 있다. 다른 이들에게 도움을 주려고 카리스마적 기질이나 행동을 활용하는 윤리적 리더만이 부하들로부터 진정한 신뢰를 얻을 수 있을 것이다.

신뢰를 얻는 리더의 유효성

윤리적 리더라면 정직하며 남 앞에 떳떳할 것이고, 그래야만 부하들의 신뢰를 얻어 결과적으로 리더십효과가 증가한다. 리더의 진실성 있는 행동과 윤리적 행동은 부하직원들로부터 신뢰를 얻기 위한 첩경이며 부하와 리더 사이에 신뢰관계가 형성되면 위험의 감수, 정보의 공유를 통해 조직효율성이 증대되는 것은 자명한 일이다. 리더가 공정하고 윤리적이면 부하들의 조직시민행동이 더 높아지며, 리더와 더 많은 문제를 상의하려 한다는 조사결과도 있다.[51] 리더는 부하의 거울이다. 마케팅부서의 리더가 윤리적일수록 판매원들도 소비자에게 윤리적으로 대하고 영업실적도 오른다고 하며[52] 사원들의 서비스 혁신행동이 증가한다고 조사되었다.[53] 조직의 분위기나 부하직원들이 윤리적이고 동료들과 정의로운 관계를 유지하더라도 이러한 분위기가 조직 내 노하우 향상에 이바지하려면 리더가 윤리적 리더십을 발휘해야 구성원들의 상호교류를 통한 조직학습이 가능해진다는 연구도 있다.[54] 윤리적 행동이 무엇인지는 종교와 문화에 따라서 다를 수는 있지만 그것이 집단의 성과를 올려주는 것은 서양이나 동양이나 중동이나 마찬가지인 것 같다. 도표 12.10

도표 12.10 신뢰적 리더와 조직유효성

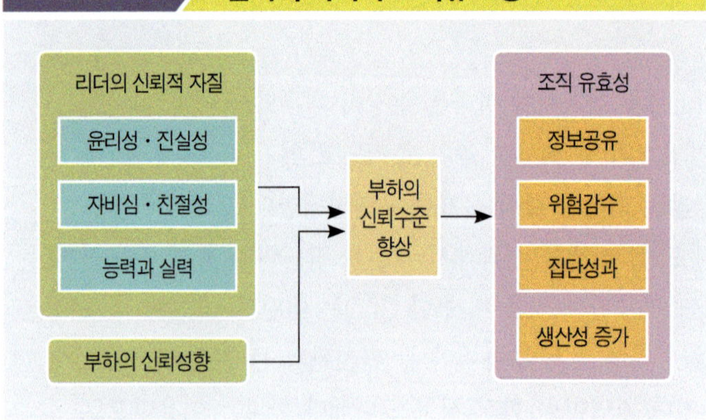

자기희생적·봉사적 리더십

자기희생적 리더십

조직은 끊임없이 구성원들의 크고 작은 희생을 필요로 하는데, 이때 그들의 희생이 리더에 의해 강제적으로 행해지면 수탈이지만 자발적으로 이루어진다면 자기희생이다. 그런데 구성원들의 자발적 희생은 이보다 먼저 리더의 자기희생에서 비롯된다.[55] 리더의 자기희생은 미시적 차원에

이야기 12.11 어머니, 진정한 자기희생적 리더

유람선 한 척이 태평양을 지나다가 풍랑을 만나 좌초되었다. 그래서 구조 헬기가 와서 사다리를 내리니 여자 1명에 남자 10명이 사다리를 잡았다. 그런데 이 헬기는 딱 10명까지만 구할 수 있었다. 그러자 기장이 부탁을 했다. "제발 한 명만 놓으세요. 한 명만..... 안 그러면 우리 다 죽습니다. 줄을 놓으실 분 없습니까?" 이때 여자가 이렇게 얘기했다. "저는 평생 남편과 자식들을 위해 희생하고 살았는데 이번 한 번 더 희생 못 할 게 뭐 있겠습니까? 제가 사다리 줄을 놓겠습니다." 그 말에 남자들이 박수를 치다가 다 떨어졌다.

서는 구성원들로 하여금 기회주의와 불안을 극복하게 하고, 적극적 행동을 유발하여 조직의 위기상황에서 구성원들의 위기적응행동을 촉진한다. 거시적으로는 조직 전체의 환경변화에 대한 적응력을 높인다. 자기희생적 리더십은 새로운 차원의 리더의 행동으로서, 최근에 리더의 윤리성차원에서 새롭게 연구를 시작하고 있다.[56]

그러나 자기희생적 리더십은 리더의 행동이 오로지 자기희생행동으로만 구성되어 있다는 뜻은 아니며, 과업주도, 관계지향, 발전지향 등의 행동과 일상적 관리행동을 수행하면서 자기희생행동도 함께 하는 것이다. 따라서 자신을 희생하면서까지 타인을 헌신적으로 배려하고 타인이나 대중의 이익을 위해 탁월한 리더십을 발휘하는 자기희생적 리더행동을 일종의 혁신적 리더십으로 보는 학자들도 있다.[57] 이야기 12.11

봉사적 리더십

이와 비슷한 내용의 주장이 봉사적 리더십이다. 봉사적 리더십(servant leadership)의 근원은 1970년 그린리프(R. Greenleaf)의 주장에서 찾을 수 있는데, 그는 훌륭한 리더는 하인 바로 그 자체라고 했다.[58] 하인은 자기중심이 아니라 타인(주인)의 요구에 응하고 타인에게 우선권을 두는 사람이다. 그러므로 봉사적 리더는 자신보다는 부하, 고객, 지역사회에 봉사하는 것을 우선으로 삼는 사람이며, 장기적 관점에서 부하들의 생활과 과업수행방식의 변화에 초점을 두고 접근하는 리더이다. 즉 생산이나 업적보다 부하가 원하는 것을 들어주고 최대한 배려하는 리더십을 의미한다.[59] 다시 말하면 리더가 부하의 관리자로서가 아니라 부모와 스승이 되어서 부하의 일이 잘되도록 돕고 지원하라는 뜻이다. 이러한 봉사적 리더십은 부하를 지원하고 성장시킴으로써 리더십 유효성을 높이는 데 이바지한다고 입증되었으며 부하 개인의 성과와 집단의 성과향상과도 직결된다는 보고가 많다.[60] 그리고 부하들의 자아정체성이 강하고 봉사에 대한 집단 내 경쟁이 높다면 봉사적 리더십은 더욱 강화된다고 조사되었다.[61] 도표 12.11

자기희생적 행동이란?

구체적으로 자기희생적 행위는 다음 세 가지로 구성된다.[62]

- 업무분장에서의 희생: 다른 업무에 비해 더 위험하거나 힘들거나 또는 기피되는 업무, 역할, 순번 등을 자청할 때 발생하는 희생
- 보상분배에서의 희생: 자기에게 정당하게 분배되어야 할 금전적·비금전적 보상, 예컨대 급

도표 12.11 Servant leader가 갖추어야 할 요건

1. 듣기: 부하들의 욕구를 듣고 파악한다.
2. 동정: 부하가 실수했을 때 같이 동정해 준다.
3. 치료: 부하의 실수를 해결해 주고 위로해 준다.
4. 인지: 부하의 강·약점을 관찰하여 알려 준다.
5. 설득: 지시보다 설득을 택하여 부하에게 접근한다.
6. 개념: 장기적이고 폭넓은 사고방식을 가지려고 노력한다.
7. 예견: 현재의 행동이 어떤 결과를 가져올 것인지 예견하고 상황판단을 할 줄 안다.
8. 보호: 리더 자신이 조직의 물적·인적 자원에 대한 감시자이고, 보호자라는 것을 인지한다.
9. 개발: 부하들의 현재능력에 만족하지 않고 개발, 발전시켜 나아간다.
10. 협동: 조직의 구성원들에게 항상 공동체정신을 심어 준다.

여, 상여, 승진, 포상, 휴가, 공로에 대한 인정 등을 포기하거나 미룰 때 발생하는 희생

- 권한행사에서의 희생: 자기가 임의로 사용할 수 있는 자원과 권한 등을 자제하거나 포기할 때 발생하는 희생

멘토링

멘토(mentor)는 호머의 『오디세이』에 나오는 인물로서, B.C. 1200년경 오디세우스가 트로이전쟁 때문에 떠날 때 자신의 아들(텔리마커스)을 잘 가르쳐서 왕국을 보전하게 해 달라고 자신의 친구(멘토: Mentor)에게 아들교육을 부탁한 데서 유래되었다. 오늘날 멘토의 의미는 교사, 충고자, 조언자, 상담자로 통한다. 회사에서는 일반 사원들에 대한 전반적인 교육도 중요하지만, 부분적이고 개별적인 업무나 구체적 사안에 대해 계속적인 교육이 필요한데, 이를 일일이 찾아서 개별적으로 교육하기 어렵다.

그러므로 미리 교육대상자들과 선임사원들을 일대일로 맺어 주고, 선임과 후배사원이 개인적 교류를 가지면서, 교육·훈련뿐만 아니라 회사의 모든 사안에 대해 현명하게 대처하도록 양육하는 훈련방법이다. 이때 선임은 후배사원에 대한 상담과 지원에 그치지 않고 역할모델이 됨으로써 후배사원이 본받도록 하는데, 후배사원에게 봉착한 업무적 문제나 심리적 스트레스를 해결해 주는 새로운 형태의 리더십행동이다.

멘토링의 장점

멘토링은 부하만 원하는 것이 아니라 리더도 원한다. 부하를 장악하기 위해서라기보다 부하의 잘못으로 조직이 처할 위험을 미리 예방하고 자신의 경험을 물려주고 싶기 때문이다. 멘토링을

이야기 12.12 현명하신 아버지의 멘토링

일본의 한 군주였던 구로다 요시다카는 병석에 누워 임종이 가까워지자 매우 신경질이 심하여 부하들을 꾸짖곤 하였다. 그러나 부하들은 입을 다물고 있을 뿐이었다. 이때 아들인 나가마사가 하도 민망스러워 부친의 머리맡으로 다가갔다. "아버님, 몸이 편치 않으시어 마음이 몹시 산란하시겠으나, 부하들이 매우 곤란해합니다. 조금 부드럽게 대해 주실 수 없겠습니까?" 아들의 말을 들은 아버지는 아들을 더 가까이 하여 귓속말로 이렇게 속삭이는 것이었다. "내가 심하게 굴면 부하들은 내가 심하게 구는 만큼 너를 우러러보게 되는 거야. 내가 이러는 것은 모두 너를 위하는 것이다." 아들은 아버지의 말씀에 저절로 고개가 수그러질 뿐이었다.

이용한 리더십의 장점은 멘토와 멘티(mentee: 지도받는 자)가 동일한 부서의 동일한 업무에 종사하면서 비슷한 상황에 처해 있기 때문에, 멘토의 지도가 좀 더 실제적으로 공감이 간다는 점이다. 멘토는 공식적인 리더의 지위를 가진 사람이 아니라 부하의 업무를 먼저 경험해 보았던 선배이기 때문에 자유롭게 질문하고 접근할 수 있으며, 상호 토론과 의견 제시로 아이디어를 개발하고 부하를 육성하는 데 매우 효과적이다. 그러나 모든 부하가 리더의 멘토링을 원하는 것은 아니며, 나이, 성격, 직급, 성별에 따라 그 욕구가 다르기 때문에 주의하여 접근해야 한다.[63] 이야기 12.12

3 리더-부하 교환이론

부하는 한 명이 아니라 여러 명인 경우가 대부분이고 제각기 다르다는 것에 주의해야 한다. 그럼에도 불구하고 이제까지의 리더십 연구는 부하를 모두 똑같은 사람으로 취급하고 오직 리더에게만 초점을 맞추어 왔다. 리더십은 리더만의 문제가 아니라 리더와 부하의 관계이다. 이제 리더십의 상호적 관계에 주목해야 한다는 사실이 새롭게 내두되었다.

리더-부하 교환이론의 두 핵심

리더-부하 교환이론은 리더와 각 부하들 간의 역할수행과정과 시간흐름에 따른 교환관계가 어떻게 발전하는지를 설명한다.[64]

수직적 상호 영향관계

리더십 연구 초기에는 리더의 영향력을 리더에게서 부하로 전달되는 하향적 방향으로만 생각하였다. 그러나 부하가 리더에게 영향력을 행사하는 상향적 방향도 가능하다. 이렇듯 리더의 행동이나 특성 등 리더 자체에만 초점을 둔 그동안의 이론에 비해서 수직적 양자연계이론(VDL: Vertical Dyadic Linkage theory)은 리더와 부하의 상호작용에 초점을 맞추고 이들 관계에서 어떻게 리더십이 이루어지는가를 설명한다.

이러한 VDL이론이 리더-부하 교환이론(LMX theory: Leader-Member exchange theory)이다.

리더와 부하의 관계는 리더가 부하 각각에 대하여 개별적인 관계를 형성하기 때문에, 리더와 부하 전체와의 관계가 아닌 부하 한 사람 한 사람과의 일대일 관계라 말할 수 있다. 이 이론은 리더가 부하와 가지는 상호적 영향관계에 초점을 둔다.

내집단과 외집단

대부분의 조직에서 여러 명의 부하를 둔 리더는 부하들을 내집단(in-group)과 외집단(out-group)으로 구분해 놓고 두 집단에 대해 각기 다른 상호관계를 발전시켜 나간다. 즉 어떤 리더가 조직에서 자기의 개인집단을 만들고 그들에게만 특별대우를 한다면, 일단 그는 LMX이론형 리더인 셈이다.[65] 소수의 믿을 만한 부하들은 내집단으로 구분하여 중요한 의사결정에 참여시키고 책임도 그만큼 더 많이 부여하며 중요한 정보도 더 많이 알려 준다. 그 대신 임금인상 및 보너스 지급, 경력개발 등 다양한 특별대우를 해 준다. 물론 내집단의 부하들도 외집단보다 직무와 조직에 더 몰입하며 리더에게 끊임없이 충성한다. 이에 비하여 외집단에 속하는 부하들은 내집단에 속한 부하들과는 전혀 다른 리더-부하관계를 형성한다. 리더는 부하들을 믿지 않으며 주로 강압적 방법이나 권위를 앞세워 지시와 명령을 내린다.[66] 부하들 또한 피동적이며 리더에게 적극적으로 충성할 필요를 느끼지 않는다. 이야기 12.13

교환관계의 유형과 LMX의 장단점

리더는 부하의 핵심역량과 능력수준, 그리고 부하가 리더를 신뢰하고 의존하는 수준에 따라서 부하들을 분리해 놓고 각 집단별 수준에 맞추어 각기 다른 리더십을 행사하는 것이 좋다. 그러면서 시간의 흐름에 따라 교환관계의 수준을 낮추거나 높여 간다면 더욱 바람직하다고 했다.[67]

이야기 12.13 공자의 제자 차별

어느 날 공자의 제자 중 한 사람인 자로가 공자에게 질문을 했다. "선생님! 좋은 생각이 떠오르면 곧바로 실행해야 합니까?" 그러자 공자가 답했다. "아니다. 좀 더 깊이 생각해 보고 나서 여전히 좋다고 생각되면 그때 실행하여라." 그런데 잠시 후에 또 다른 제자인 염유가 공자에게 똑같은 질문을 했다. "선생님! 좋은 생각이 떠오르면 어떻게 해야 합니까? 곧바로 실행에 옮겨야 하나요?" 공자가 답했다. "좋은 생각이 떠오르면 당연히 곧바로 실행해야지." 그러자 옆에 있던 자화라는 제자가 이상히 여겨 공자에게 질문을 했다. "선생님! 왜 자로와 염유가 똑같은 질문을 했는데 각각 다르게 대답하십니까?" 그러자 공자는 다음과 같이 말했다. "자로는 성격이 급해서 매사에 신중히 하라고 그렇게 답한 것이고, 염유는 지나치게 신중하고 주저하기 때문에 과감하게 실천하라는 뜻으로 그렇게 답해 준 걸세."

높은 교환관계(특별한 교환관계)

리더는 내집단(in-group)의 부하들에게 지원자, 자문역, 부관, 비서, 고문, 심지어는 분신(分身) 등의 자격을 주고 그들과는 질 높은 교환관계를 갖는다. 그리고 특별 교환관계를 유지하는 부하에게는 더 많은 복지후생과 임금인상, 승진기회 등의 유형적인 보상 이외에도 개인적 칭찬과 인정, 미래에 대한 보장을 약속한다. 그들은 보통의 부하들보다 더 많은 헌신과 노력을 했기 때문이다.

특별 교환관계를 설정한다는 것은 친밀하고 빈번한 관계를 뜻하기도 하지만 결국은 리더 자신이 부하로부터 최선의 지원을 받기 위함이다. 리더는 그들에게 더 고난도의 과업을 맡기며, 더 많은 책임과 권한을 위임하고, 더 많은 정보를 공유함으로써 결국에는 다른 조직에서 얻지 못하는 높은 조직성과를 얻을 수 있다. LMX관계를 갖지 않는 다른 조직은 그 정도로 노력하는 헌신적 부하를 가질 수 없기 때문에 평범한 업무만 처리하고 중간 정도의 성과에 만족할 뿐이다.

리더의 특별한 대우가 확실할수록 부하는 리더에게 더 많은 추종과 헌신을 할 것이다. 즉 부하는 리더가 원하는 조직목표에 더 몰입하고 리더의 관리감독 임무까지 도와주려고 할 것이다. 물론 추종집단의 리더에 대한 충성은 리더가 조직목표를 완전히 수용하고 조직이 지향하는 가치를 강조할 때 더 높아진다.[68] 이처럼 주고받는 반복적인 교환 사이클로서의 관계를 통해서 리더와 부하의 교환관계는 시간의 흐름에 따라 더욱 견고해지며 부하의 충성심은 더욱 강화된다. 도표 12.12

도표 12.12 리더와 부하의 교환관계 차별

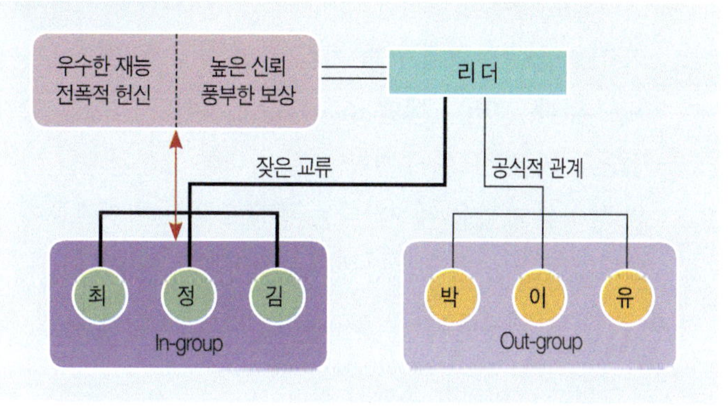

낮은 교환관계(보통의 교환관계)

리더와 특별 교환관계를 가지는 부하들이 있는 반면에 낮은 교환관계를 갖는 부하집단도 있다. 양적으로는 후자가 훨씬 많다. 낮은 교환관계는 리더와 부하의 상호 영향력이 상대적으로 낮다. 극단적으로 서로 무관심한 채 규정상 주어진 대로 피동적으로 과업을 처리하고 규정대로 보상한다. 즉 리더가 부하에게 미치는 영향력도 약하고 부하도 리더에 대한 충성과 헌신이 약하다. 리더는 부하가 능력도 약하고 충성과 헌신도 부족한 것 같으면 외집단(out-group)으로 분류하여 최소한의 수준으로만 대한다. 그리고 외집단의 부하와는 빈번한 의사소통과 친밀한 관계를 형성하기 위해 노력하지 않고, 그저 평범한 리더가 평범한 부하를 대하듯이 일상적인 관계를 가지는데 이를 낮은 교환관계라고 할 수 있다. 그렇다고 부하들의 최소한의 요구마저 안 들어준다면 오히려 리더에게 협조가 줄어들고 저항할 수도 있으므로 그들의 요구는 적당히 맞춰 주어야 할 것이다. 부하들의 특별한 몰입과 헌신을 요구하지 않는 대부분의 집단업무는 이들에 의해서 수행되고 보통의 업적을 내고 마무리된다. 이때에는 리더가 부하와 교환관계를 높이려고 특별한 노력을 할 필요가 없다.

LXM의 장점: 고난도의 특별한 업무를 완성

리더에게 주어진 업무가 누군가가 주도적으로 발 벗고 나서야 하는 것이라면 이를 완수하기 위해 부하의 피나는 노력이 필요하다. 이럴 경우에 특별관계를 가진 부하가 아니라면 그 업무를 수행할 사람이 없다. 리더가 모든 부하들과 똑같은 평범한 수준의 관계를 가진다면 아무도 피나는 노력을 하지 않고 적당한 노력만 제공할 것이다. 그렇게 되면 난이도 높은 과업을 완성해 줄 부하가 없다. 그러나 리더에게 전력을 다할 내집단(in-group) 멤버들이 있다면 그들의 지원을 받아서 극히 어려운 과업을 달성할 수 있는 것이다.

반대로 난이도가 약한 대부분의 보통의 과업은 밤을 새워 헌신하며 노력하는 고도로 숙련된 내집단 멤버에게 맡길 필요는 없다. 평범한 부하들의 평범한 노력으로도 해 낼 수 있기 때문이다. 그러므로 업무가 평범한 일이어서 많은 시간과 에너지를 필요로 하지 않는 경우에는 리더와 부하의 특별한 교환관계가 별 가치가 없다. 이럴 경우에는 굳이 부하들을 구별하면서 차별대우할 필요도 없다. 그러나 어떤 조직이든 업무마다 차이가 있기 때문에 대부분의 리더들은 부하들을 내집단과 외집단으로 구별하여 질이 다른 교환관계를 가지려고 한다. LMX리더십은 실제로 사원들의 창의성 개발을 촉진한다는 주장도 있으며 인그룹에 있는 리더의 분신 몇 명이 리더와 함께 혼합되어 팀을 이룬다면 더욱 효율적일 수도 있다.

LMX 비판점

그렇다고 이러한 유형의 리더십이 무조건 효율적인 것은 아니다. 부하들 역시 내부통제형 성격이거나 자율의지가 강할 때에만 비로소 리더-부하 교환모형의 리더십이 조직성과와 연결되는 것이다. 다시 말해서 소극적이고 외부통제형이며 특별한 노력을 할 마음도 없고 따라서 특별한 대우를 바라지도 않는 부하를 내집단(in-group)으로 삼아서 특별관계를 맺으려는 리더는 실패하기 쉽다.[69]

제프리 페퍼(J. Pfeffer)는 특수한 인재들이나 부하들과 특별한 관계를 유지하면서 특별대우를 하면 득보다 실이 많다고 주장한다. 자칫하면 나머지 대다수 부하들에게 소외감을 주고 사기를 침체시킨다.[70] 이러한 차별대우가 계속되면 팀워크가 위협받고 생산성이 감소될 뿐만 아니라 파괴적인 조직문화가 형성될 위험이 없지 않아 있다. 전체 구성원의 극히 일부에 해당하는 소수의 부하들만 차별 관리하는 것은 나머지 부하들에게 자괴감과 무관심을 일으켜 직무태만과 복지부동의 분위기를 양산할 수 있음에 주의해야 한다. 따라서 리더는 모든 부하 직원들의 성과기대치를 높게 잡아주는 것이 좋다. 그래야만 부하들이 성과와 보상에 대한 기대를 높게 가지고 모티베이트 될 수 있다. 그리하여 장기적으로는 거의 모든 부하들로 하여금 스스로 난이도 높은 직무에 몰입하는 능력과 자신감을 갖추게 해야 한다.

IV | 리더십의 토론 이슈들

좋은 리더만 있으면 조직은 성과를 올리는가? 리더 개인의 성격이나 심리상태에 따라 조직문화는 닮아 가는가? 조직의 전략은 경제성과 합리성 말고도 리더 개인의 의도에 따라 만들어질 수 있는가? 성별이나 문화가 다르면 리더십의 정체도 달라지는가? 이러한 물음에 대해서는 토론의 여지가 많다.

1 리더십의 주체는 리더인가? 부하인가?

현대에 와서 마치 기업의 성패가 모두 리더십에 좌우되는 것처럼 리더십의 중요성을 그 어느 때보다 강조하고 있으나 이에 대한 반론도 만만치는 않다. 즉 기업을 비롯한 조직의 성공에는 좋은 리더만 있으면 그만이라는 생각은 위험하다는 것이다. 다른 변수들이 좋은 리더십보다 더 조직발전에 이바지하기도 하며 아무리 좋은 리더십이 발휘되더라도 다른 변수에 의해 그 효과가 약화 내지는 소멸될 수 있다.[71]

완충요인: 리더십이 전부인가?

아무리 훌륭한 리더가 있더라도 부하들의 능력이나 분위기 때문에 훌륭한 리더가 스스로 생각한 리더십을 펼 수 없는 상황도 있을 수 있다. 그리고 좋은 리더십을 발휘해도 부하들이 못 받아들이는 경우가 있는데, 이때 리더의 잘못으로 조직이 잘못됐다고 평할 수 있을까? 그 반대도 마찬가지이다.

부하의 능력과 자질

리더십의 영향을 가로막거나 리더십을 불필요하게 만드는 요인들은 예를 들면 구성원들의 전문성, 교육 정도, 경력수준 등이다. 즉 이들 변수가 좋은 리더십보다 생산성 향상에 영향을 더 미치기 때문에 리더십을 대신하는 대체요인으로 볼 수 있다. 부하들의 능력과 리더십의 상호작용이 없다는 전제하에서 부하들의 경력이 많고 잘 훈련된 전문가라면 이미 높은 생산성을 유지하고 있는 것이다. 이때에는 아무리 좋은 리더가 오더라도 생산성이 급격하게 더 오를 리 없으며, 형편없는 리더가 오더라도 조직구성원들의 기본자질이 있기 때문에 생산성이 크게 낮아지지 않는다. 그러므로 이러한 부하들로 구성된 조직이라면 조직성과가 오로지 리더의 손에만 달렸다고 볼 수 없다.

팔로워십

팔로워십(followership)에 관한 관심도 대두되었다. 그동안 상사에게서 모범적 리더십을 찾으려 한 데 반해서 효율적 리더십의 여부는 부하의 조건과 자질이 결정한다고 보는 견해가 있다. "위대한 리더 밑에는 훌륭한 부하들이 있었다."라는 말이 있었지만 비로소 최근에야 훌륭한 리더십에 필요한 부하의 조건이 무엇인지에 관심을 갖기 시작했다. 성공하는 조직은 리드할 만한 리더가 있어야 하지만 따라 줄 만한 부하 역시 있어야 한다.[72] 사실 어느 조직이나 리더보다 부하의 수가 훨씬 많기 때문에 못난 리더가 있는 조직보다 못난 부하가 있는 조직이 더 빨리 망할 수 있다. 켈리(R.E. Kelley)가 말하는 훌륭한 부하의 조건은 다음과 같다.

- 리더가 일일이 통제하지 않아도 자기관리를 잘 하면서 스스로 계획하고 실천해 나아갈 줄 아는 부하
- 자신의 이익이나 자신의 일만을 위해 행동하는 것이 아니라 동료나 타 부서 사람들과 협조를 잘 하는 부하
- 조직에 필요한 기술과 실력을 갈고 닦아서 조직에 노력을 경주하는 부하
- 도전적이고 정직하고 실수를 두려워하지 않으며 남에게 의존적이지 않은 부하 이야기 12.14

효율적 리더십: 부하가 결정한다?

효율적 리더십이란 리더가 부하의 헌신과 순종을 유발해서 목표를 효과적으로 달성하게 하는 것이다. 지금까지의 많은 연구들이 바람직한 리더십, 이상적 리더십의 행동을 찾아서 리더에게 안겨주면 된다고 착각할 정도였다. 그러나 리더십 행동을 리더에게만 두지 않고 부하의 관점에서 파악할 필요도 있다. 이와 관련하여 몇 가지 리더십 접근방법을 검토해보자.

이야기 12.14 함께 일하고 싶은 부하 베스트 10

① 상사의 단점까지도 커버해 주는 부하
② 불평·불만을 속 시원히 털어놓는 부하
③ 말보다 행동을 우선하는 부하
④ 실수를 인정하고 상사에게 조언을 구하는 부하
⑤ 상사의 말에 장단을 맞출 줄 아는 부하
⑥ 일을 스스로 찾아서 하는 적극적인 부하
⑦ 정시에 출근하는 부하
⑧ 여유와 유머가 있는 부하
⑨ 책임을 피하지 않는 부하
⑩ 자기 분수를 지키는 부하

행동주의이론의 관점

앞의 4장에서 배운 '효과(결과)의 법칙(law of effect)'을 다시 상기시켜 보자. "이로운 결과(보상)를 얻는 행동은 반복되고 해로운 결과(벌)를 얻는 행동은 반복 안 된다." 부하들도 리더십행동의 자극에 단순히 반응하는 것이 아니라 결과(보상)를 예측한 후에 순종이냐 불복종이냐를 결정하기 때문에 결과(보상 혹은 벌)를 이용하여 학습을 시킬 수 있다.[73] 그러므로 리더가 부하의 좋은 행동을 유발하기 위해서는 부하에게 유리한 결과를 만들어 주고 부하로 하여금 그 결과를 얻기 위해 좋은 행동을 반복하도록 상황조건을 만들어 준다. 그러다 보면 부하의 좋은 행동이 습관화(학습)되는 것이라고 보는 관점에서 리더십을 연구한다. 예를 들면 리더가 원하는 대로 부하가 행동할 때 물질적 보상이나 칭찬을 하면 부하의 성과향상과 직무만족을 유도한다.[74] 마찬가지로 부하의 부정적 행동에 대해 리더가 벌칙을 부여해도 그 부정적 행동을 감소시킬 수 있다.[75] 이런 관점을 자세히 관찰하면 리더가 자극하는 대로 부하가 생각 없이 자동적으로 따라오는 것이 아니라 부하도 미래의 보상을 예측하고 이성적으로, 그리고 능동적으로 행동한다는 사실을 알 수 있다. 즉 아무리 훌륭한 리더라고 해도 부하의 충성을 무조건 유발할 수 없으며 부하의 수용과 추종은 부하 자신에게 달렸다는 사실을 인정해야 한다.

사회적 학습이론의 관점

사회적 학습(social learning)이란 인간의 인지적(認知的)이고 이성적인 활동을 통하여 행위가 습득되는 과정이다. 인지적 학습이란 남의 행동과 그 결과를 보고 이성적으로 판단해서 학습하는 것이다. 예를 들면 A는 열심히 공부하는데도 B보다 성적이 안 나온다. 그래서 B를 관찰해보니 그는 노트정리를 많이 하고 교수를 자주 찾아가 질문해서 요점정리를 따로 해두었다가 시험 직전에는 그것만 보고 있었다. A는 그것을 보고 그대로 했더니 성적이 올랐다. 이 학습과정에 있었던 A의 인지적 과정은 무엇일까?

- A는 자기 성적이 B의 성적보다 나쁘다는 사실을 깨닫는다.
- A는 B의 머리나 자기 머리나 다를 바 없다고 생각한다.
- A는 B의 공부방식대로 모방하기로 결정한다.

다시 말해서 강화나 벌칙보다는 직접 체험 없이도 타인 행동을 보고 자신의 생각과 느낌을 통하여 학습을 한다. 사회적 학습은 모방학습이 대표적이다. 타인행동의 결과가 긍정적이면 동일한 행동을 반복할 것이고 부정적인 결과를 받으면 자기도 그 행동을 자제할 것이다. 특히 리더는 보통 사람보다 부하들의 눈에 잘 부각되기 때문에 리더행동은 부하들이 모방하기 쉽다.[76] 예를 들면 리더가 부하들에게 실천하는 봉사적 리더십은 부하가 고객에게 봉사하는 행동으로 나온다.[77] 결과적으로 사회적 학습이론 관점은 부하를 자극-반응의 대상으로 취급한 것이 아니라 인지적이고 이성적인 존재라는 점을 상기시킨다.

귀속이론의 관점

귀속이론이란 앞에서 배운 대로 어떤 이의 행동을 보고 그를 파악하는 것이 아니라 그가 그렇게 행동한 원인을 추측한 다음에야 그를 판단하는 것이다. 이는 부하들이 리더의 행동을 파악할 때도 마찬가지이다. 리더의 행동을 보고 곧바로 존경하거나 순종하지 않고 리더가 왜 그런 행동을 했는지, 그 원인이 어디 있었는지를 추론한 다음에 그 리더의 특성을 파악하고 그에게 복종하든지 순종하든지 모방하든지 한다는 것이다. 이런 관점에서 생각하면 부하들 앞에서 리더가 행한 리더십행동이 바로 어떠어떠한 리더십이라고 단정할 수 없고, 리더행동을 보고 원인을 추론한 후에 부하가 그려낸 리더에 대한 '이미지'가 바로 리더십 유형이 되는 셈이다. 결국 리더십 유형은 리더 마음대로 정하는 것이 아니라 부하가 만든 이미지인 것이다. 물론 부하들이 이미지를 만들 때에는 리더행동의 '원인'을 추측 내지는 파악하여 그것을 기반으로 만든 것이다. 따라서 부하들은 리더의 리더십행동에 따라 움직이는 것이 아니고 자신들의 머리로 그려놓은 리더십 '이미지'에 따라 어느 정도 순종할 것인지를 정하는 것이다. 따라서 혹자는 이를 '리더십 이미지 이론'이라고도 한다.[78]

이와 관련하여 우리가 앞에서 배운 귀속이론을 여기에 적용해보자. 사람들은 대개 한 회사의 성과가 높으면 그 회사의 리더를 훌륭한 CEO라고 칭찬하며 그의 속성과 여러 특징을 들먹이면서 칭송하지만 경제상황이 나빠서 회사가 잘못되면 리더의 탓으로 돌리는 경향이 많다.[79] 조직의 실패를 리더의 실패로 여기고 조직의 성공 또한 리더의 성공적 리더행동 때문으로 인식하는 경향

이야기 12.15 리더의 진정한 역할

BC 550년경 중국의 춘추전국시대에 초나라의 변경에서도 아주 산골인 여향(麗鄕: 현재는 허난성 려읍)의 곡인리(谷仁里)라는 곳에서 태어난 노자는 당시 초나라를 지배하고 있던 주나라 중앙정부의 수장실 사직관을 지낼 정도로 학문이 특출한 사람이었다. 공자는 사무·서기직으로 입신하여 정치로 출세하려고 애썼지만 노자는 연구·전문직으로서 왕에게 국가경영 자문을 해주었다. 그러나 그가 중앙관직도 버리고 귀향하려 하자 변방을 지키던 관령 윤희(尹喜)가 군대의 통치를 어떻게 해야 하는지 몇 말씀이라도 해달라고 요청하여 5천 개 정도의 경영방식을 전해주고 떠나는데 이것이 『도덕경(道德經)』이 되었다. 그 핵심은 무(無), 허(虛), 자연(自然) 사상이다. 노자는 오늘날의 경영자들에게 '리더가 있는 듯 없는 듯 자연 상태로 굴러가도록 자율로 관리하라'는 의미로 다음의 글귀를 들려주고 있다. 효율적 리더십의 여부는 부하에게 달렸으므로 뒤로 물러서 있고 부하 스스로 행동하도록 하는 자가 훌륭한 리더라는 것이다.

- 爲無爲 則無不治(위무위 칙무불치): 다스리는 행위를 하지 않음으로써 다스려라. 그리하면 모든 것이 관리·통제된다. 리더라고 너무 앞에서 설치고 혼내지 말라는 뜻이다. 경영자의 자리에 경영자가 없으면 모든 것이 관리된다는 의미도 된다.

- 不敢爲 天下先(불감위 천하선): 감히 하늘 아래서 앞에 나서려고 하지 말라. 리더나 부하나 능력이 비슷하니 부하의 의견도 많이 참조하라는 뜻이다.
- 功遂身退 天之道(공수신퇴 천지도): 공을 완수하면 물러가는 것이 원칙이고 도리이다.
- 聖人處無爲之奈(성인처무위지사): 위대한 리더는 '무' 관리로 일을 처리한다. 부하가 스스로 일을 하도록 지원만 해주라는 뜻이다.
- 太上下知有之(태상하지유지): 아랫사람들이 위에 리더가 있다는 것만 알 정도이면 그 리더는 성공한 리더이다. 리더의 권한위임과 부하의 자율성 유도를 다시 강조한다.
- 信不足焉 有不信焉(신부족언 유불신언): 리더가 부하를 믿지 못하면 조직에 불신이 생긴다. 믿고 위임해주라는 얘기이다.

은 모두 원인을 잘못 찾는 귀속오류 때문이다. 사실은 조직의 성패와 리더십의 성패는 별개일 수 있는데도 말이다. 그리하여 상황이 좋을 때는 리더가 영웅이 되지만 상황이 나쁘면 범죄자처럼 취급받기도 한다.[80] 결론적으로 조직의 성과나 리더십의 유효성은 리더 자신의 속성 이외에도 여러 가지 다른 요인들(특히 부하의 판단)에 의해 좌우된다는 사실을 잊어서는 안 된다. 이야기 12.15

암묵적 리더십이론의 관점

암묵적 리더십이론(implicit leadership theory)에 의하면 부하들은 처음부터 자신들이 바라는 리더십의 원형(prototype)이 있는데 자기 리더의 리더십행동이 이 원형과 일치해야만 잘 따르고 존경한다는 것이다.[81] 물론 이 원형이란 국가문화, 시대상황 등에 따라서 그리고 부하마다 다를 수도 있으며 특히 직업군에 따라서도 다를 수 있다. 말하자면 은행장, 목사, 대장, 사장, 장관의 원형이 다를 것이고 같은 회사라고 하더라도 사장, 부장, 팀장이 다르고 같은 팀장이라고 하더라도 생산팀장, 연구팀장, 마케팅팀장의 원형이 다를 것이다. 이처럼 다양한 환경에 따라서 부하들이 원하는 이상적 리더의 특성이나 요구되는 행동이 다른데 이것이 부하 머릿속의 원형과 부합될 때에만 바람직한 리더십으로 인식되어 부하의 헌신을 유도할 수 있다는 것이다. 그러므로 리더가 특별상황에 대처하느라고 상황에 알맞은 리더십행동을 하더라도 부하들의 원형에서 크게 벗어난다면 좋은 리더십으로 수용될 수 없고 부하의 동조와 순종을 못 얻을 수도 있다.[82] 이야기 12.16

리더십 대체이론의 관점

리더십 대체이론(substitutes for leadership)은 리더십 상황변수가 너무 강력해서 리더의 역할을 대체하거나 무력화시킬 수 있다고 주장한다. 즉 상황에는 리더를 대체할 수 있는 요인이 있어서 리더의 행동이 불필요하거나 중복될 수도 있다는 것이며 무력화요인도 있어서 리더의 행동이 억제되거나 방해받는 현상이 나타난다는 것이다.

상황은 주로 부하상황, 과업상황, 조직상황으로 구성될 터인데 이러한 상황들은 리더가 없더라

이야기 12.16 리더십은 부하가 결정?

러시아의 역대 지도자들을 보면 묘한 현상을 발견할 수 있다. 지금까지 모두 9명의 지도자가 거쳐 갔는데 묘하게도 한 명 건너 한 명씩 교대로 대머리 지도자가 나온다는 것이다. 현 대통령이 민머리이면 다음 대통령은 대머리가 되고 그 다음은 민머리가 된다. 레닌(대머리)-스탈린-후르시초프(대머리)-브레즈네프-고르바초프(대머리)-옐친-푸틴(대머리)-메드베데프(민머리)-푸틴(대머리)으로 이어진 걸 보면 마치 파도타기 같다. 4선까지 노리는 푸틴은 예외라고 할 수 있다. 어차피 리더십의 결정이 부하들이 원하는 대로라면 이렇게 될 수밖에 없다. 몇 년간 대머리에 질린 국민은 민머리를 원하고 민머리가 되면 또 그의 임기 동안 민머리에 질린 국민이 대머리를 원한다는 의미이다. 이 경우는 농담이지만 실제로 어느 나라든 보수와 진보, 혁신과 안정, 강함과 부드러움, 성장과 분배의 리더들이 파도타기식으로 반복되어 나타난다. 대중이 뽑는 정치적 리더일수록 더 그렇다. 대중은 언제나 새로움을 원하므로 현재를 부정하고 "새로운 리더가 오면 뭔가 달라지겠지" 하는 희망으로 투표하기 때문일 수도 있다. 그러고서 대중은 "옛날이 더 좋았어!"라고 후회한다. 진보냐 보수냐는 덜 중요하다. 그저 현재가 아니면 된다는 식이다. 보수정권하에서는 진보로의 변화를, 진보정권하에서는 보수로의 변화를 원한다. 리더가 누구든 관계없다.

도 충분히 기능을 해서 조직의 성과를 훌륭하게 이뤄낼 수 있다는 것이다. 예를 들면 부하들이 과업에 대해서 전문적인 지식을 가졌거나 숙련된 사원들이라면 리더의 도움 없이도 높은 업적을 낼 수 있을 것이다. 그리고 보람과 의미 있는 과업이면서 과업수행 과정이 제대로 체계화되어 있다면 리더의 과업지향적 행동이나 배려행동 없이도 과업은 저절로 잘 진행될 것이다. 그리고 이미 조직의 체계가 잘 잡혀있고 각종 규정과 제도가 완전히 성립된 상황이라면 특별한 리더가 존재하지 않더라도 조직은 잘 돌아가기 마련이다. 예를 들면 후진국의 경우는 대통령이 누가 되느냐에 따라 그 나라의 운명이 좌우되지만 역사 깊은 선진국이라면 누가 대통령이 되더라도 나라가 제대로 잘 굴러간다. 그러므로 리더십 대체이론의 주장은 리더로 하여금 과도한 리더십의 발휘를 자제하고 상황을 보완해주는 역할만 하면 된다는 것이다.

2 리더 개인의 영향력

리더 개인의 성격과 그의 심리상태가 리더십에 영향을 미치고 그의 리더십이 조직의 운명을 좌우한다면 매우 심각한 일이 아닐 수 없다. 좋은 경영을 하려면 이에 대해 올바로 알고 효율적인 리더십을 찾는 데 주력해야 한다. 또한 리더 한 사람의 영향력은 여러 구성원들의 영향력과는 다르게 조직의 분위기를 좌우하기도 한다. 때로는 리더가 경제성과 합리성에 바탕을 두고 선택되어야 할 조직의 전략을 변경시킬 수도 있는 대단한 영향력을 지니고 있다는 사실을 알아 두어야 한다.

리더의 개인특성과 리더십 스타일

리더의 성품

훌륭한 리더가 가지고 있는 특질(traits)과 그가 리드하고 있는 조직의 성과 사이에 상관성을 별로 찾지 못했던 과거의 특성이론 자료를 토대로 오늘날 현대의 분석기법으로 연구한 결과들을 보면 높은 상관관계가 있다. 1986년에 로드(R. Lord)는 1959년에 연구한 만(R.D. Mann)의 자료를 재분석하여 효율적 리더들만이 가지는 특성을 요약해서 전형적 리더상을 제시했다. 주요 특성은 ① 지성, ② 남성성, ③ 지배력으로 집약된다.[83] 또한 최근 세계 각지에 있는 2만여 명의 회사원들에게 "귀하는 상사의 어떤 특성을 높이 평가합니까?"라는 질문을 던지고 응답을 분석하여 리더의 특성을 찾아낸 연구에서는 ① 정직성, ② 영감, ③ 능력, ④ 미래 통찰력의 네 가지 요소를 들고 있다. 이는 리더라면 우선 믿을 만하고 비전과 지도력을 갖춘 사람이어야 한다는 것을 의미한다. 한편 리더의 정직성, 지혜, 인내심은 조직유효성이나 팀성과에 긍정적으로 작용하지만 리더의 용기는 영향을 주지 못했다는 연구도 있다.[84]

리더의 신체적 특질

그리고 좋은 리더십은 리더의 신체적 특질과 관련이 있다는 연구결과가 계속 늘어나고 있다.[85] 예를 들어 훌륭한 리더는 반드시 잘생기거나 강한 육체를 가졌거나 공격적이기보다 오히려 부드럽고 사교적이어야 하는데, 그러한 유능한 리더는 스트레스를 이기고 사람들과 융화할 수 있는 소위 세로토닌과 테스토스테론이라는 생화학적 물질과 호르몬을 더 많이 가지고 있다는 것이다. 세로토닌이 증가하면 사회성이 강화되고 테스토스테론이 증가하면 경쟁(성취)욕구가 높아진다. 즉 세로토닌을 많이 가진 사람은 공격성이나 적대적 욕구를 자제하면서 여러 사람과 잘 어울린다. 그리고 높은 테스토스테론 때문에 사람들로부터 존경과 칭찬을 받으려는 행동을 하면서 좋은 리더로 부상한다. 이러한 호르몬은 뇌에서 분비되는데 이들을 잘 분비시키는 유전자는 부모로부터 물려받은 체질에 의해 좌우된다. 중요한 것은 정신적이든 신체적이든 리더의 특질이 조직의 업적과 성과에 많은 영향을 미친다는 점이다.

리더의 심리상태

우리는 앞에서 리더십 유형은 리더 자신, 부하, 그리고 상황의 복합적 산물임을 배웠다. 그러나 리더가 조직에 영향을 미치는 것은 그의 성격과 관련이 깊다. 리더의 영향력이 제대로 먹히려면 리더와 부하 사이의 심리적 일치가 선행되어야 한다. 프로이드(S. Freud)는 『집단심리와 자아분석』에서 집단의 멤버들은 자아의 일부를 리더에게 일임해 놓고 그 공동의 장에서 공통요소들을 발견해 낸다고 풀이한다. 그러므로 리더의 감성지수나 좋은 감정상태가 부하들의 직무만족도에 긍정적 영향을 미치기도 하고 리더의 정서상태가 안정적이면 부하의 창의적 아이디어를 방해하지 않는 등 조직개발에 도움이 된다. 이는 리더의 감정상태와 조직성과와의 상관성을 의미하는 증거이다. 특히 리더의 심리상태와 리더 스타일의 연결을 시도한 스토라(J. Stora)는 리더십 유형이 리더의 심리와 밀접한 관계가 있다고 주장하며 다음과 같이 네 가지 유형으로 분류한다.[86]

- 자기도취형 리더: 자기도취적 심리상태를 가지고 있기에 외부에 대한 잠재공격성과 자신의 자리, 권력 보존에만 강한 집념이 있다. 이들의 자아 속에는 공격 잠재본능이 특히 많아서 역사를 휘두르고(네로 황제, 히틀러 등) 기업의 창시자가 되기도 한다. 이 세상의 많은 독재형 리더들이 이러한 성격의 소유자이다.
- 유혹형 리더: 부하들과의 인간적 관계 유지에 헌신하며 부하들의 인기와 사랑을 독차지하는 것을 최대 목표로 삼는다. 따라서 부하들을 부모처럼 친근하게 대하는데 미성숙형 부하들에게 더욱 효율적이며, 리더는 우상이 되어 부하들 모두를 자기의 팬으로 만들고 싶어 하고 카리스마 리더가 되기도 한다.
- 소유형 리더: 모든 것, 자기 자녀와 부하들까지도 자기 소유라고 생각하는 사람으로서 그에게 부하들 개개인의 인격은 의미가 없다. 이런 연유로 부하의 어떠한 저항이나 자기주장도 용납되지 않으며 부하는 그저 리더의 시녀일 뿐이다. 그러므로 헌신과 맹종도 당연한 것으로

이야기 12.17 이순신 리더십

명량해전에서 이순신 장군은 단 12척(실제는 13척)의 배와 패잔병, 어부로 구성된 오합지졸을 이끌고 300여 척의 일본 정예함대와 맞붙어 기적 같은 승리를 이뤄 냈다. 최악의 조건 속에서 이순신 장군이 크고 작은 전쟁 모두 62전62승이라는 신화를 창조해 낸 비결은 무엇인가? 이순신이 옥에 있는 동안 원균의 조선 수군은 칠량해전에서 궤멸하고 말았다. 남은 것은 12척의 배와 오합지졸뿐이었다. 당시 선조대왕조차 이순신에게 해전을 포기하고 육군 대장이 될 것을 종용했다. 그러나 이순신은 오히려 "저에게는 아직 12척의 배가 있습니다. 죽을힘을 다해 싸운다면 적의 진격을 막을 수 있습니다."라며 선조를 설득했다. 명량해전을 승리로 이끈 원동력은 바로 이 같은 불굴의 의지였다. 포드, 마이크로소프트, 휴렛팩커드 등 세계적인 기업은 불굴의 의지로 무장한 맨주먹의 기업가가 만들어 냈다. 다들 돈이 없어서, 사람이 없어서, 기술이 없어서 못 한다고 야단이지만 바로 이런 때 이순신 장군의 불굴의 의지가 필요하다. 이순신의 수군을 무적함대로 만든 또 하나의 비결은 '신뢰'였다. 백의종군 후 맨손으로 시작한 이순신은 왜군이 휩쓸고 간 폐허를 누볐다. 민심을 수습하고 패잔병을 모으기 위해서였다. 이순신이 나타났다는 말에 도주했던 패잔병이 모여들었다. 이순신 장군은 청렴결백, 공평무사, 정직을 몸으로 실천했기 때문에 백성과 군사들의 신뢰를 얻었다. 신뢰를 얻지 못한 기업가는 작은 전투에서 이길지 모르나 전쟁에서는 승리할 수 없다.

여긴다. 리더 자신도 조직을 위해 모든 것을 바치며 조직의 구성원을 마음대로 부리지만, 함부로 해고하거나 버리지는 않는다. 왜냐하면 모두 자기 소유라고 착각하기 때문이다.

- 이상형 리더: 부하들의 인격을 존중하며 보살피는 리더로서 심리상태가 매우 조화롭고 안정되어 있다. 자기가 속한 공동체의 행복을 위해서라면 기꺼이 자기의 전 생애를 바칠 수 있는 리더이다. 이야기 12.17

리더의 개인특성과 조직의 전략

조직이 전략을 수립하고 추진하기 위해서는 환경변화에 맞추는 것이 당연해 보이지만 사실은 리더의 의도에 따라 진행되기 쉽다. 더구나 조직의 탄생기나 초창기에는 리더가 매우 결정적인 역할을 한다. 그리하여 기업의 비전은 물론 비전달성을 위한 전략수립과 정책방향이 리더가 가지고 있는 개인적 가치관에 바탕을 두고 형성되는 경우가 많다.

현대그룹의 금강산 개발전략은 총수가 떠나온 고향이었을 뿐만 아니라 정 회장이 수십 년 전 집에서 소를 판 돈을 가지고 나온 것이 계기가 되어 소 떼를 몰고 방북하면서 북한 당국과의 대화로 이어졌다고 볼 수 있다. 헨리 포드(H. Ford)의 경우도 리더가 기업전략에 미치는 영향이 얼마나 직접적인지를 시사한다. T형 자동차를 만들어 자동차왕국을 건설했던 그는, 아버지가 농부로 일하다 세상을 떠났기에 차도 농사꾼을 위해 실용적으로 설계하고 더 많은 차를 공급하고 싶어서 가격도 싸게 책정하였다. 그러다가 농부인 부모에 대한 불효를 후회하면서 타산에 안 맞는 트랙터를 계속 생산하여 공급한 끝에 포드왕국은 큰 위기를 맞기도 한다.

한편 우리나라 재벌총수들 간의 개인적인 경쟁심리가 무모한 확장전략을 부추겨 실패 내지는 비능률을 경험한 경우도 있고, 재벌 2세, 3세가 아버지의 성공에 대한 자신의 콤플렉스를 만회하고자 경험 없는 분야에 무작정 신규투자를 하는 경우도 있었다. 이 모두가 리더 개인의 성격적 특성이 조직전략에 미치는 영향이 얼마나 큰지를 보여 주는 예이다. 이야기 12.18

이야기 12.18 리더의 꿈

아마존 창업자 제프 베이조스는 5살 때 TV를 통해 아폴로 11호의 달 착륙을 보고 나서 우주에 대한 꿈을 품었다. 그의 고등학교 졸업연설 내용은 '우주정복'이었다. 대학 때는 우주탐사 개발 동아리 회장을 지냈다. 그는 아폴로 11호를 쏘아 올렸던 역사적인 발사대를 테슬라의 일론 머스크에게 놓치고 싶지 않았기 때문에 소송도 불사했다. 마침내 2015년 11월 23일 블루오리진의 로켓은 대기권을 떠났다가 한 달 후에 부드럽게 지구에 착륙하는 데 성공했다(**사진**). 이제 민간인 대상으로 우주관광 상품을 판매함으로써 그의 꿈이 실현되었다. 베이조스와 우주개발 경쟁을 벌인 테슬라의 일론 머스크 역시 어린 시절 집단 따돌림을 당할 때 유일한 위안이었던 SF소설이 우주관광 상품 전략으로 발전했다. 2050년까지 100만 명을 화성으로 이주시킨다는 그의 꿈은 실현될까? 처음에 그는 자신의 꿈이 NASA나 미국 정치권에서 무시당하자 직접 보여주겠다고 결심하고, 라이트형제 첫 비행 100주년 기념행사에 참석하기 위해 트레일러 뒤에 건물 7층 높이의 로켓을 직접 싣고 LA에서 출발, 미대륙을 횡단하여 워싱턴DC까지 가서 사업추진을 위해 NASA에 소송까지 걸었다. 2021년에는 일론 머스크의 스페이스X도 제프 베이조스의 블루 오리진도 민간 우주여행을 성공시켰다. 머스크는 인류가 2026년에는 화성에 갈 것이라며 2022년 화성행 우주선과 발사체를 공개했다. 이처럼 리더가 가진 꿈은 수익성 여부를 떠나 이성을 초월하여 조직의 전략으로 발전하기도 한다.

리더의 성별과 리더십 스타일

남녀 리더십과 조직유효성의 관계

오늘날 우리나라에서도 여성의 사회적 진출이 증가하고 있을 뿐 아니라 결혼 후까지 계속 근무하는 추세이며 여권신장으로 각 사업장에 여성리더가 증대될 전망이다. 서양에서는 일찍부터 리더십의 스타일이나 유효성에 남녀 간 성차(性差)가 존재하는지의 여부에 대해 많은 연구가 이루어져 왔는데 주로 다음과 같은 이슈들이 연구의 초점이었다.

- 리더십 역할에 대한 남녀 간의 지각은 서로 다른가?
- 남녀 리더들의 리더십 스타일은 서로 다른가?
- 남녀 간 리더십 스타일이 다르다면 어느 쪽이 더 효율적인가?

이에 대한 정답은 간단치 않다. 왜냐하면 부하가 남자인가 여자인가, 남녀 혼성이라면 남녀 중 어느 쪽 비율이 더 많은가에 따라 리더십 유형에 따른 유효성이 변하기 때문이다. 또한 현실세계에서는 하나의 리더십 유형을 놓고 이렇게 다양한 연구표본을 구하기도 어렵다.

남녀 간 리더십 스타일의 우열을 찾기 어려운 이유는 그뿐만이 아니다. 조직의 상황, 즉 조직구조가 어느 정도 공식화되어 있는지의 여부, 규범이 잘 확립되어 있는지, 구성원들이 리더의 지원을 얼마나 바라고 있는지 등에 따라 리더의 성별차이에 대한 유효성이 달라지기 때문이다.

그동안의 연구를 종합 분석한 연구에서는 남녀 간 리더십 차이를 다음과 같이 결론짓는다.[87]

- 스테레오타입의 편견(예: 여성리더는 아무래도 약하다)이 있음에도 불구하고 남녀 간 리더의 유효성 차이는 없었다.
- 리더십 요건 중 남성적 요건(예: 호탈함)에는 남성이 더 효과적이었고 여성적 요건(예: 포용과

배려)에는 여성이 더 효율적이었다. 즉 남성리더가 포용적일 때보다 여성리더가 포용적일 때 더 효과적이었다.

- 남성이 많은 조직에서는 남성리더가, 여성이 많은 조직에서는 여성리더가 더 효과적이었다.

리더십 스타일의 성별차이

일단 공식적으로 리더가 되고 난 후에는 신뢰성, 사교성, 추진력, 포용력 등 리더로서 갖추어야 할 기본특질에는 남녀 간에 큰 차이가 없는 것으로 나타난다. 하지만 그들의 행동 스타일은 약간 다르다고 관찰되고 있다. 즉 여성리더는 남성리더보다 더 민주적이고 참여적인 것을 선호하지만, 남성리더는 관료적이고 독재적인 유형을 보이는 것이 특징이다. 그래서 여성리더는 부하와의 직접 대면관계를 가능한 한 많이 유지하며 정보도 많이 나누고 부하의 의견에 귀 기울이면서 협조를 얻으려고 하는 반면에, 남성리더는 명령과 통제를 일삼으며 공식적인 권위와 자신의 높은 위치에 의존하려는 경향이 많다. 지금까지 밝혀진 바에 의하면 리더역할 지각에서 남성은 과업중심 쪽이, 여성은 인간중심 쪽이 많았으며, 여성일수록 민주적 · 참여적 스타일이 많았다.[88]

그러나 실제로는 이보다 더 복잡하다. 남성과 여성의 성격이 근본적으로 다르기 때문에 리더십 형태도 다르다고 할 수 있지만 동일한 성격이라면 같은 리더십이 나올까? 한 연구에 따르면 동일한 성격이라도 여성리더는 부하에게 지원행동을 자주 하지만 남성리더의 경우 도전적이고 혁신적으로 행동했다. 그러나 남성이라고 모두 도전적인 것은 아니며 성격에 따라 다르다. 외향적 남성리더는 더 도전적 행동을 하지만, 내향적 남성리더는 더 신중하고 분석적 행동을 한다. 즉 리더십행동은 성별뿐만 아니라 성격에 따라서도 다르다. 또 다른 연구에서는 여성리더가 가사 일을 여전히 병행하면서도 남성에 버금가는 리더십 성과를 보이는 것으로 나타났다.[89]

3 미래를 위한 리더 양성과 훈련

리더의 선발

훌륭한 리더를 둔 조직은 행운이다. 그래서 많은 조직들은 자신에게 알맞은 좋은 리더를 찾기 위해 여러 방법을 사용한다. 일반 사원을 선발할 때 거치는 과정과 비슷하게 리더로서의 자질을 갖추고 있는지 다방면으로 검증하고 선발한다. 이때 필요한 특성으로서 앞에서 공부한 리더의 추진력, 경력, 통솔력 등의 일반적인 자질 이외에도 카리스마적 기질과 외향, 비전과 이슈를 표현하는 언변 같은 리더십의 성공에 직결되는 특유의 요인들이 검증되어야 한다.

그뿐만 아니라 리더십 상황이론에 비추어 볼 때 리더에게는 상황적합적인 리더의 자질이 매우 필요하다. 따라서 여러 가지 상황에 리더의 후보를 비추어 보면서 적응력, 변혁력, 창의력 등을 검증해야 한다. 그리고 이런 자질과는 별개로 가족들의 사생활이 리더십을 발휘하는 데 방해가 되지는 않는지, 그동안 리더로서 어떤 부하들과 어떤 경험을 했는지, 어려운 시기는 어떻게 극복했는지 등의 과거경험도 리더십유효성과 상관성이 많기 때문에 잘 살펴야 한다.[90] 그래서 조직의 관리자들은 리더를 선발하거나 승진시킬 때 매우 긴 시간을 두고 심사숙고한다. 특히 여러 사람이 천거한다고 좋은 리더는 아니다. 리더의 역할과 대중의 인기도는 별개이기 때문이다.

리더의 양성

장기적이고 계획적인 훈련과정

리더는 갑자기 출현하기도 하지만 만들어지기도 한다. 그러므로 기본자질이 있는 인재를 점찍어서 미리 리더의 역량을 키워 주면 더없이 좋은 일이다. 특히 리더 후보자에게 여러 장애물을 거치도록 해서 변화력과 적응력을 훈련시키는 과정이 반드시 필요하다. 대다수의 리더 후보가 유아독존적이고 자신만이 최고라는 생각으로 승승장구한 사람들일 가능성이 크기 때문이다.[91]

오늘날의 조직은 리더십 훈련과 개발에 수십억 원을 투자하고 있다. 특히 고급관리자나 최고경영자는 하루아침에 나오지 않기 때문에 장기적 안목에서 보면 후계자 양성을 목표로 고위직의 승진 이동에 특별히 관심을 가질 필요가 있다. 몇몇 회사에서는 최고경영자가 되기 위해 거쳐야 할 부서와 직급을 암암리에 내정해 놓고 유능한 사원을 일찍부터 선발하여 경영자 훈련을 받도록 한다. 경영자가 되기 위해 무슨 교육을 받는 것이 좋을지 미리 만들어 그 계획표에 따라 직무를 할당하고 필요한 부서에 배치하는 회사도 있다. 잠재적 리더가 리더십 개발에 노력하고 열성을 쏟으려면 그 자신이 리더십에 소질이 있다고 확신할 때 모티베이션이 더 오른다고 한다. 그렇다면 잠재적인 리더들에게 리더십 소질이 있다는 확신을 심어주는 것이 리더십 개발의 첫 걸음일 수 있다. 이야기 12.19

이야기 12.19 진정한 리더십

조직의 일반 구성원들은 혁신을 싫어한다. 현재의 안정된 삶을 뒤흔들어야 하고 기득권 상실의 위협도 있으며 변화하려면 추가적인 노력이 들어가기 때문이다. 그래서 변화를 시도하려는 혁신적 리더를 적극 도와서 조직을 혁신하려는 부하들을 찾기 어렵다. 결국 부하들로부터 인기가 많은 리더는 어떤 의미에서 진정한 혁신적 리더라고 볼 수 없다. 그래서 진정한 리더는 외로운 자리이다. 혼자 줄 위에서 곡예를 부리는데 아무도 위로 올라와 리더 대신 줄을 타 줄 사람이 없고 다들 아래에서 쳐다보며 구경이나 한다. 구경이나 하면 다행이다. 리더의 혁신이 계속되면 자신들의 기득권이 위험해지니 리더의 옷자락을 잡아 끌어내리려고 한다. 옷자락을 당기는 행동이 비겁하게 보일까 봐 그렇게 못 하면 대신 줄 타는 곡예사의 옷에 묻은 티끌을 탓한다. 얼굴이 못났다느니 행동이 굼뜨다느니 사생활이 어떠니 하면서 어떻게 해서라도 끌어내리려고 야단들이다. 그러므로 리더의 길은 고독한 가시밭길이 된다. 그렇다면 진정한 리더의 길이 그 정도로 험난하다면 그냥 포기하는 편이 낫지 않은가? 왜 위험을 무릅쓰고 나서야 하는가? 거센 저항에도 불구하고 포기해서는 안 되는 이유가 무엇일까? 아무도 리더의 말에 귀 기울이지 않는 절망적인 상황에서도 앞으로 나아가게 하는 원동력은 무엇인가? 그것이 돈과 명예뿐이라면 그것만 가지고는 혼자 줄타기를 계속하기 어렵다. 구경꾼들을 사랑하는 마음이 없이는 모든 비난을 감수하기 어렵다. 조직이 잘못되면 모두가 불편한 줄 알면서도 비겁하게 침묵하는 리더는, 그리고 대중의 저항이 무서워 인기에만 몰두하는 리더는 조직을 사랑하는 진정한 리더가 못 된다. 사장이건 대통령이건 진정한 리더십의 원동력은 고객과 국민을 사랑하는 마음에서 출발한다. 그리하여 이순신의 리더십이야말로 진정한 리더십이다.

리더십 훈련기법

조직이나 팀의 운영자들이 좋은 리더를 양성할 때 활용하는 효율적인 훈련기법을 몇 가지 요약하면 다음과 같다.[92]

- 리더십 훈련은 셀프모니터링 능력이 많은 사람, 자아효능감이 높은 사람, 자아인식이 확실한 사람을 대상으로 실시하는 것이 좋다. 왜냐하면 그런 사람들이 자신에 대해 정확히 알고 남들보다 환경변화에 따라 행동을 더 적극적으로 변화시키는 융통성이 많기 때문이다.[93]
- 리더십 스킬은 어떤 것들일까? 리더가 하는 일이 주로 비전창출, 비전실천, 신뢰구축, 멘토링, 상황분석 등이기 때문에 이와 관련되는 기술을 특별히 교육할 필요가 있다.
- 훈련방법은 기존 리더나 중역들이 직접 나서는 일대일 훈련이나 직접 시범을 보이는 모델링 등이 이용되지만 어떠한 리더를 훈련시키는지에 따라 방식은 다양할 것이다.
- 리더의 양성은 리더 개인적으로도 어떻게 행동하느냐에 달려 있다. '자기예언충족'이론을 지각에서 배웠듯이 꾸준히 부하를 믿고 맡기면 리더에 버금가는 훌륭한 부하를 만들 수 있지만, 처음부터 잘 믿지 못하고 무능하게만 취급하면 그는 영원히 성장하지 못한다.
- 부하에게 일을 시켜 놓고 기다리다가 답답하면 어느 순간 직접 해 버리는 리더가 있다. 이것은 리더가 해서는 안 되는 행동 중 하나이다. 이런 일이 반복되면 어떤 현상이 일어날까? 부하가 미안하고 고마워서 다음 업무에 더 매진하여 성과를 낼까? 오히려 "리더가 다 하겠지." 하며 더 나태해지기 십상이다. 빨리 가기 위해 리더 혼자 할 수도 있지만, 더 멀리 가려면 혼자해서는 안 된다. 부하의 역량을 강화시키고 그들도 일을 통한 성취의 기쁨과 성과를 창출하도록 함께 가는 것이 리더 양성의 지름길이다. 이야기 12.20

이야기 12.20 피그말리온식 리더양육법

충청도 어느 마을, 읍에서 떨어진 한적한 시골 길을 지나던 스님이 외딴집에 물 한 모금 달라며 들렀다. 마음씨 좋은 안주인은 물뿐 아니라 시주까지 하였다. 시주를 받고 고마워하던 스님은 가족의 사주를 봐준다면서 한 사람씩 미래를 훑어갔다. 서너 살 된 아이에게는 "크면 과거급제할 것"이라고 말했다. 어머니는 그 말을 고이 간직했다가 아이가 자라는 동안 귀가 닳도록 들려주었다. 아이를 혼낼 때도 마찬가지였다. 아이는 자라면서 친구들이 나쁜 짓을 모의할 때는 어머니의 말씀을 되새기며 슬며시 빠지곤 했다. 초등학교에 입학한 아이는 서울에서 오신 담임선생님의 귀여움을 받아 우체국에 편지 부치는 심부름을 자주 했다. 선생님이 모범생으로 여기니 섣부른 행동을 할 수 없었다. 공부하는 자세를 길러 준 그 여선생님 덕분에 꾸준히 우등생이었다. 6학년 담임은 의지가 아이의 어머니보다 더 컸다. 시골학교에 부임한 후배교사를 고시공부하라고 강제로 서울로 보내 후에 교육부 차관까지 만드신 분이었다. 그런 담임 밑에서 아이는 강훈련을 받았다. 그런 담임을 만난 것도 행운이었다. 청년이 된 아이는 대학을 졸업하고 취직을 했지만 '과거급제'가 머리에 계속 맴돌았다. 대학원을 가고 유학을 가서도 다른 학생들은 낙제하거나 중도포기했지만 그는 어려운 고비를 넘기며 일류대학 총장을 지도교수로 만나 경영학 박사를 거쳐 교수가 되고 지금은 『조직행동』 8판까지 쓰고 있다. 이것은 순전히 어머니의 '과거급제'효과와 두 분 선생님 덕분이다. 예언은 실현된다는 피그말리온 효과는 사원을 리더로 양육할 때에도 똑같이 적용된다. 그래서 어떤 기업에서는 신입사원 중에 예비 중역을 골라 꾸준히 교육을 시켜 나중에 회사의 중추적 역할을 맡긴다. 이때 회사의 교육훈련 덕도 있겠지만 뽑힌 사원들도 내심 "나한테 중역이 될 소질이 있나 보다."라고 생각하고 자신감을 갖거나 혹은 "회사가 나중에 나를 중역으로 승진시키겠지."라고 믿고 이에 대비하여 꾸준히 노력할 것이다. 결국은 리더의 선도적 예언은 개인의 자발적 노력을 자극함으로써 저절로 실현되는 것이다. 마이크로소프트의 스티브 발머는 빌 게이츠에게서, 애플의 팀 쿡은 스티브 잡스에게서, 구글의 순다르 피차이는 래리 페이지에게서, 그리고 아마존의 앤디 재시는 제프 베이조스에게서 제대로 양육받은 제왕들이다. 이들은 모두 '독이 든 성배'를 물려받고 초기에는 비판을 받았지만 결국은 전임자 못지않은 경영을 이어가고 있다.

4부

시스템차원의 조직행동

Organiza-
tional
Be-
havio
49

13장

조직문화: 유형/형성/역할/유효성

ORGANIZATIONAL BEHAVIOR

Ⅰ. 조직문화의 개념과 유형
Ⅱ. 조직문화 만들기
Ⅲ. 조직문화가 하는 일

▶ **사진설명**

한 집단의 문화는 다른 집단의 것과 구별되면서 그 집단구성원들의 생각과 행동을 지배한다. 기업도 자기만의 독특한 문화가 있는데 그것은 기업구성원의 일거수일투족에 영향을 미친다. 일본의 기업문화는 1980년대 경제번영을 가져왔고 이어서 서방기업들의 모범사례로 유행되었다.(오사카 오피스 빌딩 숲)

한 나라의 문화가 그 국민들의 태도와 행동을 지배하는 것처럼 한 조직의 분위기는 그 구성원들의 태도와 행동을 지배한다. 이러한 문화의 개념을 조직 안으로 끌어들인 이유는 구성원들의 조직행동이 조직문화에 의해 좌우되기 때문이다. 우리가 이 책에서 성격과 태도, 권력관계와 리더십을 배운 이유도 그것이 조직행동과 밀접한 영향관계가 있기 때문이었다. 조직의 문화는 성격이나 리더십 못지않게 조직행동에 영향을 미친다.

조직이 인간의 합리성에만 의존해서 만들어지고 운영되는 것은 아니다. 분업과 연결, 명령지휘계통, 권한의 배분 등만 잘 갖추었다고 조직이 잘 되리라고 믿을 수 없다. 그러나 이러한 규정과 제도들을 잘 정비해 놓고 오랫동안 구성원의 행동을 제약하고 강제하다 보면, 어느덧 구성원들은 그것이 강제나 규칙이라는 사실도 모른 채 습관적으로 그것대로 행동한다. 일단 그렇게 되면 다른 규정을 만들어도 새 규정을 따르지 않고 저절로 과거의 습관을 따른다. 이쯤 되면 애초의 제도가 문화가 된 셈이다. 조선시대의 유교문화가 처음에는 제도였지만 문화가 된 것과 마찬가지이다.

조직문화를 잘 만들어 놓으면 따로 관리하지 않아도 조직구성원의 행동을 자연스럽게 유도할 수 있다. 나쁘게 만들어지면 아무리 잔소리를 하고 벌을 주어도 조직행동은 잘못된 방향으로 움직인다. 그러니 조직문화가 중요하지 않을 수 없다. 동시에 개인의 체질을 개선하면 그의 건강을 좋게 만들 수 있듯이 조직문화를 바꾸면 유효성을 높일 수 있다. 조직문화가 각광받게 된 계기도 바로 여기에 있다. 그러므로 이 장에서는 조직문화의 개념과 역할, 형성과 유지, 장·단점 등에 관해 배울 것이다.

I | 조직문화의 개념과 유형

1980년대 초반 톰 피터스(T. Peters)와 로버트 워터맨(R. Waterman)이 쓴 『초우량기업의 조건』에서 당시 성공한 기업들의 공통된 특성은 튼튼한 조직문화 구축이었다는 사실이 밝혀지면서 이에 관한 관심이 높아졌다. 조직문화란 무엇이며 왜 기업을 경영하는 관리자의 관심대상이 되었는지를 이해하면, 조직행동 분야에서 문화를 학습하는 것이 매우 중요하다는 사실을 알게 될 것이다. 우선 문화에 대해 이해하고 조직문화의 속성과 유사개념들과의 차이를 알아보자. 그리고 수많은 조직들의 조직문화를 몇 개의 범주로 나누는 기준은 무엇이며 실제로 어떤 유형이 있는지 배우기로 한다.

1 조직문화의 뜻과 탄생배경

조직문화는 비전공자들에게는 다소 생소한 용어이다. 일반적 문화와 조직에서의 문화의 개념은 무엇이 다른가? 그것이 가지는 속성은 무엇인가? 다양한 조직문화 유형들을 공부하기에 앞서 이에 대해 설명하기로 한다.

조직문화의 개념

조직문화란 무엇인가?

개인이 혼자 집에 있으면 마음대로 해도 되지만 일단 조직 안에 들어오면 조직이 만든 규칙을 따르면서 조직과의 약속을 지켜야 한다. 자동차 만드는 회사를 가든지 병원조직에 들어가든지 서로의 약속을 지키고 짜인 계획대로 혹은 상급자의 지시대로 따라서 행동해야만 조직의 목적이 달성된다. 그런데 이러한 약속과 규칙과 지시사항들이 조직마다 같은 것은 아니다. 예를 들어 책상을 만들어도 어떤 회사는 나무로 유치원용 책상을 천천히 만들고 다른 회사는 고급재질로 사무용 책상을 빨리 만든다. 만드는 방법과 약속과 지시가 다르다. 회사마다 독특한 느낌과 특징이 있다.

이러한 보이지 않는 규정과 분위기가 구성원의 행동을 구속한다. 마치 운전자들의 통행행동을 제약하는 신호제도 혹은 우측통행제도와 같다. 이대로 몇 년을 지내다보면 강제라기보다는 습관적으로 우측통행을 하고 빨간불에는 저절로 서게 된다. 그런데 영국과 우리나라의 통행문화는 다르다. 처음부터 규정과 제도가 달랐기 때문이다. 또는 문화와 전통이 달랐기 때문에 그러한 규정과 제도가 만들어질 수도 있다. 국가의 문화도 이렇게 형성된다.

문화가 모든 국민의 행동을 좌우하듯이 회사에서 역시 사원들의 행동을 좌우하는 것이 있다. 이것을 조직문화라고 한다. 제도와 규정을 하드웨어(공식구조), 조직문화를 소프트웨어(비공식 분위기)라고 한다면 하드웨어와 소프트웨어는 전혀 별개의 것이 아니라 서로 밀접한 관련이 있음을 알아야 한다.

왜 사람들은 문화를 따르는가?

우리가 집단의 장(7장)에서 배운 규범(norm)이란 모든 사람이 이미 그렇게 행동하기 때문에 불확실성 상황에서의 행동기준과 비슷한 것이라고 하였다. 따라서 내가 어떻게 해야 좋을지 모를 때에는 다른 사람들이 하는 '행동과 생각'을 보고 그대로 따라서 하는 것이 리스크를 줄이며 안심할 수 있는 방법이다. 그래서 사람들은 규범에 동조하는 것이라고 하였다. 물론 이때 규범은 반드시 도덕적이거나 효율적일 필요는 없다. 만약 집단의 규범에 동조하지 않고 혼자만 다른 길을 간다면 스스로도 불안하고 따돌림을 당할 수도 있다. 이 둘은 본능적으로 참기 어려운 상황이다. 하물며 아무런 이득이 없는 상황이라면 다른 사람과 달리 행동할 아무런 이유도 없다.

결과적으로 조직구성원들도 어떤 행동에 확신이 서지 않거나 어느 길이 유리한지 혹은 옳은지 불확실할 경우에는 규범에 따른다. 그런데 조직 안에서 개인은 거의 항상 불확실 상황에 부딪힌다. 상황이 시시각각 변하기 때문에 이전과 동일한 것이 별로 없다. 결과적으로 이러한 규범들이 여러 사람에게 확장되고 굳어지면 그 조직의 문화가 되는 것이다. 조직의 한 개인은 불확실 상황 속에서 어떻게 처신해야 할지 모를 때, 문화를 통해서 어떻게 행동해야 하는지를 쉽게 익힐 수 있고, 타인과의 관계를 원활하게 하면서 조직에 공헌할 수 있는 것이다. 이야기 13.1

이야기 13.1 문화의 탄생

최초의 문화는 어떻게 탄생했을까? 집단의 신화와 허구는 자녀의 탄생 직후부터 길들여 특정한 기준대로 살도록 제한하고, 이것은 씨족과 부족이 효과적으로 협력할 수 있는 '인공적인' 본능을 창조했다. 원시부터 인간집단은 자연재해를 함께 이겨내고 커다란 맹수를 잡고 혹은 이웃 부족과 싸움에서 승리할 목적으로 서로의 관계를 공고히 할 필요가 있었기 때문이다. 따라서 '우리는 저들과 다르다'라는 공통의 생각으로 모든 행동양식을 교류하면서 유사한 방향으로 서로를 닮아 갈 것이다. 상상과 허구만으로 부족하면 구체적인 징표를 만들어 공유하는데 육체에 같은 문양의 상처를 새긴다든지 손과 발에 같은 색의 황토칠을 하고 전투에 나가는 것이다. 평소에도 공통의 징표는 협동심을 자극했을 것이다. 이를 어기면 부족민의 따돌림과 눈총을 견디기 어려울 것이다. 이러한 상상과 징표들은 부족의 문화·전통이 되고 급기야 국가 사회의 문화로 성장한다. 그러므로 국가 사회마다 문화가 다른 이유는 자연환경의 영향도 있지만 부족이든 국가든 집단으로 살아남기 위한 수단으로서 타 종족과 다름을 강조하며 내부적으로 단결력을 확보하여 전쟁에서 승리하고, 자연과의 싸움에서 집단이 생존·번성하기 위해 함께 헤쳐 나가려는 의지가 반영된 것이 문화의 원조이다. 여기서 한 걸음 더 나아가 리더는 구성원의 이러한 바람을 반영한 비전을 강조하며 집단을 통치하고 유지하는 역할을 하면서 집단의 힘을 빌려 구성원에게 문화를 강요할 것이며 이를 통해 문화는 더욱 굳어진다. 이러한 원시 형태의 문화 형성과정과 기업문화의 형성과정은 유사할 수밖에 없다.

학문적 정의

어떤 학자는 문화에 관한 정의가 164개나 된다고 하는가 하면 또 다른 학자는 문화를 측정하는 조직 관련 변수만도 50여 개씩 나열하고 있다.[1] 인류학자들에 의하면 문화는 한마디로 지식, 신념, 예술, 법, 도덕, 관습, 그리고 사회구성원들 각자 습득하는 능력과 습관을 포함한 총체적 복합체라고 정의한다.[2]

조직구조가 조직구성원의 행동을 지배하는 공식적 시스템이라면, 조직문화는 조직구성원의 행동을 지배하는 비공식적 시스템이라고 할 수 있다. 이는 조직구조(structure)와 달리 공식적인 조직도에 나타나지는 않지만, 구성원들의 대인관계, 업무수행과 관련한 태도와 행동을 결정하는 집단적 가치관이나 보이지 않는 규범(invisible values and norms)이다. 역시 이것도 조직구조처럼 조직목표 달성을 향한 구성원들의 행동을 조정하고 지배한다.[3] 사람으로 비유하면 구조가 육체(hard ware)라면 문화는 정신(soft ware)이라고 할 수 있다. 정신과 육체 상태가 구성원의 태도와 행동에 영향을 미치고 그들의 행동이 조직목표 달성과 직결되는 것이다.

그러나 조직문화에 대한 학문적 정의는 아직 널리 통용되는 것은 없다. 조직문화의 대가인 샤인(E.H. Schein)은 어떤 조직을 다른 조직과 구별되게 하는 구성원들의 공통적 가치시스템(system of shared meaning)을 문화라고 하는데, 공통적 가치란 조직이 의미 있다고 생각하며 추구하는 주요 특성들이다. 이외에도 그동안 여러 학자들이 조직문화를 다양하게 정의를 내리곤 했다.[4] 도표 13.1

도표 13.1 조직구조와 조직문화

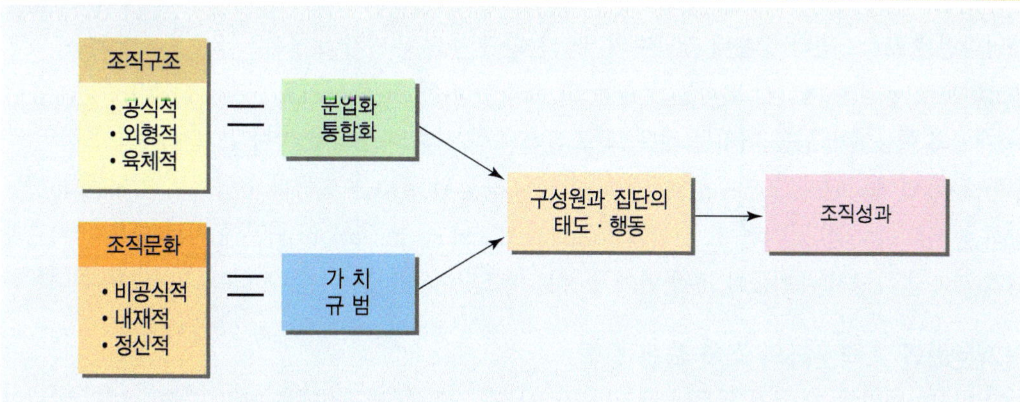

조직문화와 국가문화

국가문화와는 다른 것인가?

한편 문화의 단위를 한 국가문화(national culture)로 볼 것인지, 한 사회의 문화(societal culture)로 볼 것인지의 문제가 남았는데, 예를 들어 쿠르드족은 3,000만 명 인구에 이슬람 문화

이야기 13.2 이지메와 일본 장수기업

1950년 2월 삼성그룹 창업자 고 이병철 회장이 일본으로 경제 시찰을 갔다가 동경의 모리타라는 이발소에 들렀다. 그가 주인에게 물었다. "이발소 문을 연 지 얼마나 돼요?" "제가 3대째로 60년 되었습니다." "그럼 당신도 자식에게 물려줄 거요?" "그럼요!" 세월이 얼마간 흐른 후 고 이건희 회장이 그곳에 들렀는데 바로 그 자리에 이발소가 여전히 있었다. 주인 말에 아버지는 92세인데 6년 전에 은퇴하셨고 자기는 그 아들이라고 했다. 모리타 야스히로 씨는 4대째 운영하고 있는데 걱정이란다. "글쎄 아들놈이 후지TV 프로듀서인데 그만두고 이발소를 잇겠다는군요." 무려 5대가 이어 온 100년 된 이발소 가문이었다. 그러나 놀랄 일은 아니다. 후지산 근처에 서기 705년에 문을 연 게이운칸 여관은 1,300년이 넘어 세계에서 가장 오래된 여관으로 기네스북에 올라 있다. 52대에 걸쳐 여관 일을 해오는 것이다. 이에 비하면 100년 된 이발소는 아무것도 아니다. 실제로 일본에는 100년 넘은 가게가 27,000여 개나 된다. 200년 이상 된 가게 3,900여 개, 500년 이상 된 가게도 147개, 1,000년 넘은 가게가 21개, 곤고구미사는 1,400년 된 세계에서 가장 오래된 기업이다. 조그만 구멍가게라도 100년은 되어야 소위 노포(老鋪)라고 할 뿐 대단하지도 않다. 도장 파는 가게도 수백 년간 대를 이어 한다. 왜 그럴까? 전통과 신의 중시, 장인정신과 기술 중시 풍조도 있지만 더 큰 이유는 일본의 화(和) 문화 때문이다. 우리 옷은 한복이지만 일본 옷은 화복이다. 우리 음식은 한식이지만 일본 음식은 화식이다. 우리 과자는 한과이지만 일본 과자는 화과자이다. 각자의 위치에서 각자의 역할만 하며 집단의 화(和)를 이루며 살아왔다. 내 우동가게가 잘된다고 다른 동네에 분점을 내면 그 동네의 우동가게를 침범하는 행위이다. 자기 동네에서 다른 업종을 시도하면 다른 사람의 밥줄을 끊는 것이다. 그러니 곧 손가락질을 받고 '이지메'를 당한다. 따라서 과거 오랜 기간 일본은 이주의 자유가 없었다. 혹여 다른 곳으로 이주했다가는 바로 따돌림을 당한다. 정해진 지역에서 태어나 하던 직업에만 종사하다가 그곳에서 죽는다. 남의 영역을 넘보다가는 모든 이의 손가락질을 받다가 사무라이의 칼에 죽을 수도 있다. 그러니 대를 이어 계속할 수밖에 없었다. 조직문화가 개인에게 영향을 미치듯이 국가사회문화가 개인과 개별 조직에 영향을 미치는 예이다.

가 있지만 4,000년 동안 국가가 없었기 때문에 이들에게 국가문화는 없다. 옛 소비에트연방은 15개의 공화국과 100여 개의 민족들로 나뉘어 있었는데 소련의 국가문화라는 말이 가능한 것일까? 또한 나라의 국가문화라고 하더라도 밴쿠버의 캐나다인은 미국인 문화를 가지고 퀘벡 주의 캐나다인은 프랑스인과 같은데 캐나다의 국가문화가 무슨 의미가 있을까?

그러므로 우리가 여기서 말하는 문화는 그 조직이 속해 있는 사회의 문화라는 의미이다. 그러나 개인의 행동에 영향을 미치는 것은 그 조직이 속한 사회의 문화뿐 아니라 그가 속한 조직의 특수한 문화도 해당된다. 조직구성원들은 조직에서 공통된 규범을 습득하고 공동의 가치관과 행동양식을 서로 닮아간다. 이런 조직사회화(organizational socialization) 덕분에 서로 다른 가치관과 성격을 가진 다양한 개인들이 조직 안에서 서로 협조하여 발맞춰 나갈 수 있는 것이다. 이야기 13.2

국가문화와 조직문화의 조화 혹은 충돌

그렇다면 여기서 한 가지 의문이 생긴다. 오늘날과 같은 국제조직에는 여러 인종과 여러 국민이 같이 모여 일하는데 그들은 그 조직의 문화를 닮게 되는가, 자기 나라의 문화에 따르는가의 문제이다. 즉, IBM의 홍콩지사에 근무하는 한국인은 한국적인지, IBM적인지의 문제이다. 조직문화에서 배운 대로라면 IBM 홍콩지사의 근무자들은 일본인이나 미국인이나 유럽인이나 한국인이나 모두 IBM의 기업문화 스타일이어야 할 것이며, 국적은 다르지만 서로 비슷한 점이 많아야 할 것이다. 만일 비슷하다면 조직문화(IBM적인 것)가 국가문화의 차이를 감소 내지는 없앤다는 결론이 난다.

그러나 지금까지의 연구결과는 그 반대이다. 즉 구성원들은 자신들의 민족성을 조직생활 도중

도표 13.2 조직행동에 미치는 문화적 영향

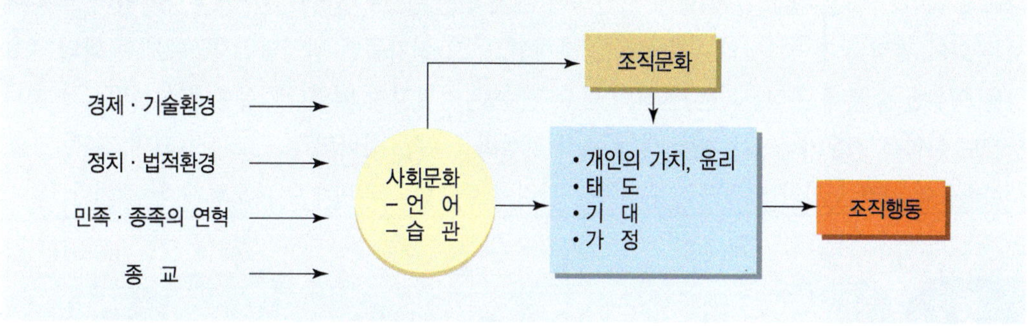

에 드러낸다. 왜 그럴까? 아직 분명한 연구결과는 없다. 그런데 외국에 사는 우리 교포들은 본국에 사는 사람보다 한복을 더 즐겨 입으며 전통음악을 더 좋아한다. 그럼으로써 자신들의 자아정체성(自我正體性: identity)을 재확인할 수 있기 때문인 것 같다. 홉스테드(G.J. Hofstede)는 하나의 다국적기업에서 커다란 문화차이를 발견했다. 즉 구성원들의 태도와 행동의 차이가 나이, 성별, 인종, 직업적 역할 때문이라기보다는 국가문화 때문임을 발견하였다.[5] 동시에 로랑(A. Laurent)은 다국적기업에 파견되어 근무할 때 독일 사람은 더욱 독일 사람다워지고, 스웨덴 사람은 보다 스웨덴 사람다워진다는 것을 발견했다.[6] 도표 13.2

조직문화의 출현배경

조직문화가 기업조직관리자의 관심을 끌기 시작한 이유는 기업을 경영하는 데 중요한 변수 중 하나가 되었기 때문이다. 조직문화의 개념은 1980년대부터 조직이론에 도입되어 조직개발과 혁신에 응용되고 있는 실정이다. 그러나 이와 관련되는 개념들은 일찍이 많이 거론됐다. 대표적인 예를 들면 '조직분위기', '경영스타일', '조직개발', '비공식조직' 등이 그것이다. 이런 개념들은 사회심리학에서 연구되었는데 여기에 문화인류학의 연구결과들을 접목시킴으로써 조직문화 개념이 탄생했다고 볼 수 있다.[7]

1970년대까지 학자들은 환경의 영향을 무척 강조하고 조직을 환경의 결과변수로만 여기면서 컨틴전시이론(contingency theory) 입장에서 조직의 환경적응과 그 중요성만을 강조했다. 다시 말해 조직이 외부영향요인의 지배를 받는다는 엄연한 사실을 인정하면서도 조직은 조직대로 환경과 분리해서 생각하였다. 그러다가 조직은 환경지배에 수동적인 단순한 개인들의 집합이 아니라 욕구와 역사를 가진 능동적인 공동체임을 인식하였던 것이다. 이러한 인식은 조직을 보는 관점을 공식 측면보다는 비공식 측면, 제도와 구조보다는 인간요소, 규정과 방법보다는 실제행동, 그리고 합리성과 논리성보다는 감성과 반논리성(non-rationality)을 더욱 강조하는 쪽으로 새롭게 전환시켰다.

이제부터 조직문화를 좀 크게 보아 문화라는 용어로 사용하자. 결국은 한 국가나 사회 역시 하나의 조직이기 때문이다. 1980년대 출간되어 세계적인 베스트셀러가 된 『초우량기업의 조건』에서 문화와 관련된 경영기법의 우수성을 강조하였고, 그 저자들이 경영담당자들에게 문화의 중요성을 역설한 덕분에 조직문화는 관리의 중요 변수로 여겨지게 되었다.[8] 유행이나 상업성을 떠나서라도 문화는 전문가나 실무자에 의해 조직 활성화를 위한 하나의 도구로 사용되며 경제, 기술, 사회변동에 가장 민감한 인적자원의 전략적 관리에 중요한 관리변수로 떠오르게 된 것이다.

2 조직문화의 특징과 유형

조직문화도 일종의 문화로서 문화와 같은 속성을 지니고 있다. 그리고 조직문화는 그것을 구성하는 가치관의 기본요소들 중 어느 요소를 더 중시하느냐에 따라 조직마다 다르게 나타난다. 조직문화의 속성과 조직문화를 구성하는 기본요소들에 대하여 살펴보자.

조직문화의 속성

전체문화와 하위문화

조직문화는 구성원들이 가지는 공통적인 지각 형태로 설명되지만, 하나의 조직 안에 있는 모든 부서가 동일한 문화를 갖고 있다고는 할 수 없다. 대부분의 큰 조직은 지배적 문화(dominant culture)가 있고 부서별로 다른 다양한 하위문화(subculture)가 있다. 지배적 문화는 구성원들이 대다수 공유하고 있는 조직의 핵심가치이며, 하위문화는 동일부서나 같은 지역의 구성원들이 직면하고 있는 공통적인 문제나 동일한 경험을 바탕으로 한다. 즉 조직 전체의 지배적인 핵심가치에 그 부서의 구성원들만 공통으로 가지고 있는 공동가치가 추가된 것으로 해석하면 될 것이다.[9] 만일 조직의 전체적인 지배적 문화 없이 다양한 하위문화만 있다면 서로 협조도 안 되고 목표를 완수하는 데 어려움을 겪을 것이다.

조직문화 속에 내포된 의미들

조직문화는 어떠한 속성을 가졌을까? A회사 직원들은 일을 도전적으로 받아들이며 다이내믹하게 움직인다. B회사 직원들은 무사안일과 패배의식에 갇혀 있다. 이처럼 해당 조직에만 존재하는 인간행동방식의 집합이 문화이다. 이러한 조직문화의 속성을 좀 더 구체적으로 살펴보자.

■ **총체적 집합성**

문화는 그것을 구성하는 여러 요소들이 연결되었거나 함께 응고된 것이지 갖가지 문화의 개체들이 그저 모여 있는 것만은 아니라는 뜻이다.

■ **고유한 특성**

물론 비슷한 문화를 가진 다른 조직이 있을 수는 있지만 그것은 어디까지나 우연의 일치이다. 마치 개인에게 있어서 성격처럼 한 조직의 문화는 다른 조직의 문화와 구별되는 독특성을 가진다. 비슷한 성격은 얼마든지 있지만 한 사람의 성격은 그 사람에게만 속한 것과 마찬가지이다.

■ **지속과 안정**

문화는 행동의 일정한 양식(유형)이기에 순간적이거나 우연한 것이 아니라 지속적이고 안정적이다. 한두 번 있다가 또는 독특하게 발생했다가 없어지는 행태들은 문화가 될 수 없고 일정기간 동안 계속되는 행태만을 지칭한다. 그래서 조직문화는 다른 문화처럼 갑작스러운 반전은 없으며 변하더라도 서서히 변하는 것이 일반적이다.

■ **무형의 정신세계**

문화적 행동양식은 구성원 각 개인의 마음속에 존재한다. 조직구조와 달리 문화는 조직도나 규정집처럼 표면에 보이도록 만들어졌거나 정해져 있지 않다. 무형의 것이지 구체화된 것이 아니며, 유형화된 것들은 조직문화가 겉으로 표출된 상징물이나 징표일 뿐이다.

■ **모든 계층에 분포**

문화는 대부분의 구성원들에게 똑같이 분담된 것이다. 서로 공감대가 형성되어야 하고 상호 교류를 할 수 있어야 한다. 일부 계층이나 영향력 있는 사람들만의 것이라면 문화가 아니다.

■ **행동의 조절·통제**

문화가 행동양식이라고는 했지만 사실상 행해지는 개인의 행동은 조직문화 자체라기보다 문화의 결과적 산물이다. 문화는 구성원 개개인의 여러 행동요소 중 어떤 것은 권장하고 어떤 것은 억제하는 힘을 발휘하기 때문이다. 오히려 그 행동을 원격 조정하는 신념, 태도, 상징 등이 문화의 실질적 내용이라고 볼 수 있다. 이야기 13.3

이야기 13.3 배탈이 난 사원들

일본 굴지의 전자회사인 파나소닉과 자동차회사인 혼다는 서로가 각자의 특색 있는 조직문화를 갖고 있기 때문에 타 기업들에게 모범이 되는 회사로 손꼽힌다. 과거 한때 두 회사는 서로의 장점과 특징을 교환하여 자신들의 조직문화를 더 발전시키고자 12명씩의 작업반장을 차출하여 상대 회사에 가서 1주일씩 연수받기로 하였다. 그런데 교대기간이 끝나고 자기 회사로 복귀할 때 양사의 교대근무자들은 모두 소화불량에 걸려 있었다. 혼다의 사원들은 자기 회사에 있을 때 편안한 분위기에서 자율적으로 근무하다가 격식이 많고 철저한 규칙과 시간 속에서 움직이는 파나소닉의 분위기에 적응하려니 소화불량에 걸렸다. 한편 파나소닉의 사원들은 철저한 규칙생활을 하다가 혼다에 가니 커피타임도 많고 자유시간도 많은데 딱히 할 일도 없어 커피만 계속 마시다가 소화불량에 걸렸다. 양사의 직장분위기가 매우 대조적이었던 까닭에 이미 자기회사 분위기에 젖어 있던 사원들이 상대회사에 적응하기 어려웠던 것이다.

조직문화를 구별하는 가치기준

앞에서 우리는 조직문화란 조직구성원들이 의미 있다고 판단하여 공통적으로 지니고 있는 가치관이라고 했는데, 그 가치관을 구성하는 요소가 여러 개 있으며, 그 요소들을 각각 어느 정도 가지고 있는지에 따라 문화의 형태가 달라진다. 따라서 먼저 조직의 가치 시스템을 구성하는 기본요소들이 무엇인지를 알아야 문화유형을 분류할 수 있다. 조직의 성격을 서로 다르게 하는 주요 가치요인은 무엇일까? 주로 다음 여섯 가지에 관한 가치관이다.[10]

- 구성원과 고객의 욕구를 감지하고 충족시키려는 민감성 정도
- 새로운 아이디어를 창출하는 사람을 확보하고 유지하려는 정도
- 위험을 택하려는 정도
- 조직이 구성원을 존중하는 정도
- 정보교류와 의사소통의 용이성 정도
- 구성원 간 인간관계의 친밀성 정도

이상의 특성들에 대하여 조직마다 정도가 다를 것인데 이들의 조합이 그 조직의 문화가 된다. 즉 어떤 조직은 모험선호성이 아주 높고 구성원 존중 정도는 낮은 문화일 수 있고, 다른 조직은 구성원 간 친밀성은 높고 고객에 대한 관심도는 낮을 수도 있다. 그 조합상태가 곧 조직문화요, 그것이 구성원들의 태도와 행동을 결정하는 기초가 되는 것이다.

조직문화 유형의 분류

앞 절에 나열된 가치 시스템의 기본요소들을 기준으로 조직을 비교해 보면 다양한 문화가 있는데 어느 요소를 기준으로 구분하는지에 따라 다르다. 그러나 문화유형을 분류하는 학자들 간에 일치된 공동의 개념틀(typology of cultural style)은 없다.[11] 많은 학자들이 나름대로 중요한 요소라고 여기는 것만 선택하여 분류기준을 삼아 문화유형을 만들었는데 여기에서는 몇 가지 대표적인 것만 설명하고자 한다. 중요한 것은 이러한 유형 중에서 어떤 유형이 가장 좋은 것인지의 문제가 아니라 조직의 특성과 전통, 구성원들의 특성과 환경에 따라 다르다는 사실이다. 도표 13.3

사교성과 단결성

두 개의 서로 독립적인 차원을 축으로 다양한 문화들을 네 개의 범주로 나누어 보려는 시도가 많이 있다. 이때 구성원들의 인간관계 양상을 결정하는 다음 두 가지 요소를 기준으로 하였다.

■ **사교성(sociability)**

구성원들 간의 친밀한 우정과 서로 자유롭게 대화하고 정보를 교류하는 정도로, 구성원들 모두 같은 또래의 같은 직급의 사람들이라면 사교성이 클 것이다.

도표 13.3 조직문화 유형분류 연구들

연구자	유형 구분	구분기준
Quinn & McGrath(1985)	• 합의적 문화 • 계층적 문화 • 적응적 문화 • 합리적 문화	환경의 인식 유형 조직의 반응 유형
Ernest(1985)	• 상호작용 문화 • 체계적 문화 • 통합적 문화 • 기업가적 문화	인간차원 활동차원
Vries & Miller(1986)	• 피해망상 문화 • 회피 문화/관료제 문화 • 카리스마적 문화 • 아부 문화	최고경영자의 심리적 지향
Reimann &Wiener(1988)	• 기업가적 문화 • 광신적 문화 • 전략적 문화 • 배타적 문화	가치의 근원 가치의 초점
Hampden & Tunner(1992)	• 갈등 악순환형 • 조화 활성화형	가치 이슈에 대한 접근방식
Harrison(1972)	• 권력지향 문화 • 과업 문화 • 역할 문화 • 인간 문화	이념적인 지향성
Ouchi(1980)	• 시장 문화 • 관료제 문화 • 씨족 문화	거래비용 중심
Jones(1983)	• 생산 문화 • 관료제 문화 • 전문직 문화	
Wallach(1983)	• 혁신적 문화 • 지원적 문화 • 관료제 문화	개개인의 동기유발요인

■ **단결성(solidarity)**

조직목표와 업무를 공동으로 나누고 상호 협조하는 정도로서 예를 들면 경찰수사팀은 단결성(집합성)이 강할 것이다.

이 두 개의 축을 중심으로 다음 네 개의 문화유형이 나온다.

① 인간관계형(networked culture): 인간관계에 초점을 두고 서로 친하게 터놓고 지낸다. 갈등이 없고 비공식적이며 서로를 잘 안다.

② 성과중심형(mercenary culture): 이익창출과 업적향상에만 주력하고 필요한 말만 하며 경제적으로 열심히 일만 한다.

③ 개별독립형(fragmented culture): 서로 대화도 없고 알지도 못하며 필요한 경우에만 말을 건다. 오직 자기 일만 혼자 하고 집단이나 조직애착은 아예 없다.

④ 공존공생형(communal culture): 단결력과 사교성 모두 강하여 인간적으로나 업무적으로나 매우 효율적이다. 의사소통도 빠르고 공사를 잘 구별하며 상호 신뢰하고 조직애착도 크다. 도표 13.4

도표 13.4 고피와 존스 모형

사교성 \ 단결성	고	저
고	공존공생형	인간관계형
저	성과중심형	개별독립형

모험성과 시간성

딜(T. Deal)과 케네디(A. Kennedy)는 다음 두 가지 차원을 기준으로 하여 네 가지 유형의 문화를 구분하였다.

도표 13.5 딜과 케네디 모형

		모험감수성	
		고	저
시간성	단 기	무법 · 남성형 (tough guy/macho style) 〈레슬링〉	노력 · 유희형 (work hard/play hard) 〈탁 구〉
	장 기	전심전력형 (bet your company) 〈골 프〉	관료 · 절차형 (process) 〈마라톤〉

■ **모험성**(risk propensity)

위험을 감수하고 변화를 쉽게 택하는 정도로, 벤처업계는 많고 관료조직은 약하다.

■ **시간성**(result feedback)

어떤 업무를 수행할 때 최종 결과가 나올 때까지의 시간이 장기인지 단기인지에 따라 은행과 정부조직, 대기업 등은 길고 컨설팅업체, 할인점은 짧다. 이 두 가지 축을 중심으로 네 가지 유형의 문화로 구분된다. 도표 13.5

① 무법 · 남성형(tough guy/macho culture): 모험감수성이 높고 단기적이므로 거칠고 협동이 없는 개인주의이다. 과거에서 교훈을 얻지 못하고 현재의 흐름과 유행만 따른다(예: 전자, 건설, 화장품, 컨설팅회사).

② 노력 · 유희형(work hard/play hard culture): 단기적이나 위험감수는 낮은 문화이다. 따라서 서로 협조하며 팀으로 일하되 저돌적이고 회식과 스포츠를 자주 한다. 그 대신 과거로부터 교훈은 얻지 못하고 빨리 결정하여 실천하고는 그만이다(예: 할인점, 자동차판매, 부동산사업, 컴퓨터업계).

③ 전심전력형(bet your company culture): 장기적이나 모험성이 강하여 창조적이며 의사결정을 신중히 한다. 기술력도 강하고 질서와 규정을 중시하되 환경변화에는 약하고 시간이 걸린다(예: 항공, 정유, 플랜트장치산업, 자본집약산업).

④ 관료 · 절차형(process culture): 모험도 피하고 장기적으로 일의 속도가 매우 느리며 차근차근 처리한다. 방어적이고 위계적 지시와 절차에 따르며 꼼꼼하되 창의적이지 못하다(예: 은행, 보험회사, 정부, 대학).

유연/질서와 내/외 지향성

퀸(R.E. Quinn)은 조직은 몇 가지 상호 모순되는 가치를 동시에 충족시킬 수 있어야 한다고 주장한다. 다음 네 가지 문화속성 중에서 일시적으로는 어느 한쪽 면이 강조될 수 있지만 지나치게 한쪽으로만 치우치면 생존이 어려우며 균형을 유지하는 것이 성공의 관건이라고 한다. 조직문화 유형분류에서 두각을 나타내는 대표적 학자인 카메론(K.S. Cameron)과 퀸(R.E. Quinn)은 조직을 관리할 때 초점을 두어야 하는 가장 기초적인 가치는 여러 개가 있는데 이 중 어느 것이 강조되느냐에 따라서 그 조직의 문화가 달라진다고 말한다.[12]

첫째는 협조적이고 응집력이 강한 파벌집단(clan)형이고, 둘째는 혁신적이고 변화지향적인 애드호크래시(adhocracy)형이며, 셋째는 보수적이고 관리중심의 위계(hierarchy)형이고, 넷째는 경쟁적이고 고객지향적인 시장(market)형이다. 그간의 조직문화 관련 연구를 분석한 논문에 의하면 파벌집단형에서는 사원들의 충성심과 헌신적 태도가 가장 높았으며, 시장형에서는 혁신이 많았다. 재무성과 역시 시장형 조직에서 높았다. 각 유형에 따라 직원들의 행동이 다르다는 연구는 매우 많은데 파벌집단문화나 애드호크래시문화로 인식한 직원들은 습득한 업무지식을 동료나 상사에게 더 잘 전달해 준다는 연구가 있다. 그리고 갑질을 당한 직원들도 위계형이나 시장형 문화보다 더 아량을 갖고 용서하는 경향을 보였다.

공식/비공식화와 분권/집권화

해리슨(R. Harrison)과 핸디(C. Handy)의 주장은 서로 비슷한데 조직에서 권한이 얼마나 집중되어 있는가, 그리고 얼마나 공식화되어 있는가에 따라서 조직문화를 네 가지로 구분하였다.[13] 도표 13.6

① 아폴로 문화(Apollo culture): 태양계를 질서의 신이 지배하듯이 합리적이고 분석적이며, 각자의 역할이 정돈되어 있고, 질서와 규칙이 지배한다(예: 부품조립공장).

② 아테나 문화(Athena culture): 전시에는 전쟁에 참가하고 평화 시에 농사를 돌보는 지혜와 전술의 신처럼 창의적 사고와 다양성을 조화시켜 팀 프로젝트를 완성하는 매트릭스(matrix) 문화이다(예: 광고제작팀).

③ 제우스 문화(Zeus culture): 조직의 업무가 규정에 의해 절도 있게 처리되지 않으며 공식성도 없지만 두려움과 인자함을 겸한 가부장적인 신처럼 비합리적이지만 카리스마적 리더가 지배하는 문화이다(예: 가부장적인 중소기업).

④ 디오니소스 문화(Dionysus culture): 자율적이고 비공식적인 포도주의 신처럼 개별적 원자로 행동하되 자기 것은 자

도표 13.6 해리슨과 핸디 모형

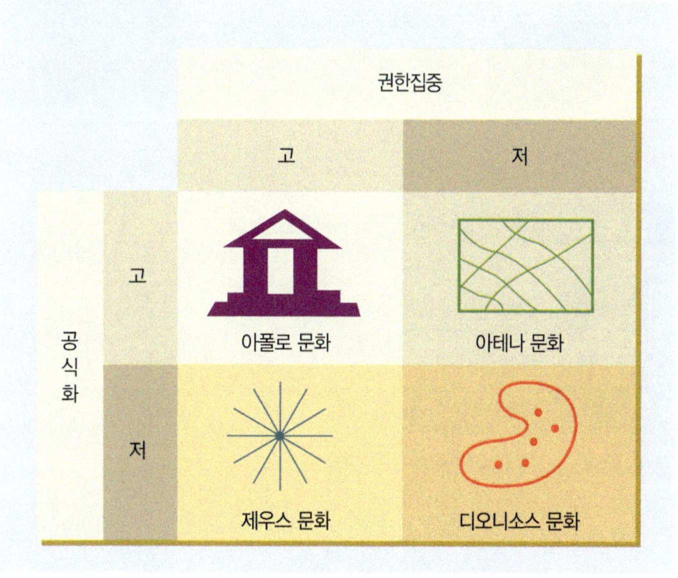

기가 책임지는 문화이다. 개인마다 고유의 정체성을 유지하되 필요하면 유연하게 연결한다 (예: 연구소의 전문가집단).

물론 이상의 다양한 조직문화들은 조직의 독특한 특성이기는 하지만 확고부동한 것은 아니고 리더십, 조직구조, 구성원들의 모티베이션, 기술발전 같은 다양한 요인들에 의해 변화하고 진화되는 것임을 잊어서는 안 된다.

II | 조직문화 만들기

우리가 한국 문화, 아프리카 문화, 인디언 문화라고 할 때 거기에는 그 민족의 역사적 유물, 신념과 종교, 생활관습과 전통, 의식과 언어 등 수없이 많은 문화 구성요소들이 있다. 구체적으로 문화는 무엇으로 구성되며, 무엇을 통해서 조직에 보급되어 구성원들의 의식 속에 스며드는가?

1 조직문화, 무엇으로 구성되는가?

문화는 상징물(signs), 생각(thought), 이미지(image) 등 수많은 하드웨어와 소프트웨어로 구성되어 있는데, 어떠한 요소로 되어 있는지에 따라 형태도 다르고 변화시키려고 할 때 저항도 다를 것이다. 또한 세월의 흐름에 따라 변하기 어려운 것과 쉬운 것이 있을 것이다. 도표 13.7

도표 13.7 조직문화의 구성요소들

구분	내용
상징물	건물, 사무실, 집기, 사무용품, 생산제품
언어	은어, 유머, 가십, 소문, 비유, 속담, 슬로건, 사가, 제스처, 신호
이야기	에피소드, 전래이야기, 신화
행동	의례, 의식, 터부, 기념식활동, 격식

이야기 13.4 로고의 탄생

오늘날 우리는 수많은 로고에 둘러싸여 살고 있다. 책상과 컴퓨터 모니터에, TV나 냉장고 같은 가전제품에, 내가 타는 자동차와 운동화에도, 대학 교문과 운동복에도, 심지어 우리나라에만 있는 것이지만 아파트 외벽에도 건설회사의 로고가 찍혀 있다. 로고는 한 대상을 다른 대상과 구별하는 시각적 상징이다. 볼펜이건 아파트건 그것을 만든 회사 이름만 쓰기도 하고 예쁘게 디자인한 그래픽을 사용하기도 한다. 이러한 로고는 인류문명과 함께했다. 시각적으로 남에게 알리면서 위세도 보이고 내 것이니까 건드리지 말라는 신호로 쓰였을 것이다. 원시 부족들은 긴 장대에 나뭇가지나 동물의 박제를 매달아서 마을 입구에 세워 놓음으로써 자신들의 터전임을 알렸다. 이 박제는 오늘날 국기와 다름없다. 개는 자기 영역을 오줌으로 호랑이는 발톱으로 나무를 긁어 표시를 하지만 인간은 신사적인 방법을 쓴 것이다. 초기의 로고는 인장(印章)이다. 6,000년 전 수메르인들은 찰흙에 쐐기문자로 이름이나 인물을 새겨 공공문서에 현대의 사인(sign)처럼 이용했다. 고대 로마인들은 반지에 초상화를 새겨 신분을 증명했고 동전에는 황제나 총독의 초상을 새겨 자기들만의 돈이라고 표시했다. 중세 앵글로 색슨족은 소나 말에 불로 달군 인두로 낙인을 찍어 자기 것임을 표시했는데 노르웨이어로 'brandr(火)'이 오늘의 브랜드(brand)가 된 것이다. 그리고 전쟁터에서 적군과 구별하기 위해 방패나 깃발에 고유의 상징을 그려 넣던 것이 봉건귀족 가문들의 문장(紋章)이 되었다. 산업혁명 이후 상업이 발달하고 기업이 생기면서 프랑스를 시작으로 상표권 제도가 발달하면서 로고는 특정 회사의 특정 제품을 고객에게 알리는 중요한 심벌이 되었다. 이제 로고는 미적인 디자인 그래픽을 넘어 기업의 경영철학과 정체성을 상징하는 중요한 수단이 되기도 한다.

상징물과 징표

어떤 회사에서는 사원들이 모두 정장 차림에 넥타이와 양복색깔도 단색이 많으며 흰색 와이셔츠만 입는다. 이러한 보수적 복장 스타일은 그저 우연이 아니라 사내에 흐르는 보이지 않는 규범이 있기 때문이다. 복장의 규범, 사무실의 모양과 위치 말고도 인사법, 전화통화의 태도, 그리고 결재서류의 글자크기에서 농담할 때 쓰는 말씨까지 회사마다 다르며 한 회사에서는 어떤 통일성을 가진다.[14]

그뿐 아니라 조직은 외부에 대하여 로고, 광고, 슬로건, 건물장식, 발표문, 외부손님을 맞이하는 법, 전화응대법 등을 통해서 자신의 특징을 나타내기도 한다. 조직은 이미지 개선을 위해 광고나 매스컴에 선전도 하며, 여기에 그치지 않고 가끔 자기의 이상형을 만들어 놓고 그곳에 다다르기 위한 청사진, 계획서, 원칙들을 내외에 공표하고 따르게 한다. 이를 위해 회사의 이름도 바꾸고 경영이념, 사훈, 헌장을 정해 놓기도 한다. 이 모두가 조직이 자기의 존재와 특성과 정체성을 드러내는 징표(signs)들이다. 이야기 13.4

사고(思考)와 격식

구성원의 행동을 지배하는 생각과 의지, 가치관과 신념, 지켜야 한다고 여기는 정신과 행동규범에 대한 인식은 모두 문화의 토대가 된다. 주로 다음의 것들이다.

신 념

문화는 구성원들의 정신에 존재한다. 그들의 사고방식과 가치관을 구성하면서 그들의 의사결정, 가치판단, 그리고 행동을 좌우한다. 어떤 신념들은 외부환경과의 관계에 관한 것들인데 예를 들면 '고객은 봉이다.'라든지, '협력업체를 존중해 줘야 한다.' 등의 생각들이다. 또 어떤 신념들은 내부인들의 인간관계에 관한 것들인데 예를 들면 어떤 회사에서는 '의견을 너무 많이 내는 사람은 사원 간의 갈등을 일으킨다.'라는 생각을 가지고, 어떤 회사에서는 '불만이 있으면 참는 것만이 미덕이다.'라고 생각한다. 이와 같이 어떤 사상이 모든 조직구성원에게 공통적으로 퍼져 있고 그 사상이나 태도를 중심으로 구성원들이 응집되어 있으면 마치 그것은 이데올로기와 같아진다. 그것이 바로 종교단체의 신념이다.[15]

신 화

신화(myth)란 조직의 과거 역사 속에서 만들어진 이야기(에피소드, 스토리 등)로서 조직의 신념과 가치관의 근원이 되는 것이 보통이다. 대개는 희생적, 영웅적, 도덕적인 것들로서 현존하는 어떤 것과 반드시 연결되어 있기 마련이다. 조직이 태어날 때의 이야기, 특히 창업자의 영웅적 이야기들이 신화로 전달된다. 그리고 조직이 어떻게 난관을 극복했으며 신상품 개발・판매에 어떻게 성공했는지에 관한 창업 후의 오래된 이야기도 소재가 된다. 이때 이런 이야기 속에서 주인공으로 그려지는 사람이 영웅이 되어 구성원들의 모델로 전파되어 내려오기도 한다.

의례와 의식

조직의 어떤 행사나 행동은 규정과 관습에 따라서 특별한 상징적 의미를 지닌 채 규칙적으로 지켜지는데 이를 의례(rites)라고 하고, 특별한 공개행사는 의식(rituals: 예식)이라고 한다. 우리나라의 제사와 성묘문화는 대표적인 의례로서, 부모와 국가를 섬기는 태도와 행동을 심어 주는 순기능을 한다. 의례나 의식은 국가 같은 큰 조직이 아니더라도 작은 동아리나 가정에도 존재한다. 조직에 들어올 때 치르는 입학식이나 잘못했을 때의 의식, 퇴출하는 의식 등 아주 작은 조직에도 갖가지 형태로 대물림된다.

터 부

조직에는 해서는 안 되는 것들이 많이 있다. 그리고 부끄러운 일, 두려운 일, 상사에 대한 비난 등이 있을 수 있는데, 이런 것들은 모두 알고 있지만 함부로 입 밖에 낼 일도 아니고 공개되면 자기가 속한 조직의 위신이 떨어지는 일이다. 그래서 존재하지만 말해서도 안 되고, 알지만 모르는 척해야 되는 일, 해서는 안 되는 일들을 터부(taboos)라고 하며 이것 역시 문화를 구성하고 있다. 예를 들면 경쟁사제품이 더 좋다는 사실을 사내에서 크게 떠든다든지, 월급봉투를 남의 것과 비교하는 등의 행동은 모두 금기시되는 것들이다. 이 역시 조직마다 달라서 한 조직에서는 극히 터부시되지만 다른 조직에 가면 전혀 문제가 안 되는 것들도 많다.

상상과 이미지

조직구성원의 마음속에는 자기도 모르게 어느 순간 조직 자체, 조직 내 권력관계, 맡고 있는 과업 등에 대한 심리적·정서적인 상상과 느낌이 들어와 자리를 잡게 되는데 이를 조직이미지라고 한다. 그러나 이 느낌은 단순히 한 가지 사실에만 기인하지 않는다. 그보다는 이것저것 겪으면서 얻어진 상상과 느낌들의 '총체'로 보아야 한다. 조직이미지는 개인의 무의식 속에 쌓인 것들이기에 심리분석과 같은 노력 없이는 밝혀내기 어렵다. 다만 각 개인의 태도, 튀어나오는 말의 내용 등에 숨어 있을 뿐이다. 그리고 이것은 개인이 조직과 관계하면서 개인의 심리작용에 의해 개인 내부에 형성된 것들의 집합일 뿐 조직 자체가 반드시 그러한 이미지를 가지고 있는 것은 아니다. 즉 사실 여부와 관계없이 단지 개인들에게 비추어진 이미지에 불과할 뿐이다.

문화를 형성하는 이미지는 주로 다음과 같이 세 가지로 나누어 볼 수 있다.[16] 이야기 13.5

조직에 대한 이미지

- 이 조직은 굳건한가? 사라질까?
- 이 조직은 나의 능력을 필요로 하는가?
- 이 조직은 사회에 필요한가? 그 반대인가?

직업에 대한 이미지

- 이 조직에서는 어떻게 해야 성공하나?
- 이 조직에서 좋은 사원이란 무엇인가?
- 이 조직에서 나는 무엇을 해야 하나?

이야기 13.5 로고가 품은 뜻

SK그룹의 원래 로고는 왼쪽 것이었다. 섬유사업으로 출발했던 초창기 선경그룹의 이미지는 회사 이름 '선경'처럼 약간 여성적인 분위기가 비쳤다. 그러다가 정유사업을 인수하고 중공업시대가 되면서 선경그룹은 진한 적색에 경직되고 모가 난 굵은 고딕체로 로고를 바꾸면서 힘과 패기의 남성다운 분위기를 강조했다. 그로부터 얼마 후에는 3차 산업인 첨단산업시대에 창조성과 기업의 사회적 책임이 강조되는 분위기에 맞도록 유연하고 행복이미지를 전하는 나비모양이 들어간 로고로 변화했다. 즉 강한 적색 대신 주황색과 노란색을 겸비하고 모가 났던 SK글자체를 곡선 처리하였으며 부드럽고 여유 있는 나비를 동반시켜서 열린 세계로 자유롭게 펼쳐지는 분위기를 연출한 바 있다. 나비는 행복의 상징이다. 제품을 팔고 이익을 얻는 회사가 아니라 사회에 행복을 만들어 주는 회사가 되겠다는 의도였다. 그 후로 이 회사는 행복도시락 지원사업도 하고 CEO와 사원들이 함께 뚝방촌에 연탄 나르기 운동도 했다. 전국에 급식센터를 지어 운영하기도 하며 불우이웃돕기, 좋은 제품 만들기 등으로 사회에 행복을 만들어 주며 회사 이미지를 변화시켰다. 2021년부터는 행복날개의 색상을 녹색, 흑색, 파랑, 보라 등 10가지로 확대했다. 이제는 SK글자도 빼고 나비 날개의 모양도 온라인상에서 폭넓게 활용하도록 했다. 이 회사의 이미지는 디지털 환경에 익숙한 고객들에게 보다 친근하고 유연하게 다가갈 것이다.

이야기 13.6 기업이미지

최근 들어 우리나라를 비롯하여 세계 유수기업들은 모바일, 디지털, 친환경 시대로의 변화와 이에 따른 고객의 취향변화에 맞추기 위해 회사 이미지를 상징하는 로고 모양을 바꾸고 있다(**사진**). 1,500명 정도의 대학생을 대상으로 우리나라 대기업의 이미지를 조사한 결과가 있다. 삼성은 30대 초반의 남성이미지였다. 외형상으로는 계란형 얼굴에 유행에 민감한 정장 차림의 신사이며 성격적으로는 지적이고 권위적이고 도시적이라는 응답이 많았다. 현대차의 경우에는 세련된 근육질의 30대 남성으로 사각형 얼굴에 근육질 체형을 주된 이미지로 꼽았다. 또한 LG의 경우에는 보통 체형을 가진 연구 개발직 남성이 생각난다는 응답이 많았으며, SK는 세련되고 유행에 민감한 20대 중·후반의 남성을 연상하는 학생들이 많았다. KT에 대해서는 친근하고 대중적인 캐주얼 복장의 30대 남성을 주로 떠올렸다. 롯데그룹은 그룹사 중 유일하게 30대 초반의 여성의 이미지를 떠올리는 응답자가 더 많았다. 직원이나 고객들에게 회사의 이미지를 단어로 표현해보라고 한다면 회사에 따라 천차만별의 반응이 나올 텐데 그 단어만 봐도 그 회사가 어떤 분위기인지 알 수 있을 것이다. 대체로 다음과 같은 단어로 상장되었다. 밑 빠진 독, 계엄령, 신입생, 오케스트라, 거울, 사막, 따라지, 부처님, 해결사, 난파선, 놀이터, 허수아비, 사랑방, 감투, 사다리, 줄다리기, 노름판, 살얼음판, 피박, 동네북, 고장 난 시계, 오뚝이, 마술사, 꿈, 곡예단, 해바라기, 통행금지, 장돌뱅이, 연극무대, 농구팀, 고무줄, 스파이, 노래방, 휴전선, 동물원, 소금, 기생, 시한폭탄, 원자폭탄, 신데렐라, 유령, 피라미드 해병대, 시소, 평행선, 도깨비방망이, 결사대, 봉사, 귀머거리, 벙어리, 빈 깡통, 사공 많은 배, 모래알, 강철, 꼭두각시, 경로당, 신호등, 용두사미, 청개구리, 무법자, 숨바꼭질, 장터, 달동네, 구멍가게, 아수라장, 거미줄, 쓰레기통, 중고차, 공동묘지, 귀족, 탐험가, 모래성, 노다지, 지옥, 격투장, 찬밥, 번개, 독일병정, 불난 호떡집, 눈치, 독무대, 망원경, 자판기, 유치원, 불시착, 심청이, 머슴, 브레이크, 변학도, 오리발, 철옹성, 족집게, 독불장군, 온실, 무릉도원, 뺀질이, 슈퍼맨, 하루살이, 횃불, 불도저, 마라톤

조직 내의 권력관계에 대한 이미지

- 이 조직에서는 어디가 핵심부서인가?
- 이 조직에서는 누가 실세인가?

이런 질문들에 대해 조직의 각 개인들은 어느 순간에는 해답을 가지고 있음을 깨닫게 되는데 이것이 조직이미지이며, 이처럼 조직 내 구성원들에게 공감된 이미지는 타 기업의 것과 같지 않기 때문에 그 조직 고유의 문화를 이룬다. 이야기 13.6

2 조직문화, 누가 무엇으로 만드는가?

조직문화는 누가 어떻게 만들고 확산되며 굳어지는가? 각기 다른 성격과 이해관계를 가진 사람들이 어떤 과정을 거쳐 조직 안에서 공통된 신념과 이미지, 가치관 등을 만드는가? 즉 문화는 누가 만드는 걸까? 그리고 어떤 수단을 통해서 조직 안에 전파되고 구성원들의 생활 속에 배어드는가? 이것을 알아야 좋은 문화를 만들어 구성원들에게 침투시킬 수 있다.

조직문화를 만드는 주체들

국가문화는 한두 사람이 하루아침에 만들 수는 없지만, 회사나 조직은 구성원도 얼마 안 되고 역사도 짧기에 강한 제도나 규칙을 만들어서 구성원들에게 강요할 수도 있다. 문화형성에 다음의 요소들이 중요한 역할을 한다.

창업자

조직의 문화는 어떻게 처음 태어나는가? 창업자는 다음과 같은 세 가지 과정을 밟으면서 의도적으로 조직문화를 만들 수 있다.[17]

- 창업자가 처음에 자기 의향대로 사람을 뽑고 자기와 일치하는 사람만 유지시킨다.
- 창업자는 그 사람들에게 자신의 방식과 가치관을 세뇌시키고 따르게 한다.
- 창업자가 모범을 보이면서 구성원들로 하여금 그와 동일한 가치관과 신념을 수용하도록 부추긴다.

그렇지만 의도한 것이 아니더라도 조직이 처음 출발할 때의 에피소드나 창업자의 설립목적 및 이데올로기가 문화의 주요 내용이 된다. 더구나 조직형성 초창기에는 규모가 작기 때문에 창업자의 일거수일투족이 조직에 속속들이 침투되어 구성원들의 머릿속에 강하게 인식되고, 그것은 앞으로 들어올 후배사원들의 모델이 될 것이기 때문에 창업자가 조직문화 형성의 가장 큰 요인임에 틀림없다. 예를 들어 대우그룹의 회장이 창업 당시 화장실에서 국제전화하고 자동차 안에서 라면으로 끼니를 때웠다는 에피소드로 인하여 산하 종업원들이 시간을 낭비하지 않고 그를 본받아서 촌음(寸陰)을 아끼는 문화를 만들었다. 또한 빌 게이츠의 공격적이며 경쟁적인 성격과 그의 탁월한 능력은 그가 창업한 마이크로소프트사의 문화특성과 일치한다. 그러므로 창업자의 성격이나 관리 스타일이 문화의 결정요소가 된다는 것을 쉽게 추측할 수 있다.

최고경영자

최고경영자의 관리 스타일도 문화에 큰 영향을 미친다.[18] 구성원들은 항상 CEO가 강조하는 원칙을 따를 것이며 CEO로부터 칭찬과 높은 보상을 받은 사람은 다른 사람들의 모델이 될 것이기 때문이다. 또한 CEO는 조직의 인사권을 쥐고 있으므로 자기가 뜻하는 문화에 맞는 사람은 영입하고 반대되는 사람은 탈퇴시킴으로써 문화를 형성 내지 유지시킬 수도 있다. 입사시험과 같은 직접 인터뷰에 의해서도 가능하지만 선발·승진제도를 경영자 의도대로 만들어 놓으면 원하는 사람들로 조직을 구성할 수 있고 문화도 그렇게 만들어진다. 문화에 대한 최고경영자의 영향은 팀장의 팀문화에 대한 영향력에도 똑같이 해당됨은 말할 필요도 없다. 이야기 13.7

사회화

신입사원이 조직에 처음 입사하면 자신이 간직했던 습관과 사고방식을 버리고 조직 내의 다

이야기 13.7 버진그룹의 창업자

리처드 브랜슨(R. Branson: **사진**)이 버진아일랜드에서 푸에르토리코로 가려고 공항에 도착했는데 비행기가 취소되어 사람들이 우왕좌왕하고 있었다. 그는 재빨리 2,000달러에 비행기 한 대를 전세 냈다. 그는 '버진 항공사 푸에르토리코행 39달러'라고 칠판에 썼고 표는 순식간에 팔려서 자신은 공짜 티켓 두 장을 건지고도 약간의 이득을 얻었다. 이렇게 시작된 버진 항공은 오늘날 세계 300곳을 운항하는 대형항공사가 되었다. 난독증으로 읽고 쓰는 학교수업에 흥미를 못 느끼고 고교를 중퇴한 한 소년이 스스로 사업가가 되겠다며 런던 옥스퍼드 거리 구석에 조그만 레코드 가게를 내면서 시작한 사업은 마침내 전 세계 30여 개국에 200여 계열사를 거느린 버진(Virgin)그룹으로 성장했다. 비결이 무엇이었을까? 항공사, 기차, 호텔, 방송사, 영화, 스파, 와인, 콜라에서 이동통신, 주택담보회사, 결혼업체, 온라인게임, 란제리 사업까지 벌이며 돈을 번 7조 원의 자산가 리처드 브랜슨 회장은 고객의 감정을 움직이기 위해 별의별 괴짜행동을 다 한다. 일본에서는 콜라 캔 모양의 옷을 입고 여성 도우미를 들어 올리는가 하면 캐나다에서는 슈퍼맨 복장을 하고 고층빌딩에서 줄을 타고 내려왔다. 영국에서는 버진그룹의 이름을 새긴 빨간 간판을 들고 거리에서 엉덩이춤을 추고, 미국에서는 자기 항공사의 라스베이거스 취항을 기념하려고 목사도 아니면서 목사 가운을 입고 그것도 비행기 안에서 사내 커플의 결혼식 주례를 섰다. 그 밖에도 보트를 타고 대서양을 횡단했고, 일본에서 캐나다까지 기구를 타고 날아갔으며, 걸프전 때는 바그다드에서 인질구조 비행에 나섰다. 뉴욕의 타임스퀘어에서 그는 크레인에 매달렸다. 그때 그가 입은 누드보디슈트는 마치 알몸으로 보이게 하고 중요한 곳을 버진 휴대전화로 가린 우스꽝스러운 모습으로 버진모바일 서비스에 숨은 비용이 없다는 메시지를 알렸다. 자기네 콘셉트카 광고에 딸과 함께 출현하기도 한다. 그는 자신의 책『리처드 브랜슨의 열 가지 성공비결』에서 고객을 감동시키는 방법을 다음과 같이 주장한다. "재미있게 일하라", "카메라를 보고 웃어라", "히피처럼 행동하라", "대중성을 잃지 마라", "남의 머리를 지배하려 하지 말고 남의 가슴을 움직여라. 그래야 세상을 얻는다."

른 사람들이 공통적으로 사용하는 것을 따르도록 무언의 압력을 받는다. 또 그래야만 자신도 그 속에서 편하게 지낼 수 있기 때문에 시행착오를 거듭하면서 조직인이 되어 가는데 이를 사회화(socialization)라고 한다. 새로운 상황에서 과거의 습관, 태도, 행동방식, 가치관의 일부라도 포기하고 공동의 방식에 따라야만 집단 내에서 부딪친 문제를 해결하고 서로 협동하면서 집단의 공동목표를 완수할 수 있는 것이다. 물론 각자가 과거 자기의 것을 포기하는 과정에서 서로 갈등이 있을 수 있겠지만 보이지 않는 집단규범에 의하여 조정과 중재를 받을 것이다.

환경적응

일단 형성된 조직문화는 조직구성원들에게 하나의 행동지표가 되어 그들로 하여금 그것을 되풀이하며 학습하게 한다. 즉 조직구성원은 환경적응과 의사결정 시 문화를 기준으로 삼기 때문에 반복훈련이 되는 것이다.[19] 반복해서 사용하면 몸에 익혀져 강화되고 정착되며 그렇지 않은 것은 버려진다. 조직문화가 없는 초창기의 조직을 예로 들어 보자. 이 조직의 사람들은 노하우도 별로 없고 환경상황도 잘 모른다. 그러다가 어떤 문제에 부딪혀 해결하면서 일단 한 번 사용해 본 방법이나 경험들 중에서 성공한 것은 조직의 정보창고에 쌓아 놓고 실패한 것은 버린다. 다음에 비슷한 상황에 부딪치면 창고에 있던 성공 케이스를 꺼내어 그대로 한다. 이것이 되풀이될수록 점점 강화되어 조직의 풍토로 굳어지는 것이다. 이야기 13.8

이야기 13.8 사막형 조직문화?

호봉과 직급에 상관없이 오직 성과만으로 급여를 정하는 완전 연봉제를 도입하면서 우리나라 기업의 문화가 바뀌고 있다. 우선 성과만으로 평가를 하니 타인 눈치를 볼 필요가 없이 자기 할 일만 하고 퇴근하니까 퇴근 시간이 앞당겨졌고, 일요일이나 휴일에 나와서 근무하는 사람을 찾아보기도 어렵다. 휴일 근무수당이 없기 때문이다. 사원들의 재테크 수단도 예전에는 보너스 시기에 맞춘 적금이 많았으나, 최근에는 개인연금이나 종신보험 등 노후 보장성 금융상품에 관심이 더 높다. 또한 보너스 타는 날 가는 술집도 못 간다. 한술 더 떠서 회사 주변에 있는 저렴한 식당을 발굴하여 찾아다니며 알뜰형 점심으로 때운다. 식사비 지원 등 각종 지원이 모두 연봉으로 합해졌기 때문이다. 이제 분기별로 성과평가를 하고 수시평가도 있고 다면평가도 있으니, 항상 긴장상태에 있어야 한다. 연봉제 덕분에 직장생활과 사무실은 삭막한 사막이 되어 가고 있다. 코로나 팬데믹 상황은 재택근무를 권장하면서 이를 더욱 촉진시킨 것 같다.

국가·사회의 문화

조직구성원들은 순수한 백지상태로 조직에 들어오지 않는다. 요람에서부터 가정, 학교, 사회 등의 환경에 의해서 영향을 받으며 쌓아온 경험과 성격을 가지고 조직에 들어오게 된다. 물론 그들의 행동은 조직의 구조나 정책 등에 의해서, 또는 조직 내의 인간관계, 권력관계의 지배를 받기는 하지만 조직 밖에서 겪었던 경험과 생각에서 완전히 벗어나지는 못한다. 오히려 밖에서 가져온 구성원들의 행동과 사고방식이 조직에 영향을 준다고 봐야 옳다. 우리나라의 연공서열 문화가 기업에서도 연공임금제와 연공승진 풍토를 만들었던 것이 그 대표적 예이다.

그럼에도 불구하고 조직문화는 구성원 개개인의 가치관, 윤리, 태도, 기대와 행동을 좌우한다. 왜냐하면 개인은 조직과 집단에 속해 있으면 그 조직의 문화에 훨씬 더 많은 영향을 받기 때문이다. 결국 개인의 국가·사회적 가치관과 조직문화의 영향, 그리고 이 둘 사이의 상호작용을 주의 깊게 고려할 필요가 있다.

그리고 이러한 민족·국가문화의 영향이 그 지역 혹은 그 국가에만 국한되는 것이 아니라 다국적기업이나 해외 자회사에도 그대로 전수되는 것이 보통이다. 그런데 그 영향은 간접적으로 우회해서 미칠 수도 있다. 예를 들면 문화적 여건 때문에 만들어진 법적·정치적·경제적 제도나 기관(institutions)은 조직의 외부 환경여건이 되며 조직의 구조나 행태는 그 환경에 걸맞도록 만들어진다. 일례로 구성원행동에는 조직문화보다도 국가문화가 더 큰 영향을 미친다는 연구도 있다.[20] 도표 13.8

도표 13.8 국가·사회문화의 직간접적 영향

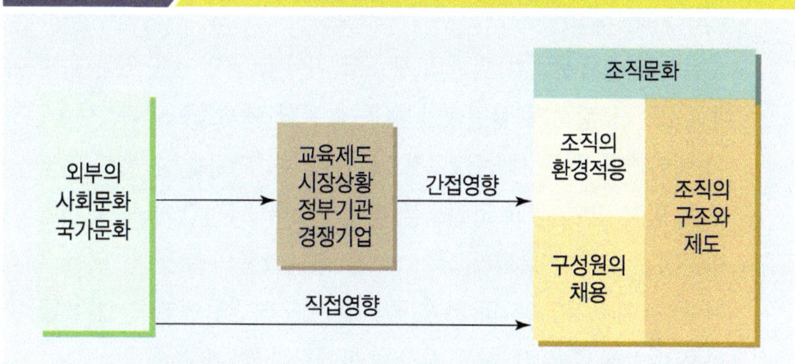

문화의 확산과 유지

구성원들은 무엇을 통해서 문화를 배우고 몸에 익히는가? 문화는 무엇을 통해서 조직 안에 전파되고 보급되는가? 문화를 구성하는 요소들은 깊은 곳(안 보이는 곳)에서 표면화된 곳까지 곳곳에 존재하고 있는데 겉으로 드러난 것들을 통해서만 습득될 수밖에 없다. 그런 다음에 점점 보이지 않는 깊은 곳에 자리 잡아 갈 것이다. 대표적인 것만 살펴보자.

의 식

의시(ceremony and rite)은 조직과 구성원에게 조직의 중요한 가치를 알려 주고 강요하기 위한 반복적인 행사의 일종이다. 부모에게 효도하라는 가치를 알려 주기 위해 반복되어 온 우리의 제사의식을 떠올리면 된다. 공식 유니폼을 입고 치르는 졸업식, 결혼예식, 회사의 월요조회, 표창·포상식, 회장의 공장방문 환영행사 등이 그것이다. 이 과정에서 무슨 목표가 가장 중요한지, 어떤 사람이 중요한지, 얼마나 중요한 인물인지 등을 알리고 각인시키며 이를 통해 구성원들은 조직이 강요하는 혹은 공통으로 인식하고 있는 가치관을 습득하는 것이다.[21]

이는 타 조직과의 경계를 분명히 해 주고 조직체의 가치를 행동에 옮겨 이를 강화시킬 수 있게 해 주며 결국 구성원들의 자아관념을 분명히 하고 응집력을 돈독히 해 준다. 예를 들면 조직에 가입하는 일과 탈퇴하는 일은 어느 조직에서나 중요한 사건이다. 그러므로 이때의 의식을 분명히 함으로써 조직구성원과 외부인의 경계를 분명히 할 수 있다. 일본의 야쿠자집단의 가입 서약식도 그 예이다. 이런 의식을 통해서 조직은 공동목표를 각자에게 인식시키기도 한다. 도표 13.9

도표 13.9 조직의 의식

의식유형	예	목 적
통과의식	입사오리엔테이션, 임원승진교육, 퇴임식	규범과 가치의 교육
통합의식	정기운동회, 단합대회	공동규범 형성, 커뮤니케이션
향상의식	포상식, 사내회보에 광고선전	모티베이션 향상, 조직몰입도 향상
강등의식	중역의 해고	변화, 규범의 재인식

이야기와 에피소드

문화를 습득시키기 위한 도구로서 이야기와 언어가 있는데, 이야기(stories)는 조직의 영웅이나 문화요소를 강하게 실천했던 행동에 관한 에피소드이다. 사실인지 허구인지는 중요하지 않으며 이 이야기를 배운 사람은 그것으로 남을 또 가르칠 수 있다.[22] 울산현대조선소 건설 시 유조선 수주를 먼저 받아 놓고 조선소를 건설하느라 24시간 공사가 계속되었는데 이때 정주영 회장의 새벽순시는 유명한 일화가 되어 그 후 현대그룹의 추진력, 도전, 형식타파 문화를 계승하는 도구가 된다. 나이키(Nike)사의 고참 중역들은 구성원들에게 창업자 빌 바워맨(B. Bowerman)의 창업신화를 얘기해 주는 데 많은 시간을 할애한다. 이야기 13.9

이야기 13.9 에피소드의 힘

김우중 전 대우그룹의 회장이 창업 당시 화장실에서 국제전화를 하고 자동차 안에서 라면으로 끼니를 때웠다는 에피소드로 인하여 산하 대우 직원들이 그를 본받아서 시간을 낭비하지 않고 촌음(寸陰)을 아끼는 문화를 만들었다. 빌 게이츠의 공격적이며 경쟁적인 성격과 그의 탁월한 능력은 그가 창업한 마이크로소프트사의 조직문화 특성과 일치한다. 현대그룹은 울산 현대조선소 건설 시 유조선 수주를 먼저 받아 놓고 납기 내에 조선소를 건설하느라 24시간 공사가 계속되었는데 이때 정주영 회장의 새벽 순시는 유명한 일화가 되어 그 후 현대그룹의 추진력, 도전, 형식 타파 문화를 계승하는 계기가 되었다. 현대건설의 이런 일화는 더 있다. 미군이 주문한 토목공사가 겨울에 완성되어서 현대건설에서는 푸른 잔디를 심기로 한 계약을 맞출 수 없었다. 정 회장은 곧 보리를 심도록 했고 새싹이 돋은 보리를 잔디로 착각한 미군 측은 대금을 완불해 주었다. 물론 이듬해 잔디로 바꾸어 심었나. 또 한번은 서산방조제 마지막 물막이 공사가 애를 먹고 있었다. 물살이 세어서 트럭으로 돌을 가져다 부어도 썰물에 돌이 바다로 떠내려가기 때문이었다. 이때 정 회장의 아이디어로 대형폐유조선을 사다가 대고 돌로 채워 조수간만의 차를 안정시켜 댐을 막은 뒤에 배에서 돌을 빼내어 다시 바다 위로 띄운 사건도 '안 되면 되게 하라'는 현대 문화의 신화가 되었다.

언 어

언어도 문화 습득의 수단이 되는데, 조직의 중요한 문화특성이 언어로 만들어지기 때문이다. 그래서 회사마다 혹은 부서마다 자기들만의 용어가 있다. 그것을 사용하면 외부인과 구별되면서 자기들만의 독특성과 응집성 내지는 공동체 소속감을 표현하고 느낄 수 있기 때문이다. 물론 준언어, 비언어도 사용되는데 사원들의 옷 입는 스타일, 제스처, 약어 호칭 등을 통해서도 자기들만의 문화를 배우고 계승한다. 모토로라 한국지사나 마이크로소프트사의 캐주얼한 옷차림은 창의적이고 역동적인 회사문화의 내용을 사원들에게 전달하는 셈이다. 항공사의 국제명칭이 KAL, SAS 등 세 글자 약어인 것을 이용하여 대한항공의 주요 인물과 명칭도 알파벳 세 글자로 표현한다. 신입사원은 이를 사용하면서 그 회사의 일원임을 재인식하고 항공사라는 자신들만의 문화를 익혀 나간다.

물질적 상징

회사빌딩의 우아함과 특이성, 사무실의 크기와 고급가구들, 회사 회장님의 자동차, 심지어는 회장님이 동반하고 다니는 비서들의 인원수까지도 조직문화의 상징이 된다.[23] 예를 들어 비서가 많으면 그만큼 중요하고 바쁘고 높은 사람이라는 의미를 사원들에게 알리는 것이다. 때로는 사무용품, 생산제품 등도 그 조직의 문화적 특징을 담고 있기 때문에 이를 통하여 문화를 구성원에게 전달하고 외부 고객들에게도 알린다. 예를 들면 복사용지, 포스트잇, OHP필름, 콤팩트디스크 등 3M사의 납작한 제품들은 3M사의 성공주제를 사원들과 고객에게 전달하는 언어와 마찬가지이다.

어느 회사의 사무실은 칸막이 없이 오픈된 회의실을 층마다 두고 있는데 이러한 사무실 모습은

이야기 13.10 옷을 벗고 근무하는 이유

영국의 컨설팅회사 The Onebestway는 창업한 회사나 신제품의 각종 브랜드 네이밍을 해 주는 회사이다. 점차 아이디어도 안 나오고 매출이 감소하자 원인을 분석했다. 사원들 간의 경험과 아이디어가 공유되고 교류되어야 되는데 소통이 막혀 있다는 것이 큰 문제였다. 소통이 막힌 큰 이유 중의 하나가 서로 잘난 척만 하고 자기가 최고인 양하는 유아독존적 분위기였다. 이에 한 사원이 기발한 발상을 하였다. 사원들 간의 격의 없는 대화와 커뮤니케이션을 위해 한 달에 한 번은 옷을 벗고 근무하는 원칙을 세웠다(**사진**). 물론 처음에는 어색해서 웃옷만 벗기로 했다가 서서히 모두 벗고 업무를 시작하는 이벤트를 벌였다고 한다. 이로써 소통의 문화가 정착되었고, 다른 이득이 있다면 이를 고객들에게 알림으로써 노이즈 마케팅 효과를 얻었을 뿐만 아니라 "저희 회사는 고객을 위해 이렇게까지 노력합니다."라는 광고를 돈 안 들이고 전 세계에 전파한 셈이 되었다. 우리나라에서도 동료나 상하 간의 담을 헐기 위해 노래방에서 술 먹고 웃통 벗고 춤을 추는 해프닝이 있는가 하면 함께 발가벗고 사우나탕에서 몇 시간씩 담화를 나누기도 한다. 그러다가도 사무실에만 들어가면 위계를 따지고 근엄한 자세로 돌변하는 것이 사라져야 할 우리 문화이다. 서로의 담을 헐기 위해 반드시 벗어야 하는 것은 물론 아니다. 등산, 회식, 돌잔치, 건전한 술좌석이나 노래방 등 방법은 얼마든지 있다.

구성원들에게 오픈마인드, 평등성, 창의성, 유연성의 회사문화를 전달한다. 만일 사원들이 사용하는 방의 크기, 책상의 넓이, 사무용 필기구의 가격 등이 직급별로 다르다면 권위주의 문화를 사원들에게 전달하는 것이 되고 그러한 분위기 속에서는 사원들이 윗사람에게 순종하고 규정에 따르는 문화에 익숙해진다. 이야기 13.10

Ⅲ | 조직문화가 하는 일

문화는 조직에 어떤 영향을 끼치는가? 앞서 말한 대로 조직과 구성원의 모든 행동에 영향을 미친다면 좋은 점은 무엇이고 부정적인 영향은 없는지도 알아보자.

1 조직문화의 순기능과 역기능

문화는 조직에서 다음과 같은 역할을 한다고 볼 수 있는데, 순기능 측면과 역기능 측면이 동시에 존재하고 있다. 그러므로 집단의사결정 시나 개인의 행동거지를 판단할 때 조직문화의 양면적 역할이 있음을 전제하고 행동해야 할 것이다. 조직의 모험수용성, 팀지향성, 인간지향성, 결과지향성 등의 전반적 사항에 대해 사원들이 주관적으로 이해한 바가 사실상 조직문화가 되며 이것이 사원 개개인의 성과와 만족도에 영향을 미치는데, 그 영향력은 문화가 강할수록 더 크다. 도표 13.10

도표 13.10 조직문화의 영향력

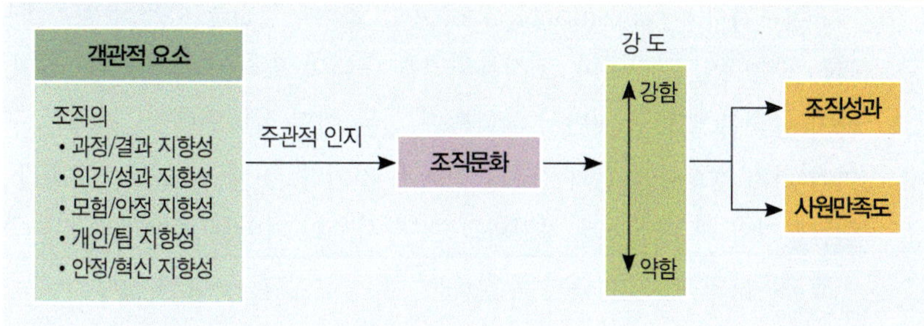

순기능

문화는 조직에서 여러 가지 역할을 담당하는 셈이다. 관리자나 CEO가 직접 할 일도 조직문화가 해 주고 있는 덕분에 그들의 수고가 많이 덜어진다. 다음의 기능들을 보자.

행동지침의 제공

신입사원이 회사에 처음 들어와서는 주변을 이해하기도 힘들며 어떻게 처신해야 할지 막연하다. 이때 특별한 멘토 없이도 문화가 그 길잡이가 되며 이를 통하여 그는 복잡한 주변을 나름대로 정리하면서 이해해 간다.[24] 신입사원은 남들이 하는 규칙성 있는 행동양식을 보고 배우면서 몸에 익혀 나간다. 문화의 이러한 영향력은 2000년대에 들어오면서 더 커지고 있는데, 그 이유는 점차 자율권이 확대되면서 지시하는 상층부가 축소되어 공식적 규제와 지침도 줄고 조직구조가 플랫화되어 감에 따라 구성원들은 자동적으로 문화의 영향과 지배하에 놓이게 되기 때문이다. 특히 상급자나 선배들의 행동양식보다 또래끼리의 영향력이 더 커짐으로 인하여 세대차이는 더 벌어지고 동일한 세대끼리는 획일화되는 덜 바람직한 풍토가 대두되는 현실이다.

구성원의 조화와 단합

내부적 단합이 조직문화에 의해 강화되는 것은 당연하다. 독특한 신화, 예식, 의식 등은 타 집단과의 이질감을 더 느끼게 하고 조직구성원끼리의 동질감을 높인다. 그리고 동료들과 호흡이 맞고 조직분위기도 자기와 어울리면 이직의도는 자연스럽게 감소된다. 또한 권력게임이나 개인의 재량범위 등은 명문화된 규정이 없기 때문에 애매모호한 부분이 많아서 처음 모인 사람들끼리라면 치열한 권력투쟁이 있을 것이다. 이때 문화가 게임의 룰(가치기준, 행동기준, 판단기준)을 제공하고 모두가 이를 배워서 공감하면 투쟁이 줄고 단합이 강화될 수 있다. 이를 통해 경우에 따라서는 위기상황에서 조직문화가 변할지라도 조직으로 하여금 위기를 잘 견디게도 할 수 있다.[25]

조직분위기 형성

조직분위기(organizational climate)란 조직구성원들이 조직이나 직무환경에 대해 동일하게 느끼는 공통적인 지각이다. 조직분위기를 구태여 조직문화와 구분하자면, 조직분위기란 조직구성원들이 깊숙이 알고 느끼면서 체화되어 있는 어떤 상태인데 그 정체는 구성원들이 근무하면서 겪은 여러 가지 경험들의 총체로부터 얻어진 것이다. 이에 비해 조직문화란 구성원이 조직에서 어떻게 행동할지의 기준이 되는 가치관과 그런 사고의 기반을 떠받치고 있는 기본전제이다.[26]

조직문화의 이러한 측면은 일종의 팀 정신이다. 구성원 모두가 무슨 일이 중요하고 무엇부터 해야 하는지 동일하게 인식하고 있다면 서로 혼동도 안 생기고 서로의 마음을 알고 나면 동지의식이 강해진다. 이러한 심리적인 분위기는 구성원의 직무만족, 조직몰입, 모티베이션과 상관성이 높다. 그리고 조직의 긍정적인 작업분위기는 고객만족도를 높이고 조직성과도 높인다. 또한 이러한 분위기는 구성원 개개인의 습관을 형성하는 데 일조하고 서로에게 배우면서 분위기에 어울리는 바람직한 행동을 학습하게 된다.

환경적응력 강화

모든 조직은 살아남기 위해서 외부환경에 대해 적응 내지 통제할 수 있어야 하고(adaptation), 내부적으로는 구성원의 협동과 응집력을 유지해야 한다(integration). 그런데 문화가 잘 발달되어 있다면 그 구성원들은 조직이미지, 신화, 의식, 신념, 관습, 규범, 가치관 등 문화의 구성요소를 통하여 조직의 특성과 강·약점을 잘 알고 있을 뿐만 아니라 조직과의 공감대를 가지고 있기에 변화대처능력이 강해진다. 동시에 다른 사람과의 조화와 동질감도 높아질 것이고, 공동의 문화 속에서 의사소통도 잘 되어 기동력도 강해지기 때문에 다이내믹하게 적응해 나갈 수 있다. 따라서 혁신조직에서 여러 개의 경쟁가치를 놓고 어디에 우선권을 둬야 할지 혹은 조직의 공통목표가 무엇인지에 대해 강한 리더가 구성원들에게 자주 알려 주는 것이 매우 중요하다.[27]

조직몰입의 향상

도표 13.11 조직문화의 순기능

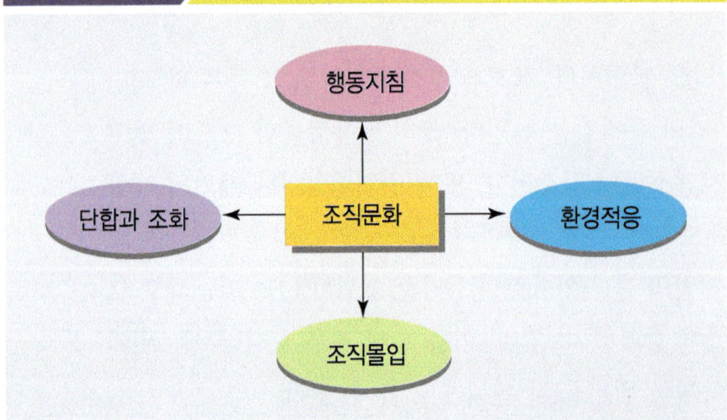

구성원들이 조직의 강한 문화에 젖게 되면 그것이 몸에 배어 오랫동안 숙지해 온 자신의 문화를 더욱 신뢰하게 되고 이것은 그들을 조직에 더욱 매이게 하는 기능을 한다. 즉 조직몰입도가 높아진다. 그러므로 조직이 강한 문화를 가지고 있으면 높은 조직몰입으로 인하여 이직률도 낮아질 것이며, 구성원들은 조직의 정책과 비전실현에 더욱 동조하게 될 것이다.[28] 도표 13.11

역기능

부정부패, 거짓말, 나태함 등의 문화는 한 나라에 당연히 나쁜 영향을 끼친다. 이런 문화는 차라리 없는 편이 더 낫다. 하지만 여기서 다루려는 역기능은 좀 다른 말이다. 우리는 다양한 문화의 유형을 살펴보았지만 어느 것이 더 좋고 나쁘다고 판단하지는 않았다. 그러나 어느 형태의 문화든 강하게 자리 잡고 있으면 좋은 영향은 물론 나쁜 영향도 미친다. 그러나 어디까지나 역기능의 가능성일 뿐 언제나 그런 것은 물론 아니다. 조직문화를 어떻게 관리하는지에 달렸기 때문이다.

제도화

제도화(institutionalization)라는 말은 한마디로 설명하기 매우 어렵다. 문화가 조직 안에서 관습이나 규범으로 굳어져서 그 자체가 구성원의 행동과 가치관을 지배하게 되면 제도화되었다고 말한다. 이때부터는 조직관리자의 목표나 의도대로 되지 않고 제도 자체가 별개로 유지된다. 기업이라면 제품과 서비스의 생산보다 제도가 앞서고 고객만족이나 창업자의 정신보다도 제도가 우선이다. 원래의 조직설립 목적과 다른 방향으로 가더라도 활동을 멈출 수 없다. 제도(해당 조직의 전통과 관습) 자체가 자기 삶을 영위해 가기 때문이다. 따라서 구성원들의 행동이 제도에 종속되기 마련인데, 가끔은 자신들의 행동이 잘못됐는지 의심하고 검토해야 하는데도 불구하고 모두에게 당연시되고 용인되어 돌이킬 수 없는 지경에까지 이른다. 즉 주객이 전도된 듯이 그 조직의 존재 목적이 바로 조직문화의 유지계승이 되고 만다는 것이다.

이렇게 되면 필요시에 조직을 변화시켜야 함에도 구성원들은 조직변화에 저항한다. 환경이 급변하고 있을 때 강한 문화가 형성되어 있으면 기존 문화에 익숙한 만큼에 비례해서 과거의 문화가 필요 없게 됐음에도 불구하고 떨쳐 버리기 어려울 것이다.[29] 과거에 훌륭한 조직문화를 통해 성공한 기업이 최근 환경변화에 적응하지 못해서 어려움을 겪는 경우가 많이 있다.

다양성과 창의성의 제한

신입사원이 들어왔을 때 그가 회사문화와 다른 특성을 가지고 있다면 적응하기도 어려울 것이며 그가 가진 장점은 숨겨진다.[30] 인종, 나이, 성별 등의 각기 다른 독특한 개성들을 마음껏 발휘해야 함에도 불구하고 대세인 조직문화분위기에 억눌려 개성대로 못 움직인다. 사실은 서로 다른 개성과 다른 경력을 가진 구성원을 영입해야 창의성이 개발된다. 그럼에도 그들은 입사 후에 조직문화에 눌려 제 실력을 드러내지 못한다. 그뿐 아니라 창조와 변화의 시대에는 새로운 도전과 갈등 속에서 창의적 아이디어가 속출하는데, 강한 문화가 모든 사람에게 똑같이 침투되어 있는 상황에서는 색다른 아이디어가 나올 수 없다.

합병의 걸림돌

시너지효과를 위해 조직은 가끔 다른 조직과 합병도 하고 흡수도 하며 이러한 추세는 급변하는

이야기 13.11 **돌싱의 벤츠**

규모의 경제를 노리면서 대기업 간의 초대형 합병이 유행이다. 그러나 문화충돌로 인한 합병 후유증도 많다. 다임러크라이슬러는 독일을 대표하는 다임러벤츠가 미국 '빅3'의 막내인 크라이슬러를 인수해 탄생했던 회사이다. 합병 후 회사에서 두 나라 간 문화적 충돌이 끊이지 않았다. 두 회사는 1998년 합병을 선언하면서 기술력(다임러)과 마케팅(크라이슬러)이라는 서로의 장점을 잘 살릴 수 있을 것으로 기대했다. 그러나 합병 후 크라이슬러에서 인재들이 대거 이탈함으로써 이런 기대가 무너졌다. 특히 2000년 크라이슬러에 미국인 사장이 물러나고 독일인 사장이 취임하면서 문화충돌은 더욱 크게 불거졌다. '독일인이 미국 회사를 집어삼켰다.'는 인식이 더욱 확산되면서 합병 무효를 겨냥한 소송이 제기되기도 하였다. 이에 따라 크라이슬러는 경영난이 심화되었고, 합병 후 연속 적자를 기록하다가 결국은 결별하였다. 그래서 국제결혼은 항상 상대방 문화에 대한 이해가 전제조건이다.

환경에서 더욱 가속화된다. 그런데 합병대상인 두 해당기업의 문화가 서로 극명히 구별된다면 부작용이 많다. 최근 합병실패의 주요 원인이 조직문화 때문이라는 연구결과가 많다.[31] 그래서 합병 시 가장 먼저 살펴보는 것이 해당 기업의 조직문화이다. 이야기 13.11

2 강한 문화와 약한 문화

강한 문화

강한 기업문화는 우리가 지금까지 말해 온 역할과 기능을 하면서 영향을 미치지만, 약한 기업문화는 문화가 없는 것이나 마찬가지이다. 일단 강한 문화가 존재한다는 전제에서 역기능과 순기능, 문화의 변신 등을 고려한다. 다만 약한 문화일 때 좋은 것이라면 강하게 만들 필요도 있다. 조직들이 서로 다른 문화를 유지하는 것이 보통이지만 같은 유형의 문화를 가졌더라도 그것이 강하게 침투되어 있을 경우도 있고 있으나 마나한 경우도 있을 것이다.

강한 문화(strong culture)란 문화의 중심가치가 강하게 널리 스며들어 있는 문화로, 조직이 강한 문화를 가졌다는 뜻은 다음과 같다.[32]

- 공통성: 문화가 구성원 모두의 몸에 배어 있다.
- 상호 보완성: 문화의 구성요소(인지, 상징, 이미지 등)가 서로 비슷하거나 일관성이 있고 상호 보완적이다.
- 독특성: 내부구성원 사이에서는 모두 공통적인 문화이지만 다른 조직의 문화와는 다른 아주 독특한 것이다.
- 안정성: 변덕스럽지 않고 특성이 꾸준히 지속된다.

강한 문화의 장점

강한 문화는 무엇이 좋은가? 문화가 강하면 그것이 구조가 되고 규정이 되어 저절로 구성원을 관리한다. 문화가 강하다면 모두 거기에 따를 것이므로 개별적으로 통제나 관리를 할 필요도 없고 별도의 행동지침이나 내규를 만들어서 제시할 필요도 없다. 강한 조직문화는 구성원의 이직률을 감소시키고 조직몰입도와 응집력과 충성심을 고양한다.[33]

강한 문화의 단점

문화가 강하면 그에 따른 단점도 있다. 문화가 강하면 매우 정확하게 틀에 맞추어야 하기 때문에 융통성이 떨어지게 된다. 왜냐하면 문화가 강하면 강한 성격의 소유자처럼 융통성 없는 행동으로 나오기 때문이다. 또한 문화가 강한데 관리자나 구성원의 가치관과 안 맞거나 리더십이 나쁠 때 조직에서 부하들의 부정적인 감정이 더 많았고 성과하락도 더 심했다.[34]

또한 조직의 의사결정이 비윤리적으로 행해질 때에도 강한 조직문화에서 조직을 보호하려는 공동체의식이 높았다. 따라서 부정을 폭로하지도 않고 오히려 덮어 두고 감싸 줌으로써 외부의 비판에 방어적인 태도를 취하며 조직을 더욱 비윤리적으로 몰고 가기도 한다.[35]

그 밖에도 강한 문화의 단점은 다음과 같이 요약할 수 있다.

- 과거에 해 보지 않았던 새로운 일, 혹은 실패했던 일에 대해서 극히 폐쇄적인 전통이 강하다면 변화의 시대에는 걸맞지 않다.
- 일단 문화에 걸맞은 행동이라고 생각되면 의심을 받거나 재검토되지 않은 채 계속 반복되고 심지어 의례의식으로 고정되어 버리는 경우도 있다.
- 내부로만 굳게 뭉치고 외부인의 행동이나 의견에 대해서는 무조건 상대하려고 하지 않는다.
- 환경변화에 대처하여 조직 내부를 변화시키려고 할 때 기존의 것을 지키려는 저항이 크다. 따라서 보수적이고 융통성 없는 조직이 될 위험이 있다.[36] 이야기 13.12

이야기 13.12 노래방 문화

노래를 부르고 싶으면 자기 집 안방에서 할 것이지 왜 노래방으로 달려가는가? 분위기 때문이다. 앰프와 화면과 조명이 있고, 같이 노래할 사람이 있기 때문이다. 원래 노래를 잘하는 사람도 자기 집 안방에서는 제 실력이 안 나오는 법이다. 노래 잘 부르는 사람에 초점을 맞춰 연구해 온 과거의 경영학과는 다르게, 현대의 경영학은 노래 잘할 수 있는 분위기를 조성하는 데에 열을 올리고 있다. 그런데 노래방의 분위기는 조명만으로도 안 되고 앰프만으로도 안 된다. 노래가사는 슬픈 곡인데 화면에는 여배우의 웃는 모습이 나와서도 안 된다. 마찬가지로, 액자에 걸려 있는 궁극적 기업이념과 고객을 대하는 판매원의 행동이 서로 겉돌아서는 안 되며 사장의 연설내용과 인사고과제도가 상충되어서도 안 된다. 바람직한 풍토가 사내 구석구석에 배어 있다면 좋은 점이 한두 가지가 아니다. 개개의 사원이 어쩔 줄 몰라 할 때 통일된 행동기준과 신념을 제공한다. 어떤 사원이 부부싸움을 하고 출근했더라도 분위기에 취해서 신바람이 절로 나고 직장에서 보람을 찾는다. 부서 간, 계층 간 정보소통이 잘되고 공급자나 소비자 등 외부 관련자들과도 손발이 척척 잘 맞게 된다. 그리고 가풍(家風)만 보고 얼굴도 모르는 남의 딸을 며느리로 삼았듯이 그 회사의 사풍(社風)만 보고 제품과 서비스를 산다.

약한 문화

강한 문화와 반대로, 어떤 조직은 구성원들이 자기 조직에서 뚜렷이 제시할 만한 무엇이 있는지조차 잘 모르고 있을 수 있다. 조직에 대한 특별한 이미지도 없고 신념, 상징, 로고 등의 문화적 구성요소들이 발견되지 않거나 있어도 중구난방인 경우 문화는 약하다고 할 수 있다. 대개 신생 조직 또는 너무 오래되어 구성원들이 대거 교체되었거나 강력한 지도자 없이 수년을 지탱해 온 조직에서 흔히 발견할 수 있는 현상이다.

약한 문화의 문제점

그렇다면 약한 문화는 무엇이 나쁜가? 피동적인 풍토의 사람들은 조직의 전략수립이나 그에 대한 협동심은 약하고 부분적인 자기 부서의 이해관계에는 지나치게 집착한다. 문화가 약하다는 것은 게임의 룰이 희미하다는 뜻이다. 개인 간 혹은 부서 간 불필요한 권력게임만 즐비하며 갈등도 많고 중재자도 없고 중재할 기준도 없다. 그러므로 약한 문화의 조직에서는 조직문화의 다양한 이점을 하나도 누릴 수 없다.

모자이크 문화

강한 문화를 가진 다양한 소집단들이 합해져서 하나의 큰 조직을 이루었을 때 조직 전체로 보면 약한 문화라고 할 수 있다. 문화의 색깔에 일관성이 있거나 통일되지 않았기 때문이다. 이때 조직문화는 역기능을 할 가능성이 커지므로 관리자가 주의해야 한다. 사실은 집단에서 어떤 문제를 해결해야 할 때 서로 다른 규범이 공존한다면 당사자는 규범갈등(norm conflict)에 직면하여 두 가지 상반된 반응이 나온다. 문제에 대해 부정적 태도를 가진 사람이라면 문제해결에 대한 의지가 저하되겠지만, 긍정적 태도를 가진 사람이라면 오히려 어떤 행동을 취하게 하는 동력이 된다.[37]

그러나 기업연대나 M&A 등을 통해 강한 문화를 가진 다양한 집단들이 합해져 하나의 큰 조직을 이루었을 때 대개 그 조직의 문화는 모자이크식이 되어 회사 내에서 규범들 간의 충돌이 일어날 가능성이 크다. 이런 경우 활발한 커뮤니케이션이나 부서 간의 협조는 기대하기 어렵고, 갈등이 난무하며, 조직 전체적 전략을 수립하거나 추진하기 어려울 것이다. 전문가집단을 모아 놓은 조직이나 합병 직후의 조직이 모자이크식 문화가 되기 쉽다. 저마다 개성이 뚜렷한 엘리트만 모여서 서로 자기주장만 내세우고 전체 집단에 동조하지 않으려고 한다든지, 부서이기주의가 팽배하여 상호 양보의 예를 경험해 보지 못한 조직에는 강한 문화가 오히려 걸림돌이 된다. 갓 합병된 조직 외에도 동일 종합대학 내의 단과대학별 문화가 다르고 종합병원의 여러 가지 의료전공별 문화가 다른데 이들이 모여 한 조직이 되었을 때 모자이크 문화가 되고 만다. 크라이슬러와 다임러벤츠의 합병은 문화차이로 결국 무산되었다.

조직문화와 조직성과의 관계

조직문화는 조직성과에 도움이 되는가?

334개 조직을 대상으로 한 문화의 대가인 카메론과 프리만(K.S. Cameron & S.J. Freeman)의 연구결과에 따르면, 성과와의 상관관계는 문화의 강·약보다는 적합성(fit) 여부에 달렸다.[38] 그러나 그 외의 많은 연구들에서는 상관관계의 일관성을 찾아보기 힘들다. 그럼에도 불구하고 지금까지의 연구들을 종합하면 문화와 성과의 관계에 대해 다음과 같은 결론을 내릴 수 있다.[39]

- 문화가 장기적으로 성과에 영향을 미치는 것은 틀림없다.
- 앞으로 조직의 성패를 좌우하는 중요변수는 조직문화가 될 것이다.
- 구성원들의 자질이 우수하다고 하더라도 조직성과를 낮추는 좋지 않은 문화가 많이 있는 것은 사실이다.
- 다중문화와 이문화의 특성을 정확히 이해하고 수용하는 문화지능(cultural intelligence)이 높은 개인과 조직의 생산성이 높다.
- 문화란 변화시키기는 어렵지만 그럼에도 불구하고 성과를 높이는 문화를 찾아내고 만들어 갈 수는 있다.

조직문화의 변화관리

일단 조직이 있으면 그 안에 문화가 있기에 조직 속에서 지낸다는 것은 그 문화 속에서 지낸다는 것과 같다. 그래서 조직문화는 조직 안에서 이뤄지는 경영의 토대가 될 수밖에 없고, 이러한 사실은 다음과 같은 몇 가지 중요성을 일깨워 준다.

첫째, 각 조직마다 문화가 다르다면 경영 스타일이 모두 달라야 한다. 한 문화에 가장 합리적인 경영 스타일은 오직 하나뿐이다. 경영 스타일은 구성원들의 자질이나 경영목표도 중요하지만 특히 문화에 걸맞은 것이어야 한다. 그렇지 않으면 그 스타일은 거부되든지 효율성이 적을 것이다. 예를 들면 상부상조의 문화가 강한 기업에서 엄격하고 객관적인 인사고과제도를 도입하고 고과결과에 따라 월급을 차등 지급한다면 역효과가 더 많을 수도 있다. 그러므로 경영 스타일을 선택할 때 해당 조직의 문화를 먼저 생각하고 결정해야 한다.[40]

둘째, 문화는 조직의 잠재력과 집단적 능력의 창고이며 자원이다.[41] 단순히 주어진 하나의 상황 혹은 제약을 넘어서 하나의 강력한 경영추진제가 될 수 있다. 국민의 세금으로 움직이는 국영기업체일수록 무사안일이 만연해 있고 경쟁이나 이익증대라는 말을 찾기 어렵다. 이러한 문화 속에서는 경쟁을 충동하기보다는 경쟁을 피한다. 그러나 책임과 헌신이 강조되는 문화에서는 경쟁에 대처할 굳건한 기초를 다진다. 이처럼 문화는 조직의 강장제 역할도 하지만 잘못되면 조직의 사기를 꺾어 놓는다.

셋째, 경영 스타일이 조직문화와 잘 맞아야 하지만 그렇다고 능동적 조정이 전혀 불가능한 것

도표 13.12 **기업문화운동의 목표**

기존의 문화		이상적 문화
불량문화	→	우량문화
정체문화	→	활성문화
약체문화	→	강성문화
이질문화	→	동질문화

은 아니다. 안 맞더라도 새로운 경영 스타일과 경영제도의 도입으로 조직문화를 변경시킬 수도 있다. 상부상조 문화가 너무 지나쳐서 연공승진만 믿고 서로가 무위도식하는 분위기라면 엄격하고 객관적인 인사평가제도와 능력기준의 승진제도를 도입하여 경쟁 위주의 다이내믹한 문화로 탈바꿈시킬 수도 있는 것이다. 도표 13.12

언제 관리할 것인가?

이와 같이 문화가 하나의 경영변수로서 관리대상이 되는 경우는 다음과 같다.

- 기존의 문화가 조직목표와 상반될 때
- 조직의 생존이 위협받을 때
- 혁신과 변화의 시도가 심한 반대에 부딪쳤을 때
- 리더가 기존문화를 변화시켜 특정 목표를 완수하려고 할 때

이럴 때는 어떻게 해서라도 문화를 먼저 바꾸어 놓는 것이 현명하다. 이야기 13.13

이야기 13.13 **스타벅스의 개방문화**

지나가다 스타벅스 매장에 들렀다고 해서 커피를 반드시 사서 마셔야 하는 것도 아니며 자리에 오래 앉아 있다고 쫓겨나는 것도 아니다. 지나는 사람들 모두에게 개방되어 있다. 스타벅스는 전 세계 35,000여 개의 매장을 두고 있지만 모든 직원은 현지의 실정에 맞게 채용하고 그들의 근무행동에 규격화된 행동규범도 없고 자연스럽게 고객을 대하면 된다. 상황이 변하면 새로운 상황에 곧바로 대처한다. 정해진 노선이나 통일된 규범이 없는 것이 규범이다. 오늘날 전 세계 도시민의 일상생활에 가장 많은 영향을 끼치는 스타벅스의 원조는 1971년 세 명의 동업자들에 의해 시애틀에서 시작된다. 처음에는 커피콩과 커피도구를 파는 조그만 가게였지만 1987년 슐츠(H. Schultz)에게 팔리면서 STARBUCKS 제국이 열린다. 초기에는 100명의 종업원으로 시작한 작은 회사였다. 슐츠 회장은 회사가 새로운 시장, 새로운 고객, 새로운 제품, 새로운 서비스 부문에서 항상 새 목표를 개발하여야 한다고 강조한다. 그래서 과거에는 주로 커피전문점이었던 스타벅스가 커피숍보다는 새로운 소매체인점으로 목표를 변경했다. 이 회사는 2005년부터 대부분의 점포에서 점심을 팔기 시작했다. 시애틀 점에서는 따뜻한 아침식사도 팔다가 전국으로 확대하였다. 이제 스타벅스 커피점에서는 음악프로덕션회사와 파트너관계를 맺었다. CD에 음악 녹음 등 스타벅스 고객에게 고급음악을 팔기 위해서이다. 스타벅스는 코로나-19로 인한 언택트시대보다 앞서서 햄버거처럼 자동차에 탄 채로 커피 서비스를 받을 수 있도록 드라이브 스루(drive-through) 점포를 개설하여 여전히 성업 중이다. 스타벅스가 전 세계 130여 개국에 퍼져 있는 직원들을 모두 본사에서 파견된 미국인 위주로 바꾼다면 어떤 일이 벌어질까?

14장

조직구조: 조직시스템의 설계/조직유형

ORGANIZATIONAL BEHAVIOR

Ⅰ. 조직시스템의 설계

Ⅱ. 조직유형

▶ 사진설명

둥글게 앉은 악사들이 한 지휘자에 의존하여 마치 한 사람처럼 조화로운 하모니를 연주하고 발레리나들 역시 곡에 맞추어 춤추는 모습은 관리자가 각 기능을 담당한 여러 구성원들의 조직활동을 조화롭게 연계시키는 이상적인 조직구조를 연상시킨다.(Venezia 유리공예 가게)

ORGANIZATIONAL BEHAVIOR

농구는 한 명이 하는 것이 아니라 다섯 명이 한 팀을 이룬다. 그러나 각자의 능력과 특기에 맞게 포지션을 정해주고 역할을 분담해 준다. 기업도 두 사람 이상이 모인 작업공동체이지만 저절로 돌아가는 것은 아니며 효율적으로 목표를 달성하자면 공동의 작업을 분야별로 적절히 나누어서 실행해야 하고 다시 통합하여야 한다. 조화로운 통합을 위해서는 분야별로 작업을 실행하는 도중에도 상호 연락을 취하면서 관계를 가져야 함은 물론이다. 이 '나눔'과'연결'의 순간마다 수많은 의사결정이 따라야 하고 일의 할당이 필요하며 약속이 제대로 이행되어 가는지 통제도 해야 할 것이다.

이러한 모든 문제를 해결하기 위해서 각 사람과 분야가 연결되고 상호 교류되는 하나의 시스템을 만들어야 하는데 이러한 경영활동을 조직화(organizing)라 한다. 그러므로 조직화는 일을 나누고 연결하고 권한과 책임을 부여하는 모든 과정을 포함한다. 이렇게 만들어진 조직의 구조가 어떤 모양인지에 따라서 어떤 구조는 바람직한 조직행동이 나오고 어떤 구조는 그 반대의 행동이 나온다. 그렇지만 항상 좋은 조직행동만 나오게 하는 모범적 조직구조가 있는 것이 아니라 하나의 조직구조가 여러 상황에 따라서 좋은 행동을 유발하기도 하고 비효율적 행동을 유발하기도 한다. 차츰 수많은 환경이 조직에 영향을 준다는 것을 알았고 따라서 구조를 만들려면 환경에 부합되도록 만들어야 한다는 주장이 뒤를 이었다. 여기서 가장 중요한 요인으로서는 기술, 시장, 사회문화 등으로 요약할 수 있다. 이 장에서는 조직구조를 만드는 변수들이 무엇인지를 배우고 환경요인에 알맞은 조직구조의 선택방식과 설계된 조직의 유형 등을 배울 것이다. 이 구조가 조직구성원들의 행동을 지배하기 때문이다.

I | 조직시스템의 설계

제품을 생산하는 기업이건 서비스를 제공하는 공공조직이건 조직은 다양한 과업을 수행해야 한다. 이때 이들 과업이 어떻게 할당되고 연결되어야 하는지를 결정하는 것이 조직의 구조이며 이러한 구조가 잘못되면 조직의 성과를 기대하기 어렵다. 그뿐 아니라 조직의 구조는 그 안에서 활동하는 구성원들의 행동을 지도하고 제약하기도 한다. 예를 들어 자동차를 만들려면 수천 개의 부품을 순서대로 조립하는 과정에서 공정의 연결, 작업자 간의 연결, 인적·물적 자원의 연결이 필요하고 각 연결체들끼리 또다시 연결되어야 하는데, 이러한 연결들의 총체가 조직의 구조(structure)이다. 조직의 구조는 그 조직의 모든 구성원과 조직활동에 영향을 주고 결국 조직효율성을 좌우하기 때문에 그 구조와 그것을 설계하는 방식을 이해하는 것은 매우 중요하다.

1 조직구조와 조직행동의 관계

조직을 설계한다는 말은 조직구조를 만든다는 뜻이다. 누구나 조직을 설계하려면 기본적으로 다음 여섯 가지 요인에 집중해야 한다. 분업화, 부문화, 지휘계통 연결, 통제범위, 집권화(분권화), 공식화가 그것이다.[1] 그 전에 조직구조에 관해서 자세히 공부하고 설계로 넘어가기로 한다.

구성원 행동에 미치는 조직시스템의 영향

조직구조란?

우리 몸의 기관들이 서로 나뉘어 각자의 역할을 다하면서 이들이 적절하게 연결되어 상호작용하는 덕분에 우리가 건강하게 활동할 수 있는 것처럼, 조직도 구조가 제대로 되어 있을 때 제대로 유지된다. 집을 지을 때 콘크리트건물인지 목조건물인지 등에 따라서 들어가는 전기, 가스, 수도시설의 설치와 운영방식이 다르다. 집의 구조가 모든 것을 결정하듯이 조직구조도 마찬가지이다. 조직은 과업을 맡고 있는 여러 개인들 혹은 집단들로 구성되어 있다. 물론 이들은 서로 연결되어야 제구실을 한다. 서로 연결하기 위해서는 우선 조직도(organizational chart)를 그려 놓고 각 역할을 배정하여 제대로 기능하도록 원칙과 순서를 정해 놓으면 되는데 이 조직도를 조직구조(organizational structure)의 일부라고 할 수 있다. 시계나 TV의 케이스를 뜯어내어 속을 들여

이야기 14.1 시스템의 위력

번호표가 없던 시절, 토요일 오전에만 은행 문을 열던 때가 있었다. 물론 현금자동지급기도 없었다. 토요일 오전이면 은행은 시장바닥이 되었다. 창구에 몰린 고객들은 서로 빨리 현금을 찾으려고 밀치고 싸우고 야단이었다. 창구직원은 돈을 세면서도 누가 먼저 왔는지 착각했다가 고객에게 혼나기 일쑤였다. 사람들에게 줄 바로 서기, 공중도덕과 질서 지키기를 아무리 외쳐도 한계가 있었다. 그러던 어느 날 순서표 기계가 들어왔다. 이제 은행에 오는 손님들은 차례대로 순서표를 뽑아 들고 자기 차례가 될 때까지 할 일을 하든지 책을 보면서 평화롭게 기다린다. 은행원이 자기 일에만 충실해도 은행의 창구서비스는 잘 돌아간다. 무엇이 바뀌었나? 사람은 그대로이다. 그렇다. 조직의 사람이 아닌 조직의 체계(구조 혹은 시스템)만 잘 설계해도 조직은 효율적으로 돌아간다. 오늘날에는 동사무소든 병원이든 어디를 가도 번호표 시스템이 갖춰져 있다. 조직구조를 배우는 이유가 여기에 있다. 국가도 사회도 법이나 규정의 체계가 잘 되어 있으면 인간이 좀 부족하고 범죄를 저지르려고 해도 어느 정도는 방어하며 잘 돌아간다. 그래서 구성원들의 도덕심과 행동을 바꾸는 것도 좋지만 다른 한편에서는 구조와 시스템을 바꾸려고 노력하는 경우가 더 많다. 사람은 그대로이지만 제도를 바꾸면 이 사회는, 학교는, 회사는, 그리고 크고 작은 모든 조직은 훨씬 효율적으로 가능하다.

다보면 구조를 알 수 있는 것과 마찬가지이다. 부속품들인 태엽, 톱니바퀴, 바늘 등의 연결상태가 곧 시계의 구조이다.

조직의 구조는 조직 안의 개인과 부서들을 상호 연결시키고 상호작용하게 하여 일을 완수하도록 한다. 이때 여러 과업들, 그리고 그 과업을 맡은 개인과 집단들을 서로 연결시키는 방식에는 여러 가지가 있다. 부품이 어떻게 연결됐는지에 따라서 시계 한 개의 정확성이 좌우되듯이 조직의 구조도 조직행동을 결정하고 결국 그 조직의 효율성을 좌우한다. 즉 조직구조란 직무, 책임, 권한을 중심으로 구성원 혹은 작업집단들을 나누고 이를 다시 연결하는 외형적인 조합 형태(formal configuration)이다.[2] 이야기 14.1

조직의 운영시스템

조직구조는 조직 내의 모든 업무와 담당자의 행동을 리드하고 제약한다. 구성원들이 얼마나 잘 협력하고 적재적소에서 적시에 각자 맡은 일을 얼마나 잘 수행하는지도 어느 정도 조직구조에 달려 있다. 결국 조직의 운영도 조직시스템이 어떻게 만들어져 있느냐에 따라 달라진다. 조직의 구조가 조직 안에서 다음과 같은 역할을 하기 때문이다.[3]

- 분업과 연결(division of labor and coordination): 여러 과업(작업자 포함)들은 나눠지고 연결되는데 이러한 결과물이 조직의 구조이다.
- 분화와 통합(differentiation and integration): 나눠진 각 부문들을 연결하고 통합시키는 도구로 사용된다.
- 구성원 의사결정과 행동의 통제(decision making and control): 조직이 움직이려면 구성원들이 의사결정을 하고 그에 따른 행동을 해야 하는데 조직구조가 그 결정권한을 지위에 따라 알맞게 배분해 주고 그들의 행동을 통제·조정해 나아가는 역할을 한다. 이야기 14.2

이야기 14.2 피라미드 건설회사

고대 이집트주식회사 회장인 파라오 람세스(Ramses) II 세의 참모는 162명이나 되는 아들들이었다. 회장 밑에는 사장 격이 되는 여러 총리대신(Vizir)이 있었고, 그 밑에는 각 지역별로 지역장관이 있었다. 한편 피라미드 건설팀의 채석단 조직구조를 보면 약 1만 명 정도로 이뤄졌는데, 그 중 5천 명은 군대 노동자로서 직접 건설현장에서 노동하는 사람들이었다. 부서별 조직은 팀장인 대제사장을 중심으로 제사장, 20명의 서기관, 공무원, 나일강 하류에서 고기를 잡아 음식을 대는 어부, 측량사인 기술자, 노예관리자, 말을 끄는 마차꾼들로 이루어졌고 장비는 130대의 마차, 운반에 쓰는 통나무, 석영돌망치, 가죽밧줄 등이 주종을 이루었다. 이 회사는 유령회사도 아니고 중도에 도산하지도 않았으며 부실공사를 안 했으므로 지금까지 90여 개의 튼튼한 피라미드가 남아 있는 것이다.

조직을 설계한다는 뜻

구성원 역할의 분할과 연결

조직을 설계(design)한다는 말은 조직의 구조를 짠다는 말이며, 더 자세히 말하면 여러 작업과 담당자 그리고 담당부문들을 전문화시켜 잘 나누고(differentiation) 전문화된 일들이 서로 협동하도록 잘 통합(integration)시키는 것이다. 어느 조직이나 관리자는 조직을 설계할 때 구성원이 보람을 가지고 열심히 그리고 효율적으로 협동하도록 설계할 것이다.[4] 조직을 어떻게 설계하는지에 따라서 그 조직의 유효성(구성원들의 사기부여, 인간관계, 업무성과)이 좌우된다. 왜 그럴까? 조직의 구성원들은 그 조직의 구조에 의해 제약을 받으면서 행동해야 하기 때문이다. 예를 들면 은행원 김 차장에게 어떤 고객이 일억 원을 빌려 달라고 해서 그가 빌려 주었다면 그는 은행의 제도에 따라, 즉 상사의 지시를 받았든지, 규정에 따랐는지, 권한을 위임받았을 것이다. 김차장은 이러한 제도 안에서 결정해야 하며 그의 직무와 관련된 모든 행동 역시 제도에 의해 제한, 조절, 통제된다. 그리하여 조직의 의사결정권의 체계와 구조가 어떻게 짜여 있는지는 그 조직의 성과에 중대한 영향을 미치고 그 구성원들의 조직 내 행동과 고객서비스행동에도 영향을 미친다.[5]

2 조직설계의 구조변수

집을 지을 때는 재료선택, 창문 크기와 수, 방의 넓이와 수, 구조물의 방향 등을 어떻게 하는지에 따라서 집의 구조와 형태가 정해진다. 조직이 하나의 집이라고 할 때 조직구조를 결정짓는 구성요소는 무엇일까? 크게 세 가지로 본다. 하나는 일을 각 개인(혹은 집단)에게 어떻게 배분할 것인지의 문제이고, 또 하나는 나누어진 일을 어떻게 서로 연결하여 통합시키는지의 문제이다. 그리고 나머지 하나는 그 일을 할 수 있는 결정권한을 어떻게 설정하고 어느 정도 위임할 것인지의 문제이다.

도표 14.1 여러 가지 조직의 모델하우스

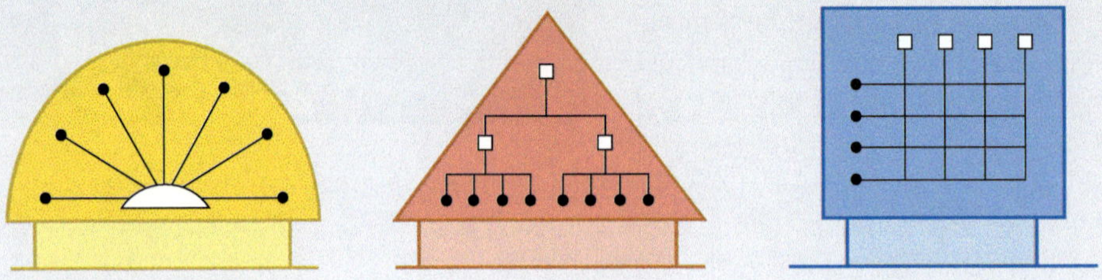

이 세 가지 요인을 구성하는 방법의 가짓수는 많은데 어떤 요인을 선택하여 사용하는지에 따라서 조직구조가 다르며 그에 따른 구성원의 조직행동과 조직의 대외활동이 달라진다. 도표 14.1

분업화: 과업의 분할

조직은 과업의 종류도 많고 사람도 많기 때문에 우선 일부터 나누어야 하는데 어떻게 나누어지는지에 따라서 조직의 구조가 다르다. 과업의 분할은 수평적으로도 혹은 수직적으로도 가능하므로 두 가지 경우를 따로 설명하기로 한다.

수평적 분업

자동차 조립생산 같은 복잡한 직무는 수십 수백 개의 과업으로 나뉘어 행해진다. 예를 들면 엔진조립, 문짝조립, 타이어조립, 더 나아가서는 문짝조립도 유리 끼우기, 손잡이 달기 등 여러 개의 단위작업으로 나뉜다. 문짝조립의 경우 한 사람이 모든 부품을 가져다 놓고 혼자 다 하면 약간만 분업화된 것이며, 한 사람은 자동차의 앞쪽 문 손잡이만 온종일 여러 대를 조립하고 있고 다른 사람은 앞쪽 문의 유리만 온종일 조립하고 있는 형태이면 분업화 정도가 높은 것이다. 그러나 분업화를 많이 한다고 무조건 좋은 것은 아니다.

더 많이 분업화될수록 한 사람에게 부여되는 작업의 수는 적어지기 때문에 작업방법을 고정(표준화)시켜 놓기 쉽고 같은 일을 계속 반복함으로써 숙련도가 높아지는 등 효율성이 증대된다. 그러나 한편으로는 각자 단순한 한 가지 일만 하기 때문에 이들 모두를 조화롭게 '연결시키는 비용' 또한 대단하다. 여기에는 경제적 비용뿐 아니라 서로 간의 갈등, 커뮤니케이션상의 문제, 일의 지연 등 무형비용도 포함된다. 게다가 아무리 이점이 많아도 정도가 지나치면 한 사람이 같은 일만 계속 반복함으로써 피로가 누적되고 싫증을 내 생산성 하락을 넘어 결근과 이직까지 증대될 수 있다. 즉 지나친 전문화는 갖가지 비경제성을 유발하여 이것이 분업화의 경제성을 앞지를 수도 있다. 그러므로 이론적으로는 분업화 정도에 따른 이익증대와 비용증대를 함께 감안하여 적정수

이야기 14.3 **분업의 위력**

스코틀랜드에서 유복자의 아들로 태어난 애덤 스미스(A. Smith)는 말이 적고 항상 우울한 편이었다. 어린 시절 유괴를 당한 기억 때문이었을까? 그는 한 번 생각에 빠지면 다른 일은 거들떠보지도 않는 편집광(偏執狂)이었다. 생계 때문에 철도원으로, 은행원으로, 문학평론가로 전전긍긍하며 힘겨운 생활을 했던 그는 셰익스피어를 혹평하는 글을 썼다가 평론계에서는 '스코틀랜드의 잡초'로 사라져야만 했다. 그가 세인의 관심을 끌며 역사를 바꾼 경제학자로 변신하게 된 것은 당대 명문(名文)의 철학서 『도덕정서론』으로 명성을 날리고 부유한 공작의 개인교수로 프랑스를 여행하며 『국부론』을 저술한 이후부터였다. 그가 어느 날 옷핀 공장에 들러 보니 공원 열 명이 똑같은 작업으로 하루에 240개의 옷핀을 만들고 있었다. 비능률적이라고 생각한 그는 14개의 작업으로 나누어 한 사람에게 한두 가지 작업만 하도록 시켰다. 몇 달 후에 그들은 하루에 모두 52파운드의 옷핀을 생산했다. 어떤 사람이 52파운드의 옷핀이면 몇 개인지를 세어보았던 모양이다. 약 48,000개라고 했다. 어떻게 가능했을까? 철사 자르는 사람은 온종일 철사를 자르다 보니 숙달이 되어 자로 재지 않고도 정확히 자를 수 있었고, 도구를 들었다 놓았다 할 필요도 없고 어디 두었는지 찾아다니며 시간낭비할 필요도 없었다. 나머지 사람들도 미찬가지였다. 이것이 분업의 위력이다. 옷핀 공장을 좀 넓게 해석해 보자. 우리의 기업이나 사회가 분업화되지 않았다면 아직도 인류는 옷핀 240개만으로 살아갈 수밖에 없었을 것이다. 그러나 오늘날은 한 기업 안에서도 수천수만 가지의 노동이 분업화되어 있어 이만큼의 생산과 문화생활을 누릴 수 있게 되었다. 사실 오늘날 분업과 전문화된 첨단 생산기술도 이미 오래전에 분업의 위력을 알려준 애덤 스미스 덕분이라고도 할 수 있다. 과연 분업은 대단한 위력을 발휘했던 것이다. 그리고 분업은 애덤 스미스란 인물을 유명인으로 만들어 놓았다.

준까지만 분업화하는 것이 가장 좋다. 이야기 14.3

수직적 분업

무슨 일이든지 계획이 있고 실천이 있다. 이때 일을 계획하고 구성하는 부문과 계획된 대로 그저 실행만 하는 실무부문으로 나누어(분업화) 맡는 것을 말한다. 과업의 성격상 전문가가 있어야 그 일을 구성하고 계획할 수 있다면 수직적 분업화는 더욱 강화된다. 그리고 실행하는 사람은 계획된 대로 실천만 하면 된다. 대학교수의 강의과업은 수직적 분업화가 매우 낮다. 해당교수 혼자서 강의교재, 강의일정, 강의방법 등을 결정하고 계획할 뿐 아니라 그 실천(강의)도 담당하기 때문이다.

수직적 분업화 역시 그 정도가 높아질수록 계획과 실천단계를 맡은 각자가 각 분야에 전문가가 되기 때문에 생산성이 오르겠지만, 상하 간의 갈등, 의사소통 지연, 관리비용, 특히 현장과 떨어진 계획 등 부정적 부산물도 많기 때문에 적정수준의 분업화가 요구된다. 요즘은 소위 구조조정으로 관리층이 줄고 있기 때문에 남아 있는 관리자들이 맡은 과업의 종류가 다양해지고 점차 덜 분화되고 있는 것으로 보인다.[6]

수평적·수직적 분업의 관계

수평적 분업화와 수직적 분업화가 언제나 같이 적용되는 것은 아니다. 대학에서 '조직행동론을 가르치는 업무'는 수평적으로 볼 때 고도로 분업화된 과업의 한 분야만 맡고 있는 셈이지만, 강의계획을 세우고 직접 강의하고 과제물 체크하고 출석체크하는 것까지 담당교수 한 사람이므로 수직적으로는 분업화가 거의 없는 셈이다. 반면에, 공장의 '기계고장 수리업무'는 고장신고를 접수하여 수리절차를 계획하고 지시하는 담당자가 따로 있고, 그가 지시한 대로 다니면서 직접 고쳐주는 담당자도 따로 있어서 수직적으로는 매우 높게 분업화되어 있다. 그러나 고치는 담당자는 공장에서 고장 난 것은 무엇이든 취급하기 때문에 수평적으로는 분업화되었다고 볼 수 없다.

분업화에 영향을 미치는 요인들

같은 조직이라도 두 가지 측면(수직적 · 수평적)의 분업화는 부서에 따라 다르게 나타난다. 기술부서는 매우 분업화되었는데 회계부서는 안 그렇다. 또한 지위계층에 따라 하위부서로 갈수록 분업화되지만 상위로 올라갈수록 감소하여 이사, 상무, 전무, 사장이 되면 혼자서 많은 분야를 총괄한다. 분업화 정도는 현장기술에 따라서도 달라지는데, 손쉬운 반복기술이면 분업화가 많아지지만 전문기술은 한없이 세분화하여 한 사람에게 맡길 수 없다. 즉 자동차조립은 문짝, 타이어, 엔진 등으로 나눌 수 있지만 전문가가 있는 실험실과 연구실은 하나의 연구를 위해 한없이 쪼갤 수 없다. 외과수술업무를 메스로 절개하는 사람 따로, 수술부위를 정하는 사람 따로, 수술하는 사람 따로, 실로 봉합하는 사람 따로 나눌 경우 수술은 비능률적으로 이루어질 것이다.

통합화: 과업의 연결

분업을 통하여 여러 기능과 작업집단이 만들어지면 각 기능과 부문은 나름대로 목적이 있고 관점도 서로 다르기 때문에 이들을 다시 연결시키고 통합해야 할 필요성이 대두된다. 이렇게 각 기능과 부문 간의 과업을 연결하는 것을 통합화(integration)라고 한다. 분화는 의사소통의 어려움, 목표상충, 이해관계의 갈등 같은 많은 문제를 유발한다. 예를 들면 연구개발부서는 매우 복잡한 최신형 첨단제품을 설계하려고 하고, 생산부서는 지금까지 해 오던 단순한 제품을 만들려고 하고, 판매부서는 옛것과 새것의 다양한 품목을 모든 소비계층에 선보이고 싶어 한다. 이럴 때 경영자는 중간에서 조정을 하든지 제도적으로 어떤 기구(예: 신제품위원회)를 두어 해결하는데 이러한 통합 · 조정방식에 따라서 조직구조가 만들어진다. 조직이 각 기능이나 부문을 통합 · 조정하는 방법은 여러 가지가 있다.[7]

- 통일된 공식과 규정을 미리 만들어 그대로 따르게 한다.
- 나누어지고 흩어진 과업들 자체를 통일시킨다.
- 당사자들끼리 직접 상호 조정을 하도록 한다.

공식화를 통한 연결

구성원 각자가 혹은 각 팀이 부분적인 일을 나누어 맡아서 완수한 후 이들을 조립해야 하나의 일이 된다면 각자가 제멋대로 만들어 놓을 경우 나중에 문제가 된다. 그렇다고 각자 자기 일을 하면서 관련 부품을 맡은 모든 사람과 소통하며 맞춰 나가야 한다면 역시 큰 일거리가 된다. 따라서 일을 맡은 당사자들이나 상급자들은 각자 맡게 될 일의 분량, 수행일정, 수행방식, 만들어지는 부품의 모양과 색깔까지 미리 정해 두어야 한다. 이때 나누어 받는 사람 입장에서 본다면 미리 정해 둔 사항은 지켜야 될 공식이고 규정이며 약속이다. 결국 각자 공식에 맞추어 과업을 완성하

이야기 14.4 공식과 규정으로 운영되는 회사

UPS택배회사는 Big Brown으로 불린다. 회사의 마크도, 종업원의 유니폼도, 화물의 운송트럭도 모두 브라운 색이기 때문이다. 갈색 유니폼을 입은 전 세계 30만 명의 종업원들이 하루에 1천3백만 개의 화물을 배달하고 있다. UPS는 정확하게 화물을 운송하기 위해 340단계의 행동규칙과 규제사항을 배달기사들에게 교육시킨다. 그중의 일부는 다음과 같다. 화물적재는 벽돌 쌓듯이 네모반듯하게 한다. 자동차 안전벨트는 왼손으로 착용하고 동시에 오른손으로 키를 넣어 자동차 시동을 건다. 걸을 때는 활기차게 걸어야 하며 달려서는 안 된다. 열쇠를 새끼손가락에 끼우면 주머니를 뒤질 필요가 없다. 브라운 유니폼은 항상 단정하게 착용해야 하고 신발은 미끄럽지 않은 검은색 혹은 갈색의 광택운동화를 신어야 한다. 셔츠는 첫 번째 단추 외에는 풀어서는 안 되며 머리카락이 셔츠 깃 밑으로 내려와서도 안 된다. 고객 앞에서 담배를 피워서도 안 된다. UPS에서는 이러한 규정에 기준하여 창사 이래 지금까지 매일 아침 3분씩 배달기사에 대한 검사가 계속되고 있다. 사원들은 만족하며 봉급도 많고 이직율도 매우 낮디. 인사관리는 매우 민주적이다. 비징규 운전기사가 능력에 의해 차례로 승진하여 사상 사리에 오를 정도이다.

고 나면 그 과업들이 서로 연결될 때 조화를 이룬다. 그 공식이 없다면 김씨가 만든 유리를 박씨가 만든 창틀에 끼우려고 해도 맞지 않을 것이다. 그러므로 조직은 각자 혹은 각 부서가 맡은 과업의 수행절차, 수행방법, 그리고 작업결과 등에 대해 사전에 '기준'을 정해 놓는데 이를 공식화(formalization)라고 한다.

이렇게 해 놓으면 모든 작업자를 매번 찾아다니면서 일일이 관리할 필요도 없고, 그냥 두어도 공식에 의해 일사분란하게 움직일 것이므로 관리노력이 덜 든다. 또한 미리 예정된 대로 각 분야의 작업이 행해졌기 때문에 서로 연결이 잘 되어 전체적 조화를 이룰 수 있다.

그렇다고 해서 공식화할수록 좋은 것은 아니다. 일단 표준공식이 정해지면 상황이 변할 때 작업자가 융통성을 발휘하기 어렵고, 자신이 재량권이 없기 때문에 옆 사람과의 관계에 여유 있게 대처할 수 없어서 비인간화되기 쉽다. 또한 작업자가 '창의성'을 발휘하여 자기 방식대로 과업을 수행한다든지 자기 형편에 따라 작업시간이나 순서를 바꿀 수도 없기 때문에 자기의 정체성을 찾지 못하고 인간소외를 가져오기도 한다. 이야기 14.4

상호 조정을 통한 연결

서로 다른 기능 간, 부서 간, 계층 간의 지속적인 커뮤니케이션과 교류에 의해 과업이 연결될 수 있다. 그러므로 조직은 구조를 설계할 때 상호 조정을 촉진하는 방식을 사용해야 하는데 이러한 통합 메커니즘은 직접대면, 연결핀, 네트워크 조직, 교차기능팀 등의 형식을 이용한다.

- 직접대면: 관련 당사자들끼리 자주 만나서 직접 토의하면서 조정하는 방식으로서 공식채널보다 비공식채널을 더 허락한다.
- 연결핀 사용: 서로 다른 기능과 팀들 사이에 연결 역할(liaison role)을 담당할 관리자를 배치하여 그로 하여금 직접대면을 주선하고 회의를 주재하게 한다. 때로는 인사권까지 주어 사람들을 재배치하고 순환시키도록 하여 통합화를 촉진한다.

이야기 14.5 **원시 바늘공장의 상호 조정**

불, 언어, 바퀴의 발명 이상으로 바늘의 발명도 인류문명 발달사에 획기적인 전기를 가져온 사건이다. 동굴 입구나 바위 그늘에서 멀리 떠나지도 못하고 제한된 삶을 살아오던 인류의 조상들은 뼈바늘의 발명으로 의식주생활 전체가 바뀌게 되었다. 짐승 가죽을 통째로 걸치고 다니다가 몸에 맞게 잘라 바늘로 꿰매어 입는 의생활 혁명이 일어났고, 말린 가죽을 연결하여 텐트를 만들 수 있었으므로 인류역사의 대부분을 차지했던 동굴 주거 형태를 벗어나서 지상으로 나올 수 있었다. 따라서 짐승과 열매가 많고 기후도 온화한 곳으로 철 따라 이동할 수도 있었다. 모두가 바늘 덕분이었다. 뼈바늘로 가죽을 이어 배를 만들 수 있었으며 옷도 다양하게 만들어 입을 수 있었다. 이래저래 뼈바늘의 수요가 기하급수적으로 증대되었다. 그 당시의 뼈바늘 제조공장을 상상해 보자. 원시인 직공 A는 돌칼로 큰 뼈를 쪼개고, B씨는 뾰족하게 갈고, C는 구멍을 뚫는다. 그런데 A가 쪼개 놓는 뼈는 쌓이는데 뾰족하게 갈고 있는 B의 손이 느리다면 바늘 생산은 느려진다. C는 B가 갈고 있는 동안 기다리는 수밖에 없기 때문이다. 효율성 때문에 분업을 했는데 그 결과로 예기치 않은 문제, 즉 분업을 안 했으면 없었을 통합의 문제가 발생한다. 그러나 이 연결문제를 피하려고 분업을 안 한다면 그것 또한 비능률적이다. 그래서 가장 바람직한 것은 '분업'도 하고 '연결'도 잘 되도록 하는 것이다. 뼈바늘 제조는 단지 3명의 작업자와 3단계의 공정에 관한 예이지만 오늘날에는 자동차 한 대에 들어가는 부품의 수가 4천 개 이상인데 이것을 순서대로 연결 · 조립할 수 있는 능력은 원시의 바늘공장에서 시작되었다고 할 수 있다.

- 네트워크 조직: 부서 간의 수평적인 커뮤니케이션과 의사결정을 위해 공식적이고 계층적인 조직도를 무시하고 본사, 최고경영진, 부서장, 팀장 같은 매개자를 중심으로 각 기능을 연결시켜 놓은 조직을 말한다. 최근에는 네트워크 조직이 조직 밖의 수많은 공급자와 협력업체들 간에 분담된 기능을 연결시킬 때도 사용되기 때문에 널리 퍼지고 있는 통합방식이라고 할 수 있다.[8] 이야기 14.5

팀작업을 통한 연결

두세 개의 서로 다른 기능과 부서 간에 긴밀한 협조가 필요한 경우 하나로 묶어서 팀(team)을 만들어 놓으면 팀 구성원 간에 협조가 이뤄지면서 저절로 통합이 된다. 구성원 간의 상호 조정에 의한 통합화방법의 일종이지만 기존의 연결방법과는 많은 차이가 있다.

애덤 스미스의 분업이론 이후 점차 세분화되어 왔던 조직의 과업들은 이제 팀이라는 틀 속에 통합되어 가는 추세이며, 1990년대에 들어서면서 본격화되기 시작한 팀제가 우리나라에서도 이제 보편화되었다. 과거에는 부, 과로 나눠졌던 과업들이 하나의 팀에 소속됨으로써 과장 대신 팀장, 팀원이란 말이 자연스러울 정도로 대중화되었다. 이렇게 되면 자연스럽게 팀 내에서 연결이 쉬워진 것이다. 이야기 14.6

집권화 혹은 분권화: 권한의 배분 정도

조직에는 업무의 배치와 통합, 자원의 조달과 배분을 지시하고 조정하는 사람이 필요하다. 누군가는 일을 계획하고 전략을 짜며 누군가는 그대로 실행에 옮기는데, 이때 일을 계획하고 전략을 짜는 일은 대개 상층부에서 맡고 하층부는 실천하는 일을 맡는다. 상층부라고 해서 반드시 최

이야기 14.6 연회장의 테이블

대형 연회장에 가면 수십 개의 원형식탁에는 손님들이 앉기 전에 이미 포크와 나이프, 접시와 냅킨, 물 잔과 커피 잔이 둥글게 놓여 있다. 그러나 포크를 놓은 사람과 나이프를 놓은 사람이 다르다는 사실을 아는 사람은 많지 않다. 대여섯 명이 일렬로 서서 원탁을 돌며 자기 맡은 것만 놓으면 된다. 모두 분업을 하기 때문에 커피 받침 담당과 커피 잔 담당이 따로 있는 것이다. 형광펜을 조립하려면 우선 속대를 세우고 색깔 형광촉을 끼우고 나서 둥그런 겉대를 씌운 다음 뚜껑을 닫는다. 한 사람이 이 모든 단계의 작업을 하려면 속도가 매우 느리다. 그래서 분업을 한다. 세 개의 속대를 모아서 두 손으로 잡고 있는 자, 형광촉을 끼우는 자, 겉대를 끼우는 자, 뚜껑을 씌우는 자, 이렇게 네 사람이 한 조가 되어 머리를 맞대고 둘러앉아 작업을 하면 매우 빨라진다. 몇 시간이 흐르고 나면 모두 지루해지니까 이번에는 작업을 교대한다. 이런 식으로 온종일, 그리고 그다음 날도, 또 그다음 날도 계속한다. 우리가 쓰다 버리는 형광펜 한 자루에도 노동자들의 땀과 눈물이 고여 있다. 대학생도 학용품을 아껴 쓰자.

고경영층은 아니다. 예를 들어 사무용 볼펜을 몇 개 살 것인가를 누군가가 결정하고 누군가는 이를 실천한다. 또한 공장 터를 어디에 얼마만큼의 크기로 매입할 것인가를 누구는 결정하고 누구는 실천한다. 어느 조직이든 계획과 실행을 나누는 공개적인 혹은 암묵적인 경계선이 있다.[9]

그러므로 업무할당이 되었다고 다 끝난 것은 아니다. 야구경기에서 수비선수들 각자에게 지켜야 할 위치를 맡겨 놓는 것이 일의 할당이라면, 그들이 공을 받아서 누구에게 던져야 할지 결정하는 것은 선수의 권한이다. 그러나 때로는 그들도 감독이 결정하여 사인을 보내면 그대로 따른다. 이처럼 일을 할당하고 연결하는 것 못지않게 일을 추진할 권한을 누가 가질 것인지도 조직을 설계할 때 염두해야 할 중요한 사항이다. 왜냐하면 과업의 분할도 정도가 심해질수록 장점과 단점이 증폭되듯이, 권한도 당사자에게 위임하는지(분권화: 分權化) 아니면 상부층이 모두 관장하는지(집권화: 集權化)에 따라 장단점이 있기 때문에 적정수준을 찾아 배분해야 한다.

권한위임, 왜 필요한가?

우선 조직의 의사결정권이 조직 내의 어떤 단일한 위치(그것이 개인이든지 혹은 어느 특정 부서이든지 간에)에 집중되어 있는 정도를 집권화(centralization)라고 한다. 즉 반드시 상층부가 아니더라도 조직의 제반 의사결정권이 어느 한 부서나 한 개인에게 집중되었을 때는 집권화된 것이고, 그 반대의 경우는 분권화된 것이다. 최근에는 어느 조직이나 분권화가 많이 되어 있다.[10]

분권화는 왜 필요하며 어느 정도로 해야 하는가? 분리된 개인이나 부서들이 서로 조정이 잘 되기 위해서는, 말할 것도 없이 중앙부서에서 절대권력을 가지고 여러 부서를 관리하며 교통정리를 하는 것이 가장 이상적이다. 그러나 한 개인이 전체의 분업화된 부문을 다 알고 있기는 어려울 뿐더러 혼자서 모든 것을 결정하면 부적합한 의사결정이 되기 쉽기 때문에 권력은 위임되고 분배될 수밖에 없다. 즉 '관리능력의 한계' 때문에 분권화가 필연적이다.

분권화가 필요한 또 하나의 이유는 변화하고 있는 조직의 외부상황에 적절하고 신속하게 대처하기 위함이다. 독일에서 판매될 회사제품의 판매가격을 결정하는 데 필요한 적절하고 신속한 정보는 서울 본사의 마케팅이사보다 프랑크푸르트 지사의 영업사원이 더 많이 갖고 있다. 현안문제에 가장 근접해 있으면서도 직접 다루고 있는 사람이 가장 적절하고 신속한 정보를 활용할 수 있기 때문에 의사결정권은 가능한 한 현장에 위임될 필요가 있다.

분권화 필요성의 세 번째 이유는 권한이 위에만 있으면 현장인들이나 하위계층 사람들의 책임회피, 사기저하 등의 부작용도 많고 그들의 참신한 아이디어나 창의성이 투입될 기회를 막게 되기 때문이다. 또한 배우고 학습할 기회까지 막아 그들을 복지부동의 무능력자로 전락시키는 경우도 있다. 극단적으로 연구개발부서의 모든 종사원들을 한곳에 모으고 계층 없이 모두 동등하게 대하며 아이디어를 쏟아 내고 서로 토론하게 하는 조직이 효과적이다. 일단 권한이 위임된 조직구조를 갖는다면 이러한 조직은 구성원들에게 심리적인 임파워먼트 요인으로 작용하고 그 자체가 환경변화에 따른 적응력도 높인다.[11]

권한위임을 촉진하는 영향변수

분권화를 부추기는 변수들은 물론 한두 가지가 아니지만 주로 다음과 같은 것들이 분권화에 영향을 미친다.

■ 책임자

의사결정의 분권화는 지배권력과 직결되는 것이기 때문에 상급자, 궁극적으로는 부서나 조직의 최고책임자의 태도가 가장 큰 결정변수이다.

■ 사용기술

조직이 사용하는 기술이 복잡하다든지 고도의 기술이라면 상급자의 통제범위를 벗어나는 것이 많기 때문에 결정권은 실무 담당자에게 위임될 수밖에 없다.

■ 환경변화

상황(환경)이 가변적이고 급변하면 경력이 많거나 노하우를 많이 간직한 상급자도 생소한 경우가 많기 때문에 전부를 관리할 수 없어서 위임이 필요하게 된다.

■ 담당자 능력

작업이 전문화되었거나 작업자의 훈련 · 경력이 많아서 잘할 수 있다면 그만큼 결정권은 위임될 것이다.

■ 지리적 분산

오늘날의 조직과 팀은 한 나라 안에서나 세계적으로 분산되어 있으므로 권한이 본사나 상층부에만 있지 않고 많은 부분이 현지에 위임되어 있다. 이때 직접대면이 아닌 메일이나 다른 통신수단을 사용함으로써 더 많은 양의 결정권이 위임될 수 있다.[12]

통제범위(통제한계)

한 사람의 상급자가 통제해야 할 실무자(부하)의 수가 통제한계(통제범위: span of control)이며,

도표 14.2 통제범위에 따른 관리계층의 수

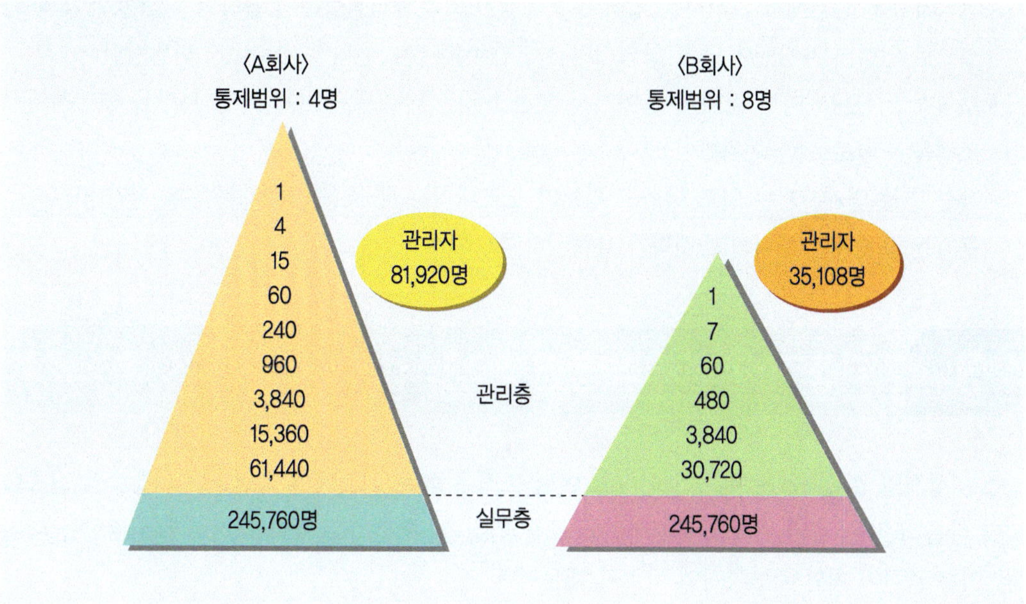

이는 한 사람이 가지는 책임의 범위를 어떻게 한정하는지의 문제이기도 하다. 한 사람의 관리자가 대여섯 명의 부하를 둔다면 매우 밀접한 통제를 할 수 있다고 한다. 위계계층의 수는 조직마다 다른데 조직이 클수록 높아지는 것이 일반적이며 통제한계가 좁을수록 계층은 늘어난다.[13] 그러나 계층이 너무 높으면 다음과 같은 단점이 커진다. 도표 14.2

- 과업을 직접 실행하는 작업자에 비해 관리층에 종사하는 간부가 많아져서 고임금 지급에 따

이야기 14.7 파킨슨 법칙

파킨슨(C.N. Parkinson)은 자신이 근무한 영국 해군성 사례를 연구하다가 이상한 사실을 발견했다. 제1차 세계대전 직전인 1914년에 62척이던 영국의 주력 군함이 전쟁이 끝나고 여러 해 후인 1928년 20척으로 67.7%나 줄었지만 해군성 공무원 수는 2,000명에서 3,569명으로 78.4%나 급증해 있었던 것이다. 군함이 줄어 직무가 줄었는데 조직의 구성원 수는 늘어난 것이다. 또 제2차 세계대전 이후 전 세계 식민지 국가들이 잇따라 독립하면서 거의 기능을 잃어 가던 영국 식민성이 1935년 직원수 372명에서 1954년에는 1,661명으로 늘어난 사실도 발견했다. 파킨슨이 발견한 괴상한 법칙은 직원의 수가 업무량 변화와 무관하게 해마다 5.17~6.56% 범위에서 증가한다는 것이다. 즉 조직 각 부서의 구성원 수는 해야 할 일의 많고 적음과는 무관하게 증가된다는 법칙이다. 부서원들과 부서의 장은 왜 자기 부서 인원을 늘리려고만 할까? 인원이 늘면 자신의 업무가 경감되니 당연히 좋다. 그리고 전통적으로 부서원 수가 많으면 그 부서가 중요하다는 인상을 풍긴다. 부서가 크고 중요하면 맡는 일도 많고 책임도 증가되므로 이 부서의 리더는 다른 부서의 리더보다 승진에 유리하다. 따라서 인원증가 신청의 근거 마련을 위해 억지로 일을 만들기도 하고 타 부서의 일을 가로채기도 한다. 그러니 조직 전체로 보면 동일한 일인데 이곳저곳에서 중복해서 행해진다. 그뿐 아니라 부서의 가장 아래에 위치한 사람의 입장에서는 새로운 신입사원이 들어와야 허드렛일도 시키고 자신도 승진할 수 있다. 그러므로 부서의 말단사원부터 리더에 이르기까지 부서원을 증대시켜야 한다는 데 의견일치를 본다. 하지만 인원수의 증대는 유형·무형의 조직비용을 증가시킨다. 그러므로 주인이 없는 공조직이나 행정공무원의 경우 파킨슨의 법칙이 그대로 적용될 수밖에 없다.

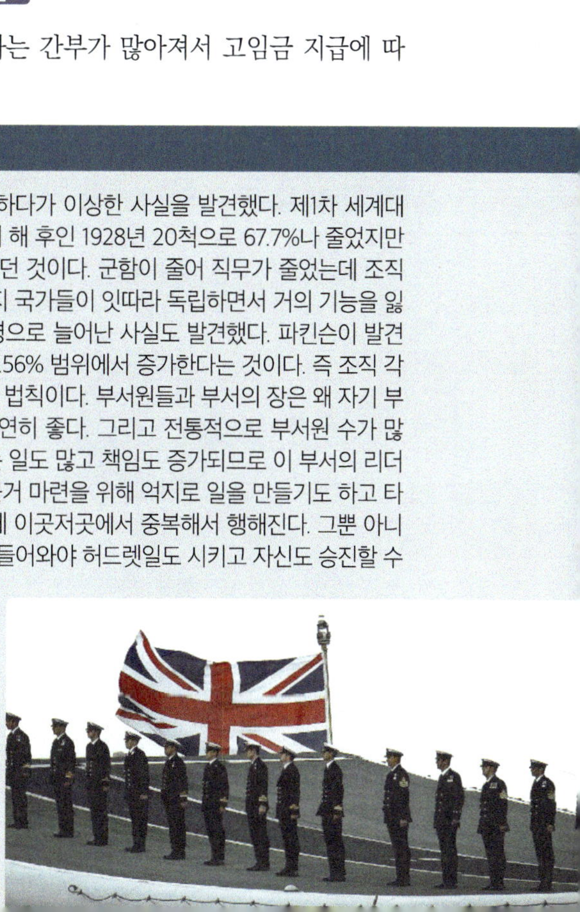

른 비용이 늘어난다.

- 관리자들은 승진해서 지시하는 입장이니 좋겠지만 부하직원들은 상급자의 밀접한 통제와 간섭으로 인하여 재량권이 줄고 창의적인 사고가 어려우며 건의할 기회마저 박탈당한다.
- 수직적 커뮤니케이션 길이가 길어져서 의사소통을 더욱 복잡하게 하고 시간을 연장시켜서 조직을 느림보로 만들 위험이 크다.
- 계층 간을 연계시키는 일도 어렵고 정보가 오르내리는 데 효율적이지 못하다. 시간경영을 추구하는 요즘에는 조직의 플랫화가 유행이다. 이야기 14.7

3 조직설계의 상황변수

왜 이상적인 조직구조는 하나가 아니고 어떤 조직은 높은 위계에 결정권한이 최상층에 집중화되며 다른 조직은 낮은 위계에 분권화된 구조를 가질까? 어떤 요소들이 조직설계에 영향을 미칠까? 이는 조직이 처한 주변환경이 다르기 때문이다.

상황변수 비교: 조직설계와 주택설계

조직의 구조는 어떻게 설계해야 잘 설계될 것일까? 지진이 잦은 일본의 집 구조와 그렇지 않은 한국의 집 구조, 더운 인도네시아의 집 구조와 에스키모의 집 구조는 각각 다르다. 그런데 집의 구조는 기후와 토질뿐만 아니라 경제여건, 전통문화, 집 짓는 기술과 재료의 발전 등 무수한 환경에 의해 영향을 받듯이, 조직의 구조 형성에 영향을 미치는 환경요인도 한두 가지가 아니다. 도표 14.3

도표 14.3 조직구조설계에 영향을 미치는 상황요인

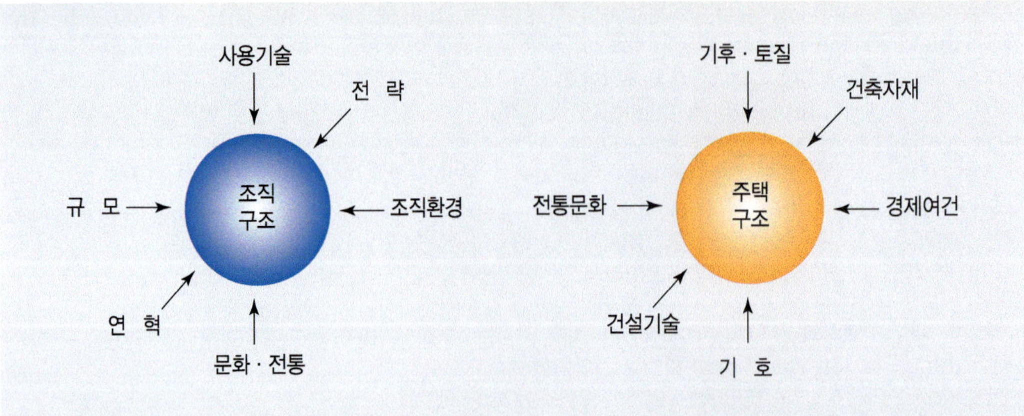

이러한 환경요인을 모두 고려하여 조직구조를 선택하는 과정을 조직설계라고 한다. 조직이 설계된 대로 구조화되었으면 하나의 조직유형을 갖추는 것이다. 설계된 대로 지어진 집에는 아파트, 단독주택 등 여러 유형이 있는 것처럼 조직의 유형(configuration)도 여러 가지가 있다.

고려해야 할 상황요인

조직설계 시에 고려해야 할 상황요인은 다양하지만 여기서는 대표적인 연혁과 규모, 전략, 기술, 조직환경에 대해서 공부해 보자.

규모와 존속기간

조직구조 설계에 가장 큰 영향을 미치는 요소는 조직의 규모이다. 규모가 커질수록 당연히 부서가 많아지고 부서 간의 이질화(differentiation)도 더 심화될 것이며 이에 따른 조정과 연결의 필요성도 더 커진다. 중소기업의 경리과는 부서도 한 개이고 사람도 한두 명이면 족하지만, 대기업의 경우 경리과는 지역별, 제품별, 관련 회사별로 분업화시켜야 하며 분업화된 경리전문가 간의 상호 연결 또한 필요하다. 한편 조직이 나이를 먹으면 자체 경험을 토대로 조직구조를 개선해 나갈 것이고, 그러다 보면 좋아지는 점도 있지만 부작용도 생긴다. 즉 조직구조는 어느 정도 체계화되고 세련되며 조직의 업무도 합리성을 기준으로 표준화될 것이다. 그리고 조직의 규모도 조직구조와 밀접한 관련이 있다.[14]

사용하는 기술

인공위성 제조와 컴퓨터 제조, 그리고 자동차 제조를 위한 작업설계와 외과수술을 위한 작업설계가 같을 리 없다. 일련의 많은 작업자들이 순서대로 배치되어 앞사람이 조립한 곳에 자기 것을 덧붙이고 옆 사람에게 넘기는 작업방법이 외과수술에는 없다. 그러므로 과업의 성격(자동차 제조인지 환자 수술인지), 그 과업을 위해 사용되는 기술(단순기술인지 고급기술인지), 이를 위한 조직의 구조(분업화, 표준화, 전문화) 사이에는 서로 상관관계가 있다. 즉 업무에 따라 사용될 기술이 정해지고, 기술에 따라서 조직의 구조가 달라진다.

기술과 조직구조의 관계를 최초로 연구한 영국의 우드워드(J. Woodword)는 공장의 제조기술만을 대상으로 했는데, 그는 100여 개 공장을 방문하여 사용기술이 단위생산기술, 대량반복생산기술, 장치생산기술로 복잡해짐에 따라 보다 많은 관리자가 필요해지고 그 결과 관리계층의 수가 증가됨을 발견하였다.[15] 그리고 대량생산 회사에서는 직접관리보다 표준화되고 공식화된 작업규칙과 운영제도가 더 많으며 과업담당자들의 재량권은 줄어든다는 것도 확인하였다. 또한 대량생산 회사에서는 작업이 단순 반복적이고 일상적이기 때문에 문서화된 의사소통이 많아도 별문제가 없지만, 숙련된 전문기술자가 기계를 이용해서 작업하는 연속장치 생산기술에는 변화와 예외가 많기에 문서나 공식보다는 말을 많이 사용하며 자율권도 훨씬 많이 분권화된 조직구조를 가진

도표 14.4 기술유형과 조직설계

기술구분의 기준		문제와 예외발생 빈도	
		적음(반복)	많음(변화)
예외발생 시 분석 가능성 (해결 용이성)	쉬 움 (체계적)	기술유형 Ⅰ 단순기술	기술유형 Ⅱ 공학기술
	어려움 (직관적)	기술유형 Ⅲ 장인기술	기술유형 Ⅳ 복잡기술

기술유형	예	조직설계
Ⅰ 단순기술	가전제품조립, 의료보험공단	공식화, 집권화
Ⅱ 공학기술	건설토목공사, 컴퓨터고장수리	표준화, 분권화
Ⅲ 장인기술	보석가공, 전문가구공장	자율화, 분권화, 분업화
Ⅳ 복잡기술	항공산업, 경영컨설팅	자율화, 분권화, 통합화

다. 그러나 퍼로우(C. Perrow)는 기술범위를 넓혀 유형·무형의 기술을 예외발생 빈도와 그 예외상황을 처리할 때의 용이성을 기준으로 네 가지 부류의 기술로 나누어 각각의 기술에 알맞은 조직구조가 따로 있다고 주장하기도 했다. 도표 14.4

조직이 처한 환경

도표 14.5 조직환경요소의 세 측면

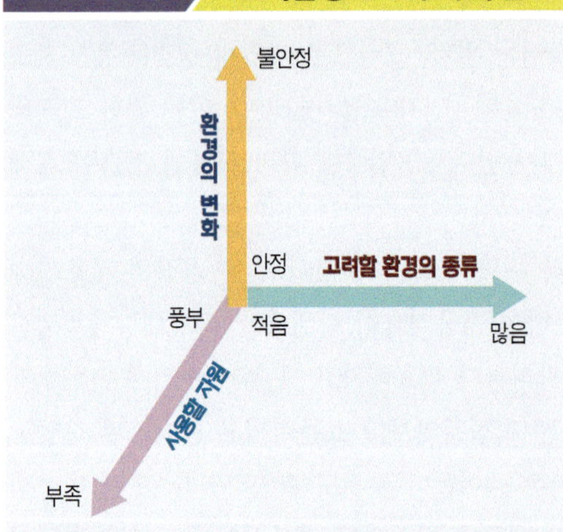

환경이란 조직을 둘러싸고 있는 외부의 다양한 요소인데 이들이 조직의 목표달성이나 유효성에 영향을 미친다. 기업조직이라면 고객, 경쟁업체, 주주, 노동조합, 정부, 법, 정치상황, 경제적 현실 등 헤아릴 수 없이 많다. 이들은 조직 외부에 존재하기 때문에 조직 내부의 자금사정이나 사원들의 기술력 등보다 훨씬 예측하기도, 통제하기도 어렵다. 그렇다 해도 완전히 무시할 수는 없으며 최대한 환경을 고려해서 조직을 설계해야 한다. 즉 내가 아무리 집을 잘 지으려 해도 외부의 기후조건, 건축법, 전기와 하수도 사정, 이웃집 등을 고려해야 할 것이다.

조직의 환경은 주로 세 가지 측면을 고려해야 한다. 도표 14.5

• 자원의 여유성(capacity): 조직이 사용할 자원이 외부에 얼마나 풍부한지의 문제이다. 자원이

이야기 14.8 날씨와 편의점

편의점도 대개의 자영업처럼 맑은 날에는 장사가 잘되고 사계절 중 여름철 매출이 높다. 그러나 사무실 빌딩 안의 편의점은 환경이 다르다. 맑은 날에는 사람들이 밖으로 빠져나가 장사가 안 되고 비오는 날 매출이 오른다. 겨울 혹한의 날씨에는 더욱 잘된다. 태풍과 한파가 계속될 때면 주택가 편의점 주인은 가슴을 쓸어내리고 빌딩 구내 편의점은 물건을 많이 쌓아 놓고 매출상승에 대비한다. 주말과 주중에도 희비가 엇갈린다. 관광지나 쇼핑센터의 편의점은 주말에 웃지만 빌딩 구내 편의점은 문을 닫는다. 코로나-19 팬데믹 상황에서 대형 카페의 의자는 엎어 놓았지만 저가의 테이크아웃 커피점은 줄이 끊이질 않았다. 대부분의 사업이 하향길로 접어들었지만 마스크, 제약, 진단키드 관련 업종과 온라인판매, 배송, 전자결제, 신선식품 관련 기업의 주가는 계속 상승했다. 물론 같은 마스크 제조사라고 하더라도 황사마스크와 방역마스크의 차이에 따라서 혹은 공장규모의 확장 여력에 못 이겨서 파산하는 업체도 있었다. 환경의 자원 풍부성, 복잡성, 불안정성에 따라 조직설계를 변화시킬 수 있는 유기체적 기업을 만드는 것이 관건이다.

풍부하면 조직은 한 가지 형태로 튼튼하게 설계하여 조직이 마음대로 계속 운영해도 되지만, 자원이 희소해서 수시로 다른 자원으로 대체하거나 조직이 목표와 전략을 바꿔야 할 상황이라면 조직의 구조는 느슨하게 설계해 놓아야 할 것이다.

- 환경의 변동성(volatility): 안정적 환경에서는 조직의 구조도 엄격하게 분리해 놓고 의사결정도 상부층의 경력자들이 과거에 경험했던 대로 모든 부문에 동일한 지시와 정책으로 운영하면 되지만, 수시로 변동하는 상황이라면 상층부에서 조직의 모든 부서를 알 수도 없을 뿐더러 과거의 경험을 활용할 수 없기 때문에 일선 현장의 평사원에게 권한을 위임하고 수직계층도 낮게 설계하는 것이 좋을 것이다.
- 환경의 복잡성(complexity): 조직을 설계할 때 고려해야 하는 환경의 종류가 많으면 복잡한 것이고 한두 가지 환경요소만 고려한다면 단순한 것이다. 예를 들면 고객만 하더라도 우리나라 담배산업은 한국의 끽연자들만 고려하면 되지만 스마트폰 회사는 우리나라 전체 연령층과 다른 나라 국민들까지 생각해야 한다. 또한 담배산업은 고객, 전매법, 담배수입량 등만 고려하지만 스마트폰은 고객의 세대별 기호, 기호추세, 소득, 경쟁사, 특허권, 기술혁명, 무역장벽, 전화와 TV산업 등 이루 헤아릴 수 없이 많은 요소를 고려해야 한다. 환경이 복잡할수록 조직을 유연하게 설계하여 부문 간의 교류활성화, 권한의 현장위임, 원활한 의사소통 등이 가능하도록 해야 할 것이다. 이야기 14.8

조직의 전략

전략도 조직구조 결정에 중요한 영향을 미친다. 어느 기업이 생산원가를 낮추어 싼 가격으로 시장에서 우위를 점하겠다는 원가우위전략을 세웠다면, 그 기업은 신시장 개척보다도 능률과 생산성을 높여야 한다. 따라서 실수 없는 업무처리를 위해 규정과 공식을 많이 정해 놓고 함부로 자율권을 줘서도 안 된다. 반대로 신시장 개척이나 성장전략을 세웠다면, 조직구조를 유연하게 하고 자율권도 현장에 부여하며 관습과 공식에 얽매이지 않는 유연성이 필요하다.

물론 전략에 따라 구조가 결정된다는 의견(structure follows strategy)[16]에 대해 거꾸로 조직구조가 전략을 결정한다(strategy follows structure)는 주장도 많다.[17] 그도 그럴 것이 조직 자체가 엄격하게 세분화되어 있고 재량권도 없이 공식대로 움직이도록 짜여 있으면 그런 조직에서는 창의적이고 진취적인 혁신전략이 나오기보다는 안정적이고 보수적인 안정・방어 위주의 전략을 세울 수밖에 없기 때문이다.

상황적합적 조직설계

지금까지 조직설계에 영향을 미치는 중요한 요소들을 살펴보았는데 조직규모와 연혁, 사용기술과 조직환경, 조직전략 등의 상황요소들이 어떤 특징을 갖느냐에 따라 조직은 기계적으로 혹은 유기적으로 설계된다.

안정성과 가변성

번즈와 스토커(T. Burns & G.M. Stalker)는 영국 내의 20개 기업을 연구한 끝에 상황의 특성에 따라 조직의 유형이 변한다는 것을 발견했다. 즉 모든 상황이 단순하고 안정적일 때의 조직과 급변하고 다양할 때의 조직이 서로 현저한 차이를 보이고 있음을 발견하였다.[18] 안정적 상황에 처해 있는 조직은 문서에 의한 의사소통, 의사결정의 집중화 등 기계적 조직유형을 갖추고 있었으며, 반대로 급속하게 변하고 있는 동태적 상황에 속한 조직구조는 문서화된 규정이 거의 없고, 상호조정으로 갈등을 해결하며, 구성원 간의 의사소통이 빈번하여 가변상황에 유연하게 대처할 수 있는 유기적 조직유형을 갖추고 있었다.[19]

결국 변화하는 상황에 적응해야 하는 유기적 조직은 당사자들 간의 조정과 연결, 구성원들 간의 교제와 수평적 관계, 그리고 아이디어 개발과 혁신을 겨냥한다. 한편 맥도널드와 같이 직무가 항상 일정하고 매출량도 거의 변함이 없는 회사는 표준화에 의한 빈틈없는 관리, 권한책임의 세분화, 수직적 의사소통, 지위계층을 통한 부서 간의 연결을 꾀하는 기계적 조직이 효과적이다.

그러나 번즈와 스토커는 기계적 조직보다 유기적 조직이 상황변화에 유연하게 대응할 수 있어 더 좋다고 주장하려 한 것은 아니다. 가장 좋은 조직설계란 상황요인들을 먼저 고려하여 안정적인지 동태적인지를 파악하고 거기에 맞추는 것이 가장 좋다고 말한 것이다. 최근 연구에서도 기계적 모델과 유기적 모델을 혼합한 하이브리드 형태의 조직이 조직역량을 최선으로 높일 수 있다고 한다. 도표 14.6

단순성과 복잡성

던칸(R.B. Duncan)은 상황을 좀 더 자세하게 세분화하여 1차원적(안정-변화)이 아닌 2차원적(안정-변화, 단순-복잡) 관점에서 분류하였다. 단순-복잡차원이란 조직이 고려해야 할 상황요소의 종류가 한두 가지이며 동질적(homogeneous)인가, 아니면 수십 가지이며 이질적(heterogeneous)

도표 14.6 **상황요인들의 안정성과 조직구조설계**

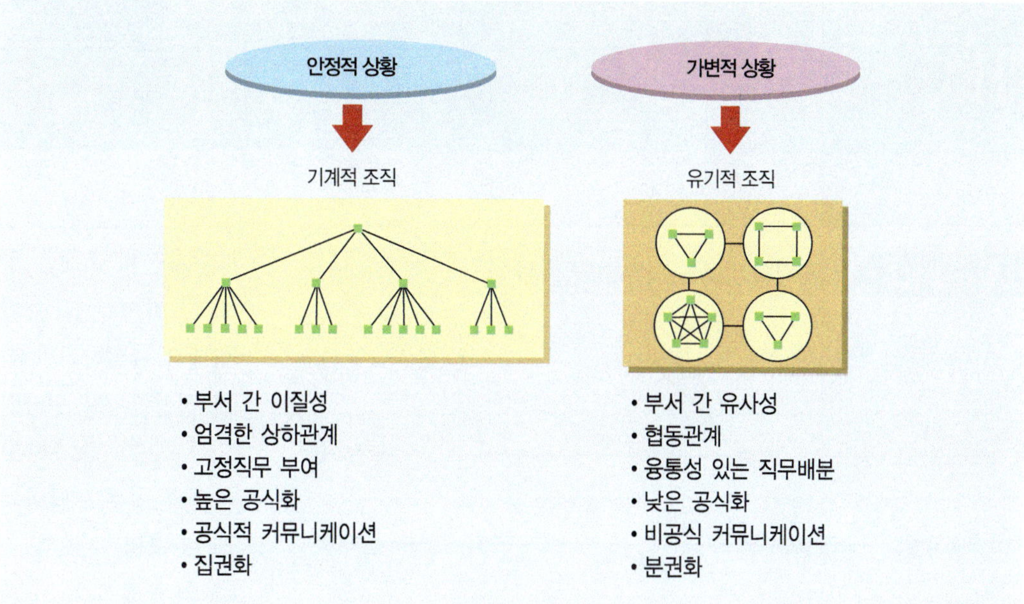

인가의 문제이다. 안정-변화차원이란 상황요소 자체가 시간이 흘러도 항상 변함이 없는지, 시시각각 변하는지의 문제이다. 상황이 복잡(complex)하고 가변적(dynamic)이면 불확실하며 단순(simple)하고 안정적(static)이면 확실한 상황이 된다. 즉 이들의 이론들은 상황의 불확실성 정도를 먼저 파악하고 시기에 알맞는 조직을 설계해야 한다는 컨틴전시(contingency) 이론의 기초를 마련하였다.[20] 이야기 14.9

이야기 14.9 Agile 경영혁신

'Agile(애자일) 경영혁신'은 이미 1990년대 초 '리엔지니어링 붐'이 그 뿌리가 되었고 2022년부터 전 세계적인 경영혁신으로 유행된다. Agile의 어원은 '움직임(ag=ac=action)'으로 날렵함, 기민함을 뜻하는 단어이다. 따라서 '애자일 혁신'은 조직과 운영을 '날렵하게' 함으로써 환경에 '기민하게' 대처하려는 것이다. 경직된 조직으로는 팬데믹 같은 급변하는 상황에 대응할 수 없으니 모든 조직이 애자일 혁신에 혈안이 될 수밖에 없었다. 부서 간 경계를 허물어 몸집을 가볍게 하고 고정이 아니라 한시적 조직으로 만들다 보니 팀과 부서의 탄생과 해체가 반복된다. 사업도 장기적이 아닌 단기 계획을 계속 만들어 수행하면서 변화대응 결과의 피드백을 그때그때 반영한다. 팀 크기도 더 작게 하고 직급체계도 없애고 실무자와 책임자의 거리를 단축하되 권한은 현장에 위임한다. 팀 간에도 수평적 협업을 원칙으로 하고 업무들의 우선순위를 정하여 진행하되 모든 결정도 조직에 축적된 자료를 분석·가공해 디지털화된 고품질 통계를 데이터베이스로 한다. 그러므로 애자일 혁신의 특성은 디지털데이터, 클라우드, 블록체인 등의 분산형 특성과 유사하다. 고객중심경영은 과거에도 강조되었지만 고객과 빠르게 소통하고 고객의 소리를 신속하게 반영하는 것은 애자일 혁신의 특징이다. 사업도 구체적으로 준비하고 철저하게 계획하느라 시간낭비하지 않고 모든 절차를 생략하고 외부의 피드백을 즉각 수용하여 먼저 반응하고 나중에 대처하는 방식을 취한다. 리엔지니어링이 제조나 업무프로세스만을 단축하는 데에 주안점을 두었다면 애자일 혁신은 조직의 모든 측면에서 날렵한 경영을 조직문화로 삼는다는 점이 다르다.

Ⅱ | 조직유형

도표 14.7 조직설계와 조직유형의 관계

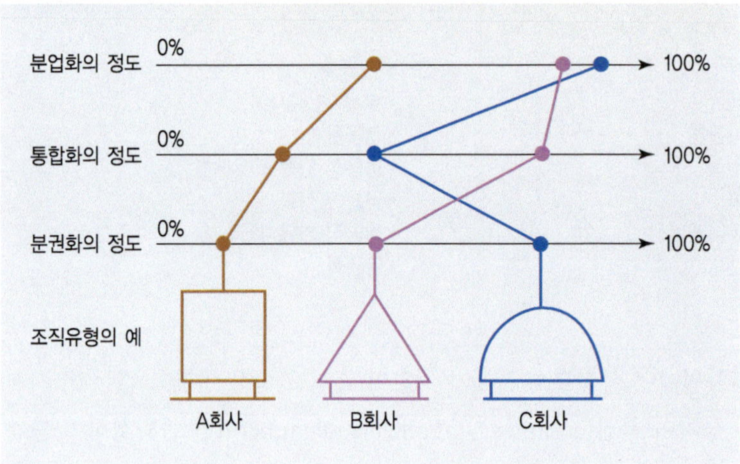

대부분의 조직은 설립 초기에는 단순한 형태로 출발하지만 점차 성장할수록 구성원의 규모가 증가하고 수행할 업무도 많아져서 조직의 구조는 보다 복잡해진다. 동시에 조직이 처한 환경적 상황도 각각 다르다. 이에 맞추어 여러 상황에 적합하게 설계된 조직유형(organizational configurations)은 다양할 수밖에 없다. 이들 조직들은 나름대로 장단점이 있고 상황에 따라 적합한 형태가 따로 있다. 그동안 소개된 대표적인 것들만 살펴보기로 한다. 도표 14.7

1 전통적 조직유형

조직설계의 전통이론으로 고전이론과 신고전이론이 대표적인 두 흐름이었다. 이들 이론은 모두 가장 모범적인 조직설계모형이 있을 것이라고 전제하고 이를 찾아내면 모든 조직에 똑같이 적용되어야 한다고 주장했다. 그러나 상황이론이 나오면서부터 모범적인 조직의 형태가 다양할 수 있음이 판명되었다.

고전적 설계에 따른 모형

초기 학자들은 모든 조직에 통용될 수 있는 가장 이상적 모델을 제시했는데 여기서는 대표적인 세 가지 연구만 살펴보기로 한다. 왜냐하면 이들의 연구는 오늘날에도 여전히 고전이 되어 조직구조 설계 시의 기본원리로 여겨지고 있기 때문이다.

베버의 관료제조직

조직은 오래전부터 존재해 왔지만 세련된 조직구조들이 개발된 것은 비교적 최근의 일이다. 사회학자이며 사학자였던 막스 베버(M. Weber)는 20세기 초 서구사회를 분석하면서 사회가 원칙도 없는 거대한 통치기구에 의해 침략당하고 있음을 감지하고 전통조직과 대치되는 몇 가지 원칙을 제시하였다.

- 분업과 엄격한 분담: 각자의 일은 분업화하되 객관적인 효율성원칙에 의해 이루어져야 한다.
- 수직계층화: 책임 · 권한관계가 분명한 지휘 · 보고체계를 갖추되 사적인 관계나 사사로운 감정, 인간적인 고려는 배제해야 한다.
- 규정과 공식: 객관적인 규정을 만들어 구성원의 행동은 이에 따르도록 하되 예외나 개별적 사항은 최소화한다.
- 공사(公私) 구분: 직권을 사익(私益)과 관련하여 사용하지 못하게 할 뿐 아니라 조직의 어떤 자원도 사익에 사용해서는 안 된다.
- 정실(情實) 배제: 인사채용에 사적 관계가 개입되어서는 안 되며 개인의 능력평가와 개발도 객관적 원칙에 의존한다.

오늘날 이런 사항들은 아주 기본적인 조직설계의 원칙에 해당한다. 그러나 당시에는 정부조직을 위시한 많은 조직들이 이 같은 원칙을 갖고 있지 않거나 무시했고 개인 한두 명의 손에 마음대로 놀아나고 있었는데, 그 대표적인 예가 히틀러 정권의 손에 놀아난 독일국가 조직이었다고 볼 수 있다. 베버는 위의 원칙에 입각하여 만들어진 조직을 가장 모범적이고 이상적인 모델이며 이런 형태의 조직구조를 Bureaucracy[Bureau(책상, 서류, 사무실)+Cracy(관리, 지배)]라 하여 법률과 원칙에 의한 관리를 최우선으로 여겼다. 이러한 조직구조는 세습, 전통, 희생, 복종 등에 의해 지배되는 사회에서보다는 법, 합리성, 과학적 논리기반을 가진 사회에 더 잘 적용할 수 있을 것이며 과거에 순기능을 한 경우가 많다. 그리고 그동안 관료제는 조직의 창의성을 저해한다고만 여겨왔지만 오히려 창의성을 고조시킬 수 있다는 주장도 있다.[21] 그러나 공공조직의 관료화는 이용시민들에게 불안을 야기시키는데 그 이유는 지나친 규정준수, 업무처리의 지연, 불필요한 업무의 중복 등 때문이다.[22]

페욜의 위계조직

프랑스의 기업가이며 관리자였던 페욜(H. Fayol)은, 기업의 재정이나 생산문제는 크게 중요하지 않고 관리자와 '관리 형태'가 기업의 성패를 좌우한다고 일찍이 주장하였다. 그는 관리를 계획, 조직, 지시, 조정, 감사로 나누고 경영자(manager), 책임자, 부서장 같은 관리자가 생산, 재무, 인사, 보관 등의 각 기능을 총괄해야 한다고 하였다.

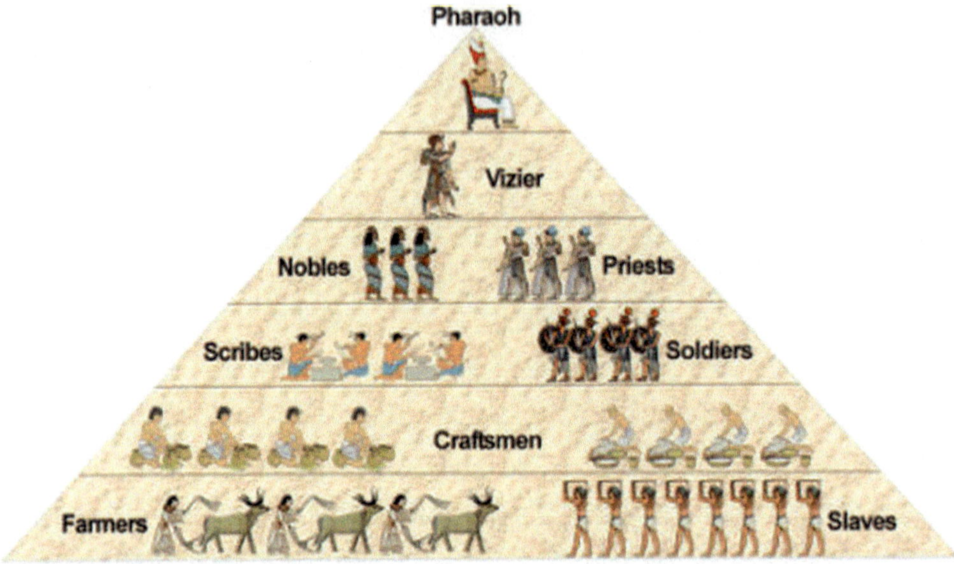

이야기 14.10 원조 위계조직

한 집단에 어떤 직위가 있고 어떻게 부문화되고 누가 누구에게 보고하는지를 보여 주는 조직도의 개념은 이미 모세의 이집트 탈출 때부터 있었다. 전시에 로마군대의 조직은 최전방에 적과 대치하는 병졸이 서고, 바로 뒤에는 주요 부대를 이끄는 숙달된 리더가 있으며, 장군을 보좌하는 경험 많은 군인이 그다음 위치에 있고, 맨 뒤에 장군이 있는 식으로 위계가 분명했다. 또한 교회의 계층을 나타내는 조직도가 중세 스페인의 교회에서 발견되었다. 이러한 조직도가 산업혁명 이후에는 기업에 적용되었다. 1841년 매사추세츠에서 두 대의 여객열차가 충돌한 후에는 더 엄밀한 조직구조의 설계에 관심을 두었다. Western Railroad 이사회는 철도의 관리, 유지, 기관차 운영에 관한 권한과 책임을 엄격하게 구분하여 각 부서에게 할당하는 규정을 만들어 오늘날과 같은 조직을 설계하였다. 최상층에 CEO가 자리 잡고 나머지 사람들은 각 단계별로 배치되어, 전략과 의사결정은 위에서 짜고 육체노동과 실행은 아래에서 나누어 맡는 조직구조가 처음 만들어졌던 것이다. 이는 지금까지 존재한 거의 모든 조직의 기초가 되었다.

그러기 위해 관리자들끼리는 명령일원화의 원칙, 권한책임의 동반원칙 등으로 상하계층이 일관성 있게 연결되는 조직구조가 가장 이상적이라고 간파하였다. 그는 주장하기를 모든 권한은 한군데로 집중되어야 하지만, 하의상달 등 커뮤니케이션의 원활화를 위해서는 어느 정도 분권화가 이루어져서 정보소통은 수평적으로도 거리낌이 없어야 한다고 했다. 즉, 그는 최고경영자에서 말단부서의 장(長)에 이르기까지 모든 관리자는 조정・연결・통합의 도구라고 역설한 것이다. 이야기 14.10

테일러의 표준화

페욜과 반대로 테일러(F. Taylor)는 관리자의 권한은 최대한 줄여야 한다고 하였다. 일과 기능을 나누는 분업만으로는 생산성 향상이 어렵고 작업반장들이 일선노동자들의 노력을 끌어내는 것도 한계가 있는데 그 원인은 다른 데 있는 것이 아니라 철저한 관리가 근본적으로 불가능하기 때문으로 보았다. 왜냐하면 관리자가 모든 노동자의 업무를 일일이 알 수도 배울 수도 없기 때문이다. 그래서 모든 노동자의 작업을 통일(표준화)시키면 관리가 훨씬 쉬울 것이라고 생각했다. 부하들의 일하는 방법과 절차, 그들이 쓰는 부속품과 기계도구가 통일되어 있다면 관리자는 여러 부하들의 일을 속속들이 파악하여 서로 연결하고 조정해 주는 데 큰 어려움이 없을 뿐만 아니라, 부하들 서로 간에도 상대방의 많은 것을 공유할 수 있으므로 상호작용이 원활해진다는 것이다. 더구나 한 개인의 입장에서도 모든 부속품과 도구와 작업절차가 표준화되었다면 시간절약과 숙련학습에 매우 능률적일 것이다.

이처럼 테일러는 모든 면에서 표준화를 주장했다. 그 이유는 분업이 필연적이기는 하지만, 각 부문의 행동양식이 표준화되어야 부문 간 이질적 요소가 줄고, 그만큼 연결과 통합이 잘 될 것이기 때문이었다. 테일러는 조정과 연결을 위해서 조직은 '표준화'원칙에 입각하여 설계되어야 한다고 주장하였으며, 그렇게만 되면 통합(integration)은 자동적으로 될 것이기 때문에 관리자의 역할이 덜 중요할 것으로 보았다.

신고전적 설계에 따른 모형

조직설계의 고전이론들이 주로 조직의 생산성 향상에만 목표를 두었는데, 메이오(E. Mayo)의 호손실험 이후 조직설계에 인간적 측면이 고려되어야 한다는 생각이 퍼져 나갔다. 맥그리거(D. McGregor), 아지리스(C. Argyris), 리커트(R. Likert) 등은 인간중심의 사상으로 고전이론을 개선해 보려고 노력한 사람들이다. 고전이론과 신고전이론의 가장 큰 차이는 권한위임과 조직의 낮은 위계화에 얼마나 비중을 두었는가에 있다.

맥그리거의 견해

맥그리거의 Y형 인간관은 대표적인 신고전이론 축에 속한다. 과거에는 인간을 부정적 시각으로 보고 조직을 설계하고 관리했지만, 그의 저서가 나온 후에는 관리자들의 인간관이 바뀌어 자율통제 관리방식으로 변했다.[23] X이론의 인간관을 가진 관리자는 출퇴근 기록기 등 수시로 부하들을 감시하는 통제 시스템을 사용하고, 그렇게 되면 부하는 무책임한 행동을 하며 감독이 있을 때만 하는 척할 것이다. 관리자는 그를 더 불신하게 되고 훨씬 더 엄격한 통제 시스템을 사용한다. 그러나 맥그리거는 Y형 기질이 많이 있음을 강조하고, 조직을 설계하려면 위계적 권력구조가 높아서는 안 되고 권한을 위임해야 하며 표준화와 규칙을 줄이고 담당자 재량에 맡기는 것이 좋다고 하였다.

리커트의 견해

리커트 역시 구성원에게 일방적으로 지시하고 통제하는 고전이론을 비판하면서 구성원의 의견을 받아들이고 권한과 책임을 부여하는 것이 최선책이라고 주장했다. 그는 조직의 형태를 다음 네 가지로 구분하여 시스템 Ⅰ형(독재형)은 모든 권한이 최상위층 한 사람에게 집중되어 있는 조직이고, 그 반대편에 시스템 Ⅳ형(민주형) 조직이 있으며, 그 중간에 시스템 Ⅱ형과 시스템 Ⅲ형이 있다고 했다. 그리고 조직의 형태는 시스템 Ⅰ형에서 시스템 Ⅳ형으로 발전해 가는 것이며 시스템 Ⅳ형이 가장 이상적인 조직설계 형태라고 했다.

기 타

그 밖에도 아지리스, 허츠버그 등 동기부여이론에서 배운 많은 학자들이 인간의 상위욕구를 채우는 세련된 조직을 강조했는데, 이들 모두 신고전이론가들의 주장과 맥을 같이한다고 볼 수 있다. 그러나 신고전주의자들 역시 이상적 조직은 세상에 오직 하나뿐이라는 관점을 벗어나지 못했다는 맹점이 있다. 그 후 좀 더 진보한 조직이론으로 환경과 상황을 감안해야 한다는 상황이론(contingency theory)이 등장하였다. 도표 14.8

도표 14.8 고전이론과 신고전이론의 조직설계 차이

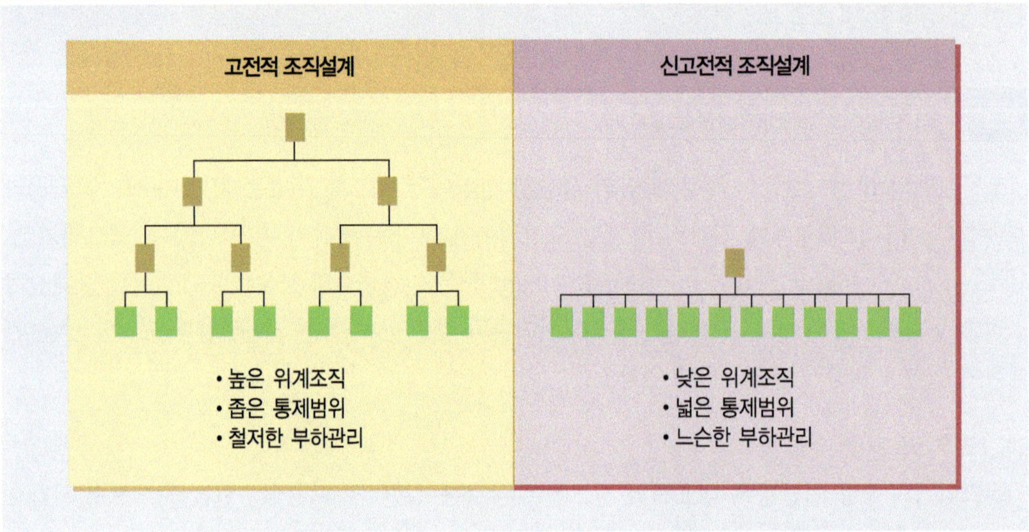

2 기본적 조직유형

앞에서 살펴본 바와 같이, 하나의 과업은 범위와 내용이 분업화된 정도, 작업절차와 방식이 공식화된 정도에 따라서 그 특성이 결정된다. 그런데 조직 전체를 보면 이러한 작업단위가 수십 수백 개는 되며 이것들은 전체적으로 다시 범주화되고 연결되면서 조직을 이루고 있다. 몇 개의 작업단위들이 묶인 것을 '부서'라고 한다면, 부서는 크기에 따라 계, 과, 부 혹은 조, 팀, 사업부 등의 순서로 묶인다.

그러므로 작업단위를 하나의 기본시스템으로 본다면, 그 위에는 몇 겹의 상위시스템이 있게 된다. 이런 작업단위들을 어떻게 범주화하여 몇 개의 부서로 나누는지에 따라 조직형태가 달라진다. 또한 부서 간의 연결절차는 어떤 순서를 밟을 것이고, 계획부서와 실행부서는 어떻게 나눌 것이며, 부서와 부서의 행동통일과 상호 조정은 어떻게 할 것인지에 따라 조직은 여러 유형으로 분류된다. 여기서는 기업조직의 전형적인 세 가지 유형에만 집중하여 그 형태와 장단점을 살펴보기로 한다.

기능별 조직

기능(function)이란 비슷한 위치에서 비슷한 과업을 담당하는 자들의 모임인데, 이를 기준으로 만들어진 조직이 기능별 조직이다. 즉 현금출납, 세무, 임금지불 등의 업무를 묶어서 회계팀으로, 광고, 판촉, 판매가 확정 등의 업무를 묶어서 판매팀으로 누는 등 하나의 회사를 유지하기 위해 필요한 기능별로 하위부서를 조직하는 것이다. 도표 14.9

도표 14.9 기능별 조직

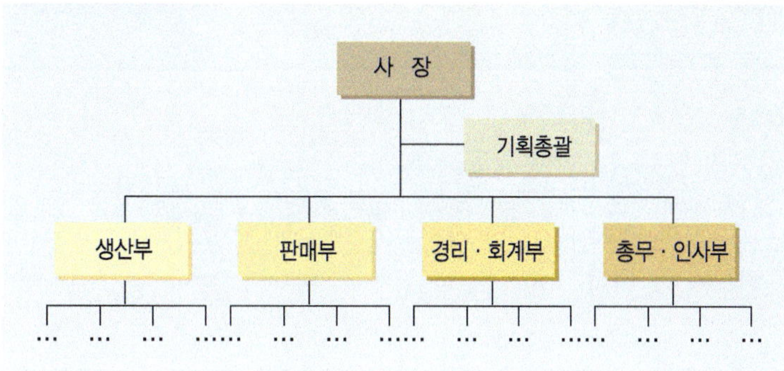

장 점

같은 기능을 담당하는 사람이 모여 있기에 공통의 관심사에 대하여 관점도 비슷하므로 커뮤니케이션과 정보흐름이 좋을 것이고, 의사결정도 빠르다. 또한 서로의 경험을 나누면서 기술발전과 지식창조를 부추길 것이다. 관리자도 비슷한 기능의 부하들만 관리하기 때문에 관리가 쉽고 인사평가도 정확히 할 수 있다. 구성원 간의 관리와 충고, 그리고 상호평가도 가능하기에 결과적으로 자율관리조직을 만들기 쉽다.

단 점

회사의 제품이나 서비스의 종류가 늘어나면 과업의 종류가 무한대로 급증하는데, 이때 비슷한 과업끼리 기능별로 나누고 묶는다는 것은 거의 불가능하다. 냉장고만 생산하다가 TV, 세탁기 등으로 제품수가 늘어나면 생산팀을 제품별로 분리할 수밖에 없다. 또한 고객은 조직으로부터 한 개의 기능만이 아니라 기능 간의 연결을 통한 최종 output을 원하는데 기능 간 협조가 안 된다면 one stop service식의 고객만족은 어렵다.

부문별 조직

부문(division)이란 여러 가지 다른 기능(function), 예를 들면 구매, 제조, 영업, 재무, 인사, 연구개발 등의 다양한 기능을 담당하는 부서들을 하나의 사업을 위해 모아 놓은 집단을 말하는데 건설부문, 제조부문, 유통부문 등으로 구조를 짤 수 있다. 물론 각 부문 밑에는 여러 기능들이 연

도표 14.10 부문별 조직

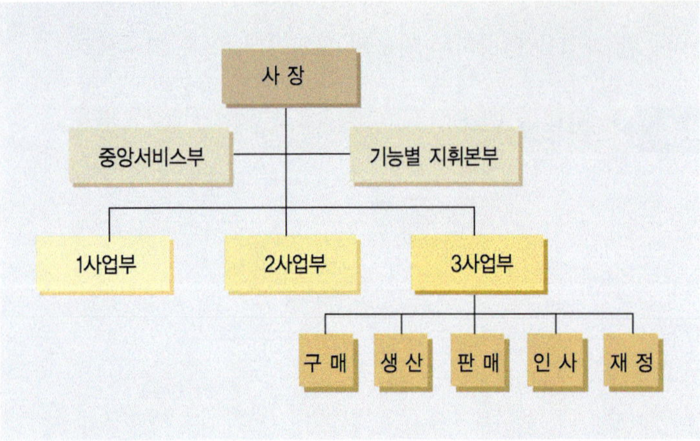

결되어 있음을 알아야 한다.

- 제품별 구조: 컴퓨터부문, 항공부문, 생필품부문
- 시장별 구조: 개별고객부문, 사업자부문, 정부부문
- 지역별 구조: 서울부문, 인천·부천부문, 안양·수원부문 등 도표 14.10

장 점

부문별로 조직이 나뉘면 제품별·시장별로 전문화되기 때문에 품질 향상과 고객서비스가 잘 이루어지며 회사 입장에서도 자원의 효율적 활용과 비용감소를 꾀할 수 있다. 그리고 서로 같은 계통이므로 커뮤니케이션이 잘되고, 지역별 구조는 각 지역고객의 특수성을 고려할 수도 있고, 지역현장과 가까우므로 고객의 요구에 적합한 대책을 적시에 세워서 공급해 줄 수 있다. 또한 부문별로 부서장이 직접 관리하기 때문에 현장과 TOP 간의 연결, 현장중심의 평가, TOP을 중심으로 한 부서 간 협동 등이 유리하며 부서장의 자율권이 많기 때문에 조직을 활성화할 수 있다.

단 점

같은 조직에 부서장이라는 관리자가 많아지면서 그들의 인건비뿐 아니라 관리자의 수가 늘어난 만큼 관리부서별 커뮤니케이션이 비효율화되기 쉽다. 또한 한정된 자원을 놓고 부문 간의 갈등을 빚기도 하고, 경쟁으로 인한 정보 확산 등이 제약을 받을 수도 있다. 그뿐 아니라 중앙에서 하나로 모아서 담당하면 간단할 것을 각 사업부에 기능을 나눠주다 보면 불필요하게 중복되는 비용이 있으며 규모의 경제로 인하여 얻을 수 있는 혜택을 기대하기 어려운 점이 있다. 이야기 14.11

매트릭스 조직

매트릭스 구조(matrix structure)란 구성원들이 원래 소속된 기능(function)부서에 배치되는 동시에 현재 맡고 있는 제품부문별로 나누어진 팀에도 배치되어 두 사람의 상급자를 두고 있는 형태이다.[24] 이는 작업단위를 한 번은 기능별(생산, 판매, 재무 등)로 묶고 또 한 번은 사업 혹은 제품별(제품 1, 제품 2 등)로 묶어서 두 구조 유형을 포개어 놓은 것과 마찬가지이다. 이러한 구조에서는 전통적인 명령통일의 원칙을 무시하고, 한 개인이 두 상급자의 지시를 받으며 보고하게 한다. 그러므로 부서 간 통합을 위해서는 상호 접촉과 협조, 의사소통, 토론이 빈번히 이루어져야 할 것

이야기 14.11 ABB사 조직

스위스 인터라켄 동쪽 역에서 유럽의 지붕이라는 융프라우산 정상을 가려면 눈과 얼음, 그리고 암벽을 뚫고 급경사를 오르는 후니쿨라 산악열차를 타야 한다. 이는 ABB(Asea Brown Boveri)가 전기구동 기차를 개발한 1893년부터 지금까지 달리고 있다. 당시의 기차는 모두 증기기관차였기 때문에 ABB의 전기차가 없었더라면 불가능했던 것이다. 지금도 이 열차의 한 량에는 ABB의 로고가 붙어 있다. 소비재산업 분야가 아니기 때문에 대중적으로 알려지지는 않았으나 우리나라에도 영광 3·4호기와 울진 3·4호기를 공급한 발전 분야, 특히 배전설비와 플랜트 엔지니어링에 관해서만큼은 세계 최고의 업체다. 미국의 GE, 독일의 SIEMENS와 함께 세계 3대 중전기업체로 꼽히는 ABB사의 성공 비결은 '매트릭스 시스템과 팀제를 무기로 삼은 작은 조직으로 세계를 제패한다'는 것이었다. 이는 거대기업에 중소기업의 민첩성을 접목시킨 성공적인 사례이다. ABB는 1차 산업혁명의 막바지에 태동해서 내연기관 전기 중심의 2차 산업혁명기에는 유럽 최초로 전기기관차를 공급했고 초고압직류 송전을 실천했다. 그리고 컴퓨터와 인터넷의 3차 산업혁명기에는 세계 최초로 마이크로프로세서 기반의 산업용 로봇을 출시했다.

ABB는 거대조직의 운영을 위해 매트릭스 사업부 형식을 택했다. 사업영역과 글로벌 지역을 독립적인 차원으로 상호교차시켜 양립시킨 것이다. 글로벌 대기업의 통합 이점과 현지화된 지역지사의 효과 모두를 살리자는 취지였다. ABB는 전 세계 1백40여 개국 1천5백여 개의 자회사와 5천여 개의 이윤센터에서 21만 명 이상이 매출을 올리고 있다. 이 거대한 조직을 ABB는 3개 광역지역장과 4개 사업본부장 아래 50여 개 지역관리자 및 1백여 개 사업관리자를 두고 그 교차점 아래 5천여 개의 소규모 사업집단인 이익센터를 운영하고 있다. 그러다 보니 하나의 이익센터는 지역관리자 및 사업관리자 두 명의 상급자 밑에 놓이게 되는 것이다. 그러나 두 상급자 사이에 갈등이 발생할 수 있다. 기업들이 매트릭스 조직을 꺼리는 이유도 이 때문이다. 이 문제를 해결하기 위해 ABB는 우선 지역관리자와 사업관리자에게 완전히 동일한 권한을 부여하면서 그 대신 관리분야를 나누었다. 우선 지역관리자는 자기 지역에 대한 지식과 경험을 바탕으로 마케팅과 판매에 주력하고 현지 고객니즈에 대응하는 역할을 맡는다. 지역 내 이익센터 간 시너지 효과의 극대화도 담당한다. 사업관리자는 담당사업의 국제화 전략을 수립하고 전 세계에 걸쳐 지역 간 조정과 통합 작업을 수행한다. 그러나 이들은 지시와 감독을 할 필요는 없고 단지 이익센터를 지원해주는 역할만 담당한다. 따라서 이익센터의 장은 자율권을 보장받고 이를 바탕으로 이 두 상급자의 지원을 받아 사업을 운영한다. 평균 50여 명으로 이뤄진 이익센터는 법인의 형태가 아니라도 완전히 분리된 독자적인 경영체제를 갖춘 조직으로서 스위스 본사는 각 이익센터들이 독자적인 경영을 펼칠 수 있게 재량권을 대폭 부여한다. 20여만 명의 직원을 거느린 거대기업 ABB의 본사 직원은 수백 명에 불과하다. ABB의 성공은 조직의 존재 목적과 역할을 직원들에게 명확히 인식시킨 데 있었다. 자체적인 활동에 따른 성과를 이익센터 직원들에게 직접적으로 보상함으로써 모든 직원의 주인의식을 강화시킨 것 또한 주요 성공요인으로 작용했다. 프로젝트 관리자나 기능별 조직관리자 없이 팀원들이 자율적으로 업무를 위한 전문성을 제공하고 필요시 자원을 배분하는 형태의 조직을 무경계 매트릭스 조직으로 운영하는데 이러한 방식은 아이디어를 주도하는 사람이 프로젝트를 이끌고 여기에 흥미를 갖는 다양한 사람이 자발적으로 팀을 이뤄 과업을 진행하는 구글의 시스템과도 유사하다. 무엇보다도 각 조직단위 성과의 투명성을 가능하게 하는 독립적이고 공정한 평가, 분석체제가 존재하기 때문에 모든 게 가능했다. 오늘날 드디어 4차 산업혁명을 맞아 ABB는 세계 최첨단의 급속충전 기술을 출시했고 무인선박 자율주행 시스템을 개발했다. 본사 빌딩도 스위스 취리히 아폴턴거리의 4층짜리가 전부이다. 매년 연초가 되면 이 건물에서 비공개로 리더십 포럼이 열린다. ABB의 전망과 미래 전략을 토론하기 위해 모인 사람은 ABB 상위 200명의 인재로서 국적은 유럽은 물론 남아공, 중국 등 6대륙에서 모인다. 빠르게 변하는 환경에서 고객과의 거리와 시간을 단축하기 위해 회사의 조직구조도 다시 개편했다. ABB 총매출액의 25%를 차지하던 그룹의 모태산업 전기송배전 사업도 일본에 매각했다. 사업성이 나빠서가 아니다. 디지털 사업에만 집중하려는 의도였다. 잘할 수 있는 분야에만 매진하여 세계 1위를 만드는 것이 이 회사의 철학이다.

도표 14.11 매트릭스 조직

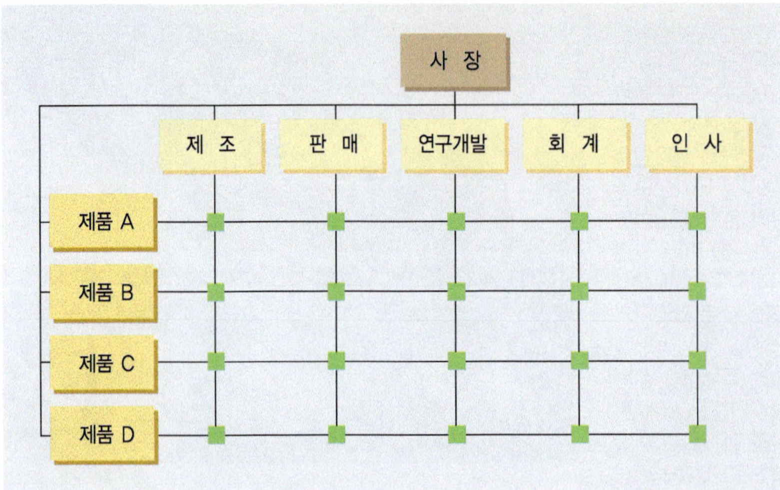

이다. 이러한 매트릭스 구조를 선호하는 조직은 광고회사, 항공사, 실험연구원, 연구개발실, 대학, 컨설팅회사, 병원, 건설회사, 정부조직, 연예기획사 등이다. 도표 14.11

장 점

매트릭스 구조는 분리 불가능한 생산도구가 있든지, 하나의 제품이 여러 이질적 시장에 나가든지, 단기간에 여러 기술을 필요로 하는 하나의 프로젝트를 완수해야 할 때 효과적인 조직설계방법이다. 매트릭스 구조를 선택하는 이유는 다음 세 가지로 요약된다.[25]

- 신제품을 즉시 개발 완료하려고 할 때
- 팀 구성원 간의 협조가 절실히 필요할 때
- 창의성과 기술혁신이 조직사활의 관건이 될 때

단 점

두 사람의 상사를 모시고 작업하는 담당자들로서는 당연히 역할갈등을 느끼면서 불만족스러워 매트릭스 조직에서 일하는 것을 피하는 경향이 있다. 누구에게 보고하고 누구와 인연을 맺느냐에 따라서 파벌이 생길 수도 있는데 이러한 권력게임 틈에서 사원들은 스트레스를 받는다.[26] 또한 자주 이동하는 바람에 사원들이 승진기회를 박탈당하기 쉽고 인간관계의 잦은 교체로 스트레스가 증대될 수도 있다.

그러나 기능별인지, 부문별인지, 매트릭스 구조인지의 문제는 하나의 연속선상에서 파악되어야 하지 상호 별개의 것은 아니다. 부서를 여러 개로 나누어 다시 연결·조정하는 방법과 상호의존성 정도에 따라 사실상 무궁무진한 구조유형이 존재한다고 볼 수 있다. 조직을 기능별로 나눌 것인지, 사업부제로 할 것인지, 아니면 매트릭스조직으로 구성할 것인지는 조직설계의 기준을 기능중심으로 하는지 제품이나 사업중심으로 하는지의 문제이며, 매트릭스 조직은 그 중간 형태로 보아도 무관하다고 하겠다.

혼합적 조직

조직유형을 기계적, 유기적으로 분류하거나 관료형과 네트워크형으로 구분하는 것은 지나치게 단순화시킨 느낌이 든다. 여기서는 민쯔버그(H. Mintzberg)의 혼합적인 조직형태를 그 분류틀 중심으로 다시 공부해 보기로 한다. 오늘날처럼 수많은 형태의 조직을 분류하는 데 적당하기도 하고, 이곳저곳에서 중구난방으로 나열해 놓은 조직유형도 따지고 보면 민쯔버그의 분류틀에 들어갈 수 있기 때문이다.

5개의 기본집단

민쯔버그의 주장에 의하면 조직은 다음과 같이 다섯 개 기본집단(개인 혹은 부서)으로 나뉜다.[27]

- 실행담당 부서(operating core): 대학교의 교수, 음식점의 요리사, 편의점의 판매원처럼 조직의 생산 혹은 서비스를 직접 담당한 사람들
- 전략최고 부서(strategic apex): 사장, 이사들처럼 조직 전체의 운영책임을 지는 최고책임자들
- 중간관리 부서(middle line): 과장, 부장, 팀장처럼 실무자와 최고경영층을 연결하며 정보를 전달하고 감시, 지시, 보고를 맡은 사람들
- 전문연결 부서(technostructure): 기획팀, 전산팀, 전략기획팀, 구조조정팀처럼 조직의 다양한 부서를 중앙에서 통제·조정하는 전문가들
- 간접지원 부서(support staff): 기술자문, 회계자문, 세무상담자처럼 간접적으로 핵심실행 담당부서를 돕는 지원자들

5개의 조직유형

이들 다섯 개 부서 중에 어느 부서가 조직 안에서 가장 지배적인지에 따라서 조직형태가 달라지는데 그것은 상황에 따라 다르다. 민쯔버그는 어느 부서가 지배적인지에 따라 다음 다섯 개의 전형적인 조직모델이 있다고 하였다.

■ 단순조직(simple structure: 최고경영진 중심)

중소기업 같은 소규모 조직에서는 사장이 독자적으로 조직을 운영하며 비공식적이고 중앙집권화된 조직형태를 띤다.

■ 기계적 관료조직(machine bureaucracy: 전문연결 부서 중심)

정부기관처럼 복잡하고 공식적이며 지위계층의 구분이 많아서 수직적으로 높은 조직형태이다.

■ 전문적 관료조직(professional bureaucracy: 실행담당 중심)

병원, 대학처럼 복잡한 조직이지만 실무자들이 전문가들이기 때문에 결정권한이 실무자들에게 위임되어 있다.

■ **사업부조직(divisional structure: 중간관리층 중심)**

국제기업처럼 여러 부문으로 구성된 대형 공식조직으로서 중간관리층이 실권을 쥐고 있다.

■ **애드호크래시 조직(adhocracy: 현장부서 중심)**

도표 14.12 혼합조직의 대표적 유형 분류

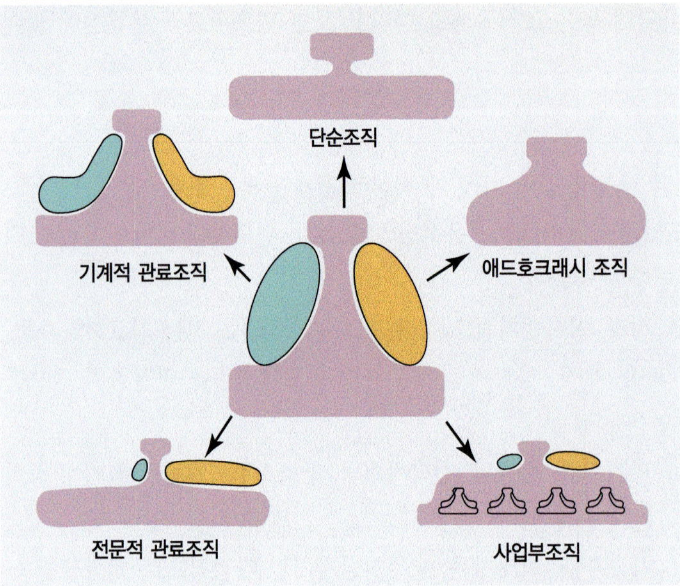

'ad hoc'란 '그때그때 임시로' 또는 '임기응변'의 의미를 가진 라틴어이다. 애드호크래시 조직은 벤처기업처럼 단순하며 비공식적이고 권한이 모두 위임된 수평조직이다. 각자가 주어진 일에 대해 자기책임하에 자기중심으로 자율적 결정을 하기 때문에 조직 전체로 보면 통일된 규정과 질서가 없지만 상황에 맞게 수시로 변경하면서 급변하는 환경에 대응할 수 있는 임기응변적 조직체계이다.[28] 도표 14.12

3 현대적 조직유형

앞에서 검토한 조직의 새로운 설계방향에 맞추어 십수 년 전부터 수많은 형태의 조직모형들이 개발되었는데, 그중에는 계속 번창하고 있는 것도 있고 일시적 유행으로 끝난 것도 있으며 아직 몇몇 기업에서 실험되고 있는 것도 많다. 대개는 열린 조직구조를 지향하는데 여기서 모두 나열할 수는 없고 대표적인 몇 가지만 소개한다. 도표 14.13

가상(버추얼)조직

조직 간에 혹은 조직과 외부 사이에 물리적인 공간이나 장벽이 없어진 가상(virtual)조직으로서 일종의 무경계(boundariless) 조직의 한 형태이다. 최근 들어 종래의 전통적인 부서 간의 경계는 허물어지고 애매모호해지고 있다. 그 면면을 살펴보면 핵심역량은 그대로 가지고 있으면서, 그 외의 부문은 외주(outsourcing)를 주기도 하고, 불필요하면 언제든지 떼어내 버리기도 한다.

도표 14.13 현대의 다양한 조직유형

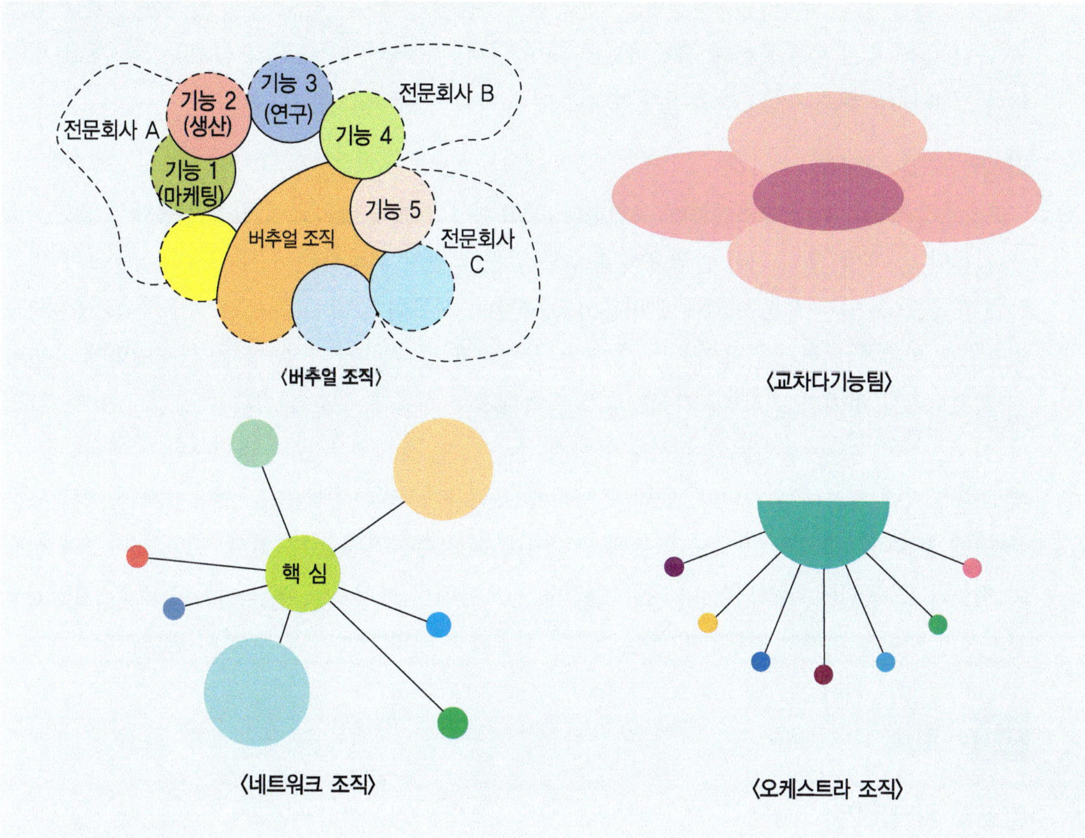

가상조직의 예

영화제작에서도 한 기획사 혹은 한 영화감독이 배우, 카메라, 세트, 조명, 엑스트라, 홍보·판매 등을 나누어 맡은 작은 회사들과 연계하여 하나의 영화를 제작해서 이익을 내고 해산하는 것이 일반적이다. 소프트웨어나 영상물제작 계통은 프리랜서들을 전 세계적으로 고용해서 하나의 프로젝트가 끝나면 해체하고 다시 만드는 사례가 많다.[29] 문자 그대로 가상조직은 지금까지 우리가 경험해 온 실제 조직의 개념을 근본적으로 뒤엎는 개념이다. 혹자는 가상조직이 점차 보편화되어 가고 있으며 필연적으로 대중화될 것으로 본다.[30]

가상 생산공장의 예

과거에는 자동차 생산라인도 차종별·모델별로 조립라인과 종사자들이 모두 달랐다. 예를 들면 프라이드 생산라인과 K5 생산라인이 별개였다. 그런데 K5모델의 수요가 증가하고 프라이드 모델의 수요가 감소한다고 가정해 보자. 과거에는 플랜트의 규모가 다르고 조립종사자들의 기술이 다르니, 융통성이 적고 수요변동에 따르지 못하였다. 그러나 오늘날에는 플랜트도 설계 시부터 이동 가능하게 하고 조립공들도 두세 가지 기술을 익히도록 하여 시장수요에 즉각 대응토록 하는 유연조직이 되었다. 비단 자동차뿐만 아니라 반도체공장과 의류공장도 모두 일정한 부서나 장소가 따로 없이 수요변동과 함께 움직이도록 되어 있다. 하지만 가상조직의 설계방식은 매우 다양하며 그 형태에 따라 가상조직의 운영형태도 매우 다르게 나타날 것이다.[31]

가상조직의 장단점

가상조직은 무엇보다 환경변화에 유연하다. 필요해서 조직을 만들고 인원을 채용해서 훈련시켰으나 일이 년 후에 그 조직이 불필요해질 수도 있는 격변기에 적합한 조직이다. 시장수요에 민감하게 대응할 수 있는 장점 이외에도 비용이 절약된다. 사무실 임대료, 노조나 정규직 고용이 필요 없으므로 비수기에 회사를 운영하는 데 드는 고정비가 절감된다. 가상조직은 환경변화에 유연하게 적응하기도 하지만 조직 내 지식교류가 왕성해져 지식증대 속도가 크다는 장점도 있다. 그러나 임시조직이니만큼 종업원의 충성도가 약할 수 있으며 조직의 목표나 역할분담이 애매하고 자주 변동되기에 혼란이 우려된다. 멤버들 사이에 공동운명체라는 애사심도 필요하고 잠재된 규범에 의해 조직이 움직이는 경우도 많은데 그렇지 못하고 우왕좌왕할 수 있다. 또한 노하우나 실패의 정보가 조직 안에 누적되어 더 나은 발전이 필요한데 정보지식이 쌓일 겨를이 없고, 경영진도 장기적인 계획을 세워서 진행하기에는 안정된 직원과 미래의 담보가 없는 것이 단점이다.

팀조직

팀조직 확산동기

우리나라에서 팀제가 확산된 이유가 무엇일까? 여러 가지 이유가 있겠지만 가장 중요한 두 가지 이유를 든다면 다음과 같다.

첫째, 우리나라의 전통적인 관료제하의 피라미드 형태의 조직구성방식인 과나 부의 시스템이 신속성, 유연성, 도전성, 창의성 등으로 특징지어지는 현대적 경영요구에 대처하지 못하고 사원들의 사기저하, 시간지연, 커뮤니케이션 상실, 수동적 행동, 부처이기주의, 승진욕구 증대 등의 부정적 요소를 표면화시키고 있었다.

둘째, 회사업무에 다양한 기능과 경험의 통합화와 신속성이 더욱 요구되어 팀으로 과업을 수행할 필요성이 더욱 절실해졌다.[32] 즉 회사는 구성원들의 기능과 능력을 더욱 효율적으로 활용하려고 팀제를 도입했고, 아울러 팀은 구성원들에게 도전감, 참여도, 자율성, 자아발전기회, 창의력 발휘기회, 사기부여 등을 높여 보람을 찾게 하였다.

일단 팀이 구성되면 그것이 각 기능부서에서 선발되어 온 구성원들로 이루어진 팀이더라도 상호 조정활동은 매우 높다고 한다. 권한을 가진 상급자 지시나 공식화에 의한 것보다도 팀원들끼리 직접 대면하는 경우가 훨씬 많은데, 팀장들도 일상의 70% 이상을 다른 팀의 관리자들과 상호 조정하기 위해 직접 만나서 의견을 교환하는 것으로 조사되었다.[33] 이야기 14.12

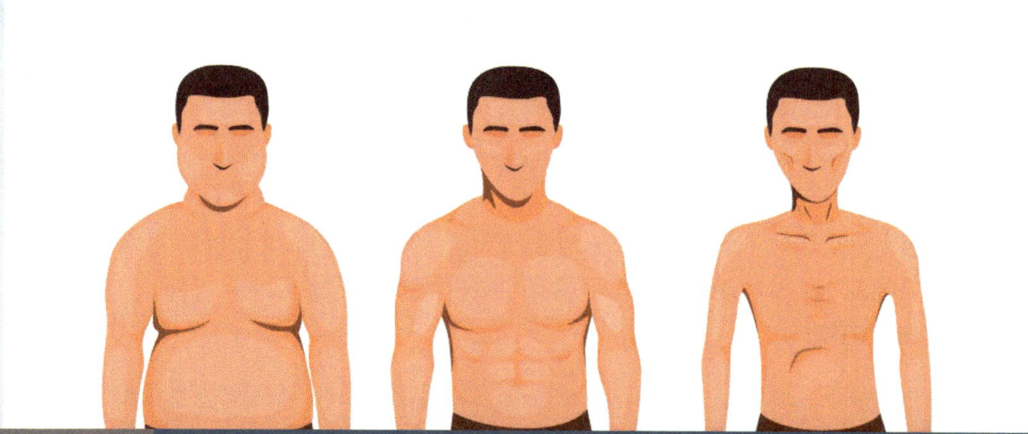

이야기 14.12 거대조직의 비만증 치료법

현대 성인병의 특징은 못 먹어서가 아니라 너무 많이 먹어 비만으로 생기는 병이 대부분이다. 1960년대의 우리나라 기업은 홀쭉하고 유연하였다. 그러나 연 20%씩 성장하다 보니 조직이나 사람이나 지나치게 비대해져 버렸다. 전쟁이 나면 이리저리 몸을 피해야 하는데 너무 비대하다. 다이어트가 필요하다. 어떻게 할 것인가? 우선 뚱뚱한 부위를 수술로 제거할 수 있다. 그런데 근육은 근육끼리, 지방은 지방끼리 뭉쳐 있으면 수술이 쉬울 텐데 그렇지 않아서 제거하기가 쉽지 않다. 누구는 허리의 살을 떼어 낸 것까지는 좋은데 그것을 다시 허벅지에 붙인다. 이것은 소용없는 짓이다. 요즘은 몸속의 지방만 빼내는 지방흡입 수술이 있다. 각 부서별, 계층별로 산재해 있는 지방만 찾아서 권고사직, 조기퇴직을 시키기도 한다. 그러나 잘못하다가는 중요한 근육질까지 손상시키는 경우도 있으니 조심해야 한다. 또 다른 방법으로는 음식섭취를 줄이는 방법이다. 신입사원 채용의 억제, 승진율 조정인데 이것도 지나치면 몸 전체가 허약해지거나 키가 크지 못한다. 가장 현명한 다이어트는 운동을 하는 것이다. 꾸준한 체력관리 운동을 해야 한다. 그러나 너무 격렬한 운동을 하면 피로만 쌓일 뿐이다. 일시적인 처방도 금물이다. 근육과 지방을 분리하는 평가제도, 근육질 강화를 위한 다기능 교육제도 등 운동 프로그램을 만들어 놓고 꾸준히 실천하는 길뿐이다.

팀의 일반적 유형

우리나라 기업의 팀 유형은 외국 기업이 도입하는 자율작업팀에 국한하지 않고 한국적 특수성을 가지고 있다고 할 수 있다. 팀제는 일반적으로 조직 전체적 수준과 구체적 작업집단수준으로 구분된다.[34] 조직 전체수준에서 볼 때, 기존의 기능적으로 분리된 조직의 한계를 극복하고 지휘·명령의 위계조직을 초월하여 구성되는 태스크포스팀(TFT: Task Force Team)과 프로젝트팀이 있다. 각 부서에서 차출되는 전문기능인력들은 서로 협조하여 사명을 완수하되 소속은 기존의 기능조직에 머물러 있다. 그러나 프로젝트팀은 조직구조가 프로세스 중심으로 설계되어 시간을 절약하고 업무중복을 피하기 때문에 성과향상에 좋다.[35] 태스크포스팀이 특수사명을 위해 일시적으로 유지되는 데 반하여, 프로젝트팀은 일상적 업무를 위해 장기간 지속된다.

작업집단에 치중하는 팀의 형태로는 책임과 권한뿐만 아니라 팀에 완전히 소속된 채 자율적으로 의사결정을 하여 일상업무를 처리하는 자율작업팀(self managed team)이 있는가 하면, 각기 다른 기능을 가진 전문가들이 모여 비일상적인 특수업무들을 공동으로 처리하는 교차기능팀(cross functional team)이 있다.[36]

자율작업팀은 기존의 피라미드 조직에서 실무자들에게 집단을 만들어 주면서 권한을 많이 부여한 품질관리분임조(QC)와 유사하다. 그런데 우리나라 기업들은 서구에서 유행하고 있는 작업집단수준의 자율작업팀 도입에 주력했다기보다는, 조직 전체의 플랫(flat)화와 슬림(slim)화를 위한 구조개편에 치중하였다. 그에 따라 대부부대과제와 문진형 팀제 도입을 추구하였으며, 태스크포스팀, 프로젝트팀은 기존에도 존재했던 것으로 극히 일부 기업들만 사용하고 있는 실정이다. 현대로 오면서 팀조직의 구조는 참으로 다양한 형태를 추구하고 있으며 상황에 적합한 것을 취하는 것도 중요하지만 상황변화에 따라서 팀의 구조를 자주 변형해 나가는 것은 더 중요하다.[37]

이야기 14.13 도표 14.14

도표 14.14 팀조직의 다양한 구조

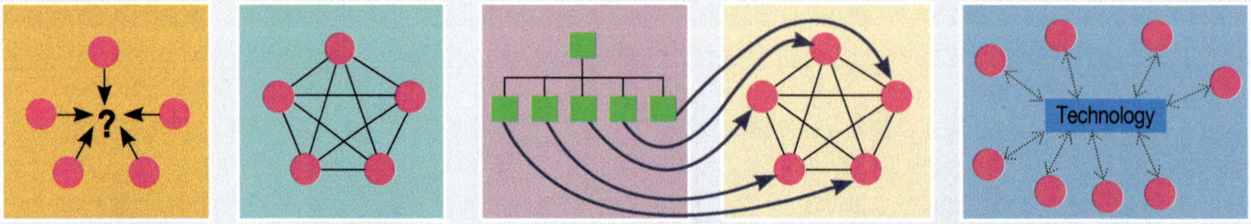

이야기 14.13 동력분산식 고속열차

지금까지 대부분의 열차는 맨 앞에 기관차가 있어 뒤에 달린 10여 개의 객차를 모두 끌고 가는 형태였다. 뒤에 달린 객차에는 동력이 없기에 수동적으로 끌려갈 뿐 아니라 앞의 기관차가 가는 대로 순순히 따라가지 않으면 제구실을 못 한다. 반면에 차세대 고속열차는 동력분산식 EMU(Electric Multiple Unit)의 기술력에 기반을 두어 개발한 고속열차이다(**사진**). 이는 기존 KTX처럼 동력원을 맨 앞쪽에만 연결하는 동력집중식과 달리 각 전동차마다 엔진을 장착한 게 특징이다. 동력집중식보다 가·감속 능력이 좋아 정차역 간 간격이 좁아도 빠르게 속도를 높일 수 있다. 급제동 때 안전성도 높다. 동력원이 각 객차마다 붙어 있기 때문에 모든 객차가 사장이나 중역 없이도 혼자 움직일 수 있다. 그러니 사장이 없는 상황에서 커브 길이라든지 장애물이 있다든지 어떤 상황이 오더라도 알아서 즉시 대처할 수 있다. 각 객차는 개별적으로 동력이 있기 때문이다. EMU의 각 객차는 하나의 팀이고 동력원은 팀장이다. 기존 열차는 사장 한 사람에 의해 움직이는 기능식 조직이다. 모두 사장 얼굴만 쳐다보고 있으니 최종 책임도 사장이 진다. 문제가 또 있다. 맨 뒤에 달린 객차가 제대로 따라오는지, 그 안에서 무슨 문제가 있는지 맨 앞의 기관차가 알 리 없다. 또한 손님이 있든지 없든지 기관차는 항상 수십 량의 객차를 끌고 다니기에 몸집이 무거울 수밖에 없다. EMU 열차는 한 개만 달아도 되고 30개를 달아도 철도 여건만 된다면 시속 430km까지 달릴 수 있다. 동력차를 많이 붙일수록 오히려 운행 속도가 빨라진다. 현재 세계적인 추세인 EMU 열차는 우리나라에서도 점진적으로 수명을 다하는 기존 KTX·SRT 열차를 대체해 가는 중이다.

15장

조직변화: 혁신행동/저항관리/조직학습

ORGANIZATIONAL BEHAVIOR

▶ 사진설명

거대한 바위산 위에 교회당을 짓는 대신 바위의 중앙을 파내어 둥근 공간을 만들고 그 위에 30km 길이의 구리선을 둥글게 엮어 천장을 만든 후 구리천장과 석벽 사이를 유리로 채워 자연광을 받도록 한 건축방식은 기존의 상식을 뒤덮은 혁신적 발상이다.(핀란드 헬싱키 Tempelliaukio 루터교회당)

ORGANIZATIONAL BEHAVIOR

새로운 것을 바라는 것은 인간의 본능이다. 인간은 언제나 현실에 만족하지 않고 더 나아지고 싶어 하며 새로운 것에 대한 호기심이 있다. 그러므로 이 세상에는 자연적인 변화 이외에도 인간의 능동적인 변화가 계속된다. 잘 나가던 기업들이 몇 년 만에 이 땅에서 완전히 자취를 감추는 경우가 많다. 왜 그럴까? 세력이 약화된 기업들의 공통적인 원인은 과거의 성공에 얽매여 환경변화에 맞춰 변신하지 못하고 과거 방식대로 운영을 했다는 것이다. 모든 조직은 개방 시스템으로서 항상 환경과 상호작용하면서 존재할 수밖에 없는데 이를 외면하다가는 쇠퇴하기 마련이다. 그러므로 환경변화에 따른 조직의 혁신이 요청된다. 한편 환경변화가 없더라도 조직의 자생력과 성과를 높이기 위해 스스로 혁신하려는 움직임도 있다.

조직의 혁신이라는 말은 매우 포괄적이다. 기업조직이라면 지금까지 해 오던 사업과 업무를 새로운 아이디어와 새로운 방식으로 탈바꿈하는 것도 포함하여 새로운 비전과 경영이념, 새로운 조직설계와 리더십, 새로운 기술과 공정, 사원의 태도와 행동을 변화시키는 새로운 교육 프로그램 등을 의도적으로 실행함으로써 기업의 운영을 본질적으로 변화시키는 과정을 일컫는 말이기도 하다. 4차 산업혁명시대에 신기술이 기존 기술을 먹어 치우는 새로운 먹이사슬이 전 세계 사람들을 끊임없이 자극하고 있다. 이러한 상황에서 기업은 사업과 전략과 경영방식에 대한 전환 없이는 변화하는 세계에 계속 존재하기 어렵다.

이 장에서는 기업조직과 관련된 여러 종류의 변화와 혁신, 그 변화에 대한 저항, 그 저항을 피하면서 조직을 발전시키는 기법 등에 대해 배울 것이다.

I | 조직변화와 혁신의 필요성

지금 세계는 증강현실(AR)이다 가상현실(VR)이다 하면서 초스피드로 4차 산업혁명이 한창이다. 우리가 과거 방식대로 살 수 없는 것과 마찬가지로 조직도 여기에 맞게 변하지 않으면 존속이 어렵다. 환경변화에 맞춰서 조직의 하드웨어와 소프트웨어를 모두 바꾸고 그 구성원의 행동변화에 맞게 관리할 필요가 있다. 이에 걸맞는 조직변화란 구체적으로 무엇을 의미하는가? 변화는 반드시 필요한 것인가? 변화의 압력은 어디서부터 오는가? 실제로 변화방식에는 어떤 것이 있나? 이들에 대해 심도 있게 공부해 보자.

1 조직변화의 대상과 변화 필요성

우리나라만 하더라도 하루에도 수백 개의 기업조직이 새로 태어나고 같은 수의 기업이 문을 닫는다. 기업의 흥망성쇠에 따라 규모, 조직구조, 기술, 구성원 간의 권력관계와 인간관계 등은 변할 수밖에 없다. 결국 조직변화(organizational change)는 필연적이다. 동시에 조직이 외부환경의 변화에 적응하며 살아남기 위해서도 변화는 필수적이다.[1] 그러므로 조직은 가만 놔두어도 변화를 계속한다. 때로는 현재보다 더 효율적인 조직이 되기 위해서 인위적으로 변화를 시도한다. 결국 조직변화란 적응적(저절로: unplanned)으로 혹은 인위적(의도적: planned)으로 상황에 맞게 조직의 구조와 기술과 사람을 변화시키는 것이라고 정의할 수 있다.

그리고 조직에서의 변화는 작은 변화도 있고 큰 변화도 있다. 어느 회사는 꾸준히 기술개발을 하고 작업장의 배치를 바꾸어 새로운 방법으로 일을 처리한다. 이는 작은 변화에 해당된다. 또 다른 회사는 경쟁회사와 합병을 하고 인원을 대폭 삭감하고 로봇으로 자동생산에 들어간다. 그렇게 되면 그 조직의 구조와 문화와 기술과 인간관계의 형태가 송두리째 바뀌는데 이는 큰 변화에 해당한다. 이야기 15.1

무엇을 변화시킬 것인가?

그렇다면 조직은 과연 무엇을 변화시키는가? 조직변화라고 할 때 변화의 대상은 무엇인가? 서울 명동의 한 대형빌딩 관리를 책임지고 있는 회사의 사장이 최근 몇 년간 빌딩의 난방사용량이

이야기 15.1 AI시대의 지식노동자

아마존은 조만간 자율운행 드론으로 소포를 배달한다. 아마존이 공개한 이 드론은 30분 거리에 있는 고객에게 2.3kg 무게의 소포를 배달할 수 있고, 최대 24km를 비행할 수 있다. 곧 상용화되는 오리건 대학의 'DIGIT-1'이라는 로봇은 무인자동차에 소포를 싣고 가서 배달지에서 짐을 내려 손으로 들어서 고객 집의 계단을 올라가 문 앞에 놓고 다시 차를 타고 돌아온다. 우리나라의 NAVER사는 뉴스 편집 일을 해오던 수십 명의 담당자들을 다른 부서로 보내버렸다. AI에게 뉴스 편집을 모두 맡겼기 때문이다. AI가 뉴스 편집에 동원되면서 2년 만에 사람의 자리를 모두 꿰찬 것이다. 행정안전부와 공정거래위원회, 지자체 의회에서는 그동안 인간 속기사에게 맡겼던 일을 'AI 속기사(速記士)'에게 모두 맡겼다. AI시스템은 발언자별로 음성을 인식해 실시간으로 속기록 초안(草案)을 만들면 인간 속기사는 최종 수정만 한다. 여러 명이 한꺼번에 발언하거나 장시간 이어지는 회의에도 지치지 않고 90% 이상의 정확도를 보인다. 이런 식으로 당장 400여 개의 직업은 AI가 맡는다. 따라서 시대에 맞는 인재 양성을 위해 과감한 패러다임 전환이 필요하다. 텔레마케터, 통신서비스·인터넷 판매원, 사진인화·현상기 조작원, 택배기사, 방수공, 구두미화원은 물론이고 고소득 전문직으로 꼽히는 의사, 변호사, 회계사, 손해사정인, 감정평가 전문가에 이르기까지 이들 직업이 AI로 완전 대체하기까지는 시간문제이다. 한 연구결과에 따르면 우리나라 청소년들이 가장 희망하는 직업인 공무원, 요리사 일의 60% 정도는 AI가 대체한다. 이러한 상황에서 대조적인 두 방향의 인사정책이 있을 수 있다. 예를 들면 한국도로공사는 고속도로 무정차 요금징수시스템인 '스마트톨링'을 도입하려다 수천 명의 수납원 일자리를 감안하여 유인(有人) 수납을 유지하기로 했다. 반면에 싱가포르개발은행(DBS)은 500명의 고객센터 직원들을 재교육해 소셜미디어 매니저, 고객경험 디자이너, 음성인식·생체 전문가 등 13개의 새로운 직업군으로 전환했다. 연간 400만 건 이상의 고객 전화가 쏟아지는 가운데 고객의 디지털 수준이 점차 높아지면서 전화보다 인터넷, 소셜미디어 등 다양한 채널로 고객이 이동하는 데 따른 조치다. 무조건적 감원(減員) 대신 AI 시대에 맞는 재교육에 나선 것이다. 로봇은 사람이 위험하거나 맞지 않아서 못 했던 일을 대체하는 것일 뿐 1대1의 비율로 사람을 대체할 수는 없을 것이다. 즉 객관적인 분석은 AI가 잘하지만 이를 바탕으로 창의적이고 주관적인 판단을 하는 것은 인간의 몫이기 때문에 인간을 지식노동자로 훈련시키면 일자리는 훨씬 다양해질 수 있다. AI의 판단에 지나치게 의존하면 사람이 결국 좀비처럼 될 수 있는 만큼 주체적으로 생각하는 인간 근로자를 채용하고 육성하는 것이 미래 경영자의 책임이다.

도표 15.1 무엇을 변화시킬 것인가?

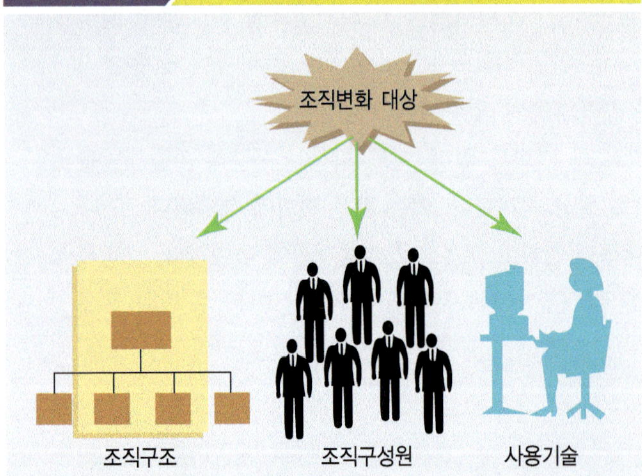

계속 상승하고 있다는 사실을 발견했다고 하자. 즉 난방을 절약해야 한다는 변화의 필요성을 인지했다. 사장은 어떻게 해야 하는가? 다음의 세 가지 가능성이 있을 것이다. 도표 15.1

조직구조의 변화(조직개편)

그동안은 온도조절 책임을 개개 사무실의 팀장에게 자율적으로 맡겼는데, 이제부터는 중앙의 총무팀장이 관할하게 한다든지 난방사용 감독 부서를 새로 설치하여 매일 일정 온도를 넘지 않도록 감시하도록 한다. 한 국가가 부정부패 척결을 위해 강력히 처벌하는 새로운 법을 제정하는 것도 조직운영 시스템을 혁신하는 것이다.

사용기술의 변화(기술도입, 시설개편)

각 사무실에 온도자동감지기 시설을 설치하여 일정 온도가 넘지 않도록 장치를 한다든지, 사무실 창문을 난방이 새지 않는 새로운 창호 시스템으로 바꾼다. 이야기 15.2

구성원의 변화(인간개발)

사원들을 모아 놓고 경제난 속에서 난방비를 절약하자고 훈시하고 교육을 시킨다든지 사무실마다 난방절약의 현수막을 걸어 놓아 사원들의 마인드가 변하도록 만든다. 물론 조직구성원들의 태도나 행동의 변화는 교육·훈련 이외에도 조직구조와 제도의 변화에 의한 결과로 만들어지기도 한다.

이와 같이 조직변화란 조직의 구조와 설계를 바꾸는 것만 의미하지 않는다. 새로운 기계를 도입하든지 직무수행의 방법을 바꾸는 것도 조직변화이며 구성원의 직무태도나 가치관을 바꾸고 교육과 훈련으로 창의력을 개발하는 것, 즉 직원들을 충성스럽고 자율적이고 능력 있는 사람들로 바꾸는 것도 조직변화에 포함된다.

외부의 변화 압력

관리자의 중요 임무 중 하나는 조직에 계속 영향을 미치는 환경변화를 빨리 정확하게 인식하는 것이다. 왜냐하면 부정확한 인식이나 늦은 반응은 비효율적 조직을 만들기 때문이다. 변화에 무감각한 채 현실에 안주하다가 경쟁에서 밀리기도 한다. 결국 조직은 더 잘되기 위해서라기보다 살아남기 위해서 지금도 계속 변화하고 있다. 이러한 현상은 기업조직뿐만 아니라 공공기관, 병

이야기 15.2 슈퍼컴퓨터의 발전

양자 컴퓨터는 반도체가 아닌 양자역학 현상을 이용해 만들어 종전 컴퓨터 성능을 뛰어넘어 자연현상까지 시뮬레이션할 수 있는 일종의 초슈퍼컴퓨터다. 기존 컴퓨터는 0 또는 1이라는 이진법으로 연산하지만, 양자 컴퓨터에서는 0과 1이 동시에 존재할 수 있어 연산 속도가 극대화된다. 가령, 구글이 지난 2019년 공개한 53큐비트(양자 컴퓨터 성능 단위) 양자 컴퓨터 시커모어는 기존 최고 성능의 슈퍼컴퓨터가 1만 년 걸릴 과제를 약 200초면 풀 수 있다. 양자 컴퓨터 성능이 기존 슈퍼컴퓨터를 넘어서는 '양자 우월성(quantum supremacy)'에 도달했다고 입증한 것은 시커모어가 처음이었다. 시커모어의 등장과 함께 경쟁은 더욱 치열해졌다. 구글과 함께 양자 컴퓨터 개발 선두 기업으로 이미 지난 2016년 5큐비트 수준의 범용 양자 컴퓨터를 발표했던 IBM은 지난 2020년 20큐비트 양자 컴퓨터 'IBM Q 시스템 원'을 공개한 데 이어 2021년 11월 127큐비트 수준의 범용 양자 프로세서 '이글(Eagle: **사진**)'을 발표했다. 곧 1,000큐비트 수준이 선보일 것이다. 우리나라에서는 마침내 SK브로드밴드가 세계 최초로 국가 기간 통신망에 양자 암호 기술을 적용하는 데 성공했다. 사용기술의 변화는 무한한 조직변화를 강요한다.

원, 대학 등 모두 마찬가지이다.[2] 조직이 변하지 않으려고 해도 환경 속에서 살아남으려면 변할 수밖에 없다. 경쟁사나 소비자들의 압력, 정치변동까지도 산하 조직의 변화를 촉발시킨다. 기업조직을 중심으로 조직에 대한 변화압력을 살펴보면 다음과 같다.

경쟁조직의 압력

조직은 다른 조직에 비해 경쟁우위의 위치에 있어야 안정적으로 성장할 수 있다. 이러한 경쟁이 조직변화의 가장 큰 압력이 된다. 기업조직은 효율, 품질, 혁신, 고객반응 등의 경쟁우위 중 적어도 하나 이상에서 경쟁자보다 앞서려고 하기 때문이다.[3] 조직이 신기술에 적응하는 것 자체가 조직의 과업을 담당하고 있는 구성원으로 하여금 신기술을 배우게 하는 원동력이 되고, 결과적으로 조직을 끊임없이 변화하게 만든다. 경쟁조직들이 조직변화의 중요한 자극체이다. 시스템 반도체 분야에서 삼성이 2030년까지 133조 원을 투자해서 1위가 되겠다고 하니까 경쟁업체인 대만의 TSMC는 불과 4년간 144조 원의 자금을 투자하겠다고 발표했다. 경쟁자에 비해 혁신이나 기술에서 앞선다면 그 조직은 변화에 계속 성공하고 있다는 의미이다.

경제적·정치적 압력

경제적·정치적 영향력이 조직에 변화의 압력을 부추긴다. 예를 들면 IT기술혁명과 글로벌 무역구조의 변화 추세로 전 세계 기업들이 전략을 새로 짰으며 미·중 갈등과 코로나 팬데믹으로 세계 기업들의 경쟁구조를 바꿔놓았다. 우리나라도 다른 나라와 맺은 무역협정과 중국경제의 급성장 등으로 대응전략들이 바뀌었다. 정치적으로는 북핵위기, 중국의 사드보복, 대통령탄핵정국 등 한국경제의 위기상황에서 정부는 방위전략과 무역과 경제정책을 바꾸고 이어서 기업들의 수출전략, 생산전략, 심지어는 인력채용정책까지도 바꾸어 놓았다.

사회적 압력

경영자는 승진을 결정할 때 성소수자, 인종, 소수민족, 장애우 등을 차별해서는 안 되는 시대에 살고 있으며 선발 및 해고도 마음대로 못 한다.[4] 그뿐 아니라 직장과 가정의 공존 분위기, 여가와 일의 균형, 직장생활의 질 등을 외치는 사회적 분위기에서 채용과 보상제도, 작업장 배치와 승진정책을 모두 변화시켜야 하는 압력을 받는다. 기업의 경영자가 과거의 관습을 고집한다 하더라도 법과 규정의 통제에서 벗어날 수 없다. 조직을 둘러싸고 있는 주변의 갖가지 압력에서 기업, 군대, 병원조직이 자유로울 수 없다. 대학조직도 마찬가지이다.[5] 공기업의 여성 임원 비율을 국가시책으로 높인다면 시차를 두고 사기업도 이에 맞추어 나가는 것과 같다. 이제는 노동자의 노동생활의 질도 매우 중요시되고 있으며 여성인력의 경우도 과거에 비해 적극적인 사회활동비율이 증가하는 등 사회적으로 많은 변화가 일어나고 있다. 또한 지나친 가족경영(nepotism), 족벌경영에 대한 사회적 가치관 변화에도 관심을 기울여야 한며 외국의 경우 최고경영층 구성원 다변화가 조직역량의 향상에 이바지한다는 연구가 지속되고 있는 실정이다. 이야기 15.3

이야기 15.3 시니어 고객과 시니어 산업

우리나라는 내년에 65세 이상 인구가 20%를 넘기고 초고령사회로 진입한다. 이미 오래전부터 실버산업을 개척해야 한다고 야단들이었다. 하지만 일본은 2022년 기준으로 65세 이상 인구가 30%인 세계 최고의 초고령사회이다. 그러나 학생 수가 줄고 책가방 업체들이 파산할 때 책가방 업체 1위이던 교와(協和)사는 이를 사전에 예측하고 가방값을 낮추는 대신 수제 고급제품에 집중해서 수익을 올렸다. 이뿐만 아니라 어린이 유괴에 대비한 위성추적시스템(GPS)을 가방에 붙인 아이디어 상품도 개발했다. 기저귀 등 유아용품을 만드는 유니참사는 애완동물용품을 제조·판매하는 자회사를 만들었다. 한 해 일본의 신생아는 110만 명에 불과하지만 애완용 개와 고양이는 260만 마리에 달하는 데 대비했던 것이다. 한편 전체 일본 화장품 시장 매출 중 50세 이상 여성들의 화장품 구매액이 절반을 넘는다. 아직 우리나라 화장품 광고에서 할머니 모델을 찾기는 어렵지만 일본을 겨냥하는 주요 해외 브랜드는 구매력 있는 시니어세대를 잡기 위해 60대 할머니 모델을 기용한다. 이와 같은 상황에서 일본의 메이크업 브랜드는 가까운 미래 시니어 여성의 기초뿐만 아니라 색조 메이크업 제품에 대한 수요가 확대되며 화장품 지출이 크게 늘 것으로 예상하고 본격적으로 준비하였다. 유명 화장품 브랜드 시세이도(Shiseido)는 시니어 전용 화장품 라인 '프리올(Prior)'의 아이섀도 뚜껑과 개폐 부분을 본체와 대조되는 붉은색으로 디자인했다. 이는 노안이나 백내장 등 시력이 떨어진 시니어세대를 위한 배려이다. 더욱이 백내장이 있는 소비자에게는 초록과 파랑이 칙칙해 보이기 때문에 붉은 색상으로 반영하여 시니어 소비자의 눈길을 끌도록 했다. 일본의 또 다른 화장품 제조업체 카오(Kao)는 노안으로 메이크업을 하는 중에도 돋보기를 내려놓을 수 없는 노인을 위해 아이섀도 케이스 안에 실물의 두 배로 보이는 돋보기를 부착한 '오브 쿠튀르(Aube Couture)' 제품을 선보였다. 화장품 설명서의 글씨를 큼지막하게 적은 것은 물론, 한 번의 터치로 짙은 색조를 연출할 수 있어서 할머니들이 간편하게 화장할 수 있도록 했다. 또한 악력이 약한 할머니나 손이 건조해 미끄러진다는 고객의 의견을 반영해서 케이스 겉면은 우둘투둘하게 요철 처리를 하거나 용기가 쉽게 여닫히도록 제작하는 등 세심한 배려를 했다.

윤리적 압력

국가조직도 국민의 가치관 변화로 인하여 성장만을 내세워 약자와 소수자가 희생되던 분위기에서 벗어나, 경제민주화와 사회복지정책을 우선하도록 압력을 받는다. 기업조직도 마찬가지이다. 이제 성실하고 책임 있는 윤리경영이 아주 중요하게 되었다. 이러한 윤리적 행동의 중요성이 강조되다 보니 기업조직이라면 영리추구만을 목적으로 경영을 할 수 없게 되었다. 모든 조직은 고객 혹은 사회와의 연계가 필수적이라는 윤리적 압력과 환경친화적 경영의 압력을 받고 있으며 이는 상호 신뢰관계를 토대로 해야 한다.[6] 인간에 대한 권리, 직장 내 성희롱문제, 복리후생, 업무시간 표준설정, 외국인 근로자문제 등에 더 많은 관심을 갖게 된 것이다.

내부의 변화 압력

조직구성원의 변화

변화에 대한 압력은 외부로부터만 오는 것은 아니다. 조직구성원들 자신이 변하기 때문에 혹은 그들에 대한 관리차원에서 변화를 주어야 할 때가 있다. 예를 들면 내부구성원들의 불만이 많아지면 결근이나 지각도 늘어나고 불평이 많아지며 심하면 이직한다. 조직변화의 압력은 조직의 구성원으로부터 나오는 경우도 많다. 대개의 구성원들이 복지부동이더라도 몇몇 사원은 매번 개선과 변화를 건의하고 요구한다. 이렇게 변화나 개선을 건의하고 주장하는 사원들은 오히려 직무성과도 높고 스트레스도 적게 받는다.[7]

이때 조직은 적절한 조치를 취해야 하는데 보상제도의 개선, 역할분배의 수정, 종업원 참여제도 도입 등 다방면에서의 변화와 개선이 필요하다. 관리자와 부하들 간의 갈등이 심화되면 조직변화가 필요하다는 신호탄이다. 리더십의 변화 내지 구성원들의 인간관계 훈련이 요구되기도 하고 부서의 이동까지도 불사해야 할 것이다. 또는 조직의 구조나 리더십 스타일이 구성원들의 취향에 맞지 않는다면 구조를 재설계하든지 리더십행동을 바꾸어야 한다.

매너리즘 탈피

때로는 아무런 변화의 압력이 없어도 변화를 위한 변화가 필요한 때도 있다. 즉 구성원이나 리더십차원에서 아무 문제 없이 조직이 잘 굴러가더라도 어느 조직이든지 행동패턴이 반복되면 매너리즘에 빠지거나 부정적 요소가 개입될 수 있다. 따라서 현명한 관리자라면 조직이 변화에 직면한 상황이 아니더라도 신선한 새 바람을 넣기 위해서 방 안의 가구배치를 다시 하듯이, 가끔 흔들어 놓는 것도 고려할 것이다.

2 두 가지 변화방식

변화하려는 압력에 대처하는 관리자 혹은 조직의 대처방식을 크게 두 가지 유형으로 나누어 볼 수 있는데, 하나는 변화압력에 천천히 대응해 나아가는 점진적(진화적) 변화(evolutionary change)방식이며, 다른 하나는 변화압력에 단번에 대응하는 급진적(혁명적) 변화(revolutionary change)방식이다. 다른 분야에서처럼 조직변화의 속도와 관련해서도 점진과 급진은 각각 장단점이 있기 때문에 상황과 조직의 특성에 알맞게 선택해서 추진하는 관리자의 현명한 판단이 필요하다. 어쨌든 변화의 속도와 관련하여 다음 두 가지 유형이 있음을 기억해 두자. 도표 15.2

도표 15.2 변화의 유형

점진적 변화	혁명적 변화
기존 사고방식 고수	고정관념 파괴
균형 유지	새로운 균형점 개발
부서별 혁신	전체 조직의 혁신
기존 구조, 관리방식	새로운 구조 창출 새로운 관리방식
신기술	기술혁신
제품 향상	신제품 개발 / 신시장 개발

점진적 접근

이는 조직의 전략이나 구조 등 근본적 체제는 그대로 둔 채 환경이 변화하는 대로 적응해 가면서 점차 개선해 나가는 방식이다. 사회·기술적 접근과 전사적(全社的) 품질경영(TQM: Total Quality Management)방식 등은 조직이 목표한 바가 잘 진행되도록 업무 프로세스를 변화에 맞추어 가는 기법이기 때문에 점진적이라고 할 수 있다. 여기에서는 점진적 조직변화의 대표적인 예로 타비스톡(Tavistock) 연구팀의 사회·기술 시스템이론(socio-technical systems theory)을 살펴보자.[8] 이들의 주장은 오늘날에는 너무나 당연해 보이지만, 변화를 시도할 때는 모든 측면을 고려하면서 서서히 진행시키라는 최초의 학문적이고 고전적인 연구였다. 이는 조직변화와 관련해서 자주 거론되는 연구이기 때문에 여기에 인용한다.

제2차 세계대전 후 영국의 한 탄광회사에 새로운 기술이 도입되었다. 이전까지만 해도 한 팀의 작업자들이 갱 속에 들어가 석탄을 캐서 지상으로 운반하는 것까지 모두 책임지고 했기 때문에 팀원 서로 간의 유대관계와 응집력에 의해 생산성이 좌우되었다. 그러다가 신기계가 도입되어 석탄을 드릴로 캐서 컨베이어 시스템을 통해 지상으로 운반하는 대량생산체제로 바뀌자 작업은 개별적으로 나뉘어 단순·반복노동이 되고 표준화되었다. 그 결과 불만과 결근율이 이전보다 증가하고 생산성은 별로 오르지 않았다. 왜 그랬을까? 타비스톡 연구팀이 찾아낸 이유는 신기술의 도입으로 그동안 작업자들 간에 형성되어 있던 인간적 역할관계와 규범이 깨지고 비공식적 상호관계와 응집력이 해체된 때문이었다. 따라서 그 연구팀은 과거에 존재하던 역할관계와 작업방식은 그대로 둔 채 신기술을 조금씩 천천히 도입하면서 분위기가 안정된 다음에 점차 확장할 것을 제안했다. 그러자 생산성이 오르고 불만이 줄어들었다. 이들의 연구결과는 조직의 기술적(technical)·인간관계적(social) 시스템은 서로 적절하게 조화되어야 하며 조직 내 과업이나 역할관계를 변화시키려고 할 때에는 인간관계나 집단의 규범을 혼란시키지 말고 점진적으로 시도해야 한다는 사실을 알려 주고 있다. 이야기 15.4

이야기 15.4 맥도널드 효과

인간은 더 행복해지고 싶어 한다. 항상 더, 더, 더이다. 따라서 현재의 만족도 행복의 종착역이 아니기 때문에 누구나 항상 새로움을 찾는다. 그러다 보니 새로움을 찾았지만 전보다 못한 경우도 많다. 그러나 어쩌랴! 항상 새로움을 찾는 것이 본성이니 어쩔 수 없는 일이다. 예를 들면 아무리 맛있는 음식이라도 사흘이면 질린다. 그런데 예외가 있다. 우리는 40년 동안 새우깡을 먹어왔다. 미국인은 코카콜라와 맥도날드를 수십 년 먹어왔다. 비결은 어디에 있을까? 바로 맛의 변화에 있었다. 새우깡이나 햄버거나 코카콜라나 매년 소비자가 모르게 첨가물을 조금씩 바꾼다. 점진적으로 소비자 모르게 맛을 계속 바꾸니 잘 팔리고 꾸준히 팔린다. 이를 '맥도널드 효과'라고 한다. 그러면서 해당회사들은 성분과 맛을 계속 개량해왔다고 자부한다. 그것도 맞는 말이다. 맛에 수준이 있는 것이 아니라 새로운 맛이라면 소비자는 무조건 더 좋다고 평가하기 때문이다.

이야기 15.5 경쟁과 전쟁의 차이

과거에는 경쟁이라고 불렸던 용어들이 요즈음에는 모두 전쟁이란 용어로 바뀌었다. 전쟁이란 총, 대포, 폭탄으로 행하는 군사적 충돌이나 대결만이 아니라는 것이다. 이를테면 무역전쟁, 기술전쟁, 경제전쟁, 종교전쟁 등이다. 그러나 경쟁과 전쟁에는 엄연한 차이가 있다. 경쟁은 언제나 등수에 의한 메리트가 있다. 1등은 금메달이고 2등은 은메달, 3등은 동메달이다. 월드컵 축구의 경우 16등 안에 드는 것도 한국의 꿈이었다. 은행의 경우 10등 하던 점포가 5등을 했어도 포상감이다. 그러나 전쟁은 다르다. 전쟁에서 2등은 존재하지도 않는다. 1등에게 먹히고 말기 때문에 종적조차 찾을 수 없다.

급진적 접근

급진적 변화란 조직의 구조와 전략을 뜯어고치면서 근본적으로 그리고 폭넓고 빠르게 변화를 시도하는 방식이다. 업무 프로세스를 근본적으로 바꾸는 리엔지니어링, 조직구조의 재조정(restructuring), 조직목표나 전략의 개편 등은 모두 이에 속한다. 한 예로 1990년대 혁신적 조직변화의 상징이었던 리엔지니어링(reengineering)은 비용, 품질, 고객대우, 스피드경영 등의 모든 성과지표를 획기적으로 향상시키기 위해 업무진행 프로세스를 근본적으로 재고하면서 재설계하는 것을 의미한다. 즉 주문, 재고, 제품기획, 배달에 이르기까지의 모든 기능적(functional) 과업수행에 대한 기존의 방식을 무시한 채, 프로세스 중심의 전혀 새로운 방식을 도입하여 과업을 설계하고 생산성을 높여 시간을 단축하는 것이다. 기존에는 제품의 생산 또는 기능중심이던 업무프로세스를 어떻게 하면 고객에게 더 질 좋은 제품과 서비스를 더 빨리 제공할 수 있을까 하는 고객중심 프로세스로 과감하게 조직을 변화시키는 방법이다. 이야기 15.5

II | 저항과 대응전략

환경에 맞게 조직이 변화하는 과정은 그리 순탄하지는 않다. 왜냐하면 조직구성원들의 몸에 밴 관습이 있고 기존의 행동틀이 굳어져 있기 때문에 그것들이 그대로 유지되기를 바라기 때문이다. 기득권자일수록 더욱 그렇다. 조직변화에 대해 사람들은 다양한 반응을 보이는데 저항의 원인과 대책을 자세히 공부해 보자. 도표 15.3

도표 15.3 조직변화에의 찬반 반응

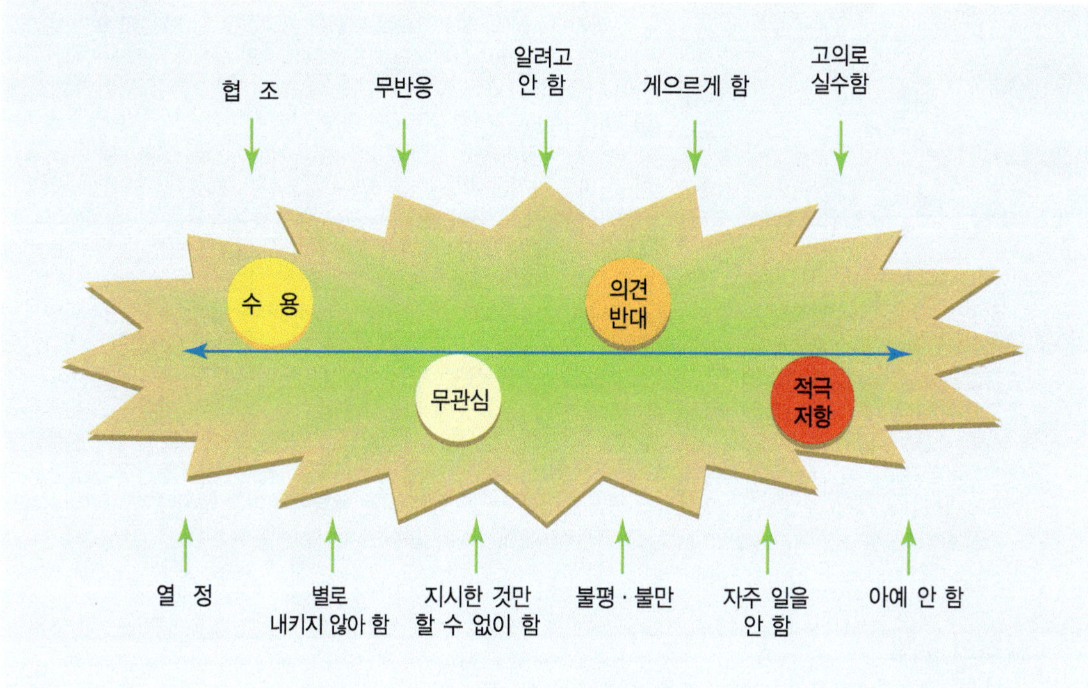

1 저항의 이유

조직변화전략이 제대로 먹혀들지 않는 이유는 조직구성원들 개개인의 반대 때문이기도 하지만 사실은 조직의 체질상 구조적 원인 때문이기도 하다. 다음과 같이 몇 개의 범주로 나누어서 살펴보기로 한다.

구성원 개인적 이유

조직을 구성하는 여러 개인과 집단들은 나름대로 기존의 상태를 유지하려는 타성(inertia)이 있는데 이것은 다음과 같은 여러 가지 이유에서 비롯된다.

지각의 문제

사람들은 현상을 파악할 때 자신에게 유리하고 친숙했던 것만 선택하여 지각하는데 새로운 것은 낯설기 때문에 싫어한다. 올바로 지각되더라도 그들의 기존 가치관과 태도에 조화시킬 수 없으면 옛것이 좋을 수밖에 없다.[9]

이야기 15.6 마돈나의 끝없는 창조

무대에서 파격과 섹시함으로 대중을 사로잡은 지 30년이 훨씬 넘었지만 지금도 끊임없이 신세대와 호흡하며 이슈의 중심에 서 있는 여자, 이름하여 마돈나(Madonna)이다. 연간 총 1,400억 원을 벌어들이며 포브스 선정 '최고 수입 가수' 1위, 2000년 이후 '가장 유명한 스타' 1위, 영국 언론에 보도된 기사 건수 총 4만 개로 1위, 영국 대중이 가장 많이 청취한 노래의 가수 1위로 꼽히는 마돈나, 그녀는 지금도 루이비통, 베르사체 등 명품 브랜드의 왕성한 모델활동을 하고 있다. 아이돌 가수들과 한 무대에 올라도 대중은 그녀를 바라본다. 과연 그녀의 늙지 않는 브랜드(ageless brand) 경영비법은 무엇일까? 항상 새롭게 창조하는 데 있다. 첫째, 그녀는 세상에 나오면서부터 "난 그들과 달라요, 바로 나, 마돈나입니다!"로 자신을 차별화하면서 '남들과 다른 무엇'으로 항상 대중의 관심거리가 된다. 둘째, 마돈나 이미지는 끊임없이 진화한다. 그녀의 초점은 기존 팬은 금방 잊고 항상 새로운 20대로 향한다. 부드럽고 감각적인 바디라인으로 출발했던 몸매는 추세 변화에 따라 육감적이고 단단한 근육질로 바뀌 나갔다. 의상은 에로틱 의상에 집착하지 않고 고품격 의상으로, 그리고 다시 테크노 의상으로 변해 갔다. 셋째, 마돈나는 레이디 가가보다 먼저 세인의 관심을 유도하는 비법을 알고 있었다. 이로써 그녀는 항상 대중의 뇌리에서 떠나지 않고 영원한 브랜드로 살아남은 것이다. 자신의 히트곡 'Like a virgin'을 교황에게 헌정한다는 창의적이고 발칙한 슬로건으로 플래시 세례를 받은 그녀인 만큼 대중의 관심이 사라진다면 그 순간 마돈나의 생명도 다할 것이다. 마돈나는 세상에서 가장 섹시한 여자는 아닐지라도 가장 창의적인 여자임에는 틀림없다. 그녀에게서 섹시함을 배우기보다 창의력을 배워야 한다.

성격의 문제

성격이 독단적이거나 의존적이면 저항이 많다. 독단적 성격을 가진 사람은 오직 한 가지만 고집하기 때문이고, 의존적인 사람도 그 사람의 보증 없이는 스스로 변화에 대한 자신이 없기 때문이다. 기업의 총수가 그렇다면 문제는 더욱 심각하다. 이야기 15.6

불확실성에 대한 공포

기존의 것은 이미 경험해서 알고 있지만 변화될 새것은 모르는 것이며 인간은 모르는 것에 대해서는 두려움을 갖기 마련이다. 갓난아기는 낯선 사람을 보면 운다. 사무자동화나 컴퓨터는 이를 모르는 사람들에게는 일단 공포의 대상이자 귀찮은 대상이다.[10]

기득권상실 우려

현재의 지위, 돈, 권리, 우정 등 기존의 모든 고귀한 것들이 변화로 인하여 상실될까 봐 염려한다. 고참들은 그간에 취득해 놓은 것이 많지만 신참들은 별로 없다. 그러므로 자연히 고참이 더욱 변화를 꺼린다.

사회학적 이유

조직 안에서 모든 개인은 각자의 권력기반을 가지고 주어진 제약조건하에서 자유재량범위를 확보하고 어느 정도의 자율행동을 하려고 한다. 그런데 변화가 생기면 권력의 원천, 자율행동범위 등이 예측불허가 되며 자기가 통제할 수 있는 자유재량지역이 전부 없어지는 셈이다. 그렇기 때문에 각 개인의 입장에서 볼 때 조직의 변화가 개인의 이익을 가져온다고 해도(기업의 이익증대

이야기 15.7 개구리의 안락사

프랑스 사람들은 개구리요리를 즐겨 먹는다. 어느 식당의 주방장이 요리를 만들려고 산 개구리 몇 마리를 끓는 물에 넣었다. 그러자 개구리들은 금방 물속에서 뛰쳐나와 사방으로 흩어지고 식당 안은 아수라장이 되었다. 한참 후에야 그는 방법을 터득했다. 처음에는 미지근한 물에 개구리를 넣고 서서히 가열하는 것이다. 개구리는 온도 변화를 감지하지 못하고 있다가 자기 몸이 데어 죽을 때쯤에야 깨닫는데 이미 때는 늦었다. 약간의 변화는 죽음이고 완전한 개혁만이 살 길이다.

로 종업원의 봉급이 인상됨) 자신의 자유재량범위가 좁아질 수 있으므로 변화를 싫어한다.[11]

새로운 기술적응

사용하던 노하우나 기술을 가진 사람은 변화로 인해 자신의 존재가치가 약화될까 봐 두려워할 뿐만 아니라 다시 또 노력하여 새 기술을 배워야 한다는 사실을 매우 부담스러워한다. 새로운 설비, 운영체제, 관리제도, 업무방식 모두가 추가적인 노력 없이는 익숙해지기 어렵기 때문이다.

안정욕구

일반적으로 개인적 본능과 관습으로는 안정을 원한다. 매일 같은 일을 같은 방법으로 하는 것이 안전을 보장한다. 회사원은 부서가 바뀌면 어떤 상사 밑에 가게 될지 걱정하고 일도 잘 모르기 때문에 근심이 앞선다. 이야기 15.7

경제적 이유

조직의 기술적 변화는 인력수급의 양과 질에 변화를 가져오고 개인에게는 부서의 이동, 전근, 전출, 심하면 실업을 안길 수도 있으며 결국에는 경제적 손실과 연결되기 때문이다.

집단수준의 이유

조직의 일이란 보통 집단에 의해 수행되는 것이 대부분이며, 따라서 집단의 특성이 변화에 대한 저항을 일으킬 수 있다.

집단규범

대부분의 집단은 강력한 비공식적 혹은 공식적인 규범을 가지고 있다. 특이한 행동이나 해야 할 혹은 하지 말아야 할 행동, 집단구성원 간의 상호작용 같은 것들이다. 따라서 집단 속에서 역할이나 과업관계를 변화시키려 할 때 집단규범이나 비공식적 기대에 부딪치는 경우가 종종 있다.

집단응집력

집단응집력은 집단성과를 좌우한다.[12] 집단응집력이 높을수록 집단협력이나 집단의 규범이 강할 것이며 이는 단단한 터를 잡고 꿈적 하지 않을 정도로 모든 구성원의 가치관 혹은 관습이 되어 있을 것이다. 이때 급격한 변화와 새로운 혁신의 징후가 나타나면 구성원들은 반대의견을 제시할 것이고 모두의 생각이 동일하기 때문에 반대를 억누를 수 있는 대안은 거의 없을 것이다.

집단사고

응집력이 강한 집단이 잘못된 의사결정을 내리는 것을 말한다. 개개인의 입장에서는 만장일치할 수 없음에도 불구하고 부정적 정보를 없애면서까지 동조한다. 이러한 집단사고가 진행 중인 집단에서는 무조건 변화를 시도하는 것은 삼가고 차분한 설득부터 이루어져야 할 것이다.

조직수준의 이유

조직 자체의 구조적인 상황으로 인하여 변화가 어려울 때도 많은데 주로 다음과 같은 것들이다.

조직의 문화

조직의 비공식적 구조인 조직문화가 다이내믹하지 못하고 안정을 원하는 분위기이거나 복지부동의 문화가 강하면 변화전략이 침투되기 어렵다. 이미 구성원들이 조직문화 속에서 사회화(socialization)되었기 때문에 안정 · 보수적 분위기 속에서는 변화를 시도하려면 저항이 매우 클 것이다.

완전하게 자리 잡은 조직구조는 이미 개인과 팀에게 안정적 행동양식을 제시해 놓고 있다. 그런데 변화는 기존의 행동양식이 아닌 새로운 행동을 요구하는 것이므로 오래된 기업일수록 기존의 조직문화가 변화에 장애가 될 수 있다. 이야기 15.8

이야기 15.8 변화저항의 변(辯)

① "잘 해 봐."라는 식의 비꼬는 말
② "난 모르겠다."라는 식의 무책임한 말
③ "그건 해도 안 된다."는 소극적인 말
④ "네가 뭘 아느냐?"고 무시하는 말
⑤ "바빠서 못 한다."는 핑계의 말
⑥ "잘 되어 가고 있는데 도대체 무엇을 바꾸느냐?"는 무사안일의 말
⑦ "이 정도면 괜찮다."는 현실안주의 말
⑧ "다음에 하자."고 미루는 말
⑨ "해 보나 마나 똑같다."고 포기하는 말
⑩ "이제 그만두자."는 의지를 꺾는 말
⑪ "아직 해 본 적이 없다."는 무기력한 말
⑫ "좋으나 돈이 많이 든다."는 변명의 말
⑬ "당신은 우리들의 문제를 잘 모른다."는 자만의 말
⑭ "큰 기업이니까 하지 우리같이 작은 회사는 안 된다."는 열등의 말
⑮ "규정 때문에 안 된다."는 보수적인 말

이야기 15.9 **이카로스의 날개**

이카로스는 그리스 신화에 나오는 신으로 그의 아버지 다이달로스가 밀랍으로 만들어 준 날개를 달고 한없이 날아오르다가 태양 가까이 다가가서는 밀랍이 녹아 버리는 바람에 에게 해로 떨어져 죽었다. 이카로스 이야기는 '성공이 실패의 어머니'가 될 수 있다는 메시지를 준다. 성공이 자만심과 타성을 만들고 폐쇄성과 나태함과 안일함을 가져온다는 것이다. 아이러니하게도 가장 극적인 성공을 거둔 기업일수록 외부여건의 변화에 무뎌져 실패의 쓴맛을 보기 쉽다. 기존의 성공방정식에서 벗어나거나 멀리해야 한다는 파괴학습 혹은 이완학습(unlearning)은 새로운 시도를 저항 없이 수용하는 태도로부터 출발한다.

자원의 한계

변화에는 시간과 자본 그리고 숙달된 사람들이 필요한데 이것이 부족하면 조직은 변화의 필요성을 느끼고도 이를 실행할 수 없다. 변화의 주체뿐 아니라 지원해야 하는 인적·물적 자원이 부족하면 변화를 추진할 수 없다. 그뿐만 아니다. 변화의 결과가 항상 성공적인 것은 아니다. 그러므로 변화가 오히려 나쁜 결과를 가져왔을 경우 이를 만회할 수 있는 여유자원이 필요하다.

부서 간의 공조 여부

어떤 변화는 한 팀에는 좋지만 다른 팀에 악영향을 줄 수 있는데, 예를 들어 판매팀에서는 판매사원을 대폭 감축하려고 하더라도 인사팀 입장에서 노동조합의 압력으로 중도해고가 불가능하다고 하면 변화시도가 당분간 어렵다.

기존의 조직전략

이미 만들어져 실행되고 있는 조직의 기존전략이 변화의 저항이 될 수도 있다. 기존의 전략에 모두가 몰입하면서 성과를 내려고 한다면 새로운 전략이나 새로운 시도는 거들떠보려 하지도 않는다. 기존전략에 집착할수록 새 전략이나 새로운 것에는 관심이 없다. 밀러(D. Miller)라는 학자는 조직이 과거의 성공에 집착하는 경향을 이카로스 패러독스(icarus paradox)로 설명한다. 성공이 오히려 해가 될 수도 있다.[13] 이야기 15.9

저항의 실체

조직이 어떻게든 변화에 성공하기 위해 마구잡이로 저항을 통제하려 한다든지 무조건 새로운 변화를 시도한다면 그 변화는 실패하기 쉽다. 변화라는 목표를 달성하기 위해서는 전략과 책략이 필요하다.

저항의 순기능

인간은 누구나 변화를 꺼린다. 하나의 위협으로 여기기 때문이다. 사원들에게 변화가 꼭 필요한 이유를 알려 주어도 변화가 필요 없다는 자료를 몇 개 찾아서 거기에만 집착하는 경향이 있다. 이것이 변화를 가로막는 장애요인이다. 변화를 게을리하는 타성은 조직의 활성화가 필요할 때 그 에너지를 가로막는 가장 큰 장애가 된다. 그 외에도 변화를 싫어하는 이유는 많다. 변화가 생기면 기존에 애써서 만들어 놓은 인간관계가 깨지고 새로 만들려면 추가적인 노력도 필요하며 전보다 더 나쁜 관계를 가질지도 모르는 위험부담을 진다. 그래서 새로운 구성원의 교체나 신입을 거부하면서 기존의 인간관계를 더욱 공고히 한다.

그러므로 모든 변화가 마구잡이로 시행되기 전에 저항이라는 테스트를 거치면 극히 부적절한 변화의 시도를 걸러낼 수도 있다. 이처럼 변화에의 저항은 공개토론이나 논쟁으로 발전되면 오히려 반감을 갖거나 침묵하는 것보다 발전적일 수 있다. 공개가 되면 한편으로는 변화담당자가 변화의 필요성을 알릴 수 있는 기회가 되어서 좋기도 하고, 다른 한편으로는 불도저식의 변화가 아니라 차근차근 검토하면서 변화를 진행할 수 있도록 도와주는 순기능도 한다. 모든 변화가 다 좋은 것은 아니기 때문이다. 급하게 가다가는 더 심한 구렁에 빠질 수도 있고 잘못된 의사결정을 할 수도 있다. 따라서 급격하고 혁명적인 변화가 매우 위험할 수 있다. 실제로도 급격한 혁신에 좌초되어 망한 회사가 많이 있다.[14] 도표 15.4

변화세력과 저항세력

조직에는 항상 변화를 강요하는 요소들(변화세력)이 있는가 하면 이에 저항하는 혹은 전통을 고

도표 15.4 조직변화를 위한 싸움

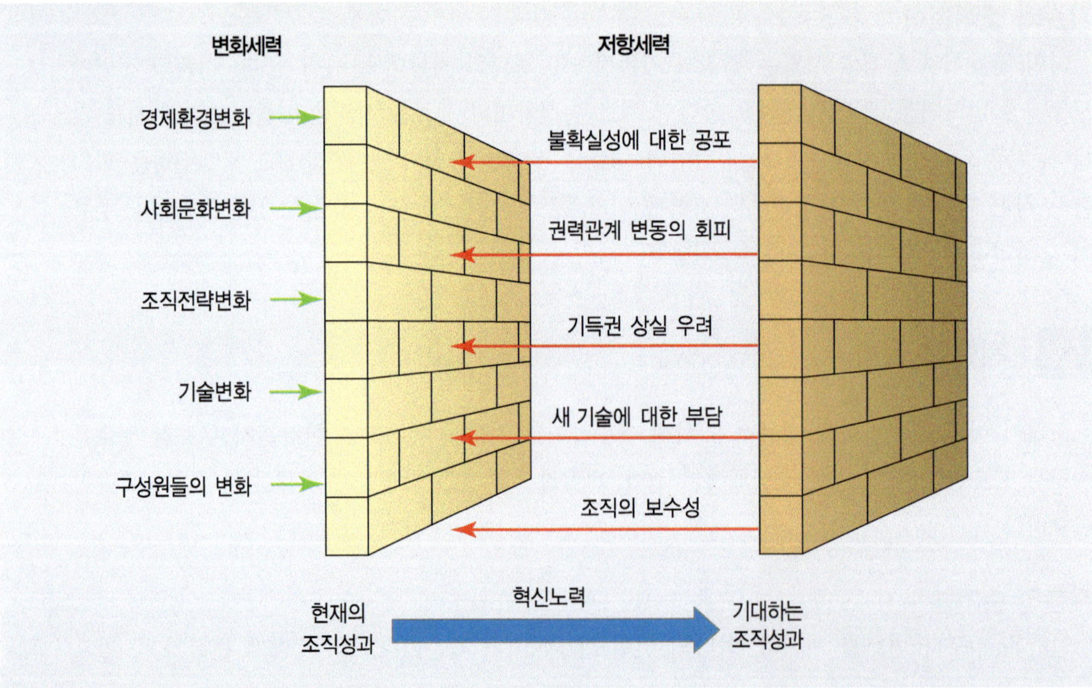

수하려는 요소들(저항세력)도 존재하는데, 쿠트 레윈(K. Lewin)의 세력장이론(force field theory)에 의하면 이 두 세력의 크기가 균형을 이루고 있을 때에는 조직은 관성(inertia)의 상태를 유지하면서 어떤 변화도 일어나지 않는다. 그러므로 조직이 변화를 위해서는 변화세력을 증대시키든지 저항세력을 감소시켜야 한다.

도표에서 보듯이 변화세력과 저항세력의 크기가 동일할 때 오른쪽의 기대수준으로 변화하려면 관리자는 변화세력을 추가시키든지 저항세력을 감소시켜 기대수준으로 옮겨야 한다. 그렇지만 지금까지 성공의 길을 걸어 온 조직일수록 안주하려는 성향이 크고 변화에 의문을 품기 때문에 변화를 시도하면 저항세력을 만날 가능성이 높다. 마찬가지로 강한 초창기 문화를 간직해 온 조직은 점진적 변화에는 순응하겠지만 급진적 변화에 대해서는 더욱 저항적일 것이다. 그러나 변화란 신속하게 이루어질수록 성공적이다. 점진적으로 변화하는 조직보다는 일사분란하게 신속한 변화를 수행하는 쪽이 성공확률이 크다. 그리고 저항을 줄이려면 변화 시 조직전략과 구조변경과 함께 내부구성원들의 인사제도적인 문제뿐만 아니라 구성원의 태도와 행위패턴들에 대한 고려가 동시에 필요하다.[15]

변화에 대한 저항은 개인이 집단의 규범에 얽매여 있기 때문이며, 따라서 집단의 규범을 변화시켜야 저항이 없어지고 개인을 변화시킬 수 있다. 제2차 세계대전 중 육류부족문제를 해결한 레윈의 성공비결은, 새로운 것을 강조하는 공격적 압력(쇠고기 중의 간, 허파, 콩팥의 좋은 점 강조)을 증가시키는 데 있지 않았고, 반대로 방어적 압력(변화에 대한 저항력)을 감소시킨 데 있었다.[16] 변화의 저항이 집단규범에 숨어 있었기 때문에 그 규범이 바로 관리의 대상이었다. 즉 육류를 구매하는 주부들에게 변화를 강요했다기보다 규범을 바꾸는 데 힘을 쏟았던 것이다.

2 단계적 변화전략

조직의 변화나 혁신은 어느 정도 시간을 두고 자극과 혁신속도를 조절하면서 진행상황에 따라 단계별로 변화전략을 바꾸기도 하면서 최종목표를 향해 나아간다. 하지만 구체적 진행단계의 내용에 대해서는 학자마다 다양한 주장들이 있는데 우리는 대표적인 두 가지 견해만 살펴보자.

레윈의 3단계 전략

레윈의 견해에 따르면 인간사회의 모든 시스템 상황은 안정과 균형의 상태에 있다. 그러다가 어떤 변화가 있을 것이라고 공개되면 곧 저항이 일어나므로 균형상태는 해빙단계(unfreezing)라는 동요의 상태가 된다. 그리고 그 시스템이 변화에 어느 정도 노출되어 규범이 바뀌면 이를 변화된 단계로 보고, 다음은 그 시스템이 옛것으로 다시 돌아가지 않도록 재동결(refreezing)하는 단계에 이

도표 15.5 **조직변화의 단계**

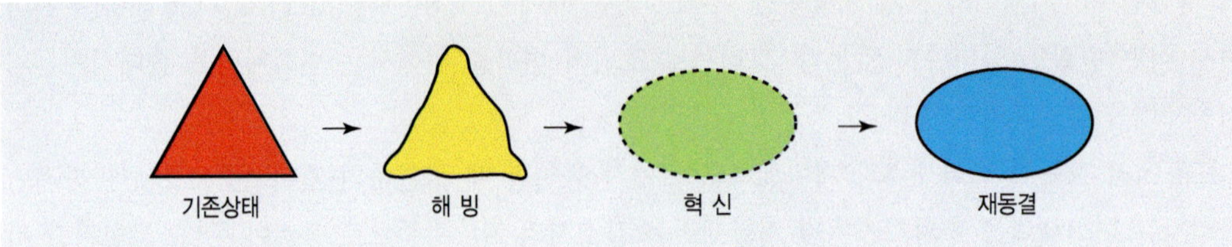

른다.[17] 이 과정은 마치 냉동실의 둥그런 통에 얼어 있는 둥근 얼음 덩어리를 꺼내어 녹여서(해빙) 사각형의 새 그릇에 부어서(변화) 다시 냉동실에 넣는(재동결) 작업에 비유할 수 있다. 도표 15.5

해빙단계

우선 조직이 변화하려면 조직의 구성원들로 하여금 변화의 욕구를 갖게 하는 단계가 필요하다. 아직 변화에 무관심한 사람들에게 변화욕구를 불러일으켜 변화에 저항하지 않고 오히려 협조할 수 있도록 하는 것이다. 변화에 대한 보너스, 특별수당 등으로 저항을 줄이면서 기존의 것에 대한 비판과 공격으로 기존 가치관과 태도를 교란시킨다. 이때 변화 쪽으로 움직이는 힘과 이에 대항하는 저항력(counter power)이 존재한다. 예를 들어 어떤 기업에서 새로운 자동화 기계를 도입하려는 변화를 시도할 때 생산비 감소나 인건비 감소 등은 변화력이 되고 종업원들이 실업을 안 당하려고 자동화를 두려워하는 것은 저항력이 된다. 이때 전자를 홍보하고 후자에 대해서는 합당한 보상을 하겠다는 약속을 해서 기존의 것에 대한 회의와 의문을 품게 한다.

변화단계

기존상태에서 새로운 상태로 바뀌는 단계로, 새 기계 혹은 새 제도의 도입과정이 여기에 해당한다. 기존상태를 바꿀 모든 전략 중 어떤 것은 한순간에 되고 어떤 것은 시간이 걸린다. 이 시기에는 체제의 변화와 구성원의 변화 모두에 신경 써야 한다. 두 가지 변화 모두 장기적인 안목으로 수행해야 하지만 특히 구성원의 변화에 더욱 많은 관심을 가져야 한다. 가령 경리과, 인사과 등에서 수동식 사무방법을 전산화하려고 한다면 시간이 매우 걸릴 것이며 부서 구성원들에 대한 교육훈련도 필요하다. 그러므로 변화단계는 새것을 수용(compliance)하고 마음으로도 내면화(internalization)하는 조직구성원들의 태도와 행동의 변화가 더 중요하다.

재동결단계

인간은 변화했다가도 다시 원위치로 되돌아가려는 속성이 있기 때문에 계속적인 지원과 강화활동이 필요하다. 변화된 새 제도가 제 기능을 다하여 좋은 결과를 내면 자동적으로 강화된다. 변화된 부서나 개인에게 응분의 보상을 주는 것은 변화된 상태를 안정화(stabilization)시키고 시간이 지남에 따라 효과가 소멸되는 것을 막는 방법이다. 그러므로 한 번 변화되었다고 해서 변화전략에서 손을 떼는 것은 매우 어리석은 생각이다. 그리고 혁신적인 리더가 주도한다고 하더라도 모든 단

계마다 구성원들의 협조를 구하고 변화방식의 결정에 참여시키며 모든 정보를 공유해야 성공할 수 있다.[18]

변화담당자와 Action-Research

인간은 안정을 추구하는 동물이고 모든 조직의 구성원들은 우물 안 개구리라서 대부분 변화의 필요성을 느끼지 못한다. 그러므로 어느 조직이든지 외부에서 서두르거나 거들어 주지 않으면 변화하기 매우 어렵다. 마치 나쁜 습관에 빠진 청소년에게 외부의 선도자가 필요한 것과 마찬가지이다. 그래서 조직도 변화를 이끌어 줄 사람이나 집단에게 조직변화를 위탁한다. 물론 반드시 외부가 아닌 조직 내부의 특정집단에게 위탁할 수도 있다. 위탁받은 팀을 변화담당자(change agent)라고 한다. 이들은 조직변화 전문가로서 특별히 위촉을 받아 변화계획을 짜서 주도적으로 변화를 이끌어 가는 집단으로 자문팀, 교수팀 등이 해당되지만 내부에서 팀을 구성해서 할 수도 있다.

한편 이들 변화담당자와 조직구성원 간의 긴밀한 협조체제를 만들어 변화를 시도하고 나면 실제로 약간의 변화가 있게 된다. 약간 변한 실제의 결과를 보고 나면 계획이 잘 되었는지, 어느 정도의 수정이 필요한지, 계속 밀고 나가는 것이 좋은지 알 수 있다. 이처럼 현장에서 변화의 결과를 피드백 받아 필요한 만큼 수정하고 수정된 방법을 실행한 후에 다시 현장의 반응을 피드백 받고 또다시 변화전략을 수정한다. 이처럼 현장과 변화담당자 사이의 순환적이고 지속적인 교류를 통한 변화작업은 실행-관찰(action-research) 변화방식이며, 성공적 변화를 위해 필수적인 과정으로 인식되고 있다.[19]

조직변화에 있어 조직의 기술혁신, 신제품과 서비스에 대한 아이디어 개발, 전략과 구조의 적합성 유지, 강한 조직문화의 촉진, 기업가치활동 향상 등은 가장 어려우면서도 중요한 부분이다. 경영자뿐 아니라 구성원에게도 이러한 변화는 파괴적이며 두려운 것이 사실이다. 조직의 변화시도

이야기 15.10 과거 전략에 머무른 이베이

지금부터 15년 전 오랫동안 이베이(E-bay)를 이끌던 메그 휘트먼이 은퇴를 선언한다. 이베이는 평범한 온라인 경매기업으로 시작했지만 전자상거래 분야의 다각화된 대기업으로 성장했다. 그런데 이베이가 이룩한 성장은 이베이가 인수한 페이팔과 스카이프에서 이루어진 것이었고 핵심 사업이었던 온라인 경매서비스는 몇 년간 정체된 채로 있었다. 그 결과 신상품 등록과 이용자수의 성장이 멈추었다. 아마존(Amazon)은 이베이보다 이 사업에 늦게 진입했으면서도 괄목할 만한 성장을 이루었다. 아마존에는 더 다양한 상품이 있고 이용하기 쉽다. 초기에도 이베이는 상품사양 리스트만 있었을 뿐 실제 상품 사진을 보여주는 소프트웨어가 없었다. 야후(Yahoo)의 온라인 경매서비스 사이트에서는 경매를 통하지 않고 이용자끼리 직거래할 수도 있는 시스템을 도입했으나 이베이는 부동자세였다. 그리고 이베이의 다각화전략에도 허점이 있었다. 페이팔과 스카이프를 인수했으나 스카이프를 인수한 직후 너무 많이 지불한 것을 알고 손절했다. 이베이의 새로운 경영자인 존 도나휴는 이베이의 핵심 사업을 재건하기 위한 신전략을 짜야 했지만 핵심 사업에 대한 신전략을 짜더라도 온라인 경매라는 산업 자체가 성장을 멈추었고 마진이 박해졌기 때문에 재기하기 어려웠다. 2020년부터 월마트(Walmart)의 전자상거래 책임자였던 제이미 이아논이 CEO 자리로 스카우트되었지만 코로나19 사태를 현명하게 대처하지 못한 이베이에 대해 '매도' 의견을 내놓았다. 골드만삭스가 이베이의 투자등급을 '중립'에서 '매도'로 일제히 하향 조정하고 목표주가를 기존 52달러에서 42달러로 낮췄다. 코로나19 사태 이후 전자상거래 시장 성장세가 꺾인 점과 이베이의 해외시장 비중 등을 고려해 투자등급을 정했다는 것이 이유였다. 골드민삭스의 투자의견 하향 소식이 진해지면서 이베이의 주가는 5.16% 하락했다.

에 대해 구성원들은 한꺼번에 변화한다기보다는 단계를 가지면서 서서히 변화하는 것을 바란다는 사실을 잊어서는 안 될 것이다. 그러나 오늘날의 기업현실에서 급변하는 상황에 대처하기 위한 조직의 대응속도도 변화의 질 못지않게 중요하다는 사실도 알고 있어야 한다.[20] 이야기 15.10

코터의 8단계 전략

코터(J. Kotter)는 레윈의 모형을 바탕으로 구체적인 실천방법을 제시한다.[21] 그는 관리자들이 대개 변화를 시도할 때 저지르는 공통적인 실수를 살폈다. 우선 변화의 시기가 마침내 닥쳤으며 이때를 놓치면 안 된다는 긴박한 분위기 조성이 필요한데도 여기서 대개 강한 추진력을 발휘하지 못해 응집력을 얻지 못한다는 것이다. 그리고 비전이 약하거나 확실하게 정해진 목표가 없다면 자신 있게 호소하지 못할 것은 뻔한 일이다. 또한 목표나 비전을 달성하는 데 헤쳐 나아가야 할 장애물이 크다든지 장애 정도를 완전히 파악하지 못해도 구성원들에게 강한 신념을 가지고 자신 있게 밀어붙이지도 못하고 설득하기를 망설일 수도 있다.

장기적인 목표지점을 정해 놓았다고 하더라도 그에 따른 단기목표가 구체적으로 만들어지지 않으면 소용이 없다. 또한 비전이나 변화의 필요성을 조직문화와 연결시키든지 조직문화의 힘을 얻어 밀어붙여야 하는데 여기서 실수하는 경우도 많다고 한다. 코터는 이런 문제를 극복하고 변화에 성공하기 위한 변화전략 여덟 가지를 제시했다. 처음 4단계까지는 레윈의 해빙단계에, 5에서 7단계까지는 변화단계에 해당되며, 마지막 단계는 재동결단계와 일치한다.

3 저항의 관리

조직의 변화가 절실하게 필요하다는 요구에도 이를 거절한다면 생산성과 조직유효성은 물론이고 구성원의 사기도 떨어진다. 그러나 조직변화에 대한 구성원들의 인식과 저항 정도가 모두 동일하다고 생각하면 안 된다. 한 조사에 의하면 관리자, 기술자, 작업자, 사무직원, 고위 기술감독 등 어느 계층인지에 따라서 변화를 매우 다르게 인식하고 있었다. 그러므로 저항을 예방하고 대책을 세우기 전에 설득대상부터 구분한 뒤 상대에 맞게 접근할 필요가 있다. 우선 변화정체의 이유가 어디 있는지 알아보고 나서 다음과 같은 여러 가지 저항 극복방법을 사용할 필요가 있다.[22]

변화담당자가 할 일

의미부여와 신뢰감

사람들은 자신에게 신뢰감을 주는 자의 말을 믿으려 한다. 변화담당자가 상황에 따라 다양한 전략을 구사할 필요가 있지만 무엇보다 조직구성원의 신뢰를 얻어야 하는데, 이를 위해서는 구성원들로 하여금 변화를 향한 보람있는 의미감을 심어 주어야 한다. 원래 변화를 싫어했던 사람도 변화담당자에게 신뢰가 가면 기꺼이 변화를 받아들인다. 변화담당자나 조직의 책임자들이 변화에 저항할 여지가 있는 사람들과 평소에도 친분을 유지하며 신뢰를 쌓아 놓는다면 저항이 약해지기도 한다. 그리고 변화할 최종목표가 윤리적이거나 당위성이 있으며 구체적인 성공 가능성이 있음을 보여주고 무엇보다도 의미있는 일임을 상기시켜야 할 것이다. 변화의 결말이 조직이나 개인에게 얼마나 매력적이고 유효한지를 알린다면 모두가 혁신계획을 수용하고 따를 것이다.[23]

참 여

아무리 좋은 취지라도 자기가 도외시되었다면 심리적으로 거리감을 가진다. 변화를 위한 의사결정과 실천과정에 당사자들을 참여시키는 것은 의사소통, 정보전달기능 이외에 사기증진과 협조심을 일으키는 심리적 효과도 얻을 수 있다.[24]

협상과 타협

변화의 결과가 조직구성원 개개인이나 부서들에게 미치는 영향은 공평하지 않을 것이다. 때로는 피해를 보게 되는 개인이나 부서도 있다. 그럼에도 변화가 불가피하다면 저항을 줄이기 위해 이해관계가 다른 당사자들 간에 양보와 피해보상 등을 놓고 협상과 타협과정을 거쳐야 하며, 여의치 않을 때에는 제3자의 중재에 맡겨서라도 이를 해결해 놓고 시작해야 저항이 적을 것이다.

의도적·적극적 접근

저항의 차단방법이 여의치 않을 때에는 변화를 결정하는 시점이나 실천하는 과정에서 능동적 조작을 통해서라도 저항을 줄여야 하는데, 예를 들면 저항이 클 것 같은 부서의 리더들을 의사결

이야기 15.11 시세이도사의 혁신정신

시세이도 화장품 회사의 브랜드 이미지는 미(美)도 아니고 아름다움도 아니고 화장품 회사로서는 이례적으로 '혁신'으로 돼 있다. 혁신이 없으면 전통도 없다며 혁신을 통해 전통을 바꿔나가는 전략이다. 현재 CEO인 우오타니 마사히코의 선임 자체가 혁신이다. 그는 오너 가문도 아닌 전문 경영인이다. 시세이도는 세계 약 120개국에 진출해 있으며 해외 매출의 비중이 50% 이상이다. 일본 본사의 공용어는 영어이다. 세계 화장품 브랜드 업계에서는 5위이며 일본에서는 단연 1위이고 자회사가 85개나 있다. 화장품뿐만 아니라 미용 및 건강식품, 의료용 의약품 및 미용 의료 원자재, 그리고 면세점과 고급 레스토랑 사업도 한다. 그런데 이 회사 임직원들은 Ecole Shiseido에서 데카르트의 강의를 듣고 토론한다. 사원들에게는 미와 화장술을 가르치는 게 아니라 문학과 철학을 가르친다. 글로벌 사회의 생명이 다양성이라고 보기 때문에 비즈니스의 환경대응력을 키우기 위한 것이다. 또한 100개가 넘던 시세이도의 브랜드를 6개로 줄이고 1위 제품 만들기에만 주력했다. 무엇보다도 영업사원의 인사평가 시 얼마를 팔았는지는 평가하지 않는다. 그런데 옳은 말이다. 영업사원의 활동이 매출목표 달성에 얽매이게 되면 고객만족에는 소홀하기 쉽고 장기적으로는 손해이다. 이 회사의 창업주는 예술가인 후쿠하라 신조이며 오너 가문은 사진과 미술 전공인 집안이었다. 화장품 회사이지만 사람의 외모를 포장하기보다는 사람의 내면을 가꾸려고 한다. 시세이도는 요즘의 불황 속에서도 아침이 오지 않는 밤은 없다면서 마케팅에 대한 투자나 인건비는 절대 줄이지 않는다. 오히려 성장 여지가 있는 부문에 더 투자한다. 그 덕분에 연간 매출은 1조 5천억 엔에 이른다. 혁신은 화장품회사나 자동차회사나 구멍가게나 대기업이나 모두 필요한 활동이다.

정과정에 대표자로 참석시켜서 사전 이해를 돕기도 하고 적극적인 협조도 얻을 수 있다. 그러나 어떤 저항에도 항상 효율적인 대응책이 존재하는 것은 아니다. 상황에 따라 앞에서 배운 다양한 변화전략들을 적절하게 사용하는 것이 바람직하다.[25] 이야기 15.11

조직이 할 일

교육과 커뮤니케이션

의사소통도 안 되고 변화의 소식이 잘못 전달되면 오해로 인해 저항이 더욱 커지기 때문에 사전에 변화의 필연성, 변화방법, 변화결과에 대한 교육과 설명회가 있어야 한다. 중간관리자 입장에서도 그들의 안녕에 변화는 유쾌한 일은 아니다. 그렇지만 설득이 잘 되어서 부하직원들이 조직변화에 열린 태도로 대한다면 중간관리자들도 도전의식이 생기고 적극성도 증가한다.[26]

조직지원과 조직몰입

중간관리자나 일선 종업원들에게 애사심이나 조직몰입이 부족할 때에는 그저 현상유지만 원하기 때문에 변화의지가 없다. 그러니 변화에 저항이 있을 수밖에 없다. 그러나 애사심이 많고 조직에 헌신하려는 의지가 강할 때에는 변화를 더 수용하려는 경향이 있다. 그러므로 우선 조직의 중간관리자나 종업원들에게 애사심을 갖도록 직무환경과 보상제도에서 개선이 이루어지고 이를 통해서 구성원들은 조직지원(organizational support)을 체험해야 한다. 이때 조직지원이 제대로 효과를 거두려면 구성원들 간의 교류가 활발하고 각자 긍정적 정서를 유지해야 한다. 그래야만 이들이 변화에 헌신하고 앞장서서 응원한다.[27]

리더가 할 일

지원과 동기부여

무슨 일을 당했을 때 가장(家長)이 흔들리면 온 가족이 당황하듯이 혹시 저항이 있어도 리더가 꿋꿋하게 추진하면 변화담당자들뿐 아니라 저항하던 사람들도 그 세력이 약해질 것이다. 새로운 기술, 새로운 제도를 모르는 것이 저항의 한 이유이기 때문에 교육 프로그램이나 각종 지원수단이 리더의 강력한 뒷받침하에서 제공되어야 한다. 그뿐 아니라 리더가 계속해서 당사자들과 대화를 가지면서 의지를 북돋아 주고 예기치 못했던 문제를 같이 해결하는 태도가 필요하다.[28]

변화 리더십

변화라는 것이 본래 복잡하고 역동적이며, 그 영향력이 크기 때문에 이를 실행하는 사람의 강한 리더십이 필요하다. 이를 위해 조직에서는 변화를 주도하는 리더를 만들어 내는데, 그 사람을 대개 변화리더(change leader)라 칭한다. 이러한 리더는 거래적 리더십(transactional leadership)

이야기 15.12 파나마 운하

'파나마 운하 공사 중 2만 2천 명 사망!' 물론 여기에는 말라리아 열대병으로 죽은 공사노동자들의 숫자도 포함되어 있다. 하여튼 유럽 금융업자들이 세운 파나마 운하 건설사의 공사 책임자는 수에즈 운하의 건설 영웅인 레셉스(Ferdinand de Lesseps)였다. 그는 수에즈 운하처럼 파나마 운하도 해면과 같은 높이의 수평식 운하로 만들려 했다. 그러나 파나마와 수에즈 지역의 자연환경이 다르므로 파나마 운하는 갑문식 운하로 건설되어야 한다는 브뤼슬리(Lepinay de Brusly)의 주장이 있었다. 레셉스는 이를 묵살했고 그 대가는 참혹했다. 에펠탑을 건설했던 에펠(Gustave Eiffel)도 레셉스만 믿고 함께 투자했다가 부도를 냈다. 열대우림지역으로 평균 높이가 해발 150m인 파나마는 해발 15m의 사막형 기후인 수에즈와 전혀 달랐다. 아무리 땅을 파도 운하 완공은 요원했고, 8년간 2만 2천여 명이 열대병으로 사망한 뒤 1889년 파나마 운하 건설사는 파산했다. 십수 년 뒤 다시 파나마 운하 건설에 나선 미국은 브뤼슬리의 갑문식 아이디어를 채택했고, 운하는 1913년 완공됐다. 그리고 최근 2016년 6월, 100여 년 만에 두 배로 확장되었다(**사진**). 레셉스가 실패한 이유는 과거의 성공에 집착했기 때문이다. 수에즈 운하의 성공방정식에 매달려 있다가 파나마에서 실패한 것이다. 과거의 지식을 파괴하는 파괴학습(unlearning)을 통한 창조적 파괴가 다음 번 성공의 지름길이다.

보다는 변혁적 리더십(transformational leadership)을 가진 경우가 많다. 거래적 리더십이 부하의 욕구가 무엇인지 파악하여 리더 자신이 원하는 결과와 상호 거래한다는 개념이라면, 변혁적 리더십은 리더와 부하 모두의 동기와 목적의식을 고취하는 것을 중시한다. 이러한 변혁적 리더십은 비전을 제시함으로써 자연스럽게 단결을 유도하며, 부하들에 대한 비전의 전달능력도 매우 뛰어나고, 부하로부터 신뢰를 확보하고 있을 뿐 아니라 리더 자신의 이미지 관리에도 매우 뛰어난 경우를 말한다. 또한 리더가 변화를 강조하는 행동을 하더라도 카리스마 리더가 행할 때에 부하들이 더욱 변화에 동조하고 성과도 올랐다. 그러나 조직혁신이 장기간 지속되면 사원들의 조직몰입도 감소하고 이는 곧장 이직으로 이어진다는 사실에 주목해야 할 것이다.[29] 이야기 15.12

III | 조직의 학습과 발전

1970년대 초부터 미국, 캐나다에서 실시되기 시작한 조직개발(OD: Organizational Development)은 조직변화의 한 방법으로서 종업원의 행복과 조직효율성을 개선하기 위해 시도하는 모든 변화노력들의 총체를 의미한다. 하지만 과거에는 조직개발기법이라는 것이 대부분 조직구성원들의 변화를 목표로 하는 인간개발기법들이었다. 현대로 오면서 거시적 · 제도적 · 시스템적 조직변화의 움직임이 많았는데, 그중에서도 특히 조직학습을 통한 지식창조조직을 만드는 것이, 지식의 개발과 축적을 계속하여 지속적으로 조직을 한 단계씩 변화시키는 방법으로 각광받고 있다.[30] 여기서는 집중적으로 이에 대해 배우도록 한다.

1 학습조직과 조직학습

학습이란 다 알다시피 새로운 것을 배우고 익혀 나가는 것이다. 개인도 배우면서 성장하듯이 조직도 마찬가지이다. 조직도 변화하는 환경 속에서 새로운 환경대응법을 익혀야만 성과를 올릴 수 있다. 그리고 조직도 인간처럼 배울 수 있는 인지기능이 있다는 것이다.[31] 그래서 어느 조직이든 항상 무엇인가를 배우고 있다. 그렇다면 모든 조직은 학습조직인가? 그렇지 않다.

학습조직이란?

조직 측면에서 다루는 학습의 형태는 동일하지 않다. 그 방식을 크게 다음 두 가지로 나누어 설명할 수 있다.

단순고리학습과 이중고리학습

모든 조직이 의식적으로든 무의식적으로든 배우고는 있지만 어떤 조직은 아주 잘 배우고 있다. 즉 다른 회사보다 더 좋은 것, 더 새로운 것, 더 많은 것을 더 빨리 익히고 있다면 그 조직이 학습조직이다. 어느 조직이든 새로운 것을 학습했다면 그만큼 긍정적으로 변화된 것이다. 그런데 변화가 없던 시절보다 환경변화가 심한 오늘날에는 조직도 새로운 것을 습득하여 자신을 개발하는 것, 즉 더 능력 있는 조직으로 변화되는 일이 더욱 중요한 관건이 되었다. 따라서 학습조직이 되면 조직도 매일 지식이 성장하고 튼튼해진다. 도표 15.6

도표 15.6 단순고리학습과 이중고리학습

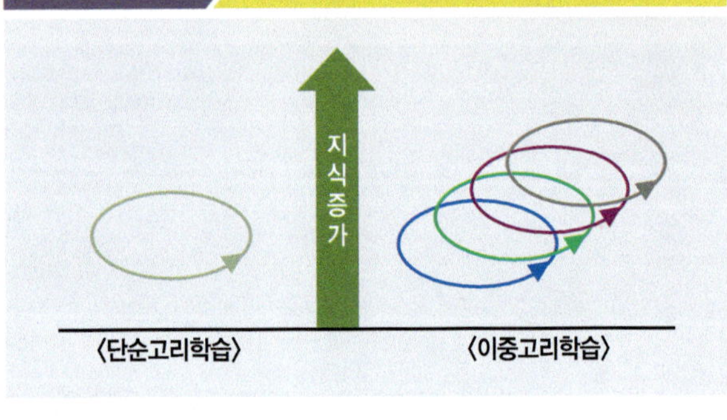

■ 단순고리학습

어떤 잘못을 발견한 개인 혹은 조직이 과거에 해결한 방식이나 현재의 방침대로 해결하면 단순고리학습(single loop learning)이다. 이런 형태의 학습에 익숙한 조직은 또 비슷한 잘못이 발생하면 역시 그 방식으로 고칠 것이다. 즉 과거에 학습했던 것을 그대로 사용했기 때문에 이번에는 학습이 없었던 것이다. 과거의 학습은 단순하게 한 번으로 끝이 난 셈이다. 단지 학습결과만은 여러 번 활용될 수 있을 뿐이다.

■ **이중고리학습**

이중고리학습(double loop learning)은 잘못이 발견되면 과거의 성공방식이나 현재의 방침이 아니라 그것보다 더 새로운 방식을 고안해서 해결한다.[32] 물론 과거에 학습했던 것이 기초가 된다. 즉 과거의 학습이 새로운 학습의 발판이 되어 이중, 삼중고리로 연결된 것과 같다. 성공하면 더 좋은 해결방식을 배운 것이 된다. 만약 실패하면 또 다른 방식을 고안하기를 계속한다. 성공하면 새로운 지식의 학습이 일어난 것이다. 장기적으로 본다면 단순고리학습을 하는 사람(조직)보다 훨씬 앞서갈 것이다. 왜냐하면 문제해결방식이 훨씬 업그레이드 된 것이기 때문이다.

학습조직의 장점

1980년대에는 TQM(Total Quality Management)이, 1990년대 초에는 리엔지니어링이 유행했듯이 1990년대 후반에는 학습조직(learning organization)이 유행했다. 급변하는 시대에 경쟁에서 승리하는 새로운 조직운영의 돌파구를 찾고 있던 이론가들이나 실무자들에게 학습조직은 좋은 연구주제와 실행도구로서의 역할을 톡톡히 해 냈다.[33] 그러나 그로부터 30여 년이 지난 오늘날 학습조직은 더욱 필요해졌다. 기술의 발전속도는 더욱 빨라져 조직과 직무환경이 하루가 다르게 변하고 있기 때문이다.

학습조직이란 변화에 적응하는 능력(지식, 노하우, 실력 등)을 계속 습득해 나가는 조직을 말한다. 개인도 학습하지 않고 변화 없이 매일 하던 짓만 되풀이하면 언제까지나 어린아이에 머물면서 다른 사람보다 경쟁에서 뒤처질 것이다. 즉 개인도 매일 세상 사는 방법을 배워 나가듯이 조직도 살아가는 방식을 배워 나가야 한다. 이것이 개인의 학습에 비유되는 조직의 학습(organizational learning)이다. 오늘날에는 배울 수 있는 능력이 바로 최선의 전략무기라고 한다.[34]

지금까지의 조직들이 안고 있던 문제는 구성원들도 서로 교류가 없고 부서도 나누어져 있으며 서로 간에 경쟁관계에 놓여 있었다는 점이다. 이 점을 극복하면 구성원끼리나 부서끼리 학습한 노하우들이 교류되면서 조직 전체로 노하우가 전파되어 똑똑한 조직을 만들 수 있다. 가빈(D.A. Garvin)은 학습조직을 지식을 창조, 습득, 교환함으로써 새로 지식을 추가하고 이러한 지식들을 활용하여 행동을 계속 변화시키는 조직이라고 정의하는데, 이 정의 속에 학습조직의 특성이 모두 내재되어 있다.[35]

학습조직이 되려면

개인이나 조직이나 마찬가지이지만 학습조직이 되려면 우선 학습지향적이어야 한다. 이는 무엇을 의미하는가? 조직구성원은 항상 새로운 학습에 몰입해야 하고, 서로가 열린 마음이 되어야 하며, 조직목표나 전략에 대해 공유된 비전을 가져야 하며, 상호 교류가 활발해서 지식 나누기가 습

이야기 15.13 슈퍼컴퓨터와 인간, 누가 더 똑똑할까?

컴퓨터 디자이너였던 세이뮤어 크레이(S. Cray: **사진**)는 고향인 위스콘신주에 회사를 창업하고 파산과 재기와 합병의 우여곡절 끝에 1993년 처음 슈퍼컴퓨터를 만들었다. 그러나 역시 팔리지 않아 결국 또 파산하고 말았다. 다시 만든 크레이(Cray)사는 2019년 미국 휴렛 팩커드(Hewlett-Packard Company)에 인수되었다. 그때까지 그가 이용한 병렬 컴퓨팅 방식의 슈퍼컴퓨터는 프로그래밍 기술이 발달하지 않아서 더 이상 앞으로 진보할 수 없었다. 평소에 자기가 죽기 전까지는 슈퍼컴퓨터가 발전할 수 없을 거라고 말하곤 했던 그는 불행하게도 1996년 교통사고로 사망했다. 그리고 그가 죽자마자 슈퍼컴퓨팅이 초고속으로 발전했다. 아이러니하게도 그의 예언이 입증된 것이다. 얼마 전 반도체 기업인 엔비디아(NVIDIA)는 현존하는 가장 빠른 슈퍼컴퓨터보다 속도가 1.4배나 빠른 슈퍼컴퓨터 에오스(EOS)를 구축하겠다고 선언했다. 메타버스와 자율주행에는 초대규모 연산 능력이 필요한데 새로운 슈퍼컴퓨터로 그 중심에 서겠다고 선언한 것이다. EOS의 GPU(그래픽 처리장치)인 H100에는 인공지능(AI) 프로세서가 무려 4,608개나 장착된다. AI프로세서 1개에는 반도체 소자인 트랜지스터가 800억 개 달려 있으니, 368조 개 이상의 트랜지스터가 탑재되는 셈이다. 그렇다면 이런 슈퍼컴퓨터는 18.4엑사플롭에 달하는 성능이다. 1엑사플롭은 1초에 100경 번에 달하는 부동소수점을 연산할 수 있으니 결국 EOS는 초당 1,840경 번에 달하는 연산이 가능하다. 그렇다면 이러한 컴퓨터와 인간, 누가 더 똑똑할까? 캘리포니아 주립대 박사과정에 있는 캣자 그레이스와 카네기멜론대 폴 크리스티아노가 이 궁금증을 풀었다. 정답은 인간의 두뇌가 현존하는 슈퍼컴퓨터보다 30배는 훌륭하다는 것이다. 이번 연구내용은 컴퓨터가 정보를 한 지점에서 다른 지점으로 얼마나 빨리 옮기는지를 측정해 인간과 비교하는 방식으로 진행됐다. 인간의 경우 정확한 측정이 불가능하기에 두뇌의 뉴런이 발생시키는 전기신호를 기준으로 측정했다. 연구팀은 인공지능 챔피언으로 선발된 IBM의 세쿼이아 슈퍼컴퓨터를 대상으로 실험을 진행했다. 슈퍼컴퓨터의 초당 전달속도보다 인간의 뇌는 30배 이상 빠른 것으로 측정됐다. 우리의 두뇌가 처리하는 속도를 시장가격으로 따지면 최대 시간당 우리 돈으로 2억 900만 원까지 벌 수 있는 금액이다. 현재의 발전 속도라면 컴퓨터가 인간 두뇌 속도를 따라잡으려면 7년 내지 14년 이상 걸릴 것이다. 물론 연산 속도 외에 인지능력이나 복합적인 사고를 고려한다면 간격은 훨씬 길어진다. 당분간은 우리가 컴퓨터보다 훨씬 우위에 있다. 당신의 뇌는 그만큼 위대하다. 아직도 술 담배나 하면서 허송세월할 마음이 있는가?

관화되어 있어야 학습지향적이라고 할 수 있다.[36] 따라서 학습조직은 다음의 특성을 갖추고 있어야 할 것이다.

- 과거의 아이디어들이 지속적으로 교류되고 융합되어서 새로운 아이디어를 계속적으로 창출해야 한다.
- 새로운 아이디어가 학습의 필수요건이다. 조직은 외부환경, 즉 고객이나 경쟁사 또는 신입사원을 고용하면서 항상 새로운 아이디어를 습득해야 한다.
- 습득된 새 아이디어나 지식은 조직 안에 두루 이전되어야 한다. 이전된 결과 서로 융합되면서 또 다른 새 아이디어를 창조한다. 그러므로 조직은 지식의 교환을 막는 모든 장벽을 허물고 커뮤니케이션을 촉진시켜야 한다.
- 새로운 아이디어는 행동으로 실행되어 구체적인 변화가 있어야 한다. 따라서 새로운 지식이 실제 행동으로 시도되고 구현될 수 있도록 부추기고 여건을 마련해 주어야 한다.[37] 이야기 15.13

조직학습이란?

조직학습이라고 하더라도 학습은 일단 개인의 행위에서부터 시작되는 것이며, 이러한 개별 학습행위가 조직에 확산되고 공유되어, 그 해당 행위가 더 이상 특정 개인에게만 국한되지 않을 때 조직학습이 행해지는 것으로 간주한다. 여기서 개인의 행동이란 배우는 행동만을 의미하는 것은 아니다. 자신의 지식을 다른 사람과 교환하면서 새 아이디어를 찾아내는 행동을 의미한다. 또한 개인학습은 조직학습의 매개를 통해서 조직성과에 기여한다.[38]

따라서 개인의 행동뿐만 아니라 조직적 차원에서 학습이 습관적으로 반복되는 수준까지 이르게 되면 그것이 학습조직이며, 그 조직은 학습하는 방법을 습득하여 항상 새로운 지식을 추가할 것이다. 조직 안에서 조직학습이 항상 반복되면 학습조직이 되는 것처럼 개인차원에서도 학습이 반복되면 그 사람은 학습인(학습할 줄 아는 사람)이 된다. 학습인은 무엇이든지 의문을 품고 새로운 시도를 하거나 남과 지식을 나누면서 새로운 지식을 추가한다. 반면에 새로운 것에 흥미도 없고 그저 어제 했던 일만 생각 없이 반복하는 사람도 있다. 조직도 마찬가지이기 때문에 보통의 조직을 학습조직으로 만드는 것이 조직을 변화시키는 지름길이다. 도표 15.7

도표 15.7 조직학습과 학습조직의 의미

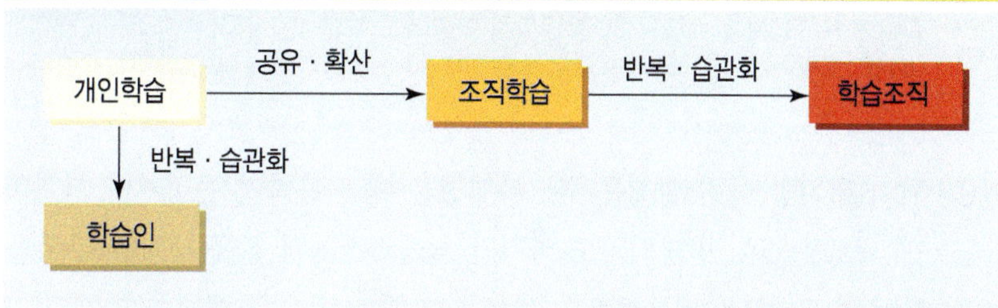

학습조직 만들기

학습조직의 개념을 대중화한 셍게(P. Senge)는 "학습조직은 사람들이 진정으로 바라는 결과를 창출하기 위한 능력을 지속적으로 확대해 가는 곳, 새롭고 팽창적인 사고의 패턴이 자라는 곳, 집단적인 획일성에서 해방되는 곳, 그리고 사람들이 함께 학습하는 방법을 끊임없이 배우고 있는 곳"이라고 묘사하면서, 학습조직의 활동을 지원하고 학습을 보다 효과적으로 관리하기 위해서는 다음과 같은 것이 필요하다고 제안한다.[39]

체계적인 문제해결활동

조직은 맞닥뜨린 문제를 즉흥적으로 해결하지 않고 계획을 세워 체계적으로 접근하는 자세를 지녀야 한다. 그리고 문제를 해결하고 나서는 해결과정과 결과를 잘 정리해 두었다가 다음에 다시 사용하면서 더 좋은 해결법을 찾아내는 데 활용해야 한다. 컴퓨터 바이러스로 고생할 때 마구잡이로 이것저것 해 보다가 해결하는 경우가 있지만 어떻게 해결했는지 모른다면 다음에 같은 문제가 발생해도, 혹은 다른 사람에게 그런 문제가 발생해도 해결해 주지 못한다.

실험을 통한 시범적 운용

새로운 아이디어가 있으면 일단 실제로 시도를 하고 테스트해 봐야 산지식이 된다. 머릿속에

이야기 15.14 실패자 포상제도

"실패한 사원에게 상을 줍니다. 회사에 큰 손실을 입힌 사례일수록 좋습니다." 어느 회사에서 개발, 생산, 구매, 영업 등 회사 내 모든 업무분야를 대상으로 임직원 개인이나 팀 단위로 업무의 실패사례를 공모했다. 가장 큰 실책을 저지른 공로가 인정되는 제출자(팀)에게는 대상을 주고 부상으로 두둑한 상금을 주었다. 이러한 정책을 실시하게 된 까닭은 이같이 색다른 사업을 벌이게 된 취지와 실패의 원인을 분석하여 이를 토대로 하여 그 경험을 회사원 모두와 공유함으로써 전임자의 전철을 밟지 말라는 뜻이라고 했다. 회사 측은 실패사례에 대해 절대 문책하지 않았고 책으로 펴낼 때는 가명을 썼다. 일론 머스크가 창업한 우주 탐사기업 스페이스 X는 우주관광 시도에 이어 화성으로 인간보내기 전략을 구사하고 있지만 실패 없이는 불가능하다는 것을 잘 알고 있다. 지난 2021년 2월 2일 텍사스 보카치카 발사기지에서 시험발사한 화성 이주용 "Starship"시제품 'SN9'이 10km 고도까지 비행을 끝내고 지구에 착륙하는 순간에 폭발했다(**사진**). 그보다 두 달 전에 'SN8'도 시험발사 과정에서 6분 42초를 비행한 뒤 착륙 중 폭발한 바 있다. 그러나 드디어 2022년 화성행 우주선을 공개했고 2026년까지 화성에 도착할 것이라며 머스크는 큰 기대를 걸고 있다. 분명한 것은 이러한 실패의 자료는 그 회사의 자산으로서 인간이 화성에 정착하는 데 이바지할 것이 틀림없다.

담아 두기만 하면 실제문제에 부딪쳤을 때 사용하지 못하거나 시행착오를 겪는다. 생각을 실행하면 새로운 것이 발명되기도 하지만 실행과정에서 잘못 생각한 부분을 수정하여 더 나은 지식으로 만들 수도 있다. 외부로부터 새로운 관행과 기술을 배웠을 때에도 그것을 일상적인 작업에 적용해 보아야 실제로 학습한 것이 된다. 에디슨은 생각을 147번이나 실행에 옮긴 끝에 전구를 발명했다.

과거경험에서 학습

기업은 학습조직을 구축하기 위해 성공과 실패의 경험을 잊지 말고, 이를 재검토하고 평가하여 구성원들이 공개적으로 이용할 수 있도록 여건을 마련해 주어야 한다. 유사한 문제가 발생하면 과거의 경험을 살려 해결하는데 이는 과거의 해결방식을 그대로 사용한다는 의미는 아니다. 예를 들면 과거에 실패한 경험도 있을 것이다. 그렇다면 이번에는 그 방식을 피하고 지름길로 갈 수 있으니 과거의 실패경험도 도움이 된다. 그러나 많은 조직들이 과거 경험에 무관심하거나 심지어 그것을 적대시하여 소중한 지식으로 신중하게 반영하지 못하곤 한다.[40] 이야기 15.14

벤치마킹: 타 조직에서 학습

물론 모든 학습이 반성과 자기분석으로부터만 이루어지는 것은 아니다. 경우에 따라서는 외부환경에 눈을 돌릴 때 생기기도 한다. 부끄럼 없이 남의 아이디어를 빌려오거나 성공한 조직을 모방하는 것 등인데 이를 벤치마킹(benchmarking)이라고 한다. 이는 학습을 조직 안에만 국한시키지 않고 조직과 조직 간의 교류로 확대한 것이다.

정보지식의 공유와 교류

학습이 지엽적인 일로 국한되지 않으려면 정보와 지식이 모든 구성원들에게 빠르고 효율적으

이야기 15.15 500년 조선왕조의 멸망

1910년 8월 29일, 세계만방에 유니온 잭슨기를 휘날리며 해가 지지 않는 나라로 통했던 대영제국의 왕실에 소동이 벌어졌다. 머나먼 동방의 '조선'이라는 작은 나라가 망한 것이다. 불과 100년 전도 아닌 1837년, 조선은 대영제국의 빅토리아 여왕 즉위식에 축하사절단을 보내 올 정도로 당당한 국가였다. 그런데 그 조선이 국가로서의 운명을 다했다니 영국 왕실이 보기에 참으로 이해할 수 없는 일이 벌어진 것이다. 사실 500년 이상 하나의 왕조를 지속한 나라는 역사에서 찾아보기 힘들다. 그런 나라가 전쟁 한 번 치르지 않고, 그것도 도장만 몇 번 찍어 나라를 넘긴 것이다. 아무리 해가 지지 않는 대영제국의 황실이지만 자기들도 언제 망할지 두려울 수밖에 없었다. 영국은 왕실회의 끝에 조선으로 조사단을 파견하기로 했다. 국가가 왜 망하는지 해답을 찾기 위해서였다. 그래야 대영제국도 지속할 수 있다고 생각한 것이다. 마침내 83명의 옥스퍼드 학자와 조교들이 배를 타고 조선에 도착했다. 조선에 와서 조사하면 할수록 더 놀라운 사실만 발견되었다. 이토록 문화가 발전한 나라가 왜 망했는지 모를 일이었다. 왕조 500년, 신문고제도, 홍문관제도, 암행어사제도 등 민주주의가 발전한 영국이지만 배울 점이 넘쳐났다. 당시 동행한 한 조교는 조선의 홍문관제도에 관한 논문을 썼는데 지금도 옥스퍼드대학에 비치되어 있다. 조선을 떠날 때쯤에야 그들은 해답을 찾았다. 1880년대 이후 열강의 개항 요구와 개항과 동시에 청-일-러 3국의 3파선이 지열한 가운데서도 국권을 보존한 것은 잘한 일이지만, 세상의 모든 나라가 변하고 있는데 오직 조선만 변하지 않고 있었던 것이다. 조사단은 대원군의 쇄국정책으로 문을 꼭 걸어 잠그고 있었다는 점이 조선이 망한 이유라고 여왕에게 보고서를 올렸다.

로 확산되어야 한다. 아이디어는 몇 사람의 손에 쥐어져 있는 것보다는 폭넓게 공유될 때 승수작용을 하면서 최대효과를 가져온다. 평소 우리는 일상생활에서도 브레인스토밍처럼 서로 자기 아이디어를 털어놓고 상대방과 대화하다가 힌트를 얻고 문제를 해결하기도 한다. 이는 구성원의 성격과 직급에 따라 차이는 있겠지만 조직분위기에 따라 다르다. 또한 동료나 상사의 사회적 지원도 학습한 지식의 이전에 도움을 준다.[41] 그러므로 정보지식의 이전을 활성화하려면 조직차원에서 지원해야 할 것이다.

파괴학습

모든 조직은 변하지 않으려는 관성도 내포하고 있다고 배웠다. 과거의 성공경험과 관습은 새것을 습득할 때 커다란 장애요인이다. 과거의 성공방법을 안전하게 따라가고 싶기 때문이다. 그러나 환경이 과거와 다를 수 있으며 동일한 환경이라고 하더라도 과거보다 한층 더 좋은 방법이 있을 수 있다. 그러므로 과거의 노하우를 깨뜨려 버리는 파괴학습 내지는 이완학습(unlearning)이 먼저 선행되어야 할 때도 많다.[42] 성공한 조직, 오래된 조직일수록 과거에만 얽매여 있다가 신생기업에 뒤처지는 모습은 현실에서도 흔히 본다. 이야기 15.15

2 조직의 지식증가

조직은 이미 많은 지식을 보유하고 있고 혹시 부족한 지식이 있으면 과거 다른 조직들이 발견해 놓은 지식을 빌려다 사용하면 될 것이다. 그런데 조직은 왜 지식을 남에게 배우지 않고 스스로 창조해야 하는가? 또 이는 가능한 일인가? 어떻게 창조가 가능한가? 이에 대해 공부해 보자.

새로운 지식들이 필요한 이유

여기서 지식창조란 창조적 지식이라는 의미가 아니라 없던 지식을 만든다, 발견한다, 혹은 추가한다는 의미에서 지식의 증대를 뜻한다. 오늘날의 조직은 새로운 지식창조의 필요성이 점차 높아지고 있는데, 그 이유는 변화의 속도, 제품과 서비스의 지식집약도, 다양한 욕구의 증대, 구성원 간의 갈등과 마찰, 새로운 조직구조의 탄생, 그리고 정보기술의 발전 등과 같은 기업 안팎의 환경 변화 때문이다.

현대의 환경이 급변한다는 말은 기술의 발전으로 새로운 제품과 서비스의 공급이 가능해졌고 이것이 일회성이 아니라 계속해서 새롭게 변신하고 있다는 의미이다. 이에 발맞춰 고객의 욕구는 지속적으로 많아지고 다양해져 매번 바뀔 수밖에 없다. 결과적으로 이 수요에 맞출 수 있는 기업조직이 많아지고 경쟁이 심해진다. 이러한 경쟁에서는 더 빨리 새로운 기술로 새로운 수요를 창조하는 기업이 앞서고 과거의 지식은 금세 진부해진다. 아무리 좋은 제품의 발명도 일회성으로 끝난다고 봐야 옳다.

마이크로소프트사와 관련 소프트웨어 취급회사의 발전이 가져온 지식산업의 발달 덕분에 현재 한 기업이 생산하는 정보의 가치가 그 기업 자체의 가치를 상회하는 경우도 적지 않다. 현대의 기업은 노동, 자본, 토지 등의 경영자원 이외에 지식이라는 자원을 더 중시하는 생산활동을 펼치고 있다. 이제 기업의 부가가치 창출은 노동이나 자본, 재화의 능력보다는 지식의 획득, 창조, 공유 및 활용능력에 의해 더 좌우되고 있다.[43] 이를 위해 소셜미디어와 빅데이터 활용을 적극 활용한다면 기술혁신과 성과향상에 큰 도움이 될 것이다. 이야기 15.16

이야기 15.16 게임과 증강현실로 하는 직원교육

인재를 찾아내고 직원의 역량을 개발하기 위해 과거에는 인사담당자의 경험과 노하우에 의존하는 수밖에 없었지만 이제는 이러한 분야에도 디지털기술이 도입되었다. 월마트 직원들은 모바일 게임을 하면서 사내 교육을 받는다. 구글의 게임 앱인 '스파크시티(Spark City: **사진**)'를 활용하면 실제의 업무와 상황에 맞게 시뮬레이션할 수 있다. 직원은 게임 속의 캐릭터가 되어서 가상의 고객캐릭터가 자신의 캐릭터 근처로 접근하면 고객캐릭터를 손으로 터치해 나타나는 선택지 중 해당 상황에 적절한 답을 고르면 된다. 이때 성공하면 포인트를 부여하고 실패하면 포인트를 차감한다. 직원들은 게임을 즐기면서 실무교육을 받는 것이다. 힐튼호텔은 증강현실(AR)을 직원교육에 활용한다. 직원들이 호텔 객실에 들어가 스마트폰에서 AR 화면을 통해 객실의 구성공간을 직접 설계해보면서 직원 스스로 공간 이해도를 높일 수 있다. 우리나라 휴넷은 직원교육이 필요할 때에는 PC나 모바일 기기든 상관없이 모든 기기에 필요한 내용만 선택해서 간단하게 학습할 수 있는 장치인 '마이크로 러닝 솔루션(SAM)'을 개발했다. 이 프로그램은 각 기업이 휴넷에 제공하는 교육콘텐츠와 TED나 유튜브에 있는 교육내용을 활용해서 각 기업의 특성과 상황에 맞는 교육프로그램을 만들 수 있도록 도울 수 있게 한 기술이다.

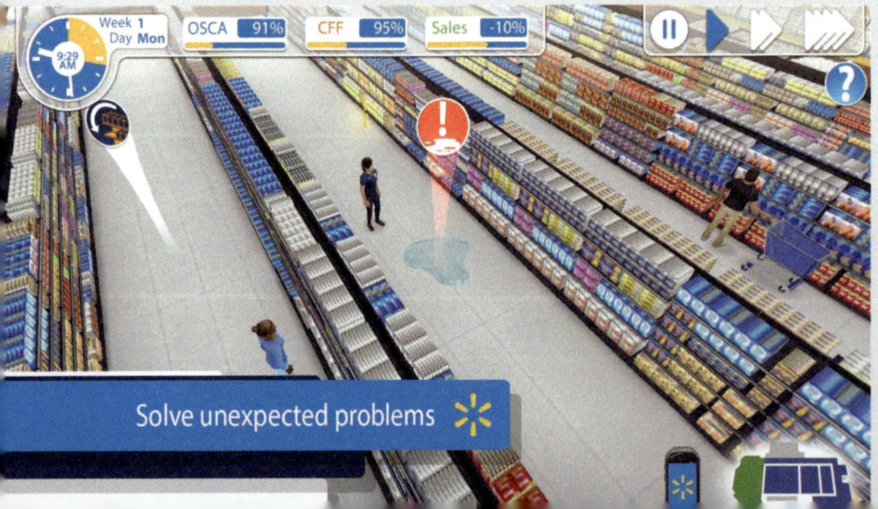

지식의 두 가지 유형

형식지와 암묵지

MIT대학의 써로(L.C. Thurow) 교수는 지식을 공공지식과 사적 지식으로 구분한다. 그는 지식 확장을 통해 사적 지식을 공공지식으로 공유화해서 누구나 이용하게 해야 한다고 주장한다.[44] 일본의 대표적 지식경영학자인 노나까(I. Nonaka)는 지식의 유형을 분류하여, 언어나 숫자로 표현할 수 있고 쉽게 공유할 수 있는 객관적 지식을 형식지(型式知: explicit knowledge)라고 하고 개인이 학습과 체험을 통해 습득해 왔으나 겉으로 드러나지 않은 상태의 지식을 암묵지(暗默知: tacit knowledge)라고 한다. 다시 말해 형식지는 구체지식이며, 암묵지는 추상적인 지식이라 할 수 있다. 일례로 비행기를 추락이나 사고 없이 안전하게 조정하는 행위를 생각해 볼 경우, 형식지는 비행기 조종 매뉴얼이나 프로그램과 같으며, 암묵지는 여러 번의 비행경험에 의해 습득된 것과 같다. 후자를 잠재지식이라고도 할 수 있다.

상호 영향관계

다른 예를 들어 보자. 여행을 많이 다녀 본 사람은 외국 어느 도시에 내려놓아도 숙소나 관광지를 잘 찾아다닌다. 이것이 그의 암묵지이다. 반면에 그에게는 실제로 가 보지 못한 캄차카 반도의 말끼온천은 어떻게 가는지, 김치찌개를 먹을 수 있는 '코리아하우스'는 어떻게 찾는지에 대한 구체적 지식(형식지)은 없다. 그런데도 그를 캄차카 반도에 내려놓으면 형식지는 없지만 암묵지를 활용하여 목적하는 바를 빨리 잘 찾아 낼 것이다. 또한 이곳저곳의 형식지가 쌓이면 그의 잠재적 여행실력인 암묵지가 된다. 형식지는 누구나 이해 또는 전달할 수 있는 객관적 지식이며, 문서, 규정, 매뉴얼, 공식, 컴퓨터 프로그램 등의 형태로 표현될 수 있다. 이에 반해 암묵지는 어떤 유형이나 규칙으로 표현하기 어려운 주관적이면서 내재적인 지식이며 개인이나 조직의 경험, 이미지 혹은 숙련된 기능, 조직문화 등의 형태로 존재한다. 우리가 가진 지식은 모두 이 두 가지 형태로 되어 있으며 지식의 창조와 증대란 이 두 가지가 증가되는 것이다. 이 두 가지 지식은 이식화(socialization), 표출화(articulation), 연결화(combination), 내재화(internalization)라는 단계를 거치면서 개인과 조직의 지식으로 증폭되고 발전한다. 그 과정을 자세히 살펴보자. 도표 15.8

도표 15.8 지식의 2가지 유형

구분	형식지	암묵지
정 의	• 언어로 표현 가능한 객관적 지식	• 언어로 표현할 수 없는 주관적 지식
특 징	• 언어를 통해 습득된 지식 • 전수가 상대적으로 쉬움	• 경험을 통해 몸에 밴 지식 • 전수하기 어려움
속 성	• 구체성 • 공식적 • 체계적	• 추상성 • 개인적 • 비체계적
예	• 비행기 조정 매뉴얼, 프로그램	• 비행체험과 훈련에 의해 생긴 것

조직 지식증가의 네 가지 과정

조직 자체로서는 지식을 증대시킬 수 없으며 조직구성원인 사람에 의해서만 조직의 지식증대와 축적이 가능하다. 우선 구성원 개인들의 지식증대는 다음 여러 과정 중 하나 혹은 두세 가지 과정을 통해서 가능하다.

이식(공동화: socialization)

이는 각자가 가진 지식을 남에게 알리며 자기도 남의 것을 배우는 과정이다. 도공이 스승으로부터 수년간 전수받은 지식, 신입사원이 근무하면서 선배들로부터 얻는 지식, 혹은 부서 간 직무이동으로 타 부서 지식을 전수하는 것도 모두 이식화에 의한 지식증대이다. 암묵지들의 교류만으로도 개인들의 암묵지가 증가한다.

표출(명료화: externalization)

이는 머릿속의 지식을 실천에 옮기면 새 지식이 얻어지는 과정이다. 생각했던 대로 조립을 완성하거나 풍부한 여행경험의 노하우를 가지고 캄차카 반도를 실제로 다녀오면 캄차카 반도와 관련한 형식지가 증대된다. 많은 여행경험(암묵지)이 있어도 이를 활용한 실천(캄차카 반도 여행)이 없이는 여전히 그곳 코리아하우스의 약도(형식지)를 남에게 그려 주지 못한다. 회사도 사원들에게 자기 생각을 과감하게 실천할 수 있도록 분위기를 조성해 주어야 한다. 회사가 사원에게 연구결과로 기계를 만들게 하거나 실무경험을 매뉴얼로 제작하게 한다면 표출화로 지식증대를 하는 것이다.

연결(통합화: combination)

이는 문자 그대로 기존의 지식들, 혹은 각자의 단편지식들이 연결되면서 통합적인 새로운 지식이 생성되는 과정이다. 주로 형식지가 교육되고 전달된다. 난이도 70 정도의 수학지식을 가진 두 학생이 함께 문제를 풀면 난이도 100의 문제를 풀기도 한다. 코페르니쿠스 지식은 갈릴레오에게, 갈릴레오 지식은 다시 뉴턴에게, 다시 아인슈타인에게 연결되면서 우주에 대한 지식이 증대되었

이야기 15.17 포용, 교류, 통합

하버드 교수가 전 싱가포르 총리 리콴유(**사진**)에게 "중국이 미국을 이길 수 있을까요?"라고 묻자 "No! Never! 왜냐하면 중국은 인구가 13억인데 미국은 70억이나 되기 때문입니다." 놀란 교수가 다시 물었다. "미국 인구는 3억이잖아요?" 그러자 총리가 답했다. "아닙니다. 전 세계인이 미국인입니다"라고. 그렇다. 미국 산업발전의 원동력이 된 헨리 포드의 아버지는 스코틀랜드에서, 강철왕 앤드류 카네기의 아버지는 아일랜드에서 이민을 왔다. 2차 세계대전 후에 미국이 주도권을 잡게 한 것은 원자탄이었고 그것은 독일에서 망명한 아인슈타인의 공헌이다. 미국은 냉전시대 적국 수장(후르시초프)의 아들 부부를 미국인으로 인정했고 그는 후에 미국 브라운대학의 교수를 지냈다. 애플 창업자 스티브 잡스의 아버지는 시리아인이고 오바마 대통령 아버지는 케냐인이며 클린턴 대통령 할아버지는 아일랜드인이다. 트럼프 대통령 어머니도 스코틀랜드인이고 현재 부통령 카멀라 해리스의 어머니는 인도인이고 아버지는 아프리카 자메이카인이다. 만약 초기의 미국인들이 그들만의 미국으로 똘똘 뭉치고 외부인들을 배척했더라면 과연 오늘의 미국이 있었을까? 리콴유의 말은 우리나라 국민과 기업계가 많은 것을 생각하게 한다.

다. 그러므로 회사는 열린 커뮤니케이션으로 항상 사원들이 모여 의견과 생각을 연결함으로써 더 큰 지식이 탄생할 수 있도록 여건을 마련해 주어야 할 것이다. 타인이나 타 집단과 교류를 끊고 철옹성 안에서 혼자만의 힘으로 성장발전을 시도하는 것은 몇 배의 노력이 든다. 이질적인 것을 수용하고 서로를 알아가는 것이 지식증가와 문제해결의 지름길이 된다. 이야기 15.17

체화(내재화: internalization)

사원들이 이곳저곳에서 얻은 지식들을 자기 머릿속에 쌓아 두면서 자신의 지식과 경험으로 체화(體化)시키는 과정이다. 오랫동안 이곳저곳 여행하면서 시행착오를 통해 풍부한 여행경험(암묵지)을 쌓았다면 이곳저곳의 형식지가 자신의 머리에 암묵지로 체화된 것이다. 즉 구체적 여행과 시행착오로 얻는 형식지가 거듭해서 쌓이면 아프리카 오지에 내려놓아도 살아갈 수 있는 암묵지가 생기는 것과 같다. 신입사원이 업무 매뉴얼을 보고 자신의 지식으로 만들거나 수년간 노하우를 축적한다면 지식의 내재화이다.

앞서 말한 대로 지식은 조직 스스로 창조할 수 없고 조직을 구성하는 개인이 주체적으로 창출하는 것이며, 조직은 개인의 지식창조를 지원해 줄 뿐이다. 구성원 각자의 지식이 증대되면 그 조직은 지식을 증대시킨 것이다. 그러나 그것으로 충분치 않다. 조직 내 구성원들 간에 지식의 공유·확산(이식화), 활용·실천(표출화), 결합·교환(연결화), 체화·획득(내재화)을 통해서 구성원들의 노하우와 지식창조는 더욱 가속화될 수 있는데 이를 조직의 지식창조라고 한다. 결국 조직은 암묵지와 형식지 간의 역동적인 상호작용을 부추기면 된다.[45] 도표 15.9

도표 15.9 지식창조의 4가지 방식

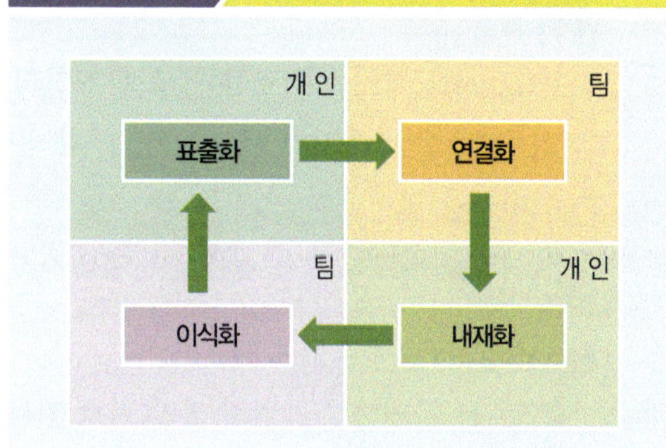

조직 지식증가의 네 가지 수준

여기서 표출화와 내재화는 개인 스스로 하는 것이지만 이식화와 연결화는 혼자서 불가능하며 조직 안의 팀이나 집단이 있어야만, 즉 타인이 함께 있어야만 가능하다. 따라서 조직은 골방에 혼자 있는 개인보다 지식증대의 여건이 훨씬 좋다. 그래서 조직은 구성원 각자가 지식을 증대시키도록 동기를 부여해 주는 것도 중요하지만, 이식화와 연결화가 가능하게끔 화합할 수 있는 열린 분위기를 만들어 주어야 한다. 그리하여 개인차원의 지식증대와 집단(조직)차원에서의 지식증대가 연결되면서 개인에서 조직으로, 다시 개인으로, 또다시 조직으로 복합 상승하는 나선형(spiral) 프로세스를 통해 지식증폭활동이 역동적으로 계속될 수 있다.

이야기 15.18 뇌본주의

지금까지의 산업사회가 자본주의(資本主義) 사회였다면 앞으로의 사회는 뇌본주의(腦本主義) 사회라고 한다. 자본주의 사회에서는 자본이 많은 사람이 더 큰 사업을 벌이고 더 큰 돈을 벌 수 있다. 소자본가가 아파트를 일 년에 다섯 동을 지어서 팔 때 대자본가는 1,000동씩 지어서 팔면 더 큰 돈을 벌던 시대가 자본주의 사회였다. 대자본가는 땅도 장비도 많고 더 많은 사람을 고용해서 더 많은 아파트를 지을 수 있기 때문이다. 하지만 이제는 토지와 설비가 없어도, 인력과 재료 없이도 머리(腦)만 잘 쓰면 그 아이디어에 자본이 몰리고 소비자가 몰리기 때문에 금방 대기업이 된다. 오늘날에는 소프트산업뿐만 아니라 자동차산업도 건설업도 모두 자본에 의해 움직이는 것이 아닌 머리가 좌우한다. 대자본가가 지은 아파트가 분양이 안 될 때 설계가 잘 되어 주부들의 마음을 사로잡는 건설업자는 아파트가 없어서 못 판다. 주변의 자본가는 그 사람에게 몰려서 금방 부자가 된다. 고 정주영 씨가 울산에 대형 조선소를 지을 때 빌 게이츠는 돈이 없어 기숙사에서 연구하고 창고에서 공장을 시작하여 세계 제일의 갑부가 된다. 세계적인 명품도시 밀라노에는 공장이 없다. 캘리포니아주 산타클라라의 포도밭 계곡의 허름한 창고를 빌려 휴렛 팩커드(Hewlett-Packard Company)가 기업을 시작한 이래 이제는 실리콘 계곡(Silicon Valley: **사진**)으로 변하여 머리 좋은 인력과 소자본으로 형성된 4,000여 개의 기업들이 48km나 뻗었지만 굴뚝은 한 개도 없다. 애플(Apple)사의 아이폰 생산은 머리로 하기 때문에 굴뚝이 필요 없기 때문이다.

이를 세분화하면 개인수준, 집단수준, 조직수준, 조직 간 수준으로 분류할 수 있다. 이에 대해 자세히 살펴보자.

개인수준

조직은 핵심역량을 확보하기 위해 개인의 숙련기술과 개인적 능력을 증가시키며 새로운 규범과 가치관들을 축적시킬 필요가 있다. 따라서 구성원들에게 조직학습이 필요한데 관리자는 조직학습이 항상 일어날 수 있도록 해 주면 된다. 이를 위해 구성원들에게 약간 고난도의 업무와 더 많은 책임을 부여하고 더 높은 전문지식을 발휘하도록 직무배분을 해야 한다. 이야기 15.18

집단수준

경영자는 문제해결을 위해 집단 서로 간에 능력을 공유하도록 하고 그런 팀에게 보상을 더 해준다. 팀이나 집단의 협력활동을 촉진하기 위해 지속적으로 지원한다면 팀들은 상호 연계를 통한 상승작용(synergism)을 만들어 내는데, 이러한 시너지효과를 통해 조직의 성과는 더욱 향상된다. 예를 들면 여러 과업들을 서로 집합적 · 순서적 · 상호적으로 연결하여 상호 의존하게 하면 시너지를 증가시키고 집단수준의 학습을 높일 수 있다. 왜냐하면 시간의 흐름에 따라 집단구성원의 상호작용이 증가하고 이에 따라 학습의 기회도 증가하기 때문이다. 집단의 공유된 학습능력은 집단성과 향상과 목표달성을 수월하게 할 것이다. 이러한 학습을 팀 학습(team learning)이라 하는데, 조직학습을 촉진시킴에 있어 개인수준의 학습보다 팀 학습이 더 중요하다. 아무리 개인을 훈련시켜도 조직학습이 없이는 조직성과와 직결되기 어렵기 때문이다.[46]

조직수준

조직구조와 조직문화를 연결시키기 위해서 조직학습이 긴요하게 요구된다. 즉 조직구조는 집단 간 의사소통이나 문제해결을 촉진하기 위해 설계되어야만 하는데 이때 조직구조는 팀원의 학습

분위기 형성에 큰 영향을 미친다. 예를 들어 기계적 조직과 유기적 조직은 학습의 접근방식에 있어 큰 차이를 보이는데, 기계적 조직의 설계는 의도적 학습을 촉진하는 반면 유기적 조직은 자생적 학습을 촉진하는 경향이 있다. 사실상 조직은 의도적 학습과 자생적 학습을 모두 활용하기 위해서라도 기계적 조직과 유기적 조직 간의 균형이 필요하다.

또한 조직문화는 조직수준의 학습에 중요한 영향을 미친다. 특히 조직학습의 분위기를 만들 때 비전을 구성원 전체에게 공유시켜야 하는지는 매우 중요한 문제이다. 이는 구성원을 조직에 묶어 둘 수 있는 정신적 모델이 되며 행동준거의 틀이 되기 때문이다. 또한 정보와 지식이 새롭게 진화되고 축적되려면 정보와 지식이 교류하는 커뮤니케이션 네트워크가 어떻게 형성·확장·변화하고 쇠퇴하는가에 관심을 갖고 조직수준에서 관리할 필요가 있다.[47]

조직 간 수준

조직구조나 조직문화만이 조직 내부의 학습을 활성화하는 공유된 비전을 만들어 내는 것은 아니다. 조직 간 수준에서도 학습이 이루어진다. 조직은 공급업자나 유통업자와 함께 입력과 산출을 효과적으로 다루기 위한 새로운 방법을 항상 모색하며 서로 협력함에 있어 탐색학습과 개척학습을 지속한다. 부품을 공급해 주는 중소업체들과 혹은 제품을 가져다 팔아 주는 유통업체들과의 전략적 제휴나 네트워크 조직을 구축해 놓으면 지속적으로 지식증대의 학습효과를 높이는 데 효과적일 것이다. 예를 들어 유기적 조직은 타 조직과의 조직 간 연계를 관리하는 데 적합한 반면, 기계적 조직은 다양한 연결 메커니즘의 장점을 얻는 데 효율적이지 못할 수 있다.

조직학습에 영향을 주는 요인

조직학습이 자동적으로 잘 진행되는 조직이 있는가 하면 어느 조직은 그렇지 못하다. 오히려 최고경영자가 노력을 해도 학습은커녕 답보상태에 있는 조직도 많다. 무슨 요인 때문일까? 이야기 15.19

조직학습과 인지구조

조직학습을 방해하여 조직생존을 위협하는 요인에는 어떤 것이 있는가? 과거의 성공적 학습이 종종 새로운 학습이나 새로운 경험을 추구하는 데 방해가 되는 경우가 많다. 성공적 학습이 조직타성(organizational inertia)으로 작용하기 때문이다. 예를 들어 조직 내에 위기가 닥쳤다는 신호가 있다고 하자. 경영자가 이러한 위험신호를 별스럽지 않게 여길 수도 있는데 이는 과거의 대응방식을 기억하고 그대로 반복하면 다시 위기를 극복할 수 있다는 타성이 생겼기 때문이다.

이처럼 과거의 학습된 성공방정식이 경영자나 구성원의 머리에 굳어져 있는데, 이러한 조직타성은 유용하게 재사용해서 성공하기도 하지만 실패의 나락으로 떨어지게도 한다. 즉 어떤 문제가 발생했을 때 문제의 본질을 파악하고 이를 해결할 방식에 대한 생각의 틀(인지구조: cognitive structure)이 이미 당사자들의 머릿속에 존재한다. 그들은 이를 그대로 활용하여 문제에 대응한다.[48]

이야기 15.19 성공은 실패의 어머니!

파이낸셜타임스지가 최근 20년 간 세계기업들의 경영에 가장 많은 영향을 끼친 책으로 조지 워터맨과 톰 피터스의 『초우량기업의 조건』(**사진**)을 들었다. 그들은 이 책을 어떻게 썼는가? 아주 쉽게 썼다. 포춘지 100대 기업 리스트를 경영학자들에게 보내어 그중에서도 가장 경영을 잘하며 잘나가는 기업을 골라 달라고 주문했다. 그 결과 43개 기업이 뽑혔다. 그들은 이 기업의 임원들에게 사람은 어떻게 채용하고 훈련하는가, 고객조사는 어떻게 하는가, 전략은 무엇인가 등등에 대해 질문을 하고 답하는 대로 받아 적었다. 그리고 그대로 책이 되었다. 그들이 한 것이라고는 서문을 쓴 것뿐이다. 책의 서문에 그들은 "여러분 기업도 이대로만 경영하세요. 그러면 초우량기업이 됩니다."라고 썼다. 이 책은 서점에 나오자마자 일약 베스트셀러 대열에 오른다. 전 세계 40개국 언어로 번역되고 번역되는 족족 베스트셀러가 되었다. 물론 우리나라에서도 베스트셀러 대열에 올랐다. 그러나 베스트셀러의 생명은 길지 않다. 5년 정도 세월이 흐른 후에 그들은 책을 다시 쓰기로 했다. 그간 경영기법이 변하고 새로 나온 전략을 보완해서 다시 쓰면 또 베스트셀러가 될 것이라는 기대 때문이었다. 그들은 이전 책의 모체가 되었던 43개 기업을 다시 방문하기로 했다. 그러나 불행히도 다 방문할 수는 없었다. 왜냐하면 43개 기업 중 무려 14개 기업이 법정관리에 들어가고 몇 개는 이 땅에서 완전히 사라졌기 때문이다. 참 이상했다. 50년도 아니고 5년도 안 되었는데 그렇게 잘나가던 기업이 왜 그 지경이 되었을까? 실패의 이유는 간단했다. 그 기업들이 너무 성공했다는 것이 실패 이유였다. 세상은 계속 변해 가는데 총수부터 말단사원에 이르기까지 머리에 성공 노하우만 가득 차서 그대로만 반복하고 있었던 것이다. 그 후 톰 피터스는 책을 다시 썼다. 『경영혁명』에서 그는 모든 것을 뒤집어엎지 않으면 안 된다고 외쳤다.

인지구조란 문제나 사건을 정의하는 데 사용되는 개인이 가지고 있는 신념, 선호도, 기대, 가치관 등의 체계라고 할 수 있다. 조직 내에서 인지구조는 사람들의 계획, 목표, 일화, 신화, 언어 속에서 노출되어 나타난다.[49]

인식의 틀은 경영진의 의사결정에도 영향을 주며 환경을 기회와 위협으로 지각하는 데에도 힘을 발휘한다. 그런데 일단 새로운 것을 시작할 의욕이 있을 때에는 조직타성과 무관하게 자발적으로 새로운 시도로 이전되기도 한다. 예를 들면 새로운 기술을 습득하려는 의욕이 강한 사람들은 조직타성이 있음에도 불구하고 신제품을 개발하여 상품화하려는 의도를 강하게 보였다.

반대의견의 적극적 청취

보다 효과적인 의사결정을 위해서 반대자의 의견을 적극적으로 청취할 필요가 있다. 그들이 사안에 대한 생각지도 못했던 새로운 정보를 가지고 있을 수 있기 때문이다. 불행하게도 대개의 관리자들은 부하의 이야기를 들으려 하지 않는 경향이 있다. 그러다 보니 자연스럽게 부하는 예스맨이 되기 일쑤이다.

사건을 학습기회로 전환

어떤 회사가 개혁을 위해 팀장을 임명하여 실행에 옮기기까지 무려 4년의 세월이 소모되었다고 한다. 특별한 변화를 실행으로 옮기려다 예측하지 못한 사건들이 발생하면 그냥 포기하는 경우가 허다하여 소중한 시간을 그냥 흘려 보내곤 한다. 그러므로 사건 및 위기를 학습기회로 전환하여 적극적으로 실행에 옮기는 것이 중요하다.[50] 따라서 창의적 아이디어가 실제로 기술혁신으로 이어지려면 리더의 지원과 개방된 의사소통 분위기가 필수적이다.[51]

실험정신

새 지식을 얻으려면 조직은 실험정신이 있어야 한다. 새로운 대안을 제시하거나 과거의 대안에 대한 타당성을 검증할 때에도 이러한 실험정신은 필요하다. 실험정신이란 조직이 일상적으로 해오던 것에서 약간 벗어나 실패를 두려워하지 않음으로써 학습을 해 보는 것이다. 보수적인 사람일수록 실험정신이 모자라 위험을 감수하려 들지 않는 경향이 짙다.

안정과 개선의 담보

새 학습에 들어가려면 기존의 익숙한 것에서 벗어나야 한다. 이때 새로운 것에 대한 미숙련으로 인하여 성과가 잠시 감소할 수도 있고 배움이 오히려 이전과 같지 못할 수도 있으므로 리더는 구성원에게 변화기간 동안 직장안정과 장기적 성과의 안정을 담보해 줄 필요가 있다.[52] 이를 위해 리더 혹은 조직은 구성원들의 신뢰기반을 확실히 해야 하고 조직지원을 아끼지 말아야 한다.[53] 그리고 앞서 본 레윈의 조직변화과정의 3단계인 기존의 것에 대한 폐기학습(해빙), 새로운 것의 학습(변화), 새로 학습한 것의 재동결(조직학습)로 이어지면 효과적일 것이다.

브리꼴라주

브리꼴라주(bricolage)의 어원은 원래 서로 관련 없는 것 같은, 흩어진 단편적인 재료들이라도 잘 조합하여 아주 유용한 물건을 만들어 내는 행위를 말한다. 우리가 무인도에 남게 된다면 브리꼴라주형의 인간(bricoleur)이 되어서 나뭇가지와 야자수 잎으로 거처를 마련하고, 나무껍질로 그물을 만들어 물고기를 잡아먹으며, 온갖 보이는 물건들을 모아서 살아남을 수 있는 최선의 상태를 만들 것이다. 이런 행동이 바로 브리꼴라주이다. 이런 점에서 원주민들도 야만인이 아니라 브리꼴라주형이었다.[54]

오늘날 브리꼴라주형의 표본으로 고 스티브 잡스를 많이 꼽는다. 그는 전화, 음악, 게임, 인터넷 등 독립된 개별 사물들을 각각의 상황에 맞게 도구로 사용하여 더 나은 상품(스마트폰)을 만들었다. 만일 브리꼴라주형 경영자라면 조직의 각 전문가들, 자원, 자본을 잘 엮어서 창조적인 사업을 펼칠 것이다. 조직학습 역시 브리꼴라주형 인간들에 의해서 가능하다. 서로 무관한 전문가들이지만 연결과 통합으로 새로운 지식이 창조되고 잘 짜맞추면 새로운 제품이 탄생한다. 이런 식으로 조직학습이 계속될 수 있다. 그러므로 관리자는 브리꼴라주 분위기를 조성해 줘야 한다. 이러한 문화를 가진 조직은 훨씬 상황에 탄력적이며 문제해결에 빠를 뿐만 아니라 조직혁신과 신제품 창조에 조직학습활동과 브리꼴라주가 매개역할을 해 줄 것이다.[55]

이 책의 도움글

1장

1. R. G. Klein, "Archeology and the Evolution of Human Behavior," *Evolutionary Anthropology*, 9(1), 2000, 17-36.
2. D. H. Bailey and D.C. Geary, "Hominid Brain Evolution," *Human Nature*, 20(1), 2009, 67-79.
3. E. C. Caldewell, "Reinterpreting The Chauvet Cave Paintings," JSTOR Daily, March 21, 2016; France 24, "UNESCO Grants Heritage Status to Prehistoric French Cave," June 2014; G. Camps, *La Prehistoire*, Paris: Perrin, Librairie Academique, 1982, 162-176.
4. S. Robbins and T. A. Judge, *Organizational Behavior*, updated 18th ed., Pearson Education Ltd., 2022, 507-508; E. Cannan. *An Inquiry into the Nature and Causes of the Wealth of Nations*, 1976; Adam Smith, The Wealth of Nations, 1776, Edition of B. Basgen, *The Modern Library*, Random House, Inc, 1937.
5. A. Smith, *An Inquiry into the Nature and Causes of the Wealth of Nations*, 1937, Random House, Inc.: Online Version: Reference Archive(marxists.org) 2000.
6. J. Graafand and T. R. Wells, "In Adam Smith's Own Words: The Role of Virtues in the Relationship Between Free Market Economies and Societal Flourishing, A Semantic Network Data-Mining Approach," *Journal of Business Ethics*, April 2020, https://doi.org/10.1007/s10551-020-04521-5.
7. A. Cordella, "Transaction Costs and Information Systems: Does IT Add Up?," *Journal of Information Technology*, 21(3), 2006, 195-202.
8. J. Galbraith, *Designing Complex Organizations*, Addison-Wesley Publishing Company, Reading, MA, 1973.
9. R. L. Daft, *Organizational Theory and Design*, 12th ed., Vanderbilt Univ. Cengage Learning, Boston: MA., 2015.
10. M. Crozier, *L'acteur et le Systeme*, Paris: Le Seuil, 1977.
11. S. Richard and G. F. Davis, *Organizations and Organizing: Rational, Natural, and Open System Perspectives*, Pearson Prentice-Hall, 2007.
12. K. Dill, "The 20 Best Places to work in 2015," *Forbes*, Dec. 10, 2014.
13. I. O. Karpen, "Service Dominant Orientation: Measurement and Impact on Performance Outcomes," *Journal of Retailing*, 91(1), 2015, 89-108.
14. J. Greenberg and R. A. *Baron, Behavior in Organizations*, 8th ed., Pearson Education Inc., NJ: Upper Saddle River, 2003.
15. S. Robbins and T. A. Judge, *Organizational Behavior*, updated 18th ed., Pearson Education Ltd., 2022, 47.
16. J. Greenberg and R. A. Baron, *Behavior in Organizations* (8th ed.), Pearson Education Inc., NJ: Upper Saddle River, 2003.
17. S. Robbins and T. A. Judge, *Organizational Behavior* (17th ed.), Pearson Educational Ltd., 2017, 53.
18. W. G. Nickels, J. M. McHugh, and S. McHugh, *Understanding Business*, Chicago: Irwin, 1987; J.L. Pierce and R. B. Dunham, *Managing*, Glenview IL: Scott, Foresman, 1990.
19. F. Luthans, *Organizational Behavior* (11th ed.), McGraw-Hill, 2006.
20. J. N. Sheth and C. Uslay, "Implications of the Revised Definition of Marketing: From Exchange to Value Creation," *Journal of Public Policy & Marketing*, 26(2), 2007, 302-307.
21. J. A. Margolisa and J. C. Ziegertb, "Vertical Flow of Collectivistic Leadership: An Examination of The Cascade of Visionary Leadership Across Levels," *The Leadership Quarterly*, 27(2), Apr. 2016, 334-348.
22. R. A. Owen, A New View of Society, NY: E. Bliss and White, 1825.
23. 과학적 관리란 노동자의 자의적 관리, 구태의연한 관리, 즉 표류관리(drifting management)에 대응한 합리적 관리의 표현인데, 테일러가 처음으로 사용하였으므로 Copley는 그를 '과학적 관리의 아버지'라고 부르고 있다.
24. Fayol은 이 책의 마지막 시리즈를 완간하지 못하고 세상을 떠났다. 이 책은 1916년에 프랑스어로 출판되었으나 1949년에야 영어로 번역되어 비로소 미국에 보급되었다.
25. M. Weber, *The Theory of Social and Economic Organization*, NY: Free Press, 1947.
26. R. A. Gordon and J. E. Howell, *Higher Education for Business*, NY: Columbia University Press, 1959.
27. C. I. Barnard, *The Functions of the Executive*, Cambridge, MA: Harvard University Press, 1938, 73; M. C. Suchman, "Managing Legitimacy: Strategic and Institutional Approaches," *Academy of Management Review*, July 1995, 571-610.
28. R. Viitala, J. Vesalainen, and T. P. Uotila, "SME Managers' Causal beliefs on HRM as Success Factor of the Firm," *Journal of Small Business Management*, Aug 2020, https://doi.org/10.1080/00472778.2020.1758528.
29. C. D. Wrege, "Solving Mayo's Mystery: The First Complete Account of the Origin of the Hawthorne Studies: The Forgotten Contributions of Human Relations Management History," *Division of the Academy of Management*, August 1976.
30. H. A. Simon, "Bounded Rationality in Social Science: Today and Tomorrow," *Mind & Society*. 1, 2000, 25-39.
31. B. Weischedel, S. Matear, and K. R. Deans, "A Qualitative Approach to Investigating Online Strategic Decision Making", *Qualitative Market Research*, 8(1), 2005. 61-76.
32. G. Desa and S. Basu, "Optimization or Bricolage? Overcoming Resource Constraints in Global Social Entrepreneurship," *Strategic Entrepreneurship Journal*, 7(1), March 2013, 26-49.
33. L. E. Brouthers, V. B. Marshall, and D. L. Keig, "Solving the Single-Country Sample Problem in Cultural Distance Studies," *Journal of International Business Studies*, 47(4), May 2016, 471-479.
34. R. Lerman and S. R. Schmidt, "An Overview of Economic, Social, and Demographic Trends Affecting the Labor market," Report to *the Urban Institute for U.S. Department of Labor*, 2002.
35. F. Kunze and J. I. Menges, "Younger Supervisors, Older Subordinates: An Organizational Level Study of Age Differences, Emotions, and Performance," *Journal of Organizational Behavior*, doi: 10.1002/ job.2129. 4 Sept. 2016.
36. C. K. Lam, F. Walter, and X. Huang, "Supervisors' Emotional Exhaustion and Abusive Supervision: The Moderating Roles of Perceived Subordinate Performance and Supervisor Self-Monitoring," *Journal of Organizational Behavior*, 1-16. 11 April 2017, Online Version.
37. C. Beierle, "Management of Uncertainty in Artificial Intelligence

and Databases," *International Journal of Approximate Reasoning*, 86, July 2017, 24-25.

38. N. Butler and S. Spoelstra, "The Regime of Excellence and the Erosion of Ethos in Critical Management Studies," *British Journal of Management*, 25, 2014, 538-550.

2장

1. R. A. Posthuma and M. A. Campion, "Age Stereotypes in the Workplace: Common Stereotypes, Moderators, and Future Research Directions," *Journal of Management*, 35, 2009, 158-188.
2. N. Hashiguchi, et al., "Age-Dependent Influence of Intrinsic and Extrinsic Motivations on Construction Worker Performance," *International Journal of Environment*, 18(1),2021,111; https://doi.org/10.3390/ijerph18010111.
3. F. Kunze, S. A. Boehm, and H. Bruch, "Age Diversity, Age Discrimination Climate and Performance Consequences- A Cross Organizational Study," *Journal of Organizational Behavior*, 32(2), 2011, 264-290.
4. T. W. H. Ng and D. C. Feldman, "Reexamining the Relationship between Age and Voluntary Turnover," *Journal of Vocational Behavior*, 74, 2009, 284-293.
5. T. W. H. Ng and D. C. Feldman, "The Relationship with Job Attitudes: A Meta-Analysis," *Personnel Psychology*, 63, 2010, 677-718.
6. S. D. Riza, Y. Ganzach, and Y. Liu, "Time and Job Satisfaction: A Longitudinal Study of the Differential Roles of Age and Tenure," *Journal of Management*, Jan. 25, 2016.
7. A. D. Gripa, J. Sauermanna, and I. Siebena, "The Role of Peers in Estimating Tenure-Performance Profiles: Evidence from Personnel Data," *Journal of Economic Behavior & Organization*, 126, June 2016, 39-54.
8. U. T. Jensen and C. F. Vestergaard, "Public Service Motivation and Public Service Behaviors: Testing the Moderating Effect of Tenure," *Journal of Public Administration Research Theory*, 27(1), 2017, 52-67.
9. C. J. Roulette, E. Hagen, and B. S. Hewlett, "A Biocultural Investigation of Gender Differences in Tobacco Use in an Egalitarian Hunter-Gatherer Population," *Human Nature*, 27(2), June 2016, 105-129.
10. '산길에서 찾아오기' 실험은 I. Silverman, J. Choi, and M. Peters, "The Hunter-Gatherer Theory of Sex Differences in Spatial Abilities: Data from 40 Countries," *Archives of Sexual Behavior*, 36, 2007, 261-68; '매력적 이성 얼굴 찾기' 실험은 J. L. Tracy and A. T. Beall, "Happy Guys Finish Last: The Impact of Emotion Expressions on Sexual Attraction," Emotion, 11(6), Dec. 2011, 1379-1387, 이 실험은 더 구체화되어 2017년 6월 인터넷에 다시 회자되었음.
11. N. O. Ndubisi, "Role of Gender in Conflict Handling in the Context of Outsourcing Service Marketing," *Psychology and Marketing*, 30(1), January 2013, 26-50.
12. S. Hora, G. J. Lemoine, N. Xu, and C.E. Shalley, "Unlocking and Closing the Gender Gap in Creative Performance: A Multilevel Model," *Journal of Organizational Behavior*, 01 Jan. 2021, https://doi.org/10.1002/job.2500.
13. M.E. Heilman and T.G. Okimoto, "Why are Women Penalized for Success at Male Tasks?: The Implied Communality Deficit," *Journal of Applied Psychology*, 92(1), Jan. 2007, 81-92.
14. S. C. Kundu and A. Mor, " Workforce Diversity and Organizational Performance: a Study of IT Industry in India," *Employee Relations*, 39(2), 2017, 160-183.
15. D. R. Avery, F. McKay, and D. C. Wilson, "What are the odds? How Demographic Similarity Affects the Prevalence of Perceived Employment Discrimination," *Journal of Applied Psychology*, 93(2), 2008, 235-249.
16. J. H. Langlois, L. A. Roggman, and L. A. Reiser-Danner, "Infants' Differential Social Responses to Attractive and Unattractive Faces," *Developmental Psychology*, 26, 1990, 153-159.
17. M. R. Cunningham, A. R. Roberts, A. Barbee, and B. Druen, "Their Ideas of Beauty are, on The Whole, The Same as Ours: Consistency and Variability in The Cross-Cultural Perception of Female Attractiveness," *Journal of Personality and Social Psychology*, 68, 1995, 261-279.
18. D. Landy and E. Aronson, "The Influence of the Character of the Criminal and His Victim on the Decisions Simulated Jurors," *Journal of Experimental Social Psychology*, 5, 1969, 141-152.
19. U. Rosar, J. Hagenah and M. Klein, "Physical Attractiveness and Monetary Success in German Bundesliga," *Soccer and Society*, 18, 2017, 102-120.
20. D. S. Hamermesh and J. E. Biddle, "Beauty and the Labor Market," *The American Economic Review*, Nashville, 84, 1994, 1174-1194.
21. J. Cawley, "The Impact of Obesity on Wages," *The Journal of Human Resources*, Madison, 39, 2004, 451-474.
22. T. A. Judge and D. M. Cable, "The Effect of Physical Height on Workplace Success and Income: Preliminary Test of a Theoretical Model," *Journal of Social Psychology*, 67, 2004, 426-441; 임창희, "직장여성의 외모가 승진에 미치는 영향 – 자아존중감과 대인관계 수준의 매개역할을 중심으로", 「경영학연구」 한국경영학회, 36(3), 2007, 597-621.
23. E. Hatfield and S. Sprecher, *Mirror, Mirror: The Importance of Looks in Everyday Life*, Albany State University of NY Press, 1986.
24. S. N. Talamas, K. I. Mavor, and D. I. Perrett, "Blinded by Beauty: Attractiveness Bias and Accurate Perceptions of Academic Performance," Kun Guo, Univ. of Lincoln, United Kingdom, PLoS https:// doi.org/10.1371/journal.pone.0148284, Feb. 17, 2016.
25. D. S. Chapman, K. L. Uggerslev, S. A. Carroll, K.A. Piasentin, and D. A. Jones, "Applicant Attraction to Organizations and Job Choice: A Meta-Analytic Review of the Correlates of Recruiting Outcomes," *Journal of Applied Psychology*, 90(5), Sep. 2005, 928-944.
26. B. Emily, H. Joshua, and C. Barclay, "The Relative Returns to Education, Experience, and Attractiveness for Young Workers," *IZA Discussion Paper* No. 10537. Available at SSRN: https:// ssrn.com/abstract=29114755, Feb. 2017, 43.
27. J. L. Raver and L.H. Nishii, "Once, Twice, or Three Times as Harmful? Ethnic Harassment, Gender Harassment, and Generalized Workplace Harassment," *Journal of Applied Psychology*, 95(2), 2010, 236-254.
28. R. Tabrizi, M. Akbari, K. B. Lankarani, S.T. Heydari, A. Masoudi, A. H. Shams, A. Akbarzadeh, S. Moalemi, and M. M. Mehr, "Relationship between Religion and School Students' Road behavior in Southern Iran," *Chinese Journal of Traumatology*, Available online 24 February 2017, https://doi.org/10.1016/j.cjtee.2016.12.001.

29. A. Sav, "The Role of Religion in Work-Life Interface," *The International Journal of Human Resource Management*, Nov 2016, 1-22.
30. M. Soler, "The Faith of Sacrifice: Leadership Trade-Offs in An Afro-Brazilian Religion," *Human Nature*, 27(4), Dec. 2016, 372-394.
31. J. W. B. Lang, M. Kersting, U. R. Hulsheger, and J. Lang, "General Mental Ability, Narrower Cognitive Abilities, and Job Performance: The Perspective of the Nested-Factors Model of Cognitive Abilities," *Personnel Psychology*, 63, 2010, 595-640.
32. G. F. Miller, Sexual Selection for Cultural Displays. In R. Dunbar, C. Knight, and C. Power (Eds.), *The Evolution of Culture*. Edinburgh: Univ. of Edinburgh Press, 1999.
33. D. Goleman, Emotional Intelligence: *Why It Can Matter More Than IQ, Audiobook*, 2005, Amazon.com.
34. A. K. Uskul, S. Paulmann, and M. Weick, "Social Power and Recognition of Emotional Prosody: High Power is Associated with Lower Recognition Accuracy than Low Power," *Emotion*, 16(1), Feb 2016, 11-15.
35. M. Martin, H. J. Kell, and S. J. Motowidlo, "Prosocial knowledge Mediates Effects of Agreeableness and Emotional Intelligence on Prosocial Behavior," *Personality and Individual Differences*, 90, Feb. 2016, 41-49.
36. D. Joseph and D. A. Newman, "Emotional Intelligence: An Integrative Meta-Analysis and Cascading Model," *Journal Applied Psychology*, 95(1), Jan. 2010, 54-78.
37. F. J. Landy, "Some Historical and Scientific Issues Related to Research on Emotional Intelligence," *Journal of Organizational Behavior*, 26(4), June 2005, 411-24.
38. R. Hogan, T. Chamorro-Premuzic, and R. B. Kaiser, "Employability and Career Success: Bridging the Gap Between Theory and Reality," *Industrial and Organizational Psychology*, 6(1), March 2013, 3-6.
39. R. Blokker, J. Akkermans, M. Tims, P. Jansen, and S. Khapova, "Building a Sustainable Start: The Role of Career Competencies, Career Success, and Career Shocks in Young Professionals' Employability," *Journal of Vocational Behavior*, 112, 2019, 172-184.
40. M. E. Beier, W. J. Torres, G. G. Fisher, and L. E. Wallace, "Age and Job Fit: The Relationship between Demands-Ability Fit and Retirement and Health," *Journal of Occupational Health Psychology*, 25(4), 2020, 227-243.
41. R. L. Katz, "Skills of the Effective Administrator," *Harvard Business Review*, Sept-Oct. 1974, 90-102.
42. C. G. Morris, *Psychology:* An Introduction, 9th ed., Upper Saddle River, NJ: Prentice-Hall, 1996, 344.
43. C. M. Barnes, K. Jiang, and D. P. Lepak, "Sabotaging the Benefits of Our Own Human Capital Work Unit Characteristics and Sleep," *Journal of Applied Pschology*, Feb 2016, 209-221.
44. R. Levering, "The 100 Best Companies to Work for 2016," *Fortune*, March 15, 2016, 154.
45. T. Casciaro, F. Gino, and M. Kouchake, "Managing Yourself: Learn to Love Networking," *Harvard Business Review*, May 2016, 104-107.
46. R. B. Cattell, "Personality Pinned Down," *Psychology Today*, July 1973, 40-46.
47. B. Marcus, M. C. Ashton, and K. B. Lee, "A Note on the Incremental Validity of Integrity Tests beyond Standard Personality Inventories for the Criterion of Counterproductive Behavior," *Canadian Journal of Administrative Sciences* / Early View (Online Version of Record published before inclusion in an issue) 12 Feb. 2013, DOI: 10.1002/cjas.1235.
48. L. Sui, H. Qin, J. Ned, and L. Sun, "Personality Traits and Job Exploration among Latino Business Students: An Exploratory Investigation," *Psychology in the School*, 58(1), Jan. 2021, 18-32.
49. J. C. Bradburn, A. M. Ryan, A. Boyce, T. McKinniss and J. Way, "Is It Complicated? Validity of Personality Interactions for Predicting Performance," Personnel Assessment and Decisions, 6(3), 2020, https://doi.org/10.25035/pad.2020.03.004; A. Kinicki and M. Fugate, *Organizational Behavior: A Practice, Problem-solving Approach*, 2nd ed., McGraw-Hill Education, 2018, p93.
50. I. Briggs and T. Myers, *Introduction to Type: A Description of the Theory and Applications of the Myers-Briggs Type Indicator*, Consulting Psychologists Press, Palo Alto CA, 1962; R. R. McCrae and T. Costa Jr., "Reinterpreting the Myers Briggs Type Indicator from the Perspective of the Five Factor Model of Personality," *Journal of Personality*, March 1989, 17-40.
51. L. A. Pervin, *The Science of Personality*, Oxford University Press, 2003.
52. S. L. Grover, "Different Respect Motivates Different People : How Self-Esteem Moderates the Effects of Respect on Performance," *Personality and Individual Differences*, 168, Jan. 2021, https://doi.org/10.1016/j.paid.2020.110312.
53. F. O. Walumbwa, B. J. Avolio and W. Zhu, " How Transformational Leadership Weaves Its Influence on Individual Job Performance: The Role of Identification and Efficacy Beliefs," *Personnel Psychology*, 61, 2008, 793-825.
54. A. Bandura and E. A. Locke, "Negative Self-efficacy and Goal Effects Revisited," *Journal of Applied Psychology*, 8, 2003, 87-99.
55. L. E. Burke, S. Serika, J. Choo, M. Warziski, E. Music, M. Styn, J. Novak, and A. Stone, "Ancillary Study to the Prefer Trial: A Descriptive Study of Participants Patterns of Self-monitoring, Rational, Design and Preliminary Experiences," *Contemporary Clinical Trials*, 1, 2006, 23-33.
56. J. Andrisani, and C. Nestel, "Internal-External Control As A Contributor To and Outcome of Work Experience," *Journal of Applied Psychology*, 61, 1976, 156-165.
57. K. T. Blackwell, "Ionic Currents Underlying Difference in Light Response Between Type A and Type B Photoreceptors," *School of Computational Sciences and The Krasnow*, Institute for Advanced Study, George Mason University, Fairfax, Virginia, 2005.
58. M . Flynn, Y. Cai, D. A. Baxter, and T. Crow, " A Computational Study of the Role of Spike Broadening in Synaptic Facilitation of Hermissenda," *Journal of Computer Neuro Science*, 15, 2003, 29-41; M. Friedman and R. Roseman, *Type A Behavior and Your Heart*, N.Y.: Knopf, Alfred, 1984.

3장

1. M. A. Brown, "Values: a Necessary but Neglected Ingredient of Motivation on the Job," *Academy of Management Review*, 1, 1976, 23.
2. S. Robbins and T. A. Judge, *Organizational Behavior*, Updated 18th. ed., Pearson Education Ltd., 2022, 155.
3. M. Rokeach, *The Nature of Human Values*, NY: Free Press, 1973.
4. G. Hofstede, Culture's Consequences: International Differences in

Work Related Values, 2nd ed., Beverly Hills, CA: Sage, 2001; *Culture and Organizations*: Software of the Mind, London: McGraw-Hill, 1991; G. Hofstede and M. H. Bond, 'The Confucius Connection: From Culture Roots to Economic Growth," Organizational Dynamics, 16, 1988, 4-21.

5. G. Hofstede, G. J. Hofstede, and M. Minkov, *Cultures and Organizations: Software of the Mind*, Revised and Expanded 3rd Ed., NY: McGraw-Hill, 2010; Hofstede Insights, *National Culture*, https://hi.hofstede insights.com/national culture, accessed April 23, 2020.
6. V. Taras, B. L. Kirkman, and P. Steel, "Examining the Impact of Culture's Consequences: A Three-decade, Multi-level, Meta-analytic Review of Hofstede's Cultural Value Dimensions," *Journal of Applied Psychology*, 95(3), 405-439.
7. I. Ajzen and M. Fishbein, "The Influence of Attitudes on Behavior," In D. Albarracin, B. T. Johson, and M. P. Zanna (Eds.), *The Handbook of Attitudes* (pp.173-221), Mahwah, NJ: Erbaum, 2005. ; M. Fishbein and I. Ajzen, *Belief, Attitude, Intention and Behavior: An Introduction to Theory and Research, Reading,* Mass: Addison-Wesley Publishing Co., 1975.
8. J. M. Olson and M. P. Zanna, "Attitudes and Attitude Change," *Annual Review of Psychology,* 44, Feb 1993, 117-154.
9. R. Kreitner and A. Kinicki, Organizational Behavior, Homewood, Illinois: BPI, Irwin, 1998, 82-85; J. Doll and I. Ajzen, "Accessibility and Stability of Predictors in the Theory of Planned Behavior," *Journal of Personality and Social Psychology,* 63, 1992, 754-765.
10. S. Freud, *Psychologie Collective et Analyse du Moi,* Payot, 1951.
11. E. Fromm, *La Crise de la Psychanalyse: Essais sur Freud, Marx et la Psychologie Sociale,* Anthropos, Paris, 1971; E. Fromm, "Psychoanalytic Characterology and Its Application to the Understanding of Culture," in S.S. Sargent and M. W. Smith (Eds.), *Culture and Personality*, bei Viking Press, NY, 2001, 1-12.
12. E. Durkheim, *Les Roles de la Methode Sociologique*, Paris, PUF, 1947.
13. A. W. Staats and C. K. Staats, "Studies in Social Psychology in World War II: Measurement and Prediction," *The American Soldier: Adjustment During Army Life,* 1, NJ: Princeton Univ. Press, 1958.9).
14. L. Bickman, "Social Influence and Diffusion of Responsibility in an Emergency," *Journal of Experimental Social Psychology*, 8(5), Sept 1972, 438-445.
15. U. Gneezy and A. Rustichini, "A Fine is a Price," The Journal of Legal Studies, 24, 2000, 1-17.
16. L. R. Glasman and D. Albarracín, "Forming Attitudes That Predict Future Behavior: A Meta-Analysis of the Attitude − Behavior Relation," *Psychological Bulletin*, 132(5), Se 2006, 778-822.
17. K. Lewin, *Field Theory in Social Science*, NY: Harper, 1951; N. Fligstein, "Social Skill and the Theory of Fields." *Sociological Theory*, 19, 2001, 105-125.
18. K. Sentis and E. Burnstein, "Remembering Schema Consistent Information: Effects of A Balance Schema on Recognition Memory," *Journal of Personality and Social Psychology*, 37, 1979, 2200-2211.
19. H. M. Weiss and R. Cropanzano, "Affective Events Theory: A Theoretical Discussion of the Structure, Causes and Consequences of Affective Experiences at Work," in B.M. Staw and L. L. Cummings(Eds.), *Research in Organizational Behavior*, 18, Greenwich, CT: JAI Press, 1996, 1-3.
20. A. L. Rubenstein, Y. Zhang, K. M. Hayley, M. Morrison, and D. F. Jorgensene, "Trait Expression through Perceived Job Characteristics: A Meta-analytic Path Model Linking Personality and Job Attitudes," *Journal of Vocational Behavior*, 112, June 2019, 141-157.
21. *World Business Culture*, "Doing Business in South Korea," www.world business culture.com/ Business-in-South-Korea, accessed in July 29, 2015.
22. B. Schneider, and H. Dachler, "A Note on the Stability of the Job Descriptive Index," *Journal of Applied Psychology*, 63, 1978, 650-653.
23. 최숙희 · 강우란 · 홍순영(2008), 「중고령자의 근로관에 관한 국제비교」, 삼성경제연구소.
24. S. C. S. Chi, R. A. Friedman, and H. L. Shih, "Beyond Offers and Counteroffers: The Impact of Interaction Time and Negotiator Job Satisfaction on Subjective Outcomes in Negotiation," *Negotiation Journal*, 29(1), January 2013, 39-60.
25. M. Schulte, C. Ostroff, S. Shmulyian and A. Kinicki, "Organizational Climate Configurations: Relationships to Collective Attitudes, Customer Satisfaction, and Financial Performance," *Journal of Applied Psychology*, 94(3), 2009, 618-634.
26. E. Spector and S. Fox, "An Emotion-Centered Model of Voluntary Work Behavior: Some Parallels between Counterproductive Work Behavior and Organizational Citizenship Behavior," *Human Resource Management Review*, 12, 2002, 269-292.
27. J. Meyer and N. J. Allen, "A Three-component Conceptualization of Organizational Commitment," *Human Resource Management Review*, 1(1), 1991, 61-9.
28. M. A. Khattak, N. Iqbal, and S. R. Khattak, "Relationship between Employees Involvement and Organization Performance in Milieu of Pakistan," *International Journal of Academic Research in Accounting, Finance and Management Sciences*, 3(1), January 2013, 219-30.
29. J.M. Stevens, J.M. Beyer and H.M. Trice, "Assessing Personal Role, and Organizational Predictors of Managerial Commitment," *Academy of Management Journal*, 21, 1978, 370-391.
30. J. M. George, "The Wider Context, Costs, and Benefits of Work Engagement (Citations: 1)," *Reference Works*, 20(1), 2011, 53-59.
31. B. E. Ashforth and F. Mael, "Social Identity Theory and the Organization," *Academy of Management Review*, 14(1), 1989, 20-39.
32. S. D. Saleh and J. Hosek, "Job Involvement: Concept and Measurements." *Academy of Management Journal*, 19, 1976, 213-224.

4장

1. R. Kanfer, "Motivation Theory and Industrial and Organizational Psychology," in M. D. Dunnette and L. M. Hough (eds.), *Handbook of Industrial and Organizational Psychology*, 2nd ed., Palo Alto, Calif.: Consulting Psychologists Press, 1990, 75-169.
2. N. M. Wessels, J. Zimmermann, J. C. Biesanz, and D. Leising, "Differential Associations of Knowing and Liking with Accuracy and Positivity Bias in Person Perception," *Journal of Personality and Social Psychology*, 118(1), Jan 2020, 149-171.
3. T. Y. Hua, X. Xiea, and J. Lib, "Negative or Positive? The Effect of Emotion and Mood on Risky Driving," *Transportation Research Part F: Traffic Psychology and Behaviour*, 16, January 2013, 29-40.
4. V. J. C. Suárez, J. P. F. García, R.V. Marcos, and M.J.M. Patiño,

"Modulators of the Personal and Professional Threat Perception of Olympic Athletes in the Actual COVID-19 Crisis," *Front. Psychoogy*, 05 Aug 2020, https://doi.org/10.3389/fpsyg.2020.01985.

5. G. Kuhn, A. Pickering, and G. G. Cole, "'Rare' Emotive Faces and Attentional Orienting," *Emotion*, 16(1), Feb. 2016, 1-5.
6. C. N. Macrae and G. V. Bodenhausen, "Social Cognition: Categorical Person Perception," *Journal of Psychology*, 92, 2001, 239-255.
7. J. Landman and M. Melvin, "Social Cognition: Some Historical and Theoretical Perspectives," in L. Berkowitz, *Advances in Experimental Social Psychology*, 16, NY: Academic Press, 1983; C. N. Macrae and G. V. Bodenhausen, "Social Cognition: Thinking Categorically About Others," *Annual Review of Psychology*, 51, 2005, 93-120.
8. S. E. Tayor, " The Interface of Cognitive and Social Psychology," in J.H. Harvey(Ed.), *Cognition, Social Behavior and the Environment*, Hillsdale, New Jersey: Erlbaum, 1981.
9. B. E. Ashforth and F. Mael, "Social Identity Theory and the Organization," *Academy of Management Review*, 4, 1989, 20-29.
10. J. C. Turner, "Social Categorization and Self-concept: A Social Cognitive Theory of Group Behavior," in E.J. Lawer(Ed.), *Advances in Group Processes: Theory and Research*, 2, 1985, 47-74. Greenwich, CT: JAI Press.
11. K. Corcorana, "The Efficiency of Similarity-Focused Comparisons in Person Perception," *The Journal of Social Psychology*, 153(2), 2013, 127-130.
12. A. K. Shah and M. D. Oppenheimer, "Heuristics Made Easy: An Effort-Reduction Framework," *Psychological Bulletin* (American Psychological Association), 134(2), 2008, 207-222.
13. C. A. M. Sutherland, A. W. Young, and G. Rhodes, "Facial First Impressions from Another Angle: How Social Judgements Are Influenced by Changeable and Invariant Facial Properties," *British Journal of Psychology*, 108(2), May 2017, 397-415.
14. J. L. Freedman, D. O. Seras, and J. M. Carlsmith, *Social Psychology*, 3rd ed., New Jersey: Prentice-Hall Inc., 1978, 70-99.
15. H. H. Kelley, *Attribution in Social Interaction*. Morristown, N.J.: General Learning Press, 1971; M. J. Martinko, Harvey, M. T. Dasborough, "Attribution Theory in the Organizational Sciences: A Case of Unrealized Potential," *Journal of Organizational Behavior*, 32(1), January 2011, 144-149.
16. S. Hareli and B. Weiner, "Social Emotions and Personality Inferences: A Scaffold for a New Direction in the Study of Achievement Motivation," *Educational Psychologist*, 37, 2002, 183-193; D. Sweeney, K. Anderson, and S. Bailey, "Attributional Style in Depression: A Meta-Analytic Review," *Journal of Personality and Social Psychology*, May 1986, 974-991.
17. Spilka and D. N. McIntosh, "Attribution Theory and Religious Experience," in *Handbook of Religious Experience*, Birmingham, Ala.: Religious Education Press, 18, 1995, 421-455; H. H. Kelly, *Attribution in Social Interaction*, Morristown, New Jersey: General Learning Press, 1971.
18. C. D. Petsko and G. V. Bodenhausen, "Multifarious Person Perception: How Social Perceivers Manage the Complexity of Intersectional Targets," *Social and Personality Psychology Compass*, 14(2), 2020, https://doi.org/10.1111/spc3.12518.
19. A. Nuijtena, M. Keilb, G. Pijla, and H. Commandeur, "IT Managers' vs. IT Auditors' Perceptions of Risks: An Actor-Observer Asymmetry Perspective," *Information & Management*, Available Online 13 April 2017.
20. W. Lippmann, (1956), *Public Opinion*, NY: Macmillan, First Published 1922.
21. K. Chatterjee, *Designing and Managing Service Processes*, Mar. 16, 2011, www.slideshare.net /koustuv/desig.
22. N. Eisenkraft, "Accurate by Way of Aggregation: Should You Trust Your Intuition-based First Impressions?" *Journal of Experimental Social Psychology*, 49(2), March 2013, 277-79.
23. I. V. Blair, "The Malleability of Automatic Stereotypes and Prejudice," *Personality and Social Psychology Bulletin*, 6, 2002, 242-261
24. P. K. Jonason and J. Hughes, "The Potentially Conflicted Evaluations of Others Based on Their Intelligence," *Personality and Individual Differences*, 168, 2021, https://doi.org/10.1016/j.paid.2020.110299.
25. E. J. Langer, "The Illusion of Control," *Journal of Personality and Social Psychology*, 32, 1975, 230-237; E. J. Langer, "The Illusion of Control," in D. Kahneman, Slovic, and A. Tversky, (Eds.), *Judgment Under Uncertainty: Heuristics and Biases*, NY: Cambridge University Press, 1982.
26. R. E. Jones, *Self-Fulfilling Prophecies*, Hillsdale, New Jersey: Lawrence Erlbaum Associates, 1977.
27. T. M. Bechger, G. Maris, and Y. Hsiao, "Detecting Halo Effects in Performance-Based Examinations," *Applied Psychological Measurement*, 34(8), November 2010, 607-619.
28. N. M. Wessels, J. Zimmermann, J. C. Biesanz, and D. Leising, "Differential Associations of Knowing and Liking With Accuracy and Positivity Bias in Person Perception," *Journal of Personality and Social Psychology*, 118(1), Jan 2020, 149-171.
29. A. Kinicki and M. Fugate, *Organizational Behavior: A Practice, Problem-solving Approach*, 2nd ed. McGraw-Hill Education, 2018, p. 218.
30. T. H. Kim and M. Holzer, "Public Employees and Performance Appraisal: A Study of Antecedents to Employees' Perception of the Process," Oct. 5, 2014.
31. D. J. Cleavengera and T. Munyonb, "It's How You Frame it: Transformational Leadership and The Meaning of Work," *Business Horizons*, 31 January 2013, http://dx.doi.org/10.1016/j.bushor.2013.01.002
32. A. Chatterjee, A. Pereira, and R. Bates, "Impact of Individual Perception of Organizational Culture on the Learning Transfer Environment," *International Journal of Training Development*, 22(1) Mar 2018, 15-33.
33. P. K. Jonason and J. Hughes, "The Potentially Conflicted Evaluations of Others Based on Their Intelligence," *Personality and Individual Differences*, 168, 2021, https://doi.org/10.1016/j.paid.2020.110299.
34. E. A. Kazdin, *Behavior Modification Applied Settings*, Homewood, Illinois: Richard D. Irwin., 1975.
35. J. E. Ormrod, *Human Learning* (4th ed.), Upper Saddle River, NJ: Pearson Prentice Hall, 2004, p.3.
36. E. I. Thorndike, "Educational Psychology," The Psychology of Learning, 2 New York: Columbia University Teachers College, 1913, 45; M. H. Islam, "Thorndike Theory and It's Application in Learning," *At- Ta'lim : Jurnal Pendidikan*, 1(1), 2015, 37-47.

37. B. F. Skinner, *Science and Human Behavior,* New York: The McMillan Company, 1953, 30-35.
38. J. E. Ormrod, *Human Learning* (4th ed.), Upper Saddle River, NJ: Pearson Prentice Hall, 2004, p.51.
39. E. C. Tolman, "Cognitive maps in rats and men," *Psychological Review,* 55, 1948, 189-208.
40. A. Bandura, *Social Learning Theory,* Englewood Cliffs, New Jersey: Prentice-Hall, 1977.
41. J. R. Brauer and C. R. Tittle, "Social Learning Theory and Human Reinforcement," *Sociological Spectrum,* 09 Feb 2012, 157-177.
42. B. F. Skinner, *Contingencies of Reinforcement,* New York: Appleton Century Crofts, 1969; B. Akpan, *Classical and Operant Conditioning-Ivan Pavlov; Burrhus Skinner.* In: B. Akpan and T.J. Kennedy (eds), Science Education in Theory and Practice. Springer Texts in Education. Springer, Cham. 2020.
43. K. Gelbrich, J. Gäthke, and A. Hübner, "Rewarding customers who keep a product: How reinforcement affects customers' product return decision in online retailing," *Psychology and Marketing*, 34(9), Sept 2017, 853-867.
44. M. Sailer and L. Homner, "The Gamification of Learning: a Meta-analysis," *Educational Psychology Review,* 32, 2020, 77-112.
45. R. D. Arvey and J. M. Ivancevich, "Punishment in Organizations: A Review, Propositions, and Research Suggestions," *Academy of Management Review*, 1980, 123-132.
46. J. M. George and G. R. Jones, *Understanding and Managing Organizational Behavior,* Upper Saddle River, NJ: Pearson Prentice Hall, 2008.
47. F. Luthans and R. Kreitner, *Organizational Behavior Modification and Beyond,* Glenview, Ill.: Scott Foresman, 1985.
48. D. Cohen, *Consumer Behavior,* Random House, Inc., 89, 1981.
49. T. N. T. Nguyen, T. H. T. Bui, and T. H. H. Nguyen, " Improving Employees' Proactive Behaviors at Workplace: The Role of Organizational Socialization Tactics and Work Engagement," *Journal of Human Behavior in the Social Environment,* 2020, DOI: 10.1080/ 10911359.2020. 1803172.

5장

1. C. A. Hutcherson and J. J. Gross, "The Moral Emotions: A Social-Functionalist Account of Anger, Disgust, and Contempt," *Journal of Personality and Social Psychology,* 100(4), 2011, 719-37.
2. M. Fiori, A. Lintas, S. Mesrobian, and A. E. Villa, "Effect of Emotion and Personality on Deviation from Purely Rational Decision-Making," *Studies in Computational Intelligence,* 474, 2013, 129-161.
3. S. Robbins, T. A. Judge, *Organizational Behavior,* (17th. ed.), Pearson Educational Ltd., 2017, 135.
4. H. Weiss and R. Cropanzano, "Affective Events Theory: A Theoretical Discussion of The Structure, Causes, and Consequences of Affective Experiences at Work," in B. M. Staw and L.L. Cummings(Eds.), *Research in Organizational Behavior,* 18, 1-74. Greenwich, CT: JAI Press, 1996.
5. R. Greenbaum, J. Bonner, T. Gray and M. Mawritz, "Moral Emotions: A Review and Research Agenda for Management Scholarship," *Journal of Organizational Behavior,* 41, 2020, 95-114; S. Robbins, T. A. Judge, *Organizational Behavior,* (Updated 18th. ed.), Pearson Educational Ltd., 2022, 213.
6. A. Fidelis and H. Mendonca, "Well-Being of Unemployed People: Relations With Work Values and Time of Unemployment," *Social and Organizational Psychology,* Aug. 28, 2021, e190014. https://doi.org/10.1590/ 1982-0275202138e190014.
7. G. Kuhn, A. Pickering, and G. G. Cole, "'Rare' Emotive Faces and Attentional Orienting," *Emotion,* 16(1), Feb 2016, 1-5.
8. D. Wang, X. Kong, X. Nie, Y. Shang, S. Xu, Y.i He, P. Maguire, and Y. Hu, "The Effects of Emotion and Social Consensus on Moral Decision-Making," *Ethics & Behavior*, Oct. 2020, DOI: 10.1080/ 10508422.2020. 1830404
9. L. L. Carstensen, M. Pasupathi, U. Mayr, and J. R. Nesselroade, "Emotional Experience in Everyday Life Across The Adult Life Span," *Journal of Personality and Social Psychology,* 79 (4), 2000, 644- 655.
10. J. J. A. Denissen, L. Butalid, L, Penke, and M. A. G. van Aken, "The Effects of Weather on Daily Mood: A Multilevel Approach," *Emotion,* 8, 2008, 662-667.
11. D. J. Hughes, I. K. Kratsiotis, K. Niven, and D. Holman, "Personality Traits and Emotion Regulation: Targeted Review and Recommendations," *Emotion,* 20(1), 2020, 63-67.
12. B. M. Staw, K. A. DeCelles, and P. De Goey, "Leadership in the Locker Room: How the Intensity of Leaders' Unpleasant Affective Displays Shapes Team Performance," *Journal of Applied Psychology,* 104(12), 2019, 1547-1557.
13. B. Fisher, "Are You Afraid of Success?" *Fortune,* July 8, 1996, 108-18.
14. S. G. Barsade, A. Brief and S. E. Spataro, "The Affective Revolution in Organizational Behavior: The Emergence of a Paradigm," in J. Greenberg (Ed.), *Organizational Behavior: The State of the Science,* (2nd ed.). Mahwah, NJ: Lawrence Erlbaum Associates. 2003.
15. H. P. Madrid, P. Totterdell, and K. Niven, "Dose Leader-Affective Presence Influence Communication of Creative Ideas within Work Teams?" *Emotion,* 16(6), Sept. 2016, 798-802.
16. S. N. Khana and M. Mohsin, "The Power of Emotional Value: Exploring the Effects of Values on Green Product Consumer Choice Behavior," *Journal of Cleaner Production*, 150(1), May 2017, 65-74; A. M. Isen, "Some Perspectives on Positive Feelings and Emotions: Positive Affect Facilitates Thinking and Problem Solving," in A.S.R. Manstead, N. Frijda and A. Fischer (Eds.), *Feelings and Emotions: The Amsterdam Symposium,* 263-281. NY: Cambridge, 2004.
17. S. Hora, G. J. Lemoine, N. Xu, and C. E. Shalley, "Unlocking and Closing the Gender Gap in Creative Performance: A Multilevel Model," *Journal of Organizational Behavior,* 01 Jan. 2021, https://doi.org/10.1002/job.2500.
18. Çelik, J. Lammers, I. van Beest, M. H. J. Bekker, and R. Vonk, "Not all Rejections are Alike; Competence and Warmth as a Fundamental Distinction in Social Rejection," *Journal of Experimental Social Psychology.* in Press, Accepted Manuscript, Available online 26 February 2013.
19. U. Hess, S. David, and S. Hareli, "Emotional Restraint Is Good for Men Only: The Influence of Emotional Restraint on Perceptions of Competence," *Emotion,* 16(2), Mar 2016, 208-213.
20. L. Barber, K. Bagsby and D. C. Munz, "Affect Regulation Strategies for Promoting (or Preventing) Flourishing Emotional Health," *Personality and Individual Differences,* 49(6), 2010, 663-666.

21. B. Mesquita and N.H. Frijda, "Cultural Variation in Emotions: A Review," Psychological Bulletin, Sept. 1992, 179-204. and B. Mesquita, "Emotion in Collectivist and Individualist Contexts," *Journal of Personality and Social Psychology,* Jan. 2001, 68-74.
22. K. S. Law, C. Wong and J. S. Lynda, "The Construct and Criterion Validity of Emotional Intelligence and Its Potential Utility for Management Studies," *Journal of Applied Psychology,* 89, 2004, 483- 497.
23. E. W. Carr, M. Rotteveel, and P. Winkielman, "Easy Moves: Perceptual Fluency Facilitates Approach-Related Action," *Emotion,* 16(4), Jun 2016, 540-552.
24. A. K. Uskul, S. Paulmann, and M. Weick, "Social Power and Recognition of Emotional Prosody: High Power is Associated with Lower Recognition Accuracy than Low Power," *Emotion,* 16(1), Feb 2016, 11-15.
25. D. L. Van Rooy and C. Viswesvaran, "Emotional Intelligence: A Meta-analytic Investigation of Predictive Validity and Nomological Net," *Journal of Vocational Behavior,* 65, 2004, 71-5.
26. D. Joseph and D. A. Newman, "Emotional Intelligence: An Integrative Meta-Analysis and Cascading Model," *Journal Applied Psychology,* 95(1), Jan. 2010, 54-78.
27. S. G. Barsade and D. E. Gibson, "Group Affect, Its Influence on Individual and Group Outcomes," *Current Directions in Psychological Science,* 21(2), 2012, 119-123.
28. H. Selye, "A Syndrome Produced by Diverse Nocuous Agents," Nature, 138(32), 1936; From Dream to Discovery, New York: McGraw-Hill, 1964; Stress without Distress, New York: Lippencott, 1974; *Stress in Health and Disease,* Reading (Mass.): Butterworths, 1976.
29. A. A, Uliaszek, R. E, Zinbarg, S. Mineka, M. G, Craske, J. M. Sutton, J.W. Griffith, R.Rose, A. Waters and C. Hammen, "The Role of Neuroticism and Extraversion in the Stress-Anxiety and Stress- Depression Relationships," *Anxiety Stress Coping,* 23(4), July 2010, 363-381.
30. A. B. Bakker, E. Demerouti, W. Oerlemans, and S. Sonnentag, "Workaholism and Daily Recovery: A Day Reconstruction Study of Leisure Activities," *Journal of Organizational Behavior,* 34(1), Jan. 2013, 87-107.
31. C. M. Haase, S. R. Holley, L. Bloch, A. Verstaen, and R. W. Levenson, "Interpersonal Emotional Behaviors and Physical Health: A 20-year Longitudinal Study of Long-Term Married Couples," *Emotion,* 16(7), Oct 2016, 965-977.
32. A. Cheng, C. Lu, and D. Gursoy, "Impact of Job Burnout on Satisfaction and Turnover Intention: Do Generational Differences Matter?" *Journal of Hospitality & Tourism Research,* 4(2), 2016; C. Maslach, W. Shaufeli and T. Marek, *Professional Burnout: Recent Developments in Theory and Research,* Philadelphia: Taylor & Francis, 1993.
33. C. M. Haase, S.R. Holley, L. Bloch, A. Verstaen, and R. W. Levenson, "Interpersonal Emotional Behaviors and Physical Health: A 20-year Longitudinal Study of Long-Term Married Couples," Emotion, 16(7), Oct 2016, 965-977.
34. J. C. Quick and J. D. Quick, *Organizational Stress and Preventive Management,* NY: McGraw-Hill, 1984.
35. C. Vincent and A. Braun, "Being 'Fun' at Work: Emotional Labour, Class, Gender and Childcare," *British Educational Research Journal,* 25 Jan. 2013, DOI: 10.1080 /01411926. 2012. 680433(online).
36. W. H. Decker and D. M. Rotondo, "Relationships among Gender, Type of Humor, and Perceived Leader Effectiveness," *Journal of Managerial Issues,* 13(4), 2001, 450-465.
37. J. E. Dutton and K. M. Workman, "Compassion as a Generative Force," Journal of Management Inquiry, 20, 2012, 401-406; J.M. Dutton, M.C. Worline, Frost, and J.M Lilius, "Explaining Compassion Organizing," *Administrative Science Quarterly,* 51(1), 2006, 59-96.

6장

1. T. R. Mitchell, "Motivation: New Direction for Theory, Research, and Practice," *Academy of Management Review,* Jan. 1982, 81.
2. R. M. Steers and L. W. Porter, *Motivation and Work Behavior,* 2nd ed., NY: McGraw-Hill, 1979, 6-7; V.H. Vroom, *Work and Motivation,* NY: John Wiley and Sons, 1964, 10.
3. E. Hilgard and E. Atkinson, *Introduction to Psychology,* NY: Honcourt, Space and World, 1967.
4. E. Durkheim, Suicide, NY: Free Press, 1951, 298.
5. W. B. Cannon, *La Sagesse du Corporations,* Paris: Edition de la Nouvelle Revue Critique, 1946.
6. D. T. Kenrick, V. Griskevicius, S. L. Neuberg, and M. Schaller, "Renovating the Pyramid of Needs: Contemporary Extensions Built Upon Ancient Foundations," *Perspectives on Psychological Science,* 5(3), 2010, 292-314.
7. A. H. Maslow, "The Theory of Motivation," *Psychological Review,* July 1943, 370-396; A.H. Maslow, *Motivation and Personality,* Harper and Row, NY, 1954. 다섯 번째인 자아실현욕구는 성장의 욕구, 자신의 보람을 찾으려는 욕구, 남들로 하여금 보람을 찾도록 그들에게 도움을 주고 싶은 욕구가 있다면서 이를 초월욕구(transcendent need)라고 하였음.
8. E. M. Pearson and R. L. Podeschi, " Humanism and Individualism: Maslow and His Critics," *Adult Education Quarterly,* 50, 1999, 41-55; W. Mittelman, "Maslow's Study of Self-Actualization: A Reinterpretation," *Journal of Humanistic Psychology,* 31(1), 1991, 114-135.
9. F. Herzberg, B. Mausner, and B. S. Snyderman, *The Motivation to Work,* NY: Wiley, 1959; F. Herzberg, *The Managerial Choice: To be Efficient and to Be Human,* Homewood, 2, Illinois: Dow Jones, Irwin, 1976.
10. R. J. Long and J. L. Shields, "From Pay to Praise? Non-Cash Employee Recognition in Canadian and Australian Firms," *The International Journal of Human Resource Management,* 21(8), June 2010, 1145-1172.
11. F. Herzberg, *The Managerial Choice: To be Efficient and to Be Human, Homewood,* 2, Illinois: Dow Jones, Irwin, 1976.
12. L. Lawter, R. E. Kopelman, and D. J. Prottas, McGregor's Theory X/Y and Job Performance: A Multilevel, Muti-Source Analysis," *Journal of Managerial Issues,* April 2015, 84-101.
13. D. C. McClelland, "Good Guys Make Bum Bosses," *Psychology Today*, Dec. 1975, 69-70.
14. J. R. Hackman, *Work Redesign,* Reading, Massachusetts: Addison Wesley Publishing, Co., 1980.
15. A. Bandura, *Self-Efficacy: The Exercise of Control,* NY: Freeman, 1997.
16. A. Sarwar, J. Khan, L. Muhammad, N. Mubarak, and M. Jaafar,

"Relationship between Organizational Dehumanization and Nurses' Deviant Behaviors: A Moderated Mediation Model," *Journal of Nursing Management*, Jan. 2021, https://doi.org/10.1111/jonm.13241.

17. G. J. Greguras and J. M. Diefendorff, "Different Fits Satisfy Different Needs: Linking Person-Environment Fit to Employee Commitment and Performance Using Self-Determination Theory," *Journal of Applied Psychology*, 94(2), Mar. 2009, 456- 477.
18. R. Derfler-Rozin and M. Pitesa, "Motivation Purity Bias: Expression of Extrinsic Motivation Undermines Perceived Intrinsic Motivation and Engenders Bias in Selection Decisions," *Academy of Management Journal*, 63(6), Published Online:9 Dec 2020, https://doi.org/10.5465/amj.2017.0617.
19. L. M. Jeno, J. A. Grytnes, and V. Vandvika, "The Effect of A Mobile-Application Tool on Biology Students' Motivation and Achievement in Species Identification: A Self-Determination Theory Perspective," *Computers & Education*, 107, Apr 2017, 1-12.
20. C. P. Lin, "Modeling Corporate Citizenship and Turnover Intention: Social Identity and Expectancy Theories," *Review of Managerial Science*, 13, 2019, 823-840.
21. E. E. Lawler III and S. J. Looyd, "Expectancy Theory and Job Behavior," *Organizational Behavior and Human Performance*, June 1973, 483-502.
22. I. Bohnet1 and R. Zeckhauser, "Social Comparisons in Ultimatum Bargaining," *The Scandinavian Journal of Economics*, 106(3), Sept 2004, 495-510.
23. A. Kinicki and M. Fugate, *Organizational Behavior: A Practice, Problem-solving Approach*, 2nd ed. McGraw-Hill Education, 2018, p173.
24. L. J. Barclay and D. Skarlicki, "Healing the Wounds of Organizational Injustice: Examining the Benefits of Expressive Writing," *Journal of Applied Psychology*, 94, 2009, 511-523.
25. D. Skarlicki and D. E. Rupp, "The Role of Rational versus Experiential Processing in Third-Party Reactions to Workplace Mistreatment," *Journal of Applied Psychology*, 95(5), Sept. 2010, 944-952.
26. I. D. Steiner and H. H. Johnson, "Relationships Among Dissonance Reducing Responses," *Journal of Abnormal Social Psychology*, 68, 1964, 38-44
27. D. M. Pohler and A. A. Luchak, "Balancing Efficiency, Equity, and Voice: The Impact of Unions and High-Involvement Work Practices on Work Outcomes," *Industrial & Labor Relations Review*, 67(4), 2014.
28. S. Goodman and A. Fieldman, "An Examination of Adam's Theory of Inequity," *Administration Science Quarterly*, 16, 1971, 271-288.
29. H. S. Leonard, R. Lewis, A. Freedman, J. Passmore, R. Lines, and M. Selart, "Participation and Organizational Commitment during Change from Utopist to Realist Perspectives," in The Wiley-Blackwell *Handbook of the Psychology of Leadership, Change, and Organizational Development*, 18 Feb. 2013, DOI: 10.1002/9781118326404. ch14.
30. J. J. Donovan, and K. J. Williams, "Missing the Mark: Effects of Time and Causal Attributions on Goal Revision in Response to Goal Performance Discrepancies," *Journal of Applied Psychology*, 88, 2003, 379-390.
31. C. Darnon, B. Dompnier, and M. Poortvliet, "Achievement Goals in Educational Contexts: A Social Psychology Perspective," *Social and Personality Psychology Compass*, 6(10), October 2012, 760-771.
32. F. Roth, "Is Management by Objectives Obsolete?" *Global Business and Organizational Excellence*, 28(4), May/June 2009, 36-43.
33. S. Tom, *Rotate Your Way to Higher Value*, 103, Mar. 2010, 12; Coca-Cola Division Refreshes Its Talent With Diversity Push on Campus Workforce Management Online, Mar. 2011, Workforce.com.
34. A. Fidelis and H. Mendonca, "Well-Being of Unemployed People: Relations with Work Values and Time of Unemployment," *Social and Organizational Psychology*, Aug. 28, 2021, e190014. https://doi.org/10.1590/1982-0275202138e190014.
35. A. Kreamer, "Go Ahead - Cry at Work," *TIME*, Monday, Apr. 04, 2011.
36. N. Bell, "Experimental Evidence on the Relationship between Public Service Motivation and Job Performance," *Public Administration Review*, 73(1), Jan./Feb. 2013, 143-153.
37. S. L. Rynes1, B. Gerhart, and K. A. Minette, "The Importance of Pay in Employee Motivation: Discrepancies between What People Say and What They Do," *Human Resource Management*, 43(4), Winter, 2004, 381-394.
38. E. A. Locke, D. V. Feren, V. M. McCaleb, K.N. Shaw and A.T. Denny, "The Relative Effectiveness of Four Methods of Motivating Employee Performance," in K. D. Duncan, M. M. Fruneberg and D. Wallis (Eds.), *Changes in Working Life* (London: John Wiley, Ltd.), 1980, 363-383; R.G. Geen, *Human Motivation: A Social Psychological Approach*, Belmont, CA: Cole, 1995.
39. B. Martinez, "Teacher Bonuses Emerge in Newark," Thursday, April 21, 2011, *The Wall Street Journal*, A.15.
40. Hay Group "Hay Group Research Finds Increased Use of Variable Pay for Employees," *Investment Weekly News*, 11, July 2010, 269.
41. M. Ekhsan and I. Setiawan, "The Role of Motivation Mediation on the Effect of Transformational Leadership Style on Employee Performance," *International Journal of Management Science and Information Technology*, 1(1), 2021, https://doi.org/10.35870/ijmsit.v1i1.232.
42. A. B. Bakker, Psychology, 2nd ed., Boston: Pearson Education, 2004; J. Campbell and R.D. Pritchard, "Motivation Theory in Industrial and Organizational Psychology," in *Handbook of Industrial and Organizational Psychology*, M. D. Dunnette, Skokie, IL: Rand McNally, 1976, 63-130.
43. I. Pancasila, S. Haryono, and, B. A. Sulistyo, "Effects of Work Motivation and Leadership toward Work Satisfaction and Employee Performance: Evidence from Indonesia," *The Journal of Asian Finance, Economics, and Business*, 7(6), 2020, 387-397.
44. S. M. Trestiza and M. J. Arevalo, " Motivation In Relation To Teachers' Performance," *International Journal of Scientific and Research Publications*, 10(4), Apr 2020, 641-653.
45. N. Shahsavari, H. Sayyadi Tooranloo, E. Pabarja and S. Heydarbeigi, "Designing An Interpretative Structural Model for Human Resource Agility," *Middle East Journal of Management*, 8(1), Nov. 2020, https://doi.org/10.1504/MEJM.2021.112000.

7장

1. D. L. Forsyth, *Group Dynamics*, (3rd ed.), Belmont, CA: Wadsworth, 1999.

2. E. H. Schein, *Organization Psychology,* 3rd ed., Englewood Cliffs, NJ: Prentice Hall, 1980, 145.
3. R. F. Bales, *Interaction Analysis Process,* Cambridge, Mass: Addison Wesley Publishing Co., 1950, 9.
4. J. Tooby and I. DeVore, "The Reconstruction of Hominid Behavioral Evolution through Strategic Modeling," in *Primate Models of Hominid Behavior,* W. Kinzey (Ed.), NY: SUNY Press, 1987.
5. G. C. Homans, "Social Behavior as Exchange," *American Journal of Sociology,* 63, 1958, 597-606.
6. L. Festinger, "A Theory of Social Comparison Processes," *Human Relations,* 1954, 117-140; J. Suls and L. Wheeler, "A Selective History of Classic and Neo-Social Comparison Theory," *Handbook of Social Comparison,* NY: Kluwer Academic/Plenum Publishers, 2000.
7. T. Lazerus, Z. A. Ingbretsen, R. M. Stolier, J. B. Freeman, and M. Cikara, "Positivity Bias in Judging Ingroup Members' Emotional Expressions," *Emotion,* 16(8), Dec. 2016, 1117-1125.
8. J. S. Story, C. M. Youssef, F. Luthans, J. E. Barbuto and J. Bovaird, "Contagion Effect of Global Leaders' Positive Psychological Capital on Followers: Does Distance and Quality of Relationship Matter?" *The International Journal of Human Resource Management,* 17, Jan. 2013, DOI: 10.1080/ 09585192. 2012.744338
9. R. B. Zajonc, "Attitudinal Effects of More Exposure," *Journal of Personality and Social Psychology,* Monograph, 1968, 1-29.
10. T. V. Newcomb, *The Acquaintance Process,* NY: Holt, 1961.
11. J. A. Belohlav, E. C. Dierdorff, and S.T. Bell, "The Power of 'We': Effects of Psychological Collectivism on Team Performance Over Time," Journal of Applied Psychology, 96(2), 2011, 247-262; J. E. Mathieu and T.L. Rapp, "The Roles of Team Charters an Performance Strategies," *Journal of Applied Psychology,* 94(1), 2009.
12. M. F. Maples, "Group Development: Extending Tuckman' s Theory," *The Journal for Specialists in Group Work,* 13(1), 988, 17-23.
13. S. Robbins and T. A. Judge, *Organizational Behavior* (15th Ed.), Pearson Education, Ltd., 2013, 310.
14. W. L. Wu and Y. C. Lee, "Empowering Group Leaders Encourages Knowledge Sharing: Integrating the Social Exchange Theory and Positive Organizational Behavior Perspective," *Journal of Knowledge Management,* 21(2), 2017, 474-491.
15. L. J. Labrague, D. M. McEnroe, D. Gloe, K. Tsaras, D. L. Arteche, and F. Maldia, "Organizational Politics, Nurses' Stress, Burnout Levels, Turnover Intention and Job Satisfaction," *International Nursing Review,* 64(1), Mar. 2017, 106-116.
16. A. J. Elliot, K. L. Heffner, C. J. Mooney, and J. A. Moynihan, "Social Relationships and Inflammatory Markers in the MIDUS Cohort: The Role of Age and Gender Differences," *Journal of Aging and Health,* First Published March 20, 2017.
17. J. C. Bradburn, A. M. Ryan, A. Boyce, T. McKinniss, and J. Way, "Is It Complicated? Validity of Personality Interactions for Predicting Performance," *Personnel Assessment and Decisions,* 6(3), 2020, https://doi.org/10.25035/pad.2020.03.004.
18. R. Bravo, S. Catalán, and J. M. Pina, "Analyzing Teamwork in Higher Education: An Empirical Study on the Antecedents and Consequences of Team Cohesiveness," *Studies in Higher Education,* 44(7), Jan 2019, 1153-1165.
19. N. W. Chi, Y. M. Huang, and S. C. Lin, "A Double-Edged Sword? Exploring the Curvilinear Relationship Between Organizational Tenure Diversity and Team Innovation: The Moderating Role of Team-Oriented HR Practices," *Group Organization Management,* 34(6), December 2009, 698-726.
20. R. M. Steers and B. J. Stewart, *Introduction to Organizational Behavior,* (5th ed.), Harper Collins College Pub.(NY), 1994; M. Weiss and M. Hoegl, "Effects of Relative Team Size on Teams with Innovative Tasks," *Organizational Psychology Review,* First Published Dec. 2015.
21. A. A. Sandela, J. A. Millerb, J. C. Mitania, C. L. Nunnc, S. K. Pattersond, and L. Z. Garamszeg, "Assessing Sources of Error in Comparative Analyses of Primate Behavior: Intraspecific Variation in Group Size and The Social Brain Hypothesis," *Journal of Human Evolution,* 94, May 2016, 126-133.
22. N. A. Ploeger and R. S. Bisel, "The Role of Identification in Giving Sense to Unethical Organizational Behavior: Defending the Organization," *Management Communication Quarterly,* January 13, 2013, 1-29.
23. N. Zhu, H. J. Lu, and L. Chang, "Trust As Social Investment: A Life-History Model of Environmental Effects on Ingroup and Outgroup Trust," *Personality and Individual Differences,* 168, 1 Jan. 2021, https://doi.org/10.1016/j.paid.2020.110303.
24. F. E. Kast and J. E Rosenzweig, *Organization and Management,* NY: McGraw-Hill Book Company, 1974, 275.
25. R. T. Moran, N. R. Abramson and S. V. Moran, *Managing Cultural Differences,* 9th ed., Routledge, New York, 2014.
26. C. Bendersky and N. Shah, "The Cost of Status Enhancement: Performance Effects of Individuals' Status Mobility in Task Groups," *Organization Science,* 23(2), March/April 2012, 308-322.
27. A. S. Troy, B. Q. Ford, K. McRae, P. Zarolia, and I. B. Mauss,"Change The Things You Can: Emotion Regulation Is More Beneficial for People from Lower Than from Higher Socioeconomic Status," *Emotion,* 17(1), Feb. 2017, 141-154.
28. E. Mael and B. E. Ashforth, "Alumni and Their Alma Mater: A Partial Test of The Reformulated Model of Organizational Identification," *Journal of Organizational Behavior,* 13(2), 1992, 103-123.
29. G . Green, " Role-Making Processes Within Complex Organization," in K.K. Marvin(ed.), *Handbook of Industrial and Organizational Psychology,* Chicago: Raud McNally, 1976, 1201.
30. D. W. Organ and T. S Bateman, *Organizational Behavior,* Homewood, Illinois: Irwin, 1991, 114.
31. E. G. Lambert, N. L. Hogan, L. D. Keena, L. Williamson, and B. Kim, "Exploring the Association between Different Types of Social Support with Role Stress, Work-family Conflict, and Turnover Intent among Private Prison Staff," *Journal of Applied Security Research,* 12(2), 2017, 203-223.
32. J. M. Jensen, R. A. Opland, and A. M. Ryan, "Psychological Contracts and Counterproductive Work Behaviors: Employee Responses to Transactional and Relational Breach," *Journal of Business and Psychology,* 25(4), Dec. 2010, 555-568.
33. J. L. Gibson, J. M. Ivancevich and Jr. J. H. Donnelly, *Organizations: Behavior, Structure, Process,* 4th ed., Plano, Texas: Business Publication, Inc., 1982, 187.
34. J. R. Hackman, "Group Influences on Individuals in Organizations," in M. D. Dunette and L. M. Hough (eds.),

Handbook of Industrial and Organizational Psychology, 3, Palo Alto, California: Consulting Psychologists Press Inc., 1992, 199- 267.

35. J. M. Levine and J. M. Marques, "Norm Violators as Threats and Opportunities: The Many Faces of Deviance in Groups," *Group Processes & Intergroup Relations,* 19(5), First Published July 12, 2016.

36. I. Glassop, "The Organizational Benefits of Teams," *Human Relations,* Feb. 2002, 225-250.

37. Y. J Kim, D. Engel, A. W. Woolley, J. Lin, N. McArthur, and T. W. Malone, "What Makes a Strong Team? Collective Intelligence Predicts Team Performance in League of Legends," *Academy of Management,* doi: 10.5465/ AMB2016. 13564 abstract ACAD MANAGE PROC, Jan 2016.

38. 임창희, 〈한국형 팀제〉, 삼성경제연구소, 1995.

39. S. Robbins and T. A. Judge, Organizational Behavior, updated 18th ed., Pearson Education Ltd., 2022, 364.

40. M. C. Booms, L. Curşeu, and L. A. G. Oerlemans, "Task and Person Focused Leadership Behaviors and Team Performance: A Meta-Analysis," *Human Resource Management Review,* 27(1), March 2017, 178-192.

41. K. Klein, B. Lim, J. Saltz, and J. Ziegert, Elsevier, "When Team Members' Values Differ: The Moderating Effects of Team Leadership," in *Organizational Behavior and Human Decision Processes,* 114, 2011, 25-36.

42. S. C. Chen, "Social Modification of The Activity of Ants in Nest-Building," *Physiological Zoology,* 10, 1937, 420-436.

43. C. F. Bond, Jr., and L. J. Titus, "A Social Facilitation: A Meta-Analysis of 241 Studies," *Psychological Bulletin,* 94, 1983, 265- 292.

44. R. B. Zajonc, "Social Facilitation," *Science,* 1965, 269-274.

45. S. J. Karau and K. D. Williams, "Social Loafing: A Meta-Analytic Review and Theoretical Integration," *Journal of Personality and Social Psychology,* 65, 1993, 681-706; J.D. Rothwell, *In the Company of Others,* McGraw-Hill, 2004.

46. K. Williams, S. Harkins, and B. Latane, "Identifiability as Different to Social Loafing: Two Cheering Experiments," *Journal of Personality and Social Psychology,* 40, 1981, 303-311.

47. E. Mayo, *The Human Problems of an Industrial Civilization,* 2nd ed., Harvard University, Graduate School of Business Administration, Division of Research, Boston, 1946.

48. K. Lewin, "Frontiers in Group Dynamics: Concept, Method and A Reality in Social Science; Social Equilibria and Social Change," *Human Relations,* no.1, June 1947, 5-41.

49. D. Cartwright, "The Nature of Group Cohesiveness," *Group Dynamics: Research and Theory,* 91, 1968.

50. R. E. Burnkrant and A. Consineau, "Informational and Normative Social Influences in Buyer Behavior," *Journal of Consumer Research,* Dec. 1975, 206-215.

8장

1. F. Luthans, R. M. Hodgetts, and S. A. Krantz, *Real Managers,* Cambridge, MA: Ballinger, 1988, 22;

2. H. Mintzberg, *Simply Managing: What Managers Do—and Can Do Better,* 2013, Berrett-Koehler Publishers; ISBN 9781609949235;

3. A. Fisher, *Small Group Decision Making,* New York: McGraw Hill, 1974, 23.

4. S. May and D.K. Mumby, *Engaging Organizational Communication Theory and Research,* Thousand Oaks, CA: Sage, 2005.

5. R. Wijn and K. van den Bos, "On the Social Communicative Function of Justice: The Influence of Communication Goals and Personal Involvement on the Use of Justice Assertions," *Personality and Social Psychology Bulletin,* 36(2), 2010, 161-172.

6. K. Byron, "Carrying Too Heavy A Load? The Communication and Miscommunication of Emotion by E-mail," *The Academy of Management Review,* 33(2), Apr. 2008, 309-327.

7. C. E. Shannon and W. Weaver, *The Mathematical Theory of Communication,* Urbana Illinois: University of Illinois Press, 1949.

8. 샌프란시스코 베테랑병원에 근무했던 연구자들이 많았기에 그 병원의 이름을 따서 Palo Alto라고 명명됨.

9. G. Ahuja, G. Soda, and A. Zaheer, "The Genesis and Dynamics of Organizational Networks," *Organization Science,* 23, March/April 2012, 434-448.

10. G. Cheney, L.T. Christensen, T. E. Zorn and S. Ganesh, *Organizational Communication in an Age of Globalization: Issues,* Reflections, Practices, Long Grove, IL: Waveland Press, 2004.

11. S. Robbins and T. A. Judge, *Organizational Behavior* (15th ed.), Pearson Educational Ltd., 2013, 377.

12. C. J. Lai, "The Effect of Individual Market Orientation on Sales Performance: An Integrated Framework for Assessing the Role of Formal and Informal Communications," *Journal of Marketing theory and Practice,* 24(3), 2016, 328-343.

13. R. Rowan, " Where Did That Rumor Come from?" Fortune, August 1979, 134, citing K. Davis, "Management Communication and the Grapevine," *Havard Business Review,* Sept-Oct. 1953, 43-49.

14. D. Krackhard and J. R. Hanson, "Informal Networks: The Company," *Harvard Business Review,* July-Aug. 1993, 104-111.

15. J. K. Bosson, A. B. Johnson, K. Niederhoffer, and W. B. Swann Jr., "Interpersonal Chemistry through Negativity: Bonding by Sharing Negative Attitudes about Others," *Personal Relationships,* 13(2), 2006, 135-150.

16. J. Aitchison, *The Seeds of Speech, Language Origin and Evolution,* Cambridge University Press, 1997.

17. L. Dulye, "Get Out of Your Office," *HR Magazine,* June 2006, 99-101.

18. H. Mintzberg, *The Nature of Managerial Work,* Englewood Cliffs, New Jersey: Prentice Hall, 1980.

19. L. S. Rashotte, "What Does That Smile Mean? The Meaning of Nonverbal Behaviors in Social Interaction," *Social Psychology Quarterly,* March 2002, 92-102.

20. R. M. Krauss, W. Apple, N. Morency, C. Wenzel and W. Winton, "Verbal, Vocal, and Visible Factors in Judgements of Another's Effect," *Journal of Personality and Social Psychology,* 40, 1981, 312-320.

21. A. Bavelas, A. H. Hastorf, A. E. Gross and W.R. Kite, "Experiments on the Alteration of Group Structures," *Journal of Experimental Social Psychology,* 1, 1965, 55-70.

22. K. A. Lindquist and M. Gendron, "What's in a Word? Language Constructs Emotion Perception," *Emotion Review,* 5(1), Jan. 2013, 66-67.

23. J. A. Fehrer, H. Woratschek, and R. J. Brodie, "A Systemic Logic for Platform Business Models", *Journal of Service Management,* 29(4), 2018, 546-568.

24. S. Li, L. D. Xu, and S. Zhao, "5G Internet of Things: A survey," *Journal of Industrial Information Integration,* 10, 2018, 1-9.

25. M. Yasir, M. Attique, K. Latif, G. MChaudhary, S. Afzal, K. Ahmed, and F. Shahzad, "Deep-Learning-Assisted Business Intelligence Model for Cryptocurrency Forecasting Using Social Media Sentiment", *Journal of Enterprise Information Management,* June 2020, Vol. ahead-of-print No. ahead-of-print. https://doi.org/10.1108/JEIM-02-2020-0077

26. T. Peters, *Liberation Management: Necessary Disorganization for the Nanosecond Nineties,* Jun 13, 2006 | ISBN 978073 9341698

27. R. Blake and J. Mouton, *Corporate Excellence Through Grid-Organization Development, Houston,* Texas: Gulf Publication, 1968, 4.

28. F. Dance,"The Concept of Communication," *Journal of Communication,* 20, 1970, 201-210.

29. D. R. Dunaetz, T. C. Lisk, and M. M. Shin, "Personality Gender, and Age as Predictors of Media Richness Preference," *Advances in Multimedia,* 2015, http:// dx.doi.org/ 10.1155/ 2015/ 243980, accessed April 3, 2016.

30. E. Thoson, H. Shoenberger, T. Karaliova, E. Kim, and R. Fidler, "New Use of Mobile Media: A Contingency Model," *Mobile Media & Communication,* May 2015, 160-178.

31. J. A. Hall, *Nonverbal Sex Differences: Communication Accuracy and Expressive Style,* Paris: The John Hopkins University Press, 1984; D. Tannen, *Gender Differences in Nonverbal Communication,* Sept. 2000.

32. E. Bernstein, "The Perils of Giving Advice," *The Wall Street Journal,* June 25, 2013, D1, D2; M. Dainton and E. D. Zelley, *Applying Communication Theory for Professional Life: A Practical Introduction,* Thousand Oaks, CA: Sage, 2005.

33. A. H. Eagly and W. Wood, "The Origins of Sex Differences in Human Behavior," *American Psychologist,* June 1999, 408-423.

34. L. A. Withers and L. Vernon, " To Error Is Human: Embarrassment, Attachment, and Communication Apprehension," *Personality and Individual Differences,* 40, 2006, 99-110.

35. B. D. Blume, G. F. Dreher, and T. T. Baldwin, "Examining The Effects of Communication Apprehension within Assessment Centres," *Journal of Occupational and Organizational Psychology,* 83(3), September 2010, 663-671.

36. C. E. Naquin, T. R. Kurtzberg, and L. Y. Belkin, "The Finer Points of Lying Online: E-mail versus Paper-and-Pen," *Journal of Applied Psychology,* 95(2), 2010, 387-394.

37. 영어의 round라는 단어는 형용사 23개, 명사 42개, 동사 16개, 전치사 13개, 부사 16개로 사용된다. 상대방이 round라는 단어를 사용할 때 아무리 앞 뒤의 문맥을 고려하더라도 110개의 의미 중에서 정확하게 한 개를 택하기는 쉽지 않다.

38. R. H. Lengel and R. L. Daft, "The Selection of Communication Media as an Executive Skill," *Academy of Management Executive,* 1988, 225-232.

39. J. A. Fish, M. D. J. Peters, I. Ramsey, G. Sharplin, Na. Corsinic, and M. Eckerta, "Effectiveness of Public Health Messaging and Communication Channels During Smoke Events: A Rapid Systematic Review," *Journal of Environmental Management,* 193, May 2017, 247-256.

40. N. Kock, "The Psychological Model: Towards a New Theory of Computer-Mediated Communication Based on Darwinian Evolution," *Organization Science,* 15(3), May-June 2004, 327-348.

41. R. L. Daft and H. Lengel, "Information Richness: A New Approach to Managerial Behavior and Organizational Design," In *Research in Organizational Behavior,* ed., B. M. Staw and L. L. Cummings, Greenwich, CT. JAI Press, 1984, p.196.

42. A. Kinicki and M. Fugate, *Organizational Behavior: A Practice, Problem-solving Approach,* 2nd ed. McGraw-Hill Education, 2018, 427-428.

43. A. M. Kaplan and M. Haenlein, "Users of the World, Unite! The Challenges and Opportunities of Social MEDIA," *Business Horizons,* Jan-Feb 2010, 59-68.

44. J. K. Burgoon, L. K. Guerrero, and K. Floyd, *Non Verbal Communication,* Routledge, London and New York, 2016.

45. J. Keyser, "Active Listening Leads to Business Success," *T+D,* July 2013, 26-28.

46. R. Lim and S. Dunn, "*Journey to the Centre of Empathy: The Authentic Core of Communication Skills*," Ch. 2, 10-15, In D. W. Kissane, B. D. Bultz, N. Butow, C. L. Bylud, S. Noble, and S. Wilkinson, *Communication Oncology and Palliative Care*, 2nd(eds.), Oxford Unive., Oxford, 2017.

47. D. Ribes, S. Jackson, S. Geiger, M. Burton, and T. Finholt, "Artifacts That Organize: Delegation in the Distributed Organization," *Information and Organization,* 23, 2013, 1-14.

48. A. Chatterjee, A. Pereira, and R. Bates, "Impact of Individual Perception of Organizational Culture on the Learning Transfer Environment," *International Journal of Training Development*, 22(1) Mar 2018, 15-33.

49. C. Dolz, M. Iborra and V. Safón, "Improving the Likelihood of SME Survival during Financial and Economic Crises: The Importance of TMTs and Family Ownership for Ambidexterity," *Business Research Quarterly*, 21(2), 2020.

50. Z. Abdussamad, 'The Influence of Organizational Communication toward the Quality of Employees' Service at Southern City Sub-District Office of Gorontalo City, *International Journal of Contemporary Applied Researches*, 7(7), July 2020, 23-38.

51. O. Temby, J. Sandall, R. Cooksey, and G. M. Hikey, "Examining the Role of Trust and Informal Communication on Mutual Learning in Government: The Case of Climate Change Policy in New York," *Organization & Environment,* First Published March 13, 2016.

52. S. L. Marlow, C. N. Lacerenza, J. Paoletti, C. S. Burke, and E. Salas, "Does Team Communication Represent A One-Size-Fits-All Approach?: A Meta Analysis of Team Communication and Performance," *Organizational Behavior and Human Decision Processes,* 144, 2018, 145-170.

9장

1. S. Robbins and T. A. Judge, Organizational Behavior, updated 18th ed., Pearson Education Ltd., 2022, 182; H.N. William, C. E. Summer, and E. K. Warren, *The Process of Management,* 3rd ed., Englewood Cliffs, New Jersey: Prentice Hall, Inc., 1975, 247-248.

2. C. I. Barnard, *The Functions of the Executive,* Cambridge, Massachusetts: Harvard University Press, 1978, 14; G. Huber, *Managerial Decision Making,* Glenview, Illinois: Scott, Foresman, 1980, 9.

3. C. Nutt, *Why Decisions Fail?,* San Francisco: Berrett-Kohler, 1993; C.

Nutt, "The Formulation Process and Tactics Used in Organizational Decision Making," *Organization Science,* 4, 2002, 226-251.

4. H. Simon, *The New Science of Management Decisions* (2nd ed.), Englewood Cliffs, NJ: Prentice Hall, 1977.

5. C. Krijgsman et al., "Performance Grading and Motivational Functioning and Fear in Physical Education: A Self Determination Theory Perspective," *Learning and Individual Differences,* 55, Apr. 2017, 202-211.

6. H. Simon, Administrative Behavior, NY: Free Press의 프랑스어판, *Administration et Processus de Decision,* Paris: Economica, 1945; H. A. Simon, *Administrative Behaviour: A Study of Decision-Making Processes in Administrative Organizations,* 3rd ed., NY: Free Press, 1976

7. H. A. Simon, *Models of Bounded Rationality,* Cambridge, MA: MIT Press, 1982.

8. J. E. Hodder and H. E. Riggs, "Pitfalls in Evaluating Risky Projects," *Harvard Business Review,* Jan-Feb. 1985, 128-135.

9. D. Wessel, "A Man Who Governs Credit is Denied a Toys'R'us Card," *The Wall Street Journal,* Dec. 14, 1995.

10. L. G. Hrebiniak, and C. C. Snow, "Top Management Agreement and Organizational Performance," *Human Relations,* 35(12), 1982, 1139-1158.

11. L. R. Beach and T. R. Mitchell, "Image Theory: A Behavioral Theory of Image Making in Organizations," in B. Staw and L.L. Cummings (Eds.), *Research in Organizational Behavior,* 12, Greenwich, CT: JAI Press, 1990, 1-41.

12. G. Calabretta, G. Gemser, and N. M. Wijnberg, "The Interplay between Intuition and Rationality in Strategic Decision Making: A Paradox Perspective," *Organization Studies,* First Published July 29, 2016.

13. D. B. Resnik, "The Role of Intuition in Risk/Benefit Decision-Making in Human Subjects Research," *Accountability in Research Policies and Quality Assurance,* 24(1), 2017, 1-29.

14. G. Gigerenzer, M. Todd, and the ABC Research Group, *Simple Heuristics That Make Us Smart,* Oxford, UK, Oxford University Press, 1999.

15. A. Tversky and D. Kahneman, "Judgment under Uncertainty: Heuristics and Biases," in *Utility, Probability, and Human Decision Making, Theory and Decision Library,* 11, 1975, 141-162.

16. D. Kahneman and S. Frederick, "Representativeness Revisited: Attribute Substitution in Intuitive Judgment," in T. Gilovich and D. Griffin, Heuristics and Biases: Then and Now, In T. Gilovich, D. Griffin, and D. Kahneman (Eds.), *Heuristics and Biases: The Psychology of Intuitive Judgment,* 2002, 1-18, NY: Cambridge University Press.

17. Y. Shan and L. Yang, " Fast and Frugal Heuristics and Naturalistic Decision Making: A Review of Their Commonalities and Differences," *Thinking & Reasoning,* 23(1), 2017, 10-32.

18. A. Kinicki and M. Fugate, *Organizational Behavior: A Practice, Problem-solving Approach,* 2nd ed. McGraw-Hill Education, 2018, 433.

19. M. D. Cohen, J. G. March, and J. Olsen, "A Garbage Can Model of Organizational Choice," *Administrative Science Quarterly,* March 1972, 1-25.

20. M. Masuch and La Potin, "Beyond Garbage Cans: An A1 Model of Organizational Choice," Administrative Science Quarterly, March 1989, 38-67; W. W. Newman, "Foreign Policy Decision Making, Garbage Cans, and Policy Shifts: The Eisenhower Administration and the 'Chances for Peace' Speech," *American Review of Public Administration,* 28(2), June 1998, 187-212.

21. M. Chen, S. Mao, Y. Zhang, and V. C. M. Leung, "Big Data Analysis," *Computer Science,* Apr 2014, 51-58.

22. H. Mintzberg and F. Westley, "Decision Making: It's Not What You Think," MIT, *Sloan Management Review,* May 2001.

23. K. M. Propp and D. Nelson, "Problem Solving Performance in Naturalistic Groups: A Test of the Ecological Validity of the Functional Perspective," *Communication Studies,* 47, 1996, 35-45; R. Kreitner, Management, 4th ed., Boston: Houghton Mifflin, 1989, 238.

24. T. R. Mitchell and L. R. Beach, "Do I love thee? Let Me Count toward an Understanding of Intuitive and Automatic Decision Making," *Organizational Behavior and Human Decision Processes,* 47, 1990, 1-20.

25. G. Le Bon, The Crowd: A Study of Popular Mind, Ernest Bonn, Ltd., 1947; C. Sahin, "Managing Communication in Knowledge-Intensive Service Teams: Groupthink Theory Revisited," *Business Management and Strategy,* 5(2), 2014.

26. S. Robbins and T. A. Judge, Organizational Behavior, updated 18th ed., Pearson Education Ltd., 2022, 342.

27. A. Mintz and C. Wayne, "The Polythink Syndrome and Elite Group Decision-Making," *Political Psychology,* Jan. 2016, 3-21.

28. B. M. Staw and J. Ross, "Behavior in Escalation Situations: Antecedents, Prototypes, and Solutions," *Research in Organizational Behavior,* 9, 1987, 39-78; W.S. Silver and T.R. Mitchell, "The Status Quo Tendency in Decision Making," *Organizational Dynamics,* Spring 1990, 34-36.

29. M. F. Shaw, *Group Dynamics,* NY: McGraw- Hill, 1981.

30. B. M. Staw, "Attitudinal and Behavioral Consquences of Changing a Major Organizational Reward, A Natural Field Experiment," *Journal of Personality and Social Psychology,* 6, 1974, 742-751.

31. D. Wang, X. Kong, X. Nie, Y. Shang, S. Xu, Y.i He, P. Maguire, and Y. Hu, "The Effects of Emotion and Social Consensus on Moral Decision-Making," *Ethics & Behavior,* Oct. 2020, DOI: 10.1080/10508422. 2020. 1830404.

32. B. Latane and J. M. Darley, *The Unresponsive By-Stander: Why Dose not Your Help?* NY: Appleton Century Crofts, 1970.

33. E. van Dijk, C. D. Parks, and A.M. van Lange, "The BystanderEffect in an N-person Dictator Game," *Organizational Behavior and Human Decision Processes,* 120(2), March 2013, 285-297.

34. C. Faure, "Beyond Brainstorming: Effects of Different Group Procedures on Selection of Ideas and Satisfaction with The Process," *Journal of Creative Behavior,* 38, 2004, 13-34.

35. N. Darley, *The Delphi Method: An Experimental Study of Group Opinion,* Santa Monica, California: Rand Corporation, 1969.

36. B. A. Nijstad, W. Stroebe, and H. F. M. Lodewijkx, "Production Blocking and Idea Generation: Does Blocking Interfere with Cognitive Processes?", *Journal of Experimental Social Psychology,* 39, 2003, 531-548.

10장

1. J. B. Otomar, *Using Conflict Theory,* Cambridge University Press, 2002.

2. R. Miles, *Macro Organizational Behavior,* Pacific Palisades, California:

Goodyear Publishing, 1980; T.I. Vaaland and H. Hakansson, "Exploring Inter Organizational Conflict in Complex Projects," *Industrial Marketing Management,* 32, 2003, 127-138.

3. R. J. Fisher, "Towards a Social-Psychological Model of Intergroup Conflict," *Pioneers in Arts, Humanities, Science, Engineering, Practice,* 14, Dec. 2016, 73-86.
4. R. S. Peterson and K. J. Behfar, "Survey Shows Managers Have Their Hands Full Resolving Staff Personality Conflicts," *IPMA- HR* Bulletin, 3, Nov. 2006, 8.
5. K. Lorentz, *L'agression,* Paris: Flammarion, 1969; D.G. Amaral, M. D. Bauman, Lavenex, W. A. Mason and J. E. Toscano, "The Expression of Social Dominance Following Neonatal Lesions of the Amygdala or Hippocampus in Rhesus Monkeys (Macaca Mulatta)," *Behavioral Neuroscience,* 120, 2006, 749-760.
6. D. Dollard, M. Miller, and Sears, *Frustration and Aggression,* New Haven, Connecticut: Yale University Press, 1939.
7. D. J. Ziegler, "Defense Mechanisms in Rational Emotive Cognitive Behavior Therapy Personality Theory," *Journal of Rational-Emotive & Cognitive-Behavior Therapy,* 34(2), 2016, 135-148.
8. R. Friedman, C. Anderson, J. Brett, M. Olekalns, N. Goates, and C. C. Lisco, "The Positive and Negative Effects of Anger on Dispute Resolution: Evidence from Electronically Mediated Disputes," *Journal of Applied Psychology,* 89, 2004, 369-376.
9. E. M. Planalp, C. V. Hulle, K. L. Chalfant, and H. H. Goldsmith, "Genetic and Environmental Contributions to the Development of Positive Affect in Infancy," *Emotion,* 17(3), April 2017, 412-420.
10. A. Kinicki and M. Fugate, *Organizational Behavior: A Practice, Problem-solving Approach,* 2nd ed. McGraw-Hill Education, 2018, 388-389.
11. R. Sainsaulieu, *L'dentite du Travail,* Paris: Presse de la Foundation Nationale des Sciences Politiques, 1985; A. H. Eagly and S. J. Karau, "Role Congruity Theory of Prejudice Toward Female Leaders," *Psychological Review,* 109(3), 2002, 573-598.
12. N. Hu, Z. Chen, J. Gu, S. Huang, and H. Liu, "Conflict and Creativity in Inter-Organizational Teams: The Moderating Role of Shared Leadership," *International Journal of Conflict Management,* 28(1), 2017, 74-102.
13. M. Sekerdej and S. Roccas, "Love Versus Loving Criticism: Disentangling Conventional and Constructive Patriotism," *British Journal of Social Psychology,* 55, 2016, 499- 521.
14. S. Robbins and T. A. Judge, Organizational Behavior, updated 18th ed., Pearson Education Ltd., 2022, 675; A. Kinicki and M. Fugate, *Organizational Behavior,* 2nd ed., Mc Graw-Hill Education, 2018, 377.
15. K. B. Hjerto and B. Kuvaas, "Burning Hearts in Conflict: New Perspectives on The Intragroup Conflict and Team Effectiveness Relationship," *International Journal of Conflict Management,* 28(1), 2017, 50-73.
16. D. Tjosvold, Learning to Manage Conflict: Getting People to Work Together Productively, NY: Lexington Books, 1993.
17. D. Akst, "The Rewards of Recognizing a Job Well Done," *The Wall Street Journal,* Jan. 2007, D9.
18. S. Decoster, J. Camps, J. Stouten, L. Vandevyvere, and T. M. Tripp, "Standing by Your Organization: The Impact of Organizational Identification and Abusive Supervision on Followers' Perceived Cohesion and Tendency to Gossip," *Journal of Business Ethics,* Jan. 2013, DOI: 10.1007/s10551- 012-1612-z
19. J. D. Shaw, J. Zhu, M. K. Duffy, K. L. Scott, H. A. Shih, and E. Susanto, "A Contingency Model of Conflict and Team Effectiveness," *Journal of Applied Psychology,* 96, 2011, 391-400.
20. D. L. Shapiro, "Relational Identity Theory: A Systematic Approach for Transforming the Emotional Dimension of Conflict," *American Psychologist,* 65(7), Oct. 2010, 634-645.
21. S. Robbins, *Managing Organizational Conflict,* Englewood Cliffs, New Jersey: Prentice-Hall, Inc. 1974, 20-25.
22. R. de Villiers, A. G. Woodside, and R. Marshall, "Making Tough Decisions Competently: Assessing the Value of Product Portfolio Planning Methods, Devil's Advocacy, Group Discussion, Weighting Priorities, and Evidenced-Based Information," *Journal of Business Research,* 69(8), Aug. 2016, 2849-2862.
23. K. W. Thomas, Conflict and Negotiation Process in Organizations, in M. D. Dunnette (ed.), *Handbook of Industrial and Organizational Psychology,* 2nd ed., Chicago: Rand McNally, 1990.
24. R. Kreitner and A. Kinicki, Organizational Behavior, 4th ed., Irwin McGraw Hill, 1998; K. Thomas, "Conflict and Negotiation Process in Organizations," in *Handbook of Industrial and Organizational Psychology,* 2/e, Vol.3, ed. by M. D. Dunnette and L. M. Hough, 668, Palo Alto, CA: Consulting Psychologists Press, 1992.
25. C. Sayi, A. Schlaerth, N. Ensari, and J. Christian, "A Meta-Analytical Review of the Relationship between Emotional Intelligence and Leaders' Constructive Conflict Management," *Group Processes Intergroup Relations,* 16(1), January 2013, 126-136.
26. C. D. Maio, G. Fenza, V. Loia, F. Orciuolib, and E. Herrera-Viedmac, "A Framework for Context-Aware Heterogeneous Group Decision Making in Business Processes," *Knowledge Based Systems,* 102, June 2016, 39-50.
27. V. Asal, M. Brown, and A. Dalton, "Why Split? Organizational Splits among Ethnopolitical Organizations in the Middle East," *Journal of Conflict Resolution,* 56(1), Feb. 2012, 94-117.
28. T. W. H. Ng and D. C. Feldman, "Employee Voice Behavior: A Metaanalytic Test of the Conservation of Resources Framework," *Journal of Organizational Behavior,* 33(2), Feb. 012, 216-234.
29. M. H. Bazerman, J. R. Curhan, D. A. Moore, and K.L. Valley, "Negotiation," *Annual Review of Psychology,* 51(1), 2000, 279-314.
30. F. Harinck and D. Druckman, "Do Negotiation Interventions Matter? Resolving Conflicting Interests and Values," *Journal of Conflict Resolution,* First Published February 12, 2015.
31. J. C. Magee, A. D. Galinsky, and D. H. Gruenfeld, "Power, Propensity to Negotiate, and Moving First in Competitive Interactions," *Personality and Social Psychology Bulletin,* 33, 2007, 200-212.
32. J. R Curhan, H. A. Elfenbein, and H. Xu, "What Do People Value When They Negotiate? Mapping the Domain of Subjective Value in Negotiation," *Journal of Personality and Social Psychology,* 91, 2006, 493-512.
33. R. J. Lewicki, "Bargaining and Negotiation. Exchange," *The Organizational Behavior Teaching Journal,* 6(2), 1981, 39-40.
34. K. S. Wilson, D .S. DeRue, F. K. Matta, M. Howe, and D. E. Conlon, "Personality Similarity in Negotiations: Testing the Dyadic Effects of Similarity in Interpersonal Traits and the Use of Emotional Displays on Negotiation Outcomes," *Journal of Applied*

Psychology, 101(10), Oct. 2016, 1405-1421.

35. L. J. Kray and M. Haselhuhn, "Implicit Negotiation Beliefs and Performance: Experimental and Longitudinal Evidence," *Journal of Personality and Social Psychology,* 93, 2007, 49-64.

36. A. W. Brooks and M. E. Schweitzer, "Can Nervous Nelly Negotiate? How Anxiety Causes Negotiators to Make Low First Offers, Exit Early, and Earn Less Profit," *Organizational Behavior and Human Decision Processes,* 115(1), May 2011, 43-54.

37. J. B. Bear and L. Babcock, "Negotiation Topic as a Moderator of Gender Differences in Negotiation," *Psychological Science,* 23(7), July 2012, 743-744.

38. J. M. Brett, "Culture and Negotiation Strategy," *Journal of Business & Industrial Marketing,* 32(4), 2017, doi: 10.1108/ JBIM- 11-2015-0230.

39. J. C. Meyer, J. H. Davis, and F. D. Schoolman, "Integrative Model of Organizational Trust," *Academy of Management Review,* 20, 1995, 709-724.

40. P. Punyatoya, "Effects of Cognitive and Affective Trust on Online Customer Behavior", *Marketing Intelligence & Planning,* 37(1), 2019, 80-96.

41. O. Schilke and K. S. Cook, "A Cross-level Process Theory of Trust Development in Inter Organizational Relationships," *Strategic Organization,* Jan. 23 2013, doi: 10.1177/1476127 01247 2096.

42. R. D. Costigan, S. SIlter, and J. J. Berman, "A Multi-Dimensional Study of Trust in Organizations," *Journal of Managerial Issues,* 10(3), 1998, 303-317.

43. E. M. Whitener, S. E. Brodt, M. A. Korsgaard, and J. M. Werner, "Managers As Initiator of Trust: An Exchange Relationship ramework For Understanding Managerial Trustworthy Behavior," *Academy of Management Review,* 23(3), 1998, 513-530.

44. P. M. Blau, Exchange and Power in Social Life, Wiley, 1964; J. Lilly, J. A. Duffy, and K. Wipawayangkool, "The Impact of Ethical Climate on Organizational Trust and the Role of Business Performance: If Business Performance Increases, Does Ethical Climate Still Matter?", *Institute of Behavioral and Applied Management,* 2016, 33-49.

45. M. Podsakoff, S. B. Mackenzie, R. H. Mooreman, and R. Fetter, "Transformational Leader Behaviors and Their Effects on Followers' Trust in Leader, Satisfaction, and Organizational Citizenship Behaviors," *Leadership Quarterly,* 1, 1990, 107-142.

46. D. W. Organ, *Organizational Citizenship Behavior: The Good Soldier Syndrome,* Lexington, MA: Lexington Books, 1988.

47. C. F. Chiang and T. S. Hsieh, "The Impacts of Perceived Organizational Support and Psychological Empowerment on Job Performance: The Mediating Effects of Organizational Citizenship Behavior," *International Journal of Hospitality Management,* 31(1), March 2012, 180-190.

48. S. L. Blader and T. R. Tyler, "Testing & Extending the Group Engagement Model: Linkages between Social Identity, Procedural Justice, Economic Outcomes and Extra Role Behavior," *Journal of Applied Psychology,* 94, 2009, 445-464.

49. M. Schulte, C. Ostroff, S. Shmulyian, and A. Kinicki, "Organizational Climate Configurations: Relationships to Collective Attitudes, Customer Satisfaction, and Financial Performance," *Journal of Applied Psychology,* 94(3), 2009, 618-634.

50. C. P. Lin, "Modeling Corporate Citizenship and Turnover Intention: Social Identity and Expectancy Theories," *Review of Managerial Science,* 13, 2019, 823-40.

51. A. Sarwar, J. Khan, L. Muhammad, N. Mubarak, and M. Jaafar, "Relationship between Organizational Dehumanization and Nurses' Deviant Behaviors: A Moderated Mediation Model," *Jounal of Nursing Management,* Jan 2021, https://doi.org/10.1111/jonm.13241.

52. D. Iliescu, D. Ispas, C. Sulea, and A. Ilie, "Vocational Fit and Counterproductive Work Behaviors: A Self Regulation Perspective," *Journal of Applied Psychology,* 100(1), 2015, 21-39.

53. E. C. Naimon, M .E. Mullins, and K. Osatuke, "The Effects of Personality and Spirituality on Workplace Incivility Perceptions," *Journal of Management Spirituality, & Religion,* 10(1), Mar. 2013, 91-110.

54. E. Torkelson, K. Holm, M. Bäckström, and E. Schad, "Factors Contributing to the Perpetration of Workplace Incivility: the Importance of Organizational Aspects and Experiencing Incivility from Others," *Work & Stress: An International Journal of Work, Health & Organizations,* 30(2), 2016, 115-131.

55. C. Porath and C. Pearso, "The Price of Incivility," *Harvard Business Review,* 91(1-2), 2013, 114-121; C.L. Porath and C.M. Pearson, "The Cost of Bad Behavior," *Organizational Dynamics,* 39(1), Jan-Mar. 2010, 64-71.

56. M. Leiter, "Taking Action to Address Workplace Incivility," *Springer Briefs in Psychology,* 8, 2013, 45-54.

57. H. Gintisa, S. Bowlesa, R. Boyd, and E. Fehr, "Explaining Altruistic Behavior in Humans," *Evolution and Human Behavior,* 24, 2003, 153-172.

58. L. Cosmides and J. Tooby, "Neurocognitive Adaptations Designed for Social Exchange," in D.M. Buss (Ed.), *Evolutionary Psychology Handbook,* NY: Wiley, 2005.

59. M. A. Nowak and K. Sigmund, "Evolution of Indirect Reciprocity," *Nature,* 437, Oct. 27, 2005, 1291-1298.

60. K. Kaleta and J. Mróz, "The Effect of Apology on Emotional and Decisional Forgiveness: The Role of Personality," *Personality and Individual Differences,* 168, Jan. 2021.

61. Z. Shafait, Z. Yuming, and U. F. Sahibzada, "Emotional Intelligence and Conflict Management: an Execution of Organizational Learning, Psychological Empowerment and Innovative Work Behaviour in Chinese Higher Education," *Middle East Journal of Management,* 8(1), Nov. 2020.

62. D. Balliet and D. L. Ferris, "Ostracism and Prosocial Behavior: A Social Dilemma Perspective," *Organizational Behavior and Human Decision Processes,* 120(2), March 2013, 298-308.

11장

1. E. Hollander and L. R. Offermann, "Power and Leadership in Organizations," *American Psychologist,* eb. 1990, 179-189.

2. T. A. Stewart, "Get with the New Power Game," *Fortune,* January 13, 1997, 58-62.

3. J. R. French, "A Formal Theory of Social Power," *Psychology Review,* 63, 1956, 181-194.

4. R. M. Emerson, "Power Dependance Relations," *American Sociological Review,* 27, 1977; L. L. Carli, "Gender, Interpersonal Power, and Social

Influence," *Journal of Social Issues*, 55, 1999, 81-99.

5. A. Kinicki and M. Fugate, *Organizational Behavior: A Practice, Problem-solving Approach*, 2nd ed. McGraw-Hill Education, 2018, 427-428.
6. E. A. Ward, "Social Power Bases of Managers: Emergence of New Factor," *Journal of Social Psychology*, Feb. 2001, 144-147.
7. S. R. Giessner and T. W. Schubert, "High in the Hierarchy: How Vertical Location and Judgments of Leaders' Power are Interrelated," *Organizational Behavior and Human Decision Processes*, 104(1), 2007, 30-44.
8. D. Ulrich and J. B. Barney, "Perspective in Organizations: Resources Dependence, Efficiency, and Population," *Academy of Management Review*, 9, 1984, 471-481.
9. J. Peffer and G. Salancik, "Who Gets Power—and How They Hold on to It: A Strategic—Contingency Model of Power," *Organizational Dynamics*, 5(3), 1977, 2-21.
10. H. Mintzberg, *Power In and Around Organizations*, Englewood Cliffs, NJ: Prentice-Hall, 1983. 24
11. A. Guinote, "How Power Affects People: Activating, Wanting, and Goal Seeking," *Annual Review of Psychology*, 68, 2017, 353-381.
12. R. E. Petty and P. Brignol, "Persuation: From Single to Mutiful to Metacognitive Processes," *Perspective on Psychological Science*, 3(2), March 2008, 137-147.
13. S. A. Haslam, S. D. Reicher, and M. E. Birney, "Questioning Authority: New Perspectives on Milgram's 'Obedience' Research and Its Implications for Intergroup Relations," *Current Opinion in Psychology*, 11, Oct. 2016, 6-9.
14. E. A. Caspar, J. F. Christensen, A. Cleeremans, and P. Haggard, "Coercion Changes the Sense of Agency in the Human Brain," *Current Biology*, 26(5), Mar. 2016, 585-592.
15. C. K. Herbert, "Compliance, Identification, and Internalization: Three Processes of Attitude Change," *Journal of Conflict Resolution*, 1958, 51-60.
16. D. C. McClelland, "The Two Faces of Power," *Journal of International Affairs*, 24, 1970, 41.
17. C. B. Gibson, C. L. Porath, G. S. Benson, and E. E. Lawler, "What Results When Firms Implement Practices: the Differential Relationship between Specific Practices, firm Financial Performance, Customer Service, and Quality," *Journal of Applied Psychology*, 92(6), Nov. 2007, 1467-1480.
18. A. N. Zagladi, D. Hadiwidjojo, and M. Rahayu, "The Role of Job Satisfaction and Power Distance in Determining the Influence of Organizational Justice toward the Turnover Intention," *Social and Behavioural Sciences*, 211, 2015, 42-48.
19. S. Robbins and T. A. Judge, *Organizational Behavior*, updated 18th ed., Pearson Education Ltd., 2022, 402.
20. J. Pfeffer, *Power: Why Some People Have It and Others Don't*, NY: Harper Collins, 2010.
21. A. Drory and T. Romm, "The Definition of Organizational Politics: A review," *Human Relations*, 43, 1990, 1333-1354.
22. C. C. Rosen and W. A. Hochwarter, "Looking Back and Falling Further Behind: The Moderating Role of Rumination on the Relationship between Organizational Politics and Employee Attitudes, Well-being, and Performance," *Organizational Behaviour and Human Decision Processes*, 124, 2014, 177-189.
23. J. K. Pinto and O. Kharbanda, "Lessons for an Accidental Profession," *Business Horizons*, Mar-Apr 1995, 45.
24. G. R. Ferris, G. S. Russ and M. Fandt, "Politics in Organizations," in R. A. Giacalone and Rosenfeld (eds.), *Impression Management in the Organization*, Hillsdale, NJ: Lawrence Erlbaum Associates, 1989, 155-156.
25. S. Thompson, "Responses to Politics: The Role of Psychological Safety in Perceptions of Organizational Politics," *Academy of Management Proceedings*, doi: 10.5465/AMB 2016. 15908 Abstract, ACAD MANAGE PROC, Jan. 2016 (Meeting Abstract Supplement) 15908.
26. B. E. Ashforth and R. T. Lee, "Defensive Behavior in Organizations: A Preliminary Model," *Human Relations*, July 1990, 621-648,
27. K. D. Vohs, R. F. Baumeister and N. J. Ciarocco, "Self-regulation and self-presentation: Regulatory Resource Depletion Impairs Impression Management and Effortful Presentation Depletes Regulatory Resources," *Journal of Personality and Social Psychology*, 88, 2005, 632-667.
28. M. C. Bolino, K. M. Kacmar, W. H. Turnley, and J. B. Gilstrap, "A Multi-level Review of Impression Management Motives and Behaviors," Journal of Management, 34, 2008, 1080-1109; S. Robbins and T. A. Judge, *Organizational Behavior*, updated 18th ed., Pearson Education Ltd., 2022, 410-411.
29. M. Crozier, *Le Phenomene Bureaucratique*, Paris: Le Seuil, 1964.
30. M. Valle and L. Perrewe, "Do Politics Perceptions Relate to Political Behaviors? Tests of an Implicit Assumption and Expanded Model," *Human Relations*, 53, 2000, 359-386.
31. B. E. Ashforth and R. T. Lee, "Defensive Behavior in Organizations: A Preliminary Model," *Human Relations*, 43(7), July 1990, 621-648.
32. M. Crozier, *The Bureaucratic Phenomenon*, Chicago: University of Chicago Press, 1964; M. Crozier, S. Huntington and J. Watuki, *The Crisis of Democracy*, New York: New York University Press, 1975.
33. D. R. Beeman and T. W. Sharkey, "The Use and Abuse of Corporate Politics," *Business Horizons*, 1987, 30.
34. S. Robbins and T. A. Judge, *Organizational Behavior*, updated 18th ed., Pearson Education Ltd., 2022, 408.
35. A. F. Utami, R. Y. Bangun, and D. C. Lantu, "Understanding the Role of Emotional Intelligence and Trust to the Relationship between Organizational Politics and Organizational Commitment," *Social and Behavioural Sciences*, 115, 2014, 378-386.
36. J. K. Kim, and Y. Fu, " The Effect of Perceptions of Organizational Politics on Turnover Intention and Organizational Citizenship Behaviour in Chinese Convergency Companies," *Journal of Digital Convergence*, 13, 2015, 177-189.
37. S. H. Jeon and M. J. Kwon, "Ethical Work Environment and Career Decisions: Is This Relationship Moderated by a Position of Power?" *Ethics & Behavior*, Nov. 2020, DOI: 10.1080/ 10508422. 2020. 1822844.
38. B. Ogungbamila, "Perception of Organizational Politics and Job Related Negative Emotions as Predictors of Workplace Incivility among Employees of Distressed Banks," *European Scientific Journal*, 9(5), 2013. ISSN: 1857-7431.
39. F. Yang, " Better Understanding the Perceptions of Organizational Politics: Its Impact under Different Types of Work Unit Structure," *European Journal of Work and Organizational Psychology*, 26(2), 2017, 250-262.

40. A. J. Dubrin, *Foundations of Organizational Behavior,* Englewood Cliffs, New Jersey: Prentice-Hall, Inc., 1984, 382- 384.
41. N. Atta, M. Ahmad, I. Mangla, and D. Farrell, "Organizational Politics, Psychological Empowerment And Organizational Commitment: Empirical Evidence From Pakistan," *International Journal of Management & Information Systems,* 16(3), 2012, 3rd Quarter, 221.
42. Y. Bai, G. H. Han, and D. Harms, "Team Conflict Mediates the Effects of Organizational Politics on Employee Performance: A Cross-Level Analysis in China," *Journal of Business Ethics,* 139(1), Nov. 2016, 95-109.
43. G. F. Cavanagh, D. J. Moberg, and M. Velasquez, "The Ethics ofOrganizational Politics," *The Academy of Management Review,* 6(3), Jul. 1981, 363-374.
44. S. D. Russo, M. Miraglia, and L. Borgogni, "Reducing Organizational Politics in Performance Appraisal: The Role of Coaching Leaders for Age-Diverse Employees," *Human Resources Management,* First published August 17, 2016.
45. H. R. Wu and N. W. Chi, "The Journey to Leave: Understanding the Roles of Perceived Ease of Movement, Proactive Personality, and Person-Organization Fit in Overqualified Employees' Job Searching Process," *Journal of Organizational Behavior,* 09 July 2020, https://doi.org/10.1002/job.2470.
46. G. R. Williamson and S. Prosser, "Action Research: Politics, Ethics and Participation," *Journal of Advanced Nursing,* 40(5), Dec. 2002, 587-593.

12장

1. R. M. Stogdill, *Handbook of Leadership: A Survey of the Literature,* NY: Free Press, 1974.
2. D. Scanlon and J. B. Keys, *Managerial and Organizational Behavior,* NY: Joan Wiley and Sons, 1979, 89.
3. J. Kotter, "What Leaders Really Do?", *Harvard Business Review,* May-June, 1990, 103-111.
4. A. Zalenznik, "Expert from Managers and Leaders: Are They Different?", *Harvard Business Review,* May-June, 1986, 54와 J. Kotler, "What Leaders Really Do?", *Harvard Business Review,* May-June, 1990, 102-111의 두 논문 내용에서 발췌하여 저자가 작성.
5. J. Hogan, R. Hogan, and R. B. Kaiser, "Management Derailment," in S. Zedeck, ed., *APA Handbook of Industrial and Organizational Psychology*(Washington, DC: American Psychological Association, 2011), 555-575.
6. J. Antonakis, D.V. Day, and B. Schyns, "Erratum to "Leadership and Individual Differences: At the Cusp of A Renaissance," *The Leadership Quarterly,* 23(4), 2012, 643- 650.
7. M. A. W. Kiarie, L. C. Maru, and T. K. Cheruiyot, "Leader Personality Traits and Employee Job Satisfaction in the Media Sector, Kenya," The TQM Journal, 29(1), 2017, 133-146; K. Y. Ng, A. Soon, and K. Y. Chan, "Personality and Leader Effectiveness," *Journal of Applied Psychology,* 93(4), July 2008, 733-743.
8. F. Walter, R. H. Humphrey, and M. S. Cole, "Unleashing Leadership Potential: Toward an vidence-Based Management of Emotional Intelligence," *Organizational Dynamics,* 41, 2012, 212-219.
9. A. Tuncdogan, O. A. Acar, and D. Stamc, "Individual Differences as Antecedents of Leader Behavior: Towards An Understanding of Multi-Level Outcomes," *The Leadership Quarterly,* 28(1), Feb. 2017, 40-64.
10. R. D. Mann, "A Review of the Relationships between Personality and Performance in Small Groups," *Psychological Bulletin,* July 1959, 241-270.
11. N. M. Blaker, I. Rompa, I. H. Dessing, A. F. Vriend, C. Herschberg, and M. van Vugt, "The Height Leadership Advantage in Men and Women: Testing Evolutionary Psychology Predictions about the Perceptions of Tall Leaders," *Group Processes Intergroup Relations,* 16(1), 2013, 17-27.
12. S. A. Eisenbeiss, D. van Knippenberg, and S. Boerner, "Transformational Leadership and Team Innovation: Integrating Team Climate Principles," *Journal of Applied Psychology,* 93, 2008, 1438-1446.
13. S. A. Haslam, N. K. Steffens, K. Peters, R. A. Boyce, C. J. Mallett, and K. Fransen, "A Social Identity Approach to Leadership Development," *Journal of Personnel Psychology,* DOI: 10.1027/1866-5888/000176, Hogrefe Publishing, Published online March 10, 2017.
14. R. M. Stogdill and A. E. Coons (eds.), *Leader Behavior: Its Description and Measurement,* Research Monograph no.88, Columbus: Ohio State University, Bureau of Business Research, 1951.
15. E. A. Fleishmann and E.F. Harris, "Patterns of Leadership Behavior Related to Employee, Grievance and Turnover," *Personal Psychology,* 15, 1962, 45-53.
16. R. F. Bales, "Task Roles and Social Roles in Problem Solving Groups," in E. E. McCoby, T. M. Newcomb, and E. L. Hartley, eds., *Reading in Social Psychology,* NY: Holt, Rinehart and Winston, 1958.
17. E. A. Fleishman, *Leadership Climate and Supervisory Behavior,* Ohio State University Personnel Research Board, Columbus, Ohio, 1951.
18. D. McGregor, *Leadership and Motivation,* Cambridge, Massachusetts: MIT Press, 1966.
19. R. F. Piccolo, J. E. Bono, K. Heinitz, J. Rowold, E. Duehr, and T. A. Judge, "The Relative Impact of Complementary Leader Behaviors: Which Matter Most?", *The Leadership Quarterly,* 23, 2012, 567-581.
20. A. G. Jago, "Leadership: Perspectives in Theory and Research," *Management Science,* 28, 1982, 317.
21. J. Misumi, *The Behavioral Science of Leadership: An Interdisciplinary Japaneses Research Program,* Ann Arbor, Michigan: University of Michigan Press, 1985.
22. F. Evers and I. Berdrow, "Leadership and Dependability," *Leadership Today Part of the series Springer Texts in Business and Economics,* Aug. 2016, 249-261.
23. F. E. Fiedler, "Situational Control and a Dynamic Theory of Leadership," in K. Grint ed., 1997, *Leadership Classical, Contemporary and Critical Approaches,* Oxford: Oxford University Press, 1997; F. E. Fiedler, *A Theory of Leadership Effectiveness,* NY: McGraw Hill, 1967.
24. R. Ayman, M.M. Chemers, and F. Fiedler, "The Contingency Model of Leadership Effectiveness: Its Levels of Analysis," *The Leadership Quarterly,* 6(2), Summer 1995, 147-167.
25. P. Hersey and K. H. Blanchard, *Management of Organizational Behavior Utilizing Human Resources,* 4th ed., Englewood Cliffs, New

Jersey: Prentice-Hall, Inc., 1982.
26. V. H. Vroom and W. Yetton, *Leadership and Decision Making*, Pittsburgh: University of Pittsburgh Press, 1973.
27. R. J. House and R.N. Aditya, "The Social Scientific Study of Leadership: Quo Vadis?", *Journal of Management*, 23(3), June 1997, 409-473.
28. J. Seltzer and B. M. Bass, "Transformational Leadership: Beyond Initiation and Consideration," *Journal of Management*, 16, 1990, 693-703.
29. R. F. Piccolo, J. E. Bono, K. Heinitz, J. Rowold, E. Duehr, and T. A. Judge, "The Relative Impact of Complementary Leader Behaviors: Which Matter Most?", *The Leadership Quarterly*, 23, 2012, 567-581.
30. B. M. Bass, *Transformational Leadership: Industrial, Military, and Educational Impact*, Mahwah, NJ: Erlbaum, 1998.
31. Y. A. N. Ling, Z. Simsek, M. H. Lubatkin, and J. F. Veiga, " Transformational Leadership' s Role in Promoting Entrepreneurship: Examining the CEO-TMT Interface," *Academy of Management Journal*, 51(3), 2008, 557-576.
32. B. M. Bass, "From Transactional to Transformational Leadership: Learning to Share the Vision," *Organizational Dynamics*, Winter 1990, 19-31.
33. D. J. Cleavengera and T. Munyonb, "It's How You Frame It: Transformational Leadership and the Meaning of Work," *Business Horizons*, 31 January 2013.
34. R. J. House, *Culture, Leadership, and Organizations: The GLOBE Study of 62 Societies*, SAGE Publications, Thousand Oaks, 2004; G. Yukl, Leadership in Organizations (6th ed.). Saddle River, NJ: Prentice-Hall, 2006.
35. G. C. Banks, K. N. Engemann, C. E. Williams, J. Gooty, K. D. McCauley, and M. R.Medaugh, "A Meta-Analytic Review and Future Research Agenda of Charismatic Leadership," *The Leadership Quarterly*," 28(4), 2017, 508-529.
36. C. Nohe, B. Michaelis, J. I. Menges, Z. Zhang, and K. Sonntag, "Charisma and Organizational Change: A Multilevel Study of Perceived Charisma, Commitment to Change, and Team Performance," *The Leadership Quarterly*, (Available online), Feb. 27, 2013.
37. C. Nohe, B. Michaelis, J. I. Menges, Z. Zhang, and K. Sonntag, "Charisma and Organizational Change: A Multilevel Study of Perceived Charisma, Commitment to Change, and Team Performance," *The Leadership Quarterly*, February 27, 2013, http://dx.doi.org /10.1016 /j.leaqua. 2013.02.001.
38. J. R. Goodson, G. W. McGee, and J. F. Cashman, "Situational Leadership Theory," Group and Organization Studies, Dec. 1989, 446-461; A.T. Christopher, "Max Weber's Charisma," *Journal of Classical Sociology*, 5(2), 2005, 189-204.
39. G. A. Sparks, "Charismatic leadership: Findings of an exploratory investigation of the techniques of influence," *Journal of Behavioral Studies in Business*, 7, September 2014, 1-11.
40. L. R. Men, C. A. Yue, and Y. Liu, "'Vision, passion, and Care:' The Impact of Charismatic Executive Leadership Communication on Employee Trust and Support for Organizational Change," *Public Relations Review*, 46(3), 2020, https://doi.org/10.1016/j.pubrev.2020.101927.
41. S. W, Kozlowski and B. S. Bell, "Work Groups and Teams in Organizations," *Handbook of Psychology, 2nd ed., John Wiley & Sons, Inc.*, 2012.
42. C. L. Pearce and C. C. Manz, "The New Silver Bullets of Leadership: The Importance of Self and Shared Leadership in Knowledge Work," *Organizational Dynamics*, 34(2), 2005, 130-140.
43. C. L. Pearce, J. A. Conger, and E. A. Locke, "Shared Leadership Theory," *The Leadership Quarterly*, 19(5), 2008, 622-628.
44. S. E. Jackson, M. A. Hitt, and A. S. DeNisi, (eds.), *Managing Knowledge for Sustained Competitive Advantage: Designing Strategies for Effective Human Resource Management*, San Francisco: Jossey-Bass, 2003, 12-512-8
45. J. Zhu, Z. Liao, K. C. Yam, and R. E. Johnson, "Shared Leadership: A State-of-the-Art Review and Future Research Agenda," *Journal of Organizational Behavior*, 39(7), 2018, 834-852.
46. M. A. Korsgaard, J. Kautz, P. D. Bliese, K. Samson, and P. Kostyszyn, "Conceptualising Time as a Level of Analysis: New Directions in the Analysis of Trust Dynamics," *Journal of Trust Research*, 8(2), 2018, 142-165.
47. C. Breuer, J. Hüffmeier, F. Hibben, and G. Hertel, "Trust in Teams: A Taxonomy of Perceived Trustworthiness Factors and Risk-Taking Behaviors in Face-to-Face and Virtual Teams," *Human Relations*, 73(1), 2020, 3-34.
48. M. P. Gamarra and M. Girotto, "Ethical Behavior in Leadership: a Bibliometric Review of the Last Three Decades," *Ethics & Behavior, 30*, Jan. 2021, DOI: 10.1080/ 10508422. 2020. 1863799.
49. W. L. Gardner and J. R. Schermerhorn, "Performance Gains Through Positive Organizational Behavior and Authentic Leadership," *Organizational Dynamics*, Aug. 2004, 270-281.
50. S. Harrington, "Successful Companies Are Led by CEOs Who Take a People-Centered Approach," *Human Resources*, Jul-Aug 2010, p.4.
51. Z. M. deLara and M. V. Armas, "Does Ethical Leadership Motivate Followers to Participate in Delivering Compassion?" *Journal of Business Ethics*, 2017, 1-16.
52. V. Badrinarayanan, L. Ramachandran, and S. Madhavaram, "Mirroring the Boss: Influence of Ethical Leadership on Salesperson Ethical Behavior and Performance," In: M. Stieler (eds.), Creating Marketing Magic and Innovative Future Marketing Trends, Developments in Marketing Science: Proceedings of the *Academy of Marketing Science*. 2017, 903-904, Springer, Cham.
53. R. L. Dhar, "Ethical Leadership and Its Impact on Service Innovative Behavior: The Role of LMX and Job Autonomy," *Tourism Management*, 57, Dec. 2016, 139-148.
54. F. O. Walumbwaa, C. A. Hartnellb, and E. Misatia, "Does Ethical Leadership Enhance Group Learning Behavior? Examining the Mediating Influence of Group Ethical Conduct, Justice Climate, and Peer Justice," *Journal of Business Research*, 72, March 2017, 14-23.
55. Y. Choi and R. R. Mai-Dalton, "On The Leadership Function of Self-Sacrifice," *Leadership Quarterly*, 9(4), 1998, 475-501.
56. D. Van Dierendonck, "Servant Leadership: A Review and Synthesis," *Journal of Management*, 37(4), 2011, 1228-1261.
57. J. A. Conger and J. G. Hunt, "Overview Charismatic and Transformational Leadership: Taking Stock of the Present and Future (Part I)," *Leadership Quarterly*, 10(2), 1999, 121-127.
58. L. C. Spears, *Reflections on Leadership: How R.K. Greenleaf? Theory*

of Servant Leadership Influenced Today? Top Management Thinkers, NY: John Wiley and Sons, 1995; R. K. reenleaf, The Power of Servant Leadership, San Francisco: Berret Koehler Publishers, Inc., 1998.

59. D. Van Dierendonck et al., "The Cross-Cultural Invariance of the Servant Leadership Survey: A Comparative Study across Eight Countries," *Administrative Sciences,* 7(2), 2017, doi: 0.3390/ admsci 7020 008.

60. R. C. Liden, S. J. Wayne, C. Liao, and J. D. Meuser, "Servant Leadership and Serving Culture: Influence on Individual and Unit Performance," *Academy of Management Journal,* 57, 2014, 1434-1452.

61. Z. Chen, J. Zhu, and M. Zhou, "How Does A Servant Leader Fuel The Service Fire? A Multilevel Model of Servant Leadership, Individual Self Identity, Group Competition Climate, And Customer Service Performance," *Journal of Applied Psychology,* 100, 2015, 511-521.

62. Choi and R. R. Mai-Dalton, "On The Leadership Function of Self-Sacrifice," *Leadership Quarterly,* 9(4), 1998, 475-501.

63. D. B. Turban, T. W. Dougherty, and F. K. Lee, "Gender, Race, and Perceived Similarity Effects in Developmental Relationships: The Moderating Role of Relationship Duration," *Journal of Vocational Behavior,* 61(2), 2002, 240-262.

64. F. Dansereau, G. Graen, and W. Haga, "A Vertical Dyad Linkage Approach to Leadership in Formal Organizations," *Organizational Behavior and Human Performance,* 13, 1975, 46-78.

65. X. Zhou and C. A. Schriesheim, "Supervisor Subordinate Convergence in Descriptions of Leader Member Exchange (LMX) Quality: Review and Testable Propositions," *Leadership Quarterly,* 20(6), 2009, 920-932.

66. B. Erdogan and T. N. Berrin, "Differentiated Leader? Member Exchanges: The Buffering Role of Justice Climate," *Journal of Applied Psychology,* 95(6), Nov. 2010, 1104-1120.

67. G. B. Graen and J. F. Cashman, "A Role Making Model of Leadership in Formal Organizations: A Developmental Approach," In J. G. Hunt & L. L. Larson (Eds.), *Leadership Frontiers,* 1975, 143-165, Kent, Ohio: Kent State University Press.

68. R. Eisenberger, G. Karagonlar, F. Stinglhamber, Neves, T. E. Becker, M. G. Gonzalez Morales, and M. Steiger-Mueller, "Leader-member Exchange and Affective Organizational Commitment: The Contribution of Supervisor's Organizational Embodiment," *Journal of Applied Psychology,* 95, 2010, 1085- 1103.

69. M. Ozer, "Personal and Task-Related Moderators of Leader-Member Exchange Among Software Developers," *Journal of Applied Psychology,* 93(5), Sept. 2008, 1174-1182.

70. J. Pfeffer, *Competitive Advantage through People: Unleashing the Power of the Work Force,* Harvard Business School Press, 1994.

71. E. deVries Reinout, R. A. Roe and T. C. B. Taillieu, "Need for Leadership as a Moderator of the Relationships between Leadership and Individual Outcomes," *Leadership Quarterly,* April 2002, 121-138.

72. R. E. Kelley, "In Praise of Followers," Harvard Business Review, Nov-Dec. 1988, 142-48; E. Hollander, "Leadership, Followership, Self and Others," *Leadership Quarterly,* Spring 1992, 43-54.

73. B. F. Skinner, *Science and Human Behavior,* New York: McMillan, 1953.

74. A. G. Jago, "Leadership: Perspectives in Theory and Research," *Management Science,* 28, 1982, 315-336.

75. H. P. Sims and A. D. Szilagyi, "Leader Reward Behavior and Subordinate Satisfaction and Performance," *Organizational Behavior and Human Performance,* 14, 1975, 426-438.

76. G. R. Salancik and J. Pfeffer, "A Social Information Processing Approach to Job Attitudes and Task Design," *Administrative Science Quarterly,* 23, 1978, 224-253.

77. L. Spears, "Reflexion on K. Robert, Greenleaf and Servant leadership," *Leadership & Organization Development Journal,* 17, 1996, 33-35.

78. B. J. Calder, "An Attribution Theory of Leadership. In B. M. Staw & G. R. Salancik (Eds.)," *New Direction in Organizational Behavior,* 179-204, 1977, Chicago: Clair Press.

79. C. Bligh, J. C. Kohles, C. I. Pearce, J. E. Justin, and J. F. Stovall, "When the Romance Is Over: Follower Perspective of Aversive Leadership," *Applied Psychology: An International Review,* 56(4), 2007, 528-557.

80. J. Cassidy, "Subprime Suspect: The Rise and Fall of Wall Street' s First Black C.E.O." *Annals of Business, The New Yorker,* March 31, 2008, 78-91.

81. R. G. Lord, R. J. Foti, and C. L. De Vader, "A Test of Leadership Categorization Theory: Internal Structure, Information Processing, and Leadership Perceptions," *Organizational Behavior and Human performance,* 34, 1984, 343-378.

82. G. Yukl, *Leadership in Organizations* (6th ed.). Saddle River, NJ: Prentice-Hall, 2006.

83. A. J. Kinicki, W. Hom, M. R. Trost, and K. J. Wade, "Effects of Category Prototypes on Performance Rating Accuracy," *Journal of Applied Psychology,* June 1995, 354-70.

84. H. Zaim, A. Demi, and T. Budur, "Ethical Leadership, Effectiveness and Team Performance: an Islamic Perspective," *Middle East Journal of Management,* 8(1), Nov. 2020, https://doi.org/10.1504/MEJM.2021.111991.

85. M. Chase, "More Are Listening to Prozac to Keep Their Business Edge," Wall Street Journal, March 27, 1995, 81; R. Langreth, "High Anxiety: Rivals Threaten Prozac Reign," *The Wall Street Journal,* May 9, 1996, 81.

86. J. B. Stora, Le Stress, Paris: Presses Universitaire de France, 1990, 111-115; M. Maccoby, "Narcissistic Leaders," *Harvard Business Review,* 78(1), 2000, 68-77

87. C. B. Gibson, "An Investigation of Gender Differences. in Leadership across Four Countries," *Journal of International Business Studies,* 2000, 25.

88. S. F. Chen, C. Hanqing, M. acKenzie, G. C. Niall, and L. W. Bingde, "Female Leadership in Contemporary Chinese Family Firms : A Case Study," *Asia Pacific Journal of Management,* 2017, 1-52.

90. D. R. Avery, S. Tonidandel, K. H. Griffith, and M. A. Quinones, "The Impact of Multiple Measures of Leader Experience on Leader Effectiveness: New Insights for Leader Selection," *Journal of Business Research,* 56(8), Aug. 2003, 673-679.

91. C. S. Howard and J. A. Irving, "The Impact of Obstacles and Developmental Experience in Leadership Formation," *ASBBS*

Annual Conference, 20(1), Las Vegas 679, Feb. 2013.

92. D. V. Day, "Leadership Development: A Review in Context," Leadership Quarterly, Winter 2000, 581-613.

93. T. Karp, "Developing Oneself as A Leader," Journal of *Management Development*, 32(1), 2013, 127-140.

13장

1. A. L. Kroeber and C. Kluckhohn, "Culture: A Critical Review of Concepts and Definitions," *Peabody Museum Papers*, 47(1), Cambridge, Massachusetts: Harvard University, 1952, 181.

2. J. W. Symington, "Learn Latin America's Culture," *The NY Times*, Sept. 23, 1983, 1.

3. J. M. George and G.R. Jones, *Organizational Behavior*, 2nd ed., MA: Addison-Wesley, 1999, 553.

4. E. H. Schein, "Culture: the Missing Concept in Organization Studies," *Administrative Science Quarterly*, 41, 1996, 229-240; E. H. Schein, *Organizational Culture and Leadership*, San Francisco: Jossey Bass, 1985, 168.

5. G. Hofstede, *Culture' Consequences: International Differences in Work Related Values*, Beverly Hills, California: Sage Publications, 1980; G. Hofstede, M. H. Bond and C. Luk, "Individual Perceptions of Organizational Cultures: A Methodological Treatise on Levels of Analysis," *Organization Studies*, 14(4), 1993, 483-503.

6. A. Laurent, "The Cultural Diversity of Western Conceptions of Management," *International Studies of Management and Organization*, 13(12), Spring Summer 1983, 75-96.

7. L. Smircich, "Concepts of Culture and Organizational Analysis," *Administrative Science Quarterly*, 28, 1983, 339-358.

8. T. J. Peters and R.H. Waterman, *In Search of Excellence: Lessons from America' Best Run Companies*, NY: Harper and Row, 1982.

9. A. Kinicki and M. Fugate, *Organizational Behavior: A Practice, Problem-solving Approach*, 2nd ed. McGraw-Hill Education, 2018, p562.

10. J. J. Stephen, *Entrepreneurial Organizational Culture: Construct Definition and Instrument Development and Validation*, Ph. D. Dissertation, The George Washington University, Washington, D.C., 2003.

11. T. E. Deal and A. A. Kennedy, *'Corporate Cultures' The Rites and Rituals of Corporate Life*, Harmondsworth, Penguin Books, 1982.

12. K. S. Cameron, R. E. Quinn, J. DeGraff, and A. V. Thakor, *Competing Values Leadership: Creating Value in Organizations*, (New Horizons in Management), Cheltenham, UK and Northampton, MA: Edward Elgar, 2006.

13. R. Harrison, "Understanding Your Organization's Character," *Harvard Business Review*, 50(3), 1972, 119-128; C. Handy, *The gods of management*. London : Pan., 1980.

14. A. Kinicki and M. Fugate, *Organizational Behavior: A Practice, Problem-Solving Approach*, 2nd ed. McGraw-Hill Education, 2018, 548-549.

15. R. Boudon and F. Bourricaud, *Dictionnaire Critique de la Sociologie*, 2nd ed., Paris, PUF, 1986.

16. R. Reitter and B. Ramantosa, *Pouvoir et Polititique*, Paris: Mcgraw Hill, 1985, 19-22.

17. E. H. Schein, "Leadership and Organizational Culture," in F. Hesselbein, M. Goldsmith, and R. Beckhard (eds.), *The Leader of the Future*, San Francisco: Jossey-Bass, 1996, 61-62.

18. R. Dubey, A. Gunasekaran, Helo, T. Papadopoulos, S.J. Childe, and B. S. Sahay, "Explaining the Impact of Reconfigurable Manufacturing Systems on Environmental Performance: The Role of Top Management and Organizational Culture," *Journal of Cleaner Production*, 141, Jan. 2017, 56-66.

19. D. Bowen and C. Ostroff, "The 'Strength' of the HRM System: Organizational Climate Formation, and Firm Performance," *Academy of Management Review*, 29, 2004, 203-221.

20. H. M. Trice and J. M. Beyer, *The Cultures of Work Organizations*, Englewood Cliffs, NJ: Prentice Hall, 1993, 358-62; G. Hofstede, Culture' Consequences: International Differences in Work Related Values, Beverly Hills, CA: Sage Publications, 1980.

21. G. Islam and M. J. Zyphur, "Rituals in Organizations: A Review and Expansion of Current Theory," *Group & Organization Management*, 34(1), 2009, 114-139; S. Robbins and T. A. Judge, *Organizational Behavior*, updated 18th ed., Pearson Education Ltd., 2022, 547.

22. A. M. Pettigrew, "On Studying Organizational Cultures," *Administrative Science Quarterly*, 24, 1979, 570-582.

23. M. G. Pratt and A. Rafaeli, "Artifacts and Organizations: Understanding Our Objective Reality," in A. Rafaeli and M.G. Pratt, *Artifacts and Organizations : Beyond Mere Symbolism*, Mahwah, NJ: Lawrence Erlbaum, 2006, 279-288.

24. C. A. O'Eilly and J. A. Chatman, "Culture as Social Control: Corporations, Cults, and Commitment," in B. M. Staw and L. L. Cummings (eds.), *Research in Organizational Behavior*, 18, Greenwich, CT: JAI Press, 1996, 157-200.

25. Y. H. Cho, G. C. Yu, M. K. Joo, and C. Rowley, "Changing Corporate Culture Over Time in South Korea," *Asia Pacific Business Review*, Published online: Jan. 07, 2013, DOI: 10.1080 /13602381. 2012. 755321.

26. B. Schneider, M. G. Ehrhart and W. H. Macey, "Organizational Climate and Culture," *Annual Review of Psychology*, 64, January 2013, 361-388.

27. Y. Ling, Z. Simsek, M. H. Lubatkin, and J. F. Veiga, "Transformational Leadership's Role in Promoting Corporate Entrepreneurship: Examining the CEO-TMT Interface," *Academy of Management Journal*, 51(3), June 1, 2008, 557- 576.

28. L. Smircich, "Concepts of Culture and Organizational Analysis," *Administrative Science Quarterly*, 28(3), 1983, 339-358.

29. J. B. Sørensen, "The Strength of Corporate Culture and the Reliability of Firm Performance," *Administrative Science Quarterly*, 47(1), Mar. 2002, 70-91.

30. T. Cox, Jr., *Cultural Diversity in Organizations: Theory*, Research and Practice, San Francisco: Berrett-Koehler, 1993, 62-70.

31. L. Zweig, "The Case Against Mergers," *Business Week*, October 30, 1995, 122-130.

32. S. Robbins and T. A. Judge, *Organizational Behavior*, updated 18th ed., Pearson Education Ltd., 2022, 546; J. D. Thompson, *Organizations in Action*, NY: McGraw-Hill, 1967.

33. M. Schulte, C. Ostroff, S. Shmulyian, and A. Kinicki, "Organizational Climate Configurations: Relationships to Collective Attitudes, Customer Satisfaction, and Financial Performance," *Journal of Applied Psychology*, 94(3), May 2009, 618-634.

34. M. R. Bashshur, A. Hernández, and V. González-Romá, "When Managers and Their Teams Disagree: A Longitudinal Look at the Consequences of Differences in Perceptions of Organizational Support," *Journal of Applied Psychology,* 96(3), May 2011, 558-573.

35. N. A. Ploeger and R. S. Bisel, "The Role of Identification in Giving Sense to Unethical Organizational Behavior: Defending the Organization," *Management Communication Quarterly,* Jan. 13, 2013, 1-29.

36. R. Kreitner and A. Kinicki, *Organizational Behavior,* Homewood, Illinois: Irwin, 1989; D. Vaughn, "NASA Culture, Shuttle Losses May be Linked," *Broadcast Press Briefing,* 24, Apr. 2003, Proceedings of the 37th Hawaii International Conference on System Sciences, 2004.

37. R. I. McDonald, K. S. Fielding, and W. R. Louis, "Energizing and De-Motivating Effects of Norm-Conflict," Personal Social *Psychology Bulletin,* 39(1), Jan. 2013, 57-72.

38. K. S. Cameron and E. D. Hess, *Leading with Values: Positivity, Virtue, and High Performance,* Cambridge: Cambridge University Press, 2006.

39. J. Kotter and J. L. Heskett, *Corporate Culture and Performance,* NY: The Free Press, 1992, 11-12; M. Dale, "Connecting Performance with Culture: A Case Example of Change Within Procurement at British Aerospace Airbus," *Focus on Change Management,* July-Aug. 1997.

40. D. Astha, "Organizational Culture & Human Resource Management: A Scenario in The Case of Mergers & Acquisitions," *Global HRM Review,* 6, Sep. 2016, 62-65.

41. M. Crozier and E. Friedberg, *L'cteur et le Systeme,* Paris: Seuil, 1977, 167-194.

14장

1. R. L. Daft, *Organization: Theory and Design* (10th ed.), Cincinnati, OH: South-Western Publishing, 2010.

2. L. R. Galbraith, "Organization Design," in J.W. Lorsch (ed.), *Handbook of Organizational Behavior* Englewood Cliffs, NJ: Prentice Hall. 1987, 343-357.

3. R. H. Hall, Organizational: Structure and Process, Englewood, Cliffs, N.J.: Prentice Hall, 1972; R. Miles, *Macro Organizational Behavior, Santa Monica,* Calif.: Goodyear, 1980; N. Nohria, "Note on Organization Structure?" *Harvard Business Review,* May-June 1995.

4. J. Child, *Organization: A Guide for Management and Administrators,* NY: Harper and Row, 1977; D. Nadler and M. Tushman, *Competing by Design: The Power of Organizational Architecture,* NY: Oxford University Press, 1997.

5. S. Ahamadzadeh and M. Ghahremani, "The Relationship between Organizational Structure and Quality of Services in Government Organizations (Case Study: Education and Nurture Management, Mahabad)," *International Academic Journal of Organizational Behavior and Human Resource Management,* 3(2), 2016, 44-49.

6. K. Speen, "Caught in the Middle," Business Week, September 12, 1988, 80-88; M. Schminke, M. L. Ambrose and R.S. Cropanzano, "The Effect of Organizational Structure on Perceptions of Procedural Fairness," *Journal of Applied Psychology,* 85, 2000, 294-304.

7. H. Mintzberg, *The Structuring of Organizations,* Englewood Cliffs, N.J.: Prentice Hall, 1979.

8. M. T. Hansen and N. Nohria, "How to Build Collaborative Advantage," *MIT loan Management Review,* 46(1), 2004, 22-31.

9. E. C. Miguel, R. Armenio, C. Stewart, "Beyond Addiction: Hierarchy and Other Ways of Getting Strategy Done," *European Management Journal,* 29(6), December 2011, 491-503.

10. P. C. Martin and T. C. Heeren, "Product-Line Management in Professional Organizations: An Empirical Test of Competing Theoretical Perspectives," *Academy of Management Journal,* 47(5), 2004, 723-735.

11. N. Shahsavari, H. Sayyadi-Tooranloo, E. Pabarja, and S. Heydarbeigi, "Designing an Interpretative Structural Model for Human resource agility," *Middle East Journal of Management,* 8(1), Nov. 2020, https://doi.org/10.1504/MEJM.2021.112000.

12. D. Ribes, S. Jackson, S. Geiger, M. Burton, and T. Finholt, "Artifacts That Organize: Delegation in the Distributed Organization," *Information and Organization,* 23, 2013, 1-14.

13. M . Blau, " A Formal Theory of Differentiation in Organizations," *American Sociological Review,* 35, 1970, 201- 218.

14. D. J. Hickson, D. S. Pugh and D. C. Pheysey, "Operations Technology and Organization Structure: An Empirical Reappraisal," *Administrative Science Quarterly,* 1974, 22-44.

15. J. Woodward, *Industrial Organization,* Oxford: Oxford University Press, 1980; R. Adner and D.A. Levinthal, "Demand Heterogeneity and Technology Evolution: Implications for Product Process Innovations," *Management Science,* 47(5), 2001, 611-628.

16. A. D. Chandler, Jr., *Strategy and Structure: Chapters in the History of the American Industrial Enterprise,* Cambridge, MA: MIT Press, 1962.

17. D. J. Hall and M. A. Saias, "Strategy Follows Structure!", *Strategic Management Journal,* 1(2), Apr-June 1980, 149-163.

18. T. Bruns and G. M. Stalker, *The Management of Innovation,* London: Tavistock, 1961.

19. K. Deveney, "Bag those Fries, Squirt that Ketchup, Fry that Fish," *Business Week,* October 13, 1986, 57-61; D. Boje, R. Gephart, and G. A. Rosile, *Storytelling Practices in the Writing of Organization Theory,* 1997.

20. A. D. Meyer, A. S. Tsui, and C. R. Hinings, "Configurational Approaches to Organizational Analysis," *Academy of Management Journal,* Dec. 1993, 1175-95; M. F. Evelyn and A. M. Pettigrew, *The Innovating Organization,* Sage: United Kingdom, 2000.

21. Y. Kato, "Bureaucracy versus Creativity: A Study of Operational Routines and Metaroutines, in a Japanese Firm," *Management Review: An International Journal,* 11(1), 2016, 40-69.

22. F. Hattke, D. Hensel and J. Kalucza, "Emotional Responses to Bureaucratic Red Tape," *Public Administration Review,* 80(1), 2020, 53-63.

23. D. M. McGregor, " The Human Side of Enterprise," *Management Review,* 1957, 22-28.

24. S. M. Davis and R. Lawrence, *Matrix,* Reading Mass: Addison Wesley, 1977.

25. L. R. Burns, "Matrix Management in Hospitals: Testing Theories of Matrix Structure and Development," *Administrative Science Quarterly,* 34, 1989, 349-368.

26. T. Sy and L. S. D'Annunzio, "Challenges and Strategies of Matrix Organizations: Top-level and Mid-level Manger's Perspectives,"

Human Resource Planning, 28(1), 2005, 39-48.

27. H. Mintzberg, *Structure in Fives: Designing Effective Organizations*, Englewood Cliffs, NJ: Prentice Hall, 1983.

28. M. Parikh, "Move over Mintzberg, Let Adhocracy Give Way to Ambidexterity," *Management Decision*, 54(5), 2016, 1047-1058.

29. D. Dahl, "Want A Job? Let the Bidding Begin," Inc. 33.2 (2011): 93-96, *Academic Search Complete*. Web. May 7. 2012.

30. A. Powell, G. Piccoli, and B. Ives, "Virtual Teams—A Review of Current Literature and Directions for Future Research," *The Data base for Advances in Information System*, 35(1), 2004: 6-36.

31. J. L. Gibbs, A. Sivunen, and M. Boyrazc, "Investigating The Impacts of Team Type and Design on Virtual Team Processes," *Human Resource Management Review*, Jan. 2017, In Press, Corrected Proof.

32. A. M. Mohrman, Jr., *Designing Team-Based Organizations*, San Francisco: Jossey Bass, 1995.

33. H. Mintzberg, *The Nature of Managerial Work*, NY: Harper and Row, 1973.

34. A. D. Szilagyi and M. J. Wallace, *Organizational Behavior and Performance*, 5th ed., Haper Collins Publishers, 1990.

35. M. Kohlbacher and H. A. Reijers, "The Effects of Process- Oriented Organizational Design on Firm Performance," *Business Process Management Journal*, 19(2), 2013, 245-262.

36. W. Bai, Y. Feng, Y. Yue, and L. Feng, "Organizational Structure, Cross-functional Integration and Performance of New Product Development Team," *Procedia Engineering*, 174, 2017, 621-629.

37. S. Robbins and T. A. Judge, *Organizational Behavior*, updated 18th ed., Pearson Education Ltd., 2022, 519-521.

15장

1. C. Argyris, R. Putman, and D. M. Smith, *Action Science*, San Francisco: Jossey-Bass, 1985.

2. R. M. Kanter, *The Change Masters: Innovation for Productivity in the American Corporation*, NY: Simon and Schuster, 1984; B. Dattée and J. Barlow, "Multilevel Organizational Adaptation: Scale Invariance in the Scottish Healthcare System," *Organization Science*, 28(2), 2017, 301-319.

3. C. W. L. Hill, *International Business*, Chicago Ill.: Irwin, 1997.

4. D. Jamieson and J. O'Mara, *Managing Workforce 2000: Gaining a Diversity Advantage*, San Francisco: Jossey Bass, 1991.

5. A. Martin-Sardesai, H. Irvineb, S. Tooley, and J. Guthriec, "Organizational Change in An Australian University: Responses to A Research Assessment Exercise," *The British Accounting Review*, Available online May 10, 2017.

6. S. A. Bowen, C. F. Hung-Baesecke, and Y. R. Chen, "Ethics as A Precursor to Organization-Public Relationships: Building Trust Before and During the OPR Model," *Cogent Social Sciences*, 2(1), 2016, Published online: Feb. 22, 2016.

7. T. W. H. Ng and D. C. Feldman, "Employee Voice Behavior: A Metaanalytic Test of the Conservation of Resources Framework," *Journal of Organizational Behavior*, 33(2), February 2012, 216-234.

8. E. Emery and E. L. Trist, "The Causal Texture of Organizational Environments," *Human Relations*, 18, 1965, 21-32.

9. I. M. George and G. R. Jones, *Organizational Behavior, 2nd ed.*, Reading, MA: Addison Wesley, 1999, 679.

10. J. Almandoz, M. Lee, and C. Marquis, "Different Shades of Green: Environment Uncertainty and the Strategies of Hybrid Organizations," in M. D. L. Seidel and H. R. Greve (ed.), *Emergence* (Research in the Sociology of Organizations, Volume 50) Emerald Publishing Limited, 2017, 31-67.

11. M. Crozier and E. Friedberg, *L'cteur et le Systeme*, Paris: Le Seuil, 1977, 337.

12. R. Bravo, S. Catalán, and J. M. Pina, "Analysing teamwork in higher education: an empirical study on the antecedents and consequences of team cohesiveness," *Studies in Higher Education*, 44(7), 2019, 1153-1165,

13. D. Miller, The Icarus Paradox: How Exceptional Companies Bring About Their Own Downfall, NY: Harper Collins, 1990; D. Miller, "The Architecture of Simplicity," *Academy of Management Review*, 1, 1993, 116-138.

14. M. T. Hannan, L. Polos, and G. R. Carroll, "The Fog of Change: Opacity and Asperity in Organizations," *Administrative Science Quarterly*, 48, 2003, 399-432.

15. N. Shah, Z. Irani, and A. M. Sharif, "Big data in an HR context: Exploring Organizational Change Readiness, Employee Attitudes and Behaviors," *Journal of Business Research*, Jan 2017, 366-378.

16. K. Lewin, "Frontiers in Group Dynamics," *Human Relations*, 1, 1947, 541.

17. E. H. Schein. "Management Development as a Process of Influence," in D. R. Hampton, *Behavioral Concepts in Management*, Belmont, California: Dickinson Publishing Co., 1968.

18. S. T. Hussain, S. L. T. Akram, M. J. Haider, S. H. Hussain, and M. Ali, "Kurt Lewin's Change Model: A Critical Review of the Role of Leadership and Employee Involvement in Organizational Change," *Journal of Innovation & Knowledge*, 3(3), 2018, 123-127.

19. W. L. French, "Organization Development: Objectives, Assumptions and Strategies," *California Management Review*, 12(2), 1969, 23-34.

20. R. E. Johnson, M. Howe, and C. H. Chang, "The Importance of Velocity, or Why Speed May Matter More than Distance," *Organizational Psychology Review*, 3(1), 2013, 62-85.

21. J. Kotter, "Leading Change: Why Transformation Efforts Fail," *Harvard Business Review*, Mar-Apr. 1995; J. Kotter, *Leading Change*, Harvard Business Press, Jan. 15, 1996, 1.

22. J. Kotter and L. S. Schlesinger, "Choosing Strategic for Change," *Harvard Business Review*, 1979, 106-14; D. A. Nadler, *Champions of Change: How CEOs and Their Companies are Mastering the Skills of Radical Change*, San Francisco, CA: Jossey Bass, 1998; M. Beitler, *Strategic Organizational Change*, 2nd Ed., Practitioner Press International, 2006.

23. A. C. Edmondson and S. J. Singer, " Confronting the Tension Between Learning and Performance," *Society for Organizational Learning*, 11(4), Feb. 2012, 34-43.

24. L. Caves, "Lifelong Learners Influencing Organizational Change," *Studies in Business and Economics*, 13(1), May 2018.

25. D. May and M. Kettelhut, "Managing Human Issues in Reengineering Projects," *Journal of Systems Management*, Jan- Feb. 1996, 4-11.

26. K. Smet, T. V. Elst, Y. Griep, and H. De Witte, "The Explanatory Role of Rumours in The Reciprocal Relationship between Organizational Change Communication and Job Insecurity: A Within-Person Approach," *European Journal of Work and Organizational Psychology,* 25(5), 2016, 631-644.

27. J. S. Shin, M. S. Taylor, and M. G. Seo, "Resources for Change: the Relationships of Organizational Inducements and Psychological Resilience to Employees' Attitudes and Behaviors toward Organizational Change," *Academy of Management Journal,* 55(3), June 1, 2012, 727-748.

28. S. T. Hussain, S. L. T. Akram, M. J. Haider, S. H. Hussain, and M. Ali, "Kurt Lewin's Change Model: A Critical Review of the Role of Leadership and Employee Involvement in Organizational Change," *Journal of Innovation & Knowledge,* 3(3), 2018, 123-127.

29. A. E. Rafferty and N. L. Jimmieson, "Subjective Perceptions of Organizational Change and Employee Resistance to Change: Direct and Mediated Relationships with Employee Well-being," *British Journal of Management,* 28(2), 2017, 248-264.

30. T. B. Lawrence, M. K. Mauws, B. Dyck, and R. F. Kleysen, "The Politics of Organizational Learning: Integrating Power into the 4I Framework," *Academy of Management Review,* 30(1), Jan. 1, 2005, 180-191.

31. A. Kinicki and M. Fugate, *Organizational Behavior: A Practice, Problem-solving Approach,* 2nd ed. McGraw-Hill Education, 2018, p594.

32. C. Argyris and D. Schon, *Organizational Learning II: Theory Method and Practice,* Reading, Mass: Addison Wesley, 1996.

33. M. Senge, *The Fifth Discipline,* NY: Doubleday, 1990.

34. D. H. Kim, "The Link Between Individual and Organizational Learning," *Sloan Management Review,* Fall 1993, 37.

35. D. A. Garvin, "Building a Learning Organization," Harvard Business Review, July-Aug. 1993, 78-91; N. Bontis, M. Crossan, and J. Hulland, "Managing an Organizational Learning System by Aligning Stocks and Flows," *Journal of Management Studies,* 39(4), 2002, 437-469.

36. N. Gould and M. Baldwin, *Social Work, Critical Reflection and the Learning Organization, Routledge,* London & New York, 2016.

37. R. Mari, *Learning Partnerships: How Leading American Companies Implement Organizational Learning,* Chicago, IL: Irwin, 1996.

38. M. I. B. Aragón, D.J. Jiménez, and R. S. Valle, "Training and Performance: The Mediating Role of Organizational Learning," *Business Research Quarterly,* 17(3), 2020, 161-173.

39. M. Senge, *The Fifth Discipline; The Art and Practice of the Learning Organization,* NY: Doubleday/Currency, 1990; D. Bray, "Literature Review – Knowledge Management Research at the Organizational Level," *Social Science Research Network,* 2007.

40. A. Kinicki and M. Fugate, *Organizational Behavior: A Practice, Problem-solving Approach,* 2nd ed. McGraw Hill Education, 2018, 597.

41. S. Reinhold, A. Gegenfurtne, and D. Lewalter, "Social Support and Motivation to Transfer as Predictors of Training Transfer: Testing Full and Partial Mediation Using Meta-Analytic Structural Equation Modelling," *International Journal of Training Development,* 22(1) Mar 2018, 1-14.

42. N. Nguyen, "The Journey of Organizational Unlearning: a Conversation with William H. Starbuck," *The Learning Organization,* 24(1), 2017, 58-66; C. Marlena Fiol, Edward J. O' Connor, "Unlearning established organizational routines- Part II," *The Learning Organization,* 24(2), 2017, 82-92; N. Rupčić, "How to Unlearn and Change-That is The Question!", *The Learning Organization,* 24(2), 2017, 127-130.

43. J. C. Spender, "Organizational Knowledge, Learning and Memory: Three Concepts in Search of A Theory," *Journal of Organizational Change Management,* 9, 1996, 63-78.

44. L. C. Thurow, "Needed: A New System of Intellectual Property Right," *Harvard Business Review,* Sep-Oct. 1997.

45. Nonaka, "A Dynamic Theory of Organizational Knowledge Creation," Organization Science, 5(1), 1994, 14-37.

46. M. I. B. Aragón, D. J. Jiménez, and R. S. Valle, "Training and Perfor mance: The Mediating Role of Organizational Learning," *Business Research Quarterly,* 17(3), 2020, 161-173.

47. G. Ahuja, G. Soda, and A. Zaheer, "The Genesis and Dynamics of Organizational Networks," *Organization Science,* 23, Mar-Apr. 2012, 434-448.

48. C. Nystrom and W. H. Starbuck, "To Avoid Organizational Crises, Unlearn," *Organizational Dynamics,* 12, 1984, 53-65.

49. Y. Dror, "Muddling Through Science or Inertia?", *Public Administration Review,* 24, 1964, 103-117.

50. S. A. Silva, H. Carvalho, M. J. Oliveira, T. Fialho, C. G. Soares, and C. Jacinto, "Organizational Practices for Learning with Work Accidents Throughout Their Information Cycle," *Safety Science,* 99, Nov 2017, 102-114.

51. O. A. Acar, M. Tarakci, and D. van Knippenberg, "Creativity and Innovation under Constraints: A Cross-Disciplinary Integrative Review," *Journal of Management,* 45(1), 2019, 96-121.

52. A. C. Edmondson and S. J. Singer, " Confronting the Tension Between Learning and Performance," *Society for Organizational Learning,* 11(4), Feb 2012, 34-43.

53. K. S. Louis, and J. Murphy, "Trust, Caring and Organizational Learning: the Leader's Role," *Journal of Educational Administration,* 55(1), 2017, 103-126.

54. Levi-Strauss, *The Sauvage Mind,* Chicago, Chicago University Press, 1966.

55. T. S. Coldwell, *Bricolage Culture: A Study of the Effects on Organizational Resilience,* Doctoral Dissertation in Dept. of Management, University of Maryland University, Feb. 2012.

찾아보기

한글 용어

ㄱ

ㄴ

ㄷ

ㄹ

ㅊ

ㅋ

ㅌ

ㅍ

ㅎ

영문 용어

A

B

T

U

V

W

Z

학자 이름

A

B

C

D

F

G

H

J

K

L

M

N

O

P

Q

R

S

T

V

W

저자소개

임 창 희

서강대학교 경제학과를 졸업하고 서울대학교에서 경영학 석사학위(인사 · 조직)를 취득한 후 프랑스 정부 장학생으로 도불하여 엑쌍프로방스대학의 경영학부(Aix-Marseille Ⅲ-IAE)에서 박사기초학위(DEA)를 받고 파리국립대학-돌핀(Paris National University-Dauphine)에서 경영학 박사학위(인사 · 조직전공)를 취득하였다. 홍익대학교에 부임하여 교무부처장, 경영대학원장, 세무대학원장, 중앙도서관장, 대학원장을 역임하였으며 경영대학교수로 30여 년간 봉직하고 현재 명예교수로 있다. 프랑스 HEC(Hautes Etudes Commerciales)대학의 연구교수, 한국인사조직학회 편집위원장, 한국윤리경영학회와 한국인적자원관리학회 부회장, 한국경영학회 국제교류위원 이외에도 주요 학회의 임원을 역임하였다. 국내 유수기업과 정부 각 부처의 자문위원과 공기업 평가위원 등으로 활동하기도 하였다. 저자의 박사학위 논문은 우수논문으로 파리시 교육감(Rectorat de Paris) 상을 받았으며 그 후 프랑스 SEDEIS지, Personnel지 등 다수의 논문을 국내외 학술지에 게재하였다. 「조직행동」, 「경영학원론」, 「조직론」, 「인적자원관리」, 「인간관계론」, 「리더십」, 「비즈니스커뮤니케이션」 등 대학교재 이외에도 저자의 「한국형 팀제」는 장기간 베스트셀러로 우리나라 정부와 기업계의 전반적 혁신을 이끌었으며 이어서 「한국형 팀제를 넘어서」를 출간하였고 「스마트 학습조직」, 「360도 다면평가」, 「실행의 리더십」을 번역하였다.

조직행동(제8판)

저자 임창희
초 판 1쇄 발행 1995년 02월 25일
초 판 9쇄 발행 1999년 02월 25일
제2판 9쇄 발행 2003년 08월 20일
제3판 8쇄 발행 2007년 08월 25일
제4판 14쇄 발행 2013년 01월 23일
제5판 9쇄 발행 2017년 02월 28일
제6판 5쇄 발행 2020년 02월 28일
제6판 4쇄 발행 2022년 09월 05일
제8판 인쇄 2024년 02월 01일
제8판 1쇄 발행 2024년 02월 15일
발행처 비앤엠북스
서울시 금천구 가산디지털1로 70 B1-103(호서대벤처타워)
등록 2004. 12. 29.(제313-2004-00298호)
전화 02-2627-5710~13
팩스 02-2627-5720
홈페이지 www.대학교재.net
이메일 bnmbook@daum.net
ISBN 978-89-6821-192-8
정가 33,000원

이 책을 만든 사람들

발행인 정광식
출판총담당 정경식
교정 최윤영
북디자인 최승희
편집 최승희
표지디자인 임창희
제본 한마음문화
인쇄 도담프린팅
출력 한진CTP